Friedhelm Hufen (Hrsg.)
In Verbindung mit Uwe Berlit und Horst Dreier

Verfassungen
•
Zwischen Recht und Politik

Festschrift zum 70. Geburtstag für Hans-Peter Schneider

Nomos

Die Deutsche Nationalbibliothek verzeichnet diese Publikation in der Deutschen Nationalbibliografie; detaillierte bibliografische Daten sind im Internet über http://www.d-nb.de abrufbar.

ISBN 978-3-8329-2946-6

1. Auflage 2008

Vorwort

Am 26.11.2007 feiert Prof. Dr. Dr. h.c. Hans-Peter Schneider seinen 70. Geburtstag. Freunde, Kollegen, Schüler, Mitarbeiter, persönliche und fachliche Weggefährten möchten ihm mit dieser Festschrift ein Geburtstagsgeschenk machen, das die Vielseitigkeit und Interessenvielfalt ebenso widerspiegelt wie das Leben und Wirken des akademischen Forschers und Lehrers, Verfassungs- und Politikberaters aus Berufung und aus Leidenschaft.
1937 in Jena geboren, hat Hans-Peter Schneider Nationalsozialismus und Krieg nur noch als Kind, sozialistische Bildungspolitik in der damaligen Sowjetischen Besatzungszone aber durchaus noch bewusst erlebt. Eigentliche Heimat wurde Bremen, wo vielleicht schon eine humanistische Gymnasialausbildung die Basis für spätere rechtsphilosophische und historische Grundlagenforschung lieferte. Das Studium der Rechtswissenschaft, Soziologie und Politologie in Freiburg, München und wieder Freiburg schloss er 1962 ab. In die Freiburger Zeit fallen die entscheidenden akademischen Begegnungen und Prägungen durch seine Lehrer *Erik Wolf* und *Konrad Hesse*. Im Hintergrund stand die gerade in Freiburg lebendige Tradition des »politischen Professors«, der Staatsrechtswissenschaft und Staatspolitik nicht als Gegensatz, sondern als sich wechselseitig befruchtende Lebenswelten begreift. 1965 mit einer Dissertation zum Naturrecht bei Gottfried Wilhelm Leibniz promoviert und 1972 zum Thema »Parlamentarische Opposition« habilitiert, wurde er 1973 an den neu geschaffenen Fachbereich Rechtswissenschaft an der Universität Hannover berufen. Trotz vielfältiger – buchstäblich globaler – Verpflichtungen und Interessen blieb Hannover der Kristallisationspunkt seines umfassenden wissenschaftlichen und praktischen Wirkens – seit 1992 zusätzlich im vom ihm gegründeten und geleiteten Deutschen Institut für Föderalismusforschung.
Spiegelbildlich zum weiteren Lebenslauf und zu seinem eigenen wissenschaftlichen Werk schildern die Abschnitte und Einzelbeiträge der vorliegenden Festschrift die enorme Reichweite und die Schwerpunkte dieses Wirkens: Sie reichen von den historischen und philosophischen Grundlagen über die Verfassungslehre zwischen Theorie und Praxis zur parlamentarischen Demokratie mit allen Facetten und zum Föderalismus, dem sich Hans-Peter Schneider in wichtigen Publikationen und Dokumentationen zum In- und Ausland widmet. Früh hat er sich immer wieder mit Themen der Dritten Gewalt, vor allem der Verfassungsgerichtsbarkeit befasst. Für Europa, seine Gerichtsbarkeit und seine Institutionen ist er ein kritischer und aufmerksamer Begleiter geworden. Dem Leitthema »lebendige Verfassung« sind seine rechtsvergleichenden Arbeiten und seine Beratungstätigkeit beim Entstehen neuer

Verfassungen – national in den neuen Bundesländern, international vor allem in Südafrika und im ehemaligen Jugoslawien – gewidmet.
Autoren und Autorinnen aus jedem dieser Themenkreise haben an dieser Festschrift mitgewirkt. Ihnen sei herzlich gedankt. Dank gebührt auch der *Friedrich-Ebert-Stiftung* und dem *Bundesministerium der Justiz* für großzügige Förderung des Projekts sowie dem *Deutschen Institut für Föderalismusforschung* für die Ausrichtung des im Zusammenhang mit der Übergabe der Festschrift veranstalteten Symposiums.

Die Herausgeber hoffen, dass ein – bei aller Vielfalt – homogenes und neue Anstöße vermittelndes Werk entstanden ist, das dem Laureaten und allen Mitwirkenden Freude bereiten soll. Herausgeber und Autoren wünschen Hans-Peter Schneider zahlreiche weitere glückliche Jahre – zur Wahrnehmung seiner vielfältigen künstlerischen und wissenschaftlichen Interessen und im Dienst an den Verfassungen und den Menschen, deren Zusammenleben sie regeln.

Friedhelm Hufen
Horst Dreier
Uwe Berlit

Inhaltsverzeichnis

Teil 1 Historische Grundlagen

Alexander v. Brünneck
Lehre und Forschung an der juristischen Fakultät der Viadrina in Frankfurt (Oder) 1506-1811 15

Joachim Perels
Dietrich Bonhoeffer und seine Freunde 27

Christian Starck
Verfassung und Verfassungspraxis am Beispiel der Kurhessischen Verfassung von 1831 39

Teil 2 Verfassungslehre zwischen Theorie und Praxis

Erhard Denninger
Das soziale Staatsziel – zwischen Recht und Politik 57

Horst Dreier
Integration durch Verfassung? Rudolf Smend und die Grundrechtsdemokratie 70

Alfred Rinken
Die Erosion des Öffentlichen. Ein Essay 97

Klaus Stern
Kulturstaatlichkeit – ein verfassungsrechtliches Ziel 111

Gerhard Stuby
Von den Schwierigkeiten »guter« Verfassunggebung trotz Asymmetrie der Staatenwelt 126

Teil 3 Verfassung – politische Parteien und parlamentarische Demokratie

Peter Badura
Die »Gemeinpflichtigkeit« des freien Mandats des Abgeordneten und der »Status der Öffentlichkeit des Abgeordneten« 153

Michael Bothe
Die parlamentarische Kontrolle von Auslandseinsätzen der Streitkräfte – die Bundeswehr zwischen Außenpolitik und Verfassungsrecht 165

Wolfgang Hoffmann-Riem
Gewaltengliederung und Verantwortungsteilung als Ordnungsprinzip 183

Jörn Ipsen
Volkswahl des Bundespräsidenten? 197

Ernst Gottfried Mahrenholz
Legislative Konkurrenzen – Überlegungen zum Verhältnis des Parlamentsgesetzes zum Volksgesetz 210

Ingo von Münch
Parteienfinanzierung durch Finanzierung parteinaher Stiftungen? Eine Stellungnahme 223

Dimitris Th. Tsatsos
Ist die Europäische Unionsgrundordnung für die Tätigkeit politischer Parteien ungeeignet? 236

Teil 4 Föderalismus als gelebte Verfassungsordnung

Thomas Fleiner
Rechtsvergleichung: Chancen und Lehren für den Föderalismus 255

Horst Risse
Die Neuregelung der Zustimmungsbedürftigkeit von Bundesgesetzen durch die Föderalismusreform 271

Gunnar Folke Schuppert
Die bundesstaatliche Finanzverfassung zwischen Pfadabhängigkeit und Wandel 285

Hans-Heinrich Trute
Verwaltungskompetenzen nach der Föderalismusreform – zwischen Entflechtung und Verflechtung 302

Brigitte Zypries
Die Föderalismusreform 323

Teil 5 Rechtsschutz und Verfassungsgerichtsbarkeit: Föderal, National und International

Uwe Berlit
Die Finanzierung der Kommunen in der Rechtsprechung des Sächsischen Verfassungsgerichtshofs 339

Jürgen Jekewitz
Bundesverfassungsgericht und Staatsorganisationsrecht des Grundgesetzes Verfassungsrechtsprechung als Anlass zur Veränderung des Verfassungstextes 362

Dian Schefold
Verfassungskonforme Auslegung zwischen Italien und Deutschland 380

Rupert Scholz
Wirtschaftsaufsicht und Amtshaftung 402

Christian Wolf
Freiheit des Rechtsanwalts – Grundrecht des rechtlichen Gehörs 414

Wolfgang Zeh
Parlamentsrecht und Verfassungsinterpretation: Wechselwirkungen zwischen Bundestag und Bundesverfassungsgericht 429

Teil 6 Wege und Umwege einer Verfassung für Europa; Verfassungen und Internationales Recht

Kostas Chryssogonos
Der europäische Verfassungsvertrag: Renaissance der oktroyierten Verfassung? 449

Eckart Cuntz
Zur Verfassungsfrage der Europäischen Union nach den gescheiterten Referenden in Frankreich und den Niederlanden 457

Peter Häberle
Bürgerschaft durch Bildung als europäische Aufgabe 460

Peter Pernthaler
Probleme der Repräsentation in der EU 475

Teil 7 Verfassungsvergleichung, Verfassungsberatung und Verfassungsentwicklung

Lidija R. Basta Fleiner
The International Community and Constitution-Making 491

Ulrich Karpen
Nation Building im Kleinen – Erfahrungen beim Aufbau von Bosnien-Herzegowina 500

Robert von Lucius
Beraten und Ermüden – Südafrikas Wege zur Verfassungsreform 513

Lourens Marthinus du Plessis
German Verfassungsrecht under the Southern Cross
Observations on South African-German Interaction in Constitutional Scholarship in Recent History with particular reference to Constitution-making in South Africa 524

Thomas Würtenberger
Zur Geschichte des allgemeinen Wahlrechts in vergleichender Perspektive 537

Andreas Zimmermann
Einflüsse des deutschen Grundgesetzes auf die Verfassung von Bosnien-Herzegowina 551

Teil 8 Würdigung

Friedhelm Hufen
Zwischen Recht, Beratung und Opposition: Das wissenschaftliche Werk Hans-Peter Schneiders 565

Schriftenverzeichnis 579

Verzeichnis der Autoren 595

Teil 1

Historische Grundlagen

Lehre und Forschung an der juristischen Fakultät der Viadrina in Frankfurt (Oder) 1506 – 1811

Alexander v. Brünneck

Die Viadrina (abgeleitet von viadrus, der lateinischen Bezeichnung für die Oder) genannte Universität in Frankfurt (Oder) wurde 1506 gegründet, weil Brandenburg im Zuge der Entwicklung des Territorialstaats akademisch gebildete Theologen, Juristen, Mediziner und Lehrer benötigte. Sie bestand bis 1811, als sie nach Breslau verlegt und mit der dortigen Universität vereinigt wurde. Im Jahre 1991 wurde die Viadrina in Frankfurt (Oder) neu gegründet.

1. Lehre und Studium an der juristischen Fakultät der Viadrina 1506 – 1811

Die meisten Studenten aller damaligen Universitäten absolvierten im Alter von etwa 16 bis 18 Jahren zunächst ein Grundstudium an der Artistischen Fakultät. Hier erhielten sie eine wissenschaftliche Grundausbildung in den klassischen *artes liberales*, den freien Künsten. Sie bestanden aus dem elementaren *Trivium*, der Grammatik, Dialektik und Rhetorik, sowie aus dem weiterführenden *Quadrivium*, der Arithmetik, Geometrie, Musik und Astronomie. Ein Grundstudium an der Artistischen Fakultät war notwendig, weil die Studenten keine einheitliche, jedenfalls keine systematische Vorbildung hatten. Es entsprach etwa der Oberstufe der späteren Gymnasien. Das Niveau kann nicht sehr hoch gewesen sein.[1] In der Schülerszene des Faust I hat Goethe dieses Grundstudium treffend karikiert. In modernisierter Form hat sich das Studium der *artes liberales* an der »Faculty of Arts« vieler amerikanischer Universitäten erhalten.

Das Studium an der Artistischen Fakultät konnte man, musste man aber nicht mit einem Examen abschließen, insbesondere mit dem Baccalaureat und dem Magisterium.[2] Wer an der Artistischen Fakultät gewisse Fähigkeiten erworben hatte, konnte einzelne berufliche Tätigkeiten, z. B. als Lehrer, auch ohne Examen ausüben.

Nur ein Teil der Studenten der Artistischen Fakultät setzte das Studium an einer der drei Höheren Fakultäten für Theologie, Juristerei oder Medizin fort. In Frankfurt (Oder) wählten die meisten Studenten die Juristische Fakultät. Deshalb galt die Juri-

1 Franz Eulenburg, Die Frequenz der deutschen Universitäten von ihrer Gründung bis zur Gegenwart, Leipzig 1904, S. 281.
2 Ebd.

stische Fakultät als der Kern der Viadrina.[3] Das Jurastudium dauerte im Allgemeinen zwei bis drei Jahre – wenn ein höherer Abschluss angestrebt wurde, bis zu fünf Jahren.[4] Es qualifizierte auch ohne Examen schon für einige berufliche Tätigkeiten. Formelle Qualifikationen erlangte man durch die Grade des Baccalaureus, des Magisters und des Lizenziaten. Die höchste, vergleichsweise selten vergebene akademische Würde war der Doktorgrad. Alle diese Grade konnte man bei Begabung und Fleiß bald nach dem zwanzigsten Lebensjahr erreichen. Überwiegend war das Niveau auch dieser Ausbildung nicht sehr hoch.[5]

Was war der Inhalt des juristischen Studiums an der alten Viadrina? Das ist durch erhaltene Vorlesungsverzeichnisse gut dokumentiert. Aus einem Vorlesungskatalog von 1512 ergibt sich, dass in der Anfangszeit nur Vorlesungen über das Kirchenrecht, nämlich über die Dekretalen, d. h. über die faktisch rechtsverbindlichen Entscheidungen der Päpste und über das Römische Privatrecht, insbesondere über den Codex Iustinianeus, die Institutionen und die Digesten gehalten wurden.[6]

Nach der Reformation trat das Kirchenrecht allmählich zurück, blieb aber bis zum Schluss ein obligatorisches Lehrfach. Im 17. Jahrhundert wurde das Öffentliche Recht – das *ius publicum* – zunehmend zu einem Schwerpunkt der Ausbildung. Gelehrt wurden das Völkerrecht, das Staatsrecht des Heiligen Römischen Reiches und das Brandenburgische Staatsrecht.[7] Hinzu kamen besondere Vorlesungen über das Strafrecht.

Im 18. Jahrhundert wurde weiter über das Kirchenrecht, das Römische Privatrecht, das Öffentliche Recht und das Strafrecht gelesen, zunehmend ergänzt durch Elemente des aktuell geltenden deutschen Rechts, z. B. das Lehnsrecht, das Wechselrecht, »den Gerichtsgebrauch . . . in der Mark« und das Prozessrecht.[8] Im Laufe des 18. Jahrhunderts wurden die Vorlesungen immer praktischer.[9] Am Schluss gab es z. B. eine Vorlesung über »den Text des allgemeinen Preußischen Landrechts« von 1794.[10]

3 Günther Mühlpfordt, Die Oder-Universität 1506-1811. Eine deutsche Hochschule in der Geschichte Brandenburg-Preußens und der europäischen Wissenschaft, in: Günther Haase/Joachim Winkler (Hg.), Die Oder-Universität Frankfurt. Beiträge zu ihrer Geschichte, Weimar 1983, S. 39 f., 69; Michael Höhle, Universität und Reformation. Die Universität Frankfurt (Oder) von 1506 bis 1550, Köln 2002, S. 160.

4 Eulenburg, Frequenz der deutschen Universitäten (wie Anm. 1), S. 231; Conrad Bornhak, Geschichte der preussischen Universitätsverwaltung bis 1810, Berlin 1900, S. 164.

5 Eulenburg, Frequenz der deutschen Universitäten (wie Anm. 1), S. 231.

6 Höhle, Universität und Reformation (wie Anm. 3), S. 164.

7 Vgl. Michael Stolleis, Geschichte des öffentlichen Rechts in Deutschland, 1. Bd., München 1988, S. 141-143, 253.

8 Vgl. z. B.: Winter=Vorlesungen auf der Königl. Preuß. Universität zu Frankfurth an der Oder von Michaeli 1768 bis Ostern 1769, Berlinische Intelligenz=Zettel No. 117 vom 29. September 1768, S. 1385-1387.

9 Vgl. den Bericht über die Vorlesungen an der Juristischen Fakultät aus dem Jahre 1806 bei Carl Renatus Hausen, Geschichte der Universität und Stadt Frankfurt an der Oder, 2. Aufl., Frankfurt an der Oder 1806, S. 110-113.

10 Ebd., S. 110 f.

Die Vorlesungen waren über den ganzen Tag verteilt, sie begannen in der Anfangszeit schon um 6 Uhr früh.[11] Die Zahl der Hörer war gering. 1739 hatten die juristischen Professoren der Viadrina zwischen 5 und 29 Hörer.[12] In der Regel fanden die Vorlesungen in den Privatwohnungen der Professoren statt, nur einige im Hörsaal des Collegium Juridicum an der Oderbrücke. Die Studenten mussten den Professoren die meisten Vorlesungen bezahlen, wofür es Ausnahmen gab, was im Ganzen zu vielen Streitigkeiten führte.[13]

Anders als heute waren diese Lehrveranstaltungen Vorlesungen im wörtlichen Sinne.[14] Der Professor las ein offen ausgewiesenes Buch vor und ergänzte den vorgelesenen Text im günstigsten Fall mehr oder weniger geschickt durch eigene Paraphrasen. So sollen Vorlesungen heute gerade nicht sein. Damals konnten sie nicht anders sein – wegen des hohen Lehrdeputates und wegen der vielen Nebenbeschäftigungen der Professoren.

Bis in die erste Hälfte des 18. Jahrhunderts hinein fanden die Vorlesungen in lateinischer Sprache statt. In der Anfangszeit wurden ausschließlich die europaweit anerkannten Autoren aus der Antike, dem Mittelalter und der frühen Neuzeit vorgelesen. Nach dem dreißigjährigen Krieg wurde überwiegend nach den Lehrbüchern neuerer deutscher Autoren gelesen, was im Vorlesungsverzeichnis offen ausgewiesen wurde. So las z. B. im Wintersemester 1768/9 der Doctor Joh. Ludwig Uhl, »des Staatsrechts ordentlicher Lehrer« . . . »um 9. das canonische und protestantische Kirchen-Recht nach Pertschen, um 10. die Pandekten nach Hellfelden, und um 1. das Wechsel-Recht nach Heineccius.«[15] Da die meisten Professoren keine Bücher schrieben, konnte nur selten ein Professor über ein eigenes Buch lesen.[16]

Ergänzt wurden die Vorlesungen durch Repetitionen und praktische Übungen in unterschiedlichen Ausprägungen.[17] Im Jahre 1806 ließ der Professor Meister sogar »als Vorbereitung zur Praxis . . . die Zuhörer einen vollständigen Prozess in Erster Instanz« ausarbeiten,[18] veranstaltete also eine Art Moot Court.

Eine zentrale Rolle in Ausbildung und Prüfung spielten die Disputationen: Das waren formalisierte Streitgespräche zwischen zwei Studenten unter dem Vorsitz eines Professors über ein selbstgewähltes oder vorgegebenes Thema – bis Ende des 18. Jahrhunderts in lateinischer Sprache.[19] So disputierte z. B. der Jurastudent Wilhelm von Humboldt mit dem Theologiestudenten Wilhelm Gabriel Wegener im Wintersemester 1787/8 unter dem Vorsitz des Theologieprofessors Löffler in des-

11 Höhle, Universität und Reformation (wie Anm. 3), S. 164 f.; Rainer A. Müller, Geschichte der Universität, Von der mittelalterlichen Universitas zur deutschen Hochschule, München 1990, S. 26.
12 Bornhak, Universitätsverwaltung (wie Anm. 4), S. 133 f.
13 Bornhak, Universitätsverwaltung (wie Anm. 4), S. 140-144.
14 Müller, Geschichte der Universität (wie Anm. 11), S. 26.
15 Winter=Vorlesungen (wie Anm. 8), S. 1386.
16 Z. B. der Professor Darjes im Wintersemester 1768/9, vgl. ebd.
17 Müller, Geschichte der Universität (wie Anm. 11) S. 26; Höhle, Universität und Reformation (wie Anm. 3), S. 164; Eulenburg, Frequenz der deutschen Universitäten (wie Anm. 1), S. 236.
18 Hausen, Geschichte der Universität und Stadt (wie Anm. 9), S. 113.
19 Müller, Geschichte der Universität (wie Anm. 11), S. 26.

sen Collegio über das bis heute ungelöste Problem »de mundo optimo« – über die beste aller Welten – natürlich auf lateinisch.[20]
Für die Abschlussexamen mussten in der Regel schriftliche Arbeiten – in lateinischer Sprache – angefertigt werden, die in einer Disputation verteidigt wurden. Die Dissertationen für die Doktorprüfung wurden unter der direkten und straffen Anleitung des Professors ausgearbeitet, sodass sie der Professor später oft unter eigenem Namen veröffentlichte. Die Dissertationen waren kurz und bestanden überwiegend in der systematisierten und kommentierten Wiedergabe des anerkannten Wissensstoffes. Für die Promotionen erhielten die Professoren hohe Gebühren[21] und andere Wohltaten: In der Anfangszeit musste der Doktorand die Professoren der Fakultät neu einkleiden,[22] später zumindest einen Doktorschmaus veranstalten. Um Auswüchsen beim Convivium doctorale entgegenzuwirken, »wurde 1683 für Frankfurt a.O. bestimmt, es dürfe nur eine Abendmahlzeit ohne Frauenzimmer und ohne Konfekt von höchstens zehn Speisen stattfinden.«[23]

2. Die Absolventen der juristischen Fakultät der Viadrina 1506 – 1811

Wo waren die Absolventen der juristischen Fakultät nach ihrem Jurastudium beruflich tätig? Wie verliefen ihre Karrieren? Welche Wirkungen gingen von ihnen aus? Gab es Netzwerke unter ihnen? Auf diese Fragen kann man zur Zeit nur punktuelle Antworten geben, die aber Umrisse eines Gesamtbildes erkennen lassen. Unter Absolventen werden hier alle früheren Studenten der juristischen Fakultät verstanden, unabhängig davon, ob sie ein Examen abgelegt haben. Denn ein Examen war damals für einen juristischen Beruf nicht immer erforderlich.
Zweifelhaft ist schon die Zahl der Absolventen. Hier kann man nur die Größenordnung berechnen: Geht man davon aus, dass durchschnittlich 50 Studenten an der juristischen Fakultät studierten[24] und dass das juristische Studium überwiegend zwei bis drei Jahre dauerte,[25] dann werden etwa 20 Absolventen jährlich die juristische Fakultät verlassen haben. Hochgerechnet auf die 305 Jahre zwischen 1506 und 1811 hätte die juristische Fakultät der alten Viadrina damit etwa 6000 Absolventen ausgebildet. Ihre weiteren Laufbahnen kann man nur exemplarisch skizzieren.

20 Kurt-R. Biermann, Die Gebrüder Humboldt an der Universität Frankfurt (Oder), in: Haase/Winkler, Oder-Universität Frankfurt (wie Anm. 3), S. 271; Peter Herrmann, Aufzeichnungen meines Ur-Urgroßvaters Wilhelm Gabriel Wegener (1767-1837) über seine Studienzeit 1785-1788 in Frankfurt a. d. Oder, in: Ulrich Knefelkamp (Hg.), Förderverein zur Erforschung der Geschichte der Viadrina e. V. – Jahresbericht Nr. 5, Schöneiche bei Berlin 2006, S. 156.
21 Vgl. z. B. Hausen, Geschichte der Universität und Stadt (wie Anm. 9), S. 97.
22 Höhle, Universität und Reformation (wie Anm. 3), S. 164.
23 Bornhak, Universitätsverwaltung (wie Anm. 4), S. 14.
24 Grundlegend für die Berechnung der Studentenzahlen: Ernst Friedländer (Hg.), Ältere Universitäts-Matrikeln, Universität Frankfurt a.O., Band 1-3, Berlin 1887-1891; Eulenburg, Frequenz der deutschen Universitäten (wie Anm. 1).
25 S.o. Abschnitt 1.

Wie heute wurden einige der Frankfurter Juristen gänzlich außerhalb der juristischen Professionen tätig, z. B. der Komponist Carl Philipp Emmanuel Bach, Student an der juristischen Fakultät von 1734 bis 1738,[26] oder der Naturforscher Alexander v. Humboldt, Student an der juristischen Fakultät im Wintersemester 1787/8.[27]

Die große Mehrheit der Frankfurter Absolventen fand Anstellungen auf allen Ebenen von Justiz und Verwaltung in Brandenburg, später in ganz Preußen, z. T. in angrenzenden Territorien. Frankfurter Absolventen waren tätig als Richter, Advokaten oder Beamte in allen damaligen Erscheinungsformen dieser Berufe, auch bei Kirchen, Städten und anderen Körperschaften.[28] Leider gibt es über die Frankfurter Absolventen der unteren und mittleren Ebenen bisher keine systematisch statistischen Untersuchungen.[29]

Gut dokumentiert sind dagegen die Lebenswege herausragender Absolventen der juristischen Fakultät, zum Beispiel:

Christian Thomasius (1655-1728), einer der größten Gelehrten der deutschen Aufklärung, Professor in Halle, studierte seit 1675 in Frankfurt, wo er 1679 zum *doctor utriusque juris* promovierte.[30]

Marquard Ludwig von Printzen (1675-1725) begann sein Studium an der Viadrina im Alter von 13 Jahren. Er schloss es 1693 im Alter von 18 Jahren mit einer lateinischen Disputation ab. Unter den Königen Friedrich I. und Friedrich Wilhelm I. stieg Printzen zu den höchsten Ämtern des Staates auf, war u. a. Hofmarschall und Kabinettsminister für Außenpolitik. Über ihn berichtet Theodor Fontane in den »Wanderungen durch die Mark Brandenburg« im Kapitel Marquard des Bandes Havelland.[31]

Samuel von Cocceji (1679-1755), Sohn des Frankfurter Juraprofessors Heinrich von Cocceji (1644-1719),[32] wurde an der juristischen Fakultät 1699, im Alter von 20 Jahren, unter dem Vorsitz seines Vaters zum Doctor promoviert. Wie Hans-Peter Schneider herausgearbeitet hat, vertrat Samuel von Cocceji in seiner Dissertation – im Anschluss an seinen Vater – eine voluntaristische Naturrechtskonzep-

26 Vgl. Hans-Günter Ottenberg, Bausteine zu einer Musikgeschichte von Frankfurt (Oder) im 18. Jahrhundert unter besonderer Berücksichtigung Carl Philipp Emanuel Bachs, in: Haase/Winkler, Oder-Universität Frankfurt (wie Anm. 3), S. 261-266.

27 Biermann, Die Gebrüder Humboldt (wie Anm. 20).

28 Mühlpfordt, Oder-Universität (wie Anm. 3), S. 32 f., 69.

29 Ansätze bei Rolf Straubel, Beamte und Personalpolitik im altpreußischen Staat. Soziale Rekrutierung, Karriereverläufe, Entscheidungsprozesse (1763/86-1806), Potsdam 1998, bes. S. 44-57.

30 Erik Wolf, Große Rechtsdenker der deutschen Geistesgeschichte. 4. Aufl., Tübingen 1963, S. 371-423, bes. S. 375; Gerd Kleinheyer/Jan Schröder (Hg.), Deutsche und Europäische Juristen aus neun Jahrhunderten, 4. Aufl., Heidelberg 1996, S. 424-431; K. Luig, Christian Thomasius (1655-1728), in: Michael Stolleis (Hg.), Juristen. Ein biographisches Lexikon. Von der Antike bis zum 20. Jahrhundert, München 1995, S. 613 f.

31 Heutiger Forschungsstand bei: Wolfgang Grittner, Marquard Ludwig von Printzen, Viadrina-Absolvent 1693. Ein Vertreter der politischen Elite in Brandenburg-Preußen Anfang des 18. Jahrhunderts, in: Knefelkamp, Jahresbericht Nr. 5 (wie Anm. 20), S. 121-128.

32 Zu Heinrich von Cocceji s. u. Abschnitt 3.

tion.[33] Diese Frankfurter Dissertation forderte Gottfried Wilhelm Leibniz[34] zu einer kritischen Streitschrift heraus, in der er seine rationalistische Naturrechtskonzeption gegen Samuel v. Cocceji engagiert verteidigte.[35] Samuel v. Cocceji verließ die Universität bald und trat 1704 in den brandenburgisch-preußischen Justizdienst ein. Er wurde mehrfach mit der Visitation ineffizienter Gerichte beauftragt. Hans-Peter Schneider ist der Hinweis zu verdanken, dass sich die Visitationstätigkeit Samuel v. Coccejis in karikierter Form in der Gestalt des Gerichtsrates Walter im »Zerbrochenen Krug« von Heinrich von Kleist niedergeschlagen haben könnte.[36] Nach hohen Ämtern als Richter wurde Samuel v. Cocceji 1738 Justizminister, seit 1747 mit dem Titel eines »Großkanzlers«. Die von ihm unter Friedrich dem Großen seit 1746 initiierten Coccejischen Justizreformen führten zu einer grundlegenden Modernisierung der Justiz: Der Instanzenzug wurde neu geordnet, die Aktenversendung an die juristischen Fakultäten verboten, das Verfahren gestrafft, die Ausbildung und die Besoldung der Richter verbessert. Cocceji wollte insbesondere die Bindung des Richters an das Gesetz durchsetzen. Seine Entwürfe für eine Kodifikation des materiellen Rechts, für einen Corpus Juris Fridericiani, konnten aber noch nicht realisiert werden.[37]

Carl Gottlieb Svarez (1746-1798) studierte von 1762 bis 1765 (im Alter von 16 bis 19 Jahren) an der juristischen Fakultät der Viadrina. Er stieg im Justizdienst rasch auf, wo er mehrere wichtige Reformprojekte realisierte. Seine größte Leistung war die Leitung und maßgebliche Beteiligung an der Ausarbeitung des Allgemeinen Landrechts für die Preußischen Staaten von 1794, das vom Geist des aufgeklärten Naturrechts geprägt war.[38]

Hervorzuheben ist, dass auch bedeutende Persönlichkeiten aus Polen an der Viadrina studierten.[39] Erwähnt seien hier die Brüder Raczynski aus Posen, die sich 1804 an der juristischen Fakultät immatrikulierten. Der ältere Edward Raczynski (1786-

33 Dazu im Einzelnen: Hans-Peter Schneider, Justitia Universalis, Quellenstudien zur Geschichte des »Christlichen Naturrechts« bei Gottfried Wilhelm Leibniz, Frankfurt am Main 1967, S. 229-240; Hans-Peter Schneider, Die wissenschaftlichen Beziehungen zwischen Leibniz und den beiden Cocceji (Heinrich und Samuel), in: Hans Thieme (Hg.), Humanismus und Naturrecht in Berlin-Brandenburg-Preußen, Berlin 1979, S. 90-102.

34 Zusammenfassend: Hans-Peter Schneider, Justitia Universalis (wie Anm. 33); Hans-Peter Schneider, Gottfried Wilhelm Leibniz, in: Michael Stolleis (Hg.), Staatsdenker im 17. und 18. Jahrhundert, Frankfurt am Main 1977, S. 198-227.

35 Nachweise wie Anm. 33.

36 Hans-Peter Schneider, Justizkritik im »Zerbrochenen Krug«, in: Hans Joachim Kreutzer (Hg.), Kleist-Jahrbuch 1988/9, Berlin 1988, S. 309-326, bes. S. 312/3, 323.

37 Kleinheyer/Schröder, Juristen aus neun Jahrhunderten (wie Anm. 30), S. 95-99; I. K. Ahl, Samuel von Cocceji (1679-1755), in: Stolleis, Lexikon (wie Anm. 30), S. 137 f.; Franz Wieacker, Privatrechtsgeschichte der Neuzeit, 2. Aufl., Göttingen 1967, S. 328.

38 Erik Wolf, Große Rechtsdenker (wie Anm. 30), S. 424-466, bes. S. 431; Kleinheyer/Schröder, Juristen aus neun Jahrhunderten (wie Anm. 30), S. 413-417; I. K. Ahl, Carl Gottlieb Svarez (1746-1798), in: Stolleis, Lexikon (wie Anm. 30), S. 613-615; Wieacker, Privatrechtsgeschichte (wie Anm. 37), S. 329-331; s. a. mwN: Rudolf Wassermann Gesetzgebungskunst, Zur Edition der Gesammelten Schriften von Svarez, Recht und Politik 2006, S. 229-233.

39 Dazu im Einzelnen die Beiträge in: Haase/Winkler, Oder-Universität Frankfurt (wie Anm. 3), S. 105-161.

1845) stiftete die Raczynski-Bibliothek in Posen. Der jüngere Athanasius Raczynski (1788-1874) trat in preußische Dienste, wurde preußischer Gesandter. Er stiftete eine große Gemäldesammlung, die sich seit 1903 in Posen befindet.
Es wäre naiv, die großen Verdienste dieser und anderer Absolventen zu Verdiensten der Viadrina als Institution zu stilisieren. Solche Zurechnungen finden sich zuweilen in der populären Literatur, aber auch in wissenschaftlichen Publikationen. Dass aber so viele erfolgreiche Juristen an der Viadrina studiert hatten, zeigt die Bedeutung ihrer juristischen Fakultät in der damaligen Zeit: Sie erfüllte bis zum Schluss die ihr vom Landesherrn von Anfang an gestellte Aufgabe, fachlich qualifizierte Juristen für nützliche Tätigkeiten auf allen Ebenen von Staat und Gesellschaft auszubilden.

3. Die Wissenschaft der juristischen Fakultät der Viadrina 1506 – 1811

Die Entwicklung der Rechtswissenschaft an der alten Viadrina lässt sich in zwei etwa gleich lange Epochen einteilen. Die Zäsur ist hier – wie auf vielen Gebieten – der Dreißigjährige Krieg, die Mitte des 17. Jahrhunderts, die Zeit um 1650.
In der ersten Epoche, von 1506 bis etwa 1650, hatte die rechtswissenschaftliche Literatur an allen juristischen Fakultäten einen verhältnismäßig geringen Umfang. Sie hatte inhaltlich eine andere Qualität als in späteren Zeiten. Sie bestand i. w. aus Kommentierungen klassischer Gesetzestexte und Autoren, aus Formel- und Anleitungsbüchern für die juristische Praxis und Ausbildung, sowie aus Gutachten (*consilia*) zu konkreten Fällen.[40] Es gab noch keine systematisch angelegten Monographien und Lehrbücher.[41] Die meisten Professoren der damaligen Fakultäten sahen ihre Aufgaben fast ausschließlich in der Lehre des traditionellen Wissensstandes und in ihren vielfältigen praktischen Tätigkeiten.[42] Nur wenige Professoren verfassten wissenschaftliche Publikationen von allgemeiner Bedeutung, z. B. Ulrich Zasius (1461-1535) in Freiburg i.Br.[43]
Die wissenschaftliche Produktion an der juristischen Fakultät der alten Viadrina ist zuletzt 1779 und 1780 systematisch aufgearbeitet worden.[44] Sie scheint bis zum Dreißigjährigen Krieg – wie an allen juristischen Fakultäten dieser Zeit – quantitativ

40 Wieacker, Privatrechtsgeschichte (wie Anm. 37), S. 169-175, 210.
41 Ebd., S. 175.
42 Bornhak, Universitätsverwaltung (wie Anm. 4), S. 35, 41 f.
43 Erik Wolf, Große Rechtsdenker (wie Anm. 30), S. 59-101; Wieacker, Privatrechtsgeschichte (wie Anm. 37), S. 155 f.
44 Ludwig Gottfried Madihn, Rechtsgelehrten=Geschichte der Universität zu Frankfurt an der Oder, in: J. W. B. v. Hymnen (Hg.), Beyträge zu der juristischen Litteratur in den Preußischen Staaten, Bd. 3, Berlin 1779, S. 231-265, Bd. 4, Berlin 1780, S. 272-297, Bd. 5, Berlin 1780, S. 177-256; darüber hinaus sind wichtig die verstreuten Angaben zu Frankfurt (Oder) und seine Professoren bei: Roderich v. Stintzing/Ernst Landsberg, Geschichte der deutschen Rechtswissenschaft, 1. bis 3. Abteilung, München 1880-1898, Neudruck, Aalen 1978; aus neuerer Zeit vgl. Höhle, Universität und Reformation (wie Anm. 3), z. B. S. 176, 545.

sehr gering gewesen zu sein. Inhaltlich bestanden die von den Frankfurter Juraprofessoren in dieser Epoche veröffentlichten Schriften überwiegend aus Disputationen, in geringerem Umfang aus Gutachten, Kommentaren und Repetitorien.[45] Für die Entwicklung der Rechtswissenschaft relevante Werke von grundsätzlicher Bedeutung scheinen bis zur Mitte des 17. Jahrhunderts an der Frankfurter juristischen Fakultät nicht entstanden zu sein, was aber der Normalfall für damalige Fakultäten war.

Völlig anders war die Entwicklung der Rechtswissenschaft an der Viadrina in der Epoche nach dem Dreißigjährigen Krieg bis zu ihrem Ende 1811. In dieser Zeit nahm die Menge der rechtswissenschaftlichen Publikationen auf allen Gebieten ständig zu. Ihre Inhalte änderten sich grundlegend. Im Privatrecht begann mit dem *usus modernus pandectarum* seit der Mitte des 17. Jahrhunderts eine zeitgemäße Umformung des römischen Rechts,[46] aus der eine neue Konzeption des Zivilrechts hervorging. Unter dem Bruch mit vielen überkommenen Traditionen wurde das Strafrecht systematisch reformiert.[47] Das erst um 1600 als eigenes Fach entstandene *ius publicum*, das Öffentliche Recht, entwickelte sich nach dem Westfälischen Frieden von 1648 zu einem praktisch wichtigen und wissenschaftlich immer stärker durchdrungenen neuen Rechtsgebiet.[48] Vom Öffentlichen Recht spalteten sich im 18. Jahrhundert die Kameral- und Polizeywissenschaften ab,[49] die Vorläufer heutiger verwaltungsrechtlicher, wirtschafts- und sozialwissenschaftlicher Disziplinen. Alle diese Entwicklungen standen unter den Leitgedanken des Naturrechts, der Aufklärung und der Vernunft.

An diesem tiefgreifenden Prozess der an einem neuen Menschenbild orientierten Umgestaltung der gesamten Rechtswissenschaft nahmen die Professoren der Frankfurter juristischen Fakultät aktiv und mit sichtbaren Erfolgen teil. Sie leisteten zum wissenschaftlichen Diskurs der damaligen Zeit auf vielen Gebieten bedeutsame Beiträge, die hier nur am Beispiel einiger Autoren exemplarisch vorgestellt werden können:

Samuel Stryk (1640-1710) hatte in Frankfurt Rechtswissenschaft studiert, wo er 1666 zum Doktor beider Rechte promovierte. Er lehrte an der Viadrina, bis er 1690 nach Wittenberg, 1692 nach Halle berufen wurde.[50] Stryk war einer der berühmtesten Juristen seiner Zeit. Er führte Elemente des Vernunftrechts und der Frühaufklärung in die civilistische Praxis ein, was ihm den Ehrentitel eines *forensis jurisprudentiae coryphaeus* einbrachte.[51]

45 Vgl. die Literaturangaben bei Madihn, Rechtsgelehrten=Geschichte (wie Anm. 44).
46 Wieacker, Privatrechtsgeschichte (wie Anm. 37), S. 204-248.
47 Eberhard Schmidt, Einführung in die Geschichte der deutschen Strafrechtspflege, 3. Aufl., 2. Nachdruck, Göttingen 1995, S. 153-178, 212-246.
48 Stolleis, Geschichte des öffentlichen Rechts (wie Anm. 7), S. 141-224.
49 Ebd., S. 334-393.
50 Kleinheyer/Schröder, Juristen aus neun Jahrhunderten (wie Anm. 30), S. 404-408; K. Luig, Samuel Stryk (1640-1710), in: Stolleis, Lexikon (wie Anm. 30), S. 592 f.; Wieacker, Privatrechtsgeschichte (wie Anm. 37), S. 220.
51 Wieacker, Privatrechtsgeschichte (wie Anm. 37), S. 220.

Für die Wissenschaft des Zivilrechts noch bedeutsamer war Johann Gottlieb Heineccius (1681-1741).[52] Nach dem Studium und erster Lehrtätigkeit in Halle war Heineccius Professor an der niederländischen Universität Franeker, von wo er 1727 an die Viadrina berufen wurde. Der König versetzte ihn gegen seinen Willen 1733 nach Halle. Heineccius stand in der Tradition des praktischen Vernunftrechts, wie sie Christian Thomasius in Halle geprägt hatte. Heineccius' Lehrbücher zur römischen Rechtsgeschichte, zum Römischen Recht und zum Deutschen Privatrecht bis hin zum Wechselrecht fanden breite Anerkennung im In- und Ausland, sodass sie mehrere Jahrzehnte an vielen Universitäten als Grundlage der Vorlesungen dienten. Noch im Wintersemester 1768/9 wurden drei Vorlesungen an der Viadrina nach Heineccius abgehalten.[53] Heineccius war ein Gelehrter von europäischem Rang.[54]

Aus dem Strafrecht ist hervorzuheben Johann Samuel Friedrich von Böhmer (1704-1772).[55] Nach Studium und Professur in Halle war er von 1750 bis zu seinem Tode 1772 in Frankfurt tätig. Er verfasste die erste wissenschaftliche Gesamtdarstellung des Strafrechts, die *Elementa jurisprudentiae criminalis*, die in vielen Auflagen weit verbreitet war.[56]Im Strafrecht galt Böhmer als »der hervorragendste Dogmatiker des 18. Jahrhunderts«.[57]

Auch im Öffentlichen Recht lehrten an der Viadrina nach dem Dreißigjährigen Krieg bedeutende Vertreter ihres Faches, denen Stolleis einen eigenen Abschnitt widmet.[58] Unter ihnen ragt heraus der schon oben im Abschnitt 2 erwähnte Heinrich von Cocceji (1644-1719).[59] Er hatte in Leiden und Oxford studiert. Nach Professuren in Heidelberg und Utrecht wurde er 1690 nach Frankfurt berufen, wo er bis zu seinem Tode 1719 blieb. Seine Naturrechtskonzeption war calvinistisch geprägt,[60] was der Tradition der damaligen Viadrina entsprach.[61] Seine völkerrechtlichen Schriften waren von dem Niederländer Hugo Grotius beeinflusst. Heinrich von Coccejis in Frankfurt (Oder) 1695 gedrucktes staatsrechtliches Lehrbuch *Juris*

52 Zusammenfassend: Roland Wittmann, Johann Gottlieb Heineccius – Ein Repräsentant der europäischen Wissenschaftstradition an der Viadrina, in: Knefelkamp, Jahresbericht Nr. 5 (wie Anm. 20), S. 77-84; K. Luig, Johann Gottlieb Heineccius (1681-1741), in: Stolleis, Lexikon (wie Anm. 30), S. 279 f.; Wieacker, Privatrechtsgeschichte (wie Anm. 37), S. 223 f., 322.

53 Vgl. die Angaben in dem Vorlesungsverzeichnis der Viadrina für das Wintersemester 1768/9, Winter=Vorlesungen (wie Anm. 8).

54 Wieacker, Privatrechtsgeschichte (wie Anm. 37), S. 223.

55 Zusammenfassend: Uwe Scheffler, Die Viadrina-Professoren Johann Jacob Moser (1701-1785) und Johann Samuel Friedrich von Böhmer (1704-1772) – gleichberühmt, aber grundverschieden, in: Ulrich Knefelkamp (Hg.), Förderverein zur Erforschung der Geschichte der Viadrina e. V. – Jahresbericht Nr. 2, Berlin 2000, S. 6-27.

56 Ebd., S. 15 f.

57 Schmidt, Einführung (wie Anm. 47), S. 166.

58 Stolleis, Geschichte des öffentlichen Rechts (wie Anm. 7), S. 245-248.

59 Zusammenfassend: Hans-Peter Schneider, Justitia Universalis (wie Anm. 33), S. 223-228; Stolleis, Geschichte des öffentlichen Rechts (wie Anm. 7), S. 246 f.; Christoph Link, Menschenwürde und Gerechtigkeit als Staatszweck – Zum Werk Heinrich von Coccejis (1644-1719), in: Rainer Grote u.a. (Hrsg.), Die Ordnung der Freiheit, Festschrift für Christian Starck, Tübingen 2007, S. 87-98.

60 Hans-Peter Schneider, Wissenschaftliche Beziehungen (wie Anm. 33), S. 93.

61 Mühlpfordt, Oder-Universität (wie Anm. 3), S. 47-62.

publici prudentia compendio exhibita wurde bis 1723 fünfmal aufgelegt. Es galt auf seinem Gebiet als das maßgebliche Werk der Zeit und wurde auch Vorlesungen in Halle und Jena zu Grunde gelegt.[62]

Nur kurz, aber immerhin, wirkte von 1736 bis 1739 an der Viadrina einer der bedeutendsten Staatsrechtslehrer des 18. Jahrhunderts: Johann Jacob Moser (1701-1785).[63] Moser hatte in Tübingen studiert, führte ein bewegtes Leben, wechselte mehrfach seine beruflichen Positionen und war von einer außerordentlichen literarischen Produktivität: Er schrieb 500 bis 600 Bücher. 1736 wurde er an die Viadrina berufen, in der Erwartung, dass er, mit den Kompetenzen des neu geschaffenen Amtes eines Direktors ausgestattet, den Universitätsbetrieb reformieren werde. Mit diesem Auftrag scheiterte er jedoch am Beharrungsvermögen der Kollegen. Er verließ daher die Viadrina nach nur drei Jahren, sicher auch deshalb, weil sein ständisch und reichspublizistisch geprägtes staatsrechtliches Denken nicht in das absolutistische Preußen von König Friedrich Wilhelm I. passte.

Aus den letzten Jahrzehnten der alten Fakultät ist hervorzuheben Joachim Georg Darjes (1714-1791), an den bis heute in Frankfurt (Oder) ein Denkmal im Park an der Gertraudenkirche erinnert. Darjes hatte in Jena studiert und war dort Professor, bis er 1763 nach Frankfurt berufen wurde, wo er bis zu seinem Tode lehrte. Darjes wurde berühmt durch mehrere, weit verbreitete Werke auf dem Gebiet der Kameral- und Polizeywissenschaften, in denen er Grundfragen der Ökonomie, des Staatshaushaltes, des Verwaltungsrechts und der Verwaltungslehre behandelte.[64] Modern formuliert öffnete er die Rechtswissenschaften zu den Sozialwissenschaften. Auf die Praxis der preußischen Gesetzesreform hatte Darjes nachweisbaren Einfluss.[65]

Diese Professoren waren keine revolutionären Denker, wie damals z. B. Jean Jacques Rousseau. Sie waren aber auch nicht nur die Verwalter des traditionellen Wissens, wie ihre Kollegen in der Zeit vor dem Dreißigjährigen Krieg. Die Professoren der juristischen Fakultät nach dem Dreißigjährigen Krieg führten das Denken ihrer Zeit mit innovativen Ansätzen selbständig weiter. Sie leisteten wissenschaftsgeschichtlich bis heute nachvollziehbare Beiträge zur Fortentwicklung ihrer Fachgebiete. Sie wirkten erfolgreich daran mit, die neuartigen Ansätze der Aufklärung in den Rechtswissenschaften und in der juristischen Praxis zu konkretisieren.

62 Ebd.

63 Dazu: Conrad Bornhak, Johann Jacob Moser als Professor in Frankfurt a.O., in: Otto Hintze (Hg.), Forschungen zur Brandenburgischen und Preußischen Geschichte, 11. Band, zweite Hälfte, Leipzig 1898, S. 29-39; Stolleis, Geschichte des öffentlichen Rechts (wie Anm. 7), S. 247 f., 258-267; Scheffler, Die Viadrina-Professoren (wie Anm. 55).

64 Stolleis, Geschichte des öffentlichen Rechts (wie Anm. 7), S. 289, 376, 378, 380 f.

65 Florian Gärtner, Joachim Georg Darjes und die preußische Gesetzesreform, Ein Beitrag zur Entstehungsgeschichte des ALR, Berlin 2007.

4. Bilanz der juristischen Fakultät der Viadrina 1506 – 1811

Die Urteile der Wissenschaftsgeschichte über die alte Viadrina waren unterschiedlich. Eine Tradition negativer Einschätzungen entstand im 19. Jahrhundert. Sie stammt aus einer Zeit, als die systematische Erforschung der alten Viadrina noch nicht begonnen hatte. So schrieb z. B. der Berliner Philosophieprofessor Friedrich Paulsen 1896 in einem einflussreichen Werk, dass »die brandenburgische Universität zu Frankfurt a.O., [. . .] als jenseits der Grenzen der Civilisation gelegen, wohl von Anfang an nur die dürftigen Umrisse einer Universität darstellte.«[66] Paulsen selbst rückte von dieser Bewertung später ab. Sie ist in der letzten Auflage seines Buches von 1919 nicht mehr enthalten.[67]

Alle neueren wissenschaftlichen Untersuchungen widersprechen den negativen Einschätzungen des 19. Jahrhunderts. Günther Mühlpfordt kam in einer umfassenden, 1983 in Weimar erschienenen Studie zu dem Ergebnis, dass die Viadrina »eine höchst beachtliche positive Gesamtbilanz« aufweise.[68] Der Berliner Historiker Gerd Heinrich formulierte 1983: »In der Summe dreier Jahrhunderte sind von Frankfurt aus den Geisteswissenschaften in Brandenburg-Preußen und darüber hinaus wesentliche, zeitweise wegweisende Kräfte zugewachsen.«[69] Michael Stolleis, der zur Zeit bedeutendste Forscher auf dem Gebiet der Geschichte der deutschen Rechtswissenschaft, bezeichnete die Viadrina – für die Zeit bis zur Gründung der Universität Halle 1694 – als »die wichtigste der brandenburgisch-preußischen Universitäten«.[70]

Die vorstehenden Untersuchungen zeigen, dass diesen neueren Ansätzen zuzustimmen ist. Die Viadrina war weit erfolgreicher als viele andere Universitäten im norddeutschen Raum, z. B. Duisburg, Herborn, Rinteln, Helmstedt, Erfurt, Kiel, Rostock, Greifswald oder Königsberg in der Zeit vor Kant.[71] Deutlich überlegen waren jeweils nur zwei andere Universitäten in Norddeutschland: im 16. Jahrhundert die ältere Universität Leipzig und die lutherische Universität Wittenberg, im 18. Jahrhundert die neu gegründeten Reformuniversitäten Halle (1694)[72] und Göttingen (1737).[73] Gemessen an den Zahlen der Professoren, Studenten und Absolventen, an den Inhalten der Lehre und an den Erträgen der Forschung kann man die Viadrina in den meisten Jahrzehnten auf einem der vorderen Plätze unter allen norddeutschen

66 Friedrich Paulsen, Geschichte des gelehrten Unterrichts auf den deutschen Schulen und Universitäten vom Ausgang des Mittelalters bis zur Gegenwart, 2. Aufl., Bd. 1, Leipzig 1896, S. 191.
67 Vgl. ebd., 3. Aufl., Bd. 1, Leipzig 1919, Neudruck Berlin 1965, S. 198.
68 Mühlpfordt, Oder-Universität (wie Anm. 3), S. 70.
69 Gerd Heinrich, Die Geisteswissenschaften an der Brandenburgischen Landesuniversität Frankfurt/ Oder um 1800, in: Hans Joachim Kreutzer (Hg.), Kleist-Jahrbuch 1983, Berlin 1983, S. 71-97 (96 f.).
70 Stolleis, Geschichte des öffentlichen Rechts (wie Anm. 7), S. 245, entspr. S. 331.
71 Ebd., S. 238-248.
72 Dazu ebd., S. 298-309.
73 Dazu ebd., S. 309-320.

Universitäten einordnen.[74] Sie gehörte damit zur oberen Gruppe der damaligen norddeutschen Universitäten, wenn sie auch im Allgemeinen nicht einen der beiden höchsten Ränge einnahm.

Oft ist gefragt worden, warum die Frankfurter Universität nicht in die absolute Spitzengruppe der damaligen Universitäten aufrücken konnte. Die Gründe sind vielschichtig: Frankfurt (Oder) befand sich in einer geographischen Randlage, entfernt von den Zentren der ökonomischen und politischen Entwicklung. Die Viadrina hatte nur ein verhältnismäßig dünn besiedeltes Umland, aus dem an allen Universitäten – damals wie heute – die meisten Studenten kamen. Um diese Nachteile zu kompensieren, hätte es weit überproportionaler Aufwendungen des Landesherrn bedurft. Als diese schließlich zur Verfügung standen, flossen sie seit 1694 nicht nach Frankfurt (Oder), sondern nach Halle.

Im Jahre 1811 wurde die Viadrina einschließlich ihrer juristischen Fakultät nach Breslau verlagert.[75] Die Professoren und Studenten, die Bücher und Akten wurden auf Oderkähnen nach Breslau verschifft. Das war nicht eine Antwort auf ein Versagen der alten Viadrina, wie es zur Rechtfertigung dieses Vorgangs manchmal dargestellt wurde. Die Verlagerung der Viadrina nach Breslau war eine nachvollziehbare hochschulpolitische Strukturentscheidung in einer Zeit großer Not, der Zeit der französischen Besetzung. Nachdem die Reformuniversität Berlin 1810 gegründet worden war, war eine zweite Universität in der Nähe überflüssig. Eine Viadrina in Frankfurt hätte die Neugründung wegen der Konkurrenz um die einheimischen Studenten sogar gefährden können. Gleichzeitig sollte die seit 1702 bestehende Universität in Breslau vergrößert werden, wozu die Frankfurter Viadrina tatsächlich einen Beitrag leistete.[76]

So ist die Bilanz der juristischen Fakultät der alten Viadrina insgesamt positiv: Sie hat ihren praktischen Anspruch erfüllt, indem sie kontinuierlich Absolventen ausbildete, die Nützliches, teilweise Großes in ihren Berufen geleistet haben. Sie hat – jedenfalls seit dem Dreißigjährigen Krieg – durch herausragende Gelehrte den Wissenschaftsprozess der Zeit sichtbar bereichert. Inhaltlich trug die juristische Fakultät der alten Viadrina nachhaltig dazu bei, das große Projekt der Aufklärung in der Wirklichkeit von Staat und Gesellschaft zu realisieren.

74 Entspr. ebd., S. 331.

75 Dazu Irina Modrow, Wonach in Frankfurt »jeder, der nur wollte, gute Studien machen konnte . . .«. Eine kleine Geschichte der Viadrina, Schöneiche bei Berlin 2006, S. 125-133; s. a. Stolleis, Geschichte des öffentlichen Rechts (wie Anm. 7), S. 331-333.

76 Umfassend zur Entwicklung der juristischen Fakultät der Universität Breslau: Konrad Nowacki, Zarys Dziejów Prawa na Uniwersytecie Wroclawskim, Wroclaw 2004.

Dietrich Bonhoeffer und seine Freunde
Theologie und Recht in der NS-Diktatur

Joachim Perels

I.

Dietrich Bonhoeffers Bedeutung liegt nicht allein in seiner Person. Erst durch die intensiven Freundschaftsbeziehungen, vor allem mit Franz Hildebrandt, Eberhard Bethge, Karl Barth, Hans von Dohnanyi, Friedrich Justus Perels und Paul Schulze zur Wiesche, die auch untereinander vielfach verbunden waren, konnte sich Bonhoeffers Handeln und Denken im theologischen und politischen Kampf gegen das Hitler-Regime und die überwiegend staatsergebene Kirche der antisemitischen Diktatur[1] entwickeln. Freundschaft in diesem Sinne ist eine Beziehung, die, wie Brecht sagt, durch eine dritte Sache vermittelt ist. Sie betrifft neben Privatem vor allem die Einrichtung des ganzen Gemeinwesens, entsprechend dem fordernden Wort von Jesaja: »Schafft Recht, helft den Unterdrückten« (1, 17).

Die politische Dimension von Freundschaft hat schon Aristoteles erkannt. Er definiert Freundschaft als »gegenseitige Wohlgesinntheit« der »Menschenfreundlichen«. Jede »Freundschaft existiert wegen des Guten«, das durch gemeinsames Handeln befördert werden soll. Bloßer Nutzen für den Einzelnen ist für Aristoteles »ordinär«, gehört nicht zur Freundschaft.[2] Ernst Bloch, im Exil vor der Verfolgung durch die Nazis gerettet, entfaltet im »Prinzip Hoffnung« umfassend die Träume vom besseren Leben, zu denen auch die Freundschaft gehört. Er schließt an Aristoteles ausdrücklich an und verstärkt das normative Moment von Freundschaft: »Freundschaft (hielt sich) über die Zweizahl hinaus meist nur in Gruppen . . . utopischer Abzielung ..., in der Auflösung des Sozialbaus zu Akten gegenseitiger Hilfe.«[3]

1 Vgl. Wolfgang Gerlach, Als die Zeugen schwiegen. Bekennende Kirche und die Juden, 2. Aufl. Berlin 1993; Joachim Perels, Die Hannoversche Landeskirche im Nationalsozialismus 1935-1945. Kritik eines Selbstbildes, Beiheft Junge Kirche H. 9/1995, S. 1 ff.; Sie schwammen gegen den Strom. Widersetzlichkeit und Verfolgung rheinischer Protestanten im »Dritten Reich«, hrsg. v. Günter van Norden/Klaus Schmidt, 2. Aufl. Köln 2007.

2 Aristoteles, Die nikomachische Ethik, hrsg. v. Olaf Gigon, 4. Aufl. München 1981, S. 231 ff., 231, 233, 236, 248.

3 Ernst Bloch, Das Prinzip Hoffnung, Frankfurt/M. 1959, S. 1131.

II.

Am Verhältnis von Dietrich Bonhoeffer und Eberhard Bethge wird die soziale Bedeutung der Freundschaft exemplarisch sichtbar. Beide waren über viele Jahre so eng befreundet, dass sie sich manchmal an einem Tag, wenn sie sich nicht sehen konnten, drei Briefe schrieben. Es kam vor, dass Bethge einen Brief an seinen Freund versehentlich mit dessen Namen unterschrieb.[4] Die unendliche Wechselseitigkeit zwischen Bonhoeffer und Bethge drückte sich nicht nur in einem reichen Briefwechsel, sondern auch in den theologischen Spätschriften Bonhoeffers im Gefängnis aus, die wesentlich Briefe an seinen Freund sind: »Wenn ich einmal etwas sagen möchte, wem sollte ich es sonst sagen«,[5] schreibt er. Das hat zur Folge, dass die dunklen Seiten des eigenen Verhaltens zum Thema werden konnten. Am 1. Februar 1941 schreibt Bonhoeffer an Eberhard Bethge: »Du hast auch die Belastungsproben einer solchen Freundschaft besonders durch meine Gewalttätigkeit (die ich selber an mir verabscheue und an die Du mich glücklicherweise mal wieder erinnert hast), mit aller Geduld ausgehalten, und Dich dadurch nicht verbittern lassen.«[6] Wie eine Summe ihrer Freundschaft liest sich ein Brief vom 18. November 1943 von Bonhoeffer aus dem Gefängnis, in dem er sein wichtigstes Werk, die fragmentarische »Ethik«, entstanden zwischen 1941 und 1943 in der Zeit des Schreibverbots, ganz in die Hände von Bethge legt: »Es tröstet mich etwas, dass ich das Wesentliche Dir gesagt hatte.«[7]

Bonhoeffers ältester, lebenslanger Freund war Franz Hildebrandt, dessen Mutter jüdischer Herkunft war. Bereits vor dem Sieg Hitlers erarbeiten Bonhoeffer und Hildebrandt eine theologische Position, die es ihnen möglich macht, den Herausforderungen der NS-Diktatur entschiedener entgegen zu treten als andere Vertreter der Bekennenden Kirche. 1931 verfassen sie in langen gemeinsamen Diskussionen einen Katechismus, der dem herrschenden staatszentrierten, antisemitisch grundierten Protestantismus[8] entgegengesetzt ist. Staatliche Machtentfaltung durch Krieg, seit 1914 durch viele Predigten religiös legitimiert, besitzt keine theologische Rechtfertigung: »Die Kirche (weiß) nichts von einer Heiligkeit des Krieges. Hier

4 Dietrich Bonhoeffer, Brief an Eberhard Bethge v. 31.7.1936, in: ders., Illegale Theologenausbildung Finkenwalde 1935-1937, Werke Bd. 14, hrsg. v. Otto Dudzus u.a., Gütersloh 1996, S. 208.

5 Dietrich Bonhoeffer, Brief an Eberhard Bethge v. 21.7.1944, in: ders., Widerstand und Ergebung (1951), hrsg. v. Eberhard Bethge, München 1990, S. 195.

6 Dietrich Bonhoeffer, Brief an Eberhard Bethge v. 1.2.1941, in: ders., Konspiration und Haft 1940-1945, Werke Bd. 16, hrsg. v. Ulrich Kabitz u.a., Gütersloh 1996, S. 125.

7 Dietrich Bonhoeffer, Brief an Eberhard Bethge v.18.11.1943, zit. nach Eberhard Bethge, Vorwort zu Dietrich Bonhoeffer, Ethik, München 1949, S. 6.

8 Gerlach (Fn. 1), S. 21 ff.; Gerhard Lindemann, »Typisch jüdisch«. Die Stellung der ev.-luth. Landeskirche Hannover zu Antijudaismus, Judenfeindschaft und Antisemitismus, 1919-1949, Berlin 1998, S. 36 ff.; Matthias Schreiber, Friedrich Justus Perels. Ein Weg vom Rechtskampf der Bekennenden Kirche in den politischen Widerstand, München 1989, S. 54 ff.

wird mit entmenschten Mitteln der Kampf ums Dasein geführt.«[9] Auch der völkisch-antisemitischen Negierung des gleichen Rechts, die von führenden Kirchenleuten in der Weimarer Republik propagiert wurde,[10] treten Bonhoeffer und Hildebrandt biblisch begründet entgegen: »Gott hat gemacht, dass von *einem* Blut aller Menschen Geschlechter auf dem ganzen Erdboden wohnen (Apg. 17, 26). Darum ist ein völkisches Trotzen auf Fleisch und Blut Sünde wider den Geist.«[11] Konsequent tritt die in der Zeit des Staatsabsolutismus über Jahrhunderte verschüttete eschatologische Dimension des Evangeliums in der Überwindung des alten machtbestimmten Äon ins Zentrum: »(D)ie Kirche freut sich mit aller Kreatur auf eine neue Erde und einen neuen Himmel.«[12]

III.

Das Handeln Bonhoeffers und seiner Freunde aus der Bekennenden Kirche bezieht sich sowohl auf theologische als auch auf rechtliche Fragen, für die Bonhoeffer einerseits mit Franz Hildebrandt, Karl Barth und Eberhard Bethge und andererseits mit Hans von Dohnanyi, Friedrich Justus Perels und Paul Schulze zur Wiesche kompetente Gesprächspartner hat, mit denen er im Widerstand auch gemeinsame Stellungnahmen zu den anti-christlichen und rechtszerstörenden Handlungen des Regimes verfasst.

Als Hildebrandt 1933 eine Pfarrstelle im Berliner Osten durch die Anwendung des Arier-Paragraphen verweigert wurde, verzichtet Bonhoeffer aus theologischer Solidarität mit seinem Freund, dort ein Pfarramt zu übernehmen.[13] Im Kampf gegen den staatlich propagierten Judenhass gehören sie, anders als viele ihrer Mitstreiter in der kirchlichen Opposition,[14] zu den exponierten Köpfen der Bekennenden Kirche. Besonders eng kooperierten sie bei der Vorbereitung und Begleitung der Steglitzer Synode vom Herbst 1935, die am Ende die Abwehr des Antisemitismus auf den innerkirchlichen Bereich reduzierte. Hildebrandt war an der Formulierung der Vorlage für die Synode beteiligt, in der das Eintreten für alle, auch nicht-christliche Juden gefordert wurde: » So wenig die Kirche dem Juden die Taufe verweigern kann, so wenig ist sie dem ungetauften Juden gegenüber von dem Liebesgebot Jesu Christi entbunden. Wir danken unser Heil allein der grundlosen Liebe Gottes, die

9 Dietrich Bonhoeffer/Franz Hildebrandt, Glaubst Du, so hast Du. Versuch eines lutherischen Katechismus (1931/32), in: Bonhoeffer, Ökumene, Universität, Pfarramt 1931-1932, Werke Bd. 11, hrsg. v. Eberhard Amelung u.a., München 1994, S. 232; Hans-Ulrich Wehler, Deutsche Gesellschaftsgeschichte, Bd. 41, 1914-1949, München 2003, S. 21 ff.

10 S. Fn. 8.

11 Bonhoeffer/Hildebrandt (Fn. 9), S. 232.

12 Ebd., S. 236.

13 Eberhard Bethge, Dietrich Bonhoeffer. Theologe – Christ – Zeitgenosse, München 1967, S. 279.

14 Vgl. Gerlach (Fn. 1).

keine Schranken kennt.«[15] Diese Position einer – auch von wenigen anderen – theologisch begründeten Einklagung des Gleichheitssatzes wurde durch massiven Druck von Präses Koch von der Erörterung in der Synode ausgeschlossen.[16] Die gerade verabschiedeten Nürnberger Rassegesetze wurden damit auch in der Bekennenden Kirche jener Zeit nicht in Frage gestellt. Durch Hildebrandt telefonisch alarmiert, war Bonhoeffer mit seinem Finkenwalder Seminar zur Synode gereist, um Einfluss auf die Beschlüsse zu nehmen. Gegenüber dem synodalen Schweigen zu den Diskriminierungsgesetzen gegen die Juden konnte er nichts ausrichten; nur die weltferne Spiritualisierung der Taufe, die, wie es in einer Vorlage hieß, »kein weltliches Bürgerrecht« begründet, konnte er verhindern.[17] Angesichts der Steglitzer Beschlüsse war Hildebrandt auch als Geschäftsführer des Pfarrernotbundes entschlossen, die Bekennende Kirche zu verlassen (den Entschluss hat er dann nicht ausgeführt). Sein Freund Bonhoeffer hatte hierfür die prophetische Begründung geliefert: »Nur wer für die Juden schreit, darf auch gregorianisch singen.«[18]

Am kirchlichen Prozess der Überwindung der Hinnahme der antisemitischen Gesetzgebung ist Hildebrandt in enger geistiger Verbindung mit Bonhoeffer aktiv beteiligt. In einem theologischen Memorandum von 1936 zur Stellung zu den Juden für den Theologischen Ausschuss der Bekennenden Kirche wendet er sich dagegen, als »fordere (der) Gehorsam gegen die Obrigkeit das freudige Ja zu der Behandlung der Judenfrage« – mit der Folge, »dass die Kirche schweigend mit ansieht, dass die, denen ihre Predigt gilt, als Untermenschen behandelt werden.«[19] Hildebrandts Sicht geht in die Endfassung der Denkschrift der Bekennenden Kirche von 1936 ein, in der der Antisemitismus als Staatsdoktrin verworfen und als unvereinbar mit dem Gebot der Nächstenliebe qualifiziert wird.[20] Die Summe der Überwindung des antisemitischen Potentials auch in der Bekennenden Kirche ziehen Bonhoeffer und Hildebrandt in einem von ihnen gemeinsam verfassten Entwurf für eine Kanzelabkündigung: »(L)asst Euch nicht irre machen, wenn ein Netz von Lüge die öffentliche Meinung, das berufliche Leben und die persönlichen Beziehungen der Menschen umfängt . . . der heilige Geist vertritt alle Gequälten und Stummen, die keine Hilfe haben. Gott, der Herr, hört ihr Schreien und wird ihnen Recht schaffen.«[21]

15 Holger Roggelin, Franz Hildebrandt. Ein lutherischer Dissenter im Kirchenkampf und Exil, Göttingen 1999, S. 94.
16 Ebd.
17 Ebd., S. 95.
18 Bethge (Fn. 13), S. 685.
19 Franz Hildebrandt, Memorandum für den »Theologischen Ausschuss zur Judenfrage« der Bekennenden Kirche (1936), in: Juden – Christen – Deutsche, hrsg. v. Eberhard Röhm/Jörg Thierfelder, Stuttgart 1992, S. 421, 426.
20 Erklärung der Vorläufigen Leitung an den Führer und Reichskanzler (1936), in: Kirchliches Jahrbuch 1933-1944, hrsg. v. Joachim Beckmann, Gütersloh 1948, S. 130 ff., 133.
21 Dietrich Bonhoeffer/Franz Hildebrandt, Entwurf für ein Pfingstwort (1936), in: Bonhoeffer (Fn. 4), S. 157.

IV.

Auch in anderen Fragen zeigt sich die Wirkmächtigkeit des gemeinsamen Handelns von Bonhoeffer und seinen Freunden. Als die Regierung Hitler im Jahre 1935 durch den Kirchenminister Kerrl so genannte Kirchenausschüsse von Staats wegen eingerichtet, um die selbstverwalteten Leitungsgremien der Bekennenden Kirche unter Kuratel stellen zu können,[22] nehmen Dietrich Bonhoeffer und Friedrich Justus Perels in einem theologischen und einem juristischen Gutachten dazu übereinstimmend Stellung. Sie unterstützen die 1936 auf der Synode in Bad Oeynhausen von Martin Niemöller formulierte Position, die von der Mehrheit der Bekennenden Kirche vertreten wurde, dass es die christliche Autonomie der Kirche ausschließt, dem Staat die Kompetenz der personellen Besetzung ihrer Institutionen zu übertragen.[23] Bonhoeffer rekurriert direkt auf ein Wort von Luther: »Die rechte Kirche, weil sie allein das Priestertum hat, muss sie auch die Macht haben, Kirchendiener zu wählen.« Das bedeutet: »Es ist lutherische Lehre, dass niemand in der Kirche öffentlich lehren darf, er sei denn rechtmäßig berufen. Die Berufung der Ausschüsse aber ist nicht rechtmäßig, weil nicht durch die Kirche vollzogen ...«[24] Den theologischen Sachverhalt der bekenntniswidrigen Usurpation des Selbstverwaltungsrechts der Kirche durch die Diktatur fasst Perels in seinem Gutachten in rechtliche Kategorien: »(E)ine kirchliche Gesetzgebung (ist) in Fragen dieser Ausschüsse nicht tätig geworden . . . Kirchliche Organe . . . (sind) vor der Verkündigung der neuen staatlichen Bestimmungen nicht gefragt worden . . . Die Ausschüsse sind staatlicher Herkunft . . . Eine kirchliche Legitimierung besitzen sie nicht.«[25]
Gegenüber dem wohl wichtigsten Repräsentanten einer Integration des Protestantismus in die nationalsozialistische Herrschaft, dem hannoverschen Landesbischof August Marahrens, der das System der staatlichen Kirchenausschüsse unterstützt und parallel dazu, im Sinne der antisemitischen Vorgaben des Regimes, seit 1937 die Entfernung so genannter judenchristlicher Pastoren aus dem Pfarramt betreibt,[26] ziehen Bonhoeffer und Perels einen entschiedenen Trennungsstrich. Bonhoeffer spricht 1936 davon, »dass Marahrens die Bekennende Kirche gar nicht verraten konnte, weil er ihr nie angehört hat«,[27] während Perels zur gleichen Zeit notiert, dass Marahrens durch seine Mitarbeit im Reichskirchenausschuss der Diktatur im Blick auf die staatsunabhängige Erfüllung des christlichen Auftrages sich als charakterlos erwiesen habe.[28]

22 Beckmann (Fn. 20), S. 101 ff.
23 Ebd., S. 117 ff., 109 ff.
24 Dietrich Bonhoeffer, Gutachten über »Irrlehre« in der Bekennenden Kirche (1936), in: Bonhoeffer (Fn. 4), S. 700 ff., 703, 710.
25 Friedrich Justus Perels, Zur rechtlichen Lage in der DEK (1936), Schreibmaschinenfassung, S. 4.
26 Lindemann (Fn. 8), S. 281 ff.
27 Dietrich Bonhoeffer, Brief an Friedrich Schauer v. 25.1.1936, in: Bonhoeffer (Fn. 4), S. 108.
28 Schreiber (Fn. 8), S. 87.

Franz Hildebrandt emigrierte im Sommer 1937 aus Nazi-Deutschland nach England, nachdem er die Verhaftung des Sprechers der kirchlichen Opposition, Martin Niemöller, durch die Gestapo mit erlebt hatte und selber vier Wochen wegen seiner Gottesdiensttätigkeit in Dahlem und der Verlesung von Fürbittelisten für die Verhafteten vom Staat eingesperrt worden war.[29] In dieser Zeit beginnt er eine dreijährige Arbeit an einer Untersuchung unter dem Titel »Evangelium und Humanität«, die die Erfahrung mit der widerchristlichen politischen Herrschaft gleichermaßen theologisch und verfassungsrechtlich umfassend reflektiert und daraus Schlussfolgerungen für einen Begriff des Christseins entwickelt, der die Rechtfertigung der autoritären Obrigkeit im Mehrheitsprotestantismus theoretisch überwindet.[30] Räumlich getrennt von Bonhoeffer gibt es mit ihm bei allen Differenzen, die auch in ihrem Briefwechsel zum Ausdruck kommen,[31] eine grundlegende Übereinstimmung. Beide wenden sich, wie schon in ihrem Katechismus von 1931, gegen die bis in die Bekennende Kirche hineinreichende »babylonische Gefangenschaft« (Iwand), im alten, herrschaftlich organisierten Äon, die auf den tradierten Maximen der lutherischen Zweireichelehre beruht. Der Staat und die Rechtsordnung werden – vor allem von den lutherischen Bischöfen Meiser und Marahrens[32] – von den Fragestellungen der Nachfolge Jesu abgekoppelt und den Machtgesetzen der Welt überantwortet.[33] Ein Abschnitt der Untersuchung von Hildebrandt, deren vollständiger Text bis heute nicht veröffentlicht ist – Helmut Thielicke beispielsweise riet in den 50iger Jahren von einer Publikation ab, weil sie bereits veraltet sei –, trägt den Titel »Zur Theologie der Bills of Rights«.[34] Hildebrandt arbeitet die gedankliche Übereinstimmung wesentlicher Weisungen der Bibel und der amerikanischen Revolutionsverfassungen von Virginia, Massachusetts und anderer Staaten vor allem im Blick auf die Konstituierung des Staates durch das Volk und die Geltung des Gesetzes heraus. Gegenüber der verbreiteten, auch in programmatischen Texten des Widerstands wie des Freiburger Kreises vertretenen Auffassung, dass auch eine absolutistische Staatsverfassung für Christen akzeptabel sei,[35] vertritt Hildebrandt eine entschiedene Gegenthese: »(D)ie gegenseitige Verantwortlichkeit von ›Obrigkeit‹ und ›Volk‹ (ist) ein genuin biblisches Element. Das Volk wird für den König haftbar gemacht, den es sich gegeben hat (1. Sam. 8 u. 12).“ Dem entspricht der von

29 Bethge (Fn. 13), S. 655, 657.
30 Eingehend hierzu Roggelin (Fn. 15), S. 157 ff.
31 Bethge (Fn. 13), S. 518.
32 Vgl. Perels (Fn. 1).
33 S. Juden – Christen – Deutsche, Bd. 4/II 1941-1945, hrsg. v. Eberhard Röhm/Jörg Thierfelder, Stuttgart 2007, S. 283 ff.; Gerlach (Fn. 1), S. 362 ff.
34 Franz Hildebrandt, Zur Theologie der Bills of Rights, in: Bekennende Kirche. Martin Niemöller zum 60. Geburtstag, hrsg. v. Joachim Beckmann/Herbert Mochalski, München 1952, S. 288 ff.; vgl. in diesem Zusammenhang insb. Hans-Peter Schneider, Eigenart und Funktion der Grundrechte im demokratischen Verfassungsstaat, in: Grundrechte als Fundament der Demokratie, hrsg. v. Joachim Perels, Frankfurt/M. 1979, S. 11 ff.; Roggelin (Fn. 15), S. 126 ff.
35 Politische Gemeinschaftsordnung. Ein Versuch zur Selbstbesinnung des christlichen Gewissens in den politischen Nöten unserer Zeit (1943), in: In der Stunde Null, eingeleitet von Helmuth Thielicke, Tübingen 1979, S. 26 ff., 77.

Hildebrandt herausgehobene Satz aus der Verfassung von Pennsylvania: »The government is, or ought to be, instituted for the common benefit, protection and security of people, nation or community; and not for the particular emolument or advantage of any single man, family, or sett of men, who are a part only of that community (Art. V)«.[36] Auch im Blick auf den Gleichheitssatz, der Fundamentalnorm der Demokratie, wird eine Konvergenz von biblischen Weisungen und Verfassungsrecht festgestellt: Herangezogen wird Art. XII. der Verfassung von Massachusetts: ». . . no subject shall be arrested, imprisoned . . . deprived of his property . . . put out of protection of the law . . . or deprived of his life, liberty or estate, but by the judgment of his peers, or the law of the land." Hildebrandt interpretiert: »Fast jede Einzelheit ist biblisch belegbar. Der Kampf der Propheten um gerechtes Gericht, ordentliche Zeugen, unbestechliche Richter inspiriert den Gesetzgeber, der dem Prinzip ›ohne Ansehen der Person‹ die feierliche Sanktionierung gibt.« Das heißt, es ist Sache der Kirche, »den Opfern des Unrechts beizustehen,« das sich in »Sondergerichte(n), Geheimpolizeien und Konzentrationslagern« niederschlägt – »... Zeichen des barbarischen Zeitalters, in das wir heute zurückgeworfen sind.«[37]
Fast wörtlich findet sich der Gedanke einer christlich gebotenen Wahrnehmung der Gepeinigten in Bonhoeffers Aufzeichnungen in der Haft, als säße er mit Hildebrandt an einem gemeinsamen Manuskript: »Es bleibt ein Erlebnis von unvergleichlichem Wert, dass wir die großen Ereignisse der Weltgeschichte einmal von unten aus der Perspektive der Ausgeschalteten, Beargwöhnten, schlecht Behandelten, Machtlosen, Unterdrückten und Verhöhnten, kurz: der Leidenden sehen gelernt haben . . . (Dann ist) unser Blick für Größe, Menschlichkeit, Recht und Barmherzigkeit klarer, freier, unbestechlicher geworden ...«[38]

V.

Als das NS-System am 9. November 1938 die Juden einem staatlich inszenierten Pogrom aussetzt, die Synagogen zerstört und eine große Zahl der Erniedrigten und Beleidigten in den Konzentrationslagern verschwinden lässt, reagierte der schon erwähnte Bischof Marahrens wie die meisten Repräsentanten der Evangelischen Kirche. Die Umwandlung des Staates in ein Regiment, das das geltende Strafgesetzbuch mit Füßen tritt, wird hingenommen. Als Marahrens von einem Pfarrer der Bekennenden Kirche in einem Brief mit der Frage konfrontiert wird, warum er die »Blutschuld vom November 1938« unerwähnt lasse – die abgebrannte Synagoge liegt vor dem Landeskirchenamt –, beharrt er darauf zu schweigen.[39] In dieser Situation reagiert Bonhoeffer mit einer Eintragung in seiner Bibel. Im 74. Psalm unter-

36 Hildebrandt (Fn. 34), S. 282.
37 Ebd., S. 284.
38 Dietrich Bonhoeffer (Fn. 5), S. 26.
39 Perels (Fn. 1), S. 13.

streicht er den Satz im achten Vers: »Sie verbrennen alle Häuser Gottes im Lande.« Daneben setzt er das Datum des 9.11.1938.[40]
Sein späterer Mitstreiter im Widerstand, Paul Schulze zur Wiesche, Rechtsberater der rheinischen Kirche, Anwalt von Bonhoeffers Freund und Schwager, Hans von Dohnanyi, in beider Verfahren vor dem Reichskriegsgericht, vertritt zur gleichen Zeit den württembergischen Pfarrer Julius von Jan vor Gericht. Von Jan hatte in einer Predigt das staatliche Vorgehen gegen die Juden angeprangert: »Die Leidenschaften sind entfesselt, die Gebote Gottes missachtet, Gotteshäuser, die anderen heilig waren, sind niedergebrannt worden ... Männer, die unserem Volk treu gedient haben ... wurden ins Konzentrationslager geworfen, bloß, weil sie einer anderen Rasse angehörten.«[41] Während von Jan angesichts der staatlichen Negation der Rechtsordnung von seiner württembergischen Kirchenleitung dazu angehalten wird, »alles zu vermeiden, was einer unzulässigen Kritik an konkreten staatlichen Vorgängen gleichkommt,«[42] erklärt sein Anwalt Schulze zur Wiesche, geprägt vom theologischen Denken Karl Barths, vor dem Strafgericht der Diktatur, dass von Jan mit seinen Worten zum 9. November »das Wort Gottes gegen den Zeitgeist und die Sünden des Volkes bezeugt« habe, wie es der Aufgabe eines evangelischen Predigers entspreche.[43]
Karl Barth, den Bonhoeffer als den überragenden theologischen Kopf der Bekennenden Kirche betrachtet, der mit der von ihm formulierten Barmer Theologischen Erklärung von 1934 den totalitären Staat aus dem kirchlichen Bereich von Schrift und Bekenntnis verbannt und den Gehorsam gegenüber der Obrigkeit an die Wahrung des Rechts bindet,[44] veröffentlicht 1938 die wegweisende Schrift »Rechtfertigung und Recht«.[45] Diese Schrift wird sogleich von Bonhoeffer eingehend rezipiert, und zwar unter der einschlägigen Fragestellung, ob der nationalsozialistische Staat, der den Gleichheitssatz negiert, die rechtliche Bindung der öffentlichen Gewalt auflöst und ein System von Konzentrationslagern errichtet, damit »zum Tier aus dem Abgrund« (Offb. 11, 7) wird. Barth schreibt: »Die grundlegende Belehrung der Kirche über ihr Verhältnis zum Staat ist das ›grelle Bild der Hinrichtung Jesu durch seine Behörde‹ (K.L. Schmid).«[46] Diese Sichtweise, die der verbreiteten Verwechslung der Regierung Hitler mit der Obrigkeit nach Römer 13, der Gehorsam zu schulden sei, theologisch den Boden entzieht, hat nicht wenig zu Bonhoeffers grundlegender Infragestellung der NS-Diktatur beigetragen.[47]

40 Bethge (Fn. 13), S. 684 f.
41 Gerlach (Fn. 1), S. 237.
42 Gerd Mönkemeier, Paul Schulze zur Wiesche. Rechtskampf für die Bekennende Kirche, protestantische Opposition und politischer Widerstand gegen das NS-Regime 1933-1945, Neukirchen-Vluyn 2005, S. 207.
43 Ebd., S. 209.
44 Beckmann (Fn. 20), S. 63 ff., 65.
45 Karl Barth, Rechtfertigung und Recht (1938), in: ders., Eine Schweizer Stimme 1938-1945, Zürich 1945, S. 13 ff.
46 Ebd., S. 18.
47 Bethge (Fn. 13), S. 699 ff.

VI.

Seit dem Beginn der großen, staatlich angeordneten Verbrechen an den psychisch Behinderten, der Rechtlosstellung der Juden durch ihre Deportation aus Deutschland, intensivieren Dietrich Bonhoeffer und Friedrich Justus Perels ihre Zusammenarbeit. Gemeinsam verfassen sie zwei Stellungnahmen mit dem Ziel, oppositionelle Militärs zum Handeln gegen das Regime zu bewegen, das bei der Verübung des Anstaltsmords auch von Bischof Marahrens, mittlerweile Sprecher des mit dem Regime kooperierenden Geistlichen Vertrauensrats, trotz des biblischen Tötungsverbots prinzipielle Unterstützung erfährt.[48]

In der Stellungnahme von Bonhoeffer und Perels zur Lage der Kirche von 1941 heißt es: »Die Tötung des so genannten lebensunwerten Lebens, die nun breiter in den Gemeinden bekannt geworden ist und ihre Opfer gefordert hat, wird von den Christen aller Konfessionen im Zusammenhang mit der allgemeinen Auflösung der zehn Gebote und jeder Rechtssicherheit gesehen und damit als Zeichen der antichristlichen Haltung leitender Stellen im Reich mit tiefster Beunruhigung und mit Abscheu aufgenommen.«[49]

Zur Deportation der Juden, der Beseitigung ihres Rechts auf Freizügigkeit, die keinerlei Widerspruch auch in den von den Deutschen Christen nicht dominierten lutherischen Landeskirchen auslöst, nehmen Bonhoeffer und Perels in einer kurzen, ebenfalls an die Widerstandskreise im Militär gerichteten Denkschrift Stellung: »Im Laufe der Woche vom 5. - 12. Oktober (1941) erhielten eine Anzahl jüdischer Familien . . . ein Schreiben der jüdischen Gemeinde, dass ihre Wohnung ›zur Räumung vorgesehen sei‹. Es wurde ihnen gleich mitgeteilt, dass sie keine neue Wohnung suchen dürfen . . . Sinn und Zweck der Maßnahme werden geheim gehalten . . . Insgesamt 4 - 5000 Menschen (sollen) allein aus Berlin fortgeschafft werden . . . Die Verzweiflung (ist) beispiellos.«[50]

Parallel zum Kampf gegen die Schändung des Rechts – eine Formulierung des Kreisauer Kreises, zu dem insbesondere Perels Beziehungen unterhielt – entwickeln die beiden Freunde gemeinsam eine Konzeption für eine Kirche jenseits der Diktatur. Im Zentrum steht die vollständige Aufhebung der staatlichen Bestimmungsgewalt über die Evangelische Kirche. Dies ist die Voraussetzung dafür, dass die Botschaft Jesu wirklich ernst genommen werden kann. Ihren Gehalt hatte Bonhoeffer in seinem 1937 erschienenen Buch »Nachfolge« in einer Auslegung der Bergpredigt, der Hinwendung zu den Verfolgten, die tagtäglich staatlichen Formen der Unbarmherzigkeit ausgesetzt sind, entfaltet.[51] Er bezieht die Bergpredigt auf das ganze, auch

48 Perels (Fn. 1), S. 12 f.
49 Friedrich Justus Perels/Dietrich Bonhoeffer (Berater), Eingabe an die Wehrmacht (1941), in: Bonhoeffer (Fn. 6), S. 228 ff., 233.
50 Dietrich Bonhoeffer/Friedrich Justus Perels, Berichte über Massendeportationen jüdischer Mitbürger (1941), in: Bonhoeffer, ebd., S. 212 ff., 212; dies., Bericht über die »Nicht-Arier«-Evakuierung (1941), ebd., S. 214 ff., 214, 216.
51 Dietrich Bonhoeffer, Nachfolge, 2. Aufl. München 1940, S. 55 ff.

politische Leben. In dem Entwurf für eine Neuordnung der Kirche von 1942, den Bonhoeffer in Abstimmung mit Perels verfasst, heißt es: »Alle durch den Nationalsozialismus ins Amt gekommenen Kirchenleitungen werden ihres Amtes entsetzt . . . Bei der Neuordnung der Kirche muss unter allen Umständen vermieden werden, dass die reaktionären Kreise der einstigen Generalsuperintendenten und der kirchenbehördlichen Bürokratie wieder die Leitung in die Hand bekommen.«[52] Die Forderung, den im Konzentrationslager eingesperrten Vorsitzenden des Pfarrernotbundes, Martin Niemöller, der der Verstaatlichung der Kirche mit prophetischer Deutlichkeit bis zu seiner Festnahme im Jahr 1937 entgegentrat, mit der Leitung der Evangelischen Kirche zu betrauen,[53] war konsequent.
Als Dietrich Bonhoeffer und Hans von Dohnanyi 1943 verhaftet werden, ist es ihrer beider Freund, Friedrich Justus Perels, der, noch in Freiheit, sie in dieser neuen Lage nach Kräften unterstützt. Er kümmert sich intensiv um die Eltern von Bonhoeffer, vor allem aber sucht er der Aufforderung von Hans von Dohnanyi, die von ihm seit 1933 angelegte Chronik über die Rechtsverletzungen des Regimes als Beweismittel zu vernichten, zu entsprechen und doch dem gegenteiligen Wunsch von Generaloberst Beck, die Aufzeichnung über die Nazi-Verbrechen als Zeichen für den frühen Widerstand aufzubewahren, nicht vollständig zu negieren. Er versenkt die Akten von von Dohnanyi im Garten eines Hauses in der Lüneburger Heide. Sie werden 1944 doch noch gefunden und schließlich zum Gegenstand der Anklage gegen Bonhoeffer und von Dohnanyi gemacht.[54]
Die Hilfe für die Verhafteten und in Freiheit befindlichen Freunde nimmt bei Friedrich Justus Perels nach seiner eigenen Verhaftung im Oktober 1944 nach dem gescheiterten Attentat vom 20. Juli eine besondere Form an. Er legt, trotz vielfacher Misshandlungen, seine Aussagen so an, dass keiner seiner Mitstreiter gefährdet wird. Dadurch gelingt es ihm, insbesondere seinen Freund Schulze zur Wiesche, der sich nach langen Gesprächen mit ihm dazu durchgerungen hatte, dass die Tötung des Tyrannen Hitler legitim ist, vor der Verhaftung und dem sicheren Tod zu bewahren.[55]

VII.

Von Bonhoeffer und seinen Freunden überlebten in Deutschland nur Eberhard Bethge und Paul Schulze zur Wiesche. Bonhoeffer, von Dohnanyi und Perels werden im April 1945 von Nazi-Schergen ermordet, als die Truppen der Alliierten die NS-Herrschaft schon fast niedergeworfen hatten.

52 Dietrich Bonhoeffer, Entwurf für eine Neuordnung der Kirche nach der »Beendigung des Kirchenkampfes« (1942), in: Bonhoeffer (Fn. 6), S. 589 ff., 593. Der Entwurf wurde mit Friedrich Justus Perels abgestimmt.
53 Schreiber (Fn. 8), S. 179.
54 Christine von Dohnanyi, Zu den Zossener Akten (1945/46), Anhang zu Bethge (Fn. 13), S. 1098 ff.
55 Mönkemeier (Fn. 41), S. 282.

Am Gedenkgottesdienst für Dietrich Bonhoeffer am 27. Juli 1945 in der Holy Trinity Church in London hielt neben Bischof Bell auch Franz Hildebrandt eine Ansprache. Seine Verbindung mit seinem »besten Freund«[56] ließ ihn die rechten Worte finden: Bonhoeffers Weg in den politischen Widerstand aus Glauben kann »ihm nichts anderes gewesen sein, als ein neues höheres Stadium der Nachfolge.«[57]

Eberhard Bethge wiederum hat die Bewahrung und Entfaltung des theologischen Vermächtnisses von Dietrich Bonhoeffer zum Inhalt seines großen, viele Jahrzehnte umfassenden theologischen Lebenswerks gemacht. Dieser außerordentliche Freundschaftsdienst ging weit über eine Vergegenwärtigung der eminent christlichen Gedankenwelt Bonhoeffers hinaus. Ein großes Exempel ist Bethges Interpretation von Bonhoeffers wirkungsmächtiger Schrift »Widerstand und Ergebung«.[58] Seine theologische Sichtweise einer nicht-religiösen Interpretation, die die umfassende Diesseitigkeit des christlichen Glaubens in allen Bereichen des menschlichen Lebens in Gestalt »des Evangelium(s) für die Welt« zum Ausdruck zu bringen sucht,[59] wird von Bethge nicht allein auf die Sondersituation des gefangenen, vom Alltag getrennten Widerstandskämpfers bezogen. Bethge verallgemeinert Bonhoeffers Erkenntnis. Sie eröffnet einen Weg zur Erneuerung des Christentums, das aus einer weltabgewandten Heilslehre für das isolierte Individuum zu einer die bisherige Einrichtung der Welt in Frage stellenden Botschaft wird – ähnlich wie im Urchristentum, das sich gegen den »Fürst dieser Welt« (Joh. 12, 31) konstituiert. Bethge schreibt: »Mit (der) Theologie seiner letzten Monate hat Bonhoeffer . . . verhindert, dass sein Weg der Solidarität . . . (... mit den Leuten des politischen Widerstands), der als ›Grenzfall‹ anfing, Grenzfall blieb und man sich billig von ihm distanzieren kann. Der ›Grenzfall‹ ist auf einmal sichtbar und gültig gedeutet als heutiges exemplarisches Christsein nach Auftrag und Geschick.«[60]

Bethge bewahrte das Vermächtnis seines Freundes auch dadurch, dass er die theologische Verwerfung eines christlichen Widerstandsrechts durch die Repräsentanten führender Kirchen des Nachkriegsprotestantismus – durch die hannoversche und die berlin-brandenburgische Kirchenleitung und den Bischof der Bayrischen Landeskirche, Hans Meiser[61] – entschieden kritisierte, übereinstimmend mit führenden Theologen der Bekennenden Kirche, die der traditionellen Hypostasierung der Obrigkeit systematisch entgegen traten. Besonders Hans Joachim Iwand wies nach, dass es auch bei Luther eine – über Jahrhunderte verschüttete – Argumentationslinie gibt, die – übereinstimmend mit dem biblischen Satz »Man muss Gott mehr gehor-

56 Franz Hildebrandt, Brief an Marianne Leibholz v. 21.6.1978, Roggelin (Fn. 15), S. 263.
57 Ebd., S. 244.
58 Bonhoeffer (Fn. 5); Bethge (Fn. 13), S. 969 ff.
59 Bonhoeffer (Fn. 5), S. 143.
60 Bethge (Fn. 13), S. 994.
61 Eberhard Bethge, In Zitz gab es keine Juden. Erinnerungen aus meinen ersten vierzig Jahren, München 1989, S. 225 ff., 243; Bethge (Fn. 13), S. 1042; Perels (Fn. 1), S. 2; vgl. auch Wolf-Dieter Zimmermann, Bruder Bonhoeffer, 2. Aufl. Berlin 1995, S. 132 f.

chen als dem Menschen« (Apg. 5, 29) – das christliche Widerstandsrecht gegen die staatlichen »Bluthunde« dadurch legitimiert, dass es dem Ziel der Wiederherstellung des – zerstörten – Rechts dient.[62] Entsprechend wird in der geplanten Regierungserklärung der Verschwörer des 20. Juli gefordert, dass die unverbrüchliche Majestät des Rechts wiederhergestellt werden müsse.[63]
Nicht nur in der Evangelischen Kirche wurde die theologische Legitimation von Bonhoeffers politischem Widerstand gegen die NS-Despotie nach 1945 zunächst in Frage gestellt. In der Justiz gibt es eine vergleichbare Tendenz. In einer Entscheidung des Bundesgerichtshofs von 1956 wird der SS-»Richter«, der Dietrich Bonhoeffer – zusammen mit anderen Oppositionellen – im April 1945 im Konzentrationslager Flossenbürg in einem Scheinverfahren – der KZ-Kommandant fungierte als Beisitzer – zu Tode gebracht hat, mit der Begründung freigesprochen, er habe das geltende Recht des nationalsozialistischen Staates, dem man das »Recht auf Selbstbehauptung« nicht absprechen könne, korrekt angewandt.[64] Eberhard Bethge forderte 1996 in einem Leserbrief an die Süddeutsche Zeitung gemeinsam mit seiner Frau – auch ihr Vater, Rüdiger Schleicher, wurde wegen seines Widerstands gegen die Diktatur von einem Rollkommando der SS kurz vor Kriegsende ermordet – die Aufhebung dieser skandalösen Entscheidung, die die nationalsozialistische Zerstörung des Rechts auf Leben legitimierte.[65] Das Urteil, für das man sich, nach den Worten des jetzigen BGH-Präsidenten, Günter Hirsch, »schämen« muss, wurde, viele Jahre später, im August 1996 durch eine Entscheidung des Landgerichts Berlin seiner rechtsstaatlichen Haltlosigkeit überführt.[66] Das Gericht verwies auf die alliierte Gesetzgebung, die schon 1946 das Handeln der Widerstandskämpfer ausdrücklich für rechtmäßig erklärt hatte. Nach langem Hin und Her wurden schließlich 1998 sämtliche Unrechtsurteile der NS-Justiz und damit auch das Terror-Urteil gegen Bonhoeffer vom April 1945 durch ein von allen Parteien getragenes Bundesgesetz aufgehoben[67] – allerdings erst über 50 Jahre nach dem Ende des NS-Regimes.
Ohne seinen Freund Eberhard Bethge wäre das exemplarische christliche Zeugnis Dietrich Bonhoeffers in weitem Maße folgenlos geblieben. Noch über den Tod hinaus blieb ihre Freundschaft öffentlich wirksam.

62 Hans Joachim Iwand, Gott mehr gehorchen als den Menschen. Evangelisch-theologisches Gutachten (1952), in: 20. Juli 1944, hrsg. v. Hans Royce u.a., Bonn o.J. (1952), S. 140 ff.
63 Regierungserklärung der Männer des 20. Juli (Entwurf), in: 20. Juli 1944, bearbeitet v. Hans Royce, neu bearbeitet und ergänzt v. Erich Zimmermann/Hans-Adolf Jacobsen, Bonn o.J. (1960), S. 167.
64 BGH; Urteil vom 19.6.1956 – 1 StR 50/56 -, in: Justiz und NS-Verbrechen, hrsg. v. Frederic Christiaan Rüter, Bd. VIII, Amsterdam 1975, S. 352; vgl. hierzu Joachim Perels, Die schrittweise Rechtfertigung der NS-Justiz, in: ders., Das juristische Erbe des »Dritten Reiches«, Frankfurt/M. 1999, S. 181 ff.
65 Süddeutsche Zeitung v. 21.3.1996; Günter Hirsch, Die deutsche Justiz im Unrechtssystem und die Aufarbeitung von Justizunrecht, Deutsche Richterzeitung H. 6/2000, S. 223 ff.
66 LG Berlin, Beschluss vom 1.8.1996 – 517 AR 4/96 (2 P Aufh 1/96) -, Neue Justiz 1996, S. 597 ff.
67 BGBl. I 1998, 2501.

Verfassung und Verfassungspraxis am Beispiel der Kurhessischen Verfassung von 1831

Christian Starck

In den meisten Staaten gibt es heute geschriebene Verfassungen, die den Rahmen und die Maßstäbe für das Handeln der Staatsorgane bestimmen sollen. Der auf das Ende des 18. Jahrhunderts zurückgehende Konstitutionalismus hat damals nicht überall Wurzeln gefaßt und faßt auch gegenwärtig nicht überall Wurzeln. Das liegt weniger an den verfassungsrechtlichen Regelungen und Garantien, sondern an dem antikonstitutionellen Geist, der unter denjenigen herrscht, die durch die Verfassung gebunden werden sollen. Für solch ein Scheitern von Verfassungen gibt es leider viele Beispiele; das in Deutschland bekannteste ist das Scheitern der Weimarer Reichsverfassung. Ein Beispiel aus dem 19. Jahrhundert ist die kurhessische Verfassung von 1831, das hier näher beschrieben werden soll. Den Beitrag, der aus einem Vortrag zum 175. Jahrestag der Verabschiedung dieser Verfassung hervorgegangen ist, widme ich *Hans-Peter Schneider,* der sich vielfältig, insbesondere auch praktisch mit Verfassunggebung und deren praktischer Auswirkung beschäftigt hat, insbesondere denke ich dabei an unser gemeinsames Wirken im Verfassungausschuß des sachsen-anhaltinischen Landtages in den Jahren 1991 und 1992.

Die kurhessische Verfassung fand gleich nach ihrem Inkrafttreten höchstes Lob. So meldete Maximilian Frhr. von Lerchenfeld, der bayerische Gesandte, nach München, daß die kurhessische Verfassung »den süddeutschen nachgeahmt, nur noch um vieles liberaler« sei.[1] Dieses Urteil wird in der heutigen Geschichtsschreibung weitgehend geteilt. Aber Verfassung und anschließende Verfassungspraxis, also das staatliche Handeln auf der Grundlage und im Rahmen der Verfassung, sind zweierlei. Deshalb wird man auch die Auslegung und Anwendung der Verfassung in Betracht zu ziehen haben, wenn man sie würdigen will.

1 Zitiert nach *Ewald Grothe*, Zwischen Vision und Revision. Parlament im Kurfürstentum Hessen. 1831-1866, in: Manca/Lacchè (Hrsg.), Parlament und Verfassung in den konstitutionellen Verfassungssystemen Europas, Berlin und Bologna 2003, S. 213, 219.

I. Versuch der Verfassunggebung zur Stabilisierung der Territorialherrschaft (1816)

Der Wiener Kongreß schloß mit der Deutschen Bundesakte (= DBA) vom 8. Juni 1815, durch die »die souveränen Fürsten und freien Städte Deutschlands . . . übereingekommen (sind), sich zu einem beständigen Bunde zu vereinigen«.[2] Art. 13 der Bundesakte, der Verfassung des Deutschen Bundes, lautet: »In allen Bundesstaaten wird eine Landständische Verfassung statt finden.« Damit war den Bundesmitgliedern aufgegeben, Verfassungen zu erlassen. Die Großmächte Österreich und Preußen dachten dabei an die Wiederherstellung des altständischen Verfassungswesens als Bastion gegen revolutionäre Neuerungen. Die Monarchen der süddeutschen Mittelstaaten befürchteten durch die Wiederbelebung der Territorialstände eine Destabilisierung ihrer neu zugeschnittenen Territorien und nutzten die alsbald erlassenen Verfassungen zur Festigung ihrer Territorialherrschaft. Das gilt vor allem für Bayern und Baden, wo die Monarchen im Mai und August 1818 Verfassungen oktroyierten, d. h. gewährten. In Württemberg wurde die Verfassung im September 1819 zwischen König Friedrich I. und den Landständen vereinbart.

Die Landgrafschaft Hessen-Kassel, 1803 zum Kurfürstentum erhoben, als es keinen deutschen König mehr zu küren gab – 1806 nach der faktischen Auflösung des Reiches dankte der letzte König, Kaiser Franz II., ab –, war zwischen 1807 und 1813 Teil des Königreichs Westphalen (Hauptstadt Kassel), das Jérome, der jüngste Bruder Napoleons, als König »Lustig« regierte. Zwar galt dort eine Verfassung nach französischem Modell, die die Verwaltung, die Rechtspflege und das Steuerwesen modern regelte, die Privilegien des Adels abschaffte und Religionsfreiheit garantierte. Aber die Herrschaft entsprach nicht der Verfassung: Unter einem Scheinkonstitutionalismus breitete sich ein Polizeistaat aus, gegen den die Bevölkerung mehrfach opponierte.

Als Kurfürst Wilhelm I. im November 1813 in seinem 70. Lebensjahr aus dem Prager Exil nach Kassel zurückkehrte, wurde er in Kassel von der gesamten Bevölkerung freudig und glänzend empfangen.[3] Zunächst galt es, den Staat des Kurfürstentums wieder einzurichten, und zwar durchaus restaurativ die fremdartigen Einrichtungen tilgend. Alsbald nach dem Abschluß des Wiener Kongresses versprach der Kurfürst nicht nur eine Verfassung, sondern ließ sie unter seinen Augen durch eine Viererkommission erarbeiten. Der Verfassungsentwurf vom Februar 1816 zeigte, daß der greise Kurfürst die Zeichen der Zeit erkannt hatte. Was zwei Jahre später die süddeutschen Monarchen vermochten, konnte Wilhelm I. aber nicht durchsetzen, nämlich eine moderne Verfassung, die das Kurfürstentum einte. *Philipp Losch* schreibt dazu in seiner Geschichte des Kurfürstentums Hessen:[4] »Der Kurfürst

2 Präambel der Deutschen Bundesakte.

3 Vgl. die Schilderung bei *Philipp Losch,* Geschichte des Kurfürstentums Hessen, 1803 – 1866, Marburg 1922, zitiert nach dem Neudruck, Kassel 1972, S. 78 f.

4 *Losch* (Anm. 3), S. 101.

zweifelte ... nicht daran, daß die Stände das ihnen dargebotene Geschenk, das ihnen größere Rechte verlieh, als sie jemals besessen, dankbar annehmen würden. Aber es sollte anders kommen. Die Stände, unter denen namentlich die Ritter mit der Beschneidung ihrer alten Privilegien nicht einverstanden waren, dachten nicht an das Sprichwort von dem geschenkten Gaul, sondern verlangten, den ihnen vertraulich mitgeteilten Entwurf Punkt für Punkt kritisch erörtern und abändern zu können.« Zwar gab der Kurfürst nach und ermächtigte die Landtagskommissare Verbesserungsvorschläge entgegenzunehmen. Er bestritt aber den Ständen, über die Verfassung eine Vereinbarung mit ihm zu schließen. Weitere Kontroversen kamen hinzu. Der Kurfürst war verärgert und warf den Verfassungsentwurf, der bereits fertig gedruckt zur Ausgabe bereit lag, ins Feuer.[5] Damit war im Kurfürstentum die Verfassungsfrage zunächst erledigt. Der preußische Gesandte schrieb nach Berlin:[6] »Die hessischen Landstände haben sich meines Erachtens vor der Mit- und Nachwelt schwer verantwortlich gemacht, daß sie, anstatt diese Konstitution mit Dank anzunehmen, mit Einwendungen dagegen aufgetreten sind, . . .«

Wäre die Verfassung erlassen worden, hätte das Kurfürstentum Hessen als erstes deutsches Territorium nach 1815 eine Verfassung gehabt. Hessen wäre »vorn« gewesen und hätte Maßstäbe gesetzt.[7] Aber die inneren Bedingungen des Kurfürstentums waren ungünstiger als in den süddeutschen Monarchien, die nicht unbeeinflußt von Frankreich, aber aus eigener Kraft, den Staat modernisieren konnten. Zu erwähnen wäre der Graf Montgelas, der Architekt des modernen bayerischen Staates.[8]

Das als Ersatz für eine Verfassung 1817 erlassene Haus- und Staatsgesetz erkannte ausdrücklich an, daß in Hessen eine ständische Verfassung bestehe; gleichwohl wurden alle Anordnungen und Gesetze, die nach dem bisherigen Recht der landständischen Mitwirkung bedurften, als einseitige kurfürstliche Verordnungen erlassen.[9] Bundesrechtlich gesehen war Kurhessen in Verzug. Art. 13 DBA, der landständische Verfassungen forderte, wurde durch Art. 54 der Wiener Schlußakte (1820) dadurch bestärkt, daß die Bundesversammlung darüber zu wachen hat, »daß diese Bestimmung in keinem Bundesstaate unerfüllt bleibe«.

II. Verfassunggebung zur Beschwichtigung von Aufruhr (1830)

Die französische Juli-Revolution hatte Auswirkungen in ganz Deutschland, so auch im Kurfürstentum Hessen, und zwar hier gesteigert, weil das Land noch immer ohne

5 *Losch* (Anm. 3), S. 104.
6 Zitiert nach *Losch* (Anm. 3), S. 104 f.
7 Der Kleinstaat Sachsen-Weimar-Eisenach hatte eine Verfassung vom 5. Mai 1816, die bis 1850 galt.
8 So der Untertitel des 2. Bandes der Montgelas Biographie von *Eberhard Weis*, München 2005.
9 Vgl. *Losch* (Anm. 3), S. 105.

geschriebene Verfassung war. Hinzu kamen wirtschaftliche und soziale Probleme, mit denen der in Kurhessen herrschende bürokratische Spätabsolutismus nicht fertig wurde.
Im September 1830 kam es zu Protesten und Aufruhr breiter Schichten der Bevölkerung, die den seit 1821 regierenden Kurfürsten Wilhelm II. dazu veranlaßten, eine Verfassung zu versprechen und einen konstituierenden Landtag einzuberufen. Der Kurfürst, der mit Auguste, der jüngsten Tochter des preußischen Königs Friedrich Wilhelm II., unglücklich verheiratet war, hatte eine Mätresse, mit der er zusammenlebte und acht Kinder hatte.[10] Diese mußte er im unruhigen September 1830 bei seiner Rückkehr aus Karlsbad mit ihren Kindern in Eisenach zurücklassen, weil die Kasseler Bevölkerung sie unheilvoller Einflußnahme auf die Staatsgeschäfte verdächtigte und eine Steigerung der Unruhen zu befürchten war. Dabei dürfte der Einfluß der schönen Berliner Goldschmiedstochter Emilie Ortlöpp, die inzwischen zur Gräfin Reichenbach erhoben worden war, durchaus segensreich gewesen sein, da sie – die Zeichen der Zeit richtig erkennend – auf den Kurfürsten im Sinne der Schaffung einer Verfassung einwirkte.[11]
Als der konstituierende Landtag am 16. Oktober 1830 zusammentrat, wurde ihm ein Verfassungsentwurf übergeben, den im wesentlichen Carl Michael Eggena, bisheriger Generalsekretär des Gesamtministeriums, verfaßt hatte. Als Ausgangspunkt wurde der Verfassungsentwurf von 1816 genommen. Von dem liberalen Entwurf wurden aber wesentliche Abstriche gemacht: Die monarchische Gewalt wurde gestärkt, der 1816 vorgesehene Abbau aller Exemtionen von der Steuerpflicht wurde nicht durchgehalten, das aktive und passive Wahlrecht wurden eingeschränkt.
Der vorgelegte Entwurf der Verfassung wurde in einem besonderen Ausschuß des Landtages beraten. Ihm gehörten an Regierungsrat Wilhelm von Baumbach, Carl Siegmund Waitz von Eschen und Prof. Silvester Jordan als Vertreter der Ritter- und Prälatenkurie, die Bürgermeister Carl Schomburg (Kassel) und Bernhard Eberhard (Hanau) als Vertreter der zweiten Kurie sowie die Vertreter der Bauern- kurie Carl Paul Jungk und Wilhelm Poppo Haberland. Silvester Jordan wurde zum Vorsitzenden gewählt. Die Arbeit des Ausschusses haben Philipp Losch 1922[12], sehr ausführlich Otto Müller in seiner Berliner Dissertation von 1932[13] und vor 25 Jahren anläßlich der 150 Jahrfeier Hellmut Seier[14] gewürdigt.

10 Diese Kinder wurden zwischen 1813 und 1825 geboren. Mit seiner Gemahlin, der Kurfürstin Auguste, hatte Wilhelm II. sechs Kinder (zwischen 1798 und 1806 geboren), wovon drei als Kleinkinder starben.

11 *Karl E. Demandt*, Geschichte des Landes Hessen, Kassel und Basel 1959, S. 417.

12 *Losch* (Anm. 3), S. 158.

13 *Otto Müller*, Studien zur Entstehungsgeschichte der kurhessischen Verfassung vom 5. Januar 1831, in: Zeitschrift des Vereins für hessische Geschichte und Landeskunde, Bd. 59/60 (1934), S. 169, 181 ff.

14 *Hellmut Seier*, Die Entstehung und Bedeutung der kurhessischen Verfassung von 1831, in: W. Heinemeyer (Hrsg.), Der Verfassungsstaat als Bürge des Rechtsfriedens (Veröffentlichungen der Historischen Kommission für Hessen 46), Marburg 1982, S. 5, 21 ff. mit weiteren Nachweisungen.

Silvester Jordan hatte seine staatsrechtlichen Vorstellungen zwei Jahre zuvor in einem Buch veröffentlicht, das den Titel trägt: »Versuche über allgemeines Staatsrecht, in systematischer Ordnung und mit Bezugnahme auf Politik vorgetragen.« Jordan zeigt sich darin als Anhänger des monarchischen Konstitutionalismus, in dem er das Neue und Zukunftsträchtige sieht. Im Vorwort seines Buches schreibt er: »Vergeblich ist daher das Streben, das Alte, welches der Strom der Zeit mit sich fortnahm, ihren Fluthen wieder entreißen und die Geburt des Neuen hemmen zu wollen« (S. V). Jordan war ein Gegner jeder gewaltsamen Umwälzung. Und so sieht er das einzige Mittel, den Revolutionen sicher und dauerhaft vorzubeugen in zeitigen und zeitgemäßen Reformen. Wörtlich heißt es: »Zeitig, d.i. zur rechten Zeit, müssen übrigens die Reformen darum geschehen, damit sie als ein freier Act der Staatsgewalt erscheinen, diese sohin an Achtung und Popularität gewinne, und nicht genöthigt werde, weiter zu gehen, als es die Zeitumstände, richtig aufgefaßt, in der That erfordern« (S. 172).

Muster dafür waren die frühkonstitutionellen Verfassungen und die Praxis ihrer Anwendung sowie die reiche staatsrechtliche Literatur in Deutschland. Jordan vertritt im Rahmen des monarchischen Konstitutionalismus durchaus fortschrittliche Ansichten, was man z.B. an seinen Darlegungen zum Verfassungsbegriff ablesen kann. Die Verfassung eines Staates hebe diesen aus dem bloßen Sein hinauf in die Vernunftvorstellung, durch die erst ein wirklicher Staat entstehen könne. Ganz im kantischen Sinne wird die Verfassung als ursprünglicher Kontrakt gesehen.[15] Jordan schreibt: »Die Verfassung eines Staates . . . ist demnach ein Gegenstand der freien Übereinkunft (Vertragung) derer, welche einen Staat unter sich errichten wollen; sie muß aber auch durch Vertragung begründet werden, wenn der Staat selbst rechtlich entstehen soll, weil es keine andere Form, wirkliche Rechtsverhältnisse unter den Menschen zu begründen, geben kann, als den Vertrag; durch die Verfassung aber eben die Staatsrechtsverhältnisse begründet werden sollen« (S. 99 f.).

Sieht man sich die Präambel und am Schluß die allgemeinen Bestimmungen der Verfassung des Kurfürstentums Hessen an, so ist diese als vereinbarte Verfassung, also als Verfassungsvertrag, zu qualifizieren.[16] In der Präambel heißt es, daß die Verfassungsurkunde »in vollem Einverständnis mit den Ständen« erteilt wird; sie wird dort »als festes Denkmal der Eintracht zwischen Fürst und Unterthanen« bezeichnet. Sieht man die Stände als Repräsentanten und knüpft man an die vorabsolutistische Zeit an, paßt der Vertragsgedanke.

Auch das Treuegelöbnis des Kurfürsten am Ende der Verfassung, das textlich der württembergischen Verfassung entliehen worden ist,[17] spricht im Zusammenhang

15 *Kant*, Metaphysik der Sitten (1797), Ausgabe Vorländer 4. Aufl., Leipzig 1922, Rechtslehre § 47.

16 So auch *E.R. Huber*, Deutsche Verfassungsgeschichte, Bd. II, 2. Aufl., Stuttgart 1968, S. 66.

17 Dort lautet der Schlußsatz: »Wie nun die vorstehenden Bestimmungen von nun an die Staats-Grund-Verfassung Unseres Königsreichs enthalten; so geloben Wir hiemit bei Unserer Königlichen Würde, für Uns und Unsere Nachfolger in der Regierung, den gegenwärtigen Vertrag fest und unverbrüchlich nicht nur für Uns Selbst zu halten und zu erfüllen, sondern auch gegen alle Eingriffe und Verletzungen zu schützen und bei Kräften zu erhalten.«

mit den anderen Bestimmungen für den Vertragscharakter der Verfassung,[18] ohne daß das Wort »Vertrag« wie in der Württembergischen Verfassung vorkommt.[19] Das Gelöbnis lautet: »Es ist Unser unabänderlicher Wille, daß die vorstehenden Bestimmungen, welche Wir stets aufrecht erhalten werden, als bleibende Grundverfassung Unserer Lande auch von jedem Nachfolger in der Regierung zu allen Zeiten treu und unverbrüchlich beachtet, und überhaupt wider Eingriffe und Verletzungen jeder Art geschützt werden«. In § 153 wird die Änderung der Verfassung von völliger Stimmeneinhelligkeit der auf dem Landtag anwesenden ständischen Mitglieder, hilfsweise von einer Dreiviertelmehrheit auf zwei aufeinander folgenden Landtagen abhängig gemacht. Auch diese Vorschrift unterstützt die Annahme, daß die kurhessische Verfassung Vertragscharakter hat.

In den 30er Jahren des 19. Jahrhunderts wurde in der staatsrechtlichen Literatur klar herausgearbeitet – Jordan wurde schon zitiert –, daß das Verfassungswerk seiner Natur nach ein zweiseitiges Geschäft und deshalb die paktierte Verfassung die Regel und die oktroyierte Verfassung die Ausnahme sei.[20] Johann Ludwig Klüber, der das schreibt, bringt das Kurfürstentum Hessen im Jahre 1816 als Beispiel für die Nichtannahme einer oktroyierten Verfassung. Sogar die offensichtlich oktroyierten Verfassungen von Baden und Bayern werden mit dem Argument in vereinbarte Verfassungen umgedeutet, daß das Volk in Wahlakten der Verfassung zugestimmt habe.[21]

In den Ausschußberatungen ging es vor allem um den Inhalt der Verfassung. Es wurden Gegenentwürfe zum kurfürstlichen Verfassungsentwurf vorgelegt. Es bestand Zeitdruck wegen der Unruhen. Bis Ende des Jahres mußte der Verfassungstext fertig sein. Beide Seiten, die kurfürstliche Regierung und der Verfassungsausschuß des Landtages, standen unter Erfolgszwang. Die Rolle Jordans wird dabei sehr kontrovers beurteilt. So nennt Losch[22] Jordan zwar »die eigentliche Seele des Ausschusses«, wertet ihn aber stark ab mit Epitheta wie Tiroler Schustersohn, Katholik der josephinischen Aufklärungszeit, aus dessen Mund die seichtesten liberalen Phrasen flossen. So sei es ein Unglück gewesen, »daß dieser von den Heilslehren der Heidelberger staatsrechtlichen Schule der Rotteck und Welcker erfüllte Doktrinär, der die hessischen Verhältnisse weder kannte, noch überhaupt sich für sie interessierte, dazu berufen war, in der wichtigen Verfassungsfrage das entscheidende Wort zu sprechen«. Im Anschluß an Heinrich von Treitschke charakterisiert Losch das neue Grundgesetz als ein Netz, das den Fürsten wie ein Wild umstellen sollte, so daß er sich nicht mehr rühren konnte.

18 *O. Müller* (Anm. 13), S. 205.
19 Zum Vertragscharakter der kurhessischen Verfassung siehe auch *Seier* (Anm. 14), S. 31.
20 So *Johann Ludwig Klüber*, Öffentliches Recht des Teutschen Bunds und der Bundesstaaten, 4. Aufl., Frankfurt 1840, § 283 Anm. e (S.406 f.).
21 Vgl. die Angaben bei *Thomas Würtenberger*, Die Idee der paktierten Verfassung in der Neuzeit bis zum 19. Jahrhundert, in: Behrends/Starck (Hrsg.), Gesetz und Vertrag I, Göttingen 2004, S. 107, 114 ff.
22 *Losch* (Anm. 3), S. 158 f.

Die ausführliche Darstellung der Entstehungsgeschichte der kurhessischen Verfassung in der Dissertation des Meinecke Schüler Otto Müller wird Jordan eher gerecht. Die beabsichtigte Fortwirkung altständischer Rechtsüberlieferung und die Doktrin des modernen Naturrechts entsprachen Jordans These, die Verfassung im Lichte der Vernunft *und* der Geschichte zu konzipieren.[23] Selbstverständlich würde man die Einflüsse Jordans überschätzen, wenn man ihn zum Vater der kurhessischen Verfassung stilisierte. In einem Gremium, in dem mehrere sachkundig sind und in dem sich verschiedene politische Richtungen gegenüberstehen, hat nicht einer allein das Sagen.

Im Ausschuß wurden für die einzelnen Teile des Verfassungsentwurfs Referenten bestimmt. Jordan war zuständig für die Präambel, für den Abschnitt III über die allgemeinen Rechte und Pflichten der Unterthanen, den Abschnitt VIII über die obersten Staatsbehörden und den Abschnitt XII über die abschließenden allgemeinen Bestimmungen. Vergleicht man den Abschnitt über bürgerliche und staatsbürgerliche Rechte in seinem Buch (S. 410 – 460) mit den §§ 19 – 41 der kurhessischen Verfassung bis hin zur Anordnung der einzelnen Grundrechte, kann man zumindest auf diesem Gebiet einen starken Einfluß Jordans ermessen.[24]

In vielen Abschnitten gestalteten sich die Beratungen schwierig. Um den Erfolg der Verfassunggebung zu garantieren, nahmen von Seiten der Regierung Landtagskommissare an den Verfassungsberatungen mit Rede- und Antragsrecht teil. Die Verfassungsberatungen gerieten immer stärker in die Hände anderer Mitglieder des Landtages, die auf den Inhalt der Verfassung Einfluß gewannen. Ein Vermittlungsausschuß wurde eingesetzt, dem nur noch zwei Mitglieder des Verfassungsausschusses angehörten, unter ihnen Jordan. Eine gemäßigt-konstitutionelle Richtung gewann die Oberhand. Trotz der Kürze der Beratungen hatten die zahlreichen Einflußnahmen Kompromisse zur Folge, die so formuliert worden sind, daß sie sowohl im Sinne der Stände als auch im Sinne des Kurfürsten ausgelegt werden konnten. Jedenfalls war die Verfassung nicht aus einem Gruß.[25]

Die Regierung hatte großes Interesse an der Fertigstellung der Verfassung, weil in Stadt und Land weiter Unruhe herrschte. Gründe waren Getreidemangel, Teuerung, Unkenntnis über den Fortgang der Verfassungsberatungen, die nicht öffentlich waren, und die Furcht der Bevölkerung vor der Rückkehr der Gräfin Reichenbach. Der Kurfürst drängte auf Fertigstellung der Verfassung, weil er glaubte, daß nach Inkrafttreten der Verfassung die Gräfin nach Kassel zurückkehren könne. Es war wohl die Leidenschaft des Kurfürsten für die Gräfin, die ihn schwächte und sein Desinteresse am Inhalt der Verfassung wachsen ließ. Der Landtag hat letztmalig am 29. Dezember 1830 die Verfassung beraten und gebilligt. Am 5. Januar 1831 unter-

23 *Müller* (Anm. 13), S. 183 ff., 187 f.; vgl. auch *Seier* (Anm. 14), S. 30 f.
24 Vgl. die genaue Darstellung bei *Seier* (Anm. 14), S. 33 ff.
25 *Seier* (Anm. 14), S. 30

schrieb der Kurfürst die Verfassung. Ihre feierliche Übergabe an die Landstände erfolgte am 8. Januar 1831.

Zur Entstehung der Verfassung gehört die Fortsetzung der Mätressengeschichte. Nach Inkrafttreten der Verfassung hielt die Auflehnung der Kasseler Bevölkerung gegen die Rückkehr der Gräfin Reichenbach unvermindert an. Sie mußte Kassel wieder verlassen. Der Kurfürst folgte ihr und verlegte seine Residenz in seine Schlösser bei Hanau, wo sich eine Art Nebenregierung bildete. Der sich daraus ergebende erste Verfassungskonflikt wurde dadurch gelöst, daß durch Gesetz vom 30. September 1831 der 29-jährige Kurprinz Friedrich Wilhelm formell zum Mitregenten bestellt und für die Zeit der Abwesenheit des Kurfürsten mit der alleinigen Regierung des Landes beauftragt wurde. Da der Kurfürst nicht mehr nach Kassel zurückkehrte, hatte der Kurprinz seit 1831 die volle Regierungsgewalt inne.[26] Nach dem Tode seines Vaters wurde er 1847 Kurfürst.

III. Skizze des Inhalts der Verfassung

1. Die *Staatsform* war monarchisch im Sinne der Deutschen Bundesakte; der Kurfürst übte die Staatsgewalt nach Maßgabe der Verfassung aus (§§ 2, 10): Klarer Ausdruck des monarchischen Konstitutionalismus.
2. Die *Ständeversammlung*, wie der Landtag hieß, bestand aus einer Kammer, in der sich altständische mit modern anmutenden parlamentarischen Elementen mischten (§§ 63 ff.). Von den 53 Sitzen entfielen 20 auf die alte Oberschicht, 17 auf die Städte und die Universität Marburg und 16 auf die Bauern. Modern war das passive Wahlrecht, wonach je 8 Städte- und Bauernvertreter ohne Zensus wählbar waren und damit die nichtbegüterte Intelligenz Zugang in die Ständeversammlung hatte, was auch für den Vertreter der Universität Marburg galt. Freilich blieb das aktive Wahlrecht auf die selbständige männliche Bevölkerung beschränkt, was damals üblich war. Dienstboten, Gesellen, Lohnarbeiter, Gesinde galten nicht als aktive Staatsbürger.[27]
3. Die *Gesetzgebung* bedurfte der Zustimmung der Ständeversammlung: »Ohne ihre Beistimmung kann kein Gesetz gegeben, aufgehoben, abgeändert oder authentisch erläutert werden. Im Eingange eines jeden Gesetzes ist der Landständischen Zustimmung ausdrücklich zu erwähnen« (§ 95). Sensationell neu war das Initiativrecht der Stände, zu neuen Gesetzen sowie zur Änderung und Aufhebung bestehender Vorschriften Anträge zu stellen (§ 97). Kein anderer deutscher Landtag hatte das Recht der Gesetzesinitiative.
4. Für *die Bewilligung der Steuern und des Staatsbedarfs* muß die Regierung den Ständen den Haushaltsvoranschlag »mit thunlichster Vollständigkeit und Genauigkeit vorlegen« (§ 144). Es heißt dann detailfreudig, aber das Budgetrecht stärkend,

26 *Demandt* (Anm. 11), S. 417; *Losch* (Anm. 3), S. 169 f.
27 So ausdrücklich *Kant*, Metaphysik der Sitten (Anm. 15), Rechtslehre, § 46.

weiter: »Zugleich muß die Nothwendigkeit oder Nützlichkeit der zu machenden Ausgaben nachgewiesen, das Bedürfniß der vorgeschlagenen Abgaben, unter welcher Benennung solche irgend vorkommen mögen, gezeigt, auch von den betreffenden Behörden diejenige Auskunft und Nachweisung aus den Belegen, Akten, Büchern und Literalien gegeben werden, welche die Stände in dieser Beziehung zu begehren sich veranlaßt sehen könnten«.

5. Die *Ministeranklage* beim Oberappelationsgericht ist nicht nur als Befugnis der Landstände, sondern auch als deren Verpflichtung geregelt, wenn sich die Vorstände der Ministerien oder deren Stellvertreter einer Verletzung der Verfassung schuldig gemacht haben. Dieses Recht ist freilich ein stumpfes Schwert, wenn zur Verhinderung einer solchen Anklage der Landtag aufgelöst wird und dem Interimsausschuß das Anklagerecht nicht zusteht (§ 100 im Gegensatz zu § 101, der die Anklage gegen Beamte auch dem Ausschuß zugestand).

6. Die kurhessische Verfassung kennt außer der Ministeranklage weitere Instrumente des Verfassungsschutzes. So schreibt sie den *Verfassungseid* fünffach vor: (1) Der Regenten- und Thronfolgereid (§§ 6, 90), worüber eine Urkunde ausgestellt werden muß, ist Voraussetzung der Huldigung der versammelten Landstände. Hier wird also die Bekundung der Treue des Monarchen zur Verfassung über die Huldigung gestellt. Das geht bedeutend über die anderen deutschen Territorialverfassungen hinaus. – (2) Der Abgeordneteneid, »die Staatsverfassung heilig zu halten« (§ 74). – (3) »Jeder Inlander männlichen Geschlechts hat im achtzehnten Lebensjahr den Huldigungseid zu leisten, mittels dessen er Treue dem Landesfürsten und dem Vaterlande, Beobachtung der Verfassung und Gehorsam den Gesetzen gelobt« (§ 21). – (4) Jeder Staatsdiener soll die Verpflichtung zur Beachtung und Aufrechterhaltung der Landesverfassung leisten (§ 60). – (5) Auch das Militär hat die Verfassung zu beschwören, wie es etwas versteckt am Ende der Verfassung in § 156 heißt.

Die Verfassungseide müssen als Instrumente des Verfassungsschutzes gesehen werden, die sich mit der Ministeranklage verbinden. Hinzu kommen die Verfassungsbeschwerde jedes Bürgers gegen verfassungswidriges Benehmen von Behörden, die bis zur höchsten Behörde getragen und sogar vor Gericht gebracht werden kann (§ 35), und das Recht der Landstände, Bürgerbeschwerden dem Landesherrn vorzulegen (§ 99).

7. Der *Grundrechtskatalog*, der überschrieben ist mit »Von den allgemeinen Rechten und Pflichten der Unterthanen« enthält Grundpflichten, staatsbürgerliche Rechte, eine beschränkte Gleichheitsgarantie und bürgerliche Grundrechte des status negativus. Der Grundrechtskatalog hat die kurhessische Verfassung berühmt gemacht. Er geht in vielem über das hinaus, was andere deutsche Territorialverfassungen gewährleisteten. Der Grundrechtskatalog ist »der Schmuck des Paragraphenwerks«, wie sich Hellmut Seier ausdrückt,[28] der die kurhessische Verfassung

28 *Seier* (Anm. 14), S. 33.

ausführlich gewürdigt hat. Wie schon gesagt, ist der Einfluß Jordans hier sehr deutlich.[29] Die Gedenktafel für Silvester Jordan, die anläßlich der 150-Jahrfeier der kurhessischen Verfassung 1981 im Hof des Landgrafenschlosses in Marburg angebracht worden ist, bezeichnet ihn als »Schöpfer der kurhessischen Verfassung«. Das ist übertrieben, stimmt aber für den Grundrechtskatalog.

Sieht man sich den Grundrechtskatalog an, ist folgendes bemerkenswert. Neben der Garantie, daß die Leibeigenschaft aufgehoben bleibt, findet sich eine allgemeine Gleichheitsgarantie. In § 26 heißt es: »Alle Einwohner sind insoweit vor den Gesetzen einander gleich und zu gleichen staatsbürgerlichen Verbindlichkeiten verpflichtet, als nicht gegenwärtige Verfassung oder sonst die Gesetze eine Ausnahme begründen.« Der einschränkende Nachsatz, soweit er sich auf die Verfassung bezieht, gilt noch heute; soweit er sich auf die Gesetze bezieht, war er damals üblich. »Vor dem Gesetz« – devant la loi, wie es in der Menschenrechtserklärung von 1789 heißt, – bedeutet, daß in Ansehung des Gesetzes gleich zu behandeln ist. Verwaltung und Gerichte sollten die Gesetze gleichmäßig anwenden. Eine Gleichheit als Maßstab des Gesetzes konnte – abgesehen von der Abschaffung zahlreicher Adelsprivilegien – im 19. Jahrhundert keine Verfassung gewährleisten. Die damals in Kurhessen bestehenden Ungleichheiten im Hinblick auf die Besteuerung adliger Güter und der Juden sollten nicht angetastet werden. Die bürgerliche Gleichstellung der Juden war in der Ständeversammlung nicht durchzusetzen, wie die Ablehnung entsprechender Anträge zeigt.[30] Es blieb bei den »den Israeliten bereits zustehenden Rechten«,[31] die unter den Schutz der Verfassung gestellt worden sind (§ 29 Abs. 2).

Besonders hervorstechend ist die allgemein gewährleistete »Freiheit der Person«, die zusammen mit der Freiheit des Eigentums garantiert wurde; selbstverständlich waren Beschränkungen durch das Recht und die Gesetze vorbehalten (§ 31). Eine beachtliche berufliche Liberalisierung steckte in § 27, der die Berufs- und Gewerbefreiheit und den Zugang zu Bildungsanstalten gewährleistete (§ 27). Der Besuch der Universität wurde allerdings von gesetzlich vorgeschriebenen Erfordernissen abhängig gemacht.

Einigermaßen fortschrittlich waren die Garantien der Freiheit der Meinungsäußerung (§ 39) sowie der Freiheit der Presse und des Buchhandels (§ 37). Sie standen unter dem Vorbehalt gesetzlicher Strafbestimmungen; ein Gesetz gegen Preßvergehen war vorgesehen. Man wollte sich also nicht mit den allgemeinen Strafgesetzen begnügen.[32]Zensur durch hessische Behörden war ausgeschlossen. Hier war das von der Mitte des 19. Jahrhunderts an geltende System bloßer straf- und zivilrechtlicher

29 *Müller* (Anm. 13), S. 209 ff.; *Seier* (Anm. 14), S. 33 ff.
30 Vgl. *Seier* (Anm. 14), S. 36 Anm. 126.
31 Verordnung vom 14.5.1816 (GVS. 57), die Verhältnisse der jüdischen Glaubensgenossen als Staatsbürger betreffend.
32 Zu fortschrittlicheren Gewährleistungen der Pressefreiheit in vormärzlicher Zeit, vgl. *Christian Starck*, Freiheit und Institutionen, Tübingen 2002, S. 420, 424 f., zum Edikt des Herzogthums Nassau v. Mai 1814.

Verantwortlichkeit vorgezeichnet, das auch Jordan in seinen »Versuche(n) über allgemeines Staatsrecht« vertritt.
Jordan konnte sich mit seiner Forderung nach »Freiheit der Einigung«,[33] also Vereinsfreiheit, nicht durchsetzen. Er sah die Wechselwirkung der Kräfte als wichtigen Beitrag freier Vereine zur Volksbildung und allgemeinem Wohlstand zugleich als Beitrag zur Vervollkommnung des Staates.[34]
8. *Rechtsstaatliche Sicherungen* fanden sich im Abschnitt über die Rechtspflege: Trennung von Verwaltung und Gerichten (§ 112); Garantie des Rechtswegs vor den Landesgerichten, die allerdings nach Maßgabe allgemeiner Rechtsgrundsätze und der unter Beistimmung der Landstände erlassenen Gesetze prüfen, ob sich eine Sache zum Gerichtsverfahren eigne (§ 113); Garantie des gesetzlichen Richters und Verbot von Ausnahmegerichten (§ 114); Schutz vor willkürlicher Verhaftung (§ 115); Recht auf Verteidigung (§ 118) usf.
9. *Zusammenfassend* kann man über den Inhalt der Verfassung des Kurfürstentums Hessen sagen, daß sie mehrere hervorragende Väter hatte, die unabhängig waren und die um gedeihliche Formulierungen rangen. Dabei ist durchaus Neues gelungen, insgesamt aber wohl der konstitutionelle Entwicklungsstand des Jahres 1830 nicht wesentlich überschritten worden. Einige Formelkompromisse haben später Schwierigkeiten gemacht, wie noch darzustellen ist. Die Zeitgenossen haben die Verfassung gleich nach ihrem Erlaß mit Anerkennung aufgenommen. Es ging jetzt darum, der Verfassung in der Staatspraxis Wirksamkeit zu verschaffen.

IV. Der Umgang mit der Verfassung

Nach der Verfassunggebung geht es um die faktische Durchsetzung der Verfassung, d.h. um deren Kraft, dem Staatsgeschehen einen verläßlichen Rahmen zu setzen, Grenzen zu ziehen und Sicherheit und Berechenbarkeit zu schaffen. Die kurhessische Verfassung ist das Ergebnis von Verhandlungen zwischen der monarchischen Regierung und den Ständen, sie hat – wie dargelegt – Vereinbarungscharakter. Durch die Vereinbarung ist Altes und Neues aber nicht zu einer sich selbst tragenden Verbindung verschmolzen worden. Silvester Jordan hat das nach den ersten schlechten Erfahrungen mit der Verfassung im Staatslexikon[35] von Rotteck und Welcker so beschrieben: »Diese meist unnatürliche Verbindung verändert aber oft bloß den Standpunkt, welchen die beiden Elemente, das Alte und das Neue, in ihrem Wechselkampfe gegeneinander einnahmen, ohne eine innere durchgreifende Aussöhnung und so eine wahrhaft organische Verbindung zwischen ihnen zu bewirken. Die Folge hiervon ist, daß der alte Kampf auch in dieser veränderten Stellung, und zwar oft heftiger als zuvor, fortdauert; man hat ja nur die Form, aber nicht auch die

33 S. 441 f.
34 S. 442 f.
35 Zitiert nach der 2. Aufl., Bd. III, Altona 1846, S. 87.

Sache umgestaltet; nur Waffen und Rüstung umgewandelt, aber nicht die streitenden Theile ausgesöhnt«. Diese Teile waren der Kurfürst und die Bürokratie auf der einen Seite und auf der anderen Seite die altständische und die neuständisch-repräsentative Komponente in der Ständeversammlung. Die Verfassung enthielt Formelkompromisse, die bei Konflikten jede Seite in ihrem Sinne auslegen wollte und dafür die institutionellen Schwächen der Verfassung ausnutzte.

Sieht man sich die Konflikte näher an, nur Beispiele: Der erste Konflikt entstand durch die schon erwähnte Übersiedlung des Kurfürsten nach Hanau. Nach dem bundesrechtlich gesicherten monarchischen Prinzip regierte der Kurfürst, d.h. er mußte – wir befinden uns im Zeitalter der Postkutsche – am Ort des Ministeriums residieren. Der Konflikt wurde, wie schon dargelegt, im Sinne des Landtages entschieden. Der Kurprinz wurde per Gesetz zum Mitregenten bestimmt; d.h. zur alleinigen Ausübung der Regentschaft während der Abwesenheit des kurfürstlichen Vaters.

Ende Mai 1832 fand auf dem Hambacher Schloß an der Weinstraße eine demokratisch-republikanische Massenveranstaltung statt; es wurde eine föderative deutsche Republik gefordert. Im Kurfürstentum kam es zu kleineren landeseigenen Nachahmungen. Ende Juni wurde als Reaktion auf das Hambacher Fest und weitere republikanische Veranstaltungen ein Bundesbeschluß über Maßregeln zur Aufrechterhaltung der gesetzlichen Ordnung und Rechte in Deutschland erlassen, die sog. Sechs Artikel.[36] In diesen werden die Fürsten an die Wahrung des monarchischen Prinzips erinnert und aufgefordert, hierzu im Widerspruch stehende Petitionen zu verwerfen.

Der drei Wochen vor dem Hambacher Fest ernannte Minister Ludwig Hassenpflug setze zunächst drei schon vorbereitete Durchführungsgesetze durch, die den Konstitutionalismus stärkten. Dem Pressegesetz wurde jedoch angesichts der Hambacher Ereignisse im Juli 1832 die landesherrliche Sanktion verweigert. Der von Jordan betriebenen Ministeranklage gegen Hassenpflug wegen Anwendung des Bundesbeschlusses ohne Zustimmung des Landtages kam Hassenpflug durch die Auflösung des Landtages zuvor. Nach der Neukonstituierung des Landtages kam es sogleich wieder zum Konflikt, diesmal über die Person Jordans. Da der Landtag dessen Auffassung teilte, wurde er wieder aufgelöst und zudem der landständische Interimsausschuß in jeder denkbaren Weise bei der Erfüllung seiner verfassungsmäßigen Pflichten behindert[37]. Eine dagegen vom Interimsausschuß erhobene Ministeranklage scheiterte an seiner fehlenden Aktivlegitimation. Auch alle anderen Ministeranklagen scheiterten beim Oberappelationsgericht, das als Staatsgerichtshof fungierte. In den meisten Verfahren wurde die Verfassung kleinlich gegen die Anklageerhebung ausgelegt, so daß die als Instrument des Verfassungsschutzes gedachte Ministeranklage ihre Funktion nicht erfüllen konnte.

36 Abgedruckt in *E.R. Huber*, Dokumente zur deutschen Verfassungsgeschichte, Bd. I, Stuttgart 1961, Nr. 42 (S. 119 ff.).

37 *Wolf Erich Kellner*, Verfassungskämpfe und Staatsgerichtshof in Hessen, Marburg und Witzenhausen 1965, S. 22.

Das Jahr 1848 brachte durch die Märzereignisse einen Umschwung, der aber nicht lange dauerte. Die Teilrevision der Verfassung stand unter liberalem Vorzeichen, die erwiesenen institutionellen Schwachpunkte der Verfassung wurden geändert. Der seit 1847 nun als Kurfürst regierende ehemalige Kurprinz zeigte sich angesichts der revolutionären Stimmung kompromißbereit. So wurde der Einfluß der Ständeversammlung auf die Zusammensetzung des Oberappelationsgerichts und auf die Wahrnehmung der militärischen Kommandogewalt erstreckt.[38]
Im Jahre 1850 – die politische Wetterlage in ganz Deutschland hatte sich inzwischen geändert – wurde Hassenpflug erneut Minister. Im Landtag wurde ihm der Name »Hessenfluch« entgegengeschleudert.[39] Es kam zum kurhessischen Verfassungskonflikt, der in seiner von der Regierung ausgelösten und immer weiter gesteigerten Schärfe[40] besonders deutlich zeigt, woran die Verfassung und letzten Endes das ganze Kurfürstentum gescheitert sind.
Die Regierung mißachtete bei der Steuererhebung das Budgetrecht des Landtages. Als dieser das nicht akzeptierte, versuchte der Regierungschef, den Landtag aufzulösen und eine Notverordnung zu erlassen. Als sich allgemeiner Protest erhob, auch die meisten Behörden die Mitwirkung verweigerten, der Interimsausschuß sie darin bestärkte und den regierungstreuen Beamten mit der Anklage drohte, verhängte die Regierung das Kriegsrecht. Auf dem Höhepunkt des Konflikts im Oktober 1850 solidarisierten sich Verwaltung, Justiz und Militär mit der Mehrheit der aufgelösten Ständeversammlung. Die Verhängung des Kriegsrechts wurde weitgehend ignoriert, und das Oberappelationsgericht stellte anläßlich der Entscheidung eines Einzelfalles die Illegalität der Steuererhebung fest. 90 % der militärischen Truppenführer reichten den Abschied ein.
Diese Auflösung der Staatlichkeit wurde durch Bundesintervention, um die der Kurfürst nachgesucht hatte, beendet. Die meisten Offiziere blieben im Dienst, das Gericht änderte unter dem Druck der Interventionsorgane sein Urteil ab, Hassenpflug blieb Sieger. Aber dieser »Sieg« markiert den Anfang vom Ende des Kurfürstentums.

V. Der Sieg des antikonstitutionellen Geistes

Die Geschichte der kurhessischen Verfassung trägt zum Verständnis des deutschen Konstitutionalismus der ersten Hälfte des 19. Jahrhunderts bei. Das besondere Merkmal des monarchischen Konstitutionalismus ist die rechtliche Bindung des

38 Dazu *Grothe* (Anm. 1), S. 230 f.
39 *Losch* (Anm. 3), Se. 261.
40 Vgl. die Darstellungen bei *E. R. Huber* (Anm. 16), Bd. II, S. 926 ff.; *Seier* (Anm. 14), S. 61 f.; *Kellner* (Anm. 37), S. 60 ff. sowie *Andreas Wasielewski*, Der kurhessische Verfassungskonflikt von 1850 in der Bewertung des deutschen Konstitutionalismus (Hessische Forschungen zur geschichtlichen Landes- und Volkskunde, Bd. 19), Kassel 1990, S. 17 ff.; jeweils mit weiteren Nachweisen.

Monarchen an eine von ihm gewährte oder mit den Ständen vereinbarte Verfassung. Blickt man heute auf diese Zeit zurück, könnte man geneigt sein, den monarchischen Konstitutionalismus als einen »Übergangs- und Zwischenzustand« zwischen monarchischer Souveränität und Volkssouveränität zu bezeichnen.[41] Eine Periode, die 100 Jahre dauerte, ist wohl mehr als ein Übergangszustand. Deshalb wird auch die Meinung vertreten, daß die deutsche konstitutionelle Monarchie des 19. Jahrhunderts eine selbständige politische Form und in sich ruhende Ordnung, eine für die damalige Zeit »stilgerechte Lösung der deutschen Verfassungsfrage« gewesen sei.[42]

Für diese zweite Auffassung spricht, daß monarchische Souveränität traditionell nie als ungebunden betrachtet worden ist. Legitimationsgrundlagen der Herrschaft waren auch das Naturrecht und die daraus abgeleiteten Staatszwecke. Bindungen bestanden an das Reichsrecht, an leges fundamentales, auch der Repräsentationsgedanke war bekannt. Insoweit kann man die geschriebenen Verfassungen, wie sie in der Deutschen Bundesakte vorgesehen waren, als eine Fortentwicklung des schon Bestehenden betrachten. In vielen deutschen Territorien, besonders den großen, funktionierten die Verfassungen.

Warum das in Kurhessen nicht der Fall war, hat Silvester Jordan in dem schon erwähnten Lexikonartikel[43] in Worte gefasst: »Wenn . . . auch die kurhessische Verfassung unleugbar dem Repräsentationssysteme huldigt und sie dieses in vielen Punkten schärfer und consequenter durchführt als die meisten übrigen neueren Constitutionen, so hat sie sich gleichwohl ebenso wenig wie diese von dem anticonstitutionellen Elemente loszuwinden vermocht, welches vielmehr die ganze Verfassung durchdringt und sich allenthalben klettenartig an das Constitutionelle anschließt, diesem die Kraft zur freien und selbständigen Fortbildung entziehend.« »So bildet . . . den Schlußstein der ganzen Verfassung das Recht der Ministeranklage; was läßt sich aber von dieser erwarten, da die Besetzung des über sie entscheidenden Oberappelationsgerichts von der Staatsregierung allein geschieht und die Glieder desselben überdies versetzt werden können und in der Residenz allen Künsten und Gefahren der Hofcabale ausgesetzt sind?« Dieser von Jordan beklagte antikonstitutionelle Geist ist es gewesen, der die Verfassung und letzten Endes auch das Kurfürstentum zugrundegerichtet hat. Wir haben es hier nicht mit einem typisch hessischen Phänomen zu tun. Deshalb ist die Beschäftigung mit dem Schicksal der kurhessischen Verfassung so lehrreich.

Der Gedanke der geschriebenen Verfassung als Grundlage und Rahmen der Staatstätigkeit hat sich inzwischen in der ganzen Welt zumindest als Forderung durchgesetzt. Der Konstitutionalismus ist ein Weltphänomen geworden. Überall wurden

41 *Ernst-Wolfgang Böckenförde*, Der Verfassungstyp der deutschen konstitutionellen Monarchie im 19. Jahrhundert, in: *ders.* (Hrsg.), Moderne deutsche Verfassungsgeschichte (1815 – 1918), Köln 1972, S. 146, 154.

42 *E. R. Huber* (Anm. 16), Bd. III, 1963, S. 3 ff., 11, 18 ff.

43 Anm. 35, S. 88.

und werden Verfassungen entworfen und in Kraft gesetzt: In den 70er Jahren in Portugal und Spanien, in den 90er Jahren in den mittel- und osteuropäischen ehemaligen sowjetrussischen Sattelitenstaaten und in Südafrika, neuerdings in Afghanistan und im Irak, oft mit Unterstützung deutscher Verfassungsrechtler.
Nur dort, wo autoritäre oder totalitäre Regierungssysteme mit Hilfe der Bevölkerung überwunden wurden und wo ein Rechtsstab zur Verfügung stand, der noch während des ancien régime in Verfassungsstaaten ausgebildet werden konnte, sind die Verfassungen auf fruchtbaren Boden gefallen und haben in den betreffenden Staaten – zumeist mit Hilfe eines Verfassungsgerichts – den Konstitutionalismus gefestigt. Aber es gibt auch Staaten, in denen Vertreter des ancien régime an der Verfassung vorbei den Ton angeben und in denen Willkür und Korruption herrschen. In Afghanistan und im Irak wird es nicht nur auf leistungsfähige verfassungsrechtliche Institution ankommen. Vielmehr muß eine Mentalität in der Bevölkerung geprägt werden, die nicht nur wünscht, sondern sich auch dafür einsetzt, daß die Staatsgeschäfte nach verfassungsrechtlichen Regeln erledigt werden. Diesen Wandel zu bewirken, dürfte schwieriger sein, als Verfassungstexte zu entwerfen, wie das anderthalb Jahrhunderte zurückliegende kurhessische Beispiel gezeigt hat.

Teil 2

Verfassungslehre zwischen Theorie und Praxis

Das soziale Staatsziel – zwischen Recht und Politik

Erhard Denninger

I. Einleitung

Der Jubilar ist als Experte für Fragen des Föderalismus weit über die Grenzen seines Landes hinaus bekannt und angesehen. Dem gegenüber sollte aber nicht ganz in Vergessenheit geraten, dass er sich auch frühzeitig schon mit zentralen Fragen des »Sozialstaats« befasst hat, etwa als Mitglied der Sachverständigenkommission »Alterssicherungssysteme«, die 1983 ihren Bericht vorgelegt hat, sowie als Autor zu Fragen der berufsständischen Versorgung und des Familienlastenausgleichs. Der folgende, dem Jubilar gewidmete Beitrag fragt nach der gegenwärtigen Bedeutung des ›sozialen Staatszieles‹ im Grundgesetz als eines Begriffs der Verfassung und als Auftrag an die Politik.

»Eine Verfassung soll kurz und dunkel sein,« soll *Napoleon* gefordert haben. Manche nennen auch *Talleyrand* als Urheber des Dictums. Man könnte meinen, die Väter und Mütter des Grundgesetzes hätten sich 1948/49 allzusehr dieser Maxime erinnert. Denn kürzer als durch den zweimaligen Gebrauch des Adjektivs »sozial«, einmal bezogen auf den Bundesstaat in Art. 20 Abs. 1 GG und einmal auf den Rechtsstaat in Art. 28 Abs. 1 GG, kann man ein Verfassungsprinzip kaum ausdrükken, noch dazu eines, welches durch die »Ewigkeitsklausel« des Art 79 Abs. 3 GG in den Rang eines der Grundsätze erhoben worden ist, welche auch durch eine Verfassungsänderung nicht »berührt«, das heißt, beseitigt oder substanziell verändert werden dürfen. Und »dunkel« ist nicht nur die Zukunft des »Sozialstaats« in der Wirklichkeit, sondern eben auch der Normtext. Der Altmeister des Sozialrechts, *Hans F. Zacher,* dem wir viel Erhellendes auf diesem dunklen Felde verdanken, spricht mit Betonung von der »normativen Ungewissheit des Sozialen« (Zacher, 2000, 68).

Man sollte übrigens, um Napoleon Gerechtigkeit widerfahren zu lassen und um zugleich dem gegenwärtigen deutschen Sozialgesetzgeber den Spiegel vorzuhalten, den Vater des Code civil von 1804, deshalb auch Code Napoléon genannt, als den Schöpfer eines gar nicht dunklen, sondern um äußerste Klarheit und Präzision bemühten, in Systematik und Stil weltweit vorbildlichen, zu Recht gefeierten Gesetzgebungswerkes rühmen, neben dem das deutsche so genannte »Sozialgesetzbuch«, SGB, mit seinen elf »Büchern« eine traurige Figur macht. Während *Henri Beyle* alias *Stendhal* täglich ein paar Seiten in diesem Code civil las, um seinen Stil

als Romançier zu vervollkommnen, kann man von der Lektüre des SGB nur abraten, wenn man sich den eigenen juristischen Stil nicht vollends verderben will. Dies hat freilich auch sachliche Gründe, auf die noch einzugehen ist.
Natürlich wird der Verfassungsinterpret auf der Suche nach normativen Fixpunkten sich den Horizont *historischer Auslegung* erschließen wollen. Der deutsche »Sozialstaat« ist ja nicht vom Himmel des Wirtschaftswunders der Jahre 1949 ff. gefallen; seine Idee und sein Begriff beginnen auch nicht erst mit der »Kaiserlichen Botschaft« vom 17. November 1881 und der folgenden *Bismarck'*schen Sozialversicherungsgesetzgebung, wenngleich diese die Grundstrukturen der gesetzlichen Kranken-, Unfall-, Invaliditäts- und Altersversicherung bis heute prägt. Aber gerade damit hat sie diese heute problematisch werden lassen. In einer kultur- und technikgeschichtlich tief schürfenden Studie hat *Michael Stolleis* den spezifischen Zusammenhang und die genauen Entsprechungen zwischen den Arbeits-, Produktions- und Lebensformen des Zeitalters der Industriellen Revolution – grob zu datieren seit 1750 – und den Charakterzügen der ihr später folgenden Sozialversicherungssysteme herausgearbeitet. (Stolleis,1998, 1081 ff.). Das Bild der überkommenen deutschen Sozialversicherung, welches das Bundesverfassungsgericht in seinem Beschluss zum Künstlersozialversicherungsgesetz vom 27. 7. 1981 als »klassisch« bezeichnet und (deshalb) zum Maßstab der Auslegung der zentralen Kompetenzzuweisung »Sozialversicherung einschließlich der Arbeitslosenversicherung« in Art. 74 Abs. 1 Nr. 12 GG gemacht hat (*BVerfGE* 75, 108, 146 (1987)), ist nämlich die paßgenaue Antwort auf die »Soziale Frage«, wie sie sich unter den Produktions- und Arbeitsbedingungen und der Familienkultur der zweiten Hälfte des 19. Jahrhunderts gestellt hatte. Da dominierte das Leitbild des lebenslang in seinem erlernten Beruf und häufig jahrzehntelang in derselben Firma voll beschäftigten männlichen »Ernährers« der Familie. Individualisierende »Bastelbiographien« im Sinne *Ulrich Becks* mit mehrfachen Berufs-, Firmen- und Lebenspartnerwechseln, mit Teilzeitbeschäftigungen und Intervallen der Arbeitslosigkeit galten eher als atypisch, jedenfalls nicht als das Modell, an dem sich die versicherungsmäßig abzudeckenden Risiken orientieren konnten und sollten. (Beck, 1994, 466, 473). Es ist verführerisch, aber gefährlich und außerdem juristisch ebenso wie historisch *methodisch* anfechtbar, die Problemlösung einer bestimmten Epoche, auch wenn sie sich für diese bewährt hat, für die Zukunft mit dem normativen Anspruch des »Klassischen« auszustatten.
Die neue »Soziale Frage« des 21. Jahrhunderts, die der »Sozialstaat« heute zu beantworten hat, definiert sich an ganz anderen Parametern, die hier, da sie allseits in der Diskussion sind, nur stichwortartig aufgerufen werden sollen.
(1) Der Katalog beginnt mit dem *demographischen Wandel,* dem Altersaufbau der Bevölkerung. An die Stelle der vertrauten Figur eines gut gewachsenen Weihnachtsbaums treten die beängstigenden Umrisse eines Alterungspilzes, von dem man bis jetzt nur so viel weiß, dass er für den so genannten »Generationenvertrag«, der als rechtlicher freilich gar nicht existiert, ein Giftpilz ist.

Und der Stamm dieses Pilzes, der nach dem Umlage-Prinzip das immer schwerer werdende Dach der Altersversorgung zu tragen hat, bildet sich nicht mehr nur aus dem festen Stoff der Zweikinder-Normalfamilie mit ein oder zwei erwerbstätigen Elternteilen, sondern aus der ganz anders gearteten »Materie« der mobilen Singles beiderlei Geschlechts, der oft nur teilzeitbeschäftigten Alleinerziehenden (meistens Mütter), der unfreiwilligen Frührentner und Langzeitarbeitslosen, sowie außerdem aus einer wachsenden Zahl von Immigrantenabkömmlingen ohne qualifizierten Bildungsabschluss, die der reguläre Arbeitsmarkt nicht aufnimmt und die das Millionenheer der von der Sozialhilfe lebenden Sekundäranalphabeten vergrößern.
(2) Die Frage nach den Ursachen dieser und anderer Phänomene wird allzu summarisch mit dem Großstichwort der *Globalisierung* beantwortet, differenzierender schon mit Hinweisen auf eine neue, den hochkapitalistischen Zusammenhang von Kapital, Produktion und Arbeit sprengende, grenzüberschreitende *Mobilität* dieser Faktoren, auf eine zunehmende religiös-kulturelle Heterogenität der Gesellschaft, die minoritäre Parallelgesellschaften nicht nur politisch integrieren muss – nach dem Motto: »Verfassungspatriotismus« (nicht: »Leitkultur«!) – sondern schlicht in ihrer physischen Existenz garantieren muss.
(3) Das dritte Leitphänomen, welches die neue »Soziale Frage« und damit Wirklichkeit und Norm des heutigen Sozialstaats wesentlich mitbestimmt, kann mit den Begriffen »*Wissensgesellschaft*«, Technologiewandel und »technischer Fortschritt« angedeutet werden. In unserem Zusammenhang ist dabei vor allem an die rasante Entwicklung der »*life sciences*« und an den medizinisch-technischen Fortschritt zu denken. Deren Auswirkung auf die Kontur des Alterungspilzes ist manifest.
(4) Ein vierter, in seinen Konsequenzen für die künftige Finanzierbarkeit sozialstaatlicher Sicherungssysteme noch gar nicht abzuschätzender Aspekt hängt mit der explosionsartigen Erweiterung des Wissens über die Lebens- und Umweltbedingungen und ihre technische Steuerbarkeit unmittelbar zusammen: Gemeint ist der Übergang von Kategorien und Strategien der konkreten Gefahrenabwehr und des individuell berechenbaren und zurechenbaren Schadenausgleichs zu Kategorien umfassender *kollektiver Risikovorsorge* und *Prävention.* Soziale Sicherheit qua Gesundheitsschutz bedeutet dann nicht nur ärztliche und pharmazeutische Versorgung im konkret eingetretenen Krankheitsfall, sondern z.B. eine massenhafte diagnostisch-therapeutische Vorbeugung bis hin zu Maßnahmen weltweit konzertierter Pandemiebekämpfung, handele es sich dabei um Cholera, Pocken oder Vogelgrippe, gehe es um die Trinkwasser- und Luftverschmutzung oder um die Vergiftung der Nahrungskette. Leistungsstaatliche, man kann auch sagen: »wohlfahrtsstaatliche« Sicherheitsgewährleistung im Zeichen umfassender Prävention muss die Brücken schlagen zum Verbraucherschutz (gesundheitsbewusste Ernährung!), zu Umweltschutz, Klimaschutz, Sucht- und Drogenmißbrauchsbekämpfung, also bis hin zur modernen polizeilichen Prävention im Kampf gegen die »organisierte Kriminalität«. »Sicherheits- und Wohlfahrtszweck gehen (wieder) ineinander auf« formuliert *Christoph Enders* 2004 in kritischer Zuspitzung (Enders,

2005, 52). Das ist sicher eine Übertreibung, deren wahrer Kern aber in der Einsicht liegt, dass der *Präventionsstaat* (Denninger, 1988,1ff., 1990, 33 ff.) vor dem Sozialstaat nicht Halt macht.

Wie vorsichtig man mit genaueren Aussagen zum Verhältnis von Technikentwicklung und Sozialstaat sein muss, lehrt das Beispiel *Ernst Forsthoffs,* dem das leistungsstaatliche Verwaltungsrecht nicht nur mit dem Begriff der *Daseinsvorsorge* lang nachwirkende Impulse verdankt. In seinem letzten Werk, dem schon 1971 erhobenen Abgesang auf die Bundesrepublik als »Staat im hergebrachten Sinne des Begriffs« erkennt er diesem Gemeinwesen als einem »Staat der Industriegesellschaft« gleichwohl eine erhebliche Stabilität zu – dank der ungeheuren Intensität und Akzeleration dessen, was er die »technische Realisation« nennt. (Forsthoff, 1971, 33).Soweit, aber auch nur so weit, können wir ihm folgen. Der nachhegelianische, aber vordemokratische Etatist *Forsthoff* bedauert, dass der »harte Kern des heutigen sozialen Ganzen« nicht mehr der Staat, sondern die Industriegesellschaft sei, »und dieser harte Kern ist durch die Stichworte Vollbeschäftigung und Steigerung des Sozialprodukts bezeichnet.« (Ders., 164). Angesichts dieser, aus der Faszination durch die »technische Realisation« gewonnenen, durchaus plausiblen Beobachtung ist dann jedoch *Forsthoffs* weitere Feststellung um so erstaunlicher und fragwürdiger, nämlich, dass die der technischen voraufgehende »soziale Realisation« mit der Ausprägung des Sozialstaats mehr oder weniger zum Abschluss gekommen sei, ebenso wie der Sozialstaat selbst – »in Kategorien geordnet, in Begriffe gefasst und bis in alle Verzweigungen hinein analysiert« (Ders., 33). Welch ein Irrtum! Vielmehr gilt es angesichts der skizzierten Parameter, den Begriff des Sozialstaats, oder mit *Zacher* besser gesagt: das »*soziale Staatsziel*«, begrifflich neu zu bestimmen – eine Aufgabe, der sich die inzwischen etwa 640 Mitglieder zählende Vereinigung der deutschen Staatsrechtslehrer 2004 unter Einbeziehung der europarechtlichen Perspektiven zwar sehr problembewusst, aber im Hinblick auf »gesicherte Ergebnisse« ziemlich erfolglos unterzogen hat. Auch das liegt in der Natur der Sache.

Denn einerseits gilt heute noch, was *Zacher* schon 1968 kritisch resumierte: Das Bundesverfassungsgericht habe es an einer grundsätzlichen Bemühung um Inhalt und Geltungsweise des Sozialstaatsprinzips fehlen lassen (Zacher, 1968, 165). Zur Jahrtausendwende wird diese Kritik verschärft und verallgemeinernd gegen alle gerichtet, nämlich als Vorwurf der »Verweigerung jeder wirklich gesamthaften Betrachtung des Sozialstaats« durch alle, die Begünstigten, die Politik, und in der öffentlichen Meinung.

Auf der anderen Seite begegnet der von *Zacher* vorgeschlagene Ausweg aus dem grundsätzlichen Erkenntnis- und Rationalitätsdefizit seinerseits schwer wiegenden Bedenken. Was die Politik nicht leisten könne oder wolle, meint *Zacher*, müsse Aufgabe der Wissenschaft in Gestalt eines hochqualifizierten Rates unabhängiger, aber politisch legitimierter Sachverständiger sein – analog dem Rat der so genannten »Wirtschaftsweisen« oder auch ähnlich einer Einrichtung wie der Bundesbank.

Eine solche »Institution müsste die Rationalität des Sozialen, die sonst durch das Zusammenspiel der Interessen mit dem politischen Wettbewerb immer wieder kleingehackt wird, aus sich heraus und als Ganzes entwickeln« (Zacher, 2000, 80). Das klingt gut in den Ohren vieler deutscher Staats- und Sozialrechtsprofessoren und findet bei ihnen entsprechenden Widerhall (s. Stolleis, 1998, 1099). Und doch ist es nicht mehr als ein letztlich zum Scheitern verurteilter Fluchtversuch vor der unlösbar scheinenden Aufgabe, wissenschaftliche Erkenntnissuche und politische Willensbildungs- und Entscheidungsverfahren in einer interessen- und verbandspluralistisch organisierten Demokratie so zu verbinden, dass eine, wie *Zacher* sagen würde, »gesamthaft rational« erscheinende Sozialpolitik zustande kommt.

II. Begriffliches

Entgegen dem ersten Anschein bin ich damit bei der Frage nach dem Begriff.
Meine These dazu lautet: Der »Sozialstaat« ist, auch als Begriff der Verfassung genommen, nichts anderes als *ein besonderes Stück demokratischer Politik,* die in den Formen und Grenzen des Rechtsstaats des Grundgesetzes zu verwirklichen ist. Den Sozialstaat als »Staat« gibt es nicht.

1. Sozialstaat ist »Ziel«, nicht »Struktur«

Mit Bedacht gibt *Hans Zacher,* der hier abermals genannt werden muss, seiner grundlegenden, in der dritten Auflage des von *Isensee* und *Kirchhof* herausgegebenen Handbuchs des deutschen Staatsrechts (2003) erschienenen Darstellung die Überschrift »Das soziale Staatsziel« und nicht etwa »Der Sozialstaat«. Er unterstreicht damit, dass wir es mit einer Finalität, einer so genannten *Staatszielbestimmung,* nicht aber mit einer Strukturaussage über den Staat des Grundgesetzes zu tun haben. Sozialstaatlichkeit, oder wie man vorsichtiger sagen könnte, das »Sozialstaatsprinzip« genießt als Verfassungsgrundsatz durchaus den gleichen normativen Rang wie die anderen in Art. 20 GG, Art. 28 Abs. 1 genannten und, als deutsche Homogenitätsforderung an die Europäische Union in Art. 23 Abs. 1 GG gerichteten Grundsätze. Doch während »Republik«, »Bundesstaat«, »Rechtsstaat«, »Demokratie« und auch »Subsidiarität« (diese in Art. 23 Abs. 1 GG) schon gebildete oder noch zu schaffende Strukturen normieren und legitimieren, bezeichnet das »Soziale« ein »Sachprogramm des Handelns« (Zacher, 2003, Rdn.2) in diesen Strukturen. Oder in vergröbernder, personifizierender Bildersprache ausgedrückt: Die Staatsstrukturnormen wie Rechtsstaat, Bundesstaat und Demokratie beschreiben das »Subjekt«, das Sozialstaatsprinzip nennt dessen »Objekt« (ibid.).
Ein Blick in die Entstehungsgeschichte des Grundgesetzes vermag dieses Verhältnis von Struktur und Finalität, von Organisation, Verfahren und Programm zu erhellen. Zwar herrschte im Parlamentarischen Rat im Herbst 1948 Einigkeit darüber, den

»sozialen« Charakter des zu verfassenden Staates neben seinen vier Hauptstrukturmerkmalen in einem zentralen Artikel, dem späteren Artikel 20, in aller Kürze nur adjektivisch zum Ausdruck zu bringen. Doch weder gab es in irgendeiner der Entstehungsphasen auch nur ansatzweise eine inhaltliche Diskussion über den Sinn des Attributes »sozial« noch war man sich über dessen genauen Sitz einig. Zunächst wurde die Verbindung »sozialer Rechtsstaat« vorgeschlagen, bis der Grundsatzausschuss am 14. Oktober dem Vorschlag *Carlo Schmids* folgte, von »sozialer Republik« zu sprechen. Einen Monat später empfahl dann der Allgemeine Redaktionsausschuss die Kombination »soziale Bundesrepublik«. Und endlich Mitte Dezember 1948 wurde im Hauptausschuss der Vorschlag von *Theodor Heuss* akzeptiert, vom »sozialen Bundesstaat« zu sprechen, wie er heute in Art. 20 Abs. 1 GG steht. Auch die Beratungen zur föderalen Homogenitätsklausel des Art. 28 Abs. 1, in der die Kombination »sozialer Rechtsstaat« erscheint, ergeben zur inhaltlichen Bedeutung des Sozialen nichts. (Vgl. Zacher,1993, 7f.) Diese, aus der Situation 1948/49 erzwungene »Enthaltsamkeit« des Parlamentarischen Rates, der nach der Vorstellung *Carlo Schmids* und anderer Stimmführer keine vollständige »Verfassung«, sondern im Hinblick auf die Teilung Deutschlands nur ein Provisorium, ein vorläufiges Notdach, eben ein »Grundgesetz« hervorzubringen hatte, dies freilich unter ungeheuerem Zeitdruck, dieses aus der Not geborene Schweigen des Verfassungsgebers erweist sich aus heutiger Sicht als eine Art »List der Vernunft«. Ihr Sinn erschließt sich freilich dem Betrachter nur, wenn er die im Dezember 1951 anhebende Rechtsprechung des Bundesverfassungsgerichts zum Thema mit einbezieht und auf diese Weise die reale Entwicklung des Sozialstaatsprinzips im letzten halben Jahrhundert als das Widerspiel von demokratischer aktiver Sozialgesetzgebung und rechtsstaatlicher, vor allem grundrechtliche Grenzen ziehender judikativer Kontrolle begreift.

2. Auftrag zur Sozialgestaltung und seine Grenzen

Von Anfang an (*BVerfGE* 1, 97, 105) hat das Bundesverfassungsgericht das Sozialstaatsprinzip als *Gestaltungsauftrag* an den Gesetzgeber interpretiert und dabei die »Weite und Unbestimmtheit« dieses Auftrags betont (*BVerfGE* 82, 60, 80). Ihm lässt sich daher regelmäßig kein Gebot entnehmen, soziale Leistungen in einem bestimmten Umfang zu gewähren. Vielleicht dient es der Anschaulichkeit, wenn man daran erinnert, dass in dem allerersten Fall im Dezember 1951 die Verfassungsbeschwerde einer Kriegerwitwe verworfen wurde, die zusammen mit ihren drei, 6, 13 und 16 Jahre alten Kindern nach den Vorschriften des Bundesversorgungsgesetzes eine monatliche Gesamtrente von DM 183.- erhielt.
Später hieß es dann, das Sozialstaatsprinzip gebiete lediglich, »dass der Staat die Mindestvoraussetzungen für ein menschenwürdiges Dasein seiner Bürger schafft«

(*BVerfGE* 82, 80). Eine Kürzung des Kindergeldes scheiterte deshalb weder allein am Sozialstaatsprinzip noch an seiner Verbindung mit der aus Art. 6 Abs. 1 GG folgenden Pflicht des Staates, Ehe und Familie zu fördern (*BVerfGE* 82, 81).
In den »weiten Gestaltungsraum« des Gesetzgebers (*BVerfGE* 53, 326) fällt auch, weit grundsätzlicher, die Entscheidung über die Grundformen der sozialen Sicherung. Er kann dabei von den »herkömmlichen Modellen« abweichen. Schon 1980 hat das Gericht bei der verfassungsrechtlichen Prüfung des Arbeitsförderungsgesetzes 1969 den Übergang von einem auf »Schadensvergütung ausgerichteten Versicherungsprinzip« zu einer »umfassenden Präventivkonzeption« bei der Bekämpfung der (Massen-)Arbeitslosigkeit mit dem Sozialstaatsgrundsatz gerechtfertigt. Dem Interesse bestimmter Gruppen beitragspflichtiger Arbeitnehmer am Bezug von Arbeitslosengeld stehe jedoch »das besonders bedeutsame Interesse der Allgemeinheit an der – so wörtlich! – »Gesunderhaltung des Arbeitsmarkts und damit an einer möglichst leistungsfähigen Arbeitsverwaltung gegenüber« (*BVerfGE* 53, 326, 327). Die »Gesunderhaltung des Arbeitsmarkts« ist nicht etwa ein lapsus linguae des Gerichts, sondern, wie später einmal gesagt wird (*BVerfGE* 100, 284), ein sozialstaatliches Ziel von Verfassungsrang. Dem Gesetzgeber wird die Gestaltungsfreiheit zugebilligt zu entscheiden, nicht nur, wie weit er den Kreis beitragspflichtiger Sozialversicherter ziehen will, sondern auch, ob er überhaupt eine Pflichtversicherung begründen oder aber eine andere Form der sozialen Sicherung wählen will (*BVerfGE* 53, 313, 326).

3. Inhaltliche Bestimmung des sozialen Staatszieles

Ein Versuch, das vom Sozialstaatsprinzip eröffnete und normativ legitimierte Aufgabenfeld des Gesetzgebers *inhaltlich* zu umschreiben und wohl gar zu begrenzen, wird sinnvoller Weise bei der Rechtsprechung des Verfassungsgerichts ansetzen. Die einschlägige Handbuch- und Kommentarliteratur versucht im Wesentlichen, soweit sie sich nicht in unfruchtbarer, abstrakter Begrifflichkeit verliert, das Destillat aus der Kasuistik der Rechtsprechung zu ordnen und auf ›dogmatisch‹ handhabbare Begriffe zu bringen.
In der Frühphase der Judikatur, genauer: im KPD-Verbots-Urteil 1956 (*BVerfGE* 5, 85,198) wird der »Fortschritt zu ›sozialer Gerechtigkeit‹« als wesentliches Element des »Sozialstaats« im Grundgesetz gesehen und damit sein unabgeschlossener, zukunftsoffener, dem *demokratischen* politischen Prozess anheim gegebener Charakter betont. (Vgl. auch Benda,1994, Rdn.112 ff., Zacher, 2003, Rdn. 83 ff.) 1967 (*BVerfGE* 22, 180, 204, JWG) versteht das Gericht den »sozialen Bundesstaat« als die Pflicht des Staates, »für einen Ausgleich der sozialen Gegensätze und *damit* für eine gerechte Sozialordnung zu sorgen«. Art. 20 Abs. 1 GG bestimme nur das »Was«, das Ziel, nämlich die gerechte Sozialordnung, er lasse aber für das »Wie« der Erreichung des Ziels, »alle Wege offen«. In den siebziger Jahren wird in zwei Entscheidungen zu ganz verschiedenen Lebensbereichen die zweite große »tra-

gende Säule« des Sozialstaatsprinzips auf- und ausgebaut: die staatliche »Vor- und Fürsorge für Einzelne oder für Gruppen der Gesellschaft«, »die auf Grund persönlicher Schwäche oder Schuld, Unfähigkeit oder gesellschaftlicher Benachteiligung in ihrer persönlichen und sozialen Entfaltung behindert sind; dazu gehören auch die Gefangenen und Entlassenen.« Im zweiten dieser Fälle verbot der Sozialstaatsgedanke die Gefährdung der Resozialisierung eines Straftäters durch die Fernsehausstrahlung eines Dokumentarfilmes über die begangene schwere Straftat (*BVerfGE* 35, 202, 236, Lebach, 1973). Im ersten der beiden Fälle führte die Prüfung am Maßstab des *Gleichheitssatzes* des Art. 3 Abs. 1 GG in Verbindung mit dem Sozialstaatsprinzip zur Feststellung der Verfassungswidrigkeit der damaligen Regelung der *gesetzlichen Unfallversicherung* insoweit, als sie das im Mutterleib durch eine Berufskrankheit der Mutter geschädigte Kind nicht in den Unfallversicherungsschutz einbezog. Die Mutter war während der Schwangerschaft als Krankenschwester auf einer Kinderstation an Röteln erkrankt. Sie selbst kam ohne bleibende Gesundheitsschäden davon, während das Kind mit einem schweren Hirnschaden und anderen Defekten zur Welt kam. (*BVerfGE* 45, 376,1977).

In beiden Entscheidungen wird betont, dass die sozialstaatliche Vor- und Fürsorge keineswegs nur dem individuellen Schutzinteresse »sozial besonders Schwacher«, vielmehr auch dem Interesse der Allgemeinheit dient. So können, sagt das Gericht, »die mit dem Arbeitsleben der Industriegesellschaft zwangsläufig verbundenen Risiken . . . nicht von dem einzelnen Arbeitnehmer getragen werden, sondern müssen durch umfassende Systeme der sozialen Sicherung . . . aufgefangen oder doch gemildert werden . . . Je besser das System der sozialen Sicherheit ausgestaltet ist, desto eher werden demnach nicht nur schutzwürdige individuelle Belange gewahrt, sondern wird zugleich dem Allgemeinwohl gedient.« (*BVerfGE* 45, 387 f.)

Diese beiden früh entwickelten zentralen Leitideen des Sozialstaatsprinzips: (1) der Ausgleich der sozialen Gegensätze einerseits und (2) andererseits staatliche Für-und Vorsorge für Einzelne oder Gruppen, diese zusammengefasst im Begriff der »sozialen Sicherheit«, werden in der jüngeren und jüngsten Rechtsprechung des Gerichts – in wiederum ganz andereren Lebenszusammenhängen – bekräftigt und entfaltet. So konnte der Gesetzgeber, der zur Bekämpfung der Arbeitslosigkeit die Beachtung bestimmter Lohnobergrenzen, so genannter *Lohnabstandsklauseln,* beim Abschluss von Tarifverträgen für Arbeitnehmer in Arbeitsbeschaffungsmaßnahmen zwingend vorschrieb und damit das ohne geschriebenen Gesetzesvorbehalt garantierte Grundrecht der Tarifautonomie des Art. 9 Abs. 3 GG einschränkte, zu seiner Rechtfertigung das »legitimierende Gewicht« des Sozialstaatsprinzips in die Waagschale werfen. Die staatliche Fürsorge bei Arbeitslosigkeit ist nicht auf die finanzielle Unterstützung der Arbeitslosen beschränkt. Vielmehr kann der Staat durch Schaffung von Arbeitsplätzen oder die Mitfinanzierung von Lohnkosten die Arbeitslosigkeit unmittelbar selbst bekämpfen. (*BVerfGE* 100, 271, 184, 1999). Damit ist im Jahr 2000 die Interpretation des Sozialstaatsprinzips dort wieder angelangt, wo sie schon in der Erklärung der Menschen- und Bürgerrechte der französischen Verfassung von

1793 ihren Anfang genommen hatte. Deren berühmter Artikel 21 lautete: »Die öffentlichen Hilfeleistungen sind eine heilige Schuld (»une dette sacrée«). Die Gesellschaft schuldet ihren unglücklichen Mitbürgern den Unterhalt, sei es, dass sie ihnen Arbeit verschafft, oder sei es, dass sie denjenigen, die außer Stande sind zu arbeiten, die für ihre Existenz notwendigen Mittel sichert.«

Die Gewährleistung des *Existenzminimums,* wie immer dieses nach Qualität und Umfang zu bestimmen sein mag, wird vom Gericht nach anfänglicher Zurückhaltung (*BVerfGE* 1, 97, 104) seit langem schon aus der staatlichen Verpflichtung zum Schutz der *Menschenwürde*, Art. 1 Abs. 1 GG, *in Verbindung mit dem Sozialstaatsprinzip* begründet (*BVerfGE* 45, 187, 228; 1977). Damit reicht die Schutzpflicht bis weit in den Bereich der *Daseinsvorsorge* hinein, hat das Gericht doch beispielsweise die *Energieversorgung* als eine Leistung bezeichnet, »deren der Bürger zur Sicherung einer menschenwürdigen Existenz unumgänglich bedarf« (*BVerfGE* 66, 248, 258, 1984).

Die umfassenden Kategorien der *Sozialen Sicherheit* und des *Sozialen Ausgleichs* können hier nicht im Einzelnen entwickelt werden. Angesichts der äußersten Kargheit des Grundgesetzes in der Normierung »sozialer Grundrechte« empfiehlt sich die Lektüre der einschlägigen internationalrechtlichen und europarechtlichen Texte zur Konkretisierung der Anschauung, beginnend etwa beim Internationalen Pakt über wirtschaftliche, soziale und kulturelle Rechte 1966, Art. 9 ff., und bei der Europäischen Sozialcharta von 1961, besonders Art. 11 ff., bis zum Entwurf der Charta der Grundrechte der Europäischen Union von 2003, besonders Titel III: »Gleichheit« und Titel IV: »Solidarität«. Besondere Aufmerksamkeit im Hinblick auf das Problem der Alterssicherung verdient ein Hinweis auf Art. 4 des Zusatzprotokolls zur Europäischen Sozialcharta vom 5. Mai 1988. Damals verpflichteten sich die Vertragsstaaten, auch die Bundesrepublik, eine Reihe von geeigneten Maßnahmen zu ergreifen, »um die wirksame Ausübung des Rechtes älterer Menschen auf sozialen Schutz zu gewährleisten«.

III. »Rechtsstaat« versus »Sozialstaats«-Abbau oder -Umbau?

Heute, im Sommer 2006, stellt sich nicht nur für die älteren Menschen, aber besonders für sie, mit wachsender Dringlichkeit die Frage nach dem wirksamen rechtlichen Schutz des bisher erreichten Standards sozialer Sicherheit. Angesichts eines aktuellen Bundeshaushaltes von knapp 260 Milliarden EURO, von dem die Ausgaben für die gesetzlichen Renten, die Stützung des Arbeitsmarktes und die sonstigen Sozialausgaben bereits mehr als 51 v.H., bei steigender Tendenz, verschlingen, muss die weitere Entwicklung der bestehenden sozialen Sicherungssysteme in Richtung auf einen euphemistisch so genannten »schlanken« Staat nach beiden Seiten hin gründlich neu durchdacht werden: Hinsichtlich der individuellen *Freiheit*, auch der Freiheit zur eigenverantwortlichen Risikovorsorge geht es um die Grenzen der steuerlichen und beitragsmäßigen Belastbarkeit, geht es um Lastengerechtigkeit und die Grenzen der Einbeziehung in staatliche Zwangsversicherungssysteme. Auf der anderen Seite, hinsichtlich der Gewährleistung sozialer Sicherheit geht es um den Schutz gegen schleichende Aushöhlung und Entwertung wohlerworbener vermögenswerter Rechtspositionen, geht es um Bedarfs- und Leistungsgerechtigkeit, geht es gegen Leistungsabbau und gegen die Enttäuschung des ins Werk gesetzten, durch jahre- oder jahrzehntelange Beitragsleistungen beglaubigten Vertrauens.

Verfassungsrechtlich und verfassungsgerichtlich wird die gebotene hochkomplexe Suche nach »sozialer Gerechtigkeit« durch die typische Prozesssituation abgebildet: Verfassungsbeschwerden der Betroffenen oder Verfahren der konkreten Normenkontrolle auf Vorlage etwa von Sozialgerichten gegen die leistungskürzenden oder pflichtenbegründenden Kostendämpfungs- oder Strukturreformgesetze eines unermüdlich Normen generierenden Gesetzgebers.

Die immer wiederkehrenden Grundrechtsverletzungsrügen stützen sich, jedenfalls seit dem Grundsatzurteil des Bundesverfassungsgerichts zum Versorgungsausgleich zwischen geschiedenen Ehegatten aus dem Jahr 1980 (*BVerfGE* 53, 257), auf die Garantie des Eigentums, Art. 14 GG, auf den allgemeinen Gleichheitssatz, Art. 3 Abs. 1 GG, auf das Grundrecht der Persönlichkeitsentfaltung, Art. 2 Abs. 1, in Verbindung mit dem Rechtsstaatsprinzip des Vertrauensschutzes und des Verbots der Rückwirkung von Gesetzen. Je nach Lage des Falles werden auch das Grundrecht auf körperliche Unversehrtheit, Art. 2 Abs. 2, das Recht auf Schutz von Ehe und Familie, Art. 6 Abs. 1, das Grundrecht auf Berufs- und Ausbildungsfreiheit, Art. 12 Abs. 1, oder, last but not least, der Schutz der Menschenwürde, Art. 1 Abs. 1 GG, ins Feld geführt. All dies kann hier im Einzelnen nicht dargestellt werden.

Doch möchte ich abschließend einen rechtlichen Gesichtspunkt besonders hervorheben, der als Instrument gegen einen unangemessenen, übermäßigen oder abrupten, d.h. ohne schonende Übergangsregelungen verordneten Leistungsabbau stärkere Beachtung als bisher verdient. Gemeint ist eine besondere Ausprägung des *rechtsstaatlichen Vertrauensschutzes,* die über den allgemeinen Schutz des Vertrauens des Bürgers auf den Fortbestand geltenden Rechts hinausgeht. Das Gericht hat einen solchen gesteigerten Vertrauensschutz einmal gegenüber einem Gesetzgeber anerkannt, der eine für die betroffenen Versicherten günstige Übergangsregelung vor Ablauf der zunächst normierten Übergangsfrist aufhob (*BVerfGE* 102, 68, 97). In Rechtsprechung und Wissenschaft besteht im Wesentlichen Einigkeit darüber, dass es verfassungsrechtlich ein *absolutes soziales Rückschrittsverbot* nicht gibt (Schlenker, 1986). Aber die Gestaltungsbefugnis des Gesetzgebers findet dort ihre Grenzen, wo sie, wie insbesondere im Hinblick auf die Alterssicherung, auf lange Sicht getroffene Dispositionen des Bürgers entwerten würde, ohne ihm gleichwertige und zumutbare Alternativen zu eröffnen. Die Verfassungsrichterin *Rupp – v. Brünneck* hat dies schon 1971 in einem berühmt gewordenen Abweichenden Votum begründet: »Wenn der Staat einer bestimmten Gruppe von Bürgern Leistungen

gewährt, um einem sozialen . . . Bedürfnis Rechnung zu tragen, so darf er sich nicht beliebig dieser Leistung entziehen und die betroffenen Einzelnen wieder sich selbst überlassen, d.h. sie zum bloßen Objekt wechselnder Willensentscheidungen machen.«(*BVerfGE* 32, 111, 139 f., zitiert auch von *v. Schlabrendorff* in Abw. Meinung *BVerfGE* 37, 363, 414, 420 f.)
Stabilität und Legitimation unseres *Rechtsstaats* als eines Staats der Industriegesellschaft stehen und fallen eben nicht nur, wie *Ernst Forsthoff* meinte, mit Vollbeschäftigung und Steigerung des Sozialprodukts. Für jene mindestens ebenso wichtig ist die *Verlässlichkeit des Sozialstaates,* auf den wir alle in irgendeiner Weise angewiesen sind.

Abstract

I. Die neue »Soziale Frage« des 21. Jahrhunderts, der sich der »Sozialstaat« heute zu stellen hat, kann nicht mehr von den Produktions- und Arbeitsbedingungen und der Familienkultur des späten 19. Jahrhunderts ausgehen, welche den Hintergrund der Bismarck'schen Sozialversicherungsgesetzgebung bildeten. Heute bestimmen Faktoren wie der demographische Wandel, die grenzüberschreitende Mobilität von Kapital, Produktion und Arbeit, eine wachsende religiös-kulturelle Heterogenität der Gesellschaft, der Übergang der ›Industriegesellschaft‹ zur ›Wissensgesellschaft‹ mit der rasanten Entwicklung der ›life sciences‹ und des medizin-technischen Fortschritts sowie die Wendung zu umfassender kollektiver Risikovorsorge und Prävention die Parameter, an denen sich aktuelle Systeme sozialer Sicherheit auszurichten haben.

II. Der »Sozialstaat«, auch als Begriff der Verfassung, ist nichts anderes als ein besonderes Stück demokratischer Politik, die in den Formen und Grenzen des Rechtsstaats zu verwirklichen ist. Dem entsprechend hat die Verfassungsrechtsprechung von Anbeginn an den »weiten Gestaltungsraum« des Gesetzgebers bei der Konkretisierung der beiden Leitideen des Sozialstaatsprinzips hervorgehoben: bei der Sorge für eine gerechte Sozialordnung durch Ausgleich der sozialen Gegensätze sowie bei der Gewährleistung »sozialer Sicherheit« durch Für- und Vorsorge für bedürftige Einzelne oder Gruppen. Die Legitimationswirkung des sozialen Staatszieles zeigt thematisch eine große Spannbreite; sie reicht von der Beschränkung von Fernsehsendungen zum Schutze der Resozialisierung eines Straftäters bis zur Einschränkung der Tarifautonomie zur Bekämpfung der Arbeitslosigkeit durch gesetzliche Normierung von »Lohnabstandsklauseln« bei Arbeitsbeschaffungsmaßnahmen.

III. Angesichts eines Bundeshaushaltes von fast 260 Milliarden EURO, von dem mehr als die Hälfte für Renten und andere Sozialausgaben beansprucht wird, steht der Abbau sozialstaatlicher Leistungen auf der Tagesordnung des Gesetzgebers. Seine Grenzen findet er an den Grundrechten der Betroffenen, vor allem an der Garantie des Eigentums, die nach der Rechtsprechung auch sozialversicherungsrechtliche Rentenansprüche und Rentenanwartschaften umfasst, sowie am allgemeinen Gleichheitssatz und an den rechtsstaatlichen Grundsätzen der Rechtssicherheit und des Vertrauensschutzes. Ein allgemeines und absolutes »soziales Rückschrittsverbot« ist verfassungsrechtlich ebenso wenig anzuerkennen wie eine institutionelle Garantie der hergebrachten sozialrechtlichen Versicherungssysteme. Auf der anderen Seite verdient das Vertrauen des Bürgers auf den Fortbestand oder die äquivalente Umgestaltung einer »wohlerworbenen« sozialrechtlichen Position dann einen gesteigerten, den Gesetzgeber bindenden Schutz, wenn anders langfristig getroffene Dispositionen ohne die Eröffnung gleichwertiger Alternativen entwertet würden. Hier findet auch die Kompetenz des Gesetzgebers, Inhalt und Schranken des Eigentums zu bestimmen, Art. 14 Abs. 1 Satz 2 GG, ihre Schranke.

Literaturnachweise

Benda, Ernst, Der soziale Rechtsstaat, in: Benda/Maihofer/Vogel (Hrsg.), Handbuch des Verfassungsrechts der Bundesrepublik Deutschland, 2. Aufl. 1994, S. 719 ff.

Beck, Ulrich, Neonationalismus oder das Europa der Inidividuen, in: Beck/Beck-Gernsheim (Hrsg.), Riskante Freiheiten, 1994, S. 466 ff.

Bieback, Karl-Jürgen, Sozialstaatsprinzip und Grundrechte, EuGRZ 1985, 657 ff.

Derselbe, Verfassungsrechtlicher Schutz gegen Abbau und Umstrukturierung von Sozialleistungen, 1997.

Derselbe, Sicherheit im Sozialstaat, KritJ 1998, 162 ff.

Denninger, Erhard, Der Präventions-Staat, KritJ 1988, 1 ff., auch in: Ders., Der gebändigte Leviathan, 1990, S. 33 ff.

Enders, Christoph, Sozialstaatlichkeit im Spannungsfeld von Eigenverantwortung und Fürsorge, VVDStRL Band 64, 2005, S. 7 ff.

Forsthoff, Ernst, Der Staat der Industriegesellschaft, 1971.

Haverkate, Görg, Verfassungslehre, 1992.

Klöckner, Bernd W., Die gierige Generation, 2005.

Leibfried/Wagschal (Hrsg.), Der deutsche Sozialstaat, 2000.

Neumann, Volker, Menschenwürde und Existenzminimum, NVwZ 1995, 426 ff.

Pitschas, Rainer, Der ›neue‹ soziale Rechtsstaat. Vom Wandel der Arbeits- und Sozialverfassung des Grundgesetzes, in: Ruland/v.Maydell/Papier (Hrsg.) Festschrift für Hans F. Zacher, 1998, S. 755 ff.

Derselbe, Die Zukunft der sozialen Sicherungssysteme, VVDStRL Band 64, 2005, S. 109 ff.

Scheiwe, Kirsten, Soziale Sicherungsmodelle zwischen Individualisierung und Abhängigkeiten, KritJ 2005, 127 ff.

Schlenker, Rolf-Ulrich, Soziales Rückschrittsverbot und Grundgesetz, 1986.

Stolleis, Michael, Möglichkeiten der Fortentwicklung des Rechts der Sozialen Sicherheit zwischen Anpassungszwang und Bestandsschutz, Sitzungsbericht N zum 55. DJT, Hamburg 1984, 1984, N 9 ff.

Derselbe, Industrielle Revolution und Sozialversicherung, in: Festschrift für Hans F. Zacher, 1998, 1081 ff.

Derselbe, Geschichte des Sozialrechts in Deutschland, 2003.
Volkmann, Uwe, Solidarität – Programm und Prinzip der Verfassung, 1998.
Zacher, Hans F., Abhandlungen zum Sozialrecht, hrsg. v. v.Maydell und Eichenhofer, 1993.
Derselbe, Der deutsche Sozialstaat am Ende des Jahrhunderts, in: Leibfried/Wagschal (Hrsg.),Der deutsche Sozialstaat, 2000, S. 53 ff.
Derselbe, Das soziale Staatsziel, in: Isensee/Kirchhof (Hrsg.), Handbuch des Staatsrechts, Band II, 3. Aufl. 2004, § 28, S. 659 ff.

Integration durch Verfassung? Rudolf Smend und die Grundrechtsdemokratie

Horst Dreier

Nicht ohne einen gewissen Stolz hat sich der Jubilar, jedenfalls nach der Erinnerung des Verfassers dieser Zeilen, stets als wissenschaftlichen Enkel von Rudolf Smend betrachtet[1]. Es mag deswegen nicht unangebracht erscheinen, diesem bedeutenden Denker und wichtigen Repräsentanten der Weimarer Staatsrechtslehre einige Überlegungen zu widmen, die den Mittelpunkt seines Werkes betreffen: die Integrationslehre. Sie erfreut sich bis in unsere Tage hinein einer ganz erstaunlichen Lebendigkeit und »Faszinationskraft«[2]. Davon legen nicht nur mehrere Monographien aus den letzten beiden Jahrzehnten[3] sowie zahlreiche Beiträge in Zeitschriften und Sammelbänden Zeugnis ab[4]. Ein kürzlich in der Reihe »Staatsverständnisse« erschienenes Buch, bemerkenswerterweise nicht von einem Juristen, sondern einem Politikwissenschaftler herausgegeben[5], trägt die These von der (ungebrochenen) Aktualität der Smendschen Integrationslehre gleich im Untertitel vor. Doch lohnt näheres Hinschauen. Ist wirklich, wenn in Entscheidungen des Bundesverfassungsgerichts oder in der staatsrechtlichen Literatur von Integration (bzw. von Integrationsfunktionen,

1 Freilich wurde dies niemals ostentativ herausgestellt, wie sich auch an den nicht gerade überbordenden wissenschaftlichen Bezugnahmen ersehen läßt. Vgl. etwa: *H.-P. Schneider,* Richter oder Schlichter? Das Bundesverfassungsgericht als Integrationsfaktor, in: W. Fürst u.a. (Hrsg.), Festschrift Wolfgang Zeidler, Bd. 1, 1987, S. 293 ff. (294). Der Beitrag des Jubilars »Grundrechte und Verfassungsdirektiven« (in: D. Merten/H.-J. Papier [Hrsg.], Handbuch der Grundrechte in Deutschland und Europa [im folgenden: HGR], Bd. I, 2004, § 18) beginnt – ohne ausdrückliche Nennung Smends – mit dem lapidaren Hinweis auf die »Aufgabe[n] einer Verfassung: die Gesellschaft zu integrieren« (Rn. 1).

2 *C. Hillgruber,* Staat, Recht und Verfassung im Prozeß der Integration – Smends Integrationslehre in ihrer Ausgangsgestalt und in der Rezeption unter der Geltung des Grundgesetzes, in: FS Bartlsperger, 2006, S. 63 ff. (63).

3 *K. Rennert,* Die »geisteswissenschaftliche Richtung« in der Staatsrechtslehre der Weimarer Republik, 1987; *S. Korioth,* Integration und Bundesstaat, 1990; *N. Holzer,* Integration durch Verfassung, Diss. jur. Mainz 1999; *P. Otto,* Die Entwicklung der Verfassungslehre in der Weimarer Republik, 2002; *F. Günther,* Denken vom Staat her. Die bundesdeutsche Staatsrechtslehre zwischen Dezision und Integration 1949-1970, 2004.

4 Um nur einige zu nennen: *P. Badura,* Der Staat 16 (1977), 305 ff.; *R. Mehring,* Integration und Verfassung. Zum politischen Verfassungssinn Rudolf Smends, in: Politisches Denken. Jahrbuch 1994, 1995, S. 19 ff.; *W. Hennis,* JZ 1999, 485 ff. – S. auch die folgende Fußnote.

5 R. Lhotta (Hrsg.), Die Integration des modernen Staates. Zur Aktualität der Integrationslehre von Rudolf Smend, 2005 (allerdings mit wesentlichen Beiträgen von Staatsrechtslehrern); gleiches gilt für H. Vorländer (Hrsg.), Integration durch Verfassung, 2002; aus politikwissenschaftlicher Sicht auch *M. Llanque,* Die politische Theorie der Integration: Rudolf Smend, in: A. Brodocz/G.S. Schaal (Hrsg.), Politische Theorien der Gegenwart I. Eine Einführung, 2. Aufl. 2006, S. 313 ff.

-aufgaben, -leistungen o.ä.) die Rede ist, der Sache nach Smends Konzept gemeint? Oder wird lediglich das gleiche Wort verwendet, was aber Differenzen in der Sache gerade nicht ausschließt? Und kann schließlich ein Integrationskonzept, in originär Smendscher oder in neuerer Form, überhaupt noch überzeugen? Gemäß dieser Fragentrias geht es im folgenden zunächst um die ganz knappe Vergewisserung der ursprünglichen Gestalt und der Kernelemente der Smendschen Integrationslehre (I.). Es folgt die Behandlung der Frage, wie und in welcher Weise mit Blick auf die Verfassungsordnung des Grundgesetzes von Integration die Rede ist und sinnvoll sein kann (II.). Der letzte Abschnitt diskutiert sodann, ob und inwieweit die Vorstellung substantiell-sachlicher Integration im Sinne eines materiellen Konsenses in wesentlichen Punkten eigentlich den Struktureigentümlichkeiten und Funktionsgesetzen einer pluralistischen Demokratie (noch) angemessen ist oder ob hier nicht sehr viel stärker Konzeptionen tragend werden müssen, die den Dissens akzeptieren und die Bedingungen seiner Erträglichkeit zum Thema machen (III.).

I. Smends Integrationslehre

1. Krise als Hintergrund

Smends Integrationslehre, wie er sie in seinem Buch »Verfassung und Verfassungsrecht«[6] von 1928 entwickelt, ist ein Kind der Krisenjahre der Weimarer Republik, für die Krise ohnehin der allgegenwärtige Schlüsselbegriff war[7]. Kein Zufall also, daß der erste Teil des ersten Abschnitts die Überschrift trägt: »Die Krisis der Staatslehre« (121). Smend selbst hat diesen Bezug in einem späteren, selbstexplikativen und partiell selbstkritischen Artikel über »Integrationslehre« unterstrichen: ihre sachliche Grundlage sei die »politische Anschauung des Chaos des kranken Verfassungsstaates der 1920er Jahre gewesen, aus der das Anliegen erwuchs, demgegenüber den aufgegebenen gesunden Lebenssinn zu entwickeln«[8]. Ganz unabhängig von solchen Selbstreflexionen stellten sich nach dem Ende des verlorenen Ersten Weltkrieges die Fragen nach der Legitimation der neuen politischen Ordnung in besonders zugespitzter Weise. Denn die revolutionär geschaffene Weimarer Repu-

6 *R. Smend,* Verfassung und Verfassungsrecht (1928), in: ders., Staatsrechtliche Abhandlungen, 3. Aufl. 1994, S. 119-276 (insofern seitenidentisch mit der 2. Auflage von 1968). – Im folgenden beziehen sich die in Klammern gesetzten Seitenzahlen *im Text* immer auf diese Schrift.

7 Dazu nur *M. Stolleis,* Geschichte des öffentlichen Rechts in Deutschland, Bd. III, 1999, S. 153 ff.; *H. Dreier,* Rechtshistorisches Journal 19 (2000), 82 (86 ff., 94 ff.).

8 *R. Smend,* Art. Integrationslehre (1956), in: ders., Staatsrechtliche Abhandlungen (Fn. 6), S. 475 ff. (481). Die Metaphorik von gesund und krank wäre durchaus diskussionswürdig. – Eher affirmativ *P. Badura,* Der Staat 16 (1977), 305 (307 f., 313). Näher zur Entstehung von Smends Integrationslehre als Reaktion auf die Dauerkrise der Weimarer Republik *A. v. Campenhausen*, Rudolf Smend (1882-1975). Integration in zerrissener Zeit, in: F. Loos (Hrsg.), Rechtswissenschaft in Göttingen, 1987, S. 510 ff. (519 f.); knapp *Mehring,* Integration (Fn. 4), S. 32.

blik beruhte auf einem scharfen Legitimitätsbruch gegenüber dem Kaiserreich[9]. An die Stelle eines Bundes der Fürsten (und einiger freier Städte) mit dem Bundesrate unter Vorsitz des Kaisers an der Spitze traten nun die Republik, der Parteienstaat und eine Verfassung, die sich in Gestalt des Art. 76 WRV einer für moderne Verfassungen keineswegs unüblichen, aber doch als sehr weitgehend wahrgenommenen Selbstrelativierung unterwarf[10]. Nicht nur plurale Zerrissenheit und ein für Deutschland ungewohnter revolutionärer Anfang, vor allem auch das Ende jeglicher »stabil-unabsetzbaren Obrigkeit«[11] und die demokratische Notwendigkeit, den Staat gewissermaßen ganz neu und allein auf den Willen seiner Bürger zu gründen, verdeutlichten die (durch politische und ökonomische Krisenphänomene noch erheblich verschärfte) Herausforderung für jede Staatslehre. Es macht unabhängig von aller notwendigen Kritik in nicht geringem Umfang Wert und Modernität von Smends Lehre aus, auf diesen Umbruch empfindsam reagiert zu haben. Gerade wenn selbstverständliche Ordnungsgrößen und stabilitätswahrende Legitimitätsfaktoren ersatzlos fortfallen, stellt sich die Frage nach der Aufrechterhaltung oder Wiedergewinnung staatlicher Einheit unter neuen und erschwerten Bedingungen.

2. Grundlinien

Die Antwort, die Smend gab, läßt sich nur mühsam in wenigen Sätzen rekapitulieren. Das hängt eng mit der oft schwer verständlichen Sprache, der gesuchten Ausdrucksweise, dem fast völligen Fehlen scharf abgegrenzter, klarer Begriffe und ihrer mangelnden Verknüpfung zu einem geschlossenen System zusammen[12]. Unabhängig davon schälen sich aber im Verlauf der Schrift einige zentrale Aspekte heraus, die durchaus rekapitulierungsfähig sind. Klar ist zunächst, daß es Smend um die

9 Guter Überblick über die auch und gerade in der Staatsrechtslehre im Schwange befindlichen Anschauungen über die Illegitimität der neuen, aus einer (per se illegalen) Revolution entsprungenen Staatsordnung bei *G. Anschütz,* Die Verfassung des Deutschen Reichs vom 11. August 1919, 14. Aufl. 1933, Einleitung, S. 3 ff.; s. auch *C. Gusy,* Die Weimarer Reichsverfassung, 1997, S. 36 ff., 382 ff.; *D. Willoweit,* Deutsche Verfassungsgeschichte, 5. Aufl. 2005, § 37 I 1, 4 (S. 356, 358 ff.).

10 Vgl. *H. Dreier,* in: ders. (Hrsg.), Grundgesetz-Kommentar, Bd. II, 2. Aufl. 2006, Art. 79 III Rn. 1 ff.

11 *R. Thoma,* Das Reich als Demokratie, in: G. Anschütz/R. Thoma (Hrsg.), Handbuch des Deutschen Staatsrechts, Bd. I, 1930, § 16, S. 186 ff. (189).

12 Fundamentalkritik: *H. Kelsen,* Der Staat als Integration, 1930, S. 2 (»völliger Mangel an systematischer Geschlossenheit, eine gewisse Unsicherheit der Auffassung, die klaren, eindeutigen Entscheidungen ausweicht, sich am liebsten nur in vagen Andeutungen ergeht und jede einigermaßen faßbare Position mit vorsichtigen Einschränkungen belastet; daher ein dunkler, von allzuvielen sich selbst nur halb erklärenden Fremdwörtern erfüllter, überaus schwerfälliger Sprachstil«). Moderater zur Stilfrage, aber immer noch deutlich: *P. Badura,* Der Staat 16 (1977), 305 (307): »Die schwebende, sicher oft gesuchte Bezugsvielfalt der Ausdrucksweise, häufig ungesagte Voraussetzungen mitführend und scheinbare Widersprüche stehen lassend, sträubt sich gegen eine glatte ›Verwendbarkeit‹ der Integrationslehre und hat ihr nicht selten den Vorwurf der Ungenauigkeit eingebracht.« Von Ideen, die Smend »im Rahmen höchst origineller, allerdings nicht immer vollkommen verständlicher Gedankengänge vorgetragen« habe, sprach seinerzeit *R. Thoma,* Die juristische Bedeutung der grundrechtlichen Sätze der deutschen Reichsverfassung im allgemeinen, in: H.C. Nipperdey (Hrsg.), Die Grundrechte und Grundpflichten der Reichsverfassung, Bd. I, 1929, S. 1 ff. (9); den »kryptischen Sprachstil[s]« bemerkt auch *Günther,* Denken (Fn. 3), S. 40.

Ausarbeitung einer dezidiert materialen Staatstheorie geht (124). Zentraler Grundbegriff ist für ihn die Integration[13]. Diese wird als »grundlegender Lebensvorgang des Staates« gefaßt (136 ff.), der das Wesen des Staates als »geistig-sozialer Wirklichkeit« (138) ausmache, wobei das Staatsrecht als »Positivierung jener geistesgesetzlichen Möglichkeiten und Aufgaben« (139) konzipiert wird. Integration erscheint als »Kernvorgang des staatlichen Lebens« (136) und somit als dessen zentraler Bezugs- und Ankerpunkt[14]. Daß das Staatsrecht in normativen Regeln ebensowenig aufgeht wie in der Nachzeichnung der kruden Faktizität der jeweiligen Verhältnisse, sondern geistige Wirklichkeit ist und als solche auf Sinn- bzw. Wertverwirklichung zielt[15], kann als zentrale Botschaft gelten: »Integration soll Prozeß und Lebensform des Staates sein und will ihn in einer geistig-überempirischen Gestalt der Werttotalität begreifen.«[16]

3. Formen der Integration

Des näheren unterscheidet Smend zwischen persönlicher, funktioneller und sachlicher Integration[17]. Die persönliche Integration vollzieht sich vor allem durch die Personen der politischen Führung, also namentlich durch Monarchen, Führer (Mussolini!)[18], Beamte oder Kabinette (142 ff.). Insbesondere beim Monarchen wird das repräsentative Moment betont (144 f.). Unter funktioneller Integration versteht Smend kollektivierende soziale oder sozialpsychologische Vorgänge, die das Gefühl der Zusammengehörigkeit durch das »Erlebnis der Gemeinsamkeit« (149) stärken. Hier begegnen als illustrierende Beispiele der Rhythmus des militärischen Gleichschritts, der Demonstrationszug oder der Tanz (149, 150) ebenso wie Wahlen oder Abstimmungen (150, 154); auch das Mehrheitsprinzip sowie sonstige politische Entscheidungsabläufe spielen eine Rolle (148 ff.). Ausdrücklich ist von der integrierenden Kraft des Prinzips der Mehrheit die Rede (155), desgleichen vom »verfassungsmäßig vorgesehenen Kampf« (157). Zur sachlichen Integration zählen etwa Grundrechte, Präambeln, Staatsgebiet und Staatssymbole (160 ff.). Zur näheren Ausführung gelangt die Grundlegung dann im zweiten Teil mit seinen verfas-

13 *P. v. Oertzen,* Die soziale Funktion des staatsrechtlichen Positivismus (1953), 1974, S. 16. Zur hier nicht weiterzuverfolgenden Frage, ob es sich eher um eine Verfassungs- oder eine Verfassungsrechtstheorie bzw. um eine Staats- oder Verfassungstheorie handele, vgl. *v. Oertzen,* ebda., S. 353, 355; auch *Rennert,* Geisteswissenschaftliche Richtung (Fn. 3), S. 141 ff.

14 *C. Möllers,* Staat als Argument, 2000, S. 101: »Smends Begriff der ›Integration‹ ist seine Antwort auf die Frage nach dieser spezifischen Wirklichkeit des Staats.«

15 *v. Oertzen,* Positivismus (Fn. 13), S. 16, 356; *P. Badura,* Der Staat 16 (1977), 305 (307); *G. Haverkate,* Verfassungslehre, 1992, S. 93.

16 *O. Lepsius,* Die gegensatzaufhebende Begriffsbildung, 1994, S. 200; s. auch *Rennert,* Geisteswissenschaftliche Richtung (Fn. 3), S. 244, 245.

17 Vgl. *R. Bartlsperger,* Die Integrationslehre Rudolfs Smends als Grundlegung einer Staats- und Rechtstheorie, 1964, S. 10 ff.; *Korioth,* Integration (Fn. 3), S. 134 ff.

18 Daß der italienische Faschismus die Notwendigkeit der Integration gesehen habe und »die Technik funktionaler Integration mit Meisterschaft« handhabe, hebt *Smend,* Verfassung (Fn. 6), S. 175 unmißverständlich hervor.

sungstheoretischen und im dritten mit seinen positivrechtlichen »Folgerungen« (187 ff., 233 ff.)[19].

4. Bestimmende Elemente: Dynamik und Substanz

Neben den immer wieder hervorgehobenen Aspekten der Totalität des Integrationsprozesses (190), dem Einheitsgefüge der Sinnerlebnisse (126) und der materialen Wertidee des Politischen (124, 129) zieht sich wie ein roter Faden in ebenso changierenden und nuancierenden Umschreibungen der Gedanke durch, daß der Staat als geistige Wirklichkeit etwas Aufgegebenes ist[20]. Dafür ließen sich viele wörtliche Zitate Smends anführen, der sich immer wieder dagegen wendet, den Staat als ruhendes Ganzes, als vorgegebene Einheit oder festes Substrat zu betrachten, sondern ihn statt dessen als »Prozeß beständiger Erneuerung« zu begreifen sucht (vgl. insb. 136). Sinnfällig ist sein Bezug auf die Wendung Renans vom »plébiscite de tous les jours« (136). Den Staat nicht als ruhende und vorab in sich gefestigte Einheit, sondern als eine immerfort im Werden begriffene, dynamische Aktionseinheit verstanden und zugleich die beständige Notwendigkeit seiner Annahme und Verlebendigung herausgestellt zu haben, gilt nach wie vor als Smends größtes Verdienst[21].

Allerdings können die forcierten Hinweise auf Prozeßcharakter, Dynamik, lebendiges Sein etc. nicht darüber hinwegtäuschen, daß im Ergebnis alles auf eine in der Sache begründete substantielle Einheit hinausläuft, Integration also letztlich diese Einheit zum Ausdruck bringen bzw. zum Gegenstand des Erlebens machen soll. Für Smend ist Integration stets Einheit des Erlebens und Handelns[22]. Das Ziel, politisch eins zu sein bzw. zu werden, bleibt das zentrale (vgl. 148, 175). Integration meint letztlich immer Integration des Staates zur Einheit, zum Ganzen[23]. So sehr auch stets aufs Neue Prozesse ins Auge gefaßt werden, denen Elemente des Kontroversen, Konflikthaften, also der *Des*integration innewohnen, so sicher überwindet Smend diese inhärenten Konflikte dadurch, daß er sie zu scheinbaren oder vorläufigen Widersprüchen deklariert[24]. Am Ende steht ungeachtet des pluralen Ausgangspunktes und unter der Voraussetzung »gesunder« Verhältnisse und gelingender Integration eine sachlich-substantielle Einheit, eine »Wertgemeinschaft« (155, 157, 159 u.ö.), eine zwar nicht vorgegebene, aber doch erreichte oder zu erreichende Einheit.

19 Komprimierte Darstellung der Integrationslehre bei *M. Friedrich,* Geschichte der deutschen Staatsrechtswissenschaft, 1997, S. 355 ff.
20 *v. Oertzen,* Positivismus (Fn. 13), S. 16.
21 Repräsentativ *U. Scheuner,* Der Bereich der Regierung (1952), in: ders., Staatstheorie und Staatsrecht. Gesammelte Schriften, 1978, S. 455 ff. (471 ff.); *P. Badura,* Der Staat 16 (1977), 305 (319, 320); *Llanque,* Theorie (Fn. 5), S. 317 ff.
22 Insofern treffend *T. Vesting,* Politische Einheitsbildung und technische Realisation, 1990, S. 60.
23 *v. Oertzen,* Positivismus (Fn. 13), S. 355.
24 Vgl. auch *W. Schluchter,* Entscheidung für den sozialen Rechtsstaat, 1968, S. 69.

Exemplarisch läßt sich diese Denk- und Argumentationsbewegung für den Wahlakt demonstrieren. Auch Wahlen sind nach Smend »integrierende Faktoren« und »schaffen zu ihrem Teile die jeweilige politische Individualität des Volksganzen« (154). Das überrascht insofern, als Parteien (lat. *pars* = der Teil) eher etwas Trennendes und Spaltendes als Integratives zu sein scheinen. Smends Lösung liegt nun zum einen in der allgemeinen Erwägung, daß »bei gesunden politischen Verhältnissen« die Austragung innerpolitischer Kämpfe einen reinigenden Effekt zeitige; er spricht insofern von einer »wohltuenden Entladung von Spannungen, einer Katharsis, ähnlich wie beim Ausgange eines Spieles« (151). Speziell zur Parteienkonkurrenz heißt es, daß der politische Kampf auf einer nicht in Frage zu stellenden Wertgemeinschaft beruhe (155). Es ist von daher nur konsequent, wenn Smend festhält, daß Gruppenteile, die sich der Wertgemeinschaft nicht verbunden fühlen, sich den Spielregeln des Kampfes entziehen werden, und er die Bismarcksche Unterscheidung von staatsverneinenden und staatsbejahenden Parteien im Grundsatz für berechtigt hält (155 Fn. 29). In der gleichen Fußnote stellt er fest, das von ihm im Text Gesagte werde vielfach so ausgedrückt, »daß die Parteiprogramme nur sich ergänzende Teile eines Wertkosmos seien oder doch so zu betrachten seien«. Deutlicher kann man die Einheitsvorstellung kaum ausdrücken[25]. Insofern bestätigt sich auch, was Smend selbst in die Formel gefaßt hat, es gebe »letztlich keine formelle Integration ohne sachliche Wertgemeinschaft« (159).

5. Rolle der Verfassung

Die Antwort auf die nach den vorstehenden Erörterungen naheliegende Frage, welche Rolle insofern eigentlich die Verfassung spielt, kann kurz ausfallen: keine sehr bedeutende[26]. Dabei ist es nicht nur so, daß Text und Normelemente des konkreten Staatsgrundgesetzes der Weimarer Republik (mit sogleich zu erwähnenden Ausnahmen) kaum oder höchstens andeutungsweise angesprochen werden, zudem nicht selten in sehr allgemeiner Weise auf Elemente der Bismarckverfassung oder anderer früherer Verfassungen Bezug genommen wird[27]. Es bleibt auch nicht dabei, daß – vom Gesamtansatz her durchaus nachvollziehbar – die Verfassung an der »Totalität«[28] des vitalen Gesamtprozesses der Integration nur beschränkt partizipiert, die Verfassung also der vielzitierten Formulierung zufolge lediglich als »gesetzliche Normierung einzelner Seiten dieses Prozesses« (189) erscheint. Und es hat schließlich auch nicht mit der unbezweifelbar richtigen Beobachtung sein Bewenden, daß

25 Wie hier *Llanque,* Theorie (Fn. 5), S. 323: der politische Kampf dürfe die Wertgemeinschaft nicht in Frage stellen.

26 *Möllers,* Staat (Fn. 14), S. 106: »Der Zusammenhang zwischen Verfassung und staatlichem Integrationsvorgang verleiht der Verfassung nämlich eine eigentümlich eingeschränkte Form von Normativität.«

27 Die Bismarck-Verfassung gilt ihm als »vollkommenes Beispiel einer integrierenden Verfassung« (*Smend,* Verfassung [Fn. 6], S. 141).

28 Ein von Smend bemerkenswert häufig benutzter Begriff.

der Staat »nicht nur von den in seiner Verfassung geregelten Lebensmomenten« (189) abhängt, sondern anderer stützender Kräfte und Motive bedarf. Smend geht in der Relativierung des Verfassungsrechts unübersehbar einen entscheidenden Schritt weiter, indem er in grundsätzlicher Weise deren normative Regeln zur Disposition stellt, wenn der höhere Integrationswert dies erheischt. Die aus der »Totalität der Einzelpersönlichkeit« stammenden und »in jedem Augenblick zu der überpersönlichen Totalität des Staates« (beides 189) zusammenwirkenden Lebensfunktionen des Staates könnten von den »meist recht schematischen, auf immer neuen Rezeptionen aus dritter und vierter Hand beruhenden Verfassungsartikeln nicht voll erfaßt und normiert, sondern nur angedeutet und, was ihre integrierende Kraft angeht, angeregt werden.« (189 f.). Dann folgt der entscheidende Satz: »Dieser aufgegebene Erfolg mag dabei vom politischen Lebensstrom vielfach in nicht genau verfassungsmäßigen Bahnen erreicht werden: dann wird die durch die Wertgesetzlichkeit des Geistes wie durch die Artikel der Verfassung aufgegebene Erfüllung der Integrationsaufgabe trotz dieser einzelnen Abweichungen dem Sinn auch der Verfassung eher entsprechen als paragraphengetreueres, aber im Erfolge mangelhafteres Verfassungsleben.« (190). Man sieht hier sehr deutlich, daß für Smend die Verfassung wegen des alles überwölbenden Integrationswertes nicht fester Rahmen und unverbrüchliche Grundordnung für den politischen Prozeß ist (das wären vielmehr jene von ihm in immer neuen Wendungen perhorreszierten Vorstellungen schematischer, starrer, das wahre Sein und die Totalität der Lebensentwicklung verfehlender Art), sondern selbst flexibler Faktor im Integrationsprozeß. »Die Verfassung ist nicht mehr normativer Fels in der Brandung, sondern wird zum Treibholz im Fluß des politischen Lebens.«[29] Integration kann nicht nur, was zweifelsohne häufig zutrifft, ohne das Recht stattfinden; sie kann sich Smend zufolge auch gegen das Recht vollziehen[30]. Integration durch Verfassungsbruch wird eine mögliche Option.

II. Integration durch die Verfassung im Staat des Grundgesetzes?

1. Differenzen zu Smend

Von der Totalität des Integrationsprozesses, dem Einheitsgefüge der Sinnerlebnisse oder den Triebgrundlagen des politischen Lebens ist nun weder in einschlägigen Entscheidungen des Bundesverfassungsgerichts noch in der bundesrepublikanischen Staatsrechtsliteratur die Rede. Wohl aber von Integration. Der Hinweis auf

29 *Hillgruber,* Integrationslehre (Fn. 2), S. 70; zur klaren Unterordnung der Verfassung unter den Integrationszweck auch *Mehring,* Integration (Fn. 4), S. 32; *Möllers,* Staat (Fn. 14), S. 106, 110. – *Rennert,* Geisteswissenschaftliche Richtung (Fn. 3), S. 303 nennt die Erfüllung des Integrationswertes »das überpositive normative Prinzip der Verfassung«.

30 Kritisch insofern auch *M. Morlok/A. Schindler,* Smend als Klassiker: Rudolf Smends Beitrag zu einer modernen Verfassungstheorie, in: Lhotta, Integration (Fn. 5), S. 13 ff. (23 f.); deutlich *Hillgruber,* Integrationslehre (Fn. 2), S. 72.

die Integrationsfunktion der Verfassung (oder des Staates) bzw. der Verfassungs- oder Staatsorgane und damit (vermeintlich oder tatsächlich) eines substantiellen Elementes Smendscher Verfassungstheorie begegnet in nicht wenigen Entscheidungen des Bundesverfassungsgerichts[31] und fand und findet weite Verbreitung quer durch die verschiedenen Lager der Staatsrechtslehre. Am eingehendsten, wenn auch in durchaus kritischer Distanzierung zu Smends Aussagen, ist dieses Konzept etwa bei Konrad Hesse entfaltet[32]. Auch Erhard Denninger und Hasso Hofmann benennen als eine wichtige Verfassungsfunktion die Integrationsfunktion[33]. Und daß das Grundgesetz auf Integration angelegt und staatliche Einheit als auf- und nicht vorgegeben zu begreifen sei, hat Josef Isensee in seinen großen Beiträgen im Handbuch des Staatsrechts durchweg als selbstverständlich betont[34].

Freilich scheint in der bundesrepublikanischen Rezeption gerade das von Smend übriggeblieben zu sein, was bei ihm eher geringschätzig behandelt wurde, wenn nicht bewußt vernachlässigt worden war: die unbedingte normative Verbindlichkeit der Verfassung, ihr alle anderen Staatsorgane verpflichtender Höchstrang, die Verfassungsurkunde als maßgebliches und maßstäbliches Grundgesetz der staatlichen Gesamtordnung[35]. Gegen diese bei Smend offenkundigen Tendenzen einer Relativierung des geschriebenen Verfassungsrechts wurde denn auch unisono nachdrücklich Einspruch eingelegt[36]. Zudem konnte sich Smends Vorstellung zufolge die Integrationsfunktion auch in Formen erfüllen und auf Inhalte bezogen sein, die einem demokratischen Verfassungsstaat fremd waren. Carl Schmitts wie immer polemisch überzogene These, Smends Integrationsbegriff laufe auf einen totalen Staat hinaus,

31 BVerfGE 12, 296 (306); 13, 54 (81 f.); 14, 121 (135). – Im Hinblick auf einschlägige, den Integrationstopos aufnehmende Formulierungen des Bundesverfassungsgerichts zur Charakterisierung der Parteien, der Wahlen und der politischen Willensbildung (etwa BVerfGE 5, 85 [388]; 6, 84 [93]); 8, 104 [113]) hat *P. Badura* (Der Staat 16 [1977], 305 [305]) von »eher verbalen Adaptionen« gesprochen. – Das Gericht hat die Qualifizierung der Wahl als »Integrationsvorgang« lange Zeit zur *Begründung* der Sperrklausel des § 6 VI BWahlG (sog. 5 %-Klausel) herangezogen, sich dann aber nicht gescheut, in BVerfGE 95, 408 (421) deren *Durchbrechung* durch die Grundmandatsklausel ebenfalls mit dem Hinweis auf die »effektive Integration des Staatsvolkes« zu rechtfertigen. Hier zeigt der Integrationsbegriff einmal mehr seine große Bedeutungsspannweite, man könnte auch sagen: Beliebigkeit.

32 *K. Hesse,* Grundzüge des Verfassungsrechts der Bundesrepublik Deutschland, 20. Aufl. 1995, Rn. 4, 6 f.

33 *E. Denninger,* Verfassung und Gesetz (1986), in: ders., Der gebändigte Leviathan, 1990, S. 51 ff. (69); *H. Hofmann,* Legitimität und Rechtsgeltung, 1977, S. 58. – *H.-P. Schneider,* Die Funktion der Verfassung, in: D. Grimm (Hrsg.), Einführung in das öffentliche Recht, 1985, S. 1 ff. (18 ff.), behandelt Smends Integrationslehre unter der Überschrift »Einigungsfunktion«.

34 *J. Isensee,* Staat und Verfassung, in: HStR I, 1987, § 13 Rn. 115 f., 138; *ders.,* Grundrechtsvoraussetzungen und Verfassungserwartungen, in: HStR V, 1992, § 115 Rn. 219; *ders.,* Verfassungsrecht als »politisches Recht«, in: HStR VII, 1992, § 162 Rn. 34 f., 103.

35 Treffend *Hillgruber,* Integrationslehre (Fn. 2), S. 72. Diese Differenz zwischen Smends auf Weimar bezogener Integrationslehre und der ganz andersartigen verfassungsrechtlichen Situation unter dem Grundgesetz hervorhebend auch *K. J. Grigoleit,* Bundesverfassungsgericht und deutsche Frage, 2004, S. 66 ff.

36 Vgl. *v. Oertzen,* Positivismus (Fn. 13), S. 18; *H. Ehmke,* Grenzen der Verfassungsänderung, 1953, S. 58 ff.; *Hesse,* Grundzüge (Fn. 32), Rn. 74; *Hofmann,* Rechtsgeltung (Fn. 33), S. 57 f.; *Isensee* (Fn. 34), § 162 Rn. 34. Zu späteren Selbstkorrekturen Smends etwa *Günther*, Denken (Fn. 3) S. 168.

war durchaus nicht völlig ohne Anhalt[37]. Gar nicht unähnlich hatte Gustav Radbruch in seiner Rechtsphilosophie konstatiert, die politische Funktion der Integrationslehre bestehe »darin, auch nichtdemokratische Verfassungsformen auf den Volkswillen, zwar nicht den Willen der Volksmehrheit, aber den integrierenden Willen der Volkheit, einer zahlenmäßig nicht bestimmbaren und kontrollierbaren und deshalb weitgehend nach Belieben konstruierbaren Volksgemeinschaft gründen zu können«[38]. Es besteht also kein Grund, Smends Konzept aus Weimarer Tagen als eine originär oder zwingend demokratische Lehre zu interpretieren oder sie in diese Richtung schönzureden[39].

Ein weiterer Differenzpunkt tritt hinzu. Wird Smend doch nicht müde zu betonen, daß der Staat Selbstzweck und staatliche Integration und von daher unhinterfragbare Aufgabe ist, weil Nation und Staat für ihn »eine selbstzweckliche überindividuelle Einheit« bilden[40]. Ausdrücklich wird abgelehnt, den Staat als Mittel für bestimmte, ihm äußere oder voraus liegende Zwecke (wie Wohlstands- oder Freiheitssicherung) zu betrachten[41]. So entfällt das limitative Element, das jedem Zweckbezug innewohnt[42]. Auch gegenüber Smends Annahme grundsätzlicher Selbstzwecklichkeit des Staates gehen Grundgesetz und bundesdeutsche Staatsrechtslehre andere Wege, indem erster und letzter Zweck des Staates nicht er selbst, sondern der würdebegabte und mit »unveräußerlichen« (so Art. 1 II GG) Rechten ausgestattete Einzelne ist, dessen Freiheit der Staat zu sichern und zu schützen hat. Treffend hat man insofern vom »nichtstaatlichen Sinn staatlicher Organisation« gesprochen[43]. In Art. 1 Absatz 1 des Herrenchiemseer Verfassungsentwurfs vom September 1948 fand dieser grundlegende Zweckbezug eine einprägsame Formulierung in den Worten, daß der Staat um des Menschen willen da sei, nicht der Mensch um des Staates willen[44].

37 *C. Schmitt,* Der Begriff des Politischen. Text von 1932 mit einem Vorwort und drei Corollarien 1963 (Nachdruck 1979), S. 26.

38 *G. Radbruch,* Rechtsphilosophie, 8. Auflage 1973, hrsgg. von E. Wolf u. H.-P. Schneider, S. 161. Scharf auch *O. Hintze* in seiner Rezension von 1929 (Abdruck: ders., Soziologie und Geschichte, 3. Aufl. 1982, S. 232 ff. [238]: Smend als »abgesagter Feind des Liberalismus«, dessen »Neigungen . . . mehr nach der faschistischen Seite« gingen); *Kelsen,* Integration (Fn. 12), S. 35, 56, 58, 59 sieht in der Integrationslehre einen antirepublikanischen Kampfbegriff, eine Apologie der Diktatur und begreift den integrierenden Staat als faschistischen Staat.

39 Kritik bei *Schluchter,* Rechtsstaat (Fn. 24), S. 82 f.; *Vesting,* Einheitsbildung (Fn. 22), S. 192. Einordnung des Smendschen Denkens als antiliberal und antipluralistisch bei *S. Korioth,* Integration und staatsbürgerlicher Beruf: Zivilreligiöse und theologische Elemente staatlicher Integration bei Rudolf Smend, in: Lhotta, Integration (Fn. 5), S. 113 ff. (120).

40 So die Charakterisierung von *Rennert,* Geisteswissenschaftliche Richtung (Fn. 3), S. 231 (vgl. noch ebd., S. 246 ff., 251 f.). Ähnlich *P. Badura,* Der Staat 16 (1977), 305 (309, 315): Staat als »elementare, wesensmäßige Lebensform des menschlichen Geistes«, »einer rationalistischen Rechtfertigung nicht fähig und nicht bedürftig«.

41 *Smend,* Verfassung (Fn. 6), S. 128 f.

42 *Schluchter,* Rechtsstaat (Fn. 24), S. 86 Fn. 89.

43 *H. Hofmann,* Grundpflichten als verfassungsrechtliche Dimension, VVDStRL 41 (1983), S. 42 ff. (68).

44 Abdruck: Parl. Rat II, S. 580. – Zur Genese eingehend *C. Enders,* Die Menschenwürde in der Verfassungsordnung, 1997, S. 404 ff.

Zusammengefaßt heißt das also: bei Smend war die Verfassung lediglich eine abgeleitete Variable, dem Dienst an gelingender Integration unterworfen und von dieser Aufgabe in ihren normativen Aussagen form- und relativierbar; im Staat des Grundgesetzes ist sie hingegen unverrückbarer normativer Maßstab für das politische Gemeinwesen. Bei Smend ist der Staat unhinterfragbarer und insofern absoluter Selbstzweck, dem Grundgesetz zufolge hingegen nur Mittel zum Zweck der Sicherung und Bewahrung der Freiheit und Würde des Einzelnen.
Gerade diese strukturellen Differenzen lassen nun aber die Option aufscheinen, in der Verfassung selbst das A und O staatlicher Integration zu erblicken und hier bzw. durch sie die von Smend herbeigesehnte »Versöhnung« von Staat und Bürger[45] zur Erfüllung gelangen zu lassen. So sei zunächst gefragt, ob der Gedanke der Integration durch die Verfassung eine tragende Funktion erlangen kann (dazu 2.), sodann etwas konkreter, ob bestimmte Verfassungsorgane Integrationsfunktionen entwickeln (3.), um schließlich die Grundrechte auf entsprechende Wirkungen hin zu untersuchen (4.).

2. Integration durch Verfassung?

Die heute geläufige Rede von der Integrationsfunktion der Verfassung stellt zentral auf die Aufgabe der Verfassung ab, den politischen Prozeß zu rationalisieren, staatliche Herrschaftsausübung zu legitimieren, zu organisieren und zu limitieren und mit alledem, in den Worten Konrad Hesses, politische Einheitsbildung zu ermöglichen[46]. Die Verfassung wird insofern als eine Rahmen- oder Grundordnung begriffen, als das Feste, Ruhende, Maßstabsetzende[47]. Sie figuriert nicht als abhängige Variable des Integrationsprozesses, sondern als dessen Orientierungspunkt. Nicht zuletzt wegen der besonderen Wehr- und Werthaftigkeit des Grundgesetzes (vgl. Art. 9 II, 18 und 21 II als Ausdrucksformen der »streitbaren Demokratie« sowie die »Ewigkeitsklausel« des Art. 79 III GG) liegt zudem die Auffassung nahe, die Verfassung selbst verbürge auch einen substantiellen Bestand an Gemeinsamkeiten und verbindlichen normativen Grundlagen, in dem sich die Gesellschaft einig fühlen und einen entsprechenden Grundkonsens ausbilden könne. Doch haben wir es insofern eher mit einem Konsens auf hoher Abstraktionsebene zu tun[48]. Die Zustimmung kann sehr diffus sein und sich auf höchst unterschiedliche Ausmünzungen beziehen[49]. Außerdem stehen die grundlegenden Prinzipien oft in spannungsvoller

45 So *Korioth,* Integration (Fn. 39), S. 118.
46 *Hesse,* Grundzüge (Fn. 32), Rn. 6 ff.
47 Diese Vorstellung zählt seit jeher zu den Grundelementen von Verfassungsstaatlichkeit: vgl. *H. Dreier,* in: ders., GGK II (Fn. 10), Art. 79 II Rn. 13 m.w.N.
48 Dieser Umstand trägt sicher auch zum Erfolg der Formel vom »Verfassungspatriotismus« bei (dazu sehr scharfe Kritik bei *O. Depenheuer,* DÖV 1995, 854 ff.).
49 Vgl. *U. Haltern,* JöR 45 (1997), 31 (82) mit Bezug zur Bekenntnisfreiheit.

Gegenläufigkeit zueinander[50]. Vor allem aber erweist sich der durch die Verfassung gezogene Rahmen bei näherem Hinsehen als sehr weit, so daß sich insbesondere dem demokratischen Gesetzgeber großer Spielraum für unterschiedliche Ausgestaltungsmöglichkeiten bietet, was wiederum entsprechende Kontroversen um die richtige oder angemessene Konkretisierung der Verfassungsprinzipien entbindet[51]. Nicht vergessen sei zudem die Möglichkeit der Verfassungsänderung, von der in der Bundesrepublik Deutschland durch mehr als 50 Änderungsgesetze, die das Grundgesetz in vielfältiger Weise modifiziert und ergänzt, partiell auch signifikant umgestaltet haben, Gebrauch gemacht worden ist.

Und schließlich das vielleicht Wichtigste: Gerade so zentrale Verbürgungen der Verfassung wie die Grundrechte oder das Demokratiegebot sind so beschaffen, daß sie weniger bestimmte fixe Inhalte denn gestaltungsoffene Formen zur Ausfüllung mit vorab nicht festliegenden Inhalten darstellen. Insofern garantieren sie gerade Vielfalt und Verschiedenheit, ohne aus sich heraus Einheit, Homogenität oder eben »Integration« gewährleisten zu können. Bevor dies näher an den Grundrechten demonstriert wird (dazu 4.), sei vorab der Frage nachgegangen, ob nicht Integration ganz konkret durch bestimmte Verfassungsorgane erreicht werden kann.

3. Integration durch Verfassungsorgane?

Der Gedanke einer Integration durch Verfassungsorgane begegnet bereits bei Smend selbst. Er hat insofern das Kabinett ebenso angeführt wie das Staatsoberhaupt[52]. Beides wird auch in der bundesrepublikanischen Literatur erörtert (dazu a, b). Sehr viel seltener kommt man hier auf die Integrationsfunktion der kommunalen Selbstverwaltung und des Petitionsausschusses zu sprechen (c, d). Ganz im Zentrum steht hingegen die oft behauptete Integrationsfunktion des Bundesverfassungsgerichts (e).

a) Gern zitierter Musterfall für eine Integration durch Verfassungsorgane ist der Bundespräsident[53]. Schon Smend hatte am Monarchen gerühmt, daß er in seiner Person ein Ganzes zu repräsentieren, also »in der eigenen Person Verkörperung, Integration des Volksganzen zu sein« vermöge (144). Wenn man heute die Integrationsfunktion des Bundespräsidenten an die völkerrechtliche Vertretung knüpft, so

50 Vgl. *G. Frankenberg,* Tocquevilles Frage. Zur Rolle der Verfassung im Prozeß der Integration, in: G. F. Schuppert/C. Bumke (Hrsg.), Bundesverfassungsgericht und gesellschaftlicher Grundkonsens, 2000, S. 31 ff. (39).

51 Betont auch von *E.-W. Böckenförde,* Das Bild vom Menschen in der Perspektive der heutigen Rechtsordnung (1985), in: ders., Recht, Staat, Freiheit, 1991, S. 58 ff. (63 f.).

52 *Smend,* Verfassung (Fn. 6), S. 144, 154.

53 Vgl. etwa *K. Schlaich,* Die Funktionen des Bundespräsidenten im Verfassungsgefüge, in: HStR II, 1987, § 49 Rn. 53 ff.; *H. Maurer,* in: Bonner Kommentar zum Grundgesetz, Art. 82 (1988) Rn. 20 ff.; *I. Pernice,* in: Dreier, GGK II (Fn. 10), Art. 54 Rn. 28 f., Art 56 Rn. 6. – *M. Nettesheim,* Amt und Stellung des Bundespräsidenten, in: HStR[3] III, 2005, § 61 Rn. 33 f. thematisiert die Integrationsfrage im Zusammenhang mit der Repräsentationsfunktion. Äußerst knappe Erwähnung bei *H.-P. Schneider*, in: AK-GG, 3. Auflage (2002), Art. 63 Rn. 3 (Integration bei der Regierungbildung).

ist das freilich wenig überzeugend, da es sich bei dieser Form der »Caput«-Repräsentation[54] um ein schlichtes Erfordernis für den Rechtsverkehr der Staaten untereinander handelt und sachlich-inhaltlich wegen der im Unterschied zum Monarchen weitgehend fehlenden politischen Gestaltungsmöglichkeiten eine integrative Substanz kaum fixierbar erscheint. Auch die These von der Integrationsfunktion des Bundespräsidenten durch seine Kompetenz zur Ausfertigung der Gesetze gemäß Art. 82 GG will nicht recht tragen. Die Aussage, damit werde die »Staatsbezogenheit der Gesetze« herausgestellt[55], provoziert die Rückfrage, worauf diese denn sonst – von wem auch immer ausgefertigt – bezogen sein sollten. Aber könnte es nicht integrativ wirken, wenn sehr umstrittene und nur mit knapper Mehrheit verabschiedete Gesetze von einem neutralen, am legislativen Prozeß nicht beteiligten Verfassungsorgan wie dem Bundespräsidenten ausgefertigt werden? Wird hierdurch vielleicht »dokumentiert, daß das von der parlamentarischen Mehrheit beschlossene Gesetz zum Staats-Gesetz geworden ist, das von allen zu respektieren ist, auch von denjenigen, die seinen Erlaß ablehnen«[56]? Das Problematische einer solchen Sichtweise liegt in der Entgegensetzung von parlamentarischem Mehrheitsbeschluß und dem für alle verbindlichen Staatsgesetz, die an den im Konstitutionalismus des 19. Jahrhunderts geläufigen Antagonismus von Staat einerseits, partikularen gesellschaftlichen Kräften andererseits erinnert. Der Schlüssel zur Erklärung der Verbindlichkeit des (nur) mehrheitlich beschlossenen Gesetzes für alle liegt nicht hier, sondern in der Repräsentationsfunktion des Bundestages und dem Funktionsmodus des Mehrheitsprinzips[57]. Und wegen der in der legislativen Vertretungskörperschaft zu verortenden »Corpus«-Repräsentation muten Versuche eher fraglich an, dem Bundespräsidenten eine »politische Integration der Bürger durch die Sichtbarmachung ihrer Gemeinsamkeiten über die pluralistischen Differenzen zur Tagespolitik hinaus«[58] zuzuschreiben. Denn wegen seiner geringen Kompetenzen bleibt dem Staatsoberhaupt ja praktisch nur die Macht des Wortes. Und wenn er sich bei dessen Gebrauch nicht mit gefälliger Unverbindlichkeit begnügt, sondern substantiell Position in wichtigen Sachfragen bezieht, kann man sicher sein, daß er damit nicht allen Gruppen der Gesellschaft aus dem Herzen sprechen und diese sachlich integrieren wird. Kurz: die verbreitete Rede von der Integrationsfunktion des – im übrigen ja stets als Kandidat einer politischen Partei in sein Amt gelangten – Bundespräsidenten scheint nur um den Preis fragwürdiger Überhöhung des Amtes

54 Zur Unterscheidung von corpus- und caput-Repräsentation *H. Hofmann,* Repräsentation (1974), 4. Aufl. 2003, S. 281 ff.; *ders.,* Der Staat 27 (1988), 523 ff.
55 *Maurer* (Fn. 53), Art. 82 Rn. 22.
56 So *Maurer* (Fn. 53), Art. 82 Rn. 25.
57 Vgl. *H. Hofmann/H. Dreier,* Repräsentation, Mehrheitsprinzip und Minderheitenschutz, in: H.-P. Schneider/W. Zeh (Hrsg.), Parlamentsrecht und Parlamentspraxis, 1989, § 5 Rn. 16 ff., 54 ff.
58 *Pernice* (Fn. 53), Art. 54 Rn. 28. Gewisse Chancen der Integration durch öffentliche Reden und Auftritte sieht *R. Herzog,* Der Integrationsgedanke und die obersten Staatsorgane (Kölner Juristische Gesellschaft, Bd. 1/2), 1986, S. 20; kritisch aus politikwissenschaftlicher Sicht *R. C. van Ooyen,* Politik und Verfassung, 2006, S. 189 ff.

und dessen sehr begrenzter Möglichkeiten vertretbar zu sein. Damit sei seine Warner- und Mahner-, zuweilen vielleicht auch Moderatorenfunktion nicht in Abrede gestellt oder in ihrer Bedeutung verkannt. Aber die Stimme des Bundespräsidenten bleibt doch eine – zweifelsohne besonders wichtige – Stimme im pluralen Chor der modernen Gesellschaft[59].

b) Eine tragende Integrationsfunktion wird man auch dem Bundeskabinett kaum zusprechen können. Wo sie überhaupt erwähnt wird[60], zeigen sich doch rasch wieder weitreichende Einschränkungen, Vorbehalte und Relativierungen. So führt etwa Meinhard Schröder im »Handbuch des Staatsrechts« zwar zunächst an, Einheits- und Konsensstiftung sei nicht nur Folge der Regierungstätigkeit, sondern ihre Aufgabe; der Einsatz verfassungsmäßiger Kompetenzen habe stets »dem Ziel der Integration zu dienen«[61]. Sodann wird aber in der folgenden Randnummer treffend konstatiert, daß Regierung im parlamentarischen System unvermeidlich »Parteiregierung« und als solche nicht neutral sei. Die spezifische Integrationsaufgabe verblaßt im weiteren zum politethischen Appell: die Regierung müsse für ihre Politik auch außerhalb der sie tragenden Kräfte werben, um gesamtgesellschaftlichen Konsens bemüht sein, eine Politik »für das ganze Volk« betreiben[62]. Das bleibt nicht nur gänzlich zahnlos, sondern geht zudem schlicht an den Funktionserfordernissen einer Konkurrenzdemokratie vorbei[63]. Als richtig erweist sich allein der Hinweis auf die durch die Verfassung recht weit gezogenen Grenzen der Aufgabenwahrnehmung der Regierung und ihre Leit-, Initiativ- und Gestaltungsfunktion.

c) Gar nicht zahnlos, sondern auf konkrete Strukturprobleme bezogen waren die Konzeptionen des Freiherrn von Stein oder auch Gneists: mit der kommunalen Selbstverwaltung sollte vor allem das städtische Bürgertum in die monarchische Staatsanstalt integriert werden. Hier ging es sehr handfest um politisch-soziale Integration[64]. Ersichtlich handelt es sich aber um keine aktuelle Problemkonstellation mehr: wenn heute überhaupt von der politisch-demokratischen Integrationswirkung der kommunalen Selbstverwaltung gesprochen wird[65], so meint man damit eher die

59 Insgesamt sehr realistische Sicht der Dinge bei *Schlaich* (Fn. 53), § 49 Rn. 54 ff.; dezidiert gegen eine Integrationsfunktion *M. Gehrlein*, DÖV 2007, 280 (285 ff.).

60 Etwa, wenn auch nur kurz, bei *K. Stern,* Das Staatsrecht der Bundesrepublik Deutschland, Bd. II, 1980, S. 688 (mit ausdrücklichem Hinweis auf Smend). Etwas ausführlicher, aber in der Tendenz zu Recht skeptisch *Herzog,* Integrationsgedanke (Fn. 58), S. 15 f.

61 *M. Schröder,* Aufgaben der Regierung, in: HStR³ II, 2005, § 64 Rn. 31.

62 *Schröder* (Fn. 61), § 64 Rn. 33.

63 Treffend *Herzog,* Integrationsgedanke (Fn. 58), S. 16, der es als zwingende und unausweichliche »Folge des parlamentarischen Regierungssystems und des Mehrheitsprinzips« betrachtet, daß Regierungen »grundsätzlich nur die Mehrheit der Bevölkerung, nicht aber diese selbst hinter sich haben. (. . .) Regierungen und Parlamentsmehrheiten werden in diesem System daher niemals nur integrieren. Sie werden fast in gleichem Maße auch polarisieren, d.h. sie werden stets zugleich den politischen Streit, auch den Streit im Staatsvolk selbst nähren. Das aber bedeutet zugleich Desintegration . . .«.

64 Deutlich die elitär-etatistische Konzeption bei *R. Gneist,* Der Rechtsstaat und die Verwaltungsgerichte in Deutschland, 2. Aufl. 1879, S. 318 ff.

65 Etwa *R. Hendler,* Das Prinzip Selbstverwaltung, in: HStR IV, 1990, § 106 Rn. 67 f.

Fundierungsfunktion der Gemeinden für einen demokratischen Staatsaufbau von unten nach oben[66], nicht die Zusammenführung unterschiedlicher Strukturprinzipien (monarchische Staatsanstalt, Städte als kleine Republiken) innerhalb eines politischen Gemeinwesens. Mit anderer, durchaus moderner Akzentuierung (und sicher auch mit Blick auf parteipolitische Schwerpunktbildungen im Deutschen Reich nach 1918) hatte Ernst Forsthoff 1932 unter ausdrücklicher Berufung auf Smend vermeldet, kommunale Selbstverwaltung sei »nur sinnvoll, wenn (und solange) sie der Integration des Staates« diene, und entsprechende Gefahren ganz auf der Linie Carl Schmitts in der »pluralistischen Auflösung des Staates« gesehen[67]. Auch diese Perhorreszierung der Pluralität ist dem Verfassungsstaat des Grundgesetzes aber fremd. Die nämliche Idee demokratischer Selbstgesetzgebung trägt heute Kommunen wie Staat gleichermaßen. Ein Thema für sich bleibt die Integration gesellschaftlicher Interessen und Organisationen in den Staat und seine Organisation[68].

d) Die gelegentlich reklamierte Integrationsfunktion des Petitionsrechts und damit letztlich der Wirkung des Petitionsausschusses stellt vor allem auf die hiermit gegebene »Chance zur aktiven Teilnahme am politischen Geschehen ebenso wie zur faktischen Einwirkung auf politische Entscheidungsprozesse« ab[69]. Doch ist die Integrationsfunktion nicht nur eingebettet in eine vielschichtige Funktionenvielfalt (Artikulations-, Informations-, Partizipations- und Gnadenfunktion); auch und gerade im Vergleich zu anderen Formen politischer Teilnahme und Teilhabe scheinen die tatsächlichen Bewirkungschancen eher begrenzt. Ungeachtet der eindrucksvollen Zahlen spielt das Petitionsrecht für das Integrationsgeschehen insgesamt wohl eine eher untergeordnete Rolle, und zwar auch dann, wenn man die optimistische Perspektive teilen sollte, daß es die Intransparenz staatlicher Zuständigkeiten erträglicher machen, Kompetenzirrtümer und Verfahrensmängel auffangen und dadurch insgesamt die »Bildung bürgerschaftlichen Vertrauens in staatliches Verwaltungshandeln«[70] befördern könnte.

e) Ganz anders sieht dies beim Bundesverfassungsgericht aus, dem in der Literatur verbreitet eine Integrationsfunktion oder -aufgabe zugewiesen wird[71]. Dabei läßt sich freilich rasch Einigkeit darüber erzielen, daß die Integrationsfunktion nicht auf

66 Art. 11 IV der Bayerischen Verfassung lautet: »Die Selbstverwaltung der Gemeinden dient dem Aufbau der Demokratie in Bayern von unten nach oben.«

67 *E. Forsthoff,* ZfP 21 (1932), 248 (250 f., 263).

68 Dazu *G.F. Schuppert,* Selbstverwaltung als Beteiligung Privater an der Staatsverwaltung?, in: A. v. Mutius (Hrsg.), Selbstverwaltung im Staat der Industriegesellschaft. Festgabe v. Unruh, 1983, S. 183 ff. (190 ff.).

69 So (und zum folgenden repräsentativ) *H. Bauer,* in: H. Dreier (Hrsg.), GG-Kommentar, Bd. I, 2. Aufl. 2004, Art. 17 Rn. 13 m.w.N.; *ders.,* in: Dreier, GGK II (Fn. 10), Art. 45 c Rn. 12.

70 So *J. Burmeister,* Das Petitionsrecht, in: HStR II, 1987, § 32 Rn. 6.

71 Vgl. etwa *I. Ebsen,* Das Bundesverfassungsgericht als Element gesellschaftlicher Selbstregulierung, 1985, S. 346 ff.; schlicht konstatierend *J. Limbach,* Die Integrationskraft des Bundesverfassungsgerichts, in: Vorländer (Fn. 5), S. 315 ff. (315): »Nach allgemeiner Ansicht obliegt es dem Bundesverfassungsgericht, integrierend zu wirken.« Ferner die Beiträge in: Schuppert/Bumke, Bundesverfassungsgericht (Fn. 50); kritisch *U. Haltern,* JöR 45 (1997), 31 (86 f.).

einzelne Entscheidungen des Gerichts gestützt werden kann[72]. Denn es fällt nicht schwer, zahlreiche Judikate zu benennen, die heftige politische Kontroversen nach sich gezogen und die Gesellschaft nicht zusammengeführt, sondern eher gespalten haben[73]. Und weil jedes gerichtliche Verfahren in der Regel Sieger und Verlierer hinterläßt[74], kann auch als durchaus fraglich gelten, daß allein daraus, daß sich die Prozeßparteien auf das gerichtliche Verfahren eingelassen haben, letztlich integrative Wirkungen hervorgehen sollen[75].

Noch weit darüber hinaus reichen freilich (im Grunde bereits im Status-Bericht anklingende) Auffassungen, die auf eine »qualitätsändernde Erweiterung verfassungsrichterlich verantworteter Gestaltungsmacht«[76] hinauslaufen. Das Gericht wird hier als besonderes Verfassungsorgan, als »gesellschaftliches Gericht«[77] begriffen, als Akteur im politischen Prozeß, als gemeinwohlkonkretisierende Instanz, als Medium gesellschaftlicher Selbstregulierung[78]. Mit alledem stilisiert man es »zum treuhänderischen Regulator des gesamtgesellschaftlichen Integrationsprozesses«[79]. Darin liegt aber letztlich eine Überforderung und eine Verkennung der Aufgaben des Bundesverfassungsgerichts, das fraglos ein besonderes und besonders wichtiges, aber eben in allererster und auch -letzter Linie Gericht ist[80]. Es hat eine

72 S. nur *H. Schulze-Fielitz,* Wirkung und Befolgung verfassungsgerichtlicher Entscheidungen, in: P. Badura/H. Dreier (Hrsg.), Festschrift 50 Jahre Bundesverfassungsgericht, Bd. 1, 2001, S. 385 ff. (413), der aber auf die integrative Wirkung qua Einbindung der Verfahrensbeteiligten abstellt.

73 Zu denken wäre u.a. an die Entscheidungen zum Schwangerschaftsabbruch, zum Kruzifix, an »Soldaten sind Mörder«, aber auch an Teile der Wiedervereinigungsrechtsprechung. Vgl. *U. Haltern,* JöR 45 (1997), 31 (67 f.); *D. Krausnick,* Staatliche Integration und Desintegration durch Grundrechtsinterpretation: Die Rechtsprechung des Bundesverfassungsgerichts im Lichte der Integrationslehre Smends, in: Lhotta, Integration (Fn. 5), S. 135 ff. (146 ff.); empirisches Material bei *H. Vorländer/G. S. Schaal,* Integration durch Institutionenvertrauen?, in: Vorländer (Fn. 5), S. 343 ff. – Für den Supreme Court der USA ließe sich zweifelsohne eine ähnliche, vermutlich noch imposantere Liste aufmachen. Dem Dred Scott Case von 1857 etwa wird nachgesagt, den amerikanischen Bürgerkrieg mitentfacht zu haben.

74 Vgl. nur *H. Rossen-Stadtfeld,* Verfassungsgericht und gesellschaftliche Integration, in: Schuppert/Bumke, Bundesverfassungsgericht (Fn. 50), S. 169 ff. (173 ff.), der richtigerweise die Integrationsfunktion der Verfassungsrechtsprechung auch nicht auf Werte und objektive Verfassungsgehalte stützt (S. 178 ff.), aber eine »schwache« Integrationsfunktion im Sinne einer Orientierung an Normativität bejaht (S. 182 ff.).

75 Skeptisch wie hier *U. Haltern,* JöR 45 (1997), 31 (84). In gewissen Elementen der Entscheidungstätigkeit des Bundesverfassungsgerichts wie Minderheitenvoten oder Appellentscheidungen sieht *Schneider*, Richter (Fn. 1) Schlichtungs- und in diesen Integrationseffekte.

76 So die (kritisch gemeinte) Formulierung von *Grigoleit,* Bundesverfassungsgericht (Fn. 35), S. 65.

77 *P. Häberle,* Verfassungsgerichtsbarkeit als politische Kraft (1978), in: ders., Verfassungsgerichtsbarkeit zwischen Politik und Rechtswissenschaft, 1980, S. 55 ff. (66 ff.).

78 So insb. *Ebsen,* Bundesverfassungsgericht (Fn. 71), S. 218 ff.; ähnlich *H. Schulze-Fielitz,* AöR 122 (1997), 1 (14 ff.).

79 Nochmals *Grigoleit,* Bundesverfassungsgericht (Fn. 35), S. 70. Bei ihm findet sich S. 64 ff., 86 ff. eine ausführliche Diskussion der hier nur angerissenen Fragen mit ausführlichen Nachweisen pro und contra, auf die verwiesen werden darf.

80 Wie hier *K. Schlaich/S. Korioth,* Das Bundesverfassungsgericht, 6. Aufl. 2004, Rn. 34 f.; ausführlicher *Grigoleit,* Bundesverfassungsgericht (Fn. 35), S. 70 f., 72 ff. – Der zunehmend laxe Umgang des Gerichts mit dem Prozeßrecht, das es sich entgegen anderslautenden Thesen auch nicht einfach selbst schneidern kann, ist insofern ein ernstes Krisensymptom. Auch der Vergleichsvorschlag im LER-Beschluß (BVerfGE 104, 305) ruft berechtigte Kritik hervor: *W. Löwer,* Zuständigkeit und Verfahren des Bundesverfassungsgerichts, in: HStR³ III, 2005, § 70 Rn. 228 ff.

judikative, keine direkt politische Funktion. Darin liegt seine Autorität. Diese wird durch klaren Verzicht auf letztlich illusorische Integrationsleistungserwartungen eher gestärkt: eine auf unzureichende Integrationskraft abstellende Kritik geht (auch deshalb) fehl, weil Integration (auch insoweit) ein »Mythos« ist[81].

f) Insgesamt läßt sich also eine Art von überschießender Integrationsleistung jenseits der kompetenzgemäßen Aufgabenerfüllung bei den verschiedenen Staatsorganen kaum ausmachen; und wo ein solches Plus reklamiert wird, handelt es sich zumeist um eine Kompetenzerschleichung oder das Abstreifen lästiger normativer Bindungen. Hingegen liefert ordnungsgemäße Aufgabenerfüllung unter strikter Wahrung der verfassungsrechtlich vorgesehenen Formen, Verfahren und Kompetenzen den besten Beitrag zur Stabilisierung des Verfassungsstaates. Dabei geht es stets um einen geordneten Austrag von Konflikten, um deren Abarbeitung in bestimmten, festgelegten Bahnen bis hin zur definitiven Entscheidung, die so gut wie immer eine Mehrheitsentscheidung sein wird. So ist denn diejenige Einheit des Staates, auf die Integration in Smendscher Perspektive hinwirken soll, heute »zuvörderst und unabdingbar formelle Entscheidungseinheit, die auf Kompetenz und Verfahren gründet«[82]. Das erweist sich letztlich auch bei den Grundrechten, denen man nicht selten einen besonders intensiven Integrationseffekt zuspricht.

4. Integration durch Grundrechte?

Integration durch Grundrechte zählt zu den am häufigsten benannten und wohl am stärksten mit dem Namen Smends verknüpften Formen des Integrationsgedankens. In unserem Problemzusammenhang sind insofern freilich drei recht verschiedene Aspekte zu unterscheiden. Zum einen fragt sich, wie Smend selbst diese Integrationsfunktion der Grundrechte gefaßt hat (dazu a), sodann, ob sie in dieser Form Eingang in das Verfassungsverständnis des Grundgesetzes und seine Auslegung durch das Bundesverfassungsgericht gefunden haben (b). Schließlich geht die Hauptfrage dahin, ob man Grundrechten nicht eher eine desintegrative als eine integrative Funktion zusprechen muß (c).

a) »Integrierender Sachgehalt der Verfassungen. – Insbesondere die Grundrechte« ist einer der letzten Abschnitte des Smendschen Werkes von 1928 überschrieben (260 ff.). Das »große Gewicht«[83], das man insofern den Grundrechten für die Integrationslehre beigemessen hat, sollte aber die Besonderheiten des Smendschen Verständnisses von Grundrechten nicht zugunsten vorschneller Harmonisierung in den Hintergrund treten lassen. Diese Besonderheiten beginnen damit, daß für Smend die Funktion der Grundrechte ganz »abgesehen von aller positiven Rechtsgeltung« (265) bestimmt werden konnte; sollten sie doch »zunächst nicht so

81 *U. Haltern,* JöR 45 (1997), 31 (76 ff., 84 ff.).

82 *J. Isensee*, Schlußwort, in: O. Depenheuer u.a. (Hrsg.), Die Einheit des Staates. Symposium aus Anlaß der Vollendung des 60. Lebensjahres von Josef Isensee, 1998, S. 71 ff. (78).

83 *P. Badura,* Der Staat 16 (1977), 305 (322).

sehr selbst positives Recht normieren, sondern anderweitig geltendes qualifizieren und legitimieren« (262 Fn. 7). Auf dieser Linie betrachtet Smend Grundrechte von vornherein weniger als subjektive Abwehrrechte des Einzelnen gegen den Staat, sondern sieht in ihnen mit einer ebenso vielzitierten wie mißverstandenen Wendung ein bestimmtes System gewährleistet[84]. Die zentrale Stelle lautet: »Ganz abgesehen von aller positiven Rechtsgeltung proklamieren die Grundrechte ein bestimmtes Kultur-, ein Wertsystem, das der Sinn des von dieser Verfassung konstituierten Staatslebens sein soll.« (265). Dahinter steht die Vorstellung, daß mit dem Fortfall der Monarchie in den Grundrechten nicht länger »nur ihre negative, staatsbeschränkende Seite« gesehen werden dürfe, diese vielmehr gleichsam als zumindest partieller Ersatz für die verloren gegangenen sachlichen Integrationsfunktionen des Kaiserreichs fungieren müßten (267). Daraus ergibt sich konsequenterweise, daß Grundrechte gar nicht in erster Linie der Ausgrenzung und Abwehr im Sinne der Gewähr einer privatautonom geschützten Sphäre gegenüber einem als potentiell omnipotent gedachten Staatswesen dienen sollen, sondern – ganz im Gegenteil – auf »Verstärkungen des Staats und der Staatsgewalt«[85] gerichtet sind. Die Abwehrfunktion der Grundrechte wird zwar nicht gänzlich ausgeblendet, aber doch zum bloß »technischen Spezialrecht« als nur »negatives Komplement jener positiven Funktion« degradiert (265). Der sachlich-integrative Aspekt erwächst nicht aus Staatsabwehr, sondern aus der sozusagen staatszuträglichen oder staatstragenden Nutzung der Grundrechte durch den *citoyen*, also den sich seiner Verantwortung für den Staat bewußten Bürger, der dem »kümmerlichen Bourgeois«[86] entgegengestellt wird. In seiner schon wegen des Datums (18.1.1933) doppelt denkwürdigen Rede über »Bürger und Bourgeois« am Vorabend des definitiven Unterganges der Weimarer Republik hat Smend diese in Deutschland seit jeher und teils noch heute unterbelichtete demokratie-funktionale Seite der Grundrechtsausübung klar und deutlich herausgestellt[87], sicherlich zugleich auch überhöht[88] und in sehr protestantischer Weise zum »Beruf« des freien Bürgers stilisiert[89]. Ob die »praktische Tugendlehre des Bürgers im Verfassungsstaat«[90], die man in Smends Verfassungs-

84 Dazu, daß sich damit vor allem keine starre, hierarchisch fixierte Wertrangordnung einzelner Grundrechte verbindet, näher *H. Dreier,* Dimensionen der Grundrechte, 1993, S. 14 ff.

85 So *R. Smend,* Das Recht der freien Meinungsäußerung (1927), in: ders., Abhandlungen (Fn. 6), S. 89 ff. (93). Dazu *Korioth*, Integration (Fn. 3), S. 209.

86 *R. Smend,* Das Problem der Institutionen und der Staat (1956), in: ders., Staatsrechtliche Abhandlungen (Fn. 6), S. 500 ff. (510).

87 Zu ihrer rechtshistorisch wie grundrechtssystematisch wichtigen Bedeutung *Dreier,* Dimensionen (Fn. 84), S. 27 ff., 38 ff.

88 *R. Smend,* Bürger und Bourgeois im deutschen Staatsrecht (1933), in: ders., Staatsrechtliche Abhandlungen (Fn. 6), S. 309 ff. (318): »Diese grundrechtliche Freiheit ist nicht bourgeoise Emanzipation vom Staat, sondern bürgerliche Grundlegung des Staats.«

89 *Smend,* Bürger (Fn. 88), S. 318 ff. Zum Berufsgedanken näher *Korioth,* Integration (Fn. 39), S. 123 ff.; zum Staat als sittlicher Aufgabe näher *R. Lhotta,* Ethischer Institutionalismus und sittliche Pflicht zur Integration: Der Schatten Hegels in der Integrationslehre, in: Lhotta, Integration (Fn. 5), S. 91 ff. (101 ff.).

90 *P. Badura,* Der Staat 16 (1977), 305 (320).

lehre gesehen hat, aber auch positiv-stabilisierend auf die konkrete Verfassung der Weimarer Republik gerichtet war, scheint nicht gänzlich zweifelsfrei[91]. Dies schon deshalb, weil Smend als Exempel einer gelungenen integrierenden Verfassung die »grundrechtslose« Bismarckverfassung von 1871 anführt, mehr vielleicht noch, weil er des öfteren Grundrechtsbestimmungen erwähnt, deren Integrationswert zweifelhaft oder inexistent sei[92]. Vor diesem Hintergrund drängt sich die Vermutung auf, daß seine Vorstellung eines Kultur- oder Wertsystems der Grundrechte mit dem sehr heterogenen Normenbestand des Zweiten Teils der Weimarer Verfassung, das man als »interfraktionelles Parteiprogramm« verspottet hat[93], kaum zu harmonieren vermag[94]. Die wichtigste Differenz zum heute gängigen Grundrechtsverständnis aber besteht in der Umkehr der relevanten Grundrechtsfunktionen, die gleichsam »auf den Kopf gestellt«[95] werden. Bei Smend dominiert eindeutig der auf Stärkung der Staatsgewalt ausgerichtete Integrationswert gegenüber einer möglichst effektiven Sicherung der Freiheitssphäre des Einzelnen in Form einer Abwehrmöglichkeit dieser Staatsgewalt gegenüber[96].

b) Mit alledem ist bereits vorgezeichnet, daß die des öfteren anzutreffende Gleichsetzung von Smends Grundrechtstheorie mit der Judikatur des Bundesverfassungsgerichts als eher oberflächlich und letztlich unzutreffend anzusehen ist[97]. Denn es darf die gravierende Differenz gegenüber der grundgesetzlichen Rechtslage wie ihrer Ausdeutung durch das Bundesverfassungsgericht nicht übersehen werden. Soweit man insbesondere in dessen Wertordnungsjudikatur ein starres hierarchisches System von Werten gesehen und vor allem, wie Forsthoff, deswegen Kritik an dieser Rechtsprechungslinie geübt hat, kann Smend allerdings von vornherein nicht als taugliches Kritikobjekt gelten, weil die Vorstellung starrer Relationierung von Werten mit klaren Über-/Unterordnungsverhältnissen dem eigentümlich fließenden

91 Zu den Gründen, die gerade in Smends Protestantismus liegen, etwa *K. Tanner,* Die fromme Verstaatlichung des Gewissens, 1989, S. 124 ff.

92 *Smend,* Verfassung (Fn. 6), S. 217: »Es gibt Grundrechte, die so selbstverständlich oder nichtssagend oder problematisch sind, daß sie keinen Zuwachs für den normativen Ideengehalt bedeuten, der ein Volk einig macht.« Siehe auch die Rede von »allen echten Grundrechten« S. 265. – Eine ähnliche Ambivalenz tritt bezüglich der Integrationsfunktion von Nationalflaggen auf. Diejenige Weimars war bekanntlich nicht »Symbol für die Einheit, sondern die Zerrissenheit der Weimarer Republik« (*J. Wieland,* in: Dreier, GGK II [Fn. 10], Art. 22 Rn. 6). Diese Möglichkeit hatte *Smend,* Verfassungsrecht (Fn. 6), S. 217 ausdrücklich eingeräumt mit dem Hinweis darauf, es gebe Nationalflaggen, »die nicht das Symbol überwältigender Wertgemeinschaft sind und deren sinngemäße Integrationsfunktion deshalb ausbleibt.«

93 Dazu näher *H. Dreier,* Die Zwischenkriegszeit, in: HGR I (Fn. 1), § 4 Rn. 8 ff.

94 Es drängt sich die Vermutung auf, daß Smend ein bestimmtes Wert- oder Kultursystem vorschwebte, das mit den ungewöhnlich heterogenen Grundrechten der Weimarer Verfassung kaum identisch sein konnte. Ähnliche Skepsis bei *S. Ruppert,* Geschlossene Wertordnung? Zur Grundrechtstheorie Rudolf Smends, in: T. Henne/A. Riedlinger (Hrsg.), Das Lüth-Urteil aus (rechts-) historischer Sicht, 2005, S. 327 ff. (339 f.).

95 Treffende Formulierung bei *P. Unruh,* Weimarer Staatsrechtslehre und Grundgesetz, 2004, S. 153.

96 So auch *Ruppert,* Wertordnung (Fn. 94), S. 340, 342; desgleichen zurückhaltend *O. Lepsius,* Die Wiederentdeckung Weimars durch die bundesdeutsche Staatsrechtslehre, in: C. Gusy (Hrsg.), Weimars lange Schatten – »Weimar« als Argument nach 1945, 2003, S. 354 ff. (364 f.).

97 *Ruppert,* Wertordnung (Fn. 94), S. 328, 342 ff.

und sublimen Charakter seiner Integrationslehre zutiefst fremd war[98]. Doch ebenso falsch und einseitig wäre seine pauschale Einvernahme für die Grundrechtsjudikatur des Bundesverfassungsgerichts[99]. Denn nichts vermag darüber hinwegzutäuschen, daß im Grundgesetz selbst die liberale Abwehrkomponente der Grundrechte gerade in ihrer von Smend gern abwertend apostrophierten technischen Gestalt betont worden ist und die Grundrechte ganz ausdrücklich als unmittelbar geltende, alle Staatsgewalten verpflichtende und zudem justitiable subjektive Rechte des Einzelnen konzipiert sind[100]. Diese von Smend eher gering geschätzte bzw. eindeutig als sekundär angesehene Seite[101] hat auch das Bundesverfassungsgericht (gerade im Lüth-Urteil) als die systematisch erste und vorrangige herausgestellt[102] und somit die Reihenfolge im Verhältnis zu Smend gleichsam (wieder) umgekehrt[103]. Zugleich aber scheint hier die Privilegierung einer demokratieaffinen oder -zuträglichen Grundrechtsausübung auf, wofür sich in dem Vortrag »Bürger und Bourgeois im deutschen Staatsrecht« zentrale Anregungen finden lassen[104]. Ganz zu Recht wird (bei Smend allerdings in tendenziell übersteigerter und anders als in der Judikatur des Bundesverfassungsgerichts auch nicht zwingend auf den demokratischen Verfassungsstaat bezogenen Weise) die aktivbürgerschaftliche Dimension der Grundrechte[105] und damit die in ihnen liegende Möglichkeit betont, von ihnen auch zum Zwecke der Kritik, der Kontrolle und der Legitimation des politischen Gemeinwesens und nicht lediglich zur apolitischen Abschottung einer Privatsphäre oder zur Verfolgung besitzindividualistischer Zwecke Gebrauch zu machen[106]. In der berühmten Wendung des Bundesverfassungsgerichts, wonach die Meinungsfreiheit »schlechthin konstituierend« für eine freiheitliche demokratische Staatsordnung sei, sowie des entsprechenden Gewichtes von Meinungsäußerungen als Beiträgen »zum

98 Näher zu diesem Komplex *Dreier,* Dimensionen (Fn. 84), S. 13 ff. Bundesverfassungsgericht und Staatsrechtslehre haben das Bestehen einer fixierten Wertrangordnung stets abgelehnt. Vgl. *R. Alexy,* Theorie der Grundrechte, 1986, S. 138 ff.; *J. Hellermann,* Die sogenannte negative Seite der Grundrechte, 1993, S. 98 f., 103, jeweils m.w.N.

99 Repräsentativ etwa *G. Robbers,* Menschenrechte aus der Sicht des Protestantismus, in: HGR I (Fn. 1), § 9 Rn. 32. Ganz anders die nicht minder falsche Pointierung bei *W. Hennis,* JZ 1999, 485 (489): Smend habe zur Fortentwicklung der Grundrechts-Judikatur »keinen Stein beigetragen«.

100 Zum Hintergrund und m.w.N. *H. Dreier,* in: ders., GGK I (Fn. 69), Vorb. Rn. 66 ff. und Art. 1 III Rn. 32 ff.

101 *Smend,* Verfassung (Fn. 9), S. 216: »Das ist der legitimierende Sinn der Grundrechte, den späteres liberales Mißverständnis zugunsten ihrer sekundären, staatsbeschränkenden Funktion völlig übersehen hat.«

102 BVerfGE 7, 198 (204): »Ohne Zweifel sind die Grundrechte in erster Linie dazu bestimmt, die Freiheitssphäre des einzelnen vor Eingriffen der öffentlichen Gewalt zu sichern; sie sind Abwehrrechte des Bürgers gegen den Staat.«

103 *Ruppert,* Wertordnung (Fn. 94), S. 345.

104 Vgl. oben Fn. 88. – Knapp *Ruppert,* Wertordnung (Fn. 94), S. 346. Das kann hier nicht vertieft werden.

105 Zu Grundrechten als demokratischen Statusrechten und zu ihrer demokratischen Funktion (freilich unter Betonung ihrer Mehrdimensionalität und ihres Selbstzweckcharakters) eingehend *H.-P. Schneider,* Eigenart und Funktionen der Grundrechte im demokratischen Verfassungsstaat, in: J. Perels (Hrsg.), Grundrechte als Fundament der Demokratie, 1979, S. 11 ff. (17 ff., 28 ff.).

106 Vgl. näher *G.F. Schuppert,* EuGRZ 1985, 525 ff.; *Dreier,* Dimensionen (Fn. 84), S. 38 ff.; *M. Kloepfer,* Öffentliche Meinung, Massenmedien, in: HStR³ III, 2005, § 42 Rn. 48 ff.

geistigen Meinungskampf in einer die Öffentlichkeit wesentlich berührenden Frage«[107] darf man ohne Weiteres einen starken Einfluß Smendschen Grundrechtsverständnisses sehen[108]. Doch sind damit eben Staat und Gesellschaft nicht zur ganzheitlichen Einheit verwoben; vielmehr bleibt die unpolitisch-private Seite der Grundrechtsausübung von der tragenden Funktion der Grundrechte für die Demokratie in ihrem Eigenwert unberührt[109]. Daß grundrechtliche Freiheit durch die Anerkennung demokratiefunktionaler und aktivbürgerschaftlicher Ausübungsmöglichkeiten weder zur staatsbürgerlichen Pflichtübung mutiert noch liberale Staatsabwehr zur Freiheit minderen Ranges degeneriert, muß nötigenfalls gegen (den frühen) Smend betont werden und ist auch vom Bundesverfassungsgericht oder dem Smend-Schüler Konrad Hesse[110] niemals in Frage gestellt worden.

Deutliche Spuren hinterläßt Smend schließlich in der bundesdeutschen Grundrechtsjudikatur durch seine später vielzitierten Wendungen von den Grundrechten als »Richtschnur« für Gesetzgebung und Verwaltung sowie davon, daß sie als eine Art genereller »Auslegungsregel für das spezielle Recht« zu gelten hätten[111]. Darin hat man später gern die vom Bundesverfassungsgericht entwickelte Lehre von der »Ausstrahlungswirkung« der Grundrechte auf die gesamte Rechtsordnung, die von ihnen »Richtlinien und Impulse«[112] empfinge, gesehen. Und tatsächlich ist hier in der Grundtendenz Smendscher Einfluß geradezu mit Händen zu greifen, scheint die mit der Ausstrahlungswirkung der Grundrechte eingeleitete umfassende Konstitutionalisierung der Rechtsordnung gleichsam Geist von seinem Geiste zu sein. Aber auch gegenüber einer solchen, in der Bundesrepublik mittlerweile faktisch weit fortgeschrittenen Grundrechtsprägung der Gesamtrechtsordnung im konkret-justitiablen Sinne findet man bei Smend wiederum selbst gewisse Vorbehalte formuliert[113]. Nicht von ungefähr hat man daher vor einer »vereinseitigende(n) Adaption in der

107 Zitate: BVerfGE 7, 198 (208, 212).
108 Wie hier *Krausnick,* Staatliche Integration (Fn. 73), S. 140; *Hillgruber,* Integrationslehre (Fn. 2), S. 75. Siehe auch *H. Schulze-Fielitz,* in: Dreier, GGK I (Fn. 69), Art. 5 I, II Rn. 162 ff.
109 *Dreier* (Fn. 100), Vorb. Rn. 86. – Nur bezüglich einseitiger Übersteigerung der politisch-staatsbezogenen Seite der Grundrechte und ihrer »dienenden« Funktion ist die Aussage richtig, die »bis in die jüngste Vergangenheit in Deutschland wirkungsmächtige Grundrechtslehre« (gemeint ist die Smendsche, H.D.) könne heute als überwunden gelten (*H. H. Rupp,* Einteilung und Gewichtung der Grundrechte, in: H.-J. Papier/D. Merten [Hrsg.], Handbuch der Grundrechte in Deutschland und Europa, Bd. II, 2006, § 36 Rn. 40).
110 Siehe nur *Hesse,* Grundzüge (Fn. 32), Rn. 288.
111 *Smend,* Verfassung (Fn. 6), S. 265; s. auch S. 267. Hinweis darauf etwa bei *Morlok/Schindler,* Smend (Fn. 30), S. 21 f.
112 So die Wendung in BVerfGE 7, 198 (205), wo Smend aber nicht erwähnt wird. Näher zur zentralen Bedeutung dieses Urteils *Dreier,* Dimensionen (Fn. 84), S. 10 ff.; *R. Wahl,* Die objektiv-rechtliche Dimension der Grundrechte im internationalen Vergleich, in: HGR I (Fn. 1), § 19 Rn. 2 ff., 12 ff. – Grundlegende Analyse zum Wertordnungsgedanken: *H. Goerlich,* Wertordnung und Grundgesetz, 1973.
113 *Smend,* Verfassung (Fn. 6), S. 262 f. kritisiert die herrschende Grundrechtsdogmatik seiner Zeit gerade deswegen, weil diese die als technisches Spezialrecht behandelten Grundrechte vornehmlich in ihrer Bedeutung für »Veränderungen des anderweitig bestehenden gesetzlichen Rechtszustandes« in den Mittelpunkt ihrer Überlegungen stellten und die programmatischen Gehalte vernachlässigten. Von daher liegt ihm der für das Konstitutionalisierungs-Theorem zentrale Gedanke, die Grundrechte veränderten die einfachgesetzliche Rechtslage, durchaus fern.

heutigen Grundrechtspraxis« gewarnt[114]. Zwar hat Smend selbst in der Festrede anläßlich des zehnjährigen Bestehens des Bundesverfassungsgerichts seiner Neujustierung der Grundrechte für die Judikatur des Gerichts durchaus eine nicht unbedeutende Rolle zuerkannt[115]. Doch läßt sich nicht ausblenden, daß in seiner Schrift von 1928 die Hauptbedeutung der Grundrechte gerade nicht in ihrer auch vom Bundesverfassungsgericht immer wieder als zentral herausgestellten justitiablen (Abwehr-)Funktion lag, sondern im Integrationswert und insofern »als Alternative« dazu entworfen worden war[116].

c) Nimmt man die Grundrechte nun so, wie sie heute vom Bundesverfassungsgericht und der Rechtslehre verstanden werden, so stellt sich die letztendlich entscheidende Frage, ob sie überhaupt bestimmungsgemäß integrativ, also einheitsbildend, wirken können[117]. Dagegen müssen sich erste grundsätzliche Zweifel schon deswegen regen, weil mit den Grundrechten der zentrale Gedanke subjektiver Autonomie und freier Selbstbestimmung, damit aber unweigerlich zugleich auch der Gedanke der Vielfalt und der Gruppenbildung gesetzt ist – und damit des Interessenkampfes, des Streites über die richtigen Auffassungen und Meinungen, der politischen Wegmarkierungen, also kurz: der wenn auch nicht immer zwingend unversöhnlichen, nie aber deckungsgleichen oder vorschnell harmonisierbaren Vielfalt der Interessen, Meinungen, Überzeugungen, Werturteilen der Bürger[118]. Eine fixe Gemeinsamkeit des Glaubens, eine Gleichgestimmtheit der Orientierung in zentralen Fragen des guten Lebens oder der gerechten staatlichen Ordnung kann man unter diesen Bedingungen nicht länger voraussetzen: »Die Grundrechte entbinden den Pluralismus. Mit ihnen erhebt sich legitime Uneinheit der Bürger in Fragen der Religion, der Weltanschauung, der Politik.«[119] Grundrechte sind Ausdruck des gesamtgesellschaftlichen Pluralismus und bilden sein verfassungsrechtliches Fundament. Mit ihnen ist das Prinzip individueller Freiheit statuiert. Jeder hat grundsätzlich das (unter bestimmten Kautelen natürlich wiederum einschränkbare) Recht, den Grundrechten »seinen« Sinn zu geben[120] und gemäß seinem eigenen Lebensentwurf, seinen eigenen Überzeugungen zu praktizieren: seine eigene Meinung zu äußern, auch wenn sie von niemandem geteilt wird; künstlerisch tätig zu werden, ohne einer bestimmten Richtung zugeordnet werden zu können; Forschungen zu betreiben und wissenschaftliche Werke zu publizieren, die die *scientific community* mit Unverständnis oder Ablehnung bedenkt; für politische oder gesellschaftliche Anliegen zu

114 *P. Badura,* Der Staat 16 (1977), 305 (323).
115 *R. Smend,* Das Bundesverfassungsgericht (1962), in: ders., Staatsrechtliche Abhandlungen (Fn. 6), S. 581 ff. (insb. 589 ff.).
116 Zitat: *B.-O. Bryde,* Programmatik und Normativität der Grundrechte, in: HGR I (Fn. 1), § 17 Rn. 39.
117 Eine »kohäsive Funktion der Grundrechte« bejahend *U. Volkmann,* Freiheit und Gemeinschaft, in: HGR II (Fn. 109), § 32 Rn. 36 ff.
118 Siehe nur *Böckenförde,* Bild (Fn. 51), S. 60 ff.
119 *Isensee*, Schlußwort (Fn. 82), S. 79. Siehe auch *K. Möller*, Paternalismus und Persönlichkeitsrecht, 2005, S. 115: »Es geht dem Grundgesetz nicht um Einigkeit durch Konformität, sondern um Einigkeit durch gegenseitigen Respekt in Pluralität.«
120 Grundlegend *M. Morlok,* Selbstverständnis als Rechtskriterium, 1993.

demonstrieren, die vom *mainstream* der öffentlichen Meinung ignoriert, bagatellisiert oder marginalisiert werden. Und zugleich zwingen die Grundrechte nicht dazu, von ihnen Gebrauch zu machen; man kann davon auch absehen. So muß sich niemand eine Meinung bilden noch sie, wenn er dies getan hat, auch äußern; niemand muß die Ehe schließen, einer Vereinigung beitreten, Eigentum erwerben oder eine Petition verfassen. Der negative Freiheitsgebrauch[121] genießt den gleichen Schutz wie die positive Wahrnehmung der Grundrechte.

Schon wegen der Vielfalt positiver wie negativer Grundrechtsausübungsformen und -möglichkeiten sind die Grundrechte ein Springquell der Heterogenität, der Vielfalt, der Diskordanz und haben insofern letztendlich unausweichlich etwas Desintegratives[122]. Das Problem verschärft sich unter Bedingungen forcierter Segmentierung der Gesellschaft mit einer Vielfalt kultureller, religiöser, politischer und sozialer Gruppen und Bevölkerungsteile. Und es verschärft sich weiter dadurch, daß die derart freigesetzte Pluralität und Dissonanz im freiheitlichen Verfassungsstaat auch nicht durch andere, rechtsinterne Mechanismen der Homogenisierung oder Gemeinwohlverträglichkeitsanpassung eingehegt wird. Das Grundgesetz verlangt keinen bestimmten, etwa gemeinwohldienlichen oder sonst irgendwie vorgängig an irgendwelchen Kollektivgütern zu orientierenden Grundrechtsgebrauch und kennt keinen Sozialverträglichkeitsvorbehalt[123]; es preßt die Grundrechtsausübung nicht in den Schematismus irgendwelcher Leit- oder Menschenbilder[124]; es sieht davon ab, eine den Grundrechten symmetrisch gegenüberstehende Reihe von verfassungsunmittelbaren Grundpflichten zu statuieren[125]. Vielmehr berechtigt es zum »beliebigen« Gebrauchmachen der rechtlichen Gewährleistungen[126]. Und den entsprechenden Freiheitsgebrauch deckt es ebenso ab wie den Nichtgebrauch.

Zudem stellt nichts und niemand sicher, daß diejenigen, die aktiv von ihren Grundrechten Gebrauch machen, damit zugleich innerlich die Reziprozität ihrer Gewährung akzeptieren. Man kann von grundrechtlichen Freiheiten profitieren und den freiheitlichen Staat zugleich ebenso verachten wie konkurrierende Grundrechtsträ-

121 Sehr ausführlich dazu *D. Merten,* Negative Grundrechte, in: HGR II (Fn. 109), § 42 Rn. 52 ff., 62 ff.

122 Früh hat man bemerkt, Smends Konzeption der Grundrechte als eines Wert- oder Integrationssystems und ihre Sichtweise als staatliche Berufsrechte sei »deshalb fragwürdig, weil unter den gesamtgesellschaftlichen Bedingungen der Gegenwart die Festigung der engeren Lebensbereiche keineswegs politisch integrierend wirken oder zu einer Regeneration des ›Staatsbürgers‹ führen muß. Die gegenteilige Folge kann durchaus näherliegen.« (So *H. Zwirner,* Politische Treupflicht des Beamten [1956], 1987, S. 184 Fn. 489). Aktuell *Merten* (Fn. 121), § 42 Rn. 47: »Die Gleichsetzung des Freiheitsgebrauchs mit Staatsaktivierung, des Nichtgebrauchs mit Enthaltung bei der Staatshervorbringung ist jedoch allzu undifferenziert. (. . .) Nach alledem geht die Gleichsetzung des grundrechtsausübenden mit dem staatstreuen und verfassungsliebenden Bürger nicht auf, weil grundrechtliche Enthaltsamkeit ihre Ursache nicht zwingend in staatsferner Passivität haben und Grundrechtsbetätigung als solche noch nicht staatlichen Interessen dienen muß.«

123 *Dreier* (Fn. 100), Vorb. Rn. 120.

124 *Hesse,* Grundzüge (Fn. 32), Rn. 288.

125 *H. Hofmann,* Grundpflichten und Grundrechte, in: HStR V, 1992, § 114 Rn. 17 ff.

126 Zum Konzept grundrechtlicher Freiheit als Freiheit »schlechthin«, als Freiheit »subjektiven Beliebens« statt vieler etwa *E.-W. Böckenförde,* NJW 1974, 1529 ff.; *G. Lübbe-Wolff,* Grundrechte als Eingriffsabwehrrechte, 1988, S. 42 ff., 78 ff., 98 ff.; K. Stern/*M. Sachs*, Das Staatsrecht der Bundesrepublik Deutschland, Bd. III/1, 1988, S. 628 ff.

ger. Naiv wäre es zu glauben, die Freiheit der Religionsausübung würde stets und ausnahmslos von allen im Bewußtsein und im Wollen der Freiheit aller anderen (und vor allem Andersgläubigen) getätigt. Ganz allgemein und weit über latent oder manifest freiheitsfeindliche Haltungen hinausgehend gesprochen: das Grundgesetz kann und will sowenig wie jede andere freiheitliche Verfassung die Verinnerlichung seiner liberalen Prinzipien von Individualität und Universalität zu erzwingen suchen. Umgekehrt kann es die soziale Unschädlichkeit des Freiheitsgebrauches auch nicht vorab garantieren. Und von einer inneren Gleichgestimmtheit der Grundrechtsausübung nach Art einer prästabilierten Harmonie auszugehen, wäre romantische Illusion.

Trotz ihres Desintegrationspotentials führen Grundrechte nicht direkt in die Anarchie. Vielmehr unterliegen sie gerade wegen ihrer Kollisionsträchtigkeit und Kompatibilisierungsbedürftigkeit vielfältigen Einschränkungen, deren Fixierung vornehmste Aufgabe des demokratischen Gesetzgebers ist. Die entsprechende Grenzziehung ist, wie jeder eingehende Rechtsvergleich zeigt, für das reale Maß an gewährten Freiheitsausübungsmöglichkeiten entscheidender als die bloße Proklamierung der Geltung bestimmter Grund- oder Menschenrechte. Der Umfang der »Nettofreiheit«[127], die nach der unausweichlichen und von daher ganz legitimen Schrankenziehung übrigbleibt, umschreibt das wirkliche Freiheitsquantum. Das aber heißt auch, daß es letztlich der demokratische Gesetzgeber ist, der unter Respektierung des Verhältnismäßigkeitsgrundsatzes und anderer sog. Schranken-Schranken der Verfassung über diesen effektiven Garantiebereich der Grundrechte[128] entscheidet. Und demokratische Gesetze wiederum sind Produkt eines prinzipiell offenen, vielschichtigen und pluralistischen Willensbildungsprozesses, in dessen Mittelpunkt die politischen Parteien stehen. Deswegen sind die letztendlich getroffenen Entscheidungen in aller Regel Gegenstand der Kontroverse zwischen parlamentarischer Mehrheit und den Oppositionsfraktionen sowie anderen politischen Gegenkräften, eignen sich wiederum nicht für die Annahme eines alle übergreifenden Konsenses im Sinne einer substantiellen Wert-Integration.

Das alles führt zu der Überlegung, die Fragestellung umzukehren und nicht (vergeblich) danach zu suchen, »wo im Meer der Meinungs- und Interessengegensätze denn noch das Verbindende, das Einende, die Mitte«[129] sei, sondern zu erkunden, wie eigentlich der offenkundige Dissens ausgehalten wird[130]. Bei einer solchen Fixierung der Problemlage rücken andere Faktoren und Momente in den Blick, denen abschließend einige Gedanken gewidmet werden sollen.

127 *M. Morlok,* in: Dreier, GGK I (Fn. 69), Art. 4 Rn. 62.

128 So die Terminologie bei *Lübbe-Wolff,* Grundrechte (Fn. 126), S. 14, 25 ff., 100.

129 *Herzog,* Integrationsgedanke (Fn. 58), S. 6.

130 Sehr klar und deutlich hierzu schon Kelsens Betonung der Entzweiung und Zerrissenheit der realen Gesellschaft, die er durch »Kampf, Haß, Feindschaft, Konkurrenz, wirtschaftliche, religiöse oder sonstige Gegensätze« gekennzeichnet sieht (*H. Kelsen,* Der soziologische und der juristische Staatsbegriff, 2. Aufl. 1928, S. 117; s. auch *ders.,* Vom Wesen und Wert der Demokratie, 2. Aufl. 1929, S. 14 ff. zum Volksbegriff). Vgl. dazu *H. Dreier*, Hans Kelsens Wissenschaftsprogramm, in: H. Schulze-Fielitz (Hrsg.), Staatsrechtslehre als Wissenschaft, 2007, S. 81 ff. (101 f.).

III. Bewältigung des Dissenses statt Suche nach Integration

Angesichts des insgesamt eher defizitären Befundes bei der Suche nach positiven Integrationsvorgängen im Sinne substantieller Einheit oder gar einer von Smend avisierten Einheit der Sinnerlebnisse liegt es also nahe, einmal umgekehrt nach dem Integrationspotential der Dissensbewältigung zu fragen[131]. Vielleicht geht es primär gar nicht darum, angesichts der pluralistischen Gesellschaft mit ihren divergenten Strömungen und diffundierenden Tendenzen verzweifelt nach Resten sachlicher Einheit, nach Einmütigkeit und Konsens zu suchen. Solche uniformen Größen werden zunehmend zur Mangelware, zu einem »knappen Gut«[132]. Ziel kann nicht länger sein, auf Überwindung der »dissonanten gesellschaftlichen Vielstimmigkeit, Zusammenhanglosigkeit und Partikularität« zu hoffen und statt dessen »gesellschaftliche Kohärenz und Einheit zu schmieden«[133]. Die eigentliche und viel wichtigere Frage ist vielmehr die, warum – einmal ganz abgesehen von starken Faktoren wie Ignoranz, Defätismus oder Zeitmangel – trotz unüberbrückbarer, zudem verfassungsrechtlich abgestützter Differenzen staatliche Einheit fortbesteht; warum Mehrheitsentscheidungen akzeptiert werden, obwohl sie häufig ganz empfindlich die persönliche Lebensführung und religiöse bzw. ethische Überzeugungen berühren oder gewichtige wirtschaftliche Nutzenkalküle beschneiden können[134]. Welche Bedingungen und Voraussetzungen lassen sich dafür identifizieren, daß die Fragmentierung der modernen Gesellschaft ertragen und gleichwohl eine funktionstüchtige, im großen und ganzen akzeptierte und auch durchsetzungsfähige staatliche Ordnung erhalten werden kann?

Diese Problemstellung, die im Grunde nicht weniger faustisch als die Frage nach den integrierenden Faktoren anmutet, kann an dieser Stelle nur mit einigen Stichworten umrissen werden. Es geht im Kern um verbindliche staatliche Entscheidungsfindung unter Bedingungen vollentwickelter gesellschaftlicher Pluralität und damit letztlich darum, was Hermann Heller einmal den »nichtnormierten Unterbau«[135] der Verfassung genannt hat: um vorpositive Mechanismen und Einstellungen, die für das Gelingen des evolutionär unwahrscheinlichen Projekts des modernen Verfassungsstaates unerläßlich sind. Wir beschränken uns auf die Frage nach dem Wirkungsmechanismus demokratischer Mehrheitsentscheidungen und den Voraussetzungen der Akzeptanz temporärer Fixierung allgemeinverbindlicher Ent-

131 Ähnliche Stoßrichtung wie hier: *Frankenberg,* Tocquevilles Frage (Fn. 50), S. 31 ff., insb. 44 ff. (S. 45: »Konflikt als Integrationsfaktor«; S. 48: »Konflikt als Modus der Integration«; S. 58: das »integrative Kapital« des Dissenses).

132 *W. Berka,* Bürgerverantwortung im demokratischen Verfassungsstaat, in: VVDStRL 55 (1995), S. 48 ff. (55).

133 Zutreffend *U. K. Preuß,* Einleitung: Der Begriff der Verfassung und ihre Beziehung zur Politik, in: ders. (Hrsg.), Der Begriff der Verfassung, 1994, S. 7 ff. (10).

134 Nicht ganz verständlich ist, warum *Frankenberg,* Tocquevilles Frage (Fn. 50), S. 56 die Mehrheitsentscheidung als Konfliktentscheidung zurückweist.

135 *H. Heller,* Staatslehre, Leiden 1934, S. 251.

scheidungen im Bewußtsein ihrer sachlich-inhaltlichen Vorläufigkeit, aber zugleich ihrer vollen Verbindlichkeit.

1. Staatstheoretische Rechtfertigung des Mehrheitsprinzips

Mehrheitsentscheidungen sind ein zentrales Prinzip der Demokratie, wenn auch nicht ihr Produkt[136]. Doch kann in der Demokratie für die Rechtfertigung des Mehrheitsprinzips nicht länger auf das schlichte »Machtplus« (Simmel) der Majorität oder die unwiderlegbare Vermutung verwiesen werden, wonach sich bei der Mehrheit die Wahrheit finde[137]. Vielmehr ist es vor allem anderen und nur scheinbar paradox die Revisibilität demokratischer Entscheidungen, in der ihre zentrale Rechtfertigung besteht. Die Mehrheitsentscheidung gilt immer nur als temporäre Fixierung mit der Perspektive auf neuerliche Änderung in der Zukunft[138]. »Die Verbindlichkeit der Mehrheitsentscheidung folgt aus der Einsicht des Unterlegenen, daß deren Anerkennung Bedingung der Möglichkeit der Entscheidungskorrektur ist.«[139] Nach Konrad Hesse, dem verehrten akademischen Lehrer des Jubilars, erlangt die Mehrheitsentscheidung erst durch ihre prinzipielle Revisibilität »volle demokratische Legitimität«[140].

2. Staatlich-institutionelle Voraussetzungen

Doch stellt das Mehrheitsprinzip auch bei dieser modernen, demokratiekompatiblen Begründung keine selbsttragende und beliebig einsetzbare Entscheidungstechnik dar. Es ruht vielmehr auf bestimmten staatlich-institutionellen Voraussetzungen, die seine Akzeptanzfähigkeit sicherstellen[141]. Die erste und auf der Hand liegende ist, daß keine Versäulung der Gesellschaft im Sinne unveränderlicher Mehrheitsblöcke vorliegt, sondern eine reale Machtwechselchance gegeben ist. Der Majoritätsbeschluß darf also nicht »Diktat« einer von vornherein feststehenden und letztlich unumkehrbaren Mehrheit sein. Gerade insofern erweisen sich die Möglichkeiten freier politische Willensbildung und offener Kommunikation, wie sie vor allem mit den einschlägigen Grundrechtsgewährleistungen gegeben sind, als weitere unentbehrliche Voraussetzungen[142]. Aber auch diese gleichsam staatlich-institutionellen Elemente allein genügen noch nicht, um die Akzeptanz demokratischer Mehrheits-

136 Zum folgenden *Hofmann/Dreier* (Fn. 57), § 5 Rn. 18, 25, 53, 54 ff.
137 Zur Geschichte des Majoritätsprinzips vgl. *W. Heun,* Das Mehrheitsprinzip in der Demokratie, 1983, S. 41 ff.; *H. Dreier,* ZParl. 17 (1986), 94 ff.
138 *D. Grimm,* Politische Parteien, in: E. Benda/W. Maihofer/H.-J. Vogel (Hrsg.), Handbuch des Verfassungsrechts, 2. Aufl. 1994, Bd. 1, § 14 Rn. 10: »eine momentane Präferenz, die jederzeit revisibel bleibt.«
139 *Hofmann,* Rechtsgeltung (Fn. 33), S. 88.
140 *Hesse,* Grundzüge (Fn. 32), Rn. 143.
141 Eingehend zum folgenden *E.-W. Böckenförde,* Demokratie als Verfassungsprinzip, in: HStR³ II, 2004, § 24 Rn. 58 ff.
142 Näher *H. Dreier*, in: ders., GGK II (Fn. 10), Art. 20 (Demokratie), Rn. 82 ff.

entscheidungen zu garantieren. Es müssen vielmehr gesellschaftliche Faktoren hinzutreten: gar nicht einmal zwingend Wir-Bewußtsein, gemeinsame Geschichte, Religion oder nationales Bekenntnis[143]. Noch wichtiger dürfte das sein, was Ernst-Wolfgang Böckenförde die Emanzipationsstruktur der Gesellschaft nennt und womit gemeint ist, daß der Einzelne nicht unabänderlich in die hierarchisch-patriarchalischen Strukturen einer Sippe, eines Stammes oder einer anderen Gemeinschaft eingebunden ist und dort letztlich unmündig bleibt, sondern sich als prinzipiell freies Handlungssubjekt in Staat und Gesellschaft betätigen kann[144]. Theokratische Religionsformen mit ihrer Erstreckung des Wahrheitsanspruchs des Glaubens auf die Gestaltung der politisch-sozialen Welt stehen dem demokratischen Majoritätsprinzip ohnehin fremd gegenüber.

3. Ethische und individualpsychologische Voraussetzungen

Die Akzeptanz der Mehrheitsregel läßt sich ohne die genannten Voraussetzungen (Revisibilität der Mehrheitsentscheidungen, offene Kommunikation, Emanzipationsstruktur der Gesellschaft) nicht erzielen, ist damit allein aber noch nicht garantiert. Hinzutreten muß vielmehr die Fähigkeit und die Bereitschaft, Mehrheitsentscheidungen zu akzeptieren und sich ihnen gegenüber loyal zu verhalten sowie den Mitbürger auch in seiner möglicherweise völligen Andersartigkeit zu achten. Dabei und daher ist ein Mindestmaß an sozialer, kultureller und zivilisatorischer Homogenität dem Aufbau entsprechender Einstellungen offensichtlich sehr zuträglich. Das zeigt sich auch, wenn man solche Bedingungen nicht so sehr als »demokratisches Ethos« verbucht[145], sondern mit Soziologie und Sozialpsychologie stärker auf den Aspekt der Ausbildung »formal-operationaler Rationalität« und, dem korrespondierend, einer autonomen Moral setzt. In einer interessanten Parallelisierung von Staats- und Moralentwicklung hat ein früherer Fakultätskollege des Jubilars, gleichsam auf den Spuren Webers und Piagets wandelnd, den Entwicklungsgang wie folgt zusammengefaßt:

> »Mit der formal-operativen Rationalität setzt sich ein Denkstil durch, der durch die Bildung von Hypothesen und Prognosen, deren kombinatorische Überprüfung und ein Denken über das Denken, d.h. ein Denken zweiter Ordnung charakterisiert ist. In der diesem Denkstil korrespondierenden autonomen Moral löst sich der Absolutismus der Normen auf, der die Regeln bis dahin als heilig, göttlich oder unverfügbar erschienen ließ; die Regeln ›entnaturalisieren‹ sich und werden als rein menschliche Satzungen konzeptualisiert, die im Prinzip kontingent sind. Infolgedessen werden Legitimitätsansprüche plausibel, die Gehorsam nicht mehr aufgrund der inhaltlichen Dignität der Norm verlangen, sondern aufgrund des Umstands, daß sie auf formal korrektem Wege gesetzt worden ist. Das schließt eine Orientierung an materialen Normen nicht aus – die Stufe der formalen Ra-

143 Vgl. *Böckenförde* (Fn. 141), § 24 Rn. 64.
144 *Böckenförde* (Fn. 141), § 24 Rn. 60.
145 So *Böckenförde* (Fn. 141), § 24 Rn. 74 ff.

tionalität ist, wie gesagt, auch die Stufe der autonomen Moral –, ordnet deren Verwirklichung aber der Anerkennung von Entscheidungsverfahren unter und erlaubt dadurch eine von den Beteiligten als verbindlich respektierte Konfliktlösung auch in solchen Fällen, in denen der Polytheismus der Werte eher eine Polarisierung begünstigt.«[146]

4. Statt eines Fazits

Die vorstehenden kursorischen Bemerkungen sollten keineswegs so verstanden werden, als ob der von Smend »ständig aufgerufene Verfassungssinn des Bürgers«[147], als ob das Engagement für den Staat und die Angelegenheiten des Gemeinwohls entbehrlich oder wertlos wären. Im Gegenteil: solche Tugenden sind heute nötiger denn je. Doch war zu illustrieren, wie voraussetzungsvoll politische Einheit unter den Vorzeichen gesamtgesellschaftlicher Pluralität und grundrechtsgestützter Freiheitsentfaltung sich gestaltet, und der Vermutung Ausdruck zu verleihen, daß nicht nur die fraglose Übereinstimmung, sondern der produktive Konflikt kohäsive Kraft entfalten kann[148]. In paradoxer Formulierung könnte man sagen, daß der eigentliche Konsens im Konflikt liegt[149], im offenen, aber (nicht zuletzt rechtlich) geordneten und insofern gehegten Austrag der unterschiedlichen Auffassungen, mit letztlich verbindlichen Entscheidungen, die aber jeweils nur als temporäre Fixierungen, nicht als ewige Wahrheiten zu betrachten sind und unter Änderungsvorbehalt stehen. Dieser Konsens über den Dissens, wie man ihn nennen könnte, stellt gleichsam eine Integration zweiter Stufe dar: nicht die sachliche Einigkeit in wesentlichen Punkten, sondern die Formung und Hegung der divergenten Positionen gewinnt entscheidende Bedeutung. Vorstellungen eines substantiellen, inhaltlichen Konsenses und entsprechender Homogenität treten in den Hintergrund[150]. An Relevanz gewinnen hingegen (wenn wir die oben genannten, heute weniger denn je als selbstverständlich anzusehenden Voraussetzungen als gegeben unterstellen dürfen) die scheinbar zentrifugalen Kräfte des Dissenses und des Konflikts. Sie bedürfen wiederum der Hegung und Formung, der stabilisierenden Strukturen und prozeduralen Formen[151]. Diese kann und muß der Verfassungsstaat zur Verfügung stellen[152].

146 *S. Breuer,* Der Staat. Entstehung, Typen, Organisationsstadien, 1998, S. 22 f.
147 So *P. Badura,* Staatsrecht, 3. Aufl. 2003, A 12 (S. 14).
148 Pointiert *C. Geyer,* Wohin wir driften, in: FAZ Nr. 56 v. 8. März 1999, S. 47: »In diesem Sinne ist Desintegration der Normalfall moderner Vergesellschaftung.«
149 *Frankenberg,* Tocquevilles Frage (Fn. 50), S. 48: »Konflikt als Modus der Integration«. Betonung der Rolle des Konflikts gerade auch für eine demokratische Politik bei *C. Mouffe,* Über das Politische, 2006, S. 29 ff., 47 ff.
150 So auch *G. Lübbe-Wolff,* ZAR 2007, 121 (126 f.).
151 *Frankenberg,* Tocquevilles Frage (Fn. 50), S. 57 f.
152 Siehe nur *K. Hesse,* Verfassung und Verfassungsrecht, in: E. Benda/W. Maihofer/H.-J. Vogel (Hrsg.), Handbuch des Verfassungsrechts, 2. Aufl. 1994, § 1 Rn. 18.

Die Erosion des Öffentlichen. Ein Essay[1]

Alfred Rinken

I.

Zu den großen und prägenden Erlebnissen meines wissenschaftlich-beruflichen Lebens gehört die Teilnahme an dem inzwischen geradezu legendären Freiburger Hesse-Seminar, zunächst als Student, später dann als Referendar und Wissenschaftlicher Assistent. Das Hesse-Seminar war auch der Ort, an dem ich die Bekanntschaft mit dem Kommilitonen Hans-Peter Schneider gemacht habe, eine Bekanntschaft, die bald zu einer bis heute dauernden Freundschaft werden sollte. Gemeinsam haben wir in den anspruchsvollen Seminardiskussionen die Entstehung der 1966 erschienenen »Grundzüge« erlebt, mit denen Konrad Hesse die Verfassungsentwicklung der folgenden Jahrzehnte maßgeblich beeinflusst hat.[2] Die Gemeinsamkeit beschränkte sich aber nicht auf die Teilnahme an einem faszinierenden wissenschaftlichen Diskurs, sondern war und ist auch eine Gemeinsamkeit in der Sache. Das Hesse-Seminar hatte in fruchtbarem Austausch mit dem »gleich nebenan« tagenden, zum Teil personenidentischen Ehmke-Seminar schulbildende Wirkung.[3] Das wissenschaftspolitische Programm der »Freiburger Schule« kann schlagwortartig mit der Parole »Verfassungsdenken gegen Staatsdenken« charakterisiert werden.[4] Dieses Programm, das sich gegen das etatistische Einheitsdenken der konser-

1 Die folgenden Überlegungen stehen im Zusammenhang mit einem von der Hans-Böckler-Stiftung geförderten Forschungsprojekt »Öffentlich-rechtliche Formen der Krankenhausorganisation«. Sie firmieren unter der Überschrift »Ein Essay«, weil sie die literarische Form des Festschriftbeitrags nutzen, um dem langjährigen Kollegen und Freund ohne den Anspruch auf wissenschaftliche Abgeklärtheit und ohne großen wissenschaftlichen Apparat eher sorgenvolle Gedanken vorzutragen, die sich aus der wissenschaftlichen Arbeit ergeben haben und zu denen mir mehr Fragen als Antworten einfallen.

2 *K. Hesse,* Grundzüge des Verfassungsrechts der Bundesrepublik Deutschland, 20., neubearb. Aufl., Heidelberg 1995.

3 Vgl. insbes. *H. Ehmke,* »Staat« und »Gesellschaft« als verfassungstheoretisches Problem, in: K. Hesse/S. Reicke/U. Scheuner (Hrsg.), Staatsverfassung und Kirchenordnung. Festgabe für R. Smend, Tübingen 1962, S. 23 ff.; *ders.,* Grenzen der Verfassungsänderung, Berlin 1953, bes. S. 88 ff.; *ders.,* Beiträge zur Verfassungstheorie und Verfassungspolitik. Hrsgg. von P. Häberle, Königstein/Ts., 1981.

4 Zu den hier nur angedeuteten Zusammenhängen vgl. *F. Günther,* Denken vom Staat her. Die bundesdeutsche Staatsrechtslehre zwischen Dezision und Integration 1949-1970, München 2004, S. 236 ff.; zum Hesse- und Ehmke-Seminar S. 224. Zum Verfassungsdenken vgl. auch *A. Rinken,* Demokratie und Hierarchie. Zum Demokratieverständnis des Zweiten Senats des Bundesverfassungsgerichts, KritV 79 (1996), S. 282 ff., 292 ff.

vativen Staatsrechtslehre wendet und in Anknüpfung an die Verfassungslehren von Rudolf Smend und Herrmann Heller den Prozess der politischen Einheitsbildung betont,[5] hatte maßgeblichen Einfluss auf so unterschiedliche und eigenständige Verfassungsrechtler wie Peter Häberle, Alexander Hollerbach, Friedrich Müller und Hans-Peter Schneider, um nur einige Seminarteilnehmer der ersten Generation zu nennen (meinen Namen bitte ich in Gedanken hinzuzufügen).[6]
Ausgangspunkt des Verfassungsdenkens ist nicht die Einheit des Staates als vorgegebene Wesenheit; politische Einheitsbildung ist vielmehr das Ergebnis eines öffentlichen Verfassungsprozesses, »Staatlichkeit« ein Teilergebnis dieses Prozesses; sie beruht auf den Normen der konkreten Verfassung und ist dieser nicht als quasi-naturhafte Konstante vorgegeben.[7] Demokratie ist dann Form der Rationalisierung dieses politischen Prozesses. »Sie schafft Rationalität durch das ihr eigene Verfahren der politischen Willensbildung und durch die Publizität dieses Verfahrens. Das demokratische Verfahren . . . begründet Verantwortung und schafft Möglichkeiten, diese Verantwortung zu realisieren. Es lässt den Vorgang der politischen Willensbildung nicht im Dunkeln der Abmachungen oder Entschlüsse von unkontrollierten Machthabern, sondern rückt ihn prinzipiell in das Licht der Öffentlichkeit«.[8] Den damit angesprochenen Zusammenhang von Demokratie, realisierbarer politischer Verantwortung und Öffentlichkeit hatte Konrad Hesse schon 1959 in seinem Referat vor der Vereinigung der Deutschen Staatsrechtlehrer thematisiert. Er hatte dort die Feststellung Rudolf Smends, der Rechtsbegriff des Öffentlichen enthalte »eines der wichtigsten Momente neuzeitlicher konstitutioneller Staatlichkeit«[9] um das Element der Verantwortlichkeit ergänzt und für die Zugehörigkeit zu einem über den Bereich der verfassten Staatlichkeit hinausgehenden Begriff des Öffentlichen verlangt, »dass der Träger der Öffentlichkeit an den Legitimitätsprinzipien der Gesamtordnung teilhat, dass sein Wirken sich nicht nur an die Allgemeinheit wendet, sondern dass er der Allgemeinheit auch Einsicht in die Vorgänge gewährt, welches dieses Wirken hervorbringen, dass er vor allem in Wahrnehmung einer aufgegebenen Verantwortung und in realisierbarer Verantwortlichkeit tätig wird«.[10]

5 Zum »Programm« und zu den Bezugsautoren vgl. *K. Hesse,* Grundzüge (Fußn. 2), Rdnr. 4, 5 ff.

6 Genannt seien als charakteristische »Frühwerke«: *A. Hollerbach,* Auflösung der rechtsstaatlichen Verfassung?, AöR 85 (1960), S. 241 ff.; abgedruckt in: ders., Ausgewählte Schriften. Hrsgg. von G. Robbers, Berlin 2006, S. 107 ff. Dem Aufsatz lag ein Referat zugrunde, das der Autor am 17. 2. 1960 im Hesse-Seminar gehalten hatte. – *P. Häberle,* Der Wesensgehalt des Art. 19 Abs. 2 Grundgesetz, Karlsruhe 1962; *F. Müller,* Normstruktur und Normativität, Berlin 1966.

7 »Weder von einem vorgegebenen, von menschlichem Wirken unabhängigen Staat noch von einem vorfindlichen Recht kann daher ausgegangen werden, sondern nur von den dargestellten Aufgaben. Um diesen gerecht werden zu können, bedarf es einer konstituierenden Ordnung: der Verfassung.« *K. Hesse,* Grundzüge (Fußn. 2), Rdnr. 16.

8 *K. Hesse,* Grundzüge (Fußn. 2), Rdnr. 138, vgl. auch Rdnrn. 152, 504.

9 *R. Smend,* Zum Problem des Öffentlichen und der Öffentlichkeit (1955), in: ders., Staatsrechtliche Abhandlungen, 2., erw. Aufl., Berlin 1968, S. 462 ff.

10 *K. Hesse,* Die verfassungsrechtliche Stellung der politischen Parteien im modernen Staat, VVDStRL 17 (1959), S. 11 ff.; abgedruckt in: ders., Ausgewählte Schriften. Hrsgg. von P. Häberle und A. Hollerbach, Heidelberg 1984, S. 59 ff., insbes. S. 84 ff.

Die Thematisierung des Öffentlichen als verfassungstheoretisches und verfassungsrechtliches Problem[11] hat sich als äußerst fruchtbar erwiesen. Es ist vor allem Peter Häberle, der unter dem programmatischen Titel »Verfassung als öffentlicher Prozess« eine über den geschlossenen Nationalstaat hinausgreifende Verfassungstheorie als Theorie des Öffentlichen entwickelt hat.[12] Hans-Peter Schneider hat mit seinem großen Werk über die parlamentarische Opposition ein bis dahin vernachlässigtes wesentliches Element der Verfassungsordnung als formell und materiell öffentliche Ordnung untersucht und deutlich gemacht, dass dem Oppositionsgedanken selbst schon ein unmittelbarer »Öffentlichkeitsbezug« immanent ist, ohne den von praktischer Oppositionstätigkeit schlechterdings nicht gesprochen werden kann.[13]

II.

Ging es in den Jahren der »Bonner Republik« darum, den Rechtsbegriff des Öffentlichen gegen seine »Verstaatlichung« abzusichern, so stellt sich mir heute die Frage, ob es nicht viel aktueller und dringlicher ist, ihn gegen seine »Privatisierung« zu verteidigen. Anfang der siebziger Jahre glaubte ich auf die Gefahr hinweisen zu müssen, »dass gerade im Gehäuse der Rechtsbegriffe des Öffentlichen vordemokratische Inhalte die Rechtsordnung besetzen, ›von unten‹ her die Verfassung überwältigen und ihren normativen Plan entkräften«.[14] Wird diese Gefährdung des Öffentlichen nicht inzwischen weit übertroffen von einer Entwicklung, durch die dem öffentlichen Verfassungsprozess in einem eher unspektakulären, aber nachhaltigen Erosionsprozess sein Substrat entzogen wird?

Ich möchte diese skeptische Frage – um ihrer Deutlichkeit willen in bewusster Schwarz-Weiß-Zeichnung – am Beispiel der kommunalen Selbstverwaltung erläutern. Die kommunale Selbstverwaltung erscheint mir als ein geeignetes Demonstrationsfeld, weil hier einerseits die Grundstruktur des Öffentlichen deutlich ausgebildet ist und weil andererseits der Privatisierungsprozess des Öffentlichen in den Kommunen bereits weit fortgeschritten ist.

11 *A. Rinken,* Das Öffentliche als verfassungstheoretisches Problem, dargestellt am Rechtsstatus der Wohlfahrtsverbände, Berlin 1971; insbes.: Zum Rechtsbegriff des Öffentlichen, S. 87 ff., Das Öffentliche als Grundelement des freiheitlich verfassten Gemeinwesens, der res publica, S. 214 ff.

12 Vgl. insbes. die Beiträge in: *P. Häberle,* Verfassung als öffentlicher Prozess. Materialien zu einer Verfassungstheorie der offenen Gesellschaft, 3. Aufl., Berlin 1998, insbes. S. 286 f., 485 ff.; *ders.,* Struktur und Funktion der Öffentlichkeit im demokratischen Staat, in: Politische Bildung 1970, H. 3, S. 3 ff., abgedruckt in: ders., Die Verfassung des Pluralismus, Königstein/Ts. 1980, S. 126 ff.

13 *H.-P. Schneider,* Die parlamentarische Opposition im Verfassungsrecht der Bundesrepublik Deutschland. Band I: Grundlagen, Frankfurt a. M. 1974, S. 331, vgl. auch S. 174 ff., 395 u. ö.

14 *A. Rinken,* Das Öffentliche (Fußn. 11), S. 329 f.; dort, S. 107 ff., auch zur »Verstaatlichung« des Öffentlichen.

1. Auf der kommunalen Ebene ist die demokratische Grundstruktur des Öffentlichen als res publica besonders deutlich ausgeprägt. Diese Grundstruktur kann durch eine Trias sich gegenseitig bedingender Elemente verdeutlicht werden. Öffentlich weist zunächst hin auf »die Öffentlichkeit«, das Volk als Subjekt des Gemeinwesens (populus mit seiner ethymologischen Beziehung zu publicus). Öffentlich hat zweitens den Bedeutungsgehalt von »das Öffentliche«, das ist: das Gemeinsame, das für alle Bedeutsame, das Gemeinwohl (salus publica). Öffentlich bezeichnet schließlich den Zustand formeller Publiziät.[15] In den »kleinen Republiken« der Gemeinden[16] ist diese Grundstruktur noch am ehesten erlebbar.
Das gilt zunächst für den Gemeinwohlbezug. Die Gemeinde ist der Ort, an dem die Sozialpflichtigkeit des Sozialstaates für die Bürgerinnen und Bürger in den Leistungen der Daseinsvorsorge unmittelbare Relevanz besitzt, sei es zur Sicherung einer menschenwürdigen Existenz in Notlagen (Sozialhilfe), sei es zur Sicherung der sozialen Infrastrukturleistungen (insbes. Verkehrs- und Kommunikationsinfrastruktur, Energie- und Wasserversorgung, Bildungs- und Gesundheitswesen). Die Kommunen erfüllen den größten Teil ihrer verfassungsrechtlich grundierten gesetzlichen Pflichten zur Daseinsvorsorge durch kommunale Unternehmen. Das Unternehmensziel dieser in einem materialen Sinne »öffentlichen« Unternehmen ist nicht bloße Gewinnerzielung, vielmehr ist kommunales Wirtschaften im Bereich der Daseinsvorsorge ein Modus kommunaler Aufgabenerfüllung. Im Unterschied zu privatwirtschaftlicher, stehen hinter kommunaler Wirtschaftsbetätigung politische Sachziele (Instrumentalfunktion öffentlicher Unternehmen). »Das kommunale Unternehmen als Organisationseinheit ist somit nicht um seiner selbst willen geschaffen, sondern als Instrument der Gemeinwohlverwirklichung.«[17]
Im Unterschied zu seiner Stellung in Bund und Land und schon gar in der »weit entfernten« EG ist für die Bürgerinnen und Bürger auf der Gemeindeebene ihre Stellung als Subjekte des Gemeinwesens noch am ehesten praktizierbar. Das gilt sowohl für die meist bürgernahen Themen der Kommunalpolitik als auch für die noch überschaubaren und nachvollziehbaren politischen Prozesse auf der kommunalen Ebene sowie für die »Greifbarkeit« des politischen Personals, des meist direkt gewählten Bürgermeisters und der Gemeindevertreter. Als Indiz für diese These kann aber vor allem auf die Bürgerbegehren und Bürgerentscheide hingewiesen werden, in denen sich der Wille des Gemeindevolkes unmittelbar äußert[18] und von denen seit ihrer

15 Zur Trias des Öffentlichen vgl. *A. Rinken,* Das Öffentliche (Fußn. 11), S. 248 ff.; *ders.,* Geschichte und heutige Valenz des Öffentlichen, in: G. Winter (Hrsg.), Das Öffentliche heute. Kolloquium zu Ehren von A. Rinken, Baden-Baden 2002, S. 7 ff., 34 ff.

16 *H. Faber,* Kommentar zum Grundgesetz für die Bundesrepublik Deutschland (Reihe Alternativkommentare), 2. Aufl., Neuwied 1989, Art. 28 Rdnr. 25; *A. Bovenschulte,* Gemeindeverbände als Organisationsformen kommunaler Selbstverwaltung, Baden-Baden 2000, S. 495 f.

17 *M. Burgi,* Neue Organisations- und Kooperationsformen im europäisierten kommunalen Wirtschaftsrecht, in: M. Ruffert (Hrsg.), Recht und Organisation, Berlin 2003, S. 55 ff., 64.

18 Vgl. dazu *H. H. von Arnim,* Vom schönen Schein der Demokratie. Politik ohne Verantwortung – am Volk vorbei, München 2002, S. 169 ff.

Einführung in den neunziger Jahren[19] in einem Maße Gebrauch gemacht worden ist, der Zweifel an der viel zitierten Politikverdrossenheit aufkommen lässt.[20] Für den Zeitraum von 1990 bis 2002 sind insgesamt 2.473 Bürgerbegehren und -entscheide ermittelt worden. 14 % der Begehren waren dadurch erfolgreich, dass der Rat dem Begehren entsprach oder zumindest ein Kompromiss mit den Initiatoren erreicht wurde. 45 % der Begehren gelangten zum nächsten Etappenziel, dem Bürgerentscheid, so dass sich eine Misserfolgsquote von 41 % ergibt. Bei den Bürgerentscheiden sind den erfolgreichen Bürgerbegehren die von den kommunalen Räten selbst sogenannten Ratsbegehren hinzuzufügen. Von den insgesamt 999 erfassten Bürgerentscheiden war etwa die Hälfte erfolgreich, so dass sich insgesamt eine positive Bilanz dieses direktdemokratischen Instruments ergibt. Die Themen der Bürgerbegehren und Bürgerentscheide umfassen ein breites Spektrum und geben Einblick in das, was die Bürgerinnen und Bürger bewegt. Ich nenne nur eine Themenauswahl in Stichworten: Ablehnung der Atomenergienutzung, Bau von Bürgerhäusern, Erhalt und Gründung kommunaler Einrichtungen (Kindergärten, Spielplätze, Schwimmbäder, Kultureinrichtungen, Krankenhausabteilungen u. a.), Gebietsreform, Schulpolitik, Stadt- und Verkehrsplanung, Umweltschutz. Auf die Frage, ob Versorgungsunternehmen in öffentlicher oder privater Trägerschaft betrieben werden sollen, bezogen sich 86 Bürgerbegehren (4 %) und 48 Bürgerentscheide (5 %). Alle Entscheide, die den Verkauf öffentlicher Unternehmen (vor allem Stadtwerke) betrafen, endeten mit einer Mehrheit für den Verbleib des Unternehmens im Eigentum der Gemeinde.

Schließlich ist auch das Öffentlichkeitselement der Publizität auf der Kommunalebene (noch) in einer für die konkrete Kommunalpolitik relevanten Weise wirksam. Was die Gemeindevertretung in öffentlicher Sitzung über die Belange der Bürgerschaft beschließt, wird von einer aufmerksamen Lokalpresse und häufig auch von Lokalrundfunk und Lokalfernsehen berichtet und, wenn es um bürgernahe Themen geht, wie sie oben in Auswahl genannt worden sind, in der Bürgerschaft registriert und diskutiert – Bürgerschaft verstanden als active society in der Vielfalt ihrer Interessen, als in Vereinen, Verbänden, Parteien, Bürgerinitiativen pluralistisch strukturierte Öffentlichkeit. Die Bürgergrundrechte der Meinungs-, Versammlungs- und Vereinigungsfreiheit entfalten sich in Diskussionen in Vereinen und Parteien, in Demonstrationen und in Bürgerbegehren und Bürgerentscheiden.

In alledem realisiert sich die Struktur des Öffentlichen als Verantwortungsstruktur. Die Verkehrstarife können nicht beliebig erhöht, ein Krankenhaus kann nicht mangels Rentabilität einfach geschlossen werden. Alle die Bürgerinnen und Bürger in

19 Bürgerbegehren und Bürgerentscheide gab es in Baden-Württemberg seit 1956. In den übrigen Ländern wurden sie erst seit 1990 eingeführt; Schleswig-Holstein machte den Anfang und Berlin bildete 2005 das Schlusslicht.

20 Die folgenden Angaben nach *R. Deppe,* Direkte Demokratie II. Eine Bestandsaufnahme von Bürgerbegehren und Bürgerentscheiden auf kommunaler Ebene seit 1990, Sankt Augustin 2002 (Arbeitspapiere hrsgg von der Konrad-Adenauer-Stiftung e. V., Nr. 90).

ihren unmittelbaren Lebensinteressen betreffenden Angelegenheiten müssen als Angelegenheiten der Daseinsvorsorge öffentlich diskutiert und verantwortet werden. Darin verwirklicht sich – wenn auch mit großen Defiziten – demokratische Repräsentation als responsiver öffentlicher Dialog.[21]

2. Wie steht es um diesen öffentlichen Dialog, wie um die öffentliche Struktur der kommunalen Selbstverwaltung, wenn die Kommune im Zuge umfangreicher Privatisierungen die Erfüllung der Daseinsvorsorgepflichten aus der eigenen Regie entlässt und in den privaten oder privatrechtlichen Bereich verweist?[22] Läuft die kommunale Selbstverwaltung damit nicht ins Leere?

a) Für die Privatisierung kommunaler Aufgaben werden zahlreiche Gründe genannt. Ich hebe zwei Gründe hervor, die mir zurzeit als die wichtigsten und wirksamsten erscheinen: die Finanznot der Kommunen und der Privatisierungsdruck des EG-Rechts.

Die Finanzkrise der Kommunen ist seit Beginn der 90er Jahre ein die kommunale Daseinsvorsorge bedrängendes Problem.[23] Steigende Ausgaben durch Zuweisung neuer Aufgaben und sinkende Einnahmen führten nach einer kurzen Erholung in den Jahren 1998-2000 seit 2001 zu einer dramatischen Situation, die vom Deutschen Städtetag als »ein Schritt vor dem Abgrund« beschrieben wurde. Seit dem Jahr 2004 hat sich die Finanzsituation der Kommunen zwar deutlich verbessert; im Jahr 2006 war das Finanzierungssaldo erstmals seit 2000 positiv und auch der jahrelange Rückgang der kommunalen Investitionen ist gestoppt. Dennoch kann noch nicht von einem Ende der kommunalen Finanzkrise gesprochen werden, weil die Kassenkredite, die im Jahr 2006 auf 27,6 Milliarden Euro angestiegen sind, nach wie vor gefährlich hoch und die jährlichen Investitionen nach wie vor gefährlich niedrig sind. In dieser Situation erscheint den Kommunen Privatisierung häufig als der einzige Weg zur Haushaltskonsolidierung, sei es durch Aktivierung privaten Kapitals, sei es durch das »Verstecken« der Schulden in wenig beachteten Nebenhaushalten.

Das EG-Recht überlässt es zwar den Mitgliedstaaten, die Rechtsform ihrer Leistungsorganisationen zu bestimmen (Art. 295 EGV), und schreibt nicht die Privati-

21 Zum Konzept der responsiven Repräsentation vgl. *J. P. Müller,* Der politische Mensch. Demokratie und Menschenrechte im staatlichen und globalen Kontext, Basel 1999, S. 54 ff., 60 ff.

22 Aus der geradezu unübersehbaren Literatur zur Privatisierung sei hier nur verwiesen auf: *L. Osterloh* und *H. Bauer,* Privatisierung von Verwaltungsaufgaben, VVDStRL 54 (1995), S. 204 ff., 243 ff.; *A. Voßkuhle,* Beteiligung Privater an der Wahrnehmung öffentlicher Aufgaben und staatliche Verantwortung, VVDStRL 62 (2003), S. 266 ff.; *F. Schoch,* Privatisierung der Abfallentsorgung. Ein Beitrag zu den rechtlichen Determinanten der Privatisierung kommunaler Aufgaben, Köln 1992; *R. Stober,* Kooperation mit Privaten und Privatisierung, in: Wolff/Bachof/Stober, Verwaltungrecht. Band 3, München 2004, S. 494 ff., mit umfassenden Nachweisen.

23 Soweit nicht anders vermerkt, sind die im folgenden Abschnitt genannten Zahlen den Veröffentlichungen des Deutschen Städtetages und des Deutschen Städte- und Gemeindebundes, insbesondere den jährlich erscheinenden Gemeindefinanzberichten, entnommen (vgl. unter: www.staedtetag.de und www.dstgb.de).

sierung öffentlicher Unternehmen vor. Dennoch fördert es indirekt die Privatisierung und zwar in sehr effektiver Weise, weil es im Vergaberecht und vor allem im Beihilferecht öffentliche Unternehmen wie private Unternehmen behandelt und keine Rücksicht auf deren Gemeinwohlfunktion nimmt. Das sei für das europäische Beihilferecht kurz erläutert:[24] Sowohl die Rechtsprechung des EuGH als auch die Praxis der EG-Kommission verstehen den europarechtlichen Begriff der Daseinsvorsorge (Art. 86 Abs. 2 EGV: Dienstleistungen von allgemeinem wirtschaftlichem Interesse) ausschließlich funktional und damit völlig trägerneutral. Wegen dieser Missachtung der Instrumentalfunktion der kommunalen öffentlichen Unternehmen konstatiert Martin Burgi eine Funktionsinadäquanz des Europarechts. Während nämlich das Spezifikum der Erfüllungsverantwortung durch öffentliche Unternehmen in der Verbindung verschiedener gemeinwirtschaftlicher und u. U. eigenwirtschaftlicher Elemente zu einem einheitlichen organisatorischen Gebilde mit der Möglichkeit der Binnensaldierung von Kosten und Nutzen, also in der Ganzheitlichkeit der Trägerschaft liege, knüpfe das europäische Beihilferecht funktional an die einzelne Dienstleistung an.[25] Das hat die Wirkung eines Segmentierungsgebots: Nur für die einzelnen konkreten Leistungen ist ein Defizitausgleich beihilferechtlich unschädlich, nur die Erstattung der »Nettomehrkosten« für die Erbringung der je einzelnen »Dienstleistung von allgemeinem wirtschaftlichem Interesse« bringen dem kommunalen Unternehmen keinen Vorteil und werden deshalb nicht als notifizierungspflichtige Beihilfe qualifiziert. »Selbst wo es gelingt, alle Einzelleistungen zu benennen, bleibt die Frage, ob und wie die Leistungen politischen Charakters sich kommerzialisieren lassen.«[26] Als soziale und regionalpolitische Erwägungen haben, so die ständige Rechtsprechung des EuGH, solche Leistungen außer Betracht zu bleiben. »Es setzt also der vernünftige, auf dauerhafte Rentabilität bedachte private Investor die Maßstäbe, an denen dann auch die öffentliche Hand gemessen wird. Für typisch öffentlich-wirtschaftliche Überlegungen bleibt kein Raum.«[27]

Außer diesen beiden tragenden finanzpolitischen und europarechtlichen Gründen sei ein dritter ordnungspolitischer Gesichtspunkt genannt, der wohl weniger der Begründung als der Legitimation von Privatisierungen im kommunalen Bereich dient. Es ist die neoliberale Wirtschaftstheorie, die mit dem Kampfruf einer unaufhaltsamen ökonomischen Globalisierung die Diskussion um Sozialstaat und kommunale Daseinsvorsorge wirkmächtig beeinflusst. Für den Neoliberalismus ist die freie Entfaltung der ökonomischen Gesetze des Marktes der einzige Garant für

24 Zum Folgenden *A. Rinken/O. Kellmer,* Kommunale Krankenhäuser als Instrumente sozialstaatlich-kommunaler Daseinsvorsorge im europäischen Verfassungsverbund, Die Verwaltung 39 (2006), S. 1 ff., m. w. Nachw.

25 *M. Burgi,* Verwalten durch öffentliche Unternehmen im europäischen Institutionenwettbewerb, VerwArch 93 (2002), S. 255 ff., 267.

26 *M. Burgi,* VerwArch 93 (2002), S. 255, 238.

27 *G. Püttner,* Die Zukunft öffentlicher Unternehmen im europäischen Binnenmarkt, ZÖR 56 (2001), S. 227 ff., 238.

Wohlstand und Freiheit, ist Sozialstaatlichkeit nur ein »Standortrisiko«, das die internationale Konkurrenzfähigkeit gefährdet. »Der Sozialstaat ist zum Klotz am Bein der Wirtschaft im Wettstreit auf den Weltmärkten geworden.«[28] Größtmöglicher gesellschaftlicher Wohlstand kann nach neoliberaler Doktrin nur über den Markt erreicht werden; wirtschaftsregulierende sozialstaatliche Politik ist aus dieser Perspektive nur als Störfaktor wahrnehmbar. »Diese Staatskritik stützt sich auf die Annahme, der Marktmechanismus allein sei im Vergleich zu demokratisch legitimierter staatlicher Regulierung effektiver und wohlfahrtssteigernd. Der Marktmechanismus wird dabei als quasi naturgesetzlich vorgegeben betrachtet.«[29]

b) Von der Privatisierung erhoffen die Kommunen in erster Linie eine finanzielle Entlastung und – das wird regelmäßig hervorgehoben – eine Akquisition privaten Know-hows. Ihnen stehen zur Erreichung dieser Ziele mehrere Privatisierungsformen zur Verfügung, von denen hier die Aufgabenprivatisierung und die funktionale Privatisierung (materielle Privatisierung) sowie die Organisationsprivatisierung (formelle Privatisierung) genannt seien.

(1) Bei der Aufgabenprivatisierung wird eine bisher von der öffentlichen Hand wahrgenommene Aufgabe vollständig auf den privaten Bereich übertragen; ob und wie die Aufgabe in Zukunft erfüllt wird, darüber entscheiden fortan private Wirtschaftssubjekte. Da eine Aufgabenprivatisierung bei kommunalen Pflichtaufgaben ausgeschlossen ist, kommt diese radikalste Privatisierungsform nur bei freiwilligen Selbstverwaltungsaufgaben in Frage. Als Beispiele werden genannt: Übertragung der Gebäudereinigung, Wohnungsvermittlung, Bewirtschaftung von Parkflächen, Vergabe von Druckaufträgen.

(2) Ein weitgehender Rückzug der Gemeinde erfolgt aber auch bei der funktionalen Privatisierung, bei der nur die Aufgabendurchführung auf einen Privaten übertragen wird, während Zuständigkeit und Verantwortung für die Aufgabenerfüllung bei der Gemeinde verbleiben. Die funktionale Privatisierung gilt als die für den Gewährleistungsstaat charakteristische Leistungsform. Der Begriff des Gewährleistungsstaates[30] ist Ausdruck eines gewandelten Staatsverständnisses, mit dem die Staats- und Verfassungstheorie auf die großen wirtschaftspolitischen Paradigmenwechsel in der Nachkriegszeit reagiert. Er korrespondiert mit der seit 1982 beginnenden neoliberalen Phase der Wirtschaftspolitik und kann als der Versuch verstanden werden, den durch Aufgabenüberlastung und Ressourcenknappheit »überforderten« Leistungsstaat durch Entlastungen zu »verschlanken« und so den Sozialstaat den restriktiven Bedingungen der Gegenwart anzupassen. Der Gewährleistungsstaat zieht sich nicht aus der Gemeinwohlverantwortung zurück, überträgt

28 *A. Zänker,* Der bankrotte Sozialstaat. Wirtschaftsstandort Deutschland im Wettbewerb, München 1994, S. 205.

29 *D. Schiek,* Art. 20 Abs. 1-3, V. Sozialstaatsprinzip, in: E. Denninger u. a. (Hrsg.), Kommentar zum Grundgesetz für die Bundesrepublik Deutschland, 3. Aufl., Neuwied 2001, Rdnr. 32.

30 Vgl. dazu *A. Voßkuhle,* VVDStRL 62 (2003), 266 ff., 284 ff.; *M. Knauff,* Der Gewährleistungsstaat: Reform der Daseinsvorsorge, Berlin 2004; *G. F. Schuppert (Hrsg.),* Der Gewährleistungsstaat, Baden-Baden 2005.

oder überlässt aber die Erfüllung von ihm bisher eigenhändig wahrgenommener Aufgaben privat-gesellschaftlichen Kräften. Die umfassende Erfüllungsverantwortung des Staates wird durch eine Gewährleistungsverantwortung ersetzt, die sich in die einzelnen Stationen der Regulierungs-, Überwachungs-, Beobachtungs- und Auffangverantwortung ausdifferenzieren lässt.
Die Praktizierung der neuen Form staatlicher Steuerung im Gewährleistungsstaat ist mit einem gravierenden Wissens- und Know-how-Problem konfrontiert. In dem Maße, in dem der Staat auf privates Know-how zurückgreift, verliert er selbst an Handlungswissen, das er aber weiterhin benötigt, um seiner Gewährleistungsverantwortung nicht nur theoretisch, sondern realitätsnah, effektiv und nachhaltig gerecht werden zu können. Konkreter: um die Ziele der ausgelagerten Aufgabe hinreichend präzise definieren und die Zielerreichung zeitnah kontrollieren zu können, braucht der Staat ein stets aktuelles Wissen um die Interna der privaten Aufgabenträger und dies »auf gleicher Augenhöhe« mit diesen. Um im »Notfall« im Rahmen seiner Auffangverantwortung seine Rückholoption effektiv ausüben zu können, sei es durch Einschaltung eines »Ersatzunternehmens«, sei es durch Selbsteintritt, bedarf es des entsprechenden Know-hows und eventuell ausreichender eigener Ersatzkapazitäten. Man wird dieses Wissens- und Know-how-Problem als die Achillesferse des Gewährleistungskonzepts bezeichnen können.
In besonderer, bisher aber nur wenig beachteter Weise betrifft die Umstellung vom Leistungs- auf das Gewährleistungsparadigma die Kommunen, sodass in paralleler Begriffsbildung zutreffend von der Gewährleistungskommune gesprochen werden kann.[31] Allerdings stellen sich hier die Probleme in zugespitzter Form. Ressourcen für eine effektive Wahrnehmung der Gewährleistungsverantwortung stehen den Kommunen in weit beschränkterem Umfang zur Verfügung als dem Staat. Die großen Regulierungsvorhaben der Telekommunikation und der Deutschen Bahn sind auf Bundesebene verwirklicht worden. Sie können nach Größendimension sowie nach organisatorischem und personellem Aufwand für den kommunalen Bereich nicht vorbildhaft sein. Im Unterschied zu den großen netzgebundenen Infrastrukturunternehmen ist die kommunale Unternehmensstruktur durch Kleinteiligkeit und Vielgestaltigkeit geprägt. Diese pluralistische Struktur verursacht erhebliche Schwierigkeiten einmal für die Recherche der Informationen, die für die effektive Wahrnehmung der Steuerungs- und Kontrollpflichten unabdingbar sind, dann aber vor allem für den Vorhalt des Know-hows und der Kapazitäten, ohne welche die Rückholoption eine rein theoretische und für das materiell oder formell privatisierte Unternehmen ohne jedes Drohpotential ist. Bedenkt man weiterhin, dass das relevante Gewährleistungs-Know-how nicht immer nur theoretischer Natur ist, sondern teilweise »erst im ›Echtbetrieb‹ des jeweiligen Instrumentendesigns gewonnen wer-

31 Zur Konzeption der Gewährleistungskommune vgl. *J. Libbe,/J. H. Trapp,/St. Tomerius,* Gemeinwohlsicherung als Herausforderung, Berlin 2004, S. 117 ff.

den kann«,[32] so ergibt sich für die Gewährleistungskommune bei der Abgabe der Leistungserstellung an Dritte ein nicht behebbares Wissensdefizit.
Es besteht deshalb Grund zu Zweifeln, ob die Gemeinwohlfunktion der kommunalen Daseinsvorsorge von der Gewährleistungskommune ausreichend sichergestellt werden kann. Die Zweifel, die in der Diskussion der Vereinigung der Deutschen Staatsrechtslehrer zum Problem des Gewährleistungsstaates massiv zum Ausdruck gekommen sind, beziehen sich vor allem auf das Wissensproblem und auf den Realitätsgehalt der Rückholoption.[33] Die gegenüber dem Gewährleistungsstaat und gegenüber der Privatisierung von Verwaltungsaufgaben geäußerten skeptischen Fragen, »wie ein auf permanente Diät gesetzter Staat seiner latenten Erfüllungsverantwortung im Falle des Falles eigentlich soll gerecht werden können«,[34] und »ob dann am Ende nicht ein schlanker, sondern ein dünner Rechts- und Sozialstaat auftaucht«,[35] haben gegenüber der Gewährleistungskommune eine gesteigerte Plausibilität.
(3) Als dritte Möglichkeit der Privatisierung steht der Kommune die Organisationsprivatisierung zur Verfügung, bei der die Gemeinde eine privatrechtliche Rechtsform (meist die GmbH) wählt, ohne sich jedoch der Aufgabe selbst zu entledigen. Das Spektrum der formell privatisierten Aufgaben ist weit, es reicht von Versorgungsunternehmen (Wasser/Abwasser, Elektrizität, Gas) und ÖPNV über Wirtschaftsförderung und Stadtmarketing bis zu Krankenhäusern, Theatern, Museen und Bibliotheken. Von dieser Privatisierungsform wird vor allem in größeren Städten sehr reger Gebrauch gemacht.[36] Die weit verbreitete Meinung, die Organisationsprivatisierung sei »harmlos«, weil »nur« die Rechtsform geändert wird, ist nicht haltbar. Auch die Organisationsprivatisierung führt zu einer gravierenden Einflussminderung der Gemeinde. Das privatisierte Unternehmen, das gilt besonders für die Aktiengesellschaft, in geminderter Form aber auch für die GmbH, tritt in eine deutliche Distanz zu seinem »Muttergemeinwesen«. Zwar hat die Gemeinde eine aus dem Demokratiegebot abgeleitete Pflicht, sich personelle und vertragliche Einflussrechte zur Gewährleistung des Gemeinwohlauftrags zu sichern, aber der Praktizierung dieser Gewährleistungsverantwortung stehen in abgeschwächter, aber immer

32 *M. Eifert,* Regulierte Selbstregulierung und die lernende Verwaltung, in: W. Berg u a. (Hrsg.), Regulierte Selbstregulierung als Steuerungskonzept des Gewährleistungsstaates, Berlin 2001, S. 137 ff., 140.
33 VVDStRL 62 (2003): Diskussionbeiträge von Engel, S. 342 f.; Lege, S. 346 f.; Rupp, S. 355; Kämmerer, S. 360; selbst der Referent Voßkuhle äußerte Zweifel, ob in jedem Fall eine realistische Rückholoption noch besteht, S. 362.; kritisch gegenüber der Großformel des Gewährleistungsstaates auch *P. J. Tettinger,* VVDStRL 64 (2005), S. 231. – Grundsätzlicher die Kritik bei *G. Püttner,* VVDStRL 64 (2005), S. 277 (Diskussionsbeitrag), der die Lehre vom Gewährleistungsstaat für eine ausgesprochene Irreführung der Betroffenen bezeichnet, da der Staat einmal privatisierte Dienste nicht mehr gewährleisten könne.
34 *J. A. Kämmerer,* Verfassungsstaat auf Diät?, JZ 1996, 1042 ff.
35 *L. Osterloh,* VVDStRL 54 (1995), S. 207.
36 Neueres und umfassendes Zahlenmaterial jetzt in: *W. Killian/P. Richter/J. H. Trapp (Hrsg.),* Ausgliederung und Privatisierung in Kommunen. Empirische Befunde zur Struktur kommunaler Aufgabenwahrnehmung, Berlin 2006.

noch höchst effektiver Weise die Wissens- und Know-how-Defizite entgegen, wie sie für die funktionale Privatisierung beschrieben worden sind. Die Steuerungs- und Kontrollprobleme eskalieren im gemischtwirtschaftlichen Unternehmen, da hier ein Zielkonflikt zwischen dem privaten Renditeinteresse und dem öffentlichen Interesse an der Erfüllung des öffentlichen Dienstleistungsauftrags vorprogrammiert ist.[37] Im Zweifel dürfte hier die Unternehmensleitung, die sich als (entsprechend hochdotiertes) privatwirtschaftlich agierendes Wirtschaftsmanagement versteht, zugunsten des shareholder value votieren. Zusammenfassend hat Horst Dreier festgestellt, auch eine umfängliche Liste von Kontrollpflichten und -rechten bei formell privatisierten Unternehmen könne nicht darüber hinwegtäuschen, »dass faktisch eine weitgehende Entlassung aus dem demokratischen Autorisations-, Legitimations- und Kontrollzusammenhang stattfindet«.[38]

III.

Wenn Privatisierung eine weitgehende Entlassung aus dem demokratischem Autorisation-, Legitimations- und Kontrollzusammenhang bedeutet, ist dann die Ausgangsfrage, ob Privatisierungen der kommunalen Selbstverwaltung ihr Substrat entziehen, nicht zu bejahen? Wenn die demokratisch legitimierten Organe der Gemeinde sich ihrer Entscheidungskompetenz entäußert haben oder ihre Gewährleistungskompetenz nicht mehr effektiv wahrnehmen können, entfällt oder verdünnt sich dann nicht auch ihre öffentliche Verantwortung und werden dann öffentliche Kritik und Kontrolle nicht weitgehend funktionslos? Lässt sich dieser Prozess nicht als ein Prozess der Erosion des Öffentlichen verstehen?[39]

Ich halte die hier nur an einem Einzelbeispiel erläuterte Erosion des Öffentlichen für ein Problem, dass in sehr grundsätzlicher Weise mit der Frage konfrontiert, in welchem Gemeinwesen wir leben wollen. Ich sehe die Gefahr, dass diese Frage seit der von allen großen Volksparteien getragenen »neoliberalen Wende« offensiv in der Politik, in einem schleichenden Verfassungswandel aber auch im Rechtsleben unter eine verengte ökonomische Perspektive gerät – und dies unter Berufung auf die als unausweichliches Schicksal über die Welt kommende Globalisierung als Machtergreifung des Wirtschaftscodes.

Globalisierung ist zunächst ein deskriptiver Begriff, der auf einen den gesamten Erdball umfassenden Prozess der Entwicklung zu einer »Weltgesellschaft« hindeu-

37 Zu dieser Konfliktsituation vgl. auch *D. Schefold,* Organisatorische Aspekte des Öffentlichen, in: G. Winter (Hrsg.), Das Öffentliche heute (Fußn. 15), S. 134 ff., 138 f.

38 *Horst Dreier,* Hierarchische Verwaltung im demokratischen Staat, Tübingen 1991, S. 259 f.; vgl. auch die Kritik bei *F. Schoch,* Rechtsfragen der Privatisierung von Abwasserbeseitigung und Abfallentsorgung, DVBl. 1994, 1 ff., 9.

39 Vorüberlegungen zum Folgenden bei *A. Rinken,* »Das Öffentlich soll öffentlich sein«. Ein unzeitgemäßes Plädoyer für eine Republifizierung kommunalen Verwaltungshandelns, in: L. Krämer (Hrsg.), Recht und Um-Welt. Essays in Honour of G. Winter, Groningen 2003, S. 205 ff.

tet, in der die kommunikativen Beziehungen über die territorialen Grenzen der Staaten hinausgehen (z. B. Internet, Weltmarkt). Seine spezifische Bedeutung gewinnt der Begriff erst aus der Verbindung mit den Zusatzannahmen, dass es bei der Weltgesellschaft um eine sich primär nach dem Wirtschaftscode reproduzierende Gesellschaft geht, dass die Entstehung globaler Märkte das Steuerungspotential der nationalen Politik und damit auch die Chancen der Steuerung durch Recht untergräbt und dass das Recht die weltweite Machtverschiebung von staatlichen Akteuren auf ökonomische Akteure festschreibt.[40] »Es handelt sich«, so die Beschreibung von Marcelo Neves, »um die Hypertrophie des Wirtschaftscodes zum Schaden des Rechtscodes und des politischen Codes. Diese Situation variiert je nach dem Grad an Solidität des jeweiligen demokratischen Rechtsstaates, aber sie bildet immer einen Faktor, der ›erstickende‹ Auswirkungen auf die pluralistische Öffentlichkeit hat und der die Realisierung der ›Volkssouveränität‹ und ›Staatssouveränität‹, des Gleichheitssatzes, der staatsbürgerlichen Rechte und der Pluralität von Verfahren erschwert.«[41]

Aber die Globalisierung ist kein Sachzwang und der Markt ist kein Naturgesetz. Die Globalisierung ist – auf der Basis der vor allem rasanten kommunikationstechnischen Entwicklung – ein politisches Projekt. Sie beruht auf wirtschafts-, währungs- und finanzpolitischen Entscheidungen der wirtschaftsstarken Industriestaaten, mit denen die Weichen für eine Liberalisierung der Finanzmärkte und eine Deregulierung der Arbeitsmärkte gestellt worden sind. »Die ökonomische ›Globalisierung‹ ist nicht zwingende Folge der Gesetze von Technik und Ökonomie, sondern Ergebnis einer von bestimmten Akteuren und Institutionen bewerkstelligten Politik . . . Der globale Markt . . . ist eine politische Schöpfung.«[42] Und was für den globalen Markt gilt, gilt für Markt als solchen in geradezu evidenter Weise. Das belegt nicht nur die Wirtschaftsgeschichte für die Entstehung der Märkte, zunächst in den Städten, dann in den Nationalstaaten und nun in größeren, von den Industriestaaten beherrschten – übrigens noch keineswegs globalen – Wirtschaftsräumen. Auch der Markt ist politisch konstituiert.[43] Er ist für seine Funktionsfähigkeit auf Politik angewiesen, in erster Linie – worauf schon *Adam Smith* hingewiesen hat – auf die Schaffung und Erhaltung von Infrastrukturen (insbes. Recht, Bildung, Verkehr, Kommunikation) und politisch gesetzte Vorkehrungen gegen die selbstzerstörerischen Wirkungen eines unregulierten konkurrenzkapitalistischen Wettbewerbs. »›Markt‹ ist ein vernünftiges und begrenztes ökonomisches Regulationsprinzip, das der politischen Regulierung bedarf, nicht nur damit es überhaupt funktioniert, sondern vor allem

40 So die Umschreibung der (negativen) Globalisierungsposition durch *G. Teubner,* Privatregimes: Neo-Spontanes Recht und duale Sozialverfassungen in der Weltgesellschaft? in: D. Simon/ M. Weiss (Hrsg.), Zur Autonomie des Individuums. Liber amicorum Spiros Simitis, Baden-Baden 2000, S. 437.

41 *M. Neves,* Zwischen Themis und Leviathan, Baden-Baden 2000, S. 165.

42 *P. Bourdieu,* Gegenfeuer 2, Konstanz 2001, S. 102 ff.

43 Vgl. dazu *S. Huf,* Sozialstaat und Moderne, Berlin 1998, S. 145.

damit seine Folgen nicht in Katastrophen führen. Der neoliberale Marktradikalismus als politisches Programm ignoriert die Grenzen des Marktes.«[44]
Die häufig taktisch eingesetzte Globalisierungsargumentation ist von einem »marktideologischen« Vorverständnis geleitet, das Markt und Wettbewerb als die idealen Steuerungsmedien absolut setzt und Staat und Politik nur als Störfaktoren fassen kann. »Staat« und »Kommune« sind aber nicht nur zur Ineffektivität neigende Großbürokratien, sondern in ihrer demokratischen und sozialstaatlichen Form gesellschaftliche Errungenschaften, um in solidarischer und kooperativer Weise kollektive Aufgaben lösen zu können, mit deren Lösung Einzelne und Gruppen überfordert sind. Erforderlich ist eine Neujustierung des Verhältnisses von Markt und Politik. Weder sollte der Markt als blinder Mechanismus perhorresziert und ihm ein Idealbild des Sozialstaats entgegengesetzt werden, noch sollte der Staat als unbeweglicher Einheitsblock karikiert, sondern in seiner lokalen (Bund, Länder und Kommunen) und funktionalen (Staatsverwaltung, Selbstverwaltung, öffentliche Unternehmen) Gliederung gesehen werden.
Die Unangemessenheit einer einseitig ökonomischen Betrachtungsweise und die Notwendigkeit, das Verhältnis von Markt und Politik neu zu bestimmen, lässt sich mit besonderer Prägnanz an der europäischen Entwicklung und ihrer kontroversen Einschätzung in Politik und Wissenschaft erläutern. Die als Wirtschaftsgemeinschaft (EWG) gegründete Europäische Gemeinschaft (EG) befindet sich in einem tiefgreifenden Strukturwandel zu einer (auch) politischen Gemeinschaft. Der Aufgabenkatalog des Art. 2 EGV umfasst nichtwirtschaftliche Ziele sozialer, ökologischer und gesellschaftspolitischer Art, sodass zutreffend festgestellt worden ist, es gehe in der EG heute um die Verwirklichung eines eigenen Gemeinwesens, dem weite Bereiche hoheitlicher Regelungsaufgaben überantwortet und in dem die Bürger in einem Bund der Solidarität zusammengeschlossen seien.[45] Die Politisierung des europäischen Einigungsprozesses, die sich auf der Rechtsebene vor allem in der Gründung der Europäischen Union (EU), in der Einführung der Unionsbürgerschaft und im Entwurf einer Europäischen Verfassung abbildet, bedeutet nicht nur eine Ausweitung der Gemeinschaftskompetenzen und -kooperationen auf bisher den Mitgliedstaaten vorbehaltene Politikbereiche, sondern erfasst die EG selbst auf ihren genuinen Aufgabenfeldern. Ist die EG nicht mehr nur Wirtschaftsgemeinschaft, so ist eine Neubestimmung des Verhältnisses von Staat und Wirtschaft, auf die europäische Ebene bezogen exakter: des Verhältnisses von Politik und Markt, erforderlich.[46] Wo soll Politik, wo der Markt als Steuerungsmedium eingesetzt werden? Welchen Wirkungsbereich und Stellenwert soll insbesondere sozialstaatliche

44 *B. Zeuner,* Entpolitisierung ist Entdemokratisierung, in: R. Schneider-Ilkes (Hrsg.), Demokratie in Gefahr?, Münster 1997, S. 33.

45 *A. v. Bogdandy*, Art. 2 EGV Rn. 33, in: E. Grabitz/M. Hilf (Hrsg.), Das Recht der Europäischen Union, Stand: 24. Erg.Lfg. 2004.

46 Zur Notwendigkeit einer Neubestimmung des europarechtlichen Verhältnisses von Markt und Politik *F. Löwenberg,* Service public und öffentliche Dienstleistungen in Europa, Berlin 2001, S. 59 ff.; *M. Knauff,* Der Gewährleistungsstaat (Fußn. 30), S. 98 ff.; jeweils m. w. Nachw.

Politik in der von der Direktive der freien und offenen Märkte bestimmten EG haben?
Soll eine ökonomistische Engführung der Problembehandlung vermieden werden, so muss dem verengten Globalisierungsbegriff ein weiteres und offeneres Verständnis einer Weltgesellschaft entgegengesetzt werden, in der es nicht nur um den weltweiten Austausch von Waren, Dienstleistungen und Kapital geht, sondern auch um eine weltweite Kommunikation unterschiedlicher politischer Kulturen und eigengeprägter Rechts- und Verfassungskulturen. Nicht also um einen Rückfall in nationalstaatliche Enge geht es, sondern um die Vision einer pluralistischen Weltkultur, in der nicht Einheit, sondern Vielfalt die Grundlage einer globalen Öffentlichkeit ist.[47]
Bausteine zu einer solchen globalen Verfassungskultur haben gerade Mitglieder der Freiburger Schule erarbeitet. Ich verweise als nicht ausschließliche, aber prägnante Beispiele auf Peter Häberles Arbeiten zu einer Verfassungslehre als Kulturwissenschaft[48] und an die in dieser Festschrift an anderer Stelle gewürdigten weltweiten Aktivitäten Hans-Peter Schneiders zur Institutionalisierung des Verfassungsstaates unter den je besonderen gesellschaftlichen und kulturellen Voraussetzungen.

47 Erste Überlegungen dazu bei *A. Rinken,* Globale Öffentlichkeit? in: N. Paech/A. Rinken/D. Schefold/E. Weßlau (Hrsg.), Völkerrecht statt Machtpolitik. Beiträge für G. Stuby, Hamburg 2004, S. 250 ff. – Hinweise auf eine sich bildende europäische Öffentlichkeit bei *G. Winter,* Das Öffentliche und die europäische Union, in: ders. (Hrsg.), Das Öffentliche heute (Fußn. 15), S. 197 ff.

48 *P. Häberle,* Verfassungslehre als Kulturwissenschaft, 2., stark erw. Aufl., Berlin 1998, insbes. S. 661 ff.

Kulturstaatlichkeit – ein verfassungsrechtliches Ziel

Klaus Stern

Im Gegensatz zur Bayerischen Verfassung (Art. 3 Abs. 1 Satz 1) kennt das Grundgesetz den Begriff »Kulturstaat« nicht. Einem Vorschlag der Deutschen Partei (DP) in den Beratungen zum Grundgesetz, die Kultur im Grundgesetz zu verankern[1], wurde nicht gefolgt[2]. Das Wort Kultur taucht bislang – neben »kulturellen Zusammenhängen« in Art. 29 Abs. 1 Satz 2 GG[3] und »Bedürfnissen der Landeskultur« in Art. 89 Abs. 3 GG[4] – überhaupt nur als Teil der früheren Rahmengesetzgebungskompetenz des Bundes im Zusammenhang mit dem »Schutz deutschen Kulturgutes gegen Abwanderung ins Ausland« in Art. 75 Abs. 1 Nr. 6 GG auf – eine Kompetenz, die im Zuge der Föderalismusreform von 2006[5] unter derselben gegenständlichen Beschreibung als Titel der ausschließlichen Gesetzgebung des Bundes (Art. 73 Nr. 5a GG) übernommen wurde. Seit 2006 wird die Kultur auch in Art. 23 Abs. 6 Satz 1 GG erwähnt. Danach werden in Angelegenheiten der Europäischen Union, die im Schwerpunkt ausschließliche Gesetzgebungsbefugnisse der Länder auf den Gebieten der schulischen Bildung, der Kultur oder des Rundfunks betreffen, die mitglied-

1 Der Vorschlag lautete: »Das kulturelle Leben ist der Gewalt des Staates nicht unterworfen. Der Staat gewährt ihm Schutz und nimmt an seiner Pflege teil. Kunst und Wissenschaft, Forschung und Lehre sind frei« (ParlRat Akten und Protokolle – Ausschuß für Grundsatzfragen, Bd. 5/II, 1999, S. 682). In den Beratungen begründete der Abgeordnete *Dr. Seebohm* den Antrag mit den Worten: »Wir sind der Ansicht, daß diese drei Gebiete der Politik, also des Staatslebens, der Wirtschaft und des Geisteslebens sich frei und unabhängig voneinander entfalten und entwickeln müssen . . . Deshalb haben wir in unserem Verfassungsvorschlag gerade für das Kulturleben . . . eine klare und eindeutige Autonomie vorgeschlagen. Wir haben in diesem Verfassungsentwurf vorgeschlagen, daß das künstlerische und kulturelle Schaffen als wichtiger Ausgleich gegen die Verarmung der Gemütskräfte zu fördern ist. Es soll sich frei von staatlicher Bevormundung halten. Die Teilnahme an den Kulturgütern ist dem gesamten Volk zu erschließen. Überlieferung, Brauchtum, Sprache und Kultur der Heimat sind zu pflegen. Die Abwanderung deutschen Kunstbesitzes ist zu verhüten« (3. Sitzung des Parlamentarischen Rates, vom 9.9.1948, Sten. Prot., S. 27 [48]).

2 Zu den Gegenargumenten s. ParlRat Akten und Protokolle – Ausschuß für Grundsatzfragen, Bd. 5/ II, 1993, S. 682. S. auch *H. v. Mangoldt*, Das Bonner Grundgesetz, 1953, S. 35: »Auf die Aufstellung von Grundrechten für die kulturelle und soziale Lebensordnung ist mit Rücksicht auf die gegenwärtige Ungewißheit über alle künftige wirtschaftliche und kulturelle Entwicklung zunächst bewußt verzichtet worden. Dazu hat auch der Wunsch beigetragen, das GG mit großer Mehrheit anzunehmen«.

3 Zur Interpretation *J. Dietlein*, in: BK, Art. 29 (2002) Rdn. 39 m.w.N.; *P. Häberle*, Kulturverfassungsrecht im Bundesstaat, 1980, S. 62 ff.; *ders.*, Das Grundgesetz zwischen Verfassungsrecht und Verfassungspolitik, 1996, S. 228 ff.; *M. Kloepfer*, Festschrift R. Mußgnug, 2005, S. 3 (6 FN 22).

4 Zur Auslegung *H.-G. Henneke*, NuR 1987, 340 ff.; *E.-R. Hönes*, NuR 2005, 279 ff.; *U. Kowallik*, NuR 1987, 116 ff.

5 52. Gesetz zur Änderung des Grundgesetzes vom 28.8.2006 (BGBl. I, S. 2034); dazu *Chr. Starck*, (Hrsg.), Föderalismusreform, 2007; *W. Kluth* (Hrsg.), Föderalismusreformgesetz, 2007.

staatlichen Rechte der Bundesrepublik auf einen Ländervertreter übertragen. 1990, bei der Vorbereitung der Wiederherstellung der Deutschen Einheit, war man noch einen Schritt weitergegangen und formulierte in Art. 35 Abs. 1 Satz 3 des Einigungsvertrages: »Stellung und Ansehen eines vereinten Deutschlands in der Welt hängen außer von seinem politischen Gewicht und seiner wirtschaftlichen Leistungskraft ebenso von seiner Bedeutung als Kulturstaat ab«[6]. Wohlgesetzte Worte und goldrichtig, möchte man sagen! Aber wie ist es mit der Bundesrepublik Deutschland als Kulturstaat bestellt? Hat der Begriff gleiches Profil gewonnen wie der soziale Rechtsstaat? Besitzt er dessen normativen Gehalt? Ist er Bestandteil des Rechts der Europäischen Union geworden?

I. Ideengeber und Vorbilder der Kulturstaatlichkeit

Kulturstaatlichkeit ist eng verknüpft mit den Ideen »großer« deutscher Philosophen. *Johann Gottfried Herder* (1744-1803) gilt als ein Initiator der Entwicklung der Kulturstaatlichkeit, auch wenn er diesen Begriff – soweit ersichtlich – niemals selbst verwendet hat. Der Begriff Kulturstaat dürfte erstmals von *Johann Gottlieb Fichte* (1762-1814)[7] und *Johann Jakob Wagner*[8], einem Schüler *Friedrich Wilhelm Schellings*, verwendet worden sein. Allerdings wollte Fichte den Kulturstaat nicht im Sinne der Gegenwart, dem durch diese Kennzeichnung bestimmte Aufgaben und Zwecke zukommen, sondern in Verbindung mit dem Christentum als der einzig wahren Religion verstehen, gleichsam als Konnex zwischen Kultur und Christentum[9]. Jedoch findet sich in seiner Schrift über die französische Revolution auch die Bemerkung, daß »die Cultur zur Freiheit« der Endzweck des Staates sei[10]. Demgegenüber sind bei Wagner deutlichere Ansätze der Verbindung des Kulturstaates mit dem sich entwickelnden Verfassungsstaat erkennbar, ohne daß sich

6 Dazu *H. Schulze-Fielitz*, NJW 1991, 2456 ff.; *P. Häberle*, Die Verwaltung 24 (1991), S. 169 (178 ff.); *ders.*, JöR 40 (1992), S. 291 ff.; *ders.*, Das Grundgesetz zwischen Verfassungsrecht und Verfassungspolitik, 1996, S. 133 ff., insb. S. 167 ff.; *B. Geißler*, Staatliche Kunstförderung nach Grundgesetz und Recht der EG, 1995, S. 147 ff.; *M. Kilian*, LKV 1992, 241 ff.; *B. Wiegand*, LKV 1995, 55 ff.; *R. Stettner*, ZG 2002, 315 (332 f.); *G. Ermisch*, Festschrift S. v. Köckritz, 1993, S. 69 ff.; *W. Maihofer*, HdbVerfR, § 25 Rdn. 99 ff.; *Stern/Schmidt-Bleibtreu*, Verträge und Rechtsakte zur Deutschen Einheit, Bd. 2 – Einigungsvertrag, 1990, S. 166 ff.

7 Vgl. *J. G. Fichte*, Vorlesungen von 1806 über »Die Grundzüge des gegenwärtigen Zeitalters«, Werke, hrsgg. von I. H. Fichte, 1834 ff. (Nachdruck 1971), Bd. VII, S. 1 ff.; *ders.*, Die Staatslehre: Oder über das Verhältnis des Urstaates zum Vernunftreiche, 2. Aufl. 1922, S. 58, 146. Dazu näher *O. Jung*, Die Entwicklung des Kulturstaatsbegriffs von J. G. Fichte bis zur Gegenwart unter besonderer Berücksichtigung der Verfassung des Freistaates Bayern vom 2. Dezember 1946, 1973, S. 11 ff.; *ders.*, Zum Kulturstaatsbegriff, 1976, S. 10 ff.; *M.-E. Geis*, Kulturstaat und kulturelle Freiheit, 1990, S. 125 ff.

8 Vgl. *J. J. Wagner*, Der Staat, 1815, S. XIV; dazu näher *O. Jung*, aaO, S. 32 ff.

9 Vgl. *M.-E. Geis*, Kulturstaat und kulturelle Freiheit, 1990, S. 123 f.

10 Nachweis bei *J. C. Bluntschli*, Geschichte des Allgemeinen Staatsrechts und der Politik, 1864, S. 353.

diese Erkenntnis in den Werken der Staatslehre und des Staatsrechts nachhaltig niederschlug[11].

Erst andere verbanden die Kulturstaatlichkeit mit Staatszwecken der Kulturpflege, der Sicherung der Wohlfahrt der Bürger, überhaupt des »harmonischen« Staates[12]. So trat *Wilhelm von Humboldt* (1767-1835) im Zusammenhang mit den Universitäten gegen die staatliche Instrumentalisierung der Kultur »für außerhalb ihrer selbst gelegene Zwecke« ein und forderte die Aufnahme der Kultur »um ihrer selbst willen in den Staatszweck, damit seinerseits notwendig freiheitlicher Staat werdend«[13]. *Johann Caspar Bluntschli* sah in der »Culturpflege des Staates« ein Mittel zur »Vervollkommnung, zuletzt Vollendung des Volkes«[14]. *Jakob Burckhardt* warf in diesem Zusammenhang die Frage auf, ob Staat oder Kultur früher oder ob beide miteinander zu denken seien[15]. Für *Otto von Gierke* war dann klar: »Der Staat der Gegenwart ist uns *Kulturstaat*, weil er sich nicht auf den Rechtsschutz beschränkt, sondern die Vervollkommnung der menschlichen Gesellschaft nach *allen* Seiten anstrebt; aber er ist uns zugleich Rechtsstaat, weil er sich nicht ausser, sondern *in* das Recht stellt und die Rechtsordnung, in der er den Ausfluß eines ihm ebenbürtigen Gedankens sieht, freiwillig als Norm und Schranke auch seines souveränen Willens anerkennt«[16]. *Edmund Bernatzik* veröffentlichte 1899 gewissermaßen als Abschluß dieser Periode sein Werk »Rechtsstaat und Kulturstaat«, in dem er die in seinem Titel bezeichneten Prinzipien in ein gewisses Gegensatzverhältnis rückte. Danach bedeutet »das Prinzip des Rechtsstaates . . . in seinem ursprünglichen *älteren* Sinne, daß der Staat sich mit nichts anderem zu befassen habe als mit dem Schutz seiner Angehörigen, mit der Sicherung des Volkes gegen äußere und innere Feinde, . . . während das Prinzip des Kulturstaates verlangt, daß der Staat auch Kulturinteressen pflegen

11 Vgl. die Nachweise bei *M.-E. Geis*, aaO, S. 131 ff.; *O. Jung*, Die Entwicklung des Kulturstaatsbegriffs von J. G. Fichte bis zur Gegenwart unter besonderer Berücksichtigung der Verfassung des Freistaates Bayern vom 2. Dezember 1946, 1973, S. 37 ff., 195 ff.; *ders.*, Zum Kulturstaatsbegriff, 1976, S. 185 ff.

12 Vgl. die Nachweise bei *M.-E. Geis*, Kulturstaat und kulturelle Freiheit, 1990, S. 133 ff. und bei *G. Bender*, Das Verhältnis von Staat und Religion in seiner Prägung durch das grundgesetzliche Kulturstaatsgebot, 1963, S. 20 f.; *F. Schmitthenner*, Grundlinien des allgemeinen oder idealen Staatsrechtes, 1845, Nachdruck, hrsgg. von H. Krüger, 1966, spricht von der »Culturgewalt«.

13 Zitiert nach *D. Grimm*, VVDStRL 42 (1984), S. 46 (57). Die Haltung Humboldts zu Staat und Kultur war ambivalent. Ließ seine Jugendschrift »Ideen zu einem Versuch, die Grenzen des Staates zu bestimmen« (verfaßt 1792) etwa eine Distanzierung des Staates von der Kultur erkennen, so führte ihn seine amtliche Tätigkeit im preußischen Staat zu einer Hinwendung des Staates zur Kultur, jedenfalls in allen Facetten des Bildungswesens.

14 *J. C. Bluntschli*, Deutsche Statslehre und die heutige Statenwelt, Erster Theil, 2. Aufl. 1980, S. 31.

15 Vgl. *J. Burckhardt*, Weltgeschichtliche Betrachtungen, Ullstein Buch Nr. 79, o. J., S. 65.

16 *O. von Gierke*, Die Grundbegriffe des Staatsrechts und der neuesten Staatstheorien, ZgesStW 30 (1874), S. 265 (311) – Hervorhebungen im Original. Etwa zur gleichen Zeit bemerkte *H. von Treitschke* in seinen Vorlesungen zur Politik (1. Aufl. 2 Bde., hrsgg. von M Cornicelius, 1897-1901): »So können wir den Staat kurzweg als Kulturstaat bezeichnen und von ihm fordern positive Leistungen für das »gesamte geistige und wirtschaftliche Leben seines Volkes« (5. Aufl. Bd. 1, 1922, S. 81).

solle, genauer gesprochen, auch *andere* Kulturinteressen pflegen solle, Interessen religiöser, geistiger, künstlerischer, wirtschaftlicher Art«[17].

Gleichwohl läßt sich ein festgefügter Begriff des Kulturstaates im 19. Jahrhundert nicht erkennen. Zu vieldeutig waren die Inhalte, die mit ihm verbunden wurden. Gemeinsam war allen Überlegungen eine Aktivität des Staates in Bezug auf die Kultur, eine »Kulturgestaltungsmacht des Staates«[18].

In der Weimarer Republik nahm die Verwendung des Begriffs Kulturstaat deutlich zu, wobei sich allerdings ebenfalls keine klare Festlegung seines Inhalts herausbildete[19]. Eine eingehende Betrachtung zu Kulturfragen der Weimarer Reichsverfassung liegt lediglich von *Joseph Mausbach* vor. In seiner sich weitgehend auf die Auslegung kulturrelevanter Vorschriften beschränkenden Untersuchung erkannte er in dem Kapitel über die Grundrechte in diesen die Ausprägung einer »Art von Kulturprogramm des neuen Deutschland«[20]. Zu diesem Kulturprogramm zählte Mausbach insbesondere Ehe und Familie, Religion und Kirchen sowie Bildung und Schule. Gleichzeitig brachte er den Kulturstaat in Verbindung mit der Bestimmung des Art. 142 Abs. 2 WRV, die den Staat zum Schutz und zur Teilnahme an der Pflege von Kunst, Wissenschaft und Lehre verpflichtete[21]. Von *Joseph Mausbach* und *Hans Kelsen*, der den Kulturzweck des Staates betonte[22], abgesehen, waren es nicht Staatsrechtler, sondern Rechtsphilosophen, die dem Kulturstaat Aufmerksamkeit zollten. *Max Ernst Mayer* umschrieb den Kulturstaat als Gesetzesstaat in Reaktion auf den Polizeistaat, zugleich aber als omnipotenten Staat, der sich auch Kulturaufgaben widmen könne[23]. Cum grano salis haben die Weimarer Reichsverfassung und ihre Interpreten an der Kulturstaatseigenschaft »mit Nachdruck« festgehalten[24]. Gleichzeitig wurde die Autonomie der Kultur und ihre Vielfalt gestärkt und auf Neutralität des Staates in diesem Bereich geachtet. Diese Neutralität der Weimarer Republik äußerte sich vor allem in den Kirchen- und Schulartikeln der Verfassung, die auf einem kulturellen Kompromiß beruhten. Kulturelle Freiheitsrechte stellten sich auf diese Weise der staatlichen Kulturhoheit entgegen. Aber angesichts der existentiellen Nöte der Weimarer Republik konnte sich der Staat seinen kulturellen Aufgaben kaum widmen[25].

17 *E. Bernatzik*, Rechtsstaat und Kulturstaat, in: ders., Die Ausgestaltung des Nationalgefühls im 19. Jahrhundert/Rechtsstaat und Kulturstaat. Zwei Vorträge, 1912, S. 47 (49) – Hervorhebungen im Original.

18 So *E. R. Huber*, Deutsche Verfassungsgeschichte seit 1789, Bd. IV, 1969, S. 638.

19 Vgl. *O. Jung*, Zum Kulturstaatsbegriff, 1976, S. 127 ff., 188 ff.; *G. Bender*, Das Verhältnis von Staat und Religion in seiner Prägung durch das grundgesetzliche Kulturstaatsgebot, 1963, S. 21 f., jeweils mit zahlreichen Nachweisen.

20 *J. Mausbach*, Kulturfragen in der Deutschen Verfassung, 1920, S. 32.

21 *J. Mausbach*, ebda., S. 94.

22 Vgl. *H. Kelsen*, Allgemeine Staatslehre, 1925, S. 42.

23 Vgl. *M. E. Mayer*, Rechtsphilosophie, 1922, S. 40. *J. Kohler*, Lehrbuch der Rechtsphilosophie, 3. Aufl. 1923, S. 3 f. betont die Kulturpflege des Staates ebenfalls besonders stark.

24 Vgl. *W. Höfling*, DÖV 1985, 387 (389); *E. R. Huber*, Deutsche Verfassungsgeschichte seit 1789, Bd. VI, 1981, S. 855 ff.; *Chr. Gusy*, Die Weimarer Reichsverfassung, 1997, S. 321 ff.

25 Vgl. *K. Stern*, Das Staatsrecht der Bundesrepublik Deutschland, Bd. V, 2000, § 129 VI.

II. Die Diskussion über den Kulturstaat nach Inkrafttreten des Grundgesetzes

Wenn die Staatsstruktur- und Staatszielbestimmungen der Art. 20 Abs. 1 und 28 Abs. 1 Satz 1 GG nur vom »demokratischen und sozialen Bundesstaat« bzw. »sozialen Rechtsstaat« sprechen[26], bedeutet dies noch nicht, daß sich die Bundesrepublik Deutschland nicht auch als Kulturstaat versteht. Wäre es anders, läge darin ein Bruch mit einer langen deutschen Tradition, läßt sich doch gerade die Kulturstaatlichkeit des deutschen Staates auf spezifisch deutsche philosophische Ideen zurückführen, die sich mit »großen« Namen verbinden (oben I). So überrascht es denn nicht, daß nach dem Zweiten Weltkrieg nach Ansätzen von *Hans Peters*[27], *Arnold Köttgen*[28] und *Ernst von Hippel*[29] 1957 *Ernst Rudolf Huber* dem »Kulturstaat« besondere Aufmerksamkeit schenkte, die eigentlich schon seit der Einführung der Kulturstaatsklausel der Bayerischen Verfassung (Art. 3 Abs. 1 Satz 1) angezeigt gewesen wäre[30]. Er beförderte den Begriff mit einem Paukenschlag an die Öffent-

26 Dagegen werden kulturelle Aspekte in Staatsstruktur- und Staatszielbestimmungen einiger ausländischer Staatsverfassungen berücksichtigt, z. B. in Art. 2 Abs. 2 der Schweizerischen Bundesverfassung von 1999: »Sie [d. h. die Schweizerische Eidgenossenschaft] fördert die gemeinsame Wohlfahrt, den inneren Zusammenhalt und die kulturelle Vielfalt des Landes«; Verfassung Portugal 1976 i.d.F. des Änderungsgesetzes von 1997: Ziel der Republik »ist, eine wirtschaftliche, soziale und kulturelle Demokratie . . . zu verwirklichen.«; Art. 1 Verf. Irland: »Die irische Nation bekräftigt hiermit ihr unveräußerliches, unverletzliches und souveränes Recht, . . . die Entwicklung ihres politischen, wirtschaftlichen und kulturellen Lebens in Übereinstimmung mit ihrem besonderen Wesen und ihren Überlieferungen zu bestimmen«; Art. 3 Abs. 3 Verf. Spanien: »Der Reichtum der unterschiedlichen sprachlichen Gegebenheiten ist ein Kulturgut, das besonders zu achten und zu schützen ist«. Gleiches gilt für einige Landesverfassungen, die aus Raumgründen nicht aufgezählt werden können (Nachweise bei *Chr. Pestalozza*, Verfassungen der deutschen Bundesländer. 8. Aufl. 2004, Stichwort Kultur).

27 Vgl. *H. Peters*, Hat kulturelle Arbeit heute einen Sinn?, 1946, abgedruckt in: P. Häberle (Hrsg.), Kulturstaatlichkeit und Kulturverfassungsrecht, 1982, S. 72 ff.

28 Vgl. *A. Köttgen*, Die Kulturpflege und der Bund, abgedruckt in: P. Häberle (Hrsg.), Kulturstaatlichkeit und Kulturverfassungsrecht, 1982, S. 95 ff.

29 Vgl. *E. v. Hippel*, Staat und Kultur als Problem und Aufgabe. Eine rechtspolitische Studie, DÖV 1950, 257 ff.

30 Sie fand indessen nur wenig Beachtung. Eine Ausnahme bildeten insbesondere *Nawiasky/Leusser*, Die Verfassung des Freistaates Bayern vom 2.12.1946, 1. Aufl. 1948, S. 1, 26, 66, 79 f., 212, nach denen »der Kulturstaat . . . im Dienste der geistigen Ideale der Menschheit, die durch die nationalsozialistische Barbarei geschändet worden sind«, stehen sollte (S. 80); später rückten sie allerdings von dieser einschränkenden Aufgabenstellung des Kulturstaates wieder ab (Ergänzungsband, 1953, S. 31); s. auch *O. Steidle*, Bayerische Verfassungsgeschichte von 1808 bis 1946, 1948, S. 69; *M. v. Andrényi*, Die Verfassungen der Länder der U.S.-Zone (Bayern, Württemberg-Baden, Hessen), 1949, S. 14; *A. Kiening*, Die Integrationsfaktoren der Verfassung des Freistaates Bayern vom 2. Dez. 1946 und des Grundgesetzes für die Bundesrepublik Deutschland vom 23. Mai 1949, 1950, S. 21, 23, 48, 59 f. Zur heutigen Auslegung s. insb. *O. Jung*, Die Entwicklung des Kulturstaatsbegriffs von J. G. Fichte bis zur Gegenwart unter besonderer Berücksichtigung der Verfassung des Freistaates Bayern vom 2. Dezember 1946, 1973, S. 146 ff.; *ders.*, Zum Kulturstaatsbegriff, 1976, S. 79 ff.; *F. Knöpfle*, Festschrift 40 Jahre Bayerische Verfassung, 1986, S. 9 ff.; *K. Schweiger*, in: H. Nawiasky (Hrsg.), Die Verfassung des Freistaates Bayern, Art. 3 (1989) Rdn. 13 f.; *Th. Meder*, Die Verfassung des Freistaates Bayern, 4. Aufl. 1992, Art. 3 Rdn. 21; *P. Gullo*, Religions- und Ethikunterricht im Kulturstaat, 2003, S. 178, jeweils mit Nachweisen der Rechtsprechung des Bayerischen Verfassungsgerichtshofs.

lichkeit[31]: »Trotz soviel staatlicher Kulturbetriebsamkeit hören wir selten ein Bekenntnis zum ›Kulturstaat‹«, bemerkt er in seiner Antrittsvorlesung an der Hochschule für Sozialwissenschaften in Wilhelmshaven und fährt fort: »Die fragwürdige Lage, in die alte Begriffe, wie Kultur und Staat in der Welt der technischen Revolution geraten sind[32], erfüllt uns mit Zweifeln gegenüber dem Anspruch, den ein Wort wie ›Kulturstaat‹ erhebt«[33]. Diese Zweifel hinderten Huber nicht, für die Kulturstaatlichkeit mit all ihren Facetten einzutreten und seine Ideen 1974 noch zu verstärken[34].

Seither war die Kultur aus den Betrachtungen zum Staats- und Verwaltungsrecht nicht mehr hinwegzudenken. Es genügt, auf die Beiträge von *Herbert Krüger*[35], *Manfred Abelein*[36], *Martin Heckel*[37], *Thomas Oppermann*[38], *Werner Maihofer*[39] sowie von *Udo Steiner* und *Dieter Grimm*[40] hinzuweisen, um nur wichtigste Untersuchungen zu nennen. Zuletzt widmeten sich *Max-Emanuel Geis*[41], *Gabriele Britz*[42], *Arnd Uhle*[43], *Udo Di Fabio*[44], *Uwe Volkmann*[45], *Kerstin Odendahl*[46] sowie *Karl-Peter Sommermann* und *Stefan Huster*[47] der Thematik. Als Promoter der kul-

31 Nach dem Zweiten Weltkrieg wurde anfänglich der Begriff Kulturstaat(en) – außer im Zusammenhang mit Art. 3 Abs. 1 Satz 1 Bay Verf. 1946 – nur beiläufig – meist nur im Sinne eines hochentwickelten Staates – verwendet; vgl. etwa *v. Mangoldt/Klein*, GG, 2. Aufl. 1957, S. 345; *H. Kipp*, Staatslehre, 2. Aufl. 1949, S. 170, 192; *G. Küchenhoff*, Staatsrecht. Allgemeiner Teil, 1951, S. 122; *Küchenhoff/Küchenhoff*, Allgemeine Staatslehre, 3. Aufl. 1957, S. 67; *W. v. Kopp*, JZ 1955, 319 f. Ausnahmen bildeten *O. v. Nell-Breuning*, Zur christlichen Staatslehre, in: Nell-Breuning/Sacher (Hrsg.), Beiträge zu einem Wörterbuch der Politik, Bd. 1, Heft 2, 1948, insb. Sp. 99 f.; *E. v. Hippel*, DÖV 1950, 257 ff.; *G. Burckhardt*, Planbild eines Kulturstaates, 1954.

32 *E. R. Huber* erkennt durchaus noch andere Ursachen wie die Barbareien, die vor, in und unmittelbar nach dem Zweiten Weltkrieg erlitten werden mußten.

33 *E. R. Huber*, Zur Problematik des Kulturstaats, in: Recht und Staat in Geschichte und Gegenwart, Heft 212, 1958, zitiert nach *ders.*, Bewahrung und Wandlung, 1975, S. 296 f.

34 Vgl. *E. R. Huber*, Kulturverfassung, Kulturkrise, Kulturkonflikt, ebda. S. 342. Kurze Zeit später betonte *A. Hamann* die Gegenposition: Die Nichtaufnahme des Kulturstaates in Art. 20 GG – anders als Art. 3 Bay Verf. 1946 – »ist angesichts der rechtlichen Schwierigkeiten der Erfassung dieses Begriffs kein Mangel, sondern eher ein Vorzug: Das Fehlen einer solchen Aussage ermöglicht und sichert m. E. die Autonomie (vgl. auch Art. 5 Abs. 3 GG) der Kultur vom Staate und die kulturelle Neutralität . . . des Staates« (Das Grundgesetz, 2. Aufl. 1961, Art. 20 Anm. A 1; übernommen von *Hamann/Lenz*, GG, 3. Aufl. 1970, Art. 20 Anm. A 1).

35 Vgl. *H. Krüger*, Allgemeine Staatslehre, 1964, S. 7 ff.

36 Vgl. *M. Abelein*, Die Kulturpolitik des Deutschen Reiches und der Bundesrepublik Deutschland, 1968.

37 Vgl. *M. Heckel*, Staat Kirche Kunst: Rechtsfragen kirchlicher Kulturdenkmäler, 1968; *ders.*, Festschrift H. Maurer, 2001, S. 351 ff.; *ders.*, Festschrift W. Rüfner, 2003, S. 189 ff.

38 Vgl. *Th. Oppermann*, Kulturverwaltungsrecht, 1969.

39 Vgl. *W. Maihofer*, HdbVerfR, 1. Aufl. 1983, S. 953 ff.; 2. Aufl. 1994, § 25.

40 Vgl. *U Steiner* und *D. Grimm*, VVDStRL 42 (1984), S. 7 ff., 46 ff.

41 Vgl. *M.-E. Geis*, Kulturstaat und kulturelle Freiheit, 1990.

42 Vgl. *G. Britz*, Kulturelle Rechte und Verfassung, 2000.

43 Vgl. *A. Uhle*, Freiheitlicher Verfassungsstaat und kulturelle Identität, 2004; *ders.*, Staat-Kirche-Kultur, 2004.

44 Vgl. *U. Di Fabio*, Die Kultur der Freiheit, 2005.

45 Vgl. *U. Volkmann*, DVBl. 2005, 1061 ff.

46 Vgl. *K. Odendahl*, Kulturgüterschutz. Entwicklung, Struktur und Dogmatik eines ebenenübergreifenden Normensystems, 2005.

47 Vgl. *K.-P. Sommermann* und *S. Huster*, VVDStRL 65 (2006), S. 7 ff., 51 ff.

turstaatlichen und kulturverfassungsrechtlichen Entwicklung darf jedoch *Peter Häberle* gelten, der seit 1980 nicht mehr müde wurde, die vielfältigen Zusammenhänge von Kultur mit Verfassung und Staat aufzuzeigen und darüber hinausgehend eine »Verfassungslehre als Kulturwissenschaft« zu entwickeln[48].
Thema und Funktion der Kulturstaatlichkeit ließen sich jedenfalls aus dem deutschen Staatsrecht und der Staatslehre nicht mehr verdrängen[49]. Der Kulturstaat war nicht mehr nur ein Gegenstand, mit dem sich Philosophie, Anthropologie, Soziologie und die sich etablierenden Kulturwissenschaften beschäftigten[50]. Er wurde vor allem auch dem Wirtschaftsstaat entgegengesetzt[51]. So überraschte es nicht, daß in den 80er Jahren die Forderung nach der Aufnahme einer Kultur(staats)klausel in das Grundgesetz mit Nachdruck erhoben wurde[52]. Die von den Bundesministerien des Inneren und der Justiz eingerichtete Sachverständigenkommission »Staatszielbestimmungen/Gesetzgebungsaufträge« unterbreitete – mehrheitlich – den Vorschlag einer Neufassung der Art. 20 und 28 GG mit folgendem Wortlaut: »Die Bundesrepublik Deutschland ist ein demokratischer und sozialer Bundesstaat. Sie schützt und pflegt die Kultur und die natürlichen Lebensgrundlagen des Menschen« bzw. »Die verfassungsmäßige Ordnung in den Ländern muß den Grundsätzen des republikanischen, demokratischen und sozialen Rechtsstaates im Sinne dieses Grundgesetzes und der Verantwortung des Staates für Kultur und natürliche Umwelt entspre-

48 Vgl. *P. Häberle,* Verfassungslehre als Kulturwissenschaft, 2. Aufl. 1998 (Erstauflage 1982). Ausgehend von *P. Häberle*, Kulturpolitik in der Stadt, 1979; *ders.* Kulturverfassungsrecht im Bundesstaat, 1980; *ders.*, Kulturstaatlichkeit und Kulturverfassungsrecht, 1982; *ders.*, Das Grundgesetz zwischen Verfassungsrecht und Verfassungspolitik, 1996, S. 613 ff.; *ders.*, JöR 49 (2001), S. 125 ff.; *ders.*, Europäische Verfassungslehre, 4. Aufl. 2006.

49 Dies gilt auch für andere europäische Länder, in denen der Begriff »Kulturstaat« Verwendung gefunden hat (vgl. etwa *E. Spagna Musso*, Lo Stato di cultura nella Costituzione Italiana, 1961 – für Italien; *J. Prieto di Pedro*, Cultura, culturas y Constitución, 1992 – für Spanien).

50 An sie erinnerte *U. Haltern* in der Diskussion der Staatsrechtslehrertagung 2005 (vgl. VVDStRL 65 [2006], S. 83 [84]).

51 In diese Richtung namentlich *H. Krüger*, Allgemeine Staatslehre, 1964, S. 806 ff.; *G. Erbel*, RiA 1991, 18 (23); dezidiert a. A. *H. Ridder*, Die soziale Ordnung des Grundgesetzes, 1975, S. 127: »Die Beziehungen zwischen dem Ökonomischen und dem Kulturellen sind viel zu innig . . . Das hängt . . . damit zusammen, daß zu einem erheblichen Teil die unter ökonomischen Bedingungen getroffenen Regelungen zugleich auch schon für den kulturellen Bereich relevante Regelungen sind«.

52 Vgl. *P. Häberle*, Kulturverfassungsrecht im Bundesstaat, 1980, S. 59; *ders.*, Das Grundgesetz zwischen Verfassungsrecht und Verfassungspolitik, 1996, S. 218 ff.; *ders.*, Die Verwaltung 24 (1991), S. 169 (203 ff.); *W. Palm*, Öffentliche Kunstförderung zwischen Kunstfreiheitsgarantie und Kulturstaat, 1998, S. 125 ff.; *Th. Oppermann*, Festschrift O. Bachof, 1984, S. 3 ff.; *F. Bischoff*, ZRP 1999, 240 (240 f.); *Chr. Weiss*, RuP 2005, 142 ff. Kritisch *B. Geißler*, Staatliche Kunstförderung nach Grundgesetz und Recht der EG, 1995, S. 164 ff.; *M. Naucke*, Der Kulturbegriff in der Rechtsprechung des Bundesverfassungsgerichts, 2000, S.145 ff.; *M.-E. Geis*, ZG 1992, 38 (43 ff.); *F. Hufen*, NVwZ 1983, 516 (522); *M. Kloepfer*, Festschrift R. Mußgnug, 2005, S. 3 ff.; *Pieroth/Siegert*, RdJB 1994, 438 ff.; *H.-P. Schneider*, DÖV 1987, 749 (753 f.); *U. Steiner*, VVDStRL 42 (1984), S. 7 (38 ff.); *ders.*, HStR IV^{3}, § 86 Rdn. 28; *K. Stern*, Festschrift M. Heckel, 1999, S. 857 (863 ff.); *R. Stettner*, Festschrift P. Häberle, 2004, S. 681 (682); *R. Wahl*, AöR 112 (1987), S. 26 (48 ff.); *W. Wienholtz,* AöR 109 (1984), S. 532 (543 ff.); *G. Britz*, Kulturelle Rechte und Verfassung, 2000, S. 194 ff.; *M. Ph. Wyss*, Kultur als eine Dimension der Völkerrechtsordnung, 1992, S. 239; unter Revision seiner früheren Auffassung auch *P. Häberle*, AöR 124 (1999), S. 549(575 f.).

chen«[53]. Der Vorschlag wurde nicht verwirklicht. In der nach der deutschen Wiedervereinigung eingesetzten Gemeinsamen Verfassungskommission von Bundestag und Bundesrat wurde er allenfalls am Rande diskutiert[54].

Demgegenüber griff die vom Deutschen Bundestag 2003 eingesetzte Enquête-Kommission »Kultur in Deutschland«[55] das Thema erneut auf und empfahl einstimmig, in das Grundgesetz einen Art. 20b einzufügen, der lauten sollte: »Der Staat schützt und fördert die Kultur«[56].

Das Staatsziel Kultur blieb danach weiter auf der Tagesordnung, wie die Tagung der Vereinigung Deutscher Staatsrechtslehrer im Herbst 2005 zeigte, auf der *Karl-Peter Sommermann* vorschlug, Art. 20a GG wie folgt neu zu fassen: »Der Staat schützt auch in Verantwortung für die künftigen Generationen das kulturelle Erbe, die natürlichen Lebensgrundlagen und die Tiere«[57]. Im Rahmen der Föderalismusreform-Debatte wurde gleichwohl nicht dieser Vorschlag, sondern derjenige der Enquête-Kommission wörtlich aufgegriffen und ein entsprechender Entwurf unterbreitet[58].

Eine wie immer gefaßte Kultur(staats)klausel fand dennoch keine Aufnahme in das Grundgesetz. Offenbar ist die Zeit dafür noch nicht reif. Die kompetenziellen und inhaltlichen Bedenken werden noch für überwiegend gehalten[59], weil »das Grundgesetz mit Vorbedacht eine Kulturverfassung rechtlich nicht festlegt, sondern Kultur gleichsam nur umrahmt hat«[60]. Aber dieser Rahmen ist ein wichtiger Beitrag, dem Grundgesetz »Kulturfreundlichkeit« zu attestieren[61].

53 Vgl. *Bundesminister des Innern/Bundesminister der Justiz* (Hrsg.), Staatszielbestimmungen/ Gesetzgebungsaufträge. Bericht der Sachverständigenkommission, 1983, Rdn. 128, (federführend für diesen Teil *Th. Oppermann*).

54 Vgl. Bericht der Gemeinsamen Verfassungskommission, Zur Sache 5/93, S. 158.

55 Zu ihr näher *G. Connemann*, in: N. Lammert (Hrsg.), Alles nur Theater? Beiträge zur Debatte über Kulturstaat und Bürgergesellschaft, 2004, S. 62 ff.

56 Vgl. BT-Drs. 15/5560, S. 2 und 12. Im Rahmen einer Sachverständigenanhörung wurden im Bundestag unterschiedliche Standpunkte vertreten; vgl. Kommissionsdrucksache 15/177, S. 165 ff.

57 *K.-P. Sommermann*, VVDStRL 65 (2006), S. 7 (44); zustimmend *R. Alexy*, ebda. S. 91 und *M. Kotzur*, ebda. S. 92 f.; zurückhaltend *S. Huster*, VVDStRL 65 (2006), S. 51 (76) im Anschluß an *K. Stern*, Festschrift M. Heckel, 1999, S. 857 (865). S. auch die Diskussion in: politik und kultur, Zeitschrift des Deutschen Kulturrates, Juli-August 2006, S. 18 ff. und dabei insbesondere den Vorschlag eines Art. 20b GG von *U. Karpen* (S. 19 [20]): »Kultur ist Auftrag von Bund, Ländern und Gemeinden. Alle Träger öffentlicher Gewalt schützen, pflegen und fördern die Kultur. Jedermann ist die Teilhabe an Kulturgütern zu ermöglichen«. Ein neuer Vorschlag wurde jüngst von der FDP-Fraktion in den Bundestag eingebracht (BT-Drs. 16/387); Art. 20 b GG soll lauten: Der Staat schützt und fördert die Kultur«. Überlegt wird auch, einen zweiten Satz anzufügen: »Sport ist als förderungswürdiger Teil des Lebens zu schützen«. Dazu fand am 29. Januar 2007 eine Anhörung von Sachverständigen im Rechtsausschuß des Deutschen Bundestages statt. Mein Vorschlag für Art. 20 b GG lautete: »Der Staat pflegt und fördert den Sport. Er wahrt die Autonomie des Sports und gewährleistet seine Freiheit.« Der Begriff Kulturstaat sollte in Art. 20 Abs. 1 GG verankert werden.

58 Vgl. BT-Drs. 16/387.

59 Vgl. *K.-P. Sommermann*, VVDStRL 65 (2006), S. 7 (41) unter Berufung auf die Sachverständigenanhörung der Enquête-Kommission, Kommissionsdrucksache Protokoll Nr. 15/19.

60 *K. Stern*, Festschrift M. Heckel, 1999, S. 857 (865).

61 Vgl. *U. Steiner*, HStR IV[3], § 86 Rdn. 28.

III. Das Bekenntnis des Grundgesetzes zu kulturstaatlichen Inhalten

Mitnichten liegt jedoch in der Zurückhaltung zur Aufnahme einer Kulturstaatsklausel in die Verfassung eine Absage an ein Bekenntnis zu kulturstaatlichen Inhalten des Verfassungsrechts, die sich vor allem in den Grundrechten, in Grenzen aber auch in Staatsorganisationsbestimmungen, namentlich in der Demokratie und im sozialen Rechtsstaat sowie in Kompetenznormen, niederschlagen. Insgesamt geht es darum, aus einer Gesamtschau aller kulturrelevanten Normen auf die Existenz einer Staatlichkeit der Bundesrepublik Deutschland zu schließen, die sich auch der Kultur annimmt. Kulturpflege und Kulturförderung gelten daher als Staatsaufgabe, auch wenn in Deutschland im Gegensatz zu Österreich Kulturförderungsgesetze fehlen. In diesem Lichte ist »der grundgesetzliche Verfassungsstaat ... im Sinne von Staatszielbestimmung sowie Verfassungsauftrag Kulturstaat«[62]. »Im Verfassungsstaat vollendet sich der Kulturstaat«[63].

Das bedeutet kein geschlossenes Kulturstaatssystem der Verfassung, aber den Bestand einer kulturverfassungsrechtlichen Rahmenordnung, die vor allem für die Auslegung der kulturellen Grundrechte von Gewicht ist. Ein »kulturverfassungsrechtliches Gesamtkunstwerk« (*U. Steiner*) ist das Grundgesetz dennoch nicht. Doch bildet es den Rahmen für die vielfältige Wechselbezüglichkeit von Staat und Kultur. Die Formel Kulturstaat darf nicht bedeuten, dass damit ein *bestimmter* Kul-

62 *R. Scholz*, in: Maunz/Dürig, GG, Art. 5 Abs. III (1977) Rdn. 8; dem folgend *W. Maihofer*, HdbVerfR, § 25 Rdn. 5; *B. Wiegand*, LKV 1995, 55 (56); i. E. ebenso *E. G. Mahrenholz*, HdbVerfR, § 26 Rdn. 123; *ders.*, DVBl. 2002, 857 (864 f.); *Th. Oppermann*, HStR VI, § 145 Rdn. 23; *ders.*, Festschrift O. Bachof, 1984, S. 3 (4, 9 ff., 14 ff.); *B. M. Kremer*, HdbStKirchR II, S. 77 (86 ff.); *A. v. Campenhausen*, Staatskirchenrecht, 3. Aufl. 1996, S. 212; *J. Ipsen*, Staatsrecht II, Rdn. 481; *I. v. Münch*, Staatsrecht II, 5. Aufl. 2002, Rdn. 420; *Siekmann/Duttge*, Grundrechte, Rdn. 494; *M. Abelein*, Die Kulturpolitik des Deutschen Reiches und der Bundesrepublik Deutschland, 1968, S. 228 ff.; *G. Bender*, Das Verhältnis von Staat und Religion in seiner Prägung durch das grundgesetzliche Kulturstaatsgebot, 1963, insb. S. 63; *G. Erbel*, Inhalt und Auswirkungen der verfassungsrechtlichen Kunstfreiheitsgarantie, 1966, S. 175; *P. Gullo*, Religions- und Ethikunterricht im Kulturstaat, 2003, S. 73 ff.; *P. Häberle*, Kulturverfassungsrecht im Bundesstaat, 1980, S. 35, 53; *ders.*, in: P. Häberle (Hrsg.), Kulturstaatlichkeit und Kulturverfassungsrecht, 1982, S. 1 (37); *ders.*, JöR 40 (1992), S. 291 (352 ff.); *M. Heckel*, Staat Kirche Kunst: Rechtsfragen kirchlicher Kulturdenkmäler, 1968, insb. S. 125 ff.; *ders.*, Festschrift H. Maurer, 2001, S. 351 (354 ff.); *ders.*, AöR 124 (1999), S. 549 (575 f.); *C.-H. Heuer*, Die Besteuerung der Kunst, 1983, S. 108; *E. R. Huber*, Zur Problematik des Kulturstaats, 1958; *W. Knies*, Schranken der Kunstfreiheit als verfassungsrechtliches Problem, 1967, S. 212 f., 224 f.; *ders.*, in: Bitburger Gespräche 1977/78, S. 141 (154 f.); *Th. Köstlin*, Die Kulturhoheit des Bundes, 1989, S. 17 f.; *P. M. Lynen*, Kunst im Recht, 1994, S. 98 ff.; *K. Odendahl*, Kulturgüterschutz, 2005, S. 280 ff.; *H. Ridder*, Freiheit der Kunst nach dem Grundgesetz, 1967, S. 11; *K. Schlaich*, Neutralität als verfassungsrechtliches Prinzip, 1972, S. 251, 257 f., 270; *M. Ph. Wyss*, Kultur als eine Dimension der Völkerrechtsordnung, 1992, S. 238 ff.; *I. Richter*, in: W. R. Walz (Hrsg.), Non Profit Law Yearbook 2004, S. 83 ff., insb. S. 103; *M. Heckel*, Festschrift W. Rüfner, 2003, S. 189 (202 ff.); *E. Benda*, Die neue Ordnung 36 (1982), S. 345 (348); *F. Fechner*, JZ 1992, 777 (783); *D. Grimm*, VVDStRl 42 (1984), S. 46 (67, 81); *E. v. Hippel*, DÖV 1950, 257 ff.; *W. Höfling*, DÖV 1985, 387 (389); *P. Kirchhof*, NJW 1985, 225 (231); *K. Meyer-Teschendorf*, AöR 103 (1978), S. 289 (326); *U. Scheuner*, Bitburger Gespräche, Jahrbuch 1977/78, S. 113 (121); *U. Steiner*, VVDStRL 42 (1984), S. 7 (16, 43); *Chr. Weiss*, RuP 2005, 142 (143); wohl ebenso *M. Droege*, KritV 84 (2001), S. 466 (475 ff.); s. auch *A. Blankenagel*, Tradition und Verfassung, 1987, S. 223 ff.

63 *U. Volkmann*, DVBl. 2005, 1061 (1066, 1072) mit der Einschränkung »gelinder Überspitzung«.

turbegriff festgelegt wird. Gleichermaßen hat *S. Huster* jüngst argumentiert: »Um transparente Argumentationen zu ermöglichen, muss der Begriff daher auf einzelne Sachfragen heruntergebrochen werden, für die das Grundgesetz dann jeweils spezielle und durchaus unterschiedliche Regelungen enthält«[64]. Kulturstaatlichkeit muß stets die Vielfalt, Autonomie und Freiheit der Kultur widerspiegeln. Vor allem darf sie die vielfältigen Initiativen privater Kulturschaffender und Kulturförderer nicht behindern, ohne daß daraus ein subjektives Recht auf Förderung abgeleitet werden könnte; es geht um das Grundverhältnis des Staates zur Kultur[65]. Das muß bei der Einfügung einer Kultur(staats)klausel bedacht werden, für die jetzt neuerlich ein Entwurf der FDP-Fraktion vorliegt[66].

Wichtige auf die Wechselbezüglichkeit von Staat und Kultur bezogene Sachfragen sind vorzugsweise in bestimmten kulturellen Grundrechten festgehalten. Das gilt neben der Medien- und Meinungsfreiheit (Art. 5 Abs. 1 GG) namentlich für Schule und Bildung (Art. 7 GG), Kunst und Wissenschaft (Art. 5 Abs. 3 GG), für Glaubens-, Gewissens-, Religions- und Bekenntnisfreiheit (Art. 4 GG) sowie die Betätigung der Kirchen und Religionsgemeinschaften einschließlich der staatskirchenrechtlichen Garantien (Art. 140 GG). Diese Bestimmungen bilden essentielles Kulturverfassungsrecht der Bundesrepublik Deutschland und konkretisieren wesentliche Teile der Kulturstaatlichkeit inhaltlich[67]. Gleichzeitig sind sie die Grundlagen für die kulturelle Autonomie des Einzelnen und der Gesellschaft.

Daß in all diesen Materien die europäischen Bezüge heute nicht mehr ausgeklammert werden können, ist angesichts der mittlerweile akzentuierten kulturellen Bezüge des Rechts der Europäischen Union (unten IV) und der allenthalben betonten Tendenz zur Schaffung eines europäischen Kulturraumes selbstverständlich[68]. Allerdings bleibt dieser Anspruch oft hinter der Wirklichkeit zurück[69]; zudem ist nicht alles Gold, was glänzt. Manchmal wäre weniger mehr[70]. Nicht alles, was in den

64 *S. Huster*, VVDStRL 65 (2006), S. 51 (76).

65 Vgl. BVerfGE 36, 321 (331). Speziell auf Art. 5 Abs. 3 GG bezogen, hat das Gericht formuliert: »Als objektive Wertentscheidung für die Freiheit der Kunst stellt [Art. 5 Abs. 3 GG] dem modernen Staat, der sich im Sinne einer Staatszielbestimmung auch als Kulturstaat versteht, zugleich die Aufgabe, ein freiheitliches Kunstleben zu erhalten und zu fördern«.

66 BTags-Drs. 16/387.

67 Ebenso etwa *Zippelius/Würtenberger*, Staatsrecht, §§ 36 und 37; *W. Maihofer*, HdbVerfR, § 25 Rdn. 77; *E. G. Mahrenholz*, HdbVerfR, § 26 Rdn. 123; *F. Hufen*, BayVBl. 1985, 1 (5); *G. Reuhl*, JZ 1981, 321 (321 f.); *Th. Köstlin*, Die Kulturhoheit des Bundes, 1989, S. 17 f. mit Fn. 4 m.w.N. zu Konzeptionen der positiv-rechtlichen Herleitung eines entsprechenden Kulturauftrags.

68 Vgl. *M. Niedobitek*, Kultur und Europäisches Gemeinschaftsrecht, 1992; *H-J. Blanke*, Europa auf dem Weg zu einer Bildungs- und Kulturgemeinschaft, 1994; *Chr. Tomuschat*, Rechtliche Aspekte des Gemeinschaftshandelns im Bereich der Kultur, in: Fédération Internationale pour le Droit Européen, Reports of the 13th Congress, Bd. 1, 1988, S. 17 ff.; *K.-P. Sommermann*, VVDStRL 65 (2006), S. 7 (25).

69 So fordert die Lissabon-Erklärung vom 23./24. März 2000, die Union »zum wettbewerbsfähigsten und dynamischsten wissenschaftsbasierten Wirtschaftsraum der Welt« zu machen. Die Frage muß erlaubt sein, was in den sieben Jahren europäischer und nationaler Politik hierfür geschehen ist.

70 So hat die sog. Magna Charta Universitatum zahlreicher Hochschulrektoren aus dem Jahr 1988 praktisch nichts gebracht; die Universitäten werden mehr denn je gegängelt und verlieren zunehmend an Standing. Ob die sog. Exzellenzinitiative einen Wandel bringt, steht noch in den Sternen.

Nationalstaaten existiert, sollte über Bord geworfen werden[71]. Aber alles, was mit Kultur zu tun hat, hat gegenwärtig »Konjunktur« – allerdings mehr in der Theorie als in der Praxis[72], soweit es nicht gerade um den Topos der sogenannten Leitkultur geht[73], dem zu Unrecht angedichtet wird, Kulturmauern zu errichten.
Wie immer dieser Begriff zu bestimmen ist, er baut auf der Nationalkultur auf und verlangt eine Übereinstimmung über Grundwerte, die alle, die in der staatlichen Gemeinschaft leben wollen, zu akzeptieren gehalten sind. Dafür gibt die Verfassung des Staates eine richtungweisende, wenn auch nicht allein maßgebliche – »Verfassungspatriotismus« allein genügt nicht! – Leitlinie. Ihre Grundaussagen bestimmen im wesentlichen die Grundlagen der Leitkultur. Das gilt in besonderem Maße für die Aussagen zu Schule und Bildung einschließlich der deutschen Sprache – Sprache ist geistige Heimat –, zu Religion, Weltanschauung und Kirche, aber auch zu den gedruckten und elektronischen Medien und zu Kunst und Wissenschaft im weiteren Sinne. Sie sind Fundamente für kulturelle Leistungen und wichtige kulturelle Kraftquellen. In ihnen verkörpert sich aufgrund ihrer freiheitlichen Grundintention nationalen wie fremden Kulturen gegenüber aufgeschlossene Kultur(-staatlichkeit). Angesichts der Universalität der Menschen- und Grundrechte sollten Kulturstaaten deshalb weltweit Verträglichkeit im Geiste von Frieden, Freiheit und Toleranz herbeiführen können. Nur so kann »Multikulturalismus« gedeihen. Darauf ist im Zeichen zunehmender Konflikte zwischen den Kulturkreisen Bedacht zu nehmen[74].

IV. Europarechtliche Bezüge der Kultur

Kulturstaatlichkeit in Deutschland kann im Zuge der Europäisierung des nationalen Rechts, auch des nationalen Verfassungsrechts, nicht mehr ohne Bezugnahme auf das Europäische Gemeinschaftsrecht betrachtet werden[75]. Diese Verbindungslinien

71 Zweifel sind vor allem gegenüber dem sog. Bologna-Prozeß angebracht, der als Hochschulabschlüsse weitgehend nur noch den »Bachelor« oder »Master« kennt, die angeblich besser vergleichbar sein sollen (vgl. Gemeinsame Erklärung der europäischen Bildungsminister »Der europäische Hochschulraum« vom 19. Juni 1999, Bologna, Dok. 3/324-41124-2/2).

72 Vgl. *S. Huster*, VVDStRL 65 (2006), S. 51 (53); aus der Praxis der auswärtigen Kulturpolitik etwa *B. C. Witte*, FAZ vom 6.6.2006, S. 8, insbesondere mit Blick auf die staatlichen Sparmaßnahmen, die in den Ländern gleichermaßen den Hochschulbereich erfassen.

73 Der Begriff geht wohl auf *Bassam Tibi* zurück (Europa ohne Identität? Die Krise der multikulturellen Gesellschaft, 1. Aufl. 1998, S. 51 ff., 154, 180 ff.; nunmehr in 2. Aufl. 2001 unter dem Titel Europa ohne Identität? Leitkultur oder Wertebeliebigkeit); zur Diskussion auch *N. Lammert* (Hrsg.), Verfassung, Patriotismus, Leitkultur, 2006; *D. Oberndörfer*, Das Parlament 2001, Beilage zu Heft Nr. 1-2, S. 27 ff.

74 Dazu *S. P. Huntington*, Kampf der Kulturen. Die Neugestaltung der Weltpolitik im 21. Jahrhundert, 2. Aufl. 1998; *H.-J. Axt*, Europäische Rundschau 1994, 95 ff. sowie die Beiträge in Rechtstheorie 29 (1998), S. 259 ff. Neuerdings *A. Sen*, Die Identitätsfalle. Warum es keinen Krieg der Kulturen gibt, 2007.

75 Dazu vor allem *I. Pernice*, *P. M. Huber*, *G. Lübbe-Wolf*, *Chr. Grabenwarter*, VVDStRL 60 (2001), S. 148 ff., 194 ff., 246 ff., 290 ff. sowie *J. Kokott* und *Th. Vesting*, VVDStRL 63 (2004), S. 7 ff., 41 ff.

wurden nicht erst erforderlich, seit 1992 der Vertrag von Maastricht einen »Kulturartikel« in den EG-Vertrag (Art. 128, jetzt Art. 151 EG) einfügte, sondern sie begannen, sich bereits früher abzuzeichnen. Europa als Wertegemeinschaft ist stark durch seine Kultur und sein Recht geprägt[76].

Seit den 70er Jahren gab die Gemeinschaft ihre Vorstellung vom rein ökonomisch ausgerichteten Zweckverband auf. Nach tastenden vorangegangenen Äußerungen betonte die Kopenhagener Erklärung der Regierungschefs über die Europäische Identität vom 14. Dezember 1973 auch die kulturelle Komponente der Gemeinschaft[77]. 1977 schloß sich eine erste Mitteilung der Kommission über die »Aktion der Gemeinschaft im kulturellen Bereich« an[78]. Weitere Mitteilungen über kulturelle Aktivitäten folgten[79]. »Kultur« wurde ein Teil der Gemeinschaftsaktivitäten, ohne daß Klarheit über Inhalt und Konzeption dieser Politik bestand. Insgesamt wurden jedoch Bildung, Wissenschaft, Kunst, Urheber- und Markenrecht, Medien und Sport – mindestens in Teilen – Gegenstand europäischen Zugriffs, wobei die Zuständigkeiten der Gemeinschaft nicht immer klar und unstrittig waren[80]. Namentlich für den Bereich des Rundfunks (Fernsehens) gab es heftige Abwehrreaktionen gegen gemeinschaftsrechtliche Kompetenzen, vor allem von deutscher Seite[81]. Aber die gemeinschaftsrechtliche Zuständigkeit setzte sich am Ende durch, nicht zuletzt dank bedeutsamer Entscheidungen des Europäischen Gerichtshofs[82]. Eine Bereichsausnahme für das Kulturelle wurde abgelehnt[83].

76 Dazu *Chr. Calliess*, JZ 2004, 1033; *B. Speer*, DÖV 2002, 980; *Th. Rensmann*, Wertordnung und Verfassung, 2007, S. 329 ff. jeweils mit weit. Nachw.

77 Eine erste Frucht dieser Kulturpolitik war die Einrichtung des Europäischen Hochschulinstituts in Florenz (dazu *S. Kaufmann*, Das Europäische Hochschulinstitut, 2003).

78 ABl. Nr. C 34 vom 10.2.1978, S. 2.

79 Vgl. dazu *I. Hochbaum*, BayVBl. 1997, 641 (646 ff.); s. zur Kulturpolitik der Europäischen Gemeinschaft auch *O. Schwencke*, Das Europa der Kulturen – Kulturpolitik in Europa, 2001, S. 143 ff., 267 ff.; *B. Geißler*, Staatliche Kunstförderung nach Grundgesetz und Recht der EG, 1995, S. 172 ff.

80 Vgl. *G. Ress*, Kultur und Europäischer Binnenmarkt, 1991; *J. Sparr*, Kulturhoheit und EWG-Vertrag, 1991, S. 75 ff., 188 ff.; *M. Niedobitek*, Kultur und Europäisches Gemeinschaftsrecht, 1992; *H.-J. Blanke*, Europa auf dem Weg zu einer Bildungs- und Kulturgemeinschaft, 1994; *ders.*, Kommentierung von Art. 151 EG, in: Calliess/Ruffert, EUV/EGV, 3. Aufl. 2007; *R. Mußgnug*, Kultur und Kulturgut in der Europäischen Gemeinschaft, in: Festschrift Steinberger, 2002, S. 1303 ff.; *M. Nettesheim*, JZ 2002, 157 ff.; *K.-P. Sommermann*, VVDStRL 65 (2006), S. 7 (25 ff.); auch *Th. v. Danwitz*, NJW 2005, 529 ff. mit dem Hinweis allzu langer Vernachlässigung der kulturellen Dimension der europäischen Integration.

81 Vgl. *K. Stern*, Das Staatsrecht der Bundesrepublik Deutschland, Bd. IV/1, 2006, § 110 VII 3.

82 Vgl. EuGHE 1974, 409 ff. – Sacchi; EuGHE 1980, 833 ff. – Debauve; EuGHE 1980, 881 ff. – Coditel; EuGHE 1988, 2085 ff. – Bond van Adverteeders; EuGHE 1991 I, 4007 ff. – Mediawet; EuGHE 1991 I, 4069 ff. – Kommission./.Niederlande; a. A. etwa noch *J. Delbrück*, Die Rundfunkhoheit der deutschen Bundesländer im Spannungsfeld zwischen Regelungsanspruch der Europäischen Gemeinschaft und nationalem Verfassungsrecht, 1986; *W. Hoffmann-Riem*, RuF 1988, 5 (10 ff.); *H. Koszuszeck*, ZUM 1989, 541 (546); *H. H. Rupp*, ZRP 1990, 1 (2); näher *J. Gulich*, Rechtsfragen grenzüberschreitender Rundfunksendungen, 1990; *ders.*, in: K. J. Hopt (Hrsg.), Europäische Integration als Herausforderung des Rechts, 1991, S. 297 ff.; *D. Kugelmann*, Der Rundfunk und die Dienstleistungsfreiheit des EWG-Vertrages, 1991, S. 61 ff., 264; *M. Niedobitek*, Kultur und Europäisches Gemeinschaftsrecht, 1992, S. 152 ff.; *J. Sparr*, Kulturhoheit und EWG-Vertrag, 1991, S. 157 ff.; *Chr. Degenhart*, ZUM 1992, 449 ff.

Die Organe der Europäischen Gemeinschaft stützten sich dabei auf die vereinzelte Erwähnung kultureller Materien im Vertrag, wie Art. 3 Abs. 1 lit. u EG – Fremdenverkehr –, Art. 87 Abs. 3 lit. d EG – Beihilfen zur Förderung der Kultur und der Erhaltung des kulturellen Erbes –, Art. 3 Abs. 1 lit. q EG – Beitrag zu einer qualitativ hochstehenden allgemeinen und beruflichen Bildung sowie zur Entfaltung des Kulturlebens in den Mitgliedstaaten und vor allem Art. 149 und 150 EG zur Bildung. Außerdem wurde die Dienstleistungsfreiheit des Art. 49 EG vor allem für Rundfunktätigkeit und den Vertrieb anderer Medienerzeugnisse herangezogen. Diese Zuständigkeiten ermöglichen jedoch weder eine transparente noch eine kohärente Kulturpolitik der Gemeinschaft. Sie konnte auch der seit Mitte der 80er Jahre tagende »Rat der Minister für Kulturfragen« nicht bewirken.
Der Wunsch nach einer Kulturklausel im Vertrag wuchs[84] und wurde 1992 mit dem jetzigen Art. 151 EG erfüllt. Auch die Bundesregierung drängte entgegen den Bedenken der Länder darauf[85]. Man wollte der Bedeutung der Kultur für die Europäische Gemeinschaft angemessen Rechnung tragen, indem man einen eigenen Abschnitt in den Vertragstext einfügte. Angesichts der vielfältigen Herausforderungen durch Globalisierung, Informations- und Kommunikationstechnologie, Rationalisierung und geistiger Entleerung erfolgte eine solche Rückbesinnung auf die Kultur im europäischen Primärrecht zu Recht. Art. III-280 des Verfassungsentwurfs hat im wesentlichen inhaltsgleich an Art. 151 EG festgehalten. Darüber hinaus verweist die Präambel auf das »kulturelle, religiöse und humanistische Erbe Europas«[86]. Erinnert wird damit an den historisch gewachsenen europäischen Kulturraum und die wechselseitigen Befruchtungen der nationalen Kulturen. In diesem Lichte sind freilich kulturpolitische Aktivitäten, z. B. europäische Gedenktage oder Mahnmale, vielleicht sogar ein Museum für Europäische Geschichte Mangelware.

83 Vgl. EuGHE 1968, 633 (642 f.) – Kommission./.Italien; EuGHE 1981, 147 (161) – Musik-Vertrieb membran; EuGHE 1991 I, 4007 (440 ff.) – Mediawet: EuGHE 1991 I, 4069 (4092 ff.) – Kommission./.Niederlande; aus der Literatur s. *M. Niedobitek*, Kultur und Europäisches Gemeinschaftsrecht, 1992, S. 194 ff.; *G. Ress*, Kultur und Europäischer Binnenmarkt, 1991, S. 27 ff.; *M. Ph. Wyss*, Kultur als eine Dimension der Völkerrechtsordnung, 1992, S. 60 ff.; *S. Magiera*, in: K. Stern u.a. (Hrsg.), Eine Rundfunkordnung für Europa – Chancen und Risiken, 1990, S. 51 (72); *ders.*, Gedächtnisschrift W. K. Geck, 1989, S. 507 (517); *J. Schwarze*, in: ders. (Hrsg.), Fernsehen ohne Grenzen, 1985, S. 11 (25); *M. Schweitzer*, in: D. Merten (Hrsg.), Föderalismus und Europäische Gemeinschaften, 1990, S. 147 (147 f., 155 ff.); *Chr. Tomuschat*, in: Fédération Internationale pour le Droit Européen (Hrsg.), Reports of the 13th Congress, Bd. 1, 1988, S. 17 (25); *R. Wägenbauer*, in: Vogel/Oettinger (Hrsg.), Föderalismus in der Bewährung, 1992, S. 91; *B. de Witte*, in: J. Schwarze (Hrsg.), Structure and Dimensions of European Community Policy, 1988, S. 195 (198); *Chr. Degenhart*, ZUM 1992, 449 (452); *C. Eiselstein*, NVwZ 1989, 323 (328 f.); *W.-H. Roth*, ZUM 1989, 101 ff.

84 S. beispielsweise die Beiträge in: *Bertelsmann Stiftung* (Hrsg.), Europäische Kultur: das Zukunftsgut des Kontinents, 1990; *dies.*, Die Zukunft Europas – Kultur und Verfassung des Kontinents, 1991.

85 Beschluß der Kultusministerkonferenz »Zur EG-Bildungs- und Kulturpolitik« vom 24.4.1989, abgedruckt in: *Sekretariat der Ständigen Konferenz der Kultusminister der Länder in der Bundesrepublik Deutschland* (Hrsg.), Handbuch für die Kultusministerkonferenz, 1989.

86 Zur Bedeutung der Präambel für die Kultur s. *Stern/Tettinger*, in: Tettinger/Stern, EuGRCh, Präambel A Rdn. 21 ff., insb. Rdn. 35; *K. Odendahl*, Kulturgüterschutz, 2005, S. 225 f.; *O. Schwencke*, Das Europa der Kulturen – Kulturpolitik in Europa, 2001, S. 292 ff.

Wann gibt es im Europäischen Parlament eine große Kulturdebatte? Art. 151 EG muß dazu beitragen, Europapolitik nicht vorwiegend als Kosten-Nutzen-Analyse zu betrachten.

Art. 151 EG verwendet den Begriff Kultur in verschiedenen Versionen – »Kulturen der Mitgliedstaaten«, »gemeinsames kulturelles Erbe«, »kulturelles Erbe von europäischer Bedeutung«, »Kultur und Geschichte der europäischen Völker«, »nichtkommerzieller Kulturaustausch«, »Kulturbereich«, »kulturelle Aspekte« –. Eine Definition des Kulturbegriffs ist indessen unterblieben. Die Gründe liegen – ebenso wie im nationalen Verfassungsrecht – in der Komplexität und Vielfalt des Kulturbegriffs, der für viele der »Quadratur des Kreises« gleichkommt[87]. Ohne Zweifel ist durch die Einfügung der Kulturklausel jedoch sichergestellt, daß die Gemeinschaft über die rein wirtschaftlichen Ziele hinauswachsen darf. Kulturelle Tätigkeitsfelder liegen nicht mehr außerhalb ihrer Zuständigkeit. Das ist mittlerweile unstrittig[88]. Der Stellenwert der Kultur ist durch die Einfügung der Kulturklausel beträchtlich erhöht worden. Die Kultur ist keine quantité négléable mehr in der Europäischen Union. Sie ist mittlerweile ein bestimmender Faktor geworden, weil traditionell die Kultur gerade in Europa ein integratives Element par excellence ist, das viele Epochen der europäischen Geschichte durchzieht und alle Völker des Kontinents erfaßt. Insofern wurde mit der Einfügung nur etwas nachgeholt, was längst überfällig war[89].

Allerdings ist die Kompetenz nicht ohne Grenzen[90]. Zweifelsfrei ist auch, daß der Begriff, weil gemeinschaftsrechtlich verankert, eigenständig nach Maßgabe des

87 *H.-J. Blanke*, in: Callies/Ruffert, EUV/EGV, Art. 151 EG Rdn. 2; *M.-E. Geis*, Kulturstaat und kulturelle Freiheit, 1990, S. 183; *K. Stern*, Festschrift M. Heckel, 1999, S. 857 (860); ähnlich *M.-E. Geis*, ZG 1992, 38 (45): »Definitionsdilemma«; *B. Pieroth*, Der Staat 22 (1983), S. 394 (394): »bedeutungsschwangerer und -entleerter Begriff«; *M. Bauer*, Kultur und Sport im Bundesverfassungsrecht, 1999, S. 7, 10 ff.; *J. Isensee*, VVDStRL 42 (1984), S. 133 (133); *H.-J. Koch*, EuGRZ 1986, 345 (356); *F.-J. Peine*, JZ 1983, 969 ff.; *G. Roellecke*, DÖV 1983, 653 ff.; *E. Wienholtz*, AöR 109 (1984), S. 532 (545).

88 Vgl. *G. Ress*, DÖV 1992, 944 ff.; *M. Cornu*, Compétences culturelles en Europe et principe de subsidiarité, 1993; *U. Seiler-Albring*, Festschrift S. v. Köckritz, 1993, S. 139 ff.; *Bohr/Albert*, ZRP 1993, 61 ff.; *H.-J. Blanke*, Europa auf dem Weg zu einer Bildungs- und Kulturgemeinschaft, 1994; *I. Berggreen-Merkel*, Die rechtlichen Aspekte der Kulturpolitik nach dem Maastrichter Vertrag, 1995; *M. Niedobitek*, EuR 1995, 349 ff.; *S. Schmahl*, Die Kulturkompetenz der Europäischen Gemeinschaft, 1996; *B. Wemmer*, Die neuen Kulturklauseln des EG-Vertrages. Eine Analyse des Art. 128 EGV und Art. 92 Abs. 3 lit. d) EGV, 1996; *I. Hochbaum*, BayVBl. 1997, 641 ff.; *A. Behrens*, Kultur in der Europäischen Union. Die Kompetenz der Europäischen Union im kulturellen Bereich und deren Auswirkung auf die Zuständigkeiten in der Bundesrepublik Deutschland, 1999; *F. Fechner*, Liber amicorum Th. Oppermann, 2001, S. 687 ff.; *M. Nettesheim*, JZ 2002, 157 ff.; *A. Britz*, EuR 2004, 1 ff.; *K. Odendahl*, Kulturgüterschutz, 2005, S. 368 ff.; *M. Cavino*, I Valori di una Società Europea Pluralista, in: St. Mangiameli (ed.), L'Ordinamento Europeo – I Principi dell'Unione, Vol. 1, 2006, S. 567 ss.; *F. Politi*, Il Rispetto della Dignità Umana nell'Ordinamento Europeo, ebda. S. 43 ss. (84).

89 Vgl. das *Jean Monnet* zugeschriebene Dictum: »Wenn ich Europa noch einmal bauen könnte, würde ich mit der Kultur beginnen« (Mémoires, 1976); ähnlich *Robert Schuman*: »Europa muß, ehe es zur militärischen Allianz oder zum wirtschaftlichen Bündnis wird, vor allem eine kulturelle Gemeinschaft im höchsten Sinne des Wortes bilden« (Für Europa, 1963, S. 47).

90 Vgl. *H.-J. Blanke*, in: Calliess/Ruffert, EUV/EGV, Art. 151 EG Rdn. 1, 18; *H. G. Fischer*, in: Lenz/Borchardt, EU- und EG-Vertrag, Art. 151 EG Rdn. 5, 9 ff.; *Ress/Ukrow*, in: Grabitz/Hilf, Das Recht

europäischen Vertragsrechts zu interpretieren ist[91]. Orientierung am Recht der Mitgliedstaaten ist jedoch nicht verboten. Trotz mangelnder Definition im Vertrag darf die Kulturklausel nicht als Globalermächtigung verstanden werden, durch die sich nicht ausdrücklich aufgezählte Tätigkeitsfelder erschließen ließen. Darin läge ein Verstoß gegen das Prinzip der begrenzten Einzelermächtigung (Art. 5 EG). Angesichts der nur eingeschränkten europäischen Zuständigkeiten sind die nationalstaatlichen Bezüge zur Kultur im Verfassungsrecht umso wichtiger. Sie harren der verstärkten Aufmerksamkeit. Eine Kultur(staats)klausel könnte dem abhelfen.

V. Schlußbemerkung

Der Beitrag verknüpft europarechtliche und deutsche verfassungsrechtliche Überlegungen miteinander. In diesen Bereichen hat *Hans-Peter Schneider* als Wissenschaftler, Verfassungsrichter und Rechtspolitiker tiefschürfend gearbeitet, wie sein Literaturverzeichnis ausweist. Vor allem die gemeinsame Arbeit in der Kommission des Bundespräsidenten zur Neuordnung der Parteienfinanzierung 1992/93 hat dazu beigetragen, meine Kontakte zu ihm über das Fachliche hinaus zu erweitern. *Hans-Peter Schneider* hat sich hier wie anderswo stets als fairer, höchst wissensreicher und erfahrener Kenner der zu behandelnden Materie erwiesen. Mit ihm zu diskutieren war ehrenvoll und brachte Gewinn. Darum, lieber Hans-Peter Schneider: Ad multos annos!

der Europäischen Union II, Art. 151 EG Rdn. 15 ff.; *J. Sparr*, in: J. Schwarze, EU-Kommentar, Art. 151 EG Rdn. 24, 63, 68 f.; *Th. Oppermann*, Europarecht, 3. Aufl. 2005, § 28 Rdn. 74; *A. Behrens*, Kultur in der Europäischen Union, 1999, S. 81 ff.; *K. Odendahl*, Kulturgüterschutz, 2005, S. 219 ff.; *A. Uhle*, Freiheitlicher Verfassungsstaat und kulturelle Identität, 2004, S. 496 ff.; *B. Wemmer*, Die neuen Kulturklauseln des EG-Vertrages. Eine Analyse des Art. 128 EGV und Art. 92 Abs. 3 lit. d) EGV, 1996, S. 41 ff.

91 Vgl. *M. Niedobitek*, in: R. Streinz, EUV/EGV, Art. 151 EG Rdn. 25; *ders.*, EuR 1995, 349 (366); *Ress/Ukrow*, in: Grabitz/Hilf, Das Recht der Europäischen Union II, Art. 151 EG Rdn. 13; *J. Sparr*, in: J. Schwarze, EU-Kommentar, Art. 151 EG Rdn. 5; *A. Uhle*, Freiheitlicher Verfassungsstaat und kulturelle Identität, 2004, S. 493 f.; *B. Wemmer*, Die neuen Kulturklauseln des EG-Vertrages. Eine Analyse des Art. 128 EGV und Art. 92 Abs. 3 lit. d) EGV, 1996, S. 11 ff.

Von den Schwierigkeiten »guter« Verfassunggebung trotz Asymmetrie der Staatenwelt

Gerhard Stuby

Erik Wolf begreift das »Im-Recht-sein« als Grundstruktur menschlicher Existenz, so schreibt Hans-Peter Schneider im Nachruf auf unseren gemeinsamen 1977 verstorbenen Lehrer, den Freiburger Rechtsphilosophen und Rechtstheologen.[1] Obwohl dieser, so heißt es weiter, »aus berechtigter Skepsis gegenüber allen sich absolut setzenden Naturrechtstheorien die bunte Vielfalt möglicher Natur- und Rechtsverständnisse« unterstreiche, hebe er gleichwohl die einheitliche Funktion des Naturrechtsgedankens als »bestimmende(n) Grund« und »normierendes Richtmaß« des Rechts hervor. Hier lässt Hans-Peter Schneider Leitmotive anklingen, die sein eigenes Werk bestimmen.

Kein Wunder, dass er der alten, stets neuen Frage nach der »guten Verfassung« der civitas terrena, die alle politischen Denker von Rang herumtrieb, seit seinem Erstlingswerk über Leibniz nicht mehr ausweichen konnte.[2] Die Aufgabe der Opposition in der parlamentarischen Demokratie als ein neues Element der Gewaltenteilung, zusätzliches oder ablösendes sei dahingestellt, zu bestimmen – denn die gemischte Verfassung sei die beste, wie Montesquieu Platon pointierend und Rousseau widersprechend meinte –, wurde von ihm in allen Nuancen ausgeleuchtet.[3] Zwei spezifische die staatliche Gewalt teilende Prägungen des deutschen Verfassungssystems nach 1945, stark beeinflusst vom amerikanischen Vorbild, haben immer wieder seine besondere kritische Aufmerksamkeit gefunden: das Bundesverfassungsgericht[4] und der Föderalismus[5].

1 Erik Wolf zum Gedenken, in: ZevKR 23 (1978) S.337-342

2 Justitia universalis. Quellenstudien zur Geschichte des »christlichen Naturrechts« bei Gottfried Wilhelm Leibniz, Frankfurt a.M.1967. Im modischen Begriff »good governance« übrigens klingt die alte Bedeutung »gute, rechte Verfassung« der Politeia an.

3 Die parlamentarische Opposition im Verfassungsrecht der Bundesrepublik Deutschland. Bd. 1: Grundlegung, Frankfurt a.M. 1974

4 Genannt sei lediglich die tiefgründige Analyse: Richterrecht, Gesetzesrecht und Verfassungsrecht Bemerkungen zum Beruf der Rechtsprechung im demokratischen Gemeinwesen, Frankfurt a.M. 1969

5 Aus älterer Zeit prägnant: Verfassungsrecht der Länder – Relikt oder Rezept?, in: DÖV 1987, S.749-756; aus neuerer Zeit: Die Aufgabenverteilung zwischen Bund und Ländern nach dem Grundgesetz – eine Ausprägung des Subsidiaritätsprinzips?, in: J. Kramer (Hrsg.), Die Entwicklung des Staates der Autonomien in Spanien und der bundesstaatlichen Ordnung in der Bundesrepublik Deutschland, Baden-Baden 1996, S.37-47

Die tektonischen Umbrüche, die sich mit dem Ende der Bipolarität, vollzogen, haben den Jubilar nicht nur zu tieferer Reflexion getrieben. Sie genügte ihm nicht. Denn, so formuliert er selbst: »Verfassungsgebende Gewalt ist . . . nicht in erster Linie ›Wille‹ und ›Entscheidung‹ eines imaginären Subjekts (Fürst. Volk), sondern ›Werk‹ und ›Wirkung‹ konkreter politischer Kräfte sowie Ergebnis realer gesellschaftlicher Auseinandersetzungen.«[6] Hier ist der Impetus zu spüren, sich an politischer Gestaltung zu beteiligen. Diejenigen, die nach den erwähnten, oft schmerzhaften Umbrüchen die Aufgabe der Verfassunggebung übernommen haben (pouvoir constituant), wissen inzwischen seine Fähigkeiten eines Iuris Consultus hoch zu schätzen.[7]

Das treibende Moment dieser Anstrengungen ist das Bemühen, dieses »Werk« und diese »Wirkung« durch »concordia« (so die Alten Cicero/Augustinus u.a.) oder durch Konsens/Übereinstimmung (so die Heutigen) zu erreichen. So soll zumindest physische Gewalt unter den erwähnten politischen Kräften ausgeschlossen sein. Eine nicht immer von allen mitbedachte komplexe Voraussetzung: Eine Verfassunggebung bedarf des traditionellen Staates, sei dass sie ihn erst erreichen will (nation/state – building), sei es dass sie dessen Bestand nach einem oft konvulsiven Geburtsprozeß sichert; aber auch des »äußeren« Friedens mit den anderen, ihn umgebenden Staaten. In unserer »globalisierten« Welt habe dieser auf äußere und innere Souveränität pochende traditionelle Staat jedoch längst seine Funktion verloren, wird von nicht wenigen Juristen, mehr noch Politologen behauptet. Sind daher Anstrengungen, wie sie unser Jubilar unternommen hat und noch unternimmt, letztlich vergebliche Versuche?

Diese Frage muß sich nicht nur der Verfassungsrechtler, der den Verfassunggeber beratende allemal, sondern auch der Völkerrechtler stellen lassen. Ich möchte mich im Folgenden mit zwei zentralen Einwänden gegen die traditionelle Betrachtungsweise auseinandersetzen, die an der überkommenen Souveränität festhält.[8] Der erste Einwand verweist auf die Asymmetrien der militärischen, ökonomischen und kulturellen Potenzen in der heutigen globalisierten Welt, die gleiche und souveräne Partner schon vom Denkansatz her nicht mehr zuließen (II).[9] Der zweite Einwand

6 Die verfassunggebende Gewalt, in: Handbuch des Staatsrechts, hrsg. von Josef Isensee und Paul Kirchhof, Band VII, Heidelberg 1993, S.3-29, Rn. 1

7 Seine Aktivitäten im Verfassunggebungsprozeß der neuen Länder, hier vor allem seine streitige Auseinandersetzung um die Anwendung des Art. 146, wie sein Engagement im schwierigen gesellschaftlichen Umbruch Südafrikas oder im komplizierten Verlauf des nation-building der aus dem Verfall Jugoslawiens und der UdSSR neu entstandenen Länder sei hier ohne weiteren Beleg – sie kann im Schriftenverzeichnis und in der Publikationsliste des Instituts für Föderalismusforschung verfolgt werden – eigens hervorgehoben.

8 Auch ich neige dieser Ansicht zu, mit den entsprechenden Anpassungen selbstredend, vl. G. Stuby, Das Öffentliche in den internationalen Beziehungen, in: Gerd Winter (Hrsg.), Das Öffentliche heute. Kolloquium zu Ehren von Alfred Rinken, Baden-Baden 2002. S. 227 ff. m.w.Nachw.

9 Verbreitet ist diese Sicht vor allem bei Vertretern der politischen Wissenschaften, oft genannt Michael Zürn, Regieren jenseits des Nationalstaates. Globalisierung und Denationalisierung als Chance, Frankfurt 1998; aus einem juristische Blickwinkel insbes. der viel zitierte Klassiker G. Teubner, Recht als autopoietisches System, Frankfurt 1989

kommt aus der Diskussion über internationale Menschenrechte. Nationalstaatliche Souveränität sei ein Hindernis für deren Verwirklichung (III).[10]

I. Souveräne Gleichheit und Konsens trotz Asymmetrie der Staatenwelt

»Die Organisation beruht auf dem Grundsatz der souveränen Gleichheit aller ihrer Mitglieder«. So lautet Art. 2 Ziff. 1 der UN-Charta. Sie hat hier ein schon seit langem bestehendes gewohnheitsrechtliches Prinzip des Völkerrechtrechts positivrechtlich formuliert; eng verbunden mit ihm, die andere Seite derselben Medaille, das »Konsensprinzip«. Ohne »Übereinstimmung« können weder Rechte noch Pflichten entstehen! Wie kam es zu diesem heute bestrittenem Prinzip?

1. Souveräne Gleichheit und Konsens als Grundprinzipien des klassischen Völkerrechts

Souveräne Staaten als Subjekte des Völkerrechts (law international, droit public international), und zwar sowohl was das »Setzen« als auch das »Exekutieren« von Völkerrecht anlangt, sind Gebilde der europäischen Neuzeit, hervorgegangen aus dem realen und ideologischen Differenzierungsprozeß der mittelalterlichen Welt.[11] Die neuen sozialen Handlungseinheiten entstanden als »Zerfallsprodukte« des anders, nämlich des als »Monstrum« (Pufendorf) organisierten »Heiligen Römischen Reiches Deutscher Nationen« der mittelalterlich geprägten Phase, dies wiederum der blasse Nachfolger des römischen Imperiums. Die Beziehungen zwischen den neuen Einheiten, die mit der Verteidigung ihrer Unabhängigkeit/Souveränität gegenüber den alten Autoritäten beschäftigt waren, zu Beginn der Neuzeit wirken aus heutiger Sicht sporadisch, im Erfahrungshorizont der Konfessionskriege und des Dreißigjährigen Krieges vor allem auf eher kriegerischen als auf friedlichem Güteraustausch beruhend.[12] Daß ein Hobbes – Kollegen mit früherer Erfahrung, der italienische Machiavelli und der französische Bodin winkten im Hintergrund – fixiert auf seinen »Naturzustand« diese Situation als anarchisch einschätzte, hervorgerufen durch (antagonistische) Asymmetrien der ökonomischen und militärischen Potenz zwischen den einzelnen Staaten, verwundert nicht weiter. Im Vergleich zu innerstaatlichen Zuständen, bezogen in erster Linie auf die beginnende »bürgerliche« Entwicklung im feudalaristokratischen England, konnte er sie nicht als rechtlich reguliert betrachten (insofern ist er der erste Völkerrechtsleugner). Sittliche, reli-

10 Prominent und stets medienwirksam J. Habermas, Eine politische Verfassung für die pluralistische Weltgesellschaft?, in: KJ 3/2005, S.222 ff.

11 Ausführlicher m.w.Nachw. Norman Paech/Gerhard Stuby, Völkerrecht und Machtpolitik in den internationalen Beziehungen, Hamburg 2001, S. 24 ff.

12 W. Reinhard, Geschichte der Staatsgewalt. Eine vergleichende Verfassungsgeschichte Europas von den Anfängen bis zur Gegenwart, München 2000 passim.

giöse oder andere Regelungskriterien (Werteordnung modern gesprochen) waren übrigens für ihn – wie für seine erwähnten Vorläufer – damit nicht ausgeschlossen, entsprechend dem trotz aller Risse noch einheitlichen christlichen Vorstellungshorizont.[13] Wo sollte er auch in diesem äußeren (nach außen gerichteten) Kontext ein Substrat für seinen souveränen, da absoluten (absolutus de legibus) »Herrscher« (that Mortall God) finden, dem sich die Staaten (wie Individuen gesehen) hätten unterwerfen können? In diesem (idealtypisch) noch embryonalen Zustand »internationaler Beziehungen« gab es nur Sieger und Besiegte, einen bestenfalls prekären Waffenstillstand zwischen ihnen bis zum nächsten Waffengang.[14] Für einen unterwerfenden Zustimmungsakt, der dauernden Frieden mit längerfristigen Regelungen garantierte, fehlte zumindest in dieser Phase der Entwicklung ein funktionaler »Hegemon« – die Figur des Kaisers auch in der Dualität zum Papst hatte selbst symbolisch »ausgedient« – und damit das Zuordnungssubjekt.

Keines der entstandenen Gebilde (Staaten) war hinreichend stark, ein Ersatzimperium aufzubauen. Der »Urwuchs« der bestehenden Asymmetrie stand jedoch dem neuen Bedürfnis (necessitas) zu verlässlichen, nämlich »rechtlichen« Umgangsformen (Karl Marx, Max Weber u.a.) entgegen. Mit dem Entstehen der »Bürgergesellschaft«, dem Anwachsen kapitalistischer Produktionsformen und Marktbedingungen, machten sich immer mehr »Interdependenzen« über die Grenzen hinweg bemerkbar, denen militärische Wirkungskraft allein nicht mehr entsprach. Der quälende und opferreiche Weg zur Anerkennung, der partiellen zunächst, dann umfassenden, von »souveräner Gleichheit« zwischen den Staaten kann hier nicht nachgezeichnet werden.[15] Es geht um die »dogmatische« Verarbeitung auf der Ebene des Völkerrechts. Schrittweise wurde die überkommene Lehre vom gerechten Krieg, noch verhaftet im alten Autoritätsgebäude (bei Hugo Grotius z. B.), zugunsten des ius ad bellum aufgegeben. Kriegerischer und friedlicher Zustand mit jeweils unterschiedlichen Rechtsregeln (Kriegs- und Friedensrecht) konnten begrifflich voneinander getrennt werden. Differenzierte Instrumente des Friedensvölkerrechtes: Vertrag, Gewohnheit, Rechtsgrundsätze etc. bilden sich aus und werden verfeinert (bis zur ausgefeilten Skala des Art. 38 IGH-Statut).[16] Globalabsprachen zwischen den

13 G. A. Walz, Das Wesen des Völkerrechts und Kritik der Völkerrechtsleugner, Stuttgart 1930, S. 16 ff.; E. Wolf, Große Rechtsdenker der deutschen Geistesgeschichte, 4. Aufl. Tübingen 1963, S. 315 meint allerdings, dies habe Hobbes im Gegensatz zu Grotius zu wenig berücksichtigt. »Daß erst der aus der Gemeinschaft mit Gott und dem Nächsten gerissene, vereinzelte, abgesonderte (»sündige«), friedlose Mensch zu einem solchen ›Wolfe‹ wird, beachtete Hobbes freilich nicht.«

14 Spinoza (1632-1677), etwa zu gleicher Zeit wie Hobbes (1588-1679) denkend, leugnet Absprachen zwischen den Staaten nicht, aber nur im Sinne von Waffenstillstandsvereinbarungen. Sie stehen sich – wie die Menschen – von Natur aus als Feinde gegenüber; ihr Recht reicht genau so weit wie ihre Macht. Sobald das Abschlussinteresse schwindet, schwindet auch die Abmachung, eine permanente clausula rebus sic stantibus meint W. Grewe, Epochen des Völkerrechts, Baden-Baden 1988, S. 110. Spinozas wie Hobbes Analyse war sicherlich eine ziemlich genaue Photographie des Zustandes der damaligen Welt.

15 Wofgang Reinhard, Geschichte der Staatsgewalt a.a.O. (Anm. 12) passim; auch heute noch interessant die klassischen Beträge in: Hanns Hubert Hofmann (Hrsg.), Die Entstehung des modernen souveränen Staates. NWB 17 Geschichte, Köln u.a. 1967.

europäischen Großmächten für die Kolonialexpansion werden möglich und notwendig.
Die Entstehung und Entfaltung bis hin zu einem System rechtlicher Regulierung der skizzierten Art konnten nur auf der Basis einiger axiomatischer Vorgaben erfolgen, so z. B. dem Satz pacta sunt servanda.[17] Sobald am zwischenstaatlichen Verkehr mehr als zwei Rechtssubjekte beteiligt sind, werden weitere Sätze erforderlich. In vielen, wenn nicht in den meisten Fällen sind die handelnden Subjekte, die Staaten, faktisch, was ihre Potenzen anlangt, äußerst ungleich.[18] Ein Zustand der Symmetrie ist nicht vorgegeben und stellt sich auch nicht von selbst ein. So stehen im neuzeitlichen Europa neben den Großmächten stets die Mittel- und Kleinstaaten. Diese faktische Ungleichheit soll, damit der vertragliche Verkehr überhaupt möglich wird, durch die grundlegende »Rechtsfiktion« (gedankliche Voraussetzung) der »souveränen Gleichheit« ausgeglichen werden. Die »Rechtsfiktion« ist kein Phantasiegebilde, sondern ist Ausdruck des realen, durchaus prekären Kräfteverhältnisses der »Internationalen Beziehungen«. Sie sind geprägt von der Konkurrenz der Großmächte untereinander und ihren Versuchen, Allianzen gegen die anderen mit den Mittel- und Kleinstaaten zu schmieden. Solange eine Großmacht keine reale Chance sieht, eine Hegemonialstellung über die anderen zu erlangen, wird sie alle Kraft einsetzen, das Gleichgewicht zu und mit den anderen zu erhalten. Daher akzeptiert sie auch das Prinzip der »souveränen Gleichheit« und zwar zu allen Beteiligten nicht nur zu den anderen Großmächten. Es ist die »Gleichheit«, die in der begrifflichen Zusammensetzung »souveräne Gleichheit« den »ärgerlichen« Treibsatz bildet. Latent besteht nämlich eine ständige Diskrepanz zwischen der logisch für die Staatengesellschaft als ganzes notwendigen, für alle »gleichen« Rechtsordnung und der sozialen Wirklichkeit des sich ständig, und zwar durch die Aktivität der Staaten selbst, in Bewegung befindlichen Gleichgewichts, das die reale Basis dieser rechtlichen Ordnung bildet. Dieser innere Widerspruch führt zu Schwankungen und Labilität des gesamten Rechtsgebäudes, das auf dem in »Übereinstimmung gebrachten Willen«, so der plastische und aus einer langen Rechtstradition stammende Ausdruck für Konsens des ehemals führenden Völkerrechtler der

16 Vgl. zur Entwicklung im einzelnen Paech/Stuby, Völkerrecht und Machtpolitik, a.a.O. (Anm.11). S. 108 ff.

17 Carl Schmitt hat den rechtlichen Charakter dieses Satzes ebenso wie Hobbes bestritten: ders., Verfassungslehre 1928, S. 69 ff.; er sage lediglich, dass Verträge gehalten werden müssten, wenn sie gültig seien, bezeichne also etwas Selbstverständliches und sei insofern tautologisch. Wieso »Sebstverständliches« nicht rechtlich sein soll, ist allerdings nicht ersichtlich.

18 Der »Konsens« kann sich daher auf einen »Melierdialog« reduzieren. Die verschiedenen Schichten dieses »Dialoges« sind herausgearbeitet von Erik Wolf, Griechisches Rechtsdenken III, 2 Frankfurt/M. 1956, S. 113 ff. Auch heute noch spannend zu lesen. Zu den verschiedenen Bedeutungen dieses Begriffes vgl. Hans Hattenhauer, Zur Geschichte von Konsens- und Mehrheitsprinzip, in: Mehrheitsprinzip, Konsens und Verfassung, hrsg. von H. Hattenhauer u. W- Kaltefleiter, Heidelberg 1986, S. 1 ff.

UdSSR Gregorj Tunkin,[19] dieser als souverän und gleich fingierten Völkerrechtssubjekte beruht.
Den ersten Entwicklungsabschnitt des Völkerrechts, zumindest partiell rechtlich geordneter Beziehungen zwischen den einzelnen Nationalstaaten lässt man mit dem Jahre 1648 auslaufen. Eine neue Phase soll beginnen, vielfach als »Westfälisches System« bezeichnet.[20] Das immer dichter werdende bi- und multilaterale Netzwerk wird jetzt »wissenschaftlich« systematisiert, ständige Staatenkonferenzen mit eigenen Apparaturen sind keine Seltenheit mehr. Wann man diesen Abschnitt wiederum für beendet betrachtet und eine neue Periode ansetzt, hängt von den Definitionskriterien ab. Auch demjenigen, der nach wie vor auf den Staat als den wichtigsten Faktor des internationalen Aktionssystems fixiert ist, entgeht nicht, dass inzwischen neue Teilnehmer in den internationalen Beziehungen aufgetreten sind, wie Internationale Organisationen (UN z. B. mit ihren zahlreichen Spezialorganisationen), aber auch große über die staatlichen Grenzen hinaus agierende Wirtschaftseinheiten (TNC's), andere in privater Form nichtwirtschaftliche Ziele verfolgende Gruppierungen (NGO's) und auch derart, also international agierende Individuen, die sich z. B. vor einer internationalen Organisation bzw. innerhalb eines speziellen Regimes wie den Menschenrechtspakten »beschweren« oder jetzt vom IStGH direkt »in Pflicht« genommen werden können. Ob aufgrund dieser Phänomene ein Zeitabschnitt mit neuer, rechtlicher Qualität, mit sog. paradigmatischen Änderungen für das Völkerrecht zu beginnen hat,[21] mag je nach Geschmack unterschiedlich beantwortet werden. Die eigentliche Frage ist jedenfalls mit derartigen Feststellungen nicht entschieden. Die soziologische Wahrnehmung dieser Phänomene neuerer Art

19 G. I. Tunkin, Völkerrechtstheorie 1970, dtsch. Berlin – W. 1972: »Die Setzung von Völkerrechtsnormen erfolgt in bestimmten dem modernen Völkerrecht eigentümlichen rechtlichen Formen, und zwar auf dem Weg des In – Übereinstimmung – Bringens der Willen der Staaten als souveräne und gleichberechtigte Subjekte und schließt ab mit einer Vereinbarung, die den Norminhalt sowie deren Anerkennung als Völkerrechtsnorm festlegt. In diesem Prozeß sind die Willen der Staaten rechtlich gleichwertig . . . Man kann in rechtlicher Hinsicht nicht sagen, der eine Wille habe sich während der Festlegung einer Völkerrechtsnorm durchgesetzt, da es sich um die Vereinbarung souveräner Staaten auf der Grundlage der Gleichberechtigung handelt. Aber wie gesagt, der tatsächliche Einfluß der verschiedenen Staaten und Staatengruppen bei der Schaffung von Völkerrechtsnormen ist bei weitem nicht gleich.« Die Norm legt tatsächliche Ungleichheit zugrunde, die nur in bestimmter Hinsicht beseitigt werden kann. In seiner Studie »Recht und Gewalt im internationalen System«, dtsch. Berlin – W 1986, insbes. S. 51 ff. hat Tunkin seine Theorie der Übereinstimmung des Willens der Staaten erheblich differenziert und präzisiert.

20 Der Ausdruck »Westfälisches System« taucht in der deutschen, vor allem politikwissenschaftlichen Literatur erst in jüngerer Zeit auf. Das Phänomen wird natürlich schon länger diskutiert. Wie so oft ist er aus der amerikanischen Literatur übernommen. Vgl. Herfried Münkler, Wandel des Krieges. Von der Symmetrie zur Asymmetrie, Weilerswist 2006, S. 32 ff. in Bezug auf die problematische Unterscheidung von Staaten- und Bürgerkriegen; Vgl. kritisch zum gesamten Konzept Benno Teschke, The Myth of 1648. Class, Geopolitics and the Making of Modern International Relations, London u. New York 2003, insbes. S. 13 ff.

21 Zu dieser Stoßrichtung vgl. etwa B. Laubach/U.K. Preuß/J. Schmierer/P.-T. Stoll, Memorandum. Die Rolle des Völkerrecht und der VN in einer globalisierten Welt. Sicherheitspolitische Herausforderungen an die Internationale Ordnung zu Beginn des 21 Jahrhunderts, Heinrich Böll Stiftung, Berlin 2004

auf der internationalen Bühne ist nämlich von der Einstufung dieser »neuen« Akteure als Völkerrechtssubjekte und damit Zuweisung von Funktionen in den Normbildungsprozeduren, gleich den oder sogar anstelle der Staaten, zu scheiden. Ob sie als Faktoren der Konsensbildung, des »in Übereinstimmung gebrachten Willens«, auftreten und damit an der »souveränen Glcichheit« teilhaben sollen, ist nämlich selbst ein Problem der rechtlichen Wertung.[22]

Auf die Kategorie Gleichgewicht abstellend soll das Mächtekonzert des Wiener Kongresses von 1815 dem klassischen Völkerrecht den eigentlichen Schliff gegeben haben. Zuvor konnte der störende imperialistische Griff des napoleonischen Frankreichs in die vom Gleichgewicht diktierten Schranken gewiesen werden. Gleichgewicht bedarf nicht der Symmetrie der Faktoren selbst. Auch asymmetrische Faktoren können im Gleichgewicht sein, wenn z. B. die Hebelwirkung manipuliert wird. Im Wiener System sind diese Manipulateure die Pentarchen. Ihre Konkurrenz untereinander fechten sie mittels der Mittel- und Kleinmächte aus, die sich jeweils in »Höfen« (mehr oder weniger feste Allianzen) um sie lagerten. Das zumindest latent vorhandene Streben jeder Großmacht um die Hegemonie über die anderen,[23] verbunden mit Versuchen, die »Satelliten« des »Partners« abzuwerben oder in vereinbarte Äquidistanz zu allen zu bringen (Neutralität), gab diesen einen gewissen Spielraum. Sie wurden so, wenn auch in abhängiger Position, Mitgestalter des Gleichgewichts zwischen den Großmächten, die sie als Subjekte vertraglicher, also völkerrechtlicher Beziehungen benötigten. Dieses komplexe Geflecht eines Machtparallelogramms bildet die soziologische Basis für Herausbildung und weitere Festigung des Prinzips der »souveränen Gleichheit« aller Beteiligten des Konzerts als juristische Fiktion. Symmetrie konnte in der Realität dieser internationalen Beziehungen, wenn überhaupt nur zwischen den Pentarchen hergestellt werden.[24] Der Konsens, so zu tun als bestände sie auch zu den übrigen Mitgliedern des Konzerts macht eine Normbildung, die die faktische Asymmetrie relativiert, erst möglich. Auch jede Normänderung und -weiterbildung beruht auf diesem »Konsens« –

22 Vgl. hierzu G. Stuby, Das Öffentliche in den internationalen Beziehungen, in: G. Winter (Hrsg.), Das Öffentliche heute. Kolloquium zu Ehren von A. Rinken, Baden-Baden 2002, S. 227 m. w. Hinw. Der in diesem Zusamenhang anzutreffende Begriff »soft law« verdeckt das Problem, falls er nicht von vornherein die Unterscheidung von Recht und Nichtrecht mit den Kategorien von Staat und Souveränität aufheben will. Daß es neben rechtlichen Ordnungen auch andere Individuen und Gruppen verpflichtende Regelsysteme gibt, ist auch für den hartnäckigsten Rechtsdogmatiker ebenso unbestritten wie die strikte Unterscheidung zwischen der rechtlichen und der nichtrechtlichen Ebene. Ein Zwischen kann es nicht geben. Zwar kann die Feststellung schwierig sein, z. B. ob eine Regel Gewohnheitsrecht ist, aber auch hier bestimmt der »souveräne Gesetzgeber«, der Staat oder die Staaten im Konsens, ob dies der Fall ist.

23 H. Münkler, Wandel des Krieges, a.a.O. (Anm. 20), S. 62 resümiert: »So hat es in Europa zwar immer wieder ein Ringen um die Hegemonie gegeben, aber keine der daran beteiligte Mächte hat sich als Imperium etablieren können.« Er kommt also zu demselben Ergebnis, führt dies aber auf das immer wieder gelingende Zurückführen entstandener Asymmetrien in Symmetrien zurück, während ich auf das politisch gewollte Justieren eines stets prekären Gleichgewichts trotz oder gegen die weiter bestehenden Asymmetrien mittels völkerrechtlicher Vereinbarung abstelle.

24 Kritisch zum Begriff Gleichgewicht vgl. Alfred Vagts, »Die Chimäre des europäischen Gleichgewichts«, in: ders., Bilanzen und Balancen, hg. Von Ulrich Wehler, Frankfurt/M. 1979, S. 131 ff.

nämlich die in Übereinstimmung gebrachten Willen der Großmächte – in durchaus unterschiedlichen Verfahrensarten. Die übrigen Mitglieder, also die Mittel- und Kleinmächte, wurden allerdings auch normativ in einem Zustand der Zweitklassigkeit gesetzt. Die latente Radikalität der Gleichheitsforderung wird durch den »Trick« der double standard – Argumentation gebremst. Bezogen auf das Völkerrecht zeigt es sich zunächst in den zwei Kreisen Friedens- und Kriegsvölkerrecht, lediglich durch die enge Eintrittsschneise des ius ad bellum miteinander verbunden sind. Diese Dualität erlaubte es, den »Konsens« im Friedensbereich je nach vorhandenem Gewaltpotential mit »gewünschtem« Inhalt zu füllen bzw. von »nicht gewünschtem« zu entleeren. Eine Völkerrechtsnorm wie Art. 52, 53 Wiener Vertragskonvention von 1961, die die Vertragsfreiheit zum Schutz des Schwachen einzuschränken sucht, hätte diese Argumentationsstruktur zur »Unzeit« aufgehoben. Hierfür waren die sozialhistorischen Bedingungen noch nicht reif.

Mit der Aufnahme der Pforte 1856 ins Europäische Konzert wird spätestens deutlich, daß an die Stelle eines einheitlichen (christlichen, zivilisatorisch etc.) Grundverständnisses eine Pluralität von Weltsichten (von Werteordnungen würden wir heute sagen) getreten ist. Nicht von ungefähr beziehen sich von nun an die »positivistischen« Völkerrechtslehrer dieser Periode (Gareis, Ullmann, Jellineck u.a.) auf das römische Recht, um den fehlenden Basiskonsens auszugleichen. Dieses war nämlich in allen europäischen Staaten als Grundlage für die Gestaltung der »civilen« Individuen unbestritten. Es sind später die Rechtsgrundsätze in dem erwähnten Art. 38 IGH-Statut. Meist zitieren sie die folgende Digestenstelle, wenn sie den Ursprung bzw. den Geltungsgrund des Völkerrechts begründen wollen: »Omne ius aut consensu facit, aut necessitas constituit, aut firmavit consuetudo; (Modestinus in I. 40 Dig. De legibus (1,8)).[25]

Die zunehmende Verflechtung und Verdichtung der internationalen Beziehungen trieben auch die rechtliche Entwicklung weiter. Die ersten internationalen Organisationen (Weltpostverein etc.) entstehen und münden nach dem 1. Weltkrieg in den letztlich gescheiterten Versuch, eine Organisation universalen Charakters zu bilden, den Völkerbund. Inwieweit in ihm selbst die Bedingungen angelegt waren (Widerspruch zu den Versailler Bestimmungen), den imperialen Zugriff des faschistischen Deutschlands zu ermöglichen und zwar in einer Radikalität in Theorie (völlige Aufhebung des Gleichheitspostulats im Konstrukt der Rassenkonzepts) und mörderischen Praxis, wie sie bislang noch nicht erfahren worden war, ist hier nicht das Thema.[26] Entscheidend ist vielmehr die Frage, weshalb man 1945 zum Modell der

25 Statt vieler E. Ullmann, Völkerrecht, Freiburg i. Br. 1898, S. 27

26 Hierzu meine beiden Studien G. Stuby, Das »Großgermanische Reich«, ein eliminatorisches Gegenmodell zum Völkerbund: Hegemoniale Globalisierung in Großräumen, in: Stephan Albrecht u.a., Die Welt zwischen Recht und Gewalt. Internationale Sozialordnung, Völkerrecht und Demokratie, Hamburg 2003, S. 224 ff. u. G. Stuby, Friedrich W. Gaus, Das Auswärtige Amt und die Konzeption eines Groß-Germanischen Reiches im Spiegel des »Wilhelmstraßenprozesses«, in: Eva Schöck-Quinteros u.a., Bürgerliche Gesellschaft-Idee und Wirklichkeit. FS für Manfred Hahn Berlin 2004, S. 451 ff.

souveränen Gleichheit der Staaten zurückkehrte. Sicherlich nicht, weil nunmehr die Staatenwelt symmetrischer geworden war.

2. Souveräne Gleichheit und Konsens im Völkerrecht nach 1945

Denn das prekäre Gleichgewicht der Mächte in Europa, auf dem das System der Internationalen Beziehungen der Zwischenkriegszeit beruhte, war durch die Niederlage der ehemaligen Achsenmächte Deutschland und Italien erschüttert. Nicht nur diese beiden ehemals gewichtigen Faktoren waren auf längere Zeit ausgeschaltet. Auch England und Frankreich waren im Vergleich zur Vorkriegszeit erheblich geschwächt. Betrachtet man die Kapazitäten der beiden Hauptrivalen im sich neu einpendelnden, nunmehr bipolaren Gleichgewicht nur von der militärischen und wirtschaftlichen Seite her, so waren die USA damals schon zum neuen Hegemon prädestiniert. Die Sowjetunion hatte ihre militärischen und wirtschaftlichen Ressourcen für eine Art Pyrrhussieg aufgebraucht. Allerdings konnte ihre geschwächte militärische Anwesenheit bis zur Demarkationslinie in Europa nicht von den USA aufgewogen werden. Wegen des fernöstlichen Engagements vor allem konnten sie sich nicht allein auf Europa konzentrieren. Die »Öffentlichen Meinung« in Europa war nur eingeschränkt von ihnen zu beeinflussen. Ihre Freiheits- und Demokratiekonzeption hatte sich bestenfalls gebrochen in der alliierten Kriegszielpropaganda durchsetzen können, nachdem die Sowjetunion in der Antihitlerkoalition an Gewicht zugenommen hatte.

Demokratievorstellungen sozialistischer Prägung fanden im befreiten Europa demgegenüber großen Widerhall. Sie entsprachen den Leitvorstellungen der sozialdemokratischen und kommunistischen Arbeiterbewegung, die das Zentrum des antifaschistischen Widerstandes in allen Ländern gewesen war. Die Nachkriegsverfassungen in den befreiten westeuropäischen Ländern spiegeln in ihren Bestimmungen diese Vorgänge wider.[27] Damit war, wenn auch nur zeitweilig, die wichtige »kulturelle« Komponente (die Propaganda des Siegers ist mindestens so mächtig wie seine Waffen)[28] für mögliche amerikanische Hegemonieausübung gehemmt. Diese komplexe Ausgangssituation führte zu zahlreichen »sozialen Kompromissen« auch in der völkerrechtlichen Vertragsgestaltung der Internationalen Beziehungen, allen voran in dem wichtigsten Dokument, in der UN-Charta.

Ihre Architekten, unter ihnen spielen die Repräsentanten von Mittel- und Kleinstaaten eine nicht zu vernachlässigende Rolle, griffen zunächst einmal auf das traditio-

27 Einen Überblick über die Verfassungsentwicklung in dieser Periode jetzt bei L. Canfora, Eine kurze Geschichte der Demokratie, Köln 2006, S. 260 ff.

28 Vgl. L. Canfora, a.a.O. (Anm. 27), S. 85; in Bezug auf die hessische Verfassung jetzt Michael Stolleis, Der Staat behält sich die sinnvolle Lenkung der Güter vor. Versteinerung der großen Koalition des Jahres 1946: Die hessische Verfassung gehört ins Museum, FAZ 27.10.2006. Eine Norm kann eigentlich erst ins Museum, wenn sie nicht mehr gilt. Sollte der »offenen Gesellschaft der Verfassungsinterpreten« (Häberle) so weitreichende »Macht« auch zur Verfassungsänderung eingeräumt sein, dass die Norm obsolet wird, ohne den »lästigen« Weg beschreiten zu müssen, den die Verfassung selbst vorschreibt?

nelle völkerrechtliche Instrumentarium zurück. Die souveräne Gleichheit aller Mitglieder als Grundlage der UN in Art. 2 Ziff. 1, und damit auch unausgesprochen das Konsensprinzip, fanden sozusagen als Selbstläufer Eingang in die Charta. Jedenfalls wurde die Formel von den Repräsentanten der Mittel- und Kleinstaaten als eine Stützung ihrer Position gesehen. Die Sonderstellung der Großmächte mit Vetorecht im Sicherheitsrat erschien ihnen als abweichende Ausnahme von diesem Prinzip. Einige Kleinstaaten opponierten folgerichtig. Sie standen kurzfristig nicht allein. Überraschend signalisierten Vertreter der amerikanischen Administration Entgegenkommen. Im Vertrauen auf eine faktische Hegemonieposition glaubten sie, ohne Vetorecht auskommen zu können. Realistischere Einschätzungen bewogen sie aber, sich schnell den Sowjets anzuschließen, die nicht nur auf dem Veto beharrten, sondern sich auch gegen den Vorschlag stemmten, das Stimmrecht des potentiell von einer Entscheidung betroffenen ständigen Mitgliedes auszuschließen. Die Aufnahme Frankreichs in den Kreis der ständigen Mitglieder – von einer realen Großmachtposition konnte kaum gesprochen werden, selbst wenn man den kolonialen Besitzstand einbezog – ist letztlich auf das Kalkül der USA auf der einen und das der UdSSR auf der anderen Seite zurückzuführen. Denn beide setzten auf einen Neutralisierungseffekt. Die Volksfrontregierung in Frankreich zu dieser Zeit erklärt die sowjetischen, die Annahme, dass sich letztlich die traditionell westliche Orientierung Frankreichs durchsetzen werde, die amerikanischen Hoffnungen. Hier wird deutlich, wie prekär die Bipolarität zwischen USA und UdSSR von Beginn an war. Schon im Kreis der ständigen Mitglieder waren beide auf Allianzen angewiesen. Dies wiederum gab den nichtständigen Mitgliedern und darüber hinaus den »einfachen« UN-Mitgliedern einen gewissen Spielraum für politische Aktionen im eigenen Interesse. Der in Art. 2 Ziff.1 positivrechtlich niedergelegte Grundsatz der souveränen Gleichheit und das ihm inhärente Konsensprinzip hatten also einen Bezug in der Realität der Internationalen Beziehungen. In dieser Hinsicht war die Situation »unverändert« geblieben. Weitere normative Entwicklungen in Richtung des Abbaus faktischer Ungleichheiten schienen zudem nicht ausgeschlossen.

Kap. VII der UN-Charta räumte im Gegensatz zu den Möglichkeiten des Völkerbundsrates nach der Völkerbundsatzung dem Sicherheitsrat weitgehende Kompetenzen zur Friedenssicherung ein. Neben einem breiten Katalog von Maßnahmen, einschließlich militärischer Gewalt, war ihm in der Frage des Ob und des Warum seines Tätigwerdens eine Art Kompetenz-Kompetenz eingeräumt (Art. 39). Allerdings mussten sich die Vetomächte untereinander einig sein.[29] Die Architekten der Charta planten realistischerweise einen möglichen Dissenz unter ihnen ein und damit Konstellationen der Gewaltanwendung außerhalb des Kollektivmechanismus.

29 Vgl. M. Herdegen, Der Sicherheitsrat und die autoritative Konkretisierung des VII. Kapitels der UN-Charta, in: Herdegen, Beyerlin, Bothe u.a., Recht zwischen Umbruch u. Bewahrung, FS R. Bernhard 1995, S. 103 ff.

Die Verankerung des Gewaltverbotes in Art. 2 Ziff. 4 entsprach weitgehend der bisherigen gewohnheits- und vertraglichen Entwicklung seit der Völkerbundsatzung von 1919 und dem Briand – Kellogpakt von 1928. Die restriktive Formulierung der Selbstverteidigung, nämlich Auslösung des »naturgegebenen Rechts« nur im Falle eines bewaffneten Angriffs, zeigt, dass eine gewohnheitsrechtlich möglicherweise weiter gefaßte Selbstverteidigung, z. B. in den Bereich der Prävention (oder sogar entsprechend der amerikanischen Doktrin der Preemption) hinein, ausgeschlossen werden sollte. Die Selbstverteidigung ist als ein (lediglich) subsidiäres Instrument ausgestaltet.[30] Sie ist nur gestattet, solange der Sicherheitsrat nicht funktionsfähig ist. Damit entsteht ein »Legalitätsrisiko« für ein ständiges Mitglied, sobald es eigenmächtig Gewaltmaßnahmen ergreifen will, nachdem es kraft seines Vetorechtes den Kollektivmechanismus ausgeschaltet hat. Diese normativen Einschränkungen der individuellen Gewaltanwendung gegenüber der Völkerbundzeit zeigen ebenfalls die Handschrift der Mittel- und Kleinstaaten.
Während des Kalten Krieges war die Aktivität des Sicherheitsrates gerade auf dem ihm von der Charta anvertrauten Bereich der Friedenssicherung stark eingeschränkt. Stattdessen standen sich die beiden Supermächte in konfrontativer Spannung unmittelbar gegenüber. Wachsende Ernüchterung über die Gefahren eines mit Nuklearwaffen (bzw. anderen Massenvernichtungswaffen) ausgetragenen Krieges, die die Asymmetrie der Potentiale zugunsten der USA neutralisierten (Gleichgewicht des Schreckens), »zwangen« zur »friedlichen Koexistenz« durch bilaterale Vertragsgestaltung, vor allem auf dem Gebiet der Rüstungsbeschränkung und der Abrüstung.[31] Bemühungen, sich auf die eigenen Potentiale zu beschränken, misslangen. Der Kreis der Vertragsbeteiligten musste auf die faktischen und potentiellen Atomwaffenbesitzer (Non – Proliferation) bzw. Besitzer anderer Massenvernichtungswaffen (Beschränkung bzw. Verbot chemischer und biologischer Waffen) ausgedehnt werden.[32] Eine Art Kondominium (kollektive Hegemonie) zu errichten, beschränkt auf die Vetomächte oder gar die Supermächte allein, gelang nicht.

30 Auf die Symmetrie von kollektivem Schutz als Kompensation für das individuelle Gewaltverbot und Selbstverteidigung hat schon Kelsen, The Law of the United Nation, 1950, S. 270 hingewiesen. Sie aber bei Versagen des kollektiven Schutzes als Argument für eine immer weitere Vorverlagerung der Selbstverteidigung in die Prävention anzuführen, war sicherlich nicht seine Intention. So aber M. Herdegen, Asymmetrien in der Staatenwelt und die Herausforderungen des »konstruktiven Völkerrechts«, in: ZaöRV 64 (2004), 571 ff. (574) zur Verteidigung der gegenwärtigen amerikanische Sicherheitsstrategie.

31 Zu unterscheiden ist das mehr oder weniger strategische Gleichgewicht des Schreckens mit durchaus verschiedenen Komponenten auf den beiden Seiten und die rechtliche Anerkennung der strategischen Gleichheit als Ausgangspunkt zum Abbau der Rüstungspotentiale, theoretisch bis auf Null. Es gab Ansätze mit einer Tendenz auch in diese rechtliche Stoßrichtung. Münkler, Wandel des Krieges, a.a.O. (Anm. 20), S. 282 meint allerdings, dass »wahrscheinlich (einer) friedenserhaltenden Logik eines Gleichgewichts des Schreckens . . . zu keiner Zeit die politische Anerkennung der Gleichheit« entsprochen habe.

32 Insofern hatte auch schon während des Kalten Krieges die Frage der Rüstungskontrolle zwar eine bilaterale Ausrichtung, aber immer kombiniert mit multilateraler Prägung. A.A. Bothe, in: Vitzthum, Völkerrecht (3. Aufl), Berlin 2004, Kap. VIII Rz.54, S. 627 f.

Deutlicher noch war die Gegenwirkung des auf der Basis der souveränen Gleichheit funktionierenden Konsensprinzips in anderen Bereichen der völkerrechtlichen Vertragsgestaltung zu verspüren. Komplexe wie Menschenrechte, Seerecht, Weltraumrecht u.a.m. sind inzwischen zum Teil positivrechtlich durchgestaltet.[33] Noch nie in der Völkerrechtsgeschichte war ein so großer Kreis in ihrem faktischen Gewicht völlig unterschiedlicher Staaten – also in einem Zustand gesteigerter Asymmetrie – an der Entstehung von Völkerrecht beteiligt. Selbstverständlich hatten die Großmächte, allen voran die Supermächte, in allen wesentlichen Fragen ein gewichtiges Wort mitzusprechen. Sie hatten auch die Macht, eine vor allem gewohnheitsrechtliche Entwicklung, die eine überwiegende Mehrheit der Staaten anstrebte, zu blockieren, so die USA, Tendenzen auszuschalten (bei den sozialen und wirtschaftlichen Menschenrechten oder beim Tiefseebergbau z. B.), die eine allzu starke kollektive Kontrolle privater Verfügungsmacht über Ressourcen anstrebten.
Ein Beispiel dafür, dass Sonderrechte der Großmächte nicht mehr als selbstverständlich hingenommen werden, ist Art. VI des gerade erwähnten Nichtweiterverbreitungsvertrages von 1968, der eine Verpflichtung zur »allgemeinen und vollständigen Abrüstung unter strenger und wirksamer internationaler Kontrolle« enthält, die sich in erster Linie an die Kernwaffenstaaten richtet. Ihr privilegierter Status wird durch diese wenn auch vage Abrüstungsverpflichtung als vorläufig eingestuft.[34] Auch die ständige, wenn letztlich erfolglose Diskussion um eine Reform des Sicherheitsrates, einschließlich des Vetorechtes, deutet zumindest auf einen Verlust der früheren Selbstverständlichkeit hin. Dieser Trend wird besonders deutlich bei völkerrechtlichen Normierungen, die das faktisch »schwache« Völkerrechtssubjekt im bilateralen oder multilateralen Vertragsverhältnis schützen sollen. Nach Art. 52 WÜV v. 1969 ist ein Vertrag nichtig, wenn sein Beschluß durch Androhung oder Anwendung von Gewalt unter Verletzung der in der UN-Charta niedergelegten Grundsätze herbeigeführt wurde und Art. 53 läßt einen Vertrag nichtig sein, wenn er im Widerspruch zu einer zwingenden Norm des allgemeinen Völkerrechts steht. Ius cogens ist »eine Norm, die von der internationalen Staatengemeinschaft in ihrer Gesamtheit angenommen und anerkannt wird als Norm, von der nicht abgewichen werden darf und die nur durch eine spätere Norm des allgemeinen Völkerrechts derselben Rechtsnatur geändert werden kann.« Die Formulierung bestätigt das Prinzip der souveränen Gleichheit und des Konsensprinzips. Allerdings erhält jetzt eine bestimmte Schicht von Völkerrecht außerhalb der Charta eine Art »Ewigkeitsgarantie«. Die Frage, welche Normen dies sind, welche Reichweite sie haben, wer vor allem die Interpretationshoheit und Sanktionskompetenz besitzt, die Staaten im üblichen Prozeß der Gewohnheitsrechtsfeststellung (opinio und Praxis) oder in

33 Vgl. im Einzelnen Paech/Stuby, Völkerrecht und Machtpolitik a.a.O. (Anm. 11), S. 631 ff., S. 716 ff., S. 797 ff.

34 Vgl. zur neueren Entwicklung hinsichtlich dieser Abrüstungsverpflichtung der Nuklearstaaten auf den Überprüfungskonferenzen Fischer, in: K. Ipsen, Völkerrecht, (5. Aufl.) München. 2004, § 61 Rz. 34

irgendeiner Form institutionalisiert (vor allem durch ein wie auch immer gewichtetes Stimmrecht) in Internationalen Organisationen (UNO etc.), ist damit noch nicht entschieden.

Auch wenn hiermit nur ansatzweise die schlimmsten Folgen der Asymmetrien in der Staatenwelt angesprochen sein mögen, die normativen Bemühungen, dass eine lediglich formale Handhabung grundlegender völkerrechtlicher Prinzipien wie die souveräne Gleichheit nicht mehr ausreicht, machen deutlich, dass von einem unverzichtbaren »materiellen« Schutzbereich der souveränen Gleichheit, vergleichbar mit den Grenzen des Grundrechtsverzichtes im innerstaatlichen Verfassungsrecht, auszugehen ist. Seine Funktion besteht darin, der faktischen, sozialen, auch als politisch bezeichneten Ungleichheit zwischen den Staaten entgegenzuwirken. Hierauf komme ich zurück.

3. Souveräne Gleichheit und Konsens im Völkerrecht nach dem Ende der Bipolarität

Zu Beginn der Neunziger Jahre war während der Aufbruchstimmung nach Ende der Bipolairtät[35] in einigen Bereichen, deren Rechtsentwicklung jahrzehntelang brach lag, unerwartete Aktivität zu verzeichnen (Romstatuts 1998 und die folgende Installierung des Internationalen Strafgerichtshofes 2002, Umweltrecht u.a.m.) Es dauerte nicht lange, bis die USA diese Entwicklungen bremsten. Sie sahen ihre endlich errungene Hegemoniestellung angetastet[36]. Ist eine neue Epoche des Völkerrechts eingeläutet?

Das Verschwinden des ehemaligen Supermachtspartners hat das militärische und wirtschaftliche Potential der USA enorm aufgewertet. Es bildet die vornehmliche Basis ihrer derzeitigen Stärke. Es kommen aber noch andere, nämlich »kulturell-ideologische« Faktoren hinzu. Der zeitweilige Verlust und die gelungene Diskreditierung aller Konzeptionsansätze, die in die Nähe von sozialistischem oder gar kommunistischem Gedankengut gebracht werden konnten, entfalteten und entfalten noch Schubwirkung. Ein Demokratiebegriff in amerikanischer Lesart gepaart mit

35 Die Gründe der Auflösung der Blockparität liegen nicht in einem Verlust der strategischen Parität auf Seiten der SU oder gar verengt auf einen rein militärischen Aspekt im Debakel der mit sowjetischen Waffen kämpfenden irakischen Armee gegenüber den überlegenen USA und der Schockwirkung auf den Warschauer Pakt, wie Münkler, Wandel des Krieges, a.a.O. (Anm. 20) S. 285 annimmt. Das Potential der irakischen Armee war gegen ihre Nachbarn Iran, Kuweit etc. konzipiert, noch nicht einmal gegen Israel, geschweige denn die USA. Vielmehr sind die Gründe des Untergans des sowjetischen Staatensystems (Imperiums) weitaus komplexer. Nachwirkungen des 2. Weltkrieges, Unterlegenheit gegenüber dem Westen in der ökonomischen, ideologisch-kulturellen u.a. Konkurrenz führten zur »Aufgabe«. Letztlich war es eine politische Entscheidung, das kostspielige Bemühen um strategische Parität aufzugeben. Der Schlusspunkt war die offizielle Auflösung der SU in Minsk.

36 Überblick über das Verhalten der USA nach Schwinden der Bipolarität bei G. Nolte, USA und Völkerrecht, in: Friedenswarte 78 (2003), S. 119 ff.; vgl. a. M. Byers/G.Nolte (Hrsg.), United States Hegemony and the foundation of International Law, Cambridge 2003, insbes. Part. II Sovereign equality, S. 117 ff.

einem Freiheitsbegriff, in dessen Zentrum die ungehemmte »private« Verfügung über alle Ressourcen materieller und immaterieller Art und zwar weltweit steht (Globalisierung, Durchkapitalisierung etc.), beherrscht dank der internationalen (technisch z.B. durch Satelliten, ökonomisch durch amerikanisch dominierte Multis: »Murdochkomplex«) die »öffentliche Meinung« in den wichtigsten Staaten. Die Hegemonie zeige schon Anzeichen der Aufweichung und des Abbröckelns, meinen einige, andere wieder sehen eher Umorientierung, Anpassung, Flexibilität einer ungebrochenen Imperialmacht. Die Frage braucht nicht entschieden zu werden, denn es geht darum, in welcher Weise sich die seit den neunziger Jahren unbestritten gewachsene Asymmetrie der Staatenwelt in allen Faktoren der Begründung von »Macht« auf die oben skizzierte normative Grundsubstanz auswirkt, insbesondere auf die Kategorien der souveränen Gleichheit und des Konsenses.

Veränderungen der Internationalen Beziehungen durch Verschiebungen im Kräfteparallelogramm beeinflussen die Normen des Völkerrechts, wie sie in einer bestimmten historischen Konstellation des Gleichgewichts der Kräfte entstanden sind, zunächst nicht. Das gilt sowohl für das Vertragrecht als auch für das Gewohnheitsrecht. Beides kann natürlich geändert werden. In bestimmten Bereichen von multilateralen Verträgen, z. B. des internationale Handels, wozu auch das wissenschaftliche Now How (Patente etc.) gehört (WTO), des Ressourcenregimes im Seerecht u.a. konnten die USA ihre schon in den achtziger Jahren starke Position ausbauen. Hier funktioniert der »ungleiche« Konsens als Abstimmungsmodus hervorragend.[37] Alle schwachen Ansätze einer »Neuen internationalen Wirtschaftsordnung« zugunsten der ehemaligen, damals sich gerade von kolonialer Beherrschung emanzipierenden Länder sind inzwischen beseitigt. Schwieriger ist eine Änderung der UN-Charta, um eine Relativierung des Gewaltverbotes zu erreichen.[38] Selbst einem faktisch so starken Mitglied der UN wie den USA sind hier allein schon wegen des geforderten Quorums einschließlich aller ständigen Mitglieder des SR (Art. 109 UN-Charta) unübersteigbare Grenzen gesetzt.

Eine direkte Änderung der Charta, des positiven Rechts, und damit eine Anpassung oder gar Beseitigung des Prinzips der souveränen Gleichheit ist unwahrscheinlich. Wie sieht es aber im gewohnheitsrechtlichen Kontext aus?

Für »Realisten«, die Völkerrecht als »Photographie« des vor allem militärischen und wirtschaftlichen Kräfteparallelogramms behandeln, jedenfalls ihm selbständige

37 Vgl. hierzu R. Wolfrum, Reflections on the Development of International Treaty Law under the Auspices of US Hegemony and Globalization, in: Austrian Review of International and European Law 8 (2003), S. 229 ff.

38 Im Jahr 2004 kam ein hochrangiges Gremium der Vereinten Nationen (dem unter anderem der frühere amerikanische Nationale Sicherheitsberater Brent Scowcroft angehörte) zu folgendem Schluss: »Vom Umfang her und hinsichtlich dessen, was seit langem gilt, muss Artikel 51 weder ausgeweitet noch eingeschränkt werden . . . In einer Welt voller potentiell wahrgenommener Gefahren wäre das Risiko für die globale Ordnung bzw. für die Norm der Nichtintervention, auf der diese Ordnung nach wie vor beruht, einfach zu groß, würde man unilaterale Präventivaktionen als legal akzeptieren, dies ist zu unterscheiden von Aktionen, die kollektiv beschlossen werden. Erlaubte man es einem, so zu handeln, erlaubte man es allen.«

und regulierende Funktion absprechen, erledigt sich das Problem von selbst. Die Normänderung erfolgt »automatisch«.[39] Schwieriger haben es Strömungen, die an Vorläufern der Zwischenkriegszeit anknüpfen. Sie gehen von einem unverfügbaren substantiellen, quasi naturrechtlichen Substrat eines Normengefüges der internationalen Staatengesellschaft aus. Es wird jetzt als »Internationale Rechtsgemeinschaft«, »Weltverfassung« oder relativ neu als »Werteordnung« bezeichnet.[40] Die Parallele zur deutschen Verfassungsdiskussion – Werteordnung, deren Ausdruck die Grundrechte sind – wird ausdrücklich angesprochen. Diese »Werteordnung« bestehe aus zum Teil antagonistischen Prinzipien (hie absolutes Gewaltverbot, dort Menschenrechte, ausgeliefert der egoistischen Staatensouveränität z.B.). Sie ständen untereinander in einem Spannungsverhältnis, das in eine »Einheit« des Ganzen gebracht werden müsse.

In der Verfassungsdiskussion der Weimarer Zeit war in diesem Punkt eine nicht unerhebliche Differenz zwischen sog. »Schmittianern« (Einheit durch Dezision des Souveräns, notfalls durch »notständische« physische Gewalt) auf der einen und »Smendianern« (Einheit durch »geistige« Integration, die allerdings physische Gewaltanwendung nicht ausschließt) auszumachen. Im bundesrepublikanischen Verfassungsdenken haben sich durch den faktischen Einheitsstifter Bundesverfassungsgericht die theoretischen Unterschiede zwischen beiden Gruppierungen eingeschliffen.[41] Auf der völkerrechtlichen Ebene gestaltet sich eine solche Einheitsstiftung komplizierter. Der »Gestalter« soll die Staatengemeinschaft sein, repräsentiert durch die UNO, konkret den Sicherheitsrat. Wenn dieser in seiner Funktion ausfällt (Veto), scheint nur der Appell an den faktischen Hegemon, die USA, als letzter Ausweg. Das etwas hilflose Epitheton »demokratischster der Weltgeschichte« verhüllt nur mühsam das letztlich mit den amerikanischen »Realisten« übereinstimmende Ergebnis. Herdegen schlägt dann auch explizit diesen Bogen mit den entsprechenden relativierenden Folgen für das Prinzip der souveränen Gleichheit und des Konsenses.[42]

Wir haben also im Wesentlichen zwei Diskussionsstränge. Einen, in erster Linie bei Politikwissenschaftlern zu finden, der auf die realen Veränderungen in den internationalen Beziehungen hinweist, und einen zweiten, mehr unter Völkerrechtlern anzutreffen, der im Kontext von »Werteabwägungen« mit Vorschlägen zur normativen Anpassung im Wege der Interpretation mit Blick auf das Gewohnheitsrecht

39 Bzw. sie analysieren »wertfrei« das »Leerlaufen« der Norm wie etwa Münkler, Wandel des Krieges, a.a.O. (Anm.20), Kap. 13 u. 14) die Norm des humanitären Völkerrechts beim Kampf gegen den Internationalen Terrorismus. Im Beitrag, Israel hat keine Helden mehr, FR v. 23.11.2006, allerdings wird ein Moment lang seine »Parteinahme« offenbar, wenn er resümiert, dass das aktuelle Völkerrecht, »eine Begünstigung nichtstaatlicher Akteure« darstelle; sie verschwindet aber dann sofort wieder hinter der nicht ausgesprochenen Schlußfolgerung, die er dem Leser überlässt.

40 So z. B. M. Herdegen, Völkerrecht 3. Aufl. München 2004, S. 34

41 So auch H. P. Schneider, 50 Jahre Grundgesetz* – Vom westdeutschen Provisorium zur gesamtdeutschen Verfassung, NJW 1999, S. 1497 ff. (1503 f.)

42 M. Herdegen, a.a.O. (Anm. 40), S. 34

und eine Institutionsreform (Sicherheitsrat u.a.) hervortritt. Beide Tendenzen übrigens, nicht überraschend, lehnen sich stark an den wissenschaftlichen Diskurs in den USA an. Denn ohne Bezug auf das Völkerrecht, vor allem in der angedeuteten einheitsstiftenden Interpretation, lässt sich die »kulturell-ideologische« Hegemonie (das reicht sehr nahe an die Argumentationsmustern der »Integrationsschule« Smendscher Prägung heran) nicht halten. Je mehr die anderen Faktoren militärischer und wirtschaftlicher Art durch Verschleiß und andere Gründe relativiert werden, umso mehr rückt die »kulturell-ideologische« und damit die völkerrechtliche Legitimation in den Vordergrund.[43] All diese »ideologischen« Bemühungen spiegeln die Geschwindigkeit des Wachstums einerseits der Interdependenzen andererseits der Tendenzen massiver und meist in gewalttätiger Form sich vollziehenden Desintegration im aktuellen System der Internationalen Beziehungen, vulgo Globalisierung. Der »Schrei« nach globaler und zentraler Regulierung ist nicht zu überhören. Ihre »Notwendigkeit« kann und soll nicht bestritten werden. Es fragt sich nur auf welche Art und Weise. Im Unterschied zu vorhergehenden Epochen ist ein verhältnismäßig komplexer kollektiver Mechanismus der Regulierung in Form der UNO vorhanden. Er wird auch – und dies im Unterschied zur Völkerbundzeit – von keiner Seite grundsätzlich bestritten, auch nicht von den USA.[44] Wenn der Ruf nach dem amerikanischen Hegemon – im Klartext nach der amerikanischen Führerschaft – auf dessen demokratischer Qualität abstellt, kann Zweierlei gemeint sein. Zum einen, dass das konkrete Regierungs- und Herrschaftssystems in den USA unserem eigenen (inneren) Verfassungsverständnis (mehr oder weniger) entspräche, zum anderen, dass dieses Modell von Demokratie auf die gewünschte zentralen und globalen Regulierung mittels der UNO übertragbar sei. Wie aber die Beispiele der jüngsten Zeit (Kosovo, Irak, Iran etc.) zeigen, werden die Probleme gerade dort brisant, wo sie den Stempel der amerikanischer Führerschaft tragen.

43 N. Busse, Der große Fehlschlag (FAZ 1.12.2006) weist in seinem Leitartikel auf das Nachlassen der »weichen« Macht der USA hin. »Am längsten dürfte diese Niederlage auf dem sensiblen Feld der öffentlichen Meinung nachwirken. Nicht nur im arabisch-muslimischen Kulturkreis wird das Bild Amerikas für eine oder zwei Generationen stärker vom Foltergefängnis Abu Ghraib geprägt sein als von der Freiheitsstatue. Das beraubt Amerika der »soft power«, jener oft unterschätzten kulturellen und ideellen Anziehungskraft, ohne die im Medien- und Diskurszeitalter militärische Kraft erstaunlich wenig wert sein kann. So hat der Irak-Krieg, der eine Machtdemonstration sein sollte, zur ärgsten Beschneidung des amerikanischen Handlungsspielraums seit Vietnam geführt.«

44 Das Auftreten gegenüber Iran hinsichtlich der Einhaltung des Weiterverbreitungsvertrages ist ein aktuelles Beispiel dafür, dass die USA nicht an Abschaffung der UN denken, sondern ihre Nutzung als hegemonialen Hebel nach Bedarf anvisieren. Sie versuchen, ihre Vorstellungen im Sicherheitsrat gegenüber den anderen ständigen Mitgliedern zunächst durchzudrücken. Bei einem. Scheitern wollen sie dann diesen Rahmen verlassen, um auf »eigene Rechnung« zu handeln. Jetzt zeigt sich aber schon, dass dies kaum möglich sein wird. Vgl. zum Problem der Non-Proliferation in völkerrechtlicher Hinsicht allgemein R. Wolfrum, Der Kampf gegen eine Verbreitung von Massenvernichtungswaffen: Eine neue Rolle für den Sicherheitsrat, in: Weltinnenrecht – Liber amicorum Jost Delbrück (Hrsg. K. Dicke et al.), Veröffentlichungen des Walther-Schücking-Instituts für Internationales Recht an der Universität Kiel, Bd. 155, Berlin, 2005, S. 865-876

II. Zum »Grund« internationaler Menschenrechte

Traditionelle »Integrationisten« werden diese Kritik (am »realistischen« Dezionismus vor allem) teilen. Sie werden demgegenüber auf die »geistige« Integration (kulturell-ideologische Hegemonie/Führerschaft) abstellen. Bis tief in die menschenrechtsorientierte Bürgerbewegung in Europa und den USA werden sie positiven Widerhall finden. Dennoch, es sind massive Zweifel angebracht, ob derartige »amerikanisch« ausgerichtete Modelle, selbst wenn man sie europäisch d. h. westlich erweitert, global übertragbar sind. Bevor ich zu dieser Frage zurückkehre, zunächst die angekündigten, lediglich thesenartige Bemerkungen zum zweiten zentralen Einwand gegen ein angeblich im westfälischen System verhaftetes Völkerrechtsdenken, die Auswirkungen der internationalen Menschenrechte auf das »Souveränitätsdogma«.

1. Zur Schwierigkeit internationaler Menschenrechte überhaupt

Eulen trüge man nach Athen mit der Feststellung, über nichts würde heftiger gestritten als über den Begriff der Menschenrechte. Unüberbrückbar scheinen die Differenzen etwa zwischen einer westlich – europäischen, aus christlicher Tradition gewachsenen und einer islamischen, hinduistischen oder anderen Sicht.[45]
Der völkerrechtliche Befund allerdings scheint dieser Feststellung zu widersprechen. Denn in zahlreichen völkerrechtlichen Verträgen haben sich Staaten, deren Gesellschaften in den gerade genannten Traditionen stehen, untereinander darauf geeinigt, dass in ihrem Souveränitätsbereich übereinstimmende Rechte gelten sollen, auf die jeder Mensch zum Schutze seiner Würde und Persönlichkeit Anspruch hat. Eine solche Übereinstimmung (Konsens) ist allerdings erst nach den kollektiven Unrechts- und Krisenerfahrungen vor und während des 2. Weltkrieges zustande gekommen.[46] In den genannten multilateralen Verträgen (z. B. den Menschenrechtspakten von 1966) haben sich diese Staaten sogar auf das Ziel der Universalität (universellen Geltung) geeinigt. Denn es sollen alle Staaten dieser Welt an diesen Verträgen beteiligt sein, indem sie diesen beitreten. Einig ist man sich in der Völker-

45 Hierzu H.P. Schneider, Vom Recht, das mit uns geboren ist. Die Menschenrechte zwischen universeller Geltung und kultureller Prägung, in: N. Paech, u.a. (Hrsg.), Völkerrecht statt Machtpolitik. Beiträge für Gerhard Stuby Hamburg 2004, S. 330 ff. H.P. Schneider reiht mich in diesem Artikel, wenn auch etwas zögernd, unter die Universalisten ein. Das Zögern ist verständlich. In meiner bei Erik Wolf angefertigten Dissertation »Recht und Solidarität im Denken von Albert Camus«, Frankfurt 1965 bewege ich mich noch ganz auf einer »rechtsontologischen« Position. Ob mein heutiges Beharren auf »Vereinbarung« und »Konsens« auch beim Mindeststandard anders zu beurteilen ist, mag fraglich sein.

46 Zu den Kontroversen um den Begriff der Universalität im Völkerrecht vgl. Verdross, A., Simma, B., (1984), S. 11 ff., S. 18 ff.; zur Universalität im Sinne von Vorstaatlichkeit Norman Weiß, Menschenrechte, in: H. Volger u.a. (Hrsg.), Lexikon der Vereinten Nationen, München u.a. 2000, S. 324 ff. (328).

rechtslehre darin, und da beginnen die eigentlichen Probleme, dass inzwischen ein Mindeststandard von Menschenrechten für alle Staaten als universales Gewohnheitsrecht anzunehmen ist (sog. erga omnes – Wirkung), der zwar immer wieder durch die genannten Verträge bestätigt, aber letztlich unabhängig von ihnen seine Geltung bezieht. Umfang und Geltungsgrund dieses Mindeststandards, wie des Gewohnheitsrechtes überhaupt, sind allerdings umstritten.[47] Und hier beginnen dann die erwähnten Divergenzen. Vergröbernd gesprochen, lässt sich diese universelle Geltung des Mindeststandards auf zwei Weisen begründen. Man führt sie als Gewohnheitsrecht auf »Vereinbarung« (Konsens) zwischen den Staaten zurück. Der andere Weg ist, eine wie auch immer ausgestaltete »naturrechtliche« bzw. apriorische Geltung, unabhängig von jeder staatlichen Willensbildung und dieser voraus liegend, anzunehmen.

Es ist zunächst festzustellen, dass jeder Staat durch seine Repräsentanten sowohl im Entstehungsprozess als auch bei der Verwirklichung internationaler Menschenrechte handelt. Diese haben ein bestimmtes Vorverständnis, das durch die Erfahrungen in der eigenen nationalen Rechtsordnung geprägt ist. Der Beitritt zu internationalen Menschenrechtsverträgen erfolgt mit dem (nationalen) Bewusstsein, dass diese dem eigenen innerstaatlichen Normensystem, insbesondere den nationalen Grundrechten, nicht widersprechen oder dass dessen Anpassung an die vereinbarte Regelung innenpolitisch unproblematisch ist. Bekanntlich können die Vorverständnisse gerade hinsichtlich der Menschenrechte weit voneinander abweichen. Insofern kann mit Recht die Frage gestellt werden, ob eine Norm universale Geltung beanspruchen kann, die verschieden verstanden und u. U. unterschiedlich gehandhabt wird. Man wird auf das zentrale Problem des Völkerrechts zurückgeworfen, dem seines Geltungsgrundes, das ich oben (I) berührt habe.

2. Das »Universale« an der »Allgemeinen« Menschenrechtserklärung von 1948

Nochmals ein Blick auf die Situation der internationalen Beziehungen unmittelbar nach dem 2. Weltkrieg, jetzt unter dem Aspekt der Menschenrechte. Nach dem Programm des deutschen Nationalsozialismus sollte 1789 und die ganze seit dieser Epoche vollzogene Entwicklung der bürgerlichen Gesellschaft in Europa rückgängig gemacht werden. Nur unter artgleichen Individuen, Gruppen oder Völkern könne es genossenschaftliche Beziehungen ausgerichtet am Führerprinzip geben. Andersartige, vor allem wegen ihrer Forderungen nach Gleichheit und Integration die Juden in Deutschland, wurden als latente Gefahr für den germanischen Rassenkern des deutschen Volkes eingestuft. Ausgrenzung, Abstoßung, Beseitigung und Vernichtung waren gedanklich angelegt. Der Nationalsozialismus begriff sich selbst als

47 Zum Gewohnheitsrecht allgemein und seiner Einordnung in die Quellenskala, vgl. Paech/Stuby, a.a.O. (Anm. 11), Kap. B II Rz. 80 ff. dort umfangreiche Nachw.

Angriff auf die bisherige Zivilisation, und die Umsetzung in Aggression und Genozid nach Innen und Außen in bisher nicht gekannter Konsequenz und Gründlichkeit entsprach der verkündeten Konzeption.[48] Es war dieser Erfahrungshorizont (kollektive Unrechtserfahrung, »Grenzerfahrung« nach Jaspers), auf den die Alliierten nach ihrem Sieg über Nazideutschland mit einem Programm für die Gestaltung der internationalen Beziehungen reagierten. In der Präambel der UN-Charta ist sie, nach wie vor am präzisesten zusammengefasst, Bestandteil des Normtextes geworden:

> »Wir, die Völker der Vereinten Nationen sind fest entschlossen, künftige Geschlechter vor der Geißel des Krieges zu bewahren, die zweimal zu unseren Lebzeiten unsagbares Leid über die Menschheit gebracht hat, unseren Glauben an die Grundrechte der Menschen, Würde und Wert der menschlichen Persönlichkeit, an die Gleichberechtigung von Mann und Frau sowie von allen Nationen, ob groß oder klein, erneut zu bekräftigen, Bedingungen zu schaffen, unter denen Gerechtigkeit und die Achtung vor den Verpflichtungen aus Verträgen und anderen Quellen des Völkerrechts gewahrt werden können.«

Hier kommt ein Verständnis von Universalität der Menschenrechte zum Ausdruck, das angesichts der genannten Erfahrungen unproblematisch und eindeutig erscheint. Auch die Behauptung der »Widernatürlichkeit« dieses Bündnisses,[49] der Anti-Hitler-Koalition, wie es damals allgemein genannt wurde, tat der Universalität keinen Abbruch. Angesprochen war mit Blick auf die Beteiligung der Sowjetunion die Differenz des Gesellschafts- und Staatssystems, insbesondere das unterschiedliche Demokratieverständnis oder anders ausgedrückt die unterschiedliche Auffassung über Entstehung, Stellung und Funktion von Menschenrechten. Einigen konnten sich jedenfalls zu dieser Zeit die »widernatürlichen« Partner auf ein umfassendes Programm der Behandlung Deutschlands (Potsdamer Abkommen) und in San Francisco auf die UN-Charta. Der, zugegeben, immer dünner werdende Konsens – er wurde dann zu Beginn des kalten Krieges 1948 mit der Fulton – Rede Churchills, und zwar unter Berufung auf die (anglo -amerikanische) Universalität der Menschenrechte aufgekündigt –, reichte noch gerade um die »Allgemeine Menschenrechtserklärung« zu verabschieden. War nun diese Erklärung, die explizit als allgemeine (universelle) bezeichnet wurde, lediglich ein Formelkompromiß, der sich dann nach 1989 mit dem Untergang des als antagonistisch empfundenen kommunistischen Staats- und Gesellschaftssystems in einen echten Universalismus verwandelte, nämlich eines Inhaltes nach »westlichem« Verständnis, oder wurde hier ein dritter Inhalt zwischen den Partnern (zwischen welchen?) vereinbart, und wenn ja, welcher? Bedeutet dies, daß dieser für damals zu bestimmende Inhalt ein »rechtliches Eigenleben« gegenüber einer möglicherweise veränderten gesellschaftlichen Wirklichkeit führt und zwar mit normativer Bedeutung bis heute?

48 Ausführlich vgl. Paech/Stuby, a.a.O. (Anm. 11), Kap. A III 5, S. 207 ff. Neuere Literatur in meinen in Anm. 26 erwähnten Studien.

49 So Ernst Deuerlein, Die deutsche Frage auf der Konferenz von Potsdam, in: Aus Politik und Zeitgeschichte, B 34/65, S. 3 ff.

Zum damaligen Entstehungshorizont: Zunächst einmal war die Übereinstimmung negativ gegen das gerade überwundene Nazisystem ausgerichtet. Die Ablehnung des gemeinsam niedergerungenen nazistischen Systems erschöpfte sich allerdings nicht in purer Negation. Der Nationalsozialismus wurde als Negation der Zivilisation schlechthin begriffen. Die Negation der Negation beinhaltete die Bestätigung dieses zuvor bedrohten zivilisatorischen gemeinsamen Erbes. Der Rückbezug in Inhalt und Form der Erklärung von 1948 auf die Erklärung von 1789 kam also nicht von ungefähr. Auch der Kontext der Londoner Vereinbarungen der Alliierten von August 1946 zur Einrichtung eines internationalen Militärgerichtshofes in Nürnberg zur Aburteilung und Bestrafung der Hauptverbrecher der europäischen Achse muß in diesem Zusammenhang erwähnt werden. Die in Art. 6 zusammengefaßten Verbrechenskategorien (Verbrechen gegen den Frieden, Kriegsverbrechen und Verbrechen gegen die Menschlichkeit) stellen den inhaltlichen Kern der Ablehnung der systematischen und massenhaften Menschenrechtsverletzung durch das nationalsozialistische Regime dar. Sie sind sozusagen die negative Folie, auf der das positive Gerüst der Menschenrechtserklärung von 1948 aufgebaut wurde. Gegenüber dieser geraden erlebten totalen Negation eines universell akzeptieren Menschenrechtsstandards sollte eine absolute Schranke aufgerichtet werden. Die UN-Charta sieht im VII Kapitel ein Instrumentarium vor, das notfalls auch den kollektiven Einsatz gewaltsamer Mittel gegen einen neuen möglichen Verneiner dieser Universalität ermöglicht. Hierauf ist zurückkommen.

Die inhaltliche Übereinstimmung ging aber über die Negation hinaus. Sie erschöpfte sich nicht in der Bestätigung der zivilisatorischen Essentials. Selbstverständlich waren alle traditionellen liberalen Grundrechte angesprochen, wie Diskriminierungsverbote und justizielle Grundrechte. Aber in diesem Katalog waren auch schon Rechte aufgenommen, die nicht in allen Staaten bürgerlich – liberaler Tradition üblich waren, z.B. ein Asylrecht[50] und ein Recht auf Staatsangehörigkeit. Der traditionelle liberale Horizont war also schon überschritten.

Der zweite Teil der Erklärung, der sich auf die historisch folgende Schicht der Menschenrechte, die sogenannten Rechte der zweiten Generation bezieht, nämlich die wirtschaftlichen, sozialen und kulturellen Menschenrechte waren nicht nur eine Konzession an die sozialistischen Staaten. Er entsprach genauso westlicher Tradition, wie die Weimarer Verfassung oder gar die mexikanische Verfassung mit ihren sozialistischen Tendenzen zeigt. In Frankreich saßen die Kommunisten in der Regierung und sorgten für Verfassungsergänzungen in der Solidaritätstradition der Jakobiner, in England brachte Labour ganz pragmatisch sozialistische Komponenten in die Verfassungspraxis.

50 Vgl. H. P. Schneider, Die verfassunggebende Gewalt, a.a.O. (Anm. 6) Rn. 3; ders., Das Asylrecht zwischen Generosität und Xenophobie. Zur Entstehung des Artikels 16 Absatz 2 Grundgesetz, in: Jahrbuch für Antisemitismusforschung 1 (1991); S.217-236

Nicht nur diese sog. zweite Dimension der Menschenrechte war eine Selbstverständlichkeit der Schöpfer der Menschenrechtserklärung von 1948. Es gab Vorschläge aus dem asiatisch – konfuzianischen bzw. islamischen Kulturkreis, die berücksichtigt wurden. In einer Fragebogenaktion versuchte sich die UNESCO einen Überblick über die Vielfalt der Ansichten zu verschaffen. Auf einer eigens von ihr zur Vorbereitung der Menschenrechtserklärung veranstalteten Diskussionsveranstaltung meldeten sich einige Vertreter mit Kritik an den bisherigen Vorschlägen zu Wort.[51] Angefordert wurde in einem Brief von Mahatma Gandhi eine stärkere Berücksichtigung der Pflichtenstellung des Individuums und in anderen Beiträgen eine stärkere Berücksichtigung der Familie. Derartige Gesichtspunkte wurden auch angeführt von katholischen Vertretern wie z.B. Jacques Maritain. Die enge Verbindung von Rechten, als subjektive Ansprüche, und Pflichten gegenüber anderen und der Gesellschaft waren sehr wohl gesehen, übrigens bis in die Formulierung der Erklärung hinein, oder was soll sonst Art. 29 (Grundpflichten) zum Ausdruck bringen. In den Diskussionen spielte der Gegensatz von hie politisch bürgerlich – liberale Grundrechte und dort wirtschaftlich – soziale Grundrechte sicherlich eine nicht zu unterschätzende Rolle, aber nicht reduziert auf einen simplen Ost – West – Gegensatz. Außerdem wurden ebenso Gesichtspunkte angeführt, die heute unter »kultureller Differenz« gehandelt werden.[52] Selbst Gesichtspunkte der sogenannten »abhängigen Völker« und Menschenrechte in der »primitiven« Gesellschaftsordnung, gemeint der indigenous peoples in Australien, wurden in die Überlegungen einbezogen. Das Spektrum der Diskutanten war also sehr breit und berücksichtige alle relevanten philosophischen und weltanschaulichen Strömungen der damaligen Zeit. Im Schlagabtausch zwischen postmodernen Differenztheoretikern und Kommunitariern heute würde manches als alter Hut erscheinen, wenn man sich einen Blick zurück erlaubt hätte.[53]

Als Fazit muß festgehalten werden: In der damaligen Diskussion um die Entstehung der Menschenrechtserklärung von 1948 wurden die Errungenschaften der europäischen Aufklärung, wie sie sich seit den amerikanischen und französischen Menschenrechtserklärungen entwickelt hatten, auch von den Repräsentanten anderer außereuropäischer Traditionen als allgemein menschliches Gut begriffen und nicht als ein vom europäischen Kolonialismus aufgedrängtes Konstrukt. Daß dieser unter menschenrechtlicher Fahne (Zivilisation) seinen Raubzug betrieb, wurde von ihnen als Pervertierung der europäischen Aufklärung begriffen. Das führte jedoch nicht dazu, die humane Botschaft dieser Tradition zu verkennen. Einigen wollte man sich über die praktische Anwendung von Menschenrechten, nicht über deren Konzeption

51 Veröffentlicht in: UNESCO (Hrsg.), Um eine Erklärung der Menschenrechte. Ein Symposion mit einer Einführung von Jacques Maritain, Zürich 1951

52 So vor allem der viel zitierte Samuel P. Huntington, Kampf der Kulturen. Die Neugestaltung der Weltpolitik im 21. Jahrhundert, München, 1996, S. 314

53 Vgl. zur Auseinandersetzung mit dem Kommunitarismus Lothar Peter, Kommunitarismus und Linke: Unvereinbare Gegensätze?, in: Sozialismus, 24 (1998) 7/8, S. 49 ff.

bzw. Philosophie. Allen Beteiligten war bewusst, daß in Konzeption und Philosophie durchaus tiefe Differenzen bestanden und bestehen bleiben würden. Dennoch sollten sie kein Hindernis bilden, sich über konkret verpflichtende Handlungsanweisung zu einigen, ja Kenntnisnahme und Akzeptanz dieser Differenzen war geradezu die Voraussetzung, um zu solchen Abmachungen zu kommen. Dieses »apriorische Verständnis« bildet den Grundkonsens über eine universelle Geltung von Menschenrechten. Es ist nicht Formelkompromiß im Sinne von Carl Schmitt, der durch Anwendung des Gewaltpotentials des aktuell Stärksten aufgelöst und »entschieden« (Dezionismus) wird.[54] Das Apriori ist vielmehr materiell bestimmt durch die Träger des Kompromisses, und zwar als Akzeptanz souveränen Gleichheit des jeweils gegenüberstehenden Verhandlungspartners. Man mag das von einem rein normlogischen Standpunkt her, im Sinne Kelsens etwa, als eine apriorische und damit außerjuristische Feststellung werten.[55] Aber ohne Ebenenwechsel (jetzt soziologisch) und die dann erfolgende Basisannahme (Grund, Voraussetzung etc.) kann Völkerrecht als intendierte Regelung der hochkomplexen internationalen Beziehungen nicht auskommen. Deren »Urknall« würde heute den Untergang des »Herrn über den Ausnahmezustand« (Carl Schmitt)[56] herbeiführen. Die (Basis)Akzeptanz der souveränen Gleichheit der anderen (Staaten, soziologisch der Repräsentanten der jeweiligen »Völker«: Bevölkerung auf einem bestimmten Territorium) »erzwingt« Verzicht auf individuelle (physische) Gewaltanwendung (Art. 2 Ziff. 4 UN-Charta) und Einrichtung eines kollektiven Gewaltmonopols (Kap. VII UN-Charta), ein letztlich voraussetzungsvolles, materiell angereichertes Apriori, ohne die »moderne« Regulierung globaler Aufgaben (Globalisierung) unmöglich ist.[57]

Es war ein langer und komplizierter Weg, bis die beide Pakten von 1966, kurz Pakt über die politischen und Bürgerrechte und Sozialpakt, formuliert und wirksam werden konnten. Festzuhalten gilt, dass dies trotz Bipolarität einerseits und wachsender Asymmetrie im Staatensystem insgesamt möglich war. Die großen Antidiskriminierungskonventionen haben den universellen Mindeststandard von Menschenrechten zwar nicht weiterentwickelt, aber doch in vieler Hinsicht präzisiert.[58]

Die aktuelle« Debatte über Differenz einerseits und »Vereinheitlichung« andererseits erinnert in mancher Beziehung an die ehedem geführten Debatten über den

54 Besonders eindrücklich mit Blick auf das sog. Diktat von Versailles Carl Schmitt, Der Begriff des Politischen, in: ders. Positionen und Begriffe im Kampf mit Weimar – Genf – Versailles 1923 – 1939, erstmals 1940, Wiederabdruck Berlin 1988, S. 67 ff.

55 Insbesondere Hans Kelsen, Reine Rechtslehre, 2. Aufl. 1960, insbesondere zur sog. Grundnorm, S. 197, 200

56 In Bezug auf den Reichspräsidenten wohl erstmals C. Schmitt, Der Hüter der Verfassung, in: AöR (Archiv für öffentliches Recht) 55 (1929), S. 161 ff.

57 »Globalisierung« ist wie alle »zeitgeistlichen« Formulierungen nicht nur schillernd, sondern erfindet, das ganz Neue verkündend, das Rad nochmals. Dennoch wird der eingebürgerte Begriff hier ebenfalls gebraucht. Recht brauchbare Zusammenstellung der für das Völkerrecht relevanten Zusammenhänge bei Ulla Hingst, Auswirkungen der Globalisierung auf das Recht der völkerrechtlichen Verträge, Berlin 2001, insbes. Teil 1

58 Einzelheiten bei Paech/Stuby, a.a.O. (Anm. 11), S. 659 ff.

Begriff der »friedlichen Koexistenz«, vor allem unter Völkerrechtlern der ehemals sozialistischen Länder. Zu Beginn der Diskussion über diesen wohl auf Lenin zurückgehenden Begriff wurde eine gemeinsame Basis, also ein mögliches »Apriori« zwischen Sozialismus und Kapitalismus und letztlich damit Völkerrecht überhaupt bestritten oder bestenfalls auf rein formale Kriterien (technisches Völkerrecht) beschränkt.[59] Gegen Ende wurde von einem »allgemein demokratischen Charakter des Völkerrechtes« gesprochen, das »Interessen der gesamten Menschheit« abdeckt, ohne die Differenz in den Eigentumssystemen aufzuheben.[60] Dies war natürlich von heute her gesehen, ein relativ eingeschränkter, wenn auch, wie die Kontroverse über den »Sozialstaat« deutlich macht, nach wie vor virulenter Aspekt von Antagonismen in den internationalen Beziehungen. Zumindest einige der damals geäußerten Überlegungen und Erfahrungen (so stand man unter der gemeinsamen Bedrohung der Atombombe) sind nach wie vor relevant.

3. »Sicherung« internationaler Menschenrechte, notfalls mit militärischen Mitteln?

Zwei Ebenen internationaler Menschenrechte sind auseinander zu halten: Normative Vorkehrungen auf einer ersten Ebene, die geprägt sind vom Trauma der nationalsozialistische Zivilisationsverneinung und solche auf einer zweiten mit auf Dauer angelegten Verfahren und konkreten Menschenrechten auf einem je historisch, regional und weltanschaulich differenzierten Standard.
Hinsichtlich des Schutzes bzw. der Sanktion auf der ersten Ebene, nämlich was die systematische, massenhafte Verletzung von Menschenrechten anlangt, standen von Anfang an zwei Möglichkeiten der Reaktion zur Verfügung: zum einen die völkerstrafrechtliche (lange Jahre bis zur Einrichtung des IStGH im Jahre 2001 völlig unterentwickelt) und zum anderen Maßnahmen im Kontext des kollektiven Sicherheitssystem, u. U. nach Kapitel VII der UN-Charta, soweit derartige Verletzungen Friedensbedrohungen darstellen.
Grundsätzlich war dieser völkerrechtliche Normbestand unbestritten. Hier änderte sich die Argumentationsstruktur erst nach 1990 mit dem Ende der Bipolarität. Der Sicherheitsrat bediente sich jetzt öfters des Arguments (Irak im 2. Golfkrieg, Somalia und dann vornehmlich bei den Konflikten im zerfallenden Jugoslawien), dass Situationen, die eigentlich als »innere Angelegenheit« zu betrachten sind, wegen ihrer Ausstrahlungswirkung (Flüchtlingsströme in die Nachbarländer aus den »zerfallenden Staaten«) eine Bedrohung oder einen Bruch des Friedens im Sinne des Art. 39 UN-Charta darstellen können. Über die ausdehnende Interpretation der Kompetenzen des Sicherheitsrates mag man streiten.

59 Die Entwicklung ist nachgezeichnet bei Paech/Stuby, a.a.O (Anm.11), Kap. A III 3, S. 190 ff.
60 So vor allem G. Tunkin, Recht und Gewalt im internationalen System, dt. Berlin 1986, S. 50; ders. FS Ago I, 1987, S. 545; ders. A new dimension of International Law: Normative Model of Global International System, in: B. Graefrath (Hrsg.), Probleme des Völkerrechts, 1985, S. 267 ff.;

Inzwischen zeichnet sich eine neue, mit Blick auf die Hauptfunktion des Völkerrechts, nämlich die Friedenssicherung, bedenkliche Situation ab. Die NATO intervenierte 1999 im Alleingang in Restjugoslawien (Luftangriffe auf Belgrad und Truppeneinmarsch in den Kosovo) und 2003 die USA mit einigen Verbündeten in den Irak. Im Fall des Kosovo berief sich die NATO darauf, zum Schutze der Menschenrechte tätig geworden zu sein. Die NATO habe allein handeln müssen, weil die UNO versagt habe.[61] Hinsichtlich des Irak wechselte die USA zwar mehrmals die Begründung (drohender Einsatz von Massenvernichtungswaffen, Zentrum des internationalen Terrorismus etc.), bis letztlich diejenige übrig blieb, einen Diktator beseitigt zu haben, also ebenfalls zum Schutz der Menschenrechte tätig geworden zu sein. Nur dieses zuletzt angeführte Argument ist in unserem Zusammenhang interessant, da sich die Frage stellen könnte, ob u. U. auch hier (parallel zur ausdehnenden Interpretation des Selbstverteidigungsrechtes durch die US-Administration) neues Gewohnheitsrecht entstanden ist, da sich opinio juris und Praxis der Staaten geändert haben. Die Frage ist zu verneinen.[62]

Sie würde der Grundkonzeption internationaler Menschenrechte widersprechen, deren Entwicklungsgang skizziert wurde. Auch ihre Umsetzung erfordert Konsens und Kooperation mit den Repräsentanten der betroffenen Staatsmacht. Die differenzierten Schutzmechanismen beruhen auf diesem Axiom. Es wirkt sogar im Kontext der Friedensbedrohung durch systematische und massenhafte Verletzung der Menschenrechte nach, die eine Reaktion nach Kapitel VII erfordern mag. Auch hier (bei failed states etc.) bleibt der Einsatz militärischer Gewalt zur Implementierung von Menschenrechten problematisch. Ohne »Staat« keine Menschenrechte. Wo er »fehlt« oder »verloren« gegangen ist, muß er »gebaut« werden. Ein höchst komplexes Geschäft. Als von »Natur« begabter »Verfassunggeber« hat sich Militär, vor allem als Besatzer, nur in seltenen Ausnahmefällen erwiesen.[63] Bis der Iuris Consultus einfliegen kann, bedarf es gesellschaftlicher (ziviler) Träger, damit mit seiner Hilfe »rechte« Verfassung zu entstehen vermag.

Unsere »Welt« ist pluralisiert und global. Weder ein mächtiger noch ein »guter« Hegemon sollte sie »einen«. Der Preis ist zu hoch! Ihr Erscheinungsbild ist geprägt von Staaten in größerer Asymmetrie zueinander als je zuvor. Starke »zerlegen« schwächere. Sie suchen sie nach dem Zerfall (failed states) wieder zusammenzusetzen. Die »Einheitsstiftung« gleich welcher Art, ob physisch bewehrte Dezision oder »geistige« Integration (durch »vorgegebene« Universalität) funktionieren nicht. Im Gegenteil, sie beschleunigen die globale Desintegration (deutliches Phä-

61 Zur neueren Diskussion um die sog. humanitäre Intervention Paech/Stuby, a.a.O. (Anm. 11), Kap. B III Rz. 94 ff.

62 In diese Richtung argumentiert J. Habermas, Bestialität und Humanität. Ein Krieg an der Grenze zwischen Recht und Moral, in: Die Zeit vom 29.4.1999. Die völkerrechtliche Argumentation steht auf schwachen Füßen.

63 Zur Situation nach 1945 in Deutschland H. P. Schneider, Kampf ums Grundgesetz. Der deutsch-alliierte Verfassungsstreit im April 1949, in: Recht und Politik 25 (1989), S.79-83.

nomen der. »internationale Terrorismus« unter welcher ideologischen Fahne auch immer)[64].

Ist die Alternative ein mafios strukturiertes globales Chaos? Gespeist aus den historischen Erfahrungen der beiden Weltkriege ist das schon mehrmals angepasste »Westfälische System« (Wiener Kongreß, Völkerbund) nicht endgültig abgeschafft, sondern ins UN-System überführt worden. Einheit trotz Asymmetrie durch Konsens in souveräner Gleichheit gegen Imperien gleich welcher Art, war die Devise. Bipolare Koexistenz hätte anders nicht friedlich gehalten werden können. Internationale Menschenrechte wären nicht vereinbart worden und haben ohne Kooperation vor »Ort« keine Chance. Die Totenglocke sollte diesen Prinzipien daher nicht vorschnell geläutet werden!

64 Vgl. G. Stuby, Internationaler Terrrorismus und Völkerrecht, in: Blätter für deutsche und internationale Politik, 10/2001, S. 1183 ff.; vgl.a. F. Kohout, Krieg und Terrorismus. Zur Veränderung politischer Konflikte im 21. Jahrhundert, in: R. Voigt (Hrsg.), Krieg – Instrument der Politik? Bewaffnete Konflikte im Übergang vom 20. zum 21. Jahrhundert, Baden-Baden 2002, S. 342 ff.

Teil 3

Verfassung – politische Parteien und parlamentarische Demokratie

Die »Gemeinpflichtigkeit« des freien Mandats des Abgeordneten und der »Status der Öffentlichkeit des Abgeordneten«

Peter Badura

1. Das freie Mandat und das Amt eines Abgeordneten

In der parlamentarischen Demokratie wird die Volksvertretung, die nach dem repräsentativen Prinzip ermöglicht und gewährleistet, dass alle Staatsgewalt vom Volk ausgeht (Art. 20 Abs. 2 GG), durch periodische und demokratischen Wahlrechtsgrundsätzen folgende Wahlen der Abgeordneten konstituiert. »Im demokratisch-parlamentarischen System des Grundgesetzes vollzieht sich die Repräsentation des Volkes im Parlament durch die Abgeordneten«[1].

Die Abgeordneten sind Vertreter des ganzen Volkes, an Aufträge und Weisungen nicht gebunden und nur ihrem Gewissen unterworfen (Art. 38 Abs. 1 Satz 2 GG). Die Verfassungsnorm begründet den besonderen verfassungsrechtlichen Status des Abgeordneten, der zugleich ein öffentliches Amt darstellt (Art. 48 Abs. 2 Satz 1 GG), weist dem Abgeordneten ein Recht – die »Freiheit« seines Mandats – zu und bringt konkludent die Grundnorm der demokratischen Staatsform – der repräsentativen, d. h. parlamentarischen Demokratie – zur Geltung[2]. Die Freiheit des Mandats des Abgeordneten kennzeichnet den Unterschied der ständisch bestimmten Vertretung von der egalitär legitimierten Volksvertretung der parlamentarischen Demokratie. Ursprünglich gegen das imperative Mandat und die Bindung durch Instruktionen der Wähler gerichtet[3], später vor allem ein Bollwerk gegen Fraktionszwang und unfreiwilligen Mandatsverlust, hat die Freiheit des Mandats in unserer Zeit größeres Gewicht als durch Vorkehrungen zu sichernde Pflichtbindung des Abgeordneten zur Abwehr des Einflusses organisierter oder wirtschaftlicher Interessen erlangt.

1 BVerfGE 44, 308/315.

2 *H.-P. Schneider*, Kommentierung des Art. 38, in: Alternativkommentar zum GG, 2. Aufl., Bd. 2, 1989; *ders.*, Das parlamentarische System, HbVerfR, 2. Aufl., 1994, § 13; *P. Badura*, Die Stellung des Abgeordneten nach dem Grundgesetz und den Abgeordnetengesetzen in Bund und Ländern, in: *H.-P. Schneider/W. Zeh*, Hrsg., Parlamentsrecht und Parlamentspraxis, 1989, § 15; *ders.*, Das politische Amt des Abgeordneten und die Frage seiner Entschädigung, Ztschr. für Staats- und Europawissenschaften 3, 2005, S. 167; *H.H. Klein*, Status des Abgeordneten, HStR, 3. Aufl., Bd. III, 2005, § 51; *ders.* in: Maunz/Dürig, GG, Art. 38 (2007), Rdnr. 188 ff.

3 Déclaration de l'Assemblée Nationale sur les Mandats impératifs vom 8. Juli 1789, beschlossen auf Antrag von Sieyès. ». . . en abolissant les mandats impératifs, elle confirme le système représentif« (*M. Faustin-Adolphe Hélie*, Les constitutions de la France, 1875, S. 24 f.).

Unversehens, und mithilfe politischer Extrapolationen eines irgendwie rechtlich aufzufassenden »Vertrauensverhältnisses« der Wähler, der Bürger oder gar des Volkes zum gewählten Abgeordneten, wird die Freiheit des Mandats zur Quelle von Bindungen und Transparenzpflichten des Abgeordneten, die ihn in seinen beruflichen und finanziellen Verhältnissen genauer identifizieren sollen. Der Regelungsauftrag des Art. 38 Abs. 3 GG – Das Nähere bestimmt ein Bundesgesetz – wird durch eine »Konkretisierung« von Mandat und Amt des Abgeordneten zur Grundlage einer justiziablen Bestimmung von Inhalt und Schranken des dem Abgeordneten zukommenden Status. Die Grenze, die mit der verfassungsrechtlich garantierten Selbstbestimmung der Mandatsausübung dem normativen Zugriff des Gesetzes und der »Parlamentsautonomie« gezogen ist, kann dabei aus dem Auge verloren werden. Es steht grundsätzlich in der Verantwortung des Abgeordneten, welche beruflichen und wirtschaftlichen Beziehungen er eingeht und in welcher Art und Weise er sein Mandat ausübt[4]. Der Wähler gibt Vertrauen oder entzieht es durch seine Wahlentscheidung.

Die auf Grund Gesetzes und der Verhaltensregeln des Geschäftsordnungsrechts bestehende Verpflichtung des Abgeordneten, die Art und den Umfang beruflicher, wirtschaftlicher und sonstiger Tätigkeiten, die auf für die Ausübung des Mandats bedeutsame Interessenverknüpfungen hinweisen können, offen zu legen (§§ 44 a Abs. 4, 44 b AbgG; §§ 1, 2 Verhaltensregeln als Anlage 1 der Geschäftsordnung des Deutschen Bundestages), ist eine dem freien Mandat dienliche Individualisierung und Charakterisierung des Abgeordneten, der sonst weitgehend nur durch seine Partei- und Fraktionszugehörigkeit für die Wähler und die interessierte Öffentlichkeit faßbar wird. Die Mediendemokratie ergänzt hier die Parteiendemokratie. Die Arbeits- und Erfolgsbedingungen des parlamentarischen Mandats und die unausweichliche Professionalisierung der Mandatsausübung begünstigen die Gefahr des »Berufspolitikers«, dürfen aber weder im Prinzip noch in der Praxis durch eine Herauslösung des Abgeordneten aus seiner beruflichen und wirtschaftlichen Lebenswelt gesichert werden. Schon der Ausdruck »Nebentätigkeit« ist schief; denn das parlamentarische Repräsentationsprinzip und die aus diesem Prinzip abgeleiteten Aufgaben der Volksvertretung sind unvereinbar mit der sozialen Erscheinung des »Abgeordneten als Beruf«, der zwangsläufig die parteiendemokratische und pluralistische Abhängigkeit des Abgeordneten zum Strukturmerkmal und dessen individuelle Professionalität und dessen Unabhängigkeit des Urteilens zur Nebensache macht, letzten Endes sogar die Statuierung wirtschaftlicher Inkompatibilitäten[5] nahelegt. Eine vergleichbare Schlussfolgerung wird in der Konstruk-

4 Es ist die folgerichtige Kehrseite dieser Verantwortung, dass das Gesetz eine durch Zuwendungen entgoltene Interessenvertretung untersagt (§ 44 a Abs. 2 AbgG).

5 *W. Weber*, Parlamentarische Unvereinbarkeiten, AöR 19, 1930, S. 161/246 ff.; *ders.*, Der Ausschluss wirtschaftlicher Unternehmer vom Parlamentsmandat, in: Rechtswissenschaftliche Beiträge zum 25jährigen Bestehen der Handels-Hochschule Berlin, 1931, S. 113; *P. Badura*, Bonn Komm., Art. 38 (1966), Rdnr. 57; *H.H. Klein*, in: Maunz/Dürig, GG, Art. 48 (1998), Rdnr. 94,95.

tion sichtbar, das öffentliche Amt des Abgeordneten nicht nur als Schranke seiner Grundrechte der Berufsfreiheit (Art 12 Abs. 1 GG) und der allgemeinen Handlungsfreiheit (Art. 2 Abs. 1 GG) und selbst seines Rechts auf informationelle Selbstbestimmung (Art. 2 Abs. 2 in Verb. mit Art. 1 Abs. 1 GG) zu sehen, sondern den Schutz dieser Grundrechte im sachlichen Anwendungsbereich des Abgeordnetenstatus zu negieren.

Durch Art. 1 des Sechsundzwanzigsten Gesetzes zur Änderung des Abgeordnetengesetzes vom 22. August 2005 (BGBl. I S. 2482)[6] wurde die Rechtsstellung der Abgeordneten des Bundestages durch eine Neufassung der §§ 44 a (Ausübung des Mandats) und 44 b (Verhaltensregeln) AbgG im Sinne einer verstärkten Pflichtbindung geändert und dem Reglement der Verhaltensregeln hinsichtlich der Anzeigepflichten und der Veröffentlichung anzeigepflichtiger Tätigkeiten und Einkünfte (§§ 1, 3 der Verhaltensregeln in der Fassung des Beschlusses des Deutschen Bundestages gemäß § 18 der Geschäftsordnung vom 30. Juni 2005, BGBl. I S. 2512) eine neue Grundlage gegeben. Die Grundlinie der Neuregelung kommt im Gesetz wie folgt zum Ausdruck: Die Ausübung des Mandats steht im Mittelpunkt der Tätigkeit eines Mitglieds des Bundestages. Unbeschadet dieser Verpflichtung bleiben Tätigkeiten beruflicher oder anderer Art neben dem Mandat grundsätzlich zulässig (§ 44 a Abs. 1 AbgG) – Mittelpunktregelung. Tätigkeiten vor Übernahme des Mandats sowie Tätigkeiten und Einkünfte neben dem Mandat, die auf für die Ausübung des Mandats bedeutsame Interessenverknüpfungen hinweisen können, sind nach Maßgabe der Verhaltensregeln (§ 44 b) anzuzeigen und zu veröffentlichen (§ 44 a Abs. 4 Satz 1 AbgG) – Transparenzregeln. Das Bundesverfassungsgericht hat Anträge einer Reihe von Abgeordneten, die im Organstreitverfahren unter Berufung auf ihre Rechte aus Art. 38 Abs. 1 und Art. 48 Abs. 2 GG und zum Teil auch auf Art. 2 Abs. 1 in Verb. mit Art. 1 Abs. 1 GG und Art. 12 Abs. 1 GG gegen Vorschriften der §§ 44 a, 44 b AbgG, der Verhaltensregeln und der Ausführungsbestimmungen des Präsidenten des Deutschen Bundestages gem. § 1 Abs. 4 der Verhaltensregeln (BGBl. 2006 I S. 10) gerichtet waren, mit Urteil vom 4. Juli 2007 – 2 BvE 1/06, 2 BvE 2/06, 2 BvE 3/06, 2 BvE 4/06 – zurückgewiesen. Wegen Stimmengleichheit im Senat konnte ein Verstoß gegen das Grundgesetz nicht festgestellt werden (§ 15 Abs. 4 Satz 3 BVerfGG), was allerdings nur für die Anträge praktisch von Bedeutung war, mit denen sich die Antragsteller gegen Anzeigepflichten und die Veröffentlichung von Angaben über Tätigkeiten neben dem Mandat sowie gegen die Sanktionierung von Verstößen gewandt hatten. Nach Auffassung der die Entscheidung nicht tragenden Richter hätten die Anträge Erfolg haben müssen (Teil D der Gründe). Soweit die Anträge jedoch die sogenannte Mittelpunktregelung des § 44 a Abs. 1 AbgG zum Gegenstand hatten, waren sie nach im Ergebnis überein-

6 Entwurf der Fraktionen SPD und BÜNDNIS 90/DIE GRÜNEN, BT-Drucks. 15/5671 (14.6.2005); Beschlussempfehlung und Bericht des Ausschusses für Wahlprüfung, Immunität und Geschäftsordnung, BT-Drucks. 15/5846 (29.6.2005).

stimmender Ansicht des Senats unbegründet (Teil C der Gründe). Nach Auffassung der die Entscheidung tragenden Richter und Richterinnen zeichnet die Mittelpunktregelung eine schon im Grundgesetz angelegte Pflicht des Abgeordneten zutreffend nach und ist deshalb nicht zu beanstanden. Demgegenüber halten die anderen Richter des Senats die Mittelpunktregelung im Hinblick auf die Freiheit des Abgeordneten für bedenklich und eine verfassungskonforme Auslegung für geboten. In beiden Teilen der Gründe des ungewöhnlich umfangreichen Urteils ist die Auffassung der die Entscheidung bzw. die Begründung der Entscheidung nicht tragenden Richter in der Art von Sondervoten den operativen Begründungen nachgestellt (Teil C II und D II).

2. »Vertreter des ganzen Volkes«

Die Klausel, dass der Abgeordnete »Vertreter des ganzen Volkes« ist, verweist auf die durch die gewählte Volksvertretung vermittelte egalitäre Repräsentation und damit auf ein Wesenselement der Volkssouveränität. Die Klausel benennt und charakterisiert das dem freien Mandat zugrundeliegende Prinzip, das es erklärt und rechtfertigt, dass weder die Wähler des Abgeordneten, noch die ihn nominierende Partei oder sonst eine soziale Gruppe beanspruchen kann, dem Abgeordneten »Aufträge und Weisungen« zu erteilen. Die ausdrückliche Bezugnahme der Verfassungsnorm auf das Prinzip der Volkssouveränität führt nicht zu faßbaren Tatbeständen, aus denen sich Rechtsfolgen zu Lasten des Abgeordneten ableiten lassen, bildet aber eine Direktive für gesetzliche Regelungen gemäß Art. 38 Abs. 3 GG. Die Entscheidung des Wählers und das durch den Wahlakt in den Abgeordneten gesetzte Vertrauen sind nicht Gegenstand einer justiziablen Rechtsbeziehung zwischen dem Volk und dem Abgeordneten im Sinne einer »Vertretung«, die Gebote oder Verbote, Pflichten oder Rechte begründen könnte. Das freie Mandat kann deshalb nicht durch einen »Status der Öffentlichkeit des Abgeordneten« überformt werden, der Pflichten und Verbote hervorbringen könnte und der eine Öffentlichkeitsunterworfenheit der Abgeordneten in Parallele zu derjenigen der Parteien als Richtmaß festlegte[7]. Die nur politische bedeutsame Feststellung, dass die Abgeordneten »Beauftragte der Bürger« seien, und auch der allgemeine Hinweis auf die – nur für das Geschäftsordnungsrecht maßgebliche – Parlamentsautonomie (Art. 40 Abs. 1 GG) sind in keiner Weise rechtlich in der Lage, darüber Auskunft zu geben, in welchem Umfang der Gesetzgeber oder das sich eine Geschäftsordnung gebende Parlament berechtigt ist, das Mandat des Abgeordneten überhaupt oder zum Schutz seiner Unabhängigkeit zu regeln Der Satz: »Das Volk hat Anspruch darauf zu wissen, von

7 *M. Morlok*, in: H. Dreier, Hrsg., GG, 2. Aufl., Bd. II, 2006, Art. 38, Rdnr. 168, 169. – Dazu die Auffassung der die Entscheidung nicht tragenden Richter in den Gründen des Urteils des Bundesverfassungsgerichts vom 4. Juli 2007, unter D. II. 3 a. bb.

wem – und in welcher Größenordnung – seine Vertreter Geld oder geldwerte Leistungen entgegennehmen«[8], ist eine mißverständliche Verrechtlichung des vorauszusetzenden Vertrauens der Wähler auf die rechtschaffene Vertretung des Volkes im Parlament.

Die Ableitung von Rechtsfolgen aus Verfassungsnormen mithilfe von verfassungsrechtlich ausgesprochenen oder vorausgesetzten Prinzipien der Staatsgestaltung oder von konstatierbaren gesellschaftlichen Entwicklungen ist ein Weg jurisprudentieller Rechtsbildung, der nur nach strengen normativen Kriterien juristischer Argumentation und Begründung begangen werden kann. Das gilt vor allem, wenn verfassungsrechtliche Freiheiten und Garantien inhaltlich bestimmt oder beschränkt werden. Es ist fraglich, ob der Standpunkt der die Entscheidung des Bundesverfassungsgerichts vom 4. Juli 2007 tragenden Richter, wonach es sich bei den Transparenzvorschriften der Verhaltensregeln nicht um »Eingriffsrecht« handle, sondern es hier nur um die Ausgestaltung der Rechte und Pflichten der Abgeordneten in Konkretisierung der gesetzlichen Regelungsaufgabe des Art. 38 Abs. 3 GG insoweit gehe, als ihre Stellung als Abgeordnete außerhalb des Parlaments angesprochen ist[9], diesen Test bestehen kann. Das freie Mandat ist zwar kein Grundrecht und es verdrängt auch für seinen Anwendungsbereich die etwa berührten Grundrechte des Abgeordneten. Es ist aber ein staatsorganschaftliches Recht, das den Abgeordneten zusteht, die insoweit mit eigenen Rechten ausgestattet sind (vgl. Art. 93 Abs. 1 Nr. 1 GG). Gesetzlich angeordnete Offenlegungspflichten wegen beruflicher oder sonstiger außerparlamentarischer Tätigkeiten haben, auch wenn sie im Rahmen einer »Ausgestaltung« des Mandats vorgesehen sind, die Wirkung eines Rechtseingriffs.

Hans-Peter Schneider kritisierte das Diäten-Urteil des Bundesverfassungsgerichts wegen eines nicht überzeugenden Schlusses von der Realanalyse auf eine bestimmte Verfassungsauslegung. Selbst wenn man in der Abgeordnetentätigkeit einen »Lebensberuf« erblicke, hätte daraus keineswegs die Konsequenz der staatlichen Vollalimentierung gezogen zu werden brauchen. Das gesamte Abgeordnetenpersonal werde im praktischen Ergebnis strukturell »verbeamtet« und es werde damit die ohnehin vorhandene Tendenz zur Bürokratisierung und Professionalisierung des Parlamentsbetriebs bei nahezu totaler politischer Dominanz der Parteien wesentlich unterstützt, wenn nicht sogar verfassungsrechtlich abgesichert[10].

Das als »Gemeinpflichtigkeit des Mandats« bezeichnete Gebot, sich ohne Rücksicht auf Partei- oder Gruppeninteressen am Wohl der Allgemeinheit zu orientieren[11], ist die Kehrseite des freien Mandats, die als immanente Pflichtbindung des organschaftlichen Amtes des Abgeordneten aufgefasst werden kann, ohne sich im Einzelfall zu justiziablen Verpflichtungen inhaltlicher Art zu verdichten. Mit dem norma-

8 BVerfG Urteil vom 4. Juli 2007, unter D.I.1.c.aa.
9 BVerfG Urteil vom 4. Juli 2007, unter D.I.2.a.bb.
10 *H.-P. Schneider*, Art. 38 aaO. (FN 1), Rdnr. 28.
11 *H.-P. Schneider*, Art. 38 aaO. (FN 1), Rdnr. 18.

tiv anspruchsvollen Begriff des Amtes wird die Pflichtgebundenheit der Rechte des Abgeordneten und die innere Rechtfertigkeit dieser Rechte durch das Prinzip der parlamentarischen Repräsentation betont, ohne die grundlegenden statusrechtlichen Unterschiede zwischen Abgeordneten und Beamten zu verwischen[12]. Eine einseitig »amtsrechtliche« Betrachtung, die das Amt des Abgeordneten als im Rechtssinne gemeinwohlgebunden und wertbestimmt auffasst, setzt eine materiale Vorwegbestimmung der parlamentarischen Repräsentation voraus, die dem prozeduralen, »offenen« Grundzug des demokratischen Parlamentarismus nicht vollständig gerecht wird. Der Abgeordnete wird aus politischen Gründen berufen und soll sich politisch verantworten. Das für Erfolg und Legitimität der demokratischen Staatsform elementare Vertrauensverhältnis zu den Mitgliedern der Volksvertretung ist eine politische, durch die Medien formierte oder auch deformierte Größe, keine durch Rechte oder Pflichten bestimmte Rechtsbeziehung. Verfassungsrechtliche Rechtsfolgen hinsichtlich der Gebotenheit von Publizitäts- und Rechenschaftspflichten lassen sich daraus – anders als bei den politischen Parteien (Art. 21 Abs. 1 Satz 4 GG) – nicht ableiten[13]. Transparenzregeln und darauf bezogene Offenlegungspflichten des Abgeordneten sind dadurch nicht ausgeschlossen. Sie dienen dem freien Mandat und der Sachgerechtigkeit und Akzeptanz der parlamentarischen Willensbildung und Entscheidung, wenn und soweit sie nach Art und Maß geeignet und erforderlich sind, auf für die Ausübung des Mandats bedeutsame Interessenverknüpfungen hinzuweisen (§ 44 a Abs. 4 AbgG). Die abstrakte Möglichkeit von »Interessenverknüpfungen« genügt dafür nicht.

3. Die Ausübung des Mandats »steht im Mittelpunkt der Tätigkeit« des Abgeordneten

Die Mittelpunktregelung des § 44 a Abs. 1 AbgG beruht auf der Rechtsauffassung des Diäten-Urteils von 1975[14], die dem Abgeordneten in der wohlfahrtsstaatlichen Demokratie ein Mandat zumißt, das – jedenfalls im Bundestag – ein zur »Hauptbeschäftigung« gewordenes Amt geworden ist. Was dort dazu diente, eine Neubestimmung der Entschädigung nach Art. 48 Abs. 3 GG zu rechtfertigen, führt hier – wie auch bei der Erweiterung der Transparenzregeln – zu der ausdrücklichen Festlegung der Pflichtbindung des Mandats durch ein gesetzliches Gebot.
Die Ausführungen der die Entscheidung tragenden Richter lassen den Grundgedanken erkennen, dass die Aufgabe und Repräsentations- und Leistungsfähigkeit der

12 BVerfGE 76, 256/341 ff. – *W. Wiese*, Das Amt des Abgeordneten, AöR 101, 1976, S. 548.
13 *P. Badura*, Anhörung vor dem Ausschuss für Wahlprüfung, Immunität und Geschäftsordnung des Bundestages am 10.9.2002, Ausschussprotokoll G 70, S. 11 f., 24 ff.; *ders.*, Anhörung vor dem Hauptausschuss des Landtages von Nordrhein-Westfalen am 3.3.2005, Ausschuss-Protokoll 13/1480, S. 5 f.
14 BVerfGE 40, 296/311; zuvor BVerfGE 32, 157/164 f. – Gesetzentwurf (FN 6), Begründung, S. 4.

parlamentarischen Volksvertretung und die Rolle des Abgeordneten im Parlament einen Vorrang der Mandatsausübung vor beruflichen und sonstigen Tätigkeiten und vor mandatsfremden Individualinteressen des Abgeordneten begründen. Der Abgeordnete entscheide jedoch in freier Eigenverantwortlichkeit über die Form der Wahrnehmung des Mandats. Es verbleibe dabei, dass der Abgeordnete Rechenschaft über seine Aktivitäten nur im politischen Raum abzulegen habe. Die Pflicht, das Abgeordnetenmandat in den Mittelpunkt zu stellen, könne nicht zum Gegenstand administrativer oder verwaltungsgerichtlicher Durchsetzung gemacht werden, es handle sich insofern um eine klarstellende, aber »sanktionslose« Rechtspflicht. »Dem von Art. 38 Abs. 1 GG gewährleisteten freien Mandat des Abgeordneten entspricht es, dass die Abgeordneten über die Art und Weise der Ausübung des Mandats grundsätzlich frei und in ausschließlicher Verantwortlichkeit gegenüber dem Wähler entscheiden«[15].

Die nicht im Ergebnis, aber in der Sache unterschiedliche Beurteilung der beiden Seiten des Senats kommt hauptsächlich darin zum Ausdruck, dass die Erwägungen der die Entscheidung nicht tragenden Richter, der in der Gestalt und Freiheit des Mandats zum Ausdruck kommenden gesellschaftlichen »Verwurzelung« der Abgeordneten eine substantielle Bedeutung beimessen, insbesondere der Verbindung von Mandat und Beruf. Die aus der Berufsausübung folgende wirtschaftliche Unabhängigkeit gerade Selbstständiger und Angehöriger freier Berufe fördere die in Art. 38 Abs. 1 Satz 2 GG beschriebene Freiheit des Mandats. Aus diesem andersartigen Grundgedanken wird geschlossen, dass § 44 a Abs. 1 AbgG von Verfassungs wegen nicht als Rechtspflicht auszulegen ist, sondern lediglich als Ausdruck einer politischen Erwartung verantwortlicher Mandatsausübung zu verstehen ist. Die Freiheit des Mandats umfasse auch die Möglichkeit, neben dem Mandat auch beruflich tätig zu sein, verlange allerdings gleichwohl einen verantwortlichen Umgang mit dieser – keiner verwaltungs- oder justizförmigen Kontrolle unterworfenen – Freiheit. Die Entscheidung darüber, wie viel Zeit für den Beruf aufgewandt wird, treffe der Abgeordnete ebenso frei wie er das Maß seiner Mitarbeit in der Partei, in Regierungsfunktionen oder sein Engagement im Rahmen der familiären Lebensgestaltung bestimme. Die Regelung des § 44 a Abs. 1 AbgG sei somit in verfassungskonformer Auslegung nicht als Grundlage für eine Kontrolle einer wie auch immer gearteten »ordnungsgemäßen« Mandatswahrnehmung und für eine zeitliche Beschränkung von Nebentätigkeiten zu verstehen[16].

Es stehen sich hier zwei verschiedene Auffassungen über die innere Rechtfertigung und über den Schutzgehalt des freien Mandats gegenüber. Die politische und nicht zuletzt parteiendemokratische Sphäre der parlamentarischen Repräsentation und Willensbildung tritt in dem stärker amtsrechtlich aufgefassten Mandat als eine relativ selbständige Ordnung zu Tage. Die egalitäre Durchschlagskraft der wohlfahrts-

15 BVerfG aaO., unter C.I.5.
16 BVerfG aaO., unter C.II.2.

staatlichen Parteiendemokratie verdrängt die Rechtsposition des Abgeordneten, einschließlich der »grundrechtlichen Aspekte«[17], in die schwächere Rolle der Ausgestaltung und Abwägung. Die den Abgeordneten in § 44 a und § 44 b AbgG auferlegten Pflichten richten sich nach Ziel, Regelungsgehalt und Regelungswirkung auf den Abgeordnetenstatus. Die von den Antragstellern des Organstreits befürchteten mittelbaren Auswirkungen auf berufliche Tätigkeiten neben dem Mandat sind im Rahmen der Regelung des Abgeordnetenstatus abwägend zu berücksichtigen[18]. So richtig es ist, dass dem Abgeordneten keine grundrechtlichen Abwehrrechte gegen statusrechtliche Anforderungen im Sinne des Art 38 Abs. 1 Satz 2 GG zustehen, so beachtlich ist jedoch, dass gesetzliche »Ausgestaltungen« des Mandats-Status den Schutzbereich von Grundrechten berühren können und dann hinsichtlich dieser Eingriffswirkung dem Grundsatz der Erforderlichkeit und Verhältnismäßigkeit genügen müssen[19]. In dieser Hinsicht handelt es sich um mehr als nur um »grundrechtliche Aspekte«.
Nach den die Entscheidung des Bundesverfassungsgerichts tragenden Gründen ist die Annahme, dass § 44 a Abs. 1 AbgG eine die Abgeordneten bindende Rechtspflicht begründet, eine verfassungsrechtlich zulässige, nicht aber eine verfassungsrechtlich gebotene Auslegung des Gesetzes. Nach der nicht maßgeblichen Auffassung der anderen Seite des Senats ist die Auslegung der Vorschrift im Sinne einer Rechtspflicht nicht verfassungskonform. Beide Seiten des Senats stimmen darin überein, dass § 44 a Abs. 1 AbgG in dem Sinn sanktionslos ist, dass diese Norm keine Grundlage für Maßnahmen administrativer oder gerichtlicher Durchsetzung ist. Für die nicht maßgebliche Auffassung ist die eine Rechtspflicht verneinende Auslegung verfassungsrechtlich geboten, für die andere Seite des Senats ist, soweit ersichtlich, diese Auslegung des § 44 a Abs. 1 AbgG richtig, doch nicht auch verfassungsrechtlich zwingend. Das Urteil des Bundesverfassungsgerichts gesteht somit dem Gesetzgeber einen größeren Spielraum bei der Ausgestaltung des Abgeordneten-Status und seiner Pflichtbindung zu, um den Vorrang des Mandats auch gegen berufliche oder sonstige neben dem Mandat ausgeübte Tätigkeiten sicherzustellen.

4. Für die Ausübung des Mandats bedeutsame »Interessenverknüpfungen«

Die erweiterten Offenlegungspflichten, für die die gesetzliche Ermächtigung ohne nähere Bestimmung die Grundlage gibt und die nach Maßgabe der Verhaltensregeln (§ 44 b AbgG) eine Anzeige und Veröffentlichung gebieten (§ 44 a Abs. 4 AbgG), sollen eine für notwendig gehaltene Transparenz möglicher Abhängigkeiten oder Interessenverknüpfungen schaffen. Die Beweggründe dieser Transparenzregeln

17 BVerfG aaO., unter D.II.1.b.
18 BVerfG aaO., unter B.3.c, D.I.1.c.bb, D.II.1.b.
19 *P.Lerche*, Grundrechtlicher Schutzbereich, Grundrechtsprägung und Grundrechtseingriff, HStR, Bd. V, 1992, § 121, Rdnr. 37 ff.

sind wenig substantiiert und sehr weit gespannt, wie sich der Begründung des Gesetzentwurfs entnehmen läßt[20]. Die Höhe der Nebeneinkünfte könne einen Hinweis darauf geben, ob der Abgeordnete in der Wahrnehmung des Mandats durch wirtschaftliche Abhängigkeiten beeinflusst werde. Durch die Transparenzregeln erhielten die Wähler hinreichende Informationen darüber, »ob und wie der Abgeordnete den Wählerauftrag umsetzt«. Mögliche Mutmaßungen über unzulässige Interessenverknüpfungen oder unzulässige Zuwendungen ohne Gegenleistungen könnten damit ausgeräumt werden. Die Transparenzregeln hätten auch präventive Wirkungen, u. a. dahingehend, dass offenbar werden könnte, dass eine Mandatsausübung auf Grund übermäßiger Nebentätigkeiten nicht im Mittelpunkt seiner Abgeordnetentätigkeit stehe. Dass sich die Begründung der Verhaltensregeln (BTag Drucks. 15/5698, S. 4) dessen berühmt, dass die mit der Vorschrift des § 1 Abs. 2 Nr. 1 der Verhaltensregeln intendierte Änderung das Anliegen umsetze, die bisherige Unterscheidung zwischen Beruf und Nebentätigkeit aufzugeben und alle Tätigkeiten gleich zu behandeln, steht in offenkundigem Widerspruch zu der mit dem freien Mandat garantierten Unabhängigkeit des Abgeordneten, für die eine erfolgreiche Berufsausübung ein wesentliches – wenngleich natürlich nicht notwendiges – Fundament gibt. Immerhin erkennt die Gesetzesbegründung an, dass mit der Veröffentlichungspflicht ein »Grundrechtseingriff in die informationelle Selbstbestimmung des Abgeordneten« einhergeht.
Die den gesetzlichen Regelungsauftrag definierende Richtschnur, Tätigkeiten und Einkünfte neben dem Mandat, »die auf für die Ausübung des Mandats bedeutsame Interessenverknüpfungen hinweisen können« (§ 44 a Abs. 4 Satz 1 AbgG), der Anzeige- und Veröffentlichungspflicht zu unterwerfen, trägt der Eingriffswirkung der damit ins Auge gefassten Transparenzregeln zu Lasten des Rechts des freien Mandats, dessen Pflichtbindung qualitativ verstärkt wird, und zu Lasten der berührten Grundrechte der Abgeordneten nur mangelhaft Rechnung. Die hier berufene Parlamentsautonomie[21] ist nicht die verfassungsrechtlich ausreichende Grundlage für normative Beschlüsse des Parlaments, die jenseits des eigentlichen Geschäftsordnungsrechts (Art. 40 Abs. 1 Satz 2 GG) Rechtseingriffe bewirken. Die »Öffentlichkeit des Abgeordnetenstatus«, wie überhaupt die Gewährleistung der parlamentarischen Repräsentation und der Funktionsfähigkeit des Parlaments im Staatsleben, gehört nicht zu der Gestaltungsvollmacht der Parlamentsautonomie. Doch ganz abgesehen von der Reichweite des Gesetzesvorbehalts (Art. 38 Abs. 3 GG) ist hier die sachliche Grenze der verfassungsrechtlich zulässigen Ausgestaltung des Abgeordnetenmandats berührt. Die neuen Publizitätspflichten nehmen dem Abgeordneten die Verantwortung aus der Hand, öffentlich bekannt zu geben oder nicht bekannt zu geben, in welcher Weise er »neben dem Mandat« Gutachten erstattet, Beratungen vornimmt oder sich an Handelsgesellschaften beteiligt, noch dazu, wenn damit auch

20 Gesetzentwurf aaO. (FN 6), S. 4.
21 BVerfGE 80, 188/218 f.

die Offenlegung von Entgelten verbunden ist. Abträgliche Interessenverknüpfungen oder Abhängigkeiten können ohne besondere Anhaltspunkte nicht durchgängig vermutet werden. Ob es dem Schutz der Rechte Dritter genügt, dass von der Offenlegungspflicht solche Informationen nicht umfasst sind, die einem Zeugnisverweigerungsrecht oder Verschwiegenheitspflichten unterliegen (§ 1 Abs. 5 Satz 1 der Verhaltensregeln), ist nicht sicher auszumachen. Überdies führen gleichmäßig auferlegte Publizitätspflichten zu einer Ungleichbehandlung von Abgeordneten freier Berufe, Angestellten von Unternehmen und Verbandsfunktionären. Die auf Grund der neuen Transparenzregeln verstärkte Verantwortung des Bundestagspräsidenten und die Unsicherheiten der Bewertung und Abgrenzung von Tätigkeiten und Einkünften sind gravierend, wie nicht zuletzt der Aufwand der Reglementierung belegt[22].

Die Zurückweisung der Anträge, mit denen die Transparenzregeln angegriffen worden waren, durch das Bundesverfassungsgericht folgt dem Leitgedanken, dass sich die Wähler mithilfe von Informationen über mögliche Interessenverflechtungen und wirtschaftliche Abhängigkeiten, aber auch über das Fehlen dahingehender Hinweise ein besseres Urteil über die Wahrnehmung des Mandats durch den Abgeordneten auch im Hinblick auf dessen Unabhängigkeit bilden können. Daraus wird gefolgert, dass Transparenzregeln ihre grundsätzliche Rechtfertigung im Vorrang der Repräsentations- und Funktionsfähigkeit des Deutschen Bundestages gegenüber dem Privatinteresse des Abgeordneten an informationeller Abschirmung seiner Tätigkeit neben dem Mandat finden. Da das Gericht die Verhaltensregeln nicht als »Eingriffsrecht«, sondern als Konkretisierung der gesetzlichen Regelungsaufgabe einstuft, wird die danach erfolgende Inhaltsbestimmung der Rechte des Abgeordneten auf Abwägung und Ausgleich bei grundsätzlichem Vorrang des Transparenzziels verwiesen. Der Status des Abgeordneten dürfe nicht ohne angemessene Rücksicht auf seine persönlichen Belange rechtlich ausgeformt werden. Regelungen, die ihn als Privatperson beträfen, müssten nicht nur überhaupt Rechtfertigung in anderen Rechtsgütern der Verfassung – also doch wohl auch in den Grundrechten – finden, sondern sie müssten darüber hinaus in spezifischer Weise dem Hineinwirken in den persönlichen Lebensbereich des Abgeordneten Rechnung tragen. Dennoch: Das Interesse des Abgeordneten, Informationen aus der außengerichteten Sphäre beruflicher und sonstiger Tätigkeiten vertraulich zu behandelt zu sehen, sei gegenüber dem öffentlichen Interesse an der Erkennbarkeit möglicher Interessenverknüpfungen der Mitglieder des Bundestages grundsätzlich nachrangig[23]. Die Deutung der Verfassungsnorm von der Freiheit des Mandats als Auftrag an den Gesetzgeber, den Inhalt des Abgeordnetenstatus, insoweit es um dessen Stellung außerhalb des Parlaments geht, primär nach allgemeinen Vorstellungen einer demokratischen Öffent-

22 Siehe § 8 (Verfahren) der Verhaltensregeln; Ausführungsbestimmungen vom 30. Dezember 2005 des Präsidenten des Deutschen Bundestages auf Grund des § 1 Abs. 4 der Verhaltensregeln (BGBl. 2006 I S. 10).

23 BVerfG aaO., unter D.I.1.c und 2.a.bb. der Gründe.

lichkeit näher zu bestimmen, führt nachgerade zu einer Umkehr des Rechts des freien – selbstbestimmten und selbstverantwortlichen – Mandats. Wie sehr das Regime der Abwägung und des Ausgleichs die Argumentation von der Strenge des Grundsatzes der Verhältnismäßigkeit und des Übermaßverbots entbindet, zeigt eine kurze Erwägung zu einer Kompensation von Vor- und Nachteilen der Transparenzregeln. Es stelle sich die Frage, ob nicht die behaupteten Nachteile der Offenlegungspflicht mit den Vorteilen saldiert werden müßten, die das Mandat im sozialen und öffentlichen Leben vermittle, wie u. a. die »handgreifliche(n) Vorteile«, die die Kontakte zu den Trägern öffentlicher Gewalt dem Abgeordneten vermittelten. »Gerade vor dem Hintergrund derartiger Synergieeffekte erscheinen die angegriffenen Transparenzregeln eher als maßvolles Korrektiv der Risiken privater Erwerbstätigkeit für eine aufgabengerechte Mandatsausübung denn als unzulässiger Übergriff in die berufliche Sphäre der Abgeordneten[24].

Die abweichende Rechtsauffassung der die Entscheidung nicht tragenden Richter nimmt die Prämisse eines hier zu prüfenden Eingriffs in verfassungsmäßige Rechte der Abgeordneten zum Ausgangspunkt, ohne allerdings die Geltung und den Schutz der Grundrechte für die neben dem Mandat ausgeübten Tätigkeiten genauer zu behandeln. Eingriffe in die Berufsfreiheit der Abgeordneten schmälerten zugleich ihre Unabhängigkeit und seien regelmäßig nur dann zu rechtfertigen, wenn sie gerade das Ziel verfolgten, verbotene Abhängigkeiten von gesellschaftlichen Interessengruppen zu verhindern oder sichtbar zu machen. Jeder staatliche Eingriff in die Ausübung eines Berufes durch den Abgeordneten neben seinem Mandat stelle zugleich einen Eingriff in die Freiheit des Mandats dar. Einkünfte aus einer beruflichen Tätigkeit legten nicht ohne weiteres die Gefahr einer unzulässigen Interessenverknüpfung oder Abhängigkeit nahe. Der Abgeordnetenstatus schließe von vornherein ein, dass eine berufliche Tätigkeit neben dem Mandat ausgeübt werde[25]. Der zentrale verfassungsrechtliche Einwand der die Entscheidung nicht tragenden Richter gegen die angegriffenen Transparenzregeln ist die undifferenzierte Offenlegungspflicht der Einkünfte ihrer Art und Quelle nach und die pauschale und damit eigentlich intransparente Information über den Umfang des finanziellen Ertrags der Einkünfte. Mit den Garantien und der Freiheit des grundrechtlich verstärkten parlamentarischen Mandats sei es unvereinbar, wenn mit den angegriffenen Transparenzregeln die durch kein rechtsstaatliches, den Status und die Grundrechte des Abgeordneten schonendes Verfahren geprüfte Veröffentlichung von wirtschaftlichen »Rohdaten« vom Abgeordneten verlangt werde. Die undifferenzierte Offenlegungspflicht von »Nebeneinkünften« sei im Hinblick auf das gesetzgeberische Ziel der Transparenz von möglichen Abhängigkeiten und Interessenverknüpfungen ungeeignet und unverhältnismäßig[26].

24 BVerfG aaO., unter D.I.2.b der Gründe.
25 BVerfG aaO., unter D.II.1.a, 4.b.aa.
26 BVerfG aaO., unter D.II.4.c.

Die Unabhängigkeit des Mandats ist dem Abgeordneten nicht um seiner selbst willen und auch nicht als ein in sich wertvolles Ideal garantiert, sondern kann nur begriffen werden in seiner Einbettung in das System der parlamentarischen Demokratie. Der Sicherung der Unabhängigkeit des einzelnen Abgeordneten, die Selbstbestimmung und Selbstverantwortlichkeit im Hinblick auf die Ausübung des Mandats einschließt, ist mithin – zumindest auch – Mittel zum Zweck der Sicherung der Unabhängigkeit der gewählten Volksvertretung[27]. Insofern ist dem freien Mandat eine verfassungsrechtlich mäßigende und meßbare »Gemeinpflichtigkeit«, nicht aber ein allgemeiner »Status der Öffentlichkeit« eigen.

27 *P. Badura*, BonnKomm., Art. 38 (1965), Rdnr. 70; *M. Brenner*, Abgeordnetenstatus und Verfassungsschutz, in: ders./P. M. Huber/M. Möstl, Hrsg., Der Staat des Grundgesetzes – Kontinuität und Wandel, 2004, S. 25/28.

Die parlamentarische Kontrolle von Auslandseinsätzen der Streitkräfte – die Bundeswehr zwischen Außenpolitik und Verfassungsrecht

Michael Bothe

1. Einführung und Fragestellung

Die verfassungsrechtliche Sicherung der Wirkung parlamentarischer Opposition war und ist ein wesentliches Anliegen des Wirkens des Jubilars.[1] Deshalb sei zu seinem Geburtstag erneut die Frage aufgeworfen, welchen Stellenwert in diesem Zusammenhang die parlamentarische Kontrolle der Auslandseinsätze der Bundeswehr besitzt.

In einer Zeit, in der zu recht die Deparlamentarisierung im Bereich des außenpolitischen Handelns des Staates beklagt wird,[2] erscheint die Grundsatzentscheidung des Bundesverfassungsgerichts,[3] die den Einsatz der deutschen Streitkräfte einem sehr weitgehenden Parlamentsvorbehalt unterstellt, als eine überraschende Ausnahme, für die einen als rühmliche und hoffnungsvolle, für die anderen als bedauerlicher Systembruch. Die aus letzterem Grund geäußerte Kritik begann schon während des Prozesses, der zu der genannten Grundsatzentscheidung führte, mit Häme gegen die Vertreter der Antragsteller, die angeblich das Grundgesetz nicht lesen konnten. Dies ging über in eine lebhafte Kritik am Bundesverfassungsgericht, das die Grenzen richterlicher Rechtsfortbildung überschritten habe.[4] Diese Art von Urteilsschelte hat Tradition. Sie wird gern gebraucht, wo das Gericht rechtliche Argumentationstopoi, die es im Grundgesetz angelegt sieht, konsequent entfaltet. Beispiele für solche rechtsschöpferische Deduktion sind etwa die Rechtsprechung zur Rundfunkordnung,[5] zur Parteifinanzierung[6], zur Wehrdienstverweigerung aus Gewissensgrün-

1 H.-P. Schneider, Die parlamentarische Opposition im Verfassungsrecht der Bundesrepublik Deutschland, 1974.
2 T. Hitzel-Cassagnes, Rechtsstaatliche Domestizierung der Außenpolitik?, Kritische Justiz 33 (2000), 63 ff.
3 BVerfGE 90, 286.
4 Statt vieler V. Epping, Die Evakuierung deutscher Staatsbürger im Ausland als neues Kapitel der Bundeswehrgeschichte ohne rechtliche Grundlage? – Der Tirana-Einsatz der Bundeswehr auf dem rechtlichen Prüfstand, AöR 124 (1999), 423, 449; K. Dau, Das Parlamentsherr unter dem Mandat der Vereinten Nationen, NZWehrR 1994, 177 ff.; weitere Nachweise auch bei Burkiczak, Ein Entsendegesetz für die Bundeswehr? ZRP 2003, 82, 84.
5 Immer noch grundlegend das sog. Fernsehurteil, BVerfGE 12, 205.
6 Zunächst BVerfGE 20, 56; anders BVerfGE 85, 264, 285.

den[7] (wo erhebliche Folgerung aus dem Verfassungsgebot einer effektiven Landesverteidigung gezogen werden), zu den grundrechtlich begründeten Schutzpflichten (insbesondere beim Schwangerschaftsabbruch[8]), zum Demokratieprinzip (Verbot des Ausländerwahlrechts[9], Grenzen der europäischen Integration[10]). Manchmal mutet diese Methode etwas kühn an, sie ist in der Tat eine spezifische Ausformung von »judicial activism«.[11]
Diese Zeilen sollen dem Stellenwert des Vorbehalts der parlamentarischen Zustimmung im modernen Verfassungsstaat, nicht nur in dem des Grundgesetzes darstellen und dabei, auch im Lichte neuerer Entwicklungen, der Frage des Verhältnisses von Außen-, insbesondere Sicherheitspolitik und Verfassungsrecht nachgehen.

2. Das Prinzip der Zustimmungsbedürftigkeit des Einsatz der Streitkräfte nach deutschem Verfassungsrecht – Grundlagen

Grundlage der Zustimmungsbedürftigkeit ist wie gesagt die Grundsatzentscheidung des BVerfG vom 12. Juli 1994,[12] die auf einer historischen und systematischen Auslegung des Grundgesetzes beruht.[13] Das historische Argument ist die Verfassungstradition von Parlamentskompetenzen seit 1918. Darüber lässt sich sehr streiten. Das Argument, eine bestimmte Rechtslage habe schon zur Zeit der Weimarer Reichsverfassung bestanden, bestimmt häufig die Auslegungspraxis des Bundesverfassungsgerichts. Angesichts der starken Stellung des Reichpräsidenten kann man aber wohl kaum sagen, dass die Reichswehr ein Parlamentsheer war. Man findet in der Begründung des Bundesverfassungsgerichts dazu denn auch nicht mehr als das Recht des Reichstags zur Kriegserklärung.[14] Das war wohl eine leichte Erweiterung der Parlamentsbefugnisse gegenüber der Reichsverfassung von 1871, hat aber die Reichswehr noch nicht zum Parlamentsheer in dem Sinne gemacht, wie das heute bei der Bundeswehr der Fall ist.
Sicher stimmt aber das historische Argument für die Motivation der Verfasser des GG, die in der Tat ein Parlamentsheer wollten.[15] Das Konzept der Bundeswehr als Parlamentsheer ist Bestandteil der spezifischen Unterschiede, die die Verfasser des Grundgesetzes in die neue Verfassung einführten, um aus den (wie sie meinten) schlechten Erfahrungen mit der Weimarer Reichsverfassung Lehren zu ziehen.

7 BVerfGE 48, 127; 69. 1.
8 BVerGE 39, 1; 88, 203.
9 BVerfGE 83, 37.
10 Siehe insbesondere das Maastricht-Urteil, BVerfGE 89, 155.
11 Zum Fehlen von »judicial self-restraint« in der Rechtsprechung des Bundesverfassungsgerichts Rinken, AK-GG, vor Art. 93, Rdn. 92.
12 S.o. Anm. 3.
13 E 90, 286, 381 ff.
14 E 90, 286, 383 f.
15 E 90, 286, 384 ff.

An dieser Stelle trifft sich die historische Auslegung mit der systematischen. Aus einer Gesamtschau der Vorschriften des GG über Militäreinsätze lässt sich in der Tat das Prinzip des Parlamentsheers herleiten. Das Bundesverfassungsgericht nennt hier den inzwischen aufgehobenen Art. 59a, nunmehr die Artikel 115a, 87a Abs. 1 Satz 2, 45a und 45b, auch die parlamentarische Kontrolle von Einsätzen im Innern.

3. Die Schwellen der Zustimmungsbedürftigkeit

Die Zustimmungsbedürftigkeit militärische Einsätze führt notwendig zu einem Schwellenproblem, nämlich zur Frage der Abgrenzung von Tätigkeiten der Bundeswehr, die dieser Zustimmungspflicht unterliegen, und solchen, bei denen das nicht der Fall ist. Diese Frage hat in der nachfolgenden Praxis immer wieder eine rolle gespielt. Das Problem war ähnlich bereits im Text des Art. 87a angelegt, der die »Einsätze« der Streitkräfte bestimmten Beschränkungen unterwirft. Daher kam das Problem der »Verwendungen unterhalb der Einsatzschwelle«.[16] Das Gericht sieht das wesentliche Abgrenzungskriterium darin, ob die Soldaten »in bewaffnete Unternehmungen einbezogen« sind.[17] Das führt zu zwei Abgrenzungsproblemen:

- Unterscheidung zwischen militärischen und nichtmilitärischen Tätigkeiten (z.B. »Hilfeleistungen«, wohl auch Transportdienstleistungen);
- Unterscheidung zwischen »bewaffneten Unternehmungen« und solchen militärischen Tätigkeiten, die keinen Bezug zu bewaffneten Auseinandersetzungen haben (z.B. Übungen, Manöver).

Eine Problematik der letztgenannten Schwelle wurde in dem von der FDP-Fraktion im Deutschen Bundestag angestrengten Organklage aufgeworfen, bei der es um den Einsatz von AWACS-Flugzeugen mit teilweise deutscher Besatzung zum Schutz der Türkei während des Irak-Krieges ging.[18] Die Türkei fürchtete, dass sie aus Anlass des Konflikts zum Ziel irakischer Raketenangriffe werden könnte. Die Bundesregierung vertrat die Meinung, diese AWACS-Flüge über der Türkei seien Bündnisroutine, somit eine Art Übungsflug, und darum unterhalb der Schwelle der Zustimmungsbedürftigkeit. Das verkennt allerdings die Tatsache, dass diese angebliche Routine auf ein Hilfsersuchen der Türkei zurückging, dem der NATO-Rat stattgegeben hatte, und dass der Sinn dieser Luftüberwachung darin bestand, Zielinformationen für eventuelle Verteidigungsmaßnahmen zum Schutz der Türkei zu geben. Eine solche Feuerleitaufgabe nicht als Einbezug in militärische Unterneh-

16 M. Bothe, Diskussionsbeitrag, in: J.A. Frowein/T. Stein (Hrsg.), Rechtliche Aspekte der Beteiligung der Bundesrepublik Deutschland an Friedenstruppen der Vereinten Nationen, 1990, S. 49. Oeter, Einsatzarten der Streitkräfte außer zur Verteidigung, NZWehrR 2000, 89, 97 spricht nicht zu Unrecht von »rabulistischen Bemühungen«.

17 E 90, 286, 388.

18 Dazu P. Dreist, AWACS-Einsatz ohne Parlamentsbeschluss?, ZaöRV 64 (2004), 1001.

mungen im Sinne der Formel des Bundesverfassungsgerichts anzusehen, ist ausgesprochen problematisch. Die Überwachungsaufgabe dieser AWACS-Operation war näher an Kampfhandlungen als die Überwachungsaufgabe in der Adria,[19] bei der das Bundesverfassungsgericht ohne ersichtliches Zögern einen Einsatz angenommen hatte. Das Bundesverfassungsgericht hat freilich einen Antrag auf einstweilige Anordnung in dem AWACS II-Verfahren abgewiesen.[20] Zur Begründetheit führte es aus, der Antrag sei nicht offensichtlich unbegründet, aber eben auch nicht offensichtlich begründet. Die Entscheidung beruhte dann auf der bei einstweiligen Anordnungen üblichen Folgenabwägung. Das Gericht war offenbar nicht davon überzeugt, dass es geboten sei, in den Lauf der (außen-)politischen Kräfte einzugreifen. Die Hauptsache ist noch nicht entschieden.
Bei Gefahr im Verzug entfällt – so das Bundesverfassungsgericht – die Zustimmungsbedürftigkeit. Das wurde praktisch im Frühjahr 1997 bei der Luftevakuierung von Personen deutscher und anderer Nationalität, deren Leben in Tirana bedroht war.[21] Die Zustimmung wurde dann nachträglich eingeholt und erteilt.
Insgesamt hat sich nach der Grundsatzentscheidung des Bundesverfassungsgerichts eine umfangreiche Praxis parlamentarischer Zustimmungsverfahren entwickelt.[22] Das Bundesverfassungsgericht hatte allerdings in seiner Grundsatzentscheidung dem Gesetzgeber aufgetragen, Einzelfragen zu regeln. Dazu ist es erst über 10 Jahre nach dem Urteil mit dem Parlamentsbeteiligungsgesetz vom 3.12.2004[23] gekommen. Eine Klärung dieser Schwellenfragen konnte dabei aber nicht wirklich erreicht werden. Das Gesetz übernimmt die Formulierung des Bundesverfassungsgerichts und klärt ein paar erkannte und bekannte Fallkonstellationen, mehr nicht.

§ 2 Abs. 1 des Gesetzes paraphrasiert die Formel des Bundesverfassungsgerichts:

> »Ein Einsatz bewaffneter Streitkräfte liegt vor, wenn Soldatinnen und Soldaten der Bundeswehr in bewaffnete Unternehmungen einbezogen sind oder eine Einbeziehung in eine bewaffnete Unternehmung zu erwarten ist.«

19 In diesem Sinn auch Dreist, a.a.O. Anm. 18, 1036 ff.
20 Entscheidung vom 15.3.2003, 2 BvQ 18/03.
21 F. Schröder, Das parlamentarische Zustimmungsverfahren zum Auslandseinsatz der Bundeswehr in der Praxis, 2005, 69 ff.; Epping, a.a.O. Anm. 4, 450 ff.; C. Kress, Die Rettungsoperation der Bundeswehr in Albanien am 14. März 1997 aus völker- und verfassungsrechtlicher Sicht, ZaöRV 57 (1997), 329 ff.
22 Vgl. die Übersicht bei Schröder, a.a.O. Anm. 21, 39 ff.; M. Limpert, Auslandseinsatz der Bundeswehr, 2002, 62 ff.; B. Meyer, Von der Entscheidungsmündigkeit zur Entscheidungsmüdigkeit?. Nach zehn Jahren Parlamentsvorbehalt für Bundeswehreinsätze naht ein Beteiligungsgesetz, HSFK-Report 4/2004, 17 ff.
23 BGBl. 2005 I, S. 775. Dazu D. Wiefelpütz, Das Parlamentsbeteiligungsgesetz vom 18.3.2005, NVwZ 2005, 496; S.C. Spies, Parlamentsvorbehalt und Parlamentsbeteiligung bei Einsätzen der Bundeswehr im Ausland – ein Beitrag zur Diskussion um ein Parlamentsbeteiligungsgesetz, in H. Fischer/U. Froissart/W. Heintschell von Heinegg (Hrsg.), Krisensicherung und Humanitärer Schutz. Festschrift für Dieter Fleck, 2004, 531.

Wie schon die Entscheidung des Bundesverfassungsgerichts erfordert der letzte Teil der Bestimmung eine Prognose, nämlich eine Beurteilung der Wahrscheinlichkeit, mit der Soldatinnen oder Soldaten in eine bewaffnete Unternehmung einbezogen werden. Das Urteil des Bundesverfassungsgerichts hat jedenfalls Einsätze als zustimmungsbedürftig angesehen, bei denen das überhaupt nicht klar war. So war es zumindest bei dem Adria-Einsatz der Bundeswehr. Aufgabe der NATO-Streitkräfte war die Überwachung der Einhaltung des vom Sicherheitsrat gegen Jugoslawien verhängten Embargos. Das schloss Beobachtung ein, aber keine Zwangsmaßnahmen gegen Schiffe. Die Antragsteller begründeten ausführlich, warum dies eine spezifisch militärische Maßnahme der Machtentfaltung war, die als »Einsatz« anzusehen war.[24] Das Gericht hat dies in seiner Entscheidung akzeptiert, ohne es zu problematisieren.

Abs. 2 der Bestimmung präzisiert die Schwelle in zweierlei Hinsicht. Aus der Zustimmungsbedürftigkeit werden bestimmte vorbereitende Handlungen (»vorbereitende Maßnahmen und Planungen«) herausgenommen. Ferner werden die schon erwähnten nichtmilitärischen Tätigkeiten (»humanitäre Hilfsdienste und Hilfsleistungen der Streitkräfte«) vom Einsatzbegriff ausgenommen. Ersteres betrifft die letztgenannte Schwelle, letzteres die erstgenannte. Beide Regeln betreffen aber nur Teilaspekte der einschlägigen Probleme. Allerdings ist diese Definition zirkulär: die Ausnahme gilt nämlich nur, »wenn nicht zu erwarten ist, dass die Soldatinnen oder Soldaten in bewaffnete Unternehmungen einbezogen werden«. Ein Versuch, die in dem FDP-Antrag aufgeworfene Frage im Rahmen des Gesetzgebungsverfahrens für das Parlamentsbeteiligungsgesetz zu klären, ist gescheitert.

Ein damit zusammenhängendes Problem ist die Unterscheidung von militärischen und polizeilichen Aufgaben. So wird vertreten, dass für die Wahrnehmung »materiell-funktional« (?) polizeilicher Unternehmen, mit denen Angehörige der Bundeswehr betraut werden, das Zustimmungserfordernis nicht gelte.[25] Welche Missbrauchsgefahr in diesem Argument liegt, wird dadurch deutlich, dass der Autor als Beispiel für eine solche polizeiliche Unternehmung die Rettungsaktion für Ausländer in Tirana 1997 (Operation Libelle) nennt. Solche Rettungsaktionen sind klassische Militäreinsätze, die darum auch in anderen Staaten in aller Regel von den Streitkräften durchgeführt werden. Die deutsche Praxis, den BGS mit solchen Aufgaben wie der GSG 9-Aktion in Mogadisciu zu betrauen, war eher verfassungsrechtlichen Schwierigkeiten auf Grund des Art. 87a GG geschuldet, der einen solchen Einsatz der Streitkräfte nicht gestattete, jedenfalls nach der seinerzeitigen Auslegung der Bundesregierung. Erst spät hat die Bundesrepublik auf ein weiteres verfassungsrechtliches Problem reagiert, nämlich auf das Fehlen der bei einem Polizeiein-

24 Abgedruckt in: K. Dau/G. Wöhrmann (Hrsg.), Die Auslandseinsätze deutscher Streitkräfte. Eine Dokumentation des AWACS-, des Somalia- und des Adria-Verfahrens vor dem Bundesverfassungsgericht, 1996, 389.

25 Wiefelpütz, a.a.O. (Anm. 23), 497.

satz notwendigen gesetzlichen Grundlage. Diese wurde erst durch das BGS-Gesetz vom 19. Oktober 1994[26] geschaffen.
Weitere Abgrenzungsprobleme treten auf für diejenigen Einsätze, bei denen die Zustimmung im vereinfachten Verfahren erteilt werden kann, weil sie »von geringer Intensität und Tragweite« sind. Die Kasuistik des § 4 des Gesetzes, der dies regelt, ist nicht frei von Problemen. Von geringer Intensität gelten einmal Erkundungskommandos, wobei die Abgrenzung von »vorbereitenden Maßnahmen« schwierig sein dürfte, die der Zustimmungspflicht überhaupt nicht unterliegen. Sodann gilt es für bestimmte Verwendungen von »einzelnen Soldatinnen und Soldaten«, die offenbar von (auch kleineren?) Verbänden abzugrenzen sind. Diese Problematik war in dem FDP-Entwurf[27] durch die Einführung eines Ausschusses eleganter gelöst, der ein angemessenes Verfahren für Einzelfallentscheidungen bot.
Bei Gefahr im Verzug entfällt die Zustimmungsbedürftigkeit (§ 5 Abs. 1). Insofern hat die Bundesregierung den ersten Zugriff auf die Beurteilung, ob dies im konkreten Fall gegeben ist. Der FDP-Entwurf hatte auch diese Frage über die Einschaltung eines besonderen Ausschusses gelöst, was sicherlich die Parlamentsrechte effektiver gestaltet hätte. Die in § 5 Abs. 2 enthaltenen Unterrichtungspflichten vermögen das Fehlen eines solchen Ausschusses wohl nicht zu kompensieren.
Die Notwendigkeit einer parlamentarischen Zustimmung gilt nur für den Einsatz der Streitkräfte, d.h. für den Einsatz von Angehörigen der Bundeswehr. Auslandseinsätze von Polizisten, ein wesentliches Elemente bei modernen friedenserhaltenden Aktionen, fallen nicht darunter. Das ist nicht unproblematisch, da die (relativ) klare Trennung polizeilicher und militärischer, die im deutschen Recht besteht und die auch im Völkerrecht vielfältig relevant ist, bei peace-keeping operations mitunter verschwimmt. Deshalb wird, sozusagen als Gegenstück zu der auch vertretenen Ausnahme von der Zustimmungsbedürftigkeit bei materiell-funktionalen Polizeieinsätzen der Bundeswehr, eine Zustimmungsbedürftigkeit von BGS-Einsätzen (nunmehr: Einsätze der Bundespolizei) erwogen.[28] Dazu kann hier nicht abschließend Stellung genommen werden.

4. Politische Kontrolle oder Rechtskontrolle – die rechtlichen Maßstäbe für Bundeswehreinsätze

Die Antragsteller der Verfahren, die zu dem Urteil von 1994 führten, hatten allerdings nicht nur oder nicht einmal primär eine Feststellung der Zustimmungsbedürftigkeit angestrebt, sondern eine Feststellung der materiellen Verfassungswidrigkeit der drei fraglichen Bundeswehreinsätze nach Maßgabe des Art. 87a Abs. 2 GG. In

26 BGBl. I, 2978.
27 BT Drs. 15/1985.
28 A. Fischer-Lescano, Verfassungsrechtliche Fragen der Auslandsentsendung des BGS, AöR 128 (2003), 52 ff.

dieser Entscheidung ließ das Gericht eine Reihe von Streitfragen der Auslegung des Art. 87a offen. Es sah die fraglichen Einsätze als durch Art. 24 Abs. 2 GG gedeckt an. Nach Ansicht des Bundesverfassungsgerichts bietet diese Vorschrift die Grundlage für jede Art von Bundeswehreinsätzen im Rahmen eines Systems der kollektiven Sicherheit, solange er nach den Regeln dieses Systems erfolgt.[29] Die drei Einsätze, die Gegenstand des Verfahrens waren, erfolgten mit Genehmigung des Sicherheitsrats,[30] sodass an dieser Voraussetzung im Verfahren kein Zweifel geäußert wurde.

Mit dieser Umschreibung der Voraussetzungen der Verfassungsmäßigkeit wird ein Aspekt der Völkerrechtsmäßigkeit des Einsatzes in die verfassungsrechtliche Prüfung einbezogen. Das hauptsächliche System der kollektiven Sicherheit sind die Vereinten Nationen. Wenn ein Einsatz unter Verstoß gegen die Satzung der Vereinten Nationen erfolgt, ist er darum nicht nur völkerrechts-, sondern auch verfassungswidrig. Auf die Frage, ob und wieweit dies zum Gegenstand verfassungsgerichtlicher Kontrolle gemacht werden kann, ist sogleich noch einzugehen.

Das Bundesverfassungsgericht befasst sich in seiner Entscheidung von 1994 in diesem Zusammenhang auch mit der Frage, ob denn die NATO ein System kollektiver Sicherheit sei. Es bejaht diese Frage,[31] m.E. eine unzulässige Vermischung oder Verwechslung von kollektiver Selbstverteidigung und kollektiver Sicherheit.[32] Die NATO ist, daran ist entgegen einer inzwischen wohl überwiegenden Meinung in der verfassungsrechtlichen Literatur festzuhalten,[33] ein Bündnis der kollektiven Selbstverteidigung, kein System der kollektiven Sicherheit, das die Sicherheit der Mitglieder in ihrem gegenseitigen Verhältnis gewährleisten soll.[34] Die diesbezüglichen Ausführungen des Gerichts sind obiter dictum, sie waren nicht entscheidungsrelevant. Das Fatale (Andere mögen sagen: das Gute) an ihnen ist, dass sie den Weg zur einer Ausweitung von Legitimationsstrategien für den Einsatz militärischer Gewalt durch die Bundeswehr zu ebnen geeignet sind.[35] Dabei ist die Frage letztlich aus einem einfachen Grund weitgehend irrelevant: wegen des Vorrangs der Satzung der Vereinten Nationen nach Art. 103 SVN könnte der NATO-Vertrag keinen Einsatz

29 E 90, 286, 345 ff., 355 f.

30 Bei dem Adria-Einsatz ist das nicht ganz sicher. Grundlage waren die Resolutionen 713 und 757 des Sicherheitsrates, vom 25.9.1991 bzw. vom 30.5.1992, die gegen Jugoslawien Embargo-Maßnahmen verhängten, ohne dass in ihnen ausdrücklich von der Überwachung des Embargos durch Seestreitkräfte der Mitgliedstaaten die Rede ist.

31 E 90, 286, 351.

32 U. Fink, Verfassungsrechtliche und verfassungsprozessrechtliche Fragen im Zusammenhang mit dem Kosovo-Einsatz der Bundeswehr, JZ 1999, 1016, 1019 versucht darüber hinwegzuhelfen, indem er einen Unterschied zwischen der völkerrechtlichen und der verfassungsrechtlichen Terminologie konstruiert, wobei sich letztere von der völkerrechtlichen entfernt habe. Das ist angesichts der Tatsache, dass Art. 24 Abs. 2 GG auf einen völkerrechtlichen Befund verweist, keine überzeugende Konstruktion.

33 Vgl. die ausführliche Bilanz der Meinungen bei D. Wiefelpütz, Der Auslandseinsatz der Bundeswehr gegen den grenzüberschreitenden Terrorismus, ZaöRV 65 (2005), 819, 832 Fn. 88.

34 S. Jaberg, Sag mir, wo . . .?, Auf der Suche nach der grundgesetzlichen Friedensnorm beim Streitkräfteeinsatz, 2006, 27 ff.

35 Jaberg, a.a.O., 56 f.

rechtfertigen, der gegen die Satzung der Vereinten Nationen verstößt. Eine Ermächtigung durch einen NATO-Beschluss würde also nichts an der Verfassungswidrigkeit eines Einsatzes ändern, der gegen die Satzung der Vereinten Nationen verstößt. Dies war das entscheidende Problem des Kosovo-Einsatzes, und das hat die Antragstellerin (die Fraktion der PDS) in dem diesbezüglichen Organstreitverfahren auch vorgetragen.[36] Das Bundesverfassungsgericht ist allerdings aus prozessualen Gründen nicht bis zu dieser Frage vorgedrungen.[37]

Ein Problem wurde dies auch bei der jüngsten Organklage aus Anlass des Einsatzes deutscher Tornado-Flugzeuge in Afghanistan. Dort ist die Bundeswehr an zwei unterschiedlichen Militäreinsätzen beteiligt, nämlich an der Operation »Enduring Freedom«, ein Kampf-Einsatz einer Koalitionstruppe unter Führung der Vereinigten Staaten und ohne Mandat des Sicherheitsrats,[38] der ursprünglich mit großer internationaler Zustimmung als Maßnahme kollektiver Selbstverteidigung gerechtfertigt wurde, und an der ISAF,[39] einer vom Sicherheitsrat autorisierten Streitmacht (keiner UN-Streitmacht), die unter Führung der NATO steht und die der afghanischen Regierung helfen soll, im Lande wieder Sicherheit herzustellen. Wenn und soweit die Tornados aber auch zur Unterstützung von Enduring Freedom eingesetzt werden sollen (was bestritten wird), stellt sich die Frage, ob insoweit noch ein Einsatz im Rahmen des Systems der Vereinten Nationen vorliegt, da eine Selbstverteidigungssituation nicht mehr gegeben (so argumentierte die Antragstellerin mit gutem Grund) und somit zweifelhaft ist, welche Rechtfertigung für Enduring Freedom eigentlich an die Stelle der Selbstverteidigung getreten ist. Man kann dann konstruieren, dass die Zustimmung der afghanischen Regierung zum fortgesetzten Einsatz von Enduring Freedom eine Rechtfertigung ist, die die Operation mit dem System der kollektiven Sicherheit der Vereinten Nationen kompatibel macht. Verfassungsrechtlich folgt daraus die Frage, ob Art. 24 Abs. 2 GG nur solche Aktionen rechtfertigt, für die eine Ermächtigung der VN vorliegt, oder auch solche, die der SVN lediglich nicht widersprechen. Letzteres würde m.E. die rechtfertigende Wirkung von Art. 24 Abs. 2 überdehnen. Wenn man schon mit dem Bundesverfassungsgericht diese Bestimmung als die heimliche, aber doch hinreichend ausdrückliche militärische Option des Grundgesetzes ansieht, dann kann sie nur für solche Fälle gelten, in denen wirklich das System kollektiver Sicherheit agiert. Das war bei Enduring Freedom eben nicht der Fall. Auch die Frage, ob denn die NATO ein System kollektiver Sicherheit ist, stellt sich hier nicht, denn Enduring Freedom ist keine NATO-Aktion.

36 BVerfGE 100, 266.
37 Siehe unten Text zu Anm. 58.
38 Die Tatsache, dass der Sicherheitsrat nach den Angriffen vom 11.9.2001 in den Resolutionen 1368 vom 12.9.2001 und 1373 vom 28.9.2001 das Selbstverteidigungsrecht in allgemeiner Form anerkannt hat, ohne jede ausdrückliche Nennung eines Angreifers oder eines Angegriffenen, bedeutet noch kein Mandat für den Angriff gegen Afghanistan. Ein solches Mandat wurde von den Vereinigten Staaten auch gar nicht angestrebt.
39 Resolution 1386 vom 20.12.2001. Das zunächst für 6 Monate erteilte Mandat wurde mehrfach verlängert, zuletzt bis Oktober 2007 durch Resolution 1707 (2006).

Dann kommt als Rechtfertigung nur Art. 87a in Betracht. Es müsste sich um »Verteidigung« im Sinne dieser Vorschrift handeln. Im Allgemeinen wird bei Art. 87a eine Beschränkung mitgelesen: es muss sich um Verteidigung im NATO- oder WEU-Bündnis handeln,[40] was Enduring Freedom gerade nicht ist.
Allerdings ist auch bei einer behaupteten Verteidigung im Bündnis die Frage relevant, ob es sich denn völkerrechtlich gesehen überhaupt um Verteidigung handelt. Deswegen ist die gegenwärtige völkerrechtliche Debatte um die Tragweite des Selbstverteidigungsrechts[41] (Selbstverteidigung vor oder nach einem Angriff?; gegen einen Angriff durch nichtstaatliche Akteure?) im Zusammenhang mit der Auslegung des Art. 87a relevant.[42] Bedrohliche Tendenzen, das Selbstverteidigungsrecht zu überdehnen, erhalten so eine verfassungsrechtliche Dimension.
Das Bundesverfassungsgericht hat in seiner Entscheidung vom 3. Juli 2007 (2 BvE 2/07), mit der es die Organklage abwies, die Frage der verfassungsrechtlichen Rechtfertigung und völkerrechtlichen Grundlage der Operation Enduring Freedom ausdrücklich offen gelassen (Ziff. 66 der Entscheidung). Sie war in der Tat nicht der eigentliche Streitgegenstand. Zwar hatte die Antragstellerin argumentiert, die behauptete Völkerrechtswidrigkeit der OEF habe in relevanter Weise auf die Verfassungsmäßigkeit von ISAF und den in diesem Rahmen erfolgenden Tornado-Einsatz abgefärbt und auch diesen verfassungswidrig gemacht. Diesem Argument entzieht sich das Gericht.
Streitgegenstand der besagten Entscheidung war ein anderes, damit allerdings zusammenhängendes Problem der Rechtskontrolle, das in einer Reihe von Verfahren vor dem Bundesverfassungsgericht seit der Entscheidung von 1994 eine Rolle gespielt hat, nämlich die Verfassungsmäßigkeit vertragsrechtlicher Grundlagen außerhalb der SVN. Das Thema war und ist der Wandel der Bündnisverträge, des WEU- und vor allem des NATO-Vertrages. Eine große Zahl von Auslandseinsätzen hat einen Bezug zu diesen Verträgen. Dieser Bezug hat zwei Aspekte. Es stellt sich zum einen die Frage, ob und inwieweit diese Militäraktionen oder genauer die Beteiligung der Bundesrepublik an denselben eine Grundlage in diesen Verträgen findet. Zum andern besteht das Problem, dass diese Militäreinsätze Elemente eines Wandels der Verträge durch nachfolgende Praxis darstellen. Denn der wesentliche Zweck der NATO ist nach Art. 5 des NATO-Vertrages die kollektive Selbstverteidigung der Mitglieder. Das gleiche gilt für die WEU. Die Praxis nach Ende des Ost-West-Konflikts hat dieser zentralen Aufgabe weitere hinzugefügt.[43] Das kommt sowohl in den programmatischen Erklärungen der Bündnisse (Petersberg-Erklärung

40 Frank, AK-GG, nach Art. 97, Rdn. 23.
41 Nachweise bei Bothe, Friedenssicherung und Kriegsrecht, in: W. Graf Vitzthum, Völkerrecht, 3. Aufl. 2004, 589 ff., Rdn. 19 ff.
42 D. Wiefelpütz, a.a.O. Anm. 33, 822 ff.
43 Dazu und zu den Konsequenzen für die Bundeswehr B. Meyer, a.a.O Anm. 22, 5 f.

der WEU vom 19. Juni 1992[44], Neues Strategisches Konzept der NATO von 1999,[45] Rigaer Gipfelerklärung von 2006[46], um nur einige zu nennen) sowie in den tatsächlich durchgeführten Aktionen zum Ausdruck. Diese werden in dem Neuen Strategischen Konzept als »non-Article 5 crisis response operations« bezeichnet. Durch diese Praxis wird der Inhalt der Verträge in einer Weise verändert, die sie ihrem ursprünglichen Gehalt, der einmal die parlamentarische Zustimmung gefunden hatte, immer mehr entfremdet. Damit stellt sich die Frage, ob diese Praxis einen Verstoß gegen Art. 59 Abs. 2 GG darstellt, der ja verlangt, dass bestimmte Verträge nur mit Zustimmung des Parlaments geschlossen (und geändert!) werden dürfen.
In dem Verfahren zu den Einsätzen in der Adria und über dem ehemaligen Jugoslawien wurde vor allem geltend gemacht, dass die Erweiterung der WEU-Aufgaben durch die Petersberg-Erklärung (sog. Petersberg-Aufgaben) eine faktische Vertragsänderung ohne die erforderliche förmliche Vertragsänderung darstellte.[47] Das Bundesverfassungsgericht hat die Feststellung einer Verfassungsverletzung wegen Stimmengleichheit (§ 15 Abs. 4 BVerfGG) nicht treffen können. Die die Entscheidung tragenden Richter verschlossen sich der Tatsache, dass das Integrationsprogramm der NATO und der WEU, wie noch die Pershing-Entscheidung betont hatte,[48] von ihrem Charakter als Verteidigungsbündnis geprägt war. Die neuen Aufgaben, die schon 1994 deutlich waren, gingen darüber weit hinaus.[49]
In der Folge machte die PDS-Fraktion im Wege eines Organstreits geltend, das Neue Strategische Konzept der NATO von 1999 habe der parlamentarischen Zustimmung bedurft. In diesem Verfahren entwickelte das Bundesverfassungsgericht einen etwas eigenwilligen Kompromiss zwischen den verschiedenen Auffassungen.[50] Es sagte einerseits, dass Praxis, die einen Vertrag fortentwickelt, grundsätzlich in den Kompetenzbereich der Bundesregierung fällt und nicht nach Art. 59 Abs. 2 zustimmungsbedürftig ist. Sie sei jedoch nur zulässig, wenn durch diese Praxis das ursprüngliche Integrationsprogramm des Vertrages nicht verlassen wird,[51] eine Differenzierung, die schon in der Pershing-Entscheidung angelegt war. Die Annahme des Gerichts, dass die Entwicklungen, die die NATO seit 1990 genommen hatte und die insbesondere in dem Neuen Strategischen Konzept von 1999 ihren Niederschlag fanden, sich noch im Rahmen des Integrationsprogramm von 1955 halten, leuchtete allerdings 2001 noch weniger ein als 1994 und ist von einem

44 Bulletin des Presse- und Informationsamtes der Bundesregierung Nr. 68 vom 23.6.1992, S. 649.
45 NATO Press Release NAC-S(99)65 vom 24.4.1999, http://nato.int/docu/pr/1999/p99-065e.htm
46 NATO Press Release (2006)150 vom 26.11.2006, http://ww.nato.int/docu/pr/2006/p06-150e.htm
47 E 90, 286, 365 ff.
48 E 68, 1, 102.
49 Kritisch dazu S. Kadelbach, Die parlamentarische Kontrolle des Regierungshandelns bei der Beschlussfassung in internationalen Organisation, in: R. Geiger (Hrsg.), Neuere Probleme der parlamentarischen Legitimation im Bereich der auswärtigen Gewalt, 2002, 41, 47 f.
50 E 104, 151.
51 E 104, 151, 206 ff.

problematischen Wohlwollen gegenüber der Exekutive getragen.[52] In dieser Entscheidung hob das Bundesverfassungsgericht zwei Elemente dieses Integrationsprogramm hervor: die Beschränkung des Vertrages auf die Sicherheit in und um den euro-atlantischen Raum[53] und das Bekenntnis zur Satzung der Vereinten Nationen einschließlich des durch die Satzung formulierten völkerrechtlichen Gewaltverbots. Aus dem Bündnis zur kollektiven Selbstverteidigung der Mitglieder war ohne parlamentarische Zustimmung eine Organisation zur Förderung der Sicherheit im euro-atlantischen Raum geworden.

In dem jüngsten Verfahren, in dem es u.a. um den Einsatz von Tornados der Bundeswehr in Afghanistan ging,[54] wurde von der Antragstellerin, der Fraktion Die Linke, geltend gemacht, durch die Erklärung des NATO-Gipfels in Riga vom November 2006 und durch die Zustimmung zu besagtem Tornado-Einsatz habe die Praxis unter Mitwirkung der Bundesregierung den Wandel des NATO-Vertrages in einer Weise vorangetrieben, die selbst unter Berücksichtigung der Maßstäbe des Urteils von 2001 das Integrationsprogramm des NATO-Vertrages, so wie ihm der Bundestag einmal 1955 zugestimmt hatte, verlasse. Was das erstgenannte geographische Element angeht, so wird immer deutlicher, dass die Sicherheit, die die NATO zu gewährleisten sich vornimmt, keineswegs mehr auf den euro-atlantischen Raum beschränkt ist. Sicherheit will die NATO – das ergibt sich insbesondere aus der Gipfelerklärung von Riga – auch in Afghanistan und in Afrika garantieren. Deshalb sei sie, so die Antragstellerin, von einem Verteidigungsbündnis für den euro-atlantischen Raum zu einem globalen Sicherheitsdienstleister geworden.

Das Bundesverfassungsgericht übergeht die afrikanische Dimension des Problems und stützt die afghanische mit dem Argument, dass es bei ISAF jedenfalls auch um die Sicherheit des euro-atlantischen Raums gehe. Deshalb falle sie noch unter das Integrationsprogramm des NATO-Vertrages. Diese Aussage des Gerichts wirft allerdings die Frage auf, wie fern liegend ein Sicherheitsinteresse sein muss, damit es nicht mehr unter das Integrationsprogramm der NATO passt. Die territoriale Begrenzung als Grenze des NATO-Integrationsprogramms wird der Sache nach verabschiedet. Das Gericht formuliert denn auch selbst (Ziff. 67 der Entscheidung): »(A)ngesichts der heutigen Bedrohungslagen durch global agierende terroristische Netzwerke können ... Bedrohungen für die Sicherheit des Bündnisgebiets nicht mehr territorial eingegrenzt werden«. Die Sicherheit der Bundesrepublik wird also nicht nur am Hindukush, sondern vielleicht auch auf Bali, in Darfur oder in Zimbabwe verteidigt. Das kann man politisch für sinnvoll halten. Aber zu behaupten,

52 Zurecht kritisch U. Fastenrath, Diskussionsbeitrag, in R. Geiger (Hrsg.), a.a.O. Anm. 49, 35 f.; Jaberg, a.a.O. Anm. 34, 38 f.; anders jedoch S. Oeter, a.a.O. Anm. 16, 100 f.

53 E 104, 151, 210 ff.: »Der NATO-Vertrag ist ... von seinem Gesamtkonzept her ersichtlich auf umfassende regionale Friedenssicherung im europäischen und nordamerikanischen Raum gerichtet.«

54 2 BvE 2/07.

dass es bereits im NATO-Vertrag von 1955 angelegt ist (und nur darauf kommt es verfassungsrechtlich an), ist schon eine kühne Konstruktion.
Bei dem zweiten Element dieses Integrationsprogramms, dem Bekenntnis zu der Satzung der Vereinten Nationen und zu ihrem Gewaltverbot, ist der Wandel schwerer zu erkennen. Ausdrücklich bekennt sich die NATO nach wie vor zum Gewaltverbot und der damit einhergehenden Beschränkung des einseitigen Einsatzes militärischer Gewalt. Die Frage kann nur sein, ob sich die NATO eine Interpretation des Gewaltverbots zu eigen gemacht hat, die nicht mehr mit dem wahren Gehalt dieser Norm vereinbar ist. Die Überdehnung des Rechts zur vorbeugenden »Selbstverteidigung«, die in der amerikanischen National Security Strategy von 2001 vertreten wird, ist sicherlich keine lege artis vertretbare Auslegung des Selbstverteidigungsrechts.[55] Eine NATO, die beanspruchte, in diesem Umfang ein Recht zur kollektiven Selbstverteidigung zu besitzen, wäre eine »andere NATO«. Ein solches Konzept der »Selbstverteidigung« wäre vom deutschen Zustimmungsgesetz zum NATO-Vertrag nicht gedeckt. Die Frage ist nur, ob sich die NATO ein solches Konzept zu eigen gemacht hat. Abgelehnt hat sie es nie. Die Konzeption des Selbstverteidigungsrechts, die von den Vereinigten Staaten und einer Reihe von Verbündeten im Zusammenhang mit der Operation Enduring Freedom vertreten wird, ist ausgesprochen problematisch. Es ginge aber wohl zu weit, aus allen diesen Gründen schon den Versuch eines Vertragswandels des NATO-Vertrages zu sehen, der sich vom klassischen Selbstverteidigungsrecht deutlich entfernt habe. Insoweit muss man dem Bundesverfassungsgericht sicher folgen.

5. Verfahren und gerichtliche Kontrolle

Ein wesentlicher Teil des Gesetzesauftrags, den das Bundesverfassungsgericht in seinem Urteil von 1994 erteilt hatte, war die Regelung des Verfahrens der Erteilung der Zustimmung. Diesbezüglich klärt das Gesetz wesentliche Einzelfragen. Das Antragsmonopol der Bundesregierung war schon vom Bundesverfassungsgericht in seinem Urteil festgestellt worden. Etwas anderes würde die außenpolitische Entscheidungsbefugnis, Verhandlungsfähigkeit und Gestaltungsfreiheit der Bundesregierung wohl über die Maßen einschränken. Eine Konsequenz dieses Antragsmonopols ist der Grundsatz des »ne varietur«:[56] der Bundestag kann den Antrag nur annehmen oder ablehnen, nicht aber ändern. Für die parlamentarische Kontrolle sind unter dem Gesichtspunkt des Demokratieprinzips wesentlich die detaillierte Begründungspflicht für Anträge (§ 3 Abs. 2), die Pflicht zum Nachholen der

55 M. Bothe, a.a.O. Anm. 41, Rdn. 19 mit ausführlichen Nachweisen.
56 Dies ist der Grundsatz, dass Vertragstexte im Zuge der Beratung des Zustimmungsgesetzes vom Bundestag nicht geändert werden dürfen. Dem tragen §§ 81 Abs. 4 Satz 2 und 82 Abs. 2 GOBT Rechnung. Kritisch dazu B. Meyer, Die Parlamentsarmee – zu schön, um wahr zu sein?, in: U. vom Hagen (Hrsg.), Armee in der Demokratie, 2006, 51, 66 f.

Zustimmung bei Einsätzen unter Gefahr im Verzug (§5) und das Rückholrecht (§§ 5 Abs. 3, 8).
Die Wirkung des Zustimmungsbeschlusses ist eine der Bundesregierung erteilte Ermächtigung. Eine darüber hinaus gehende Bindung oder Außenwirkung ist nicht ersichtlich. Eine andere Frage ist, wie denn der Zustimmungsbeschluss im Hinblick auf seine verfassungsgerichtliche Kontrolle zu qualifizieren ist. Klar ist: wird die Zustimmung nicht eingeholt in einem Fall, wo sie erforderlich war, dann liegt eine Verletzung der Rechte des Parlaments durch die Bundesregierung vor, die im Wege des Organstreits geltend zu machen ist, und zwar in Prozessstandschaft von jeder Fraktion, nicht jedoch vom einzelnen Abgeordneten.[57] Das war die Situation bei der Entscheidung von 1994, ebenso beim Antrag der FDP wegen des AWACS-Einsatzes zum Schutz der Türkei.
Wenn jedoch die Zustimmung erteilt ist, dann bedeutet die Tatsache, dass sie aus einem der diskutierten Gründe verfassungswidrig ist, noch nicht notwendig, dass Parlamentsrechte verletzt sind. Ein Organstreit ist dann nicht zulässig. Jedenfalls hat das Bundesverfassungsgericht bei seiner Kosovo-Entscheidung[58] einfach darauf abgestellt, dass der Bundestag zugestimmt hatte und deshalb Rechte des Bundestages nicht verletzt waren. Ob freilich diese formale Betrachtung wirklich das letzte Wort sein kann, ist zu bezweifeln. Es wäre immerhin bedenkenswert, aus den Grundentscheidungen der Art. 25 und 26 GG eine verfahrensrechtliche Legitimation der Opposition abzuleiten, im Wege des Organstreits schwere Verletzungen des Völkerrechts und insbesondere des Gewaltverbots zu rügen. In der genannten Entscheidung hat das Bundesverfassungsgericht ausdrücklich die Frage offen gelassen, ob sich aus Art. 25 und 26 Parlamentsrechte ergeben.
Die Entscheidung des Bundesverfassungsgerichts im Kosovo-Streit wirft jedenfalls die Frage auf, wie denn sonst die behauptete Verfassungswidrigkeit eines Zustimmungsbeschlusses von einem politischen Akteur geltend zu machen wäre. Als Verfahren bleibt da nur die abstrakte Normenkontrolle. Es spricht viel dafür, den Zustimmungsbeschluss als »Bundesrecht« im Sinne des Art. 93 Abs. 1 Ziff. 2 GG anzusehen.[59] Dieser Begriff umfasst Rechtsnormen aller Art, ohne Rücksicht darauf, ob sie Rechtsnormen im Sinne eines überkommenen Rechtssatzbegriffs darstellen.[60] Dazu gehören Parlamentsbeschlüsse jedenfalls dann, wenn durch sie Parlamentsvorbehalte ausgeübt werden.[61]Auch Normen, die keine Außenwirkung, sondern nur Wirkungen innerhalb des staatlichen Apparats entfalten (Haushaltsgesetz,

57 Dies war der Grund dafür, dass die Anträge der Abgeordneten Gauweiler und Wimmer, die das gleiche Ziel verfolgten wie der spätere Antrag der Fraktion Die Linke, als unzulässig abgewiesen wurden, Entscheidung vom 12.3.2007, 2 BvE 1/07.
58 E 100, 266.
59 A. Fischer-Lescano/C. Fischer, Enduring Freedom für Entsendebeschlüsse?, Verfassungs- und völkerrechtliche Probleme der deutschen Beteiligung an Maßnahmen gegen den internationalen Terrorismus, KritV 85 (2002), 113 ff.
60 Rinken, in AK-GG vor Art. 93, Rdn. 25.
61 Von Münch/Kunig/W. Meyer, Grundgesetz-Kommentar, Art. 93 Rdn. 37.

Organisationsgesetze) fallen darunter. Dieses Verfahren eignet sich allerdings nicht in gleicher Weise wie der Organstreit als Mittel der Opposition: eine kleine Oppositionspartei wird in aller Regel nicht ein Drittel der Mitglieder des Bundestages vereinen, deren es zur Antragstellung bedarf. Eine andere Möglichkeit wäre die Antragstellung durch eine der Opposition nahe stehende Landesregierung, gegenwärtig keine denkbare Konstellation.

6. Der Einsatz der Streitkräfte im System der Gewaltenteilung

Auf der Grundlage des dargestellten Befundes ist nun zu fragen, wie die Auslandseinsätze der Bundeswehr im System der Gewaltenteilung einzuordnen sind. Dabei gilt es zu beachten, dass die im Zusammenhang mit den Auslandseinsätzen der Bundeswehr aufgeworfenen Fragen der Gewaltenteilung eine Kombination von zwei traditionellen Unterproblemen der Gewaltenteilung sind, nämlich des Verhältnisses von Regierung und Parlament einmal im Bereich der auswärtigen Beziehungen,[62] zum anderen in der Frage der Entscheidungsgewalt und Kontrolle über die Streitkräfte. Dem Bundesverfassungsgericht geht es um die Einordnung des Einsatzes der Streitkräfte in die demokratische und rechtsstaatliche Ordnung. Man kann sich fragen, ob diese Entscheidung von 1994 wirklich in Einklang mit dem sog. Pershing-Urteil steht,[63] das ja in sehr grundsätzlicher Weise die Rolle der Exekutive für die auswärtige Gewalt betonte und demgegenüber die Rolle des Parlaments eingrenzte.

Allerdings hat die Rechtsprechung des BVerfG zur auswärtigen Gewalt eine etwas wechselvolle Geschichte.[64] Die Rechtsprechung der späten 70er und 80er Jahre war ausgesprochen exekutivlastig (Pershing,[65] C-Waffen[66]). Das Demokratieprinzip erfordere keinen allgemeinen Parlamentsvorbehalt – so die sog. Pershing-Entscheidung. Wesentliches Leitmotiv war die außenpolitische Handlungsfähigkeit des Staates. Signifikant ist in diesem Zusammenhang der Unterschied der Behandlung des grundrechtlich begründeten Gesetzesvorbehalts bei Maßnahmen im Innern und nach außen. Während das Gericht in der Kalkar-Entscheidung nachdrücklich die Notwendigkeit betont, dass der parlamentarische Gesetzgeber grundrechtsrelevante Entscheidungen selbst trifft, werden in der C-Waffen-Entscheidung unter ausdrücklicher Abkehr von den Prinzipien des Kalkar-Beschlusses allgemeine und unspezi-

62 Grundlegend dazu K. Hailbronner und R. Wolfrum, Kontrolle der auswärtigen Gewalt, VVDStRL 56 (1997), 7 bzw. 38.
63 Wolfrum, a.a.O. Anm. 62, 52.
64 M. Bothe, Bundesverfassungsgericht und Außenpolitik, in: U. Beyerlin/M. Bothe/E.U. Petersmann/R. Hofmann (Hrsg.), Recht zwischen Umbruch und Bewahrung, Festschrift für Rudolf Bernhardt, 1995, 755; Kadelbach, a.a.O. Anm. 49, S. 45 spricht zutreffend von unterschiedlichen Rechtsprechungslinien.
65 E 60, 1, 80 ff.
66 E 77, 170, 231.

fische Vertragsnormen als ausreichend angesehen, unter ausdrücklichem Hinweis auf die Handlungsfähigkeit des Staates.[67] Darum ist es wichtig, dass in der Frage des Einsatzes der Streitkräfte durch das Grundsatzurteil von 1994 eine Lage geschaffen wurde, die dem früheren Trend einer Entparlamentarisierung der Außen- und Sicherheitspolitik entgegengerichtet ist. Man kann das aber auch in einer wichtigen Nuance anders formulieren: Das Gericht hat in seiner Entscheidung den Auslegungstopos »Parlamentsheer« dem Topos »Außenpolitik ist Reservat der Exekutive« vorgezogen.[68] Sieht man es so, dann ist mit der Entscheidung zum Einsatz der Bundeswehr noch nicht notwendig etwas zur Reparlamentarisierung der Außenpolitik im übrigen gesagt.

Die These von der Einschränkung parlamentarischer Kompetenz im Interesse der außenpolitischen Handlungsfähigkeit des Staates führt zu der Frage, ob denn eine Entparlamentarisierung wirklich ein Gebot der Effizienz ist. Die bisherigen Erfahrungen mit der Zustimmungsbedürftigkeit von Bundeswehreinsätzen belegen jedenfalls nicht, dass die Parlamentarisierung ineffizient ist. Das Zustimmungsverfahren hat sich über 10 Jahre auch ohne gesetzliche Regelung als zügig und damit effizient erwiesen.[69] Die Fähigkeit der Bundesrepublik Deutschland, Entscheidungen internationaler und europäischer Organisationen umzusetzen, hat ersichtlich nicht gelitten. Die Verfahren waren so zügig, dass sich umgekehrt die Frage stellt, ob denn die parlamentarische Kontrolle effizient ist. Mit Ablehnungen ist im parlamentarischen System eben kaum zu rechnen, da (und solange!) die Regierung, die den Antrag stellt, ihre eigene Mehrheit hat. Die Gefahr, dass dies eine »rubber stamp majority« ist, liegt nahe.[70] Kritisch war die Lage beim Kosovo-Einsatz der Bundeswehr, bei der es zu einer namentlichen Abstimmung im Bundestag kam.[71] Bei der Beteiligung der Bundeswehr an der Operation »Enduring Freedom« in Afghanistan und in der weiteren Region musste der Bundeskanzler die regierungseigene Mehrheit für den Einsatz dadurch erzwingen, dass er die Abstimmung mit einer Vertrauensfrage verband.[72] Im Präsidialsystem der Vereinigten Staaten ist das ganz anders, worauf sogleich noch zurückzukommen ist.

Es bleibt also im System des Grundgesetzes das Problem eines fait accompli. Die Bundesregierung gibt die wesentlichen Entscheidungen vor, das Parlament wird sie in aller Regel billigen. Es kann und muss gefragt werden, wie frei denn eigentlich das Parlament bei der Erteilung oder Verweigerung der Zustimmung ist. Die Berufung auf »Bündnispflichten«, Pflichten im Rahmen der EU oder auch im Rahmen der Vereinten Nationen, die eine Entscheidung der Bundesrepublik und damit auch

67 H.-J. Cremer, Das Verhältnis von Gesetzgeber und Regierung im Bereich der auswärtigen Gewalt in der Rechtsprechung des Bundesverfassungsgerichts: eine kritische Bestandsaufnahme, in: R. Geiger (Hrsg.), a.a.O. Anm. 49, 23 ff.
68 Kritisch dazu Wolfrum, a.a.O. Anm. 62, 53.
69 Vgl. die Übersicht bei Schröder, a.a.O.Anm. 21.
70 B. Meyer, a.a.O. Anm. 56, 65 f.
71 Schröder, a.a.O. Anm. 21, 75 ff.
72 Schröder, a.a.O. Anm. 21, 113 f.

ihres Parlaments binden, ist da leicht bei der Hand. In der Tat ist schon die Grundsatzentscheidung des Bundesverfassungsgerichts rechtspolitisch mit dem Argument kritisiert worden, sie erschwere die Teilnahme der Bundesrepublik in dem System der kollektiven Sicherheit im Rahmen der Vereinten Nationen.[73] Nach mehr als 10 Jahren Zustimmungspraxis muss man sagen: eher im Gegenteil. Dass innerstaatliche Zustimmungsverfahren bei einer Organisation der kollektiven Sicherheit systemfremd seien, ist nicht richtig. Die Satzung der Vereinten Nationen sieht keine automatische Teilnahmepflicht vor, auch nicht bei Entscheidungen des Sicherheitsrats. Vor einer militärischen Teilnahme an Aktionen des Sicherheitsrats ist mit Art. 43 SVN der Filter von Sonderabkommen zwischengeschaltet. Die NATO gibt ausdrücklich der Bündnispflicht keinen Vorrang über nationale verfassungsrechtliche Hindernisse. Von der EU wird sogleich noch die Rede sein.

7. Einsatz der Streitkräfte im modernen Verfassungsstaat – rechtsvergleichende Überlegungen

Die politische und rechtliche Kontrolle des Einsatzes der Streitkräfte ist in den letzten Jahrzehnten, jedenfalls in Europa und Nordamerika, verstärkt Gegenstand der verfassungsrechtlichen und politischen Debatte gewesen. Das hängt einmal zusammen mit der Vervielfältigung der Formen bewaffneter Konflikte. Bewaffnete Konflikte sind nicht mehr nur Krieg im klassischen Rechtssinne, und der Einsatz der Streitkräfte unterhalb der Schwelle bewaffneter Konflikte gehört schon gar nicht in diese Kategorie. An eben dem Krieg im klassischen Rechtssinne ist jedoch die traditionelle Form der parlamentarischen Entscheidung über Militäreinsätze, nämlich die dem Parlament vorbehaltenen »Kriegserklärung«, jedenfalls nach dem Wortlaut vieler Verfassungen verankert.[74] Eben deshalb stellt sich die Frage nach einer Neubestimmung der Tragweite eines Parlamentsvorbehalts. Die Protagonisten der Parlamentarisierung des Einsatzes der Streitkräfte sind die USA und Deutschland, dies freilich aus ganz unterschiedlichen Gründen. Das Phänomen ist aber nicht auf diese Staaten beschränkt.[75] In den letzten Jahren ist durchaus ein verstärkter Druck im Sinne einer Parlamentarisierung festzustellen.

Das System der Gewaltenteilung in USA ist geprägt durch das sog. Präsidialsystem, das anders als das sog. parlamentarische System keine oder jedenfalls kaum eine Gewaltenverschränkung vorsieht. Die Auseinandersetzung um die Zustimmungsbe-

73 G. Nolte, Die Bundeswehreinsätze in kollektiven Sicherheitssystemen. Zum Urteil des Bundesverfassungsgerichts vom 12. Juli 1994, ZaöRV 54 (1994), 652, 677.

74 M. Bothe/A. Fischer-Lescano, The Dimensions of Domestic Constitutional and Statutory Limits on the Use of Military Force, in: M. Bothe/M.E. O'Connell/N. Ronzitti (Hrsg.), Redefining Sovereignty. The Use of Force After the Cold War, 2005, 195, 202.

75 Vgl. die Übersicht bei Wolfgang Wagner, Parliamentary Control of Military Missions, Genf 2006; Bothe/Fischer-Lescano, a.a.O. Anm. 74, 202 ff.

dürftigkeit des Einsatzes amerikanischer Streitkräfte im Ausland ein wesentliches Element des Spannungsfeldes zwischen Präsident und Kongress. Eine sichere Mehrheit des Präsidenten gibt es in diesem Präsidialsystem nicht, auf der anderen Seite gibt es keine Notwendigkeit eines parlamentarischen Vertrauens. Abwahl eines Regierungschefs im parlamentarischen System und Amtsenthebung des Präsidenten durch »Impeachment« in USA sind zwei völlig verschiedene Dinge. Ausgangspunkt der Auseinandersetzung in Sachen Zustimmungsbedürftigkeit von Militäreinsätzen[76] war die sog. War Powers Resolution, ein Produkt des Vietnam-Krieges. Sie erhebt im Wege der Gesetzgebung einen weitgehenden Anspruch auf parlamentarische Zustimmungsbedürftigkeit. Ihre Verfassungsmäßigkeit ist bis heute nicht höchstrichterlich geklärt. Das verfassungsrechtliche Problem besteht in dem Ausgleich zwischen den Kompetenzen des Präsidenten als Commander-in-Chief und »the power of Congress to declare war«. Kein Präsident hat bislang die War Powers Resolution als verfassungsgemäß anerkannt. Dennoch ist das Einholen einer parlamentarischen Zustimmung in der politischen Praxis weitgehend üblich. Ein Begriff wie Parlamentsheer ist freilich der amerikanischen verfassungsrechtlichen Debatte fremd.

Auch in Europa gibt es verstärkt eine Debatte um die parlamentarische Zustimmung zu Militäreinsätzen – trotz des parlamentarischen Regierungssystems. Praktiziert wird die parlamentarische Zustimmung in den Niederlanden und den nordischen Staaten.[77] In Spanien sind verschiedene Anläufe unternommen worden, durch gesetzliche Regelung den Streitkräfteeinsatz parlamentarisch zu binden.[78] Andere europäische Staaten sind davon allerdings weit entfernt. In Frankreich ist das Militär und militärische Entscheidungen weitgehend eine Prärogative des Präsidenten. In Großbritannien ist die Entscheidung über den Einsatz von Militär »royal prerogative«. Jedoch gibt es in Großbritannien starke politische Tendenzen einer weitergehenden rechtlichen Bindung und/oder parlamentarischen Kontrolle dieser Entscheidung. Die Entscheidung über den Einsatz der Streitkräfte ohne parlamentarische Beteiligung wird nicht mehr kritiklos hingenommen.[79] Dies hat zuletzt in dem »constitutional reform statement« seinen Ausdruck gefunden, das der neue britische Premierminister Gordon Brown am 3. Juli 2007 vor dem House of Commons abgab. Es soll nicht bei der Prärogative der Exekutive bleiben, Krieg zu erklären. Vielmehr soll sichergestellt werden »that on the grave issue of peace and war it is ultimately this House of Commons that will make the decision«.

76 Dazu zusammenfassend Bothe/Fischer-Lescano, a.a.O. Anm. 74, 202 ff. m.w.N.
77 Wagner, a.a.O. Anm. 75, 41, 49, 53.
78 O. Eberl/A. Fischer-Lescano, Grenzen demokratischen Rechts? Die Entsendeentscheidungen zum Irakkrieg in Großbritannien, den USA und Spanien, HSFK-Report 8/2005, 19ff.
79 Eberl/Fischer-Lescano, a.a.O. Anm. 78, 15 ff.

8. Die europäische Dimension des Problems

Der Einsatz von EU-Streitkräften ist eines der Instrumente der Europäischen Sicherheits- und Verteidigungspolitik (ESVP). Es stellt die Frage nach den Verfahren, in denen über den Einsatz von Streitkräften in diesem Rahmen entschieden wird. Bislang hat es mehrere solche EU-Militäreinsätze gegeben: die Operation »Concordia« in Mazedonien 2003[80], Operation »Artemis« in der Demokratischen Republik Kongo 2003,[81] die Übernahme der Funktionen von SFOR durch EUFOR in Bosnien-Herzegovina 2004[82] sowie die Entsendung von Truppen zum Schutz der Wahl im Kongo 2006.[83]

Je stärker und dichter die völkerrechtliche/EU-rechtliche Verbindlichkeit einer Entscheidung zum Einsatz integrierter Streitkräfte zu bewerten ist, desto mehr stellt sich die Frage nach ihrer parlamentarischen Kontrolle. Bislang war das kein wirklich praktisches Problem. Die Staaten haben sich daran gewöhnt, dass die Entscheidung über den Einsatz staatlicher Truppen national bleibt und wohl auch bleiben sollte. Das führt dazu, dass die parlamentarische Kontrolle solcher Einsätze sehr heterogen ist.[84]Je mehr es aber integrierte Verbände gibt, desto mehr ist jedoch staatliche parlamentarische Zustimmung ein fragwürdiges Erfordernis.[85] Eine Kontrolle durch das Europäische Parlament ist Wunsch, aber nicht Wirklichkeit.[86] Hier zeigt sich einmal mehr der »democratic backlash« einer Verdichtung und Verrechtlichung internationaler Beziehungen. Diese Verdichtung führt zu einer Schwächung der Verfahren innerstaatlicher demokratischer Legitimation, aber eben um dieser Legitimation willen wird diese Verdichtung auch in Frage gestellt.

Für die Bundesrepublik Deutschland drängt sich bei diesem Befund die Frage auf, wieweit Integrationsschritte, die dem deutschen Parlament die Befugnis zur Entscheidung über den Einsatz deutscher Soldatinnen und Soldaten im Rahmen der ESVP entziehen würden, an die Grenzen des Art. 23 GG stößt. Der Parlamentsvorbehalt für den Einsatz von Streitkräften ist in der deutschen Nachkriegsverfassung ein ganz wesentlicher Bestandteil der demokratischen und rechtsstaatlichen Grundsätze, die das Grundgesetz prägen und die Art. 23 Abs. 1 GG integrationsfest macht. Die weitere Entwicklung der europäischen (außen-)politischen Integration, so wünschenswert sie ist, muss unter diesem Gesichtspunkt kritisch begleitet werden.

80 F. Schröder, a.a.O. Anm. 21, S. 109 f.
81 F. Schröder, S. 203.
82 Vgl. die Resolution des Sicherheitsrats 1575 vom 22.11.2004.
83 Eufor R.D. Congo, Resolution des Sicherheitsrats 1671 vom 25.4.2006.
84 R. Schmidt-Radefeldt, EU-Militäreinsätze unter demokratischer Kontrolle? – Überlegungen zur parlamentarischen Dimension der Europäischen Sicherheits- und Verteidigungsarchitektur, in: Festschrift Dieter Fleck, a.a.O. Anm. 23, 489, 491.
85 Dazu B. Meyer, a.a.O. Anm. 22, 33 ff.
86 Schmidt-Radefeldt, a.a.O. Anm. 84, 494 ff.

Gewaltengliederung und Verantwortungsteilung als Ordnungsprinzip

Wolfgang Hoffmann-Riem

Der Grundsatz der Gewaltenteilung[1] – oder besser: der Gewaltengliederung – als Modus funktionaler Differenzierung[2] hat in den letzten 250 Jahren Karriere gemacht. Es handelt sich um ein Prinzip zur Organisation von Herrschaft. Als Thema politischer Auseinandersetzungen zielte es insbesondere auf die Herrschaftsausübung im Staat. Dabei muss es aber nicht stehen bleiben. Seine Grundidee passt auch auf andere Organisationen, etwa wirtschaftliche Unternehmen oder internationale und supranationale Einrichtungen. Heute ist die Idee der Gewaltenteilung zur Idee der Verantwortungsteilung ausgebaut worden und wird damit als Grundlage der Ermöglichung einer arbeitsteiligen, aber aufeinander bezogenen Wahrnehmung von Aufgaben verschiedenster Art anerkannt. Mit einzelnen Facetten dieser Idee befasst sich der folgende Beitrag; er legt aber gleichwohl ein Schwergewicht auf die Organisation von Herrschaft im Staat.

I. Organisation von Herrschaft durch Aufteilung und Gliederung von Verantwortung

Für die politische Ordnung einer Gesellschaft ist Gewaltenteilung in erster Linie ein prozeduraler Modus der Ausübung von Herrschaft. Es geht um die Organisation von Herrschaft durch Verteilung von Herrschaft auf unterschiedliche Träger und um deren Zusammenspiel bei der Herrschaftsausübung, insbesondere durch wechselseitige Kontrolle. Gewaltenteilung ist letztlich ein Ausdruck von Misstrauen über möglichen Missbrauch von Macht und des Suchens nach einem Mittel zur Verhinderung dieses Missbrauchs. Im Laufe der Zeit ist dieser weiterhin wichtige Gedanke überlagert worden durch die Überzeugung, dass Gewaltenteilung auch ein Mittel zur

1 Grundlegende neuere Ausarbeitungen zur Gewaltenteilung sind: *Hans Peters,* Die Gewaltentrennung in moderner Sicht, Köln 1954; *Norbert Achterberg*, Probleme der Funktionenordnung, München 1970; *Gerhard Zimmer,* Kompetenz – Funktion – Legitimation: Gewaltenteilung in der Ordnung des Grundgesetzes, Berlin 1979; *Hansjörg Seiler*, Gewaltenteilung: Allgemeine Grundlagen und schweizerische Ausgestaltung, Bern 1994; *Christoph Möllers*, Gewaltengliederung, Legitimation und Dogmatik im nationalen und internationalen Rechtsvergleich, Tübingen 2005.

2 S. statt vieler *Wolfgang Hoffmann-Riem*, Eigenständigkeit der Verwaltung, in: Hoffmann-Riem/Schmidt-Aßmann/Voßkuhle, Grundlagen des Verwaltungsrechts, Bd. I (2006), S. 621, 650 ff.

Optimierung der Leistungsfähigkeit von staatlichen oder nichtstaatlichen Organisationen ist. Es geht insbesondere um Vorkehrungen dafür, dass Aufgaben dort erledigt werden, wo sie am kompetentesten erledigt werden können. Je komplexer und heterogener sowie segmentierter die Lebensverhältnisse und dementsprechend die Anforderungen an die Bewältigung anstehender Probleme sind, umso wichtiger ist es, Aufgaben durch diejenigen Organisationen oder Personen erfüllen zu lassen, die über die erforderlichen Fähigkeiten verfügen.[3] Bezogen auf die Organisation staatlicher Aufgabenerfüllung führt dies zu dem Grundsatz funktionsadäquater Aufgabenwahrnehmung.[4] Zugrunde liegt die Vorstellung, dass unterschiedliche staatliche Aufgabenträger je nach Organisation, Verfahren und Auftrag über unterschiedliche Kompetenzen verfügen, so dass nach einer optimalen Verteilung und Zuordnung von Aufgaben auch im Interesse der Sicherung von Effektivität und Effizienz zu suchen ist.

Hinter dem Organisationsprinzip der Gewaltenteilung stehen bestimmte Konzepte. In den historisch-politischen Auseinandersetzungen der letzten 250 Jahre waren dies zunächst Konzepte philosophischer und staatstheoretischer Art. Aktuell treten Überlegungen über pragmatische Klugheit oder Einsichten moderner Organisations- und Managementtheorien über die bestmögliche Erfüllung von Aufgaben hinzu. Welche Konzepte gerade tragend oder »in Mode« waren oder sind, richtet sich nach dem Stand der gesellschaftlichen Entwicklung. Für die Organisation von Staatlichkeit ist die Entwicklung im Verhältnis zwischen Staat und Gesellschaft wichtig, etwa die Frage nach der Verteilung der Machtverhältnisse in Staat und Gesellschaft und nach den sonstigen, etwa ökonomischen, kulturellen, sozialen oder ökologischen Rahmenbedingungen staatlichen Handelns. Diese können es verfassungsrechtlich geboten und politisch »klug« erscheinen lassen, Machtballung auszuschließen, aber auch nicht nach dem Prinzip der unübersichtlichen Vermengung der Verantwortung mehrerer Aufgabenträger vorzugehen. Das könnte der Verantwortungslosigkeit Vorschub leisten. Vielmehr sollen klare Zuständigkeiten, Zurechenbarkeiten und damit auch Verantwortlichkeiten geschaffen werden, allerdings so, dass sie mit dem erwähnten Prinzip funktionsadäquater Aufgabenerfüllung kompatibel sind: Es müssen bei den verantwortlichen Stellen auch die entsprechenden Fähigkeiten zur angemessenen Problemverarbeitung gegeben sein.

II. Rechtfertigung der drei »klassischen« Gewalten

Moderne, zunächst nur auf den Staat bezogene, Gewaltenteilungslehren[5] sind in Europa durch die Abkehr von der Vorstellung der Einheit von Staat und Gesell-

3 Zu solchen Rechtfertigungen der Gewaltenteilung s. aus dem deutschen Schrifttum die Nachweise bei *Möllers* (s. o. Fn. 1), S. 68, Fn. 14.

4 Dazu vgl. statt vieler *Thomas v. Danwitz*, Der Grundsatz funktionsgerechter Organstruktur, Der Staat, Bd. 35 (1996), S. 329-350.

schaft geprägt worden, wie sie noch für die feudale Gesellschaft bestimmend war. Mit der Durchsetzung der Ideen der Aufklärung, der zunehmenden Trennung von Staat und Gesellschaft und der Anerkennung individueller Freiheit als wichtiges Gut stand die Frage im Zentrum, wie der individuelle Bürger und die Gesellschaft der Bürger insgesamt vor dem Machtzugriff von König, Kirche oder anderen Feudalherren geschützt werden können, wie insbesondere die Macht des absoluten Fürsten begrenzt werden kann.

In dieser Zeit der Entstehung des politischen Liberalismus wurde in konstitutionell verfassten Staaten das Gesetz als Mittel der Machtbegrenzung verstanden und genutzt. Recht hat bei diesem Denken, insbesondere soweit es mit naturrechtlichen Vorstellungen verkoppelt ist, zwar auch eine übergesetzliche Fundierung. Es wird aber durch staatlich »gemachte« Gesetze näher ausgestaltet. Auch die Grund- und Freiheitsrechte gewinnen letztlich erst durch die Art ihrer rechtlichen Umhegung und ihres rechtlichen Schutzes praktische Bedeutung.[6] Das Gesetz als Mittel der rechtlichen Gestaltung wurde von der Vertretung der Bürger, dem Parlament, allein oder – je nach politischer Ordnung – in der historischen Entwicklung zunächst noch im Zusammenwirken mit der monarchischen Spitze erlassen.

Rechtsetzung als parlamentarische Gesetzgebung schützt die Freiheit des Einzelnen auch dort, wo das Gesetz die Verwaltung zum Eingriff in Freiheitsrechte ermächtigt, um Rechtsgüter zu schützen, die durch Freiheitsgebrauch gefährdet sind. Schutz von Freiheit auch durch Eingriffe in Freiheit[7] ist aber wiederum missbrauchsgefährdet. Deshalb muss die Verwaltung bei der Rechtsanwendung kontrolliert werden. Also ist nach dem ersten Schritt der Trennung von Gesetzgebung und Exekutive der weitere nötig, dass es eine Kontrolle der Rechtsanwendung gibt, die nicht bei der Exekutive selbst liegen darf, sondern einer dritten Gewalt anvertraut wird, der Judikative.

Damit sind wir bei den drei klassischen Gewalten, wie sie Montesquieu[8] analytisch unterschieden hat. An diese analytische Leistung knüpfte die weitere Leistung an, die drei Gewalten nicht nur als gesondert zu erkennen und zu beschreiben, sondern den Befund normativ zu wenden, also aus ihm ein Gebot zu machen. Dieses Gebot wurde in der historischen Entwicklung – wie erwähnt – aus der Idee der Freiheit gefolgert, also unter Rückgriff auf die Staatstheorien des Liberalismus. Nicht zufällig wurde das moderne Prinzip der Gewaltenteilung erstmals in der Bill of Rights

5 Zu den folgenden Ausführungen vgl. statt vieler *Ralf Poscher*, Funktionenordnung des Grundgesetzes, in: Hoffmann-Riem/Schmidt-Aßmann/Voßkuhle (s. o. Fn. 2.), S. 493 ff.

6 Vgl. statt vieler *Horst Dreier*, Dimensionen der Grundrechte. Von der Werteordnungsjudikatur zu den objektiv-rechtlichen Grundrechtsgehalten, 1993.

7 Zu den verschiedenen Dimensionen des Grundrechtsschutzes s. statt vieler *Horst Dreier*, in: Horst Dreier (Hrsg.), Grundgesetz. Kommentar, Band 1, 2. Aufl. 2004, Vorbemerkung Rn. 82 ff.; *Johannes Masing*, Der Rechtsstatus des Einzelnen im Verwaltungsrecht, in: Hoffmann-Riem/Schmidt-Aßmann/Voßkuhle (s.o. Fn 2), S. 391 ff. Rn. 46 ff. Am Beispiel der Kommunikationsfreiheit s. z.B. *Wolfgang Hoffmann-Riem*, Kommunikationsfreiheiten, 2002, S. 29, 30 ff.

8 *Charles de Secondat Montesquieu*, *De l'esprit des loix* (1748), deutsch: Vom Geist der Gesetze, 1951.

von Virginia im Jahre 1776 normativ festgeschrieben; die französische Erklärung der Menschen- und Bürgerechte von 1789 griff dies wieder auf.

Die Gewaltenteilung war danach kein Wert an sich, kein abstraktes Prinzip, sondern ein Mittel zur Verwirklichung von Freiheit. Eine solche weiterhin tragfähige funktionale Betrachtung ermöglicht es, rigide Lösungen zu vermeiden und gegebenenfalls Differenzierungen vorzunehmen. Deshalb sind gewisse Gewaltenverschränkungen und -überschneidungen kein grundsätzliches Problem. Auch ist zu respektieren, dass die drei Gewalten aufeinander angewiesen sind und dass es auch darum geht, taugliche Verkehrsregeln zwischen ihnen zu bestimmen, und zwar so, dass ein Optimum an Gemeinwohl möglich wird. Ferner ist anzuerkennen, dass es immer wieder Verschiebungen in der Ausgestaltung des Gewaltenteilungsprinzips gibt. So kennt die parlamentarische Demokratie in dem Gegeneinander von parlamentarischer Mehrheit und Regierung einerseits und Opposition andererseits eine Art Kompensation dafür, dass Regierung und parlamentarische Mehrheit in vielem eng zusammenarbeiten, also gerade nicht nach dem Trennungsprinzip handeln.[9]

Je mehr die Idee der Freiheit zur konstitutionellen und praktizierten Selbstverständlichkeit wurde, umso mehr löste sich das Prinzip der Gewaltenteilung von seiner Fixierung allein auf die Sicherung von individueller Freiheit. Es wurde erkannt, dass die Aufteilung der zu bewältigenden, immer komplexer werdenden Aufgaben auf verschiedene Träger und die Organisation des Mit- und Gegeneinander der Gewalten auch als Mittel dienen konnten, um die Leistungsfähigkeit staatlicher Aufgabenerfüllung qualitativ zu steigern. Natürlich blieb die Idee bestehen, durch Trennung der Gewalten und wechselseitige Kontrolle Machtmissbrauch zu verhindern. Ein solches negatives Ziel allein macht aber noch keinen »guten Staat«. Es sichert keine funktionierende Ordnung, wenn diese – etwa angesichts immer komplexer werdender gesellschaftlicher Probleme – immer neue zukunftsweisende Ordnungsleistungen zu erbringen hat.

III. Gewaltenteilung auch in anderen Dimensionen

Stets, aber ganz besonders in der Gegenwart, ist auch der Befund zu verarbeiten, dass es neben dem Staat andere Machtträger gibt. Angesichts des Bestehens machtvoller wirtschaftlicher Unternehmen, auch solcher mit transnationalem oder globalem Zuschnitt oder sogar mit global marktbeherrschenden Positionen – man denke nur an Microsoft –, die vermutlich in vielerlei Hinsicht manche Nationalstaaten an Einfluss und damit Macht übersteigen, wäre es verkürzt, nur an den Staat als Adres-

9 S. statt vieler *Hans-Peter Schneider*, Das parlamentarische System, in: Ernst Benda/Werner Maihofer/Hans-Jochen Vogel, Handbuch des Verfassungsrechts, 2. Aufl. 1994, S. 537, 543 f., 570 f.

saten von Missbrauchsabwehr und damit des Gewaltenteilungsprinzips zu denken. Der Staat – gegebenenfalls auch ein Zusammenschluss mehrerer Staaten in international-rechtlicher Form, etwa der Europäischen Union – muss so eingerichtet werden, dass er als Gegenspieler zu gesellschaftlichen Machtträgern wirken kann. Das kann er nur, wenn er rechtlich und faktisch in der Lage ist, Gemeinwohlinteressen dort durchsetzen zu helfen, wo sie im Rahmen des Marktes oder anderer Formen gesellschaftlicher Selbstorganisation zu kurz zu kommen drohen. Dazu gehört auch dafür zu sorgen, dass wirtschaftliche Machtträger nicht zu stark mit dem Staat verwachsen, sondern auf Distanz zu ihm gehalten werden. Auch das ist eine Ausprägung des Gedankens der Gewaltenteilung.

Unter heutigen Bedingungen ist der Staat – wie erwähnt – nicht nur Gegner von Freiheit, sondern in vielen Bereichen auch ihr Garant: Ohne Schutz durch die Ausgestaltung einer funktionsfähigen Rechtsordnung, ohne die staatliche Sorge für leistungsfähige Infrastrukturen – Verkehrswege, Schulen, Kultureinrichtungen, Krankenhäuser – und ohne staatlich organisierte soziale Auffangnetze – wie die Sozialversicherung – gibt es für viele, zur Zeit immer noch die sehr große Mehrheit der Menschheit, keine wirkliche, also auch persönlich merkbare Freiheit, verstanden als reale Fähigkeit zur Ausübung von Entfaltungsfreiheit im weiteren Sinne (etwa wirtschaftliche und kulturelle Entfaltung, aber auch politische Mitwirkung). Dass die staatlichen Aktivitäten vielfach nicht ausreichen, um gelebte Freiheit für alle zu ermöglichen, ist weltweit offensichtlich. Das darf aber nicht Anlass zum Resignieren, sondern muss Ansporn dafür sein, eine Ordnung einzurichten, die den Staat einerseits davon abhält, seine immer noch große Macht zu missbrauchen, die ihn aber andererseits in die Lage versetzt, die erforderlichen Leistungen für die Gemeinschaft zu erbringen oder dafür zu sorgen, dass sie von anderen erbracht werden, aber auch Machtmissbrauch durch andere Träger möglichst zu unterbinden.

Insofern kann es nicht überraschen, dass der Gedanke der Gewaltenteilung heute viel weiter reicht als ein Ordnungsprinzip für die Binnenorganisation eines Nationalstaats zu sein.[10] Die Grundidee arbeitsteiliger Aufgabenwahrnehmung mit dem doppelten Ziel der Verhinderung von Machtmissbrauch und der Optimierung der Qualität der Aufgabenerfüllung gibt es in vielen Dimensionen. Dies muss nicht überall Ausdruck eines verfassungsrechtlichen Gebots sein, sondern kann sich als sinnvolles Muster allein aus Gründen optimaler Aufgabenerfüllung empfehlen. Beispiele für den Bereich staatlicher oder staatlich organisierter Modelle des Zusammenwirkens sind die durch Völkerrecht »gegliederte« internationale Ordnung[11] oder – am Beispiel der Europäischen Gemeinschaften – die Mehrebenenverwaltung innerhalb

10 S. statt vieler *Gunnar Folke Schuppert*, Die öffentliche Verwaltung im Kooperationsspektrum staatlicher und privater Aufgabenerfüllung: Zum Denken in Verantwortungsstufen, Die Verwaltung 1998 (Bd. 31), S. 415 ff. sowie die Beiträge in: ders. (Hrsg.), Jenseits von Privatisierung und »schlankem« Staat, 1999.

11 Vgl. statt vieler *Robert Baumann*, Der Einfluss des Völkerrechts auf die Gewaltenteilung, Zürich/Basel/Genf 2002.

der Europäischen Union.[12] Zu verweisen ist ferner auf die Gliederung vieler Staaten nach dem Prinzip der föderalen Ordnung[13] – also als Bundesstaaten –, die zur Nutzung des Grundsatzes einer möglichst dezentralen Aufgabenerfüllung und einer entsprechenden Vernetzung führt – als Gegentyp zu zentralistisch gestalteten Ordnungen. Anschauungsmaterial bietet aber auch das Wirken nichtstaatlicher Träger von Einfluss, die Chancen der Missbrauchsabwehr und der Sorge für qualitätvolle Aufgabenerfüllung vermitteln und absichern können, wie insbesondere freie Medien, aber auch gemeinnützige non-governmental organisations (NGOs). Allerdings können auch diese wiederum so einflussreich werden – man denke an manche Medien –, dass es geboten sein kann, die Bürger vor ihnen zu schützen – (etwa zur Abwehr von Persönlichkeitsverletzungen durch Eindringen in den Intimbereich) oder – bei übermäßiger Medienkonzentration – durch Mediengesetze für publizistische Pluralität zu sorgen. Die Medien nennen sich zwar häufig die »Vierte Gewalt« und wollen damit zum Ausdruck bringen, dass sie selbst ein wichtiger Faktor bei der Verhinderung von Machtmissbrauch durch staatliche Organe sind. In mancherlei Hinsicht aber droht diese Vierte Gewalt so übermächtig zu werden, dass die staatliche Gewalt, und zwar der Gesetzgeber, für Strukturen sorgen muss, dass die Medienmacht nicht zum Mittel einseitiger Einflussnahme wird[14] oder dass über die Medien einflussreiche Unternehmen oder Verbände ihre Macht nicht weiter verstärken können.[15] Besonders gefährlich für die Ausgeglichenheit einer politischen und gesellschaftlichen Ordnung wird es, wenn Medienmacht zur Erringung von Staatsmacht eingesetzt wird, wie es im Italien zur Zeit der Regierung Berlusconis der Fall war.

IV. Wahrnehmung unterschiedlicher Interessen

Ungeachtet solcher Weiterungen der Idee der Gewaltenteilung bleibt aber ihr traditionelles Anwendungsfeld, die staatliche Ordnung, ein bedeutsamer Bereich seiner Ausgestaltung. Gegenwärtig und vermutlich auf absehbare Zeit weiterhin ist der staatliche Verbund die Ordnung, die das Leben der Bürger am stärksten prägt und beeinflusst. In reichen wie in armen Staaten hängen Wohlstand und Freiheit von der Verfasstheit der staatlichen Organe ab, insbesondere von ihrer Fähigkeit, Machtmissbrauch zu unterbinden und öffentliche Aufgaben qualitätsvoll wahrzunehmen. Dazu gehört auch, Antworten auf die Unterschiedlichkeit der Interessen der Bürger zu finden und Möglichkeiten zum friedlichen Interessenausgleich bereitzustellen. Deshalb gehören zur modernen Gesellschaft auch Organisationen der Interessen-

12 Dazu vgl. *Eberhard Schmidt-Aßmann* in: Hoffmann-Riem/Schmidt-Aßmann/Voßkuhle (s. o. Fn. 2), S. 241 ff. sowie die auf der Staatsrechtslehrertagung 2006 in Rostock gehaltenen Referate.

13 Vgl. etwa *Thomas F. Schodder*, Föderative Gewaltenteilung in der Bundesrepublik Deutschland, Frankfurt am Main 1988.

14 Dazu vgl. statt vieler BVerfGE 57, S. 295, 323.

15 Zur Problematik der Stellung der Medien vgl. *Hoffmann-Riem*, Mediendemokratie als rechtliche Herausforderung, Der Staat 2003, S. 193 ff.

wahrnehmung, etwa Gewerkschaften und Arbeitgeberverbände, Umweltschutzgruppen und Seniorenvereine oder auch Religionsgesellschaften. Zu einer gemeinwohlverträglichen Wirkungsweise solcher Träger von Einzelinteressen trägt es bei, wenn Vielfalt erhalten bleibt und eine wechselseitige Balance bei der Chance der Durchsetzung von unterschiedlichen Interessen in jeweils gleichen Problemfeldern steht.

Auch heute ist das demokratisch gewählte und damit vom Volk legitimierte Parlament ein angemessener Ort, um die verschiedenen Interessen in einer Gesellschaft wahrzunehmen und einander so zuzuordnen, dass die Interessen möglichst aller in einer optimalen (nicht maximalen) Weise verwirklicht werden können.[16] Kennzeichnend hierfür ist das Ziel der Herstellung praktischer Konkordanz, d. h. das Bemühen, miteinander kollidierende Rechtsgüter, auch grundrechtliche Freiheiten, einander optimierend so zuzuordnen, dass möglichst nicht ein Interesse zugunsten eines anderen geopfert werden muss, sondern die verschiedenen Interessen Verwirklichungschancen behalten.[17]

Dafür setzt das Parlament in Form des Gesetzes in abstrakt-genereller Weise Maßstäbe und stellt Verfahren der Problembewältigung bereit. Die vollziehende Gewalt ist an diese Vorgaben gebunden, ohne dass ihr dadurch Möglichkeiten zusätzlicher Gestaltung genommen werden. Die Gerichte kontrollieren, ob die Verwaltungen diese Gesetze anwenden oder – soweit es eine verfassungsrechtliche Kontrolle der Verfassungsmäßigkeit von Gesetzen gibt –, ob die Gesetze ihrerseits der Verfassung entsprechen. Hierfür sind die Gerichte mit personeller und sachlicher Unabhängigkeit ausgestattet (Art. 97 GG), also insbesondere mit Garantien dafür, dass sie ohne Weisungen, aber auch ohne persönlichen Druck und ohne die Furcht vor personenbezogenen Sanktionen entscheiden.

V. Kultur der Verantwortungsübernahme

Obwohl sich immer mehr Gesellschaften bzw. deren staatliche Ordnungen zu einem solchen Grundsatz der Gewaltengliederung bekennen, ist die manchmal sehr pathetische Bekräftigung des Grundsatzes noch keine Garantie für seine Einhaltung. Aufgabenaufteilung auf verschiedenen Träger von Staatsgewalt, die Zuschreibung von Verantwortung und Möglichkeiten zur Kontrolle der Wahrnehmung der Verantwortung sind höchst voraussetzungsvoll. Gefordert sind nicht nur entsprechende verfassungsrechtliche und gesetzliche Grundlagen, sondern auch Institutionen, die sich nach ihnen richten, und zwar nicht nur nach dem Wortlaut, sondern auch nach dem Geist der Gesetze. Gemeint ist die Sorge dafür, dass die mit

16 Zu der Leistungsfähigkeit und den Funktionsdefiziten des Parlamentarismus s. statt vieler *Schneider* (s. o. Fn. 9), S. 580 ff.

17 Vgl. dazu *Konrad Hesse*, Grundzüge des Verfassungsrechts der Bundesrepublik Deutschland, 20. Aufl. 1995, Rn. 317 f.

den Gesetzen verfolgten Ziele und die zugrunde gelegten Konzepte für das Leben der Bürger folgenreich werden – also nicht etwa reine Symbole ohne praktische Konsequenzen bleiben.
Auch staatliche Organe handeln letztlich durch Personen, so dass besonders wichtig ist, dass die Aufgabenerfüllung in qualifizierten Händen liegt, dass es eine Kultur der Verantwortungsübernahme gibt, die dem Gemeinwohl verpflichtet ist, und dass sich professionell-ethische Standards der Aufgabenwahrnehmung bilden und durchsetzen, die das Prinzip der Gewaltenteilung mit Leben füllen. Erst in der Anwendung des Rechts zeigt sich die Qualität der Rechtsordnung. Nur wenn die Bürger darauf vertrauen können, dass die Gesetze nicht nur auf dem Papier gelten, sondern auch durchgesetzt werden können, besteht eine Chance für Rechtssicherheit und damit Vertrauen. Ohne Rechtssicherheit und Vertrauen in die staatlichen Organe aber flüchten die Bürger zu anderen Hoffnungsträgern oder es gelingt einzelnen Mächtigen, neue Machtstrukturen aufzubauen. Dazu gehören mafiose Nebenwelten oder Parallelwelten zur formalen Rechtsordnung, in denen der Grundsatz der Gleichbehandlung durch das Schmiermittel der Korruption durchbrochen werden kann.

VI. Die besondere Aufgabe der Verfassungsgerichtsbarkeit

Bundespräsident Köhler hat kurz nach seiner Ernennung einen Antrittsbesuch beim Bundesverfassungsgericht gemacht und die darin liegende besondere Anerkennung dieses Gerichts damit begründet, dass er in seiner Rolle als Geschäftsführender Direktor des Internationalen Währungsfonds (IWF) in vielen Staaten Afrikas, Südamerikas oder Asiens, aber selbstverständlich auch in Europa praktisch erlebt hat, wie wichtig eine funktionierende Rechtsordnung auch für die Wirtschaftsordnung der jeweiligen Länder und natürlich für die Freiheitlichkeit der Gesellschaftsordnung insgesamt ist. Ohne Vertrauen in die unverbrüchliche Gültigkeit des Rechts und die Möglichkeit zu seiner Durchsetzung können die wirtschaftlichen, aber auch die anderen, etwa kulturellen, Potentiale einer Gesellschaft nicht geweckt und ausgebaut werden. Eine besondere Verantwortung liegt insoweit bei den höchsten, nämlich den machtvollen, Organen des Staates, also auch bei dem Verfassungsgericht als Hüter der Verfassung und damit als letzter Garant für all diejenigen, deren sonstige Macht nicht ausreicht, um ihre Interessen ohne Hilfe des Rechts durchzusetzen.
Gegenwärtig lässt sich beispielsweise in vielen osteuropäischen Staaten beobachten, dass der Übergang zur Demokratie, die Umsetzung des Grundsatzes der Gewaltenteilung und die Schaffung von Gesetzen nach den Grundsätzen einer freiheitlichen Ordnung allein nicht ausreichen, um überkommene Strukturen zu verändern, die sich unter den Fittichen von Zentralismus, totalitärer Ordnung oder Korruption entwickelt haben. Viele osteuropäische Staaten haben Verfassungsgerichte geschaf-

fen[18], darunter einige mit sehr weit reichenden Kompetenzen, etwa auch mit der Kompetenz zur umfassenden Gesetzeskontrolle; manche kennen auch das Mittel der Verfassungsbeschwerde. Andere Gerichte verfügen über eingeschränktere Kompetenzen, etwa bei der Normenkontrolle, und kennen, wenn überhaupt, nur begrenzte Möglichkeiten für eine Verfassungsbeschwerde des Einzelnen.
Aber auch die vorhandenen Möglichkeiten zum verfassungsgerichtlichen Rechtsschutz werden noch nicht überall wirkungsvoll genutzt, nicht nur weil dazu auch ein entsprechend ausgebildetes und von den Idealen einer solchen Ordnung überzeugtes Personal gehört, sondern auch, weil noch nicht überall hinreichendes Vertrauen besteht, man könne sich zum Schutz der eigenen Rechte diesen Institutionen anvertrauen. Eine wirkungsvolle Kontrolle der Verfassungsmäßigkeit von Gesetzen und der Respektierung verfassungsrechtlicher Bindungen durch die Präsidenten oder Ministerpräsidenten und durch die vielen Träger der administrativen Aufgabenbewältigung vor Ort ist ein wichtiges Beweisstück dafür, ob eine Ordnung des Rechts auch real besteht.

VII. Zur Geschichte der Verfassungsgerichtsbarkeit in der Diskussion um Gewaltenteilung

Unter Gewaltenteilungsaspekten ist für die Verfassungsgerichtsbarkeit vor allem das Recht zur Normenkontrolle bedeutsam. Die Legislative erlässt Gesetze und bindet dadurch auch die Judikative. Diese aber kann die Legislative ihrerseits in Schranken weisen, nämlich durch die Feststellung, das Gesetz entspreche nicht der Verfassung. In manchen Staaten, so in Deutschland, aber nicht in allen Staaten mit Verfassungsgerichtsbarkeit, sind alle Gerichte zur Kontrolle der Verfassungsmäßigkeit von Gesetzen und Verwaltungsmaßnahmen befugt, sie sind gewissermaßen materielle Verfassungsgerichte –, aber doch nicht zur Verwerfung von Gesetzen als nichtig berechtigt. In Deutschland muss ein Gericht, das ein Gesetz für verfassungswidrig hält, dieses Gesetz dem Bundesverfassungsgericht zur Prüfung der Verfassungsmäßigkeit vorlegen (Art. 100 GG). Nur das Bundesverfassungsgericht kann das Gesetz als verfassungswidrig verwerfen und gegebenenfalls für nichtig erklären. In Frankreich beispielsweise ist dies nicht möglich; hier gibt es nur eine Gesetzeskontrolle im Vorwege, also vor Inkrafttreten des Gesetzes.[19] Frankreich verfolgt –

18 Vgl. etwa zur Verfassungsgerichtsbarkeit in Europa *Peter Häberle*, Funktion und Bedeutung der Verfassungsgerichte in vergleichender Perspektive, EuGRZ 2005, S. 685 ff.

19 Zur Entwicklung in Frankreich s. *Noll*, Internationale Verfassungsgerichtsbarkeit, 1992, S. 53 ff.; *Michel Fromont,* Die Verfassungsmäßigkeitskontrolle in Deutschland und Frankreich, DÖV 2003, S. 542 ff.; *Constance Grewe,* Die Grundrechte und ihre richterliche Kontrolle in Frankreich, EuGRZ 2002, S. 209 ff.; *Philipp Mehls*, Bundesverfassungsgericht und Conseil Constitutionnel: ein Vergleich der Verfassungsgerichtsbarkeit in Deutschland und Frankreich im Spannungsfall zwischen Euphorie für die Krönung des Rechtsstaates und der Furcht vor einem »gouvernement des juges«, Diss. iur, München 2003, S. 314 ff., insb. 316 f. und 319 ff.

bedingt insbesondere durch die Idee der Französischen Revolution – ein besonders rigides Konzept der Gewaltenteilung, das vor allem die Suprematie des Parlaments schützen soll.

Die Anerkennung einer verfassungsgerichtlichen Normenkontrolle und damit einer wesentlichen Komponente der Wirksamkeit der Gewaltenteilung ist erstmalig durch den amerikanischen Supreme Court erfolgt. In der berühmten Entscheidung Marbury v. Madison hat der Supreme Court durch den Chief Justice Marshall den Anspruch des Gerichts auf Normenkontrolle formuliert[20] – allerdings im Ausgangsfall nicht eingelöst, sondern gewissermaßen in Reserve gehalten. Die betreffende Klage wurde als unzulässig verworfen, aber bei der Argumentation auf dem Weg dorthin legte Chief Justice Marshall den Grundstein für die Normenkontrolle. Erst 54 Jahre später – im Jahre 1857 – wurde erstmals ein überprüftes Gesetz für verfassungswidrig erklärt.[21] Auch in Deutschland ging die Justiz vorsichtig mit diesem Instrument um. Im Jahre 1925 entschied das Reichsgericht erstmalig, dass es sich für zuständig hielt, Gesetze auf ihre Verfassungsmäßigkeit zu überprüfen.[22] Vier Jahre später (1929) machte es von dieser Macht Gebrauch und verwarf ein Gesetz als verfassungswidrig.[23]

Beim Supreme Court stand hinter dieser Neuorientierung ausdrücklich die Idee der Gewaltenteilung. Diese wurde in den USA nicht nur als formale Idee der Trennung unterschiedlicher Gewalten verstanden, sondern auch als Modell wechselseitiger Balancierung und Kontrolle von Macht.[24] Die geschriebene amerikanische Verfassung sah Anfang des 19. Jahrhunderts die Bundesgerichtsbarkeit zwar schon vor, übertrug ihr aber nicht ausdrücklich die Aufgabe des Judicial Review der Maßnahmen der anderen Staatsgewalten. Als Chief Justice Marshall diese Macht für den Supreme Court reklamierte, verneinte er die Alternative, dass jede staatliche Gewalt allein für die Verfassungsmäßigkeit ihrer Akte verantwortlich sei – wie es im Hinblick auf den Gesetzgeber noch immer in Frankreich und Großbritannien im Wesentlichen anerkannt ist. Marshall ging darüber hinaus und zielte damit eine den aktuellen politischen Erfordernissen gemäße Lösung an, die dem Risiko eines Machtmissbrauchs durch die Legislative vorbeugen wollte. Damit traf er seinerzeit auch den Zeitgeist. Über Alexander de Tocqueville wurde die amerikanische Verfassungsidee auch in Europa näher bekannt[25] und trug beispielsweise dazu bei, dass in Deutschland nach der bürgerlichen Revolution des Jahres 1848 die Einrichtung der Verfassungsgerichtsbarkeit von der Paulskirchenversammlung gefordert wurde. Dies war allerdings seinerzeit noch erfolglos.

20 5 U.S. (1 *Cranch*) 137 (1803).
21 *Dred Scott v. Sandford* 60 U.S: 393 (1857).
22 RGZ 111, 320.
23 RGZ 124, 173.
24 S. dazu *Madison*, in: The Federalist, No. 51, 26.
25 *Alexander de Tocqueville*, De la démocratie en Amérique, 1840.

Dafür, dass die Idee der Verfassungsgerichtsbarkeit in Deutschland folgenreich werden konnte, war auch die Erfahrung mit dem totalitären Unrechtsstaat des Nationalsozialismus bestimmend. Dennoch war die Idee einer Gesetzeskontrolle durch ein Gericht in Deutschland nicht unumstritten. So hat Carl Schmitt die These formuliert, dass die Befugnis zur Normenkontrolle eine Juridifizierung der Politik und eine Politisierung der Justiz bewirke, bei der beide nichts zu gewinnen, aber alles zu verlieren hätten.[26] Diese Gedanken hatten auch im Deutschland der Nachkriegszeit Anhänger. Selbstverständlich ist das richterliche Prüfungsrecht ein Politikum. Der Verzicht auf die Verwerfung eines verfassungswidrigen Gesetzes kann aber ebenfalls ein Politikum sein. Belässt die Verfassungsrechtsordnung Spielräume der Rechtsanwendung – dies ist unbestreitbar der Fall – dann gerät der Umgang mit ihnen zum Politikum. Die Rechtsmacht zur letztverbindlichen Entscheidung ist allerdings mit höchster Verantwortung gekoppelt. Eine unangemessene Politisierung kann nur vermieden werden, wenn Verfassungsgerichte ihre Macht zurückhaltend ausüben, von dem Grundgedanken der Neutralität in politischen Angelegenheiten bestimmt sind und ihre Entscheidungen unter Erarbeitung einer dem jeweiligen Stand der rechtlichen und staatlichen Entwicklung entsprechenden Verfassungsrechtsmethodik treffen.

In Deutschland ist das Bundesverfassungsgericht mit seiner laufenden Konkretisierung der verfassungsrechtlichen Vorgaben und der unerbittlichen und unabhängigen Kontrolle staatlichen Machteinsatzes ein wichtiger Garant beim Übergang zur rechtsstaatlichen Ordnung in Deutschland gewesen. Die deutsche rechtliche und politische Ordnung sähe ohne dieses Gericht anders aus[27] und der phänomenale wirtschaftliche Erfolg Deutschlands nach dem wirtschaftlichen Zusammenbruch am Ende des Zweiten Weltkriegs wäre nicht möglich gewesen, wenn nicht durch dieses Gericht und selbstverständlich die anderen Gerichte Rechtssicherheit geschaffen worden wäre und die Bürger in dem Vertrauen hätten handeln können, dass sie einen unparteiischen Verbündeten bei der Durchsetzung ihrer Rechte haben.

In seiner Rechtsprechung hat das Bundesverfassungsgericht zugleich darauf geachtet, dass der normative Grundsatz der Gewaltenteilung auch zur praktischen Handlungsmaxime der staatlichen Ordnung wird. Dies geschieht nicht nur dadurch, dass es selbst als Kontrolleur der anderen Gerichte tätig wird. Es ist auch zuständig, die in der übrigen Verfassungsordnung eingerichteten Strukturen zu überwachen, die mit der Idee der Gewaltenteilung verknüpft sind. Dazu gehört die föderale Ordnung. Föderalismus gilt als Mittel, um Gegengewichte gegen die zentrale Macht des Bundes zu haben, nämlich durch die Bundesländer mit ihren ebenfalls volksgewählten Parlamenten. So entscheidet das Bundesverfassungsgericht »bei Meinungsverschie-

26 S. *Schmitt*, Verfassungslehre, 4. Aufl. 1969, 119; *ders.*, AöR 1929, 185.
27 Vgl. statt vieler *Wesel*, Der Gang nach Karlsruhe: Das Bundesverfassungsgericht in der Geschichte der Bundesrepublik, 2004.

denheiten über Rechte und Pflichten des Bundes und der Länder« (Art. 93 Abs. 1 Nr. 3 GG). Prüfungsmaßstab sind dabei vor allem die Kompetenzvorschriften des Grundgesetzes und der ungeschriebene Grundsatz der Bundestreue. Damit greift dieser Grundsatz die Notwendigkeit wechselseitiger Abstimmung der Gewalten auf. Vor allem in der Anfangszeit der Bundesrepublik, als sich die rechtsstaatliche und demokratische Ordnung noch nicht »eingependelt« hatte, hat es gewichtige Streitigkeiten im Bund-Länderverhältnis gegeben.[28] In der Folgezeit hat sich die praktische Bedeutung dieser Streitigkeiten erheblich verringert. Sie finden heutzutage meist nicht als selbständige Streitigkeiten statt, sondern als Streit um die Verfassungsmäßigkeit von Gesetzen, die die Beziehung von Bund und Ländern regeln, also als Normenkontrollen.[29]

Ein anderer Bereich verfassungsgerichtlicher Streitigkeiten zielt auf den Schutz der dezentralen Ordnung in den Bundesländern selbst. So verfügen die Gemeinden in Deutschland über das Recht kommunaler Selbstverwaltung (Art. 28 GG). Die Gemeinden können sich im Zuge einer kommunalen Verfassungsbeschwerde gegen mögliche Verletzungen dieses Selbstverwaltungsrechts wehren (Art. 93 Abs. 1 Nr. 4 b GG).

Auch zum Schutz anderer mit Selbstverwaltungsrechten ausgestatteter Träger kann das Bundesverfassungsgericht tätig werden. Ein Beispiel ist der Schutz der Selbstverwaltung von Angelegenheiten, die so genannten juristischen Personen des öffentlichen Rechts im öffentlichen Interesse zur Selbstverwaltung übertragen worden sind, so etwa Wasserverbände[30] oder Notarkassen, die die Altersversorgung der Notare regeln.[31]

VIII. Änderungen im Verhältnis von Staat und Gesellschaft

Das Prinzip der Gewaltenteilung hat sich weltweit bewährt, wenn auch noch nicht überall durchgesetzt. Seine konkrete Ausgestaltung muss darauf zielen, dass es einerseits zur Machtbalancierung beiträgt und die Qualität der Aufgabenerfüllung erhöht, aber andererseits nicht dazu führt, Handlungsträger so zu schwächen, dass sie zur Verantwortungsübernahme nicht bereit oder gar fähig sind.

Das Prinzip der Zurückdrängung von Macht darf auch – wie schon erwähnt – nicht so eingesetzt werden, dass der Staat dort, wo er als Gegengewicht gegen andere Machtträger gebraucht wird, soweit zurückgedrängt wird, dass seine Fähigkeit zur Wahrnehmung öffentlicher Aufgaben zu sehr geschwächt wird. Der Staat muss sich dort als Gegengewicht gegen gesellschaftliche Machtträger nationaler und

28 BVerfGE 1, 14; BVerfGE 6, 309; BVerfGE 8, 122; BVerfGE 12, 205; BVerfGE 13, 54.
29 Dazu vgl. *Klaus Schlaich/Stefan Korioth*, Das Bundesverfassungsgericht, 5. Aufl. 2001, S. 90 ff.
30 Vgl. BVerfGE 107, 59.
31 Vgl. BVerfGE 111, 191.

transnationaler Art bereithalten, wo diese ihrerseits Freiheit und Gemeinwohl gefährden.

Diese Aussage schließt es nicht aus, die Aufgaben zwischen staatlichen und gesellschaftlichen Trägern neu zu verteilen, wie es gegenwärtig im Zuge der Ökonomisierung und Deregulierung vielerorts geschieht.[32] Wie auch anderswo, so ist auch in Deutschland die Erfüllung öffentlicher Aufgaben in vielen Bereichen verstärkt in gesellschaftliche Selbstregulierung, etwa durch den ökonomischen Markt, überführt worden. Das entspricht den Grundprinzipien einer freiheitlichen Ordnung, in der der Staat nicht Selbstzweck ist, sondern nur insoweit tätig werden muss, als die Aufgaben ohne ihn schlechter erfüllt werden. Auch dies kann als Ausdruck des Ziels der Abwehr staatlichen Missbrauchs, aber auch der Optimierung bei der Art der Aufgabenerfüllung gedeutet werden.

Parallel zu dem vermehrten Übergang von Aufgaben in gesellschaftliche Selbstregulierung hat es aber eine deutliche Vermehrung der staatlichen Gesetze gegeben, und zwar in Reaktion darauf, dass die Sorge für das Gemeinwohl weiterhin in rechtlicher, wenn auch zum Teil anderer rechtlicher Gestalt erfüllt werden muss als in Zeiten, in denen der (Wohlfahrts-)Staat glaubte, viele Aufgaben selbst am besten wahrnehmen zu können. Die Rolle des Staates hat sich in den letzten Jahren in Deutschland, auch unter dem Einfluss der Europäischen Union, massiv verändert, ohne dass er dadurch aus seiner Aufgabe als Garant von Freiheit und von menschenwürdigen Lebensverhältnissen entlassen worden wäre. Dies hat in Deutschland dazu geführt, dass die in der historischen Entwicklung zunächst nur gegen den Staat gerichteten Grundrechte immer mehr zu Grundprinzipien der gesellschaftlichen Ordnung insgesamt geworden sind.[33] Sie wirkt sich auch dort aus, wo der Staat gar nicht in Erscheinung tritt, wo aber gesellschaftliche Machtträger Freiheit gefährden können. Die Drittwirkung der Grundrechte steht damit im Kontext der gleichen Prämissen, auf denen die Idee der Gewaltenteilung aufbaut.

Grundlage der Notwendigkeit einer besonderen Konstruktion der Drittwirkung der Grundrechte ist der Umstand, dass in Deutschland – anders als etwa in angelsächsischen Ländern – öffentliches Recht und Privatrecht grundsätzlich getrennt sind. Das Bundesverfassungsgericht hat aber schon früh festgehalten, dass die Grundrechte eine Wertordnung darstellen, die alle Bereiche des Rechts durchdringt. Die Folge ist eine über die Anwendung der wertausfüllungsbedürftigen Begriffe durch die staatlichen Gerichte vermittelte Geltung der Grundrechte auch für Privatpersonen in ihrem rechtlichen Verhältnis zueinander. Diese Konstruktion ist auch wichtig, wenn

32 Dazu vgl. etwa *Andreas Voßkuhle*, in: Hoffmann-Riem/Schmidt-Aßmann/Voßkuhle (s.o. Fn 2), S. 1 ff., Rn. 49 ff.; *Gunnar Folke Schuppert*, Verwaltungsorganisation und Verwaltungsorganisationsrecht als Steuerungsfaktoren, in: Hoffmann-Riem/Schmidt-Aßmann/Voßkuhle (s.o. Fn 2), S. 595, Rn. 110 ff.

33 Weichen stellend dafür ist die schon im Jahre 1958 ergangene so genannte Lüth-Entscheidung geworden, s. BVerfGE 7, 377. Zur so genannten Drittwirkung der Grundrechte s. statt vieler *Bodo Pieroth/Bernhard Schlink*, Grundrechte, 22. Aufl. 2006, Rn. 173 ff.; *Stefan Oeter*, »Drittwirkung« der Grundrechte und die Autonomie des Privatrechts, AöR 1994, S. 529 ff.

es darum geht, gesellschaftliche Machtträger in ihrer Machtausübung zu begrenzen, etwa wenn sie mit den Mitteln des Zivilrechts, z. B. des Vertragsrechts, handeln. Ein Beispiel ist die Kontrolle von Allgemeinen Geschäftsbedingungen, die Unternehmen oder Unternehmensverbände aufstellen und die für zahlreiche Einzelverträge maßgeblich werden, ohne dass die einzelnen Bürger ihren Inhalt mitbestimmen können. Bei der gerichtlichen Kontrolle kann der Maßstab der Grundrechte folgenreich werden.[34]

Diese Durchdringung der gesamten Rechtsordnung durch die Grund- und Freiheitsrechte, gewissermaßen die Konstituierung der Rechtsordnung[35], hat zugleich die Aufgabe des deutschen Verfassungsgerichts geändert und in manchem ausgeweitet. Es ist nicht mehr nur für die Zuordnung unterschiedlicher Staatsgewalten und den Freiheitsschutz gegenüber den Träger staatlicher Gewalt verantwortlich, sondern auch dafür, dass die gesellschaftliche Ordnung insgesamt eine Ordnung der Freiheit ist, also auch für Machtlose.

An dem Wandel der Verfassungsgerichtsbarkeit lässt sich lernen, dass auch Verfassungsgerichte niemals vor einer abgeschlossenen Ordnung stehen, sondern ihrerseits fähig und gewillt sein müssen, die sie umgebende Realität wahrzunehmen. Dazu gehört ein wacher Blick auf die Machtverhältnisse in einer Gesellschaft und die Möglichkeiten einerseits zur Machtbalance, aber auch zum Erhalt von Wirkungsmöglichkeiten für Machtträger – denn insbesondere im internationalen Wettbewerb muss auch der Stand der weltweiten Konzentration einkalkuliert werden.

Alle Staatsgewalten müssen auch unter sich stets verändernden Bedingungen für die Ideale einstehen, die einen freiheitlichen und demokratischen Rechtsstaat prägen sollen. Der das Verhältnis der Staatsgewalten zueinander prägende Grundsatz der Gewaltengliederung darf nicht als formales und versteinertes Prinzip verstanden werden. Gefordert sind eine stete Rückbesinnung auf dessen normative Prämissen und die Prüfung, wie sie unter den jeweiligen Rahmenbedingungen am Besten umgesetzt werden können. Das aber erfordert in Zeiten zunehmender Privatisierung und Ökonomisierung aber auch eine Ausstrahlung der Idee der Gewaltengliederung in alle Bereiche der Rechtsordnung.

34 Auch können die Grundrechte den Gesetzgeber verpflichten, für hinreichende Schutzvorkehrungen zu sorgen, s. statt vieler BVerfGE 114, 73, 89 ff.

35 Dazu vgl. *Rainer Wahl*, Konstitutionalisierung – Leitbegriff oder Allerweltsbegriff?, Festschrift für Winfried Brohm, 2002, S. 191 ff.; *Gunnar Folke Schuppert/Christian Bumke*, Die Konstitutionalisierung der Rechtsordnung, 2000; *Eberhardt Schmidt-Aßmann*, Verfassungsprinzipien für den Europäischen Verwaltungsverbund, in: Hoffmann-Riem/Schmidt-Aßmann/Voßkuhle (s.o. Fn 2), S. 241, 242.

Volkswahl des Bundespräsidenten?*

Jörn Ipsen

Hans-Peter Schneider hat in seinem Wirken als Hochschullehrer stets die Staatsrechtslehre mit der Staatspraxis verbunden. Die Zahl seiner Mandate vor dem Bundesverfassungsgericht ist Legion. Vielfach wurde er als Berater und Gutachter von Regierungen und Parlamenten herangezogen. Im Nebenamt war er über viele Jahre Mitglied des Niedersächsischen Staatsgerichtshofs und des Verfassungsgerichtshofs für den Freistaat Sachsen. Angesichts dieser eindrucksvollen Verbindung von Staatsrecht und politischer Sphäre erscheint es angemessen, zu Ehren des Jubilars, der selbst von präsidialer Statur ist, einen Gegenstand mit ausgeprägt politischem Bezug – die Änderung des Verfahrens zur Wahl des Bundespräsidenten – zu wählen.

I. Wahl durch die Bundesversammlung

Gemäß Art. 54 Abs. 1 Satz 1 GG wird der Bundespräsident ohne Aussprache von der Bundesversammlung gewählt. Die Bundesversammlung besteht aus den Mitgliedern des Bundestages und einer gleichen Anzahl von Mitgliedern, die von den Volksvertretungen der Länder nach den Grundsätzen der Verhältniswahl gewählt werden (Art. 54 Abs. 3 GG). Das Nähere regelt ein Bundesgesetz (Art. 54 Abs. 7 GG). Durch das Gesetz über die Wahl des Bundespräsidenten durch die Bundesversammlung vom 25. April 1959[1] ist das Wahlverfahren im Einzelnen festgelegt worden. Die Landtage wählen die auf die Länder entfallenden Mitglieder nach Vorschlagslisten (§ 4 Abs. 1 Satz 1 BPWahlG). Die Sitze werden, wenn mehrere Vorschlagslisten vorliegen, den Listen nach der Zahl der ihnen zugefallenen Stimmen im Höchstzahlverfahren d'Hondt zugeteilt (§ 4 Abs. 3 Satz 1 BPWahlG). Die Sitze werden den Bewerbern in der Reihenfolge ihrer Namen auf den Vorschlagslisten zugewiesen (§ 4 Abs. 3 Satz 3 BPWahlG).
Der Präsident des Bundestages bestimmt Ort und Zeit des Zusammentritts der Bundesversammlung (§ 1 BPWahlG). Wahlvorschläge für die Wahl des Bundespräsi-

* Meiner Wissenschaftlichen Mitarbeiterin Dr. *Katrin Stein* danke ich für hilfreiche Unterstützung bei der Dokumentation des Beitrags.

1 BGBl. I S. 230, zuletzt geändert durch Art. 11 Nr. 1 des Bundesgesetzes vom 30. 07. 2004 (BGBl. I S. 1950).

denten kann jedes Mitglied der Bundesversammlung beim Präsidenten des Bundestages schriftlich einreichen (§ 9 Abs. 1 Satz 1 BPWahlG). Für den zweiten und dritten Wahlgang können neue Wahlvorschläge eingebracht werden (§ 9 Abs. 1 Satz 2 BPWahlG). Gewählt ist, wer die Stimmen der Mehrheit der Mitglieder der Bundesversammlung erhält (Art. 54 Abs. 6 Satz 1 GG). Wird diese Mehrheit in zwei Wahlgängen von keinem Bewerber erreicht, so ist gewählt, wer in einem weiteren Wahlgang die meisten Stimmen auf sich vereinigt (Art. 54 Abs. 6 Satz 2 GG).
In der Staatspraxis werden von den Landtagen nicht nur deren Abgeordnete, sondern auch der jeweiligen Partei nahestehende Persönlichkeiten des öffentlichen Lebens in die Bundesversammlung gewählt, die dann regelmäßig das Interesse der Medien auf sich ziehen, hinsichtlich ihres Abstimmungsverhaltens aber nicht immer die Erwartungen der Partei erfüllen, auf deren Vorschlagslisten sie gewählt worden sind.[2]

II. Die Auswahl der Kandidaten

Bei den zwölf Bundespräsidentenwahlen, die seit Gründung der Bundesrepublik erfolgt sind, hat sich weder ein bestimmtes Verfahren zur Auswahl der Kandidaten noch ein besonderes Kandidatenprofil ergeben. Amtierende Bundespräsidenten, die zur Wiederwahl zur Verfügung standen, wie es 1954 bei *Theodor Heuss*, 1964 bei *Heinrich Lübke* und 1989 bei *Richard von Weizsäcker* der Fall war, konnten mit einer breiten – parteiübergreifenden – Mehrheit im ersten Wahlgang rechnen.[3] Sofern der Amtsträger zu einer erneuten Wahl nicht zur Verfügung stand, zeigte sich in der Vergangenheit ein völlig anderes Bild. So ist *Gustav Heinemann* am 5. März 1969 mit der äußerst knappen Mehrheit von 512 zu 506 Stimmen gewählt worden, erreichte also nicht die absolute Mehrheit (519 Stimmen). *Roman Herzog* lag bei der Bundespräsidentenwahl am 23. Mai 1994 erst im dritten Wahlgang über der absoluten Mehrheit (696 Stimmen, absolute Mehrheit bei 663 Stimmen), nachdem die FDP ihre Kandidatin der ersten beiden Wahlgänge, *Hildegard Hamm-Brücher,* zurückgezogen hatte.[4]
Die *gewählten* Kandidaten haben regelmäßig Staatsämter auf Bundesebene (*Lübke, Heinemann, Scheel, Carstens, Herzog)* oder auf Landesebene (*von Weizsäcker, Rau)* innegehabt. *Ludwig Erhard*[5] – Wirtschaftsminister in den Kabinetten

2 Einem Gerücht zufolge, soll die von der CSU in die Bundesversammlung entsandte Fürstin *Gloria v. Thurn und Taxis* die Kandidatin der SPD *Gesine Schwan* gewählt haben; vgl. den Bericht in der taz vom 27.05.2004, S. 7.

3 *Theodor Heuss*: 871 Stimmen von 987 abgegebenen Stimmen; *Heinrich Lübke*: 710 Stimmen von 1024 abgegebenen Stimmen; *Richard von Weizsäcker*: 881 Stimmen von 1022 abgegebenen Stimmen (Angaben nach *P. Schindler*, Datenhandbuch zur Geschichte des Deutschen Bundestages 1949-1999, Bd. III, 1999, S. 3186 ff.).

4 Angaben nach *P. Schindler*, Datenhandbuch zur Geschichte des Deutschen Bundestages 1949-1999, Bd. III, 1999, S. 3187, 3189.

5 Vgl. *M. Görtemaker*, Geschichte der Bundesrepublik Deutschland, 1999, S. 367.

Adenauers – und *Willy Brandt*[6] – Bundeskanzler von 1969 bis 1974 – haben die ihnen angetragenen Kandidaturen für das Amt des Bundespräsidenten abgelehnt. Einen Sonderfall bildet die kurzfristige Kandidatur *Adenauers* für das Präsidentenamt, die er allerdings alsbald wieder zurückzog.[7] Die nach der Entscheidung *Adenauers* einsetzende Kandidatensuche und die Nominierung *Heinrich Lübkes* für das Amt haben entscheidend dazu beigetragen, dass die Kandidatur »voraussetzungslos« wurde.

Dass ein Bekanntheitsgrad, der die gesamte Bundesrepublik umschließt, nicht zu den Voraussetzungen der Kandidatur gehört, zeigt das Beispiel des seinerzeitigen sächsischen Justizministers *Steffen Heitmann*. Dieser wurde 1994 von dem CDU-Vorsitzenden (und Bundeskanzler) *Helmut Kohl* als Kandidat für das Amt des Bundespräsidenten vorgeschlagen. Nach lebhafter Diskussion in der Öffentlichkeit zog *Heitmann* seine Kandidatur zurück.[8] Der Vorschlag *Kohls* ließ erkennen, dass die politische Führung der CDU seinerzeit weder ein besonderes politisches Profil noch eine bundesweite Bekanntheit als Voraussetzung für das Amt für erforderlich hielt. Gleiches gilt für die Kandidatur des amtierenden Bundespräsidenten *Horst Köhler*, der früher Staatssekretär im Bundesfinanzministerium, dann Präsident des Deutschen Sparkassen- und Giroverbandes war, bevor er an die Spitze des Internationalen Währungsfonds nach Washington wechselte und in der deutschen Öffentlichkeit nicht mehr auftrat.

Die hier aufgestellte Hypothese von der Voraussetzungslosigkeit der Kandidatur wird durch die Kandidaten der jeweiligen Minderheitspartei(en) bestätigt. Auch hier finden sich »integre Persönlichkeiten«, die sich aus nicht stets nachvollziehbaren Gründen zur Verfügung stellten, im Übrigen aber dem skizzierten Muster folgten.[9] Für Politiker mit weiteren Karriereplänen muss es nicht eben als attraktiv erscheinen, in der Bundesversammlung als bloßer »Zählkandidat« aufzutreten.[10] Insofern setzt regelmäßig eine Suche nach Kandidaten ein, die der sie vorschlagenden – voraussichtlich aber unterlegenen – Partei nahestehen und von deren Kandidatur man sich eine »Signalwirkung« verspricht, die aber regelmäßig nicht dem engeren Führungszirkel der Partei angehören.

6 Nach dem Verzicht *Heinemanns* auf eine Wiederwahl wurde *Brandt* zu einer Kandidatur für das Präsidentenamt gedrängt, lehnte letztlich aber wegen der geringen politischen Einflussmöglichkeiten ab; vgl. *A. Baring*, Machtwechsel, 1982, S. 630.

7 Vgl. *M. Görtemaker*, Geschichte der Bundesrepublik Deutschland, 1999, S. 368 ff.

8 Vgl. *W. Billing*, Der Kampf um die Besetzung des höchsten Staatsamtes: Auswahl und Wahl des Bundespräsidenten 1994, ZParl. 26 (1995), S. 595 (610).

9 Übersicht über die Kandidaten der Opposition bei *P. Schindler*, Datenhandbuch zur Geschichte des Deutschen Bundestages 1949-1999, Bd. III, 1999, S. 3186 ff. (1.-10. Bundesversammlung); *M. F. Feldkamp/B. Ströbel*, Datenhandbuch zur Geschichte des Deutschen Bundestages 1994-2003, 2005, S. 724 (11. Bundesversammlung); für die 12. Bundesversammlung, vgl. http://www.bundestag.de/parlament/wahlen/146/12_bundesversamm/1549b.

10 Ergebnisse bei *P. Schindler*, Datenhandbuch zur Geschichte des Deutschen Bundestages 1949-1999, Bd. III, 1999, S. 3186 ff. (1.-10. Bundesversammlung); *M. F. Feldkamp/B. Ströbel*, Datenhandbuch zur Geschichte des Deutschen Bundestages 1994-2003, 2005 (11. Bundesversammlung); für die 12. Bundesversammlung, vgl. http://www.bundestag.de/parlament/wahlen/146/12_bundesversamm/1549b.

Das *Verfahren* der Kandidatenauswahl in den Parteien lässt sich nicht im Einzelnen rekonstruieren. Nur gelegentlich finden sich in der Memoirenliteratur Hinweise darauf, wie eine Kandidatur zustande gekommen ist.[11] Eine entscheidende Rolle kommt bei der Benennung der Kandidaten jeweils dem Parteivorsitzenden zu. Sofern sich die Führung einer Partei auf einen Kandidaten festlegt, geht sie das Risiko ein, dass sich – wie im Falle des sächsischen Justizministers *Heitmann* – eine Gegenbewegung in der Öffentlichkeit ergibt.[12] Gelegentlich ist der Findungsprozess von bemerkenswerter Kürze. So haben sich die Vorsitzenden der CDU, der CSU und der FDP auf *Horst Köhler* als Kandidaten für das Präsidentenamt in einer nächtlichen Sitzung geeinigt.[13] Es mag dies insofern ein Sonderfall sein, als sich die Zahl der an der Auswahl beteiligten Akteure auf ein Minimum beschränkte und diese sich sogleich mit ihrem Vorschlag an die Öffentlichkeit wandten.[14] Mag auch in anderen Fällen die Zahl der am Auswahlverfahren beteiligten Personen größer gewesen sein, so zeichnet sich doch der *empirische* Befund ab, dass die Parteiführung der Mehrheitspartei(en) einen Kandidaten für das Amt des Bundespräsidenten benennt, der regelmäßig die Mehrheit der Stimmen in der Bundesversammlung auf sich vereinigt, mögen vorher auch »Vorstellungsrunden« in der betreffenden Fraktion oder in anderen Gremien stattgefunden haben.

III. Die Diskussion um die Volkswahl des Bundespräsidenten

Die Enquête-Kommission Verfassungsreform des Deutschen Bundestages hat sich in ihrem im Dezember 1976 vorgelegten Schlussbericht eingehend mit der Frage auseinandergesetzt, ob die politischen Mitwirkungsrechte der Bürger durch eine unmittelbare Volkswahl des Bundespräsidenten gestärkt werden könnten.[15] Die Kommission kennzeichnete das Amt des Bundespräsidenten als auf repräsentative und integrative Funktionen beschränkt. Zu dieser Ausgestaltung des Präsidentenamtes passt nach Auffassung der Kommission die unmittelbare Volkswahl nicht. Sie vertrüge sich insbesondere nicht mit den geringen politischen Entscheidungskompetenzen.[16] Werde durch eine Volkswahl des Bundespräsidenten der demokratische Souverän zu einer politischen Entscheidung aufgefordert, so könne diese Entscheidung nicht durch die verfassungsrechtliche Distanz des Bundespräsidenten zur

11 Vgl. etwa die Schilderung des Ringens um einen Nachfolgekandidaten für *Karl Carstens* bei *Helmut Kohl*, Erinnerungen 1982-1990, 2005, S. 244 ff.

12 *W. Billing*, Der Kampf um die Besetzung des höchsten Staatsamtes: Auswahl und Wahl des Bundespräsidenten 1994, ZParl. 26 (1995), S. 595 (601 ff.).

13 Zur Chronologie der Ereignisse, vgl. SZ online vom 4. März 2004 (http://www.sueddeutsche.de/deutschland/artikel/863/27836/).

14 Vgl. SZ online vom 4. März 2004 (http://www.sueddeutsche.de/deutschland/artikel/863/27836/).

15 Presse- und Informationszentrum des Deutschen Bundestages (Hrsg.), Beratungen und Empfehlungen zur Verfassungsreform (I), 1976, S. 68 ff.

16 Presse- und Informationszentrum des Deutschen Bundestages (Hrsg.), Beratungen und Empfehlungen zur Verfassungsreform (I), 1976, S. 69 f.

Tagespolitik, wie das Grundgesetz sie vorsehe, ins Leere gelenkt werden.[17] Seine »überschießende Legitimation« würde dem Bundespräsidenten auf informellem Wege zusätzliche Machtbefugnisse verschaffen und ihn dazu drängen, sein Amt und seine Kompetenzen aktiv-politisch zu verstehen und auszuüben und aus der Distanz zur Tagespolitik herauszutreten. Auch im Präsidentenwahlkampf, der bei einer Volkswahl stattfinden müsse, kämen die miteinander konkurrierenden Kandidaten nicht daran vorbei, sich auf politische Sachaussagen und Programmvorstellungen einzulassen und sich damit aktiv-politisch in bestimmter Weise zu profilieren. Von dem gewählten Kandidaten würde dann erwartet, dass er diese Vorstellungen auch einlöse.[18]

In der staatsrechtlichen Literatur ist die Volkswahl des Bundespräsidenten nur vereinzelt behandelt worden,[19] wie auch das Amt des Bundespräsidenten insgesamt die Staatsrechtslehre nur selten beschäftigt hat.[20] Allerdings gibt es frühe Plädoyers für eine unmittelbare Wahl,[21] die nach Vorlage des Berichts der Enquête-Kommission allerdings seltener geworden sind.[22] Autoren, die sich mit dem Bericht der Enquête-Kommission auseinandersetzen, schließen sich deren Auffassung an, ohne dass das Thema vertieft würde.[23] Auch *Roman Herzog* teilt in seiner 1986 – also acht Jahre vor seiner eigenen Amtsübernahme – erschienenen Kommentierung zu Art. 54 GG im Ergebnis die Auffassung der Enquête-Kommission, führt aber weitere Begründungselemente an.[24] So sieht er die Notwendigkeit eines »bundesweiten Wahlkampfes«, der mit allen Mitteln der politischen Auseinandersetzung geführt werden müsste. Die Parteien wären deshalb gezwungen, für das Amt »Vollblutpolitiker« zu nominieren, denen die schmalen Kompetenzen des Bundespräsidentenamtes entweder zu eng würden oder zur ewigen Unzufriedenheit der Amtsinhaber führen müssten.[25] *Herzogs* Überlegungen gipfeln in der Feststellung, Volkswahl ohne kräftige

17 Presse- und Informationszentrum des Deutschen Bundestages (Hrsg.), Beratungen und Empfehlungen zur Verfassungsreform (I), 1976, S. 69.

18 Presse- und Informationszentrum des Deutschen Bundestages (Hrsg.), Beratungen und Empfehlungen zur Verfassungsreform (I), 1976, S. 69.

19 Vgl. etwa *G. Anders*, Zur Wahl des Bundespräsidenten, DÖV 1970, S. 253; *J. Isensee*, Braucht die Republik einen Präsidenten?, NJW 1994, S. 1329; *W. Leisner*, Der Staatspräsident als »demokratischer Führer«, in: FS Broermann, 1982, S. 433; *S. Seltenreich*, Zur Volkswahl des Bundespräsidenten, KJ 1995, S. 238.

20 Vgl. allerdings statt aller *O. Kimminich*, Das Staatsoberhaupt in der parlamentarischen Demokratie, VVDStRL 25 (1967), S. 2 ff.

21 Vgl. etwa *G. Anders*, Zur Wahl des Bundespräsidenten, DÖV 1970, S. 253 (255); *C. Jülich*, Die Wahl des Bundespräsidenten, DÖV 1969, S. 92 (96 f.); *W. Weber*, Spannungen und Kräfte im westdeutschen Verfassungssystem, 3. Auflage, 1970, S. 140 f.

22 Vgl. etwa *S. Seltenreich*, Zur Volkswahl des Bundespräsidenten, KJ 1995, S. 238 (244 ff.); skeptisch dagegen etwa *R. Grawert*, Zur Verfassungsreform, Der Staat 18 (1979), S. 229 (236); *W. Leisner*, Der Staatspräsident als »demokratischer Führer«, in: FS Broermann, 1982, S. 433 (440 f.); *W. Schmitt Glaeser*, Stärkung der politischen Mitwirkungsrechte der Bürger, DÖV 1977, S. 544 (545).

23 Vgl. etwa *R. Grawert*, Zur Verfassungsreform, Der Staat 18 (1979), S. 229 (236); *W. Schmitt Glaeser*, Stärkung der politischen Mitwirkungsrechte der Bürger, DÖV 1977, S. 544 (545).

24 *R. Herzog*, in: Maunz/Dürig/Herzog/Scholz, Grundgesetz Kommentar, Bd. IV, Loseblatts., Stand: Juni 2006, Art. 54 Rdnr. 10 ff.

25 *R. Herzog*, in: Maunz/Dürig/Herzog/Scholz, Grundgesetz Kommentar, Bd. IV, Loseblatts., Stand: Juni 2006, Art. 54 Rdnr. 11.

Erweiterung der präsidialen Befugnisse sei – »zumindest praktisch« – ein Widerspruch in sich.[26]
Belebt wurde die Debatte um die Volkswahl des Bundespräsidenten im Gefolge der gescheiterten Kandidatur *Heitmanns*[27] und der gleichzeitig beratenen Verfassungsrevision. Die Ironie der Geschichte will, dass *Josef Isensee* in einem am 18. Mai 1994 – also fünf Tage vor der Bundespräsidentenwahl – erschienenen flammenden Beitrag[28] die gegen *Heitmann* entfesselte »ungeheuerliche Hetz-, Häme- und Wortverdrehungskampagne« geißelte und dem Amtsinhaber vorwarf, sich hieran beteiligt zu haben.[29] Dem als Nachfolger *von Weizsäckers* gewählten Präsidenten des Bundesverfassungsgerichts (und Kommentators des Art. 54 GG) *Roman Herzog* wurde auf diese Weise vor Augen geführt, dass eine öffentliche Auseinandersetzung über Kandidaten auch *ohne* einen Wahlkampf im eigentlichen Sinne stattfinden konnte. Die Ereignisse im Vorfeld der Bundespräsidentenwahl 1994 gaben auch Anlass zu einer eingehenderen Untersuchung der streitigen Frage und einem abgewogenen Urteil.[30] Durch Äußerungen des amtierenden Bundespräsidenten *Horst Köhler* [31] ist die Diskussion um die Volkswahl des Bundespräsidenten nunmehr neu entfacht worden.

IV. Überzeugende und weniger überzeugende Argumente

Obwohl seit Inkrafttreten des Grundgesetzes demnächst 60 Jahre vergangen sein werden, zählt die Berufung auf die Weimarer Erfahrungen noch immer zum festen Argumentationsbestand, wenn es um das Amt des Bundespräsidenten geht.[32] Die »doppelte Volkssouveränität« – also die Wahl des Reichspräsidenten und des Reichstags durch das Volk – gilt als Konstruktionsfehler der Weimarer Verfassung.[33] Allerdings darf nicht übersehen werden, dass der Reichspräsident mit seinen Zuständigkeiten dem konstitutionellen Monarchen nachgebildet war, insbesondere den Reichskanzler ernannte und den Reichstag auflösen konnte.[34] Insofern musste

26 *R. Herzog*, in: Maunz/Dürig/Herzog/Scholz, Grundgesetz Kommentar, Bd. IV, Loseblatts., Stand: Juni 2006, Art. 54 Rdnr. 11.
27 Vgl. dazu näher *W. Billing*, Der Kampf um die Besetzung des höchsten Staatsamtes: Auswahl und Wahl des Bundespräsidenten 1994, ZParl. 26 (1995), S. 595 ff.; *S. Seltenreich*, Zur Volkswahl des Bundespräsidenten, KJ 1995, S. 238 ff.
28 *J. Isensee*, Braucht die Republik einen Präsidenten?, NJW 1994, S. 1329.
29 So *J. Isensee*, Braucht die Republik einen Präsidenten?, NJW 1994, S. 1329 (1330).
30 Vgl. *S. Seltenreich*, Zur Volkswahl des Bundespräsidenten, KJ 1995, S. 238 ff.
31 *Horst Köhler* sprach sich in der Talkshow »Sabine Christiansen« am 24.06.2007 *für* eine Volkswahl des Bundespräsidenten aus (vgl. http://www.sueddeutsche.de/deutschland/artikel/259/120109).
32 Vgl. aus neuerer Zeit nur *U. Fink,* in: v. Mangoldt/Klein/Starck, Kommentar zum Grundgesetz, Bd. 2, 5. Auflage, 2005, Art. 54 Rdnr. 1; *R. Herzog*, in: Maunz/Dürig/Herzog/Scholz, Grundgesetz Kommentar, Bd. IV, Loseblatts., Stand: Juni 2006, Art. 54 Rdnr. 8 f.; *I. Pernice*, in: Dreier (Hrsg.), Grundgesetz Kommentar; Bd. II, 2. Auflage, 2006, Art. 54 Rdnr. 4.
33 Vgl. dazu grundlegend *F. K. Fromme*, Von der Weimarer Verfassung zum Bonner Grundgesetz, 3. Auflage, 1999, S. 38 ff.
34 Vgl. *F. K. Fromme*, Von der Weimarer Verfassung zum Bonner Grundgesetz, 3. Auflage, 1999, S. 61 ff., 71 ff.

nicht der Reichspräsident, sondern der *Reichstag* seine Rolle in der neu errichteten Republik erst finden, denn der Reichspräsident konnte ohne weiteres an die monarchische Tradition anknüpfen. Die die Weimarer Verfassung kennzeichnenden Fehlentwicklungen als Menetekel auch für das Grundgesetz hinzustellen, vermag schwerlich zu überzeugen.

Die Enquête-Kommission hat ihre Position bei näherem Hinsehen auf eine Prognose des zukünftigen Verhaltens eines vom Volk gewählten Amtsinhabers gegründet. Ein durch das Volk gewählter Bundespräsident könnte veranlasst sein, sich stärker in der Öffentlichkeit zu präsentieren, als das Amt dies ohnehin mit sich bringt. Die Kompetenzgrenzen lassen sich indes nicht ohne Verstoß gegen die Verfassung überschreiten. Auch ein vom Volk gewählter Bundespräsident wäre deshalb auf die Zuständigkeiten beschränkt, die ihm das Grundgesetz einräumt. Das Problem dürfte insofern weniger in der Frage liegen, ob ein volksgewählter Präsident zu Kompetenzüberschreitungen und damit möglichen Grundgesetzverletzungen neigen könnte, als vielmehr die Frage aufwerfen, ob durch die Volkswahl in die Verfassung ein Ungleichgewicht gelangen würde.

Konflikte zwischen dem – auch volksgewählten – *Bundespräsidenten* und dem *Bundestag* sind schwerlich denkbar, weil es zwischen beiden obersten Staatsorganen praktisch keine Berührungspunkte gibt. Zwar wird der Bundeskanzler auf Vorschlag des Bundespräsidenten vom Bundestag gewählt (Art. 63 Abs. 1 GG); wird der Vorgeschlagene nicht gewählt, kann der Bundestag aber binnen 14 Tagen nach dem Wahlgang einen Bundeskanzler wählen, ohne an einen Vorschlag gebunden zu sein (Art. 63 Abs. 3 GG). Der Bundespräsident vermag dem Bundestag also keinen Kandidaten aufzudrängen.[35] In der Staatspraxis hat das Vorschlagsrecht nach Art. 63 Abs. 1 GG denn auch keine selbständige Rolle gespielt. Der Bundespräsident hat jeweils den ihm von den Bundestagsfraktionen, die sich auf eine Regierungskoalition geeinigt hatten, präsentierten Kandidaten für das Amt des Bundeskanzlers vorgeschlagen.[36] Die zukünftig erhöhte Zahl möglicher Regierungskoalitionen und die damit verbundenen Schwierigkeiten bei der Koalitionsbildung bedingen ebenfalls keinen Konflikt zwischen Bundes*präsident* und Bundes*tag*. Die ihm zugeschriebene Funktion als »Geburtshelfer« bei der Regierungsbildung[37] würde sich in Gesprächen mit möglicherweise koalitionswilligen Parteien manifestieren, wäre aber nicht geeignet, einen Konflikt mit dem Bundestag auszulösen.[38]

35 Ausführlich *J. Ipsen*, Regierungsbildung im Mehrparteiensystem, JZ 2006, S. 217 (219).

36 Vgl. *P. Schindler*, Datenhandbuch zur Geschichte des Deutschen Bundestages 1949-1999, Bd. I, 1999, S. 1019 ff. (1.-13. WP); *M. F. Feldkamp/B. Ströbel*, Datenhandbuch zur Geschichte des Deutschen Bundestages 1994-2003, 2005, S. 276 (14. und 15. WP).

37 Diese Metapher geht zurück auf *F. Münch*, Die Bundesregierung 1954, S. 131, und wird in der Kommentarliteratur noch heute verwandt; vgl. etwa *G. Hermes*, in: Dreier (Hrsg.), Grundgesetz Kommentar, Bd. II, 2. Auflage, 2006, Art. 63 Rdnr. 17; *M. Oldiges*, in: Sachs (Hrsg.), Grundgesetz Kommentar, 4. Auflage 2007, Art. 63 Rdnr. 14; *M. Schröder*, in: v. Mangoldt/Klein/Starck, Kommentar zum Grundgesetz, Bd. 2, 5. Auflage, 2005, Art. 63 Rdnr. 24.

38 Zum Ganzen *J. Ipsen*, Regierungsbildung im Mehrparteiensystem, JZ 2006, S. 217 (219 ff.).

Das sog. »Prüfungsrecht«, das von den Bundespräsidenten in ständiger Praxis ausgeübt wird[39], wäre ebenfalls nicht geeignet, Kompetenzkonflikte mit dem Bundestag auszulösen. Dem Bundespräsidenten kommt aufgrund seiner Prüfungskompetenz kein irgendwie geartetes Vetorecht zu; er ist vielmehr darauf beschränkt, evident verfassungswidrigen Gesetzesbeschlüssen die Ausfertigung zu verweigern.[40] Dies ist in der Staatspraxis der Bundesrepublik bislang in acht Fällen vorgekommen, die allesamt nicht zu einer Anrufung des Bundesverfassungsgerichts geführt haben.[41] Sollte ein volksgewählter Bundespräsident den Versuch unternehmen, über Art. 82 GG seine Kompetenzen zu erweitern und – dem amerikanischen Vorbild folgend[42] – die verfassungs*rechtliche* Prüfungskompetenz zu einem verfassungs*politischen* Vetorecht ausdehnen, wäre die Anrufung des Bundesverfassungsgerichts durch den Bundestag ebenso unvermeidlich wie erfolgversprechend.

Konflikte oder zumindest Reibungsflächen sind dagegen zwischen dem Bundespräsidenten und dem *Bundeskanzler* denkbar. Der Bundeskanzler bildet im Regierungssystem der Bundesrepublik das Zentrum der politischen Macht.[43] Damit sind nicht die realen Gestaltungsmöglichkeiten beschrieben, die durch Koalitionsabsprachen, eine angespannte Haushaltslage und die Einbindung in die Europäische Union eng begrenzt sind. Gemeint ist vielmehr die *Zuschreibung* (oder *Erwartung)* von Macht, die dem Bundeskanzler seit *Adenauers* Tagen zuteil wird und die in der Bundesrepublik zu Rücktritten geführt hat, wenn sie über längere Zeit enttäuscht wurde.[44] Mit der Machterwartung, die sich in Gestalt des Bundeskanzleramtes in Berlin geradezu zu architektonischer Hybris gesteigert hat, verbinden sich nahezu unbegrenzte Selbstdarstellungsmöglichkeiten in den Medien. Machterwartung ist deshalb nicht zuletzt *Medien*erwartung von Macht. Hier würde eine Volkswahl vermutlich eine Gewichtsverschiebung in der Weise bewirken, dass auch der Bundespräsident stärker von den Medien wahrgenommen würde. Schon in der Vergangenheit hat sich gezeigt, dass eine ausgeprägte Medienpräsenz des Bundespräsidenten

39 Zu den Anwendungsfällen, vgl. *J. Rau*, Vom Gesetzesprüfungsrecht des Bundespräsidenten, DVBl. 2004, S. 1 (3 ff.); *P. Schindler*, Datenhandbuch zur Geschichte des Deutschen Bundestages 1949-1999, Bd. II, 1999, S. 2453 ff.

40 Vgl. mit verschiedenen Nuancierungen, *H. Bauer*, in: Dreier (Hrsg.), Grundgesetz Kommentar, Bd. II, 2. Auflage, 2006, Art. 82 Rdnr. 13; *V. Epping*, Das Ausfertigungsverweigerungsrecht im Selbstverständnis des Bundespräsidenten, JZ 1991, 1102 (1107); *J. Ipsen*, Staatsrecht I, 18. Auflage, 2006, Rdnr. 499.

41 Vgl. *P. Schindler*, Datenhandbuch zur Geschichte des Deutschen Bundestages 1949-1999, Bd. II, 1999, S. 2453 ff. (bis 1998). In die Amtszeit *Horst Köhlers* fallen bislang ferner die Nichtausfertigung der Änderung des Flugsicherungsgesetzes (Pressemitteilung des Bundespräsidialamtes vom 24. Oktober 2006 [http://www.bundespraesident.de/dokumente/-,2.633675/Pressemitteilung/dokument.htm]) und des Verbraucherinformationsgesetzes (Pressemitteilung vom 8. Dezember 2006 [http://www.bundespraesident.de/dokumente/-,2.634505/Pressemitteilung/dokument.htm]).

42 Art. I Sect. 7 (2) U. S. Const.

43 *J. J. Hesse/T. Ellwein*, Das Regierungssystem der Bundesrepublik Deutschland, Bd. 1, 9. Auflage, 2004, S. 282 ff.

44 Beispiele hierfür sind der Rücktritt *Ludwig Erhards* (1966) und *Willy Brandts* (1974). Empirisches Material zu den Kanzlerrücktritten bei *P. Schindler*, Datenhandbuch zur Geschichte des Deutschen Bundestages 1949-1999, Bd. I, S. 1212 ff.

notwendig diejenige des Bundeskanzlers einschränkt und die Art und Weise, in der sie wahrgenommen wird, bis zur offenen Rivalität führen kann.[45] Die Frage ist indes, ob ein solches Spannungsverhältnis für das politische System nicht von Vorteil sein kann.

Der Bundeskanzler ist der Exponent seiner Partei schlechthin, selbst wenn er – atypischerweise – nicht deren Vorsitzender ist.[46] Bundeskanzler werden in ihrer Amtsführung zwar stets in Anspruch nehmen, allein dem Gemeinwohl zu dienen, d.h. parteiübergreifend tätig zu sein. Gleichwohl ist nicht zu übersehen, dass die Gemeinwohlziele im Wesentlichen durch die Parteien und ihre Organe formuliert und mit Hilfe ihrer parlamentarischen Vertreter und des Exekutivapparates durchgesetzt werden. Die Anhänger der nicht an der Regierung beteiligten Parteien sehen sich deshalb stärker vom Führer der Oppositionspartei(en) bzw. den Fraktionsvorsitzenden der Oppositionsfraktionen vertreten. Zwar hat sich im Regierungssystem der Bundesrepublik eine dem britischen Unterhaus vergleichbare Polarisierung zwischen Regierungschef und Oppositionsführer[47] nicht – oder nur phasenweise – ergeben. Gleichwohl ist es ein Kennzeichen auch des parlamentarischen Regierungssystems der Bundesrepublik, dass unterschiedliche politische Positionen von den Protagonisten der parlamentarischen Szene verkörpert werden und insofern zur Identifikation einladen.

Dem Bundespräsidenten kommt eine von den Akteuren der politischen Arena zu unterscheidende Aufgabe zu, weil er in der Öffentlichkeit nicht ausschließlich als Repräsentant einer politischen Gruppierung wahrgenommen wird. Die Bundespräsidenten haben in ihrer Amtsführung stets den Eindruck zu vermeiden versucht, sie seien Vollstrecker eines anderswo gebildeten politischen Willens. Allerdings sind die Amtsinhaber in den Fällen, in denen ihnen eine echte Entscheidungskompetenz zukam, von der parteipolitischen Dynamik geradezu überrollt worden und haben sich letztlich in ihr Schicksal gefügt.[48] Auch haben (ehemalige) Parteiführer nicht stets der Versuchung widerstehen können, ihre Urheberschaft für die Benennung eines Kandidaten für das Amt des Bundespräsidenten hervorzuheben und hieraus eine Verpflichtung zu deren Loyalität abzuleiten.[49]

Dies allein wäre freilich kein Grund, eine Verfassungsänderung des Inhalts zu fordern, dass der Bundespräsident unmittelbar durch das Volk gewählt wird. In der Vergangenheit hat sich jedoch gezeigt, dass Vorschläge für das Präsidentenamt

45 Vgl. etwa die Schilderung des Verhältnisses zwischen Bundeskanzler *Kohl* und Bundespräsident *v. Weizsäcker* bei *Helmut Kohl*, Erinnerungen 1982-1990, 2005, S. 244 ff.

46 Beispiele hierfür sind etwa *Helmut Schmidt* (Bundeskanzler von 1974 bis 1982; Parteivorsitzender der SPD in dieser Zeit: *Willy Brandt*) und *Gerhard Schröder* (Bundeskanzler 1998 bis 2005; Parteivorsitzende der SPD bis 1999: *Oskar Lafontaine*, von 2002 für 2005: *Franz Müntefering*).

47 Zum politischen System Großbritanniens, vgl. *R. Sturm*, in: Ismayr (Hrsg.), Die politischen Systeme Westeuropas, 3. Auflage 2003, S. 225 ff.

48 Vgl. die Darstellung der Bundestagsauflösung in BVerfGE 62, 1 und E 114, 121.

49 Vgl. etwa *Helmut Kohl*, Erinnerungen 1982-1990, 2005, S. 254 f.

typischerweise partei- und koalitionspolitischem Kalkül entspringen.[50] Dies hat zur Folge, dass nicht notwendig Kandidaten mit einem besonderen – auch auf die Öffentlichkeit einwirkenden – Profil gesucht und gefunden werden müssen, wenn nur die vorschlagende(n) Partei(en) ihrer Mehrheit in der Bundesversammlung sicher sein kann (können). Diese Situation würde sich vollständig ändern, wenn die Parteiführungen nicht mehr gewiss sein könnten, dass die von ihnen ausgewählten Kandidaten die Wahl gewinnen (oder unterliegen) werden: der Ausgang einer Wahl durch das Volk wäre ungewiss. Da die Niederlage von Kandidaten zwangsläufig auch auf die Reputation der Partei zurückwirken würde, die sie vorgeschlagen hat, müssten sich die Parteien um besonders attraktive Kandidaten oder Kandidatinnen bemühen. Hierdurch würde das Amt selbst aufgewertet, weil es weder zur Verfügungsmasse im Verhältnis von Koalitionsparteien gehörte noch Verlegenheitskandidaten benannt würden, die in der Öffentlichkeit gänzlich unbekannt sind.

Die Vermutung *Herzogs,* die politischen Parteien würden bei einer Volkswahl gezwungen sein, »Vollblutpolitiker« ins Rennen zu schicken, um Niederlagen zu vermeiden,[51] vermag ebenso wenig zu überzeugen, wie die Prognose, volksgewählte Bundespräsidenten würden ihre Kompetenzen erweitern wollen. Versteht man unter einem »Vollblutpolitiker« jenen Typus, der in der Öffentlichkeit stark polarisierend wirkt, so wäre dieser als Kandidat für das Amt des Bundespräsidenten denkbar ungeeignet. Da die politische Führung aufgrund seiner Richtlinienkompetenz dem Bundeskanzler obliegt und dieser in dieser Funktion in der Öffentlichkeit bekannt ist und hervortritt, wäre es für politische Parteien keineswegs ratsam, einen vergleichbaren »Vollblutpolitiker« als Kandidaten für das Bundespräsidentenamt zu benennen. Das Amt hat nicht allein aufgrund der verfassungsrechtlichen Kompetenzen, sondern auch in der Wahrnehmung der Öffentlichkeit ein so vollständig anderes Profil als das des Bundeskanzlers, dass Kandidaten, die auf Ausgleich bedacht sind, vermutlich größere Wahlchancen hätten als solche, denen besondere Führungsstärke zugeschrieben wird.

Eine gewisse Wahrscheinlichkeit spricht allerdings dafür, dass bei einer Volkswahl des Bundespräsidenten die politischen Parteien vorwiegend Berufspolitiker, also solche Kandidaten nominieren würden, die aufgrund ihrer bisherigen Tätigkeit einer breiteren Öffentlichkeit bekannt sind. Dies allerdings war auch schon bislang der Fall, denn mit Ausnahme des gegenwärtigen Amtsinhabers haben die Bundespräsidenten ausnahmslos eine *politische* Karriere hinter sich gehabt, mit anderen Worten Ämter in der Exekutivspitze auf Bundes- oder Landesebene bekleidet. Dies gilt auch für *Roman Herzog*, der vor seiner Wahl zum Präsidenten des Bundesverfassungsgerichts Innenminister des Landes Baden-Württemberg gewesen ist.

50 So z.B. im Fall *Gustav Heinemanns*, vgl. *A. Baring*, Machtwechsel – Die Ära Brandt Scheel, S. 60 ff.

51 So *R. Herzog*, in: Maunz/Dürig/Herzog/Scholz, Grundgesetz Kommentar, Bd. IV, Loseblatts., Stand: Juni 2006, Art. 54 Rdnr. 11.

Es bleibt die ebenfalls von *Herzog* aufgeworfene Frage, ob ein mit der Volkswahl notwendig verbundener kräfte- und mittelzehrender Wahlkampf dem Amt adäquat ist bzw. die Kandidaten unangemessenen Belastungen aussetzt.[52] Diese Position ist schon deshalb nicht überzeugend, weil die besonderen Anforderungen des Amtes auf das Profil der Kandidaten zurückwirken würden, mit anderen Worten gerade die Kandidatur des Populisten – oder gar Demagogen – nicht erfolgversprechend sein dürfte. Wahlentscheidend dürfte vielmehr sein, ob einem Kandidaten zugetraut wird, die Bundesrepublik würdig zu vertreten und »das Ganze« zu repräsentieren. Damit dürfte sich auch der Stil des Wahlkampfs um das Präsidentenamt von Bundestagswahlkämpfen nicht unwesentlich unterscheiden. Wem diese Prognose als zu optimistisch erscheint, der sei daran erinnert, dass auch im herkömmlichen Benennungsverfahren Kandidaten nicht davor gefeit sind, Ziel persönlicher Angriffe oder Diffamierungen zu werden.[53]

Entscheidend muss indes eine andere Erwägung sein. Die Demokratie besteht ihrem Wesen nach darin, dass das Volk seine Regierenden selbst zu bestimmen vermag. Zwar wird der Bundeskanzler vom Bundestag gewählt (Art. 63 Abs. 1 GG); die Bundestagswahlen sind jedoch stets »Kanzlerwahlen« gewesen, so dass sie auch ein faktisches Plebiszit über den Regierungschef bedeuten. Es bedarf kaum des Hinweises, dass die sog. »K-Frage« für die politischen Parteien die alles entscheidende Frage darstellt und sie stets in große Verlegenheit geraten, wenn diese noch nicht beantwortet ist.[54] Neben diesem faktischen Plebiszit verblasst die Wahl des Bundespräsidenten in eigentümlicher Weise bzw. wird aufgrund der Vor-Festlegungen in der Regel zur Farce.[55] Dem Bundespräsidenten kommt indes in einer repräsentativen und damit Parteiendemokratie eine wichtige Integrations- und Repräsentationsfunktion im Staate zu. Es wäre ein wichtiges Korrektiv gegenüber der im Übrigen allgegenwärtigen Parteienherrschaft, wenn sich der Bundespräsident hierbei auf eine Legitimation unmittelbar durch das Volk berufen könnte.[56]

V. Blick nach Österreich

Da die Diskussion über die Volkswahl des Bundespräsidenten in Deutschland unausweichlich von Vermutungen und Prognosen gekennzeichnet ist, lohnt es sich, einen Blick auf die Verfassungslage in Österreich zu werfen. Nach Art. 60 Abs. 1

52 So *R. Herzog*, in: Maunz/Dürig/Herzog/Scholz, Grundgesetz Kommentar, Bd. IV, Loseblatts., Stand: Juni 2006, Art. 54 Rdnr. 11.

53 Vgl. dazu *J. Isensee*, Braucht die Republik einen Präsidenten?, NJW 1994, S. 1329.

54 Vgl. insbesondere die besonders heftigen innerparteilichen politischen Querelen um die Kanzlerkandidaten der CDU/CSU in den Jahren 1976, 1980 und 2002 (vgl. Art. »Die K-Frage in der Geschichte der Union«, in: http://www.brockhaus.de/aktuell/thema/php?t_id=85&jahr=2002).

55 Vgl. dazu nur die Chronologie der Ereignisse, die zur Nominierung und Wahl des derzeitigen Bundespräsidenten *Horst Köhler* geführt haben (SZ online vom 4. März 2004 [http://www.sueddeutsche.de/deutschland/artikel/863/27836/]).

56 Vgl. dazu die Nachweise in Fn. 21.

Satz 1 B-VG wird der Bundespräsident vom Bundesvolk aufgrund des gleichen, unmittelbaren, geheimen und persönlichen Wahlrechtes gewählt. Gewählt ist, wer mehr als die Hälfte der gültigen Stimmen für sich hat (Art. 60 Abs. 2 Satz 1 B-VG). Ergibt sich keine solche Mehrheit, so findet ein zweiter Wahlgang statt (Art. 60 Abs. 2 Satz 2 B-VG). Für die Wahl besteht zwar eine Wahlpflicht in den Bundesländern, in denen dies durch Landesgesetz angeordnet ist (Art. 60 Abs. 1 Satz 2 B-VG). Allerdings machen die Länder von dieser Möglichkeit seit langem keinen Gebrauch mehr, so dass in Österreich faktisch keine Wahlpflicht besteht und deshalb diese als Argument in der Diskussion um die Volkswahl des Bundespräsidenten untauglich ist.[57]

Im Übrigen sind die Kompetenzen des österreichischen Bundespräsidenten (Art. 65 B-VG) mit denen des deutschen Bundespräsidenten vergleichbar. Zwar werden der Bundeskanzler und auf seinen Vorschlag die übrigen Mitglieder der Bundesregierung vom Bundespräsidenten ernannt (Art. 70 Abs. 1 Satz 1 B-VG), ohne dass es einer Wahl durch den Nationalrat bedarf. Der sog. »Rollenverzicht« hat in der Staatspraxis indessen dazu geführt, dass der Bundespräsident stets dem Kanzlerkandidaten der im Nationalrat mandatsstärksten Partei den Auftrag zur Regierungsbildung erteilt und ihn, nachdem dieser das Kabinett zusammengestellt hatte, zum Bundeskanzler ernannt hat.[58] Von der Entlassung des Bundeskanzlers (Art. 70 Abs. 1 Satz 1 B-VG) ist in der Staatspraxis bislang kein Gebrauch gemacht worden.[59] In der Literatur wird dem Amt eine im Wesentlichen »repräsentative Funktion« zugeordnet, die Anklänge an monarchische Befugnisse aufweise.[60] Sämtliche Akte des Bundespräsidenten bedürfen der Gegenzeichnung des Bundeskanzlers oder der zuständigen Bundesminister (Art. 67 Abs. 2 B-VG).

Obwohl die Rechtsstellung und die Kompetenzen der Staatsoberhäupter Österreichs und Deutschlands unverkennbare Gemeinsamkeiten aufweisen, ist es in Österreich zu den in der deutschen Diskussion um die Volkswahl vermuteten Unzuträglichkeiten bislang nicht gekommen. *Trotz* der Volkswahl haben die österreichischen Bundespräsidenten nicht alle ihnen durch die Verfassung formal eingeräumten Zuständigkeiten – Ernennung und Entlassung des Bundeskanzlers ohne Rückkopplung zum Nationalrat – ausgeübt. Die Beanspruchung der Außenvertretung durch den

57 Anders *J. Isensee*, Braucht die Republik einen Präsidenten?, NJW 1994, S. 1329 (1330).

58 Das Ernennungsmuster wurde nach der Nationalratswahl 1999 nicht aufrecht erhalten. Der Bundespräsident *Thomas Klestil* betraute zwar zunächst den Kanzlerkandidaten der mandatsstärksten Partei, der SPÖ (*Viktor Klima)*, mit der Regierungsbildung. Als dieser aber keine Koalitionsvereinbarung mit der ÖVP erreichte, informierten ÖVP und FPÖ den Bundespräsidenten, dass sie zur Regierungsübernahme bereit seien. *Klestil* bestellte, ohne einen entsprechenden Auftrag zur Regierungsbildung erteilt zu haben, im Jahr 2000 *Wolfgang Schüssel* (ÖVP) zum Bundeskanzler. Insofern bestätigt die Regierungsbildung im Jahr 2000 zwar den »Rollenverzicht« des Österreichischen Präsidenten; die jeweils mandatsstärkste Partei aber erhält nicht unbedingt den Auftrag zur Regierungsbildung.

59 Vgl. *A. Pelinka*, in: Ismayr (Hrsg.), Die politischen Systeme Westeuropas, 3. Auflage, 2003, S. 521 (523).

60 Vgl. *L. Adamovich/B.-Chr. Funk,* Österreichisches Verfassungsrecht, 3. Auflage, 1985, S. 261.

Bundespräsidenten *Klestil* unter Berufung auf Art. 65 Abs. 1 B-VG[61] steht mit der Volkswahl in keinem Zusammenhang. Die völkerrechtliche Vertretung wird auch nach Art. 59 Abs. 1 GG dem deutschen Bundespräsidenten zuerkannt. Das Beispiel Österreich zeigt, dass die Volkswahl des Staatsoberhaupts auch in einer parlamentarischen Demokratie sinnvoll ist.

VI. Ausblick

Die gegen die Volkswahl vorgebrachten Argumente sind nicht überzeugend. Freilich kann nicht hinreichend eingeschätzt werden, mit welcher Wahlbeteiligung bei einer Bundespräsidentenwahl zu rechnen wäre. Fraglos würde es einen Rückschlag für die Legitimation des Staatsoberhauptes bedeuten, wenn nur ein geringer Prozentsatz der Wähler sich an den Wahlen beteiligen würde. Dies ist nach den Erfahrungen mit der Volkswahl des Bundespräsidenten in Österreich nicht zu erwarten.[62] Nicht unwahrscheinlich ist vielmehr, dass die Bürger durch die Aussicht, selbst über die *Person* des Staatsoberhauptes bestimmen zu können, zu erhöhter Wahlbereitschaft veranlasst werden. Hierbei handelt es sich jedoch nur um Vermutungen, die allein die Sinnhaftigkeit einer Volkswahl nicht in Frage zu stellen vermögen. Nicht ausgeschlossen dürfte allerdings sein, dass die Volkswahl des Bundespräsidenten und die hiermit einhergehende Aktivierung der Bürger auch auf die Wahlbeteiligung bei Parlamentswahlen zurückwirkt, die stetig zurückgeht.[63]

61 Vgl. *A. Pelinka*, in: Ismayr (Hrsg.), Die politischen Systeme Westeuropas, 3. Auflage, 2003, S. 521 (524).

62 Bei den Bundespräsidentenwahlen vom 25. April 2004 lag die Wahlbeteiligung bei 71,60 % (Angabe nach dem österreichischen Bundesministerium für Inneres, http://www.bmi.gv.at/bpwahl_2004_ErgebnisE.asp), bei den Nationalratswahlen 2006 bei 78,49 % (Angabe nach dem österreichischen Bundesministerium für Inneres, http://www.bmi.gv.at/Wahlen/NRW_06_gesamtergE.asp); die Differenz von 6,89 % kann schwerlich als Beleg für ein allgemeines Desinteresse an der Bundespräsidentenwahl gewertet werden. Die Wahlbeteiligung bei den Wahlen zum 16. Deutschen Bundestag am 18. September 2005 betrug 77,7 % (Angabe nach *M. F. Feldkamp.*, ZParl 37 [2006], S. 3 [4]), so dass – aufgrund der Erfahrungen in Österreich – auch in Deutschland mit einer Wahlbeteiligung von über 70 % zu rechnen wäre

63 Statistiken bei *P. Schindler*, Datenhandbuch zur Geschichte des Deutschen Bundestages 1949-1999, Bd. I, 1999, S. 151 (1.-13. WP); *M. F. Feldkamp/B. Ströbel*, Datenhandbuch zur Geschichte des Deutschen Bundestages 1994-2003, 2005, S. 14 (14. und 15. WP), *M. F. Feldkamp.*, ZParl 37 (2006), S. 3 (4).

Legislative Konkurrenzen

Überlegungen zum Verhältnis des Parlamentsgesetzes zum Volksgesetz

Ernst Gottfried Mahrenholz

Den gedanklichen Faden zwischen *Hans-Peter Schneider* und mir zu Fragen der unmittelbaren Demokratie knüpften wir auf dem Rechtspolitischen Kongress der SPD im Juni 1986 in Essen[1]. Ich hatte dort in sieben Thesen begründet, warum es an der Zeit sei, die Diskussion über die Bewertung des Volksentscheides für das Grundgesetz von der negativen Entstehungsgeschichte im Parlamentarischen Rat zu lösen.[2] Unsere Differenz bei Einvernehmen im Grundsätzlichen, bezog sich auf das von ihm in der Evangelischen Akademie Hofgeismar vorgestellte Modell der konsultativen Volksbefragung.[3] Das Thema der direkten Demokratie hat uns nicht verlassen und im Zusammenhang mit der Wiedervereinigung und danach mit der fehlenden Volksabstimmung über das Grundgesetz erneut beschäftigt.[4]
Konkurrenzfragen der legislativen Gewalten, dessen Behandlung ich ihm widme, hat uns *gemeinsam* noch nicht beschäftigt. Gibt es einen Vorrang des Parlamentsgesetzes vor einem volksbeschlossenen Gesetz dahin, dass dieses durch ein Parlamentsgesetz *jederzeit* geändert oder aufgehoben werden kann oder legen verfassungsrechtliche Pflichten aus der Organtreue dem Parlament Zügel an und wenn ja: welche sind es? Der Jubilar hat Position bezogen: In seiner umfassenden Abhandlung über »Die demokratische Ordnung des Grundgesetzes« widmet er den letzten Abschnitt einer, freilich kursorischen, Behandlung der unmittelbaren Demokratie und hält es für »unabdingbar«, dass das Parlament »die Entscheidung des Volkes jederzeit korrigieren kann.«[5]
Die nachstehenden Überlegungen möchten diese verbreitete Auffassung in Frage stellen und das erste nachgeburtstägliche Gespräch des Jubilars mit mir vorbereiten. Sie vertiefen Gedanken, die ich einem Verfahren vor dem Hamburgischen Verfassungsgericht vorgetragen habe.[6]

1 *A. Däubler-Gmelin, W. Adlerstein,* Menschengerecht, 6. Rechtspolitischer Kongress der SPD vom 20. bis 22.06.1986 in Essen.
2 Fn. 1 S. 371 ff.
3 Fn. 1 S. 380 ff.
4 *E. G. Mahrenholz,* Die Verfassung und das Volk, 1991.
5 In *Benda/Maihofer/Vogel, Hdb. d. VerfR 2. Aufl. 1994, § 13 Rn. 138.*
6 HVerfG 4/06; zum Teil wiedergegeben in *E. G. Mahrenholz,* NordÖR 2007, 11.16 ff.

I.

Im Verfassungsrecht der deutschen Länder ist mit Abweichungen im Einzelnen die Möglichkeit der Volksgesetzgebung Bestandteil der Verfassung. Schon die Periode der ersten Verfassungsschöpfungen der Länder unter Einschluss der Länder der sowjetischen Besatzungszone und der ehemaligen Länder *Württemberg-Baden* und *Württemberg-Hohenzollern* sahen diese Form der unmittelbaren Demokratie vor, ausgenommen die Verfassungen der Länder der britischen Besatzungszone. Nach 1989 haben die Länder Ostdeutschlands, *Niedersachsen* und *Schleswig-Holstein* eine neue Verfassung mit Referendumsmöglichkeiten geschaffen, die *Freie und Hansestadt Hamburg* und *Nordrhein-Westfalen* haben ihre Verfassungen insoweit ergänzt.

Verfassungsbestimmungen, die die Möglichkeit einer legislativen Konkurrenz im Auge haben, fehlen durchweg.

Rechtsprechung und Literatur sind sich – zu Recht – einig: Den Gesetzen der beiden Gesetzgeber gebührt gleicher Rang. Daraus wird überwiegend nach dem Grundsatz lex posterior derogat legi priori gefolgert, dass das Parlament jederzeit ein Volksgesetz abändern könne.[7]

II.

Diese Folgerung führt allerdings zu merkwürdigen Schlüssen: In der Praxis kann hiernach das Parlament – mit oder ohne Einhaltung einer Schamfrist – das volksbeschlossene Gesetz kassieren oder seiner Pointen berauben und den Willen des Parlaments an dessen Stelle setzen.

Wäre dies so, dann stünde dem Parlament gegenüber dem gesetzesbeschließenden Volk eine letztentscheidende politische Legitimationsfunktion zu, die sich entweder in der Hinnahme des Volksgesetzes oder in dessen Abänderung oder Aufhebung äußert. Das würde bedeuten, dass die Bürgerschaft einen jederzeit aktivierbaren Gesetzgebungsvorrang hätte[8]. Nach dieser Theorie beschließt das Volk ein Gesetz, das dann zwar verkündet wird, dessen Wirkungen aber vom Parlament gleichsam

7 Rechtsprechung und Literatur werden ausführlich referiert im Urteil des HVerfG vom 30.11.2004, DÖV 2005, 253; zuvor *Borowski* unter Einbeziehung der Weimarer Literatur und mit Hinweisen auf Verfassungen in zwei *states* in den USA, DÖV 2000, 481. Wie im Text HVerfG, aaO S. 254 ff., ein obiter dictum; Differenziert *Sächs. VerfGH LVerfGE 13, 328 ff.;* Differenziert auch *David:* »Ohne irgendeine Bindung an Volksgesetze könnte die Bürgerschaft das von ihr selbst realisierte Prinzip direkter Demokratie gefährden.« (Hamburger Verfassung, Kommentar, 2. Aufl. 2004 Art. 50 Rn. 14) Entschieden im obigen Sinne *Anschütz*, WRV-Kommentar, 14. Aufl. (1933) Art. 73 Anm. 4. und Isensee DVBl. 2001, 1166. De lege ferenda *Przygode,* Die deutsche Rechtsprechung zur unmittelbaren Demokratie, 1995, S. 434: Vor Änderung des Volksgesetzes hat »bei einer Änderung der Sach- und Rechtslage« der Parlamentsgesetzgeber diese dem Verfassungsgericht darzulegen; erkennt das Gericht eine solche Änderung an, kann das Parlament legislativ handeln.

8 Hiergegen Sächs. VerfGH, Fn 7.

widerruflich »erst einmal« hingenommen werden oder auch nicht. Jedenfalls kann das Parlament unerschütterbar abwarten, was das Volk beschließt. Das Volk hat das letzte Wort nur dann, wenn das Parlament dies so will.
Aber gilt das nicht auch umgekehrt? Kann nicht eine Volksinitiative in gleicher Weise vorgehen? Herrscht hier nicht im Prinzip »Waffengleichheit«?
Um die Frage zu beantworten, ist die Struktur des jeweiligen Gesetzgebungsprozesses genauer zu untersuchen:
Ins Auge springt, dass das Volk keinen korporativen Charakter hat. Es ist und bleibt auch im Gesetzgebungsverfahren der Volksgesetzgebung eine diffuse Personengesamtheit, insoweit soziologisch ohne Struktur. In dieser diffusen Personengesamtheit muss die Volksinitiative den Erfolg suchen. Die Initiative selbst besteht heute aus diesen und morgen aus jenen Personen, je nachdem welches Anliegen eine Initiative verfolgt.
Daher rührt eine spezifische unaufhebbare Schwäche der Volksgesetzgebung. *Das Volk* kann keine bestimmte Politik kontinuierlich verfolgen, wie dies die Parlamentsmehrheit tun kann. Das Volk hat unter normalen politischen Verhältnissen, die jede Verfassung voraussetzt, überhaupt keine politische Linie. Konservative Initiativen haben bei ihm, ist nur der Gegenstand der richtige, die gleiche Erfolgschance wie solche anderer politischer Richtungen. Es kommt darauf an, dass eine Initiative die Kräfte zu mobilisieren versteht, die für ein bestimmtes Anliegen eintreten.
Kohärente Politik zu gestalten, ist dagegen ausschließlich dem Parlament und der von ihr abhängigen Regierung möglich. Eine demokratische Verfassung ohne Volksgesetzgebung kann ihre Aufgabe, ein demokratisches Staatsleben zu schaffen, erfüllen, nicht aber eine Verfassung, die eine Repräsentativkörperschaft nicht vorsieht.
Das parlamentarische Gesetzgebungsverfahren hat dagegen alle Vorteile eines Verfahrens, dessen Ablauf eine kleine, relativ gesehen eine winzige, Zahl von Gesetzesinitianten und eine wenig größere Anzahl von Gesetzesbeschließenden aufweist. Die Normen der Verfassung und Geschäftsordnung gestatten dem Parlament ein rasches Handeln, wo es ihm geboten erscheint, und daneben sorgfältige Beratungen in Ausschüssen, das Suchen von Kompromissen und der unterschiedlichen Auffassungen, die Einvernahme von Sachverständigen und Vertretern von Interessenverbänden, das Hören auf die öffentliche Meinung in den Medien u.s.w. In der Parlamentsgesetzgebung kann sich also Gediegenheit in der Sache mit, wo es geboten ist, raschem Handeln paaren. Das demokratische Parlament hat, alles in allem genommen, die verfahrensmäßigen Voraussetzungen, der Idee des »guten Gesetzgebers« nahe zu kommen.
Alle diese Vorzüge hat die Volksgesetzgebung nicht. Und zwar *aus den eingangs erläuterten strukturellen Gründen*. Sie hat ein Gesetz aus einem Guß vorzulegen, das sich nicht durch den Sachverstand anderer verbessern lassen kann, wenn es erst einmal auf den Weg gebracht ist; zu dem auch Kompromisse nicht möglich sind,

die möglicherweise die Zustimmung der Wählerschaft verbreitern könnten. Dagegen liegt die Möglichkeit des Mißerfolges durch Einwendungen interessierter Verbände oder der öffentlichen Meinung am Tage. Ist für Parlamentsmehrheit und Regierung ausschlaggebend ihr *politischer Gestaltungswille,* so ist die Volksgesetzgebung auf eine öffentliche *Resonanz* beim Bürger angewiesen. Sie ist durch jede Gegenaktion gefährdet. Kein Wunder, dass sie auch in der demokratischen Verfassungstheorie eher wie ein Störenfried erscheint und weniger akzeptiert als hingenommen wird, weil der Grundgedanke der Demokratie, dass alle Staatsgewalt vom Volke auszugehen hat, die prinzipielle Ablehnung der direkten Demokratie nicht gestattet.[9] [10]

Dazu hat die Volksinitiative den Stufen des Zustandenkommens eines Volksbegehrens eine Reihe von Hürden zu nehmen, die unterschiedlich hoch sind, aber für die Möglichkeit, sich durchzusetzen, von Gewicht sind. Ins Gewicht fallen weiterhin der Kraft- und der Zeitaufwand von Initiatoren, die Initiative bzw. das Volksbegehren bekannt und attraktiv zu machen. Finanzfragen haben gleichfalls ihr lähmendes Gewicht. Erst von diesem Ensemble der einzelnen Faktoren aus erblickt man das zutreffende Bild von der spezifischen *Leichtigkeit* parlamentarischer Gesetzgebung.

Eine Volksinitiative kann auch nicht zurückgreifen auf denjenigen Teil der abstimmenden Bürger, der ihrem Vorschlag damals zum Siege verholfen hat, und ebenso wenig kann sie eine neue Mehrheit aus dem Hute zaubern, während das Parlament jederzeit seiner eigenen Einsicht über die Unzulänglichkeit der Volksgesetzgebung legislativen Ausdruck verschaffen kann.

Überblickt man diese Strukturunterschiede zwischen den beiden Gesetzgebungswegen, lässt sich von der Möglichkeit des Parlaments ein volksbeschlossenes Gesetz zu ändern, nicht auf die Möglichkeit schließen, ein soeben oder vor kurzem beschlossenen Parlamentsgesetz zu kassieren oder abzuändern. Die Bewertung der beiden möglichen Initiativen können nicht vom Ergebnis sondern nur von der spezifischen Eigenart der Initiative aus richtig beurteilt werden.

9 Typisch für diese Auffassung ist der absichtsvoll gebrauchte Begriff *des Plebiszitären.* In der Schweiz schmeckt man zu Recht das Abwertende heraus: »Das Wort lässt an das berechnende Beschaffen von Akklamation und Massenloyalität nach den momentanen Bedürfnissen der Regierenden denken und somit an das Gegenteil dessen, was nach schweizerischem Verständnis mit den Volksrechten erreicht sein will, nämlich eine reguläre, nicht vom Gutdünken der Behörden abhängige Mitwirkung des Volks bei den politischen Entscheidungen« *P. Tschannen,* Staatsrecht der Schweizerischen Eidgenossenschaft, 2004 § 6 Rn. 15 Napoleon III. und Hitler waren in der Tat die herausragenden Politiker, die mit Plebisziten Politik machten; seltsamerweise benutzt *Böckenförde* den Begriff Volksentscheid auch für Abstimmungen dieser Art (*Isensee/Kirchhof* HbStR Bd. II § 30 Rn.5).

10 Die andere grundlegende Möglichkeit der direkten Demokratie ist die der Parlamentsauflösung durch Volksentscheid. In Deutschland hat sie in den Verfassungen von Baden-Württemberg, Bayern und Berlin ihren Platz gefunden. Bei Lichte betrachtet ist es naheliegend, wenn nicht gar demokratietheoretisch geboten, dass der Souverän, der in der Wahl seine Repräsentation einsetzt, auch das Recht hat, nach seinem Willen eine neue Repräsentation zu wählen. Da es sich nicht um ein monarchisches, als eine Einzelperson gebundenes Recht handelt (auch Art. 25 Abs. 1 WRV war ein kaum abgeschwächtes monarchisches Relikt), sondern um die Ausübung von Staatsgewalt nach dem Willen des Volkes, ist dem Missbrauch dieses Rechts praktisch gesehen vorgebeugt.

Alles in Allem haben diesen beiden Gesetzgebungswege nur in zwei Elementen einen losen Berührungspunkt: beide folgen aus dem Demokratieprinzip und beide haben eine Gesetzgebungschance.
Das Wesen der Volksgesetzgebung erfasst man allerdings nicht mit Begriffen wie »Ergänzung« oder Ausnahme« etc. zur Herbeiführung eines Gesetzesbeschlusses.[11] *Das qualitative Moment des Volksgesetzgebungsverfahrens gegenüber dem parlamentarischen liegt in der verfassungsrechtlich institutionalisierten Infragestellung parlamentarischer legislativer Willensbildung als ausreichender Willensbildung für die Verwirklichung des Gemeinwohls.*
Deshalb haftet allen Volksinitiativen etwas punktuell Widerständiges, Kritisches, Korrigierendes, nach Auffassung von *Schliesky* sogar etwas Pädagogisches an[12]; etwas Pädagogisches in dem Sinne, dass Initiativen nur entstehen, weil auf einem ganz bestimmten politischen Felde nach Auffassung der Initiatoren der Volksinitiative »Ungemach droht«. Und dieses Ungemach, führt die Initiative zum Erfolg oder beinahe dazu, ist von Regierung und Parlament nicht richtig eingeschätzt worden. Sie waren dann, verhaftet ihren politischen Projekten, taub gegen politische Strömungen, oft sogar, wenn Medien bereits Stellung bezogen haben.

III.

Dogmengeschichtlich ist die Präponderanz des Repräsentativsystems so alt wie der bürgerliche Repräsentationsbegriff in Kontinentaleuropa. Seine Essenz ist eine »qualité représentable«, ein Begriff aus der Verfassungstheorie der französischen Revolution.[13] Das hindert nicht die Feststellung, dass die reinen Repräsentativverfassungen ein Defizit demokratischer Teilhabe des Volkes am Staatswesen aufweisen. Sie verfassen genau gesehen das ununterschreitbare Minimum demokratischer Teilhabe des Volkes, nämlich die der Wahl der Repräsentativkörperschaft. Das Grundgesetz gehört zu diesem Verfassungstyp; ein zweites Beispiel müsste man suchen:

> Es kennt nicht die Parlamentsauflösung durch Volksentscheid, nicht die Gesetzesinitiative, nicht die Abstimmung nach vom Parlament beschlossenen Verfassungsänderungen und ebensowenig die Volkswahl des Staatsoberhauptes. Es gab keine Abstimmung des Volkes über das Grundgesetz nach der Wiedervereinigung.

Das reichste Erfahrungsmaterial auf diesem Gebiete weist *Bayern* auf. Dort haben zehn Volksbegehren Erfolg gehabt[14], weitere Volksbegehren haben das für einen

11 Zu beiden Begriffen kritisch Sächsisches VerfGH Fn. 7 m.w.N.
12 *Schliesky,* Schleswig-Holsteinische Anzeigen, 1999, S. 226; so schon *Böckenförde,* Fn. 9 Rn. 16
13 *Karl Loewenstein*, Volk und Parlament, 1922, S. 14
14 *Nawiasky* u.a., Die Verfassung des Freistaates, Art. 74 Rn. 10 (Stand Juli 200)

Volksentscheid nach der Bayrischen Verfassung notwendige Quorum von einem Zehntel der stimmberechtigten Staatsbürger überschritten. Die Abstimmungsbeteiligung lag bei den erfolgreichen Volksbegehren zwischen 43,8 % und 23,3 %.
Bayern liefert auch den Beleg dafür, dass die Abstimmung über ein Volksbegehren auch politisch immer nur einen punktuellen Charakter hat und die Zustimmung zur Regierungspartei bei der Wahl des Landtages nicht wesentlich berührt.
Die Liste bei *Nawiasky* erweist, dass es sich bei diesen Gegenständen um gewichtige Gegenstände der Ländergesetzgebung handelt, die widerlegt, in der Landesgesetzgebung seien solche Volksinitiativen möglich, aber nicht bei den Gegenständen der Bundesgesetzgebung.
Selbst die Abschaffung eines Verfassungsorgans, des Bayerischen Senats, hat eine Volksinitiative durchgesetzt und auch hier hat die verfassungsendende Mehrheit, über die die CDU derzeit im Landtag verfügt, die Entscheidung des Volkes respektiert.
Diese bayerische Staatspraxis, Volksentscheide zu respektieren. nicht anzutasten, hat die Qualität ungeschriebenen Verfassungsrechts. Da dort Volksentscheide sich zum Teil strikt gegen die Politik der CSU-getragenen Staatsregierung gewendet haben, hat es in jedem Einfall nahegelegen, eine von einer CSU-Mayorität im Landtag getragene machtbewusste Staatsregierung durch eine dem Volksentscheid konträre parlamentarische Gesetzgebung auf ihrem Wege zu halten.

IV.

Diese Überlegungen dienten der Hemmung, kurzschlüssig struktureller Gleichheit der beiden Gesetzgebungsorgane entgegenzuwirken. Aber das Ergebnis des Strukturvergleichs ist kein *positiver* Ausgangspunkt, das Konkurrenzverhältnis der beiden Legislativen zu bestimmen.
Ausgangspunkt für solche Überlegungen ist, dass die Verfassung einen alles überragenden *Geltungswillen* hat. Das gilt für die Verfassung insgesamt und gilt für die einzelnen konstitutionellen Institutionen, Institute, prozedurale und materielle Vorschriften. Sie müssen in ihrem spezifischen Geltungswillen so einander zugeordnet werden, dass sie in der praktischen Bewährung ihre verfassungsrechtlich verordneten Funktionen erfüllen.
Es geht in unserem Thema um die *funktionelle Gewährleistung des Verfassungsinstituts der direkten Demokratie. Diese Gewährleistung ist verpflichtend verankert in der Verfassungspflicht der Organtreue.* Organtreue ist daher, überblickt man die Vielgestaltigkeit der Aussagen zu diesem Begriff, ein Ausdruck des Respekts oder, wie es das Bundesverfassungsgericht in seinen ersten grundlegenden Entscheidungen zum Thema der Organtreue genannte hat, der »Rücksicht« eines Verfassungsor-

gans gegenüber den Kompetenzen anderer Verfassungsorgane.[15] Dies gilt im eminenten Sinne von der grundlegenden demokratischen Institution der Volksgesetzgebung.
Schon in der Frühzeit hat das Bundesverfassungsgericht in einem Gutachten zum Thema der Organtreue, ohne diesen Begriff bereits zu verwenden, präzise Stellung genommen:[16]

> »*Die Koordination der Verfassungsorgane verlangt . . . als Korrelat ihrer Unabhängigkeit, dass die Verfassungsorgane bei Ausübung ihrer verfassungsmäßigen Tätigkeit harmonisch zusammenwirken und alles unterlassen, was das Ansehen der anderen Verfassungsorgane schädigt und damit die Verfassung selbst gefährden könnte. Sind die Verfassungsorgane jeweils Organe, die durch die Verfassung konstituiert werden und ihrerseits durch ihr Zusammenwirken immer wieder die Verfassung in ihrem konkreten politischen Wesenskreis bestätigen, so haben sie verfassungsmäßig die Verpflichtung, alles zu tun, um diese Verfassung in ihrem Bestand zu sichern.*«

Das Hamburgische Verfassungsgericht sieht den Grundsatz der Organtreue im Verhältnis zwischen parlamentarischer und Volksgesetzgebung, darin, »*dass das Parlament bei einer späteren eigenen Beschlussfassung über ein Gesetz nicht leichtfertig über den im Volksentscheid zum Ausdruck gekommenen Willen des Volkes hinweggehen darf, sondern diesen würdigen und danach seine Abwägung vornehmen muss.*«[17] *David,* der ausführlichste Kommentator der Hamburger Verfassung hat hierzu, wie referiert, bemerkt, ohne irgendeine Bindung an Volksgesetze könne die Bürgerschaft das von ihr selbst realisierte Prinzip direkter Demokratie gefährden.[18]
Es nimmt nicht Wunder, dass die Situation konkurrierender Gesetzgeber, unter dem Gesichtspunkt der Organtreue beurteilt, *Behutsamkeit* verlangt. *Lorz*, Verfasser der bislang ausführlichsten Monografie zu diesem Thema, spricht von einer

> »*an alle Verfassungsorgane gerichtete(n) Forderung nach »rücksichtsvoller« Kompetenzausübung, nach Beachtung der Funktionen der jeweils anderen obersten Staatsorgane und nach einer dieser korrespondierenden Selbstbeschränkung auf die eigenen originären Aufgaben, die nach dem eben Gesagten im Prinzip der Verfassungsorgane angelegt ist.*«[19]

Lorz, aber nicht nur er, sieht den begrifflichen Ausgangspunkt aller Bemühungen um die Erfüllung von Organtreueverpflichtungen in dem Prinzip der *Integration*,

15 Hierzu BVerfGE 35. 193, 199; 45.1, 39; die folgenden Entscheidungen zu diesem Thema BVerfGE 89. 151, 191 (Grundlagenvertrag) und 90. 286, 337 f. (Auslandseinsätze der Bundeswehr). bringen keine neuen Aufschlüsse; vgl. auch *Stern*, Staatsrecht, Band 1, 2 Aufl., 1998, S. 180 mwN; eingehend *Borowski,* Fn. 7. S. 490 mwN.
16 JöR n. F. 6 (1957), 194-207. 206.
17 Fn.7, S. 255.
18 Fn. 7.
19 *R. A. Lorz*, Interorganrespekt im Verfassungsrecht, 2000, S. 42.

das *Smend* staatstheoretisch entwickelt und für das er mit dem Begriff der Bundestreue vor neunzig Jahren den Grund gelegt[20] und das auch Lorz[21] zum Ausgangspunkt seiner Überlegungen spezielle für die Bundestreue nimmt, die er in Übereinstimmung mit der herrschenden Meinung der Organtreue verwandt ansieht.
Es ist einsichtig, wenn *Lorz* u.a. *das Thema Integration* als das für die Interpretation der Organtreue bestimmende erachtet.[22] Dem Gedanken der Integration folgend ist also im konkreten Fall abzuwägen, ob die Änderungsabsicht des Gesetzgebers von unausweichlicher Bedeutung ist, so dass der parlamentarische Gesetzgeber in die Substanz eines volksbeschlossenen Gesetzes eingreifen darf. Die Entscheidung hierüber steht ggf. unter verfassungsgerichtlicher Kontrolle. Nach *Schenke* ist eine der Auswirkungen des Grundsatzes der »Verfassungsorgantreue«[23], dass er den klassischen Topos des »bloßen« Missbrauchsverbots lähmt:

> *»Vom allgemeinen Missbrauchsverbot hebt es [. . .] sich, von seinen vielfältigeren Funktionsmodalitäten ganz abgesehen, durch eine im Zeichen staatlicher Integration geforderte Herabsetzung der Missbrauchsschwelle ab.«*[24]

V.

Hemmt also der Grundsatz der Organtreue die »jederzeitige« Änderung eines Volksgestzes durch den parlamentarischen Gesetzgeber, so liegt es nahe, die Bedingungen genauer ins Auge zu fassen, unter denen das Parlament den Grundsatz der Organtreue nicht verletzt, wenn es ein volksbeschlossenes Gesetz ändert oder aufhebt.
Als sachliche Gründe kommen, soweit ersichtlich, zwei in Betracht:
Einmal die Möglichkeit, dass ein volksbeschlossenes Gesetz zu solchen Beeinträchtigungen des Gemeinwohls führt, dass seine Geltung nicht länger hingenommen werden kann. Dieser Fall lag vor, als der Schleswig-Holsteinische Landtag vor der Frage stand, ob er die Wahrung der einheitlichen Rechtsprechung in der Bundesrepublik als das gewichtigere Rechtsgut gegenüber einer auf Schleswig-Holstein beschränkten, »alten«, Rechtschreibung anzusehen hat. Er hat dies bejaht, und zwar mit Recht.[25]
Der andere Fall ist eine Veränderung der Sachlage, auf die ein volksbeschlossenes Gesetz zugeschnitten war und der nun Rechnung getragen werden muss, wenn die

20 *Smend,* Ungeschriebenes Verfassungsrecht im monarchischen Bundesstaat (1916), in: Staatsrechtliche Abhandlungen, 1. Auflage, (1955) S. 55 ff. (unter Nr. 5). Grundlegend zum Begriff der Integration *Smend,* Verfassung und Verfassungsrecht, 1928, in: Staatsrechtlicher Abhandlungen.
21 *R. A. Lorz*, Interorganrespekt im Verfassungsrecht, 2000, S. 42.
22 *Schenke,* Die Verfassungsorgantreue, 1977; für *Schenke* fußt die Verfassungsorgantreue »grundlegend« auf *Smends* Integrationlehre, S. 26 Fn. 28.
23 Fn. 21 S. 148.
24 S. 148
25 GVBl 1999, 163 nach GVBl 1998, 366.

neu entstandene Sachlage, soweit normativ notwendig, richtig gestaltet werden soll.
Unter juristischen Gesichtspunkten kommt in Betracht etwa eine sich erst später herausstellende Verfassungswidrigkeit eines volksbeschlossenen Gesetzes, in Teilen oder zu Gänze. Ebensowenig kann ein Landesgesetz Bestand haben, das mit vorhandenem oder künftig eintretenden Bundes- oder EU-Recht im Widerspruch steht, soweit der Bund oder die Europäische Union eine Kompetenz zu der im Volksgesetz geregelten Materie innehat.
Die Phantasie reicht im Übrigen aus, dass ein Volksgesetz einer Rechtsbereinigung zum Opfer fallen kann, von nicht mehr zeitgerechten Genehmigungsvorbehalten befreit wird o.ä. Solche »Eingriffe« in ein Volksgesetz sind in unserem Zusammenhang kein ernsthaftes Thema.[26]
Die hier aufgezählten Fälle, ein Volksgesetz zu ändern oder zu beseitigen, sind möglicherweise erschöpfend, wenn man ernstnimmt, dass die Volksgesetzgebung als Verfassungsinstitut von der Verfassung als Gesetzgebungsform *gewährleistet* ist. Sie geben jedenfalls genug Konturen dafür, dass die verfassungsgerichtliche Rechtsprechung den Eingriff in die Substanz der Volksgesetzgebung gegen das parlamentarische Anliegen abwägen kann. Dabei bietet sich als genereller Maßstab die in der amerikanischen Verfassungsrechtsprechung entwickelte *clear and present danger doctrin* an, sie diente in jener Rechtsprechung der Begrenzung von Grundrechtseingriffen, aber taugt durchaus, legislative Konkurrenzen zu schlichten.

VI.

Scharf zu trennen von der bisher behandelten Problematik ist die Gesetzgebungskonkurrenz im Wahlrecht. Ausgangspunkt dafür, diesem Thema abschließend das Augenmerk zuzuwenden, ist der Hamburger Wahlrechtsstreit. Er wurde am 04.April 2007 vor dem Hamburgischen Verfassungsgericht verhandelt. Mit ihm hat es folgende Bewandtnis:
Das Hamburger Wahlrecht, nach dem Jahrzehnte gewählt worden ist, umfasste ein einziges Wahlgebiet, geschlossene Listen, 5 %-Klausel auch in den Bezirksversammlungen, die kein eigener Wirkungskreis sind und nach Hamburger Recht gar keine echten Vertretungskörper.
Eine Volksinitiative führte im Jahre 2004 zum Erfolg mit einem Wahlgesetz mit offenen Listen sowohl auf der Landesliste wie in neu eingeführten Wahlkreisen, in

26 Der vielfach diskutierte aber in der Regel abgelehnte Gesichtspunkt einer temporären Bindung des Parlaments an das Volksgesetz für den Lauf der Wahlperiode erweist sich bei näherem Zusehen nicht als hinreichend tragfähig; der Verfasser hatte ihn selbst vertreten (Fn. 6). Er ist aber bei genauerem Zusehen zu formal, um der Materie des jeweiligen Volksgesetzes gerecht zu werden; die materialen Kriterien, ein Volksgesetz zu ändern, die oben unter III. aufgezeigt sind, lösen das Problem überzeugender.

denen gleichfalls die Wahlkreisabgeordneten nach Listen gewählt wurden; für beide Listen standen je fünf Stimmen mit der Möglichkeit des Panaschierens und Kumulierens zur Verfügung. Eine 5 %-Klausel gab es auf Landesebene, nicht dagegen bei den Bezirksversammlungen. Dieses Volkswahlgesetz war im Juni 2004 gegenüber einem von der Bürgerschaft ins Treffen geschickten eigenen Wahlrechtsentwurf im Volksentscheid erfolgreich.

Die nächste Wahl wird im Frühjahr 2008 stattfinden; die Bürgerschaft hat indessen durch Änderungsgesetz vom Oktober 2006[27] das Volksgesetz substantiell verändert: Die Wiedereinführung der geschlossenen Liste auf Landesebene mit nur einer Stimme; für die Listenwahl im Wahlkreis muss ein Bewerber 30 % der jeweils im Wahlkreis ermittelten Wahlzahl an Stimmen aufbringen, um auf der Liste nach vorn zu rücken; die 5 %-Klausel in den Bezirksversammlungen wurde wieder eingeführt.

Dem Hamburger Verfassungsgericht liegen zwei im Hauptpunkt sachlich identische Anträge vor: Einer der Volksinitiative, vertreten durch den Rechtsanwalt Bundesverfassungsrichter a.D. *Kühling* und durch *Prof. Hans Meyer;* den zweiten Antrag stellten die Abgeordneten der SPD- und der GAL-Fraktion, vertreten durch den Autor. Beteiligte nach Hamburger Verfassungsprozessrecht war die Bürgerschaft – in ihr hat die CDU die absolute Mehrheit – und der Senat.

Der Verfasser hat in der mündlichen Verhandlung das Schwergewicht auf den Umstand gelegt, dass das Volk, indem es dem durch die Volksinitiative initiierten Volksbegehren gefolgt ist, selbst und unmittelbar als Ursprung der Staatsgewalt das Recht schafft, nach dem es seine Volksvertretung bilden will. Verändert die Bürgerschaft nach dem Volksentscheid dieses Gesetz durch ein Änderungsgesetz substantiell, dann oktroyiert es dem Volk seinen Willen. Krass, aber zutreffend formuliert schreibt die Bürgerschaft dem Volke vor, nach welchen Regeln es sie, die Bürgerschaft, als seine Vertretung zu wählen hat obschon ein entgegenstehender Wille des Volkes legiferiert war.

Die Bürgerschaft hat damit die Legalität der Wahl der nächsten Bürgerschaft darauf eingeengt, dass überhaupt ein Wahlgesetz bereit steht, das den verfassungsrechtlichen Anforderungen der Wahlrechtsattribute genügt. Das ist nicht überraschend, wenn man bedenkt, dass das Hamburger VolkswahlG eine deutsche Uraufführung darstellt; ein Parlament ist ungeübt in der staatsrechtlichen Erfassung der besonderen Qualität des Wahlgesetzes.

Das Wahlgesetz selbst als Volk zu erlassen, ist ein so unübersehbarer Akt des Ursprungs der Staatsgewalt, dass der Gedanke nicht abwegig ist, auch in rein repräsentativen Verfassungen wie dem Grundgesetz, müsste jedenfalls dem Volk das Recht überlassen sein, sein Wahlrecht durch einen Volksentscheid selbst zu bestimmen, wenn es denn eine Initiative hierzu gibt.

27 GVBl 2006, 519.

Die Bürgerschaft hat mit ihrer Wahlgesetznovelle gegen das Demokratieprinzip der Hamburger Verfassung verstoßen.
Ist in einem gegebenen Fall das Volksgesetz an das gesetzgeberische Ziel, den Wahltag, gelangt, so bleibt die Frage zu prüfen, ob nach einer solchen Wahl das Volksgesetz geändert werden kann. Dies ist verfassungsrechtlich unbedenklich, wenn diejenige Partei, die eine entsprechende Initiative im Parlament ergreifen will, vor der Wahl präzise bezeichnet, in welcher Weise der Eingriff in das Volksgesetz erfolgten soll.

VII.

Das Hamburger Verfassungsgericht hat mit Urteil das angefochtene Gesetz als mit der *Verfassung der Freien und Hansestadt Hamburg vereinbar* erklärt.
Das Urteil geht auf die spezifische Problematik einer Gesetzgebungskonkurrenz um die Gestaltung des Wahlrechts nicht ein.
Es begründet sein Urteil unter Anwendung des oben unter IV. vom ihm dargelegten Prüfungsmaßstabs. Er erfährt allerdings im konkreten Fall eine erhebliche Verengung in dem Sinne, *dass die Bürgerschaft die für die politische Willensbildung im Gesetzgebungsverfahren vorgesehenen Diskussions- und Abstimmungsprozesse sowie, soweit erforderlich, die Erkenntnis- und Beratungsmöglichkeiten in parlamentarischen Fachkremien im Rahmen sachgerechter Arbeit ausschöpfen muss.* Die gerichtliche Überprüfbarkeit beschränke sich mithin auf die Feststellung anhand der Materialien, ob sich der Parlamentsgesetzgeber mit dem Volksentscheid *überhaupt inhaltlich sachlich auseinandergesetzt hat und diesen bei seiner eigenen Beschlussfassung mit einbezogen hat ...* Erst wenn es daran fehle, liege ein missbräuchliches Hinweggehen über einen Volksentscheid vor (Urteilsumdruck Seite 25/f).
Anhand des so formulierten Maßstabs wird das parlamentarische Verfahren geprüft und für hinreichend gewertet.[28]
Das abweichende Votum stellt eingangs fest, *dass beide Gesetzgeber zwar gleichrangig sind, nicht aber gleich in ihren Möglichkeiten der Gesetzgebung.* Das aufwendige, schwerfällige und zeitlich unflexible Verfahren der Gesetzgebung schaffe eine strukturelle Benachteiligung dieses Gesetzgebers. Lasse man es – wie die Mehrheit – genügen, dass die Bürgerschaft vor der Änderung eines volksbeschlossenen Gesetzes den Willen des Volkes zur Kenntnis genommen hat, und gestatte ihm seine anders lautenden politischen Absichten ohne weiteren Rechtfertigungszwang in die Tat umzusetzen, werde das Volksgesetzgebungsverfahren bis zur

28 Urteilsumdruck S. 25 ff; die nachfolgende abweichende Meinung ist von den Richterinnen von Paszensky und Wirth-Vonbrunn vertreten.

Bedeutungslosigkeit entwertet und sei von der Figur einer Petition nach Art. 29 der HV nicht mehr nennenswert zu unterscheiden.
Speziell die Regelung des Art. 50 Abs. 3 Satz 3 HV, wonach die Bürgerschaft einen eigenen Gesetzentwurf alternativ zu dem der Volksinitiative zur Abstimmung stellen kann, stünde in direktem Widerspruch zu einer Praxis, nach der ein am Ende dieses Verfahrens und gegebenenfalls gegen eine Konkurrenzvorlage der Bürgerschaft angenommener Gesetzentwurf ohne jegliche Einschränkung seitens der Bürgerschaft geändert werden könne.
Es bedürfe mithin eines *Ausgleichs, der die Gesetzgebungskompetenz beider Gesetzgeber soweit möglich miteinander in Einklang bringt.* Die Bürgerschaft habe daher zu begründen, warum sie in Wahrnehmung ihrer Verantwortung *für das ganze Volk sich gehindert sieht, den Volksentscheid zu respektieren*. Das er etwas anderes als die reine Feststellung, dass die Bürgerschaftsmehrheit andere Vorstellungen hat. Insbesondere habe sie zu prüfen, ob eine Gefährdung von Gemeinwohlbelangen zu befürchten ist, wenn der Volksentscheid Gültigkeit behält oder aus anderen schwerwiegenden Gründen eine Durchführung des volksbeschlossenen Gesetzes nicht akzeptabel sei. Sei das Gesetz noch nicht angewandt worden, bedürfe es der Darlegung, warum es nicht zu beantworten sei, das Gesetz wirksam werden zu lassen und damit Erfahrungen zu sammeln. Diese Darlegung setze voraus, dass eine begründete Prognose über die Auswirkungen des volksbeschlossenen Gesetzes vorliege anhand derer die befürchtete Gefährdung von Gemeinwohlinteressen deutlich werde. Es folgt die Prüfung des parlamentarischen Verfahrens nach diesen Maßstäben und insoweit mit einem negativen Ergebnis: *Vielmehr stellt sich die parlamentarische Auseinandersetzung genau so dar, wie dies der Fall gewesen wären, hätten lediglich Regierungspartei und Opposition über die Umsetzung besserer politischer Ideen gestritten* (Vordruck Seite 3ff, 7).

VIII.

Zum guten Schluss: De constitutione lata mag diese Freundesgabe für *Hans-Peter Schneider* erwägenswert sein. Das hofft der Autor. Aber er weiß aus einem ausführlichen Briefwechsel mit *Rainer J. Schweizer,* dem Kollegen aus der Universität St. Gallen, dass sich dieses Problem de *constitutione ferenda* auflöst, wenn nur die unmittelbare Demokratie in ihren Möglichkeiten ausgeschöpft würde: wo ein Kanton oder die Eidgenossenschaft ein Volksgesetz ändert, unterliegt dies dem fakultativen Referendum.[29] Seine Einführung in das deutsche Landesverfassungsrecht wäre eine Befreiung für Rechtsprechung und Rechtswissenschaft.
Interessanterweise hat sich aufgrund der eben dargestellten jüngsten Erfahrungen mit der Instabilität eines volksbeschlossenen Gesetzes in Hamburg eine Volksinitia-

29 In einigen Kantonen ist das Referendum obligatorisch.

tive darauf hin gebildet, dass durch Volksentscheid die Verfassung dahin ergänzt wird, dass im Falle der parlamentarischen Änderung eines volksbeschlossenen Gesetzes, das Volk mit einem bestimmten Prozentsatz der Abstimmenden verlangen kann, über diese Änderung durch einen eigenen Volksentscheid abzustimmen.

Parteienfinanzierung durch Finanzierung parteinaher Stiftungen? Eine Stellungnahme

Ingo von Münch

I. Vorbemerkung

Am 14. Juli 1986 verkündete der Zweite Senat des Bundesverfassungsgerichts sein Urteil in Sachen Finanzierung parteinaher Stiftungen.[1] Mit dem Urteil wurde der Organstreit entschieden, den die Bundespartei DIE GRÜNEN als Antragsteller gegen 1. den Deutschen Bundestag, 2. gegen den Präsidenten des Deutschen Bundestages als Antragsgegner beim Bundesverfassungsgericht angestrengt hatte. Gegenstand des Organstreitverfahrens war die Frage, ob die im Bundeshaushalt 1983 für die Friedrich-Ebert-Stiftung, für die Friedrich-Naumann-Stiftung, für die Konrad-Adenauer-Stiftung und für die Hanns-Seidel-Stiftung ausgewiesenen Globalzuschüsse zur politischen Bildungsarbeit eine verdeckte Finanzierung der diesen Stiftungen nahestehenden politischen Parteien darstellten und deshalb gegen Art. 3 Abs. I GG verstießen. Das Gericht hat den Antrag gegen den Deutschen Bundestag für zulässig, aber für unbegründet erklärt; den gegen den Präsidenten des Deutschen Bundestages gerichteten Antrag hat das Gericht schon für unzulässig gehalten.

Das Urteil des Bundesverfassungsgerichts, das die verdienstvolle Weiterarbeit der so genannten parteinahen Stiftungen sicherte, ist heute nur noch Verfassungsgeschichte, aber eine durchaus interessante.[2] Die Antragstellerin, die Bundespartei DIE GRÜNEN (heutige Bezeichnung: Bündnis 90/DIE GRÜNEN), sieht heute keine Probleme in der staatlichen Finanzierung der ihr nahestehenden (nach dem Urteil des Bundesverfassungsgerichts gegründeten) Heinrich-Böll-Stiftung. Einer der Prozessbevollmächtigten der Antragstellerin in jenem Verfahren vor dem Bundesverfassungsgericht war Rechtsanwalt Otto Schily, damals prominentes Mitglied der Partei DIE GRÜNEN. Schily wechselte später bekanntlich zur SPD und wurde im Oktober 1998 Bundesminister des Innern und damit auch »Stiftungsminister«. Das Finanzierungssystem hinsichtlich der parteinahen Stiftungen bietet derzeit kei-

1 BVerfGE 73, I ff. (2 BvE 5/83).

2 Aus dem Schrifttum vgl. K. Barth. Die Parteistiftungen vor dem Bundesverfassungsgericht, BB 1986, 949 ff.; H. Merten, Parteinahe Stiftungen im Parteienrecht, 1999; H.von Vieregge, Parteistiftungen, 1977; ders., Globalzuschüsse für die parteilichen Stiftungen: Parteienfinanzierung auf Umwegen?, ZParl 1977, 51 ff.

nen Anlass zu kontroversen Diskussionen,[3] wie sie im Verlauf des Organstreites vor dem Bundesverfassungsgericht ausgetragen wurden. Die damals vorgetragenen Argumente veranschaulicht die folgende Stellungnahme, die der Verf. am 31.10. 1983 für die Friedrich-Naumann-Stiftung ausgearbeitet hat und die von dieser am 2.11.1983 dem Bundesverfassungsgericht in dem Organstreitverfahren eingereicht worden ist.[4]

II. Die Stellungnahme

Zu I.

1. Die Friedrich-Naumann-Stiftung (im folgenden abgekürzt: FNSt) ist eine rechtsfähige Stiftung des privaten Rechts i.S. der §§ 80 ff BGB. Die FNSt ist am 19. Mai 1958 in Bonn gegründet und am 27. Juni 1958 durch den Innenminister des Landes Nordrhein-Westfalen genehmigt worden. Die Stiftungsurkunde und die Satzung der FNSt liegen dem Bundesverfassungsgericht vor. An der Rechtsnatur der FNSt als einer Stiftung besteht danach kein Zweifel. Soweit die Antragstellerin (Ast) in Bezug auf die FNSt den Ausdruck Stiftung in Anführungszeichen setzt (Bl. 3 ff) kann dies nur polemisch gemeint sein; denn der Ausdruck Stiftung ist hinsichtlich der FNSt die vom Gesetz (§§ 80 ff BGB) vorgeschriebene Bezeichnung.
2. Soweit die Ast rügt (Bl. 4), dass der im Bundesanzeiger veröffentlichte Rechenschaftsbericht der F.D.P. für das Jahr 1981 keine Angaben über die an die FNSt geleisteten Globalzuschüsse enthält, ist darauf hinzuweisen, dass eine solche Angabe weder von der Verfassung noch vom Gesetz vorgesehen ist. Die Bestimmung des Art. 21 Abs. 1 Satz 4 GG hat insoweit einen völlig eindeutigen Inhalt. Die Formulierung: »Sie müssen über die Herkunft *ihrer* Mittel öffentlich Rechenschaft ablegen« (Hervorhebung vom Verf. dieser Stellungnahme) bedeutet: Die Parteien müssen über die Herkunft ihrer *eigenen* Mittel öffentlich Rechenschaft ablegen. Mit anderen Worten: Die Rechenschaftspflicht des Art. 21 Abs. 1 Satz 4 GG trifft nur die Parteien und nur hinsichtlich derjenigen Mittel, die der Partei selbst zugeflossen sind. Über fremde Mittel kann eine Partei nicht rechenschaftspflichtig sein.

Mittel, die Institutionen und Organisationen zufließen, die den Parteien nahe stehen aber rechtlich von diesen getrennt sind, fallen daher nicht unter die Rechenschaftspflicht des Art. 21 Abs. 1 Satz 4 GG.[5]

3 Zur Ablehnung der Genehmigung der Satzung einer parteinahen Stiftung wegen »Gefährdung des Gemeinwohls« gem. § 4 Abs. 1 StiftG vgl. BVerwGE 106, 177 ff. – Franz-Schönhuber-Stiftung.

4 Der Text der Stellungnahme ist unverändert. Lediglich die Belege, die in der Stellungnahme als Texteinschübe gebracht worden waren, werden in der vorliegenden Fassung als (nun nummerierte) Anmerkungen gebracht. Bei den in der Stellungnahme erwähnten Dokumenten handelte es sich um die Stiftungsurkunde der Friedrich-Naumann-Stiftung sowie um die Satzung und den Jahresbericht 1982 der Stiftung.

5 I.v. Münch, Grundgesetz-Kommentar, Bd. 2, 2. Aufl., 1983, Art. 21 Rdnr. 50 a.

Ebenso deutlich wie Art. 21 Abs. 1 Satz 4 GG bringt § 23 Abs. 1 PartG den Inhalt der Rechenschaftspflicht zum Ausdruck: »Der Vorstand der Partei hat über die Herkunft der Mittel, *die seiner* Partei innerhalb eines Kalenderjahres (Rechnungsjahr) zugeflossen sind, in einem Rechenschaftsbericht öffentlich Rechenschaft zu geben« (Hervorhebung vom Verf. dieser Stellungnahme). Die Bestimmung des § 23 Abs. 1 PartG deckt sich also mit der Verfassungsnorm Art. 21 Abs. 1 Satz 4 GG darin, dass nur die Herkunft der Mittel der Parteien selbst offengelegt werden muss.
Zum gesetzlich vorgeschriebenen Inhalt des Rechenschaftsberichtes der Parteien gehören allerdings auch die Einnahmen der *Teilorganisationen* und der *Sonderorganisationen* der Parteien.[6]
Jedoch ist die FNSt – worauf unten noch näher eingegangen wird – weder eine Teilorganisation noch eine Sonderorganisation der F.D.P., sodass auch dieser Anknüpfungspunkt für eine Rechenschaftspflicht entfällt.

3. Die Aufstellung der an die Stiftungen gezahlten Globalzuschüsse (Bl. 5) ist als solche kein verfassungsrechtlich zwingendes Argument. Ohne Vergleich mit dem Anstieg des Bundeshaushaltes insgesamt und ohne Berücksichtigung der seit dem Jahre 1967 eingetretenen Geldentwertung besitzen die genannten Zahlen noch nicht einmal eine finanzwirtschaftliche Aussagekraft.

4. Die Einrichtung des Haushaltstitels, der »Globalzuschüsse zur gesellschaftspolitischen und demokratischen Bildungsarbeit« für die dort genannten Stiftungen vorsieht, ist *nicht* – wie dies die Ast. behauptet (Bl. 6) – eine Fortsetzung der vom Bundesverfassungsgericht für grundgesetzwidrig erklärten direkten Parteienfinanzierung. Die Tatsache, dass ab 1967 nicht mehr die F.D.P., sondern die FNSt als eine von der F.D.P. rechtlich getrennte, selbständige Stiftung als Zahlungsempfänger in den Haushaltstitel eingesetzt wurde, kann nicht mit der Formulierung »abgesehen davon . . .« hinwegbagatellisiert werden.
Das Bundesverfassungsgericht hat in seinem Urteil vom 19. Juli 1966[7] ausschließlich über die Frage der finanziellen Zuschüsse *an die politischen Parteien* entschieden. Nur diese Frage stand zur Entscheidung an, d.h. es ging nur und gerade um die Parteien als direkte Zahlungsempfänger. Stiftungen werden in dem Urteil des Bundesverfassungsgerichts nicht erwähnt, obwohl jedenfalls die Friedrich-Ebert-Stiftung im Zeitpunkt der Urteilsverkündung existent war, und Stiftungen allgemein als mögliche Modelle nicht außerhalb des Denkbaren lagen. Jedoch bestand kein Anlass für das Bundesverfassungsgericht, sich mit Stiftungen auseinander zu setzen, weil – wie erwähnt – nur Zuschüsse an die im Haushaltsplan für das Rechnungsjahr 1965 namentlich genannten Parteien Gegenstand des Verfahrens waren. Deshalb lassen sich aus dem Urteil vom 19. Juli 1966 keine direkten Rückschlüsse auf andere Zahlungsempfänger als die politischen Parteien ziehen.

6 K.H. Seifert, Die politischen Parteien im Recht der Bundesrepublik Deutschland, 1975, S. 318.
7 BVerfGE 20, 56 ff.

Wenn die Ast. darauf hinweist, »die Zweckbestimmung blieb dieselbe«, so stellt sich die Frage, ob die *Zweckbestimmung der Globalzuschüsse als solche* – nämlich »Globalzuschüsse zur gesellschaftspolitischen und demokratischen Bildungsarbeit« – verfassungswidrig oder auch nur verfassungsrechtlich bedenklich ist.
Diese Frage ist eindeutig zu *verneinen.* Gesellschaftspolitische und demokratische Bildungsarbeit ist in einem demokratischen Staat nicht per se etwas Verwerfliches sondern im Gegenteil ein notwendiger Vorgang. Der ganze Bildungsbereich (Schulen, Hochschulen, Volkshochschulen, Bundes- und Landeszentralen für politische Bildung, usw.) steht jedenfalls teilweise in gesellschaftspolitischer und demokratischer Bildungsarbeit.[8] Der *hohe Rang politischer Bildungsarbeit* ist z.B. in den Bildungsurlaubsgesetzen bzw. -entwürfen anerkannt.[9]
Die Notwendigkeit gesellschaftspolitischer und demokratischer Bildungsarbeit ergibt sich auch aus dem Selbstverständnis der Bundesrepublik Deutschland als eines *Kulturstaates.*[10]
Zum Kulturstaat gehört *eine politische Kultur* – ein Gegenstand, der in der rechtswissenschaftlichen Diskussion bisher noch nicht die ihm gebührende Beachtung gefunden hat. Die Entwicklung einer politischen Kultur ist nicht nur, aber jedenfalls auch Aufgabe gesellschaftspolitischer und demokratischer Bildungsarbeit.
Aus alledem erhellt, dass die Finanzierung gesellschaftspolitischer und demokratischer Bildungsarbeit nicht von vornherein ein verfassungsrechtlich zu missbilligender Vorgang ist. Eine verfassungsrechtliche Missbilligung kann sich vielmehr *nur aus bestimmten Modalitäten* ergeben, unter denen diese Finanzierung erfolgt, z.B. wenn es sich dabei um eine nach der Rechtsprechung des Bundesverfassungsgerichts verbotene direkte staatliche Parteienfinanzierung handelt oder um diejenige Öffentlichkeitsarbeit der Regierung, die nicht mehr in den Bereich verfassungsrechtlich zulässiger Information fällt, sondern in den Bereich verfassungsrechtlich unzulässiger Wahlwerbung.[11]

8 Vgl. – als Beispiel für den schulischen Bereich – die Broschüre Schulmitwirkung und Schulalltag. Ein Beitrag zur politischen Bildungsarbeit mit Eltern. Grundlagenmaterialien. In: Schriftenreihe der Bundeszentrale für politische Bildung Bd. 177, 1981.

9 Vgl. § 1 Hamburgisches Bildungsurlaubsgesetz vom 21. Januar 1974 (GVBl. S. 6): »(1) Durch ihre Freistellung von der Arbeit nach Maßgabe dieses Gesetzes soll Arbeitnehmern die Teilnahme an anerkannten Veranstaltungen sowohl der politischen Bildung als auch der beruflichen Weiterbildung ermöglicht werden. (2) Politische Bildung soll die Fähigkeit der Arbeitnehmer fördern, politische Zusammenhänge zu beurteilen und politische und gesellschaftliche Aufgaben wahrzunehmen.« Vgl. zu diesem Thema allg.: D. Urbach/W.D. Winterhager, Bildungsurlaub. Aktuelle Dokumente de Gruyter/hrsg. von I.v. Münch), 1975.

10 Vgl. dazu z.B. H.U. Evers, Kulturauftrag im staatlichen Gemeinwesen, NJW 1983, 2161 ff.; P. Häberle, Kulturverfassungsrecht im Bundesstaat, 1980; F. Hufen, Kulturauftrag als Selbstverwaltungsgarantie, NVwZ 1983, 516 ff; G. Roellecke, Kulturauftrag im staatlichen Gemeinwesen, DÖV 1983, 653 ff.; sowie die (noch nicht) veröffentlichten Referate des ersten Beratungsgegenstandes der Staatsrechtslehrertagung 1983 in Köln.

11 Vgl. dazu die vom Bundesverfassungsgericht in BVerfGE 44, 125 (149 – 154) und in BVerfGE 48, 271 (279) aufgestellten Grundsätze. Hinweise auf Schrifttumsangaben dazu bei I.v. Münch, Grundgesetz-Kommentar, Bd. 2, 2. Aufl., 1983, Art. 38 Rdnr. 33 b.

Die gesellschaftspolitische und demokratische Bildungsarbeit im übrigen ist *verfassungsrechtlich zulässig* (sofern nicht ein Verstoß gegen die Schranke der allgemeinen Gesetze (Art. 5 Abs. 2 GG) oder eine verfassungswidrige Betätigung (Art. 21 Abs. 2 GG) vorliegt). Die auf den Gegenstand »Globalzuschüsse zur gesellschaftspolitischen und demokratischen Bildungsarbeit« zielende Rüge der Ast. geht also fehl.

Ob die Beschränkung der Zuschüsse an bestimmte Stiftungen verfassungswidrig ist, wird unten (im Zusammenhang mit dem Grundsatz der Chancengleichheit) erörtert werden.

5. Aus der *Entstehungsgeschichte der Stiftungen* kann *kein* Argument für die Auffassung der Ast. abgeleitet werden. Dass die Errichtung von Stiftungen nicht erst »parallel« zur Entscheidung des Bundesverfassungsgerichts vom 24. Juni 1958[12] erfolgt ist, zeigt das Beispiel der bereits im Jahre 1925 gegründeten Friedrich-Ebert-Stiftung. Geht man davon aus, dass gesellschaftspolitische und demokratische Bildungsarbeit im demokratischen Staat notwendig ist, so war es völlig legitim, nach legalen *Wegen* zur Finanzierung dieser Aufgabe zu suchen, nachdem durch die Entscheidung des Bundesverfassungsgerichts vom 24. Juni 1958[13] die steuerliche Abzugsfähigkeit von Zuwendungen an politische Parteien als Ausgaben zur Förderung staatspolitischer Zwecke aufgrund der damaligen steuerrechtlichen Bestimmungen wegen Verstoßes gegen das GG für verfassungswidrig erklärt worden war und nachdem durch die Entscheidung des Bundesverfassungsgerichts vom 19. Juli 1966[14] auch die direkte staatliche Finanzierung der Parteien nicht mehr wie bisher erfolgen konnte. Ein Verzicht auf die Suche nach einem verfassungsrechtlich legalen Weg für die Finanzierung der gesellschaftspolitischen und demokratischen Bildungsarbeit hätte zu einem erheblichen Brachliegen dieses Feldes geführt, was gerade in einer verhältnismäßig jungen Demokratie wie der in Deutschland gewiss nicht unproblematisch gewesen wäre.

6. Die Ast. bezeichnet (Bl. 11) die FNSt sowie die Friedrich-Ebert-Stiftung, die Konrad-Adenauer-Stiftung und die Hanns-Seidel-Stiftung als »Sonderorganisationen der Parteien.« Diese Ansicht ist unzutreffend: Die FNSt ist keine Sonderorganisation der F.D.P.

Eine Legaldefinition des Begriffes Sonderorganisation findet sich weder im GG noch im PartG noch im BVerfGG. Der Begriff der Sonderorganisation ist jedoch im verfassungsrechtlichen Schrifttum konturiert worden. Danach ist eine Sonderorganisation »eine Organisation mit besonderen Aufgaben innerhalb der Partei, der sie derart eingegliedert ist, dass sie nach dem Gesamtbild der tatsächlichen Verhältnisse – Mitgliedschaft, wirtschaftliche, finanzielle und organisatorische Abhängigkeit – als deren Teil erscheint«[15].

12 BVerfGE 8, 51 ff.
13 BVerfGE 8, 51 ff.
14 BVerfGE 20, 66 ff.
15 V. Oerter, Rechtsfragen des Verhältnisses zwischen politischen Parteien und ihren Sonder- und Nebenorganisationen, Diss. Bochum 1971, S. 20 f.

Es bedarf kaum einer näheren Darlegung, dass diese Merkmale in Bezug auf die FNSt gerade *nicht* erfüllt sind. Ganz besonders deutlich ist dies bei dem besonders wichtigen Merkmal der *finanziellen Abhängigkeit*. Die Ast. hat nicht behauptet (und kann dies auch nicht behaupten), dass die Parteien von den Stiftungen finanziell abhängig sind; denn dann müssten die Parteien ja Sonderorganisationen der Stiftungen sein. Die Ast. behauptet vielmehr, dass die Globalzuschüsse für gesellschaftspolitische und demokratische Bildungsarbeit eine verdeckte staatliche Finanzierung der Parteien seien. Mit diesem Gedanken ist aber die Annahme einer finanziellen Abhängigkeit der Stiftungen von den Parteien unvereinbar, weil direkt *konträr*.
Gegen die Annahme einer Eigenschaft der FNSt als Sonderorganisation spricht aber auch die folgende Erwägung: Eine Sonderorganisation ist eine *Form der Teilorganisation*.[16] Eine Teilorganisation ist dadurch gekennzeichnet, dass sie der *Partei eingegliedert* ist.[17]
Eine solche Eingliederung kann bei der FNSt schon wegen ihrer *Rechtsnatur als rechtsfähige Stiftung*, d.h. wegen ihres Charakters als juristische Person, nicht vorliegen. Aber auch wenn man diese Rechtsform der FNSt außer Betracht lassen würde, so kann die FNSt zusätzlich deshalb keine Sonderorganisation der F.D.P. sein, weil es an der unlöslichen Verklammerung mit der Partei fehlt, die das Wesen der Sonderorganisation ausmacht. Dieses Verklammerung wird nämlich durch folgende von K.H. Seifert aufgelisteten Kriterien bestimmt:

> »Selbstverständlich sind die Sonderorganisationen wie alle Organisationsteile der Partei in vollem Umfang an die Satzung, das Programm und die Beschlüsse der Gesamtpartei gebunden . . . Es steht ihnen (gemeint sind: den Sonderorganisationen) auch kein gesetzlich gesichertes Recht grundsätzlicher Selbstverwaltung zu. Die Parteisatzung – bei beschlussmäßig eingerichteten Sonderorganisationen auch das zuständige Parteiorgan – kann daher die Selbständigkeit der Sonderorganisationen weitgehend beschneiden, z.B. ihnen das Recht eigener Satzungen vorenthalten oder selbstgegebene Satzungen an die Parteigenehmigung binden, ihnen eigene Beiträge und überhaupt eigenes Vermögen und selbständige Finanzwirtschaft verweigern oder nur mit Einschränkungen zugestehen, Aufgaben und Organisationsformen der Sonderorganisationen festlegen, Arbeitsrichtlinien erlassen, darin das Einvernehmen mit Organen der allgemeinen Parteiorganisation vorschreiben, die Bestätigung von Ämterwahlen verfügen, Möglichkeiten der Amtsenthebung vorsehen, bestimmen, dass Beschlüsse der Sonderorganisationen Gültigkeit erst nach Genehmigung durch ein zuständiges Parteiorgan erlangen, das Recht der Sonderorganisationen zu öffentlichen Verlautbarungen und Außenkontakten beschränken usw.«[18]

In Bezug auf die FNSt ist *keines* dieser den Begriff der Sonderorganisation konstituierenden Merkmale gegeben. Wäre dies anders, so hätte die Genehmigungsbehörde (in diesem Fall: der Innenminister des Landes Nordrhein-Westfalen) die Genehmigung zur Errichtung der Stiftung nicht erteilen dürfen. Vor allem wäre mit

16 I. v. Münch, Grundgesetz-Kommentar, Bd. 2, 2. Aufl., 1983, Art. 21 Rdnr. 61.
17 Th. Maunz, in: Maunz/Dürig, Grundgesetz, Kommentar, Art. 21, Rdnr. 27.
18 K.-H. Seifert, Die politischen Parteien im Recht der Bundesrepublik Deutschland, 1975, S. 279/280.

dem Status einer Sonderorganisation auch die Anerkennung der *Gemeinnützigkeit* der FNSt unvereinbar, da Parteien nach noch geltendem Recht nicht gemeinnützig sind.
Unverständlich ist der Hinweis (Bl. 11) der Ast. darauf, dass die Stiftungen aus öffentlichen Mitteln finanziert »(werden)«. Eine vollständige oder teilweise *Finanzierung aus öffentlichen Mitteln* besagt *nichts* gegen die Existenz einer selbständigen Stiftung. Hinsichtlich der Stiftungen nach öffentlichem Recht ist dies evident. Aber auch Stiftungen des Privatrechts werden häufig mit öffentlichen Mitteln bezuschusst, ohne dadurch in ihrer rechtlichen oder tatsächlichen Selbständigkeit beeinträchtigt zu sein.
Ein Beispiel hierfür sind Stiftungen, die Träger von Privatschulen sind, und die an der staatlichen Privatschulsubventionierung teilhaben. Wenn die Verwendung des Namens »Stiftung« – wie die Ast. vorträgt – nicht unerheblich dazu beiträgt, »in der Öffentlichkeit falsche Vorstellungen über die Herkunft des Vermögens der fraglichen Institution und ihrer Alimentierung entstehen zu lassen« (Bl. 11), so kann dieser Irrtum (falls er besteht), weder den Stiftungen noch den Parteien angelastet werden. Jedenfalls aber kann aus einer solchen etwaigen irrtümlichen Vorstellung in der Öffentlichkeit *nicht* das Verdikt der Verfassungswidrigkeit der Globalzuschüsse abgeleitet werden.
7. Bei aller rechtlichen und faktischen Selbständigkeit der FNSt wird nicht bestritten, dass es sich um eine *parteinahe Stiftung* handelt.
Eine andere Konzeption wäre schwerlich theoretisch denkbar und schwerlich praktisch machbar. Eine Stiftung, die – wie die FNSt – sich liberalem Gedankengut verbunden fühlt, kann doch nicht in einem prinzipiellen Gegensatz zu derjenigen Partei stehen, die sich als »die Liberalen« versteht. Zeitungsartikel, die von »Stiftungen der Parteien« oder »parteieigenen Stiftungen« sprechen, haben allerdings – auch wenn die Ast. sich darauf stützt (Bl. 13, 16) – keine juristische Aussagekraft. Es ist bekannt, dass die Ausdrucksweise in der Presse oft simplifizierend ist (vielleicht auch sein muss), und dass die Ausdrucksweise der Presse häufig nicht die der juristischen Fachsprache ist; Beispiele hierfür sind der Gebrauch der Ausdrücke »Zensur« und »Widerstandsrecht.«
Unverständlich ist es auch, welchen Sinn das Zitat eines Zeitungsartikels (Bl. 12) haben soll, in dem es heißt: »An der Pförtnerloge gibt man dem Besucher freundlich Wegweisung durch die weitläufigen Bürofluchten« und »Eine Atmosphäre moderner Weltläufigkeit schwebt in diesen Institutionen . . .« Obliegt denn nach Meinung der Ast. den Stiftungen eine Rechtspflicht zur unfreundlichen Nicht-Wegweisung oder zur Atmosphäre altbackener Provinzialität?
Von verfassungsrechtlicher Relevanz ist dagegen in der Tat die Frage, ob die Stiftung *Dienstleistungen für die ihnen nahestehenden Parteien* erbringen. Es fällt auf, dass die Begründung des Antrages durch die Ast. in diesem Punkt ausgesprochen dürftig ist (Bl. 14 – 16). So wird z.B. der »Aufbau von Archiven, z.B. Archiv für christlich-demokratische Politik« der KAS und das »FES-Archiv der sozialen

Demokratie« ohne nähere Begründung als zu den »Dienstleistungen« der parteinahen Stiftungen für die mit ihnen verbundenen Parteien gehörend angesehen. In Wahrheit sind die *Archive der Stiftungen* von viel größerer Bedeutung für die wissenschaftliche Erforschung als für die Tagespolitik der Parteien. Der Bericht der Sachverständigenkommission zur Neuordnung der Parteienfinanzierung sieht demgemäss die Problematik der Archive der Stiftungen in einem ganz anderen Bereich als in demjenigen der Dienstleistungen für die jeweilige Partei: »Die Archive der Parteistiftungen sind zugleich parteigeschichtliche Forschungsstätten. Auch dies ist eine Aufgabe, die über den Rahmen von Parteigeschäftsstellentätigkeit hinausgeht und so unabhängig wie möglich ausgeübt werden sollte.
Die entsprechenden Institutionen der Stiftungen sind aufgrund ihrer Ausstattung für den jeweiligen Bereich – Geschichte der eigenen Partei – gemessen an Universitätsinstituten nahezu konkurrenzlos, sodass sich hier nicht so sehr die Alternative Parteitätigkeit oder Stiftungstätigkeit stellt, sondern die eher wissenschaftspolitische Frage, ob dieses Maß an Forschungskonzentration langfristig zu rechtfertigen ist. Dies wird sicherlich vor allem davon abhängen, ob das gesamte Archivmaterial frei zugänglich ist und welche Kooperationsformen die Stiftungsarchive auch mit nichtparteinahen Wissenschaftlern des In- und Auslands entwickeln.«[19]

Ohne greifbare Substanz sind auch die Ausführungen der Ast. zu den Punkten »Erarbeitung von Wahlanalysen und Wahlstrategien, Unterstützung bei der Programmarbeit«, »politische Bildungsarbeit« und »Publikationen und Ausstellungen« (Bl. 14 – 15). Der Punkt *»außenpolitische Hilfestellung«* wird von der Ast. mit dem von Stiftungen organisierten Auslandsreisen »illustriert« (Bl. 15). Damit wird aber auch nicht im entferntesten die Auslandstätigkeit der Stiftungen hinreichend gewürdigt, die für die Bundesrepublik Deutschland als Ganzes (nicht für einzelne Parteien!) von ganz wesentlicher Bedeutung ist. Aus verschiedenen Gründen, die hier nicht im einzelnen aufgezeigt zu werden brauchen, ist die Tätigkeit der Stiftung auf dem Feld der internationalen Beziehungen – z.B. in der Entwicklungshilfe oder in der Kulturpolitik – außerordentlich wichtig. So können die Stiftungen dort tätig werden, wo staatliches Handeln der Bundesrepublik Deutschland untunlich oder unerwünscht ist. Auch entlasten die Stiftungen mit ihrer Auslandsarbeit die in der Regel überlasteten Behörden des Auswärtigen Amtes. Insoweit reihen sich die Stiftungen in die Tätigkeit der sog. Mittlerorganisation ein, die für den Bund (wiederum: nicht für Parteien) Aufgaben der auswärtigen Kulturverwaltung im weitesten Sinne erfüllen.[20]

Wie wenig das Vorbringen der Ast. die Tätigkeit der Stiftungen erfasst, zeigt die Einbettung des Punktes *»Vergabe von Stipendien«* zwischen »Förderung und Ausbildung des Parteinachwuchses« und »Schulungsarbeit« (Bl. 15 – 16) mit einem

19 Bericht zur Neuordnung der Parteienfinanzierung. Vorschläge der vom Bundespräsidenten berufenen Sachverständigen-Kommission, 1983, S. 79.

20 Hinweise zum Verhältnis von auswärtiger Kulturverwaltung und Mittlerorganisationen bei O. Rojahn, in: I.v. Münch, Grundgesetz-Kommentar, Bd. 2, 2. Aufl., 1983, Art. 32, Rdnr. 22 a.

Hinweis der Ast. auf einen Zeitungsartikel, in welchem »die Bildungsstätten der parteinahen Stiftungen als »Parteischulen« bezeichnet (werden)«. Damit wird das Bild von »Ordensburgen« suggeriert, deren Besuch eine Parteikarriere garantiert. In Wahrheit stellt sich ihre Situation jedenfalls in Bezug auf die Stipendienvergabe anders dar. Der Verfasser dieser Stellungnahme hat in seiner Eigenschaft als Hochschullehrer zahlreiche Anträge von Studenten auf Aufnahme in die Stipendienprogramme von Stiftungen (und zwar nicht nur der FNSt) begutachtet, ohne dabei je nach der Parteizugehörigkeit des Bewerbers zu fragen.
Vollends realitätsfern wird die Vorstellung von der Stipendienvergabe als »Dienstleistung« für eine Partei, wenn es um *ausländische Stipendiaten* aus Ländern geht, in denen keine Schwesterpartei besteht. Der Verfasser dieser Stellungnahme betreut wissenschaftlich einen Stipendiaten der FNSt aus der Volksrepublik China, der in der Bundesrepublik über die Teilung Deutschlands arbeiten will. Welche »Dienstleistung« für die F.D.P. sollte die FNSt mit dieser Stipendienvergabe erbracht haben?

8. Die von der Ast aufgestellte Finanzschleusentheorie bezeichnet die Ast. selbst als bis heute »nicht ausreichend geklärt« (Bl. 16). Was den von der Ast. erwähnten Verkauf des Archivs der F.D.P.-Bundesgeschäftsstelle an die FNSt betrifft, so ist dazu folgendes zusätzlich zu der allgemeinen Ausführung von oben zu vermerken: Der tatsächliche – ideelle – Wert der Archivmaterialien zum Zeitpunkt des Verkaufs überstieg die Kaufsumme um ein Vielfaches. Der Preis wurde rein quantitativ – sozusagen nach laufenden Metern – ermittelt. Die Nachlässe der ersten Politikergeneration nach 1945 und die Materialien aus der Zeit vor 1933 wären unwiederbringlich verloren gewesen, wenn nicht die FNSt ihre Erschließung übernommen hätte.

9. Was die von der Ast. erwähnte *»enge personelle Verflechtung«* betrifft (Bl. 19), so ist eine gewisse personelle Verflechtung schon deshalb konsequent, weil die Stiftungen parteinah sind. Es wäre deshalb geradezu widersinnig, wenn hier eine Inkompatibilität von Stiftungsamt und Parteiamt oder gar von Stiftungsamt und Parteimitgliedschaft gefordert werden würde. Die Trennung der Leitung von FNSt und F.D.P. ist im übrigen aber dadurch gewährleistet, dass der Vorsitzende des Kuratoriums nicht der Vorsitzende der Partei ist, sondern der Ehrenvorsitzende, und dass der Geschäftsführer der FNSt (entgegen dem Vorbringen der Ast.) *nicht* in Personalunion der jeweilige Bundesgeschäftsführer der F.D.P. ist.
Nur ergänzend sei noch darauf hingewiesen, dass auch niemand auf den Gedanken käme, aus personellen Verflechtungen zwischen Gewerkschaften und Parteien oder zwischen Arbeitgeberverbänden und Parteien oder zwischen Kirchen und Parteien oder zwischen dem BBU und einer Partei Schlüsse der Art zu ziehen, wie dies die Ast. tut.

10. Soweit die Ast. rügt, dass über die Herkunft der Mittel der parteinahen Stiftungen weder diese noch die Parteien öffentlich *Rechenschaft* ablegen, ist zunächst dazu festzustellen, dass sich jedenfalls die Globalzuschüsse an die Stiftungen aus

dem Bundeshaushaltsplan ergeben. Insoweit ist der Rechenschaftspflicht also ohnehin Genüge getan.
Was die Parteien betrifft, so ist bereits oben dargestellt worden, dass diese gem. Art. 21 Abs. 1 Satz 4 GG, §§ 23 ff PartG nur über die Herkunft *ihrer* (d.h. ihrer eigenen) Mittel rechenschaftspflichtig sind. Da die FNSt, wie ebenfalls oben festgestellt worden ist, keine Teilorganisation (auch nicht in Form einer Sonderorganisation) der F.D.P. ist, *entfällt* insoweit eine Rechenschaftspflicht der F.D.P.
Eine Rechenschaftspflicht *der FNSt* ist nicht gegeben, weil eine dahingehende gesetzliche Verpflichtung *nicht* vorhanden ist. Art. 21 Abs. 1 Satz 4 GG und die §§ 23 ff. PartG sehen nur eine Rechenschaftspflicht *für Parteien* vor. Der Begriff der Parteien ist in § 2 Abs. 1 PartG definiert; diese einfachgesetzliche Begriffsbestimmung steht – wie das Bundesverfassungsgericht festgestellt hat – im Einklang mit Art. 21 Abs. 1 GG.[21]
Parteinahe Stiftungen werden von der Legaldefinition des § 2 Abs. 1 PartG *nicht* erfasst, da sie nicht an der Vertretung des Volkes im Deutschen Bundestag oder einem Landtag mitwirken wollen.
Schließt also schon der Wortlaut der gesetzlichen Bestimmungen eine Ausdehnung der Rechenschaftspflicht der Parteien auf selbständige Stiftungen aus, so kann dem insoweit eindeutigen Wortlaut auch keine anderslautende Auslegung nach Zusammenhang, Sinn oder Entstehungsgeschichte entgegengehalten werden. Für eine solche dem Wortlaut entgegenlaufende Auslegung gibt es keine Anhaltspunkte.
In diesem Zusammenhang ist auch zu berücksichtigen, dass dem Verfassungsgeber die Existenz einer der Stiftungen bekannt war, dem Gesetzgeber beim Erlass des PartG (1965) die Existenz aller Stiftungen, denen Globalzuschüsse aus dem Bundeshaushalt gewährt werden. Wollte der Gesetzgeber die parteinahen Stiftungen in die Rechenschaftspflicht nach den §§ 23 ff PartG einbeziehen, so könnte er dies mit einfacher Mehrheit tun.
11. Aus dem von der Ast. erwähnten Einvernehmen der vier großen Parteien über die Verteilung der Globalzuschüsse an die Stiftungen (Bl. 22) kann *kein* verfassungsrechtliches Argument gegen die Globalzuschüsse entnommen werden. Im Bundestag besteht kein Zwang zur Uneinigkeit, d.h. zu kontroversen Abstimmungen. Die Alternative zum Einvernehmen wäre eine Mehrheitsentscheidung, die im Zweifel die Festsetzung der Höhe der Globalzuschüsse dubioser machen würde als dies nach der bisherigen Praxis der Fall ist.
12. Die Erhöhung der Globalzuschüsse gegenüber dem ursprünglichen Ansatz (Bl. 22) verstößt gegen keine Verfassungsnorm.
13. Gleiches gilt für die Bewirtschaftung nach den sog. *»besonderen Grundsätzen«*, d.h. nach den »Bewirtschaftungsgrundsätzen für Zuschüsse des Bundes aus Kapitel 0602 Titel 6805 zur gesellschaftspolitischen und demokratischen Bildungs-

21 BVerfGE 47, 198 (222).

arbeit.« (Bl. 23). Auch hier ist keine Verfassungsnorm ersichtlich, die eine Bewirtschaftung nach den »besonderen Grundsätzen« untersagt.
Für die Annahme einer willkürlichen Privilegierung der Stiftungen besteht kein Anlass. Im übrigen ist das Vorbringen der Ast. insoweit auch widersprüchlich: Wenn die Ast. einerseits in den Globalzuschüssen an die Stiftungen eine staatliche Parteienfinanzierung sieht, die ja vom Bundesverfassungsgericht nur deshalb für verfassungswidrig gehalten wird, weil der Willensbildungsprozess in der Gesellschaft nicht vom Staat gesteuert werden soll, so kann die Ast. die »Nichteinmischung der staatlichen Geldgeber in die Belange der Zuwendungsempfänger« schwerlich kritisieren.

Zu II.

1-4 Ob die ASt. in ihrem verfassungsrechtlichen Status betroffen ist und ob beide Antragsgegner – insbesondere der Antragsgegner zu 2) – passiv legitimiert ist soll hier nicht untersucht werden; denn weder der Antrag zu 1) noch der Antrag zu 2) sind begründet.

Zu III.

1. Eine Verletzung der Chancengleichheit der Parteien[22] – wie von der Ast. behauptet (Bl. 25) setzt voraus, dass ein Träger öffentlicher Gewalt *den Parteien* Einrichtungen zur Verfügung stellt oder öffentliche Leistungen gewährt (vgl. § 5 Abs. 1 Satz 1 PartG) und in diesem Zusammenhang die vom Gesetz vorgeschriebenen Maßstäbe (vgl. § 5 Abs. 1 Satz 2 und 3 PartG) nicht beachtet. Öffentliche Leistungen in Form von Globalzuschüssen an die FNSt sind keine Leistungen an eine Partei. Deshalb scheidet schon aus diesem Grunde eine Verletzung der Chancengleichheit der Parteien aus.
2. Legt man allerdings entscheidendes Gewicht auf die *Parteinähe* der Stiftungen, so könnte die Beurteilung prinzipiell eine andere sein. Voraussetzung für eine Verletzung der Chancengleichheit wäre dann allerdings, dass es parteinahe Stiftungen in der Nähe *aller* Parteien gibt, aber *nur einige* dieser Stiftungen mit Globalzuschüssen bedacht werden. Ein anderes Beispiel mag diese Aussage deutlich machen:
Wenn der Gesetzgeber Zuschüsse an Jugendorganisationen der Parteien gewährt, so läge eine Verletzung der Chancengleichheit nur dann vor, wenn die Jugendorganisationen einiger Parteien Zuschüsse erhalten würden, die Jugendorganisationen anderer Parteien dagegen nicht. Hat eine Partei aber überhaupt keine Jugendorganisation, so kann sie eine Verletzung der Chancengleichheit *nicht* deshalb geltend machen, weil diejenigen Parteien, die eine Jugendorganisation haben, durch deren

22 Vgl. dazu allg. Lipphardt, Die Gleichheit der politischen Parteien vor der öffentlichen Gewalt, 1975.

Bezuschussung begünstigt werden. Die Alternative wäre anderenfalls entweder eine Bezuschussung von etwas Nichtexistentem oder die Einstellung der Bezuschussung nur deshalb, weil eine Partei – anders als die anderen Parteien – keinen Zuwendungsempfänger hat.

3. Die Ast. hält aber eine Zuwendung von staatlichen Mitteln auch dann für verfassungswidrig, wenn auch »eine – gegebenenfalls zu gründende – »Stiftung« der Antragstellerin künftig in einer bestimmten Relation an den Globalzuschüssen beteiligt wird.« (Bl. 28). Die Ast. begründet dies unter Hinweis auf die Feststellung des Bundesverfassungsgerichts, »dass sich eine Grenze zwischen allgemeiner Parteiarbeit und politischer Bildungsarbeit der Parteien nicht ziehen lässt«.[23] Dieser Gesichtspunkt kommt aber bei der FNSt, die weder eine Partei noch eine Sonderorganisation einer Partei ist, nicht zum Tragen.

4. Unzutreffend ist die Angabe der Ast., ihre Auffassung von der Unzulässigkeit der Globalzuschüsse an die parteinahen Stiftungen werde von der Literatur »ausnahmslos geteilt.« (Bl. 30).

Der entschiedenste Vertreter der Ansicht von der Unzulässigkeit der Globalzuschüsse an die parteinahen Stiftungen ist von Arnim[24]. Demgegenüber ist darauf hinzuweisen, dass die Sachverständigenkommission zur Neuordnung der Parteienfinanzierung zu dem Ergebnis gekommen ist, »dass die Einnahmen der Stiftungen – auch soweit sie nicht projektgebunden sind – nicht den Parteiorganisationen zugerechnet werden können, da sie nicht zu deren Steuerungsressourcen gehören«[25] Auch im Schrifttum gibt es Stimmen, die die Offenlegungspflicht der Parteien nicht auf die parteinahen Stiftungen erstrecken.[26]

5. Soweit die Ast. (Bl. 33) eine Verletzung des Gesetzesvorbehalts rügt (die Ast. meint den mit dem Gesetzesvorbehalt nicht zu verwechselnden Vorbehalt des Gesetzes), so könnte durchaus erwogen werden, eine zusätzliche gesetzliche Grundlage neben dem Haushaltsgesetz für Globalzuschüsse der in Frage stehenden Art zu fordern.[27]

Jedoch geht es hier nicht, wie von Arnim zur Begründung des Vorbehaltes des Gesetzes meint[28], um eine »Entscheidung des Parlaments in eigener Sache«, denn die Stiftungen sind – anders als die Abgeordneten bei der gesetzlichen Regelung der Abgeordnetenentschädigung – gerade *nicht* Teil des Parlamentes.

23 BVerfGE 20, 56 (112).

24 Vgl. H. H. von Arnim, Parteienfinanzierung. Eine verfassungsrechtliche Untersuchung, 1982, S. 114 ff.; ders., Aktuelle Probleme der Parteienfinanzierung – Stellungnahme zum Entwurf eines Gesetzes über die Neuordnung der Parteienfinanzierung vom 21.6.1983 (BT-Drucks. 10/183) –, 1983, S. 24.

25 Bericht zur Neuordnung der Parteienfinanzierung. Vorschläge der vom Bundespräsidenten berufenen Sachverständigen-Kommission, 1983, S. 80.

26 I. v. Münch, Grundgesetz – Kommentar, Bd. 2, 2. Aufl., 1983, Art. 21, Rdnr. 50 a.

27 Vgl. dazu den Bericht zur Neuordnung der Finanzen, S. 175: »Die Kommission hält es im Hinblick auf die gegenwärtige Regelung und Handhabung für erforderlich, die Globalzuschüsse an parteinahe Stiftungen für politische Bildungsarbeit gesetzlich durchschaubar zu machen . . .«

28 H.H. von Arnim, Parteienfinanzierung. Eine verfassungsrechtliche Untersuchung, 1982, S. 61.

6. Mit dem Hinweis auf die Wahrung der Chancengleichheit, die nach Auffassung der Ast. »durch die Ausklammerung dieser Mittel (gemeint sind: der Globalzuschüsse an die Stiftungen) aus den Rechenschaftsberichten der genannten Parteien« verletzt sei (Bl. 34) kann *nicht* die Beschränkung der Rechenschaftspflicht der Parteien auf die Herkunft ihrer eigenen Mittel ausgehebelt und auf eine von der Partei getrennte juristische Person erweitert werden.
7. Weil in den Rechenschaftsberichten der Parteien die Einnahmen der Stiftungen nicht aufzuführen sind, hat der Antragsgegner zu 2) auch *nicht* die von der Ast. (Bl. 37) behauptete Verpflichtung, die ihm vorgelegten Rechenschaftsberichte der genannten Parteien als unvollständig zurückzuweisen, verletzt. Im Gegenteil: Im Fall der Zurückweisung mit dieser Begründung hätte der Antragsgegner zu 2) seine Verpflichtung verletzt.
8. Der Grundsatz der Chancengleichheit der Parteien ist in der Tat ein in einer freiheitlichen Parteiendemokratie fundamentaler Grundsatz. Deshalb ist die in § 5 Abs. 1 Satz 2 PartG vorgesehene Abstufung der Chancengleichheit in hohem Maße bedenklich.[29]

Aber diese Feststellung kann nicht dazu führen, einer von einer Partei rechtlich selbständigen Stiftung wie der FNSt die Grundlage zu entziehen und damit ein jahrzehntelanges Wirken im Dienste des Gemeinwohles (nicht: einer Partei) – vgl. dazu den beiliegenden Jahresbericht 1982 der FNSt – ohne verfassungsrechtlichen Grund zu beenden.

29 I. v. Münch, Grundgesetz-Kommentar, Bd. 2, 2. Aufl., 1983, Art. 21, Rdnr. 27.

Ist die Europäische Unionsgrundordnung für die Tätigkeit politischer Parteien ungeeignet?

Zugleich ein Beitrag zur Auslegung des Art. 191 EGV

Dimitris Th. Tsatsos

I. Zum Thema

1. Der Erlass des Statuts für die Europäischen Politischen Parteien[1] hat die europäische Parteienrechts- und die Parteientheoriediskussion wiederbelebt[2]. Die Diskussion über das Statut hat sich nicht auf die Kommentierung seiner einzelnen Regelungen beschränkt, sondern darüber hinaus Umstrittenes wieder aufgeworfen, aber auch Anlass zu neuen grundsätzlichen Überlegungen gegeben[3]. Aus jener wie-

1 »Verordnung (EG) Nr. 2004/2003 des Europäischen Parlamentes und des Rates über die Regelungen für die politischen Parteien auf europäischer Ebene und ihre Finanzierung« vom 4. November 2003 (ABl Nr. L 297 vom 15. November 2003), im Folgenden: Statut.

2 Der Jubilar hat zur Entstehung und Entwicklung der deutschen und europäischen Parteirechtslehre bedeutend beigetragen. Aus seinem einschlägigen Œvre vgl. u.a. vor allem: H.-P. Schneider, Die Institution der politischen Partei in der Bundesrepublik Deutschland, in: Parteienrecht im europäischen Vergleich, hrsg. von D. Th. Tsatsos, D. Schefold und H.-P. Schneider, 1990, S. 151-218; ders., Die politischen Parteien und das Geld – Aktuelle Probleme der Parteienfinanzierung, in: Bitburger Gespräche. Jahrbuch 1993/II, 1993, S. 73-83; ins Spanische übersetzt und mit dem Titel: »Los partidos politicos y el dinero: problemas actuales de la financiacion de los partidos«, in: Revista de las Cortes Generales 36 (1996), p. 23-42 veröffentlicht; ders., Teures Schweigen. Parteifinanzen – eine ewige Geschichte, in: Rheinischer Merkur 2 (2000), S. 3; ders., Parlamente, Wahlen und Parteien in der Rechtsprechung der Landesverfassungsgerichte, in: Landesverfassungsgerichtsbarkeit, hrsg. von Chr. Starck und K. Stern, Bd. IIII, 1983, S. 91-142; ders., Bericht zur Neuordnung der Parteienfinanzierung. Vorschläge der vom Bundespräsidenten berufenen Sachverständigenkommission (zusammen mit W. Fürst, H. Kaak, H. Maassen und H. Vogel), Köln 1983; ders., Die Parteiensituation in Südafrika, in: 30 Jahre Parteiengesetz in Deutschland – Die Parteiensituation im internationalen Vergleich, hrsg. von D.Th. Tsatsos, 2002, S. 312-315. Auch der Verfasser des vorliegenden Beitrages hat sich mit der Problematik der Europäischen Politischen Parteien mehrfach befasst; die meisten seiner einschlägigen Publikationen sind dokumentiert in: Dimitris Th. Tsatsos: Verfassung – Parteien – Europa. Abhandlungen aus den Jahren 1962 bis 1998, hrsg. von M. Morlok, H.-R. Schmidt, D. Stefanou, 1999, S. 337-564 und S. 621-685 sowie in dem Band D.Th. Tsatsos (Hrsg.), Zum Konstitutionalisierungsprozess in der Europäischen Union. Ein Beitrag durch fünf Dokumente, eingeleitet und kommentiert von P. Schiffauer, 2005, S. 31-48.

3 Vorliegender Beitrag bezieht sich auf H.H. Klein, Europäisches Parteienrecht, in J. Bröhmer/R. Bieber/Chr. Calliess/Chr. Langenfeld/St. Weber/J. Wolf, Internationale Gemeinschaft und Menschenrechte, Festschrift für G. Ress zum 70. Geburtstag, 2005, S. 541 ff. Aus der bisherigen Statut-Literatur s. vor allem: H.H. von Arnim/M. Schurig, Die EU-Verordnung über die Parteienfinanzierung, 2004; H.H. von Arnim, Die neue EU-Parteienfinanzierung, NJW 2005, 247 ff.; S. Hölscheidt, in: Grabitz/Hilf, Das Recht der Europäischen Union, Band II EUV/EGV, Art. 191 EGV; H. Merten, Europäische Parteien im Sinne von Art. 191 EGV, in: MIP, 11. Jg. (2003), S. 40 ff.; dies., Europäi-

derbelebten Diskussion soll hier auf eine im Rahmen der Statut-Kritik aufgestellte These hingewiesen werden, die zugleich Anlass des vorliegenden Beitrages ist; sie lautet: *»Die bipolare Legitimationsstruktur der Europäischen Union schafft keine günstigen Bedingungen für die Tätigkeit politischer Parteien auf europäischer Ebene.«*[4] Ließe man allerdings jene These in ihrer ganzen Tragweite gelten, so wäre es nur konsequent, wenn man die Europäischen Politischen Parteien für die Erfüllung ihres Demokratisierungsauftrages nach Art. 191 EGV[5] unter dem gegebenen institutionellen Selbstverständnis der Europäischen Unionsgrundordnung[6] für ungeeignete Instrumente halten würde.

2. Zu einer gewissen Skepsis gegenüber ihrer Fähigkeit, Parteien in ihren Funktionen zu integrieren, gibt die Europäische Unionsgrundordnung zunächst sicher Anlass. Deshalb trägt der einschlägige wissenschaftliche Dialog über die Parteiungeeignetheit des europäischen institutionellen Gefüges zur Vertiefung von grundsätzlichen Problemen sowohl der Europäischen Unionsgrundordnung als auch der Europäischen Politischen Parteien zweifellos bei; zugleich aber – so meint der Verfasser des vorliegenden Beitrages – geben sowohl die These von der Parteiungeeignetheit der Europäischen Unionsgrundordnung wie auch Einzelheiten aus dem Gedankengut ihrer Begründung Anlass zur kritischen Hinterfragung[7].

3. Um den Leser auf das Endergebnis der eben angekündigten Hinterfragung einzustimmen, sei gleich hier eine entgegengesetzte These vorweggenommen. Sie lau-

sche Parteien im Sinne von Art. 191 EGV – Die Entwürfe für ein europäisches Parteienstatut und eine europäische Parteienfinanzierung, in: E. Busek/W. Hummer (Hrsg.), Internationaler, transnationaler und supranationaler Parlamentarismus, 2004, S. 359 ff.; dies., Europäische politische Parteien, die Entwürfe für ein europäisches Parteienstatut und eine europäische Finanzierung, in: D.Th. Tsatsos/E. Venizelos/X.I. Contiades (Hrsg.), Politische Parteien im 21. Jahrhundert, 2004, S. 95 ff.; dies., Verordnung über die Regelungen für die politischen Parteien auf europäischer Ebene und ihre Finanzierung, in: MIP, 12. Jg. (2004/2005) S. 45 ff.; J. Schönlau, European Party Satute: Filling the Half-fill Glass?, in: European View, Transnational Parties and European Democracy, Volume 3, 2006, S. 143 ff.

4 Vgl. H.H. Klein, a.a.O. (Fn. 3) S. 550.

5 Zur Institution der Europäischen Politischen Partei vgl. vor allem Tr. Papadopoulou, Politische Parteien auf europäischer Ebene. Auslegung und Ausgestaltung von Art. 191 (ex 138a) EGV, 1999. Dieses inzwischen als grundlegend für das europäische Parteienrecht anerkannte Werk hat die Dissertation der Autorin zur Grundlage, die bei dem Jubilar an der Universität Hannover entstanden war. Darüber hinaus vgl. z.B. D.Th. Tsatsos/G. Deinzer, Europäische Politische Parteien 1998; G. Deinzer, Europäische Parteien. Begriff und Funktion in einem Europäischen Integrationsensemble, 1999; zum Parteibegriff grundsätzlich: W. Wietschel, Der Parteibegriff. Zur verfassungsrechtlichen und verfassungspolitischen Funktion des Parteibegriffs unter besonderer Berücksichtigung der Verbotsproblematik, 1986.

6 Den auch im Titel dieses Beitrages verwendeten Begriff der »Europäischen Unionsgrundordnung« als Bezeichnung des eigentlichen institutionellen Charakters des Europäischen Integrationsprozesses hat der Autor als Befreiung der Integrationsdiskussion von einer wie auch immer verstandenen, aber unergiebigen Bundesstaatslogik bereits im Jahre 1995 vorgeschlagen, vgl. EuGRZ 1995, S. 287 ff.

7 Von »praktischen Übergangsproblemen« der Europäischen Politischen Parteien spricht R. Bieber, der aber zutreffend gleich einräumt, dass jene Probleme »nicht prinzipieller Natur sind« (vgl. R. Bieber, Kommentierung des Art. 191 EGV, in: H. v. der Groeben/J. Schwarze, Kommentar zum Vertrag über die Europäische Union und zur Gründung der Europäischen Gemeinschaft, Bd. 4, 2004, S. 81 ff., hier S. 82 (I,1).

tet: Politische Parteien – und das gilt auch für Europäische Politische Parteien – *sind gerade dann die geeigneten Demokratisierungsinstitutionen, wenn das ihnen zugewiesene institutionelle Betätigungsfeld Bestandteil einer Rechtsordnung ist, die, obwohl mit Gewaltausübungskompetenz ausgerüstet, bürokratisch und somit unpolitisch konzipiert ist und deshalb ein Demokratiedefizit aufweist.* Der Versuch, dieses durch die nachfolgenden Überlegungen zu begründen, versteht sich zugleich als ein Beitrag zur Auslegung des Art. 191 EGV[8].

4. Die weiteren Ausführungen sind in drei Abschnitte gegliedert:

a) Zunächst werden einige Argumente der These von der Parteiungeeignetheit der Europäischen Unionsgrundordnung dargestellt und kommentiert[9] (unter II).

b) In einem zweiten Abschnitt wird die eigene (Gegen)these vorgestellt und erläutert (unter III).

c) Im dritten Abschnitt werden dem Thema in seiner grundsätzlichen Bedeutung einige abschließende Überlegungen gewidmet (unter IV).

II. Kommentierung der Argumentation für eine »Parteiungeeignetheit« der Europäischen Unionsgrundordnung

1. Aus dem ideenreichen und anregenden Plädoyer für eine »Parteiungeeignetheit« der Europäischen Unionsgrundordnung sollen in diesem Abschnitt fünf Argumente hervorgehoben werden, die der Verfasser des vorliegenden Beitrages als besonders kommentierungsbedürftig einschätzt. Im Einzelnen geht es um Argumente:

a) aus dem *konsensualen Charakter* der unionalen Entscheidungspraxis (unter 2),

b) aus der *Entparlamentarisierung* der Europäischen Unionsgrundordnung (unter 3),

c) aus der Prägung der unionalen Entscheidungen durch nationale Momente, vor allem durch *nationale Parteien* (unter 4),

d) aus dem Unvermögen der Europäischen Politischen Parteien, *Wesentliches am Legitimationsdefizit der Union zu ändern* (unter 5),

e) aus einem *Zugeständnis*, das aber gleich zurückgenommen wird (unter 6),

2. Grundlegend für die These der Parteiungeeignetheit der Europäischen Unionsgrundordnung ist der Hinweis auf die »Konsensualität der unionalen Entschei-

8 Ehemals Art. 138a EGV (Amsterdam): »Politische Parteien auf europäischer Ebene sind wichtig als Faktor der Integration in der Union. Sie tragen dazu bei, ein europäisches Bewusstsein herauszubilden und den politischen Willen der Bürger der Union zum Ausdruck zu bringen.« Art. 191 EGV (Nizza) enthält in einem hinzugefügten zweiten Absatz folgende Ermächtigung an den Gesetzgeber: »Der Rat legt gemäß dem Verfahren des Artikels 251 die Regelungen für die politischen Parteien auf europäischer Ebene und insbesondere die Vorschriften über ihre Finanzierung fest.« Das ist durch den Erlass des Statuts auch geschehen (vgl. Anm. 1).

9 Bei der hier folgenden Kommentierung wird Bezug genommen auf den einschlägigen Aufsatz von H.H. Klein a.a.O. (Fn. 3) S. 541 ff., hier S. 550.

dungspraxis«. Man bezieht sich dabei auf die Aussage, die Europäische Unionsgrundordnung sei in hohem Maße auf *konsensuale Willensbildung und Kompromissfindung* angewiesen[10].

a) Unter der reichhaltigen Argumentation, die vorgebracht wird, um den konsensualen Charakter der Willensbildung in der Europäischen Union zu demonstrieren, sind einige Gedanken besonders erwähnenswert: So wird darauf hingewiesen, dass das Fundament der Europäischen Union im Wesentlichen die den Mitgliedstaaten gemeinsamen Rechtsgrundsätze bildeten, nur in geringem Maße hingegen gemeinschaftsbildende geschichtliche Erfahrungen und Bewusstseinslagen. Nur Letzteres sei aber fähig, eine belastbare politische Einheit der Unionsbürger zu formen. Aufgrund der Vielzahl struktureller Minderheiten stießen Mehrheitsentscheidungen in der Europäischen Union nur dann auf allgemeine Akzeptanz, wenn diesen der Prozess der *Konsenserzielung und Kompromissfindung* vorausgegangen sei[11]. Parteien lebten jedoch von der öffentlichkeitswirksamen Austragung *politischer Kontroversen*, um dem Wähler unterschiedliche inhaltliche und personelle Alternativen präsentieren zu können[12].

b) Der konsensuale Charakter der Praxis der Europäischen Unionsgrundordnung kann nicht ernsthaft in Frage gestellt werden. Fraglich ist allerdings, ob die argumentativen Folgerungen, die daraus gezogen worden sind, in der behaupteten Tragweite zutreffen und somit darauf gestützte Argumente tragen. Denn Konsensualität wird immer mehr auch zum Merkmal der *staatlichen demokratischen Willensbildung*. Man folgert daraus aber nicht, dass den nationalen politischen Parteien die Grundlage für die Erfüllung ihrer Verfassungsfunktion entzogen ist! Eine wirklich demokratische politische Entscheidung muss ohnehin auch wesentliche Anliegen der Minderheit mitberücksichtigen, also ein *Mindestmaß an Konsensualität* aufweisen. Sonst, d.h. ohne einen Minderheitsbezug, könnte unter Umständen die Entscheidung legal, kaum aber demokratisch legitimiert und jedenfalls schwer durchsetzbar sein. Das stimmt aber nur dann, wenn Demokratie hier nicht als die formale Verfassungsperfektion eines Entscheidungsvorganges verstanden wird, sondern vielmehr als ständiger und kontinuierlicher Prozess der lückenlosen Rückkoppelung der Macht auf ihre Legitimationsbasis.

3. Aus der Konsensualität der unionalen Willensbildung entnehmen die Verfechter der Parteiungeeignetheitsthese ein weiteres Argument, nämlich das der *Entparlamentarisierung* der Europäischen Unionsgrundordnung.

a) Der institutionelle Zwang zur Konsensfindung – so wird weiter argumentiert – *stärke die Exekutive*[13]. Die Vorbereitung der Rechtsakte der europäischen Union sei

10 U. Everling, Zur konsensualen Willensbildung in der föderal verfassten Union, in: M. Brenner u.a. (Hrsg.) Der Staat des Grundgesetzes – Kontinuität und Wandel, Festschrift für P. Badura, 2004, 1053 ff. m.w.N.
11 U. Everling, a.a.O. (Fn. 10) S. 1071 f.
12 H.H. Klein, a.a.O. (Fn. 3) S. 551.
13 H.H. Klein, a.a.O. (Fn. 3) S. 552.

in hohem Maße bürokratisch geprägt und der politischen Kontrolle und Steuerung weitgehend entzogen, da die Verwaltungsstäbe in weitgehender Selbstständigkeit unter fast völligem Ausschluss der Öffentlichkeit operierten. Die Komplexität der Regelungsgegenstände ließe gerade dem europäischen Parlament häufig nur wenig Spielraum. Die umfangreiche Rechtsetzungstätigkeit der Kommission, an deren Vorbereitung von den Fachbürokratien der Mitgliedstaaten beschickte Ausschüsse in vielfältiger Weise beteiligt seien, führe dazu, dass die Entscheidungen *lediglich formal den Gemeinschaftsorganen vorbehalten blieben* und eine bürgerschaftliche Partizipation, vermittelt durch die Parteien, praktisch *ausgeschlossen* sei. Zwar sei auch auf nationaler Ebene eine »Entparlamentarisierung der Politikerzeugung« zu beobachten. Diese finde jedoch in größerer Nähe zu den politisch Verantwortlichen statt und ziehe stets die Aufmerksamkeit der Medien auf sich, was zu einer verstärkten Wahrnehmung der Bürger und der Parteien führe[14].

b) Auch diese Argumente sollten nicht unkommentiert bleiben. Hierzu drei Überlegungen: *Erstens* hat die Komplexität der Regelungsgegenstände, die tatsächlich oft unter der Leitung der Europäischen Kommission durch Kompromisse gelöst werden, nicht die Stärkung der Exekutive, sondern die *Demokratisierung des Gesetzgebungsprozesses* und die Stärkung seiner *Glaubwürdigkeit* zur Folge. Sie bewirkt auch nicht die Einengung des dem Europäischen Parlament verbliebenen Spielraums[15]. *Zweitens* mag es sein, dass die Entscheidungen auf europäischer Ebene stärker auf bürokratische Prozesse zurückzuführen sind als in den Mitgliedstaaten der Europäischen Union. Gerade aber *gegen diese Bürokratisierung* bemühen sich politische Kräfte durch Maßnahmen in verschiedenen Regelungsbereichen der Verträge, die europäische politische Willensbildung zu *demokratisieren*. Dann allerdings stellen die bürokratischen Elemente der Europäischen Unionsgrundordnung ein Gebiet dar, das hauptsächlich durch *verstärkte Funktionswahrnehmung* Europäischer Politischer Parteien eingeschränkt werden kann. *Drittens* darf nicht übersehen werden, dass, wenn zu Recht bemerkt wird, die der Union durch die Mitgliedstaaten zugeführte demokratische Legitimation reiche nicht aus[16], *die Bedeutung der prägenden Aufgabe Europäischer Politischer Parteien sich gerade dadurch erhöht.*

4. Auch die Mitwirkungsbefugnisse des Europäischen Parlaments, so wird weiter argumentiert, vermöchten nach der These von der Parteiungeeignetheit der Europäischen Unionsgrundordnung kaum etwas an der Substitution des Entscheidungsfindungsprozesses durch *bürokratische Politikgestaltung* zu ändern[17]. Außerdem seien die unionalen Entscheidungen durch *nationale Elemente* geprägt. Hier verbindet die

14 H.H. Klein, ebenda.
15 So aber Klein, a.a.O. (Fn. 3) S. 552.
16 So Klein, a.a.O (Fn. 3) S. 553 im Anschluss an R. Stentzel, Integrationsziel Parteiendemokratie, 2002, S. 281 ff. m.w.N.
17 H.H. Klein, a.a.O. (Fn. 3) S. 553.

Parteiungeeignetheitsthese den *nationalen* mit dem *bürokratischen* Charakter unionaler Entscheidungspraxis. Im Einzelnen:

a) Auch wenn der Raum für parteipolitische Konfliktaustragung im Parlament im Vergleich zu Rat und Europäischer Kommission erweitert sei, so dominiere auch bei der parlamentarischen Willensbildung das Prinzip der Konsensbeschaffung. Dies insbesondere dadurch, dass die wahlrechtsbedingte *Rückbindung der Mitglieder des Europäischen Parlaments an die nationalen Parteiorganisationen* die Abgeordneten dazu veranlasse, sich an deren vornehmlich mitgliedstaatlich geprägten politischen Zielvorstellungen zu orientieren. Im Vordergrund stünde also das Bestreben, divergierende nationale Interessen zur Konvergenz zu bringen, und weniger das Bedürfnis, eine originäre Gemeinschaftspolitik zu formulieren[18]. Der politische Konflikt auf nationaler Ebene speise sich aus den von verschiedenen, herkömmlicherweise von Parteien verkörperten Entwürfen einer gerechten Sozialordnung. Die maßgeblich durch die *Regierungen der Mitgliedstaaten* bestimmte Zusammensetzung des Rates, wie auch im Ergebnis – trotz Mitwirkung des Europäischen Parlaments bei ihrer Konstituierung – der Europäischen Kommission, führe hingegen dazu, dass die Mitglieder des Rates als wichtigstem Unionsorgan ihre Stimmabgabe im Rat nicht dem Europäischen Parlament, *sondern den nationalen Parlamenten* gegenüber zu verantworten hätten, so dass der europapolitische Konflikt von divergierenden nationalen Interessen geprägt werde[19]. Zwar bestehe aufgrund von Art. 10 EGV[20] eine doppelte Legitimationspflicht, nämlich gegenüber den entsendenden Mitgliedstaaten und gegenüber der Gemeinschaft, eine parlamentarische Verantwortlichkeit als solche treffe den Rat jedoch nicht, so dass die von ihm getroffenen Entscheidungen einer unionalen Legitimation entbehrten[21].

b) Es ist richtig, dass zur Zeit die Wahlen zum Europäischen Parlament im gewissen Sinne, wenn auch immer weniger, als nationale Wahlen empfunden werden[22]. *Gerade deshalb* aber ruft Art. 191 EGV die Parteien dazu auf, zur Bildung eines *europäischen Bewusststeins* beizutragen. Das europäische Bewusstsein versteht sich *weder als Ersatz* des nationalen Bewusstseins noch *als dessen Gegensatz,* sondern vollzieht sich als *Entstehung einer zweiten Ebene der Politik* und somit einer neuen Bewusstseinsebene, die unmittelbar mit der Erkennbarkeit eines *europäischen Gemeinwohls* verknüpft ist. Diese Aussage spricht gegen Überlegungen dergestalt, dass die Entstehung und Funktion einer Europäischen Politischen Partei die vorherige Entstehung einer wahrnehmbaren europäischen öffentlichen Meinung,

18 H.H. Klein, ebenda.

19 H.H. Klein, a.a.O. (Fn. 3) S. 551.

20 Art. 10 EGV lautet: »Die Mitgliedstaaten treffen alle geeigneten Maßnahmen allgemeiner oder besonderer Art zur Erfüllung der Verpflichtungen, die sich aus diesem Vertrag oder aus Handlungen der Organe der Gemeinschaft ergeben. Sie erleichtern dieser die Erfüllung ihrer Aufgaben. Sie unterlassen alle Maßnahmen, welche die Verwirklichung der Ziele dieses Vertrages gefährden könnten.«

21 H.H. Klein, a.a.O. (Fn. 3) S. 551 f., im Anschluss an T. Oppermann, Europarecht, 2. Aufl. 1999, Rn. 284.

22 So Klein a.a.O. (Fn. 3) S. 555.

eines europäischen Bewusstseins usw. zur Bedingung haben. Gerade das soll eine der wichtigsten Aufgaben Europäischer Parteien sein.

c) Der gleichen Kritik ist auch die *Entscheidungspraxis* ausgesetzt. Nicht nur der Wahlkampf ist vom nationalen politischen Konflikt immer noch, wenn auch im geringeren Maße, geprägt, sondern auch die unionale Willensbildung. Das ist aber nicht nur verständlich, sondern bis zu einem gewissen Grade auch integrationsimmanent, dann jedenfalls, wenn man von der dualen Konzeption der Europäischen Union als Union *von Staaten* und Union *von Bürgern* ausgeht. Die Europäische Union *als Union von Staaten bringt per se nationale Elemente in das System der Willensbildung ein.* Und übrigens: Nationalität und europäische Supranationalität schließen sich nicht grundsätzlich aus; vielmehr müssen sie, um die duale Konzeption der Europäischen Grundordnung zu verwirklichen, in einem harmonischen Gleichgewicht zueinander stehen. Zur Herstellung dieses harmonischen Gleichgewichts können Europäische Politische Parteien beitragen. Das können sie erreichen – um das eben Gesagte nachdrücklich zu wiederholen –, wenn sie ihre Aufgabe, nach Art. 191 EGV an der Entstehung eines europäischen Bewusstseins mitzuwirken, ernst nehmen.

d) Die pauschale Degradierung der Europäischen Kommission, als ob sie ausschließlich durch den Willen der Regierungen der Mitgliedsländer ihre Besetzung erhielte, stimmt weder nach geltendem Recht und noch weniger nach dem noch nicht in Kraft getretenen Verfassungsvertrag[23].

e) Ein weiterer Aspekt, den man den Vertretern der Ungeeignetheitsthese entgegenhalten könnte, ist eine jetzt schon beobachtbare Evolutionsdynamik der Unionsgesetzgebung: Seit der bedeutenden Ausdehnung des Anwendungsbereichs der Mitentscheidung im Vertrag von Amsterdam sind eine deutliche Verringerung des »bürokratischen« Einflusses der Beamtenstäbe und ein Umschwung zu einer Politisierung der Praxis des EU-Rechtsetzungsprozesses eingetreten. In dem Masse, wie die Kommission die Ausübung ihres Vorschlagsrechts auf eine geringere Zahl von Gesetzgebungsvorhaben von beträchtlicher (z.B. wirtschafts- und umwelt-)politi-

23 Die neue Regelung der Wahl des Kommissionspräsidenten durch Vorschlag des Rates (in der Zusammensetzung der Staats- und Regierungschefs) und *Zustimmung* des Europäischen Parlamentes (Art. 214 Abs. 2 EGV) stellt eine Stärkung des Europäischen Parlamentes und somit – wenn auch nur mittelbar – der Europäischen Politischen Parteien dar. Noch stärker wird die Rolle der Europäischen Politischen Parteien durch die Regelung der *Wahl* – nicht mehr nur *Zustimmung* – des Kommissionspräsidenten durch das Europäische Parlament nach Vorschlag des Europäischen Rates; besonders wichtig ist dabei, dass der Verfassungsvertrag den Europäischen Rat verpflichtet, bei der Auswahl der Person des Präsidentenkandidaten, das Ergebnis der Wahlen zum Europäischen Parlament zu berücksichtigen (Art. I-27, Abs. 1 VVE). Zum Ganzen vgl. statt vieler: H. Schmitt v. Sydow, Kommentierung des Art. 214 EGV, in: H. v. der Groeben/J. Schwarze, Kommentar zum Vertrag über die Europäische Union und zur Gründung der Europäischen Gemeinschaft, Bd. 4, 2004, S. 250 ff.; vgl. auch die positive Einstellung des Europäischen Parlamentes zur Stärkung seiner Rolle bei der Bildung und Zusammensetzung der Europäischen Kommission, in: J.M. Gil-Robles/D.Th. Tsatsos-Bericht, in: D.Th. Tsatsos (Hrsg.), Zum Konstitutionalisierungsprozess in der Europäischen Union. Ein Beitrag durch fünf Dokumente (Veröffentlichungen des Instituts für Europäische Verfassungswissenschaften, Bd. 2), 2005, S. 151 ff. (hier S. 156).

scher Tragweite konzentriert hat, konnten (z.B. bei der Dienstleistungsrichtlinie oder bei der Chemieproduktrichtlinie REACH) wesentliche Kompromisse und Gestaltungsentscheidungen auf der politischen Ebene (in und zwischen den Fraktionen des Parlaments) erarbeitet und anschließend in den Instanzen des Rates übernommen werden. Welche Rolle die Diskussion *innerhalb der Europäischen Politischen Parteien dabei konkret gespielt hat,* kann nur durch eine empirische Untersuchung (z.B. Befragung von Insidern in den zwei großen politischen Familien) eingeschätzt werden; doch aber könnten die Parteien dabei idealiter der Ort sein oder werden, an dem durch Konfrontation der nationalen und der europäischen Dimension der Handlungsspielraum für politische Lösungen abgesteckt wird.

f) Noch eine letzte Bemerkung hierzu: Politische Parteien auf europäischer Ebene sind stets auch dem nationalen Recht unterworfene Rechtssubjekte, denn ihr Handeln vollzieht sich zwar innerhalb des institutionellen Systems der Europäischen Union, logischerweise aber stets in den einzelnen Mitgliedstaaten der Europäischen Union[24]. Wo denn sonst?

5. Nun führt die hier kritisierte These zwangsläufig zur Frage, ob unter dem gegenwärtigen institutionellen Zustand die Europäische Union *genügende demokratische Legitimation* aufweist.

a) Das wird mit einer ausführlichen Argumentation verneint: Zwar besitze die Entscheidungsstruktur der Europäischen Union eine große Fähigkeit zur effektiven Problemlösung, und diese Effektivität sei ein wesentliches Legitimationskriterium[25]. Auch führe gerade die schwindende Fähigkeit der einzelnen Mitgliedstaaten zu dem Zwang der Konvergenz und zu einer Delegitimation der nationalen Politik. Jedoch *könne die Europäische Union mit bloßer Effizienz nicht auskommen*, solange sich nicht die weiteren neben der Effizienz unentbehrlichen Komponenten demokratischer Legitimation, nämlich Transparenz und bürgerschaftliche Partizipation, dem Bürger sichtbar machten[26]. Auch die der Europäischen Union durch die Mitgliedstaaten zugeführte demokratische Legitimation reiche nicht aus; sie stelle lediglich das Fundament unionaler Entscheidungsprozesse dar und liefere die personelle Legitimation des Rates und der Kommission. Auch die intensivsten Bemühungen, die Parlamente der Mitgliedstaaten stärker am politischen Willensbildungsprozess auf europäischer Ebene zu beteiligen, führe nicht zu einer Kontrolle des Ministerrats, vielmehr sei Europa nicht nur den Bürgern, sondern auch den Parteien *weitgehend fremd und erscheine ihnen fern*[27].

b) Richtig ist bei dieser Argumentation, dass institutionelle Effektivität ohne Legitimation keine echte Effektivität ist und dass echte Effektivität nur durch Demokra-

24 Vgl. G. Deinzer (Fn. 5) S. 132.
25 H.H. Klein, Die Funktion des Parlaments im politischen Prozess, ZG 12 (1997) 209 ff. (225) m.w.N.
26 H.H. Klein, a.a.O. (Fn. 3) S. 553.
27 H.H. Klein, a.a.O. (Fn. 3) S. 554.

tie hergestellt werden kann[28]. Gerade hierfür aber sind die Parteien die geeigneten Politisierungsinstrumente. Nebenbei sei bemerkt, dass die Parteiungeeignetheitsthese das Legitimationsproblem der Europäischen Unionsgrundordnung durch Begriffe zu erfassen versucht, die der herkömmlichen Staatslehre entnommen werden. Die *wesentliche Andersartigkeit* von Staat und Europäischer Union erlaubt es aber nicht, die staatlich geprägten Begriffe ohne weiteres auf die Erklärung, die Beschreibung und Bewertung der Europäischen Union zu übertragen[29].

6. Allerdings *schränken* die Verfechter der Parteiungeeignetheitsthese ihre europäische Parteienskepsis im Laufe der Darstellung – *wenn auch nur vorläufig* – partiell ein:

a) In diesem Sinne wird eingeräumt, dass demokratische Legitimation im Staatenverbund nicht in gleicher Form hergestellt werden könne wie im Staat; das aber dürfe nicht dazu führen, die Legitimationsanforderungen anders als strukturell bedingt zu reduzieren. Darüber hinaus dürfe die aufgezeigte Problematik der Entfaltung politischer Parteien auf europäischer Ebene nicht dazu führen, *auf eine Verbesserung ihrer Wirkungsmöglichkeit zu verzichten.* Nur durch eine *Verstärkung der Mitwirkungsmöglichkeit der politischen Parteien auf europäischer Ebene* ließe sich nämlich die Möglichkeit des Einzelnen, aktiv an der europäischen Politik teilzunehmen, nachhaltig verbessern[30]. So könnte die nachhaltige Stärkung des Europäischen Parlaments und vor allem die Einführung eines unionseinheitlichen Wahlrechts zu einer Politisierung und Personalisierung der europäischen Politik beitragen *und die Funktion politischer Parteien stärker zur Geltung kommen lassen*[31].

b) Jene europafreundlichen Zugeständnisse aber werden gleich relativiert, wenn nicht sogar zurückgenommen. Die Skepsis kehrt bald und deutlich zurück. So wird weiter argumentiert, dass an der Frage einer europaautonomen Legitimation nicht einmal die eingeführte Direktwahl[32] als ein erster Schritt in Richtung eines unionseinheitlichen Wahlrechts etwas änderte; die Wahlen zum Europäischen Parlament seien *nationale Wahlen,* und in den Wahlkämpfen werde vornehmlich um Fragen der nationalen Politik gestritten[33]. Somit werde wiederum der Bildung von Parteien auf europäischer Ebene der Boden entzogen. Ein Beitrag europäischer Parteien zur Legitimation der Union und ihre Eigenständigkeit neben nationalen Parteien ließen sich nur schaffen, wenn das Europawahlrecht europaweite Listen vorsehe, was wie-

28 Auf dieses Effektivitätsverständnis hat der Verfasser dieses Beitrages schon im Jahre 1999 hingewiesen. Vgl. D.Th. Tsatsos, Die Europäische Unionsgrundordnung, 2002, S. 90 ff.

29 Vgl. dazu D.Th. Tsatsos, a.a.O. (Fn. 28) S. 90 ff.

30 H.H. Klein a.a.O. (Fn. 3) S. 555, im Anschluss an P.M. Huber, Demokratie ohne Volk oder Demokratie der Völker? Zur Demokratiefähigkeit der Europäischen Union, in: J. Drexl u.a. (Hrsg.), Europäische Demokratie, 1999, S. 27 ff.

31 H.H. Klein, ebenda, im Anschluss an C. Lenz, Ein einheitliches Verfahren für die Wahl des europäischen Parlaments, 1995.

32 ABl 2002 Nr. L 283/1.

33 H.H. Klein, ebenda. Klein weist in diesem Rahmen auf das im Februar 2004 in Rom beschlossene Vorhaben der europäischen Grünen hin, auf der Grundlage eines gemeinsamen Wahlprogramms einen einheitlichen Wahlkampf für die Europawahlen im Juni 2004 in der ganzen EU zu führen.

derum einen eigenen Mitgliederbestand voraussetzte. *Parteibünde der herkömmlichen Art genügten auf europäischer Ebene nicht.* Nur autonome und nicht mit den nationalen Parteien institutionell verflochtene europäische Parteien seien in der Lage, im Vorfeld von Wahlen zum Europäischen Parlament Strukturen bereitzustellen, die demokratische Legitimationsvermittlung zu einem die Lebenswirklichkeit prägenden Tatbestand machten[34]. Die Chance, die Entwicklung echter Parteien auf europäischer Ebene zu fördern – so lautet die weitere wichtige Folgerung der hier hinterfragten Argumentation –, sei mit dem Erlass der VO vom 4. November 2003 *vertan worden*, denn sie rezipiere lediglich den dem demokratischen Leben der Union abträglichen Entwicklungsstand des europäischen Parteiwesens[35]. Der derzeitige Entwicklungsstand könne aber die den Parteien auf europäischer Ebene in Art. 191 Abs. 1 S. 2 EGV zugewiesene Funktion, ein europäisches Bewusstsein herauszubilden und den Willen der Bürgerinnen und Bürger der Union zum Ausdruck zu bringen, *nur höchst unzureichend erfüllen*[36]. Zudem: Ohne gegenüber den nationalen Parteien verselbstständigte europäische Parteien bliebe die Behauptung von Art I-46 Abs. 1 VVE (Art 45 Abs. 1 des Konventsentwurfs), die Arbeitsweise der Union beruhe auf dem Grundsatz der repräsentativen Demokratie, ein unerfülltes Versprechen[37].

7. »Ein unerfülltes Versprechen«! Es handelt sich um einen Schlüsselsatz sowohl zum Verständnis der eben kommentierten These als auch zum Übergang zum nächsten Abschnitt, in dem die Gegenthese und somit der Anlass dieses Beitrages präsentiert wird. Mit der Kommentierung dieses Schlüsselsatzes soll auch die hier versuchte Kritik an einigen der Argumente der These von der Parteiungeeignetheit der Europäischen Unionsgrundordnung abgeschlossen werden. Im Einzelnen:

a) Die »Verselbstständigung« der Europäischen Politischen Parteien gegenüber den nationalen Parteien – abgesehen von der Frage, ob sie über einen bestimmten Umfang hinaus integrationssystemgerecht wäre – kann sich nur im Rahmen einer langen geschichtlichen Entwicklung vollenden; diese Verselbstständigung ist nur in einer zeitlichen Parallelität mit der Entstehung und Gestaltung eines *europäischen Bewusstseins* und einer entsprechenden *europäischen öffentlichen Meinung* denkbar. Die Entwicklung – vergleicht man die heutige Lage mit der Entstehungsphase des europäischen Integrationsprozesses – hat zweifellos eingesetzt. Sie ist bei weitem nicht abgeschlossen. Übrigens: »abgeschlossen« werden können geschichtliche Prozesse ohnehin nie, denn sie befinden sich *in einem ständigen Wandel.*

b) Einige der Begründungen der These von der Parteiungeeignetheit der Europäischen Unionsgrundordnung treffen sicher richtig das eine oder andere Moment der gegenwärtigen Wirkungsweise der Europäischen Institutionen und der Europäischen Politischen Parteien. Jene Argumentation aber leidet schon im Ansatz, weil

34 H.H. Klein, a.a.O. (Fn. 3) S. 556.
35 H.H. Klein, ebenda, im Anschluss an R. Stentzel, a.a.O. (Fn. 16) S. 279 Fn. 352 m.w.N.
36 H.H. Klein, ebenda.
37 H.H. Klein, ebenda.

sie von einer Statik und somit von einer *Wandlungsunfähigkeit* des Integrationsprozesses, nicht hingegen von seiner *Geschichtlichkeit* ausgeht. Konkreter und in Bezug auf den hier hinterfragten Satz heißt das: Man könnte mit einigen der Argumente, die zur Begründung der Parteiungeeignetheitsthese vorgebracht wurden, nur dann etwas anfangen, wenn die obige Bemerkung zu Art I-46 Abs. 1 VVE einen moderaten Ausdruck gefunden hätte; wenn also statt vom »unerfüllten Versprechen« *von einem noch nicht erfüllten, aber erfüllbaren und sich in Erfüllung befindenden Versprechen* die Rede wäre.

III. Die behauptete »Parteiungeeignetheit« der Europäischen Union als Argument für ihre Parteigeeignetheit und als ratio constitutionis des Art. 191 EGV

1. Ließe man aber, trotz der oben dargestellten Bedenken (II) die Auffassung von einer totalen oder partiellen *Parteiungeeignetheit* der Europäischen Unionsgrundordnung im Sinne einer Arbeitshypothese als zutreffend gelten, hielte man also das unionale Institutionsgefüge für tatsächlich *parteiungeeignet*, so wäre dies zugleich ein Argument für die *Parteigeeignetheit* der Union und eine *ratio constitutionis* par excellence des Art. 191 EGV. Der eventuelle Eindruck, der vorausgegangene Gedanke stelle einen formal logischen Widerspruch dar, wäre nicht richtig. Gemeint ist, je *parteiungeeigneter* das unionale Institutionengefüge ist, desto mehr sind die Europäischen Politischen Parteien *das geeignete* (und einzige!) Instrument für seine *Politisierung.*

2. Diese Gegenthese soll im Folgenden erläutert werden.

a) Art. 191 EGV hat die Institution der Europäischen Politischen Partei als das unionsadäquate Politisierungs- und Demokratisierungsinstrument eingeführt; diese Institutionalisierung basiert aber nicht auf der Prämisse, *dass die europäische Unionsgrundordnung als bereits politisiertes institutionelles Gefüge eine sofortige und totale Parteiaufnahmefähigkeit aufweist.* Im Gegenteil: *Je bürokratischer* sich eine mit Gewaltausübungskompetenz ausgerüstete Rechtsordnung wie die Europäische Union erweist, *desto mehr bietet sie sich als das natürliche und historisch geprägte »Kampffeld« von Parteien* an. Das kann auch *grundsätzlicher* ausgedrückt werden: Politische Parteien überhaupt, als Errungenschaft und Institution der europäischen Verfassungskultur, setzen die demokratische Qualität ihrer Betätigungsfelder *nicht voraus,* sondern sie sind dazu da, sie herzustellen.

b) Der eben dargestellte Gedanke lässt sich auch *verfassungsgeschichtlich* bestätigen. Die These von der »Ungeeignetheit« einer institutionellen Ordnung für die Entstehung und Entfaltung Politischer Parteien ist nämlich in ihrem Kern nicht neu. In der Geschichte der Demokratisierung des modernen Verfassungsstaates begegnen wir der Theorie der *parteipolitischen Neutralität des Staates*, sogar auch des im Demokratisierungsprozess befindlichen Staates des Konstitutionalismus. Das Prinzip der parteipolitischen Neutralität kommt in jenem Staat u.a. auch durch die Idee des *Berufsbeamtentums* und somit in der von ihr geprägten bürokratischen und somit parteipolitikfeindlichen Konzeption des seinerzeitigen Staatsapparates zum Ausdruck. Geht es aber nicht auch hier um eine Art von »Parteiungeeignetheit« der monarchisch geprägten Staatlichkeit? Haben wir es nicht etwa mit einer Formel zu tun, die sich kaum von dem Prinzip der Unvereinbarkeit von *Staatlichkeit und Parteipolitik* unterscheidet? Der *pouvoir neutre* war ein Bereich, der sich vor dem ihm drohenden Demokratisierungsprozess durch eine Art »Parteiungeeignetheitstheorie« formal als *Theorie der parteipolitischen Neutralität des Staates* rechtfertigte[38]. Machen wir einen gewaltigen geschichtlichen Sprung, so begegnen wir solchen Gedanken auch in der Zeit der Abschaffung der politischen Parteien in europäischen Diktaturen des 20. Jahrhunderts (Spanien, Portugal, Italien, Deutschland und Griechenland). Dort hat sich die »Überzeugung« durchgesetzt, die staatlichen autoritären Institutionen böten keine *günstigen Bedingungen* für die Tätigkeit politischer Parteien, sondern machen sie überflüssig[39]. Aus dem Vorausgegangenen ergibt sich, dass man nicht gut beraten wäre, das Thema: »Europäische Unionsgrundordnung – Europäisches Parteiwesen« an der Frage aufzuhängen, ob eine (notwendigerweise!) bürokratisch entstandene Ordnung sich in ihrer Logik mit dem durch Parteien zu erzwingenden Politisierungsprozess vereinbaren lässt. Jene Denkweise führt notwendigerweise zu Folgerungen, die durch die Geschichte, besonders durch die Geschichte von Staat und Politik, widerlegt werden.

c) Auch eine Art von *argumentum ad absurdum* könnte zur Widerlegung der Parteiungeeignetheitsthese beitragen. Träfe nämlich jene These zu, stünden wir vor folgender Sackgasse: *Auf der einen Seite* könnte die institutionelle Besonderheit der europäischen Unionsgrundordnung *nicht demokratisch werden* oder zumindest keine optimale demokratische Qualität erlangen, *solange keine Europäischen Politischen Parteien an der Willensbildung der europäischen Bürger und der Transformation ihres Willens in Unionsentscheidungen mitwirken; auf der anderen Seite* können Europäische Politische Parteien diesen Beitrag angeblich *nicht erbringen*,

38 Der Gedanke des früh- und vordemokratischen Prinzips der parteipolitischen Neutralität des Staates durchdringt das Staatsverständnis im 19. und sogar auch im 20. Jahrhundert. Sehr deutlich: Carl Schmitt, Gesunde Wirtschaft im starken Staat, in: Mitteilungen des Vereins zur Wahrung der gemeinsamen wirtschaftlichen Interessen im Rheinland und Westfalen, N. P. Heft 21, S. 13 ff. (besonders S. 22); ders. grundsätzlich: Der Hüter der Verfassung, AöR N. F. Bd. 16 (1929) S. 161; W. Weber, Parlamentarische Unvereinbarkeit, AöR Bd. 58 (N. F. 19) 1930, S. 161 ff.; P. von Roell/ G. v. Eppstein: Bismarcks Staatsrecht, 1903, S. 382 ff.; A. Köttgen, Das deutsche Berufsbeamtentum und die parlamentarische Demokratie, 1928. Weitere Literatur und Rechtsprechung zu diesem Thema findet man bei D.Th. Tsatsos/M. Morlok, Parteienrecht, 1982, S. 3 ff; D.Th. Tsatsos, Die parlamentarische Betätigung von öffentlichen Bediensteten. Das Problem ihrer Beschränkbarkeit, Bad Homburg v.d.H., 1970, S. 117 ff.; das Prinzip der parteipolitischen Neutralität des Staates setzt sich, wenn auch »nur« in der Form der Skepsis gegenüber der Parteiinstitution auch in der Weimarer Republik durch: in Art. 130 WRV wird bestimmt, dass der Beamte »Diener der Gesamtheit, nicht einer Partei« ist.

39 Vgl. dazu ausführlich D.Th. Tsatsos, Zu einer gemeinsamen europäischen Parteirechtskultur?, in: DÖV 1988, S. 1 (3), abgedruckt auch in M. Morlok, H.-R. Schmidt, D. Stefanou (Hrsg.), a.a.O. (Fn. 2) S. 537 ff.

weil ihr Wirken eine wie auch immer zu verstehende *vorweggenommene Demokratisierung* bzw. eine Parteikonformität der europäischen Institutionenordnung *voraussetzt*. Eine solche Sackgasse wäre mit der Logik der Geschichte von Institutionen unvereinbar.

d) Für die hier vorgeschlagene Inanspruchnahme der Parteiungeeignetheitsthese als wichtiges Element der ratio constitutionis des Art. 191 EGV bietet auch der Rückgriff auf die *duale institutionelle Konzeption* der Europäischen Unionsgrundordnung Argumente; sie stellt – das entspricht inzwischen herrschender Meinung – eine *Union von Staaten und eine Union von in Völkern gruppierten Bürgern* dar[40]. Handelte es sich *nur* um eine Union von Staaten, so würde ein Bedürfnis nach Europäischen Politischen Parteien sicherlich nicht so dringend bestehen, da intergouvernemental alles zu regeln wäre, und es bedürfte lediglich der Legitimation durch die nationalen Parlamente. In einer solchen eingleisigen Konzeption der Europäischen Unionsgrundordnung könnte sogar die These von der *parteipolitischen Ungeeignetheit der europäischen* institutionellen Ordnung verständlich klingen. Jedoch weist der Integrationsprozess eine zweite Ebene bzw. Legitimationsgrundlage auf, nämlich die *Ebene der Bürger*. Also sind auch sie in ihrer *Eigenschaft als europäische Bürger*, meistens in ihrer Gruppierung in Völkern, *Legitimationsgrundlage der Union*. Gerade hierfür bedarf es aber der Europäischen Politischen Parteien. Ist es das Ziel, aus einem *bürokratischen* ein *demokratisches* Europa zu entwickeln, so sind die Europäischen Politischen Parteien nicht wegzudenken, und zwar unabhängig davon – und darauf kommt es hier an –, ob ihre Entstehung und ihr Wirken auf Europäischer Ebene als *leicht* oder als *schwierig* bezeichnet werden kann, oder ob für ihr Wirken »günstige« oder »ungünstige« Bedingungen gegeben sind. Die Europäischen Politischen Parteien sind gerade im Hinblick auf das Europa von Bürgern unentbehrlich. *Die Europäischen Bürger bzw. Völker müssen sich als solche politisch in den Funktionen der Europäischen Unionsgrundordnung wiederfinden*. Nur so kann nämlich eine Gesellschaft auf europäischer Ebene *im Sinne eines Gemeineuropäischen Bewusstseins entstehen.*

IV. Nachgedanken und Schlussbetrachtungen

1. Die vorausgegangenen Überlegungen dürfen nicht dahin verstanden werden, dass die Europäischen Politischen Parteien in der Erfüllung ihrer Aufgaben auf der unionalen Ebene *nicht den Besonderheiten und somit den Schwierigkeiten begegnen, die der Unionsgrundordnung immanent sind*[41]. Deshalb kann man nicht ohne weiteres auf die Entwicklung der nationalen Parteien zurückgreifen und so tun, als

40 I. Mendez de Vigo/D.Th. Tsatsos-Bericht über den Vertrag von Amsterdam, EuGRZ 1998, S. 72 ff., abgedruckt auch in D.Th. Tsatsos (Hrsg.), Konstitutionalisierungsprozess, a.a.O. (Fn. 2) S. 49 ff.; D.Th. Tsatsos, Die Europäische Unionsgrundordnung, 2002, S. 99 ff.

41 Vgl. R. Bieber, a.a.O. (Fn. 7).

ob es sich um einen parallelen Prozess handeln würde. Zum Vergleich zwischen europäischen und nationalen Parteien sei deshalb auf Folgendes hingewiesen:

a) Entstehungsprozess und Tätigkeitsbereich der Europäischen Parteien weichen von denen der nationalen ab. Die Verfassungsbestimmungen, durch die die nationalen Parteien institutionell verfestigt wurden, sind erst dann eingeführt worden, als die politische Wirklichkeit, *d.h. die Geschichte*, die nationale Partei hervorgebracht hatte. Die Aufnahme der Partei in die Verfassung als Institution war die Folge einer gefestigten institutionell-politischen Wirklichkeit. Auf europäischer Ebene ist hingegen eine *gegenläufige Entwicklung* zu beobachten. Im Falle der Europäischen Politischen Partei greift der Gesetzgeber ein, um die Entwicklung zu Europäischen Parteien erst zu *ermöglichen*, sogar zu *fördern*; dies alles in der *legitimen Hoffnung*, dass der Begriff später mit Wirklichkeit ausgefüllt wird. Es ist gerade jene Überzeugung von der Notwendigkeit politischer Parteien auf europäischer Ebene, die dazu geführt hat, dass die Verträge die institutionellen Bedingungen von zukünftigen Europäischen Politischen Parteien durch Art. 138a (Amsterdam), wie auch durch Art. 191 EGV *rechtlich abgesichert haben.*

b) Der eben angesprochene (partei)unorthodoxe Entstehungsprozess der Europäischen Parteien hat eine überzeugende Erklärung. Die Europäische Union, die kein Staat ist, nicht als solcher entstanden ist und auch nicht als solcher verstanden werden kann, stellt eine rechtlich verfasste Ordnung dar, die auf der Grundlage des *Völkerrechts entstanden* ist. Nicht die Völker und ihre Bürger, sondern die *Regierungen der Staaten* haben die Europäische Union durch einen völkerrechtlichen Vertrag gegründet. Die Völker und die gesellschaftlichen Kräfte waren also in der ersten Phase des Integrationsprozesses *keine diese neue Ordnung unmittelbar demokratisch legitimierenden Faktoren.* Damit war aber auch die Entstehung von Parteien als *Mitgestalter* der Gründung dieser neuen Ordnung zunächst schwer vorstellbar. Mittelbar haben hieran die *nationalen* Parteien sicher mitgewirkt, indem sie die Legitimation der nationalen Regierung *auch in Bezug auf ihr Wirken auf europäischer Ebene* stützten. Aus dieser wichtigen Legitimationsaufgabe der nationalen Parteien auf europäischer Ebene ergibt sich vielleicht doch die Erklärung, weshalb sie hemmend auf die (Fort)Entwicklung *europäischer* Parteien gewirkt haben.

c) Mit der bürokratischen Entstehung und dem anfänglichen Wirken der ersten Integrationsformen begann eine Entwicklung der *Politisierung jener Ordnung.* Dies geschah durch die Gründung und Fortentwicklung eines *Europäischen Parlaments*, die *Direktwahl* der Europaabgeordneten, die Ausweitung des *Transparenzprinzips*[42] usw. Mit dieser Politisierung entwickelte sich ein faszinierender Transformations-

42 Es ist bedauerlich, dass die wichtigen Schritte, die in Bezug auf den Ausbau des Transparenzprinzips in der Europäischen Union gemacht worden sind, sehr oft – wie auch hier – keine Beachtung finden. Für einen Überblick über die Entwicklung der Transparenzproblematik in der Europäischen Unionsgrundordnung vgl. ausführlich D.Th. Tsatsos (Hrsg.), Konstitutionalisierungsprozess, a.a.O. (Fn. 2) S. 18-29.

prozess: Die Europäische Union als ausschließliche Union von Staaten wurde immer mehr *auch zur Union der Bürger und der Völker*. Dieser Transformationsprozess war auch *die Stunde der Parteien auf Europäischer Ebene*.

d) Somit gestaltete sich für die Parteien auf Europäischer Ebene die Aufgabe, diese Politisierung zu vertiefen und durch ihr Wirken *den europäischen demokratischen Strukturen Substanz zu verleihen*. Zwar wirken nationale politische Parteien längst auf europäischer Ebene weiter mit und werden auch in Zukunft *eine wichtige europabezogene Funktion innehaben*. Dies ergibt sich bereits daraus, dass die Gemeinschaftsorgane aus nationalpolitisch und somit auch parteipolitisch legitimierten Vertretern der Mitgliedstaaten bestehen oder dass sie in einem Wahlverfahren von den Völkern der Mitgliedstaaten in das Gemeinschaftsorgan Europäisches Parlament entsandt werden, dessen Besetzung bisher nach dem nationalen Wahlrecht und unter Mitwirkung (nur) von nationalen politischen Parteien erfolgte.

e) Gerade aus der eben geschilderten europabezogenen Bedeutung der nationalen Parteien *hat sich auch die politische Notwendigkeit einer Koordination ihrer europabezogenen Arbeit ergeben*. Dies erfolgte zum einen durch die Bildung von *»Fraktionen«* im Europäischen Parlament, zu denen sich Abgeordnete nationaler Parteien der gleichen politischen Richtung zusammengeschlossen haben, und zum anderen durch die Gründung von *Parteidachorganisationen*, in denen die Bemühungen um eine Harmonisierung der nationalen Parteipolitiken auf europäischer Ebene organisiert werden. Das sind erste aber wichtige Schritte hin zur Institution der Europäischen Politischen Partei.

2. Auch wenn man davon ausgehen will, dass die institutionelle Willensbildung auf europäischer Ebene bisher, weil ihre Legalität und Legitimität in den souveränen Mitgliedstaaten verankert ist, von der nationalen Politik und somit von den nationalen politischen Parteien geprägt wird, ist die Entwicklung hin zu autonomen europäischen Parteien, wenn auch langsam, so doch aber nicht aufzuhalten. Je autonomer die politische Entscheidungsgewalt der Unionsorgane wird, desto größer ist der Bedarf einer unmittelbaren Legitimation und Kontrolle, welche über die aus der Funktion der nationalen Parteien resultierende Legitimation und Kontrolle *hinausgeht*. Deshalb gibt der Schritt zur Europäischen Union für den Stellenwert der Parteipolitik im Prozess der europäischen politischen Willensbildung neue Signale.

3. Symbolisiert durch die begriffliche Erweiterung der europäischen Ordnung durch den Terminus Union, ausgelöst durch eine *Stärkung von Eigenständigkeitsmomenten* der europäischen Rechtsordnung, insbesondere durch die Einführung der *Unionsbürgerschaft*, stellt sich die Frage, ob der europäische politische Willensbildungsprozess durch die Mitwirkung der *nationalen* Parteien und ihre Koordinationsstrukturen stark genug legitimiert wird. Zur Begründung der Verneinung dieser Frage können zwei Überlegungen beitragen:

a) Erstens: Gingen die Vertragspartner davon aus, dass die Institution der nationalen Partei den Legitimationsbedarf der europäischen Willensbildung abdeckt, so wäre *Art. 191 EGV überflüssig.*
b) Zweitens spricht der Wortlaut des Art. 191 EGV deutlich dafür, dass hier eine neue Institution angesprochen wird: »Politische Parteien auf europäischer Ebene sind wichtig als Faktor der Integration in der Union. Sie tragen dazu bei, ein europäisches Bewusstsein herauszubilden und den politischen Willen der Bürger der Union zum Ausdruck zu bringen.« Das Bundesverfassungsgericht hat dieses Bedürfnis ebenfalls festgehalten, indem es in seinem Maastricht-Urteil vom 12.10.1993 von der »... Notwendigkeit, zu der über die nationalen Parlamente vermittelten demokratischen Legitimation und Einflussnahme eine Repräsentation der Staatsvölker durch ein Europäisches Parlament hinzutreten zu lassen ...« spricht[43]. Vor diesem Hintergrund ist auch die Europafunktion der Parteien nach Art. 191 EGV zu interpretieren.
4. *Zusammenfassend und abschließend:* Wenn Art. 191 EGV klar und in aller Deutlichkeit die Gründung von europäischen politischen Parteien mit dem Auftrag verbindet, ein »europäisches Bewusstsein herauszubilden«, kann man weder seinem Wortlaut noch seiner Logik entnehmen, dass jenes Bewusstsein *bereits vorhanden ist.* Eher spricht jene Formulierung für das Gegenteil. Das Gleiche gilt für die Aussage des Art. 191 EGV über die Mitwirkung europäischer Parteien am *Integrationsprozess* und für ihre Aufgabe, »den politischen Willen der Bürger der Union zum Ausdruck zu bringen«. Mit anderen Worten: Die Erfüllung der durch Art. 191 EGV an die Europäischen Parteien erteilten institutionellen Aufgaben setzt nicht eine *bereits erfolgte Demokratisierung voraus*, sondern *sie hat sie zum Ziel.* Anders ausgedrückt: Je ungünstiger die Bedingungen ihres Wirkens im unionalen Institutionengefüge, desto »geeigneter« ist die Europäische Unionsgrundordnung als Betätigungsfeld – besser als politisches Kampffeld – Europäischer Politischer Parteien.*

43 BVerfGE 89, 155 (184).

* Für wertvolle technische Hilfe und Materialzusammenstellung bedanke ich mich bei meiner Mitarbeiterin Christiane Abels.

Teil 4

Föderalismus als gelebte Verfassungsordnung

Rechtsvergleichung: Chancen und Lehren für den Föderalismus

Thomas Fleiner

Hans Peter Schneider hat sich in seiner wissenschaftlichen und praxisnahen Beratertätigkeit immer auch erfolgreich auf die verfassungsrechtliche Rechtsvergleichung abgestützt. Es liegt deshalb nahe, seinem wissenschaftlichen Werk einen Aufsatz zu diesem Thema zu widmen. Dabei soll zunächst auf die Schwierigkeit der Rechtsvergleichung und die Notwendigkeit einer sorgfältigen Methode eingegangen werden, um dann in einem zweiten Teil die Bedeutung der Rechtsvergleichung im Bereich des Föderalismus aufzuzeigen und darzulegen, inwieweit daraus Lehren zu ziehen sind.

Aufgaben und Probleme der Rechtsvergleichung

Unterschiedlich Bedeutung der Rechtsvergleichung

Die Rechtsvergleichung gehört zur alten Tradition des Privatrechts. Die Zeit der grossen Kodifikationen im kontinental-europäischen Raum war letztlich nur auf der Grundlage einer breiten wissenschaftlich fundierten Rechtsvergleichung möglich.

Die verfassungs- und verwaltungsrechtliche Rechtsvergleichung hingegen gehört wie auch das öffentliche Recht selbst zu den jüngeren Disziplinen der Rechtswissenschaft. Das Verwaltungsrecht und mit ihm das öffentliche Recht der Länder des kontinental-europäischen Rechtsystems hat sich namentlich über die Rechtssprechung des Conseil d'Etat in Frankreich im 19. Jahrhundert und über deren Rezeption in den verschiedenen anderen Staaten des Kontinents so auch in Deutschland und in der Schweiz entwickelt. Auch diese »Rezeptionen« waren letztlich nichts anderes als ebenso Früchte der Rechtsvergleichung.

Mit dem neuen Grundgesetz hat die Verwaltungsrechtswissenschaft der Bundesrepublik Deutschland nach dem zweiten Weltkrieg gestützt auf die umfassende Verfassungsrechtsprechung des Bundesverfassungsgerichts wie auch gestützt auf die im Grundgesetz garantierte Rechtsweggarantie eine führende Rolle Bereich der Wissenschaft des Verfassungs- und Verwaltungsrechts übernommen.

Seit den 90er Jahren und dem Fall der Berliner Mauer sind über die Globalisierung neue grundlegende Themen im Zeichen der universellen Geltung der Menschenrechte aus der angelsächsischen Rechtswelt wie »rule of law«, »access to independent and impartial justice«, »transparency«, »decentralization« als Kriterien der guten Regierungstätigkeit (Good Governance) in den wissenschaftlichen Diskurs der Rechtsvergleichung eingeflossen.

In den Common Law Ländern hat sich heute allerdings eine intensive Auseinandersetzung über die Frage entwickelt, inwieweit die Gerichte berechtigt oder gar verpflichtet sein sollen, die Rechtsprechung internationaler Gerichte des Völkerrechts oder gar der höchsten Gerichte anderer Länder etwa im Bereich der Rechtsprechung zu den Menschenrechten zu übernehmen. Vor allem in den USA hat die Gegnerschaft einiger Richter des obersten Gerichtshofes gegen solche Rezeptionen unter der Führung von Justice Scalia diese Auseinandersetzung geschürt.[1]

Der Anspruch, über das beste Recht zu verfügen und von keiner anderen Rechtsprechung lernen zu müssen, ist kaum überraschend für ein Land, das sich aus dem einst gegen seine Kolonialmacht England rebellierenden Agrarland zu einer Supermacht in Politik, Wirtschaft, Wissenschaft und Technologie entwickelt hat. Dennoch sollten sich gerade die Wissenschafter einer Supermacht der Tatsache bewusst werden, dass bis heute jedes Weltreich an seiner Arroganz gescheitert ist, nicht mehr von anderen lernen zu müssen und lernen zu wollen.

Adressaten

Rechtsvergleichende Erkenntnisse richten sich an unterschiedliche Adressaten und haben auch je nach Adressat eine unterschiedliche Bedeutung. Funktion und Auswirkung der Rechtsvergleichung unterscheiden sich somit wesentlich je nach dem Adressaten der jeweiligen Regierungsgewalt, der sie sich zu Eigen machen kann. Richter sind dazu eher in der Lage als der Gesetzgeber, der Gesetze erlassen muss, die politisch gerechtfertigt werden müssen, um die Unterstützung der Wählerinnen und Wähler zu finden. Aber auch für den Gesetzgeber sind ähnliche ausländische Gesetze oft Grund genug, um sich von ihnen für die eigene Gesetzgebung inspirieren zu lassen. Die Exekutive, die die internationale Kriminalität zu bekämpfen hat, wird sich ihrerseits von international anerkannten Modellgesetzen leiten lassen. Aus

1 Vgl. Antonin Scalia, International Influences on National Legal Systems *http://www.fulbright.org.il/fileadmin/fulbright/editor/images/news/Documents_for_news/Scalia_50th_symposium_speech.doc*, Chief Justice William Rehnquist, Foreword zu Defining the Field of Comparative Constitutional Law ed. Vicki Jackson and Mark Tushnet, London 2002, ESKRIDGE William N., United States: Lawrence v. Texas and the imperative of comparative constitutionalism, I.CON, 2004 S. 555, Aharon Barak, Comparative Law, Originalism and the Role of a Judge in a Democracy: A Reply to Justice Scalia, *http://www.fulbright.org.il/fileadmin/fulbright/editor/images/news/Documents_for_news/Barak_50th_symposium_speech.doc*; Full written transcript of Scalia-Breyer debate on foreign law, *http://www.freerepublic.com/focus/f-news/1352357/posts.*

diesem Grunde ist die Rechtsvergleichung stets auch im Kontext zu ihren jeweiligen Adressaten zu analysieren.

Gerichte

Gerichte als Adressaten der Rechtsvergleichung sind wohl die wichtigsten Adressaten, weil sie rechtsvergleichende Erkenntnisse unmittelbar in ihre Rechtsprechung fliessen lassen können. Im berühmten amerikanischen Entscheid Lawrence v. Texas[2] hat sich der amerikanische Supreme Court unmittelbar vom Europäischen Gerichtshof für Menschenrechte beeinflussen lassen und seine frühere Rechtsprechung geändert. Er hat nämlich entschieden, dass der Oralverkehr zwischen Erwachsenen im Privatbereich nicht als Verbrechen behandelt werden dürfe. Rechtsgleichheit und Menschenwürde erfordere die Achtung des Freien Willens der Betroffenen.

Die Richter sind am ehesten in der Lage, in ihrer Rechtsprechung der allgemeinen Tendenz der Universalisierung namentlich im Bereich der Menschenrechte Rechnung zu tragen. Rechtsvergleichung dient den Richtern als zusätzliche rationale Argumentation zur Rechtfertigung der verfassungs- aber oft auch verwaltungsrechtlichen Interpretation. Solange das Recht wie in den Ländern des Common Law namentlich über die Rechtssprechung geschaffen und entwickelt wird, ermöglicht die Rechtsvergleichung den Gerichten, etwa im Bereich des Rechtsschutzes gegen Staat und Verwaltung bei der Konkretisierung staatsübergreifend voneinander lernen zu können.[3]

Auf dem Gebiet der Verfassungsrechtsprechung hat die Rechtsvergleichung weltweit an Bedeutung gewonnen. Die Rechtsprechung im Verfassungsrecht ist (ausser in Ländern ohne geschriebenes Verfassungsdokument) nicht nur unmittelbare Wortauslegung der Verfassungsnormen. Sie ist namentlich auch in der Verfassungsrechtsprechung im kontinentaleuropäischen Recht zur eigentlichen Grundlage für neue kreative und weiterführende Verfassungsrechtsprechung geworden und deshalb mit den Verfassungsgerichten der Common Law Länder durchaus vergleichbar.[4]

In einigen neueren Verfassungen finden sich schliesslich auch ausdrückliche Vorschriften, die die Verfassungsrichter verpflichten die internationale Rechtsprechung im Bereich der Menschenrechte zu berücksichtigen. So regelt Section 39c der Südafrikanischen Verfassung ausdrücklich die Pflicht bzw. Kompetenz der Gerichte

2 123 S. Ct. 2472 (2003) sowie William N. Eskridge Jr. I.Con 2004 555ff.
3 Justice Dr. Durga Das Basu, Comparative Constitutional Law New Delhi 1984, S. 9ff.
4 Für das Schweizerische Bundesgericht kann namentlich auf BGE 125 I 369 folgende hingewiesen werden. In diesem Entscheid befasst sich das oberste Gericht mit der Rechtsprechung der Verfassungsgerichte der Nachbarstaaten zur Scientology Religion. (Entscheid vom 30. Juni 1999, Verein «Scientology Kirche Basel und M. gegen Regierungsrat und Grosser Rat des Kantons Basel-Stadt; staatsrechtliche Beschwerde).

internationale Rechtsprechung wie auch die Rechtsprechung anderer Länder im Bereich der Grund- und Menschenrechte zu berücksichtigen.[5]

Gesetzgeber

Richtet sich die Rechtsvergleichung aber an den Gesetzgeber erhält sie eine politischere Dimension. Als Atatürk sich zur Rezeption der westlichen Rechtskodifikationen wie etwa des schweizerischen Zivilrechts durch die Türkei entschied, wollte er über diesen Weg das Land reformieren und säkularisieren. Die Rezeption diente eigentlich politischen und gesellschaftlichen Zielen. Um die Gesellschaft umzugestalten, musste westliches Recht übernommen werden.

Wenn somit der Gesetzgeber ausländisches Recht ins innerstaatliche Recht übernimmt, ist dies ein politischer Akt der Souveränität, der sich von der Interpretation eines Verfassungsgerichts unterscheidet. Wenn der Gesetzgeber zum Adressaten wird, erhält die Rechtsvergleichung somit eine eigentlich politische Dimension. Sie richtet sich an den Souverän des Landes, das heisst an den politisch verantwortlichen Gesetzgeber der Nation.

Der Richter, der die Gesetze anwenden muss, kann sich nur dann auf die Rechtsvergleichung abstützen, wenn die Gesetze dies zulassen und das Gericht einen entsprechenden Interpretationsspielraum hat. Im Gegensatz zu den Common Law Richtern, die sich in ihrer verwandten Rechtsprechung des Commonwealth letztlich immer auf die mittelalterlichen Fälle der englischen Gerichte abstützen können, finden Richter der Länder des »Civil Law« ihre Grundlage in der Souveränität ihres Staates und in der Kompetenz des Verfassungs- und Gesetzgebers aus eigenem »Recht« Recht zu schaffen.

Da im Gegensatz dazu die Kompetenz der Richter in den Staaten des Common Law bedeutend umfassender ist, können diese deshalb viel eher schöpferisch aus der Rechtsvergleichung lernen. Ihre Erkenntnisse wiederum können unmittelbar in die Rechtssprechung anderer Länder des Commonwealth einfliessen.

Im kontinentaleuropäischen Recht sind die Richter an den Rahmen der Interpretationsmöglichkeit der Gesetzesauslegung gebunden. In diesem Rahmen können Erkenntnisse der Rechtsvergleichung in die Entscheidbegründung oder gar in die Entscheidfindung einbezogen werden. Darüber hinaus hingegen lassen sich dem politischen Gesetzgeber gegenüber lediglich Impulse für neue Rechtssetzung geben. Lehren mit rechtlicher Bedeutung lassen sich aus der Rechtsvergleichung selbst nur beschränkt ableiten. Der politische Gesetzgeber lässt ausländische Einflüsse auf die Gesetzgebung nur in beschränktem Rahmen zu.

5 »Section 39 Interpretation of Bill of Rights
(1) When interpreting the Bill of Rights, a court, tribunal or forum –
(a) must promote the values that underlie an open and democratic society based on human dignity, equality and freedom:
(b) must consider international law; and
(c) may consider foreign law.«

Die zunehmende Globalisierung führt allerdings auch dazu, dass die Gesetzgeber in vielen Bereichen (z.B. Bekämpfung des Terrorismus, der Korruption, Gentechnologie, Stammzellenforschung, Umweltschutz etc.) gleichzeitig, manchmal gar koordiniert Gesetze erlassen müssen. Diese Gleichzeitigkeit zwingt die politischen Gesetzgeber verschiedenster Länder immer dazu, auch Gesetzesentwicklungen anderer Staaten zu berücksichtigen und deren Ergebnisse in der eigenen Gesetzgebung zu berücksichtigen. In der Schweiz ist die Exekutive, d.h. der Bundesrat verpflichtet, bei Gesetzesvorlagen an das Parlament aufzuzeigen, wie die entsprechenden Probleme in anderen Ländern durch entsprechende Gesetze oder durch die Rechtsprechung gelöst wurden.[6]

Rechtswissenschaft

Für die Rechtswissenschaft hat die Rechtsvergleichung aus den folgenden Gründen zunehmend an Bedeutung gewonnen:

- Für den Völkerrechtler ist die verfassungsrechtliche Rechtsvergleichung unerlässlich, weil er die verschiedenen Konzepte der Integration des Völkerrechtes in das Landesrecht kennen muss, um zu wissen, welche Ratifikationsprozesse bzw. welche Normen in bilateralen oder multilateralen Verträgen möglichst grosse Garantie für eine integrale Umsetzung des Völkerrechts ins Landesrecht bieten.
- Für den Rechtsphilosophen, weil namentlich über die Rechtsvergleichung universelle Rechtsprinzipien erkennbar werden.
- Für den Verfassungsrechtler, weil er über den Vergleich mit anderen Verfassungssystemen beispielsweise sein eigenes Regierungssystem besser kennen lernt, weil er die Bedeutung des nationalen Verfassungsrechts nur im internationalen Kontext erkennen und nur über die Rechtsvergleichung andere Verfassungssysteme verstehen kann,
- Für den Verwaltungsrechtler, weil er die Institutionen seines eigenen Verwaltungsrechts nur im Vergleich zu den anderen verwaltungsrechtlichen Systemen verstehen und einordnen kann, weil er in vielen Fällen internationales Recht anwenden und wissen muss, wie es von anderen Staaten angewendet werden wird.

Probleme der Vergleichung

Das Kriterium des Vergleichs

Wer zwei oder mehrere Dinge miteinander vergleichen will, muss dies immer unter dem Gesichtspunkt eines Kriteriums d.h. unter dem Blickwinkel des »*tertium comparationis*« tun. Dieses Vergleichskriterium kann das Recht eines bestimmten (z. B.

6 Parlamentsgesetz Artikel 141 Abs. 2a.

des eigenen) Staates sein, welches man zu dem für alle anderen Staaten massgebenden Recht verwendet.
Diese Methode ist für die Rechtsvergleichung allerdings wenig hilfreich, weil sie gewissermassen ohne kritische Hinterfragung ein bestimmtes Rechtssystem als wegweisend bestimmt. Sie führt deshalb in der Regel zur oberflächlichen Vergleichung, denn oft nimmt man das eigene Recht als Bezugspunkt, um an diesem Massstab das andere Recht meist nur soweit zu untersuchen, als es zur Bestätigung der Güte und Qualität des eigenen Rechts dienlich ist. Weshalb anderes Recht anders gestaltet ist und inwieweit beispielsweise andersartige Normen im Rahmen andersartiger Verfahren durchaus zu ähnlichen oder möglicherweise sogar zu besseren Resultaten führen, diese Frage wird meist gar nicht mehr gestellt.
Das *»tertium comparationis«* kann aber auch ein allgemeines oder universelles Rechtsprinzip sein, das von internationalen Organisationen zur Beurteilung der »Güte« eines innerstaatlichen Rechtssystems herangezogen wird. So lässt sich beispielsweise der Grundsatz der Rule of Law als allgemeines Rechtsprinzip heranziehen und mittels dieses Prinzips überprüfen, welches Verfassungssystem dem Erfordernis der Unabhängigkeit der Gerichte oder dem Erfordernis des allgemeinen Grundrechts auf Zugang zu den Gerichten (access to justice) am ehesten gerecht wird.
Ein heute besonders bedeutsames Kriterium des Vergleichs ist der Minderheitenschutz. Die Stellung der Minderheiten im Verfassungssystem, ihr Rechtsschutz und ihre Möglichkeiten, ihre eigene Sprache und Kultur pflegen und entwickeln zu können, sind zweifellos wichtige Kriterien, an denen Verfassungs- und Verwaltungsrechtssysteme verschiedener Länder miteinander verglichen werden können. Gerade hier zeigt sich aber wie sehr das Kriterium des Minderheitenschutzes nicht nur die Rechtsvergleichung beeinflusst sondern unmittelbar auch von dieser direkt oder indirekt bestimmt wird. Standards eines realistischen Minderheitenschutzes lassen sich nur aus der Rechtswirklichkeit von Rechtssystemen ableiten. Fern von jeder Wirklichkeit gelebter gesellschaftlicher Auseinandersetzungen zwischen Mehrheit und Minderheit lassen sich solche Kriterien kaum aus der *»reinen Vernunft«* ableiten.
Damit wird allerdings auch wiederum die Relativität der Rechtsvergleichung offenbar. Wie jede andere Rechtswissenschaft ist auch die Rechtsvergleichung in den historischen und gesellschaftlichen Kontext eingebunden. Sie kann nur Schritt für Schritt den Weg zu besserem Recht weisen, weil auch das Kriterium des Vergleichs letztlich im Kontext zu dieser Wirklichkeit entwickelt wird.

Das Recht im Kontext der Sprache und der Rechtskultur

Gerade das Prinzip der Rule of Law als universelles Rechtsprinzip ist aber auch geeignet, die Schwierigkeiten der Rechtsvergleichung im internationalen Kontext aufzuzeigen. Während beispielsweise das angelsächsische Verständnis des Begriffs

»*Law*« in enger Beziehung zu den ungeschriebenen Rechtsprinzipien der »*natural justice*« oder des »*due process*« zu verstehen ist, steht das deutsche Rechtsstaatsverständnis in viel engerem Zusammenhang zum positiven gesetzten Recht. Und in der Tat bedeutet rule of law in einem Rechtssystem der Tradition des französischen civil law viel eher die Bindung des Richters an den Gesetzgeber (État légal) denn eine Bindung des Gesetzgebers an überpositive Rechtsprinzipien.
Aber auch der Gesetzesbegriff lässt sich nicht ohne weiteres vom Deutschen oder Französischen ins Englische übersetzen. Law ist im Englischen viel mehr als nur Gesetz, es ist die über das positiv gesetzte Recht hinaus auch die Synthese der historisch gespeicherten Rechtsweisheiten der Rechtsprechung. Der englische Begriff des »*Statutes*« oder der »*Bill*« wiederum sind zwar auch Gesetze. Der Begriff der Statute oder Bill (Gesetzesvorschlag) wiederum ist aber viel enger zu verstehen als der Begriff des Gesetzes im formellen und materiellen Sinne in unserem Recht.
Aber auch im föderalistischen Kontext zeigen sich grösste Schwierigkeiten bei der Übersetzung. Will jemand beispielsweise den deutschen Terminus »Vollzugsföderalismus« ins Englische anstatt mit »administrative federalism« mit »executive federalism« übersetzen, wird er oder sie auf Unverständnis stossen. Umgekehrt wäre die englische Übersetzung Verwaltungsföderalismus in unseren Breitengraden völlig unverständlich. Gleiches Unverständnis ernten Kanadier, wenn sie bei Europäern für ihr Schlüsselwort des Föderalismus nämlich für »*intergovernmental relationship*« werben.
Selbst das Wort Föderalismus hat somit je nach Sprache, Kultur und Tradition unterschiedliche Bedeutungen. Im angelsächsischen Kulturbereich gilt es oft als Schimpfwort für übertriebenen Zentralismus während es in Spanien der Anarchie und Einladung zur Sezession gleichgestellt wird.

Recht im Kontext des Rechtssystems

Schliesslich kann Rechtsvergleichung nur dann konstruktiv zur generellen Rechtsentwicklung beitragen, wenn die verschiedenen Institutionen im Gesamtzusammenhang des ganzen Rechtssystems verglichen werden. Der schweizerische Begriff der »Verfügung« hat sich zwar aus der deutschen und französischen Institution des Verwaltungsaktes bzw. des »*acte administratif*« entwickelt. Neben seiner in der Rechtsprechung des Conseil d'Etat im 19. Jahrhundert entwickelten ursprünglichen Funktion, Gegenstand einer Rechtsbeschwerde zu bilden, hat sich die Verfügung (in Deutschland Verwaltungsakt) im schweizerischen Recht zum fast ausschliesslichen verwaltungsrechtlichen Institut des Rechtsschutzes entwickelt, die im Gegensatz zum französischen Verwaltungsrecht aber generell abstrakte Erlasse wie etwa Verordnungen als Beschwerdegegenstand ausschliesst.

Verwaltungsrechtliche Rechtsvergleichungen im Bereich der kontinentaleuropäischen Länder müssen somit immer im Gesamtzusammenhang des Rechtsschutzes des betreffenden verwaltungsrechtlichen Systems beurteilt werden.

Rechtsgeschichte

Neben dem Einbezug in den Gesamtzusammenhang des Rechtssystems müssen beispielsweise verwaltungsrechtliche oder verfassungsrechtliche Vergleichungen auch immer im historischen Bezug untersucht werden. Wie könnte man beispielsweise ohne historischen Bezug das derzeitige französische Regierungssystem der Verfassung von 1958 mit dem Regierungssystem von Weimar ohne historischen Bezug vergleichen? Die Stellung des amerikanischen Senates wiederum ist ohne Kenntnis der damaligen Stellung der oberen Kammer im Vereinigten Königreich ebenso wenig zu verstehen wie der heutige Artikel 9 der japanischen Verfassung, der dem Kaiser und Staatsoberhaupt (Tenno) das Kriegsschwert der Armee entzieht.
Auch die besondere Stellung des öffentlichen gegenüber dem Privatrecht als Sonderheit der Länder mit kontinentaleuropäischem Rechtssystem lässt sich ohne Kenntnis der französischen Revolution und des Willens Napoleons, den Staat als Instrument zur Veränderung der Gesellschaft einzusetzen, kaum verstehen.

Ursache der Unterschiede

Rechtsvergleichende Untersuchungen sollten sich nicht damit begnügen, lediglich Unterschiede aufzuzeigen. Ohne auf die Ursachen und Gründe der unterschiedlichen Lösungen einzugehen, ist Rechtsvergleichung wenig hilfreich. Die Rechtsvergleichung muss auch das »warum« des Unterschiedes einbeziehen und die jeweils andere Lösung im rechtlichen, politischen und sozialen Gesamtkontext des jeweils anderen Landes untersuchen. Wer auch das »warum« in die Methode der Rechtsvergleichung einbezieht, darf sich weder auf das nur geschriebene Wort noch allein auf eine Gerichtspraxis beschränken. Zu untersuchen sind vielmehr die gesellschaftlichen, historischen und politischen Gründe, welche zu einem bestimmten Ergebnis geführt haben.
Wir können uns beispielsweise nicht damit begnügen festzustellen, dass die Praxis der Gerichte in den USA betreffend den Schutz der sogenannten *»hate-speech«* im Bereich der Meinungsäusserungsfreiheit oder der Schutz der Glaubens- und Gewissensfreiheit gegenüber Sekten unterschiedlich ist. Der Rechtsvergleich kann nur weiterführen, wenn man auch untersucht, weshalb die Gerichte in den USA und in Europa zu unterschiedlichen Resultaten kommen und die Meinungsäusserungs- und Glaubens- und Gewissensfreiheit jeweils anders interpretieren. Hinweise auf die Multikulturalität, auf die geschichtliche Erfahrung und auf das unterschiedliche Verständnis des säkularen Staates müssten ebenso herangezogen werden, wie die

Darlegung eines unterschiedlichen Staats- aber auch Grundrechtsverständnisses der beiden Rechtssysteme.
Es nützt auch wenig, oberflächlich festzustellen, dass in einigen Gliedstaaten der USA die Todesstrafe nach wie vor verfassungsrechtlich zulässig ist, während sie nach den Konventionen des Europarates verboten ist. Der entscheidende Grund liegt wohl einerseits in der unterschiedlichen Sicht der Zielsetzung des Strafrechts (Rache, Prävention oder Erziehung und Wiedereingliederung in die Gesellschaft) wie auch in einem unterschiedlichen Verständnis des Strafverfahrens. Wer sich für das Verbot der Todesstrafe einsetzt, muss konsequenterweise auch der Wiedereingliederung in die Gesellschaft als Hauptziel der Sanktion Priorität einräumen.

Föderalismus und Bundesstaatsrecht

Mit der neuen, vom Forum of Federations, einer internationalen Nichtregierungsorganisation, an der neuerdings auch die Bundesrepublik Deutschland mitwirkt, herausgegebenen Reihe »Global Dialogue«[7] wird erstmals in der Wissenschaftsgeschichte der umfassende Versuch gewagt, verschiedene Themen föderaler Verfassungen rechtsvergleichend zu untersuchen. Autoren aus den betreffenden Ländern haben die Aufgabe, Themen wie Verfassungsgrundlage, Aufgabenteilung, Lokale Autonomie, Finanzverfassung, Auswärtige Beziehungen, zentrale Gewalten im Föderalen Staat und multikulturelle Vielfalt nach einem gemeinsamen Konzept darzustellen. Koordiniert wird die jeweilige Publikation durch einen Themenkoordinator dem die Aufgabe zufällt, das Konzept zu erarbeiten und anschliessend die behandelten Themen in einer rechtsvergleichenden Synthese zusammenzufassen.
Mit dieser Publikation wird erstmals eine umfassende Darstellung, verschiedener typischer föderalistischer Lösungsansätze publiziert, die für zukünftige föderale Verfassungen wohl wegweisend sein kann. Prof. Schneider und Jutta Schneider haben für Deutschland die Themenbereiche Verfassungsgrundlage und Aufgabenteilung behandelt.
Die Arbeit an dieser Reihe zeigt, wie wichtig der Rechtsvergleich nicht nur zwischen föderalen Systemen und Einheitsstaaten sondern vor allem zwischen den verschiedenen föderalen Bundesstaaten untereinander ist. Der Reichtum vielfältigster Lösungen der verschiedenen föderalen Systeme wird erst durch diese Publikation manifest. Sie zeigt gleichzeitig, wie notwendig es ist, dass man nur dann voneinander lernen kann, wenn man sich gegenseitig kennt und versteht. Verstehen aber kann

7 Bisher erschienen sind: Constitutional Origins, Structure, and Change in Federal Countries; Ed. John Kincaid and G. Alan Tarr, 2005; Distribution of Powers and Responsibilities in Federal Countries, ed. Akhtar Majeed, 2005; Legislative, Executive and Judicial Governance in Federal Countries, ed. Katy le Roy and Cheryl Saunders 2006. In Vorbereitung sind: Foreign Policy, Fiscal Federalism, Local Authorities in Federal Countries, Diversity.

nur, wer die verschiedenen Systeme in ihrem historischen, gesellschaftlichen und rechtlichen Kontext sorgfältig analysiert und auf Grund universeller Prinzipien miteinander vergleicht.

Vielfalt föderalistischer Verfassungen

Etwa 45 % der Weltbevölkerung lebt in föderalistischen Staaten. Heute lassen sich etwa 24 Staaten benennen, die sich entweder ausdrücklich als föderale Staaten bezeichnen oder die zu den traditionell anerkannten Bundesstaaten gehören.[8] Darüber hinaus gibt es eine Reihe von Staaten, die einem föderalen System sehr nahe kommen. Dazu gehören etwa das in Regionen dezentralisierte Spanien oder Italien. Das traditionell einheitsstaatlich regierte vereinigte Königreich hat sich gegenüber Schottland, Nordirland und Wales ebenso stark dezentralisiert wie der »Modell-Einheitsstaat Frankreich, der sich seit wenigen Jahren auf Verfassungsstufe in einzelne Regionen strukturiert hat.

Diese verschiedenen föderalen Systeme unterscheiden sich allerdings sehr stark voneinander hinsichtlich ihrer Größe (Russland mit sechs Zeitzonen neben den zwei kleinen Inseln St. Kitts und Nevis), ihrer Bevölkerungszahl (Indien und Mikronesien), ihrer historischen Entwicklung von unten nach oben (Zentralisierung) wie die Schweiz und die USA, oder von oben nach unten (Dezentralisierung) wie Belgien, Äthiopien und Kanada, sowie hinsichtlich ihrer Regierungssysteme auf der Ebene des Bundesstaates (Präsidialsystem, Westminster Parlament und direktorial Verfassung mit direkter Demokratie).

Bezieht man den personellen Föderalismus des aus der Tradition des ottomanischen Reiches entstandenen Libanon oder der verschiedenen Sprachgemeinschaften Belgiens in das Vergleichssystem ein, sind der Vielfalt föderaler Systeme – ausser der Tatsache, dass sie sich wesentlich vom Einheitsstaat unterscheiden, – fast keine Grenzen mehr gesetzt.

Vergleichbares

Trotz dieser grossen Unterschiede findet sich zwischen diesen verschiedenen Bundesstaaten aber auch viel Vergleichbares wie etwa die Tatsache, dass alle ein geschriebenes Verfassungsdokument mit einer umfassenden oder eingeschränkten (Schweiz) Verfassungsgerichtsbarkeit besitzen. Alle bauen auf dem System der Autonomie – verbunden mit dem in der Verfassung verankerten Mitwirkungsrecht der Gliedstaaten bei der Wahrnehmung der Zentralgewalt – auf. Dieser durch die

8 Vgl. dazu die Föderalismusspiele auf der Homepage des Instituts für Föderalismus *http://www.federalism.ch/index.php?page=218&lang=1.*

Verfassung gewährleistete Ausgleich von Mitwirkung und Autonomie ist das wesentliche Merkmal, das föderale Systeme miteinander verbindet aber gleichzeitig auch von den Systemen der Einheitsstaaten unterscheidet.

Zweite Kammer

Fast alle föderalen Staaten (ausser St. Kitts und Nevis und die Emirate) besitzen eine zweite Kammer. Diese zweiten Kammern sind allerdings sehr unterschiedlich zusammengesetzt. Sie weisen sehr verschiedene Funktionen auf und verfügen entsprechend über andersartige Kompetenzen. Bei den einen ist die zweite Kammer dem amerikanischen Senat nachgebildet (Schweiz und manche lateinamerikanische Bundesstaaten). In Deutschland wurde die zweite Kammer als Ministerrat konzipiert, ein Konzept, dem wenigstens teilweise auch die EU – als ein im Entstehen begriffenes föderales System – verpflichtet ist. In anderen Staaten (Kanada und Belgien) wiederum weist die zweite Kammer ganz oder teilweise aristokratische Züge auf, mit denen man aber dennoch den unterschiedlichen regionalen Interessen Rechnung zu tragen versucht.

Mitwirkung und Autonomie

Die Balance von Autonomie und Mitwirkungsrechten der Gliedstaaten ist allerdings nur das äussere Erscheinungsbild des Bundesstaates. Fragt man nämlich, weshalb sich die Mitwirkung der Gliedstaaten und ihre Autonomie die verfassungsrechtlich ausbalancierte Waage halten müssen, stösst man notwendigerweise auf das Problem der Legitimität. Der Einheitsstaat ruht allein auf der Legitimität seiner Nation. Sind Nation und deren Einheit unbestritten, stützt sich auch der Staat auf eine dauerhafte und sichere Legitimität.

In Bundesstaaten haben sowohl Gliedstaaten wie auch der Bundesstaat ihre eigenständige Legitimität. Der Bund legitimiert sich sowohl durch die Demokratie der Nation wie auch durch die Mitwirkungsrechte der Gliedstaaten. Dieses verfassungsrechtliche Gleichgewicht unterscheidet die Bundesstaaten von den Einheitsstaaten. Solche Erkenntnisse aber lassen sich nur aus sorgfältig vergleichenden Untersuchungen von Einheitsstaaten und föderalen Staatssystemen gewinnen.

Was aber liegt diesem wesentlichen Unterschied zu Grunde? Wie bereits erwähnt, darf sich Rechtsvergleichung nicht mit dem äusseren unterschiedlichen Erscheinungsbild der Institutionen begnügen. Erst die Antwort auf das *warum?* kann uns auf den wahren Grund der Unterscheidung führen.

Unterschiede zu den Einheitsstaaten

Verfassungsrechtlich geteilte Souveränität

Warum beruht aber der föderale Staat sowohl auf der Autonomie der Gliedstaaten wie auch auf ihrem Recht, an den Entscheidungen des Bundes mitwirken zu können? Die erste Antwort auf diese Frage finden wir im Konzept der geteilten Souveränität als Wesen des föderalen Staates, das Hamilton und Madison bereits in den »*federalist papers*«[9] angesprochen haben. Bekanntlich trugen diese geschichtlich einzigartigen Analysen wesentlich zur Gründung des amerikanischen Bundsstaates bei, indem sie den neuen Bund als wesentlichen Mehrwert gegenüber der Konföderation anpriesen.
Gliedstaaten nehmen im Rahmen ihrer Autonomie eigenständige Souveränität wahr und wirken an der Wahrnehmung der Souveränität des Bundes mit. Warum aber bedarf es dieser für viele nicht nachvollziehbaren Teilung der Staatssouveränität in den Bundesstaaten? Der Bundesstaat kann nur bestehen, wenn sich einerseits seine Gliedstaaten auf die Legitimität ihrer eigenen Nation abstützen können und andererseits die Legitimität des Bundesstaates sowohl auf jener der Gliedstaaten wie auch auf derjenigen seiner eigenen »zusammengesetzten Nation« beruht. Diese mehrfache Legitimität der Staatsgewalt unterscheidet den föderalen Staat sowohl vom zentralisierten wie auch vom dezentralisierten Einheitsstaat.
Der Einheitsstaat kann sich durch die Mehrheit des Gesetzgebers beliebig dezentralisieren oder zentralisieren. Der Bundesstaat bedarf hiefür der meist viel schwierigeren Verfassungsänderung. Der Bestand der Verfassung als Grundlage eines föderalen Systems ist viel nachhaltiger als ein allein dem Mehrheitswillen unterliegendes Gesetz. Dem Föderalismus hat das Bonner Grundgesetz für Deutschland in Artikel 79 Abs. 3 des Grundgesetzes sogar eine »*Ewigkeitsgarantie*« verliehen.

Multiple Legitimation

Diese Einsicht in die mehrfache Legitimität des Bundesstaates macht uns den Föderalismus und die Besonderheit der föderalen Struktur eines Staates erst verständlich. Zweifellos hätte dieses Verständnis das damalige Schiedsgericht Badinter[10] anfangs der 90er Jahre des letzten Jahrhunderts, das über das Selbstbestimmungsrecht der jugoslawischen Republiken zu entscheiden hatte, davon abgehalten, dem innerlich zerstrittenen Jugoslawien jegliche Staatlichkeit abzusprechen und diese gleichzeitig den Republiken als den ehemaligen Teilen des Bundesstaates zuzusprechen.

9 Hamilton und Madison Federalist Nr. 20, Hamilton Federalist Nr. 32 und Madison Federalist Nr. 51.

10 Vgl. The Opinions of the Badinter Arbitration Committee: A Second Breath for the Self-Determination of Peoples.

Dieses schiedsrichterliche Gutachten stützte sich dabei auf Rechtfertigungen, die nur nachvollziehen kann, wer die Legitimationsgrundlage eines föderalen Staates nicht kennt. Nach Badinter (dem damaligen Präsidenten des Französischen Conseil Constitutionnel, einem Verfassungsgericht eines traditionellen Einheitsstaates) zerfällt ein föderalistischer Staat automatisch in seine Teile, wenn dieser durch den Konflikt der Gliedstaaten blockiert und nicht mehr handlungsfähig ist. Der Bestand einer gleichzeitig gesamtstaatlichen wie auch gliedstaatlichen Legitimität als Grundlage des Bundesstaates wurde dabei überhaupt nicht in Betracht gezogen.

In der Tat darf man den föderalen Staat weder als zusammengesetzten Staat seiner Teile noch als unauflösliche Ganzheit verstehen. Bundesstaaten verkörpern gleichzeitig das Gemeinwesen des Bundes als zusammengesetzte wie auch als unauflösliche Einheit.[11] Das Schiedsgericht Badinter hat das Ganze missachtet und damit föderale Staaten kurzerhand zu Staaten zweiter Klasse degradiert, die offenbar nur durch ihre Teile existieren können.

Hätte sich Badinter nicht nur um die äussere Erscheinung des Bundesstaates gekümmert sondern die wesentliche Frage nach der Legitimation des Bundesstaates gestellt, hätte das Gericht einen für Bundesstaaten wegweisenden Entscheid fällen können. Denn es waren nicht die Konflikte der Organe des Bundesstaates, die zu dessen Niedergang führten sondern die fehlende Legitimation sowohl des Bundes wie auch namentlich die Legitimation der aus verschiedenen Nationen (ausser Slowenien) zusammengesetzten Gliedstaaten.

Diese fehlende Legitimation konnten aber die Staatlichkeit namentlich der multikulturellen aus mehreren Nationen bestehenden Republiken Kroatien, Bosnien und Mazedonien ebenso wenig ersetzen wie sie das auseinanderbrechende Jugoslawien vom Zerfall retten konnte. Mit dieser aus einer rechtsvergleichenden Analyse gewonnenen Erkenntnis hätte man wohl manchem späteren Unheil begegnen können.

Unterschiedliche Rechtssysteme

Heute bemüht sich die Internationale Gemeinschaft unter der Führung der USA in manchen Gebieten des Erdballes, über den Föderalismus als Wundertüte auseinanderbrechende Staaten wieder zusammenzubringen (Somalia, Irak, Sudan, Sri Lanka, Bosnien Herzegowina, Zypern).

Eine eingehende rechtsvergleichende auf rechtsgeschichtliche Untersuchungen gestützte Analyse müsste zur Erkenntnis führen, dass der Föderalismus eines Common Law Staates ganz anders zu konzipieren ist als ein Bundesstaat mit einer kontinental-europäischen Rechtstradition.

11 Vgl. dazu den Entscheid des kanadischen Supreme Courts zur unilateralen Sezessionsmöglichkeit von Québec. 20. August 1998 Nr. 5506.

In Common Law Staaten muss die Aufgabenteilung zwischen Gliedstaaten und Zentralstaat unter Berücksichtigung der Jurisdiktionskompetenz der Gerichte beurteilt werden, in anderen Staaten ist Aufgabenteilung fast nur Aufteilung von Gesetzgebungskompetenzen. In den Rechtssystemen des Common Law können die Gerichte des Zentralstaates auch gegenüber den Regierungen der Gliedstaaten Bundesgesetze durchsetzen, eine Befugnis, die in den Ländern des kontinental-europäischen Rechtssystems nur der Exekutive zusteht.

Lehren aus der Rechtsvergleichung

Ein historisch eindrückliches Beispiel für den Einfluss der Rechtsvergleichung in diesem Zusammenhang ist der schweizerische Ständerat. Die Einführung einer zweiten Kammer war bei der Tagsatzung, die 1847 die erste Bundesverfassung zu erarbeiten hatte, sehr umstritten. Man befürchtete eine gegenseitige Blockade beider Kammern. Erst der Hinweis auf die amerikanischen Erfahrungen mit den beiden Kammern Repräsentantenhaus und Senat, die nicht zur gegenseitigen Blockade geführt haben, konnte die Verfassungsväter zur Annahme dieses Systems auch für die schweizerische Eidgenossenschaft umstimmen.
Weniger glücklich sind hingegen Beispiele aus der Verfassungsgebung der Bosniakischen-Kroatischen Föderation der Republik Bosnien Herzegowina, in der die föderativen Einheiten wohl als Anlehnung an den schweizerischen Föderalismus als Kantone bezeichnet werden. Die Grenzen der föderativen Einheit dieser Föderation verlaufen den traditionell ethnischen Grenzen entlang während sich die schweizerischen Kantone sowohl sprachlich wie auch religiös nicht auf eine einheitliche Volksgemeinschaft stützen können.
Auch der gescheiterte Entwurf für eine Verfassung von Zypern bezieht sich immer wieder auf das Modell des schweizerischen Regierungssystems. Die Besonderheit des schweizerischen kollegialen Regierungssystems kann aber nur im Zusammenwirken mit der direkten Demokratie Bestand haben. Ohne Einbindung des Direktoriums in die direkte Demokratie waren bis jetzt alle direktorialen Regierungssysteme früher oder später zum Scheitern verurteilt.

Flexibilität

Was für Lehren lassen sich aber aus den unterschiedlichen föderalen Systemen ableiten? Aus der äusserlich am stärksten in Erscheinung tretenden Vielfalt der unterschiedlichen, im wesentlichen aber doch nach gleichen Prinzipien aufgebauten föderalen Systemen kann man wohl als erstes die Lehre ziehen, dass kein Staatsystem und vor allem kein Verfassungssystem Spielraum für grössere Flexibilität schafft als das System föderaler Bundesstaaten. Es gibt stark zentralisierte (Österreich) wie auch stark dezentralisierte (Schweiz) Bundesstaaten. Es gibt asymme-

trisch (Russland) und symmetrisch (USA) gegliederte Bundesstaaten. Es gibt Bundesstaaten, die sich durch die Schaffung neuer Gliedstaaten neu strukturiert haben (Indien) und solche, die mehr oder weniger starr geblieben sind (Kanada). Deutschland konnte sich als Bundesstaat ohne eigentliche Totalrevision der Verfassung mit der ehemaligen DDR vereinen. Hätte sich die ehemalige DDR auch ohne Totalrevision der Verfassung in einen Deutschen Einheitsstaat integrieren können?
Was wiederum lässt sich aus dieser Erkenntnis der Flexibilität der Bundesstaaten lernen? Im Gegensatz zum Einheitsstaat können sich föderale Staaten viel eher unterschiedlichen gesellschaftlichen Systemen anpassen und sich in die historischen Gegebenheiten eines oder mehrer Völker einordnen.
Die Flexibilität ermöglicht es den Bundesstaaten aber auch, sich den neuen gesellschaftlichen Entwicklungen wie etwa der Globalisierung auf der einen Seite aber auch der zunehmenden Lokalisierung auf der anderen Seite durch entsprechende Änderungen ihrer föderalen Strukturen anzupassen.
Föderale Systeme lassen sich schliesslich auch hinsichtlich ihrer unterschiedlichen Ziele miteinander vergleichen. Für Hannah Arendt ist das Ziel des liberalen Staates die Freiheit. Wohl auch aus dieser Zielsetzung ist die Idee der vertikalen Gewaltenteilung durch die bundesstaatliche Struktur beispielsweise in den USA und wohl in Deutschland gewachsen. Mit föderalen Strukturen kann die durch die horizontale Gewaltenteilung beschränkte Staatsgewalt noch besser eingeschränkt werden. Föderalismus steht hier im Zeichen der rule of law. »Il faut que le pouvoir arrête le pouvoir«[12].

Vielfalt zusammen bringen und zusammen halten

Sowohl der schweizerische und wohl auch de belgische, indische oder äthiopische Föderalismus sind aber sicher auch aus dem Bedürfnis entstanden, der gesellschaftlichen Vielfalt verschiedener Kulturen und Sprachen Rechnung zu tragen. Der Föderalismus soll nicht nur Regierungsgewalt beschränken, er soll vor allem auch Vielfalt zusammenhalten und zusammen bringen. Friede zwischen verschiedenen Gemeinschaften ist ein weiteres wesentliches Ziel vor allem der föderalistisch strukturierter Staaten, die auf der Vielfalt ihrer multikulturellen Gesellschaft aufbauen.
Nur über die Rechtsvergleichung kann man das breite Spektrum solch unterschiedlicher verfassungsrechtlicher Zielsetzungen aufdecken, die sich mit föderalen Systemen verwirklichen lassen.

Zweite Kammer und Aufgabenteilung

Noch aufschlussreicher ist wohl auch der Vergleich der zweiten Kammer in verschiedenen Bundesstaaten. Von der parlamentarischen Konzeption der zweiten

12 Montesquieu vom Geist der Gesetze XI. Buch Nr. 4.

Kammer in den USA und der Schweiz über die zweite Kammer als Ministerrat in Deutschland und in der Europäischen Union bis zur zweiten Kammer mit immer noch stark aristokratischer Tradition in Kanada oder sogar in Belgien lassen sich sehr weitgehende Unterschiede feststellen.
Vergleicht man überdies die unterschiedliche Verwirklichung der Aufgabenteilung in föderalen Systemen kann man den Zusammenhang zwischen Finanzverfassung und Aufgabenteilung erkennen. Man kann verschiedene Techniken der Aufgabenteilung feststellen und damit auch unterschiedliche Ziele der Aufgabenteilung erfassen.

Europäische Union

Die Europäische Union darf man wohl unbestritten als föderales System bezeichnen, das sich allmählich von unten nach oben festigt, erweitert und vertieft. Eine eingehende rechtsvergleichende Analyse über die verschiedenen Lösungen, Probleme, Schwierigkeiten und Chancen anderer föderaler Systeme könnte zweifellos den Diskurs für eine neue mögliche Verfassung wesentlich bereichern und erleichtern.

Die Neuregelung der Zustimmungsbedürftigkeit von Bundesgesetzen durch die Föderalismusreform

Horst Risse

I.

Die Verteilung von checks and balances, von Macht und Kontrolle ist die Königsdisziplin der Verfassungspolitik. Jede Kanzlerin, jeder Kanzler wird sich wünschen, unbehindert »durchregieren« zu können, aber es ist die bedeutendste Aufgabe der Verfassung, den Raum und damit auch die Grenzen hierfür festzulegen. Dabei befinden sich die Regierungschefs der Bundesrepublik in der vergleichsweise komfortablen Position, einer Exekutive in einem parlamentarischen Regierungssystem vorzustehen, in dem die Opposition zwar eine allzeit präsente Alternative, aber eine im Grunde machtlose, weil mehrheitslose Kraft ist. Der Bundestag wird in seiner Mehrheit gewöhnlich dem folgen, was die Regierung seines Vertrauens als Linie vorgibt.

Innerhalb des deutschen Staatsgefüges politisch »stören« kann eigentlich nur der Bundesrat. Von seinem Vertrauen hängt die Bundesregierung zwar nicht ab, da aber das Gesetz das entscheidende Werkzeug zur Gestaltung von Politik in einem modernen Rechtsstaat ist, ist die Rolle des Bundesrates als Gesetzgebungsorgan ein beachtlicher Machtfaktor. Die Bedeutung dieses Faktors hängt unmittelbar mit dem Einfluss zusammen, den das Grundgesetz dem Bundesrat beim Zustandekommen von Bundesgesetzen gewährt, also auf der Anzahl der Zustimmungsgesetze. Die Machtverteilung bei der Gesetzgebung, die der Parlamentarische Rat im Auge hatte, als das Grundgesetz 1949 in Kraft trat, sah ein deutliches Übergewicht des Bundestages vor: Offenbar ging der Parlamentarische Rat von der Vorstellung aus, dass lediglich 10 % Bundesgesetze Zustimmungsgesetze sein würden.[1] Unabhängig davon, ob diese Einschätzung auf der Basis der 1949 im Grundgesetz enthaltenen Zustimmungsbedürftigkeitsklauseln realistisch war, ist damit die ursprünglich intendierte Statik der Macht durchaus treffend beschrieben, wobei allerdings nicht vergessen werden darf, dass der Parlamentarische Rat auch glaubte, dass Gesetzgebung im Zweifel, also wohl überwiegend, Ländersache sein würde (Art. 70 Abs. 1 GG).

1 Herzog, Der Bundesrat als Verfassungsorgan und politische Kraft, S. 242.

Bekanntlich kam es in der Verfassungspraxis anders: Die Quote der Zustimmungsgesetze pendelte sich auf ca. 53 % ein[2] und die Gesetzgebung in Deutschland wurde mehr und mehr zu einer praktisch ausschließlichen Angelegenheit des Bundes.

Trotz der so deutlich über den Erwartungen liegenden Anzahl der Zustimmungsgesetze konnten auch die Länder mit den einschlägigen Bestimmungen des Grundgesetzes nicht vollständig zufrieden sein. Zwar gewährte ihnen Art. 105 Abs. 3 GG einen umfassenden Schutz ihrer gesetzlichen Einnahmebasis, da Bundesgesetze über Länder- und Gemeinschaftssteuern grundsätzlich zustimmungspflichtig sind. Aber allein der Umstand, dass ein Bundesgesetz die Länderhaushalte zu Ausgaben verpflichtete, führte nicht unbedingt zur Zustimmungsbedürftigkeit des Gesetzes. Ein besonders illustratives Beispiel hierfür war das Tagesbetreuungsausbaugesetz.[3] Ursprünglich als Zustimmungsgesetz eingebracht[4], wurde das mit jährlichen Kosten für die Länder und Kommunen in Milliardenhöhe[5] verbundene Gesetz vom Bundestag in geänderter Fassung als Einspruchsgesetz verabschiedet[6] und so verkündet. Zumindest Bundesregierung, Bundestag und auch der Bundespräsident waren mithin der Auffassung, dass die Belastung der Länder und ihrer Kommunen mit den Kosten des schrittweisen Ausbaus der Tagesbetreuung für Kinder unter drei Jahren ohne Zustimmung des Bundesrates möglich war.[7]

Die Regelungen des Grundgesetzes über die Zustimmungsbedürftigkeit hatten sich also als in zweifacher Hinsicht als unbefriedigend erwiesen: Aus der Sicht des Bundes waren einfach viel zu viele Gesetze zustimmungspflichtig und aus der Sicht der Länder waren oft die falschen zustimmungsfrei. Folglich mussten gerade die einschlägigen Artikel der Verfassung zum Schwerpunkt des 2006 abgeschlossenen ersten Teils der Föderalismusreform werden. Diese Reform geht in ihren wesentlichen Zügen auf die Vorarbeiten der formal zunächst gescheiterten Kommission zur Modernisierung der bundesstaatlichen Ordnung (Bundesstaatskommission) zurück.[8] Hans-Peter *Schneider* hat der Kommission als Sachverständiger angehört.

2 Handbuch des Bundesrates 2006/07, S. 303.
3 BGBl I 2004, S. 3852.
4 BR Drs 586/04 v. 13. 8. 2004.
5 Kostenschätzung der Bundesregierung für den ursprünglichen Gesetzentwurf in BR Drs 586/04, Vorblatt, S.5 f.
6 BR Drs 834/04 v. 5. 11. 2004.
7 Die Bundesseite war der Auffassung, dass die mit dem sog. Hartz IV- Gesetz (angeblich) verbundenen Entlastungen gegenzurechnen seien, s. zum Streit über die Zustimmungsbedürftigkeit BR Drs 986/04 (Beschluss).
8 Dazu umfassend die Dokumentation der Kommissionsarbeit in Deutscher Bundestag und Bundesrat (Hrsg.), Zur Sache 1/2005 (die Dokumente der Kommission sind auf der beigefügten CD-ROM wiedergegeben) und Holtschneider/Schön (Hrsg.), Die Reform des Bundesstaates, 2007.

II.

Die Bemühungen um die Reduzierung der Quote der zustimmungsbedürftigen Gesetze konzentrierten sich von Anfang an ganz auf Art. 84 Abs. 1 GG. Das lag nahe, da über die Hälfte der zustimmungsbedürftigen Gesetzentwürfe auf diese Vorschrift entfielen.[9] Nach Art. 84 Abs. 1 GG a. F. waren alle Bundesgesetze zustimmungsbedürftig, die Regelungen der Behördeneinrichtung oder des Verwaltungsverfahrens in den Bereichen des landeseigenen Vollzuges von Bundesgesetzen enthielten. Die Logik der Bestimmung bestand darin, dass Behördenorganisation und Verwaltungsverfahren eigentlich Sache der vollzugszuständigen Länder sein sollte. Der Bund sollte nur ausnahmsweise in diese Hoheitssphäre eindringen – und dies nur mit Zustimmung des insoweit »Schutz gewährenden« Bundesrates.

Eine radikale Lösung hätte folglich darin bestehen können, dem Bund den Eingriff in die Verwaltungshoheit der Länder ganz zu verbieten und damit die Zustimmungsbedürftigkeit aus Art. 84 Abs. 1 GG a. F. vollständig obsolet zu machen.[10] Dies hätte aber den Nachteil mit sich gebracht, dass zu praktisch jedem Bundesgesetz 16 Landesgesetze zu seiner Umsetzung erforderlich geworden wären.[11] Auch da, wo in keinem Land ein Interesse an einer landesspezifischen Regelung bestanden hätte, wäre der Landesgesetzgeber gefordert gewesen. Die Praxis hätte zwar sicher schnell Wege gefunden, mit entsprechenden Musterentwürfen den Aufwand zu minimieren, aber es war klar, dass das ein erheblicher Nachteil dieser Radikalkur gewesen wäre.

In der Kommission war deshalb zu einem frühen Zeitpunkt ein weit reichendes Einvernehmen darüber zu erkennen, dem Bund auch weiterhin eine Möglichkeit zur Regelung von Organisations- und Verfahrensfragen zuzugestehen, den Ländern aber das Recht zu eröffnen, davon abweichende Bestimmungen zu erlassen.[12] Das Zustimmungserfordernis sollte dann entfallen. Im Prinzip war dieser erstmals von den Abgeordneten Stünker und Dr. Röttgen formulierte Ansatz[13] geeignet, die Zahl der Zustimmungsgesetze etwa zu halbieren. Die weiteren Erörterungen dieses Problemfeldes sollten sich daran orientieren.

Bis zur endgültigen Formulierung des Art. 84 Abs. 1 GG n. F. war es allerdings noch ein weiter Weg, auf dem eine Anzahl von mehr oder weniger wichtigen Detailproblemen zu klären war. Leider hat die Vorschrift im Zuge der Kompromisssuche massiv an Umfang und Komplexität gewonnen. Dieses in der Vergangenheit schon bei den neuen Art. 16a und 23 GG beobachtete und beklagte Phänomen zeitgenössischer Verfassungsgebung manifestiert sich auch hier: Der alte Art. 84 Abs. 1 GG

9 Dästner, ZParl 2001, S. 295 f.

10 So das »Berliner Programm zur Reform des Föderalismus« des Bundesarbeitskreises Christlich-demokratischer Juristen (BACDJ), 2003.

11 Meyer, 8. Sitzung der Kommission, Sten. Bericht S. 175.

12 Röttgen/Boehl, in: Holtschneider/Schön (Fn. 8), S. 23 f.

13 Projektgruppen-Arbeitsunterlage PAU-1/0002.

bestand aus einem Satz, Röttgens Variante hatte zwei, Stünkers Text drei Sätze; verabschiedet wurden schließlich sieben Sätze!

Satz 1 der Neufassung ist mit Art. 84 Abs. 1, 1. Halbsatz GG a. F. identisch. Damit ist die Regel bestätigt, dass es grundsätzlich Sache der mit der Gesetzesausführung betrauten Länder ist, die Behördeneinrichtung und das Verwaltungsverfahren zu regeln. Satz 2 enthält dann sowohl das Recht des Bundes, – nunmehr zustimmungsfrei – Verfahrens- und Organisationsregeln in seine Gesetze aufzunehmen, als auch das Recht der Länder, hiervon dann abweichende Regelungen zu erlassen. Die hierfür erforderliche Form bestimmt Satz 2 nicht ausdrücklich (ebenso wenig wie die einschlägige Übergangsvorschrift in Art. 125b Abs. 2 GG: »Regelungen«). Da es um die Abweichung von einem Bundes*gesetz* geht, ist hierfür ein (formelles) Landes*gesetz* erforderlich.[14]

Gegenstand des Abweichungsrechts sind die bundesgesetzlichen Bestimmungen über die Einrichtung der Behörden und das Verwaltungsverfahren, also nicht die materiellen Vorschriften des Bundesgesetzes. Im Sprachgebrauch der die Kommission war dies das »formelle Abweichungsrecht« (im Gegensatz zu dem in Art. 72 Abs. 3 GG behandelten »materiellen Abweichungsrecht«).[15] Das Begriffspaar »Einrichtung der Behörden« und »Verwaltungsverfahren« ist aus dem alten Text übernommen worden, deshalb ergeben sich auch hinsichtlich des Begriffsinhalts grundsätzlich keine Änderungen.

Abweichen können die Länder mithin zum einen von den Teilen eines Bundesgesetzes, die die Schaffung amtlicher Stellen im weitesten Sinne betreffen.[16] Darunter fallen Einrichtungen der unmittelbaren und mittelbaren Landesverwaltung, durch Landesrecht beliehene Unternehmer, die Bestimmung des Aufgabenkreises von Behörden (also auch die Festlegung der für die Durchführung des betreffenden Bundesgesetzes zuständigen Stelle) und Regeln zur Ausgestaltung der inneren Organisation einer Landesbehörde (Hinzuziehung sachkundiger Bürger, Bildung besonderer Ausschüsse u. ä.). Da mit »Einrichtung der Behörden« im alten Art. 84 Abs. 1 GG aber auch die Übertragung von Aufgaben auf Gemeinden oder Gemeindeverbände unmittelbar durch Bundesgesetz gemeint war,[17] die nunmehr ausdrücklich im neuen Satz 7 ausgeschlossen ist, kommt eine solche Inanspruchnahme der Kommunen durch Bundesgesetz nicht mehr in Betracht. Für den Bereich der Auftragsverwaltung enthält Art. 85 Abs. 1 Satz 2 GG n. F. eine parallele Bestimmung. Damit ist eine zentrale Forderung der Kommunen erfüllt worden.[18] Denn nunmehr ist stets ein Landesgesetz erforderlich, um die Vollzugkompetenz für ein Bundesgesetz auf die

14 Hömig, in: Hömig, GG (8. Aufl. 2007), Art. 84 Rn 5; BT Drs 16/813 S. 15; a.A. Dittmann, in: Sachs, GG, Art. 84 Rn 16.
15 Röttgen/Boehl, aaO (Fn 12), S. 25.
16 Hömig, in: Hömig, GG, Art. 84 Rn 2.
17 Hömig, in: Seifert/Hömig GG (7. Aufl. 2003), Art. 84 Rn 3.
18 Henneke (Dt. Landkreistag) 6. Sitzung AG 1, 1. 7. 2004, Protokollvermerk, S. 4; Articus (Dt. Städtetag), ebenda, S. 7 f.

Kommunen zu übertragen. Ein solches Landesgesetz muss aber auf Grund der einschlägigen landesverfassungsrechtlichen Konnexitätsbestimmungen eine Regelung der Kostenfolgen für die Kommunen enthalten. Anders als dies durch Bundesgesetze in der Vergangenheit immer wieder geschehen ist, können den Gemeinden und Landkreisen also durch Landesgesetz keine Aufgaben mehr zugeschoben werden, ohne dass ihnen die hierfür nötigen Finanzmittel durch die Länder zur Verfügung gestellt werden.[19]

Zum anderen können die Länder von den bundesgesetzlichen Regelungen des Verwaltungsverfahrens abweichen. Was darunter im Einzelnen zu verstehen ist, lässt sich jedenfalls nach der bisherigen Rechtsprechung zu diesem Begriff nicht ein für allemal festlegen. Das Bundesverfassungsgericht erkennt an, dass sich die Abgrenzung zwischen materiellen Bestimmungen und solchen des Verwaltungsverfahrens in Abhängigkeit von der Entwicklung der Staatsaufgaben verschieben kann.[20] Abstrakt kann aber festgehalten werden, dass es um die Vorschriften über »die Tätigkeit der Verwaltungsbehörden im Blick auf die Art und Weise der Ausführung des Gesetzes einschl. ihrer Handlungsformen, die Form der behördlichen Willensbildung, die Art der Prüfung und Vorbereitung der Entscheidung, deren Zustandekommen und Durchsetzung sowie verwaltungsinterne Mitwirkungs- und Kontrollvorgänge in ihrem Ablauf« geht.[21] Von sog. »doppelgesichtigen Normen«, die sich materiell-rechtlich an den Bürger und verfahrensrechtlich an die Behörde richten, können die Länder nur hinsichtlich ihres verfahrenrechtlichen Teils (so dieser isolierbar ist) abweichen.[22]

Die Rechtswirkung der abweichenden Landesregelung ist zunächst die eines Anwendungsvorrangs des Landesgesetzes gegenüber dem Bundesgesetz für das betreffende Land.[23] Für solches Recht gilt Art. 31 GG nicht,[24] ohne dass jedoch das abweichende Landesrecht das Bundesrecht seinerseits bricht. Dieses wird bei einer Aufhebung des abweichenden Landesrechts vielmehr unmittelbar wieder in Anwendung gesetzt.[25]

Über die Konstruktion des Abweichungsrechts als Anwendungsvorrang (nicht Kompetenzübergang) bestand in den Kommission und den nachfolgenden Verhandlungen grundsätzlich Einigkeit. Bis zuletzt hoch umstritten war aber, wie sich der Erlass einer abweichenden Landesregelung auf zukünftige Änderungen des Bundes-

19 S. zu dieser Problematik vor allem Henneke, Kom-Drs 79 und Arbeitsunterlage (AU) 110, der auch auf die Notwendigkeit einer Übergangsbestimmung für bestehende bundesrechtliche Aufgabenzuweisungen an die Kommunen eingeht.

20 BVerfGE 55, 320.

21 BVerfGE aaO; 75, 152; 114, 224. Bsp. bei Hömig, in: Hömig, GG, Art. 84 Rn 4.

22 Ergebnisvermerk einer Bund-Länderbesprechung zu den neuen verfassungsrechtlichen Regelungen des Gesetzgebungsverfahrens am 8. 11. 2006, BMI V 1 a – 110 712/35 vom 15. 11. 2006, Ziff. 3.

23 Hömig, in: Hömig, GG, Art. 84 Rn 5; BT Drs 16/813, S. 11 f. im Bezug auf Art. 72 Abs. 3 n. F., bei dem sich für die materiellen Abweichungsrechte die gleiche Frage stellt.

24 Risse, in: Hömig, GG, Art. 31 Rn 2.

25 Röttgen/Boehl, aaO (Fn. 12), S. 28.

rechts auswirken würde.[26] Die schließlich gefundene Lösung beschränkt die Wirkung des Anwendungsvorrangs abweichenden Landesrechts auf die Zeit bis zum In-Kraft-Treten eines neuen, den gleichen Sachverhalt regelnden Bundesgesetzes (Art. 84 Abs. 1 Satz 3 GG n. F.). Dieser Zeitpunkt liegt normalerweise sechs Monate nach der Verkündung des betreffenden Bundesgesetzes. In dieser Frist hat ein abweichendes Land Gelegenheit zu prüfen, ob es bei der eigenen Regelung bleiben will.[27] Es kann in diesem Fall ein neues, wiederum abweichendes Landesgesetz erlassen, dass gem. Art. 84 Abs. 1 Satz 4 i. V. m. Art. 72 Abs. 3 Satz 3 GG als das spätere Gesetz wiederum Vorrang genießt. Erlässt das abweichende Land keine neue Regelung, tritt die bundesgesetzliche Regelung nach Ablauf der Frist auch in diesem Land in Kraft. Mit Zustimmung des Bundesrates kann die Frist abgekürzt werden (Art. 84 Abs. 1 Satz 3 letzter Hs. GG).

Damit entspricht die Konstruktion des formellen Abweichungsrechts der des materiellen in Art. 72 Abs. 3 GG.[28] Das bedeutet vor allem, dass für das Verhältnis von Bundesrecht und abweichendem Landesrecht der Grundsatz »lex posterior derogat legi priori« Anwendung findet. Aus der Entstehungsgeschichte der Norm wird klar, dass gerade die so erreichte Offenhaltung der Frage des »letzten Wortes« für die Kompromissfindung unabdingbar war. Die Länder hätten es nicht hingenommen, wenn der Bund (unter welchen verfahrensmäßigen Kautelen auch immer) es in der Hand gehabt hätte, letztlich eine Abweichung zu verhindern,[29] und der Bund wäre zu keiner Lösung bereit gewesen, nach der ihm für alle Zeiten der Erlass einer (neuen) Bundesregelung durch ein abweichendes Land verwehrt worden wäre.[30]

Darin liegt zugleich auf den ersten Blick aber auch eine konstruktive Schwäche der Regelung. Es ist nicht ausgeschlossen, dass sich der Bund und einzelne Länder einen Regelungswettlauf in streitigen Fragen liefern, in dem jede Seite immer wieder abweichende bzw. die Abweichung wiederholende Regelungen in die Welt setzen.[31] Diesem, unter dem Stichwort eines möglichen legislativen »Ping-Pong-Spiels« in der Kommission diskutierte Effekt[32] wird allerdings durch die Fristbestimmung des Art. 84 Abs. 1 Satz 3 GG in der Praxis voraussichtlich wirksam entgegengewirkt: Ein abweichendes Land hat immer die Chance, rechtzeitig vor dem In-Kraft-Treten eines die Abweichung aufhebenden Bundesgesetzes wieder ein

26 Vgl. zum Gang der Verhandlungen ausführlich und instruktiv Röttgen/Boehl, aaO (Fn. 12), S. 28 – 33.

27 Hömig, in: Hömig, GG, Art. 84 Rn 6.

28 Zur Notwendigkeit paralleler Konstruktionen für das formelle und das materielle Abweichungsrecht Röttgen/Boehl, aaO (Fn 12), S. 26.

29 Ein ähnlicher Vorschlag hatte bereits in der Enquête-Kommission »Verfassungsreform« in den 1970er Jahren eine Rolle gespielt, Sondervotum Heinsen, Zur Sache 2/77, S. 76 f.: Abweichungsrecht der Länder bei Widerspruchmöglichkeit des Bundestages.

30 S. zu den im Laufe der Verhandlungen diskutierten Lösungsvarianten und den dagegen von der jeweils anderen Seite vorgebrachten Einwänden Röttgen/Boehl, aaO (Fn. 12), S. 28 – 30.

31 Hömig, in Hömig, GG, Art. 84 Rn 6.

32 Z. B. Sachverständige Grimm und Schneider, Arbeitsunterlage (AU) 86, S. 4 ff.

(erneut) abweichendes Landesgesetz zu erlassen.[33] Dies jedenfalls solange, wie es die Mehrheit des Bundesrates nicht gegen sich hat. Denn mit dessen Zustimmung ist sowohl die sofortige In-Kraft-Setzung des Bundesgesetzes (Satz 3 letzter Hs.) als auch der ausnahmsweise Ausschluss des Abweichungsrechts möglich (Satz 5, dazu näher sogleich). Damit wird die Regelung in sich zumindest praktisch wieder stimmig. Das erleichtert es auch darüber hinwegzusehen, dass die lex-posterior-Regel eigentlich nicht für den Konflikt von Normen verschiedener Gesetzgeber entwickelt worden ist, sondern eine Kollisionsnorm für zeitlich aufeinander folgende Normen desselben Gesetzgebers darstellt.[34]

Inhärent ist dem Abweichungsrecht auch, dass es die Bestimmung der den Sachverhalt regelnden Norm erschwert. Der Blick ins Bundesgesetz reicht nicht mehr, es ist ggf. nötig, auch das Landesrecht auf mögliche Abweichungen zu überprüfen. Hilfe hierbei soll eine entsprechende Datenbank leisten, in der alle Abweichungsgesetzgebung verzeichnet sein soll. Es spricht viel dafür, die Fähigkeit der Praxis zur Bewältigung solcher Probleme hinsichtlich gerade dieser Frage nicht zu unterschätzen.

Das Abweichungsrecht kann allerdings ausnahmsweise unter engen Voraussetzungen ausgeschlossen werden (Art. 84 Abs. 1 Satz 5 GG). Ob eine solche »Sperrklausel« sinnvoll und notwendig ist, war in der Kommission sehr umstritten. Während die Bundesregierung und Teile der Bundestagsvertreter dies vehement vertraten[35], waren die Länder und andere Bundestagsabgeordnete strikt dagegen[36]. Die Lösung des Konflikts wurde durch das Juniorprofessor-Urteil des Bundesverfassungsgerichts erleichtert. Denn dieses enthält – bezogen auf den Begriff in Art. 75 Abs. 2 GG a. F. – Ausführungen über die an »Ausnahmefälle« zu knüpfenden hohen Anforderungen.[37] Vor diesem Hintergrund setzte sich die Auffassung durch, dass die geforderte Sperrklausel nicht zur Hintertür für eine Rückkehr zu der Verfassungspraxis der Vergangenheit werden würde, die zu dem hohen Anteil zustimmungsbedürftiger Gesetze geführt hatte.[38] Dementsprechend sieht Satz 5 vor, dass in Ausnahmefällen wegen eines besonderen Bedürfnisses nach bundeseinheitlicher Regelung bezüglich des Verwaltungsverfahrens – nicht jedoch hinsichtlich der Behördeneinrichtung – die Abweichungsmöglichkeit ausgeschlossen werden kann. Der verfassungsändernde Gesetzgeber hat sich offensichtlich um eine restriktive Formulierung bemüht, den unmittelbaren Gesetzesmaterialien ist aber nicht zu entnehmen, welche Fallkonstellationen gemeint sein sollen. Klar ist nur, dass das Umweltverwaltungsverfahrensrecht regelmäßig darunter fallen soll.[39] Eine Vorstel-

33 Rauber, in: Holtschneider/Schön aaO (Fn. 8), S. 48.
34 Darauf weisen Grimm und Schneider, aaO (Fn. 32), S. 3, zu Recht hin.
35 Steenblock/Funke, PAU-1/0002; BReg, PAU-1/0004 und 0008-neu-.
36 PAU-1/0007.
37 BVerfG, Urteil vom 27. 7. 2004, 2 BvF 2/02, Rn 92 – 94.
38 Röttgen/Boehl, aaO (Fn. 12), S. 25.
39 Entschließung von BT und BR, BR Drs 462/06 (Beschluss), S. 3.

lung davon, an welche – vielfältigen – Fälle die Bundesbürokratie gedacht hat, lässt sich den einschlägigen Unterlagen der Kommission entnehmen.[40] Damit ist aber sicher keine konsensfähige Vorstellung beschrieben. Auch die pauschale Nennung des Umweltverwaltungsverfahrensrechts stellt eine zu weit gehende Ausnahme dar. Dieser Teil der gemeinsamen Entschließung von Bundestag und Bundesrat war aber eine unvermeidliche Konzession an die Umweltpolitiker in der SPD-Bundestagsfraktion für deren Zustimmung zu dem Gesamtpaket. Die Hauptsorge der Umweltpolitiker galt der Realisierung des schon lange geplanten Umweltgesetzbuches. Eines seiner Kernelemente soll die integrierte Vorhabengenehmigung werden, die in der Tat nicht ohne umfangreiche Verwaltungsverfahrensregelungen auskommen kann.[41] Die restriktive Formulierung des Satzes 5 macht aber jedenfalls deutlich, dass die Vorschrift in vollem Umfang justitiabel ist.[42]

Die Einheitstheorie, der zufolge sich die Zustimmung des Bundesrates nicht nur auf die die Zustimmungsbedürftigkeit auslösenden Teile eines Gesetzes, sondern auf das Gesetz als gesetzestechnische Einheit bezogen ist,[43] hat in den Debatten der Kommission immer wieder eine bedeutende Rolle gespielt. Eine Reihe von Formulierungsvorschlägen zu Art. 84 Abs. 1 GG zielte darauf ab, ihre Anwendung für die Zukunft auszuschließen.[44] Der Gesetzgeber ist dem im Ergebnis nicht gefolgt. Der Wortlaut des Satzes 6 bezieht das Zustimmungserfordernis ausdrücklich auf »diese Gesetze«, nämlich jene, die einen Ausschluss der Abweichungsmöglichkeiten der Länder enthalten.[45] Er folgt damit dem Duktus des alten Art. 84 Abs. 1 GG. Daraus folgt zugleich, dass der Bundesrat seine Zustimmung auch aus Gründen verweigern kann, die nichts mit dem Abweichungsausschluss oder den abweichungsfesten Verfahrensbestimmungen zu tun haben, sondern den materiellen Gehalt des Gesetzes betreffen.[46] Den in der Literatur häufig anzutreffenden Angriffen auf die Einheitstheorie[47] dürfte damit der Boden entzogen sein. Der verfassungsändernde Gesetzgeber hätte die perfekte Gelegenheit zur Abschaffung der Einheitstheorie gehabt, hat aber in voller Kenntnis der unterschiedlichen Interessen und des Streitstands eine Formulierung gewählt, die diese stützt. Unbenommen bleibt es dem Bundestag aber wie bisher schon, Gesetze in zustimmungsbedürftige und zustimmungsfreie Teilgesetze aufzuspalten.[48]

Auf die Bedeutung des Verbotes der Aufgabenübertragung auf Gemeinden und Gemeindeverbände durch Bundesgesetze, das in Art. 84 Abs. 1 Satz 7 GG geregelt

40 PAU-1/0004, 0005, 0006; Stellungnahme aus Ländersicht dazu in PAU-1/0007.
41 Kloepfer, ZG 2006, S. 257, 269.
42 Hömig, in Hömig, GG, Art. 84 Rn 8.
43 BVerfGE 55, 319, 326 f.
44 Z. B. Grimm, AU 76 S. 3; Scharpf, AU 25 S. 1; Schneider AU 26. Dies entsprach auch der ursprünglichen Zielsetzung der Bundesregierung, s. deren Positionspapier vom 9. 4. 2003, S. 4.
45 Gesetzesbegründung, BT Drs 16/813, S. 15.
46 Hömig, in Hömig, GG, Art. 84 Rn 9; Dittmann, in Sachs, GG, Art. 84 Rn. 24.
47 Z. B. Trute, in v. Mangoldt/Klein/Starck, GG, Art. 84 Rn 24.
48 BVerfGE 105, 338; Hömig, in: Hömig, GG, Art. 78 Rn 6; Lücke, in: Sachs, GG, Art. 78 Rn 17 f.

ist, ist oben bereits eingegangen worden.[49] Die damit verbundene Sicherung der Kommunen vor finanziell nicht abgedeckten Aufgabenübertragungen durch Bundesgesetze war eine notwendige Maßnahme zur Gewährleistung der kommunalen Selbstverwaltung und ist daher ein besonders wichtiges Ergebnis der Reform. Wie ernst der Bundesgesetzgeber sie nehmen muss, ist erst jüngst in der Weigerung des Bundespräsidenten deutlich geworden, das Verbraucherinformationsgesetz wegen eines Verstoßes gegen Art. 84 Abs. 1 Satz 7 GG auszufertigen.[50]

III.

Diese Veränderungen im Bereich der Zustimmungsbedürftigkeit waren geeignet, wesentliche Interessen des Bundes zu befriedigen. Ungeklärt war aber noch, wie der eingangs schon angesprochenen Forderung der Länder entsprochen werden konnte, ein Zustimmungsrecht bei Bundesgesetzen mit erheblichen Kostenfolgen für die Länder zu erhalten. Es sollte sich als eine der schwierigsten Operationen der Kommissionsarbeit erweisen, hierfür eine effektive Lösung zu finden, die die Reduzierung der Quote zustimmungsbedürftiger Gesetze durch die Änderung des Art. 84 Abs. 1 GG aber nicht konterkarierte.[51]

Bevor in die Diskussion über die Formulierung eines neuen Zustimmungsbedürftigkeitstatbestands eingetreten werden konnte, musste allerdings Einvernehmen darüber hergestellt werden, dass es einen solchen überhaupt geben sollte. Auf Seiten der Bundesregierung wurde hierfür zunächst keinerlei Notwendigkeit gesehen.[52] Auch die Bundestagsabgeordneten fürchteten, dass mit einem neuen Zustimmungstatbestand die bei Art. 84 GG erreichbar erscheinenden Fortschritte wieder zunichte gemacht würden.[53] Für die Länder allerdings kam eine Aufgabe der weit reichenden Zustimmungsrechte des alten Art. 84 Abs. 1 GG nur in Betracht, wenn eine Lösung für die Belastung ihrer Haushalte mit der Ausführung kostenträchtiger Bundesgesetze gefunden würde.[54] Denn in der Vergangenheit ermöglichte der weit gefasste Art. 84 Abs. 1 GG in vielen Fällen auch eine Kontrolle der mit einem Gesetz für die Länder verbundenen Kosten.[55] Sein (weitgehender) Wegfall hätte die Länderhaushalte dem Zugriff des Bundesgesetzgebers ausgesetzt, ohne dass dies durch ein Zustimmungsrecht im Bundesrat hätte eingegrenzt werden können.

Allerdings konkurrierte der Gedanke eines neuen Zustimmungsrechts zu Beginn der Kommissionsarbeit mit zwei anderen Ansätzen. Erwogen wurde zunächst die

49 S. o. Text bei Fn 17 ff. Eine parallele Bestimmung für den Bereich der Auftragsverwaltung findet sich in Art. 85 Abs. 1 Satz 2 GG.
50 S. dazu BR Drs zu 584/06 (Beschluss).
51 Holtschneider, in: Holtschneider/Schön, aaO (Fn. 8), S. 53.
52 Halsch, 3. Sitzung AG 2, 12. 2. 2004, Protokollvermerk S. 13 f.
53 Friedrich, 3. Sitzung AG 2, 12. 2. 2004, Protokollvermerk S. 17.
54 Schön, in: Holtschneider/Schön, aaO (Fn. 8), S. 73.
55 Holtschneider, in: Holtschneider/Schön, aaO (Fn. 8), S. 54.

Einführung einer Konnexitätsregelung, wie sie die Landesverfassungen zu Gunsten der Kommunen kennen.[56] Das hätte den Übergang von der in Art. 104a Abs. 1 GG angeordneten Vollzugskonnexität zur Gesetzeskonnexität bedeutet, was von einigen Sachverständigen zunächst nachhaltig befürwortet wurde.[57] Dieser mit der auf den ersten Blick so einleuchtend durch die Maxime »Wer anschafft, zahlt!« zu beschreibende Ansatz fand jedoch auf Seiten der Länder keinen positiven Widerhall. Seine Verwirklichung hätte praktisch flächendeckend zu einem Übergang von der Ausführung von Bundesgesetzen als eigene Angelegenheiten der Länder zur Bundesauftragsverwaltung geführt.[58] Die Länder wären weitgehend zu »Rechenstellen des Bundes«[59] geworden, was deren Eigenständigkeit gewiss nicht gestärkt und im Einzelfall zu erheblichen Problemen bei der Kostenabrechnung geführt hätte.[60]

Der zweite Alternativansatz bestand darin, eine Lösung über die Neufestsetzung der Anteile von Bund und Ländern am Steueraufkommen zu suchen (Art. 106 Abs. 3, 4 GG). Der Gedanke lief darauf hinaus, beim Erlass eines von den Ländern auszuführenden (und damit zu bezahlenden) Bundesgesetzes jeweils dessen Kosten entsprechend die Anteile von Bund und Ländern am Steueraufkommen neu festzusetzen. Die Deckungsquoten von Bund und Ländern hätten also bei jedem kostenträchtigen Gesetz neu berechnet und insbesondere die Umsatzsteuerverteilung entsprechend angepasst werden müssen. Diese Lösung wurde von vielen für die verfassungssystematisch sauberste gehalten,[61] da das Deckungsquotenverfahren gerade den Zweck hat, für einen billigen Ausgleich der Finanzierungsbedürfnisse von Bund und Ländern zu sorgen (Art. 106 Abs. 3 Satz 4 Nr. 2 GG). Allerdings war allen Beteiligten auch klar, dass die politische Praxis gegen eine Weiterentwicklung des Deckungsquotenverfahrens sprach.[62] Denn es ist nie gelungen, Einigkeit über die Methodik des Berechnungsverfahrens zu erzielen, so dass die Ausgangsansprüche von Bund und Ländern stets um etliche Milliarden Euro auseinander klafften.[63] Seiner ganzen Anlage nach ist das Deckungsquotenverfahren nicht für die Austarierung der Kostenlast einzelner Gesetze geeignet. Es setzt vielmehr eine auf längere Zeitab-

56 Z. B. LV BW, Art. 71 Abs. 3; LV NW, Art. 78 Abs. 3.

57 Z. B. Kirchhof, 3. Sitzung AG 2, 12. 2. 2004, Protokollvermerk, S. 11; Meyer, Kom-Drs. 27 S. 9.

58 Scharpf, 5. Sitzung der Kommission, 11. 3. 2004, Sten. Bericht S. 110, 112.

59 Schön, 3. Sitzung AG 2, 12. 2. 2004, Protokollvermerk S. 12.

60 Schön, in: Holtschneider/Schön, aaO (Fn. 8), S. 84.

61 Kröning, 6. Sitzung AG 1, 1. 7. 2004, Protokollvermerk S. 22 f.; Runde, 8. Sitzung der Kommission, 8. 7. 2004, Sten. Bericht S. 204 f.

62 Deshalb versuchte Schneider, zusätzlich zu den nach Art. 106 Abs. 4 Satz 2 GG möglichen kurzzeitigen Finanzzuweisungen des Bundes einen Anspruch auf längerfristige Zuweisungen für neue Aufgaben der Länder einzuführen (Kom-Drs. 67, S. 4). Die politisch-prozedurale Umsetzung dieses Anspruchs (Was passiert, wenn das hierfür vorgesehene zustimmungsbedürftige Gesetz nicht zustande kommt?) blieb aber ebenso offen wie die Frage, in welchem Verhältnis diese neuen längerfristigen Finanzzuweisungen zu den herkömmlichen kurzfristigen Zuweisungen stehen sollten.

63 Runde, 8. Sitzung der Kommission, 8. 7. 2004, Sten. Bericht S. 204 f.

schnitte bezogene Bewertung der Finanzierungsbedürfnisse der beiden staatlichen Ebenen voraus.[64]

Nachdem sich die beiden alternativen Wege als nicht gangbar erwiesen hatten, bestand in der Kommission dem Grunde nach Einigkeit, dass den Ländern im Bundesrat ein Zustimmungsrecht bei Gesetzen mit »erheblichen« Kostenfolgen für sie eingeräumt werden sollte.[65] Wann aber sollten Kosten als »erheblich« gelten? Die Suche nach einer sach- und interessengerechten Konturierung dieses Begriffs sollte die Kommissionsarbeit und das anschließende Gesetzgebungsverfahren über geraume Zeit bestimmen.[66]

Als Sackgasse erwiesen sich dabei Überlegungen, bei der Bestimmung der »Erheblichkeitsschwelle« an einen absoluten Betrag oder eine Summe etwa in Relation zu den kumulierten Haushalten der Länder anzuknüpfen.[67] Denn alle Versuche dieser Art hätten vorausgesetzt, dass die Kosten eines neuen Gesetzes oder einer Gesetzesänderung ex ante hinreichend präzise vorauszusagen sind. Spätestens das Debakel bei der Kostenschätzung zum »Hartz-IV-Gesetz«[68], die trotz des bekannten Kreises der Leistungsempfänger und der genauen Regelung des Leistungsumfangs im Gesetz um mehrere Milliarden Euro unter den tatsächlichen Aufwendungen lag, hat deutlich gemacht, dass solche Berechnungen nicht mit hinreichender Sicherheit möglich sind. Sie sind zudem regelmäßig streitbehaftet. Für eine den Bedürfnissen der politischen Praxis genügende Ausgestaltung des Gesetzgebungsverfahrens ist es aber unerlässlich, dass bei der Verabschiedung eines Gesetzes feststeht, ob es zustimmungsbedürftig ist oder nicht. Sonst kann die Verfassungsmäßigkeit seines Zustandekommens nicht zuverlässig beurteilt werden.

Stattdessen hat die Kommission den Weg gewählt, typischerweise besonders teure Gesetze zu identifizieren, die dann der Zustimmung des Bundesrates bedürfen sollten. Es ist das Verdienst des Sachverständigen Ferdinand *Kirchhof*, diesen Ansatz entwickelt zu haben. Sein ursprünglich auf Art. 84 GG bezogener Vorschlag machte Bundesgesetze, die Ansprüche Dritter oder Pflichten der Länder zur Erbringung von Dienst-, Sach- oder Geldleistungen begründen oder Personal- oder Sachstandards für den Vollzug festlegen, von der Zustimmung des Bundesrates abhängig.[69] Über die Formulierung der Gesetzesinhalte, die die Zustimmungsbedürftigkeit auslösen

64 Vgl. zu den Schwierigkeiten der Neufestsetzung der Umsatzsteueranteile nur Hömig, in: Hömig, GG, Art. 106 Rn. 12 ff. Für die Notwendigkeit einer Langfristbetrachtung spricht auch die in Art. 106 Abs. 4 Satz 2 GG geregelte Möglichkeit der Gewährung von kurzzeitigen Finanzzuweisungen des Bundes an die mit einem Bundesgesetz zusätzlich mit Aufgaben belasteten Länder.

65 Runde, 8. Sitzung der Kommission, 8. 7. 2004, Sten. Bericht S. 204 f.; Schön, in: Holtschneider/Schön, aaO (Fn. 8), S. 74.

66 Vgl. zu den einzelnen Stadien des Diskussionsverlaufs plastisch Holtschneider, in: Holtschneider/Schön, aaO (Fn. 8), S. 59-71.

67 Vgl. Hinweise von Runde, 8. Sitzung der Kommission, 8. 7. 2004, Sten. Bericht S. 204 f.; Koch, 10. Sitzung der Kommission, 4. 11. 2004, Sten. Bericht S. 255 f.

68 SGB II Grundsicherung für Arbeitssuchende (Art. 1 des Gesetzes vom 24. 12. 2003, BGBl. I S. 2954).

69 AU 57.

sollten, ist im weiteren Verlauf der Beratungen heftig gerungen worden.[70] Dabei ist es dem Bund vor allem gelungen, die »Festlegung von Personal- und Sachstandards« aus der schließlich Gesetz gewordenen Regelung des Art. 104a Abs. 4 GG zu eliminieren. Dieses aus der Sicht der Länder schmerzhafte Zugeständnis[71] war für den Bund von entscheidender Bedeutung, da die Auswirkungen der Einführung eines solchen Tatbestandsmerkmals für die Zustimmungsbedürftigkeit sehr viel schwerer vorhersehbar gewesen wäre als bei den auf »Leistungen« abhebenden Merkmalen.

Nach dem neuen Art. 104a Abs. 4 GG sind Geldleistungsgesetze, die von den Ländern auszuführen sind, stets zustimmungsbedürftig, wenn der Bund nicht die Kosten zu 100 % trägt.[72] Bisher galt dies nur bei einer Finanzierungsquote des Bundes von 75 % oder weniger. Auf die Art des Vollzuges – Ausführung als eigene Angelegenheit der Länder oder Auftragsverwaltung – kommt es nicht an. Entscheidend ist auch nicht, dass der »Dritte« (also nicht etwa eine andere Verwaltungsebene) einen Anspruch auf die Leistung als subjektiv-öffentliches Recht hat. Eine (objektivrechtliche) Pflicht der Länder zur Leistungserbringung reicht aus.[73] Diese auf den ersten Blick sehr feinsinnige Differenzierung greift die Regelung in § 24 SGB VIII auf, nach der Kinder über drei Jahre einen Anspruch auf Besuch eines Kindergartens haben (Abs. 1), während für die unter Dreijährigen nur eine Pflicht zur Bereithaltung eines bedarfsgerechten Angebots besteht (Abs. 3). Die Kostenfolgen für die Länder sind aber natürlich in beiden Fällen gleich.

Neu ist darüber hinaus, dass das Zustimmungserfordernis auch für Bundesgesetze gilt, die die Pflicht zur Erbringung geldwerter Sach- oder vergleichbarer Dienstleistungen begründen. Damit werden zwei neue Begriffe ins Grundgesetz eingeführt, die aber – auch wegen der in den Gesetzesmaterialien enthaltenen Erläuterungen – hinreichend konkret sein dürften.[74] Danach sind auch bei geldwerten Sachleistungen und vergleichbaren Dienstleistungen die vollzugsbedingten Einflüsse der Länder auf den Umfang der Zweckausgaben ähnlich wie bei Geldleistungen begrenzt. Es kommt darauf an, dass einem Dritten geldwerte Vorteile gewährt werden. Beispiele sind die Unterbringung von Asylbegehrenden, die Erbringung von Schuldnerberatung, die Bereitstellung von Tagesbetreuungsplätzen[75] oder die Gewährung von Verbrauchsgütern, auch durch Gutscheine.[76] Nicht darunter fallen hingegen »Genehmigungen, Erlaubnisse und sonstige Verwaltungsakte, die keine darüber hinausgehenden Leistungen bestimmen, sondern nur die Vereinbarkeit mit materi-

70 Schön, in: Holtschneider/Schön, aaO (Fn. 8), S. 80 f.
71 Vgl. die Ausführungen von Koch in der 10. Sitzung der Kommission, 4. 11. 2004, Sten. Bericht S. 255 f.
72 Hömig, in: Hömig, GG, Art. 104a Rn 10.
73 Hömig, in: Hömig, GG, Art. 104a Rn 13.
74 Anders Hömig, aaO.
75 BT Drs. 16/813, S. 18.
76 Hömig, in: Hömig, GG, Art. 104a Rn 13.

ellen Vorschriften feststellen«.[77] Damit ist der ganze Bereich der Eingriffs- und Ordnungsverwaltung ausgenommen. Auch wenn modernistisch gerne von der Erteilung einer Fahrerlaubnis oder einer Baugenehmigung als einem »Dienstleistungsprodukt« der Verwaltung gesprochen wird, löst die Verpflichtung zur Erbringung derartiger Dienste das Zustimmungserfordernis nach Art. 104a Abs. 4 GG nicht aus.

Schließlich entfällt die Zustimmungsbedürftigkeit, wenn nicht die Länder, sondern der Bund, die EU oder eine Sozialkasse die Ausgaben tragen. Das wirft die Frage auf, ob auch für Sach- und Dienstleistungen eine Finanzierungskompetenz des Bundes begründet ist, wie sie unzweifelhaft bei Geldleistungen gemäß Art. 104a Abs. 3 Satz 1 GG besteht. Eine vergleichbare Formulierung findet sich für Sach- und Dienstleistungen nicht. *Schön*[78] ist deshalb der Auffassung, dass eine solche Kompetenz nicht besteht.[79] Demgegenüber meint *Holtschneider*[80], dass Abs. 4 dem Bund eine Finanzierungsmöglichkeit auch bei Sach- und Dienstleistungen einräumt.[81] Für diese Auffassung spricht zunächst anscheinend, dass der Konditionalsatz am Ende des Art. 104a Abs. 4 GG (« . . ., wenn daraus entstehende Ausgaben von den Ländern zu tragen sind.«) sonst praktisch kaum Sinn ergäbe: Er beinhaltete dann die Klarstellung eines Sachverhalts, der – jedenfalls im Bund-Länder-Verhältnis – nie unklar sein kann. Denn entweder handelt es sich um Bundesauftragsverwaltung, dann ist Art. 104a Abs. 4 GG schon deshalb nicht einschlägig und der Bund gemäß Abs. 2 zur Kostentragung verpflichtet, oder es handelt sich um Landeseigenverwaltung, dann müssen die Länder die Kosten nach Abs. 1 sogar ganz tragen, so dass die Bedingung immer eintritt. Allerdings sind auch Fälle denkbar, in denen ein Bundesgesetz Leistungen regelt, die ganz aus EU-Mitteln bezahlt werden. Dann wäre die Zustimmungsbedürftigkeit nur durch den Konditionalsatz ausgeschlossen, was auch richtig ist, weil es kein Schutzbedürfnis der Länder in diesen Fällen gibt. Für *Schöns* Auffassung spricht auch die Entstehungsgeschichte. Denn es hat in der Kommission und später in der Sachverständigenanhörung im Gesetzgebungsverfahren Hinweise darauf gegeben, dass der Text keine Finanzierungskompetenz des Bundes enthalte.[82] Dennoch ist eine solche nicht eingefügt worden. Aus der Sicht der Länder wäre damit eine neue Einflussmöglichkeit für den Bund auf den Gesetzesvollzug der Länder eingeführt worden, die sogar zu einer Ausweitung der Bundesauftragsverwaltung geführt hätte, wenn die Finanzierungskompetenz des Bundes analog zu Abs. 3 Satz 2 zu konstruieren wäre und der Bund mindestens die

77 BT- Drs. 16/813, S. 18.
78 Ministerialdirektor Dr. Walter Schön war als Amtschef der Bayerischen Staatskanzlei stv. Mitglied der Kommission.
79 Schön, in: Holtschneider/Schön, aaO (Fn. 8), S. 82, 86.
80 Sts a.D. Dr. Rainer Holtschneider war Berater der SPD-Bundestagsfraktion für die Föderalismusreform.
81 Holtschneider, in: Holtschneider/Schön, aaO (Fn. 12); S. 72.
82 Meyer, 6. Sitzung, AG 2, 29. 10. 2004, Protokollvermerk S. 27; ders., Anhörungsprotokoll des Rechtsausschusses BT/Innenausschusses BR vom 15./16. 5. 2006, S. 11, 250; Möllers, ebenda, S. 13; Scharpf, ebenda, S. 18

Hälfte der Kosten übernimmt.[83] Dies sollte vermieden werden.[84] Bei Sach- und Dienstleistungen, die in Landeseigenverwaltung erbracht werden, kann sich der Bund deshalb nur im Rahmen des neuen Art. 104b GG an den Kosten beteiligen. Dieser schließt Finanzhilfen im Bereich der ausschließlichen Gesetzgebung der Länder nunmehr aus (schulische Bildung!) und knüpft sie an die von dem alten Art. 104a Abs. 4 GG bekannten Bedingungen (Abwehr einer Störung des gesamtwirtschaftlichen Gleichgewichts, Ausgleich regional unterschiedlicher Wirtschaftskraft, Förderung des wirtschaftlichen Wachstums).

IV.

Im Ergebnis lässt sich festhalten, dass die Neuregelung der Zustimmungsbedürftigkeit von Bundesgesetzen insgesamt eine in sich stimmige Verbesserung darstellt, die allen Beteiligten unter dem Strich Vorteile einbringt. Der Bund wird von der politischen Willensbildung der Länder im Bundesrat unabhängiger, weil die Zahl der Zustimmungsgesetze deutlich sinkt. Wäre die Neuregelung schon in der 15. Wahlperiode in Kraft gewesen, hätte die Zustimmungsgesetzquote von 51 % auf bis zu 24 % gesenkt werden können.[85] Niemand kann ernsthaft bestreiten, dass damit eine deutliche Stärkung des Bundes, genauer der Bundestagsmehrheit und der von ihr getragenen Bundesregierung verbunden ist. Richtig ist natürlich auch, dass es auch weiterhin zwischen Bundestag und Bundesrat kontroverse Gesetzesvorhaben geben wird, die dann auch im Bundesrat scheitern können.[86] Das ist aber in der Rolle des Bundesrates als Gesetzgebungsorgan so angelegt. Dass eine Föderalismusreform dies vollständig beseitigt, kann nicht erwartet werden, denn Dekaptuierungen von Verfassungsorganen gibt es gewöhnlich nur bei Revolutionen. Der mit der geminderten Rolle des Bundesrates verbundene Machtverlust für die Länder wird jedenfalls teilweise dadurch wettgemacht, dass ihre Autonomie im Verwaltungsverfahren und der Behördenorganisation durch die Abweichungsmöglichkeit gestärkt wurde und die Zustimmungsbedürftigkeit jetzt viel zuverlässiger an die sie wirklich belastenden Eingriffe des Bundes in ihre Haushaltautonomie anknüpft: Zum Schutz ihrer Einnahmen (Art. 105 Abs. 3 GG) kommt korrespondierend durch Art. 104a Abs. 4 GG ein Schutz vor neuen Ausgaben.

83 Hierfür plädiert Holtschneider offenbar, Holtschneider, in: Holtschneider/Schön, aaO (Fn. 8); S. 72.
84 Schön, in: Holtschneider/Schön, aaO (Fn. 8), S. 86.
85 Georgii/Borhanian, Ausarbeitung des Wissenschaftlichen Dienstes des Bundestages, WD 3-37/06 und 123/06 v. 12. 5. 2006.
86 Vgl. z. B. die Hinweise von Möllers, Anhörungsprotokoll des Rechtsausschusses BT/Innenausschuss BR vom 15./16. 5. 2006, S. 13.

Die bundesstaatliche Finanzverfassung zwischen Pfadabhängigkeit und Wandel

Gunnar Folke Schuppert

A. Einleitung: Pfadabhängigkeit, radikale Neuentwürfe und Logik politischer Entscheidungsprozesse

Wenn schon die »allgemeine« Föderalismusreform eine äußerst schwierige Angelegenheit war und ist,[1] so ist offenbar die bis dato ausgeklammerte Reform der Finanzverfassung, die unbestritten als Herzstück der bundesstaatlichen Ordnung gilt,[2] kaum zu schultern. Die Stimmen in der Literatur, die schon jetzt von einer vertanen Reformchance sprechen[3] und deshalb an der Reformpolitik der Politik zweifeln,[4] lassen für das Projekt »Föderalismusreform II« wenig hoffen. Wir fühlen uns dabei lebhaft an die mit der Verabschiedung des sog. Föderalen Konsolidierungsprogramms von 1993 versuchte Reform des Länderfinanzausgleichs erinnert, ein Reformversuch, der in der Literatur miserable Noten erhielt,[5] wobei es damals Rolf Peffekoven war, der im Titel auf die besonders beliebte Wendung »eine vertane Chance« zurückgriff.[6]

Angesichts solcher Befunde drängt sich die Frage geradezu auf, woran es denn liegen könnte, daß bundesstaatsbezogene Reformvorhaben, insbesondere solche der bundesstaatlichen Finanzverfassung, nur schwer realisierbar sind und sich bei sorgfältiger Auswertung der Ergebnisse und – nachdem die Nebel der Reformrhetorik sich verzogen haben – doch nur als letztlich dem Status-quo-Denken verhaftete

1 Vgl. dazu die Überlegungen bei Arthur Benz, Kein Ausweg aus der Politikverflechtung? Warum die Bundesstaatskommission scheiterte, aber nicht scheitern musste, in: PVS 2006, S. 204 ff.; Roland Sturm, Föderalismusreform: Kein Erkenntnisproblem, warum aber ein Gestaltungs- und Entscheidungsproblem, in: PVS 2006, S. 195 ff.

2 Vgl. dazu mit weiteren Nachweisen Klaus-Dirk Henke/G.F. Schuppert, Rechtliche und finanzwissenschaftliche Probleme der Neuordnung der Finanzbeziehungen von Bund und Ländern im vereinten Deutschland, Baden-Baden 1993.

3 Gisela Färber/Nils Otter, Reform der Finanzverfassung – eine vertane Chance?, in: Aus Parlament und Zeitgeschichte (APuZ) 13-14/2005, S. 32 ff.

4 Rolf Peffekoven, Zweifel an der Reformfähigkeit der Politik, in: Wirtschaftsdienst 1/2005, S. 7 ff.

5 Vgl. etwa die Beiträge von Ulrich Häde, Die Neuordnung der bundesstaatlichen Finanzbeziehungen, in: JZ 1994, S. 76 ff., 82, und von Stefan Homburg, Anreizwirkungen des deutschen Finanzausgleiches, in: Finanzarchiv 51 (1994), S. 312 ff., 325 f.

6 Rolf Peffekoven, Reform des Finanzausgleichs – eine vertane Chance, in: Finanzarchiv 51 (1994), S. 281 ff.

Reförmchen darstellen.[7] Drei Erklärungen bieten sich prima vista an: Erstens könnten die konstatierten reformerischen Trippelschritte daran liegen, daß wir es gerade bei der Fortentwicklung der Bundesstaatlichkeit und ihrer Finanzverfassung mit einem Gebiet zu tun haben, in dem eine in der deutschen **Föderalismuskultur**[8] begründete **Pfadabhängigkeit** des Denkens und Handelns besonders spürbar wird; zweitens könnte die Reformschneckigkeit daran liegen, daß es schlicht **an den großen Reformideen** fehlt, daß es also – und dieses Argument gehört zum Standardhaushalt jeder politischen Debatte – an handlungsleitenden und motivierenden Visionen mangelt; drittens schließlich könnte die magere Reformausbeute darin ihre Erklärung finden, daß die durchaus vorhandenen Reformideen in den mannigfachen **Mühlen des politischen Entscheidungsprozesses** bis zur Unkenntlichkeit »zerschreddert« werden, ein Prozeß, der offenbar gerade von der sog. Gesundheitsreform durchlaufen worden ist.
Ein bisschen in dieselbe Richtung hat sich Christian Waldhoff in seinem Aufsatz über »Reformperspektiven im Finanzrecht« geäußert,[9] in dem er insgesamt die folgenden **drei für die Reformfähigkeit maßgeblichen Gesichtspunkte** ausgemacht hat:

> *»Es gilt in der finanzrechtlichen Reformdiskussion, die Balance zwischen den durch ökonomische Erkenntnisse inspirierten, traditionelle Denkschablonen verlassenden Optionen einerseits, und der Rückbindung an die organisch gewachsene Struktur der Verfassungsordnung wie des gesamten Rechtssystems andererseits nicht aus dem Blick zu verlieren. Als dritter Aspekt* ***neben ökonomischen Modellen als Ideenspendern*** *und (verfassungs-)****rechtlichen Rahmenbedingungen*** *ist die* ***Struktur politischer Entscheidungsprozesse*** *als für die Realisierungschancen von Reformen zentrale Größe einzubeziehen.«*

Da wir zu den Reformideen und zu der Logik politischer Entscheidungsprozesse gleich noch in jeweils eigenen Gliederungspunkten etwas sagen wollen, beschränken wir uns an dieser Stelle auf einige Bemerkungen zur Pfadabhängigkeit. Das von Gerhard Lehmbruch[10] gerade für die Fortentwicklung des deutschen Bundesstaates herangezogene **Konzept der Pfadabhängigkeit**[11] besagt – auf eine kurze Formel gebracht –, daß Strukturen, die in einer bestimmten historischen Situation entstanden sind, in der Folge dazu tendieren, sich selbst zu reproduzieren und daß Reformalternativen, die sich nicht innerhalb eines durch bestimmte institutionelle Merkmale charakterisierten »Pfades« halten, nur geringe Durchsetzungschancen haben.

7 G.F. Schuppert, Der bundesstaatliche Finanzausgleich: Status-quo-Denken oder Reformprojekt?, in: Staatswissenschaften und Staatspraxis 1995, S. 675 ff.

8 Begriff bei Roland Sturm, Bürgergesellschaft und Bundesstaat. Demokratietheoretische Begründung des Föderalismus und der Föderalismuskultur, Gütersloh/Berlin 2004.

9 Christian Waldhoff, Reformperspektiven im Finanzrecht – ein Überblick, in: Die Verwaltung 39 (2006), S. 155 ff.

10 Gerhard Lehmbruch, Der unitarische Bundesstaat in Deutschland: Pfadabhängigkeit und Wandel in: Arthur Benz/Gerhard Lehmbruch (Hrsg.), Föderalismus. Analysen in entwicklungsgeschichtlicher und vergleichender Perspektive, PVS-Sonderheft 32/2001, S. 53 ff.

11 Waldhoff (Fn. 9).

Dieses Erklärungsmodell scheint für das von Lehmbruch ins Auge gefaßte Problem – die Zählebigkeit des unitarischen Bundesstaates – gut zu passen, vermag aber die durchaus erkennbaren **Entwicklungsschübe des deutschen Föderalismus seit 1949**[12] – vom separativen Föderalismus über den Verbundföderalismus bis zur im vollen Gange befindlichen Reföderalisierung – nicht hinreichend zu erklären. Wir würden es daher mit Fritz W. Scharpf[13] vorziehen, von **Pendelschlägen der institutionellen Entwicklung** zu sprechen, Pendelschwüngen übrigens, an deren Verstärkung die Rechtsprechung des Bundesverfassungsgerichts jeweils einen maßgeblichen Anteil hatte.
Aber nun zu den großen Reformentwürfen.

B. Markt der Ideen I: die ganz großen Reformentwürfe

I. Länderneugliederung: die ewige Beschwörungsformel

Wann immer es um die finanziellen Schwierigkeiten eines zu kleinen oder von seiner Beschaffenheit in ökonomischer Hinsicht schwierigen Landes geht, wird als Heilmittel – so zuletzt auch wieder im Berlin-Urteil des Bundesverfassungsgerichts – die Option der Neugliederung ins Spiel gebracht, wie ein Joker gewissermaßen, den man nur im geeigneten Moment aus dem Ärmel ziehen muß. Allein: Diese Option ist **unter den vorhandenen verfassungsrechtlichen Rahmenbedingungen** – also ohne Änderung von Artikel 29 GG, der die Zustimmung der Mehrheit der Einwohner der fusionsbetroffenen Länder voraussetzt – keine **realistische Option** und daher eine wohlfeile Beschwörungsformel ohne politische Substanz.
Die versuchte »Heirat« von Berlin und Brandenburg ist dafür der beste Beleg. Die Eile, mit der der brandenburgische Ministerpräsident Platzeck nach der Verkündung des Berlin-Urteils mitteilen ließ, daß das Thema der Neugliederung damit in noch weitere Ferne gerückt sei, wird jedenfalls den Leser von Laurence Sternes »Tristram Shandy« nicht überraschen,[14] in dessen erstem Bande ausführlich von der Beschaffenheit des Ehevertrages die Rede ist, den die Eltern unseres Romanhelden geschlossen hatten. Bestandteil dieses Ehekontraktes war etwa die Regelung, daß

12 Siehe dazu Arthur Benz, Föderalismus als dynamisches System. Die Zentralisierungs- und Dezentralisierungsprozesse im föderativen Staat, Opladen 1985; Fritz Ossenbühl, Landesbericht Bundesrepublik Deutschland, in: derselbe (Hrsg.), Regionalismus und Föderalismus in Europa, Baden-Baden 1990, S. 154 ff.

13 Fritz W. Scharpf, Recht und Politik in der Reform des deutschen Föderalismus, Working Paper 05/6 des Max-Planck-Instituts für Gesellschaftsforschung, Köln, Juni 2005, wieder abgedruckt in: Michael Becker/Ruth Zimmerling (Hrsg.), Politik und Recht, PVS-Sonderheft 36/2006, Wiesbaden 2006, S. 306 ff.

14 Laurence Sterne, Leben und Ansichten von Tristram Shandy, Gentleman, Bd. 1, Zürich 1983.

der Ehefrau im Falle einer Schwangerschaft alle Kosten zu erstatten seien, die im Zusammenhang mit einer Entbindungsreise nach London entstehen würden, allerdings – wie Tristram Shandy bemerkt – ergänzt um die Klausel, »daß, falls meine Mutter meinen Vater hernach irgendwann einmal durch falschen Alarm oder Fehlanzeigen in das Ungemach und die Unkosten einer London-Reise stürzen sollte, sie für einen solchen Fall alle Rechte und Ansprüche für das nächste Mal verscherzt haben sollte«[15].

Wenn man diese Vorkehrungen im Hinterkopf hat, wird man von keinem Brandenburger erwarten dürfen, für die Vereinigung mit einem Partner zu votieren, der soeben seine miserable Haushaltslage dramatisch geschildert hat, aber gleichwohl mit seinem Hilfeersuchen kläglich gescheitert ist.

Der vermeintliche Königsweg einer Neugliederung soll hier daher nicht weiter verfolgt werden.

II. Wettbewerbsföderalismus: vom Zauberwort zum Unwort

Aufstieg und Fall von **Konzept und Begriff des Wettbewerbsföderalismus**[16] zu verfolgen, ist schlichtweg faszinierend. Noch bei der Vorbereitung des vorerst letzten Angriffs der wohlhabenden Zahlerländer Bayern, Baden-Württemberg und Hessen auf das System des Länderfinanzausgleichs mit seiner – wie geltend gemacht wurde – Übernivellierung und Gleichmacherei sowie der ungerechtfertigten Bevorzugung der Stadtstaaten spielte der Argumentationstopos des Wettbewerbsföderalismus – wohl fundiert durch die ökonomische Plausibilität des Wettbewerbsgedankens – in den Schriftsätzen der Antragsteller eine zentrale Rolle. Aber schon in der von Paul Kirchhof dominierten mündlichen Verhandlung hatte dieses bisherige Zentralargument so gut wie keine Bedeutung mehr und auch in dem das Maßstäbegesetz kreierenden Urteil selbst[17] hat es mit Entscheidungsergebnis und Entscheidungsbegründung nichts zu tun. Wie lässt sich ein solch tiefer Fall erklären?

Mit der unterschiedlichen Interessenlage der Länder, lautet die realistische Antwort. Die wettbewerbsgeneigten Länder, die insbesondere für eine Stärkung der Einnahmeautonomie der Gliedstaaten und eine Reduzierung des Ausgleichsniveaus plädierten, waren mehr oder weniger allein auf weiter Flur, da die sog. neuen Bundesländer sich strukturell nicht wettbewerbsfähig fühlten und die doch zahlreichen struktur- und daher finanzschwachen alten Bundesländer den Wettbewerb scheuten; unter diesen nicht verfassungsrechtlichen, sondern **interessenbestimmten Rahmenbedingungen** konnte dem Konzept des Wettbewerbsföderalismus kein Erfolg

15 Sterne (Fn. 14), S. 91.

16 Vgl. dazu jeweils mit weiteren Nachweisen Hartmut Klatt, Parlamentarisches System und bundesstaatliche Ordnung. Konkurrenzföderalismus als Alternative zum kooperativen Bundesstaat, in: APuZ B 31/1982; Hans-Wolfgang Arndt, Finanzverfassungsrechtlicher Reformbedarf – vom unitarischen Föderalismus zum Wettbewerbsföderalismus, in: Wirtschaftsdienst 2/1998, S. 76-80.

17 BVerfGE 101, 158 – Maßstäbegesetz.

beschieden sein. Fritz W. Scharpf hat diesen Befund mit großer Klarheit und Eindringlichkeit wie folgt zusammengefasst:[18]

> *»Daß dafür die Unterstützung aller Länder nicht zu gewinnen war, lag auf der Hand – insbesondere da die publizistische Unterstützung durch die FDP[19] und engagierte Ökonomen[20] auch keinen Zweifel daran ließ, dass mit der Durchsetzung des Konzeptes auch das Versprechen ›einheitlicher‹ oder wenigstens ›gleichwertiger Lebensverhältnisse im Bundesgebiet‹ (Art. 106 Ab. 3 Ziff. 2 GG, Art. 72 Abs. 2 GG) aufgekündigt werden sollte. Solche Argumente waren (jedenfalls damals) nicht nur in Ostdeutschland politisch nicht zu vermitteln. Auch das Verfassungsgericht ließ sich von den ökonomischen Argumenten nicht beeindrucken und betonte in seinem Urteil sogar noch stärker als zuvor die Bedeutung des ›bundesstaatlichen Gedankens der Solidargemeinschaft‹.[21] Im Ergebnis hat die Assoziation mit dem Vorstoß der reichen süd- und westdeutschen Länder gegen den Finanzausgleich den ›Wettbewerbsföderalismus‹ zum ›politischen Streitbegriff‹[22] werden lassen,* ***der*** *trotz (oder wegen) der fortdauernden publizistischen Unterstützung durch liberale Ökonomen[23]* ***im politischen Prozeß mehr Widerstand als Zustimmung mobilisierte****. In der späteren Föderalismuskommission wurde er* ***geradezu als ›Unwort‹ behandelt****, von dem sich zu distanzieren ein Gebot der political correctness gerade für jene war, die auch auf die positiven Seiten eines politischen Wettbewerbs zwischen den Ländern hinweisen wollten.«*

Aber ein weiteres Argument kommt hinzu, daß nämlich das Konzept des Wettbewerbsföderalismus selbst, oder soll man sagen: Gerade **aus ökonomischer Perspektive einen gravierenden Konstruktionsfehler aufweist**: Denn wie soll ein Wettbewerb funktionieren, wenn keiner der Teilnehmer wirklich vom Ausscheiden bedroht ist? Die entsprechende Argumentationskette ist von Rüdiger Pohl – bei den Ökonomen gewiss kein »nobody«[24] – wie folgt formuliert worden:[25]

18 Scharpf (Fn. 13), S. 9.

19 Friedrich-Naumann-Stiftung, Wider die Erstarrung in unserem Staat. Für eine Neuordnung der Finanzverantwortung von Bund und Ländern. Manifest vom 21.8.1998.

20 Jürgen B. Donges/Johann Eekhoff/Wernhard Möschel/Manfred J.M. Neumann/Olaf Sievert, Die Aufgaben. Wirtschaftspolitische Orientierung für die kommenden Jahre, Schriftenreihe Bd. 34, Frankfurter Institut – Stiftung Marktwirtschaft und Politik, Bad Homburg 2000.

21 BVerfGE 101, 158 (1999). Das Urteil erklärt allerdings die damals geltenden Regeln für den Finanzausgleich mangels klar definierter Maßstäbe für dringend reformbedürftig.

22 Heribert Schatz/Robert Chr. Van Ooyen/Sascha Werthes, Wettbewerbsföderalismus. Aufstieg und Fall eines politischen Streitbegriffs, Baden-Baden 2000.

23 Jürgen B. Donges/Johann Eekhoff/Martin Hellwig/Wernhard Möschel/Manfred J.M. Neumann/Olaf Sievert (Kronberger Kreis), Die föderative Ordnung in Not. Zur Reform des Finanzausgleichs, Schriftenreihe Bd. 36, Frankfurter Institut – Stiftung Marktwirtschaft und Politik, Bad Homburg 2000; Konrad Morath (Hrsg.), Reform des Föderalismus. Beiträge zu einer gemeinsamen Tagung von Frankfurter Institut und Institut der Deutschen Wirtschaft, Köln, Frankfurter Institut, Bad Homburg 1999.

24 Rüdiger Pohl, Inhaber des Lehrstuhls für Volkswirtschaftslehre, insbesondere Geld und Währung, an der Martin-Luther-Universität Halle-Wittenberg, war Sachverständiger in der Kommission von Bundestag und Bundesrat zur Modernisierung der bundesstaatlichen Ordnung (Bundesstaatskommission). Von 1986 bis 1994 war er Mitglied des Sachverständigenrats zur Begutachtung der gesamtwirtschaftlichen Entwicklung und von 1994 bis 2004 Präsident des Instituts für Wirtschaftsforschung Halle.

25 Die Reform der föderalen Finanzverfassung: Wünsche und Wirklichkeit, in: Wirtschaftsdienst 2005, S. 85-92.

> *»**Der Grundgedanke des Wettbewerbsföderalismus leuchtet jedem Ökonomen ein**: Wettbewerb ist besser als kein Wettbewerb. Eine simple Übertragung des Wettbewerbsmodells des Marktes auf Gemeinwesen rechtfertigt das trotzdem nicht. Wettbewerb hat auch eine destruktive Seite: wer nicht mithält, scheidet aus. Das kann man sich bei einer Brotfabrik ohne weiteres vorstellen. Bei einem Land ist **Liquidation ausgeschlossen**; eine Übernahme durch den Bund auch. Das setzt dem Wettbewerbsmodell für Gemeinwesen Grenzen.*
> *Am Markt werden sich bisher konkurrierende Unternehmen zusammenschließen, um gemeinsam im Wettbewerb mit Dritten zu bestehen, d.h. es entstehen im Wettbewerb selbst wettbewerbsfähige Einheiten. Nicht so im föderalen Staat: Anzahl und Zuschnitt der Länder sind historisch entstanden, ohne dass die wirtschaftliche Wettbewerbsfähigkeit dabei eine Rolle gespielt hätte. Da Länderfusionen an den bekannten Hürden scheitern, würde Wettbewerbsföderalismus Wettbewerb zwischen Gemeinwesen organisieren, die dafür **teilweise ungeeignet** sind.«*

Von hier ist es nur noch ein kurzer Weg zur Forderung nach einem »Föderalismus mit Insolvenz«.

III. Insolvenz von Gebietskörperschaften als zu Ende gedachte Bundesstaatlichkeit

Wer Wettbewerb sagt, muß eigentlich auch Insolvenz sagen, und zwar deswegen, weil ohne die am Horizont dräuende Insolvenz es an den – und jetzt folgt ein zweiter Lieblingsbegriff aller Ökonomen – **erforderlichen Anreizstrukturen** fehlt, um sich verschuldungsvermeidend zu verhalten. Deswegen sei – so die zentrale These von Charles Beat Blankart et al.[26] – **der Föderalismus** »bis zu einer institutionalisierten potentiellen Insolvenz von Gebietskörperschaften **zu Ende zu denken**«. Eine solche Insolvenzmöglichkeit einzuführen, bedeute nicht etwa, dem Föderalismus den Todesstoß zu versetzen, sondern bewirke letztendlich seine Stärkung:[27]

> *»Eine institutionalisierte Insolvenz bedeutet nicht Zusammenbruch und Chaos, sondern Stärkung der Voraussicht. Sie löst Vorsichtsmaßnahmen aus, durch die die Insolvenz zunächst möglichst verhindert wird und durch die klar gestellt wird, worum es geht, wenn es doch zur Insolvenz kommt, nämlich ein Arrangement zu einem Neustart zu finden, dem möglichst alle Beteiligten zustimmen können. Durch diese positive Sicht kann die Insolvenz auch zu einer politisch attraktiven Institution werden.«*

Allerdings setzt dies voraus, die bisherige Konstruktion von Bundesstaatlichkeit zu überdenken und von § 12 Abs. 1 der InsO, der ein Insolvenzverfahren über das Vermögen des Bundes oder eines Landes ausdrücklich ausschließt, beherzt Abschied zu nehmen:[28]

26 Charles Beat Blankart/Erik R. Fasten/Achim Klaiber, Föderalismus ohne Insolvenz?, in: Wirtschaftsdienst 2006, S. 567-571.
27 Blankart/Fasten/Klaiber (Fn. 26), S. 570.
28 Blankart/Fasten/Klaiber (Fn. 26), S. 571.

»§ 12 der Insolvenzordnung blockiert alternative Regelungen. Fiele er weg, so würden ***Anreize freigesetzt, die übergeordneten Regeln, insbesondere das Prinzip der Bundestreue, neu zu überdenken*** *und neue Lösungen zu finden. Es würden Fragen aufgeworfen, die jetzt gar nicht gestellt werden. Die Regierung einer Gebietskörperschaft könnte nicht mehr davon ausgehen, einem Insolvenzverfahren mit Sicherheit zu entgehen. Genau diese Unsicherheit gibt ihr die* ***notwendigen Anreize****, Vorkehrungen zu treffen, die Wahrscheinlichkeit des Eintretens einer Insolvenz zu verringern. Was aber für die einzelne Gebietskörperschaft gut ist, werden in der Tendenz auch die anderen Gebietskörperschaften tun. Bei einem reduzierten gebietskörperschaftlichen Insolvenzrisiko insgesamt wird das institutionelle Arrangement der Insolvenz zu* ***einem rechtlich geordneten, prognostizierbaren*** *und – das ist das Wesentliche – letztlich* ***glaubwürdigen Verfahren****.«*

Ob eine Bereitschaft zu einem solch grundsätzlichen Umdenken besteht, wird die jetzt verstärkt einsetzende Diskussion zur Föderalismusreform II zeigen; wir selbst halten diese für Gemeinden immer öfter angedachte Konsequenz eines Insolvenzverfahrens[29] auch für die Länder für letztlich unvermeidlich und sehen in dem sog. insolvenzrechtlichen Planverfahren[30] ein durchaus geeignetes Verfahren, dessen Grundgedanken auch auf Gebietskörperschaften prinzipiell übertragbar erscheint.[31]

C. Markt der Ideen II: Reformvorschläge mittlerer Reichweite

I. Reformdefizite und Bereitstellungsfunktion des Rechts

Schon seit längerem vertreten wir die Auffassung, daß es die Aufgabe des für die Fortentwicklung der Rechtsordnung verantwortlichen Gesetzgebers ist, diejenigen **Rechtsformen bereitzustellen**, derer der sich wandelnden Anforderungen gegenüberstehende Staat bedarf, um seine Aufgabe angemessen erfüllen zu können. Dafür haben wir den inzwischen weitgehend rezipierten Begriff der **Bereitstellungsfunktion des Rechts** vorgeschlagen[32] und das damit Gemeinte am Beispiel des Verwaltungsrechts wie folgt erläutert:[33]

29 Zum Stand der Diskussion siehe Angela Faber, Insolvenzfähigkeit für Kommunen?, in: DVBl. 2005, S. 933-946.

30 Siehe dazu Christoph G. Paulus, Grundlagen des neuen Insolvenzrechts – Liquidations- und Planverfahren, in: DStR 2004, S. 1568-1575.

31 G.F. Schuppert/Matthias Rossi, Bausteine eines bundesstaatlichen Haushaltsnotlagenregimes. Zugleich ein Beitrag zur Governance der Finanzbeziehungen im Bundesstaat, in: Hertie School of Governance-working papers Nr. 3, März 2006.

32 G.F. Schuppert, Verwaltungsrechtswissenschaft als Steuerungswissenschaft. Zur Steuerung des Verwaltungshandelns durch Verwaltungsrecht, in: Wolfgang Hoffmann-Riem/Eberhard Schmidt-Aßmann/G.F. Schuppert (Hrsg.), Reform des Allgemeinen Verwaltungsrechts. Grundfragen, Baden-Baden 1993, S. 65-114.

33 Schuppert (Fn. 32), S. 96 f.

»Mustert man noch einmal aufmerksam durch, was Franz-Xaver Kaufmann als Normierungstypen aufgelistet[34] *und was Ernst-Hasso Ritter als notwendiges Rechtsgerüst beschrieben hat,*[35] *so scheint mir die Bereitstellungsfunktion des Rechts in den Vordergrund zu rücken, also – bezogen auf die Verwaltung – die Funktion des Verwaltungsrechts, ein Verwaltungshandeln zu ermöglichen, das als legitim empfunden wird, das rechtsstaatlich geordnet und diszipliniert ist, das sachrichtige Entscheidungen hervorbringt, das bürgernah und effektiv ist usw. Dazu ... genügt nicht das Bereitstellen von Anspruchsnormen oder Eingriffsermächtigungen in Gesetzen des besonderen Verwaltungsrechts, vielmehr bedarf es der Bereitstellung geeigneter Entscheidungsverfahren, geeigneter Handlungsformen, geeigneter Organisationstypen und – nicht zuletzt – eines geeigneten öffentlichen Dienstrechts. Auch hier erweist sich erneut, wie unverzichtbar eine Zusammenschau von handlungsrechtlichem Verwaltungsrecht, Verwaltungsorganisations- und Verwaltungsverfahrensrecht für die Beurteilung von Steuerungsleistungen durch Recht ist.«*

Diese Bereitstellungsfunktion des Rechts, die nicht nur für das Verwaltungsrecht, sondern genauso für das Verfassungsrecht von Bedeutung ist, wird naturgemäß um so dringender nachgefragt, je offenbarer – etwa in **Krisensituationen** – bestehende **Regelungsdefizite** hervortreten; zwei solcher Regelungsdefizite sind in diesem Sinne in der Tat offenbar geworden und daher an dieser Stelle kurz zu besprechen.

1. AAA-Rating trotz Haushaltsnotlage oder zur Notwendigkeit einer wirksamen Schuldenordnung

Nach Auffassung vieler, die es wissen müssten, liegt das dringlichste Problem des Finanzwesens in der Bundesrepublik Deutschland « nicht in den laufenden Einnahmen und ihrer Verteilung, sondern im erreichten Ausmaß ex- und implizierter Staatsverschuldung auf allen Ebenen des Bundesstaates.[36]«[37] Dabei ist diese sog. Schuldenkrise durchaus kein neues Phänomen, schnappt doch – wie das Bundesverfassungsgericht gerade erst das Land Berlin belehrt hat – die Schuldenfalle keineswegs urplötzlich zu, sondern ist die heranziehende Einengung der fiskalischen Handlungsfähigkeit[38] – wie der Untergang beim Schachspiel, der sich aus einer Abfolge falscher Spielzüge ergibt – schon lange absehbar.

34 Franz-Xaver Kaufmann, Steuerung wohlfahrtstaatlicher Abläufe durch Recht, in: Dieter Grimm/ Werner Maihofer (Hrsg.), Gesetzgebungstheorie und Rechtspolitik. Jahrbuch für Rechtssoziologie und Rechtstheorie, Bd. 13, Opladen 1988.

35 Ernst-Hasso Ritter, Das Recht als Steuerungsmedium im kooperativen Staat, in: Dieter Grimm (Hrsg.), Wachsende Staatsaufgaben – sinkende Steuerungsfähigkeit des Rechts, Baden-Baden 1990, S. 69 ff.

36 Seit 1993 (1.564 Mrd. DM) hat sich die Gesamtverschuldung der öffentlichen Haushalte nahezu verdoppelt (2005: 1.447,3 Mrd. Euro; davon Bund 887,9 Mrd. Euro, Länder: 468,2 Mrd. Euro, Kommunen: 91,2 Mrd. Euro; s. BMF Finanzbericht 2006).

37 Johanna Hey, Finanzautonomie und Finanzverflechtung in gestuften Rechtsordnungen, VVDStRL 66 (2007), S. 277 ff., 306.

38 Dazu Kai A. Konrad, Fiskalische Handlungsfähigkeit und globaler Wettbewerb, in: Jürgen Kocka (Hrsg.), Reformfähigkeit der Bundesrepublik Deutschland, WZB-Jahrbuch 2006, Berlin 2007, S. 113 ff.

Schon lange absehbar ist auch, daß die bisherigen rechtlichen Beschränkungen der Staatsverschuldung – insbesondere die Obergrenze des Art. 115 Abs. 1 GG – schlichtweg unwirksam sind. Bereits in unserem Staatsrechtslehrervortrag von 1983 (!) hatten wir den folgenden insoweit deprimierenden Befund erheben müssen:[39]

> *»Kirchhof hat in seiner Begründung des Normenkontrollantrages der CDU-CSU-Fraktion betreffend den Vorstoß des Haushaltsgesetzes 1981 gegen Art. 115 GG[40] auf die Gefahr hingewiesen, daß die bloße Zinslast der Staatsverschuldung in den nächsten Jahren die Obergrenze des Art. 115 GG überschreiten könne und damit diese Vorschrift ad absurdum führe. **Skepsis gegenüber der Steuerungskraft haushaltsrechtlicher Vorschriften in Schlechtwetterzeiten ist daher geboten**. In der Hansestadt Hamburg etwa werden trotz des mit Art. 115 GG inhaltlich übereinstimmenden § 18 Abs. 1 LHO unter Berufung auf ein wirtschaftliches Ungleichgewicht auch die laufenden Kosten der Verwaltung aus Krediten finanziert. Eine Fortsetzung dieser Praxis wurde ausdrücklich angekündigt. Wenn also eine Steuerungsleistung des Haushaltsrechts darin besteht, Dämme zu errichten, so wird man wohl im Falle der Staatsverschuldung ›Land unter‹ vermelden müssen.«*

Da die Situation seither nicht besser, sondern eindeutig noch schlechter geworden ist, wird man all denjenigen nicht widersprechen können, die einer Reform des Staatsschuldenrechts mit dem Ziel effektiverer Neuverschuldungsgrenzen allererste Priorität einräumen.[41] Wenn man aber darüber nachdenkt, wie dies funktionieren könnte, stellt man auch hier wieder fest, daß zunächst einmal falsche Anreize beseitigt werden müssen:[42]

> *»Dabei liegt der Fehler hier nicht in zu wenig, sondern in zu viel, genauer: **falsch gewichteter Autonomie der Länder**. Bislang erklärt Art. 109 Abs. 1 GG Bund und Länder in ihrer Haushaltswirtschaft als »selbständig«, auch wenn in Absatz 2 beide auf das gesamtwirtschaftliche Gleichgewicht verpflichtet werden. Nach der Entscheidung des BVerfG aus dem Jahre 1992 [BVerfGE 86, 148, 262 ff.] schien es, als seien die Länder durch die Rückversicherung der Bundeshilfe im Fall extremer Haushaltsnotlagen in letzter Konsequenz von der Haftung freigestellt.[43] Dies liefe auf **Verschuldungsautonomie ohne Verschuldungsletztverantwortung** hinaus.«*

Mit dem Berlin-Urteil des BVerfG ist ein wichtiger Schritt in diese Richtung getan.

39 G.F. Schuppert, Die Steuerung des Verwaltungshandelns durch Haushaltsrecht und Haushaltskontrolle, in: VVDStRL 42 (1984), S. 216 ff., 247.
40 Normenkontrollantrag vom 6. Dezember 1982.
41 Siehe mit weiteren Nachweisen Johannes Meier, Stärkung der Transparenz und Verantwortlichkeiten zur Bewältigung der Schuldenkrise, in: Kai A. Konrad/Beate Jochimsen (Hrsg.), Finanzkrise im Bundesstaat, Frankfurt a.M. u.a. 2006, S. 29-42; vgl. ferner Joachim Wieland, Staatsverschuldung als Herausforderung für die Finanzverfassung, JZ 2006, S. 751 ff.
42 Hey (Fn. 37), S. 306 f.
43 Zwar folgt aus der Selbständigkeit grundsätzlich auch die Haushaltsverantwortung, vgl. etwa Michael Rodi, in: Rudolf Dolzer/Klaus Vogel/Karin Graßhof (Hrsg.), Bonner Kommentar zum Grundgesetz, Heidelberg, Loseblatt, Art. 109, Rn. 124 ff. Der Verantwortungszusammenhang wird aber durch die Aussicht auf Hilfeleistungen des Bundes durchbrochen. Bemerkenswerter Weise genießen alle Länder unabhängig vom Schuldenstand ein AAA-Rating.

Aber das allein reicht noch nicht; es bedarf – und auch darin ist Johanna Hey voll zuzustimmen – der Einführung eines Frühwarnsystems mit formalisierten Feststellungs-, Sanierungs- und Sanktionsverfahren:[44]

> *»Der durch die Föderalismusreform I eingeführte Art. 109 Abs. 5 GG greift zu kurz, indem er die Länder lediglich an allfälligen Sanktionen nach Art. 104 EGV beteiligt, also erst auf der Rechtsfolgenebene ansetzt. Steuerungsmechanismen auf Bundesebene zur Vermeidung haushaltsrechtlicher Notlagen der Länder – wie sie das Bundesverfassungsgericht schon 1992 [. . .] gefordert hat – sind bisher ebensowenig vorgesehen wie eine ex ante Aufteilung des Verschuldungsvolumens. Nur eine verbindliche Aufteilung der gesamtstaatlichen Verschuldung zwischen den Ebenen und auf die einzelnen Länder ermöglicht rechtzeitige Intervention. Vorzusehen wäre ein* ***Frühwarnsystem mit formalisiertem Feststellungs-, Sanierungs- und Sanktionsverfahren****. Der derzeit praktizierte Rückgriff auf allgemeine Grundsätze der Bündnistreue bietet keine hinreichend klaren Regeln.«*

Damit sind wir beim nächsten Gliederungspunkt angelangt.

2. Zur Notwendigkeit eines Haushaltsnotlagenregimes als Beitrag zur Governance der Finanzbeziehungen im Bundesstaat

Da wir uns zur Notwendigkeit eines Haushaltsnotlagenverfahrens nicht nur ausführlich geäußert, sondern darüber hinaus auch einen entsprechenden Gesetzestext vorgeschlagen haben,[45] macht es wenig Sinn, dies alles noch einmal zu wiederholen; wir beschränken uns hier vielmehr darauf, mit einer gewissen Zufriedenheit eine Passage des Berlin-Urteils zu zitieren, in der es ganz im Sinne unserer Argumentation darum geht, ein **defizitäres Governanceregime** in Sachen bundesstaatlicher Haushaltsnotlagen zu konstatieren und daraus – **Bereitstellungsfunktion des Rechts** – eine dringliche **Regelungspflicht des Gesetzgebers** abzuleiten:[46]

> ***»Als gravierende Schwäche des geltenden Rechts kommt hinzu, dass es an den notwendigen verfahrensrechtlich wie auch inhaltlich handlungsleitenden Regelungen zum Umgang mit potentiellen und aktuellen Sanierungsfällen im Bundesstaat fehlt****. Bereits in seiner Entscheidung vom 27. Mai 1992 hat der Senat (BVerfGE 86, 148 <266>) hervorgehoben, es sei ›zuvörderst nötig und besonders dringlich . . ., Bund und Länder gemeinsam treffende Verpflichtungen und Verfahrensregelungen festzulegen, die der Entstehung einer Haushaltsnotlage entgegenwirken und zum Abbau einer eingetretenen Haushaltsnotlage beizutragen geeignet sind. Dem Bundesgesetzgeber bietet hierzu Art. 109 Abs. 3 GG die Regelungskompetenz‹.*
> *Das Bild bundesstaatlichen Zusammenwirkens, das der Senat in jener Entscheidung vor Augen hatte, ist jedoch nicht Realität geworden. Bisher ist es trotz des ohnehin einfachgesetzlich geltenden Prinzips einheitlicher Formalstruktur der Haushaltspläne nicht einmal gelungen, die unterschiedlichen Haushaltssystematiken so aufeinander abzustim-*

44 Hey (Fn. 37), S. 307 f.
45 Schuppert/Rossi (Fn. 31).
46 BVerfGE 116, 327 ff., Rn. 223.

men, dass jeweils ohne notwendige statistische Bereinigungen mit Hilfe einfach abzuleitender Haushaltskennzahlen transparente vergleichende Informationen über die jeweils verfolgte Haushaltspolitik gewonnen werden könnten. Auch die Aufgaben und Befugnisse des Finanzplanungsrats wurden – beschränkt auf Erörterungen und Empfehlungen zur Haushaltsdisziplin – gemäß § 51a HGrG lediglich auf die Verpflichtungen im Rahmen der Europäischen Wirtschafts- und Währungsunion eingestellt. Erst in jüngster Zeit mehren sich die Anzeichen eines politischen Konsenses dazu, dass jedenfalls auf der so genannten zweiten Föderalismusreformstufe grundsätzliche Reformen der Finanzbeziehungen zwischen Bund und Ländern dringend erörterungsbedürftig sind und dass es dabei auch um die nähere Prüfung grundlegend neuer – einfachgesetzlich und verfassungsgesetzlich über Art. 109 Abs. 3 GG hinaus fundierter – Lösungskonzepte zur Vorbeugung von Haushaltskrisen und deren Bewältigung gehen muss. ***Das Bundesstaatsprinzip macht solche Bestrebungen angesichts der gegenwärtig defizitären Rechtslage erforderlich.***«

II. Neuordnung des bundesstaatlichen Finanzausgleichs zwischen ökonomischer Anreizstruktur und unitarischer Föderalismuskultur

Wenn man sich die Geschichte des bundesrepublikanischen Länderfinanzausgleichs vor Augen führt, und zwar inklusive der um ihn geführten verfassungsgerichtlichen Auseinandersetzungen, so kommen wir an dieser Stelle wieder auf den Begriff der **Pfadabhängigkeit** zurück, der hier wirklich zu passen scheint. Die Konstruktionsprinzipien des Länderfinanzausgleichs – das Modell der Stufenfolge der einzelnen Ausgleichsschritte, das hohe Ausgleichsniveau und die für die Stadtstaaten geltende sog. Einwohnerveredelung – erwiesen sich als von erstaunlicher Robustheit und überlebten alle Reformansätze. Liest man den soeben geschriebenen Satz noch einmal, so merkt man, daß er eigentlich nicht stimmt: Die Robustheit der vorhandenen Strukturen ist bei näherem Hinsehen nämlich gerade **nicht erstaunlich**, sondern war im Gegenteil erwartbar und durch die föderale Entscheidungs- und Konfliktkultur nahezu vorgezeichnet: Die jeweiligen Interessenkoalitionen – die alten finanzstarken Länder, die neuen Länder und die alten finanzschwachen Länder – haben es – wie insbesondere Wolfgang Renzsch wiederholt herausgearbeitet hat[47] – schlicht verhindert, daß die vorhandenen Pfade verlassen wurden: **Die Abweichungskosten waren zu hoch**, das politische System in seiner Problemverarbeitungskapazität überfordert.[48]

47 Wolfgang Renzsch, Föderale Finanzbeziehungen im Parteienstaat. Eine Fallstudie zum Verlust politischer Handlungsfähigkeit, in: ZParl 20 (1989), S. 331-344; derselbe, Finanzverfassungen und Finanzausgleich. Die Auseinandersetzungen um ihre politische Gestaltung in der Bundesrepublik Deutschland zwischen Währungsreform und deutscher Vereinigung (1948-1990), Bonn 1991; derselbe, Der Streit um den Finanzausgleich. Die Finanzverfassung als Problem des Bundesstaates, in: Hans-Georg Wehling (Hrsg.), Die deutschen Länder. Geschichte – Politik – Wirtschaft, 3. Aufl., Opladen 2004, S. 373-396.

48 G.F. Schuppert, Der bundesstaatliche Finanzausgleich: Status-quo-Denken oder Reformprojekt?, in: Staatswissenschaften und Staatspraxis 1995, S. 689 f.

Angesichts eines solchen Befundes wird man radikalen Reformvorschlägen wie dem des ehemaligen Finanzstaatssekretärs Volker Halsch, den Finanzausgleich schlicht abzuschaffen und durch ein anderes finanzverfassungsrechtliches Kompetenzregime hinsichtlich Steuergesetzgebung und Steuerverteilung zu ersetzen[49] keine rosige Zukunft voraussagen wollen. Chancen werden – so würden wir vermuten – nur solche Reformvorschläge haben, deren **ökonomische Plausibilität** schlichtweg erdrückend ist und deren »Probelauf« **innerhalb der Problemlösungskapazität eines »experimentellen Bundesstaates«**[50] liegt.
Ein solcher Reformvorschlag, der schon lange diskutiert wird[51] und dessen Befürworter inzwischen nahezu Bataillonsstärke erreicht haben,[52] ist der Vorschlag, die **Einnahmeautonomie der Länder zu verstärken** und zwar durch die Einführung eines **Hebesatz- oder Zuschlagsrechts** der Länder auf die Einkommens- und die Körperschaftssteuer. Ein solches **Zuschlagsmodell** wäre ein Modell, das als **bekömmliche Pfadabweichung** ausgestaltet werden könnte, das die bisherigen Grundstrukturen unberührt läßt, aber doch in gewissem Umfang flexibilisiert. Es ist schon interessant, wie ähnlich beide Referenten, die auf der diesjährigen Staatsrechtslehrertagung zum Thema »Finanzautonomie und Finanzverflechtung in gestuften Rechtsordnungen« gesprochen haben, in dieser Hinsicht argumentiert haben. Bei Christian Waldhoff liest sich die Begründung für das von ihm favorisierte Zuschlagsmodell wie folgt:[53]

> *»Eine derartige Konstruktion würde – jenseits technischer Details der Ausgestaltung – das verfassungsrechtlich stark vorgeprägte, komplexe und nicht stets transparente Element des persönlichen und sachlichen Steuertatbestands einschließlich der Steuerbemessungsgrundlage einheitlich gestalten bei* ***Differenzierungsmöglichkeiten in dem politischen Element, dem Steuertarif****. Insofern würde die Sachlogik des Steuertatbestands hier* ***bundesstaatlich-differenzierend*** *aufgenommen. Die Gefahr unerträglicher Rechtszersplitterung wäre gebannt, die demokratische Transparenz erhöht. Auch die EG-Kompatibilität bliebe gewahrt. Die OECD, der Europäische Gerichtshof wie auch der Code of Conduct gegen schädlichen Steuerwettbewerb innerhalb der EG stellen regelmäßig gerade nicht die unterschiedliche Höhe von Steuersätzen oder -belastungen als ›unfair‹ heraus, sondern mehr oder weniger versteckte Ungleichbehandlungen im Rahmen der Steuerbemessungsgrundlage mit dem Zweck, ›Steuersubstrat‹ ohne adäquate Gegenleistungen anzuziehen.«*

49 Volker Halsch, Die Finanzbeziehungen zwischen Bund und Ländern – Plädoyer für einen praktikablen Neuanfang, unveröffentlichtes Manuskript, Berlin, September 2006.
50 Begriff – allerdings in einem anderen Kontext – bei Lothar Michael, Der experimentelle Bundesstaat, in: JZ 2006, S. 884-890.
51 Vgl. etwa Klaus-Dirk Henke, Möglichkeiten zur Stärkung der Länderautonomie, in: Staatswissenschaften und Staatspraxis 1995, S. 643-658.
52 Nachweise bei Christian Waldhoff, Finanzautonomie und Finanzverflechtung in gestuften Rechtsordnungen, VVDStRL 66 (2007), S. 216 ff., 262 mit Fn. 213.
53 Waldhoff (Fn. 52), S. 262 ff.

Noch deutlicher als bei Waldhoff kommt das Zusammenspiel von notwendiger Einheitlichkeit und internem Differenzierungspotential innerhalb des gemeinsamen Pfades bei Johanna Hey zum Ausdruck:[54]

> *»Beibehalten werden sollte (. . .) der Steuerverbund aus Einkommen-, Körperschaft- und Umsatzsteuer, allerdings **flexibilisiert durch Zuschlagsrechte** nicht nur für den Bund (s. Art. 106 Abs. 1 Nr. 6 GG), sondern auch **für die Länder**. Unter Autonomiegesichtspunkten sind Trennsysteme einem Steuerverbund zwar überlegen, weil sich hier nicht nur Steuersatz-, sondern auch Bemessungsgrundlagenautonomie verwirklichen lässt. Bei näherer Betrachtung überwiegen jedoch die Nachteile. Zum einen verspricht die Beteiligung sowohl an indirekten als auch an direkten Steuern eine größere Risikostreuung und Aufkommensstabilität. Zum anderen ziehen Trennsysteme einen derart hohen Selbstkoordinationsbedarf in Form von Harmonisierungsmaßnahmen nach sich, dass sich der Autonomiegewinn letztlich nicht realisiert. Demokratiewirksame Einnahmeautonomie lässt sich zudem auch im Steuerverbund verwirklichen. Ein Zuschlagsrecht auf die bundeseinheitliche Bemessungsgrundlage der Einkommensteuer würde **die Kosten der Landespolitik für die breite Masse aller einkommensteuerpflichtigen Wähler erfahrbar machen**. Eine Flexibilisierung des Körperschaftssteuersatzes sollte dagegen allenfalls innerhalb ganz enger Grenzen vorgesehen werden, um die Probleme des europäischen Steuerwettbewerbs nicht auf das Inland zu übertragen.«*

Besonders interessant an den zitierten Ausführungen der beiden Referenten finden wir die Ehe, die zwei Argumentationsstränge offenbar miteinander eingehen wollen, nämlich das ökonomische Argument von ansatzweisem Wettbewerb durch Differenzierungsmöglichkeiten und das demokratietheoretische Argument der Erfahrbarkeit des Zusammenhangs zwischen Landespolitik und Steuerbelastung; vielleicht ist es diese Mischung, die zum Erfolgsrezept taugt.

D. Reformideen in den Mühlen politischer Entscheidungsprozesse

Wenn man aus der Beschäftigung mit der Reform der Finanzverfassung und insbesondere mit der Reform des Finanzausgleichs etwas lernen kann, so scheinen uns das zwei Dinge zu sein: erstens die Einsicht, daß es eine Sache ist, eine Reformidee zu haben und eine andere, sie in einer Gemengelage einer Vielzahl von Akteuren auch durchzusetzen; zweitens die Einsicht, daß politische Entscheidungen **interessengeleitete Entscheidungen** sind. Und die Interessen der einzelnen Bundesländer sind nun einmal sehr unterschiedlich, was sich nahezu zwangsläufig aus ihrer realen Ungleichheit ergibt.

54 Hey (Fn. 37), S. 29 f.

I. Länderunterschiede als wesentliches Merkmal des deutschen Föderalismus

Vollkommen zu Recht bezeichnet Fritz W. Scharpf die Unterschiede zwischen den Ländern als ein Grundproblem des deutschen Föderalismus, ein Grundproblem, das er wie folgt skizziert:[55]

> *»Hinzu kommt das zweite Grundproblem des deutschen Föderalismus – die wachsende* ***Spannung zwischen dem*** *in der Verfassung und der politischen Kultur verankerten* ***Anspruch auf einheitliche oder zumindest gleichwertige Lebensverhältnisse im Bundesgebiet und der realen Ungleichheit zwischen den großen und wirtschaftlich leistungsfähigen und den kleinen und/oder wirtschaftsschwachen deutschen Ländern****. Auf der einen Seite steht Nordrhein-Westfalen, das mit mehr als 18 Millionen Einwohnern der sechstgrößte Mitgliedsstaat der Europäischen Union sein könnte, während Bremen mit weniger als 700000 und das Saarland mit einer Million Einwohnern so klein und arm sind, daß sie selbst zur Unterhaltung ihrer Regierungen und Parlamente eines besonderen Bundeszuschusses zu den »Kosten der politischen Führung« brauchen. Zugleich beläuft sich das Pro-Kopf-Bruttoinlandsprodukt in Thüringen nur auf knapp 63 Prozent der Wirtschaftskraft Hessens (und auf nur 54 Prozent im Vergleich zum reichen Stadtstaat Hamburg). Auch wenn man also von den soeben diskutierten Mehrebenenproblemen absehen könnte, müßte eine Kompetenztrennung zwischen Bund und Ländern, die für Bayern, Baden-Württemberg, Hessen und Nordrhein-Westfalen funktional angemessen wäre, zu einer Verfassung führen, die der Lage der ostdeutschen und der kleinen und finanzschwachen westdeutschen Länder keineswegs gerecht würde.«*

Aus diesen unterschiedlichen Interessenlagen der Länder – und von Bund und Ländern natürlich auch – folgt, daß alle Reformschritte darauf abgeklopft werden, was sie für die eigene Interessenlage bedeuten, und zwar in Euro und Cent. Dies **begünstigt** keine radikalen Änderungen, sondern nach aller Erfahrung den **Status quo**;[56] bei Scharpf heißt es dazu aus der Insiderperspektive eines die Arbeit der Föderalismuskommission begleitenden Sachverständigen wie folgt:[57]

> *»Die schwachen Länder haben also gute Gründe für ihre skeptische oder ablehnende Reaktion auf Kompetenzforderungen, die ihre Kapazität überfordern. Hinzu kommt ihre in manchen Fällen übertriebene (weil über-generalisierte)* ***Angst vor einem innerdeutschen Standortwettbewerb****, der ihren Rückstand gegenüber den wirtschaftsstarken Ländern noch vergrößern könnte. Dieser Interessenlage entsprachen die vor der Einsetzung der Föderalismuskommission fixierten Diskussionsverbote. Dagegen war die einvernehmliche Präsentation weitgehender Kompetenzforderung im Positionspapier der Ministerpräsidenten vom 7. Mai 2004 das Ergebnis von Kompromissen, mit denen eine gemeinsame Front gegen den Bund aufgebaut wurde – die aber schon unter den Argumenten der Bundesressorts in den Projektgruppen wieder bröckelte. Den schwachen Ländern gingen dann in der Verhandlungsphase sogar die Kompetenzangebote des Bundes zu*

55 Scharpf (Fn. 13), S. 18.
56 Vgl. dazu schon Schuppert (Fn. 7).
57 Scharpf (Fn. 13), S. 18 f.

weit, und als dieser die geforderte finanzielle Kompensation nicht auf alle Zeiten garantieren wollte, rückte man auch von der Forderung nach Abschaffung der Gemeinschaftsaufgaben ab. Kurz, ***das Interesse der schwachen Länder an der Föderalismusreform war in erster Linie defensiver Art****. Es ging darum, drohende* ***Verschlechterungen des Status quo zu verhindern****, und wenn die beinahe vereinbarte Reform denn am Dissens über die Kompetenzen in Bildungspolitik scheitern sollte, dann hatte man wenige Gründe, ihr nachzutrauern.«*

II. Entscheidungsprozesse als Interessenverarbeitung

»Alles Recht hat es mit Interessen zu tun. Das Interesse ist folglich eine Grundkategorie juristischen Denkens«[58]. Diese von Eberhard Schmidt-Aßmann im Kontext von Überlegungen zur Reform des Allgemeinen Verwaltungsrechts formulierten Sätze scheinen uns auf das Recht des Finanzausgleichs besonders gut zu passen, da es hier ganz offensichtlich um den Ausgleich handfester Finanzinteressen geht. **Jede Entscheidung über Interessen hat** nun – so der nächste Schritt des Gedankengangs – »eine verfahrens- und eine materiellrechtliche Seite«.[59] Es bedarf also zunächst einmal geeigneter Verfahren der Interessendarstellung und Interessenklärung: im Prozeß der Vorbereitung eines Finanzausgleichsgesetzes des Bundes sind dies intensive Verhandlungen zwischen Bund und Ländern und der Länder untereinander; darüber hat Wolfgang Renzsch am Beispiel der Erarbeitung des sog. Föderalen Konsolidierungsprogramms von 1993 anschaulich berichtet.[60]

Was nun die materiellrechtliche, also die inhaltliche Seite von interessenverarbeitenden Entscheidungen betrifft, so kann man sich in der schwierigen Kunst versuchen, das wahrscheinliche Ergebnis vorauszusagen, was nicht nur eine sorgfältige Analyse der betroffenen Interessen, sondern auch der denkbaren Koalitionen voraussetzt. Welche Überlegungen dabei angestellt und welche strategischen Optionen dabei durchgespielt werden können, soll uns ein Rückblick auf die Erarbeitung des föderalen Konsolidierungsprogramms von 1993 zeigen.

Eine erste, zentrale Überlegung besteht stets darin, zu prüfen, welche Koalitionen zwischen welchen Gruppen von Interessen möglich und wahrscheinlich sind; an diesem reizvollen Prognosebeispiel hatte sich mit durchaus plausiblen Erwägungen Fritz W. Scharpf beteiligt und – natürlich war dies vor der Klausurtagung zum föderalen Konsolidierungsprogramm 1993 – eine Koalition zwischen den Habenichtsen und dem Bund und als Folge davon einen Zentralisierungsschub zugunsten des Bundes vorausgesagt. Seine Prognose lautete:[61]

58 Eberhard Schmidt-Aßmann, Zur Reform des Allgemeinen Verwaltungsrechts – Reformbedarf und Reformansätze, in: Hoffmann-Riem/Schmidt-Aßmann/Schuppert (Hrsg.) (Fn. 32), S. 25 ff., 39.

59 Schmidt-Aßmann (Fn. 58), S. 39.

60 Renzsch, Föderale Finanzbeziehungen (Fn. 47); derselbe, Finanzverfassungen und Finanzausgleich (Fn. 47); derselbe, Der Streit um den Finanzausgleich (Fn. 47).

61 Fritz W. Scharpf, Föderalismus an der Wegscheide: Eine Replik, in: Staatswissenschaften und Staatspraxis 1990, S. 579 ff.

»Wenn der fiskalische Handlungsspielraum sich verengt, werden auch die in den ersten Jahrzehnten der Bundesrepublik die Verfassungsentwicklung prägenden Verteilungskonflikte zwischen den westdeutschen Ländern virulent werden. Aus der Sicht der sowohl kleinen als auch struktur- und finanzschwachen westdeutschen Länder jedenfalls wird von einem bestimmten Punkt der finanziellen Anspannung an die Aussicht auf Partizipation an zentralstaatlichen Programmen attraktiver als die solidarische Verteidigung und Stärkung der Länderautonomien gegenüber dem Bund. Wenn diese Sicht der Dinge sich durchsetzt, dann gäbe es im vergrößerten Bundesrat eine breite, strukturelle Mehrheit der kleinen und finanzschwachen Länder in Ost- und Westdeutschland, deren natürlicher Partner der Bund wäre und nicht die Minderheit der großen und finanzstarken Länder auf deren Kosten und gegen deren Widerstand ihre Interessen allenfalls durchzusetzen wären. Innerhalb der gegebenen Verfassung und der gegebenen Länderstrukturen ist als Folge der deutschen Vereinigung mit einer Verlagerung von Finanzmitteln und Aufgaben auf den Bund zu rechnen, bei der am Ende die Leistungsfähigkeit von Mecklenburg-Vorpommern, Brandenburg, Sachsen-Anhalt, Sachsen und Thüringen auch darüber entscheidet, welche Aufgaben auch von Baden-Württemberg, Hessen, Bayern und Nordhein-Westfalen noch aus eigener Kraft wahrgenommen werden können.«

Angesichts dieser unterschiedlichen Interessenlagen der Länder läge es – so die damalige Überlegung von Wolfgang Renzsch – nahe, daß der Bund die Strategie verfolgt, sich diese Interessendisparitäten zunutze zu machen und einen Keil zwischen die Länder zu treiben und sie auseinanderzudividieren. Genau das hat der Bund, folgt man der Analyse von Wolfgang Renzsch, versucht. Den Bundesvorschlag von 1991 kommentiert Renzsch wie folgt:[62]

»Mit diesem Modell versuchte der Bund die Länder nach ihren verschiedenen Interessen zu fraktionieren. Es zielte auf eine Koalition mit den finanzstarken alten und den neuen Ländern. Die finanzstarken Länder sollten über den (langfristigen) Abbau der Belastungen im Länderfinanzausgleich, durch die Senkung der Ausgleichsintensität und die Bundesbeteiligung, die neuen Länder durch Sonderhilfen im anfänglichen Umfang von mehr als 32 Milliarden DM gewonnen werden.«

Wie allen erinnerlich sein wird, ist die Sache damals anders ausgegangen. Die Länder haben es verstanden, eine einheitliche Linie zu finden und sich bei der Solidarpakts-Klausur nahezu vollständig durchzusetzen: Trotz des durch die Einbeziehung der neuen Länder enorm gestiegenen Volumens des Länderfinanzausgleichs blieben dessen Grundstrukturen – Stichwort: Pfadabhängigkeit – unberührt; für die von den Ländern zusätzlich aufzubringenden Mittel refinanzierten sich diese beim Bund durch eine veränderte Verteilung der Umsatzsteuer und der Bund wiederum refinanziert sich beim Bürger – Stichwort: Solidaritätszuschlag.
Was alles lehrt uns das für die bevorstehende zweite Stufe der Föderalismusreform? Es wird darauf ankommen, welche Koalitionen sich bilden werden und ob der Nenner der denkbaren großen Koalition die Verteidigung des Status quo sein wird.

62 Föderative Problembewältigung: Zur Einbeziehung der neuen Länder in einen gesamtdeutschen Finanzausgleich ab 1995, in: ZParl. 25 (1994), S. 116 ff., 123 f.

Sollte dies der Fall sein, werden alle diesen Status quo gefährdenden Reformvorschläge auf der Strecke bleiben. Wir wollen uns an diesem Prognosespiel hier nicht beteiligen; aber skeptisch wird man schon sein müssen.

Verwaltungskompetenzen nach der Föderalismusreform – zwischen Entflechtung und Verflechtung

Hans-Heinrich Trute

Einleitung

Die Reform der Verwaltungskompetenzen im Zuge der Modernisierung der bundesstaatlichen Ordnung ist ein Kernstück der Föderalismusreform.[1] Die bundesstaatliche Ordnung habe sich zwar grundsätzlich bewährt, sei jedoch von langwierigen und komplizierten Entscheidungsprozessen geprägt und leide an einer übermäßigen institutionellen Verflechtung von Bund und Ländern.[2] Die nahe liegende Lösung ist dann die Entflechtung, um die politische Verantwortlichkeit der Ebenen im Bundesstaat zu stärken und damit die Handlungsspielräume zu vergrößern. Für die allgemeine Aufteilung der Verwaltungskompetenzen der Art. 83 ff. GG war insbesondere die Verringerung der Zustimmungspflichtigkeit der Bundesgesetze ein zentrales Anliegen. Für die Gemeinschaftskompetenzen stellte sich die Frage naturgemäß anders, insbesondere mussten ihre Abschaffung oder doch die Verkleinerung des Verflechtungsbereichs und dessen normative Restrukturierung in den Mittelpunkt der Erörterungen treten. Ob die hochgesteckten Ziele einer Modernisierung der bundesstaatlichen Ordnung in diesem Bereich erreicht wurden, ist nach wie vor umstritten.

1 Allgemein zur Föderalismusreform und der Arbeit der Kommission vgl. aus der Vielzahl der Stellungnahmen etwa *Badura,* FS Georg Ress, 2005, 1123 ff.; *Benz,* PVS 46 (2005), 204; *Haug,* DÖV 2005, 190; *Decker,* ZParl 2004, 540 ff.; *Färber,* Probleme des föderativen Systems in Deutschland und Europa, 2004; *Hennecke,* VBlBW 2005, 249 ff.; *ders.* (Hrsg.), Föderalismusreform in Deutschland, 2005; *Scharpf,* ZSE 2005, 97 ff.; *ders.*, Politik und Recht, PVS-Sonderheft 36/2006, S. 306 ff.; *Schmidt-Jortzig,* ZG 2005, 16. Zur Neuregelung vgl. *Ekardt/Weyland,* NVwZ 2006, 737 ff.; *Frenz,* NVwZ 2006, 742 ff.; *Hennecke,* DVBl. 2006, 867 ff.; *ders.*, Der Landkreis 2006, 508 f.; *Ipsen,* NJW 2006, 2801 ff.; *Kloepfer,* ZUR 2006, 338 ff.; *Michael,* JZ 2006, 884 ff.; *Häde*, JZ 2006, 930 ff.; *Louis,* ZUR 2006, 340 ff.; *Stock,* ZUR 2006, 113 ff.; *Karpen*, ZG 2006, 271 ff.; *Schulze-Fielitz*, NVwZ 2007, 249 ff.; *Oeter/Boysen*, RdJB 2005, 296 ff.

2 BT-Drs. 16/813, S. 7.

A. Die Reform der Art. 83 ff. GG

Als Ursache der Überverflechtung im Bereich der Art. 83 ff. GG wurde vor allem das Zustimmungserfordernis des Art. 84 Abs. 1 GG ausgemacht und eine erhebliche Steigerung der zustimmungspflichtigen Gesetze diagnostiziert.[3] Das ist ebenso richtig wie die darin anschließende Diagnose, dass die Kompetenzen der Länder zur Gesetzgebung immer weiter zurück gedrängt worden seien. Abhilfe wird im Bereich der Zustimmungspflichtigkeit von Gesetzen durch die partielle Aufgabe des Zustimmungsvorbehalts im Rahmen des Art. 84 Abs. 1 GG gesucht. Freilich blieben erhebliche Zweifel, ob dieses Ziel erreicht werden wird.[4] Für die Zweifel mag weniger Art. 84 Abs. 1 GG stehen. Insoweit wird man eher fragen müssen, ob die Entflechtung auch in der Staatspraxis gelingt. Denn einerseits kann die Neufassung des Art. 84 Abs. 1 GG für eine erhebliche Zunahme der rechtlichen Komplexität sorgen, ohne dass andererseits ausgemacht ist, dass die früheren Verflechtungen sich nicht künftig als informelle Verflechtungen infolge von Verhandlungen von Bund und einzelnen abweichungsbereiten Ländern im Vorfeld einer Bundesgesetzgebung zur Geltung bringen. Der bisherige Zustimmungsvorbehalt in Art. 84 Abs. 1 GG entfällt zwar. Aber wenn Bundesgesetze die Einrichtung der Behörden oder das Verwaltungsverfahren regeln, können die Länder davon abweichende Regelungen treffen (Art. 84 Abs. 1 S. 2 GG). Das Zustimmungserfordernis des Bundesrates wird also ersetzt durch einen Abweichungsvorbehalt zugunsten einzelner Länder. Verknüpft wird dies mit einer Regelung zum Verhältnis von Bundesrecht und Landesrecht bei subsequenter Regelung durch den Bund oder die Länder, verbunden mit einer Frist des Inkrafttretens späterer, auf die Länderabweichung bezogener Bundesgesetze, um eine »Ping-Pong-Gesetzgebung« zu vermeiden oder doch zu mindern (Art. 84 Abs. 1 S. 3 GG). Von dieser Frist kann wiederum mit Zustimmung des Bundesrates abgewichen werden.

Insoweit kann man nicht übersehen, dass die Abweichungsgesetzgebung mit erheblichen Nachteilen verbunden sein kann, die nicht zuletzt in der Rechtszersplitterung des Vollzugs liegen. Nun ist Vollzugspluralität im Modell des deutschen Bundesstaates durchaus angelegt und insofern zu einem gewissen Maß nicht nur hinzunehmen, sondern zu begrüßen. Indes darf nicht übersehen werden, dass Organisations- und Verfahrensregelungen durchaus mit den materiellen Regelungen eng zusammenhängen. Unter dem Stichwort der Prozeduralisierung hat sich der Regelungsansatz der Gesetzgebung nicht zuletzt unter dem Einfluss des europäischen Rechts zunehmend auf Organisation und Verfahren verschoben. Dies als richtig unterstellt macht deutlich, dass die Länder mit abweichenden prozeduralen Konzep-

3 Zahlen finden sich dazu bei *Ipsen*, Staatsrecht I, 18. Aufl., 2006 § 7 Rn. 353 m. Fn. 19.

4 Zu Recht krit. *Schmidt-Jortzig,* ZG 2005, 16, 21 ff.; auch *Ipsen,* NJW 2006, 2801, 2806. Einzelheiten dazu bei *Trute*, in: Starck (Hrsg.), Föderalismusreform, Rn. 78 ff., 81 ff.

ten sehr wohl auf die Gesamtkonzeption des Gesetzes zugreifen können. Insofern ist die Bezeichnung als formelle Abweichungskompetenz, wie sie gelegentlich in der Literatur zu finden ist, eher eine vereinfachende Umschreibung des Modells. Zugleich macht es deutlich, dass der Bund insofern ein erhebliches Interesse an einer vereinheitlichenden Lösung haben kann, was wiederum zu Aushandlungsprozessen im Vorfeld des Verfahrens führen wird.[5] Nur verlagern sich die Aushandlungsprozesse dann aus dem Vermittlungsausschuss in informelle Verhandlungen des Bundes mit einzelnen abweichungsbereiten Ländern. Angesichts der Tatsache, dass damit jedes Land einen politischen Preis vom Bund einfordern kann, können die politischen Kosten einer solchen Lösung potentiell hoch sein. Der nahe liegende Einwand, der Bund könne durch ein nachfolgendes Gesetz eine Rechtseinheit wiederum anzielen, ist jedenfalls in diesem Modell nicht recht überzeugend, weil – erstens – auch diese der nachfolgenden Abweichungsgesetzgebung der Länder unterliegt und – zweitens – der Bund nur eine neue einheitliche Verfahrenslösung für alle Länder schaffen kann. Das dürfte wenig Sinn machen. Von daher bleibt dem Bund auch insoweit nur die Verhandlungslösung oder die Inkaufnahme einer potentiell seine Vorstellungen modifizierenden Lösung, soweit er nicht auf die Kompetenz nach Art. 84 Abs. 1 S. 5 GG zurückgreifen möchte. Dann ist er freilich auf die Zustimmung des Bundesrates angewiesen.

Zur Vermeidung der Abweichung kann der Bund mit Zustimmung des Bundesrates in Ausnahmefällen wegen eines besonderen Bedürfnisses nach bundeseinheitlicher Regelung das Verwaltungsverfahren ohne Abweichungsmöglichkeit durch die Länder regeln (Art. 84 Abs. 1 S. 5 GG). Insofern lebt hier das alte Modell des Art. 84 Abs. 1 GG in gewisser Weise wieder auf, diesmal allerdings mehrfach konditioniert. Begrenzt ist es zum einen auf die Regelung des Verwaltungsverfahrens, was angesichts des engen Zusammenhangs von Organisation und Verfahren in der Sache nur begrenzt überzeugen kann und zudem dazu führt, die schwierige Abgrenzung von Organisation und Verfahren operationalisieren zu müssen.[6] Zum anderen wird es durch das Erfordernis des Ausnahmefalls und eines besonderen Bedürfnisses nach bundeseinheitlicher Regelung begrenzt. Insoweit ist die Kompetenz gegenüber der bisherigen Lösung durch qualifizierende und nicht leicht zu operationalisierende Kriterien beschränkt. Zudem werden die Unklarheiten der bisherigen Lösung beibehalten, wenn in Art. 84 Abs. 1 S. 6 GG die Zustimmung des Bundesrates zu dem Gesetz vorgesehen ist. Der Streit um die Einheitsthese[7] wird also künftig unter dem Art. 84 Abs. 1 Satz 5 GG fortgeschrieben werden können.

5 Andeutungen eines künftigen Bedarfs bei *Wendenburg,* ZUR 2006, 351, 353.

6 Dazu *Trute* (Fn. 4), Rn. 166 ff.

7 Ständige Rechtsprechung seit BVerfGE 8, 274, 294 f.; 24, 174, 175; 55, 274, 319 u. 326 f.; *Blümel*, in: HStR IV, § 101 Rn. 22; *Bull*, in: AK, GG, Art. 84 Rn. 23 f.; *Dittmann*, in: Sachs GG Art. 84 Rn. 15; *Lerche*, in: Maunz/Dürig GG Art. 84 Rn. 67; *Schmidt-Bleibtreu/Klein,* GG Art. 84 Rn. 9; *Hömig*, in: Seifert/Hömig GG Art. 84 Rn. 6; Anzeichen für eine Modifikation etwa in BVerfGE 105, 313, 319. Zur Kritik an der Einheitsthese vgl. *Trute*, in: v. Mangoldt/Klein/Starck GG Art. 84 Rn. 20 ff.

Die Neufassung des Art. 84 Abs. 1 GG hat mit einfachen und unkomplizierten Entscheidungsprozessen also wenig zu tun, nicht zu reden davon, dass Art. 104 a Abs. 4 GG ein erhebliches Potential für zustimmungspflichtige Gesetze schafft. Umso schwerer wiegen bei einer Bewertung dann freilich die neu geschaffenen Probleme im Rahmen von Art. 84 Abs. 1 GG. Die neue Konzeption des Art. 84 Abs. 1 GG fügt – zusammen mit der Schaffung der materiellen Abweichungskompetenz der Länder in Art. 72 Abs. 3 GG – dem bisherigen Modell des unitarischen Bundesstaates, wie es von Konrad Hesse auf den Begriff gebracht worden ist,[8] eine Facette des Wettbewerbsföderalismus hinzu.[9] Der Idee nach werden die Kompetenzen von Bund und Ländern strikter als bisher geschieden, über den Bundesrat vermittelte institutionelle Zustimmungsrechte der Länderexekutiven in Kompetenzen verwandelt und damit eine begrenzte Vielfalt auf Länderebene ermöglicht. Das könnte die Landesparlamente gegenüber den Länderexekutiven stärken und ermöglicht in gewissem Maße auch eine experimentierende Staatspraxis im Bereich des Verwaltungsvollzugs. Zudem spricht manches dafür, dass die Abweichungsgesetzgebung durchaus eine sinnvolle Form der Entflechtung in vertikaler Hinsicht sein kann, ohne auf ein klares Trennungsprinzip setzen zu müssen.[10] Insoweit sollten weder allzu viele Befürchtungen eines Unterbietungswettbewerbs der Länder untereinander noch Hoffnungen auf vielfältige Innovationen durch Länderwettbewerb im Bereich des Art. 84 Abs. 1 GG gesetzt werden. Gegen einen Standortwettbewerb spricht in der Regel schon, dass Regelungen der Organisation und des Verfahrens sich im Regelfall nicht gut als Faktoren eines solchen Wettbewerbs eignen.[11] Selbst wenn dies im Einzelfall so sein kann, sprechen doch eine Reihe von Gesichtspunkten zumindest gegen einen Unterbietungswettbewerb.[12] Neben der Vorbildwirkung der bundesgesetzlichen Regelung, die politische Begründungspflichten bei Abweichungen auslösen wird, ist es die geringe Bedeutung von Belastungen durch Regulierung von Organisation und Verfahren gegenüber Infrastruktur- und anderen Leistungen, die gegen einen forcierten Wettbewerb spricht. Zudem werden die Vorgaben des EG-Rechts gerade in einschlägigen Materien des Wirtschafts- und Umweltrechts weiterhin einen erheblichen Unitarisierungsdruck erzeugen. Darüber hinaus besteht die Möglichkeit des Bundes, ggf. nach Maßgabe von Art. 84 Abs. 1 S. 5 und 6 GG bei Entstehen eines Unterbietungswettbewerbs mit Zustimmung des Bundesrates ein Verfahrensmodell ohne Abweichungsmöglichkeit vorzugeben. Eher schon könnte die Abweichungsmöglichkeit einen Leistungswettbewerb der Länder um eine gute Verwaltung auslösen. Dagegen ist nichts einzuwenden, auch wenn die Chancen auf einen solchen interföderalen Wettbewerb nicht allzu groß eingeschätzt werden.[13] Auch

8 *Hesse*, Der unitarische Bundesstaat, 1962.
9 Zum Ganzen *Michael,* JZ 2006, 884 ff.
10 Dazu etwa *Scharpf,* ZSE 2005, 97, 106 ff.; *ders.*, Recht und Politik, Ziff. 7.3.
11 Zu den Gründen *Benz,* VerwArch 97 (2006), 317 ff.
12 Hierzu und zum Folgenden *Benz* (Fn. 11), 317 ff.
13 Zu den Gründen *Benz* (Fn. 11), 317, 326 ff.

insoweit wird also erst die Staatspraxis zeigen müssen, ob der Wettbewerbsföderalismus, soweit er nach der Reform der bundesstaatlichen Ordnung reicht, ein wirksames Gegengewicht gegen die unitarisierenden Tendenzen darstellen kann. Insgesamt aber wird man sehen müssen, dass die an sich einfache Lösung, die Aufgabe oder doch Zurücknahme des Zustimmungsvorbehalts, die im Wesentlichen durch die Korrektur der Einheitsthese der Rechtsprechung des Bundesverfassungsgerichts zu erreichen gewesen wäre, nicht erreichbar war. An die Stelle der einfachen Lösung ist eine durchaus komplexe normative Struktur getreten, deren Wirkungen in der Staatspraxis noch nicht hinreichend zu prognostizieren sind. Sicher aber kann man wissen, dass damit neue Auseinandersetzungen zwischen Bund und Ländern ins Haus stehen, die Vollzugspraxis deutlich verkompliziert werden kann und eine Entflechtung insgesamt eher unwahrscheinlich ist.

B. Die Gemeinschaftskompetenzen nach der Reform

Aber auch die Reform der Gemeinschaftskompetenzen, der Verflechtungsfall schlechthin, vermittelt eher ein ambivalentes Bild. Umstritten waren diese Kompetenzen im Grunde seit ihrer Einführung.[14] Ungeachtet der in den letzten Jahren deutlicher gewordenen Kritik an dieser Form der Verflechtung, deren Preis in der Intransparenz, der Verschleifung demokratischer Verantwortlichkeiten und damit vor allem in Einbußen an demokratischer Kontrolle liegt, hat sich der verfassungsändernde Gesetzgeber eher für eine moderate Überholung der Art. 91 a, b GG entschieden[15] und damit letztlich für die Beibehaltung der Verflechtung. Dafür ist sicherlich auch verantwortlich, dass angesichts der Finanzrelevanz der Regelungen Veränderungen von Beginn an umstritten waren, aber hier spielten natürlich auch im Hinblick auf das Zusammenwirken bei der Wissenschafts- und Forschungsförderung sowie im Bildungswesen erhebliche Interessenunterschiede zwischen Bund, Ländern und den Wissenschaftsorganisationen eine Rolle. Noch im Vorsitzenden-Papier waren mangels eines Konsenses daher in diesem Bereich keine Regelungen vorgeschlagen worden.

Die auf den ersten Blick bedeutsame und hinsichtlich ihrer Wirkungen auf den Sachbereich bis zum Schluss umstrittene Streichung der Gemeinschaftsaufgabe Hochschulbau einschließlich der Hochschulkliniken (Art. 91 a Abs. 1 Nr. 1 GG a. F.) taucht modifiziert und tatbestandlich enger gefasst nunmehr in Art. 91 b Abs. 1 Nr. 3 GG auf und nimmt an den dortigen Verflechtungsmechanismen teil.

14 Vgl. dazu etwa *Frowein*, VVDStRL 31 (1972), S. 13, 18 ff.; *v. Münch*, VVDStRL 31 (1972), S. 51, 54 ff.

15 So der Befund bei *Kröning*, Recht und Politik 2005, 9, 12.

Allerdings kann man die Streichung in Art. 91 a GG auch dadurch rechtfertigen, dass die eigentlichen Gründe, nämlich der Aufbau der Kapazitäten im Hochschulbereich,[16] heute nicht mehr bestehen und damit Mischfinanzierungen abgebaut und Kompetenzen der Länder gestärkt werden können.[17] Aber man mag an der Entflechtungswirkung und dem Abbau der Mischfinanzierung angesichts der partiellen Verschiebung zu den unechten Gemeinschaftsaufgaben des Art. 91 b GG immerhin zweifeln.[18] Im Übrigen ist Art. 91 a GG eher moderat geändert worden.[19] Die verfassungsrechtlichen Anforderungen an die Ausführungsgesetzgebung sind ebenso entfallen wie die Unterrichtungsrechte von Bundesregierung und Bundesrat (vgl. jetzt Art. 91 a Abs. 2 GG). Ob dies in der Sache viel ändert, bleibt allerdings abzuwarten. Denn die Zurücknahme der verfassungsrechtlichen Regelungsdichte ist nicht mit einer solchen der gesetzlichen Regelungsdichte gleichzusetzen.[20] Demgegenüber ist die unechte Gemeinschaftsaufgabe des Art. 91 b GG schon auf den ersten Blick durchaus einer Überarbeitung unterzogen worden, ohne dass es freilich hier zu einer Entflechtung gekommen wäre.

I. Ansätze zu einer Entflechtung

Weitergehende Entflechtungsvorschläge, die auch hinsichtlich der außeruniversitären Forschungseinrichtungen zu einer klareren föderalen Zuordnung einzelner Einrichtungstypen hätten führen können, haben sich ebenso wenig durchsetzen können, wie die Transparenz stärkenden Vorschläge, von Vereinbarungen auf Staatsverträge bzw. gesetzliche Regelungen umzustellen. So hatte *Dieter Grimm* in der Föderalismuskommission vorgeschlagen, zwar grundsätzlich an der als bewährt eingeschätzten Gemeinschaftsaufgabe Forschungsförderung festzuhalten, aber eine Gestaltung zu wählen, die die verschiedenen Ebenen der Forschungsförderung stärker differenziert, die Konsensschwellen senkt und die demokratische Verantwortlichkeit stärkt und sicherstellt, dass Entscheidungen wissenschaftsgemäß und wissenschaftsverträglich fallen.[21] Insbesondere sollte dadurch entflochten werden, dass die Einrichtungen stärker entweder dem Bund oder den Ländern zugewiesen werden, um den

16 *Meyer*, Zu den Auswirkungen des Entwurfs einer Verfassungsreform auf den Bereich Bildung, Forschung und Hochschulen, in: Gemeinsame Anhörung des Rechtsauschusses des Deutschen Bundestages und des Ausschusses für innere Angelegenheiten des Bundesrates zur Föderalismusreform, 16. Sitzung, 29. Mai 2006, S. 4.

17 BT-Drs. 16/813, S. 15; nicht zu Unrecht macht *Meyer* (Fn. 16), S. 5, allerdings auf den Wertungswiderspruch aufmerksam, die Agrarstruktur und den Küstenschutz weiterhin in der Gemeinschaftsfinanzierung des Art. 91 a GG zu belassen, die Zukunftsaufgabe der Finanzierung der Wissenschaft aber für einen Teil herauszunehmen.

18 Zu beachten sind insoweit darüber hinaus die Folgeregelungen der Art. 125 c Abs. 1, Art. 143 c GG. Zu damit verbundenen Unstimmigkeiten vgl. *Meyer* (Fn. 16), S. 6.

19 Dazu *Hellermann*, in: Starck (Hrsg.), Förderalismusreform, Art. 91 a Rn. 285 ff.

20 Zurückhaltende Einschätzung bei *Hellermann* (Fn. 19), Rn. 290.

21 Kommission von Bundestag und Bundesrat zur Modernisierung der bundesstaatlichen Ordnung, Kommissionsdrucksache 0063.

Bereich der Gemeinschaftsfinanzierung zu verkleinern. Insoweit sollte zwischen den gesamtstaatlichen Einrichtungen wie den Großforschungseinrichtungen, länderübergreifenden Einrichtungen (wie der MPG, DFG und FhG) und solchen der Länder unterschieden werden. Zur Senkung des Konsensbedarfs und zur Erhöhung politischer Verantwortung sollte auf zustimmungsbedürftige Bundesgesetze umgestellt und wissenschaftsadäquate Begutachtungs- und Evaluierungsverfahren vorgesehen werden. Das hätte dann zu einer Fassung des Art. 91 b GG führen können, die in der Drucksache wie folgt formuliert worden ist:

»(1) Der Bund kann Einrichtungen der wissenschaftlichen Forschung von gesamtstaatlichem Interesse unterhalten.

(2) Der Bund beteiligt sich an länderübergreifenden Einrichtungen und Förderorganisationen der Wissenschaft. Gegenstand, Umfang und Verfahren der Beteiligung werden durch Bundesgesetz geregelt, das der Zustimmung des Bundesrates bedarf.

(3) Bei Vorliegen eines besonderen Bundesinteresses kann der Bund einzelne wissenschaftliche Einrichtungen der Länder von überregionaler Bedeutung auf der Grundlage von Staatsverträgen fördern.

(4) Maßnahmen nach den Absätzen 1 bis 3 setzen eine wissenschaftlichen Grundsätzen entsprechende Begutachtung und innere Ordnung der Einrichtungen voraus. Das Nähere regelt ein Bundesgesetz, das im Fall von Absatz 2 und 3 der Zustimmung des Bundesrates bedarf.«

Dieser Vorschlag war zunächst einmal auf die institutionelle Förderung ausgerichtet formuliert worden, hätte aber durch Möglichkeiten gemeinschaftlicher Programmförderung systemtreu ergänzt werden können, wie sie etwa durch die Exzellenzinitiative[22] ins Werk gesetzt worden sind. Der Vorteil hätte zweifellos in einer größeren Handlungsfähigkeit von Bund und Ländern in Bezug auf die ihnen zugewiesenen Einrichtungen bestanden. Denn es ist ja auch schwer einsehbar, warum etwa die Einrichtungen der Helmholtz-Gemeinschaft im Verhältnis von Bund und Sitzland mit einem Schlüssel von 90:10 gefördert werden und damit im Grunde ein künstliches Interesse des Sitzlandes fingiert wird, das die Steuerung dieser Einrichtungen nicht eben erleichtert.[23] Ebenso hätten die Einrichtungen der sehr heterogenen Leibniz-Gemeinschaft dann nach ihrer Bedeutung differenziert und teilweise in die Universitäten eingegliedert werden können, was aber wohl eine Auflösung der Leibniz-Gemeinschaft zur Folge gehabt hätte.

22 Bund-Länder-Vereinbarung gemäß Art. 91 b des Grundgesetzes (Forschungsförderung) über die Exzellenzinitiative des Bundes und der Länder zur Förderung von Wissenschaft und Forschung an deutschen Hochschulen – Exzellenzvereinbarung (ExV) – v. 18. Juli 2005, BAnz S. 13347.

23 Vgl. insoweit die Stellungnahme von *Beck*, in: Deutscher Bundestag, Bundesrat (Hrsg.), Dokumentation der Kommission von Bundestag und Bundesrat zur Modernisierung der bundesstaatlichen Ordnung, Zur Sache 1/2005, S. 639, 641.

Schien der Bund dieser Lösung schon aufgrund der vorher eingenommenen Position nicht abgeneigt gegenüber zu stehen,[24] war die Stellungnahme der Wissenschaftsförderorganisationen, aber wohl überwiegend auch der Länder,[25] eher ablehnend. Dabei dürften nicht zuletzt das Schicksal der Leibniz-Gemeinschaft und die Sorgen um eine ausreichende Länderfinanzierung eine nicht unerhebliche Rolle gespielt haben, was nur noch einmal zeigt, dass die Regelung der Finanzbeziehungen zwischen Bund und Ländern einen zentralen Einfluss auf die Sachfragen in der Föderalismusreform I hatte.[26] Ebenso ist nicht zu unterschätzen, was *Hans Meyer* die implizite Prioritätensetzung durch die Gemeinschaftsfinanzierung in den Länderhaushalten zugunsten der Forschung genannt hat.[27] Aber manche Stellungnahme aus dem Kreis der Wissenschaftsorganisationen konnte auch einen besonderen Schutzmechanismus für die Wissenschaftsfreiheit durch die Verantwortungsteilung zwischen den politischen Akteuren und die Notwendigkeit eines Interessenausgleichs erkennen.[28] So richtig dies faktisch sein mag, so wenig wird dabei freilich die Intransparenz und Verringerung der politischen Handlungsfähigkeit und Verantwortlichkeit in Rechnung gestellt, die kaum ein durch Art. 5 Abs. 3 GG geschützter Wert sein kann.

In den Beratungen der Föderalismuskommission war zunächst durchaus in Richtung einer stärkeren Entflechtung gedacht worden.[29] Freilich war insgesamt die Spannbreite der Stellungnahmen durch Möglichkeiten gemeinschaftlicher Programmförderung größer, die zwischen Beibehaltung des bisherigen Art. 91 b GG a. F. und seiner vollständigen Abschaffung, ggf. verbunden mit einem erweiterten Tatbestand für Finanzhilfen des Bundes in diesem Bereich, oszillieren.[30] Ebenso strittig wurde über die Frage verhandelt, ob man dem Vorschlag folgend die Verfahren mittels eines zustimmungspflichtigen Bundesgesetzes beschließt oder aber an den Vereinbarungen festhalten solle. Im Interesse der Flexibilität, aber wohl auch, um nicht

24 Positionspapier der Bundesregierung »Modernisierung der bundesstaatlichen Ordnung« v. 9.3.2004, S. 6.

25 Vgl. dazu die Dokumente in: Deutscher Bundestag, Bundesrat (Hrsg.), Dokumentation der Kommission von Bundestag und Bundesrat zur Modernisierung der bundesstaatlichen Ordnung (Fn.23), S. 627 ff., 644 f.

26 Vgl. Deutscher Bundestag – Ausschuss für Bildung, Forschung und Technologie – Öffentliche Anhörung zur »Neuordnung der bildungs- und forschungspolitischen Zuständigkeiten in der Bundesrepublik Deutschland«, Kommission von Bundestag und Bundesrat zur Modernisierung der bundesstaatlichen Ordnung, Arbeitsunterlage 0001, S. 29 ff.

27 *Meyer* (Fn. 16), S. 2; schön verdeutlicht in der Stellungnahme des Sächsischen Staatsministers *Rössler* in: Deutscher Bundestag – Ausschuss für Bildung, Forschung und Technologie – Öffentliche Anhörung zur »Neuordnung der bildungs- und forschungspolitischen Zuständigkeiten in der Bundesrepublik Deutschland«, Kommission von Bundestag und Bundesrat zur Modernisierung der bundesstaatlichen Ordnung, Arbeitsunterlage 0001, S. 40.

28 Vgl. etwa die Stellungsnahme von *Winnacker* in der Anhörung des Deutschen Bundestages (Fn. 26), S. 36.

29 Vgl. Deutscher Bundestag, Bundesrat (Hrsg.), Dokumentation der Kommission von Bundestag und Bundesrat zur Modernisierung der bundesstaatlichen Ordnung, Zur Sache 1/2005, S. 627 ff. Insbesondere die Stellungnahme des Ministerpräsidenten *Beck* lag weitgehend auf der Linie des Entflechtungsvorschlages; Kommissionsdrucksache 0035, S. 1, 4 ff.

30 Vgl. dazu die verschiedenen Stellungnahmen (Fn. 26).

bewährte Abstimmungspraktiken aufzugeben, wollte man wohl überwiegend an den bisherigen Vereinbarungslösungen festhalten. Darüber hinaus wären nicht alle Länder gleichgewichtig beteiligt. Das Argument der Flexibilität vermag freilich gerade in diesem traditionell nicht eben transparenten Bereich nicht ohne weiteres zu überzeugen. Parlamente waren noch nie gern gesehene Mitspieler in den Zirkeln der hybriden Gremien der Förderexekutiven und ihrem Zusammenspiel mit staatlichen, halbstaatlichen und privaten Forschungs(förder)einrichtungen. Aber das ist möglicherweise ein Teil dessen, was in den Beratungen der Kommission gelegentlich als organisierte Unverantwortlichkeit bezeichnet wurde.

Der Sache nach hat sich daher eine Modifizierung und Präzisierung durchgesetzt, nicht aber eine Entflechtung. Durch die in Art. 91 b Abs. 1 Nr. 3 GG eingeführte Möglichkeit der gemeinschaftlichen Förderung von Forschungsbauten an Hochschulen einschließlich Großgeräten ist im Rahmen von Art. 91 b GG eine neue Aufgabe hinzugekommen, die sich freilich nur als eine inhaltlich reduzierte und begrenzte Verschiebung der ursprünglich im Rahmen von Art. 91 a Abs. 1 Nr. 1 GG a. F. vorgesehenen Aufgabe der Gemeinschaftaufgabe Hochschulbau darstellt. Sie wird damit umgestellt auf die Verflechtungsmodalitäten des Art. 91 b GG. Auf der einen Seite hat der Bund Geländegewinne zu verzeichnen, die vor allem in der Einbeziehung der Förderung von Vorhaben der Wissenschaft und Forschung an den Hochschulen in die Gemeinschaftsförderung (Art. 91 b Abs. 1 Nr. 2 GG) besteht, die auch die Förderung der Lehre umfasst. Eine Stärkung des Bundes beinhaltet der Sache nach auch die Regelung der Kostentragung in Art. 91 b Abs. 3 GG, denn in Zukunft darf der Bund auch allein die Kosten übernehmen, was seine Position stärken könnte.[31] Demgegenüber dürften im Bereich des Bildungswesens die Länder durch die Regelung des Art. 91 b Abs. 2 GG gestärkt worden sein, ohne freilich den Bund gänzlich aus diesem Bereich herauszunehmen.[32] Auf der anderen Seite sind gerade zur Ermöglichung dieser Erweiterung unübersehbare Verflechtungsverstärkungen durch das Einstimmigkeitserfordernis des Art. 91 b Abs. 1 S. 2 GG zu verzeichnen, die jedem Land – soweit es um Vereinbarungen im Rahmen von Art. 91 b Abs. 1 Nr. 2 GG geht – ein Vetorecht einräumen. Darüber hinaus hat der Art. 91 b GG eine Strukturierung erfahren, die seine Handhabung in der Praxis künftig durchaus erleichtern kann. Eine Reihe von Streitfragen zu Umfang und Verfahren der Forschungsförderung lassen sich künftig leichter einer auch verfassungstextlich begründeten Lösung zuführen. Insofern spricht die Begründung zu Recht davon, dass die Möglichkeit des Zusammenwirkens bei der Förderung überregional bedeutsamer wissenschaftlicher Forschung beibehalten und im Hinblick auf Fördergegenstände und Adressaten differenziert und präzisiert wird.[33] Das deutet schon darauf

31 In der Sache auch *Hellermann* (Fn. 19), Rn. 310 f.

32 Zu Recht weist *Meyer* (Fn. 16), S. 1 f., darauf hin, dass es zwar die Bildungsplanung als solche vorher gar nicht gegeben habe, sich aber gleichwohl darum ein Strauß von Modellversuchen etabliert hatte, der nunmehr weitgehend fortfallen wird.

33 Vgl. BT-Drs. 16/813, S. 16.

hin, dass die Intentionen in diesem Bereich weniger darauf ausgerichtet waren, hier grundsätzlich neue Strukturen zu schaffen, sondern – sieht man einmal von dem Bildungswesen ab, das im Wesentlichen einer durchaus tragfähigen, moderaten Entflechtung zugeführt wird – die bisherige Staatspraxis unter Geltung des Art. 91 b GG a. F. nicht angetastet werden sollte. Aber insgesamt erweckt auch die Begründung im Wesentlichen den Eindruck einer Konsolidierung der an sich bewährten Aufgabenwahrnehmung. Schon auf den ersten Blick ergibt die Reform unter dem Gesichtspunkt einer Entflechtung daher ein eher ambivalentes Bild.

II. Überregionale Bedeutung: Unklarheit der Kriterien

Art. 91 b GG beschränkte die Förderung auf Einrichtungen und Vorhaben von überregionaler Bedeutung. Dabei war es schon immer nicht ganz leicht, dieses Kriterium näher zu operationalisieren.[34] Gedacht war insoweit an Einrichtungen und Vorhaben, die für den Gesamtstaat oder zwei oder mehrere Länder bedeutsam sein mussten.[35] Das ließ allerdings schon immer offen, worauf sich die Bedeutsamkeit in diesem Sinne denn beziehen musste: Singularität, besondere Aufgabenstellung, gesamtstaatliches wissenschaftspolitisches Interesse, besonders hoher Zuwendungsbedarf oder besondere Exzellenz.[36] An dieser Offenheit hat sich nichts geändert. Die Begründung betont unter Verkürzung des Textes, dass es sich bei Vorhaben von überregionaler Bedeutung um solche Förderung handeln müsse, die Ausstrahlungskraft über das einzelne Land hinaus und Bedeutung im nationalen oder internationalen Kontext habe. Auch insoweit bleibt freilich offen, ob die Förderung oder das Vorhaben bzw. die Einrichtung diese Bedeutung haben muss. Für letzteres sprach schon immer die Fassung des Art. 91 b GG a. F. Aber der Art. 91 b Abs. 1 GG n. F. bringt insoweit eine Änderung des Textes, denn das Zusammenwirken wird auf Fälle überregionaler Bedeutung bezogen. Das spricht allerdings dafür, dass die Fälle sowohl auf Vorhaben bzw. Einrichtungen wie auch auf die Maßnahme bezogen sein können. Insoweit kann sich die überregionale Bedeutung aus der Programmstruktur als solcher ergeben. Ein Beispiel dafür wäre etwa die Exzellenzinitiative, die der Sache nach ja gerade darauf zielt, die internationale Sichtbarkeit weniger Universitäten zu stärken, also durch die Förderung schon einen gesamtstaatlichen Zweck verfolgt.[37] Nicht anderes würde für den Hochschulpakt 2020 gelten, der ja ebenfalls ein gesamtstaatliches Problem adressieren möchte und insoweit unter Art. 91 b Abs. 1 Nr. 2 GG fällt. Auch kommt es nicht notwendig darauf an, dass die einzelne Einrichtung oder gar das Vorhaben von überregionaler Bedeutung ist, was ja bei dem Hochschulpakt evident ist. Damit ist deutlich, dass sich die

34 Für einen Wegfall plädiert *Meyer* (Fn. 16), S. 8.
35 *Volkmann*, in: v. Mangoldt/Klein/Starck, GG, Art. 91 b Rn. 8.
36 Vgl. insoweit etwa § 3 Abs. 2, 3 AV-FuG-E.
37 Vgl. die Präambel der ExV (Fn. 22).

Bedeutung des Merkmals überregionale Bedeutung verschoben hat und – wenn es nicht schon aufgrund des bisherigen Art. 91 b GG durch Auslegung gerechtfertigt werden konnte – jedenfalls durch die Änderung eine auf beide Aspekte, also sowohl auf das Förderprogramm wie auch die Einrichtung oder das Vorhaben bezogene Bedeutsamkeit eine Rolle spielen kann. Das dürfte den Anwendungsbereich des Art. 91 b GG erweitern und dem Bund über die Finanzmittel einen die Struktur mitprägenden Einfluss eröffnen, dem sich die Länder aufgrund der Anziehungskraft der Bundesmittel nur schwer entziehen können. Auf der anderen Seite eröffnet ein weites Verständnis in diesem Sinne den Akteuren im Bundesstaat die Möglichkeit, zu einer sich immer deutlicher ausprägenden Wettbewerbsordnung im Wissenschaftsbereich gleichsam kompensatorisch zur Sicherung von Kollektivgütern tätig zu werden. Wenn sich die Universitäten und Forschungseinrichtungen angesichts der Verknappung ihrer Grundfinanzierung aus ihrer Sicht durchaus rational entschließen, immer stärker drittmittelfähige Bereiche zu profilieren, kann, wie die »Artenschutzliste« der Hochschulrektorenkonferenz für kleinere Fächer zeigt, durchaus ein Bedarf für die Sicherung von Kollektivgütern entstehen, die im Wettbewerb ansonsten nicht mehr zur Verfügung gestellt werden. Damit ist zumindest ein entsprechender Mechanismus bereitgestellt, der genutzt werden kann.
Ungeachtet dessen bleibt die Operationalisierung natürlich schwierig, und durchaus folgerichtig werden Bund und Ländern denn auch immer wieder erhebliche Einschätzungsprärogativen eingeräumt. Das ist bei Kompetenzvorschriften zwar an sich misslich, aber angesichts der Tatsache, dass ohne die Mitwirkung der Länder eine solche Vereinbarung nicht zustande kommt, akzeptabel und hinreichend flexibel, um auf die sich verändernde Wissenschaftslandschaft auch gemeinsam einwirken zu können.

III. Zusammenwirken auch in der Forschungsförderung

Mit etwas spitzer Feder wird immer wieder die Frage aufgeworfen, ob Art. 91 b GG nur die Förderung der Forschung oder auch das Zusammenwirken bei der Forschungsförderung umfasst.[38] Im Regelfall wird dies unter dem Stichwort der mittelbaren Forschungsförderung erfasst sein. Die Begründung zu dem verfassungsändernden Gesetz lässt keinen Zweifel, dass dies mit umfasst sein sollte.[39] Zweifel können sich allenfalls dann ergeben, wenn man allein auf die zu fördernden Einrichtungen und Vorhaben abstellt. Der Sache nach aber geht Art. 91 b GG immer schon weiter, denn er regelt das Zusammenwirken von Bund und Ländern bei der Forschungsförderung. Dieses Zusammenwirken freilich muss, von Ad-hoc-Förderun-

38 Vgl. *Hellermann* (Fn. 19), Rn. 295: vom Wortlaut her nicht unzweifelhaft; vgl. auch *Meyer* (Fn. 16), S. 8.
39 BT-Drs. 16/813, S. 17.

gen abgesehen, notwendig in institutionalisierter Form erfolgen. Von daher sind selbstverständlich auch Gremien und Einrichtungen mit eingeschlossen, in denen die Förderung koordiniert wird, wie etwa – derzeit noch – die Bund-Länder-Kommission für Bildungsplanung und Forschungsförderung. Aber selbstverständlich sind auch Einrichtungen wie die DFG erfasst, die insoweit die Forschungsförderung für Bund und Länder übernimmt und als Hybrideinrichtung zwischen Wissenschaft und Staat vermittelt. Auch hier fehlt es gerade nicht an einem Zusammenwirken von Bund und Ländern, auch nicht in den Gremien der Organisation. Die dabei der DFG eingeräumte Autonomie ändert daran nichts; sie lässt sich im Grundsatz als eine wissenschaftsadäquate Ausgestaltung des Zusammenwirkens ausdeuten. Nichts anderes dürfte für den Wissenschaftsrat, zumal nach dem Wegfall der Aufgabe des Hochschulbaus in Art. 91 a Abs. 1 Nr. 1 GG a. F., gelten.[40]

IV. Förderung der wissenschaftlichen Forschung

Wie auch bisher schon sollen Einrichtungen und Vorhaben der wissenschaftlichen Forschung gefördert werden können. Daran entzündete sich schon bisher die Frage, welche Institutionen eigentlich gefördert werden können, insbesondere ob auch die Industrie- und Ressortforschung dazu gerechnet werden kann. Nun sprach allerdings immer schon die Betonung der Wissenschaftlichkeit der Forschung auf den ersten Blick gegen die Einbeziehung,[41] und die Begründung zu Art. 91 b GG n. F. deutet immerhin einen Vorbehalt gegen die Ressortforschung an, ansonsten aber von einem weiten Verständnis im Sinne von Art. 5 Abs. 3 GG ausgehend.[42] Wer freilich schon immer die Forschung, wenn sie denn bestimmten Garantiestandards genügte, in den Art. 5 Abs. 3 GG einbeziehen wollte, wird mit einer weiten Begriffsbestimmung auch keine Probleme haben.[43] Die anerkanntermaßen erhebliche Probleme begründende hohe Fragmentierung des deutschen Forschungssystems würde durch eine Verengung der Gemeinschaftsfinanzierung durchaus fortgeführt. Nimmt man hinzu, dass es zunehmend darum geht, gerade die Zusammenarbeit zwischen den Einrichtungen anzureizen, macht eine solche Verengung keinen Sinn. Dies gilt auch für die Ressortforschung. Auch wenn deren Funktion zuallererst darin liegt, die administrativen Aufgaben von Bund oder Ländern wissenschaftlich zu unterstützen und zudem auch genuine administrative Aufgaben wahrzunehmen, kommt

40 Zur alten Rechtslage ausführlich *Röhl*, Der Wissenschaftsrat, 1994, S. 192 ff.; vgl. jetzt auch den Entwurf einer Änderung zum Verwaltungsabkommen zwischen Bund und Ländern über die Errichtung eines Wissenschaftsrates v. 5. September 1957 i.d.F. v. 27. April 2005.

41 Vgl. zu Art. 91 b GG a. F. die Protokollnotiz zu Art. 2 Abs. 1 der Rahmenvereinbarung zwischen Bund und Ländern über die gemeinsame Förderung der Forschung nach Artikel 91 b GG vom 28. November 1975, BAnzr Nr. 240 vom 30. Dezember 1975, S. 4, zuletzt geändert durch Vereinbarung vom 25. Oktober 2001, BAnz S. 25218.

42 BT-Drucks. 16/813, S. 17.

43 Vgl. dazu *Trute*, Die Forschung zwischen grundrechtlicher Freiheit und staatlicher Institutionalisierung, 1994, S. 366 f.

deren wissenschaftsbezogener Ausrichtung durchaus eine erhebliche Rolle zu, wie die jüngeren Stellungnahmen des Wissenschaftsrates zur Ressortforschung zeigen.[44] Auch insoweit – das heißt hinsichtlich ihrer genuinen Forschungsfunktion – sind sie daher vom Anwendungsbereich des Art. 91 b GG nicht ausgeschlossen. Für die Industrieforschung gilt ohnehin nichts anderes. In dieser Diskussion spiegelt sich eher eine bestimmte Wissenschaftstradition denn eine zeitgemäße Analyse des deutschen Forschungssystems.

V. Förderung von Vorhaben der Wissenschaft und Forschung an den Hochschulen

Die größten Änderungen dürften sich freilich im Bereich der Förderung von Vorhaben der Wissenschaft und Forschung an den Hochschulen (Art. 91 Abs. 1 Nr. 2 GG) ergeben. Begrenzt zwar auf Vorhaben, und damit unter Ausschluss von Einrichtungen der Hochschulen selbst, die nur im Rahmen von Art. 91 b Abs. 1 Nr. 3 GG gefördert werden können, kann der Bund neben den Forschungsvorhaben nunmehr auch Vorhaben der Wissenschaft fördern.[45] Dahinter verbirgt sich, wenn auch durch die Begriffswahl etwas versteckt, der Einstieg in die Förderung der Lehre und damit eine Substanzverschiebung der Kompetenzen zwischen Bund und Ländern im Rahmen der Gemeinschaftskompetenzen. Konnte die Forschung an den Hochschulen auch schon bisher unstrittig im Rahmen der Gemeinschaftskompetenz erfolgen,[46] können Bund und Länder nunmehr auch im Bereich der Wissenschaft, zu der unstrittig die Lehre gehört, zusammenwirken. Dahinter stehen Befürchtungen, die Lehrsituation könnte sich durch die geburtenstarken Jahrgänge nachhaltig verschlechtern, ohne dass die Länder aufgrund ihrer Finanzlage der Situation hinreichend gewachsen sein könnten. So ist etwa eine Grundlage für den Hochschulpakt 2020 geschaffen. Schon werden weitere Vorhaben, wie etwa eine Exzellenzinitiative im Bereich der Lehre, im politischen Raum diskutiert. Gleichwohl wirft die Begrifflichkeit Fragen auf. Denn von der herrschenden Lehre wird im Rahmen des Art. 5 Abs. 3 GG der Begriff der Wissenschaft als Oberbegriff von Forschung und Lehre verstanden,[47] was im Kontext des Art. 91 b GG ersichtlich keinen Sinn macht.

44 Vgl. etwa *Wissenschaftsrat*, Empfehlung zur Entwicklung der Rahmenbedingungen der Forschung in Ressortforschungseinrichtungen: am Beispiel der Forschungsanstalten in der Zuständigkeit des Bundesministeriums für Verbraucherschutz, Ernährung und Landwirtschaft (BMVEL), Drs. 5910-04; Stellungnahme zum Bundesinstitut für Arzneimittel und Medizinprodukte (BfArM), Drs. 6102-04; Stellungnahme zum Robert Koch-Institut (RKI), Drs. 6870-05; Stellungnahme zur Bundesanstalt für Materialforschung und -prüfung, Drs. 7256-06; Stellungnahme zum Bundesamt für Bauwesen und Raumordnung, Drs. 7257-06; Stellungnahme zum Bundesinstitut für Risikobewertung (BfR), Drs. 7258-06; Stellungnahme zum Bundesamt für Strahlenschutz, Drs. 7259-06.

45 Kritisch zur Begrenzung auf Vorhaben *Meyer* (Fn. 16), S. 6.

46 Vgl. *Mager*, in: v. Münch/Kunig, GGK III Art. 91 b Rn. 17.

47 Vgl. etwa *Denninger*, in AK GG, Art. 5 Rn. 13; *Pernice*, in: Dreier (Hrsg.), GG, Art. 5 III Rn. 20; *Fehling*, in: BK GG Art. 5 Rn. 57 f. m.w.N; zur Kritik vgl. *Trute*, Forschung (Fn. 43), S. 132 ff.

Diese Formel fand sich im ursprünglichen Gesetzentwurf noch nicht, sondern ist erst durch die Beschlussempfehlung des Rechtsausschusses aufgenommen worden.[48] Der Rechtsausschuss hatte den Vorschlag damit begründet, dass auch im nichtinvestiven Bereich die Erhöhung der Leistungs- und Ausbildungsfähigkeit der Hochschulen verbessert werden müsse, also letztlich eine Erhöhung der Zulassungszahlen durch eine gemeinschaftliche Förderung ermöglicht werden solle.[49]
Insoweit wird man den Begriff der Wissenschaft dann sinnvollerweise weiter verstehen müssen als das, was zur Wissenschaft außerhalb der Forschung zu rechnen ist. Dazu wäre dann etwa auch Unterstützung jenseits der Lehre zu rechnen, wie etwa die Förderung von Qualitätssicherungsverfahren in Forschung und Lehre, Unterstützung der Infrastruktur der Wissenschaft jenseits des Hochschulbaus[50] und der Hochschulkliniken, also etwa der IT-Infrastruktur,[51] der Bibliotheksinfrastruktur und ähnliches, solange dies vorhabenbezogen geschieht. Diese wären ansonsten allenfalls über Finanzhilfen nach Art. 104 b Abs. 1 GG zu finanzieren,[52] wobei freilich angesichts etwa der Formulierung des Art. 74 Nr. 13 GG der Raum durchaus beschränkt ist auf die Förderung der wissenschaftlichen Forschung.
Der Preis für die Erweiterung der Mitfinanzierungsmöglichkeiten des Bundes liegt freilich in der Vorschrift des Art. 91 b Abs. 1 S. 2 GG, wonach für die Vereinbarungen nach Art. 91 b Abs. 1 Nr. 2 GG die Zustimmung aller Länder erforderlich ist. Das ist misslich, weil damit letztlich eine Veto-Position eines jeden Landes etabliert wird, die das Instrument nicht nur schwerfällig macht, sondern auch einen Anreiz für informelle Verhandlungen und Zugeständnisse an vetobereite Länder setzt, was kaum der Transparenz in diesem Bereich dient. Im Rückschluss wird daran allerdings auch systematisch deutlich, dass insoweit hinsichtlich der anderen Tatbestände eine solche Einstimmigkeit nicht erforderlich ist.[53]

VI. Forschungsbauten an Hochschulen und Großgeräte

Mit der Möglichkeit der Zusammenarbeit von Bund und Ländern im Bereich der Förderung von Forschungsbauten und Großgeräten wird die echte Gemeinschaftsaufgabe des früheren Art. 91 a Abs. 1 Nr. 1 GG a. F. nunmehr in einer begrenzten und durch die explizite Aufnahme der Großgeräte präzisierten Form zu einer unechten Gemeinschaftsaufgabe. Großgeräte können allerdings auch durch die Länder im Rahmen des Art. 143 c GG gefördert werden und werden dies auch unter Einschal-

48 BT-Drs. 16/2010, S. 6.
49 BT-Drs. 16/2069, S. 42.
50 Zur Kritik *Meyer* (Fn. 16), S. 6.
51 Diese können freilich auch unter Art. 91 b Abs. 1 Nr. 3 GG als Großgeräte gefördert werden und dürften vom Finanzvolumen denn auch regelmäßig hier ihre Grundlage finden, soweit sie die entsprechenden Relevanzschwellen überschreiten.
52 Dazu *Hellermann* (Fn. 19), Rn. 353.
53 *Hellermann*, in: Starck (Hrsg.), Föderalismusreform, Rn. 302.

tung der DFG.[54] Zwar mag man die Begrenzung auf Forschungsbauten durchaus begrüßen, zumal die Länder nunmehr im Rahmen des Art. 143 c GG den Hochschulbau aus den ihnen zufließenden Bundesmitteln finanzieren können.[55] Dies kann man als Gewinn für die Länderautonomie ansehen, die nunmehr nach eigenen Kriterien den Hochschulbau fördern können. Systematisch wird damit in einem Teilbereich durchaus der Wettbewerb zwischen den Ländern im Wissenschaftsbereich forciert. Freilich wird man sehen müssen, dass dies durchaus mit einem weiteren Auseinanderfallen der Ausstattung der Hochschulen einhergehen wird. Insoweit wird von der Seite des Hochschulbaus die Stratifizierung im Hochschulbereich zumindest weiter befördert.

Zugleich ist der Begriff der Forschungsbauten unscharf und erlaubt erhebliche Camouflageleistungen, denn welches Gebäude dient mit seinen Hörsälen nicht zugleich der Graduiertenausbildung und welcher Bibliotheksbau hat nicht auch eine Verbesserung der Forschungsausstattung zum Ziel?[56] Hier wird ein weites Einfallstor für eine Förderung auf die Breite der Infrastruktur der Wissenschaft liegen, bei dem letztlich vom Wortlaut her nur eindeutige Verwaltungsgebäude von vornherein ausgenommen sind.

Kontur wird der Begriff daher nur gewinnen können, wenn man den Forschungsbezug in den Vereinbarungen selbst präzisiert und damit auch gegen andere Fördermöglichkeiten im Rahmen des Art. 91 b GG profiliert. Insoweit wird in der noch nicht in Kraft getretenen Ausführungsvereinbarung zu Art. 91 b Abs. 1 Nr. 3 GG auf eine für die Forschung benötigte abgrenzbare und zusammenhängende Infrastruktur abgestellt, die durch eine Forschungsprogrammatik bestimmt wird.[57] Da die Infrastruktur weit überwiegend der Forschung dienen muss (§ 3 Abs. 3 Nr. 1 AV-FuG-E), dürfte zusammen mit dem Programmbezug richtigerweise eine Verengung der Fördermöglichkeiten vorgenommen worden sein. Freilich wird diese Verengung noch inhaltlich qualifiziert. Dabei kommt es weniger auf die Relevanzschwelle[58] als auf die Ausrichtung der Förderung auf Überregionalität an, die ihrerseits über Exzellenz beschrieben wird und ein innovatives, interdisziplinäres Forschungskonzept verlangt (§ 3 Abs. 3 Nr. 2 AV-FuG-E). Als Indizien sollen die üblichen, auch schon aus der Exzellenzinitiative bekannten Kriterien wirken: Graduiertenschulen, Exzellenzcluster, DFG-Forschungszentren, Sonderforschungsbereiche, DFG-Forschergruppen, Graduiertenkollegs, BMBF-, EG-Förderung, herausragende Drittmitteleinwerbung und Publikationstätigkeit, renommierte Preise etc. Hier ist eine Förderung,

54 Vgl. dazu die Hinweise der DFG zur Förderung von Großgeräten durch die Länder nach Art. 143 c GG: http://www.dfg.de/aktuelles_presse/information_fuer_die_wissenschaft/andere_verfahren/info wissenschaft_12_07.html.

55 Zweifel daran allerdings bei *Meyer* (Fn. 16), S. 6 ff.

56 Zutreffend *Hellermann* (Fn. 19), Rn. 305.

57 Vgl. § 3 Abs. 1 des Entwurfes der Ausführungsvereinbarung über die gemeinsame Förderung von Forschungsbauten an Hochschulen einschließlich Großgeräten nach Art. 3 Abs. 2 GWK-Abkommen – Ausführungsvereinbarung Forschungsbauten an Hochschulen einschließlich Großgeräten (AV-FuG-E).

58 Sie liegt in Höhe von 5 Mio. €, vgl. § 3 Abs. 3 Nr. 3 AV-FuG-E.

macht man mit den Kriterien ernst, nach dem Matthäus-Prinzip unübersehbar: Wer hat, dem kann gegeben werden. Damit ist durchaus eine substantielle Umstellung der Förderung von Forschungsbauten auf Exzellenz verbunden, die sich nicht mehr an einem flächendeckenden Aufbau der Förderung orientiert, sondern sich allein an Exzellenzkriterien ausrichtet.
Nimmt man die Exzellenzinitiative hinzu, aber auch die Diskussion um eine ähnliche Initiative auf dem Gebiet der Lehre, dann zeigt sich auch in den Grundlagen der Gemeinschaftsförderung eine deutliche Abkehr von der bisherigen Forschungspolitik, die zumal in der investiven Gemeinschaftsförderung sehr stark von dem eher flächendeckenden Förderprinzip der Sicherstellung einer breiten Wissenschaftsinfrastruktur geprägt war, während nunmehr also eine viel selektivere Förderung beabsichtigt ist. War schon in Folge der Exzellenzinitiative eine deutliche Stratifizierung des Wissenschaftssystems prognostiziert worden, die mit dem Rückzug des Bundes aus der Hochschulgesetzgebung und der echten Gemeinschaftsfinanzierung verstärkt worden ist, so findet sich hier ein weiteres deutliches Zeichen dieser Strategie. Die Förderung der Forschungsbauten dient letztlich als Unterstützung einer Exzellenzstrategie, wie sie in der Exzellenzinitiative vorgezeichnet ist.[59] Dagegen ist als Ziel nichts zu erinnern, wiewohl man bezweifeln darf, dass die Auswirkungen der Stratifizierung von den politischen Akteuren schon hinreichend in den Blick genommen worden sind.
Dies gilt freilich nicht in gleicher Weise für die Förderung der Großgeräte, die zwar auch durch die Formulierung des Art. 91 b Abs. 1 Nr. 3 GG auf einen Forschungsbezug festgelegt werden, der auch allein für die Begutachtung ausschlaggebend sein soll.[60] Allerdings soll hier nicht nach Maßgabe der Exzellenzkriterien, sondern nach den üblichen DFG-Qualitätskriterien entschieden werden, die dann auch nach Maßgabe des Abkommens allein über die Anträge entscheidet.[61]

VII. Grundlage der Förderung: Vereinbarungen

Grundlage des Zusammenwirkens sind, wie bisher auch schon, Vereinbarungen. Daran knüpfen sich schon bisher nicht einhellig beantwortete Fragen. Während in der Frühzeit des Art. 91 b GG wie selbstverständlich davon ausgegangen wurde, dass es sich bei den Vereinbarungen um Verwaltungsvereinbarungen handeln sollte, mehrten sich im Laufe der Zeit für die Forschungsförderung die Zweifel unter dem Gesichtspunkt des Gesetzesvorbehalts. Ohne Zweifel hatte der Gesetzge-

59 Das wird in der Presseerklärung der BLK v. 23. Oktober 2006 denn auch in Anlehnung an die Präambel der ExV so formuliert: »Mit ihr (der AV-FuG-E, *d. Verf.*) wird das Ziel verfolgt, die investiven Voraussetzungen der deutschen Hochschulen für eine erfolgreiche Teilnahme am nationalen und internationalen Wettbewerb in der Forschung zu verbessern.«
60 § 8 Abs. 3 Nr. 1 AV-FuG-E. Das soll es freilich nicht ausschließen, die Geräte auch in der Lehre und der Krankenversorgung einzusetzen.
61 § 8 Abs. 3 Nr. 2, Abs. 5 AV-FuG-E.

ber bei der Einführung des Art. 91 b GG nur die bisherige Staatspraxis, die durch Verwaltungsvereinbarungen gekennzeichnet war, der Sache nach auf eine verfassungsrechtliche Basis stellen wollen.[62] Und ebenso ist zumindest in der Entstehung richtig, dass die Verwaltungsabkommen im Wesentlichen das Zusammenwirken zwischen dem Bund und den Ländern bei der Förderung regelten und – solange die Förderung wesentlich eine institutionelle Förderung war – nur wenig unmittelbare Grundrechtsrelevanz in Form selektiver Kriterien zur Einwirkung auf den Grundrechtsbereich enthielten. Insoweit mag man auch argumentieren, dass die Förderung letztlich nur sehr mittelbar die Grundrechtsausübung flankiert und hier den staatlichen Akteuren ein erheblicher Spielraum in der Wahl ihrer Mittel zukommen muss.[63] Und ebenso ist richtig, dass man nicht mit der Annahme einer entdifferenzierenden Wesentlichkeitslehre die vom Grundgesetz selbst vorgesehenen Formen überspielen kann.[64] In der Tat liegt darin eine Legitimation der Verfassung selbst, durch Vereinbarungen zu regeln, zu denen auch – aber eben nicht nur – Verwaltungsabkommen, sondern auch Staatsverträge gehören, was der Sache nach als unstrittig gelten kann[65] und auch nicht durch die Föderalismusreform in Frage gestellt worden ist.[66] Insoweit bleibt Raum für die Frage nach dem Parlamentsvorbehalt, die sich freilich kaum in einer eindeutigen Lösung für nur eine der Formen äußern muss, sondern durchaus Differenzierungen zugänglich ist.[67] Insoweit wird man auch zwischen dem institutionellen und dem grundrechtlichen Gesetzesvorbehalt unterscheiden müssen.[68] Schon bisher war dies für die Institutionalisierung des Entscheidungsmechanismus der Bund-Länder-Kommission, die faktische Bindung der Haushaltsgesetzgeber und die Grundrechtsrelevanz der Fördermaßnahmen durchaus nicht zweifelsfrei.[69] Eine neuerliche Bewertung wird freilich die Veränderung der Fördermaßnahmen und ihres institutionellen Umfeldes in Rechnung stellen müssen, aber auch die aus der Privatisierungsdiskussion gezogenen Folgerungen beachten müssen.

62 Vgl. BT-Drs. V/2861 Tz. 106, 108; *Maunz*, in: Maunz/Dürig, GG, Art. 91 b Rn. 34.

63 In diese Richtung *Volkmann*, in: v. Mangoldt/Klein/Starck, GG, Art. 91 b Rn. 10.

64 *Volkmann*, in: v. Mangoldt/Klein/Starck, GG, Art. 91 b Rn. 10.

65 Statt vieler *Volkmann*, in: v. Mangoldt/Klein/Starck, GG, Art. 91 b Rn. 10; *Maunz*, in: Maunz/Dürig, GG, Art. 91 b Rn. 34; *Pieroth*, in: Jarass/Pieroth, GG, Art. 91 b Rn. 2; *Heun*, in: Dreier (Hrsg.), GG, Bd. III, Art. 91 b Rn. 7.

66 Man hat zwar in der Diskussion sehr wohl auf die Verwaltungsvereinbarungen verwiesen, aber dies vor allem im Hinblick auf den Vorschlag, die Modalitäten der Förderung durch Gesetz mit Zustimmung des Bundesrates zu regeln.

67 Vgl. bereits *Trute*, Forschung (Fn. 43), S. 458 ff.; *Mager*, in: v. Münch/Kunig, GGK III, Art. 91 b Rn. 12; *Köstlin*, Die Kulturhoheit des Bundes, 1989, S. 224 ff., 243 ff., mit freilich sehr generellen Annahmen zum grundrechtlichen Gesetzesvorbehalt.

68 Jedenfalls hinsichtlich des letzteren würde die im GG vorgesehene Vereinbarungsform für das Zusammenwirken wohl ohnehin nicht von den Anforderungen befeien, sondern allenfalls die Grenzen dessen bestimmen, was in Verwaltungsabkommen regelbar ist; dazu *Köstlin*, Kulturhoheit (Fn. 67), S. 224 ff.

69 Mit nicht unerheblichen Unterschieden im Einzelnen *Trute*, Forschung (Fn. 43), S. 458 ff.; *Mager*, in: v. Münch/Kunig, GGK III, Art. 91 b Rn. 12; *Köstlin*, Kulturhoheit (Fn. 67), S. 224 ff., 243 ff., mit freilich sehr generellen Annahmen zum grundrechtlichen Gesetzesvorbehalt; für den Wissenschaftsrat *Röhl*, Der Wissenschaftsrat, 1994, S. 214 ff.

Wollte man nicht schon den Entscheidungsmechanismus der Bund-Länder-Kommission und nachfolgend der Gemeinsamen Wissenschaftskonferenz als solches dem institutionellen Gesetzesvorbehalt unterwerfen, was der Sache nach zu weitgehend wäre,[70] so wird man freilich auch hinsichtlich des institutionellen Gesetzesvorbehalts bei den einzelnen Vereinbarungen nicht um ein Gesetz umhinkommen. Dabei steht weniger die Frage im Raum, dass etwa mit der Ausführungsvereinbarung zu den Helmholtz-Zentren eine Ausgliederung exekutivischer Leitungsbefugnisse vorgenommen wird.[71] Das würde die Eigenarten der Forschungseinrichtungen und ihrer Institutionalisierung verkennen und diese an dem Leitbild der hierarchischen Exekutive orientieren.[72] Anders wird dies freilich dort, wo Entscheidungsbefugnisse auf nichtstaatliche Einrichtungen verlagert werden. Ein Beispiel dafür wäre die Auslagerung der Entscheidung über die Förderung von Großgeräten, wonach die DFG »autonom nach Qualitätskriterien« entscheidet. Wenn nach allgemeinen Regeln die Auslagerung von Entscheidungsbefugnissen auf verselbständigte Einrichtungen, zumal dann, wenn diese nicht dem Staat zurechenbar sein sollen,[73] den institutionellen Gesetzesvorbehalt auslöst,[74] dann unterfallen Klauseln wie diese dem institutionellen Gesetzesvorbehalt.[75] Dies gilt jedenfalls dann, wenn dies nicht durch staatliche Vertreter in den Gremien der entsprechenden Entscheidungsträger ausgeglichen wird. Das Zusammenwirken in Bund-Länder-Kooperationen führt ohnehin schon zu Einbußen an demokratischer Verantwortlichkeit, die vollends ausgedünnt zu werden droht, wenn durch diese Formen des Zusammenwirkens die Entscheidungen weiter verlagert werden. Ähnliche Bedenken weckt der Entscheidungsmechanismus der Exzellenzinitiative. Zwar werden die Entscheidungen am Ende durch den Bewilligungsausschuss getroffen, dem Vertreter von Bund und Ländern angehören, aber nicht die Mehrheit haben.[76] Angesichts der Vorzeichnung der Entscheidungen durch die von Wissenschaftsrat und DFG gebildeten Gremien und deren Vorprägung durch die wiederum über diese Gremien gebildeten sachverständigen Begutachtungen ist die Entscheidungswirkung des Bewilligungsausschusses eher zurückhaltend zu bewerten. Die Vorgänge um die erste Runde der Exzellenzinitiative mit ihrem Eklat am Ende verdeutlichen dies mehr als deutlich. Damit ist nicht gesagt, dass am Ende dieser Entscheidungsmechanismus unter dem Gesichtspunkt demokratischer Legitimation nicht gerechtfertigt werden kann, auch wenn die Vertreter des Staates hier in der Minderheit sind. Denn hier mögen gute, letztlich aus

70 Dazu bereits *Trute*, Forschung (Fn. 43); weitergehend *Köstlin*, Kulturhoheit (Fn. 67), S. 245 f., der zumindest einzelne Regelungen der Rahmenvereinbarung Forschungsförderung dem institutionellen Gesetzesvorbehalt unterfallen lässt.
71 So *Köstlin*, Kulturhoheit (Fn. 67), S. 245.
72 Dazu *Trute*, Forschung (Fn. 43), S. 240 ff.
73 Diese Frage ist bekanntlich umstritten; vgl. dazu *Trute*, Forschung (Fn. 43), S. 677 ff.
74 *Groß*, Das Kollegialprinzip in der Verwaltungsorganisation, 1999, S. 240 f.; *Emde*, Die demokratische Legitimation der funktionalen Selbstverwaltung, 1991, S. 70 ff.; *Burmeister*, Herkunft, Inhalt und Stellung des institutionellen Gesetzesvorbehalts, 1991, S. 304 f.
75 Am Beispiel der DFG vgl. bereits *Trute*, Forschung (Fn. 43), S. 686 ff.
76 Vgl. § 4 Abs. 8 i.V.m. Abs. 3 ExV (Fn. 22).

den objektiven Schichten von Art. 5 Abs. 3 GG ableitbare Gründe gegen eine staatliche Dominanz in den Entscheidungsgremien sprechen. Aber der Sache nach erweckt die weitgehende Entscheidungsverlagerung auf ihrerseits staatsdistanzierte Einheiten ohne weitere gesetzliche Vorzeichnung erhebliche Bedenken schon aus dem Gesichtspunkt des institutionellen Gesetzesvorbehalts. Ihnen fehlt dann die hinreichende Basislegitimation durch das Gesetz, die zumal in diesem Fall kaum durch staatliche Vertreter in den letztlich entscheidenden Gremien kompensiert wird, da diese nur noch wenig zu entscheiden haben. Erstaunen kann insoweit nur die Aufregung der Politik, die doch eben diesen Entscheidungsmechanismus kreiert hatte und sich am Ende von der Wissenschaft sagen lassen musste, dass eben diese durch ihre Selbststeuerungsmechanismen entschieden habe.

Im Hinblick auf die grundrechtlichen Schichten des Gesetzesvorbehalts gab es schon immer Bedenken an der Wahl der Form des Verwaltungsabkommens, die sich vor allem auf die fehlende gesetzliche Vorzeichnung der Fördervoraussetzungen bezogen.[77] Zweifellos ist mit der Aufnahme in oder dem Herausnehmen von Einrichtungen aus der institutionellen Gemeinschaftsförderung ein selektiver Einfluss auf die Wissenschaft verbunden. Indes geschah dies in einem relativ stabilen institutionellen Umfeld, was im Regelfall nicht die Schließung von Einrichtungen zur Folge hatte, sondern allenfalls die Veränderung der Rahmenbedingungen. Die strukturprägenden Effekte waren daher nicht allzu groß. Das hat sich freilich deutlich geändert. Will man die grundrechtlichen Schichten des Gesetzesvorbehalts daher richtig bewerten, wird man zunächst die Veränderung der Förderstrategie und des institutionellen Umfeldes zureichend in Rechnung stellen müssen.

Die Veränderungen der Förderstrategien lassen sich an der Exzellenzinitiative[78] verdeutlichen. In ihren Zielen dient sie dazu, die internationale Wettbewerbsfähigkeit der deutschen Wissenschaft zu verbessern und Spitzen im Universitäts- und Wissenschaftsbereich sichtbar zu machen. In einem einheitlichen, projektbezogenen, wettbewerblichen Gesamtverfahren sollen wenige Universitäten ausgezeichnet werden,[79] die dann als international sichtbare und wettbewerbsfähige Einrichtungen wirken können. Von den Förderkriterien[80] und mittlerweile auch von den Ergebnissen her ist deutlich, dass den Status von exzellenten Universitäten nur sehr wenige erreichen können, die dann freilich auch als Kristallisationskerne von Ressourcen im nationalen und internationalen Wettbewerb wirken können. Dies hat konsequenterweise denn auch zur Folge, dass viele andere nicht einmal in die Nähe dieser Exzellenz geraten und damit auf Dauer möglicherweise zu regionalen Lehruniversitäten werden, um in der Semantik der Europäischen Kommission zu bleiben. Von daher ist – und darüber dürfte kaum Streit bestehen – eine enorme Stratifizierung des Universitätssystems die Folge dieser Initiative und der sie begleitenden Maß-

77 Vgl. dazu die Nachweise in Fn. 67.
78 Vgl. Fn. 22.
79 Vgl. zum Ganzen die Präambel der ExV (Fn. 22).
80 § 3 ExV i.V.m. der Anlage (Fn. 22).

nahmen.[81] Während auf der einen Seite die Landeshochschulgesetze an der Fiktion der Universität festhalten, werden auf der anderen Seite durch Programmstrukturen der Forschungsförderung Strukturveränderungen des Gesamtssystems mit erheblichen Rückwirkungen auf die einzelnen Universitäten und die Bedingungen der Wissenschaftler durch die Exekutiven von Bund und Ländern ins Werk gesetzt. Wirksam sind diese Strategien der Förderung, die mit der früheren institutionellen Förderung nur noch wenig gemein haben, nicht zuletzt dadurch, dass die Grundfinanzierung der Universitäten immer weiter herabgesetzt wurde, so dass, zusammen mit der Prämierung von Drittmitteleinwerbungen, letztlich höchst wirksame Anreizstrukturen geschaffen werden, sich an den Anforderungen von externen Prinzipalen auszurichten. Wer auf Drittmittel setzen muss, kauft sich immer auch fremde Governance-Anforderungen ein. Nicht umsonst sind daher auch die Kriterien der Förderung auf die Veränderung der Binnenstrukturen der geförderten Einrichtungen ausgerichtet. Diese Form der angereizten Selbsttransformation hat also nicht nur Rückwirkungen auf die einzelnen Einrichtungen und die Forschungsbedingungen der einzelnen Wissenschaftler in ihnen, auf die Bedingungen ganzer Fächer, die sich als wenig drittmittelfähig erweisen, sie hat vor allem auch durchaus weitreichende systemprägende Effekte, deren Auswirkungen für das gesamte Wissenschaftssystem nur schwer prognostizierbar sind. Wenn der Parlamentsvorbehalt im einem sensiblen Grundrechtsbereich – wie dem der Wissenschaftsfreiheit – einen Sinn haben soll, dann hier. Es ist schwer einsehbar, warum solche Effekte allein dem Handeln der Exekutive überlassen bleiben können.

Das bedeutet nicht, dass die Ziele als solche nicht legitim sind, ebenso wenig bedeutet es, dass die Effekte nicht durchaus sinnvoll sein können, aber ohne eine gesetzliche Vorzeichnung der Ziele und des Verfahrens in Form von Staatsverträgen und ihrer Ratifizierung fehlt es dem Verfahren an einer hinreichenden Basislegitimation.

Hier hätte es in der Föderalismusreform hinreichend Anlass und Möglichkeit gegeben, ein Stück der Verantwortungsklarheit herzustellen, die ohnehin schon immer auf der Verlustliste der Gemeinschaftaufgaben stand. Die Fixierung auf die Bewährung der Strukturen und die Auseinandersetzungen um zustimmungspflichtige Bundesgesetze als Grundlage der Kooperation haben dies im Ergebnis eher behindert.

D. Schluss

Man wird zweifeln können, dass die Föderalismusreform im Bereich der Verwaltungskompetenzen die Mutter aller Reformen ist, als die sie im politischen Raum

81 Vgl. dazu oben zu § 91 b Abs. 1 Nr. 3 GG; *Hartmann*, Leviathan 2006, 447 ff.

bezeichnet worden ist. Auch wenn manchmal jede Entscheidung besser ist als keine Entscheidung,[82] so wird man fragen müssen, ob die Ziele der Reform in diesem Bereich erreicht worden sind oder nicht doch auch verpasste Chancen zu notieren sind. Im Bereich der allgemeinen Verwaltungskompetenzen der Art. 83 ff. GG ist eine komplexe rechtliche Struktur entstanden, deren Wirkung sich erst in der Staatspraxis zeigen wird, die aber, so darf man prognostizieren, die Vollzugsstruktur nicht eben einfacher macht. Im Bereich der Gemeinschaftskompetenzen war der Versuch einer Reduktion der Verflechtung nicht wirklich erfolgreich. Eine klarere Ebenenzuordnung bei Erhaltung der Gemeinschaftsfinanzierung, die durchaus möglich gewesen wäre, war der Sache nach von Bund und Ländern nicht wirklich gewollt. Eine Verantwortungsklarheit und damit Beseitigung der immer wieder diskutierten Schwächen hat man nicht erreicht. Für die geförderte Wissenschaft muss dies nicht notwendig schlecht sein, aber das besagt noch nicht, dass dies auch für die Politik und das Rechtssystem gut ist.

82 So *Schulze-Fielitz*, NVwZ 2007, 249, im Hinblick auf die Risiken des Scheiterns der Reform.

Die Föderalismusreform

Brigitte Zypries*

Als ich im Januar 1991 nach Hannover in die Niedersächsische Staatskanzlei kam, war eine meiner ersten Aufgaben die Vorbereitung einer neuen Landesverfassung. Eine gewaltige Herausforderung für die junge Referatsleiterin, die ich damals war. Die Sache wurde mir allerdings dadurch enorm erleichtert, dass die Niedersächsische Landesregierung einen erfahrenen Ratgeber an ihrer Seite hatte: Hans-Peter Schneider. Er war schon damals ein renommierter Staatsrechtslehrer, der sich nicht auf die Kommentierung des bestehenden Rechts beschränkte, sondern bei der Verfassungsgebung und -rechtsprechung viele praktische Erfahrungen im In- und Ausland gesammelt hatte. Sein besonderes Interesse gilt seit jeher dem Zusammenwirken von Bund und Ländern im Gesamtstaat und seit eineinhalb Jahrzehnten steht er an der Spitze des Deutschen Instituts für Föderalismusforschung in Hannover. Es war daher selbstverständlich, Hans-Peter Schneider im Jahr 2003 in den erlesenen Kreis jener Sachverständigen zu berufen, die die Kommission zur Modernisierung der bundesstaatlichen Ordnung berieten. Nach gründlicher Vorbereitung ist im September 2006 die Föderalismusreform in Kraft getreten.[1] Sie ist die größte Änderung, die das Grundgesetz je erfahren hat, und ihre Ziele und Inhalte, aber auch ihre weiteren Perspektiven will ich im Folgenden vorstellen.

1. Politikentflechtung bei der Bundesgesetzgebung

Eines der Ziele der Föderalismusreform war eine Entflechtung der politischen Verantwortung von Bund und Ländern, insbesondere bei der Gesetzgebung. Es galt, die viel beklagte Blockade durch den Bundesrat bei zustimmungspflichtigen Bundesgesetzen aufzulösen. Dem dient die Neugestaltung der Mitwirkungsrechte der Länder bei der Bundesgesetzgebung. Die Zahl der zustimmungsbedürftigen Gesetze ist seit Entstehung des Grundgesetzes unaufhörlich gestiegen. Aus ursprünglich 13 Zustimmungstatbeständen wurden bis zur Reform rund 49[2]. Allerdings war es weniger der zahlenmäßige Anstieg der Zustimmungstatbestände, auf dessen Konto

* Frau Oberregierungsrätin Dr. Anett Bratouss danke ich für die Unterstützung.

1 BGBl. I S. 2034ff.
2 Vgl. die Zählung bei Bryde, in: v.Münch/Kunig, GG, 5. Aufl., 2003, 2. Bd., Art. 77 Rn. 21.

die rapide Zunahme der Zustimmungsgesetze ging. Vielmehr ist der von Beginn an im Grundgesetz enthaltene Art. 84 GG für den Großteil der Zustimmungsgesetze verantwortlich[3]. Daher kommt der Novellierung des Art. 84 GG besondere Bedeutung zu.

Der starke Einfluss des Bundesrates auf die Bundesgesetzgebung ist zwar dem System des Grundgesetzes immanent. Es gilt sogar als typisch für den deutschen Bundesstaat, dass die Länder wenig eigene Gesetzgebungskompetenzen und dafür viel Einfluss auf die Bundesgesetzgebung haben[4]. Die mit der Zunahme der Zustimmungsgesetze verbundene wachsende Mitwirkung des Bundesrats an der Gesetzgebung hat aber dazu geführt, dass für viele Bürger nicht mehr erkennbar war, wer eigentlich für ein erlassenes Gesetz verantwortlich ist. Zudem erweckt der oftmals zähe politische Entscheidung- und Abstimmungsprozess zwischen Bundestag und Bundesrat den fatalen Eindruck der Lähmung[5]. Verfestigt sich ein solcher Eindruck, verlieren die Menschen das Vertrauen in die Politik. Beim Thema »Zustimmungsbedürftigkeit« bestand daher dringender Handlungsbedarf.

Der wichtigste Zustimmungstatbestand, die Regelungen des Verwaltungsverfahrens der Länder durch den Bund nach Art. 84 Abs. 1 GG, wurde erheblich vereinfacht. Die Zustimmungsbedürftigkeit entfällt zugunsten einer Abweichungsmöglichkeit für die Länder. Nur wenn der Bund ausnahmsweise die Abweichungsfestigkeit von Verfahrensregeln vorsieht, bedarf das Gesetz künftig der Zustimmung des Bundesrates. Durch die beschlossenen Änderungen wird der Anteil der zustimmungsbedürftigen Gesetze von bisher 60 auf etwa 35 bis 40 Prozent sinken[6]. Blockaden im Bundesrat, die vor allem auf die Rechtsprechung des Bundesverfassungsgerichts zur sog. Einheitstheorie zurückgehen, wonach nicht nur die zustimmungsauslösende Norm, sondern das ganze Gesetz der Zustimmung des Bundesrats bedarf,[7] sind künftig nur noch selten zu erwarten.

Das System des neuen Art. 84 Abs. 1 GG hat auch Auswirkungen auf das Regime der Rechtsverordnungen, obwohl Art. 80 GG durch die Föderalismusreform keine Änderung erfuhr. Gesetze, die zum Erlass von Regelungen der Behördeneinrichtung und des Verwaltungsverfahrens ermächtigen, sind als Verfahrensvorschriften anzusehen, die nach dem bisherigen Art. 84 Abs. 1 GG der Zustimmung des Bundesrates

3 Nach Stettner, in: Dreier, GG, 2. Aufl., 2006, Bd. 2, Art. 77 Rn. 12, wurde bei 70 % aller Zustimmungsgesetze die Zustimmungsbedürftigkeit von Art. 84 Abs. 1 GG ausgelöst.

4 So schon Hesse, Der unitarische Bundesstaat, 1962.

5 Michael, Der experimentelle Bundesstaat, JZ 2006, 884, 889, spricht in diesem Zusammenhang sogar von der »Föderalismusfalle«.

6 So die Prognose in der Gesetzesbegründung (BT-Drs. 16/813, S. 14), die durch ein Gutachten des Wissenschaftlichen Dienstes des Deutschen Bundestages (WD – 37/06 und 123/06) gestützt wird. Die Gutachter nehmen eine hypothetische Untersuchung der Zustimmungsbedürftigkeit der Gesetze der 14. und 15. Legislaturperioden vor. Das Ergebnis des Gutachtens kann allerdings nur als grobe Schätzung betrachtet werden, da die Gutachter unterstellen, dass von der Möglichkeit nach Art. 84 Abs. 1 GG – neu, das Verwaltungsverfahren der Länder abweichungsfest zu regeln, kein Gebrauch gemacht worden wäre.

7 Ständige Rspr. seit BVerfGE 8, 274, 294; in BVerfGE 103, 313, 339 wurde allerdings eine mögliche Überprüfung der Einheitstheorie angedeutet.

bedurften[8]. Solche Ermächtigungsgrundlagen sind nach dem neuen Art. 84 Abs. 1 GG grundsätzlich zustimmungsfrei, allerdings dürfen die Länder jetzt nach Art. 84 Abs. 1 Satz 2 GG abweichende Regelungen erlassen. In diesem Fall stellt sich die Frage nach dem Schicksal der Rechtsverordnungen. Um hier zu einer dogmatisch befriedigenden Lösung zu gelangen, wird man herkömmliche Antworten überdenken müssen. Nach bislang vorherrschendem Verständnis führen Ermächtigungsgrundlage und Rechtsverordnung eine voneinander unabhängige Existenz, so dass etwa der Wegfall einer Ermächtigungsgrundlage nicht die Wirksamkeit der Rechtsverordnung in Frage stellt[9]. Bezogen auf den Regelungsmechanismus des neuen Art. 84 Abs. 1 GG kann diese Betrachtungsweise nicht richtig sein; ein Abweichen des Landesrechts von der Ermächtigungsgrundlage liefe ins Leere, wenn die auf ihrer Grundlage erlassene bundesrechtliche Rechtsverordnung gleichwohl Verbindlichkeit beanspruchen würde. Daher sind bezogen auf Art. 84 Abs. 1 GG Ermächtigungsgrundlage und Rechtsverordnung als »normative Einheit«[10] zu betrachten, was den Ländern die Möglichkeit eröffnet, nach dem Abweichen von einer gesetzlichen Ermächtigungsgrundlage des Bundes auch von dessen Verordnungsrecht abzuweichen.

Der neue Tatbestand wird im Ergebnis weniger Zustimmungsgesetze erzeugen als der bisherige Art. 84 GG. Zustimmungsauslösend ist nur noch der Ausschluss des Abweichungsrechts der Länder, und dabei sind dem Bund zweifache Grenzen gesetzt: Es muss sich um einen Ausnahmefall handeln, in dem ein besonderes Bedürfnis nach bundeseinheitlicher Regelung vorliegen muss[11]; damit steht der Bund unter besonderem Rechtfertigungsdruck und muss begründen, weshalb Eingriffe in das Verwaltungsverfahren der Länder abweichungsfest vorgenommen werden sollen. Darüber hinaus können die Abweichungsmöglichkeiten der Länder nur für Regelungen des Verwaltungsverfahrens und nicht für die Behördenorganisation ausgeschlossen werden.

In der Praxis wird die Anzahl der weiterhin zustimmungsbedürftigen Gesetze aber davon abhängen, wie oft der Bund die Möglichkeit, gemäß Art. 84 Abs. 1 Satz 5 GG abweichungsfestes Verfahrensrecht zu erlassen, in Anspruch nimmt. Der Bund wird also künftig abzuwägen haben, ob ein einheitliches Verfahrensrecht den Preis der Zustimmungsbedürftigkeit wert ist. Dabei werden sich die maßgeblichen Akteure auf der Bundesebene nicht nur die geschilderten verfassungsrechtlichen Beschränkungen vor Augen halten müssen, sie werden sich vielmehr auch klar machen müssen, dass Selbstbeschränkung bei der Inanspruchnahme dieser Ausnahmeklausel auch Voraussetzung für eine spürbare Reduzierung der Zustimmungstatbestände ist.

8 BVerfGE 55, 274, 325f.
9 BVerfGE 44, 216, 226.
10 Nierhaus, in: Bonner Kommentar, GG, Bd. 9, Art. 80 Rn. 397 mit Hinweis auf BVerfGE 24, 184, 198.
11 Vgl. auch die Prognose von Kesper, Reform des Föderalismus in der Bundesrepublik Deutschland, NdsVBl. 2006, 145, 147.

Der Bund hat es nun selbst in der Hand, das Potenzial der Entflechtung und Vereinfachung durch den Verzicht auf abweichungsfeste Regelungen zu nutzen und damit die »Entflechtungsdividende« der Reform auch wirklich zu kassieren.
Dies gilt umso mehr, als der Verzicht auf die Abweichungsfestigkeit keineswegs einen völligen Regelungsverzicht darstellt. Der Bund kann ungeachtet der Abweichungsmöglichkeiten der Länder eine Vollregelung treffen, der eine nicht zu unterschätzende Modellfunktion zukommt. Danach ist es den Ländern freigestellt, eigene Regelungen zu erarbeiten. Dabei müssen sie ihre abweichenden Regelungen am Bundesrecht messen lassen. Die Motivation zum Erlass von Landesregelungen wird umso geringer sein, je besser das bundesrechtliche Vorbild ist. Für den Verzicht auf Abweichungsklauseln sprechen auch die für ein Landesgesetzgebungsverfahren aufzubringenden Ressourcen. Bereits im Hinblick auf den damit verbundenen Aufwand wird man in den Ländern sorgfältig prüfen, ob der mit dem abweichenden Landesrecht verbundene Gewinn so hoch ist, dass er den gesetzgeberischen Aufwand rechtfertigt. Diese Gesichtspunkte lassen erkennen, dass auch abweichungsoffenem Bundesrecht eine gewisse – wenn auch nur faktische – Bindungswirkung zukommt und die Bedeutung auch solcher Bundesgesetze für den Gesamtstaat nicht zu unterschätzen ist.
Während Art. 84 GG eine Verringerung zustimmungsbedürftiger Gesetze zur Folge hat, wurden als Zugeständnis an die Länder allerdings auch neue Fälle der Zustimmungsbedürftigkeit eingeführt. Dies gilt insbesondere für Bundesgesetze mit besonderen Kostenfolgen für die Länder. Während nach dem bisherigen Art. 104a Abs. 4 GG ein Gesetz zustimmungsbedürftig war, wenn es Geldleistungen gewährt und die Länder mindestens ein Viertel dieser Ausgaben zu tragen haben, gilt das Zustimmungserfordernis künftig bei jeder Kostenbelastung der Länder, ganz gleich ob sie von einer Geldleistungspflicht herrührt oder von geldwerten Sach- und vergleichbaren Dienstleistungen gegenüber Dritten (Art. 104a Abs. 3 Satz 1 GG). Regelungen des Bundes, die die Länder etwa zur Bereitstellung von Tagesbetreuungsplätzen für Kinder verpflichten, bedürften damit künftig der Zustimmung des Bundesrates. Bei Geldleistungsgesetzen hat der Bund weiterhin die Möglichkeit, durch eine vollständige Kostenübernahme die Zustimmungsbedürftigkeit abzuwenden. Dies gilt jedoch nicht bei geldwerten Sachleistungen oder vergleichbaren Dienstleistungen; hierfür hätte Art. 104a Abs. 3 Satz 1 GG entsprechend ergänzt werden müssen.
Ebenfalls neu eingeführt wurde die Zustimmungsbedürftigkeit für Gesetze, die auf der Grundlage des neuen Art. 74 Abs. 1 Nr. 27 GG erlassen werden, also für Regelungen der Statusrechte und -pflichten der Beamten und Richter in den Ländern (Art. 74 Abs. 2 GG). Auch Gesetze zur Abwehr von Gefahren des internationalen Terrorismus durch das Bundeskriminalpolizeiamt in bestimmten Fällen, in denen eine länderübergreifende Gefahr vorliegt (Art. 73 Abs. 1 Nr. 9a GG), bedürfen der Zustimmung des Bundesrates (Art. 73 Abs. 2 GG). Trotz dieser neuen Zustim-

mungstatbestände ist die Bilanz im Bereich Entflechtung positiv[12]. Schon die Möglichkeit, Regelungen des Verwaltungsverfahrens und der Behördeneinrichtung zustimmungsfrei zu treffen, wird viele Gesetzgebungsverfahren vereinfachen.
Ein nicht unerheblicher Entflechtungsgewinn ist letztlich auch mit der Abschaffung der Rahmengesetzgebung verbunden. Die Rahmengesetzgebung, bei der der Bund den Rahmen der zu regelnden Materie vorgibt und dieser anschließend durch die Länder ausgefüllt wird, führte in der Praxis zu zeitaufwändigen Gesetzgebungskaskaden. So konnte bei der Umsetzung von EU-Recht in vielen Fällen die Umsetzungsfrist nicht eingehalten werden[13]. Diese strukturbedingte Bremse des Gesetzgebungsverfahrens hat die Föderalismusreform mit der Abschaffung der Kategorie der Rahmengesetzgebung vollständig gelöst.

2. Stärkung der Parlamente und der Länder

Ein zweites wichtiges Ergebnis der Föderalismusreform ist die Stärkung der Parlamente. Zunächst gewinnt der Bundestag durch die Reduzierung der Zustimmungstatbestände wieder an Spielraum gegenüber dem exekutiv geprägten Bundesrat[14]. Aber auch die Landesparlamente profitieren von dieser Änderung, weil sie es sind, die über die Inanspruchnahme der neuen Abweichungsrechte entscheiden. Innerhalb der Länder erfolgt damit eine verfassungspolitisch zu begrüßende Reparlamentarisierung: Aus dem Recht der Landesregierungen zur Mitwirkung an der Bundesgesetzgebung werden Kompetenzen der Landesparlamente für eigene Landesgesetze.
Außerdem gewinnen die Landesparlamente an Bedeutung durch die Übertragung von Gesetzgebungskompetenzen vom Bund auf die Länder. Ein entscheidender Beitrag zur Stärkung der Eigenstaatlichkeit der Länder ist die Übertragung der Organisations- und Personalhoheit für die Angehörigen des Öffentlichen Dienstes der Länder und Gemeinden auf die Länder. Damit erlangen die Länder in einem originären Bereich ihrer Staatlichkeit mehr Eigenverantwortung. Der Bund sichert künftig nur noch ein Minimum an Einheitlichkeit in Gestalt der Statusrechte und -pflichten der Beamten. Außerdem sind die Länder künftig für das Versammlungsrecht, das Recht des Strafvollzugs, das Ladenschlussrecht, das Gaststättenrecht und das Presserecht zuständig. Auch die Kompetenzen für das Wohnungswesen und die Flurbereinigung wurden den Ländern übertragen. Mit dieser Abgabe von Befugnissen an die Länder

12 Vgl. auch die Bewertung von Hennecke, Die Kommunen in der Föderalismusreform, DVBl. 2006, 867, 868f.
13 Kloepfer, Föderalismusreform und Umweltgesetzgebungskompetenz, ZG 2006, 250, 253.
14 Bryde, in: v.Münch/Kunig, GG, 5. Aufl., 2003, 2. Bd., Art. 77 Rn. 21, wonach der mit der Zunahme der zustimmungsbedürftigen Gesetze verbundene wachsende Einfluss des Bundesrats die Gewichte zulasten des Bundestags verschoben und das Gesetzgebungsverfahren »exekutivlastiger« hatte werden lassen.

hat die Föderalismusreform etwas erreicht, was ein Fachmann wie Hans-Peter Schneider noch vor wenigen Jahren für undenkbar gehalten hatte: Die Kompetenzen, die im Laufe der Zeit dem Bund übertragen wurden, glaubte er für die Länder unwiederbringlich verloren[15]. Die Kompetenzen für das Hochschulwesen wurden ebenfalls neu geregelt und liegen künftig in noch größerem Umfang bei den Ländern. Um die Wettbewerbsfähigkeit der Wissensgesellschaft zu erhalten, sollen aber bundesweit die gleichen Voraussetzungen für den Hochschulzugang und einheitliche Regeln für die Hochschulabschlüsse gelten. Diese Zuständigkeiten bleiben daher grundsätzlich in Bundeshand. Die Länder haben allerdings die Möglichkeit bekommen, von den Bundesregelungen abzuweichen. Damit können sich die Länder über einen beträchtlichen Kompetenzzuwachs freuen. Es liegt jetzt in der Hand der Länder, namentlich der Landtage, ob dieser Gewinn auch bei den Parlamenten verbleibt. Die oft beklagte »Entmachtung der Parlamente« beruht ja nicht nur auf einer Kompetenzverschiebung zugunsten des Bundes, sondern auch daran, dass selbst in den Bereichen, in denen die Länder zuständig sind, die wichtigsten Entscheidungen gerade nicht in den Parlamenten, sondern in länderübergreifenden Arbeitsgruppen und Fachministerkonferenzen getroffen werden. Diese Gremien wurden allerdings fast immer von den jeweiligen Exekutiven beschickt und sie prägen die Entscheidungen der jeweiligen Gesetzgeber oft stark. Es hängt daher auch von der landesinternen Gewichtsverteilung zwischen den Gewalten ab, ob das mit der Föderalismusreform eröffnete Parlamentarisierungspotenzial ausgeschöpft wird.

Ein beachtliches Potenzial für politische Innovationen ist den Ländern mit den Abweichungsrechten eingeräumt. Mit der Möglichkeit, von den Regelungen des Bundesgesetzgebers abzuweichen, ist verfassungsrechtliches Neuland betreten worden, und sie ist zu Recht als wohl »auffälligste Schöpfung der Föderalismusreform«[16] charakterisiert worden. Die Abweichungsrechte öffnen nicht nur das Bundesrecht für alternative Ansätze der Problemlösung durch die Länder, sie sind auch Ausdruck einer Dezentralisierung und verwirklichen damit ein wichtiges Ziel der Reform, die Stärkung der föderalen Ordnung. Von einer neuen Form des unitarischen Bundesstaates, vom »experimentellen Bundesstaat« ist bereits die Rede[17]. Der experimentelle Bundesstaat sei dadurch gekennzeichnet, dass er Kompetenzen nicht im Wege der ausschließlichen Zuweisung an eine staatliche Ebene entflicht, sondern konkurrierende Kompetenzen schafft, die allerdings nicht wie bei der früheren Rahmengesetzgebung in kooperativer und sich ergänzender Weise wahrge-

15 So noch die Befürchtung von H.-P. Schneider, Die Länder und das Grundgesetz. Wurden aus »Geburtshelfern« der Bundesrepublik Deutschland »Befehlsempfänger« des Bundes?, in: 50 Jahre Rittersturzkonferenz 1948-1998, hrsg. von Borck, Kahlenberg, Volkert und Wilbert, Koblenz 1998, S.94, 102.

16 So Stock, Konkurrierende Gesetzgebung, postmodern: Aufweichung durch »Abweichung«?, ZG 2006, 226.

17 Michael, Der experimentelle Bundesstaat, JZ 2006, 884, 887; vgl. auch die positive Bewertung bei Risse, Deutsche Föderalismusreform in der Sackgasse?, in: Waldmann, 1. Nationale Föderalismuskonferenz: Der kooperative Föderalismus vor neuen Herausforderungen, 2005, S. 263, 277.

nommen, sondern in realer Konkurrenz zwischen Bund und Ländern ausgeübt werden[18]. Man spricht auch von einer »liberalisierten Variante der konkurrierenden Gesetzgebung«[19]. Das scheint mir eine richtige Beobachtung zu sein: Die Länder können zunächst abwarten, ob sich die Bundesgesetze bewähren. Der Bund fungiert hier gleichsam als Modellgesetzgeber.[20] Durch Beobachtung der Rechtsanwendung sind die Länder in der Lage, Schwachstellen oder Defizite des Bundesrechts aufzuspüren. Sehen die Länder dann einen Bedarf nach Änderungen, haben sie die Wahl, eigene Lösungen zu erlassen oder sich auch nur auf Korrekturen zu beschränken. Diese Prüfung wird in den einzelnen Ländern je nach den landestypischen Gegebenheiten unterschiedlich ausfallen, so dass einige Länder von Änderungen auch völlig absehen werden. Die Abweichungsrechte erlauben eine bedarfs- und ressourcenorientierte Gesetzgebung der Länder und begründen damit eine konkurrierende Kompetenz im guten wettbewerblichen Sinne[21].

In dem Maße, wie die Länder von Abweichungsrechten Gebrauch machen und damit die mit Erlass des Bundesrechts hergestellte Rechtseinheit auflösen, verändert sich dann in der Tat der Charakter des Bundesstaates. Die unitarische Seite wird im Bereich der Abweichungsrechte von der neuen experimentell-innovativen Facette des Bundesstaates verdrängt[22]. Die Länder gewinnen damit flexible Handlungsmöglichkeiten und mehr Eigenstaatlichkeit. Das muss keineswegs die Einführung eines »Zweiklassenföderalismus«[23] bedeuten. Vielmehr erweisen sich die Abweichungsrechte als ein besonders innovatives Instrument der Föderalismusreform, ohne dass ihm eine Tendenz zur Zerstörung der solidarisch-bündischen Elemente unseres Bundesstaates innewohnt. Die Einschätzung, die Öffnung des Bundesrechts für regionalisierte Regelungskonzepte ginge zulasten der schwächeren Länder, stimmt allenfalls »formal« insoweit, als die Länder über unterschiedliche, vor allem personelle, Ressourcen zur Schaffung eigener Regelungen verfügen. Inhaltlich ist dagegen die mit den Abweichungsrechten verbundene Dezentralisierung ein »gerechtigkeitsneutrales« Instrument, dessen Auswirkungen allein von seinem Gebrauch abhängen.

Trotz dieses grundsätzlich positiven Befundes[24] gibt es auch kritische Stimmen zu den Abweichungsrechten[25]. Angesichts der vielen Facetten der Abweichungsrechte

18 Michael, Der experimentelle Bundesstaat, JZ 2006, 884, 887.

19 Stock, Konkurrierende Gesetzgebung, postmodern: Aufweichung durch »Abweichung«?, ZG 2006, 226.

20 Ipsen, Die Kompetenzverteilung zwischen Bund und Ländern nach der Föderalismusnovelle, NJW 2006, 2301, 2804.

21 So auch Michael, Der experimentelle Bundesstaat, JZ 2006, 884, 890; Ipsen, Die Kompetenzverteilung zwischen Bund und Ländern nach der Föderalismusnovelle, NJW 2006, 2301, 2804.

22 Vgl. Michael, Der experimentelle Bundesstaat, JZ 2006, 884, 887.

23 Stock, Konkurrierende Gesetzgebung, postmodern: Aufweichung durch »Abweichung«?, ZG 2006, 226, 238.

24 Vgl. die positive Bewertung bei Kloepfer, Föderalismusreform und Umweltgesetzgebungskompetenz, ZG 2006, 250ff.

25 Etwa Stock, Konkurrierende Gesetzgebung, postmodern: Aufweichung durch »Abweichung«?, ZG 2006, 226ff.

ist eine differenzierte Beurteilung nötig: Es macht einen Unterschied, ob Abweichungsrechte hinsichtlich des Verfahrensrechts oder materieller Regelungen im Umweltbereich gewährt werden. Art. 84 GG betrifft mit der Regelung des Verwaltungsverfahrens eine klassische Domäne der Länder; hier liegt ein Abweichungsrecht zugunsten der Länder näher als im materiellen Recht. Die Kritik etwa an den materiellen Abweichungsrechten im Umweltrecht ist deshalb eher verständlich, insbesondere weil es hier zumeist um länderübergreifende Probleme geht. Die Befürchtung, es werde zu einem Umweltdumping und einen Wettlauf um möglichst niedrige ökologische Standards kommen, ist allerdings auch deshalb unbegründet, weil vielfach europarechtliche Vorgaben den Abweichungsrechten der Länder Grenzen setzen[26].

Soweit neue Belastungen für den Gesetzgebungsprozess befürchtet werden, handelt es sich vielfach um »Anlaufschwierigkeiten«. So bedarf es dort, wo die Abweichungsrechte als Kompetenznormen in Art. 72 Abs. 3 GG geregelt sind, zunächst der Abgrenzung zwischen einzelnen Kompetenztiteln. Neben der Frage nach der Bundes- oder Landeszuständigkeit sowie nach der Geltung der Erforderlichkeitsklausel muss außerdem beantwortet werden, ob die Länder vom Bundesrecht abweichen dürfen[27].

Auch die dogmatische Einordnung des Abweichungsrechts wirft neue Fragen auf. Im Ergebnis bedeutet sie eine Durchbrechung der Regel »Bundesrecht bricht Landesrecht« (Art. 31 GG). Allerdings »bricht« im vorliegenden Fall späteres Bundesrecht abweichendes Landesrecht nicht, sondern geht diesem nur vor (Art. 72 Abs. 3 Satz 3 GG)[28]. Als Folge dieses Anwendungsvorrangs lebt nach Aufhebung des Bundesrechts das ältere abweichende Landesrecht wieder auf. Nicht ganz unverständlich ist hier die Sorge vor Unübersichtlichkeit und Rechtszersplitterung[29]. In der Tat können die neuen Rechtsetzungsmöglichkeiten aufgrund ihrer parallelen Rechtsetzungsziele aus Sicht der Rechtsanwender unübersichtlich werden. Umso wichtiger ist es, dass die in der Reform gefundene – bis zuletzt streitige – Frage des Verhältnisses von Bundes- und abweichendem Landesrecht[30] zugunsten des Bundes gelöst wurde: Später erlassenes Bundesrecht löst abweichendes Landesrecht seinerseits wieder ab. Die Befürchtung, es könne hier zu einem unendlichen Ping-Pong von Bundes- und Landesgesetzgebung kommen[31], erscheint überzogen. Hier sollte man der Politik etwas mehr Vertrauen entgegenbringen. Zu Recht wird auf die Erwar-

26 Kloepfer, Föderalismusreform und Umweltgesetzgebungskompetenz, ZG 2006, 250, 261ff.
27 Für das Umweltrecht vgl. Epiney, Föderalismusreform und Europäisches Umweltrecht, NuR 2006, 403, 410.
28 Vgl. auch Begründung BT-Drs. 16/813, S. 11; Kloepfer, Föderalismusreform und Umweltgesetzgebungskompetenz, ZG 2006, 250, 255.
29 Kesper, Reform des Föderalismus in der Bundesrepublik Deutschland, NdsVBl. 2006, 145, 150.
30 Hierzu Kesper, Reform des Föderalismus in der Bundesrepublik Deutschland, NdsVBl. 2006, 145, 149f.
31 So Stock, Konkurrierende Gesetzgebung, postmodern: Aufweichung durch »Abweichung«?, ZG 2006, 226, 235.

tung hingewiesen, dass sich vor einer zweiten bundeseinheitlichen Regelung Bund und Länder um einen Kompromiss bemühen werden und damit abweichendes Landesrecht überflüssig wird[32].

Da Abweichungsrechte eine Rechtsmaterie gleichsam duplizieren können, wird man sie auch unter dem Aspekt unnötiger Bürokratie beobachten müssen. So wird darauf hingewiesen, dass abweichende Landesgesetze möglicherweise Landesrechtsverordnungen und Landesverwaltungsvorschriften nach sich ziehen werden[33] und damit zu einer parallelen Rechtsvervielfachung in den Ländern führen. Dies bedeutet für den Rechtsanwender: Er muss sich zum einen vergewissern, ob es sich bei einem Gesetz um eine den Abweichungsrechten unterfallende Materie handelt und zum anderen, ob die Länder von der Abweichungsmöglichkeit Gebrauch gemacht haben. Um diesen Bereich bürgerfreundlich zu gestalten und die Investitionssicherheit zu gewährleisten[34], haben Bundestag und Bundesrat in parallelen Entschließungen[35] Bund und Länder aufgefordert, gemeinsam eine Dokumentation des abweichenden Landesrechts samt zugehörigem Bundesrecht zu gewährleisten. Eine solche Normendokumentation könnte über das System JURIS umgesetzt werden, indem Hinweise auf bestehendes abweichendes Landesrecht aufgenommen werden und somit auf einen Blick und an einem Ort Klarheit über das jeweils geltende Recht geschaffen wird.

Die Entflechtung von Bund und Ländern sowie die Stärkung der Landesgesetzgebung schlagen sich im Umweltrecht besonders stark nieder. Statt der ursprünglich geplanten einheitlichen und medienübergreifenden Umweltkompetenz für den Bund hat die schwierige Konsensfindung bei der Föderalismusreform nun zu fünf verschiedene Typen der Gesetzgebungskompetenz geführt. Es bestehen zwei ausschließliche Gesetzgebungskompetenzen: Der Bund wird künftig ausschließlich den Strahlenschutz regeln, die Länder den sogenannten verhaltensbezogenen Lärm. Daneben bestehen drei Varianten der konkurrierenden Gesetzgebungskompetenz des Bundes: Es bestehen Bereiche mit Bindung an die Erforderlichkeitsklausel (z.B. Recht der Wirtschaft, soweit als Kompetenztitel im Umweltrecht noch erforderlich) und Bereiche ohne Bindung an die Erforderlichkeitsklausel (z.B. Luftreinhaltung)[36], wobei bei letzterer Kategorie Gebiete mit Abweichungsmöglichkeiten für die Länder (z.B. Naturschutz) und ohne Abweichungsmöglichkeit (z.B. Luftreinhaltung)

32 Kloepfer, Föderalismusreform und Umweltgesetzgebungskompetenz, ZG 2006, 250, 255.

33 Ekardt/Weyland, Föderalismusreform und europäisches Umweltrecht, NVwZ 2006, 737, 740.

34 Zu diesen Gesichtspunkten Ekardt/Weyland, Föderalismusreform und europäisches Umweltrecht, NVwZ 2006, 737, 742; Kloepfer, Föderalismusreform und Umweltgesetzgebungskompetenz, ZG 2006, 250, 268.

35 BT-Drs. 16/2052, BR-Drs. 462/06.

36 Auch Kloepfer, Föderalismusreform und Umweltgesetzgebungskompetenz, ZG 2006, 250, 256 vermisst für derartige Differenzierungen einen sachlichen Grund. Ipsen, Die Kompetenzverteilung zwischen Bund und Ländern nach der Föderalismusnovelle, NJW 2006, 2301, 2803, spricht bei der konkurrierenden Gesetzgebungskompetenz ohne Erforderlichkeitsprüfung von »Kernkompetenzen« und bei der konkurrierenden Gesetzgebungskompetenz mit Erforderlichkeitsprüfung von »Bedarfskompetenz«.

unterschieden werden müssen[37]. Die unterschiedlichen Anforderungen thematisch verwandter Umweltkompetenzen führen damit zu einer unterschiedlichen Tragweite der einzelnen Umweltkompetenzen[38]. Damit können Abgrenzungsschwierigkeiten zwischen einzelnen Kompetenztiteln auftreten, die auch zu Problemen bei der Umsetzung von EU-Recht führen können[39]. Da ein Großteil des Umweltrechts auf europarechtlichen Vorgaben basiert, wäre die Lösung der Umsetzungsprobleme besonders dringlich gewesen. Allerdings wird die Umsetzung des EU-Umweltrechts aufgrund des Kompetenzzuwachses auf Bundesseite zügiger erfolgen können als nach altem Recht. Angesichts der besonderen Verantwortung des Gesetzgebers für den Schutz der natürlichen Lebensgrundlagen kommt dem Gesetzgeber hier auch eine besondere Beobachtungspflicht bei der Rechtsanwendung zu – und wenn nötig, muss hier nachgebessert werden.[40]

Ein positiver Effekt der Föderalismusreform für das Umweltrecht ist auch die Schaffung einer Gesetzgebungskompetenz des Bundes für ein einheitliches Umweltgesetzbuch (UGB)[41]. Damit kann ein seit Jahrzehnten geplantes und immer wieder gescheitertes Vorhaben endlich realisiert werden. Die Einführung einer integrierten Vorhabenplanung sorgt für Entflechtung und Bürokratieabbau. Künftig soll es eine bundesweit einheitliche Genehmigung geben, die in einem Verfahren die Umweltverträglichkeit einer Industrieanlage unter allen ökologischen Aspekten – etwa Boden, Luft, Wasser, Naturschutz – sicherstellt. Die Einheitlichkeit des UGB ist dabei trotz der bestehenden Abweichungsrechte für die Länder weniger gefährdet, als viele Kritiker befürchten: Die Abweichungsrechte der Länder unterliegen im Umweltrecht besonderen Beschränkungen. Das liegt zum einen an den europarechtliche Vorgaben, an die auch die Länder gebunden bleiben, und zum anderen bestehen für den Bund erleichterte Bedingungen, Umweltverfahrensrecht abweichungsfest zu gestalten. Der verfassungsändernde Gesetzgeber ging nämlich davon aus, dass im Umweltrecht das besondere Bedürfnis für den Erlass abweichungsfesten Verfahrensrechts nach Art. 84 Abs. 1 Satz 5 GG stets gegeben sei[42]. Dies führt zwar dazu, dass das Gesetz der Zustimmung des Bundesrats bedarf (Art. 84 Abs. 1 Satz 6 GG), doch wird dies im Interesse eines bundeseinheitlichen Verfahrensrechts in

37 Vgl. die Übersicht bei Epiney, Föderalismusreform und Europäisches Umweltrecht, NuR 2006, 403, 404; allgemein zu den neuen Typen der Gesetzgebungskompetenz Kesper, Reform des Föderalismus in der Bundesrepublik Deutschland, NdsVBl. 2006, 145, 148.

38 Epiney, Föderalismusreform und Europäisches Umweltrecht, NuR 2006, 403, 404.

39 Ekardt/Weyland, Föderalismusreform und europäisches Umweltrecht, NVwZ 2006, 737, 738, hält die Änderungen bei den Umweltkompetenzen für den »rechtlich wohl problematischsten Bereich« der Föderalismusreform.

40 Burghart, Die Pflicht zum guten Gesetz, 1996, S. 105f.; auch das BVerfG (BVerfGE 112, 304, 330) erkennt eine solche Beobachtungs- und Korrekturpflicht des Gesetzgebers an.

41 Kloepfer, Föderalismusreform und Umweltgesetzgebungskompetenz, ZG 2006, 250, 259, der zu Recht darauf hinweist, dass für die Kodifikation des UGB die Schaffung eines einheitlichen Kompetenztitels nicht zwingend erforderlich ist.

42 BT-Drs. 16/813, S. 15; Kloepfer, Föderalismusreform und Umweltgesetzgebungskompetenz, ZG 2006, 250, 257.

Kauf genommen. Insgesamt hat die Föderalismusreform sicherlich nicht alle umweltpolitischer Wünsche erfüllt, aber sie ist auch mit Blick auf die Ökologie ein Erfolg und erweist sich gegenüber dem bisherigen Recht als Fortschritt.

3. Europataugliches Grundgesetz

Das dritte Ziel der Föderalismusreform war es, den deutschen Bundesstaat europatauglicher zu machen. Dabei ging es vor allem um die Vertretung Deutschlands in der Europäischen Union. Das Ergebnis der Föderalismuskommission in diesem Bereich ist leider nur ein Minimalkonsens, der die Lösung drängender Probleme[43] offen gelassen hat. Die Änderung der Mitwirkung der Länder in Europafragen in Art. 23 Abs. 6 GG führt dazu, dass die Länder künftig dann die Verhandlungsführung wahrnehmen, wenn im Schwerpunkt die schulische Bildung, die Kultur oder der Rundfunk betroffen ist. Zugunsten der Länder wurde ihre Verhandlungsführung nunmehr zwingend vorgesehen. Im Gegenzug werden die Materien, in denen die Länder die Verhandlungsführung wahrnehmen, jetzt abschließend aufgezählt. Damit wird sichergestellt, dass neue Gesetzgebungsrechte der Länder nicht dem bisherigen Verhandlungsmandat des Bundes verloren gehen.

Mag der Kompromiss hinsichtlich der Vertretung nicht vollständig überzeugen, so kann sich die Reform bei anderen europapolitischen Aspekten durchaus sehen lassen. Von großer Bedeutung sind die neuen Regelungen zur Haftung Deutschlands gegenüber der Europäischen Union für die Verletzung europarechtlicher Vorgaben. Gegenüber der Europäischen Union »nach außen« haftet schon immer der Bund als Vertragspartner. Diese Haftung des Bundes ist innerstaatlich aber nicht gerechtfertigt, wenn die Länder die Haftungsursache zu verantworten haben, etwa weil sie Europarecht nicht fristgemäß umsetzen oder Behörden und Gerichte der Länder gegen die Europäische Menschenrechtskonvention verstoßen. Der Bund wurde in dieser Auffassung inzwischen durch das BVerfG bestätigt[44]. Dementsprechend folgt die Haftungsverteilung jetzt dem Prinzip der innerstaatlichen Zuständigkeits- und Aufgabenverteilung und damit dem allgemeinen Rechtsgrundsatz der Verursacherhaftung (Art. 104a Abs. 6 GG).

Über diesen klaren und plausiblen Grundsatz waren sich Bund und Länder weitgehend einig. Für Fälle des administrativen Unrechts mussten freilich Abstriche bei den so genannten länderübergreifenden Finanzkorrekturen gemacht werden. Diese Anlastungen werden der Bundesrepublik von der EU-Kommission auferlegt, wenn

43 Zu den Koordinierungs- und daraus resultierenden Durchsetzungsproblemen bei der Wahrnehmung deutscher Interessen in Europa vgl. H.-P. Schneider, Dissonanzen deutscher Vielstimmigkeit in Europa. Wege aus dem Verflechtungsdilemma eines Bundesstaates, in: Leitlinien politischen Handelns. Freundesgabe für Rolf Wernstedt zum 65. Geburtstag, Hannover 2005, S. 204ff.

44 BVerfGE 116, 271.

deutsche Behörden beim Vollzug unmittelbar anwendbaren Gemeinschaftsrechts EU-Mittel gemeinschaftswidrig verwaltet haben. Konsensfähig war in diesem Bereich nur eine Quotenregelung, wonach der Bund – obwohl die Länderverwaltungen gegen Gemeinschaftsrecht verstoßen haben – künftig pauschal 15 Prozent der Kosten trägt. Auch hinsichtlich der Kostenfolgen auf Länderseite wurde das Verursacherprinzip verwässert: 35 % der Kosten trägt die Ländergesamtheit, nur 50 % werden danach von den Ländern getragen, die die Lasten tatsächlich verursacht haben. Diese Lösung ist ein typisches Beispiel für die unvermeidliche Kompromißhaftigkeit, die der gesamten Föderalismusreform eigen ist.

4. Zukunft der Finanzverfassung

Die wichtigste Aufgabe bei weiteren Reformarbeiten am Föderalismus wird die Neuordnung der Finanzbeziehungen sein. Allerdings enthält schon die erste Stufe der Föderalismusreform wichtige Neuregelungen. Die Gemeinschaftsaufgaben Hochschulbau und Bildungsplanung wurden abgeschafft[45]. Darüber hinaus wurden die Finanzhilfen des Bundes strukturell umgestaltet. Dabei wurden innovative Ansätze implementiert und verfassungsrechtliche Förderstandards verankert, so werden etwa die Mittel nur noch befristet gewährt. Damit sind die Voraussetzungen für eine ganz neue Subventionsgewährung geschaffen: Zum einen wird verhindert, dass sich Förderungen automatisch zu Besitzständen verfestigen, zum anderen gewinnen die Förderungen durch ihre degressive Gestaltung den Charakter einer Anschubhilfe, die den Empfänger zur Entwicklung eigener Konzepte zwingt. Als weitere wichtige Qualitätssicherungsmaßnahme ist schließlich die Evaluierung der Mittelverwendung ausdrücklich vorgesehen. Außerdem wurde ein erster Schritt zu einer regionalisierten Steuerfestsetzung gewagt: Die Länder erhalten die Kompetenz, künftig immerhin einen Steuersatz – nämlich den für die Grunderwerbsteuer – selbst zu bestimmen.

In der zweiten Stufe der Reform wird man vor allem darüber nachdenken müssen, welches Gewicht der Gleichwertigkeit der Lebensverhältnisse und der bündischen Solidarität auf der einen und dem Wettbewerb und der aus ihm folgenden Heterogenität auf der anderen Seite zukommen soll[46]. Bei der Neuordnung der Finanzbeziehungen wird es auch darum gehen, auf finanzverfassungsrechtlicher Ebene die Veränderungen der ersten Stufe der Föderalismusreform nachzuvollziehen. Wir werden zu prüfen haben, welche Folgen die neue Aufgabenverteilung zwischen Bund und

45 Näher hierzu Karpen, Bildung, Wissenschaft und Kultur in der Föderalismusreform, ZG 2006, 271ff.

46 Vgl. H.-P. Schneider, Die Länder und das Grundgesetz. Wurden aus »Geburtshelfern« der Bundesrepublik Deutschland »Befehlsempfänger« des Bundes?, in: 50 Jahre Rittersturzkonferenz 1948-1998, hrsg. von Borck, Kahlenberg, Volkert und Wilbert, Koblenz 1998, S.94, 100.

Ländern für die Finanzverfassung haben. Dabei ist auch im Auge zu behalten, welche Bedeutung den materiellen Voraussetzungen für eine eigenständige Landespolitik zukommt[47]. In diesem Zusammenhang taucht immer wieder die Frage nach eigenen Steuerquellen für die Länder auf. Allerdings haben die Länder hierzu sehr unterschiedliche Auffassungen[48], und mit Blick auf die Bemühungen um eine gemeinsame europäische Steuerpolitik dürfte hier der Spielraum für regionale Unterschiede in Zukunft eher geringer als größer werden[49].

Darüberhinaus muss sich der verfassungsändernde Gesetzgeber auch mit Lücken in der Finanzverfassung beschäftigen, auf die das Bundesverfassungsgericht in seiner Entscheidung über Ansprüche auf Sanierungshilfen des Landes Berlin hingewiesen hat[50]. Als gravierende Schwäche des geltenden Rechts hat das Gericht erkannt, dass es an verfahrensrechtlich und inhaltlich handlungsleitenden Regelungen zum Umgang mit potentiellen und aktuellen Sanierungsfällen im Bundesstaat fehlt. Hierzu hat Karlsruhe bereits im Jahre 1992 festgestellt, dass es dringend Bund und Länder gemeinsam treffender Verpflichtungen und Verfahrensregelungen bedürfe, die der Entstehung einer Haushaltsnotlage entgegenwirken und zum Abbau einer eingetretenen Haushaltsnotlage beitragen könnten[51]. Hans-Peter-Schneider hat im Hinblick auf die finanzielle Abhängigkeit mehrerer Länder vom Bund unserem Staat attestiert, er sei nur noch ein »hinkender« Bundesstaat, und er hat zur Vermeidung eines »lähmender Dauerschadens orthopädische Hilfe« gefordert[52]. Ein Schwerpunkt der Reform der Finanzverfassung muss es sein, solchen Leiden vorzubeugen, d.h. Konzepte nicht erst zur Bewältigung von Haushaltskrisen zu erarbeiten[53], sondern schon ihrer Entstehung entgegenzuwirken.

Wagt man einen Ausblick auf die noch anstehenden Reformen unseres Föderalismus, kommt man um den heimlichen »Dauerbrenner« jeder Föderalismusdiskussion nicht herum: die Länderneugliederung. Um die erste Stufe der Föderalismusreform nicht zu gefährden, wurde die Frage einer möglichen Länderneugliederung von vornherein ausgeklammert. Das allein zeigt sowohl die Brisanz, die dem Thema von den politischen Entscheidungsträgern in Bund und Ländern beigemessen wird, als auch die geringen Erwartungen hinsichtlich der Einigungschancen. Derartige Tabus können wir uns auf Dauer nicht leisten. In Zeiten strapazierter

47 H.-P. Schneider, Die Länder und das Grundgesetz. Wurden aus »Geburtshelfern« der Bundesrepublik Deutschland »Befehlsempfänger« des Bundes?, in: 50 Jahre Rittersturzkonferenz 1948-1998, hrsg. von Borck, Kahlenberg, Volkert und Wilbert, Koblenz 1998, S.94, 100.

48 Vgl. Dokumentation der Kommission von Bundestag und Bundesrat zur Modernisierung der bundesstaatlichen Ordnung, S. 889 ff.

49 So auch F. Kirchhof, Den zweiten Schritt wagen! – Die Novellierung der Finanzverfassung als notwendige zweite Stufe der Föderalismusreform, ZG 2006, 288, 294f.

50 BVerfGE 116, 327.

51 BVerfGE 86, 148, 266.

52 H.-P. Schneider, Der Föderalismus im Prozess der deutsch-deutschen Vereinigung, in: Evers (Hrsg.), Chancen des Föderalismus in Deutschland und Europa, Baden-Baden 1994, S.79, 86.

53 Vgl. die Mahnungen in BVerfGE 116, 327, 393 f.

Haushaltskassen muss zumindest die Diskussion darüber möglich sein, ob Länderzusammenschlüsse im Interesse der Beteiligten sind[54]. Ein solches Vorhaben hat aber nur dann Aussicht auf Erfolg und Akzeptanz in der Bevölkerung, wenn eine Länderneugliederung von allen Beteiligten nach sorgfältiger Prüfung als die bessere Alternative erkannt wird. Rationale Überlegungen in diesem ohnehin sensiblen Bereich würden allerdings gefährdet, wenn das Thema Neugliederung seitens der starken Länder als Drohpotenzial gegen schwache Länder eingesetzt würde, indem schwachen Ländern Einschnitte gleichsam als kleineres Übel zur Neugliederung abgerungen werden. Insbesondere der Länderfinanzausgleich wird dabei häufig in Frage gestellt. Kein geringerer als der Empfänger dieser Festschrift ist allerdings zu der Einschätzung gekommen, dass es sich bei diesem System um einen weltweit einzigartigen horizontalen Ausgleichsmechanismus handelt[55], der sich in hervorragender Weise bewährt habe und daher nicht zur Disposition stehen dürfe. Schon dies böte hinreichenden Anlass zur Skepsis gegenüber Radikalkonzepten in diesem Bereich.

Eine behutsame Neuordnung der föderalen Finanzverfassung ist gleichwohl nötig. Bundestag und Bundesrat haben deshalb eine Kommission zur Modernisierung der Bund-Länder-Finanzbeziehungen eingesetzt. Als sie Ende 2006 gegründet wurde, äußerte sich Hans-Peter Schneider zu ihren Erfolgaussichten ambivalent: Das werde sehr, sehr schwer werden und man dürfe sich von der Finanzreform nicht zuviel versprechen. »Aber«, so fügte er gleichfalls hinzu, »das heißt nicht, dass alles so bleiben muss, wie es ist.«[56] Den nüchternen Blick des Wissenschaftlers auf die Realitäten und den notwendige Schuss Optimismus, den man für den Erfolg großer Reformprojekte braucht – Hans-Peter Schneider besitzt beides, und die deutsche Politik kann sich glücklich schätzen, in ihm auch künftig einen klugen und erfahrenen Ratgeber zu haben.

54 H.-P. Schneider, Der Föderalismus im Prozess der deutsch-deutschen Vereinigung, in: Evers (Hrsg.), Chancen des Föderalismus in Deutschland und Europa, Baden-Baden 1994, S.79, 91, hält eine Neugliederung sogar für unausweichlich, sollte es nicht gelingen, eine neue Finanzstruktur zu entwickeln.

55 Vgl. die vergleichende Studie von H.-P. Schneider, Finanzautonomie von föderalen Gliedstaaten und Kommunen, 2006, S. 7.

56 H.-P. Schneider, »Es wird ein Nullsummenspiel«, in: Frankfurter Allgemeine Zeitung Nr. 292 v. 15.12.2006, S. 18.

Teil 5

Rechtsschutz und Verfassungsgerichtsbarkeit: Föderal, National und International

Die Finanzierung der Kommunen in der Rechtsprechung des Sächsischen Verfassungsgerichtshofs

Uwe Berlit

I. Einleitung

Rechtsprechung ist eines der vielen Arbeitsfelder von Hans-Peter Schneider. Er war Richter u.a.[1] des Niedersächsischen Staatsgerichtshofs (NdsStGH)[2] und des Sächsischen Verfassungsgerichtshofs (VerfGH SN).[3] Für einen gestalterischen Einfluss auf Rechtsprechung waren – so hier eine Spekulation – die Möglichkeiten beim VerfGH SN wohl höher: Der VerfGH SN ist nicht auf die klassischen Aufgaben eines Staatsgerichtshofs – ggfls. erweitert um eine kommunale Verfassungsbeschwerde – begrenzt; als »echtes« Verfassungsgericht kann er über die Verfassungsbeschwerde auch von den Bürgerinnen und Bürgern zur Verteidigung ihrer Grundrechte angerufen werden.[4] Auszulegen war eine gerade in Kraft getretene Landesverfassung. Der VerfGH SN hatte in der Aufbauphase eine wichtige Rolle bei der Verankerung des Rechtsstaats in den Köpfen und Herzen der Bürgerinnen und Bürger.[5] Als einer der beiden ständigen Berater des Verfassungs- und Rechtsausschusses des Sächsischen Landtages[6] hat Hans-Peter Schneider den Prozess der Entstehung der Verfassung des Freistaates Sachsen intensiv begleitet und beeinflusst; nicht zuletzt wegen dieser Mitwirkung wurde er zum »Gründungsmitglied« des VerfGH SN gewählt.[7]

Das Gesetz über den Verfassungsgerichtshof des Freistaates Sachsen (SächsVerfGHG)[8] eröffnet den Verfassungsrichtern und -richterinnen nicht die Möglichkeit,

1 Von 1979 bis 1991 war er zudem stellv. Mitglied des Staatsgerichtshofs der Freien Hansestadt Bremen.
2 Richter von 1987 bis 2006.
3 Richter von 1993 bis 2005.
4 Zum Gerichtshof selbst s. Hirsch JbSächsOVG 1 (1992/93), 21; Rinken LKV 1994, 29; Eckardt SächsVBl. 1994, 275; Meissner, § 17 (Der Verfassungsgerichtshof des Freistaates Sachsen), in: C. Degenhart/C. Meissner (Hrsg.), Handbuch der Verfassung des Freistaates Sachsen, Stuttgart u.a. 1997.
5 Allgemein zur Rechtsprechung s. v. Mangoldt SächsVBl. 1995, 217; Meissner JbSächsOVG 3 (1995), 9; Vulpius JbSächsOVG 5 (1997), 11; Lenz/Meng SächsVBl. 2003, 153.
6 S. B. Kunzmann/M. Haas/H. Baumann-Hasske, Die Verfassung des Freistaates Sachsen, 2. Aufl., Berlin 1997, Einl., S. 63 f.
7 Ebenso wie der andere ständige Berater, Prof. Dr. H. von Mangoldt (Universität Tübingen).
8 Gesetz vom 18. Februar 1993 (SächsGVBl. S. 177), geändert durch Gesetz vom 27.9.1995 (SächsGVBl. S. 321).

ein Sondervotum abzugeben. Das Beratungsgeheimnis schließt es aus, Reichweite und Richtung der prägenden Wirkung eines einzelnen Richters in den Rechtsprechungsinhalten treffsicher nachzuzeichnen, Nichtmitgliedern eines Gerichts bleibt der Zugang zu Informationen über die Faktoren verschlossen, die einen Richter zur sog. Richterpersönlichkeit »adeln«. Statt eines untauglichen Versuchs, die Spuren des Jubilars in den Entscheidungen des VerfGH SN nachzuzeichnen, sollen daher Rechtsprechungsinhalte behandelt werden, und zwar am Beispiel der Rechtsprechung zur Finanzausstattung der Kommunen.[9]

Zwei Gründe bestimmen diese Auswahl: Die aufgabengerechte Finanzausstattung der Kommunen und ihre verfassungsrechtliche Sicherung hat – zum einen – angesichts der kommunalen Finanzkrise als Dauererscheinung in den vergangenen Jahren zu zahlreichen Entscheidungen der Landesverfassungsgerichte zu unterschiedlichen Aspekten der kommunalen Finanzausstattung geführt. Die Entscheidungen des VerfGH SN[10] stehen in diesem Rechtsprechungskontext, wobei nicht zuletzt die vom Jubilar mit geprägte Rechtsprechung des Niedersächsischen Staatsgerichtshofs[11] zu berücksichtigen ist. Die zuvörderst den Ländern zugewiesene Verantwortung für die Sicherung der kommunalen Finanzausstattung ist – zum anderen – eingebettet in die Ausformung der bundesstaatlichen Ordnung, der in besonderem Maße die wissenschaftliche[12] und verfassungspolitische[13] Aufmerksamkeit des Jubilars gilt. Durch die erste Stufe der Föderalismusreform haben hier die Finanzgarantien der Landesverfassungen mittelbar an Bedeutung gewonnen.[14] Dem Streit um die Reichweite der Einstandspflicht eines Landes für »seine« Kommunen und die Schutzwirkung der unterschiedlich ausgeformten Konnexitätsregeln stets vorgelagert war die Kontroverse um Voraussetzungen und Grenzen eines bundesgesetz-

9 Der Begriff »Kommunen« fasst hier Gemeinden und Landkreise zusammen; ihre auch im kommunalen Finanzausgleich unterschiedliche Behandlung und die teils heterogenen Interessen sind für diesen Beitrag unerheblich.

10 Im Vordergrund stehen VerfGH SN, Urt. v. 21.7.1994 – Vf. 1-VII-93 – JbSächsOVG 2 (1994), 79 (= SächsVBl. 1994, 280 [Schulgesetz/Hortpersonal]); Urt. v. 23.11.2000 – Vf. 49-VII-97 – JbSächsOVG 8 (2000), 12 (= SächsVBl. 2001, 67 [FAG 1997 I]); Urt. v. 23.11.2000 – Vf. 53-II-97 – JbSächsOVG 8 (2000), 17 (= SächsVBl. 2001, 61 = LKV 2001, 223 [FAG 1997 II]); Urt. v. 20.5.2005 – Vf. 34-VIII-04 – JbSächsOVG 13 (2005), 16 [kommunales Prüfungsamt]). Das Urt. v. 18.11.2004 (– Vf.89-VIII-03 – JbSächsOVG 12 [2004]) ist wg. Verfristung der Verfassungsbeschwerde nicht zur Sachfrage vorgedrungen, ob auch Verwaltungsverbänden ein Mehrbelastungsausgleich für übertragene Aufgaben zusteht.

11 NdsStGH, Beschl. v. 15.8.1995 – StGH2/93 u.a. – NdsVBl. 1995, 225 (= DVBl. 1995, 1175 = NVwZ 1996, 585); Urt. v. 25.11.1997 – StGH 14/95 u.a. – NdsVBl. 1998, 43 (= DVBl. 1998, 185); Urt. v. 16.5.2001 – StGH 6/99 u.a. – NdsVBl. 2001, 184 (= LVerfGE 12, 255).

12 Aus jüngerer Zeit etwa: Finanzautonomie von föderalen Gliedstaaten und Kommunen. Ein internationaler Vergleich, Gütersloh 2006; Nicht nur Gewinner, sondern auch viele Verlierer, ifo Schnelldienst 10/2006, 5 (zur Föderalismusreform).

13 Etwa als Mitglied der Kommission von Bundestag und Bundesrat zur Modernisierung der bundesstaatlichen Ordnung; für die nunmehr anstehende zweite Runde der Föderalismusreform hat der Jubilar für die Landtage als Sachverständiger an der Anhörung am 22.6.2007 teilgenommen (s. Kommission von Bundestag und Bundesrat zur Modernisierung der Bund-Länder-Finanzbeziehungen, Kommissionsdrucksache Nr. 031: »Gestattungsföderalismus statt Verwaltungsföderalismus«).

14 Aus kommunaler Sicht s. Henneke DVBl. 2006, 867; ders. NdsVBl. 2006, 158.

lichen Aufgabenzugriffs auf die Kommunen.[15] Zwar hat sich hier nicht der Vorschlag durchgesetzt, ein relatives Konnexitätsprinzip für die Kosten von den Ländern auszuführender Bundesgesetze einzuführen, die Ausgaben für Geld-, Sach- oder Dienstleistungen verursachen, oder bei Belastung der Kommunen die Einstandspflicht der Länder zu betonen.[16] Durch das zukunftsgerichtete Verbot bundesunmittelbarer Übertragungen von Aufgaben auf die Kommunen[17] wurde aber die künftige Bedeutung der landesverfassungsgesetzlichen Finanzierungsgarantien deutlich gestärkt; die Fortgeltung (Art. 125a Abs. 1 GG) der bislang erfolgten, auch der besonders ausgabenträchtigen Aufgabenübertragungen im Sozial- und Jugendhilfebereich entlastet die Länder lediglich von einer sofortigen Umstellung ihrer Finanzausgleichsregelungen.[18] Wenn im Rahmen der in den Konturen unscharfen 2. Stufe der Föderalismusreform[19] zudem eine Gemeindefinanzreform verwirklicht wird, die das erklärte Ziel einer Verstetigung und eines Ausbaus der Steuereinnahmen der Kommunen erreicht, wird wegen der erwartbaren regionalen Spreizung des Einnahmeaufkommens zudem die Ausgleichsfunktion der Finanzausgleichsregelungen der Länder vor neue Herausforderungen gestellt werden.

II. Zur Rechtsprechung des VerfGH SN

1. Die Finanzgarantien der Sächsischen Verfassung

Der VerfGH SN »hütet« eine Landesfinanzverfassung, die die Garantie kommunaler Selbstverwaltung (Art. 82 Abs. 2 Satz 2 LV SN) bei monistischem Begriff der

15 S. dazu aus der kommunalen Perspektive etwa F. Schoch/J. Wieland, Kommunale Aufgabenträgerschaft nach dem Grundsicherungsgesetz, 2003; dies., Aufgabenzuständigkeit und Finanzierungsverantwortung verbesserter Kinderbetreuung, 2004; Schoch NVwZ 2004, 1273; s.a. Waechter VerwArch 85 (1994), 208; Korioth NVwZ 2005, 503; Unruh ZG 2004, 279. Das Bundesverfassungsgericht hat in dem Verfahren über die kommunale Verfassungsbeschwerde betreffend die bundesunmittelbare Aufgabenübertragung durch das SGB II (Az. 2 BvR 2433, 2434/04) die mündliche Verhandlung am 24.5.2007 durchgeführt; bei Manuskriptschluss war die Entscheidung noch nicht verkündet.

16 So der Vorschlag von H.-P. Schneider, Stellungnahme zur öffentlichen Anhörung der Kommission von Bundestag und Bundesrat zur Modernisierung der bundesstaatlichen Ordnung am 11.3.2004, Kommissionsdrucksache Nr. 0032, 10 ff.; s.a. Wagner/Rechenbach ZRP 2003, 308; Findeisen ThürVBl. 2006, 73.

17 Art. 84 Abs. 1 Satz 7 GG, eingefügt durch das Gesetz zur Änderung des Grundgesetzes vom 28.8.2006 (BGBl. I S. 2034); s. Schoch DVBl. 2007, 261. Zu den weiteren Änderungen in dieser Stufe der Föderalismusreform s. die Übersichten von Häde JZ 2006, 930; Kesper NdsVBl. 2006, 145; Nierhaus/Rademacher LKV 2006, 385; Selmer JuS 2006, 1052; Ipsen 2006, 2801.

18 Und birgt neues Streitpotential, z.B. zur Frage, ob die Ersetzung einer bundesgesetzlichen Aufgabenübertragung durch eine landesrechtliche Regelung als Übertragung einer »neuen« Aufgabe dem strikten Konnexitätsprinzip unterfällt, oder in Fällen der finanzwirksamen materiellrechtlichen Modifikation bei bundesgesetzlich bereits begründeter kommunaler Aufgabenzuständigkeit.

19 S. Ekardt/Buscher DÖV 2007, 89 ff.; Kirchhof ZG 2006, 288; zu Aufgaben und Themen s.a. den Beschluss zur Einsetzung der Kommission von Bundestag und Bundesrat zur Modernisierung der Bund-Länder-Finanzbeziehungen (BT-Drs. 16/3885) und den Fragenkatalog zu der Anhörung am 22.6.2007 (Kommissionsdrucksache Nr. 011); zu den Erwartungen des Städte- und Gemeindebundes Kommissionsdrucksache Nr. 004.

»öffentlichen Aufgabe« in Bezug auf die kommunalen Finanzen auf zwei Ebenen ausformt (dualistische Finanzgarantie).[20] Nach Art. 87 LV SN hat der Freistaat dafür zu sorgen, dass die kommunalen Träger der Selbstverwaltung ihre Aufgaben erfüllen können, wobei diesen das Recht eingeräumt wird, nach Maßgabe der Gesetze eigene Steuern und andere Abgaben zu erheben, und ihnen garantiert wird, dass sie unter Berücksichtigung der Aufgaben des Freistaates im Rahmen übergemeindlichen Finanzausgleichs an dessen Steuereinnahmen beteiligt werden. Neben diese allgemeine Finanz- und Finanzausgleichsgarantie stellt Art. 85 LV SN im Sinne einer Konnexitätsregelung einen Mehrbelastungsausgleich, wenn eine unter bestimmten sachlichen Voraussetzungen zulässige gesetzliche Aufgabenübertragung, bei der stets Bestimmungen über die Deckung der Kosten zu treffen sind (Abs. 1), zu einer Mehrbelastung der kommunalen Träger führt (Abs. 2).
Bei dieser dualistischen Finanzgarantie[21] treten zu den auch in den früher monistischen Systemen[22] (z.B. Rheinland-Pfalz[23] und Hessen,[24] nach umstrittener Ansicht[25] bis 2004 auch Nordrhein-Westfalen[26]) zu beantwortenden Fragen z.B. nach der Wirkkraft der landesverfassungsrechtlichen Garantie (institutionelle Garantie oder wehrfähiger Anspruch), insb. auch ihrem Bezugspunkt (Gesamtheit der Kommunen oder jede einzelne Kommune), dem (materiellen) Maßstab für die Bestimmung einer finanziellen Mindestausstattung, der Bedeutung der finanziellen Leistungsfähigkeit des Landes und der Funktion verfahrensrechtlicher Vorkehrungen zur Absicherung und Durchsetzung eines Anspruches auf aufgabengerechte Finanzausstattung weitere Probleme hinzu: Sie betreffen den (sachlichen und zeitlichen) Anwendungsbereich sowie die Anwendungsvoraussetzungen des jeweiligen landesverfassungsrechtlichen Konnexitätsprinzips, die bei im Kern identischem Grundgedanken bereits im Verfassungstext unterschiedlich ausgeformt sind,[27] die zu ziehenden Rechtsfolgen und ihre Sicherung auch im Zeitverlauf sowie – namentlich bei einer vollständigen und finanzkraftunabhängigen Kostendeckungspflicht –

20 Zu Details s. Haas, Kommentierung Art. 85, 87 LV SN, in: Kunzmann u.a. (Fn. 6); Hardraht, § 15 (Finanzverfassung), in: Degenhart/Meissner (Fn. 4).

21 Dazu allgemein F. Lohse, Kommunale Aufgaben, kommunaler Finanzausgleich und Konnexitätsprinzip, Baden-Baden 2006, 163 ff.

22 Zu den Strukturkonzepten s. S. Mückl, Finanzverfassungsrechtlicher Schutz der kommunalen Selbstverwaltung, Stuttgart u.a. 1998, 77 ff.

23 Art. 49 Abs. 5 LV RP; dazu VerfGH RP, Urt v. 5.12.1988 – VGH N 2/74 – DÖV 1978, 763; s.a. Mückl DÖV 1999, 842; ders., Finanzverfassungsrechtlicher Schutz der kommunalen Selbstverwaltung, Stuttgart u.a. 1998, 198 ff.; durch verfassungsänderndes Gesetz vom 14.6.2003 (GVBl. S. 321) wurde als Art. 49 Abs. 5 LV RP ein striktes Konnexitätsprinzip bei künftigen Aufgabenübertragungen eingefügt; s. etwa Lahmann KommJur 2005, 127.

24 Art. 137 Abs. 4 LV HE a.F.; durch Gesetz vom 18.10.2002 (GVBl. S. 628) wurde als Art. 137 Abs. 6 LV HE eine Konnexitätsregelung eingefügt.

25 VerfGH NW, Urt. v. 15.2.1985 – VerfGH 17/83 – NVwZ 1985, 820; Urt. v. 9.7.1998 – VerfGH 16/96 u.a. – NVwZ 1999, 81; Urt. v. 1.12.1998 – VerfGH 5/97 – DVBl. 1999, 391; krit. dazu etwa Lohse (Fn. 21), 158 ff.; Henneke DVBl. 1998, 1163; Schwarz ZKF 2002, 246.

26 S. nunmehr Art. 78 Abs. 3 LV NW; dazu Henneke Der Landkreis 2005, 255 (269).

27 S. die – allerdings aktualisierungsbedürftige – Übersicht bei Lohse (Fn. 21), 185 ff.; zu den Konnexitätsregelungen s.a. Henneke Der Landkreis 2006, 258 ff.

das Verhältnis zu den wegen des Ausgleichscharakters regelmäßig finanzkraftabhängigen allgemeinen Finanzausgleichsregelungen.

2. Allgemeine Finanzgarantie (Art. 87 Abs. 3 LV SN)

Für die allgemeine Finanzgarantie kann inzwischen in der Rechtsprechung der Landesverfassungsgerichte[28] als gesichert gelten, dass die Kommunen einen verfassungsfesten Anspruch auf eine aufgabenangemessene Finanzausstattung haben,[29] die abwehrrechtliche Dimension der kommunalen Selbstverwaltung bei den Finanzen um eine Leistungs- und Anspruchsdimension ergänzt ist. Verpflichtungsaddressaten sind auch nach der Einfügung des Art. 28 Abs. 2 Satz 3 GG[30] die Länder, die nach dem zweistufigen System der Finanzverfassung[31] für die aufgabengerechte Finanzausstattung Sorge zu tragen[32] und hierfür den Kommunen u.a. einen Teil ihres Gemeinschaftssteueraufkommens weiterzuleiten haben. Die Finanzausstattung muss den Kommunen die Erfüllung jedenfalls der übertragenen, staatlichen bzw. pflichtigen Aufgaben ermöglichen und ihnen ein Mindestmaß an Spielraum lassen, um freiwillig nicht durch vorgelagerte Ebenen (Bund, Land) determinierte, selbstbestimmte und -gestaltete Aufgaben der örtlichen Gemeinschaft erfüllen zu können.[33] Eine vollständige Aufzehrung der kommunalen Ressourcen durch nicht selbst gestaltbare, nach Art, Grund und Umfang pflichtige Aufgaben höhlt die garantierte Selbstverwaltung auch dann aus, wenn es sich um Aufgaben der örtlichen Gemeinschaft handelt;[34] ein Minimum freiwilliger Selbstverwaltungsaufgaben muss – grundsätzlich – erhalten bleiben, um nicht den Kern kommunaler Selbstverwaltung anzutasten.

28 In der Rechtsprechung des BVerfG bislang offengelassen, s. BVerfGE 26, 172 (181); 71, 25 (36 f.); 83, 363 (386); BVerfG NVwZ 1995, 370 f.

29 S. – jeweils m.w.N. – Nierhaus LKV 2005, 1; Henneke Der Landkreis 2004, 166; Dombert DVBl. 2006, 1136.

30 Durch Gesetz zur Änderung des Grundgesetzes vom 27.10.1994 (BGBl. I S. 3146).

31 S. statt vieler Mückl (Fn. 22), 159 f. Nicht näher nachgegangen werden soll hier den Irritationen, die durch den Hinweis des BVerfG (BVerfGE 101, 158 [230]; s.a. Kirchhof NJW 2002, 1549: Hidien, in: Geburtstagssymposium Schmidt-Jortzig, 2001, 67) auf eine gewisse »Modifikation« der »bisherigen Zweistufigkeit der Finanzverfassung«, die infolge einer gestärkten finanzwirtschaftlichen Unabhängigkeit und Verselbständigung der Kommunen durch Art. 28 Abs. 2 Satz 3, Art. 106 Abs. 5 und 5a GG bewirkt worden sein soll, entstanden sind. Für das Finanzausgleichsrecht hat sich eine »modifizierte Zweistufigkeit« bzw. »Zweieinhalbstufigkeit« bei der Berücksichtigung der Steuereinnahmen der Kommunen im Maßstäbegesetz (Gesetz v. 9.9.2001, BGBl. I S. 2302) mit Recht nicht durchgesetzt; das Verbot einer bundesunmittelbaren Aufgabenübertragung (Art. 84 Abs. 1 Satz 7 GG [F. 2006]) unterstreicht die staatsorganisationsrechtliche Zuordnung der Kommunen zu den Ländern (s.a. Nierhaus/Rademacher LKV 2006, 385 [393]).

32 S.a. BVerfGE 86, 148 (219).

33 BVerwGE 106, 280 (287); VerfG BB, Urt. v. 16.9.1999 – VfGBbg 28/98 – NVwZ-RR 2000, 129; NdsStGH, Urt. v. 16.5.2001 – StGH 6/99 u.a. – NdsVBl. 2001, 184 = NVwR-RR 2001, 553; VerfGH SN SächsVBl. 2001, 67; VerfGH TH, Urt. v. 12.10.2004 – VerfGH 16/02 – ThürVBl. 2005, 11; LVerfG MV, Urt. v. 18.12.2003 – LVerfG 13/02 – LKV 2004, 175 = NordÖR 2004, 237 (237 f.); LVerfG MV, Urt. v. 11.5.2006 – LVerfG 1/05 u.a. – LKV 2006, 461 = NJ 2006, 360.

34 S. – am Beispiel der Kindertagsstätten – Hufen DÖV 1998, 276.

Im dogmatischen Ansatz umstritten ist, ob selbst diese Mindestgarantie unter dem Vorbehalt der finanziellen Leistungsfähigkeit des Landes steht[35] oder schon aus der Zuordnung zum unantastbaren Kernbereich der kommunalen Selbstverwaltung folgt, dass es sich um eine von der Finanzlage des Landes unabhängige, absolute Garantie handelt.[36] Der VerfGH SN legt sich hier nicht eindeutig fest. Die dem Gesetzgeber zustehende Gestaltungsfreiheit finde zwar dort ihre Grenze, wo der Anspruch der kommunalen Selbstverwaltung verletzt und damit das ihnen gewährleistete Selbstverwaltungsrecht ausgehöhlt wird. Das Gericht stellt diese auf den ersten Blick absolute Grenze indes in den Kontext des Vorbehalts der Leistungsfähigkeit des Freistaates, verweist darauf, dass »den kommunalen Selbstverwaltungsträgern bei der Erfüllung ihrer Aufgaben Entscheidungsfreiräume zustehen, so dass eine Ermittlung des ›objektiven‹ Finanzbedarfs von kommunalen Selbstverwaltungsträgern kaum möglich ist«, und betont die aus dem Gestaltungsspielraum des Gesetzgebers und der ihm zuzubilligenden Einschätzungsprärogative folgenden funktionalen Grenzen[37] einer materiellen verfassungsgerichtlichen Kontrolle eines Finanzausgleichsgesetzes.[38]

Rechtstatsächlich wird diese dogmatisch zentrale Frage durch die erheblichen Schwierigkeiten entschärft, eine Unterschreitung eines absoluten Mindeststandards selbst auf der Grundlage der in der Rechtsprechung bevorzugten »Negativdefinition«[39] festzustellen, die eine Verletzung annimmt, wenn den Kommunen die Wahrnehmung freiwilliger Selbstverwaltungsaufgaben infolge unzureichender Finanzausstattung nicht mehr möglich ist. Selbst akute Haushaltsprobleme von Kommunen oder kommunalwirtschaftlich problematische Inanspruchnahmen von Kassenkrediten belegen dies nicht, solange nicht eindeutig auszuschließen ist, dass die Kommune auf die (intensivere) Ausschöpfung eigener Einnahmequellen, vorhandene Einsparpotentiale bei den übertragenen bzw. determinierten Aufgaben sowie die Verwertung von Vermögen verwiesen werden können. Selbst dann kann das Land vor der Bereitstellung zusätzlicher Mittel an die Kommunen deren ausgaben-

35 So StGH BW, Urt. v. 5.10.1998 – GR 2/97 – VBlBW 1999, 294 = DÖV 1999, 687 = DVBl. 1999, 1351 = ESVGH 49, 242 [FAG BW 1978]); LVerfG MV, Urt. v. 11.5.2006 – LVerfG 1/05 u.a. – LKV 2006, 461 = NJ 2006, 360; krit. Henneke DÖV 1998, 330.

36 So etwa VerfGH TH, Urt. v. 21.6.2005 – VerfGH 28/03 – ThürVBl. 2005, 228 (= NVwZ-RR 2005, 665); NdsStGH, Urt. v. 16.5.2001 – StGH 6/99 u.a. – NdsVBl. 2001, 184 = NVwR-RR 2001, 553; VerfG RP, Urt. v. 28.3.2000 – N 12/98 – DVBl. 2000, 992 = NVwZ 2000, 801.

37 Dazu allgemein H.-P. Schneider NJW 1980, 2103.

38 VerfGH SN, Urt. v. 23.11.2000 – Vf. 53-II-97 – JbSächsOVG 8 (2000), 17 (33); weitere Unklarheit birgt der zustimmende Bezug auf StGH BW (Urt. v. 5.10.1998 – GR 2/97 – VBlBW 1999, 294 [301] = DÖV 1999, 687 = DVBl. 1999, 1351 = ESVGH 49, 242 [FAG BW 1978]), der die materiell-rechtliche Überprüfung durch verfahrensrechtliche Vorkehrungen nicht nur ergänzen, sondern bei genauer Betrachtung ersetzen will.

39 VerfGH SN, Urt. v. 23.11.2000 – Vf.49-VIII-97 – JbSächsOVG 8 (2000), 12 (17): Verletzung kommt nur in Betracht, »wenn es kommunalen Selbstverwaltungsträgern unmöglich gemacht wird, neben ihren Pflichtaufgaben auch in einem der Bedeutung des Selbstverwaltungsrechts entsprechenden Umfang freiwillige Selbstverwaltungsaufgaben wahrzunehmen«; s.a. NdsStGH. Urt. v. 25.11.1997 – StGH 14/95 u.a. – NdsVBl. 1998, 43; Remmert VerwArch 94 (2003) 481.

wirksame Aufgaben vermindern, Standards der Aufgabenerfüllung senken oder diesen neue Einnahmequellen erschließen.[40]
Träger des Mindestgarantieanspruchs ist die einzelne Kommune.[41] Eine bloß institutionelle Garantie, die eine hinreichende finanzielle Absicherung lediglich der Kommunen insgesamt oder zumindest der Mehrzahl der Kommunen verlangt, verfehlt bei der Sicherung der Finanzausstattung den durch die Selbstverwaltung gewährleisteten verfassungsrechtlichen Schutz. Keine andere Beurteilung rechtfertigt, dass Art. 28 Abs. 2 GG als institutionelle Garantie die Kommunen nicht individuell, sondern nur institutionell absichert[42] und für einzelne Kommunen keine absolute Bestandsgarantie besteht:[43] Der Gesetzgeber darf aus sachlichen Gründen einzelne Kommunen auflösen oder neu gliedern, er darf sie aber nicht »verhungern« lassen. Die landesverfassungsrechtlichen Voraussetzungen und Verfahren einer territorialen Neu- bzw. Umgliederung der kommunalen Ebene[44] dürfen nicht durch eine unzureichende Finanzausstattung unterlaufen werden,[45] es besteht ein subjektiv-individueller und nach Maßgabe des Landesverfassungsrechts »wehrfähiger« Anspruch jeder einzelnen Kommune auf die für eine eigenverantwortliche Aufgabenwahrnehmung erforderliche, zumindest existenzsichernde Finanzausstattung.[46]
Die finanzwirtschaftliche Verteilungssymmetrie zwischen Land und Kommune ist auch dann gestaltungserheblich, wenn die finanzielle Mindestausstattung nicht unter dem Vorbehalt der finanziellen Leistungsfähigkeit des Landes steht und dessen Finanznot nicht den Eingriff in eine absolut geschützte kommunale Finanzausstattung rechtfertigte. Die Aufgaben von Bund, Ländern und Gemeinden sind grundsätzlich gleichrangig.[47] Auch ohne verfassungsgesetzliche Regelung darf Veränderungen sowohl im Auf- und Ausgabenbestand als auch bei den Einnahmen nicht einseitig zu Gunsten des Landes oder zu Lasten der Kommunen Rechnung getragen werden.[48] Dies folgt jedenfalls[49] aus der Ausgleichsverantwortung des

40 So ausdrücklich NdsStGH, Urt. v. 16.5.2001 – StGH 6/99 u.a. – NdsVBl. 2001, 184.
41 Für den allgemeinen Finanzausgleich nach Art. 85 Abs. 3 LV SN stellt sich nach dem auf Gemeinden und Landkreise beschränkten Wortlaut nicht das – vom VerfGH SN (Urt. v. 18.11.2004 – Vf.89-VIII-03 – JbSächsOVG 12 [2004], 39) wegen Versäumung der Normenkontroll-Antragsfrist für den Mehrbelastungsausgleich nach Art. 85 Abs. 2 LV SN offengelassene – Problem der Anspruchsberechtigung auch von Verwaltungsgemeinschaften bzw. -verbänden.
42 S. nur BVerfGE 56, 298 (313); st. Rspr.
43 S.a. Nierhaus LKV 2005, 1 (3 f.).
44 Zur Rechtsprechung des VerfGH SN in Bezug auf die Gemeindegebietsreform s. Trute JbSächsOVG 3 (1995), 21; Knemeyer SächsVBl. 1994, 137; Püttner SächsVBl. 1994, 217; Hegele SächsVBl. 1994, 222; zur Funktional- und Kreisstrukturreform in Mecklenburg-Vorpommern s. LVerfG MV, Urt. v. 26.7.2007 – LVerfG 9/06 u.a. –.
45 Für den bundesstaatlichen Finanzausgleich ähnlich I. Kesper, Bundesstaatliche Finanzordnung, Baden-Baden 1998, 204.
46 S. etwa VerfG BB, Urt. v. 16.9.1999 – VfGBbg 28/98 – NVwZ-RR 2000, 129; VerfG RP, Entsch. v. 30.1.1998 – N 2/97 – NVwZ-RR 1998, 607; NdsStGH, Urt. v. 16.5.2001 – StGH 6/99 u.a. – NdsVBl. 2001, 184 = NVwR-RR 2001, 553.
47 S. nur § 24 StabilitätsG.
48 Henneke DÖV 1998, 335.
49 Den Verhältnismäßigkeitsgrundsatz ziehen heran P. Huber/S. Storr, Der kommunale Finanzausgleich als Verfassungsproblem, Baden-Baden 1999, 109 ff.

Landes.[50] Art. 87 Abs. 3 LV SN greift diesen Gedanken ausdrücklich auf.[51] Er verlangt für die kommunale Beteiligung an den Steuereinnahmen im Rahmen eines übergemeindlichen Finanzausgleichs eine »Berücksichtigung der Aufgaben des Freistaates« und unterstreicht so neben der Ausgleichspflicht des Landes auch die Selbstverständlichkeit, dass die kommunale Ebene keinen Vorrang vor den Landesaufgaben hat. § 2 Abs. 1 S. 2 SächsFAG formt dies durch den Gleichmäßigkeitsgrundsatz aus, nach dem sich die Gesamteinnahmen der Kommunen aus Steuern und Finanzausgleichsleistungen gleichmäßig zur Entwicklung der Nettoeinnahmen des Freistaates entwickeln sollen.[52] Dies entlastet so – allerdings nur bei unterstellter Symmetrie auch der Aufgabenentwicklung und einem aufgabenadäquat ermittelten Ausgangswert – die konfliktträchtigen Auseinandersetzungen um die Festsetzung der Verbundquote. Normativ bietet dies einen gewissen Schutz davor, dass die Kommunen als beliebige »Reservekasse«[53] des Landes missbraucht werden.

Der VerfGH SN hat die Gefahr einer asymmetrischen Auf- oder Ausgabenentwicklung zu Recht als »Achillesferse« des Gleichmäßigkeitsgrundsatzes erkannt. In seinem Urteil vom 23.11.2000[54] gibt er dem Gesetzgeber auf, sich regelmäßig der sachlichen Eignung der einmal festgesetzten Werte zu vergewissern und so die Stimmigkeit des gewählten Systems zu überprüfen.[55] Vorgaben zu Verfahren, Formen und Zeitabständen dieser Überprüfung macht er dabei in diesem Urteil nicht. Dies verlagert die Problemlösung letztlich zurück in den politischen Raum. Ein wesentliches Problem liegt in einer hinreichend gesicherten, methodisch unangreifbaren, aussagekräftigen und strategieresistenten Datengrundlage, die Land und Kommunen gleichermaßen als Grundlage einer Neujustierung akzeptieren (können). Bereits die hierfür erforderliche Transparenz des Aufgabenbestandes und der Ist-Kosten für ihre Erfüllung ist kaum herzustellen.[56] Grundlage der Symmetriebetrachtung können im Interesse einer sparsamen Haushaltsführung nur die für die Aufgabenerfüllung notwendigen bzw. angemessenen Soll-Aufwendungen sein. Bei deren Bestimmung müssen so vielfältige (Be-)Wertungen und Korrekturen der Ist-Ausgaben einfließen, dass die erforderliche finanzwissenschaftliche Aufbereitung zwar den Streitkorridor – im besten Fall: kompromissfördernd – rational eingren-

50 So der Ansatz des NdsStGH, Urt. v. 25.11.1997 – StGH 14/95 u.a. – NdsVBl. 1998, 43 (Gebot der Verteilungssymmetrie).

51 VerfGH SN, Urt. v. 23.11.2000 – Vf. 53-II-97 – JbSächsOVG 8 (2000), 17.

52 Zu Einzelheiten s. M. Steinherr u.a., Das Schlüsselzuweisungssystem im Kommunalen Finanzausgleich des Freistaates Sachsen – Bestandsaufnahme und Reformbedarf –, München (ifo-studien zur finanzpolitik Nr. 63), 1997; Lenk/Birke FiWi 1998, 102; Schweisfurth/Voß FiWi 1998, 4; s.a. Gundlach LKV 2000, 10.

53 S. Schwarz ZKF 2006, 97 ff., 123 ff.; Münstermann ZKF 2006, 1.

54 VerfGH, Urt. v. 23.11.2000 – Vf. 53-II-97 – JbSächsOVG 8 (2000), 17.

55 VerfGH, Urt. v. 23.11.2000 – Vf. 53-II-97 – JbSächsOVG 8 (2000), 17 (35); s.a. VerfG BB, Urt. v. 16.9.1999 – VfGBbg 28/98 – NVwZ-RR 2000, 129.

56 Zu den strukturell vergleichbaren methodischen Problemen der Kostenermittlung im Bereich des übertragenen Wirkungskreises s. U. Hardt/J. Schmidt, Neuordnung des kommunalen Finanzausgleichs. Untersuchung im Auftrag des Niedersächsischen Innenministeriums, Hannover Dezember 1998, 106 ff., passim.

zen, die politisch zu verantwortenden Gestaltungsentscheidungen aber nicht ersetzen kann.

Der Ansatz, Feststellungs-, Bewertungs- und Prognoseprobleme bei der materiellrechtlichen Ausfüllung unbestimmter Rechtsbegriffe durch verfahrensrechtliche Vorkehrungen zumindest zu vermindern, materielle durch prozedurale Bestimmung von »Gerechtigkeit« zu ersetzen, hat auch das Finanzausgleichsrecht erreicht.[57] Für den bundesstaatlichen Finanzausgleich liegt er der vom – durch Rawls inspirierten[58] – Bundesverfassungsgericht[59] erfundenen[60] Konzeption eines zweistufigen Vorgehens des Gesetzgebers zu Grunde, der sich durch ein verfassungskonkretisierendes Maßstäbegesetz für das nachfolgende Finanzausgleichsgesetz selbst binden soll;[61] sie hat sich zu Recht für den kommunalen Finanzausgleich nicht durchgesetzt.[62] Für den kommunalen Finanzausgleich hat der Staatsgerichtshof Baden-Württemberg[63] eine effektive verfassungsgerichtliche ex-post-Ergebniskontrolle angesichts der unklaren materiellrechtlichen Maßstäbe und der weiten Gestaltungsspielräume des Gesetzgebers als (zumindest faktisch) unmöglich erkannt und auf eine Verfahrenskontrolle gesetzt, die auch eine wirksame, über eine bloße Anhörung hinausreichende Beteiligung der kommunalen Ebene am Gesetzgebungsprozess voraussetzt. Als Ersetzung materiell-rechtlicher Ergebniskontrolle ist die bloße Verfahrenskontrolle zu Recht auf Kritik gestoßen.[64]

Aufgegriffen wurde jedoch der Gedanke einer Ergänzung der materiell-rechtlichen Vorgaben zur Sicherung eines aufgabenadäquaten kommunalen Finanzausgleichs durch flankierende verfahrensrechtliche Vorkehrungen. Konsultations- und Beteiligungsverfahren[65] sind teilweise in den Verfassungstext aufgenommen worden[66] und

57 S. Schwarz ZKF 1999, 266; 2000, 4; Geis, in: FS Maurer, 2001, 79 (88 ff.); Dombert DVBl. 2006, 1136 (1140 ff.).

58 Kroll StuW 2000, 45 (69 ff.).

59 BVerfGE 101, 158.

60 Zur Kritik etwa Kesper/Berlit KJ 2000, 607; Linck DÖV 2000, 325; Schmalenbach, in: FS Schiedermair, Heidelberg 2001, 247; eingehend auch S. von Schweinitz, Das Maßstäbegesetz, Berlin 2003, 127 ff.

61 S.a. Schneider/Berlit NVwZ 2000, 841.

62 Gegen eine Übernahme auch Henneke NdsVBl. 2001, 53.

63 StGH BW, Urt. v. 5.10.1998 – GR 2/97 – VBlBW 1999, 294 [301] = DÖV 1999, 687 = DVBl. 1999, 1351 = ESVGH 49, 242 [FAG BW 1978].

64 S. etwa Kirchhof JZ 1999, 1054; Goerlich DVBl. 1999, 1358; Schwarz ZfF 2000, 4; Henneke ZG 1999, 280; Geis (Fn. 57), 790.

65 S. etwa A. Röhl, Konnexitätsprinzip und Konsultationsverfahren als Ausdruck kommunaler Selbstverwaltung, Frankfurt/M. 2006; Vetzberger LKV 2005, 246 f.; zur Justiziabilität einfachgesetzlicher Konsultationsmechnismen s.a. Schrader VBlBW 2007, 81; anders als bei der strengeren Rechtsprechung zu Mängeln im Gesetzgebungsverfahren bei Gebietsreformen und Neugliederungen schlagen Mängeln nicht notwendig auf die materiellen Finanzausgleichsregelungen durch, s. etwa NdsStGH, Urt. v. 16.5.2001 – StGH 6/99 u.a. – NdsVBl. 2001, 184 (185); LVerfG MV, Urt. v. 11.5.2006 – LVerfG 1/05 u.a. – LKV 2006, 461; LVerfG ST, Urt. v. 13.7.1999 – LVG 20/97 – NVwZ-RR 2000, 1 (7).

66 S. Art. 83 Abs. 7 Satz 2 LV BY; s.a. Art. 49 Abs. 5 Satz 3 LV RP; Art. 78 Abs. 3 Satz 5 LV NW, die dem Gesetzgeber aufgeben, bei der einfachgesetzlichen Ausformung des Konnexitätsprinzips auch die Beteiligung der Kommunalen Spitzenverbände zu regeln; s.a. Henneke Der Landkreis 2006, 353.

im Übrigen als eine Möglichkeit anerkannt, Sachangemessenheit und Akzeptanzfähigkeit der getroffenen Regelungen zu erhöhen und so Verteilungskonflikte zwischen Land und Kommunen zu hegen.[67] Der VerfGH SN lehnte ohne vertiefende Begründung die Position ab, dass der materiell-rechtlichen Einstandspflicht durch Auslegung besondere[68] verfassungsrechtliche Verfahrenspflichten des Gesetzgebers zu entnehmen seien,[69] und belässt dem Gesetzgeber ausdrücklich auch insoweit einen breiten Gestaltungsspielraum. Dogmatisch ist dies jedenfalls dann überzeugend, wenn eine materiell-rechtliche Ergebnisprüfung als grundsätzlich möglich gesehen wird. Hervorgehobene einfachgesetzliche Konsultations-, Beratungs- oder Beteiligungsrechte der Kommunen stehen zudem im Spannungsverhältnis zu der demokratisch legitimierten Gestaltungs- und Entscheidungsverantwortung der Landesparlamente, das mit steigender Effektivität der Beteiligung die Notwendigkeit einer ausdrücklichen verfassungsgesetzlichen Ausgestaltung erhöht.[70] Lediglich einfachgesetzlich vorgesehene oder gar nur politisch »verabredete« Beteiligungsverfahren haben zwar eine geringere normative Verbindlichkeit.[71] Sie können faktisch aber dieselbe präventiv-politische Rationalisierungs- oder Befriedungswirkung erzeugen und zudem flexibler den politischen Erfordernissen angepasst werden, die angesichts der häufig starken kommunalen Verankerung vieler Landesparlamentarier in Bezug auf das Verfahren keineswegs einseitig von der Landesebene diktiert werden. Argumentationsstrategisch kommt der Vorteil hinzu, dass Verstöße gegen die vom Finanzausgleichsgesetzgeber vorgesehene Beteiligung eines einfachgesetzlich geschaffenen Beratungs- oder Konsultationsorgans[72] als Gesetzesverstoß zumindest ein Politikum, für die verfassungsgerichtliche Prüfung, die als Maßstab allein die Verfassung zu Grunde zu legen hat, aber unbeachtlich sind.

Als Untergrenze der kommunalen Finanzausstattung, die den Kommunen einen noch hinreichenden Spielraum zur Erfüllung freiwilliger Selbstverwaltungsaufgaben lasse, wird im Schrifttum – teils unter Differenzierung zwischen »angespannten« und »normalen« Finanzlagen – eine »freie Spitze«[73] der allgemeinen Dek-

67 S. nur Lohse (Fn. 21), 139 f.

68 Unberührt bleibt das allgemeine objektive Anhörungsrecht, das den sächsischen Kommunen nach Art. 84 Abs. 2 LV SN zusteht, bevor Gesetze sie berührende Fragen regeln, dessen subjektivrechtlicher Gewährleistungsgehalt umstritten ist; s. SächsVerfGH, Urt. v. 18.11.2004 – Vf. 89-VIII-03 –.

69 S. VerfGH SN, Urt. v. 23.11.2000 – Vf. 53-II-97 – JbSächsOVG 8 (2000), 17; ebenso LVerfG ST; Urt. v. 13.7.1999 – LVG 20/97 – NVwZ-RR 2000, 1 = LVerfGE 10, 440 (466 ff.); LVerfG ST, Urt. v. 8.7.2003 – LVG 4/01 – LVerfGE 14, 413 (= DVBl. 2004, 434 [mit. krit. Anm. Henneke, 437 f.]).

70 S.a. Starck NdsVBl. 2005 (Sonderheft), 35 (39).

71 Allgemein zur Justiziabilität kommunaler Beteiligungsrechte in Gesetzgebungsverfahren C. Schrader, Verfahrensrechtlicher Selbstverwaltungsschutz, Baden-Baden 2004; ders. VBlBW 2007, 81.

72 Für Sachsen s. den in § 34 SächsFAG (i.d.F. der Bekanntmachung v. 6.1.2003, Sächs GVBl. S. 6) vorgesehenen »Beirat für den kommunalen Finanzausgleich«, der bereits in § 31 des in dem Urteil vom 20.11.2000 beanstandeten FAG 1997 (Gesetz v. 10.12.1996, GVBl. S. 524) vorgesehen war.

73 Zur Kritik des Konzepts der »freien Spitze« (und den Schwierigkeiten ihrer aussagekräftigen Ermittlung) s. Maas, Die verfassungsrechtliche Entfaltung kommunaler Finanzgarantien, Baden-Baden 2004, 146 ff.; s.a. Lohse (Fn. 21), 123 ff.; Würtenberger, in: FS Leisner, 1999, 973 (980 ff.); auf eine »gewisse Beliebigkeit« solcher Festsetzungen verweist zutreffend auch Dombert DVBl. 2006, 1136 (1140).

kungsmittel von 5 bis 10 v.H. genannt.[74] Als gewisse Bestätigung einer absoluten Untergrenze von 5 v.H. mag gewertet werden, dass der NdsStGH eine Verletzung des unantastbaren Kernbereichs der kommunalen Selbstverwaltung u.a. unter Hinweis darauf verneint hat, dass die Kommunen in ihrer Gesamtheit in einem Referenzzeitraum über eine freie Spitze von durchschnittlich 5,3 v.H. der allgemeinen Deckungsmittel verfügt hätten.[75] Der VerfGH SN ist deutlich zurückhaltender: »Die verfassungsrechtlich gebotene finanzielle Mindestausstattung lässt sich nicht auf bestimmte Maßstäbe, Parameter, Kennziffern, Beträge oder Quoten festlegen«.[76] Auch sonst haben sich die Landesverfassungsgerichte einer operationalisierbaren Quantifizierung der Schwelle enthalten, deren Unterschreitung die »Aushöhlung« der finanziellen Grundlagen der Selbstverwaltung belegt. Diese Zurückhaltung folgt wegen der gravierenden finanzwirtschaftlichen[77] und demokratietheoretischen Implikationen absoluter Quantifizierungen aus den funktionalen Grenzen der Verfassungsgerichtsbarkeit und ist kein Einstieg in eine »political question doctrine« im Recht des kommunalen Finanzausgleichs.[78]

3. Konnexitätsprinzip als besondere Finanzgarantie (Art. 85 Abs. 2 LV SN)

In der Debatte um den kommunalen Finanzausgleich hat sich der Schwerpunkt in den letzten Jahren weg von der allgemeinen Finanzgarantie hin zu den besonderen Finanzgarantien bei Aufgabenübertragungen verschoben. Das Konnexitätsprinzip und seine landesverfassungsrechtliche Ausgestaltung scheint vielen der Schlüssel zur Sicherung einer aufgabenangemessenen Finanzausstattung,[79] zumindest ein wirksamer Schutz gegen eine weitere Destabilisierung der kommunalen Finanzsituation unter Aushöhlung der finanziellen Grundlagen kommunaler Selbstverwaltung. Seine Attraktivität gründet nicht zuletzt in dem auf den ersten Blick hohen »Gerechtigkeitswert« der politisch eingängigen Formel »Wer bestellt, bezahlt«. Verfassungspolitisch hat das Konnexitätsprinzip Konjunktur. In der ersten Stufe der Föderalismusreform ist es zwar bei der bloßen Möglichkeit einer Kostenüber-

74 S. etwa Hufen DÖV 1998, 276 (280) (5 v.H.); F. Schoch, Verfassungsrechtlicher Schutz der kommunalen Finanzautonomie, Stuttgart 1997, 153; F. Schoch/J. Wieland, Finanzverantwortung für gesetzgeberisch veranlasste kommunale Aufgaben, Baden-Baden 1995, 205; Geis (Fn. 57), 79 (84 f.); Lohse (Fn. 21), 124 ff., plädiert – ohne nähere Quantifizierung – für eine Anknüpfung an eine »Autonomiequote« (Verhältnis der Ausgaben für freiwillige Selbstverwaltungsaufgaben zu den Gesamtaufgaben), die indes kaum operationalisierbar und sehr strategieanfällig erscheint.

75 NdsStGH, Urt. v. 16.5.2001 – StGH 6/99 u.a. – NdsVBl. 2001, 184 [190] = NVwR-RR 2001, 553 (unter Übernahme der Berechnungen in LT-Drs. 14/1524, 9).

76 VerfGH SN, Urt. v. 23.11.2000 – Vf. 53-II-97 – JbSächsOVG 8 (2000), 17.

77 Eine Erstreckung des Zustimmungsvorbehalts der Bundesregierung (Art. 113 Abs. 1 GG) bzw. der Staatsregierung (Art. 97 LV SN) hinsichtlich haushaltswirksamer Gesetze bzw. Parlamentsbeschlüsse auf den »iudex distribuens« wird dabei zu Recht abgelehnt; s. nur Schwarz NdsVBl. 2000, 181; s.a. Sangmeister NVwZ 2000, 171.

78 So die gleichbetitelte Kritik durch Geis (Fn. 57), 79 (86 ff.).

79 Referierend Schliesky DÖV 2001, 714 (714): ». . . große Hoffnung zur Rettung der kommunalen Finanzen . . .«; Engelbrecht BayVBl. 2007, 164 (»Schutzschild der Kommunen vor finanzieller Überforderung?«).

nahme- oder -beteiligung des Bundes bei Geldleistungsgesetzen des Bundes geblieben, die verfahrensrechtlich durch ein Zustimmungserfordernis des Bundesrates bei Bundesgesetzen flankiert wird, die Pflichten der Länder zur Erbringung von Geldleistungen, geldwerten Sachleistungen oder vergleichbaren Dienstleistungen gegenüber Dritten begründen, wenn sie von den Ländern ausgeführt werden, die hierfür die Kosten tragen (Art. 104a Abs. 2, 3 GG [F. 2006]). Aus der kommunalen Perspektive ist dies aber nachrangig, nachdem sich Vorstöße, das bundesverfassungsgesetzliche Konnexitätsprinzip oder doch wenigstens eine Zustimmung des Bundesrats[80] zu für die kommunale Ebene »kostenträchtigen« Bundesgesetzen zur flankierenden Absicherung der kommunalen Finanzen bzw. als Schutzregelungen gegen (bundesgesetzliche) Aufgabenübertragungen ohne Kostendeckung fruchtbar zu machen,[81] nicht haben durchsetzen können.[82] Für die Kommunalfinanzen wichtiger ist das verfassungsgesetzliche Verbot (weiterer) bundesunmittelbarer Aufgabenübertragungen auf die Kommunen (Art. 84 Abs. 1 S. 7 GG [F. 2006]), die einen finanzwirtschaftlich wichtigen Weg zur »Umgehung«[83] der landesverfassungsgesetzlichen Konnexitätsregelungen verschließt. Nach Verfassungsänderungen in Hessen,[84] Rheinland-Pfalz[85] und Nordrhein-Westfalen[86] sehen dabei inzwischen alle Flächenländer ausdrücklich einen Mehrbelastungsausgleich bei Übertragung neuer Aufgaben vor,[87] Verfassungsänderungen in Schleswig-Holstein,[88] Saarland,[89]

80 Die landesverfassungsgesetzliche Konnexitätsregelung will hier Durner (BayVBl. 2007, 161 [162 ff.]) fruchtbar machen; s.a. VerfGH TH, Urt. v. 21.6.2005 – VerfGH 28/03 – ThürVBl. 2005, 228.

81 S. etwa J. Hofmann-Hoeppel, Die (finanz-)verfassungsrechtliche Problematik des BSHG-Vollzugs durch kommunale Gebietskörperschaften, dargestellt am Beispiel der Rechtslage im Freistaat Bayern und in Nordrhein-Westfalen, Berlin 1992; für Fälle eines kollusiven Zusammenwirkens von Bund und Land bei der Aufgabenzuweisung wohl auch Mückl (Fn. 22), 250; als noch offener Streit gesehen bei Hufen DÖV 1998, 276 (279).

82 Ablehnend etwa StGH BW, Urt. v. 10.11.1993 – GV 3/93 – VBlBW 1994, 52 (= ESVGH 44, 1 = DVBl. 1994, 206 = DÖV 1994, 297 = VR 1994, 247).

83 Dass die landesverfassungsrechtlichen Konnexitätsregelungen wirksame bundesgesetzliche Aufgabenübertragungen unmittelbar auf die Kommunen nicht erfassen und die Länder für solche Auf- und Ausgabenlasten nicht nach den strengeren Konnexitätsregeln, sondern nur nach der allgemeinen Finanzgarantie einzustehen haben, entspricht einhelliger Rechtsprechung der Landesverfassungsgerichte; s. nur NdsStGH, Urt. v. 25.11.1997 – StGH 14/95 u.a. – NdsVBl. 1998, 43 (45); StGH BW, Urt. v. 10.11.1993 – GR 3/92 – DVBl. 1994, 206; Urt. v. 5.10.1998 – GR 2/97 – VBlBW 1999, 294 (= DVBl. 1999, 1351 [mit. krit. Anm. Goerlich]); s. aber VerfG BB, Urt. v. 14.2.2002 – VfG 17/01 – LKV 2002, 323 = LVerfGE 13, 97, das (zu Art. 97 Abs. 3 LV BB [n.F.]) unter bestimmten Voraussetzungen auch eine landesgesetzliche »Erneuerung« einer zunächst bundesgesetzlichen Aufgabenübertragung der landesverfassungsgesetzlichen Konnexitätsregelung unterstellt; dazu Hennecke LKV 2002, 297; Schumacher LKV 2005, 40.

84 Gesetz vom 18.10.2002, GVBl. S. 628.

85 Gesetz vom 14.6.2004, GVBl. S. 321; s.a. das Gesetz zur Ausführung des Art. 49 Abs. 5 LV RP vom 2.3.2006, GVBl. S. 53.

86 Gesetz vom 22.6.2004, GVBl. S. 360; s. dazu Schink NWVBl. 2005, 85; Meier/Greiner NVWBl. 2005, 92; Buschmann/Freimuth NWVBl. 2005, 365; dies. KommJur 2004, 412.

87 Ausführlich Henneke Der Landkreis 2006, 258 ff.; ders. ZG 2005, 193 ff.

88 Gesetz vom 20.3.1998, GVOBl. S. 150; dazu Schliesky/Welti NordÖR 2001, 465.

89 Gesetz vom 25.8.1999, ABl. S. 1318; dazu Mandelarzt/Neumeyer ZKF 2000, 120; Henneke Der Landkreis 2001, 120 (128 ff.).

Brandenburg,[90] Mecklenburg-Vorpommern,[91] Bayern[92] und Niedersachsen[93] haben das Konnexitätsprinzip weiter ausgeformt bzw. verschärft und – so erstmals in Niedersachsen – durch Erstreckung auf bereits früher übertragene staatliche Aufgaben zu einer im Ansatz trialen Finanzgarantie[94] ausgebaut.
Reichweite und Schutzwirkung der im Detail recht unterschiedlich ausgestalteten Konnexitätsregelungen haben auch die Landesverfassungsgerichte immer wieder beschäftigt.[95] Eine verfassungsdogmatisch und finanzpolitisch zentrale Weichenstellung ist das Verhältnis der Finanzierungsregelungen bei Aufgabenübertragungen zu der allgemeinen Finanzgarantie und hier die Frage, ob auch die Mittel für übertragene Aufgaben direkt oder – durch »Verrechnung« mit den allgemeinen Finanzzuweisungen – indirekt finanzkraftabhängig verteilt werden dürfen. Der VerfGH SN hat sich schon frühzeitig[96] zu einer auch in den Berechnungsmodalitäten dualistischen Finanzgarantie bekannt. In seinem Urteil vom 23.11.2000[97] hat er dies bekräftigt und die Ausgestaltung des Mehrbelastungsausgleichs im FAG insoweit beanstandet, als der Gesetzgeber das hierauf bezogene Finanzvolumen in den Ansatz für die Schlüsselzuweisungen aufgenommen und dann finanzkraftabhängig verteilt hat. Sachlich schließt dies an die Rechtsprechung des NdsStGH[98] an,[99] der aus der dualistisch ausgestalteten Finanzgarantie auch klar unterscheidbare Schutzzwecke abgeleitet, für die Leistungen bei Aufgabenübertragungen einen »Ausgleichsgedanken« abgelehnt und daher auch eine Verteilung der klar zu scheidenden Finanzmassen nach unterschiedlichen Maßstäben verlangt hat. Diese auch in den Ausgestaltungs- und Berechnungsmodalitäten dualistischen Ausdeutung der zweispurigen Finanzgarantie der Landesverfassung[100] verwirft implizit eine zur früheren Verfassungslage ergangene Rechtsprechung des LVerfG NW,[101] für das durch die

90 Gesetz vom 7.4.1999, GVOBl. I S. 98; dazu etwa Schumacher LKV 2000, 98.
91 Gesetz vom 4.4.2000, GVOBl. S. 158.
92 Verkündung vom 10.11.2003, BayGVBl. S. 816. Die Umformulierung des Art. 83 Abs. 3, 6 und 7 LV BY durch am 10.11.2003 verkündetes Gesetz (BayGVBl. S. 816) baut im Rahmen eines bereits zuvor dualistischen Systems die bestehende Konnexitätsregelung aus und ergänzt sie um ein Anhörungs- und Konsultationsverfahren; s. dazu Wolff BayVBl. 2004, 129; Deubert BayVBl. 2004, 136; Gallwas, in: FS R. Schmidt, 2006, 677; Engelbrecht BayVBl. 2007, 164.
93 Gesetz vom 27.1.2006, GVBl. S. 58; dazu Henneke NdsVBl. 2006, 89; Freese NdsVBl. 2007, 33.
94 So Henneke Der Landkreis 2006, 258 (276 ff.); ders. NdsVBl. 2006, 89.
95 Übersicht bei Henneke Der Landkreis 2006, 285.
96 VerfGH SN Urt. v. 21.7.1994 – Vf. 1-VII-93 – JbSächsOVG 2 (1994), 79.
97 VerfGH SN, Urt. v. 23.11.2000 – Vf. 53-II-97 – JbSächsOVG 8 (2000), 17.
98 NdsStGH, Urt. v. 15.8.1995 – StGH 2/93 u.a. – NdsVBl. 1995, 225.
99 Die Rechtsprechung des NdsStGH ist von einem von den Antragstellern vorgelegten Rechtsgutachten (H. Goerlich, Aufgabenübertragung und Mehrbelastungsausgleich [Oktober 1997], in: ders./ T. Lenk, Kommunaler Finanzausgleich im Freistaat Sachsen, Leipzig 1999, 7 [112 ff.]) zur Stützung der Argumentation gegen das FAG 1997 herangezogen worden.
100 So auch VerfG BB, Urt. v. 18.12.1997 – VfGBbg 47/96 – DÖV 1998, 336 = LVerfGE 7, 144; LVerfG ST, Urt. v. 17.9.1998 – LVG 4/96 – DVBl. 1998, 1288 = LVerfGE 9, 343 (s.a. Wendt/Elikker VerwArch 93 [2002], 187 [191 ff.]); LVerfG ST, Urt. v. 13.7.1999 – LVG 20/97 – NVwZ-RR 2000, 1 = LVerfGE 10, 440; LVerfG ST, Urt. v. 8.7.2003 – LVG 4/01 – DVBl. 2004, 434 = LVerfGE 14, 413; VerfGH TH, Urt. v. 21.6.2005 – VerfGH 28/03 – ThürVBl. 2005, 228.
101 LVerfG NW DVBl. 1985, 685; krit. Henneke DVBl. 1998, 1158.

verfassungsgesetzlich bei einer Aufgabenübertragung geforderte »Bestimmung über die Deckung der Kosten« keine bestimmte Form, Methode oder Modalität der Kostenregelung noch die Höhe der Kostendeckung vorgeformt waren und das als Kostenregelung auch den Verweis auf den (finanzkraftabhängigen) allgemeinen Finanzausgleich hatte ausreichen lassen.

Die Trennung der »Regelkreise« mit je eigenen Verteilungsmaßstäben bewirkt indes kein beziehungsloses Nebeneinander. Der NdsStGH[102] trägt der zumindest finanzpolitischen Koppelung dadurch Rechnung, dass er für das Verhältnis von allgemeinem Finanzausgleich und Mehrbelastungsausgleich das Bild der »kommunizierenden Röhren« wählt, bei der Veränderungen bei den konnexitätsbedingten Deckungsmitteln notwendig oder doch regelmäßig auf die finanzkraftabhängig zu verteilende Schlüsselmasse einwirken. Dies ist auf die im Ansatz berechtigte Kritik gestoßen,[103] dass der Ausgleich von Kostensteigerungen bei den übertragenen Aufgaben nicht notwendig Einsparungen in anderen Bereichen bewirkt oder die allgemeine Finanzkraft der Kommunen erhöht. Sachlich besteht kein direkter Zusammenhang. Eine proportionale Kürzung der Schlüsselmasse ist nur gerechtfertigt, wenn Steigerungen des Ansatzes für die übertragenen Aufgaben darauf beruhen, dass bislang im allgemeinen Finanzausgleich erfasste Auf- und Ausgaben in den »deckungspflichtigen Bereich« überführt worden sind. Eine direkte Koppelung ist auch dann möglich, wenn sichergestellt ist, dass auch die verbleibende Schlüsselmasse noch eine im Übrigen aufgabengerechte Finanzausstattung gewährleistet, sie also über dem verfassungsrechtlichem Minimum liegt. Der VerfGH SN verhält sich zu dieser Frage nicht ausdrücklich.[104] Die systematisch wenig überzeugende[105] Überantwortung der Bewältigung von Prognosefehlern bei der Bemessung des Übertragungsausgleichs[106] an den allgemeinen Finanzausgleich weist indes darauf, dass er eine Koppelung hinzunehmen würde.

Inhalt und Berechnung des Mehrbelastungsausgleichs bestimmen sich danach, ob die Landesverfassung ein relatives Konnexitätsprinzip enthält, das lediglich einen angemessenen Kostenausgleich verlangt und damit dem Gesetzgeber einen gewissen Gestaltungsspielraum bei der Höhe der Deckungsquote einschließlich der Absetzung einer kommunalen Interessenquote belässt,[107] oder ein striktes Konnexitätsprinzip, das bei relevanten Aufgabenübertragungen einen vollständigen finanzkraftunabhängigen Mehrbelastungsausgleich erfordert, bei dem im Rahmen einer

102 NdsStGH, Urt. v. 25.11.1997 – StGH 14/95 u.a. – NdsVBl. 1998, 43.

103 Krit. Henneke Der Landkreis 2002, 180 (188 f.); a.A. pointiert auch VerfGH TH, Urt. v. 21.6.2005 – VerfGH 28/03 – ThürVBl. 2005, 228.

104 § 3 Abs. 1 Nr. 1 FAG SN (F. 2003) gestaltet den Ausgleich für übertragene Aufgaben als Vorabentnahme von der Finanzausgleichsmasse, die dann notwendig die finanzkraftabhängig zu verteilende Schlüsselmasse mindert.

105 S. u. in und bei Fn. 111.

106 VerfGH SN, Urt. v. 21.7.1994 – Vf.1-VIII-93- – Vf. 1-VII-93 – JbSächsOVG 2 (1994), 79; VerfGH, Urt. v. 23.11.2000 – Vf. 53-II-97 – JbSächsOVG 8 (2000), 17.

107 So zu Art. 57 Abs. 4 LV NI (a.F.) NdsStGH, Urt. v. 25.11.1997 – StGH 14/95 u.a. – NdsVBl. 1998, 43.

grundsätzlich zulässigen pauschalierenden Abgeltung lediglich bei der Aufgabenwahrnehmung typischerweise tatsächlich realisierbare Einsparpotentiale[108] abgesetzt werden dürfen. Der VerfGH SN erkennt Art. 85 Abs. 2 LV SN als strikte Konnexitätsregel[109] und erstreckt den Umfang der zu berücksichtigenden Kosten – konsequent – auf alle (notwendigen) Sach- und Verwaltungskosten. Bislang hatte er sich aber nicht mit den methodischen Fragen der Kostenermittlung und den mitunter finanzwirksamen »Details« der Festlegung und Ermittlung der relevanten Kosten[110] zu befassen.

Die auf einen effektiven Ausgleich kommunaler Mehrbelastungen gerichtete Position des VerfGH SN steht in einem schwer nachvollziehbaren Kontrast zur Behandlung von Prognosefehlern bei der Bemessung des Mehrbelastungsausgleichs. Der VerfGH SN[111] bezieht die Kostendeckungs- und Ausgleichspflicht auf den Zeitpunkt der Aufgabenübertragung und verweist – u.a. unter Rückgriff auf die Entstehungsgeschichte[112] – die Nachbesserung bei Fehlprognosen über die entstehenden Kosten auf die allgemeine Einstandspflicht des Freistaats für die Kommunalfinanzen – und damit auf einen finanzkraftabhängigen Verteilungsschlüssel. Systematisch ist diese Beschränkung der finanziellen Rechtsfolgen einer nach einem strikten Konnexitätsprinzip beachtlichen Aufgabenübertragung auf eine Momentaufnahme im Rechtsvergleich weder originell[113], noch überzeugend:[114] Sie liegt nach dem Wortlaut zumindest nicht nahe und ebnet die zuvor betonte »Eigenlogik« der selbständigen Regelkreise partiell ein. Der Hinweis des Gerichts, dass auch die allgemeine Finanzgarantie »Schutz gegen die Aushöhlung des kommunalen Selbstverwaltungsrechts« gewährleiste, rechtfertigte auch die Zusammenführung der verschiedenen Finanzgarantien in einem einzigen (finanzkraftabhängigen) Ansatz. Bei einer dualistischen Finanzgarantie mit striktem Konnexitätsprinzip ist eine zuverläs-

108 S. dazu VerfG BB, Urt. v. 14.2.2002 – VfG 17/01 – LKV 2002, 323 = LVerfGE 13, 97 (116); VerfGH TH, Urt. v. 21.6.2005 – VerfGH 28/03 – ThürVBl. 2005, 228; s.a. Henneke Der Landkreis 2004, 160 (190).

109 VerfGH SN, Urt. v. 21.7.1994 – Vf. 1-VII-93 – JbSächsOVG 2 (1994), 79; Urt. v. 23.11.2000 – Vf. 53-II-97 – JbSächsOVG 8 (2000), 17.

110 S. dazu Abschnitt II der »Gemeinsamen Erklärung der Landesregierung Mecklenburg-Vorpommern und der kommunalen Landesverbände zum Konnexitätsprinzip«, Amtsblatt MV 2002, 314; s.a. § 3 Konnexitätsausführungsgesetz NW (v. 22.6.2004, GVBl. S 360); § 2 Konnexitätsausführungsgesetz RP (v. 2.3.2006, GVBl. S. 53); Vereinbarung über ein Konsultationsverfahren zwischen der Staatsregierung und den kommunalen Spitzenverbänden zur Umsetzung des Konnexitätsprinzips vom 21.5.2004, GVBl. [BY] S. 218.

111 VerfGH, Urt. v. 21.7.1994 – Vf. 1-VII-93 – JbSächsOVG 2 (1994), 79; VerfGH SN, Urt. v. 23.11.2000 – 53-II-97 – JbSächsOVG 8 (2000), 17; zur Kritik s. etwa Meyer LKV 2001. 297; Henneke Der Landkreis 2006, 285 (306 f.); Lohse (Fn. 21), 175 ff.; Schliesky/Welti NordÖR 2001, 465 (469); F. Schoch/J. Wieland, Finanzverantwortung für gesetzgeberisch veranlasste kommunale Aufgaben, Baden-Baden 1995, 164 f.

112 S.a. Wahl SächsVBl. 1996, 298 (299 ff.).

113 S. StGH BW, Urt. v. 5.10.1998 – GV 4/97 – VBlBW 1999, 18 (= DÖV 1999, 841 = NVwZ-RR 1999, 93 = ESVGH 49, 5 [keine Verpflichtung des Gesetzgebers zum Mehrlastenausgleich nach LV BW Art. 71 Abs. 3 bei zur Selbstverwaltung übertragener Aufgabe der Tierkörperbeseitigung]).

114 Dezidiert a.A. etwa VerfG BB, Urt. v. 14.2.2002 – VfG 17/01 – LKV 2002, 323 = LVerfGE 13, 97; VerfGH TH, Urt. v. 21.6.2005 – VerfGH 28/03 – ThürVBl. 2005, 228 (235); s.a. die ausdrückliche verfassungsgesetzliche Regelung in Art. 78 Abs. 3 Satz 3 LV NW (F. 2004).

sige Kostenfolgenabschätzung, die auch die tatsächliche Kostenentwicklung bei der Erfüllung der übertragenen Aufgabe im Zeitverlauf »unter Kontrolle« hält und bei der Kostendeckung berücksichtigt, um so wichtiger, als nur hierdurch kostenrelevante Modifikationen im Rahmen einer übertragenen Aufgabe erfasst werden. Werden bloße Aufgabenänderungen[115] oder -erweiterungen als nicht deckungsrelevant[116] ausgeblendet, weil sie lediglich Gewichtung und Qualität der Aufgabenerfüllung lenken, ist zwar eine Kostenkontrolle auch im Zeitverlauf entbehrlich. Zu prüfen ist dann aber, ob sie einer bereits »übertragenen« Aufgabe ein finanzausgleichsrechtlich selbständiges, qualitativ »neues« Element hinzufügen; der Streit verlagert sich auf den Aufgabenbegriff, was dessen »Atomisierung« Vorschub leistet.

Diese Beschränkung bei den Rechtsfolgen steht auch in einem Spannungsverhältnis zur Position des VerfGH SN in der Frage, welche Aufgabenübertragungen bei dem steuerkraftunabhängigen Mehrbelastungsausgleich überhaupt zu berücksichtigen sind. Mit dem Ausschluss vorkonstitutioneller und bundesgesetzlicher Aufgabenübertragungen[117] folgt der VerfGH SN dem »mainstream« der Landesverfassungsgerichte. Als Kriterium der »Aufgabenübertragung« wird lediglich darauf abgestellt, ob die Erledigung der übertragenen Aufgabe durch landesgesetzliche Vorgaben inhaltlich festgelegt wird[118] und die für den Selbstverwaltungsträger neue Aufgabe eine Mehrbelastung bewirkt; die Umgestaltung einer freiwilligen Aufgabe in eine Pflichtaufgabe[119] oder die Zuweisung einer neuen Selbstverwaltungsaufgabe werden so unabhängig davon einbezogen,[120] ob es sich um Aufgaben der örtlichen Gemeinschaft handelt.[121]

Zurückhaltung übt der VerfGH SN auch gegenüber der Gewährung von »Primärrechtsschutz« bei einer Aufgabenübertragung, bei der keine (hinreichende) Kostendeckungsregelung getroffen worden ist. Die Wirksamkeit der Aufgabenübertragung selbst wird nicht systematisch thematisiert, obwohl diese Frage vorrangig ist. Denn ein Anspruch auf ergänzende Ausgleichsmittel kann nur für notwendige Ausgaben bestehen; solche fallen bei einer verfassungswidrigen Aufgabenübertragung, der

115 VerfGH SN, Urt. v. 21.7.1994 – Vf. 1-VII-93 – JbSächsOVG 2 (1994), 79 (91).

116 VerfGH SN Urt. v. 20.5.2005 – Vf. 34-VIII-04 – JbSächsOVG 13 (2005), 16 (39 f.).

117 Zum Diskussionsstand jüngst – m.w.N. – Ziekow DÖV 2006, 489.

118 Unter zustimmendem Hinweis auf StGH BW, Urt. v. 5.10.1998 – GV 4/97 – VBlBW 1999, 18.

119 Insoweit mangels Auf- und Ausgabendifferenz für die Rechtsfolge eines Mehrbelastungsausgleichs a.A. LVerfG ST, Urt. v. 8.7.2003 – LVG 4/01 – LVerfGE 14, 413 (= DVBl. 2004, 434 [mit. krit. Anm. Henneke, 437 f.]); dagegen u.a. Schoch VBlBW 2006, 122 (127); ders., in: FS v. Arnim, 2004, 411 (420).

120 Urt. v. 23.11.2000 – Vf. 53-II-97 – JbSächsOVG 8 (2000), 17; in VerfGH SN, Urt. v. 21.7.1994 – Vf. 1-VII-93 – JbSächsOVG 2 (1994), 79 (91) für Pflichtaufgaben der örtlichen Gemeinschaft noch offengelassen.

121 Krit. Kaplonek LKV 2004, 150, der Pflichtigmachung einer eigenen Aufgabe als aliud zu einer Übertragung und daher Raum für einen Kostenausgleich bei pflichtigen Aufgaben der örtlichen Gemeinschaft nur bei einer – angezeigten – analogen Anwendung des Art. 85 Abs. 2 LV SN sieht. Auch der VerfGH TH (Urt. v. 21.6.2005 – VerfGH 28/03 – ThürVBl. 2005, 228) begrenzt – bei abweichendem Normtext – die Pflicht zum übertragungsbedingten Mehrbelastungsausgleich auf Aufgaben des sog. übertragenen Wirkungskreises.

nicht Folge zu leisten ist, nicht an. Gegen einen hiernach nahe liegenden Durchgriff auf die Aufgabenzuweisung selbst[122] soll nach der landesverfassungsgerichtlichen Rechtsprechung sprechen,[123] dass die Pflicht zu (gleichzeitigen) Kostendeckungsregelungen kein ›Junktim‹ zwischen Aufgabenübertragung und Kostendeckungsregelung statuiere. Dass die Bestimmungen über die Deckung der Kosten bei (»dabei«) Aufgabenübertragung zu treffen ist, lässt indes durchaus Raum für die Annahme eines Junktims. Gegen das Ergebnis spricht die Gefahr, dass Rechtsfragen der kommunalen Finanzausstattung unmittelbar auf das Außenverhältnis zu den durch den übertragenen Aufgabenvollzug betroffenen Bürgern »durchschlagen«.

III. Landesverfassungsgerichte als »Retter der Kommunalfinanzen«?

Die Kommunen haben auf die Krise ihrer Finanzen infolge schnell wachsender Ausgaben vor allem im sozialen Bereichen (Sozial- und Jugendhilfe) und stagnierender bis langsam steigender Zuweisungen neben massiven Konsolidierungs- und Modernisierungsanstrengungen auf breiter Front auch durch Anrufung ihrer Landesverfassungsgerichte zur Durchsetzung der landesverfassungsgesetzlichen Finanzgarantien reagiert. Im breiten Spektrum der hierzu ergangenen vielfältigen Rechtsprechung[124] ist die Rechtsprechung des VerfGH SN zu den kommunalen Finanzen im Ländervergleich eher punktuell und unspektakulär. Der VerfGH SN hatte einzelne Fragen der kommunalen Finanzausstattung zu beurteilen und sich dabei auch zu den systematischen Grundlagen zu verhalten, eine flächendeckende Überprüfung der Finanzbeziehungen zwischen dem Freistaat Sachsen und seinen Kommunen bis hin zu den Details der Binnenverteilung im Kommunalbereich war ihm indes nicht abverlangt worden. Im deutlichen Kontrast dazu steht die Rechtsprechung des NdsStGH, der nach der Einführung der kommunalen Verfassungsbeschwerde[125] von den Kommunen in dichter Folge und mit breit gefächerten Streitgegenständen angerufen worden ist. Die Gründe für diesen Unterschied in der Intensität der juristischen Auseinandersetzung und der Reaktion des angerufenen Gerichts sind letztlich unklar. Dass angesichts der in den 90er Jahren verschärften Verteilungskämpfe um die knapper

122 S. Schliesky DÖV 2001, 714 (720 f.); Volkmann DÖV 2001, 497 (499); Schoch/Wieland, Kommunale Aufgabenträgerschaft (Fn. 15), 48 ff., passim; für einen Durchgriff bei Aufgabenübertragungen, die zur Unterschreitung des Selbstverwaltungsminimums führen, auch Hufen DÖV 1998, 276 (282 ff.); ähnlich Meier/Greiner VerwArch 97 (2006), 293 (313) (Leistungsverweigerung wegen Unzumutbarkeit der Pflichterfüllung in Situationen akuter Unterfinanzierung); dagegen etwa Remmert, VerwArch 94 (2003), 459 (468 ff.).

123 VerfGH SN, Urt. v. 21.7.1994 – Vf.1-VII-93 – JbSächsOVG 2 (1994), 79 (91 f.); LVerfG ST, Urt. v. 13.7.1999 – LVG 20/97 – NVwZ-RR 2000, 1 = LVerfGE 10, 440 (456 f.).

124 Aus der Landkreisperspektive s. die kontinuierliche Berichterstattung durch Henneke Der Landkreis 2002, 180; Der Landkreis 2003, 190 (204 ff.); Der Landkreis 2004, 166; Der Landkreis 2005, 276; Der Landkreis 2006, 285.

125 Art. 54 Nr. 5 LV NI v. 19.5.1993 (GVBl. S. 107); s.a. Berlit NdsVBl. 1995, 97 (103 ff.).

werdenden öffentlichen Mittel auch in den Ländern[126] die Finanzbeziehungen auf breiter Front zum Gegenstand verfassungsgerichtlicher Auseinandersetzung gemacht worden sind, überrascht nicht.[127] Dass in Niedersachsen nach dem kurzen »Vereinigungsboom« und dem Inkrafttreten des neuen Finanzausgleichssystems der Konsolidierungsdruck im Land besonders hoch war, die zur Gegensteuerung getroffene Systemumstellung und Mittelkürzung spürbar auch die Kommunen getroffen haben, erklärt Stil und Intensität der dort geführten juristischen Auseinandersetzung aber nur zum Teil. Ein weiteres Moment ist, dass der Freistaat Sachsen es offenbar – nicht zuletzt durch den Gleichmäßigkeitsgrundsatz – zunächst besser verstanden hat, bei »seinen« Kommunen den Eindruck einer angemessenen Finanzierung zu erwecken, die Mittel zur Deckung des investiven Nachholbedarfs die Finanzsituation entspannt haben und die Kommunen in den ostdeutschen Ländern in besonderem Maße auf Zuweisungen und Zuschüsse von Bund und Land angewiesen sind, die politische Verhandlungslösungen gegenüber juristischen Auseinandersetzungen ungewissen Ausgangs attraktiver erscheinen lassen.[128] Als Erklärungsfaktor kann nicht auf Unterschiede in der Schutzbedürftigkeit der Kommunen gegen »ihr« Land oder verfassungsgerichtlicher Interventionsnotwendigkeiten zurückgegriffen werden. Ob die sächsischen Kommunen, werden die aus dem Aufbau Ost resultierenden Sondereffekte herausgerechnet, durch den Freistaat Sachsen tatsächlich besser behandelt werden als z.B. die niedersächsischen Kommunen durch das Land Niedersachsen, lässt sich nicht seriös beurteilen. Für einen Vergleich fehlen aussagekräftige, länderübergreifend aufbereitete Daten, welche die verzerrenden Effekte unterschiedlicher Aufgaben- und Finanzierungsstrukturen einschließlich der Verlagerung der Erfüllung kommunaler Ausgaben in ausgelagerte Einheiten bereinigen. Dass mit der Vorlage des Gemeindefinanzberichts Sachsen 2002/03[129] ein sofortiger Handlungsbedarf zur Verbesserung der kommunalen Finanzsituation im Freistaat Sachsen belegt werden sollte und die Opposition die Sächsischen Kommunen »im Würgegriff der Staatsregierung« sah,[130] taugt zum Beleg hierfür nicht; es schließt ein »Jammern auf hohem Niveau« und deutlich angespannterer Finanzlagen in anderen Ländern nicht aus.[131]

126 Zur Auseinandersetzung im Bund-Länder-Verhältnis aus jüngerer Zeit etwa BVerfG, Urt. v. 11.11.1999 – 2 BvF 2/98 u.a. – BVerfGE 101, 158 (Länderfinanzausgleich); Urt. v. 28.3.2002 – 2 BvG 1/01 u.a. – BVerfGE 105, 185 (Einnahmen UMTS-Versteigerung); Urt. v. 17.10.2006 – 2 BvG 1, 2/04 – (EU-Anlastungen); Urt. v. 19.10.2006 – 2 BvF 3/03 – NVwZ 2007, 67 (Haushaltsnotlage/ Sanierungsbeihilfe Berlin).

127 Zu den Gründen der Entwicklung s.a. Geis (Fn. 57), 79 (79 f.).

128 Erhebliche Abrechnungsrückforderungen des Freistaates gegen seine Kommunen aus der durch das FAG vorgegebenen Abrechnung infolge einer hinter den Vorauszahlungen zurückbleibenden Entwicklung der Verbundmasse kommen hinzu.

129 Gemeindefinanzbericht Sachsen 2002/2003, im Auftrag des Sächsischen Städte- und Gemeindetages erstellt von T. Lenk, Leipzig (Dezember) 2003.

130 Sächs. Landtag, 3. Wahlperiode, 99. Sitzung v. 16.1.2004, Prot. 3 Wp. S. 7170 ff.

131 Das LVerfG TH (Urt. v. 21.6.2005 – VerfGH 28/03 – ThürVBl. 2005, 228 [240]) lehnt es umgekehrt zu Recht ab, aus statistischen Erkenntnissen der thüringischen Kommunen allgemein oder dem Vergleich ihrer Finanzlage mit der anderer Länder Rückschlüsse auf die Fähigkeit zur Erfüllung freiwilliger Aufgaben zu ziehen.

Aufklärungsbedarf besteht zum Ertrag, den die intensive Auseinandersetzung in Schrifttum und Rechtsprechung um die (landes)verfassungsrechtlichen Grundlagen der kommunalen Finanzausstattung seit Anfang der 90er Jahre im Ergebnis für die Kommunalfinanzen gebracht hat. Die Rechtsprechung der Landesverfassungsgerichte hat – bei allen Unterschieden im Detail und noch offenen Fragen – einen wesentlichen Erkenntnisfortschritt bewirkt und den Rationalitätsgrad der Finanzausgleichssysteme erhöht. Ob dieser unbestreitbare intellektuelle Erkenntnis- und Rationalitätsgewinn auch im finanzwirtschaftlichen Ergebnis zu einer verbesserten Finanzausstattung der Kommunen geführt hat, ist indes zumindest zweifelhaft und drängt sich nicht auf; auch zu den realen Effekten der Verfassungsänderungen der letzten Jahre fehlen bislang valide finanzwissenschaftliche Untersuchungen.[132] Hier besteht Forschungs- und Evaluationsbedarf. Die Entspannung, die sich bei der Situation der kommunalen Haushalte seit Kurzem abzeichnet,[133] gründet jedenfalls im Kern auf der Entwicklung von Gewerbe- und Körperschaftsteuer, nicht auf – gar normativ induzierten – Veränderungen bei den Zuweisungen von Bund und Ländern; die drastisch ansteigenden Kassenkredite weisen zudem auf eine zunehmende Differenzierung der kommunalen Finanzen und wachsende Probleme bei strukturschwachen Gemeinden.[134] Schon bei einer Betrachtung, welche nur die beiden Hauptsäulen landesverfassungsrechtlicher Finanzgarantien in den Blick nimmt und »Ausweichreaktionen« des Landes bei Zuweisungen außerhalb des kommunalen Finanzausgleichs ausblendet, spricht Überwiegendes dafür, dass verfassungsgerichtliche Beanstandungen oder verfassungsgesetzliche Änderungen keine nennenswerten ebenenbezogenen Veränderungen bewirken.[135] Es geht vielmehr vorrangig um Verschiebungen bei der Verteilung einer im Kern gleich bleibenden Finanzmasse innerhalb der »kommunalen Ebene«, mithin nicht um die fiskalischen, sondern die (re)distributiven, raumordnungspolitischen und – begrenzt – meriotorischen Funktionen des kommunalen Finanzausgleichs. Sowohl in Niedersachsen als auch in Sachsen hat der Finanzausgleichsgesetzgeber – verfassungsgerichtlich bis-

132 Eher skeptisch zu Art. 83 Abs. 3 LV BY Gallwas (Fn. 92), 677 (689 ff.), die die Finanzierungsregelungen bei der Einführung des achtjährigen Gymnasiums als ein »Musterbeispiel für die Diskrepanz zwischen verfassungsrechtlicher Zielsetzung und Verfassungswirklichkeit« sieht.

133 BMF, Finanzsituation der Kommunen 2005, Mai 2006; Deutscher Städtetag, Aktuelle Finanzlage der Städte. Rückblick auf 2006 und Prognose für 2007, Berlin 9.2.2007; Bundesvereinigung der kommunalen Spitzenverbände, Kommunalfinanzen 2005 bis 2007 – Prognose der kommunalen Spitzenverbände, Berlin 9.2.2007.

134 Zu weiteren Differenzierungen innerhalb der kommunalen Ebene s. Wohltmann Der Landkreis 2006, 172 ff, 178 ff. und 214 ff. einerseits (Kreisfinanzen 2005/06), Karrenberg/Münstermann Der Städtetag 5/2006, 14 ff. andererseits (Gemeindefinanzbericht 2006).

135 Das von Henneke (ZG 2006, 73 [74]) genannte Beispiel zusätzlicher Leistungen außerhalb des Steuerverbundes in Höhe von insgesamt 537 Mio DM in den Jahren 1986 bis 1988 als Konsequenz des Urteils des VerfGH NW v. 19.7.1985 zur Aufstockung II (DVBl. 1985, 1306) ist bei isolierter Betrachtung des Nachtragsgesetzes zu den Gemeindefinanzierungsgesetzen 1983, 1984 und 1985 (v. 5.11.1985, GVBl. S. 614) stimmig; eine ebenenbezogene Betrachtung hat indes zu berücksichtigen, dass die jeweils in § 3 Abs. 1 GFG festgesetzten Verbundmittel im GFG 1986 (Gesetz v. 19.3.1986, GVBl. S. 169) allein für dieses Jahr mit 8 814 Mio DM um ca. 314 Mio DM niedriger lagen als noch nach dem GFG 1985 (Gesetz v. 26.2.1985, GVBl. S. 143: 9 128,3 Mio DM).

lang unbeanstandet – den nach Landesverfassungsrecht geschuldeten gesonderten Ausweis des Mehrbelastungsausgleichs und seine finanzkraftunabhängige Verteilung im Ergebnis zu Lasten der Schlüsselmasse umgesetzt. Die zum Ausgleichsvolumen aus kommunaler Sicht mit der ersten Entscheidung des NdsStGH geweckten Hoffnungen sind spätestens durch das dritte KFA-Urteil zerstoben; der VerfGH SN hat sich von vornherein nicht zum Volumen der Verteilungsmasse verhalten. Rechtsprechung schöpft eben kein Geld.[136] Dies nimmt den Anstrengungen um eine rationalere Verteilung der begrenzten öffentlichen Mittel nicht ihren Sinn, verweist aber darauf, dass neben den ebenenbezogenen Wirkungen stets auch die »horizontalen« Verteilungskonflikte auf der kommunalen Ebene und die Fähigkeit des Landes zu beachten sind, mit den begrenzten Mitteln einen angemessenen allgemeinen Finanzausgleich zu gestalten.

Ein Spannungsverhältnis von erhoffter positiver Wirkung auf die kommunalen Finanzen und möglicherweise kontraproduktiven realen Effekten ergibt sich auch in Bezug auf das Konnexitätsprinzip. Sein »Ausbau« in Bezug auf die Verbindlichkeit der Ausgleichsverpflichtung (relatives vs. striktes Konnexitätsprinzip) sowie der erfassten Aufgabenübertragungen und -arten erscheint vielen als erstrebenswerte Stärkung der kommunalen Finanzen. Dies gilt allzumal dann, wenn durch eine Gemeindefinanz- oder die nun anstehende Unternehmenssteuerreform auch das erste Standbein der Gemeindefinanzen gestärkt oder doch verstetigt wird, deren Effekte durch eine finanzkraftunabhängige Mittelzuweisung nicht mittelbar »abgeschöpft« werden. Eine rechtsprechungsinduzierte Erweiterung des Anwendungsbereichs des Konnexitätsprinzips bedeutet nur auf den ersten Blick einen »Fortschritt« auf dem Weg zu stabileren Kommunalfinanzen. Ein umfassendes Konnexitätsprinzip, nach dem finanzkraftunabhängig vollständig die kommunalen Kosten aller fremddeterminierten, »pflichtigen« Aufgaben auszugleichen sind, und zwar unabhängig vom Zeitpunkt ihrer Übertragung, der Art der Aufgaben oder dem Übertragenden, wäre mit dem bisherigen System unvereinbar.[137] Nach Schätzungen wären hiervon ca. 90 v.H. des kommunalen Finanzbedarfs erfasst,[138] auf Kreisebene eher mehr.[139] Bei deren finanzkraftunabhängiger Abgeltung könnte der bedarfs- und finanzkraftbezogene allgemeine Finanzausgleich seine Ausgleichsfunktion nicht mehr erfüllen. Es müssten die nach der bundesrechtlichen Steuerverteilung den finanzstärkeren Gemeinden zustehenden Einnahmen in einem Umfang durch eine

136 So die zutreffende Erkenntnis von Henneke (Der Landkreis 2006, 285 [285]), der damit die nachlassende Intensität der Auseinandersetzung vor Landesverfassungsgerichten bei unverändert desolater kommunaler Finanzlage erklärt.

137 Der Freistaat Sachsen ist von diesem Problem noch weit entfernt. Im Jahre 2003 lagen die Zuweisungen für übertragene Aufgaben mit ca. 129 Mio € nur etwas höher als die sonstigen Sonderlastenausgleiche und machten ca. 5 v.H. der allgemeinen Schlüsselzuweisung aus.

138 Lohse (Fn. 21), 147; Schoch, in: Symposium Erichsen, 2000, 93 (98); diese hohe Quote ergibt sich allerdings wohl nur dann, wenn die teils erheblichen Spielräume zu eigenverantwortlicher Gestaltung bei den weisungsfreien Pflichtaufgaben ausgeblendet werden.

139 S. Zacharias DÖV 2000, 56 (62).

Finanzausgleichsumlage abgeschöpft werden, dass die Grenzen der bundesverfassungsgesetzlichen Umlagebefugnis (Art. 106 Abs. 6 Satz 6 GG) überschritten sein dürften.[140] Die Steuereinnahmen selbst der steuerschwachen ostdeutschen Kommunen liegen zudem bei ca. 1/3 der allgemeinen Deckungsmittel und übersteigen damit auch im Durchschnitt die Aufwendungen für nicht fremddeterminierte Aufgaben. De constitutione lata kann Konsequenz nicht sein, das Konnexitätsprinzip von der zweiten Säule einer dualistischen Finanzgarantie zurückzustufen zu einem befristeten Sofortausgleich und den Mehrbelastungsausgleich nicht sachlich nach Übertragungsbereichen, sondern zeitlich bis zur nächsten Anpassung der Verbundquote im allgemeinen Finanzausgleich zu begrenzen.[141] De constitutione ferenda ist diese faktische Aufgabe eines dualistischen Schutzkonzeptes als ein denkbarer Ausweg aber dann diskussionswürdig, wenn der finanzkraftunabhängig zuzuweisende Teil der Landesmittel durch sukzessive Erweiterung des »Konnexitätsbereichs« so groß wird, dass das Land wegen eines zu hohen Anteils (nahezu) abundanter Kommunen mit den verbleibenden Mitteln die bestehenden Finanzkraft- und Bedarfsunterschiede ohne Verstoß gegen anerkannte Verteilungsgrundsätze[142] nicht mehr unter Sicherung einer aufgabengerechten Finanzausstattung gerade auch für die finanzschwächeren Kommunen ausgleichen kann.
Problematische Effekte ergeben sich bei einer qualitativen Erweiterung der dem Konnexitätsprinzip unterfallenden Auf- und damit Ausgaben auch wegen der Kontroll- und Steuerungsprobleme, die mit der Feststellung und -setzung der bei der Deckungsbetrachtung berücksichtigungsfähigen Kosten verbunden sind. Dass nicht die Ist-Kosten zu erstatten sind,[143] sondern auch beim strikten Konnexitätsprinzip die für eine nach Art und Umfang sachgerechte, wirtschaftliche Aufgabenerfüllung notwendigen Soll-Kosten den Maßstab für die Deckungsbetrachtung bilden, kann als Konsens gelten. Ob hierbei stets an die (tatsächlichen) Durchschnittskosten der kommunalen Aufgabenerfüllung anzuknüpfen ist[144] oder diese methodisch nur einen ggfls. korrekturbedürftigen Anhaltspunkt für die Sollkostenberechnung[145] bil-

140 Zu den Grenzen eines landesverfassungsrechtlich zugelassenen interkommunalen Finanzausgleichs s. LVerfG ST, Urt. v. 13.6.2006 – NVwZ 2007, 78; NdsStGH, Urt. v. 16.5.2001 – StGH 6/99 u.a. – NdsVBl. 2001, 184 (188); s.a. BVerwGE 106, 280 (gemeindlicher Solidarbeitrag abundanter Gemeinden zum Ausgleich einigungsbedingter Einnahmeausfälle); BVerfGE 83, 363 (Krankenhausfinanzierungsumlage RP); BVerwG SächsVBl. 2007, 63 (Samtgemeindeumlage Niedersachsen).

141 So der Ansatz bei Lohse (Fn. 21), 155 f.

142 Z.B. des Gebots einer folgerichtigen, widerspruchsfreien Ausgleichskonzeption sowie der interkommunalen Gleichbehandlung (s. LVerfG RP, Urt. v. 26.1.2006 – VGH B 1/05 – NVwZ 2006, 1050) und des Nivellierungsverbots; s. Huber/Storr (Fn. 49), 104 ff.; Goerlich (Fn. 99), 118 ff.

143 VerfGH SN 23.11.2001 SächsVBl. 2001,

144 VerfGH TH, Urt. v. 21.6.2005 – VerfGH 28/03 – ThürVBl. 2005, 228 (233), der allerdings eine Berücksichtigung realisierbarer Einsparpotenziale über eine realistisch bemessene Interessenquote zulässt.

145 So der methodische Ansatz einer finanzwissenschaftlichen Auswertung, die in Niedersachsen zur Umsetzung des ersten Urteils des NdsStHG erstellt worden ist (Hardt/Schmidt [Fn. 56]); s.a. NdsStGH, Urt. v. 16.5.2001 – StGH 6/99 u.a. – NdsVBl. 2001, 184 (185 f.).

den können, ist umstritten. Es verdeutlicht, dass zu der (möglichst exakten) Feststellung der tatsächlichen Kosten stets noch die Bewertung ihrer Angemessenheit hinzutreten muss, in die implizit stets auch normativ nicht zwingend vorgegebene »Durchführungsstandards« einfließen werden. Auch ein »kommunalfreundlicher« Landesgesetzgeber steht hier in der Zwickmühle, entweder durch eine ausdifferenzierte, auf einzelne Aufgaben bezogene Kostenanalyse (zu) tief in den kommunalen Aufgabenvollzug »hineinzuschauen« und durch die Bewertung, welche Aufwendungen als noch angemessen berücksichtigungsfähig sind, den kommunalen Aufgabenvollzug mittelbar intensiver als bisher zu steuern, oder durch eine zu grobmaschige Pauschalierung und Typisierung das Ziel eines treffsicheren vollständigen Mehrbelastungsausgleichs zu verfehlen.[146] Wird dann gegen den VerfGH SN aus der Entscheidung für eine dualistische Finanzgarantie mit getrennten Verteilungsmassen und -maßstäben die zutreffende Konsequenz gezogen, dass auch die Kostenentwicklung bei den übertragenen Aufgaben zu beachten und der Deckungsbetrag bei mehr als unwesentlichen Veränderungen anzupassen ist, stünden die Kommunen in breiten Bereichen ihrer Tätigkeit unter mit Selbstverwaltung kaum vereinbarer kontinuierlicher Beobachtung und Kostenkontrolle.

Operationalisierungsschwierigkeiten, wie sie hier für die Bestimmung der im konnexitätsbedingten Mehrkostenausgleich berücksichtigungsfähigen Kosten benannt sind, prägen den kommunalen Finanzausgleich auch sonst. Im Vergleich zum Länderfinanzausgleich, der als weitgehend steuerkraftbezogener Ausgleich für bedarfsbezogene Elemente nur begrenzt Raum lässt,[147] sind die Daten und Kriterien, die für die Gestaltung eines aufgaben-, insb. auch bedarfsgerechten kommunalen Finanzausgleichs oder einer kommunalen Mindestausstattung heranzuziehen sind, deutlich komplexer, strategie- und streitanfälliger und in hohem Maße von Auswahl-, Relevanz- und Bewertungsentscheidungen abhängig. Die Ausfüllung der unbestimmten Rechtsbegriffe und abstrakten normativen Kriterien, die Landesverfassungsgerichte und Schrifttum aus der Verfassungsinterpretation gewinnen, kann nur begrenzt auf gesicherte, nicht umstrittene finanzwissenschaftliche Erkenntnisse und Methoden zurückgreifen. Auch dies verbietet überzogene Erwartungen an eine »Rettungsfunktion« der Landesverfassungsgerichte. Dem demokratisch legitimierten Finanzausgleichsgesetzgeber stehen Einschätzungs-, Prognose- und Bewertungsspielräume

146 S.a. Vetzberger LKV 2006, 347 (349 f.); der problembewusste Ansatz des VerfGH TH (Urt. v. 21.6.2005 – VerfGH 28/03 – ThürVBl. 2005, 228 [234]), für Genauigkeit der Kostenermittlung und Typisierungsbefugnis nach dem Autonomiegrad der erfassten Aufgabe zu differenzieren, verschiebt das Problem auf die Bestimmung der Autonomiegrade, ohne es letztlich zu lösen. Bei qualitativer Erweiterung des »Übertragungsbereichs« verliert auch die vom NdsStGH (Beschl. v. 15.8.1995 – StGH2/93 u.a. – NdsVBl. 1995, 225 [228 f.]; Urt. v. 25.11.1997 – StGH 14/95 u.a. – NdsVBl. 1998, 43 [45]; Urt. v. 16.5.2001 – StGH 6/99 u.a. – NdsVBl. 2001, 184 [188]) eingeführte Unterscheidung von typisierender Bedarfsanalyse (allgemeine Finanzgarantie) und Kostenanalyse (Konnexitätsbereich) an Bedeutung.

147 Eingehend Kesper (Fn. 45); S. Korioth, Der Finanzausgleich zwischen Bund und Ländern, Tübingen 1997.

zu, denen die Landesverfassungsgerichte nur gewisse Grenzen ziehen können. Dies plädiert nicht für einen Rückfall auf eine Position fehlender Justiziabilität[148] und bestreitet auch sonst nicht die Normativität der Finanzgarantien zu Gunsten einer »political question doctrine«.[149] Es erinnert lediglich an Grenzen einer Juridifizierung der politischen Aushandlungsprozesse, die notwendig mit dem kommunalen Finanzausgleich verbunden sind:[150] Dieser Prozess ist verfassungsgeleitet, seine Ergebnisse aber nicht auf Euro und Cent verfassungsgesetzlich determiniert.[151] Die Landesverfassungsgerichte haben aus dieser Perspektive vor allem zu rationaleren Verhandlungsgrundlagen beizutragen, sachwidrige Berechnungs- oder Verteilungsgrundsätze und Gestaltungselemente zu beanstanden und die Begründungsanforderungen an den Landesgesetzgeber zu erhöhen, die politische Auseinandersetzung aber nicht ergebnisbezogen zu ersetzen. Auf die Verteilungsergebnisse wirkt die Rechtsprechung so letztlich darüber ein, dass sie die Durchsetzungschancen im politischen Prozess beeinflusst oder umverteilt.

Dieser begrenzten Funktion, die landesverfassungsgerichtlicher Kontrolle im kommunalen Finanzausgleich zuzuschreiben ist, entspricht der wenig spektakuläre, inkrementale und auf die jeweilige Entscheidungsfrage begrenzte Ansatz des VerfGH SN – ungeachtet der Kritikwürdigkeit im Detail gefundener Ergebnisse – besser als auch im Stil der Entscheidungsbegründung auf umfassende Systembildung gerichtete Judikate mit »Lehrbuchcharakter«.[152] Dies scheint mir auch die »versteckte Botschaft« der Entwicklung der Rechtsprechung des NdsStGH, die auch als stufenweise Relativierung und »Aufweichung« der ersten Grundsatzentscheidung in wachsender Erkenntnis verfassungsgerichtlicher Kontrollgrenzen gewertet werden kann.[153]

148 So für den bundesstaatlichen Finanzausgleich F. Ossenbühl, Verfassungsrechtliche Grundfragen des Länderfinanzausgleichs gem. Art. 107 II GG, Baden Baden 1994; s. dagegen zu Recht R. Prokisch, Die Justiziabilität der Finanzverfassung, Baden-Baden 1993; BVerfGE 72, 330 (388 ff.).

149 So die Kritik von Geis (Fn. 57), 79 (86 ff.) auch am VerfGH SN; s.a. Henneke Der Landkreis 2006, 285.

150 Aus Sicht des Städtetages: Münstermann ZKF 2003, 129; 161; 226.

151 So zu Recht Würtenberger (Fn. 73), 973; Volkmann DÖV 2001, 497; s.a. Remmert VerwArch 94 (2003), 459 (481).

152 S. für das Urteil des VerfGH TH v. 3.5.2005 (- VerfGH 28/03 – ThürVBl. 2005, 11) Henneke ZG 2006, 73 (»ThürVerfGH schreibt Lehrbuch der Kommunalfinanzausgleichsgesetzgebung«).

153 So etwa Maas (Fn. 73), der beanstandet, der NdsStGH sei in seinem Urteil vom 16.5.2001 »deutlich hinter seinen eigenen Ansprüchen zurückgeblieben«; Meyer, NVwZ-Beil. 2001, 36.

Bundesverfassungsgericht und Staatsorganisationsrecht des Grundgesetzes

Verfassungsrechtsprechung als Anlass zur Veränderung des Verfassungstextes

Jürgen Jekewitz

1. Einleitung

Dort, wo nicht nur die Prozeduren, sondern auch die Inhalte des politischen Prozesses einem letzt verbindlichen Richterspruch unterliegen, gewinnt die Jurisdiktion den Status einer souveränen Instanz, die das jeweilige Bild der Verfassungsordnung prägt[1]. Das gilt auch und insbesondere für den Staat des Grundgesetzes und darin die Situation des Bundesverfassungsgerichts. Seiner Rolle bei der Anwendung, Auslegung und Weiterentwicklung der Verfassung nachzugehen, ist deshalb immer wieder aufs Neue reizvoll, weil veränderte innen- wie außenpolitische Konstellationen und Herausforderungen neue Fragestellungen und mit ihnen neue politische Antworten und damit Entscheidungen provozieren, die ihren Bestand an der Verfassung – bzw. wie diese letztlich vom Bundesverfassungsgericht interpretiert wird – beweisen müssen.

Eine Gelegenheit dazu bieten Festschriftenbeiträge vor allem dann, wenn der zu Ehrende sich selbst an der öffentlichen Diskussion über die Ereignisse, die sie betreffenden politischen Entscheidungen und deren endgültige rechtliche Bewertung und Zuordnung durch das Bundesverfassungsgericht beteiligt hat. Eine erste Annäherung an das Thema konnte mit demselben Titel vor mehr als 20 Jahren Rudolf Wassermann gewidmet werden[2]. Anlass für eine Art Fortschreibung lieferte dann 2005 das zweite Urteil zu einer Auflösung des Deutschen Bundestages auf dem Weg über die Vertrauensfrage nach Art.68 GG[3]. Hans-Peter Schneider hat sich in die verfassungsrechtliche wie verfassungspolitische Diskussion dazu immer wieder engagiert eingemischt: bei der jüngsten Entscheidung war er als Prozessvertreter

1 Aktuell dazu ausführlich Matthias Eberl, Verfassung und Richterspruch, 2006.

2 Jürgen Jekewitz, Bundesverfassungsgericht und Staatsorganisationsrecht des Grundgesetzes, in: Christian Broda/Erwin Deutsch/Hans-Ludwig Schreiber/Hans-Jochen Vogel (Hrsg.), FS für Rudolf Wassermann zum sechzigsten Geburtstag, 1985, S. 381 ff.

3 Jürgen Jekewitz, Bundesverfassungsgericht und Staatsorganisationsrecht des Grundgesetzes. Erneut betrachtet nach dem Urteil des BVerfG vom 25. August 2005, RuP 2005, 204 ff.

einer der klagenden Bundestagsabgeordneten Handelnder und als solcher zugleich Verlierer. Das rechtfertigt ausgehend von den früheren Darlegungen und diese mit ihren Ableitungen und Belegen voraussetzend eine erneute Beschäftigung mit dem Thema – allerdings diesmal unter dem etwas veränderten Blickwinkel, ob und wie nicht nur die Verfassungspraxis, sondern auch der Verfassungsgesetzgeber auf die Rechtsprechung in diesem Bereich reagiert bzw. reagieren müsste.

Zu dem grundsätzlichen Verhältnis von Richterrecht, Gesetzesrecht und Verfassungsrecht hat Hans Peter Schneider sich in seiner Dissertation schon früh grundlegend geäußert[4]. Dieser Ansatz kann im Folgenden deshalb ebenso zurücktreten wie die speziellere, aber immer noch allgemeine Frage nach dem Verhältnis von Bundesverfassungsgericht und Gesetzgeber[5]. Vor dem Hintergrund der generellen Frage einer Bindung des verfassungsändernden Gesetzgebers an den Willen des historischen Gesetzgebers[6], bei der es letztlich um die allgemeine Auslegung der Reichweite des Art.79 GG geht, interessiert hier vor allem, wie die Institutionen des Verfassungsorganisationsrechts die Auseinanderentwicklung von auch historisch vorgeprägtem Verfassungstext, seiner Auslegung und Anwendung durch die Verfassungspraxis und deren Sanktionierung durch die Verfassungsrechtsprechung bewältigen.

In seiner schmalen, den alten Wiener Freunden und Schülern in treuer Erinnerung gewidmeten, ausdrücklich so bezeichneten staatsrechtlich-politischen Abhandlung über Verfassungsänderung und Verfassungswandlung mit vielen Beispielen aus der Praxis des damals in Deutschland und den europäischen Nachbarstaaten geltenden Staatsrechts zitiert Georg Jellinek Modestin: »Omne ius aut consensus fecit, aut necessitas constituit, aut firmavit consuetudo«, um dann fortzufahren: »Von der necessitas, die Modestin als rechtschöpfende Macht anführt, ist in unseren Lehren von den Rechtsquellen wenig die Rede. Und doch spielt sie in dem Leben der Verfassungen eine ungeheure Rolle . . . Auch im Laufe des normalen Staatslebens kann diese necessitas in überraschender Weise hervortreten und die staatliche Organisation gegen den Buchstaben der Verfassung wandeln«[7]. Mit der Frage nach der Verfassungswandlung ist, wie er sich ausdrückt, innig verknüpft die nach den Verfassungslücken, deren unvermutet auftauchende Entdeckung zwar zu Verfassungswandel führen kann, »indem der neue faktische Zustand zu gewohnheitsrechtlicher Anerkennung gelangt und ihm normale Bedeutung beigelegt wird. Doch wendet

4 Hans Peter Schneider, Richterrecht, Gesetzesrecht und Verfassungsrecht, 1969.
5 Vgl. etwa Jürgen Jekewitz, Bundesverfassungsgericht und Gesetzgeber. Zu den Vorwirkungen von Existenz und Rechtsprechung des BVerfG in den Bereich der Gesetzgebung. Der Staat 19 (1980) 535 ff. Ausführlich und immer noch aktuell dann die politikwissenschaftliche Arbeit von Christine Landfried, Bundesverfassungsgericht und Gesetzgeber, 1984, sowie die verfassungsrechtliche Habilitationsschrift von Christoph Gusy, Parlamentarischer Gesetzgeber und Bundesverfassungsgericht, 1985.
6 Erich Tosch, Die Bindung des verfassungsändernden Gesetzgebers an den Willen des historischen Gesetzgebers, 1979.
7 Georg Jellinek, Verfassungsänderung und Verfassungswandlung, 1906, S. 21.

sich Erkenntnis von Verfassungslücken in der Regel an den Gesetzgeber, denn Verfassungsänderung ist der sicherste Weg, eine derartige Lücke gründlich auszufüllen«[8].

Das muss erst recht für das Verfassungssystem des Grundgesetzes gelten, das die Normativität der Verfassung in Art.79 GG zur Grundvoraussetzung erklärt. Wie der Verfassungsgesetzgeber mit aus der Notwendigkeit abgeleiteten politischen Entscheidungen, dem darin liegenden Verfassungswandel und dann wiederum der Reaktion des Bundesverfassungsgerichts darauf umgeht, soll nachstehend am Beispiel der Auflösungsurteile wie der Entscheidungen über den Einsatz der Bundeswehr nachgegangen werden. In dem einen Fall hat das Bundesverfassungsgericht die Staatspraxis, obwohl sie unzweifelhaft einen Verfassungswandel im Bereich des Staatsorganisationsrechts darstellt, durch seine Entscheidungen »normalisiert« oder sogar »konstitutionalisiert«, im anderen in Teilen sanktioniert, in Teilen einen Riegel vorgeschoben. In beiden Fällen tut sich der Verfassungsgesetzgeber schwer mit der Aktualisierung des Verfassungstextes. Andererseits stand im Mittelpunkt der so genannten Föderalismusreform mit der angestrebten Reduzierung der Zahl zustimmungsbedürftiger Bundesgesetze eine letztlich der Rechtsprechung des Bundesverfassungsgerichts geschuldete Verfassungsentwicklung. Als aktuelles Gegenstück und Beispiel für eine prompte Reaktionsbereitschaft auf der Ebene der Verfassung kann das Verhalten angesichts der zweimaligen Verweigerung der Ausfertigung eines Gesetzes über die Organisation der Flugsicherung aus verfassungsrechtlichen Gründen durch einen Bundespräsidenten gesehen werden. Hier trat in der Kette verfassungsorganisationsrechtlich an dem endgültigen Zustandekommen einer politisch mehrheitlich gewollten Entscheidung beteiligter Verfassungsorgane nicht erst das Bundesverfassungsgericht, sondern bereits das Staatsoberhaupt mit seiner Interpretation des Verfassungstextes auf den Plan. Anscheinend fällt es leichter, sich mit ihm und seiner Autorität im Bereich des Staatsorganisationsrechts verfassungsändernd auseinanderzusetzen als mit dem Bundesverfassungsgericht, obwohl in Bezug auf das Vorliegen einer Notwendigkeit im Sinne von Jellinek nur graduelle und zudem subjektive Einschätzungsunterschiede bestehen dürften.

2. Die Auflösungsentscheidungen 1983 und 2005 und die Diskussion über die Einführung eines Selbstauflösungsrechts

In seiner durchweg kritischen Bewertung des verfassungsgerichtlichen Urteils über die Inanspruchnahme des Art.68 GG zur Auflösung des Bundestages im Jahre 1983[9] äußerte Hans Peter Schneider die Vermutung, zumindest die Gefahr einer

8 Jellinek (Fn.7) S. 43 f.
9 BVerfGE 62, 1.

Wiederholung des Vorgangs sei durch die Entscheidung weitgehend gebannt[10]. Der ebenfalls kritisch mit dem Urteil umgehende Dieter Umbach sah es dann sieben Jahre später in seiner Habilitationsschrift prophetisch eher als wahrscheinlich an, dass es zu einer nächsten Auflösung kommt, die seine Arbeit sicherlich nicht verhindern werde[11]. Diese Auflösung erfolgte auch prompt im Jahre 2005, und mit ihr ein weiteres Urteil des Bundesverfassungsgerichts zur Interpretation des Art. 68 GG[12].

Beide Entscheidungen kann man als Beispiel für den politischen Befriedungseffekt der Rechtsprechung des Bundesverfassungsgerichts auf dem Gebiet des Staatsorganisationsrechts ansehen. Denn durch das Urteil von 1983 wurde die zwischen den neuen Koalitionspartnern CDU/CSU und FDP nach dem erfolgreichen Misstrauensvotum nach Art.67 GG vereinbarte vorzeitige Neuwahl und damit letztlich auch die »Wende« vom Herbst 1982 abgesichert und rechtlich legitimiert: Ohne die Anrufung des Bundesverfassungsgerichts und seinen autoritativen Spruch wäre die eindeutige Wählerentscheidung vom März 1983 nicht nur von der SPD als unmittelbar betroffener politischer Kraft kaum akzeptiert worden. Das gilt mit Einschränkungen auch für das Urteil von 2005, obwohl die durch es ermöglichten Neuwahlen diesmal nicht zu den je nach Interessenlage erwarteten Mehrheitsverhältnissen führten, sondern das 1983 von Richter Hans Justus Rinck in seinem abweichenden Votum als Folge einer unechten Vertrauensfrage befürchtete Umschlagen in eine Situation der Instabilität[13] brachten und damit zu einer Großen Koalition zwangen. Den Bundesrat, auf dessen Mehrheiten und die durch sie mögliche Blockadepolitik der ganze Vorgang eigentlich zielte, konnte das Vorgehen dagegen gar nicht treffen[14]; er ging aus dem Ganzen eher gestärkt hervor.

Das liegt auch an der Begründungsfalle, die das Bundesverfassungsgericht sich 1983 selbst gestellt hatte, wenn es von Art.68 Abs.1 Satz 1 GG als einer »offene(n)« Verfassungsnorm sprach, »die einer Konkretisierung zugänglich und bedürftig« sei, wobei die Befugnis zur Konkretisierung von Bundesverfassungsrecht nicht allein dem Bundesverfassungsgericht, sondern auch anderen obersten Verfassungsorganen zukomme[15], und dabei selbst den Begriff der »unechten Vertrauensfrage« und zu ihrer Qualifizierung ein ungeschriebenes Tatbestandsmerkmal des fortgesetzten Vertrauens erfand[16]. Mit der ihm eigenen Deutlichkeit hat Uwe Wesel in seiner eher

10 Hans Peter Schneider, Sibyllinisch oder salomonisch? – Das Urteil des BVerfG zur Parlamentsauflösung, NJW 1983, 1529. Zu weiteren – positiven wie negativen – Stimmen unmittelbar nach der Entscheidung vgl. die Nachweise bei Jekewitz (Fn.2) S. 395 Anm.102 ff, ders. (Fn.3) S. 208 Anm. 6 ff. sowie Dieter C. Umbach, Parlamentsauflösung in Deutschland, 1989, S. 9 Anm.17a ff.

11 Umbach (Fn.10) S. 20.

12 NJW 2005, 2669.

13 BVerfGE 62, 72 (74).

14 Deutlich jetzt Volker Epping in: vM/K/Starck, GG, 5.Aufl. 2005, Art.68 Rdrn.7.

15 BVerfGE 62, 1 (2) Ls. 4a-c, 38 f.

16 Ebd. S. 47. Zur Kritik daran schon damals vgl. die in dem abweichenden Votum der Richterin Lübbe-Wolff zur Entscheidung 2005 (Fn.12) zit. Aufsätze von Walter Seuffert, Die Auflösung des Bundestages nach Art.68 GG. Ein Kommentar zu den Vorgängen, die zu der Neuwahl des Deut-

populärwissenschaftlichen Darstellung der Rechtsprechung des Bundesverfassungsgerichts und ihrer Auswirkungen auf die Politik[17] herausgestellt, dass die ersten zwei Drittel des Urteils sich eigentlich damit beschäftigen, herauszuarbeiten, dass Art.68 GG nicht durch den Bundeskanzler dazu missbraucht werden dürfe, im Einvernehmen mit der Mehrheit zu einem günstigen Zeitpunkt Neuwahlen herbeizuführen; im letzten Drittel komme »allerdings der rettende Bote des Königs« in Form von seitenlangen Ausführungen darüber, dass Kanzler Kohl der Meinung sein durfte, er sei in einer Krisensituation gewesen.

Mit diesen Vorgaben bzw. mit dieser Hypothek war das Prüfungsprogramm aller Beteiligten – nicht nur des Bundesverfassungsgerichts – dann 2005 von der ersten Ankündigung einer erneuten Inanspruchnahme des Art.68 GG mit dem Ziel einer Auflösung des Bundestages an belastet. Das Bundesverfassungsgericht benutzte in seiner Entscheidung zwar nicht mehr den Begriff der »offenen Norm« und »konkretisierte« Art.68 GG jetzt dahingehend, dass es die – jetzt so bezeichnete – »auflösungsgerichtete Vertrauensfrage« nunmehr ausdrücklich als Bestandteil des Normzwecks etablierte, verlagerte den Prüfungsansatz aber gegenüber 1983 noch weiter nach vorne, indem es bereits die Vertrauensfrage als solche, jedenfalls wenn sie auf eine Auflösung gerichtet sei, »ausnahmsweise nur dann gerechtfertigt« sieht, wenn die Handlungsfähigkeit der Bundesregierung verloren gegangen sei, was bei »zweifelhafter« oder nicht mehr »verlässlicher« parlamentarischer Unterstützung der Fall sein soll – Voraussetzungen, deren Vorliegen für die konkrete Situation durch in aller Breite nachgezeichnete offizielle und inoffizielle Äußerungen im Vorfeld der eigentlichen Vertrauensfrage nachzuweisen versucht wird, um zu dem die Entscheidung schließlich rechtfertigenden Schluss zu kommen, »dass die Einschätzung der Handlungsfähigkeit . . . Prognosecharakter (hat) und an höchstpersönliche Wahrnehmungen und abwägende Lagebeurteilungen gebunden (ist)«, und zur Absicherung hinzu zu fügen, dass das, »was im politischen Prozess in legitimer Weise nicht offen ausgetragen wird, . . . unter den Bedingungen des politischen Wettbewerbs auch gegenüber anderen Verfassungsorganen nicht vollständig offenbart werden (muss)«[18].

Die darin liegende Verkennung – oder deutlicher: Verdrängung – der Rolle des Parlaments und seines Anteils am Vollzug des Programms des Art.68 GG und seiner aufeinander folgenden und sich bedingenden Schritte ist in dem abweichenden Votum der Richterin Gertrude Lübbe-Wolff mit der plastischen Formulierung gekennzeichnet, dass es sich bei dessen Entscheidung über eine »auflösungsgerichtete« Vertrauensfrage nicht um eine »wirklichkeitsbeschreibende Willenserklä-

schen Bundestages am 6.März 1983 geführt haben, AöR 108 (1983) 403 ff; Willi Geiger, Freiheit der Politik und Grenzen des Rechts. Zum Urteil des Bundesverfassungsgerichts vom 16. 2. 1983, JöR 33 (1984) S.41 ff; Karl-Heinz Ladeur, Das Bundesverfassungsgericht zur Bundestagsauflösung: Welche Sprachenregelung bietet das Grundgesetz?, RuP 1983, 63 ff.

17 Uwe Wesel, Der Gang nach Karlsruhe, 2004, S. 280.

18 NJW 2005, 2669 ff.

rung«, sondern um eine »wirklichkeitsformierende (performative) Willensbekundung« in Ausübung des freien Mandats der Bundestagsabgeordneten handele: Sie wollen mehrheitlich mit ihrer Abstimmung das Vertrauen in diesem Augenblick versagen, um dem Bundeskanzler die Möglichkeit zu eröffnen, dem Bundespräsidenten die Auflösung des Parlaments und die Anberaumung von Neuwahlen vorzuschlagen. Mit dieser Erkenntnis liefert die Aussage des Bundesverfassungsgerichts in der Auflösungsentscheidung von 1983, dass es besonders auf den »Normbereich«, den Zusammenhang, in dem die zu konkretisierende Norm angesiedelt ist, ankommt, einen neuen, die Verfassungskonkretisierung zu einer förmlichen Verfassungsänderung drängenden Anstoß. Gerade wenn es auf den Sinnbezug abstellt, der »nicht zuletzt auch durch den verfassungsgeschichtlichen Hintergrund, vor dem die Regelung geschaffen wurde, wie auch durch die bisherige Handhabung durch oberste Verfassungsorgane seit Inkrafttreten des Grundgesetzes erhellt« wird[19], verdichtet es die Gelegenheit, wenn nicht Notwendigkeit, »mehr Verfassungs-Ehrlichkeit (zu) wagen«[20].

Zu der bisherigen Handhabung, von der das Bundesverfassungsgericht 1983 sprach, gehörte – nur – die damals nicht zur Überprüfung durch das Bundesverfassungsgericht gebrachte Auflösung des Bundestages nach dem gescheiterten Misstrauensvotum 1972, für die ebenfalls der Weg über Art.68 GG gewählt werden musste. In dem Vorwort zu der nachträglichen Veröffentlichung von seinerzeit beim Bundestag entstandenen Stellungnahmen zu Zweifelsfragen der praktischen Durchführung der Parlamentsauflösung hieß es, angesichts des Unbehagens mehrerer Mitarbeiter über die Voraussetzungen und Auswirkungen der Parlamentsauflösung im System unserer parlamentarisch repräsentativen Demokratie solle sie dazu beitragen, die Mitte 1972 zeitweise aufgebrochene Erörterung über eine Grundgesetzänderung wieder aufzunehmen, um – außerhalb einer drängenden Situation – eine wohlüberlegte, unserem Verfassungssystem eher gemäße Regelung zu fördern[21]. Einen ersten Vorschlag aus dem politischen Raum machte dann der Abgeordnete Friedrich Schäfer als Vorsitzender der vom Bundestag eingesetzten Enquete-Kommission für Fragen der Verfassungsreform in deren wegen der Auflösung nur vorläufigem Zwischenbericht: er sah – konsequent – eine Änderung und Ergänzung des Grundgesetzes dergestalt vor, dass der Begriff der Auflösung durchgehend durch den der vorzeitigen Beendigung der Wahlperiode ersetzt und in Art.39 GG einmal einem Drittel der Mitglieder des Bundestages das Recht auf Beantragung einer solchen vorzeitigen Beendigung gewährt, aber mit den Bedingungen und Voraussetzungen der Art.67 und 68 GG unter Beibehaltung der Mitwirkung des Bundespräsidenten verknüpft, zum anderen bei einem entsprechenden Antrag von zwei Dritteln der Mitglieder

19 BVerfGE 62, 38.
20 So der Titel bei Wolfgang Bosbach, Mehr Verfassungs-Ehrlichkeit wagen, RuP 2006, 142.
21 Klemens Kremer (Hrsg.), Parlamentsauflösung: Praxis – Theorie – Ausblick, 1974, S.VII f.

eine Pflicht dazu konstituiert werden sollte[22]. Der Schlussbericht der Kommission nahm drei Jahre später den Gedanken der Einführung des Instituts der vorzeitigen Beendigung seiner Wahlperiode durch den Bundestag auch auf Antrag einer Minderheit auf, wollte die Entscheidung darüber aber an das auch bei Friedrich Schäfer vorgeschlagene Zwei-Drittel-Quorum binden, um einer einfachen Mehrheit nicht eine weitere politische Prämie auf den legalen Machtbesitz zu geben[23].
Realisiert wurde von den Vorschlägen aus diesem Bereich nur eine Änderung des Art.39 GG, mit der die Wahlperioden des Bundestages zeitlich enger miteinander verknüpft und die bisherigen Institutionen zur Überbrückung einer parlamentslosen Zwischenzeit als überflüssig abgeschafft wurden[24]; für die Einführung eines Selbstauflösungsrechts des Parlaments bzw. einer selbst bestimmten vorzeitigen Beendigung der Wahlperiode fand sich keine politische Mehrheit. Entsprechende Vorschläge kamen erst im zeitlichen Umfeld der Auflösung 1983 wieder auf[25], ohne dass ihnen eine politische Realisierung gefolgt wäre[26]. Neue Impulse hat die Diskussion paradoxerweise durch die vom Bundesverfassungsgericht 1983 gerade als Erhellung des Sinnbezuges herangezogene bisherige Handhabung durch oberste Verfassungsorgane erhalten. Obwohl bzw. gerade weil Bundeskanzler und Bundespräsident als die aktiv Beteiligten zur Begründung ihres jeweiligen Vorgehens strikt entlang den Linien der damaligen Entscheidung des Bundesverfassungsgerichts argumentierten, ist aufgeregter noch als 1983 in der Tagespresse bereits im Vorfeld der Abstimmung im Bundestag und dann der Auflösungsanordnung[27] und weiter in Erwartung der Entscheidung des Bundesverfassungsgerichts[28] die Auseinandersetzung über die Zulässigkeit derartiger Inanspruchnahme der Vertrauensfrage geführt worden.

22 Fragen der Verfassungsreform. Zwischenbericht der Enquete-Kommission des Deutschen Bundestages, Zur Sache 1/73, 1973, S. 141 ff.

23 Beratungen und Empfehlungen zur Verfassungsreform (I), Parlament und Regierung. Zur Sache 3/76, S. 102 (104).

24 G zur Änd. des GG v. 23. 8. 1976, BGBl. I, 2381.

25 Hartmut Maurer, Vorzeitige Auflösung des Bundestages, DöV 1982, 1001 (1006); Günter Püttner, Vorzeitige Neuwahlen – ein ungelöstes Reformproblem, NJW 1983, 15 (16); Hans Hugo Klein, Die Auflösung des Deutschen Bundestages nach Art.68 GG. Zum Urteil des Bundesverfassungsgerichts vom 16. 2. 1983, ZParl 14 (1983), 402 (414: offene Norm) (420f: besser GG-Änderung); Wolfgang Zeh, Bundestagsauflösung und Neuwahlen, Der Staat 22 (1983), 1.

26 Auch die auf Grund von Art.5 des Einigungsvertrages nach dem Beitritt der DDR zur Bundesrepublik eingesetzte Gemeinsame Verfassungskommission von Bundestag und Bundesrat befasste sich im Rahmen ihrer Beratungen zum Staatsorganisationsrecht zwar auch mit Fragen einer Reform des Parlamentsverfassungsrechts,verstand sich aber wie zu anderen Themenkomplexen aus diesem Bereich in Bezug auf die Einführung eines Selbstauflösungsrechts des Bundestages zu keiner Änderungsempfehlung, BR-Drs. 800/93, BT-Drs. 12/6000 jeweils S. 86.

27 Vgl. nur Dieter Grimm, Der Präsident darf nicht mitziehen, FAZ v.1. 7. 2005, S. 39; Patrick Bahners, der Hüter der Verfassung, FAZ v. 30. 6. 2005, S. 37 f; Majid Sattar, Präzedenzfälle, FAZ v. 1. 7. 2005, S. 3; Georg Paul Hefty, Dem Parlament kommt der Vorrang zu, FAZ v. 3. 7. 2005, S. 10.

28 Reinhard Müller, »Das Unglück hat 1983 begonnen«, FAZ v. 17. 8. 2005, S. 3; aber auch Friedrich Schoch, Verfassungsrecht im politikfreien Raum, FAZ v. 8. 8. 2005, S. 8; prononciert wie immer Wilhelm Hennis, Der Staat der Parteien, FAZ v. 17. 8. 2005, S. 11; dann auch Rudolf Gröschner/Oliver Lembcke, Zwei Hüter einer Verfassung?, FAZ v. 24. 8. 2005, S. 8.

Sie ist nach dem Urteil – und wohl auch provoziert durch die bereits erwähnte abweichende Meinung der Richterin Lübbe-Wolff – in den politischen Raum übergesprungen. So plädiert mit Peter Struck der Vorsitzende der SPD-Bundestagsfraktion für die Einführung eines Selbstauflösungsrechts mit qualifizierter Mehrheit, stellt aber in Frage, ob sowohl Initiative als auch Entscheidung in die Hand allein des Parlaments gelegt werden sollten: ein beliebig wiederholbares Antragsrecht einer Bundestagsminderheit hätte nach seiner Meinung ausschließlich zur Folge, die Regierungsmehrheit beliebig unter Druck zu setzen; ein Initiativrecht der einfachen Bundestagsmehrheit beinhalte demgegenüber ein negatives Misstrauensvotum gegen den Bundeskanzler, ohne dass der mit qualifizierter Mehrheit zu fassende Beschluss über eine anschließende Neuwahl gesichert wäre. Letztlich plädiert er deshalb für ein ausschließliches Initiativrecht des Bundeskanzlers[29]. Ebenfalls ein Selbstauflösungsrecht befürwortend, aber weniger konkret haben sich der stellvertretende Vorsitzende der CDU/CSU-Bundestagsfraktion und der frühere Präsident, heute Vizepräsident des Bundestages, geäußert. Wolfgang Bosbachs Argumentation[30] für ein formalisiertes Selbstauflösungsrecht nimmt ebenfalls das Unbehagen auf, das die Staatspraxis mit Billigung des Bundesverfassungsgerichts mit ihrem »verfassungsrechtlich nicht unproblematischen Weg zu vorgezogenen Neuwahlen« hervorgerufen hat. Von seinen Erfahrungen geprägt und deshalb für ihn entscheidend ist, das ausgeschlossen bleibt, dass eine Parlamentsauflösung nur im Interesse eines für die Mehrheit vorteilhaften Wahltermins betrieben werden kann; das in diesem Zusammenhang von der Enquete-Kommission Verfassungsreform benutzte Wort von der Prämie auf den legalen Machtbesitz[31] aufgreifend lehnt er eine solche Festlegung durch den Regierungschef ab und sieht ein Mittel dagegen in hohen, sich der Einmütigkeit nähernden Mehrheiten, die sicherstellen, dass der Weg in die vorzeitige Neuwahl nicht allein von der Mehrheit zum Schaden der Minderheit beschritten werden kann. Demgegenüber verficht Wolfgang Thierse[32] bei ebenfalls hohen qualifizierten Mehrheiten für den eigentlichen Auflösungsbeschluss eine Verlagerung auch des Initiativrechts dazu von der Exekutive in die Verantwortung der Legislative und lässt dabei offen, welches Quorum ihm dafür vorschwebt. Wiederum aus der eigenen Erfahrungs- und Interessenlage spricht sich mit Christian Ströbele von der Bundestagsfraktion der Grünen an gleicher Stelle der Vertreter einer kleinen Fraktion mit denselben Argumenten gegen jede Änderung des Verfassungsorganisationsrechts aus und plädiert stattdessen für ein selbstbewußteres Auftreten gegen einen Missbrauch der Verfassung, an dem der Bundeskanzler, das Par-

29 Peter Struck, Für ein Selbstauflösungsrecht des Deutschen Bundestages, RuP 2006, 140 f; ähnlich auch Volker Busse, Auflösung des Bundestages als Reformproblem, ZRP 2005, 257 ff.

30 Fn.20.

31 Fn.23.

32 Wolfgang Thierse, Das Selbstauflösungsrecht des Bundestages – eine sinnvolle Ergänzung des Grundgesetzes, RuP 2006, 145 f.

lament und der Bundespräsident sowie letztlich auch das Bundesverfassungsgericht mitmachen[33].

Angesichts solch breiter Front ist eine Neuregelung im Sinne Jellineks als Notwendigkeit für eine größere politische Glaubwürdigkeit in greifbare Nähe gerückt. Und es wird das Bundesverfassungsgericht sein, das, wenn es dazu kommt, eine Änderung des Verfassungstextes provoziert hat, weil es bei der Auslegung und Anwendung des Staatsorganisationsrechts des Grundgesetzes zwar das letzte Wort, aber bei der Wahrnehmung seiner Kontrollaufgabe und dort seiner Argumentation nicht immer eine glückliche Hand hat[34].

3. Von den AWACs-Entscheidungen über das Urteil zum Luftsicherheitsgesetz zum Bundeswehr-Weißbuch 2006

Deutlicher – und was die Umsetzungs- und Durchsetzungskraft nicht nur gegenüber der Verfassungspraxis, sondern auch dem Verfassungsgesetzgeber anbelangt – wirkungsmächtiger erweist sich der Einfluss der Rechtsprechung des Bundesverfassungsgerichts auf das Staatsorganisationsrecht des Grundgesetzes in Bezug auf die Bestimmungen über den Einsatz der Streitkräfte. Das liegt einmal daran, dass dieser Bereich bereits als solcher kein von Anfang an festgeschriebenes Produkt eines wie auch immer auf einer Zeitschiene anzusiedelnden historischen Gesetzgebers[35] ist, sondern selbst Resultat einer festgestellten und vom Verfassungsgesetzgeber aufgegriffenen Notwendigkeit im Jellinekschen Sinne. Jenseits einer begrifflichen Unterscheidung zwischen Verfassungswandel und Verfassungsausfüllung, die von ihren Wirkungen her beide Formen der Verfassungsänderung sind[36], gibt es keine zeitlose, sondern nur eine in ihre Zeit eingebettete, durch die konkreten geschichtlichen Gegebenheiten und Anforderungen geprägte Verfassung[37]. Ob und wie sich derartige Gegebenheiten und Anforderungen im Verfassungstext niederschlagen, hängt weitgehend von den historischen Machtverhältnissen der politischen Kräfte ab, wie sie auf der Ebene der verfassungsrechtlich verfassten staatlichen Macht- und Entscheidungsträger wirksam sind bzw. waren[38]. Die Rechtsprechung des Bundesverfassungsgerichts tritt dazu verstärkend oder auch hemmend hinzu.

Die Bestimmungen über die Bundeswehr – im Verfassungstext durchgehend: die Streitkräfte – und ihre Einbettung in Staatshandeln und Staatsaufgaben[39] verdanken ihre Aufnahme in das Grundgesetz der aktiven Integration der Bundesrepublik in

33 Christian Ströbele, Kein Selbstauflösungsrecht des Bundestags, RuP 2006, 144.
34 Vgl. noch einmal Jekewitz (Fn.3) a.E.
35 Vgl. dazu noch einmal bei Fn.6.
36 Besonders deutlich schon früh Ernst Wolfgang Böckenförde, Die Methoden der Verfassungsinterpretation – Bestandsaufnahme und Kritik, NJW 1994, 2089, 2099.
37 Auch hier schon früh Peter Häberle, Zeit und Verfassung, ZfP 1974, 111 ff; Wolf Rüdiger Schenke, Verfassung und Zeit – Von der »entzeiteten« zur zeitgeprägten Verfassung, AöR 103 (1978) 566 ff,
38 So den Titel von Jellinek aufnehmend Alexander Roßnagel, Verfassungsänderung und Verfassungswandel, Der Staat 23 (1983) 551 ff.

das westliche Verteidigungsbündnis. Nachdem 1954 die verfassungsrechtlichen Voraussetzungen dafür mit der Anfügung eines neuen Satzes 2 an Art.79 Abs.1 GG und der Einfügung einer damals auf die dann an der Ablehnung Frankreichs gescheiterte Gründung einer Europäischen Verteidigungsgemeinschaft gerichteten eigenen Kompetenzbestimmung in Art.142a GG sowie der Ergänzung der Gesetzgebungskompetenz in Art.73 Abs.1 GG[40] geschaffen worden waren, erfolgte die eigentliche förmliche Ausgestaltung nach dem NATO-Beitritt[41]. Sie erfuhr ihre Erweiterung und Präzisierung zwölf Jahre später unter der ersten Großen Koalition auf Bundesebene durch die – neben dem äußeren jetzt auch den inneren Notstand ins Auge fassenden – Notstandsgesetze[42] mit der zentralen Regelung in einem neu gefassten Art.87a GG: Das bewusste Schweigen des »historischen Verfassungsgebers« war durch den verfassungsändernden Gesetzgeber ebenso bewusst den veränderten politischen Gegebenheiten angepasst und der Verfassungsinhalt damit »weiterentwickelt« worden. Nicht zuletzt vor diesem Hintergrund bürgerte sich zunehmend der gegenüber Verfassungswandel und Verfassungsausfüllung neutralere Begriff der Verfassungsentwicklung ein[43].

Die mit einer solchen Weiterentwicklung gewollte Klarstellung über die verfassungsrechtlichen Voraussetzungen eines Einsatzes der Streitkräfte musste sich allerdings, da selbst zeitgebunden, als trügerisch erweisen. Im Augenblick seiner Entstehung und aus seinem sachlichen Zusammenhang heraus von seinem Wortlaut her als Verfassungsvorbehalt für Einsätze, die nicht zur Verteidigung erfolgen, angelegt[44], war die Bestimmung eindeutig zunächst nur und allein auf die gleichzeitig neu formulierten Art. 35 Abs.2 und 3, 87a Abs.3 und 4 GG und die darin geregelten Sachverhalte gerichtet, die anfänglich auch keine Schwierigkeiten boten. Interpretations- und Anwendungsprobleme entstanden erst nach und nach mit der Ausweitung der Aktivitäten von NATO und WEU und bezogen sich auf die beiden anderen, dort ursprünglich nur zur negativen Abgrenzung verwendeten Begriffe des Einsatzes und der Verteidigung und durch sie hindurch auf eine mögliche territoriale Beschränkung des Anwendungsbereichs[45]. Gegen die bis heute andauernden Diskussionen in der Wissenschaft[46] setzte Ferdinand Kirchhof schon früh die apodiktische Aussage, das Grundgesetz begrenze nicht den geographischen Einsatzraum, sondern den politischen Einsatzzweck, wobei der Einsatz zur Vertei-

39 Zu den Akzentunterschieden vgl. nur den Titelwechsel bei Josef Isensee/Paul Kirchhof (Hrsg.), HStR Bd.III, 1.Aufl. 1988, und Bd.IV, 3.Aufl. 2006.
40 G zur Änd. des GG v. 26. 3. 1954, BGBl. I, 45.
41 G zur Änd. des GG v. 19. 3. 1956, BGBl. I, 111.
42 17.G zur Ergänzung des GG v. 24. 6. 1968, BGBl. I, 709.
43 Vgl. den Titel bei Brun-Otto Bryde, Verfassungsentwicklung, 1982.
44 Vgl. nur Manfred Baldus, in: vM/K/Starck, GG, 5.Aufl. 2005, Art.87a Rdnr.27; Juliane Kokott, in: Sachs (Hrsg.), GG, 2.Aufl. 1999, Art.87a Rdnr.9 ff.
45 Zum Einsatz deutscher Marineeinheiten im ersten Golf-Krieg vgl. etwa Thomas Giegerich, The German Contribution to the Protection of Shipping in the Persian Gulf: Staying out for Political or Constitutional Reasons?, ZaöRV 1989, 1.
46 Vgl. etwa die Nachweise bei Baldus (Fn.44) Anm.7, 8 und 9.

digung für ihn ein unbestimmter Rechtsbegriff war, der ein finales und ein gegenständliches Element enthalte: das Verteidigungsziel und das Verteidigungsobjekt[47]. Der Verfassungszweck schließt danach lediglich aus, die Streitkräfte als Machtfaktor in jedem politischen Streit einzusetzen; verfassungsrechtlich gestattet ist für Kirchhof nur die Abwehr eines Angriffs auf das Verteidigungsobjekt: »Sonst kann dieses finale Element wie jeder offene Begriff der Verfassung nach dem politischen verantworteten Ermessen der zuständigen Staatsorgane im Einzelfall konkretisiert werden«[48].

Damit war eine Begrifflichkeit und damit Beliebigkeit ins Spiel gebracht, die sich ähnlich schon bei der vorstehend behandelten anfänglichen Argumentation des Bundeserfassungsgerichts zu seiner Interpretation des Art.68 GG fand und wie dort mit sukzessiver Inanspruchnahme auf eine verfassungsgerichtliche Präzisierung drängte. Wie häufig im Bereich des Staatsorganisationsrechts bedurfte es dazu einer Gelegenheit, die erlaubte, eine politische Kontroverse über eine politische Entscheidung in das Gewand einer Auseinandersetzung über die Auslegung des Grundgesetzes gekleidet auf dem Wege der Organklage vor das Bundesverfassungsgericht zu bringen[49]. Diese Gelegenheit bot sich 1992 mit dem Beschluss der Bundesregierung, eine Fregatte der Bundesmarine und zur Radarüberwachung aus der Luft AWACS-Flugzeuge der Luftwaffe bei der Durchsetzung des vom UN-Sicherheitsrat gegen Serbien beschlossenen Handelsembargos und des Flugverbots über Bosnien-Herzegowina einzusetzen, sowie ein Jahr später mit der Beteiligung eines bewaffneten Transportbataillons der Bundeswehr an einem ebenfalls auf einen Beschluss des UN-Sicherheitsrats zurückgehenden ersten Versuch einer Befriedung der Bürgerkriegsparteien in Somalia[50]. Gegen die Anordnung dieser Auslandseinsätze, gegen die sie sich als Opposition im Parlament ausgesprochen hatte, leitete die SPD-Bundestagsfraktion insgesamt vier Organklagen mit der Bundesregierung als Verfahrensgegner ein, in denen es auch um die Interpretation des Art.87a Abs.2 GG ging. Bereits die anhängigen Verfahren waren für die bereits erwähnte Gemeinsame Verfassungskommission[51] Anlass, sich innerhalb des Themenkomplexes »Staatliche Souveränität und militärische Verteidigung« mit dem Einzelthema »Auslandseinsätze der Bundeswehr« zu befassen. Die von der SPD entsandten Mitglieder vertraten den Standpunkt, eine ausdrückliche Ermächtigung in der Verfassung – und somit eine Ergänzung – sei notwendig, weil Art.24 Abs.2 GG keine ausdrückliche Aussage zum Einsatz der Streitkräfte jenseits des Verteidigungsfalle und der Erfüllung von vertraglich vereinbarten Beistandspflichten enthalte, und die geplante Erweiterung des Einsatzspektrums der Streitkräfte weder unter die Regel

47 Ferdinand Kirchhof, Bundeswehr, HStR III 1988 (Fn.39) § 78 Rdnr.24, wortgleich jetzt auch in der 3. Aufl. 2006, § 84 Rdnr.51 a.E.
48 Ebd. Rdnr.25 a.E.; in der 3.Aufl. nicht mehr enthalten.
49 Vgl. noch einmal Jekewitz (Fn.2) S. 387.
50 Auch dazu erfrischend deutlich Wesel (Anm.17) S. 303 ff.
51 Vgl. Fn.26.

»zur Verteidigung« in Art.87a Abs.2 GG noch unter die dort angesprochenen ausdrücklichen grundgesetzlichen Ausnahmen falle. Ihr Antrag, durch Änderung der Art.24 und 87a GG die Mitwirkung der Bundeswehr auf friedenserhaltende Maßnahmen der UN ohne Kampfeinsatz zu beschränken und die Entscheidung der Bundesregierung über eine deutsche Beteiligung an solchen Einsätzen an die Zustimmung des Bundestages zu binden, fand jedoch in der Kommission nicht die erforderliche qualifizierte Mehrheit; ein gegenläufiger Antrag der CDU/CSU auf eine lediglich klarstellende Ergänzung des Art.24 GG wurde daraufhin gar nicht erst zur Abstimmung gestellt[52]: Eine Empfehlung für eine Verfassungsänderung gab die Gemeinsame Verfassungskommission auch in Erwartung der Entscheidungen des Bundesverfassungsgerichts nicht ab.

In den dortigen Verfahren beantragte einstweilige Anordnungen wurden vom Bundesverfassungsgericht sowohl in Bezug auf den Einsatz in Bosnien[53] wie in Somalia[54] abgelehnt. In der gemeinsamen Hauptsachentscheidung zu beiden Komplexen[55] hat das Bundesverfassungsgericht dann ausdrücklich hervorgehoben, dass »die mannigfachen Meinungsverschiedenheiten, ob Art.87a Abs.2 GG als eine Vorschrift zu verstehen« sei, »die nur dem Einsatz der Streitkräfte ›nach innen‹ regeln« wolle, in den vorliegenden Verfahren keiner Entscheidung bedürften[56]. Es hat im selben Zusammenhang aber auch zum ersten Mal für einen solchen Einsatz der Bundeswehr im Innern den Begriff des »Gebots strikter Texttreue« benutzt[57], also der Offenheit und damit Konkretisierungsfähigkeit des Art.87a Abs.2 GG gerade eine Absage erteilt[58]. Das Bundesverfassungsgericht versteht – und das ist etwas anderes als Offenheit – Art.87a Abs.2 GG allerdings nicht als abschließende Regelung, sondern sieht in Art.24 Abs.2 GG mit seiner Befugnis zum Beitritt zu einem System gegenseitiger kollektiver Sicherheit zur Wahrung des Friedens eine weitere eigenständige, dem Verfassungsvorbehalt des Art.87a Abs.2 GG nicht unterliegende Einsatzermächtigung[59], die der Verfassungsgeber der wehrverfassungsrechtlichen Einfügungen und Ergänzungen von 1954 bis 1968 bereits vorgefunden und bewusst nicht geändert habe; die »im ursprünglichen Text des Grundgesetzes zugelassene Mitgliedschaft in einem System gegenseitiger kollektiver Sicherheit und die damit mögliche Teilnahme deutscher Streitkräfte an Einsätzen im Rahmen eines solchen Systems sollten«, so das Gericht, »nicht eingeschränkt werden«[60].

Mit dem generellen Verfassungsvorbehalt für Streitkräfteeinsätze, den das Bundesverfassungsgericht damit jenseits des Wortlauts des Art.87a Abs.2 GG unterstrichen

52 Ebd. S. 101 ff.
53 BVerfGE 88, 173.
54 BVerfGE 89, 38.
55 BVerfGE 90, 286.
56 BVerfGE 90, 286, 355.
57 BVerfGE 90, 286, 357.
58 Vgl. dazu den Hinweis in Fn.48.
59 Baldus (Fn.44) Rdnr.33.
60 BVerfGE 90, 286, 356.

hat[61], brauchte es sich nicht mit dem Begriff der Verteidigung auseinanderzusetzen und lieferte damit zugleich – paradoxerweise – die Vorlage zu dem später zum geflügelten Wort werdenden Ausspruch von der Verteidigung der Bundesrepublik am Hindukusch. Zur Absicherung seines Diktums erfand es zudem – auf der Linie der Vorschläge der SPD in der Gemeinsamen Verfassungskommission[62] – einen umfassenden Parlamentsvorbehalt, der jeden Einsatz bewaffneter Streitkräfte »grundsätzlich der vorherigen konstitutiven Zustimmung des Bundestages«[63] unterwerfe. Als Begründung berief es sich darauf, dass die grundgesetzlichen Regelungen über die Wehrverfassung »für den Einsatz bewaffneter Streitkräfte grundsätzlich eine Beteiligung des Parlaments« vorsähen; die »auf die Streitkräfte bezogenen Regelungen des Grundgesetzes« seien »stets darauf angelegt, die Bundeswehr nicht allein der Exekutive zu überlassen, sondern als ›Parlamentsheer‹ in die demokratisch rechtsstaatliche Verfassungsordnung einzufügen, d.h. dem Parlament einen rechtserheblichen Einfluss auf Aufbau und Verwendung der Streitkräfte zu sichern«[64]. Neun Jahre später hat das Bundesverfassungsgericht in seiner zweiten AWACS-Entscheidung[65] noch einmal nachgelegt und betont, dieser »konstitutive Parlamentsvorbehalt« habe »ein hohes Gewicht«; eine Einbeziehung deutscher Soldaten in bewaffnete Unternehmungen ohne Zustimmung des Bundestages greife »deshalb prinzipiell tief in die Rechte des Parlaments ein«. Das war auch eine Erinnerung daran, dass das Bundesverfassungsgericht schon 1994 aufgefordert hatte, »Form und Ausmaß der parlamentarischen Mitwirkung näher auszugestalten«[66]. Das ist 2004 – und damit mit erheblicher Verspätung – durch das Parlamentsbeteiligungsgesetz[67] erfolgt. Dabei handelt es sich sicher um konkretisiertes Verfassungsrecht[68] und damit materiell Verfassungsgebung. Es ist aber fraglich, ob nicht auch eine formelle Verfassungsänderung erforderlich gewesen wäre. Der konstitutive Parlamentsvorbehalt bei bewaffneten Einsätzen der Bundeswehr ist das Ergebnis verfassungsgerichtlicher Rechtsschöpfung[69]. Wenn das Bundesverfassungsgericht apodiktisch formuliert, der »verfassungsrechtlich geforderte Parlamentsvorbehalt« gelte »unmittelbar kraft Verfassung«[70], ist es in die Rolle eines verfassungsändernden Gesetzgebers geschlüpft[71]. Wenn hier eine Regelungslücke vorgelegen hat, hätte diese nicht allein im Wege eines Analogieschlusses geschlossen werden dürfen; um der Einheit und Normativität der Verfassung willen ist sie im Sinne von

61 Baldus (Fn.44) Rdnr.34.
62 Vgl. bei Fn.52.
63 BVerfGE 90, 286, 381.
64 BVerfGE 90, 286, 382.
65 BVerfGE 108, 134.
66 BVerfGE 90, 286, 387.
67 Vom 7. 12. 2004, BGB. I, 2005, 775.
68 Zu Begriff und Bedeutung vgl. noch einmal Jekewitz (Fn.6) S. 385.
69 Baldus (Fn.44) Rdnr.60.
70 BVerfGE 90, 286, 390.
71 So besonders deutlich Gerd Roellecke, Krieg, Aussenpolitik oder Innenpolitik. Ein verfassungsänderndes Urteil des Bundesverfassungsgerichts, Der Staat 35 (1995) 415.

Jellinek zugleich ein Auftrag an den Verfassungsgesetzgeber zumindest zu nachträglicher Anpassung des Verfassungstextes.

Die Begründung dazu hat das Bundesverfassungsgericht indirekt selbst mit seiner ebenfalls die Bundeswehr und ihre Verwendung betreffenden Entscheidung zum Luftsicherheitsgesetz gegeben, wenn es dort zur Begründung der Verfassungswidrigkeit des Einsatzes der Streitkräfte mit militärischen Mitteln im Innern noch einmal[72] das »Gebot strikter Texttreue«, diesmal in Bezug auf Art.35 GG als von der Verfassung in Art.87a Abs.2 GG angezogener Befugnisnorm, betont[73]. Dasselbe dürfte für ein Seesicherungsgesetz gelten, das die Bundesmarine als solche, wie im Rahmen des Libanon-Mandats des UN-Sicherheitsrates, zum Einsatz für polizeiliche Aufgaben in deutschen Hoheitsgewässern ermächtigen würde[74]. Das Urteil hat damit zu einer erneuten Diskussion über die richtige, d.h. zeitgemäße Interpretation des Verteidigungsbegriffs des Grundgesetzes in seinen territorialen wie inhaltlichen Bezügen zur Abgrenzung von polizeilichen Aufgaben eingeladen, in der auch schon einmal neue Begriffe wie der »kriegerische terroristische Luftzwischenfall« geprägt worden sind[75].

Polizeiliche Aufgaben erledigt die Bundeswehr mit konstitutiver Zustimmung des Bundestages im Ausland schon länger. Andererseits sind die Grenzen zwischen innerer und äußerer Sicherheit mit der Entstehung sog. asymmetrischer Bedrohungen ebenso fließend geworden wie die zwischen kriegerischen Angriffen und terroristischen Aktionen[76]. Angestoßen nicht zuletzt von der Rechtsprechung des Bundesverfassungsgerichts spricht das am 25. Oktober 2006 von der Bundesregierung verabschiedete »Weißbuch 2006 zur Sicherheitspolitik und zur Zukunft der Bundeswehr«[77] deshalb davon, dass »die Bundesregierung die Notwendigkeit einer Erweiterung des verfassungsrechtlichen Rahmens für den Einsatz der Streitkräfte« sehe, weil »infolge der neuartigen Qualität des internationalen Terrorismus sowie des gewachsenen und territorial weitgehend unbeschränkten Gewaltpotenzials nichtstaatlicher Akteure . . . heute auch in Deutschland Angriffe vorstellbar« seien, »die aufgrund ihrer Art, Zielsetzung sowie ihrer Auswirkungen den bestehenden tatsächlichen und rechtlichen Rahmen der klassischen Gefahrenabwehr überschreiten«[78].

Im Vorfeld sind gegen eine Änderung des Verfassungswortlauts – insbesondere beim Begriff der Verteidigung – aus den Reihen der SPD-Bundestagsfraktion aller-

72 Vgl. bereits oben bei Fn.57.

73 NJW 2006, 751, 754.

74 So in einem Pressegespräch der deutsche Präsident des Internationalen Seegerichtshofs Rüdiger Wolfrum, Bundeswehr leistet Polizeiarbeit vor der Levante, FAZ v. 10. 10. 2006, S. 5.

75 Ausführlich unter umfangreicher Analyse der neueren Literatur Dieter Wiefelspütz, Der kriegerische terroristische Luftzwischenfall und die Landesverteidigung, RuP 2006, 71 ff.; erneut ders., Der kriegerische Luftzwischenfall und der Einsatz der Streitkräfte zur Verteidigung, RwP 2007, 73 f.

76 Vgl. statt vieler Jürgen Jekewitz, The Action of the European Union to Combat Terrorism, in: Les nouvelles menaces contre la paix et la securité internationales, Journée franco-allemande, 2004, S. 77.

77 http:/www.weissbuch.de/

78 Ebd. S. 57.

dings bereits Bedenken geltend gemacht worden[79]. Entgegen Vorabmeldungen in der Presse[80] enthält das Weißbuch selbst jedoch keine konkreten Textvorschläge etwa zu Art.35 und 87a Abs.2 GG. Ausgehend von der Notwendigkeit im Sinne Jellineks sollte der Verfassungsgesetzgeber, wenn er dann durch die Rechtsprechung des Bundesverfassungsgerichts zum Staatsorganisationsrecht auch hier angehalten ist, die Verfassung »ehrlicher« zu machen, den Einsatz der Streitkräfte insgesamt im Wortlaut der Verfassung in ein geschlossenes und konzises System einbinden.

4. Als Parallelbeispiel: Der Bundespräsident und die gesetzgeberischen Anläufe zur Privatisierung der Flugsicherung

Wie die Verfassung selbst ist auch die Rechtsprechung des Bundesverfassungsgerichts dazu – gerade im Bereich des Staatsorganisationsrechts – nicht zeitlos, sondern in besonderem Maße zeitgebunden, weil sie immer nur auf aktuelle Anlassfälle reagieren kann. Vielleicht reagiert der verfassungsändernde Gesetzgeber seinerseits darauf deshalb so zögerlich und häufig zeitverschoben, weil in der Kette an einer »Konkretisierung« der Verfassung beteiligter oberster Verfassungsorgane[81] dem Bundesverfassungsgericht eine besondere, über § 31 BVerfGG zwar nur im Gesetzesrang, aber dort durchaus als konkretisiertes Verfassungsrecht ihre Wirkung entfaltende Bedeutung zukommt. Das gilt in erster Linie dort, wo das Bundesverfassungsgericht die sich über die Grenzen des engeren Verfassungswortlauts hinaustastenden Verfassungsorgane bestätigt; es wird aber erst recht virulent, wenn es diesen Verfassungsorganen die Unvereinbarkeit ihres Handelns mit der aktuellen geschriebenen Verfassungsrechtslage entgegenhält.
Rascher und auch unbeschwerter scheint der Verfassungsgesetzgeber dann zu reagieren bereit zu sein, wenn von den am Zustandekommen einer Entscheidung zu beteiligenden obersten Verfassungsorganen mit dem Bundespräsidenten einer aus ihrer Mitte nicht lediglich verfassungsrechtliche Bedenken äußert und die endgültige Beurteilung – wie beim Zuwanderungsgesetz[82] – ausdrücklich dem Bundesverfassungsgericht zuschiebt, sondern mit – allein – verfassungsrechtlicher Begründung sich der Mitwirkung verweigert. Kommt dann der Druck einer Interessengruppe von außerhalb des Kreises dieser formell zur Entscheidung berufenen obersten Verfassungsorgane hinzu, erfolgt als Weg zur Überwindung des sich dergestalt präsentierenden Widerstandes eine Anpassung der Verfassungsnorm an die so aufgetretene Notwendigkeit oft sehr schnell. Als Beispiel mag hier das gerade zum

79 Rainer Arnold, Die Diskussion über das neue Weißbuch, RuP 2006, 136 ff.
80 Vgl. etwa: Mehr Befugnisse für die Bundeswehr, FAZ v. 16. 10. 2006, S. 5. Zum aktuellen Streitstand vgl. Peter Cantus, Unterstützung für Schäuble FAZ v. 3.7. 2007, S. 2.
81 Vgl. noch einmal das BVerfG in seiner ersten Auflösungsentscheidung (Fn.15).
82 BVerfGE 106, 110, 330 ff. Zu der Diskussion im Vorfeld dieses Verfahrens vgl. die bei Hans Meyer (Hrsg.), Abstimmungskonflikte im Bundesrat im Spiegel der Staatsrechtslehre, 2003, zusammengestellten Aufsätze.

zweiten Mal aktuell gewordene Veto des Bundespräsidenten bei Plänen des Gesetzgebers in Bezug auf die Organisation der Flugsicherung dienen.

Der in der Tagespresse so apostrophierte aktuelle »Kampf um die Lufthoheit«[83] mag von einem durchgehenden Misstrauen gegen einen allgemeinen Trend zur Europäisierung und Privatisierung bestimmt sein; vor allem und in erster Linie war er aber von Anfang an ein solcher um Status und Besoldung der in Deutschland mit der Flugsicherung betrauten Personen. Ursprünglich aufgrund von Art.87 Abs.3 GG durch den Bundesgesetzgeber als Anstalt des öffentlichen Rechts gegründet[84], waren die bei der Bundesanstalt für Flugsicherung Beschäftigten zunächst Angestellte. Ihre besonders aktive und zugleich nachhaltige Mitwirkung bei den Streiks um den neuen BAT-Manteltarifvertrag Anfang der 60er Jahre war es unter anderem, die 1961 zur Einfügung eines neuen Art.87d GG führte[85], der die Luftverkehrsverwaltung grundsätzlich der bundeseigenen Verwaltung zuwies. Auf dieser Verfassungsrechtsgrundlage war es in den folgenden Jahren möglich, das Personal von Luftfahrtbundesamt und Bundesanstalt für Flugsicherung zu vom Status her vom Streikrecht ausgeschlossenen Beamten zu machen. Vor allem die Fluglotsen empfanden ihre nach Laufbahnrecht durch Ausbildung und Anforderungen vorgegebene Zuordnung zum dortigen gehobenen Dienst jedoch als ungerecht und unpassend; sie orientierten sich mit ihren Gehaltsvorstellungen am Entgelt der Piloten der Lufthansa und sahen sich als Folge der auf dem Beamtenrecht basierenden Voraussetzungen als für ihre Aufgaben überqualifiziert und zugleich unterbezahlt an. Um den Forderungen nach einer Höhergruppierung Nachdruck zu verleihen, kam es 1968 und in den Folgejahren zu streikähnlichen Aktionen wie »Dienst nach Vorschrift«, »go slow« und »go sick«, die zu Schadensersatzklagen betroffener privater Teilnehmer am Luftverkehr gegen die Bundesregierung führten. Der Bundesgerichtshof erklärte daraufhin 1973 in mehreren Entscheidungen[86] die Bummelstreiks für rechtswidrig und die Bundesregierung als Dienstherrn für entsprechend regresspflichtig.

Als Folge verstärkten die Fluglotsen die Bemühungen, aus dem von ihnen als zu eng empfundenen Korsett des öffentlichen Laufbahn- und Besoldungsrechts auszuscheren. Anfang der 90er Jahre entstand so der Gedanke einer Umwandlung der Flugsicherungsorganisation in eine GmbH, deren gesetzgeberische Ausarbeitung und parlamentarische Beratung unter der Oberfläche öffentlicher Wahrnehmung von einer beispiellosen Lobbytätigkeit begleitet wurde, die bis zur Beschäftigung einer eigenen PR-Beraterin führte, die die beteiligten öffentlichen Stellen geneigt stimmen und rechtliche wie politische Bedenken und Widerstände ausräumen sollte. Das reichte bis zur öffentlichen Namhaftmachung des zuständigen Referatsleiters im

83 Reinhard Müller, Kampf um die Lufthoheit, FAZ v. 31. 7. 2006, S. 8.

84 Zum Ganzen vgl. bis 1991 die Darstellung bei Hans-Peter Trampler, Verfassungs- und unternehmensrechtliche Probleme der bundesdeutschen Flugsicherung, 1993.

85 11.G zur Änd. des GG v. 6. 2. 1961, BGBl. I, 65.

86 BGHZ 69, 18; 70, 39.

Bundespräsidialamt, als 1991 das entsprechende Gesetz die parlamentarischen Hürden genommen hatte, und zuletzt nur noch die Prüfung der Verfassungsmäßigkeit durch den Bundespräsidenten vor der Ausfertigung ausstand[87]. Diese Prüfung fiel eindeutig aus und erkannte in der von Bundestag und Bundesrat beschlossenen gesetzlichen Regelung einen Verstoß sowohl gegen das Gebot der Wahrnehmung hoheitlicher Aufgaben allein durch Beamte nach Art.33 Abs.4 GG wie gegen die zwingende Einrichtungsvorgabe als bundeseigene Verwaltung durch Art.87 d Abs.1 GG. Aber auch hier erwies sich eine bestens aufgestellte Lobby erneut als durchsetzungsmächtig. Noch in die Arbeiten der Gemeinsamen Verfassungskommission hinein legte die Bundesregierung einen Entwurf zur Herbeiführung einer dieses Vorhaben nicht mehr im Wege stehenden Verfassungsrechtslage vor[88]. Die Gemeinsame Verfassungskommission nahm ihn in ihre Empfehlungen auf, und noch vor dem förmlichen Abschluss von deren Arbeiten erging eine Ergänzung allein des Art.87d Abs.1 GG[89]: Über die öffentlich-rechtliche oder privatrechtliche Organisation der Luftverkehrsverwaltung konnte nunmehr durch einfaches Bundesgesetz entschieden werden; die ebenfalls für eine formelle Organisationsprivatisierung für erforderlich erachtete Änderung des Art.33 Abs.4 GG wurde durch eine »Herausinterpretierung« der Luftverkehrsverwaltung aus dem Geltungsbereich dieser Verfassungsnorm umgangen. Das auf dieser Basis neu eingebrachte Gesetz passierte dann auch unbeanstandet alle Instanzen einschließlich des Bundespräsidenten. Fluglotsen wurden zu Angestellten, bestehende Pensionslasten übernahm der Bund, ursprüngliche Beamte, die diesen Weg nicht mitgehen mochten, wurden anderweits untergebracht.

Art.87d Abs.1 GG ist auch nach seiner Ergänzung eindeutig dahin zu interpretieren, dass er zwingend die Aufgaben und damit die Anteile an der Flugsicherungs-GmbH allein dem Bund zuweist[90]. Für die Berechnung der Einnahmen und Aufwendungen einschließlich derer für das Personal gilt damit das Verwaltungskostenrecht, das grundsätzlich keine Überschüsse als »Gewinn« zulässt. Ein Verkauf der Bundesanteile, wie ihn ein im parlamentarischen Verfahren schon verabschiedetes Gesetz vorsah, würde zu einer materiellen Privatisierung führen[91], bei der dem neuen Eigentümer eine Kalkulation auch unter eigennützigen Wirtschaftlichkeitserwägungen kaum zu verbieten wäre. Der Bundespräsident stand damit erneut vor einer angesichts des Drucks diesmal auch von Luftverkehrsgesellschaften und Flughafenbetreibern als Kaufinteressenten politisch schwierigen, aber verfassungsrechtlich

87 Vgl. die Nachweise in der Bespr. in: Der Staat 34 (1994) 87.
88 BT-Drs.12/1800.
89 G zur Änd. des GG v. 14. 7. 1992, BGBl. I, 1254.
90 Seltsamerweise fehlt dazu jede Äußerung etwa bei Martin Burgi, Privatisierung, und Robert Uerpmann-Wittzack, Verkehr, beide HStR IV (Fn.39) § 75 und § 89.
91 Zur Situation in anderen Ländern vgl. die Darstellung: Nur die Briten sichern ihren Luftraum privat, FAZ v. 26. 10. 2006, S. 15.

eindeutigen Prüfung[92], hatte doch das Bundesverfassungsgericht[93] schon früh festgestellt: »Würde die ständige Ausübung hoheitlicher Befugnisse in größerem Umfang auf Nichtbeamte übertragen, so wäre dies mit dem Grundgesetz nicht vereinbar«; und auf die in diesem Zusammenhang immer wieder erwähnte europäische Luftfahrtorganisation Eurocontrol bezogen[94] bestätigt, die Flugsicherung sei und bleibe eine »öffentliche Aufgabe hoheitlicher Natur, die auch im innerstaatlichen Bereich hoheitlich vollzogen werden« müsse. Das Landgericht Konstanz hat diese Linie konsequent fortgeführt, wenn es wegen des Flugzeugunglücks in Überlingen den Bund zu Schadensersatz verurteilt hat. Es wird interessant sein, zu beobachten, ob und wann auch hier wieder eine den Weg zu dem politisch gewünschten Ergebnis ebnende Korrektur der bestehenden Verfassungsrechtslage erfolgt, zu der der Bundespräsident mit seinem Hinweis, dem Gesetzgeber sei es »unbenommen, die verfassungsrechtlichen Voraussetzungen für sein Vorhaben zu schaffen«, geradezu eingeladen hat[95]. Hätte in diesem Fall erst das Bundesverfassungsgericht – wie jetzt erneut der Bundespräsident – diese Verfassungsrechtslage ausgelegt und angewendet, wäre die Scheu des verfassungsändernden Gesetzgebers vor einem Eingriff in die Verfassung wahrscheinlich größer.

92 Vgl. etwa aus der Tagespresse: Verkauf der Flugsicherung gefährdet, FAZ v. 16. 10. 2006, S. 13, dann Reinhard Müller, »Evident verfassungswidrig«, FAZ v. 25. 10. 2006, S. 2, auch: In der Warteschleife, FAZ. v. 25. 10. 2006, S. 15.

93 BVerfGE 9, 268.

94 BVerfGE 58, 1.

95 Zu ersten Diskussionen darüber und damit den Chancen einer Verwirklichung vgl. aus der Tagespresse etwa: Privatisierung der Flugsicherung umstritten, FAZ v. 26. 10. 2006, S. 1

Verfassungskonforme Auslegung zwischen Italien und Deutschland

Dian Schefold

I. Vorbemerkungen

Verbindungen zwischen den reformorientierten juristischen Fachbereichen in Hannover, Hamburg und Bremen haben im letzten Vierteljahrhundert immer wieder Gelegenheit gegeben, das facettenreiche Wirken und Werk Hans-Peter Schneiders kennen zu lernen und zu verfolgen. Besonders haben mich neben den theoretisch und sozialwissenschaftlich, speziell politisch orientierten Arbeiten die rechtsvergleichenden beeindruckt. Schwerpunkte dabei waren namentlich Spanien[1] und Südafrika[2]. Aber auch die mir näher liegenden Verbindungsstränge nach Italien verliefen oft parallel zu meinen. Besonders denke ich dabei an eine Begegnung in Mailand im Mai 1995 zurück, als wir an einer vom Goethe-Institut unterstützten Tagung über die damals im Aufschwung befindliche Föderalisierungs-Diskussion in Italien den deutschen Föderalismus vorzustellen und zu diskutieren hatten[3].

Solche fruchtbaren Gespräche ermutigen mich, für Hans-Peter Schneider eine deutsche Version des Beitrags zu schreiben, den ich an der Tagung der Associazione Italiana dei Costituzionalisti, der italienischen Schwestervereinigung der deutschen Staatsrechtslehrervereinigung, die zum 50-jährigen Jubiläum der italienischen Corte costituzionale neben italienischen Referenten zehn ausländische aus sechs Staaten eingeladen hatte, am 27./28. Oktober 2006 in Rom vorgetragen habe. Mir war das Thema »L'interpretazione conforme alla Costituzione«, der verfassungskonformen Auslegung, gestellt worden.

Von einem deutschen Standpunkt aus mochte die Auseinandersetzung mit diesem Thema nicht sonderlich aktuell erscheinen. Gewiss bleibt festzuhalten, dass das Bundesverfassungsgericht, noch frühere Ansätze des Bayerischen Verfassungsgerichtshofs fortentwickelnd, seit seinem ersten Urteil die Verbindung von Verfassungs- und Gesetzesauslegung betont und schon in einem Beschluss vom 7.Mai

1 Besonders Hans-Peter Schneider, Democracía y constitución, Madrid 1991.

2 Dabei hat uns Hans Peter Schneider, Die Parteiinstitution in Südafrika, in: D.Th. Tsatsos (Hrsg.), 30 Jahre Parteiengesetz in Deutschland, Baden-Baden 2002, S. 312 ff., zusammengeführt.

3 Die Beiträge von Hans-Peter Schneider, Nascita e sviluppo del federalismo in Germania; Dian Schefold, Separazione e collegamento tra l'amministrazione del Bund e quella die Länder; Günter Kisker, L'equilibrio tra il Bund e i Länder; Franz Klein, Il Bund e i Länder secondo la costituzione finanziaria posta dalla Lege fondamentale sind veröffentlicht in der Zeitschrift Amministrare XXXVI, 1996, Heft 1, S. 5 ff., 17 ff., 39 ff., 53 ff.

1953 die klassische Definition der verfassungskonformen Auslegung gegeben hat[4]. Sie bildet die Grundlage einer insgesamt kontinuierlichen Rechtsprechung durch Bundesverfassungsgericht und Fallgerichte – die eben deshalb in den letzten Jahrzehnten weniger Aufmerksamkeit auf sich gezogen hat.

Gewiss, das war in den ersten Phasen der Tätigkeit des Bundesverfassungsgerichts anders. Die große Diskussion über Prinzipien der Verfassungsinterpretation auf der Staatsrechtslehrertagung 1961[5] mündete für den Bereich der verfassungskonformen Auslegung um die Mitte der sechziger Jahre in einen Strom von Monographien ein, die das Prinzip darstellten und kritisierten[6]. Wenn das Vierte Änderungsgesetz zum Bundesverfassungsgerichtsgesetz vom 21. Dezember 1970[7] die §§ 31 II und 79 I BVerfGG insofern änderte, als auch die Auslegung einer Gesetzesvorschrift durch das Gericht als Gegenstand der Normenkontrollentscheidung aufgeführt wurde, so legte dies nahe, darin eine ausdrückliche Bestätigung der Praxis und der von ihr gehandhabten verfassungskonformen Auslegung zu sehen[8].

In der Tat zog das Gericht aus der Neufassung des Gesetzes die Folgerung, im Entscheidungstenor auf die Auslegung des Gesetzes in den Gründen zu verweisen, wenn eine verfassungskonforme Auslegung die Entscheidung der Gültigkeitsfrage bestimmte[9]. Die weitere wissenschaftliche Diskussion der Problematik ebbte jedoch ab; nur auf einzelne Stimmen wird im Folgenden noch einzugehen sein. In gewissem Sinn kann in der Erörterung der verwandten Frage der Verfassungswidrigerklärung von Normen ohne Nichtigerklärung, die etwa damals begann, eine Fortsetzung gesehen werden[10]. Während in der Festschrift zum 25-jährigen Bestehen des Bun-

4 BVerfGE 2,266 (267 LS 4, 282), anknüpfend an BVerfGE 1,14 (15 LS 4, 32); vgl. die st.Rspr. mit Bezugnahme darauf bis BVerfGE 112,164 (182 f.). Für Bayern grundlegend BayVerfGH E 4 II, 30 (44).

5 Prinzipien der Verfassungsinterpretation, VVDStRL 20,1963, mit den Berichten von Horst Ehmke und Peter Schneider.

6 Vgl. vor allem Volker Haak, Normenkontrolle und verfassungskonforme Gesetzesauslegung des Richters, Bonn 1963; Wolf-Dieter Eckardt, Die verfassungskonforme Gesetzesauslegung, Berlin 1964; Joachim Burmeister, Die Verfassungsorientierung der Gesetzesauslegung, Berlin 1966; Harald Bogs, Die verfassungskonforme Auslegung von Gesetzen, Stuttgart 1966; Detlev Göldner, Verfassungsprinzip und Privatrechtsnorm in der verfassungskonformen Auslegung und Rechtsfortbildung, Berlin 1969.

7 BGBl. I, S. 1765.

8 So die These von Hans Paul Prümm, Verfassung und Methodik, Berlin 1977, insb. S. 26 ff.

9 So erstmals und spektakulär im Abhör-Urteil, BVerfGE 30,1 (4); seitdem st. Rspr.

10 Nächst Chr. Graf von Pestalozza, Die Geltung verfassungswidriger Gesetze, AÖR 96, 1971, S. 27 ff. darf ich für einen ersten, dem Arbeitsort des Jubilars verbundenen Beitrag auf Dian Schefold/Klaus-Rüdiger Leske, Hochschulvorschaltgesetz: verfassungswidrig – aber nicht nichtig, NJW 1973, S. 1297 ff. verweisen; vgl. dann Chr. Pestalozza, »Noch verfassungsmäßige« und »bloß verfassungswidrige« Rechtslagen, in: Chr. Starck (Hrsg.), BVerfG und GG, Tübingen 1976, Bd. 1, S. 519 ff.; Hans-Peter Schneider, Verfassungsgerichtsbarkeit und Gewaltenteilung, NJW 1980, S. 2103 (2110); Jörn Ipsen, Rechtsfolgen der Verfassungswidrigkeit von Norm und Einzelakt, Baden-Baden 1980 und ergänzend dazu JZ 1983, S. 41 ff.; Peter Hein, Die Unvereinbarerklärung verfassungswidriger Gesetze durch das Bundesverfassungsgericht, Baden-Baden 1988; A.P. Pohle, Verfassungswidrigerklärung von Gesetzen, Frankfurt 1979. Die Frage hat vor allem auch die italienische Diskussion beeinflusst; dazu insb. Gianpaolo Parodi, La sentenza additiva a dispositivo generico, Turin 1996, insb. S. 29 ff.; Ginevra Cerrina Feroni, Giurisdizione costituzionale e legislatore nella Repubblica federale tedesca, Turin 2002.

desverfassungsgerichts noch ein kurzer Beitrag zur verfassungskonformen Auslegung enthalten ist[11], behandelt die Festschrift zum 50-jährigen Bestehen zwar Wirkung und Befolgung verfassungsgerichtlicher Entscheidungen[12], nicht aber die verfassungskonforme Auslegung als eigenes Thema. Als solches scheint sie daher nicht besonders aktuell zu sein.

Auf den ersten Blick kann man für Italien einen ähnlichen Eindruck bekommen. Die Rechtsprechung der italienischen Corte costituzionale, in den ersten Jahren stark angefochten durch die traditionelle Stellung der Corte di cassazione, die das letzte Wort in der Frage der Gesetzesinterpretation beanspruchte, einerseits, und durch Grenzen der Leistungsfähigkeit der Gesetzgebung andererseits, vermochte am ehesten durch verfassungskonforme Auslegungen, die »sentenze interpretative«, die Rechtslage zu beeinflussen, stieß aber dabei an die Grenze der Bindungswirkung nur die Nichtigkeit erklärender Urteile[13]. Zur Lösung dieses Problems entwickelte sie die Technik der Teilnichtigerklärung und eliminierte dadurch bestimmte Auslegungen von Gesetzesvorschriften[14]. Damit war ein der Rechtslage in Deutschland annähernd vergleichbarer Zustand erreicht[15].

Der Schluss, damit sei ebenfalls eine gewisse Beruhigung der Diskussion eingetreten, trifft jedoch nicht zu. Im Gegenteil dauert einerseits die Diskussion um das Verhältnis von Verfassungsgerichtsbarkeit und Bindungswirkung letztinstanzlicher fachgerichtlicher Entscheidungen, um das »diritto vivente« an[16]. Andererseits lassen sich in den letzten zwanzig Jahren neue Tendenzen konstatieren und lässt sich von einer Radikalisierung der Diskussion über die verfassungskonforme Auslegung sprechen[17]. Daraus resultierte das Interesse an weiterer Rechtsvergleichung, das zur erneuten Behandlung des Themas führte.

Zu diesem Zweck schien mir sinnvoll, von den methodischen Grundlagen verfassungskonformer Auslegung auszugehen (II) und ihre Einordnung in die deutsche Regelung der Normenkontrolle, auch in neueren kritischen Stimmen, darzustellen (III), um von hier aus einige rechtsvergleichende Rückfragen an die italienische Lehre und Praxis zu formulieren (IV).

11 Reinhold Zippelius, Verfassungskonforme Auslegung von Gesetzen, in: BVerfG und GG (zit. Fn. 10), Bd. 2, S. 108 ff. (neben dem zitierten Beitrag von Pestalozza).

12 Helmuth Schulze-Fielitz, Wirkung und Befolgung verfassungsgerichtlicher Entscheidungen, in: Festschrift 50 Jahre Bundesverfassungsgericht, Tübingen2001, Bd. 1, S. 388 ff. – Auch Klaus Schlaich/Stefan Korioth, Das Bundesverfassungsgericht, 6. Aufl. München 2004, S. 308 Rdnr. 440 ff. geben einen festen Bestand von Dogmatik und Rechtsprechung wieder.

13 Art. 136 der Verfassung, Art. 30 III, IV des Gesetzes vom 11.3.1953 n. 87 (Norme sulla costituzione e sul funzionamento della Corte).

14 Dazu Jörg Luther, Die italienische Verfassungsgerichtsbarkeit, Baden-Baden 1990, S. 115 ff.

15 Vgl. Helmut Simon, Die verfassungskonforme Gesetzesauslegung, Vortrag auf der 2. Konferenz der europäischen Verfassungsgerichte, EuGRZ 1974, S. 85 ff.

16 Grundlegend Gustavo Zagrebelsky, La dottrina del diritto vivente, Giur. Cost. 1986 I, S. 1148 ff. und dann Andrea Pugiotto, Sindacato di costituzionalità e »diritto vivente«, Milano 1994.

17 So neuestens das hoch instruktive Werk von Giusi Sorrenti, L'interpretazione conforme a Costituzione, Milano 2006, das Zitat S. 209.

II. Die methodischen Grundlagen

1. Auslegung als Verfahren zur Konkretisierung eines Textes mit dem Zweck von dessen Anwendung auf die Beurteilung einer bestimmten Situation, eines konkreten Falles[18] erhält in den modernen Rechtsordnungen eine komplexere Funktion als in traditionellen Systemen. Noch Montesquieu konnte von den Richtern als »bouche qui prononce les paroles de la loi; des êtres inanimés qui n'en peuvent modérer ni la force, ni la rigueur »[19] sprechen. Für ihn war das Gesetz Befehl, und dessen Auslegung überschritt die Grenzen der richterlichen Funktion. Deshalb sah er im Oberhaus die geeignete Instanz mit der Aufgabe »modérer la loi en faveur de la loi même, en prononçant moins rigoureusement qu'elle«.
Bekanntlich hat diese Einschaltung einer nichtrichterlichen Instanz, häufig im absolutistischen Europa – man denke an Preußen –, in einer ersten Phase auch zugunsten parlamentarischer Volksvertretungen stattgefunden, in der Form des »référé législatif« an das Parlament in Zweifelsfällen[20]. Die Entwicklung vom bloß aussprechenden zum auslegenden Richter war ein langer Weg, mit einem ersten Scheitelpunkt in Art. 4 des französischen Code civil:

> »Le juge qui refusera de juger, sous prétexte du silence, de l'obscurité ou de l'insuffisance de la loi, pourra être poursuivi comme coupable de déni de justice.«

Jetzt erst war es Aufgabe und Verantwortung des Richters, das Gesetz zu interpretieren, und entwickelte sich die Kultur der Auslegung und Hermeneutik, die für das 19. Jh. kennzeichnend ist. Sie war mit der Kodifikationsidee verbunden und ist grundsätzlich bis heute von Bedeutung. Eine ihrer wichtigsten Aufgaben war, ein Ergebnis zu finden, das dem Gesetz insgesamt entsprach und Widersprüche vermied. Die Kodifikation war – und ist – ein einheitliches Werk. Ihre Auslegung muss dem Sinn des Gesetzes insgesamt entsprechen oder, wenn er problematisch ist, eine Wirkungseinheit zu erzielen suchen[21].

2. Diese für jede Interpretationsarbeit kennzeichnende Aufgabe stößt jedoch von je her auf Schwierigkeiten, und diese spitzen sich im Verfassungsstaat und in einer vom internationalen Recht bestimmten Rechtsordnung zu. Die Problematik entsteht aus der Lehre von den Rechtsquellen, die durch die zunehmende Vielfalt der Quel-

18 Zu den theoretischen Grundlagen hat der Jubilar, in Weiterführung von Gedanken seines Lehrers, Stellung genommen: Hans-Peter Schneider, Verfassungsinterpretation aus theoretischer Sicht, in: Festschrift Konrad Hesse, Karlsruhe 1990, S. 39 ff.

19 Montesquieu, De l'esprit des lois, 1748, Buch XI, Kap. 6, dort auch das folgende Zitat.

20 Zu diesen Phasen Franz Neumann, Demokratischer und autoritärer Staat, Frankfurt 1967, S. 45 f.; diese Situation war der Ausgangspunkt für meine »Zweifel des erkennenden Gerichts«, Berlin 1971, S. 10.

21 Hier verbindet sich italienische und deutsche Theorieentwicklung in Emilio Betti, Teoria generale della interpretazione, 1955, deutsch unter dem Titel: Allgemeine Auslegungslehre als Methodik der Geisteswissenschaften, Tübingen 1967, insb. S. 632 ff.

len kompliziert wird. Unter diesen Bedingungen erfordert Interpretation, dass nicht nur dem auszulegenden Gesetz, sondern der Rechtsordnung insgesamt Rechnung getragen wird. In diesem Sinn lässt sich von der Notwendigkeit sprechen, Widersprüche in der Rechtsordnung zu vermeiden und ihre Einheitlichkeit anzustreben, um klare und überzeugende Lösungen zu ermitteln. Mit andern Worten: die Rechtsordnung hat als Pyramide, von einem einheitlichen Prinzip bestimmt, zu wirken. Diese Einheitlichkeit der Rechtsordnung, Grundprinzip der Kelsen'schen Rechtslehre, ist zugleich Grund für die Einrichtung einer Verfassungsgerichtsbarkeit, und es ist kein Zufall, dass Kelsen beide Themen mit einander verknüpft hat. Die Problematik wirkt sich in zwei Richtungen aus.

Einerseits wird der Begriff des Gesetzes immer vielfältiger. Soweit das Gesetz durch Rechtsquellen niedrigeren Ranges, vor allem Verordnungen, ergänzt wird, zwingt die Stellung des Gesetzes als Ermächtigungsgrundlage und Schranke der Rechtsverordnungen, in Deutschland durch Art. 80 GG noch stärker limitiert als in Italien, zur Kontrolle der Verordnungen auf Gesetzmäßigkeit. Gesetzwidrige Verordnungen dürfen nicht angewandt werden. In Zweifelsfällen gehört die Auslegung der Verordnung gemäß den Vorgaben des Gesetzes zum Auslegungsvorgang. Ähnliches gilt, wenn, wie in Italien, der Gesetzesbegriff durch auf Grund spezieller gesetzlicher Ermächtigungen erlassene gesetzgebende Dekrete (*decreti legislativi*) erweitert wird[22]. In den gleichen Zusammenhang gehört die Verfassung. Als Rechtsquelle, die die Erzeugung der weiteren Rechtsquellen regelt, ist sie, wie die italienische Lehre[23] sagt, »superprimäre« Quelle und Kontrollmaßstab für alles weitere Recht. Aufgabe der Interpretation ist deshalb die Übereinstimmung der Rechtsordnung mit der Verfassung.

Neben dieser Ausdifferenzierung der Rechtsquellen im Verfassungsstaat vermehrt, andererseits, die Mehrheit der Ebenen der Rechtsordnung die Schwierigkeiten, sie als Einheit zu interpretieren. Auch dieses Problem hat alte Wurzeln. Kommunale und andere Satzungen von Selbstverwaltungsträgern haben im Verhältnis zum staatlichen Gesetz eine den Verordnungen vergleichbare Stellung und bedürfen ebenfalls einer Auslegung im Einklang mit dem Gesetz. In Bundesstaaten und Regionalstaaten mit Gesetzgebungshoheit der Regionen ist die Lage noch komplizierter. Sie führt zu einer Normhierarchie in den Gliedstaaten oder Regionen, im Zentralstaat und zwischen beiden Ebenen. Folglich ist die Tradition eines richterlichen Prüfungsrechts hinsichtlich der Vereinbarkeit des Landesrechts mit dem Recht des Zentralstaats alt. Auch hier kann und soll die Harmonisierung, wenn möglich, durch Auslegung erfolgen, indem das Landesrecht konform dem Bundesrecht, Recht niedrigeren Ranges im Einklang mit dem höherrangigen ausgelegt wird. Aber die Pro-

22 Der Vergleich zur verfassungskonformen Auslegung ist kürzlich von Sorrenti (zit. Fn. 17), S. 34 ff. gezogen und dargestellt worden.

23 Guter Überblick etwa bei Barbera/Fusaro, Corso di diritto pubblico, 3. Aufl. Bologna 2004, S. 79, 82 ff.

blematik erschöpft sich nicht auf diesen Ebenen. Dank der europäischen Integration und der Entwicklung der Luxemburger Rechtsprechung stellen sich entsprechende Probleme im Verhältnis von EG-Recht und Recht der Mitgliedstaaten. Die Techniken der europäischen Rechtsprechung zur Gewährleistung des Anwendungsvorrangs des Gemeinschaftsrechts, auch durch Auslegung, und speziell zur Sicherung der Anwendung nicht rechtzeitig umgesetzter Richtlinien, sind bekannt. Ähnliche Probleme – wie sie bereits Kelsen im Auge hatte – stellen sich in der Entwicklung des Völkerrechts. Auch dieses ist bindend, ob man von einem monistischen Konzept ausgeht oder nicht, und mit der steigenden Bedeutung des Individuums auch im Völkerrecht – man denke an die Europäische Menschenrechtskonvention – wächst die Bedeutung der Aufgabe, internationale und nationale Regelung zu harmonisieren[24].

3. Dennoch gibt diese gemeinsame Problemstruktur noch keine Antwort auf die Frage, in welcher Weise die Kohärenz der Rechtsordnung gewährleistet werden soll. Gewiss ist im Verhältnis von Gesetz und Verordnung wie auch im Verhältnis von Bundesrecht und Landesrecht klassische Lösung der Vorrang des höherrangigen Rechts; dieses »bricht« (Art. 31 GG) das niedrigerrangige, im Sinn eines Geltungsvorrangs[25], daher der Nichtigkeit des dem höherrangeigen entgegenstehenden Rechts. Aber schon im Verhältnis von Grundgesetz und Landesverfassungen macht Art. 142 GG eine Ausnahme, und die verfassungsgerichtliche Praxis leitet daraus mit der Verfassungsautonomie der Länder einen Vorrang des landesrechtlichen Grundrechtsschutzes gegen letztinstanzliche landesrechtliche Gerichtsurteile auch vor bundesrechtlichen Verfahrensvorschriften ab[26]. Im Städtebaurecht werden bestimmte Rechtsverstöße von Flächennutzungsplänen und Satzungen als unbeachtlich qualifiziert, führen also nicht zur Nichtigkeit[27]. Im Verfassungsprozess wird – über den häufig mit der Erklärung der Verfassungswidrigkeit verbundenen Verzicht auf Nichtigerklärung hinaus – in bestimmten Fällen der Verfassungswidrigerklärung von Gesetzen ihre weitere Geltung dennoch angeordnet[28]. Der Grundsatz der Nichtigkeit gilt daher allenfalls mit Ausnahmen, und Mindermeinungen neigen zur Kelsen'schen, in Österreich und heute rechtsvergleichend vielleicht überwiegenden Auffassung von der bloßen Vernichtung von Bestimmungen, die

24 Symptomatisch neuerdings BVerfGE 111,307 (315 ff.).

25 Daher spricht Art. 100 I GG von der »Gültigkeit« des auf Verfassungsmäßigkeit zu prüfenden Rechts und scheint – in Ausformung von Art. 20 III GG – dieser Sichtweise Verfassungsrang zu verleihen.

26 So nach dem in BVerfGE 36,342 entwickelten Ansatz BVerfGE 96,345 (363 ff.); Hans-Peter Schneider, Verfassungsgerichte der Länder – »Filter« für Karlsruhe? NJW 1996, S. 1517 f. hat die Problematik dargestellt und dann in: Die Landesverfassungsbeschwerde – ein Stiefkind bundesrechtlichen Grundrechtschutzes, Nds.VBl. 2005, S. 26 ff. einige Konsequenzen und Möglichkeiten expliziert.

27 §§ 214/215 BauGB.

28 Neue Beispiele: BVerfGE 109,190 (191 Nr. 2c des Tenors, 235 ff.); 114,357 (371), trotz dem in BVerfGE 37,217 LS 3 aufgestellten Grundsatz.

höherrangigem Recht widersprechen[29]. Von diesem Standpunkt aus gesehen, kann man von einer Nichtigerklärung ex tunc (wie in der Regel in Deutschland und weitgehend nach der italienischen Praxis) oder ex nunc (wie nach der Lehre Kelsens, dem österreichischen Recht und dem Wortlaut von Art. 136 der italienischen Verfassung), jeweils mit Ausnahmen, sprechen.
Neben dieser Relativierung der Nichtigkeitslehre steht die andere vom Europäischen Gerichtshof entwickelte, die die Gültigkeit der mitgliedstaatlichen Vorschrift, die dem Gemeinschaftsrecht widerspricht, aufrecht erhält und sich darauf beschränkt, ihr gegenüber den Anwendungsvorrang des Gemeinschaftsrechts zu postulieren. Wie in den erwähnten Fällen eines gemilderten Gültigkeitsvorrangs, resultiert daraus eine Tendenz, so weit wie möglich den Konflikt zwischen höher- und niedrigerrangiger Bestimmung im Weg der Interpretation zu entschärfen. Das gilt vor allem für den Fall nicht rechtzeitig umgesetzter Richtlinien. Weniger verbreitet in Verfassungsstaaten, aber charakteristisch für den Weg zur Entwicklung einer Verfassungsgerichtsbarkeit sind die Lösungen, die nach Feststellung eines Widerspruchs zwischen Verfassung und Gesetz die abschließende Entscheidung dem Parlament vorbehalten, wie im Polen der 1980erjahre, vor Erlass der gegenwärtigen Verfassung, und ähnlich nach der Präventivkontrolle durch den französischen Conseil constitutionnel. Es liegt nahe, dass solche Regelungen den Richter dazu bringen, den Konflikt möglichst durch Auslegung zu lösen. Umso mehr gilt dies, wenn die Verfassung den Richter auch an das verfassungsrechtlich umstrittene, ja verfassungswidrige Gesetz bindet. Dann bleibt dem Richter als Mittel nur eine verfassungskonforme Auslegung. Die Lage in der Schweiz kennzeichnet diesen Übergang vom Ausschluss des Prüfungsrechts über verfassungskonforme Auslegung zur Einheit der Rechtsordnung trotz des Mangels des Gesetzes[30].

4. Im Sinn einer Zwischenbilanz lässt sich daher sagen, dass sich die Auslegungsproblematik nicht nur wegen der besser gewährleisteten richterlichen Unabhängigkeit, der erweiterten Funktionszuschreibung an den Richter und der Aufgabe der einheitstiftenden Auslegung von Kodifikationen erweitert hat, sondern auch durch die Differenzierung des Systems der Rechtsquellen. Sie macht es zur Sache des Richters, durch Auslegung der einschlägigen Gesetzesvorschriften im Einklang nicht nur mit dem Text und System des Gesetzes insgesamt, sondern mit einem weit verzweigten System von Rechtsquellen verschiedener Stufen, die teils von unterschiedlichen Organen des Staates, teils von andern rechtsetzenden Instanzen, von der Völkerrechtsgemeinschaft bis zur Gemeinde, erzeugt werden, die maßgebende Entscheidungsnorm zu gewinnen. Mittel zur Herstellung dieses Einklangs können Normenkontrollkompetenzen sein, aber sie sind es nicht immer und ausschließlich,

29 Gute neue vergleichende Übersicht bei Gianpaolo Parodi, in: R. Bifulco u.a., Commentario alla Costituzione, Torino 2006, zu Art. 136 Anm. 2.3.2.
30 Dazu grundlegend Max Imboden, Normkontrolle und Norminterpretation, Festschrift Hans Huber, Bern 1961, S. 133 ff., jetzt in: Imboden, Staat und Recht, Basel 1971, S. 239 ff.; vgl. auch Simon (zit. Fn. 15), EuGRZ 1974, S. 86.

und die Entscheidungsbefugnisse im Fall von Normwidersprüchen können ganz verschieden sein. Auslegungsbefugnisse ergänzen daher die Kontrollbefugnisse, ebenso wie diese Platz greifen müssen, wenn keine harmonisierende Auslegung möglich ist.

Denn es bleibt zu präzisieren, dass die funktionale Nähe von Normenkontrolle und Normeninterpretation die methodischen Grenzen der Interpretation nicht verschiebt. Interpretation bleibt an den Text des Gesetzes gebunden. Auch eine auf die Einheit der Rechtsordnung, und speziell auf die Verfassung orientierte Auslegung bleibt daher Auslegung und hat deren Grenzen zu respektieren. Das ist ein methodologisches Gebot, das freilich faktische Verstöße nicht ausschließen kann. Aber eine Interpretation, die ihre methodischen Grenzen überschreitet, verändert ihr Wesen und beansprucht eine Gewalt, die die Grenzen der Rechtsprechungsfunktion sprengt. Sie bedarf daher einer besonderen, in gewaltenteilenden Verfassungen normalerweise nicht vorhandenen verfassungsrechtlichen Rechtfertigung[31].

Jedenfalls ist die Bedeutung der verfassungskonformen Auslegung mit der Regelung der Verfassungsmäßigkeitskontrolle verbunden. Daher gilt es, die diese bestimmenden Prinzipien heranzuziehen, um Bedeutung, Zuständigkeitsverteilung und Wirkungsweise der verfassungskonformen Auslegung zu verstehen. Im Folgenden ist daher das deutsche Recht unter diesem Aspekt vorzustellen, um die Unterschiede zur italienischen Ordnung und damit der verfassungskonformen Auslegung in beiden Rechtsordnungen zu verstehen.

III. Normenkontrolle und verfassungskonforme Auslegung in Deutschland

A. Merkmale der deutschen Verfassungsgerichtsbarkeit und verfassungskonforme Auslegung

1. Die Zentralisierung der Normenkontrolle nach dem Grundgesetz, auf den ersten Blick im Grundsatz und in der Praxis ganz ähnlich wie in Italien ausgestaltet, wird dennoch durch eine grundsätzliche Abweichung geprägt. Während die italienische Corte costituzionale über »die Frage der Verfassungsmäßigkeit eines Gesetzes«[32] entscheidet, ist die Verfassungsmäßigkeitskontrolle in Deutschland in erster Linie Aufgabe des Fallrichters. Der deutsche Richter, der die anzuwendende Gesetzesbestimmung ermittelt hat, hat sie auszulegen und anzuwenden, dabei über die Frage eventueller Verfassungsverstöße zu befinden, aber dem Verfassungsgericht keine Fragen zu unterbreiten – mit einer einzigen Ausnahme: »Hält ein Gericht ein

31 Das hat Prümm (zit. Fn. 8), S. 112, 178 ff., 239 ff. vorbildlich herausgearbeitet; ähnlich Schneider (zit. Fn. 10), NJW 1980, S. 2103 (2104). – Für die richtlinienkonforme Auslegung staatlichen Rechts im Fall nicht rechtzeitig umgesetzter EG-Richtlinien könnte eine solche Legitimation in Art. 10 EGV gesucht – und damit freilich die Problematik dieses Vorgehens offengelegt werden.

32 »La questione di legittimità costituzionale di una legge«, so l. cost. 1948 n. 1, art. 1.

Gesetz, auf dessen Gültigkeit es für die Entscheidung ankommt, für verfassungswidrig« (Art. 100 I 1 GG), hat es das Verfahren auszusetzen und eine verfassungsgerichtliche Entscheidung über die Verfassungsmäßigkeit des Gesetzes einzuholen. Daher ist die Auslegung des Gesetzes, die Kontrolle seiner Verfassungsmäßigkeit und insofern auch die verfassungskonforme Auslegung des Gesetzes vorrangig Aufgabe des Fallrichters. Anders als zumindest grundsätzlich im italienischen Recht, bleibt kein Raum für eine Vorlage an das Verfassungsgericht, wenn der Fallrichter durch Auslegung des Gesetzes dieses verfassungskonform interpretiert und in dieser Auslegung der Fallentscheidung zugrunde legt. Nur wenn der Richter überzeugt ist, dass die zutreffende Auslegung des Gesetzes einen Sinn ergibt, der – ebenfalls nach Überzeugung des Richters – verfassungswidrig ist, kann und muss das Gesetz und die Frage seiner Verfassungswidrigkeit dem Verfassungsgericht vorgelegt werden. In allen Fällen der Bejahung der Verfassungsmäßigkeit ist daher das Verfassungsgericht nicht mit der Sache zu befassen, und wenn die Frage zweifelhaft ist, obliegt es dem Fallrichter, die Zweifel zu klären. Das Verfassungsgericht entscheidet nur, wenn der Fallrichter von der Verfassungswidrigkeit des Gesetzes überzeugt ist. Die Einschaltung des Verfassungsgerichts hat vor allem die Funktion, den parlamentarischen Gesetzgeber vor Missachtung der von ihm erlassenen Gesetze durch Richter zu schützen. Daher kann und muss man nicht von einem Entscheidungs-, sondern von einem bloßen Verwerfungsmonopol des Bundesverfassungsgerichts sprechen[33]. Indem es über die Begründetheit der Einwände gegen die Verfassungsmäßigkeit des Gesetzes entscheidet, kann es auch über die Auslegung des vorgelegten Gesetzes befinden. Hat der Fallrichter entschieden, die zutreffende Auslegung des Gesetzes sei verfassungswidrig, während eine verfassungskonforme Auslegung verfehlt sei, und mit dieser Begründung das Gesetz vorgelegt, kann das Bundesverfassungsgericht dennoch im Sinn der verfassungskonformen Auslegung entscheiden und auf diese Weise die Verfassungsmäßigkeit des Gesetzes feststellen[34]. Daraus lässt sich ableiten, dass auch im Fall einer möglichen, aber vom Fallrichter nicht erwogenen verfassungskonformen Auslegung das Bundesverfassungsgericht diese zugrunde legen kann. In jedem Fall steht das Instrument der verfassungskonformen Auslegung zur Verfügung, dem Fallrichter wie dem Bundesverfassungsgericht.

2. Dieser Unterschied ist – und war vor allem, in den ersten Jahrzehnten der Tätigkeit der beiden Verfassungsgerichte – weiter vertieft durch einen weiteren, der sich aus der Rechtsprechung ergeben hat. Der italienische Verfassungsgerichtshof hat, seit seinem zweiten Urteil[35], immer den Unterschied zwischen Vorrang des höherrangigen Rechts und Abschaffung eines Gesetzes betont. Mit dieser Begründung hat

33 So die grundlegende Entscheidung BVerfGE 1,184 (189 ff., 197-201), seither ständige Rechtsprechung und Lehre.

34 So die – allerdings problematischen und vielfach kritisierten – BVerfGE 9,194 ff., 35,263; zu den Kritiken vgl. unten III B 1, 2.

35 Sentenza 2/1956.

er auch gegenüber vorkonstitutionellen Gesetzen ein Monopol der Verwerfungskompetenz für sich in Anspruch genommen und folglich die Vorlage auch vorkonstitutioneller Gesetze verlangt, wenn sich bei ihnen die Verfassungsmäßigkeitsfrage stellte. Das deutsche Bundesverfassungsgericht dagegen hat, ebenfalls seit einem ganz frühen Urteil[36], sein Verwerfungsmonopol auf die unter der Geltung des Grundgesetzes, also nach dem 23. Mai 1949 erlassenen Gesetze beschränkt. Auch in diesem Fall hat es seine Entscheidungsbefugnis auf den Schutz des verfassungsmäßig agierenden parlamentarischen Gesetzgebers beschränkt, und es hat sich darauf berufen, vor diesem Zeitpunkt erlassene, im Widerspruch zum Grundgesetz stehende Gesetze seien durch das Grundgesetz aufgehoben. Dabei mögen technische Gründe eine Rolle gespielt haben: wer war »Gesetzgeber« vor 1949; war diese Funktion mit einem demokratischen Parlament verknüpft; wie sollte man mit einer Vielzahl oft obskurer alter verfassungswidriger Bestimmungen fertig werden? Aber Hauptzweck dieser Rechtsprechung war, die Verantwortung des Fallrichters für die Entscheidung über die Verfassungsmäßigkeit von Gesetzen und ihre Auslegung zu betonen.

Daher war ein Hauptanwendungsfall der verfassungskonformen Auslegung die vorkonstitutionelle Gesetzgebung. Es ging etwa um Gesetze der NS-Zeit mit ganz allgemeiner Formulierung, die bei der Anwendung dem Ermessen weitesten Raum ließen und daher entweder als rechtsstaatlichen Prinzipien widersprechend für verfassungswidrig erklärt werden, oder mittels Heranziehung rechtsstaatlicher Prinzipien verfassungskonform konkretisiert werden mussten[37]. Aber auch die großen Kodifikationen bedurften der Auslegung im Licht des Grundgesetzes. In diesem Zusammenhang war die zivilgerichtliche Rechtsprechung des Bundesgerichtshofs für die Entwicklung des Persönlichkeitsrechts, das auf Art. 2, teilweise auch auf Art. 1 GG abgestützt wurde, von größter Bedeutung. Sie führte zur Zuerkennung von Schadensersatzansprüchen bei Persönlichkeitsverletzungen unter verfassungskonformer Auslegung der insofern sehr restriktiven Regelung des BGB, bis hin zur praktischen Nicht-Anwendung des § 253. Diese Rechtsprechung *contra legem* nicht des Bundesverfassungsgerichts, sondern der Zivilgerichte im Gefolge des Bundesgerichtshofs wurde schließlich vom Bundesverfassungsgericht mit der bemerkenswerten Begründung gebilligt: »Gegen die Methode der Rechtsfindung des Bundesgerichtshofs kann auch deshalb von Verfassungs wegen nichts eingewendet werden, weil sie sich vom geschriebenen Gesetz nur in dem zur Rechtsverwirklichung im konkreten Fall unerlässlichen Maße entfernt«[38]. In der Tat wird man sagen können, dass die

36 BVerfGE 2,124 (129 ff.).

37 Klassischer Fall war das Sammlungsgesetz von 1934, in der Verwaltungsrechtsprechung vielfach nach Möglichkeit in Einklang mit dem Grundgesetz ausgelegt und angewandt, aber schließlich auf Antrag von Parlamentariern von BVerfGE 20,150 ff. im Weg der abstrakten Normenkontrolle für nichtig erklärt.

38 BVerfGE 34,269 (292) unter eingehender Würdigung der auf BGHZ 13,334 (338) zurückgehenden Zivilrechtsprechung; zur Kritik der vom BVerfG gewählten Formulierung schon Helmut Ridder, Die soziale Ordnung des Grundgesetzes, 1975, in: J. Mück (Hrsg.), Verfassungsrecht, Opladen 1975, S. 85 (285).

Ausrichtung des Zivil- (und Straf-)rechts auf das Grundgesetz weitgehend, trotz zahlreicher die Auslegung des Zivil- und Strafrechts unter Einwirkung von Grundrechten determinierender Judikate, nicht Werk des Bundesverfassungsgerichts, sondern der ordentlichen Gerichte war, die insofern der verfassungskonformen Auslegung breiten Raum gegeben haben.

3. Ein dritter Unterschied lässt sich im Begriff der Nichtigkeit oder, präziser, der Nichtigerklärung des verfassungswidrigen Gesetzes nach dem Bundesverfassungsgerichtsgesetz finden. Wie schon angedeutet, findet das Nichtigkeitskonzept in Formulierungen des Grundgesetzes starke Anhaltspunkte. Deshalb wurde das Gesetz über das Bundesverfassungsgericht entsprechend, wenn auch mit einigen Ungereimtheiten, formuliert[39]. Seit der erwähnten Gesetzesänderung von 1970 dagegen »erklärt es (scil. das Bundesverfassungsgericht) das Gesetz für nichtig«[40], freilich ebenfalls mit Wirkung *ex tunc*. Es ist bekannt, dass dies zu Problemen führt, die in § 79 BVerfGG nur ganz lückenhaft geregelt sind und schwerlich befriedigend geregelt werden können; es sei nur an die mögliche Nichtigerklärung eines Wahlgesetzes im Wahlprüfungsverfahren erinnert, die dazu führen könnte, dass der Erlass eines neuen verfassungsmäßigen Wahlgesetzes verunmöglicht würde[41]. Die Rechtsprechung hat diese Probleme teils mittels der Appellentscheidungen[42], teils mittels der Feststellungen von Verfassungswidrigkeit ohne Nichtigerklärung gelöst[43]; auf diese Zusammenhänge kann hier nicht eingegangen werden. Aber sie sind speziell aus italienischer Sicht deshalb wichtig, weil in der italienischen Rechtsprechung die verfassungskonforme Auslegung oft zu ähnlichen Zwecken verwendet wurde. Sie vermeidet die Nichtigerklärung mit Rückwirkung und wird daher als Mittel genutzt, um die Nichtigkeitsfolgen zu vermeiden[44]. Dabei ergibt sich im vorliegenden Zusammenhang freilich ein grundlegender Zwiespalt. Ist das Gesetz nach dem Auslegungsergebnis verfassungswidrig, so ist sehr problematisch, dass es verfassungskonform ausgelegt werden können soll. Man mag mit der Rechtssicherheit argumentieren, die einer Nichtigerklärung entgegenstehen und deshalb eine verfassungskonforme Auslegung rechtfertigen kann. Aber diese Argumentation wird vom gewünschten Ergebnis bestimmt: der Wunsch, das Gesetz aufrecht zu erhalten, nicht

39 In der ursprünglichen Gesetzesfassung sprach § 78(1) von Feststellung der Nichtigkeit und auch § 76 Nr. 1 von Nichtigkeit, § 79 (I und II) und § 95 III dagegen von Nichtigerklärung; zum Streitstand damals Chr. Böckenförde, Die sogenannte Nichtigkeit verfassungswidriger Gesetze, Berlin 1966.

40 So § 78(1) BVerfGG und entsprechend § 31 II BVerfGG in der seit 1970 geltenden Fassung.

41 So die sich abzeichnende Alternative in BVerfGE 16,130 ff., die das BVerfG mit gutem Grund davon abgehalten hat, das Gesetz für nichtig zu erklären.

42 Insofern ist hier Anlass, an die Grundlegung durch Wiltraut Rupp-von Brünneck, Darf das Bundesverfassungsgericht an den Gesetzgeber appellieren? Festschrift G. Müller, 1970, jetzt im von Hans-Peter Schneider herausgegebenen Sammelband »Verfassung und Verantwortung«, Baden-Baden 1983, S. 221 ff. zu erinnern.

43 Dazu speziell aus italienischer Sicht die zitierten (Fn. 10) Arbeiten von Cerrina Feroni, S. 156 ff, und Parodi, S. 29 ff.

44 Dazu und zum Folgenden gute Darstellung bei Cerrina Feroni, a.a.O., S. 123 ff.

das Auslegungsergebnis bestimmt die Entscheidung zugunsten der verfassungskonformen Auslegung.

4. Wichtiger ist ein vierter Unterschied hinsichtlich der Bindungswirkung der Entscheidungen des deutschen Bundesverfassungsgerichts. Bindungswirkung und ebenso Gesetzeskraft der Normenkontrollentscheidungen beschränken sich nach § 31 BVerfGG nicht nur, wie nach italienischem Recht, auf normverwerfende Entscheidungen, sondern auch auf Entscheidungen, die die Vereinbarkeit einer Vorschrift mit höherrangigem Recht feststellen, also nach italienischem Recht als abweisende Entscheidungen (*sentenze di rigetto*) bezeichnet werden[45]. Diese Rechtslage kann zu einer Erstarrung der Gesetzeslage führen und muss daher durch die Möglichkeiten für das Gericht gemildert werden, Änderungen im sozialen Umfeld und der Praxis nach Erlass der Entscheidung Rechnung zu tragen[46]. Mit dieser Einschränkung jedoch ist die Bindungswirkung auch der normbejahenden Entscheidungen durch die Grundsätze der Rechtskraft mit Erstreckung der Bindungswirkung *erga omnes* begründet. Rechtskräftig wird der Tenor der Entscheidung; aber die Bindungswirkung muss sich auch auf die tragenden Gründe erstrecken, wenn der Tenor aus sich heraus nicht verständlich ist. Im Grundsatz ist das anerkannt und kaum streitig[47]. Aber es wirft Probleme auf, wenn tragende Gründe nicht nur die Verfassungsauslegung, sondern andere Fragen, namentlich die Auslegung von Recht im Rang unter der Verfassung betreffen. Der Konflikt hat sich in Deutschland hinsichtlich der Frage zugespitzt, ob die Beamtenverhältnisse zum Deutschen Reich durch die Kapitulation am Ende des Zweiten Weltkriegs beendet worden seien[48], und er dauert fort[49]. Aktuell kreist die Kontroverse namentlich um den Grad der Bindungswirkung verfassungskonformer Auslegungen durch das Bundesverfassungsgericht. Erwähnt es, wie seit 1971 Praxis[50], die verfassungskonforme Auslegung »in der sich aus den Gründen ergebenden Auslegung« im Tenor, so sind diese Gründe und damit die verfassungskonforme Auslegung zum Verständnis des Tenors unerlässlich und müssten daher an der Bindungswirkung teilhaben; sieht man dagegen im Bundesverfassungsgericht ein (nur) zur Auslegung der Verfassung

45 Art. 23 ff. der legge 11-3-1953 n. 87 (zit. Fn. 13) gehen von der Verfassungsmäßigkeitsfrage (questione di legittimità costituzionale) aus, die für begründet – sentenza di accoglimento – oder unbegründet – sentenza di rigetto – erklärt werden kann; die Begründeterklärung bedeutet die Verfassungswidrigkeit, die Erklärung der Unbegründetheit die Verfassungsmäßigkeit der Vorschrift; vgl. Augusto Cerri, Corso di giustizia costituzionale, 3. Aufl. Milano 2001, S. 215 ff. und, in deutscher Sprache, Luther (zit. Fn. 14), S. 118 ff.

46 BVerfGE 33,199 (203 f.).

47 Leitentscheidung: BVerfGE 4,31 (38); dann st. Rspr., insb BVerfGE 40,88 (93); 79,256 (264); 112,268 (277); vgl. Helmuth Schulze-Fielitz, Wirkung und Befolgung verfassungsgerichtlicher Entscheidungen (zit. Fn. 12), S. 388 ff.

48 Grundlegend BVerfGE 3,58 (LS 2, S. 76 ff.), fortgeführt in BVerfGE 3,288 (299 ff.), allerdings (320) jetzt unter deutlicher Absetzung von der Debellationstheorie; dagegen dann grundsätzlich der Große Senat des BGH, BGHZ 13,265 (277) unter scharfer Ablehnung einer Bindung an die Entscheidungsgründe; dagegen dann BVerfGE 6,222 (228,241).

49 Zum Streitstand die Hinweise bei Schulze-Fielitz (zit. Fn. 12), S. 389 ff.

50 Dazu oben I mit Fn. 10.

berufenes Gericht, mag man die Bindungswirkung für die fachlich zuständigen Gerichte anzweifeln. So kann nicht überraschen, dass die Meinungen auseinander gehen. Auch die Rechtsprechung schwankt. Während manche Entscheidungen eine Bindung der Fallgerichte nur an die Verfassungsauslegung postulieren[51], schließen andere auch die verfassungskonforme Gesetzesauslegung mit ein, da sie durch die Verfassungsauslegung festgelegt sei[52]. In der Tat scheint mir nötig, auch die verfassungskonformen Gesetzesauslegungen in die Bindungswirkung einzuschließen, denn sie entscheiden über die nur partielle, nämlich im Rahmen einer bestimmten Gesetzesauslegung zu bejahende Gültigkeit eines Gesetzes, und eben darüber mit bindender Wirkung Klarheit zu schaffen, ist der Sinn des § 31 BVerfGG.

5. Die Meinungsverschiedenheit erscheint jedoch eher theoretischer Natur, denn konkret ist es weniger die Regelung des § 31 BVerfGG als die Praxis und kontinuierliche Entscheidungstätigkeit des Bundesverfassungsgerichts, die die Befolgung der verfassungsgerichtlichen Entscheidungen sichert[53]. Um die Durchsetzungskraft der verfassungsgerichtlichen Entscheidungen zu verstehen, gilt es, sich den am schwersten wiegenden Unterschied zwischen der italienischen und der deutschen Verfassungsgerichtsbarkeit vor Augen zu halten, nämlich die Verfassungsbeschwerde und ihre Bedeutung im Vergleich zur Tatsache, dass dieser Rechtsbehelf in Italien fehlt. In Deutschland ist die Verfassungsbeschwerde mit Abstand – über 90 % der Fälle – der meist genutzte Behelf zur Anrufung des Bundesverfassungsgerichts. Auf diesem Weg kommen deshalb so gut wie alle Rechts- und natürlich in erster Linie Verfassungsfragen auf den Tisch der Verfassungsrichter. Bindende Wirkung der Entscheidungen hin oder her: im Fall von Abweichungen von der Karlsruher Spruchpraxis können Entscheidungen früher oder später und meist sehr bald durch Verfassungsbeschwerde erneut dem Bundesverfassungsgericht unterbreitet werden, so dass dieses für die Beachtung, praktisch regelmäßig die Befolgung seiner Entscheidungen sorgen kann.

Der Erfolg dieser Kontrolle ist durch die Ausgestaltung des Verfassungsbeschwerdeverfahrens gesichert[54]. Dank der großen Zahl – jährlich zur Zeit um 5000 –, den im Lauf der Entwicklung immer perfekteren Techniken zur Auswahl der zur Entscheidung anzunehmenden Fälle, vor allem durch die Kammern und die ihnen gegebenen Möglichkeit, Verfassungsbeschwerden stattzugeben, wenn das Gericht die maßgebliche verfassungsrechtliche Frage bereits entschieden hat (§ 93c I 1 BVerfGG), wacht das Gericht über die Befolgung seiner Rechtsprechung. Vor allem

51 So neuerdings etwa BVerfGE 112,268 (277) mit Nachweisen.

52 So insb. BVerfGE 40,88 (93 f.); diese Entscheidung wird in BVerfGE 112,277 zwar zitiert, aber die damals vom Gericht postulierte Bindung an die verfassungskonforme Auslegung des geprüften Gesetzes verschwiegen.

53 Insofern ist – entgegen der herkömmlichen Fragestellung nach der prozessrechtlichen Einordnung des § 31 BVerfGG – der Titel der oben Fn. 12 zitierten Arbeit von Schulze-Fielitz glücklich gewählt.

54 Vgl. nur Rüdiger Zuck, Die Verfassungsbeschwerde, 2. Aufl. München 1988; zur Statistik vgl. die Angaben in: Festschrift 50 Jahre Bundesverfassungsgericht, Tübingen 2001, Bd. 2, S. 934 f.

ist die Kassation von Entscheidungen, die verfassungskonformen Auslegungen durch das Bundesverfassungsgericht widersprechen, ohne weiteres möglich. Weniger die rechtliche Bindungswirkung der Entscheidungen, als die Position eines Gerichts, das de facto oberstes Gericht[55] und Kontrollorgan über die gesamte Rechtsprechung ist, sichert eine einheitliche Auslegung.

B. Neuere Kontroversen

1. Wie eingangs betont, steht die verfassungskonforme Auslegung gegenwärtig in Deutschland nicht im Mittelpunkt der Diskussion. Der Blick auf die methodisch-verfassungstheoretischen und positivrechtlichen Grundlagen hat gezeigt, dass im Unterschied zu Italien die Ausgestaltung der Verfassungsgerichtsbarkeit in Deutschland die verfassungskonforme Auslegung begünstigt. Dennoch gibt es auch hier Einwände, neuere kritische Stimmen und Entwicklungstendenzen[56].
Klassischer Einwand gegen das Prinzip war, wie dargestellt, dass verfassungskonforme Auslegung die Verfassung als Kontrollmaßstab für das Gesetz verdränge und die Auslegung des Gesetzes verfälsche, mit dem Ziel, es in seiner Gültigkeit ungeachtet der Verfassungsmäßigkeitszweifel aufrecht zu erhalten. Ein normerhaltendes Prinzip verdränge die Kontrollfunktion der Verfassung und dehne die verfassungskonforme Auslegung, über die weniger problematische »Normerschließung« im Bereich allgemeiner Bestimmungen, die im Licht der Verfassung ausgelegt werden könnten, hinaus aus. Diese Kritik, vor allem in der Literatur der sechziger Jahre und damals besonders von Burmeister betont[57], wird in der Tat durch Versuche der Rechtsprechung, zweifelhafte Gesetze durch verfassungskonforme Auslegung zu retten, anstatt sie für verfassungswidrig zu erklären, genährt. Diese Rechtsprechung wurzelt in den ersten, auch die Literatur beeinflussenden Entscheidungen, die von einer Verfassungsmäßigkeitsvermutung zugunsten von Gesetzen sprechen[58]. In der Tat stößt man immer wieder auf Entscheidungen, die den auf Verfassungsmäßigkeit überprüften Bestimmungen einen Sinn im Gegensatz zu einer Wortlaut-Interpretation zuschreiben, auch im Gegensatz zur Auslegungspraxis der Fachgerichte[59]. Vor

55 Insofern stehen § 90 BVerfGG (1951), die Aufhebung des ursprünglichen Verfassungsgebots (Art. 95 a.F.), ein oberstes Bundesgericht zu schaffen (16. GG-ÄndG 1968) und die Verankerung der Verfassungsbeschwerde in Art. 93 I Nr. 4a GG (19. GG-ÄndG 1969) in einem sachlichen Zusammenhang und haben die Stellung der Verfassungsgerichtsbarkeit grundlegend verändert.

56 Die folgenden Ausführungen setzen sich vor allem mit Karl August Bettermann, Die verfassungskonforme Auslegung. Grenzen und Gefahren, Heidelberg 1986, und Andreas Voßkuhle, Theorie und Praxis der verfassungskonformen Auslegung von Gesetzen durch Fachgerichte, AÖR125, 2001, S. 177-201 auseinander.

57 Vgl. die Nachweise oben Fn. 6.

58 BVerfGE 2,266 (282, vgl. oben Fn. 4); 2,336 (340 f.); 9,194 (200); vgl. jedoch die Begrenzung einer solchen Umdeutung des Gesetzes schon durch BVerfGE 8,28 (34 f.).

59 Klassische Fälle: BVerfGE 9,194 (200); 35,262 (277 ff.) mit Kritik durch Hans Paul Prümm, JuS 1975, S. 299 ff.; BVerfGE 30,1 (17 ff.; mit Kritik in der abw. Meinung S. 34 ff.); 33,52 (65 ff. mit abw. Meinung S. 78 ff.); 49,148 (155 ff.); 50,115 (121 f.); 54,277 (285 ff.); 70,35 (58 ff. mit abw. Meinung S. 59, 63 f.); 85,69 (74 f. mit abw. Meinung S. 77 ff.).

allem solche Judikate werden häufig kritisiert[60]; denn sie greifen in die Gestaltungsfreiheit des Gesetzgebers und damit des demokratisch legitimierten Parlaments ein und setzen sich über die Fachkompetenz der zuständigen Fachgerichtsbarkeiten hinweg.

Aber es muss auffallen, dass die meisten der kritisierten Entscheidungen alt sind. Nicht dass in der neueren Rechtsprechung sich nicht häufig Hinweise auf die Notwendigkeit verfassungskonformer Auslegung fänden[61] – aber sie werden meist mit Hinweisen auf die Grenzen verbunden. In zahlreichen Entscheidungen wird verfassungskonforme Auslegung in Fällen abgelehnt, in denen der so ermittelte Sinn dem eindeutigen oder wahrscheinlichen Willen des Gesetzgebers widerspräche[62] oder die Auslegung zu keinem vom Gesetzgeber gewollten Ergebnis führte[63]. Daraus lässt sich ableiten, dass jedenfalls der eine ursprünglich verfolgte Zweck, die Auslegung über die Grenze des Normtexts hinaus zur Vermeidung der Nichtigerklärung, kaum mehr von maßgeblicher Bedeutung ist. Von besonderem Interesse unter diesem Aspekt ist eine neuere Entscheidung zur Sicherungsverwahrung hochgefährlicher Straftäter, die zwei Länder geregelt hatten und die wegen Verletzung der Strafgesetzgebungskompetenz des Bundes für verfassungswidrig erklärt worden ist. Das Bundesverfassungsgericht erklärte die Gesetze nicht für nichtig, um der Notwendigkeit sofortiger Entlassung der Täter zu entgehen, aber für verfassungswidrig, wobei es für eine Übergangszeit ihre Fortgeltung unter verfassungskonformer Auslegung anordnete[64]. Das Urteil zeigt, dass Mittel zur Vermeidung des rechtsleeren Raums im Fall der Erklärung der Verfassungswidrigkeit nicht mehr die verfassungskonforme Auslegung, sondern die Verfassungswidrigerklärung unter vorläufiger (befristeter) Fortgeltung ist. Die verfassungskonforme Auslegung soll das verfassungswidrig erklärte Recht während der Fortgeltungsphase nur abmildern.

2. Hinter diesen Eingrenzungen des Anwendungsbereichs der verfassungskonformen Auslegung steht jedoch die erwähnte Grundsatzkritik, die 1986 in der scharfen Abrechnung durch Karl August Bettermann zusammengefasst worden ist[65]. Die Schrift verteidigt – neben dem Gestaltungsspielraum des Gesetzgebers, dessen Werk nicht in das Prokrustesbett verfälschender Interpretationen gezwängt werden dürfe – vor allem den Entscheidungsbereich der Fachgerichte, besonders der Revi-

60 So schon Simon (zit. Fn. 15), EuGRZ 1974, S. 85 (89 f.); Schneider (zit. Fn. 10), NJW 1980, S. 2103 (2110); neuerdings Wolfgang Löwer, Zuständigkeiten und Verfahren des Bundesverfassungsgerichts, in: Isensee/Kirchhof (Hrsg.), Handbuch des Staatsrechts, Bd. 3, 3. Aufl. Heidelberg 2005, § 70 Rdnr. 126 (S. 1418) mit Nachw. Fn. 1008.

61 Etwa BVerfGE 88,145 (166); 110,226 (267); 112,164 (182 f.), jeweils m. Nachw.

62 Beispiele: BVerfGE 95,64 (93); 98,17 (45); 101,54 (86); 101,106 (131); 101,312 (329); 102,254 (340).

63 So BVerfGE 107,104 (128); vgl. jedoch die recht ähnliche Situation in BVerfGE 110,226 (267).

64 BVerfGE 109,190; zur Interpretation in der Übergangszeit S. 241 f.

65 Vgl. die oben Fn. 56 zitierte Schrift und, in ähnlichem Zusammenhang, Uwe Diederichsen, Die Selbstbehauptung des Privarechts gegenüber dem Grundgesetz, in: Jahrbuch für italienisches Recht 10,1997, S. 3 ff., und dazu meine Bemerkungen ebenda S. 49 (50 ff.).

sionsgerichte, zur Auslegung der für sie einschlägigen Gesetze, und widersetzt sich Auslegungen, die mittels der Verfassung Ergebnisse korrigieren wollen. Soweit ein Gesetz verfassungskonform, aber abweichend von andern Methoden ausgelegt werde, bedeute die Auslegung Normenkontrolle und daher Teilnichtigerklärung, meist quantitativer Art und oft mit dem Ziel inhaltlicher Veränderung des Gesetzes[66]. Deswegen sei sie im Tenor der Entscheidung auszuweisen – ein heute häufig erfülltes[67], aber nicht immer, vor allem nicht bei auf Grund verfassungskonformer Auslegung unzulässigen Verfassungsbeschwerden[68] erfüllbares Begehren. Folge das Bundesverfassungsgericht der Gesetzesauslegung in einem Vorlagebeschluss nicht, müsse es diesen für unzulässig erklären.

Aus dem Gesagten wird deutlich, dass die Schrift einigen Einfluss gehabt hat, und ihre Einwände und Vorschläge haben Gewicht. Dennoch scheint mir, dass das sie bestimmende Konzept der Auslegung zu eng ist. Der Richter ist an Gesetz und Recht gebunden, Art. 20 III GG, und entsprechend dem dargestellten deutschen Konzept der konkreten Normenkontrolle ist er im Fall der Bejahung der Verfassungsmäßigkeit des Gesetzes zur Entscheidung berechtigt und verpflichtet. In der Tat sind es die verfassungskonformen Auslegungen durch die Fallgerichte, die allen voran die Verfassungsdurchdringung des einfachen Rechts durchgesetzt haben; es sei nochmals an die erwähnte Herausarbeitung des Persönlichkeitsrechts als Schranke freier Meinungsäußerung erinnert. Aber Entscheidungen solcher Fragen, und auch Vorlagen darüber an das Bundesverfassungsgericht können dieses nicht binden. Jedenfalls durch die Entscheidung von Verfassungsbeschwerden übt es eine Kontrolle über die Falljudikatur aus. Das war zwar nicht das ursprüngliche Konzept des Grundgesetzes; nach den im Parlamentarischen Rat einflussreichen Vorstellungen etwa von Walter Strauß sollte ein Oberstes Bundesgericht die Einheit des Bundesrechts gewährleisten, das Bundesverfassungsgericht eine enger begrenzte Funktion haben[69]. Aber dieses Konzept ist radikal verändert worden, von der Einführung der Verfassungsbeschwerde durch das Bundesverfassungsgerichtsgesetz 1951 über die Eliminierung des nie errichteten Obersten Bundesgerichts aus dem Grundgesetz 1968 bis zur verfassungsrechtlichen Verankerung der Verfassungsbeschwerde 1969. Jetzt hat das Bundesverfassungsgericht die Funktion eines obersten Bundesgerichts. Gewiss wirft dies das schwierige Problem der Rücksichtnahme des Bundesverfassungsgerichts auf Praxiserfahrung und Breite des Entscheidungsmaterials der einzelnen Fachgerichtsbarkeiten auf. Deshalb hat das Bundesverfassungsgericht schon 1964 die nach dem Richter Heck benannte »Heck'sche Formel« entwickelt, dadurch seine Kontrolle auf die Beachtung von »spezifischem Verfassungsrecht«

66 In dieser Frage bezieht sich Bettermann auf die Arbeit seines Schülers Wassilios Skouris, Teilnichtigkeit von Gesetzen, Berlin 1973, insb. S. 90 ff.

67 Neuer typischer Fall: BVerfGE 110,226 (227, Ziff. 2 des Tenors, vgl. S. 267 der Gründe)

68 Z.B. BVerfGE 70,35 ff.

69 Zu dieser Konzeption Dian Schefold, Normenkontrolle und politisches Recht, JuS 1972, S. 1 (2 f.); vgl. schon oben Fn. 55.

beschränkt und alle weiteren Fragen der Rechtsanwendung im Einzelfall ausgeklammert[70]. Natürlich ist diese Formel sehr, wohl allzu elastisch, und der Versuch, sie zu konkretisieren, kennzeichnet die deutsche Dogmatik der letzten vierzig Jahre[71]. Er ist verdienstvoll, aber wenig aussichtsreich, denn es ist die entscheidende Frage, wie weit die Verfassung das sonstige Recht beeinflusst, oder anders gesagt: was die Tragweite der Bindung an das Grundgesetz nach Art. 20 III ist. Die Frage bedarf ständiger Diskussion, gewiss in offener Gesellschaft der Verfassungsinterpreten. Aber niemand anders als das Bundesverfassungsgericht kommt für die bindende Entscheidung dieser Frage im Einzelfall in Betracht.

3. Während Bettermanns Argumentation vor allem den Fachgerichtsbarkeiten weite Entscheidungsspielräume zu sichern trachtet, kommen andererseits auch Einwände gegen eine zu weitgehende Befugnis des Fallrichters zu verfassungskonformer Auslegung in Betracht. Sie sind in einem Aufsatz von Andreas Voßkuhle entwickelt und zusammengestellt worden[72]. In manchen Punkten gehen sie in ähnliche Richtung wie die erwähnten Einwände und Tendenzen; aber sie belegen die enorme Bedeutung der von der Justiz entwickelten verfassungskonformen Auslegung, oft in Konkretisierung der Vorgaben des Bundesverfassungsgerichts. Indem sich Voßkuhle – wie Bettermann und andere – zugunsten einer Bindung des Bundesverfassungsgerichts an die Gesetzesinterpretation des Fallrichters im Vorlagebeschluss ausspricht und dem Bundesverfassungsgericht nur die Entscheidung über deren Verfassungsmäßigkeit überlassen will, kritisiert er jedoch auch Tendenzen der Fachgerichte, neue verfassungskonforme Auslegungen vorzunehmen, weil diese falsch sein können. In Zweifelsfällen empfiehlt er eher eine Vorlage an das Bundesverfassungsgericht im Hinblick auf eine bestimmte Auslegung.

Die Untersuchung belegt die wichtige Rolle der Fachgerichtsbarkeiten bei der Entwicklung verfassungskonformer Auslegungen, aber sie scheint mir die daraus resultierenden Probleme zu schwer zu gewichten. Denkt man an die enorme Aufgabe, das vorkonstitutionelle Recht – darunter die großen Kodifikationen – dem Grundgesetz und seinen Prinzipien anzupassen, ohne dass dabei, wie in Italien, ein Entscheidungsmonopol der Verfassungsgerichtsbarkeit besteht, so bestätigt und unterstreicht dies zunächst Voßkuhles Befund. Aber dann wird auch deutlich, dass die daraus resultierenden Verzerrungen wegen uneinheitlicher Rechtsprechung nicht allzu schwer wiegen; denn das Bundesverfassungsgericht kann im Weg der Entscheidung über Verfassungsbeschwerden jeweils koordinierend und korrigierend wirken. Unter der für Deutschland bestimmenden Prämisse, dass der Richter ein

70 BVerfGE 18,85 (92 f.), seither in st. Rspr. immer wieder zitiert; vgl. H.-J. Papier, »Spezifisches Verfassungsrecht« und »einfaches Recht« als Argumentationsformel des BVerfG, in: BVerfG und GG (zit. Fn. 10), Bd. 1, S. 432 ff.; Schneider (zit. Fn. 10), NJW 1980, S. 2103 (2108 ff.).

71 Zuletzt und m. Nachw. Markus Kenntner, Das BVerfG als subsidiärer Superrevisor? NJW 2005, S. 785 ff.

72 Andreas Voßkuhle, Theorie und Praxis der verfassungskonformen Auslegung von Gesetzen durch Fachgerichte, AÖR 125, 2000, S. 177-201.

Gesetz dem Bundesverfassungsgericht nur vorlegen darf, wenn er von der Verfassungswidrigkeit überzeugt ist, hat er auch die richtige Interpretation zu suchen, unter Einschluss möglicher verfassungskonformer Interpretationen. Gibt es eine solche und hält er sie für zutreffend, gibt es keinen Grund für eine Vorlage; hält er dagegen die zutreffende Auslegung für verfassungswidrig, hat er das Gesetz dem Bundesverfassungsgericht vorzulegen, und es ist dessen Sache, entweder das Gesetz für nichtig zu erklären, oder eine verfassungsmäßige Auslegung zu suchen[73].
Für das deutsche Recht kann man, scheint mir, trotz der erwähnten Meinungsverschiedenheiten folgern, dass die maßgebliche Rolle des Fallrichters einerseits, verbunden mit der generellen Kontrolle des Bundesverfassungsgerichts über alle Gerichtsbarkeiten mittels der Entscheidung über Verfassungsbeschwerden andererseits ein Gleichgewicht zwischen der Rechtsentwicklung, die allen Richtern obliegt, und deren Koordination und Kontrolle durch die Verfassungsgerichtsbarkeit bewirkt.

IV. Vergleichende Überlegungen zum italienischen Recht

1. Sinn der hier gegebenen Darstellung war es jedoch, Gesichtspunkte aufzuzeigen, die für die Einordnung der verfassungskonformen Auslegung in Italien von Interesse sein könnten. In der Tat gibt es eine – bisher schon angedeutete – enge Verwandtschaft zwischen den beiden Rechtsordnungen auf dem Gebiet der Verfassungsgerichtsbarkeit. Aber gerade wer sie kennt, wird mit Schlussfolgerungen aus dem für Deutschland ermittelten Befund vorsichtig sein: schon weil jede Regelung in Zusammenhänge eingebettet ist, die den hier angedeuteten Unterschieden eine nicht immer eindeutige und nicht ohne weiteres verständliche Bedeutung geben, aber vor allem, weil die Bedeutung der verfassungskonformen Auslegung in Italien weit größer und umstrittener ist als in Deutschland. Die Richter, und vor allem die Corte costituzionale, beanspruchen in Italien eine größere Freiheit, Gesetze verfassungskonform und durch Anpassung an veränderte Umstände zu interpretieren, ergänzende, auch »manipulative« Urteile zu erlassen und auf diese Weise Probleme der Nichtigerklärung und des gesetzlosen Zustands zu vermeiden, die – wegen der eindeutigeren ex tunc-Wirkung der Nichtigerklärungen – auch in Deutschland existieren. Während in Deutschland die verfassungskonforme Auslegung aufgrund der Fachdiskussion auch durch die Rechtsprechung auf Auslegungen im Einklang mit dem tatsächlichen oder mutmaßlichen Willen des Gesetzgebers beschränkt worden ist[74], scheint in Italien eine entsprechende Grenze nicht zu existieren, und das Ziel, den gesetzlosen Zustand zu vermeiden, das in Deutschland kaum mehr eine

73 So auch Voßkuhle, a.a.O., S. 185, unter Hinweis auf Prümm (zit. Fn. 8), S. 125 ff., der diese Fallkonstellation gut dargestellt hat.
74 Oben III B 1.

Rolle spielt, bestimmt anscheinend nach wie vor die Rechtsprechung[75]. Darüber hinaus wird die Problematik des gesetzgeberischen Unterlassens und der lückenfüllenden Urteile, speziell mit generellen Anweisungen für den Gesetzgeber, mit der Erklärung der Verfassungswidrigkeit verbunden und mit Mitteln verfassungskonformer Auslegung zu lösen versucht, während in Deutschland die beiden Entscheidungsformen sich unterschiedlich entwickelt haben. Das erschwert eine vergleichende Betrachtung. Mit diesen Einschränkungen sollen dennoch zwei vergleichende Rückfragen gestellt werden.

2. Die erste betrifft die Aufgabenverteilung bei der verfassungskonformen Auslegung zwischen Fallrichter und Verfassungsgericht. Wie gezeigt, hat der deutsche Richter im Rahmen seiner Verpflichtung, das Gesetz auf Verfassungsmäßigkeit zu prüfen und es im Fall positiver Antwort anzuwenden, auch die Pflicht, mögliche verfassungskonforme Auslegungen in die Prüfung einzubeziehen und sie, wenn sie überzeugend sind, seiner Entscheidung zugrunde zu legen. Die italienische Regelung erlaubt eine andere Betrachtungsweise, und es scheint mir ein Verdienst der neuen Monographie von Giusi Sorrenti zu sein, diese Problematik erneut offen gelegt zu haben[76]. Wenn Fragen der Verfassungsmäßigkeit, soweit sie nicht vom Fallrichter als offensichtlich unbegründet betrachtet werden, dem Verfassungsgerichtshof zu unterbreiten sind[77], so liegt nahe, dass Probleme der verfassungskonformen Auslegung in besonderem Maß für solche Vorlagen in Betracht kommen, und man könnte sogar ein Monopol des Verfassungsgerichtshofs, verfassungskonform auszulegen, in Betracht ziehen. Auf diese Weise könnte die Corte costituzionale durch Erklärung der Verfassungswidrigkeit bestimmter Auslegungen mit Bindungswirkung zugunsten der richtigen Auslegung entscheiden und dadurch die Anwendung der Gesetzesbestimmung in der für verfassungswidrig erklärten Auslegung verhindern.
Verfassungskonforme Auslegungen dieser Art waren in den ersten Jahren der Tätigkeit der Corte costituzionale häufig und – als Versuche der Festlegung einer bestimmten Gesetzesauslegung, die die Stellung des dafür an sich zuständigen Kassationshofs tangierte – sehr umstritten. Aber die Praxis zeigte bald, dass eine Konzentration der verfassungskonformen Auslegung bei der Corte costituzionale nicht möglich war. Einerseits wurde die fallgerichtliche Praxis bald durch den Ausschluss der Vorlage im Fall »offensichtlicher Unbegründetheit« bestimmt, der die vorlegenden Gerichte veranlasste, andere als die von ihnen für richtig befundene Auslegungen als offensichtlich unbegründet abzulehnen und durchzuentscheiden[78]. Andererseits erklärte die Corte costituzionale oft vorgelegte Fragen für unbegründet, da die

75 So auch der Befund bei Sorrenti (zit. Fn. 17), S. 281 ff.
76 Sorrenti (zit. Fn. 17), S. 131 ff., 137 ff.
77 So art. 1 l. cost. 9-2-1948 n. 1, vgl. oben Fn. 32.
78 Zu dieser Tendenz grundlegend Franco Pizzetti/Gustavo Zagrebelsky, »Non manifesta infondatezza« e »rilevanza« nella instaurazione incidentale del giudizio sulle leggi, Milano 1972.

Unbegründetheit offensichtlich und deshalb eine Vorlage nicht erforderlich sei, oder sogar aus diesem Grund für offensichtlich unzulässig. Diese Situation verschärfte sich, als die Zahl der Normenkontrollvorlagen immer stärker anschwoll und in den achtziger Jahren zu erheblichen Rückständen hängiger Verfahren führte, denen die Corte nur mit außergewöhnlichen Maßnahmen begegnen konnte[79].

Das hat zur Folge, dass auch in Italien, wie in Deutschland, die Zuständigkeit zur verfassungskonformen Auslegung auf die Fallrichter und auf das Verfassungsgericht aufgeteilt ist. Nach der Praxis und der neueren Lehre, die in den letzten Jahren immer strikter geworden sind, ist der Fallrichter verpflichtet, mögliche verfassungskonforme Auslegungen zu prüfen und möglichst selbst zugrunde zu legen, ohne sich von dieser Pflicht durch eine Vorlage befreien zu können[80]. Diese Erweiterung des Aufgabenkreises des Fallrichters findet jedoch in einem System statt, das Bindungswirkung nur den normverwerfenden Entscheidungen der Corte costituzionale zuerkennt, und das keine Verfassungsbeschwerde des Bürgers zur Kontrolle der Judikatur im Übrigen vorsieht. Was gewährleistet unter solchen Bedingungen, dass Gesetzesauslegungen im Sinn der Verfassung hinreichend einheitlich praktiziert, kontrolliert und koordiniert werden? Wie schon bei den frühen Urteilen der Corte costituzionale mit verfassungskonformer Auslegung im Rahmen der Nichtbeanstandung eines Gesetzes, ohne Verwerfung einer Auslegung als verfassungswidrig, und daher ohne Bindungswirkung[81], ist die Durchsetzung der verfassungskonformen Auslegung durch den Fallrichter und die insofern vereinheitlichende Kontrolle durch die Corte costituzionale nicht ohne weiteres gesichert.

Dennoch scheint es, dass die große Zahl der Normenkontrollvorlagen in Italien – durchschnittlich etwa 1000 pro Jahr, im Vergleich zu meist weniger als 100 in Deutschland[82] – der Corte costituzionale hinreichend Gelegenheit gibt, zu unterschiedlich entschiedenen Fragen Stellung zu nehmen und die von ihr postulierte Auslegung durchzusetzen. In zahlreichen konkreten Auslegungsdivergenzen hat letztlich die von ihr postulierte Auslegung die Oberhand behalten. In jüngerer Zeit ist das eindrücklichste Beispiel die Rechtsprechung zur Höchstdauer der Untersuchungshaft, die die Corte costituzionale in wohl nicht unproblematischer, aber die persönliche Freiheit (Art. 13 insb. V der Verfassung) schützender Auslegung der strafprozessualen Vorschriften festgelegt hat[83], ohne eine Norm für verfassungswid-

79 Dazu Roberto Romboli, Il giudizio di costituzionalità delle leggi in via incidentale, in: Ders. (Hrsg.), Aggiornamenti in tema di processo costituzionale 1987-1989, Torino 1990, S. 37 ff.; vgl. zur Entwicklung auch die vom gleichen Verf. herausgegebenen Bände 1990-1992 und1993-1995, Torino 1993, 1996.

80 So Sorrenti (zit. Fn. 17), S. 209 ff., 228 ff.; vgl. auch Tania Groppi, Corte costituzionale e principio di effettività, in: Dimensioni dell'effettività, Atti del Convegno di Salerno 2003, Milano 2005, S. 215 (235 ff.).

81 S.o. III A 4.

82 Für Italien liegt jetzt eine statistische Auswertung vor in Corte costituzionale (Hrsg.), 1956-2006. Cinquant'anni di Corte costituzionale, Roma 2006, Bd. 3, S. 1897 ff.; für Deutschland vgl. Festschrift 50 Jahre Bundesverfassungsgericht, Tübingen 2001, Bd. 2, S. 934 f.

83 Grundlegend die sentenza 292/1998, in Giurisprudenza costituzionale 1998, S. 2242 ff.

rig zu erklären, und daher formell ohne Bindungswirkung. Praktisch haben daher nicht nur zahlreiche Fallrichter erneut die Frage dem Verfassungsgerichtshof vorgelegt, sondern auch der Kassationshof ist in einer Entscheidung der »sezioni unite« (vergleichbar dem Großen Senat) von der verfassungskonformen Auslegung durch die Corte costituzionale, die er für unzutreffend hielt, abgewichen[84]. Dennoch hat die Corte costituzionale im Wesentlichen auf ihrer Auslegung insistiert und erneute Vorlagen für unbegründet oder unzulässig erklärt[85]. Erst als die *sezioni unite* der Corte di cassazione in einer weiteren Entscheidung ihre Praxis bestätigt und die Grenzen der verfassungsrechtlich zulässigen Untersuchungshaft nach wie vor weiter gezogen haben, als es die Verfassungsrechtsprechung zuließ, hat die Corte costituzionale mit der Teilnichtigerklärung einer strafprozessualen Vorschrift reagiert und damit die eigene Rechtsprechung – jetzt wohl endgültig – durchgesetzt[86]. Im Ergebnis nähert sich daher auch insofern die italienische Praxis der deutschen an. Die fehlende Bindungswirkung normbestätigender Entscheidungen und das Fehlen der Verfassungsbeschwerde werden durch die Zahl und Intensität der Normenkontrollentscheidungen, vor allem der verfassungskonformen Auslegungen ausgeglichen, und im Fall gravierenderer Divergenzen steht nach wie vor das Instrument der Verfassungswidrigerklärung zur Verfügung.

3. Kehrseite der Möglichkeiten und Grenzen verbindlicher verfassungskonformer Auslegungen durch die Corte costituzionale ist die Theorie vom sogenannten »*diritto vivente*«, dem »lebenden Recht«, dessen Relevanz für die Verfassungsrechtsprechung intensiv diskutiert wird[87]. Die Problematik erinnert an die deutsche der Bindung des Bundesverfassungsgerichts an die Gesetzesauslegung durch die Fachgerichtsbarkeiten[88]: Darf das Verfassungsgericht im Widerspruch dazu verfassungskonform auslegen? Aber während in Deutschland die Bindungswirkung auch normbestätigender Entscheidungen und die durch die Entscheidung von Verfassungsbeschwerden begünstigte Kohärenz der Judikatur dem Bundesverfassungsgericht einen zwar theoretisch nicht unumstrittenen, aber faktisch eindeutigen Vorrang sichert, kann der italienische Kassationshof rechtlich und traditionell als Hüter der

84 Corte di cassazione, sez.un. sent. 19-1-2000 n. 4 (Musitano).

85 Die Kontroverse ist in vielen Beiträgen ausgetragen und vielfach dargestellt worden; vgl. zuletzt etwa Gian Paolo Dolso, Le interpretative di rigetto tra Corte costituzionale e Corte di cassazione, Giurisprudenza costituzionale 2004, S. 3021 ff.; Sorrenti (zit. Fn. 17), S. 271 ff. m. Nachw.

86 Corte costituzionale, sentenza 299/2005, unter Berufung insb. auf die sentenza 23016/2004 der Corte di cassazione (sez.un.); vgl. den abschließenden Bericht von Gian Paolo Dolso, Prognosi sul futuro delle interpretative di rigetto, Giurisprudenza costituzionale 2005, S. 2930 ff.; Sorrenti (zit. Fn. 17), S. 271 ff., zur Schlussphase S. 278 ff.

87 Vgl. schon oben Fn. 16, insb. die grundsätzlichen Ausführungen von Gustavo Zagrebelsky, La dottrina del diritto vivente, Giurisprudenza costituzionale 1986 I, S. 1148 ff., und die umfassende Untersuchung von Andrea Pugiotto, Sindacato di costituzionalità e »diritto vivente«, Milano 1994; zum gegenwärtigen Stand die Bemerkungen bei Sorrenti (zit. Fn. 17), S. 183 ff., 244 ff.

88 Dazu oben III A 4, III B 2.

Gesetzlichkeit[89] einen Vorrang bei der Gesetzesauslegung beanspruchen und hat das Verfassungsgericht dem weder eine Bindungswirkung normbestätigender Entscheidungen, noch eine Zuständigkeit für Verfassungsbeschwerden entgegenzusetzen. Zusätzlich belässt das Verwerfungsmonopol des Verfassungsgerichts auch für vorkonstitutionelle Gesetze[90] deren Auslegung dem Kassationshof, solange es zu keiner Vorlage kommt. Das galt und gilt im Prinzip auch für – durch die Zeit bedingt geprägte – faschistische Gesetze und verzögerte deren interpretatorische Anpassung an die Anforderungen der republikanischen Verfassung. Die Argumente zugunsten einer Bindung der Corte costituzionale an das von der Corte di cassazione interpretierte diritto vivente, die nur durch Nichtigerklärung, nicht durch eigene verfassungskonforme Interpretationstätigkeit durchbrochen werden könne, haben daher in Italien noch höheres Gewicht als das Postulat der Bindung des Bundesverfassungsgerichts an die Auslegungspraxis der obersten Gerichtshöfe in Deutschland, auch wenn die reiche Verfassungsgerichtsjudikatur auch in Italien die Bindung zu lokkern geeignet ist[91].

Um dies zu begründen, scheint mir der Verfassungslage angemessen, den Begriff des diritto vivente zu erweitern und von der Bindung an die Einheitlichkeit der Gesetzesanwendung abzulösen. Geltendes, sich entwickelndes, lebendes Recht ist ja nicht nur die Auslegung des Gesetzes, wie sie von je her durch das oberste für Rechtsfragen zuständige Gericht praktiziert wird, sondern auch und mit Vorrang die Verfassung. Diritto vivente kann daher nur unter Einschluss und mit Einfluss der Verfassung festgestellt werden. Deren Hüter aber ist das Verfassungsgericht. So wichtig daher nach wie vor eine sorgfältige, kontinuierliche und systematische Gesetzesauslegung ist, und so sehr, etwa im Sinn der »Heck'schen Formel«[92], sie Berücksichtigung in der Verfassungsrechtsprechung voraussetzt und verdient: Die Abgrenzung des Einflusses, den die Verfassung auf die Auslegung hat, ist Aufgabe des Verfassungsgerichts, und bei der Erfüllung dieser Aufgabe ist diritto vivente nicht die fachgerichtliche Rechtsprechung, sondern das verfassungskonform ausgelegte Recht.

89 So spricht etwa Sorrenti (zit. Fn. 17), S. 184, vom »giudice delle leggi« und leitet daraus ihre Bewertung ab.

90 S.o. III A 2.

91 Instruktiv ist der oben Fn. 86 erwähnte Fall der sent. 299/2005: Die Corte costituzionale begründet (Erw. 6) den Übergang von der bisherigen Praxis der sentenza interpretativa di rigetto zur sentenza interpretativa di accoglimento mit qualitativer Teilnichtigerklärung damit, durch die der Verfassungsrechtsprechung entgegenstehende feste Rechtsprechung des Kassationshofs sei ein diritto vivente entstanden, dem gegenüber nicht abweichend ausgelegt, sondern das nur für verfassungswidrig erklärt werden könne.

92 Dazu oben III B 2 mit Fn. 70.

Wirtschaftsaufsicht und Amtshaftung

Rupert Scholz

1. Problemstellung

Die Wirtschaftsaufsicht gehört zu den traditionellen Institutionen wie Mechanismen des Wirtschaftsverwaltungsrecht – basierend auf den tradierten Funktionen der »Gewerbepolizei« bzw. der hieraus entwickelten wirtschaftsrechtlichen Gefahrenabwehr sowie Mißstandskontrolle. In diesem Sinne steht die Wirtschaftsaufsicht als System prinzipiell defensiver Wirtschaftskontrolle neben der Wirtschaftslenkung als System prinzipiell offensiver Wirtschaftssteuerung. Der grundsätzliche Auftrag der Wirtschaftsaufsicht liegt bei der Gewährleistung und dem Schutz der Funktionsfähigkeit bestimmter Märkte und ihrer ökonomischen Rahmenbedingungen – von der Kartellaufsicht für die wettbewerbliche Ordnung nach Maßgabe des GWB bis zur Bundesanstalt für Finanzdienstleistungsaufsicht für die Bereiche des Kredit- und Versicherungswesens nach Maßgabe des KWG, des VAG, des WpHG und des FinDAG. Die nachfolgende Untersuchung wird sich vor allem auf die letztere, d.h. die *Finanzdienstleistungsaufsicht* konzentrieren, bei der die nachstehend zu diskutierenden Probleme besonders augenfällig geworden sind.[1] Es geht zum einen um eine rechtsstaatskonforme Definition der Schutzgütersystematik der hiesigen Wirtschaftsaufsicht, d.h. vor allem um ein grundrechtskonformes Verständnis der vom Gesetzgeber wie von der Rechtsprechung nach wie vor *dominant-objektiv-rechtlich* interpretierten *Schutzgütersystematik* und zum anderen bzw. im Zusammenhang hiermit um die Frage, wann bzw. unter welchen Voraussetzungen eine zuständige Wirtschaftsaufsicht den Verantwortlichkeiten der *Staats- bzw. Amtshaftung* gemäß Art. 34 GG/§ 839 BGB unterliegt. Gerade in letzterer Hinsicht sind sowohl auf der Ebene der Gesetzgebung wie auf der Ebene der Rechtsprechung inzwischen derart viel Unstimmigkeiten aufgetreten, daß es einer mehr oder weniger grundlegenden Neubesinnung sowohl hinsichtlich jener objektiv-rechtlich interpretierten Schutzgütersystematik als auch hinsichtlich der den Bürger schützenden Haftungssystematik gemäß Art. 34 GG/§ 839 BGB bedarf.

1 Zur im übrigen weitgehend analogen Problematik der Kartellaufsicht, namentlich im Bereich des Konkurrentenschutzes, siehe bereits Scholz, Wirtschaftsaufsicht und subjektiver Konkurrentenschutz, 1971, S. 39 ff, 104 ff

2. Entwicklungen in Gesetzgebung und Rechtsprechung

Gesetzgebung wie Rechtsprechung bemühen sich seit längerem vor allem darum, die Wirtschaftsaufsicht nach Möglichkeit von Amtshaftungsansprüchen freizustellen. Man betont die angeblich nur objektiv-rechtliche Schutzgütersystematik etwa des KWG, des VAG und des FinDAG und versucht auf diese Weise, subjektiv-rechtliche Schutzansprüche des Bürgers, namentlich solche auf Schadensersatz wegen Amtshaftung bei Fehlverhalten der zuständigen Wirtschaftsaufsicht abzuwehren. Gesetzgeberisch kulminiert diese Zielsetzung in der heutigen Regelung des § 4 IV FinDAG, derzufolge »die Bundesanstalt ihre Aufgaben und Befugnisse nur im *öffentlichen Interesse* wahrnimmt«. Im gleichen Sinne hatten zuvor die Regelungen des § 6 III bzw. später § 6 IV KWG, des § 81 I 3 VAG, des § 1 IV bzw. später 1 VI BörsG und des § 4 II WpHG formuliert. Diese, heute bei der Bundesanstalt für Finanzdienstleistungsaufsicht konzentrierten Wirtschaftsaufsichten sollten so vor *subjektiv-rechtlichen Ansprüchen* einzelner Bürger bzw. deren »*privaten Interessen*« nach Möglichkeit abgeschirmt werden, wie sich in besonderer Deutlichkeit aus der *Amtlichen Begründung* zur seinerzeitigen Novelle zum KWG ergibt.[2] Hier hieß es, daß die Kreditaufsicht ihre Aufgaben »zur Sicherstellung der Funktionsfähigkeit der Kreditwirtschaft ausschließlich im öffentlichen Interesse« wahrnimmt und daß »Amtspflichten gegenüber den durch das Wirken des Bundesaufsichtsamts nur mittelbar geschützten Personen oder Personenkreisen bei der Tätigkeit des Bundesaufsichtsamts deshalb nicht begründet werden«. Ausdrücklich heißt es, daß damit vor allem solchen Tendenzen begegnet werden soll, die der *BGH* in zwei recht grundlegenden Entscheidungen aus dem Jahre 1979 aufgenommen hatte.[3] In seiner Entscheidung vom 15.02. 1979 hatte der *BGH* festgestellt, daß »die dem Bundesaufsichtsamt für das Kreditwesen obliegende Pflicht zur Prüfung, ob ein Unternehmen genehmigungspflichtige Bankgeschäfte betreibt, (auch) eine den Einlagegläubigern dieses Unternehmens gegenüber bestehende Amtspflicht darstellt«.[4] Im gleichen Sinne hatte der *BGH* in seiner Entscheidung vom 12.07. 1979 wiederum zum Schutze der Einlagegläubiger entschieden.[5] Eine prinzipiell gegenteilige Auffassung hatte allerdings schon damals das *BVerwG* vertreten.[6] Ebenfalls gegenteilig hatte der *BGH* in seiner bisherigen Rechtsprechung für die Versicherungsaufsicht entschieden. Obwohl § 81 I 2 VAG die Versicherungsaufsicht ausdrücklich auch der »ausreichenden Wahrung der Belange der Versicherten« verpflichtet, vertrat der *BGH* schon seit dem Jahre 1972 die Auffassung, daß »die staatliche Aufsicht über private Wirtschaftseinheiten (hier der Versicherungswirtschaft) grundsätzlich nur dem allgemeinen staatlichen oder öffentlichen Interesse dient und regelmäßig keine

2 Vgl. BT-Drucks. 10/1441, S. 20
3 Vgl. BT-Drucks., a.a.O.
4 Vgl. BGHZ 74, 144 ff (LS. a.)
5 Vgl. BGHZ 75, 120 (122 ff)
6 Vgl. BVerwGE 61, 59 (63 ff)

Amtspflichten gegenüber bestimmten Personen begründet«.[7] Schon diese Entscheidung war damals allerdings mit Nachdruck zu kritisieren, verkannte sie doch bereits die gesetzliche Ausgangslage und vernachlässigte sie den Schutz vor allem von Versicherungsnehmern in nicht vertretbarem Maße.[8] Ungeachtet dessen unternahm der Gesetzgeber mit der zitierten Änderung des KWG den Versuch, das Haftungssystem der Amtshaftung generell zurückzuführen bzw. die Kredit- ebenso wie die Versicherungsaufsicht vor Amtshaftungsansprüchen zu schützen. In eben diesem Sinne führte die bereits zitierte *Amtliche Begründung* zur seinerzeitigen KWG-Novelle aus, daß »die Anerkennung einer Staatshaftung im Bereich der Bankaufsicht gegenüber dritten Personen, die nicht der Aufsicht unterliegen, die Gefahr von zu weitgehenden Maßnahmen der die Aufsicht ausübenden Personen begründet. Dadurch würde unter anderem die bisherige marktwirtschaftskonforme Aufsichtskonzeption gefährdet, die den Kreditinstituten einen sehr großen Spielraum für eine eigenverantwortliche wirtschaftliche Betätigung beläßt«. Eine Amtshaftung könne nur »gegenüber den beaufsichtigten Kreditinstituten und den sonstigen Unternehmen und Privatpersonen, denen gegenüber Eingriffsbefugnisse bestehen, aus fehlerhaften Entscheidungen« der Aufsichtsbehörde in Betracht kommen.[9]

Unter ausdrücklicher Berufung auf diese entstehungsgeschichtlichen Motive des Gesetzgebers hat der *BGH* in seinen neueren Entscheidungen vom 20.01.2005[10] und vom 02.06.2005[11] Amtshaftungsansprüche wegen Unzulänglichkeiten bei der Einlagensicherung sowie von Gläubigern, die durch eine von der Bankenaufsicht kraft Abwicklungsanordnung ausgelöste Unternehmensinsolvenz Vermögensschäden erlitten hatten, verneint. Zur Begründung beruft sich der *BGH* ausdrücklich auf die Regelungen des früheren § 6 IV KWG bzw. des heutigen § 4 IV FinDAG, derzufolge die Finanzdienstleistungsaufsicht »nur im öffentlichen Interesse« tätig wird, und darauf, daß geschädigte Personen der hiesigen Art nicht als »Dritte« im Sinne des Art. 34 GG/§ 839 BGB anzusehen seien.[12]

Schadensersatzansprüche aus Amtshaftung fordern in der Tat, daß der Amtsträger »die ihm einen Dritten gegenüber obliegende Amtspflicht« verletzt hat. Dies bedinge, so der *BGH*, daß »eine besondere Beziehung zwischen der verletzten Amtspflicht und dem Geschädigten bestehe«.[13] So sei stets zu prüfen, »ob gerade das im Einzelfall berührte Interesse nach dem Zweck und der rechtlichen Bestimmung des Amtsgeschäfts geschützt werden soll. Es kommt danach auf den Schutzzweck der Amtspflicht an. Dabei genügt es, daß die Amtspflicht neben der Erfüllung allgemeiner Interessen und öffentlicher Zwecke auch den Zweck verfolgt, die

7 Vgl. BGHZ 58, 96 (98); entsprechend BVerwGE 30, 135 (137); 61, 59 (63 ff); 95, 25 (28)
8 Vgl. bereits Scholz, NJW 72, 1217 ff
9 Vgl. BT-Drucks. 10/1441, S. 20
10 Vgl. NJW 2005, 742 (744)
11 Vgl. Az III ZR 365/03
12 Vgl. NJW 2005, 745 f und ebenso BGH, AZ III ZR 365/03
13 Vgl. NJW 2005, 743

Interessen einzelner wahrzunehmen«.[14] Auf der Grundlage dessen gelangt der *BGH* zur Auffassung, daß alle diese Voraussetzungen gerade in den Fällen der vorgenannten Art nicht erfüllt seien, daß es hier vielmehr nur um schadensrechtliche Reflexe der Finanzdienstleistungsaufsicht bzw. ihrer Maßnahmen gehe, die letztere folglich nicht zu Schadensersatzleistungen gemäß Art. 34 GG/§ 839 BGB verpflichtet werden könne.[15] Dies alles stünde, wie der *BGH* weiter ausführt, auch im Einklang mit dem europäischen Gemeinschaftsrecht[16] sowie im Einklang mit dem GG, wobei der *BGH* durchaus mit Recht darauf hinweist, daß die näheren Einzelheiten des in Art. 34 GG verfassungsrechtlich garantierten Staatshaftungsanspruchs der gesetzlichen Ausgestaltung offenstehen.[17] Andererseits setzt sich der *BGH* hierbei mit den Kritikern[18] seiner ja schon länger andauernden Rechtsprechung nicht wirklich auseinander, fragt er vor allem nicht danach, ob jene gesetzgeberische These von einer Finanzdienstleistungsaufsicht, die »nur im öffentlichen Interesse« tätig werde, nicht als verfassungswidriger »Formenmißbrauch« auszumachen ist, wie dies beispielsweise und nach hiesiger Auffassung mit Recht von *H.-J. Papier* bereits geltend gemacht worden ist.[19] Es genügt nicht, mehr oder weniger lapidar einen solchen »Formenmißbrauch« zu verneinen, wie dies der *BGH* unternimmt.[20] Es genügt nicht, mit schlichtem gesetzgeberischen Federstrich den Schutz »privater Interessen« von vornherein auszuschließen, stellt die Wirtschaftsaufsicht allgemein und die Finanzdienstleistungsaufsicht im besonderen doch ein System staatlicher Eingriffsverwaltung dar, das in umfassender Form auch dem Rechtsstaatsprinzip und allen grundrechtlichen Schutzansprüchen der Bürger, bis hin zum Staatshaftungsrecht aus Art. 34 GG, verpflichtet ist. Diese rechtsstaatlichen und vor allem grundrechtlichen Verfassungsgewährleistungen sind von absoluter Stringenz und lassen sich auch nicht in der Weise leugnen, daß man Befürchtungen wie die einer zu

14 Vgl. NJW 2005, 743

15 Dabei übersieht der BGH allerdings und auch die Inkontingenzen, die sich aus seiner teilweise entgegengesetzten Rechtsprechung namentlich zu bauaufsichtsrechtlichen und kommunalaufsichtsrechtlichen Haftungsfragen ergeben (vgl. hier bes. BGHZ 106, 323 (332 ff); 110, 1 (9 f); 116, 215 (218); BGH, NJW 2003, 1318 f)

16 Vgl. NJW 2005, 742 f – Zum Verhältnis von gemeinschaftsrechtlichem und nationalem Staatshaftungsrecht siehe zuletzt Kischel, EuR 2005, 441 ff, der mit Recht darauf hinweist, daß das europäische Gemeinschaftsrecht dem nationalen Gesetzgeber durchaus Spielraum in der nationalen Ausgestaltung des Staatshaftungsrechts beläßt (vgl. a.a.O., S. 447 ff). Diese (zutreffende) Beobachtung führt folgerichtig zur (weiteren) Feststellung zurück, daß jede nationale Ausgestaltung des Staatshaftungsrechts nicht nur den Rahmen des europäischen Gemeinschaftsrechts, sondern auch und namentlich auch den verfassungsrechtlichen Rahmen des Art. 34 GG zu wahren hat.

17 Vgl. NJW 2005, 745

18 Vgl. bes. Papier, in: Münchner Kommentar zum BGB, 4. Aufl. 2004, § 839 Rdnr. 251 ff; ders., in: Maunz/Dürig, GG, Art. 34 Rdnr. 187 ff; Habscheid, Staatshaftung für fehlsame Bankenaufsicht?, 1988, S. 119 ff; Schenke/Ruthig, NJW 94, 2324 ff; Nicolaysen, Martens-Gedächtisschrift, 1987, S. 664 ff; Bender, NJW 78, 622 ff; Ossenbühl, Staatshaftungsrecht, 5. Aufl. 1998, S. 63 f; Mayer, NJW 73, 1918 f; Bartlsperger, DVBl. 73, 465 ff; Nüßgens, Gelzer-Festschrift, 1991, S. 293 (296 ff); Gratias, NJW 2000, 786 ff; Kopp/Bäumler, NJW 79, 1871 ff; Scholz, NJW 72, 1217 ff

19 Vgl. in: Maunz/Dürig, GG, Art. 34 Rdnr. 190. – Zum Formenmißbrauch allgemein siehe Pestalozza, Formenmißbrauch des Staates, 1973, bes. S. 9 ff, 61 ff, 143 ff

20 Vgl. NJW 2005, 745

hohen »Komplexität« anführt[21] oder davon spricht, daß es – so vom *BGH* zur Versicherungsaufsicht argumentiert – nur um »potentielle Betroffene« gehe, die »sich angesichts der Vielzahl der bei einem einzelnen Versicherer gedeckten Risiken nur als »austauschbare Teile der Allgemeinheit« zu verstehen hätten.[22] Bereits an anderer Stelle hat der Verfasser gerade zu der vorgenannten These des *BGH* dargelegt, daß es hier nicht um »austauschbare Teile der Allgemeinheit«, sondern um (grundrechtlich geschützte) »*Repräsentanten dieser Allgemeinheit*« geht und daß sich gerade in deren Person der (tatbestandlich abstrahierte) Schutzzweck der Versicherungsaufsicht als konkrete Rechts- und Schutzfolge zu erfüllen hat.[23] Versicherungsnehmer wie auch Versicherungsopfer sind Repräsentanten des *gesetzestypischen Schutzzwecks* (hier des § 81 VAG) und demgemäß auch rechtlich in vollem Umfange geschützt – bis hin zur Anerkennung als auch gemäß Art. 34 GG/ § 839 BGB haftungsrechtlich geschützte »Dritte«.[24]

3. Wirtschaftsaufsicht und Grundrechte

Obwohl die Wirtschaftsaufsicht zur staatlichen Eingriffsverwaltung gehört und damit der strikten Bindung an die Grundrechte, auch an die beispielsweise von Anlegern bei Kreditinstituten und von Versicherungsnehmern im Bereich der Versicherungswirtschaft, gebunden ist, verneint der *BGH* einen Grundrechtsschutz zugunsten der Anleger[25] – und Entsprechendes hätte für die Versicherungsnehmer zu gelten. Entgegen berechtigten Stimmen im Schrifttum[26] verneint der BGH auch eine »Schutzpflicht des Gesetzgebers« namentlich nach Maßgabe des Art. 14 I 1 GG.[27] Der *BGH* setzt sich zwar mit der Rechtsprechung des *BVerfG* zu den grundrechtlichen Schutzpflichten[28] teilweise auseinander, sucht im Ergebnis aber zu einer Interpretation zu gelangen, die den im konkreten Fall betroffenen Anlegern (und entsprechendes hätte wiederum für die Versicherungsnehmer zu gelten) keinen grundrechtswirksamen Schutz verheißt.[29] Dabei verkennt der *BGH* aber die vom *BVerfG* vorausgesetzte Reichweite der grundrechtlichen Schutzpflichten, namentlich der, die aus der Eigentumsgarantie des Art. 14 I 1 GG folgt. Dies ergibt sich insbesondere aus den beiden neuen Entscheidungen des *BVerfG* vom 26.07. 2005 zum

21 Vgl. BGH, NJW 2005, 745
22 Vgl. BGHZ 58, 96 (102)
23 Vgl. NJW 72, 1219
24 Vgl. Scholz, NJW 72, 1219
25 Vgl. NJW 2005, 745 F
26 Vgl. bes. Schenke/Ruthig, NJW 94, 2326 f; Nicolaysen, Martens-Gedächtnisschrift, S. 667 ff; Habscheid, Staatshaftung, S. 78 ff, 146; Gratias, NJW 2000, 788
27 Vgl. NJW 2005, 745 f
28 Vgl. bes. BVerfGE 46, 160 (164 f), 49, 89 (142); 56, 54 (78); 65,1 (45 f); 88, 202 (254); 92, 26 (46); 96, 56 (64 f)
29 Vgl. NJW 2005, 746

Recht der Lebensversicherungen.[30] In diesen beiden Entscheidungen hat das *BVerfG* – weit über die konkreten Streitfälle hinaus – grundlegend neue Daten für das System des Versicherungsaufsichts- wie Versicherungsvertragsrechts gesetzt – Daten, die zu einer grundsätzlich neuen Standortbestimmung wie auch Schutzgütersystematik des gesamten Versicherungsaufsichts- und Versicherungsvertragsrechts zwingen und deren gesetzgeberische Umsetzung das *BVerfG* an eine gesetzgeberische Regelungspflicht bis zum 31.12. 2007 gebunden hat.[31]

In der ersten dieser beiden Entscheidungen ging es um die Frage, wie bei der Übertragung des Bestands von Lebensversicherungsverträgen auf ein anderes Unternehmen zu verfahren ist. Zum hiesigen Vorbehalt der aufsichtsbehördlichen Genehmigung hat das *BVerfG* ausgeführt, daß diese Genehmigung »die Belange der Versicherten umfassend festzustellen und ungeschmälert in die Entscheidung über die Genehmigung und die dabei vorzunehmende Abwägung einzubringen hat«.[32] »Die verfassungsrechtlichen Schutzpflichten aus Art. 2 I und Art. 14 I GG forderten Sicherungen dafür, daß die durch Prämienzahlungen der Versicherungsnehmer beim Versicherer geschaffenen Vermögenswerte im Fall von Bestandsübertragungen als Quellen für die Erwirtschaftung von Überschüssen erhalten bleiben und den Versicherten in gleichem Umfang zugute kommen wie ohne Austausch des Schuldners«.[33] In der zweiten Entscheidung hat das *BVerfG* den Gesetzgeber gemäß Art. 2 I und Art. 14 I GG »verpflichtet, hinreichende rechtliche Vorkehrungen dafür vorzusehen, daß bei der Ermittlung eines bei Vertragsende zuzuteilenden Schlußüberschusses die Vermögenswerte angemessen berücksichtigt werden, die durch die Prämienzahlungen im Bereich der kapitalbildenden Lebensversicherung mit Überschußbeteiligung geschaffen worden sind«.[34]

Dies alles klingt relativ begrenzt und einzelfallorientiert. Die tatsächliche Bedeutung dieser Entscheidungen des *BVerfG* geht jedoch weit über die bezeichneten Einzelfälle hinaus. Denn das *BVerfG* hat im Rahmen der Entscheidung dieser beiden Einzelfälle das *Gesamtsystem* des geltenden Versicherungsaufsichts- und Versicherungsvertragsrechts einer *grundlegenden Revision* überantwortet, die der Gesetzgeber bis zum 31.12. 2007 einzulösen hat. Auf der Grundlage der Grundrechte aus Art. 2 I GG (Garantie der Privatautonomie) und aus Art. 14 I 1 GG (Eigentumsgarantie) hat das *BVerfG* die Rechtsposition des Versicherungsnehmers grundlegend verstärkt;[35] und Entsprechendes hat mit Sicherheit für den verwandten Rechtsbereich der Kreditwirtschaft, hier also für jeweils betroffene Anleger, zu gelten. Demgemäß ist davon auszugehen, daß spätestens seit diesen beiden Entscheidungen des *BVerfG* das gesamte System der Finanzdienstleistungsaufsicht reformiert bzw.

30 Vgl. NJW 2005, 2363 ff und NJW 2005, 2376 ff; zu diesen Entscheidungen siehe auch Knappmann, NJW 2005, 2892 ff
31 Vgl. NJW 2005, 2376 und NJW 2005, 2381
32 Vgl. NJW 2005, 2363 (LS. 2)
33 Vgl. NJW 2005, 2363 (LS. 3)
34 Vgl. NJW 2005, 2376 (LS.)
35 Vgl. NJW 2005, 2365 ff und NJW 2005, 2377 ff

ungleich stärker als bisher dem auch individual-rechtlichen sowie subjektiv-rechtlichen Schutz von Versicherungsnehmern und Anlegern geöffnet werden muß.
Von besonderer Bedeutung ist dabei die vom *BVerfG* entwickelte, weitgehend neue Auslegung der Eigentumsgarantie des Art. 14 I 1 GG. Das *BVerfG* führt aus, daß der Anspruch des einzelnen Versicherungsnehmers auf Überschußbeteiligung schon eine »von Anfang an bestehende und durchaus rechtlich geschützte Aussicht auf zukünftige Beteiligung« darstellt.[36] Es sei zwar richtig, daß von bereits zu vermögensrechtlichen Positionen erstarkten subjektiven Rechten (wohl) erst dann gesprochen werden könne, wenn es um den Anspruch auf den schon zugeteilten Überschuß geht. Hierüber hinaus führt das *BVerfG* aber – unter Berufung auf den objektiv-rechtlichen Schutzgehalt des Art. 14 I 1 GG – aus, »daß der Gesetzgeber Vorkehrungen zum Schutz auch der im Werden begriffenen Position hinsichtlich der Überschußbeteiligung treffen muß. Diese stellt nicht nur eine potentielle Erwerbsaussicht dar«.[37] Oder an anderer Stelle: »Auch wenn sie (sc. die Überschußbeteiligung) noch nicht zu einem subjektiven Recht erstarkt ist, wird sie als gesetzlich programmiertes werdendes Eigentum schon vom Schutzbereich des Art. 14 Abs. 1 GG erfaßt«.[38] Hierin liegt eine wesentliche Erweiterung des Schutzbereichs der Eigentumsgarantie des Art. 14 I 1 GG, die man in anderer Richtung auch mit dem Begriff von der *Vorwirkung* grundrechtlicher Schutzwirkungen umschreiben kann. Solche grundrechtlichen »Vorwirkungen« sehen sich in der verfassungsrechtlichen Literatur durchaus schon allgemeiner und vielfältig anerkannt,[39] obwohl gleichzeitig festzuhalten ist, daß solche vorwirkenden Schutzbereiche in aller Regel nur relativ schwer auszumachen sind oder bisher auszumachen waren. Mit der jetzigen Rechtsprechung hat das *BVerfG* zur Eigentumsgarantie des Art. 14 I 1 GG – durchaus hinausgreifend über den hiesigen Streitfall – aber eine solche Vorwirkung ganz deutlich anerkannt bzw. seiner Grundrechtsauslegung generell zugrundegelegt; und dies wird mit Sicherheit erhebliche Konsequenzen – wiederum weit über den hiesigen Bereich des Versicherungsrechts hinaus – zeitigen (müssen. Verkürzt wird man künftig davon sprechen, daß es vermögensmäßig auf einer ersten Stufe die bloße Chance oder Erwerbsaussicht gibt, die noch nicht vom Schutzbereich des Art. 14 I 1 GG erfaßt wird; daß es auf der zweiten Stufe eine Art »gesetzlich programmierten werdenden Eigentums« gibt, die allerdings in aller Regel erst vom Gesetzgeber konkret definiert und abgegrenzt werden muß, ungeachtet dessen aber schon von der objektiv-rechtlichen Schutzpflicht des Art. 14 I 1 GG mit umfaßt wird; und daß es auf einer dritten Gewährleistungsstufe um ein bestehendes vermögenswertes Recht, also um Eigentum im bisherigen verfassungsrechtlichen Sinne geht. Aus diesem gestaffelten System eigentumsrechtlicher Gewährleistungen leitet das *BVerfG* einen

36 Vgl. NJW 2005, 2367
37 Vgl. NJW 2005, 2366
38 Vgl. NJW 2005, 2367
39 Zu solchen Vorwirkungen vgl. allgemein bes. Kloepfer, Vorwirkung von Gesetzen, 1974, bes. S. 94 ff, 161 ff, 213 ff

besonderen »*Schutzauftrag des Gesetzgebers*« (auch) für die Versicherungsaufsicht ab, der vom VAG und dessen Schutzgütersystematik in der geltenden Form nicht oder doch nicht hinlänglich erfüllt sei.[40] Das bisherige Verständnis der Versicherungsaufsicht ziele allein darauf ab, »die Belange der Gesamtheit der Versicherten und der Versicherungsunternehmen im Rahmen der Mißstandsaufsicht zu wahren« (vgl. insbesondere §§ 81 ff VAG).[41] Dieses Schutzgüter- und Aufsichtsverständnis könne jedoch künftig keinen Bestand mehr haben. Stattdessen sei sicherzustellen, »daß die Belange der Versicherten als Partner eines Versicherungsvertrages gewahrt werden, insbesondere daß sie aufgrund des Schuldnerwechsels nicht schlechter gestellt werden als vorher«.[42] Dies bedeutet, daß der Versicherungsaufsicht jetzt bzw. künftig eine entscheidend auch *individual-* sowie *subjektiv-rechtliche Verantwortung* gegenüber dem einzelnen Versicherungsnehmer zufällt; und damit wird das bisherige, rein *objektiv-rechtliche* bzw. *institutionelle Grundverständnis* der Versicherungsaufsicht weitgehend aufgebrochen. Im Gegensatz zur bisher herrschenden Auffassung, die noch die angefochtene Entscheidung des *BVerwG* zugrundegelegt hatte,[43] soll es künftig nicht mehr genügen, daß die Versicherungsaufsicht eine »ausreichende Wahrung der Versichertenbelange« im Sinne des § 8 I 1 Nr. 3 VAG gewährleistet. Dieser Maßstab genüge aus der Sicht der grundrechtlichen Schutzwirkungen nicht, da dieser Maßstab »nicht die positive Feststellung einer angemessenen Berücksichtigung der Interessen der Versicherten im Gesamtgefüge aller betroffenen Belange fordert«.[44] Im Ergebnis bedeutet alles dies, daß sich das System der tradierten Versicherungsaufsicht insgesamt nicht mehr in der Form halten läßt, wie dies der bisher herrschenden Meinung entsprach.[45] Die klassische Sicht der Versicherungsaufsicht als einer rein objektiv-rechtlichen und institutionellen Mißstandsaufsicht, Gefahrenabwehr und Funktionsfähigkeitsgarantie läßt sich so nicht mehr aufrecht erhalten. Das Versicherungsaufsichtssystem muß sich vielmehr neuer Schutz- und Aufsichtsmaßstäbe öffnen, die ganz entscheidend durch individual-rechtliche und subjektiv-rechtliche Interessenwahrungen zugunsten der Versicherungsnehmer bestimmt sind. »Sogar eine unangemessene Berücksichtigung der Interessen der Versicherten hindert die Erteilung der (sc. aufsichtsbehördlichen) Genehmigung nicht, wenn die Aufsichtsbehörde sie nicht als so schwerwiegend einordnet, daß ein Eingreifen gerechtfertigt ist . . . Die Aufsichtsbehörde habe nicht darüber zu wachen, daß die Belange der Versicherten unter Berücksichtigung der Interessen anderer Beteiligter die bestmögliche oder auch nur eine möglichst gute Berücksichtigung erfahren, sondern es ist lediglich – negativ - eine unangemessene Beeinträchtigung der Belange der Versicherten zu verhüten«.[46] Dies

40 Vgl. NJW 2005, 2366 f und NJW 2005, 2381
41 Vgl. NJW 2005, 2368
42 Vgl. NJW 2005, 2368
43 Vgl. BVerwGE 95,25 (28); siehe auch BVerwGE 30, 135 (137); 61, 59 (63 ff)
44 Vgl. NJW 2005, 2369
45 Vgl. NJW 2005, 2369
46 Vgl. BVerfG, NJW 2005, 2368 f

alles genüge im Lichte der grundrechtlichen Schutzplichten aus Art. 2 I und Art. 14 GG jedoch nicht mehr. Diese Grundrechte fordern auch die Berücksichtigung subjektiv-rechtlich geschützter Grundrechte der einzelnen Versicherten bzw. deren positiv-rechtlichen Schutz.[47]
Das Gleiche gilt folgerichtig für den Bereich der Kreditaufsicht, d.h. für den Schutz namentlich von Anlegern. Denn die Rechtspositionen der Anleger sind, gerade gemessen an der Eigentumsgarantie des Art. 14 I 1 GG, mit denen der Versicherungsnehmer in vollem Umfange identisch. Oder mit anderen Worten: Das Gesamtsystem der Finanzdienstleistungsaufsicht muß sich in ungleich stärkerem Maße als bisher auch individual- und subjektiv-rechtlichen Schutzsystemen zugunsten der Versicherungsnehmer wie der Anleger öffnen, wobei hinsichtlich der Maßstäbestruktur das *BVerfG* mit Recht darauf hingewiesen hat, daß es künftig einer *»angemessenen«* und nicht mehr nur *»ausreichenden« Wahrung der Belange der Betroffenen* bedarf.[48] Keine Form der Finanzdienstleistungsaufsicht und kein Instrumentarium der Finanzdienstleistungsaufsicht darf künftig ohne Rücksicht auf diesen »angemessenen« und grundrechtlich gebotenen Schutz der Betroffenen agieren bzw. gesetzgeberisch ausgestaltet werden.
Damit steht allerdings nicht nur der Gesetzgeber im Rahmen des VAG und des VVG vor grundlegenden Revisionsgeboten. Vor die gleichen Aufgaben sieht sich ein insgesamt verfassungskonformes Verständnis und eine verfassungskonforme Praktizierung aller anderen Formen wie Instrumentarien der Finanzdienstleistungsaufsicht ab sofort gestellt. Mißt man die dargestellte Rechtsprechung des *BGH* zur Kreditaufsicht an diesen (neuen) Maßstäben des *BVerfG*, so wird sehr rasch offenbar, daß die vom *BGH* gewählte Interpretation bzw. die von ihm vorgenommenen Restriktionen der Kreditaufsicht verfassungsrechtlich nicht (mehr) zu halten sind. Das Gleiche gilt für die zitierten gesetzgeberischen Versuche, die Finanzdienstleistungsaufsicht »nur dem öffentlichen Interesse« zu verpflichten (vgl. § 4 IV FinDAG). Dieser gesetzgeberische Versuch, subjektiv-rechtliche Positionen von Drittbetroffenen als Schutzgütermaßstäbe der Finanzdienstleistungsaufsicht zu eliminieren, hat sich eindeutig als verfassungsrechtlich unhaltbar erwiesen.[49] Die Finanzdienstleistungsaufsicht ist und bleibt zwar dem *»öffentlichen Interesse«* namentlich an einem funktionstüchtigen Versicherungs- und Kreditwesen verpflichtet; sie hat zum anderen aber auch die *»privaten Interessen«* grundrechtlich geschützter Dritter bzw. Drittbetroffener zu wahren.
Bei alledem ist auch zu berücksichtigen, daß sich die Wirtschaftsaufsicht in ihrem Wesen längst vielfältig verändert hat, daß sie sich in vielfacher Beziehung von der bloß *defensiv-beaufsichtigenden Gewährleistung bestimmter (makroökonomischer) Funktionsbedingungen* einzelner Wirtschaftszweige ihrem Gegenstück, d.h. der

47 Vgl. dazu auch schon Scholz, ZVersWiss. 1984, 1 (11 f)
48 Vgl. NJW 2005, 2368 f
49 Vgl. zuvor schon Ossenbühl, Staatshaftungsrecht, S. 63 f; Papier, in: Maunz/Dürig, GG, Art. 34 Rdnr. 190; Schenke/Ruthig, NJW 94, 2327 f

auch *mikroökonomisch und offensiv steuernden Wirtschaftslenkung* angenähert hat. Dies zeigt sich beispielsweise an dem immer breiter gewordenen Bündel spezifischer Genehmigungsvorbehalte gegenüber bestimmten Rechtsgeschäften zugunsten jeweiliger Aufsichtsinstanzen.[50] Damit hat sich nicht nur die prinzipielle, institutionelle Schutzgütersystematik der Wirtschaftsaufsicht weitgehend verändert, sondern darüberhinaus sind auch (potentielle) Grundrechtseingriffe in stark vermehrter Form aufgetreten. Die konkrete Eingriffsdichte wie Eingriffsintensität aufsichtsbehördlicher Maßnahmen läßt sich vielfach nicht mehr unter das klassische Bild der Wirtschaftsaufsicht als makroökonomisch-objektiver und institutioneller Funktionsfähigkeitsgarantie subsumieren. Auch diese Entwicklung muß gerade im Hinblick auf den Grundrechtsschutz des Bürgers ungleich stärker als früher berücksichtigt werden. Eine der wesentlichen Konsequenzen dessen hat das *BVerfG* mit seinen zitierten neuen Entscheidungen zum Recht der Lebensversicherung in beispielhafter Form gezogen.

4. Folgerungen für die Amtshaftung

Dieses neue, verfassungsrechtlich gebotene Verständnis der Finanzdienstleistungsaufsicht hat folgerichtig auch maßgebende Auswirkungen auf die Amtshaftung, d.h. auf die Haftung der Finanzdienstleistungsaufsicht für Schadensersatzansprüche gemäß Art. 34 GG/§ 839 BGB. Untersteht die Finanzdienstleistungsaufsicht jetzt, wie vom *BVerfG* klargestellt, auch grundrechtlichen Schutzansprüchen betroffener Versicherungsnehmer und Anleger, so verändert sich deren Rechtsstellung auch im Hinblick auf potentielle Amtshaftungsansprüche. Denn zwischen grundrechtlich gebotenem Drittschutz und amtshaftungsrechtlich gebotenem Schadensersatzrecht lassen sich keine substantiellen Differenzierungen vornehmen. Schon bisher ist zutreffend anerkannt worden, daß der Tatbestand der »einem Dritten gegenüber obliegenden Amtspflicht« im Sinne des Art. 34 S. 1 GG mit dem Tatbestand des subjektiv-rechtlichen Drittschutzes im Verwaltungsrecht allgemein korrespondiert.[51] Oder anders ausgedrückt: Verwaltungsrechtliche Zuständigkeiten, die einem bestimmten »öffentlichen Interesse« dienen, bleiben auch (korrespondierenden) »privaten Interessen« solcher Bürger mitverpflichtet, die über entsprechende grundrechtliche Schutzansprüche verfügen – einmündend in die auch verwaltungsgerichtlich durchsetzbare Anerkennung subjektiv-rechtlicher Ansprüche bzw. eines generellen subjektiv-rechtlichen Drittschutzes. Dieser subjektiv-rechtliche Drittschutz ist wiederum, wie durchaus auch schon bisher anerkannt, mit dem Tatbestand der »einem Dritten gegenüber obliegenden Amtspflicht« im Sinne des Art. 34 S. 1 GG

50 Gerade auch hierauf hat das BVerfG seine neue Rechtsprechung zur Versicherungsaufsicht wesentlich mitgegründet; vgl. im einzelnen NJW 2005, 2367 ff

51 Vgl. näher z.b. Papier, in: Maunz/Dürig, GG, Art. 34 Rdnr. 182 ff

rechtlich identisch oder mit diesem doch in entscheidender Weise vergleichbar und verwandt.[52]

Konkret bedeutet dies, daß die zitierte Rechtsprechung des *BGH* mit ihrer Verneinung von Amtshaftungsansprüchen nicht (mehr) aufrechtzuerhalten ist.[53] Betrachtet man die Rechtsprechung des *BGH* insgesamt, so erweist sich allein jene Rechtsprechung als verfassungskonform, die im Jahre 1979 in durchaus verfassungskonformer Weise Amtshaftungsansprüche zugunsten von Anlegern (und Entsprechendes hätte für Versicherungsnehmer zu gelten) anerkannt hatte.[54] Mit anderen Worten: Aus verfassungsrechtlicher Sicht muß der *BGH* zu seiner damaligen Rechtsprechung zurückkehren und seine jetzige Rechtsprechung revidieren.

Dies alles ändert indessen nichts an der Frage, wieweit der auch amtshaftungsrechtlich gebotene Drittschutz im einzelnen zu gehen hat. Mit Sicherheit gibt es auch solche Fälle, in denen Drittbetroffenheiten tatsächlich nur von »reflexhafter« Art sind, also aus verfassungsrechtlicher, Sicht noch nicht im Sinne schutzwürdiger (Privat-) Interessen anzuerkennen sind. Auch hierzu bedarf es naturgemäß der Entwicklung vermittelnder Rechtsmaßstäbe, die allerdings unschwer aufzufinden sind. Denn maßgebend ist der (potentielle) Grundrechtsverstoß. Dieser ermittelt sich allerdings erst auf der *Rechtsfolgenseite*, sei es in Gestalt einer verfehlten Aufsichtsmaßnahme oder auch einer pflichtwidrig unterlassenen Aufsichtsmaßnahme zugunsten jeweils Drittbetroffener. Dies offenbart jedoch bereits, daß es nicht auf die gesetzgeberische bzw. aufsichtsrechtliche *Zielsetzung* ankommen kann. Wenn etwa der Gesetzgeber, wie hier, schon seinerseits versucht, die Finanzdienstleistungsaufsicht von vornherein auf die Wahrnehmung ausschließlich »öffentlicher Interessen« zielpolitisch festzulegen, so kann dies naturgemäß nicht darüber entscheiden, ob die jeweils einschlägige Aufsichtsmaßnahme nicht doch von (potentieller) grundrechtlicher Rechtsfolgenbedeutung ist. Mit anderen Worten: Zwischen (potentieller) Grundrechtsverletzung und zielpolitischer Aufsichtsorientierung bedarf es eines vermittelnden Kriteriums. Dieses Kriterium ergibt sich jedoch unschwer aus dem *Tatbestand der typischen Betroffenheit*, d.h. einer Drittbetroffenheit, die über das jeweilige individuale Interesse des einzelnen hinaus auch von *repräsentativer Bedeutung für die Gesamtheit der Anleger oder Versicherungsnehmer* ist oder – bei typisierender Wertung – sein kann.[55] Erweist sich eine Drittbetroffenheit in diesem Sinne als nicht nur zufällig-individualer Betroffenheitsreflex, sondern als durchaus repräsentativ-typische Betroffenheit auch für potentiell andere Grundrechtsträger, so ist von einer Grundrechtsrelevanz insgesamt und damit auch im Einzelfall von einer schutzwürdigen Rechtsposition des jeweils Betroffenen auszugehen. Ihm stehen nicht nur alle subjektiv-rechtlichen Schutzansprüche gegenüber der Finanzdienstleistungsaufsicht, sondern auch uneingeschränkte Amtshaftungsansprüche im Falle fehler-

52 Vgl. wiederum nur Papier, a.a.O.
53 Vgl. die Nachw. in Fn. 10 und 11 sowie 7
54 Vgl. die Nachw. in Fn. 4 und 5
55 Vgl. bereits Scholz, Wirtschaftsaufsicht, S. 152 ff; ders., NJW 72, 1218 f

hafter und schadensbegründender Aufsichtsmaßnahmen offen. Im Falle des Schutzes von Anlegern wie Versicherungsnehmern werden diese Voraussetzungen *in aller Regel* gegeben sein. Nicht geschützte, also bloß »reflexhafte« Betroffenheiten werden nur im Ausnahmefall anzuerkennen sein; und der Beweis hierfür muß ebenso regelmäßig von der zuständigen Aufsichtsbehörde geführt werden, spricht die Vermutung doch für den Bürger und seinen Anspruch auf effektiven Grundrechtsschutz.[56] Hiergegen läßt sich auch die Regelung des § 4 IV FinDAG mit ihrer Aussage, daß die Finanzdienstleistungsaufsicht »ihre Aufgaben und Befugnisse nur im öffentlichen Interesse wahrnimmt«, nicht anführen. Würde § 4 IV FinDAG so ausgelegt, so verstieße er gegen Art. 34 GG, wäre also verfassungswidrig.[57] In verfassungskonformer Auslegung ist § 4 IV FinDAG demgemäß so zu verstehen und zu praktizieren, wie vorstehend dargelegt.

56 Dieses Erfordernis eines *effektiven* Grundrechtsschutzes betont auch das BVerfG in seiner neuen Rechtsprechung zur Versicherungsaufsicht mit klarem Nachdruck; vgl. näher NJW 2005, 2367 ff

57 Siehe entsprechend die Nachw. Fn. 49

Freiheit des Rechtsanwalts – Grundrecht des rechtlichen Gehörs

Christian Wolf

I. Einleitung

Hans-Peter Schneider kennt beide Rollen, die des Richters als Mitglied des Niedersächsischen und des Sächsischen Staatsgerichtshofs und die des Prozessvertreters vor dem Bundesverfassungsgericht und dem EuGH. Es liegt daher nahe, ihm – dem Grenzgänger zwischen den Rollen – einen Festschriftbeitrag zur Rolle und Funktion des Rechtsanwalts für die Rechtsprechung zu widmen. Aber nicht nur aus diesem Grunde bietet es sich an, sich mit der Funktion des Rechtsanwalts für die Rechtsprechung in der Festschrift für *Schneider* auseinander zu setzen. Zwischen der Forderung der Anwaltschaft nach freier Advocatur im 19. Jahrhundert und dem Interesse des Bürgers an einem mit rechtsstaatlichen Garantien versehenen und fairen Gerichtsverfahren bestand ein Gleichklang. In der Berufsfreiheit der Anwälte verwirklichte sich zugleich die freie Teilhabe der Bürger am Rechtsstaat. Noch heute heißt es in § 1 Abs. 2 BORA: »Die Freiheitsrechte des Rechtsanwalts gewährleisten die Teilhabe des Bürgers am Recht. Seine Tätigkeit dient der Verwirklichung des Rechtsstaats.« Zwischen dem Freiheitsrecht des Rechtsanwalts und dem Teilhaberecht des Bürgers am Rechtsstaat gibt es, so insinuiert die Formulierung in der Berufsordnung für Rechtsanwälte (BORA), eine Konvergenz. Indem der Rechtsanwalt für seine Berufsfreiheit eintritt, verwirklicht er zugleich den Rechtsschutzanspruch des rechtsuchenden Bürgers. Besteht also zwischen dem Grundrecht der Berufsfreiheit[1] des Rechtsanwalts und den Justizgrundrechten der Bürger ein Interessensgleichlauf? Oder treffen hier nicht vielmehr zwei Grundrechtspositionen aufeinander, nämlich die Berufsfreiheit des Rechtsanwalts auf der einen Seite und das Grundrecht des rechtlichen Gehörs des rechtsuchenden Bürgers auf der anderen Seite? Beide Positionen wären dann, wie *Hans-Peter Schneider* bezüglich der in Art. 12 GG geschützten Arbeitgeberfreiheit schrieb, durch praktische Konkordanz zum Ausgleich zu bringen.

1 Zu Art. 12 GG, *Schneider*, Art. 12 GG – Freiheit des Berufs und Grundrecht der Arbeit, in VVDStRL 43 (1985), 7 ff.

II. Die Berufsfreiheit des Rechtsanwalts

1. Die Grundmodelle anwaltlicher Berufsbilder

Historisch betrachtet ist der in § 1 BORA unterstellte Gleichklang der Interessen zwischen Rechtsanwaltschaft und Mandanten in seinem ursprünglichen Begründungszusammenhang durchaus gegeben. Zu Beginn des 19. Jahrhunderts gab es in Europa drei unterschiedliche Grundtypen anwaltschaftlicher Berufsbilder.[2] Das erste, insbesondere in den Deutschen Ländern weit verbreitete Muster, war dasjenige der **Amtsprofession**. Aufgabe des Rechtsanwalts war es, den Staat bzw. die Gerichte bei der Erfüllung ihrer Aufgaben zu unterstützen. Das Berufsbild wurde im Wesentlichen durch diese gerichtsbezogene Hilfstätigkeit des Rechtsanwalts für die Rechtsprechung geprägt. Der Einfluss der Anwälte auf die Rechtsentwicklung sollte gering bleiben. Die Anwälte hatten lediglich die Aufgabe das Recht anzuwenden, nicht auszulegen. Insbesondere sollten die Anwälte nicht zu einer Fortentwicklung des Rechts beitragen.[3] Der Staat regelte die Fragen der notwendigen Ausbildung der Advocaten sowie deren Zulassung und Entlohnung in einem Tarifsystem und sicherte so zwar den Anwälten eine standesgemäße Lebensführung, suchte aber gleichzeitig zu verhindern, dass die Advocaten eine beruflich-wissenschaftliche Identität und Autonomie gewannen.[4]
Gegen dieses Modell der Amtsprofession richtete sich im 19. Jahrhundert die Forderung der Anwälte nach einer freien Advocatur. An die Stelle einer beamtenähnlichen Stellung, welche Advocaten der Disziplinargewalt der Gerichte unterwarf, sollte das Modell des **freien Berufs** treten. Nach diesem Modell regelt der Staat zwar noch die Qualifikationsanforderungen, jedoch erfolgt keine Zulassungsbeschränkung mehr. Die beamtenähnliche Stellung einschließlich der Disziplinargewalt der Gerichte ist aufgehoben. Die Rechtsanwälte waren also unabhängig von solchen staatlichen Einflussnahmen.[5] Da die Disziplinaraufsicht der Gerichte über die Anwaltschaft im 19. Jahrhundert auch zu einer Einschränkung der anwaltschaftlichen Vertretung der Mandanteninteressen führen konnte, wird der Gleichlauf zwischen der Forderung nach einer freien Advocatur und den Interessen des Mandaten deutlich.[6] *Rudolf Gneist* schrieb daher zur Begründung seiner Forderung nach einer freien Advocatur: »Das Bedürfniß des rechtsuchenden Publicums muß an erster Stelle über die Gestaltung der Rechtsanwaltschaft entscheiden.«[7]

2 Hierzu *Siegrist*, Verrechtlichung und Professionalisierung, in Dipper (Hrsg.) Rechtskultur, Rechtswissenschaft, Rechtsberufe im 19. Jahrhundert, Berlin, 2000, S. 100, 104 ff.
3 *Siegrist* (Fn. 2), S. 105; *ders.*, Advokat, Bürger und Staat: Sozialgeschichte der Rechtsanwälte in Deutschland, Italien und der Schweiz (18. – 20. Jh.), Bd. 1, Frankfurt am Main, 1996, S. 63 ff.
4 *Siegrist* (Fn. 2) S. 105.
5 *Siegrist*, (Fn. 2) S. 105.
6 *Chr. Wolf*, in FS für Schlosser, Tübingen 2005, S. 1121, 1126 m.w.N.
7 *Gneist*, Frei Advocatur – Die erster Forderung aller Justizreform, Berlin, 1867.

Schließlich gab es bereits im 19. Jahrhundert das völlig marktliberale Modell des freien Advokatengewerbes, welches vor allem in Teilen der Schweiz vertreten war.[8] Kennzeichnend hierfür war, dass es keinerlei oder kaum staatliche Vorgaben für die Berufstätigkeit des Advocaten gab.

2. Berufsordnung als Eingriff in die Berufsfreiheit des Rechtsanwalts

Aus der Perspektive unseres heutigen Verfassungsrechts sind diese, im marktliberalen Modell fehlenden staatlichen Vorgaben in der Regel gesetzliche Regelungen der Berufsausübung im Sinne von Art. 12 Abs. 1 GG. Solche Berufsausübungsregelungen sind nach ständiger Rechtsprechung des Bundesverfassungsgerichts zulässig, wenn sie durch hinreichende Gründe des gemeinen Wohls gerechtfertigt sind, wenn das gewählte Mittel zur Erreichung des verfolgten Zwecks geeignet und auch erforderlich ist, und wenn bei einer Gesamtabwägung zwischen der Schwere des Eingriffs und dem Gewicht der ihn rechtfertigenden Gründe die Grenze der Zumutbarkeit noch gewahrt ist.[9]
Bei der Gesamtabwägung spielt in der Rechtsprechung des Bundesverfassungsgerichts auf der einen Seite die Schwere des Eingriffs eine Rolle. Je empfindlicher die Berufsausübung und damit die Berufsfreiheit beeinträchtigt wird, desto gewichtiger müssen die Interessen des Gemeinwohls sein, denen die entsprechende Regelung dient.[10] Auf der anderen Seite erlaubt das Bundesverfassungsgericht bei so genannten staatlich gebundenen Berufen[11] weiterreichende Eingriffe in das Grundrecht der Berufsfreiheit. Zwar fallen auch »staatlich gebundene Berufe« in den Anwendungsbereich von Art. 12 Abs. 1 GG[12]. Jedoch sind nach Rechtsprechung des Bundesverfassungsgerichts umso eher substantielle normative Eingrenzungen gerechtfertigt, je näher der Beruf an den öffentlichen Dienst herangeführt ist.[13] Je mehr demgegenüber die Eigenschaften des freien Berufs hervortreten, desto stärker entfaltet das Grundrecht des Art. 12 Abs. 1 GG in der Gesamtabwägung seine Wirkung.[14]

3. Berufsordnung als Dreiecksverhältnis

Im Gegensatz zum Beruf des Notars, welchen das Bundesverfassungsgericht als staatlich gebundenen Beruf ansieht,[15] ergibt sich für die Einordnung des Rechtsanwalts kein völlig eindeutiges Bild hinsichtlich einer »Staatsnähe« des Berufs. Der

8 *Siegrist* (Fn. 2), S. 105 f.
9 BVerfGE 103, 1, 10; BVerfGE 93, 362, 369; BVerfGE 85, 248, 259; BVerfGE 68, 273; 282; BVerfGE 61, 291, 312.
10 BVerfGE 30, 292, 316 f.; Vgl. auch Schneider, (Fn. 1) VVDStRL 43 (1985), 7, 37 f.
11 Vgl. *Triepel*, in FS für Binding, Bd. II, 1991, S. 1 ff.
12 Sachs-*Tettinger*, Grundgesetz, 3. Aufl. 2003, Art. 12 Rdnr. 39.
13 BVerfGE 17, 371, 377; BVerfGE 7, 377, 398.
14 BVerfGE 17, 371, 377; BVerfGE 7, 377, 398; BverfGE 73, 301, 315 BVerfGE 47, 285, 319.
15 BVerfGE 16, 6, 22; BVerfGE 54, 237, 250; BVerfGE 73, 280, 292.

Zweite Senat des Bundesverfassungsgerichts hat 1974 entschieden, dass der Rechtsanwalt, der nach § 1 BRAO ein unabhängiges Organ der Rechtspflege ist, einen staatlich gebundenen Vertrauensberuf ausübt.[16] Diese Entscheidung hat dazu geführt, dass bis weit in die neunziger Jahre des letzten Jahrhunderts der Beruf des Rechtsanwalts nach der herrschenden Meinung als »staatlich gebundener Beruf« zu beurteilen war. Die Entscheidung hat nicht nur in der Literatur heftige Kritik gefunden,[17] vielmehr kann sie zwischenzeitlich als in der Rechtsprechung des Ersten Senats des Bundesverfassungsgerichts überwunden angesehen werden.[18] Die Herauslösung des Anwaltsberufs aus beamtenähnlichen Bindungen und seine Anerkennung als ein vom Staat unabhängiger freier Beruf, so der Erste Senat 1983, kann als ein wesentliches Element des Bemühens um rechtsstaatliche Begrenzung der staatlichen Macht angesehen werden, das der Verfassungsgeber vorgefunden und in seinen Willen aufgenommen hat.[19]

Heute wird dem Bundesverfassungsgericht vielmehr zum Teil der Vorwurf gemacht, die Gemeinwohlbelange, die eine Einschränkung der Berufsfreiheit erlauben, zu restriktiv zu interpretieren. An die Stelle einer relativ streng regulierten, vor Kommerzialisierungstendenzen geschützten Anwaltschaft ist der Anwalt als Wettbewerber am Dienstleistungsmarkt getreten.[20]

Im Nachfolgenden soll nicht der Versuch unternommen werden, den »schillernden Begriff des staatlich gebundenen Berufs«[21] für den Beruf des Rechtsanwalts wiederzubeleben. Vielmehr soll der Archimedische Punkt der Gemeinwohlformelle,[22] das Ziel der die Berufsfreiheit des Rechtsanwalts einschränkenden gesetzlichen Regelung, näher untersucht werden. Die Berufsfreiheit des Rechtsanwalts wurde bislang vor allem aus der Sicht des Rechtsanwalts beleuchtet und durchdacht. Dem Rechtsanwalt als berufenem unabhängigen Berater und Beistand obliegt es, seinem Mandanten umfassend beizustehen, so das Bundesverfassungsgericht.[23] Für die Erfüllung dieser Aufgabe, so das Gericht weiter, sei ein Vertrauensverhältnis zwischen Rechtsanwalt und Mandant unabdingbare Voraussetzung. Die Verschwiegenheitspflicht ist daher eine der anwaltlichen Grundpflichten und als solche unverzichtbare Bedingung der anwaltlichen Berufsausübung. Die Verschwiegenheitspflicht, so das Bundesverfassungsgericht weiter, nimmt teil am Schutz des Art.12 Abs.1 Satz 1 GG.

Die Formulierung macht stutzend. Eine **Pflicht** nimmt teil am **Schutz**? Die Verschwiegenheitspflicht liegt nur indirekt im Interesse des Rechtsanwalts. Primär liegt

16 BVerfGE 38, 105, 119.
17 Vgl. *Krämer*, NJW 1975, 103 ff.
18 *Jaeger*, NJW 2004, 1, 2.; *Stern*, Staatsrecht, Bd. IV/1, München, 2006, S. 1813 m.w.N.
19 BVerfGE 63, 266, 283 f.; vgl. auch schon BVerfGE 50 16, 29.
20 *Bormann*, ZZPInt 8 (2003), 3, 11; *Stürner/Bormann*, NJW 2004, 1481, 1483.
21 *Stern*, Staatsrecht, Bd. IV/1 (Fn. 18), S. 1812, vgl hierzu auch *Leisner*, AöR 93 (1968) 161, 197 ff.; *Rupp*, AöR 92 (1967) 212, 239 ff.
22 *Hufen*, NJW 1994, 2913, 2918.
23 BVerfGE 110, 226, 252.

es im Interesse des Rechtsuchenden (Mandant), sich an einen Rechtsanwalt wenden zu können, der ihm gegenüber zur Verschwiegenheit verpflichtet und mit entsprechenden Rechten zur Verschwiegenheit ausgestattet ist.[24] Der Rechtsstaat gewährleistet dem Bürger die vertrauensvolle und vertrauliche Kommunikation mit einem rechtskundigen Berater, um seine Rechte wahrzunehmen. Vergleichbare Rechte räumt er dem Bürger z.B. im Umgang mit einem Unternehmensberater nicht ein. Völlig zu Recht spricht das Bundesverfassungsgericht daher auch von einer Verschwiegenheits**pflicht** des Rechtsanwalts. Dass es sich hierbei um eine die Berufsfreiheit des Rechtsanwalts einschränkende Pflicht handelt, zeigt z.B. die Diskussion, ob der Rechtsanwalt nicht die Zustimmung des Mandanten vor einer Korrespondenz über E-Mail einzuholen hat.[25] Besonders deutlich zeigt die Entscheidung des Bundesverfassungsgerichts zum Recht des Zeugen auf Rechtsbeistand durch einen Rechtsanwalt,[26] dass die Tätigkeit des Rechtsanwalts sich in erster Linie als die Wahrnehmung eines Justizgrundrechts des Mandanten darstellt. In der Entscheidung wurde Zeugen im Rahmen eines Disziplinarverfahrens verwehrt, sich eines Anwalts als Zeugenbeistand zu bedienen. Die Verfassungsbeschwerden sowohl der Zeugen als auch des Rechtsanwalts hatten Erfolg. Das Bundesverfassungsgericht stellt zunächst klar, dass der Zeuge nach dem Grundsatz des fairen Verfahrens einen Anspruch auf Zeugenbeistand durch einen Rechtsanwalt hat. Erst nachdem dies geklärt war, bejahte das Gericht auch eine Verletzung des als Zeugenbeistand von der Vernehmung ausgeschlossenen Rechtsanwalts in seinem Grundrecht aus Art. 12 Abs. 1 GG. Ob in dem Fall tatsächlich der Anwendungsbereich des Art. 12 Abs. 1 GG eröffnet war,[27] mag dahin stehen. In solchen Fällen eine eigene Verletzung eines Grundrechts des Rechtsanwalts anzunehmen, sichert die justizgrundrechtliche Situation des Mandanten zusätzlich ab. Die Annahme wirft aber die Frage auf, warum ein Rechtsanwalt nicht auch durch die willkürliche Verwerfung eines zulässigen Rechtsmittels **selbst** in seinem Grundrecht der Berufsfreiheit verletzt ist, vermag er doch seinen Mandanten nicht mehr in der Rechtsmittelinstanz zu vertreten?

Häberle hat gefordert, dass sich in der Judikatur der Blick auf den verfassungsrechtlichen Gemeinwohlgehalt der Grundrechte stärken müsse.[28] Das Bundesverfassungsgericht stellt im Rahmen seiner die anwaltliche Berufsausübung rechtfertigenden Gemeinwohlprüfung zwar den Bezug zur geordneten Rechtspflege als Gemeinwohlbelang her,[29] entwickelt aber kein justizgrundrechtlich fundiertes

24 § 53a StPO.
25 Henssler/Prütting/*Eylmann*, Bundesrechtsanwaltsordnung, 2. Aufl., München 2004, § 43 a BRAO, Rdnr. 64.
26 BVerfGE 38, 105 ff.
27 Gleichfalls auf Art. 12 GG stützt BVerfG, NJW 2000, 2660 die Verfassungsbeschwerde eines Rechtsanwalts gegen seine Zurückweisung als Zeugenbeistand in einem strafrechtlichen Ermittlungsverfahren.
28 *Häberle*, AöR 95 (1970) 86, 112.
29 Vgl. nur BVerfG, NJW 2007, 979, 980; BVerfGE 113, 29, 49; BVerfGE 108, 150, 160 ff.; jeweils m.w.N.

Modell der Rechtspflegefunktion des Rechtsanwalts aus der Sicht des rechtsuchenden Bürgers. Letztlich ordnet es die Interessen des Mandanten den staatlichen Interessen an einer geordneten Rechtspflege sogar unter. Die Wahrnehmung anwaltlicher Aufgaben setzt aus der Sicht des Bundesverfassungsgerichts zwar den unabhängigen, verschwiegenen und nur den Interessen des eigenen Mandanten verpflichteten Rechtsanwalt voraus. Jedoch stehen diese Eigenschaften nicht zur Disposition der Mandanten. Vielmehr muss sich der Rechtsverkehr, so das Bundesverfassungsgericht, darauf verlassen können, dass der Pflichtenkanon des § 43 a BRAO befolgt wird, damit die angestrebte Chancen- und Waffengleichheit der Bürger untereinander und gegenüber dem Staat gewahrt wird und die Rechtspflege funktionsfähig bleibt.[30]

Hat, so aber ist zu fragen, nicht der rechtsuchende Bürger ein Justizgrundrecht auf angemessene Rechtsberatung, um seinen Zugang zum Recht sicherzustellen? Liegt in diesem Justizgrundrecht nicht ein Gemeinwohlbelang, welcher die Regulierung des Anwaltsberufs rechtfertigt? Ist der Rechtsanwalt zwar kein »staatlich gebundener Beruf«, ermöglicht er aber nicht anderseits erst den Zugang zum Recht für den Bürger? Geht es beim anwaltlichen Berufsrecht nicht weit weniger um Eingriffe des Staates in die Berufsfreiheit des Rechtsanwalts im Sinne des status negativus, als vielmehr um die Freiheitssicherung des rechtsuchenden Bürgers durch den Rechtsanwalt? Freiheit des Menschen durch den Menschen.[31] Bringt der Gesetzgeber nicht mit der anwaltlichen Berufsordnung die kollidierenden Grundrechtspositionen[32] von Rechtsanwälten (Berufsfreiheit) und rechtsuchenden Bürgern im Sinne der praktischen Konkordanz zum Ausgleich?

Die Frage so gestellt, wirft zwei unterschiedliche Problembereiche auf. Zunächst geht es darum zu klären, ob dem rechtsuchenden Bürger im Rahmen seiner Justizgrundrechte ein Zugang nicht nur zum Gericht, sondern auch zum anwaltschaftlichen Rechtsrat und zur Prozessvertretung zusteht. Umfasst also »access to justice« nicht nur access to court, sondern auch access to lawyer? (**III.**) Gibt es ein solches Justizgrundrecht, ist auf der grundrechtsdogmatischen Ebene zu beantworten, wie ein solches Grundrecht mit dem Grundrecht der Berufsfreiheit des Rechtsanwalts in Ausgleich zu bringen ist. Aus dem bipolaren Verhältnis Staat – Rechtsanwalt wäre ein Dreiecksverhältnis geworden.[33] Das Justizgrundrecht des rechtsuchenden Bürgers würde nicht nur dessen Teilhaberecht sichern, sondern zugleich eine Freiheitsbetätigung des Rechtsanwalts, welche dem Justizgrundrecht des rechtsuchenden Bürgers entgegensteht, verhindern.[34] Am Beispiel der anwaltschaftlichen Verschwiegenheitspflicht dargestellt bedeutet dies: Die Veröffentlichung von so genannten »Mandats-Mitteilungen«, in denen eine Kanzlei mitteilt, dass sie die X

30 BVerfGE 108, 150, 161 f.
31 *Suhr*, EuGRZ, 1984, S. 529, 534.
32 Allgemein hierzu *Stern*, Staatsrecht, Bd. III/2, München 1994, § 82.
33 *Wahl/Masing*, JZ 1990, 553, 556; *Stern*, Staatsrecht, Bd. III/2, (Fn. 32), S. 634; *Jarras*, AöR 110 (1985) 363, 382; *Hager*, JZ 1994, 371, 381.
34 *Wahl/Masing*. JZ 1990, 553, 556.

AG beim Stellenabbau im Geschäftsbereich Z betreut, verstößt gegen die anwaltliche Verschwiegenheitspflicht nach § 43a Abs. 2 BRAO. Die Vorschrift dient dem Schutz des Mandanten, schränkt aber zugleich die Werbemöglichkeit und damit die Berufsfreiheit der entsprechenden Kanzlei ein. Die Grundkonstellation entspricht derjenigen, welche den Lüth[35] und Blinkfüer[36] Entscheidungen des Bundesverfassungsgerichts jeweils zugrunde lag. Je nachdem, ob das Gericht dem einstweiligen Verfügungsantrag der X AG stattgibt oder diesen ablehnt, der Rechtsanwaltskanzlei die Veröffentlichung der Mandats-Mitteilung zu untersagen, liegt ein klassischer Eingriff in die Berufsfreiheit der Rechtsanwaltskanzlei vor, oder aber das Grundrecht des Mandanten ist in seiner Schutzfunktion angesprochen.[37] Ob dies zu einer unterschiedlichen verfassungsrechtlichen Prüfungsdichte führt, ist in der verfassungsrechtlichen Literatur bekanntlich umstritten.[38] Im Bereich der Schutzpflichten wird, da es regelmäßig mehrere verschiedene Verhaltsweisen gibt, wie der Gesetzgeber seiner aus den Grundrechten fließenden Schutzpflicht nachkommen kann, ein gegenüber der Eingriffskontrolle deutlich reduzierter verfassungsrechtlicher Kontrollmaßstab angewandt.[39] Das Verfassungsgericht hat nur zu prüfen, ob der Gesetzgeber das Untermaßverbot beachtet hat.[40] Ob dies auch zu gelten hat, wenn sich die Freiheitsgewährung des Einen (rechtsuchender Bürger) zugleich als Freiheitsbegrenzung des Anderen (Rechtsanwalt) darstellt, ist ein allgemeines Problem der Schrankendogmatik[41] und nicht eine Besonderheit des Berufsrecht der Rechtsanwälte.

Allerdings ist noch einmal ausdrücklich zu betonen, dass nicht jede berufsregelnde Maßnahme dem Schutz des Mandanten gegenüber dem Anwalt dient. Berufsregelnde Maßnahmen können sich auch bei einem solchen Verständnis lediglich als Eingriff in die Berufsfreiheit des Anwalts darstellen. Ordnet der Gesetzgeber an, dass mit den Gerichten nur noch auf elektronischem Wege unter Verwendung eines bestimmten Programms zu verkehren ist, stellt dies einen an Art. 12 Abs. 1 GG zu rechtfertigenden Eingriff in die Berufsfreiheit des Anwalts dar. Gleichfalls werden sich auch nach der hier vertretenen Sicht berufsregelnde Maßnahmen sowohl als Eingriff in die Berufsfreiheit des Rechtsanwalts als auch als Verletzung des Justizgrundrechts des rechtsuchenden Bürgers darstellen können.[42]

35 BVerfGE 7, 198 ff.
36 BVerfGE 25, 256 ff.
37 Vgl. *Oeter*, AöR 119 (1994) 529, 536.
38 Vgl. *Oeter*, AöR 119 (1994) 529 ff.; *Epping/Lenz/Leydecker*, Grundrechte, Berlin, 2003, S. 122 ff.; *Hager*, JZ 1994 373, 381 f.; *Canaris*, AcP 184 (1984) 201, 225 ff.
39 *Epping/Lenz/Leydecker*, Grundrechte (Fn. 38), S. 47 f.
40 BVerfGE 111, 176, 183; BVerfGE 109, 190, 247; BVerfGE 98, 265, 343; BVerfGE 96, 409, 411; BVerfGE 88, 203, 254.
41 Vgl. hierzu noch einmal *Wahl/Masing*. JZ 1990, 553; *Hager*, JZ 1994, 373, 381; *Alexy*, Theorie der Grundrechte, Frankfurt am Main, 1986, S. 484 ff.
42 Vgl. BVerfG, NJW 2007, 979, 983: »Das Verbot einer erfolgsbasierten Vergütung beeinträchtigt nicht nur die Vertragsfreiheit der Rechtsanwälte und ihrer Auftraggeber, es führt auch zu nachteiligen Folgen für die Wahrnehmung und Durchsetzung der Rechte des Einzelnen.«

III. Grundrecht des rechtlichen Gehörs

1. Das rechtliche Gehör in der Rechtsprechung des Bundesverfassungsgerichts

Wie stellt sich nun die verfassungsrechtliche Position des rechtsuchenden Bürgers bezogen auf seinen Rechtsschutzanspruch durch den Rechtsanwalt dar? Den Ausgangspunkt für die Beantwortung der Frage muss die richterliche Erkenntnisfindung bilden. Wie kommt der Richter zu seinem Urteilsspruch? In zwei Kammerentscheidungen setzte sich das Bundesverfassungsgericht mit der Entscheidungsfindung der Gerichte in Rechtsfragen auseinander.[43] Das Bundesverfassungsgericht betont darin zwar, dass von der Garantie des rechtlichen Gehörs auch die rechtlichen Erwägungen der Prozessbeteiligten erfasst würden. Zugleich betont das Bundesverfassungsgericht aber, dass im deutschen Recht der Grundsatz »iura novit curia« gelte. Damit sei für die Rechtsauslegung und -anwendung allein das Gericht zuständig, auf den Vortrag der Prozessbeteiligten käme es insoweit nicht an. Der Schutz, den Art. 103 Abs. 1 GG gewähre, reiche aber über dieses prozessrechtliche Rollenverständnis hinaus.

Das Bundesverfassungsgericht zieht nun aus diesem Befund nicht die Konsequenz, eine Revision des prozessrechtlichen Grundsatzes »iura novit curia« zu fordern. Stattdessen greift es im Nachfolgenden auf seine Rechtssprechung zum rechtlichen Gehör zurück. Danach hat das Gericht auf Grund des rechtlichen Gehörs die Pflicht, Ausführungen der Verfahrensbeteiligten zur Kenntnis zu nehmen und bei seiner Entscheidung in Erwägung zu ziehen.[44] Folglich besteht zwischen der zur Kenntnisnahme und Erwägung von Rechtsausführungen und der alleinigen Verantwortlichkeit des erkennenden Gerichts für die Rechtsauslegung und -anwendung aus der Sicht des Bundesverfassungsgerichts kein Gegensatz.

Aber auch, wenn man die Rechtsprechung des Bundesverfassungsgerichts zum rechtlichen Gehör in einem breiteren Umfang in die Betrachtung mit einbezieht, löst sich dieser Widerspruch nicht auf, sondern verstärkt sich noch. Art. 103 Abs. 1 GG gewährleistet, dass sich die Verfahrensbeteiligten zu dem der gerichtlichen Entscheidung zugrunde liegenden Sachverhalt vor deren Erlass äußern können.[45] Allerdings räumt das Bundesverfassungsgericht auch den Äußerungen zu Tatsachenfragen nicht die entscheidende Bedeutung ein: »Die streng durchgeführte Offizial- und Untersuchungsmaxime läßt schon an sich die Bedeutung der Vertretung durch einen Anwalt zurücktreten, zumal in verwaltungsmäßig weitgehend vorgeklärten Fäl-

43 BVerfG, NJW-RR 1993, 383; BVerfG, WuM 1999, 383.
44 BVerfGE 18, 380, 383; BVerfGE 27, 248, 251; BVerfGE 36, 92, 97; BVerfGE 46, 315, 319; BVerfGE 51, 188, 191; BVerfGE 65, 293, 295; BVerfGE 70, 288, 293; BVerfGE 86, 133, 145.
45 BVerfGE 89, 381, 392; BVerfGE 67, 39, 41; BVerfGE 60, 1, 5; BVerfGE 22, 267, 273.

len.«[46] Der Mitwirkung der Parteien bedürfte es für die richtige Ermittlung der Tatsachen folglich zwingend nicht.[47]

Dieses Bild verstärkt sich noch bei den Ausführungen des Bundesverfassungsgerichts zu den Rechtsfragen. Art. 103 Abs. 1 erstreckt zwar das rechtliche Gehör in der Rechtssprechung des Bundesverfassungsgerichts auch auf Rechtsfragen.[48] Geht man aber der näheren Ausgestaltung des rechtlichen Gehörs nach, fallen zwei Dinge auf. Zunächst hat das Bundesverfassungsgericht immer wieder betont, dass rechtliches Gehör nicht ein Recht auf die Ausübung des rechtlichen Gehörs durch einen Anwalt bedeutet.[49] Zum zweiten hat das Bundesverfassungsgericht wiederholt festgestellt, dass Art. 103 Abs. 1 GG kein Rechtsgespräch garantiert.[50] Vielmehr müssten die Parteien grundsätzlich von sich aus alle vertretbaren rechtlichen Gesichtspunkte in Betracht ziehen und in ihrem jeweiligen Vortrag beachten. Allerdings kann es in besonderen Fällen geboten sein, die Parteien auf eine Rechtsauffassung hinzuweisen, welcher das Gericht folgen will, wenn mit diesem rechtlichen Gesichtspunkt auch ein gewissenhafter und kundiger Prozessbeteiligter selbst unter Berücksichtigung der Vielfalt vertretbarer Rechtsauffassungen nicht zu rechnen brauchte.[51]

Die Aufgabe des Anwalts besteht in der Sicht des Bundesverfassungsgerichts darin, zur Findung einer sachgerechten Entscheidung beizutragen, das Gericht – und ebenso Staatsanwaltschaft oder Behörden – vor Fehlentscheidungen zu Lasten seines Mandanten zu bewahren und diesen vor verfassungswidriger Beeinträchtigung oder staatlicher Machtüberschreitung zu sichern.[52]

Um die Funktion des rechtlichen Gehörs aus der Sicht des Bundesverfassungsgerichts näher zu ergründen, bieten sich drei Schlüsselbegriffe, nämlich die Rechtsparömie »**iura novit curia**«, die **Ablehnung des Rechtsgesprächs** und die Ablehnung, aus Art. 103 Abs. 1 GG das Recht auf **rechtliches Gehör durch einen Rechtsanwalt** abzuleiten, an. Zunächst bekennt sich das Bundesverfassungsgericht zu der Rechtsparömie »iura novit curia«. Im römischen Prozessrecht bedeutete der Satz »iura novit curia« lediglich, dass die Parteien nur die Tatsachen zu beweisen brauchen, nicht jedoch die zur Anwendung kommenden Rechtssätze.[53] Diese hatte der Richter zwar von sich aus zu kennen, sie wurden ihm jedoch zum Teil erst durch die Recitatio der Parteien zur Kenntnis gebracht.[54] Die Rechtsparömie »iura novit curia« besagt also lediglich, dass der Richter die

46 BVerfGE 9, 124, 134 f. Hierzu vor allem *Rolf Schneider*, NJW 1977, 873, 875; ders., Der Rechtsanwalt, ein unabhängiges Organ der Rechtspflege, Berlin, 1976, S. 48 ff.
47 In diesem Sinne auch BK-GG/*Rüping*, 2005, Art. 103 Rn. 23.
48 BVerfGE 64, 135, 143; BVerfGE 60, 175, 210; BVerfGE 86, 133, 144.
49 BVerfGE 9, 124, 132; BVerfGE 31, 297, 301, BVerfGE 38, 105, 118; BVerfGE 39, 156, 168; 85, 337, 349.
50 BVerfGE 31, 364, 370; BVerfGE 86, 133, 145; BVerfGE 98, 218, 263.
51 BVerfGE 86, 133, 143 f.
52 BVerfGE 76, 171, 192; BVerfGE 108, 150, 161.
53 *Wenger*, Institutionen des römischen Zivilprozessrechts, München, 1925, S. 289 f.
54 *Weiß*, SavZ (RA) XXXIII (1912), 212 ff.

Gesetze, die er anzuwenden hat, kennen muss, sie müssen – im Gegensatz zum ausländischen Recht, § 293 ZPO – nicht bewiesen werden. Es ist dem Satz jedoch keine Aussage zu entnehmen, wie aus den Gesetzen das anzuwendende Recht herauszulesen ist.
Indem das Bundesverfassungsgericht aber dem Gericht die alleinige Verantwortung für die Rechtsauslegung und -anwendung zuweist, entzieht es die eigentliche Rechtsanwendung einem diskursiven Prozess der Verfahrensbeteiligten.[55] Ein Rechtsgespräch, also ein Streit über das richtige Verständnis der Rechtsnorm, soll nach Art. 103 Abs. 1 GG gerade nicht erforderlich sein. Folglich bedarf es für das rechtliche Gehör auch nicht zwingend eines Anwalts.

2. Der Prozess als semantischer Kampf

Das bereits beschriebene Modell der Amtsprofession des Rechtsanwalts zu Beginn des 19. Jahrhunderts tat sich schwer mit der Rolle des Rechtsanwalts für die Rechtsfindung. Der Rechtsanwalt, so der Wissenschaftshistoriker *Siegrist*, tut über weite Strecken dasselbe, wie die Gerichte. Er beschäftigt sich mit der Erhebung von Tatsachen, der Umformulierung komplexer Sachverhalte in die Rechtssprache und deren rechtlicher Würdigung. Rechtsanwälte galten in diesem Modell als Helfer des Gerichts, ihr Einfluss auf die Rechtsauslegung und Entwicklung des juristischen Wissens sollte gering bleiben.[56] Ihrer Aufgabe entsprach es, den Staat durch die Rechtsanwendung und nicht die Rechtsauslegung bei der Durchführung seiner Gemeinwohlpolitik zu unterstützen.[57]
Die Rolle, die heute den Rechtsanwälten bei der Rechtsfindung zugewiesen wird, spiegelt zum Teil noch diesen Geist. Trefflich formuliert *Rüping*, dass die Beteiligten in den der Entscheidung vorausgehenden Prozess der Rechtsfindung einzubeziehen sind. Ihr Ausschluss, so *Rüping* weiter, ließe sich nur mit der überwundenen Vorstellung rechtfertigen, rechtliche Normen ständen fest, brauchten nur durch den Berufenen angewandt zu werden und seien einer Diskussion durch die Rechtsunterworfenen entzogen.[58] Den hieraus eigentlich zwingenden Schluss, ein in der Verfassung verbürgtes Recht auf ein Rechtsgespräch, zieht er jedoch, wie die h.M., nicht.[59] Das gegen das Rechtsgespräch vorgebrachte Argument, der Richter würde durch das Rechtsgespräch seine notwendige Neutralität nicht wahren und sich unter dem Gesichtspunkt des Vertrauensschutzes selbst binden, widerlegt die h.M. in der Regel spätestens im nächsten Satz bzw. Absatz selbst. So schreibt z.B. *Waldner* wörtlich: »Aus der mangelnden Pflicht zum Rechtsgespräch kann allerdings nicht

55 Hiergegen bereits treffend *Arndt*, NJW 1959, 6, 7.
56 *Siegrist*, Advokat, Bürger und Staat (Fn. 3) S. 63 f.
57 *Siegrist,*(Fn. 2), S. 105.
58 *Rüping*, Der Grundsatz des rechtlichen Gehörs und seine Bedeutung im Strafverfahren, Berlin, 1976, S. 155 f.
59 BK-GG/*Rüping* (Fn. 47), Art. 103 Rn. 67.

geschlossen werden, dass dem Richter ein Rechtsgespräch verboten wäre und er sich, tut er es doch, dem Vorwurf der Befangenheit aussetzen würde.«[60]

Arndt hat demgegenüber bereits treffend darauf hingewiesen, dass Recht nicht da ist, sondern ein immerwährendes Geschehen sei. Recht ist, so *Arndt*, nicht etwas dem Richter Vorgegebenes, dem Richter jederzeit festzustellendes Gewisses. Erst im Verfahren zeitigt sich die Entfaltung der Rechtsfrage, welche eine Rechtserkenntnis ermöglicht.[61] Das Recht wird in der Regel erst in einem kontradiktorischen Verfahren im Streit um das Recht gewonnen.[62] Die Rechtsausführungen der Parteien und die Diskussion der Rechtsfragen in der mündlichen Verhandlung führen zur Rechtsfindung. In diesem Sinne kann man von einer Arbeitsgemeinschaft der Parteien und des Gerichts sprechen.[63]

Methodologisch allerdings hat das Verfahren bislang eine zu geringe Rolle gespielt. *Christensen* weist darauf hin, dass dem Verfahren auch in der Methodik vor allem die dienende Rolle zugewiesen wurde, das bereits vor dem Verfahren in den juristischen Büchern fertig stehende Recht den Parteien didaktisch zu vermitteln.[64] Die semantische Form unserer Gesetze erreicht niemals eine Bestimmtheit, welche dem Richter nur noch die algorithmische Anwendung ermöglichen würde.[65] *Dworkins* Herkules,[66] der auch schwierige Fälle (hard cases) eindeutig lösen könne, wurde zu Recht entgegengehalten, er sei ein »loner«. Das Spannungsverhältnis zwischen der regulativen Leitidee der einen einzigen richtigen Entscheidung auch in hard cases und der Fallibilität der tatsächlichen Entscheidungspraxis ist, wie *Habermas* es fordert, durch das Verfahren, also die Struktur der Argumentationsprozesse, aufzulösen.[67] An die Stelle einer monologischen Beziehung zwischen Richter und Gesetz, so *Christensen/Kudlich*, hat das streitige Verfahren zu treten, in dem Parteien und Richter um die Bedeutung der Worte kämpfen.[68] Um eine gemeinsame Basis für den »Streit um Worte« zu haben, müssen die Parteien des Rechtsstreits ihre »Rechts- Meinung« auf deren Gültigkeit hin zur Überprüfung stellen. Hierin liegt ein notwendiger Schritt der Distanzierung von der eigenen Meinung. Diese Distanzierung bezeichnen *Christensen/Kudlich* als den Übergang vom Meinen zur thetischen Rede.[69] Übertragen auf den Rechtsstreit bedeutet dies, dass erst im konkreten Rechtsstreit das »Gesetz« aus dem Gesetzestext zu produzieren ist. Gesetze so

60 *Waldner*, Der Anspruch auf rechtliches Gehör, 2. Aufl., Köln, 2000, Rn. 214.
61 *Arndt*, NJW 1959, 6, 7.
62 *Arndt*, NJW 1959, 6, 7.
63 Arndt, NJW 1959, 6, 7 mit dem Hinweis auf *Rosenberg*, Lehrbuch des Deutschen Zivilprozessrechts, 5. Aufl., München 1951, S. 271.
64 *Christensen*, Die Paradoxie richterlicher Gesetzesbindung, in *Lerch* (Hrsg.), Die Sprache des Rechts, Bd. 2, Berlin, 2005, S. 1, 77 f.
65 *Habermas*, KJ 1987, 1, 11.
66 *Dworkin*, Bürgerrechte ernstgenommen, Frankfurt am Main, 1990, passim.
67 *Habermas*, Faktizität und Geltung, Frankfurt am Main, 1992, S. 272 ff.
68 *Christensen/Kudlich*, Theorie richterlichen Begründens, Berlin, 2001, S. 55 ff.
69 *Christensen/Kudlich*, (Fn. 68), S. 241 ff.

Christensen, werden in keinerlei Sinn »nur angewendet«. Sie sind immer erst in die entscheidende Norm für den Fall umzuwandeln. Im Prozess versuchen die Parteien das Gesetz für ihre jeweiligen Interessen einzunehmen, den Begriffen des Gesetzes eine entsprechend ihren Interessen strategisch »richtige« semantische Bedeutung zuzuschreiben. Es findet ein Kampf ums Recht im Raum der Sprache statt.[70] Die semantische Wortbedeutung, die der Gegner verwendet, soll diskreditiert werden und die eigene soll sich im Kampf ums Recht behaupten. In diesem Sinne liegt die wichtige Bedeutung des rechtlichen Gehörs darin, den Betroffenen Einfluss auf die Sprache der Urteilsentscheidung zu geben: »Wenn dagegen diese Sprache schon vorher feststeht, haben wir kein Recht vor uns, sondern nur sprachlich verbrämte Gewaltausübung.«[71]

Die Notwendigkeit, sich von der eigenen (Rechts-) Position ein Stück weit zu distanzieren, um sie der Überprüfung im semantischen Kampf um die Bedeutung der Gesetzesworte zuzuführen, erfolgt regelmäßig im gerichtlichen Verfahren. Diese Distanzierung von der eigenen Position, ohne die der Prozess der Argumentation nicht begonnen werden kann, setzt ein Stück innerer Distanz zu Rechtsstreit und Unabhängigkeit voraus. Hierin liegt eine mitentscheidende Funktion der Rechtsanwälte im Rechtsstreit. *Christensen/Kudlich* haben in diesem Zusammenhang auf den lateinischen Wortstamm von Postulationsfähigkeit hingewiesen. Im Prozess tritt das »postulare«, das Behaupten, an die Stelle des bloßen Meinens.[72] Hierin gründet sich auch die notwendige Unabhängigkeit des Rechtsanwalts, als Organ der Rechtspflege, zum eigenen Mandanten.[73] Ein Anwalt, der sich so mit den Interessen des eigenen Mandanten identifiziert, dass er über das bloße »Meinen« nicht hinauskommt, der die professionelle Distanz zu den Belangen der Mandanten verloren hat, vermag dem Mandanten nicht mehr durch die thetische Rede Gehör zu verschaffen.

Aus dem Anspruch auf rechtliches Gehör und dem sich hieraus ergebenden Anspruch auf einen Kampf ums Recht im Raum der Sprache leitet sich folglich der Anspruch ab, rechtliches Gehör durch einen Rechtsanwalt wahrnehmen zu lassen.[74] Eine Unterscheidung zwischen rechtlichem Gehör zu Tatsachenfragen und rechtlichem Gehör zu Rechtsfragen ist selbstverständlich nicht möglich, weil der Tatbestand gerade im Hinblick auf die Rechtsnorm auszuwählen und zu konkretisieren ist.[75]

70 *Christensen*, (Fn. 64), S. 81.
71 *Christensen*, (Fn. 64), S. 91
72 *Christensen/Kudlich*, (Fn. 68), S. 257 f.
73 Vgl. zur Unabhängigkeit gegenüber dem Mandanten, *Gaier*, BRAK-Mitt. 2006, 2, 3 f.
74 Im Ergebnis, wie hier v.Mangoldt/Klein/Starck-*Nolte*, GG, Bd. 3, 5. Aufl., München, 2004, Art. 103 GG, Rn. 67; Maunz/Dürig-*Schmidt-Aßmann*, GG, München, Stand: Nov. 2006, Art. 103 GG, Rn. 103 ff. j.m.w.N.
75 Vgl. nur *Bydlinski*, Juristische Methodenlehre, 2. Aufl., Wien, 1991, S. 417 ff.

3. Konturen einer für das rechtliche Gehör erforderlichen Rechtsdienstleistung

Recht ist nicht etwas von Außen Gegebenes und unabhängig vom Prozess Feststehendes, sondern muss im Prozess in Bezug auf den konkreten Fall stets aufs Neue aus dem Gesetzestext entwickelt werden. Auch in den Fällen, in denen der Gesetzgeber keinen Anwaltszwang vorgeschrieben hat, ergibt sich ein aus Art. 103 Abs. 1 GG ableitbares Justizgrundrecht, sein rechtliches Gehör durch einen Rechtsanwalt wahrnehmen zu lassen. Dieses Grundrecht des rechtsuchenden Bürgers ist – soweit widerstreitende Interessen vorliegen – gegen das Grundrecht der Berufsfreiheit des Rechtsanwalts in Abwägung zu bringen. Dabei kann allerdings das rechtliche Gehör im unterschiedlichen rechtlichen Zusammenhang auch unterschiedlich interpretiert werden. Der Gesetzgeber hat mit § 544 Abs. 7 ZPO dem BGH die Möglichkeit gegeben, im Rahmen der Nichtzulassungsbeschwerde die Berufsentscheidung aufzuheben und zur anderweitigen Sachentscheidung an das Berufungsgericht zurückzuweisen, wenn das Berufungsgericht in entscheidungserheblicher Weise das rechtliche Gehör verletzt hat. Der BGH ist derzeit dabei eine Dogmatik der rechtlichen Gehörsverletzung des § 544 Abs. 7 ZPO zu entwickeln, welche einen großzügigeren Maßstab anlegt als denjenigen, den das Bundesverfassungsgericht an die Verfassungsbeschwerde nach § 90 Abs. 1 BVerfGG hinsichtlich der rechtlichen Gehörsverletzung anlegt. Der hier aus Art. 103 Abs. 1 GG abgeleitete Anspruch des rechtsuchenden Bürgers auf ein durch einen Rechtsanwalt geführtes Rechtsgespräch im gerichtlichen Verfahren, muss selbstverständlich nicht der Kontrolldichte des Bundesverfassungsgerichts im Rahmen der Verfassungsbeschwerde nach § 90 Abs. 1 BVerfGG entsprechen. Eine der Berufsfreiheit des Rechtsanwalts aber entgegenzustellende Grundrechtsposition des rechtsuchenden Bürgers auf rechtliches Gehör durch einen Rechtsanwalt lässt sich damit sehr wohl begründen. So kennt die Bundesrechtsanwaltsordnung zwar grundsätzlich keinen Kontrahierungszwang, § 44 BRAO.[76] Jedoch verpflichtet § 48 BRAO in bestimmten Fällen der Beiordnung den Rechtsanwalt zum Tätigwerden, begründet also einen Kontrahierungszwang. Hierin ist ein Eingriff in die Berufsfreiheit des Rechtsanwalts zu sehen.[77] Seine Rechtfertigung findet dieser im verfassungsrechtlich geschützten Anspruch auf rechtliches Gehör des rechtsuchenden Bürgers und nicht lediglich im Gemeinwohl.[78] In diesem Zusammenhang ist insbesondere auf § 78b ZPO hinzuweisen, der auch außerhalb der Prozesskostenhilfeverfahren die Beiordnung eines Notanwalts vorsieht, wenn die Partei keinen Anwalt findet und die Vertretung geboten ist.

Mehrfach hat das Bundesverfassungsgericht festgestellt, dass der Bürger nicht nur das formelle Recht und die theoretische Möglichkeit hat, die Gerichte anzurufen,

76 Henssler/Prütting/*Eylmann*, (Fn. 25) § 44 BRAO, Rn. 1.
77 OLG Hamm, DB1970, 2317 f.
78 So aber OLG Hamm, DB 1970, 2317, 2318, zustimmend Henssler/Prütting/*Henssler/Schaich* (Fn. 25) § 48 Rn. 4.

sondern auch einen Anspruch auf effektiven Rechtsschutz. Es besteht ein substantieller Anspruch auf eine tatsächlich wirksame gerichtliche Kontrolle.[79] Bislang wurde der Anspruch jedoch nur in Bezug auf die Gerichte ausbuchstabiert. Zum Rechtsschutzanspruch gehört jedoch auch die Möglichkeit, sich der Mitwirkung eines Rechtsanwalts zu bedienen. Die Konturen dieser Seite des Rechtsschutzanspruchs sind erst noch näher zu entwickeln. Folgendes lässt sich aber als Eckpfeiler festhalten:

Unter den Bedingungen des Rechtsstaats und vor Art. 14 GG muss grundsätzlich jede Forderung gerichtlich geltend gemacht werden können. Die überwiegende Meinung erkennt den Grundsatz »de minimis non curat lex« nicht an.[80] Darüber hinaus hat das Bundesverfassungsgericht festgestellt, dass der Zugang zu den Gerichten nicht aufgrund der Kosten scheitern darf. Eine unzumutbare Erschwerung des Zugangs zu Gericht, so das Bundesverfassungsgericht, kann nicht nur vorliegen, wenn das Kostenrisiko die wirtschaftliche Leistungsfähigkeit des Einzelnen übersteigt. Vielmehr kann sich die Beschreitung des Rechtswegs auch dann als praktisch unmöglich darstellen, wenn das Kostenrisiko zu dem mit dem Verfahren angestrebten wirtschaftlichen Erfolg derart außer Verhältnis steht, dass die Anrufung der Gerichte nicht mehr sinnvoll erscheint.[81] Diese Grundsätze sind auch bei der Organisation des Anwaltsmarktes zu beachten, wobei sich hier die Anwaltskosten als Zugangsproblem erweisen können. Dabei geht es nicht nur darum, sozial Schwachen den Zugang zum Recht zu ermöglichen,[82] sondern den Zugang zum Recht auch in den Fällen sicher zu stellen, wo, im Sinne des Bundesverfassungsgerichts, wirtschaftlicher Erfolg und Rechtsverfolgungskosten in keinem angemessenen Verhältnis mehr stehen. Das System der im RVG angelegten Quersubventionierung trägt diesem Anliegen Rechnung. Wer für die Abschaffung des Systems eintritt, weil es ohne Kontrahierungszwang nicht funktionieren würde,[83] muss sagen, wie er ansonsten in diesen Fällen den (wirtschaftlich vertretbaren) Zugang zum Recht sicherstellen will.

Dabei sind aber auch die übrigen »core issus« der anwaltlichen Berufstätigkeit, wie Verschwiegenheitspflicht, Verhinderung der Vertretung widerstreitender Interessen, Unabhängigkeit, zu beachten.

IV. Zusammenfassung

Das Bundesverfassungsgericht beleuchtet die anwaltliche Berufstätigkeit stets aus dem Blickwinkel der Berufsfreiheit des Rechtsanwalts, welche durch Art. 12 GG

79 BVerfGE 35, 263, 274 m.w.N.
80 Vgl. nur *Buß*, NJW 1998, 337.
81 BVerfG, NJW 1997, 311.
82 Hiervon geht offensichtlich ausschließlich die Monopolkommission aus, BT-Dr. 16/2460, S. 399 f.
83 So zuletzt die Monopolkommission, BT-Dr. 16/2460, S. 399 f.

geschützt ist. Soweit durch gesetzliche Regelungen der Berufsordnung in die Berufsfreiheit des Rechtsanwalts eingegriffen wird, werden diese Eingriffe ausschließlich am Gemeinwohl gemessen. Zu kurz kommt dabei, dass es zwischen den Interessen des Rechtsanwalts und den Interessen des Mandanten keinen automatischen Gleichlauf gibt, sondern Interessensgegensätze bestehen können.

Recht muss im Hinblick auf den konkret zu entscheidenden Fall stets aufs Neue aus dem Gesetzestext entwickelt werden. Selbst ein noch so begabter loner wie *Dworkins* Herkules vermag dies nicht zu leisten. Recht entsteht im semantischen Kampf der Parteien mit dem Richter um die Bedeutungshoheit über die vom Gesetz verwendeten Begriffe.

In diesem Kampf ums Recht im Raum der Sprache haben die Parteien einen aus Art. 103 Abs. 1 GG fließenden Anspruch auf Vertretung durch einen Rechtsanwalt. Zum Anspruch auf effektiven Rechtsschutz gehört folglich auch der Anspruch auf effektiven Rechtschutz mit Hilfe eines Rechtsanwalts. Dabei sind die Konturen des Anspruchs auf rechtliches Gehör durch Rechtsdienstleistung erst noch näher zu entwickeln.

Aus verfassungsrechtlicher Sicht findet jedoch die Berufsfreiheit des Rechtsanwalts in diesem Justizgrundrecht des Bürgers seine Grenzen. Die vom Gesetzgeber vorgenommene Grenzziehung zwischen den Freiheitsräumen von Rechtsanwalt und rechtsuchendem Bürger ist vom Bundesverfassungsgericht in den Grenzen überprüfbar, die für vergleichbare Dreiecksverhältnisse auch gelten.

Parlamentsrecht und Verfassungsinterpretation: Wechselwirkungen zwischen Bundestag und Bundesverfassungsgericht

Wolfgang Zeh

Für Hans-Peter Schneider ist die gegenseitige Durchdringung, sind die Feed-back-Schleifen von Verfassungs- und Parlamentsrecht keine Frage. Wie kaum ein anderer hat er die Prozeduren des Parlaments nicht nur »im Lichte« der Verfassung gesehen, sondern sie als konstitutiven Teil und prägendes Element der gesamten Verfassungsordnung des Grundgesetzes verstanden – und sie in diesem Verständnis interpretierend maßgeblich mitgeprägt. In »Parlamentsrecht und Parlamentspraxis«[1] sind nahezu alle organisatorischen Bestimmungen des Grundgesetzes über unsere Regierungsweise in Beziehung gesetzt zur jeweiligen Rolle des Bundestages, sei es als Legitimationsquelle, Kreationsorgan, Normgeber oder Gegenspieler.

Vor diesem Hintergrund erscheint es nur konsequent, wie sehr ihn das problematische Verhältnis von Bundestag und Bundesverfassungsgericht immer wieder beschäftigt, manchmal wohl fast gequält hat. Ungeachtet der zahlreichen und schwierigen Verfahren, in denen er vor dem Bundesverfassungsgericht zu plädieren hatte, brachte Hans-Peter Schneider die Problematik mit einer Rigorosität auf den Punkt[2], die sich von der doch weithin geübten höflich-demutsvollen Haltung angenehm abhebt.

Viel hat es anscheinend nicht genützt – aus Gründen, mit denen sich dieser Beitrag noch beschäftigen wird; ein wenig aber doch. Denn mehr als noch vor einigen Jahren wird gelegentlich Klartext gesprochen oder geschrieben, wenn es um das Verhältnis von Parlament und Verfassungsgericht geht: »Wie kaum ein anderer Akteur hat es« – das BVerfG – »zu einer im internationalen Vergleich einmaligen Entmachtung der deutschen Parlamente in Bund und Ländern beigetragen, da es den gestalterischen Spielraum der Parlamente in wichtigen Fragen auf einen engen Korridor beschränkt hat«[3]. Besonders bemerkenswert erscheint es aber, wenn solcher Klartext von einem Richter des Bundesverfassungsgerichts selbst gesprochen wird:

1 Hans-Peter Schneider/Wolfgang Zeh (Hrsg.), Parlamentsrecht und Parlamentspraxis in der Bundesrepublik Deutschland, Berlin 1989.

2 Acht an der Macht! Das BVerfG als »Reparaturbetrieb« des Parlamentarismus?, NJW 1999, S. 1303.

3 Armin von Bogdandy. Parlamentarismus in Europa: eine Verfalls- oder Erfolgsgeschichte?, AöR 130 (2005), 445 ff.

»Binnenrecht des Parlaments . . . hat die anderen Staatsorgane nicht zu interessieren . . . Es ist nicht von anderen obersten Staatsorganen abhängig, sondern allein vom Wähler . . . Schon dieser Befund verbietet es, das Parlament bei der Organisation seines Binnenbereiches umfassender verfassungsgerichtlicher Kontrolle zu unterwerfen . . . Es geht nicht, dass das Bundesverfassungsgericht nach seinem eigenen Entwurf den Anzug für das Parlament schneidert«[4].

1. Die richtungsweisende Entscheidung

Das war zum »Diätenurteil«[5] und zu einigen daran anknüpfenden Äußerungen innerhalb und außerhalb des Gerichts unter dem Stichwort Entscheidungen des Parlaments »in eigener Sache« gesprochen. Es trifft aber ebenso oder noch besser auf nicht wenige seither ergangene Entscheidungen zu, in denen vom Gericht am Anzug des Parlaments geschneidert worden ist – und nicht etwa, um offensichtliche peinliche Risse zu flicken, sondern um ihn gewissen modischen Bedürfnissen besser anzupassen. Bevor das an einigen Beispielen verdeutlicht wird, ist aber auf einen Effekt des »Diätenurteils« aufmerksam zu machen, der sich gleichsam als Vorgabe für spätere Wechselwirkungen zwischen Karlsruher Judikaten und Bonner – später Berliner – Reaktionen erwiesen hat.
Es wurde nämlich im Rahmen der ohnehin bereits eingerichteten parlamentarischen Kommission zur Reform der Abgeordnetenentschädigung – es ging zunächst vor allem um die Beendigung der Steuerfreiheit – das neue Urteil wie ein Arbeits- und Umsetzungsauftrag behandelt. Bekanntlich war Gegenstand des »Diätenurteils« eine Regelung des Abgeordnetengesetzes des Saarlands. Nachdem aber in Bonn bereits intensiv an diesem Thema gearbeitet wurde, war der politische Zeitpunkt für ein kraftvolles und wirkungsvolles Diktum äußerst günstig. Dieses bedenkend oder befürchtend sah sich der Bundestag genötigt, der Aufforderung aus Karlsruhe zu folgen und sehr dezidierte Fragen zu Stellung und Arbeit seiner Mitglieder ausführlich zu beantworten, statt es etwa mit dem Hinweis bewenden zu lassen, das Verfahren betreffe den Landtag eines der kleinsten deutschen Bundesländer und es könne dafür aus den für das nationale Parlament geltenden Bedingungen verfassungsrechtlich nichts abgeleitet werden. So hatte der Bundestag dazu beigetragen, eine Ausweitung des Verfahrensgegenstandes zu rechtfertigen und Aussagen im Urteil inhaltlich auf Angaben seiner eigenen Vertreter zu stützen.
Schon dieses Verhalten – es schien unhöflich, wenn nicht sogar riskant, sich gegenüber dem Gericht nicht oder nur lakonisch zu äußern – gibt einen Hinweis

4 Siegfried Broß, Kontrolle des Parlamentes bei Entscheidungen in eigener Sache durch das Bundesverfassungsgericht, Vortrag vor der Deutschen Gesellschaft für Gesetzgebung, 21. März 2000, Hamburg (unveröffentlichtes Manuskript).
5 BVerfGE 40, 296.

auf die Situation nach Vorliegen des Urteils. Es wurde nunmehr innerhalb und außerhalb der Diätenkommission sorgfältig analysiert. Diese sorgfältige Analyse wurde wesentlich durch Beamte der Ministerial- und Parlamentsverwaltungen gespeist. Das bewirkte einen Effekt, der in größerem Zusammenhang als »Vorwirkung« der Entscheidungen des Bundesverfassungsgerichts auf die Gesetzgebung beschrieben worden ist[6]: Die Urteile werden nach jeder Richtung auf mögliche Vorgaben abgeklopft, die bei einem neuerlichen gesetzgeberischen Regelungsvorhaben auf dem betreffenden Gebiet zu beachten sein könnten. Im Falle des Diätenurteils wurden alle in Betracht kommenden Formulierungen der Begründung in einer Weise interpretiert, die jeweils den einschränkenden, den Bundestag bindenden Lesarten den Vorzug gab. Jeder Gedanke, in dem zu beschließenden neuen Abgeordnetengesetz etwa Regelungen vorzusehen, die auch nur von Ferne denen des saarländischen Gesetzes ähneln könnten, erstickte alsbald an schweren Bedenken bezüglich ihrer Angreifbarkeit im Hinblick auf bestimmte Wendungen in der Urteilsbegründung.
Dass diese »Vorsicht« von den politischen Akteuren widerstandslos akzeptiert wurde und aus ihrer Sicht werden musste, ja dass überhaupt politische»Vorsicht« eine Rolle spielen soll bei der Interpretation von verfassungsgerichtlichen Entscheidungen, verweist auf Elemente in den Beziehungen von Parlament und Gericht, die nicht in diesen Beziehungen selbst ihre Ursache haben, sondern in den jeweiligen Beziehungen dieser Verfassungsorgane zu dritten Kräften. Darauf wird näher eingegangen, nachdem einige Verfahren mit unmittelbarem Parlamentsbezug beispielhaft betrachtet worden sind.

2. Entscheidungen des Bundesverfassungsgerichts zum Binnenrecht des Bundestages

Im Folgenden werden einige Entscheidungen kurz beleuchtet, die dem Bundestag dezidierte Anweisungen darüber geben, wie er Geschäftsordnungsfragen zu regeln habe, die zwischen seinen Mitgliedern streitig geworden sind. Dabei wird es interessant sein zu beobachten, wie die in Betracht kommenden Normen jeweils interpretiert und besonders auch, welche jeweils als auslegungsbestimmend herangezogen wurden. Eine Rolle hat dabei auch zu spielen, ob und welche Vorverständnisse und grundlegende Annahmen, etwa über die Rechtsstellung des Abgeordneten oder über die Aufgaben des Parlaments, interpretationsleitend fassbar werden.

6 Christine Landfried, Bundesverfassungsgericht und Gesetzgeber, Baden-Baden 1984, passim; Christoph Gusy, Das Parlament als Wahlorgan, Gesetzgeber und Prozeßpartei im Verhältnis zum Bundesverfassungsgericht, in: Schneider/Zeh (Hrsg.), Parlamentsrecht und Parlamentspraxis, S. 1619 ff., 1653.

2.1 Das »Wüppesahl«-Urteil

In der Entscheidung[7], die sich mit den parlamentarischen Befugnissen eines keiner Fraktion angehörenden Abgeordneten beschäftigt – der Abgeordnete W. war aus der seinen ausgeschlossen worden, nachdem er seinerseits aus der entsprechenden Partei ausgetreten war –, finden sich zunächst allgemeine Aussagen zur Stellung von Bundestag, Fraktionen und Abgeordneten, die wenig kontrovers erscheinen, allerdings auch wenig beitragen zu demjenigen Punkt des Streitgegenstandes, in welchem das Gericht dem Antragsteller Recht gegeben hat, nämlich dem Anspruch, Mitglied in einem Ausschuß des Bundestages zu sein[8]. Um zu diesem Ergebnis kommen zu können, benötigte das Gericht einige nicht mehr allgemeine, sondern sehr spezifische Aussagen normativer wie auch empirischer Art. Zunächst wird kurz geschildert, wie der Bundestag seine Entscheidungen durch Ausschüsse vorbereitet; es entspreche dies parlamentarischer »Tradition« in Deutschland (wenn es nur das wäre, könnte der Bundestag es unter Umständen anders machen, es handelt sich vielmehr um eine unvermeidliche Folge gesellschaftlicher Differenzierung und entsprechender Spezialisierung der ausgeweiteten Staats- und Gesetzgebungstätigkeit). Damit aber, so das Urteil, seien die Ausschüsse in die »Repräsentation des Volkes« durch das Parlament »einbezogen«. Was immer »einbeziehen« bedeuten mag: Mit dieser Feststellung wäre konzediert, dass das Parlament selbst durch seine Geschäftsordnungsvorschriften – hier bezüglich der Ausschußarbeit – Begriff und Inhalt der Repräsentation bestimmen kann. Das meint das BVerfG jedoch ausweislich seiner anderen Aussagen zum Verhältnis von Verfassungs- und Binnenrecht gerade nicht. Es benötigt vielmehr diese Aussage nur, um folgendes zu dekretieren: »Deshalb (!) muß grundsätzlich jeder Ausschuß ein verkleinertes Abbild des Plenums sein und in seiner Zusammensetzung die Zusammensetzung des Plenums widerspiegeln«. Nun macht der Bundestag das zwar so, weshalb diese Feststellung empirisch unproblematisch wäre; aber normativ? Sollte der Bundestag wirklich seine Ausschüsse nicht anders zusammensetzen können, wie das in vielen bewährten Demokratien geschieht, beispielsweise wesentlich kleiner als derzeit, oder als reine Fachgruppen aus den in der jeweiligen Materie am längsten schon tätigen Abgeordneten? Das könnte unzweckmäßig sein, weil das schließlich entscheidende Plenum die vorbereitete Sacharbeit unter Umständen verwerfen muß, wenn die empfohlene Lösung politisch nicht mehrheitsfähig ist (einige Parlamente nehmen das indessen in Kauf). Obwohl das BVerfG erkennt, dass die Ausschüsse im Bundestag nichts entscheiden, sondern nur Beschlußempfehlungen erarbeiten, die freilich mehrheitsfähige »Entscheidungsgrundlagen« darstellen sollen, folgert es aus

7 BVerfG 80, 188.

8 Vgl. den Tenor der Entscheidung. »Der Deutsche Bundestag verletzt die Rechte des Antragstellers aus Artikel 38 Absatz 1 Satz 2 Grundgesetz dadurch, dass er ihm keine Möglichkeit eingeräumt hat, in einem Ausschuß als Mitglied mit Rede- und Antragsrecht mitzuwirken. Im übrigen werden die Anträge zurückgewiesen.«

dieser pragmatischen Erwägung eine verfassungsrechtliche Pflicht des Bundestages zu einer bestimmten Ausschußorganisation – widrigenfalls die »Repräsentation des Volkes« Schaden nimmt.
Der Bundestag hat das diskussionslos hingenommen, natürlich vor allem deshalb, weil er es ohnehin so macht, und hat dem Abgeordneten W. sowie allen späteren fraktionslosen Abgeordneten einen Ausschußsitz eingeräumt; freilich nur »beratend«, also ohne Stimmrecht – welches sich auf die vom Ausschuß vorzulegende Beschlußempfehlung bezieht –, wie vom Gericht vorgegeben, welches sich damit im Widerspruch zu seiner Repräsentations-Argumentation bewegt. Denn diese hätte zur Ausschußmitgliedschaft inklusive Stimmrecht führen müssen, wenn denn die Ausschußarbeit Teil der Repräsentation des Volkes wäre und diese vom »Prinzip der Beteiligung aller Abgeordneten an den Aufgaben des Parlaments« lebt (so auch Leitsatz 2. c) letzter Satz). Die mit diesem Urteil begonnene Rechtsprechung zur »Spiegelbildlichkeit« der Ausschüsse ist in weiteren Entscheidungen perfektioniert worden und hat in einem späteren Verfahren das BVerfG selbst in beträchtliche Argumentationsverlegenheiten geführt.

2.2 Das erste PDS-Urteil

Der Grundsatz der »Spiegelbildlichkeit« taucht zwei Jahre später wieder auf in einem Urteil im Organstreit der Gruppe PDS/Linke Liste um Anerkennung als Fraktion oder ihre geschäftsordnungsrechtlichen Befugnisse als Gruppe. Das Begehren der Antragstellerin, ihr den Fraktionsstatus einzuräumen, wurde vom Gericht unter Hinweis auf die Geschäftsordnungsautonomie und die seit langem geltende Fraktionsmindeststärke (§ 10 Abs.1 GOBT), welche von der Mitgliederzahl der PDS nicht erreicht worden war, zwar zurückgewiesen. Aber der Gruppenstatus, den der Bundestag der PDS gemäß § 1o Abs.4 GOBT eingeräumt und mit zahlreichen geschäftsordnungsrechtlichen Befugnissen ausgestattet hatte, mittels derer dieser Status zu einer Art schwächeren Fraktionsstatus – wegen der an sich nicht ausreichenden Mitgliederzahl – konkretisiert war, genügte dem Gericht zwar in den meisten Punkten, aber doch nicht ganz.
Es ging erneut um die Mitwirkungsrechte in den Ausschüssen. Der Bundestag hatte beschlossen, dass den Gruppenvertetern der PDS in allen Fachausschüssen nicht nur Rede- und Antragsrecht (wie seinerzeit dem fraktionslosen Abgeordneten W.), sondern auch Stimmrecht zustehe. Damit war der Bundestag aus politischen und arbeitspraktischen Gründen über das hinausgegangen, was er fraktionslosen Abgeordneten – als welche man die PDS-Vertreter schließlich auch hätte auffassen können – sonst zugesteht. Das Urteil konsumiert gleichsam dieses Zugeständnis umstandslos, indem es diese Tatsache im Anschluß an die erneute Forderung feststellt, die »Mitgliedschaft« in den Fachausschüssen beruhe auf dem Prinzip gleicher Mitwirkungsbefugnis; im »Wüppesahl«-Urteil war dem noch durch Mitgliedschaft ohne Stimmrecht Genüge getan. Was dem BVerfG dennoch fehlte, war das Zuge-

ständnis, dass die PDS-Vertreter in die Ausschüsse nicht nur jeweils ein Mitglied und einen Stellvertreter sollten entsenden dürfen, sondern so viele, wie sich aus der Mitgliederzahl dieser Gruppe gemäß dem nach der Stärke der Fraktionen gebildeten Besetzungsschlüssel ergeben würden. Der Gruppenstatus sollte also insoweit sich nicht vom Fraktionsstatus unterscheiden.
Zu dieser Forderung gelangte das Gericht mittels eines Zirkelschlusses: Es sei nach § 12 Satz 1 möglich, dass auch eine Fraktion mit nur einem Mitglied in einem Ausschuß vertreten sei (das ist zutreffend, wenn eben die Größe dieser Fraktion gemäß dem auf die Sitzzahl des Ausschusses angewandten Verteilungsschlüssel nur einen Sitz auswirft); in diesem Falle bilde die betreffende Fraktion »also« mit nur einem Mitglied eine »Fraktion im Ausschuß«; es bestehe »kein Grund«, danach zu unterscheiden, ob das Mitglied von einer Fraktion oder von einer Gruppe in den Ausschuß entsandt ist. Aus dem Umstand, dass auch eine (kleine) Fraktion nur einen Ausschußsitz haben kann, folgert das Gericht also, eine Nicht-Fraktion, die Gruppe, müsse mehr als einen Sitz erhalten, wenn sie größer ist als diese kleine Fraktion. Diese Folgerung gelingt freilich nur, weil zuvor behauptet wird, für eine Differenzierung zwischen Fraktion und Gruppe bestehe »kein Grund« – eine Differenzierung, die das Urteil jedoch im übrigen anerkennt, nur für diesen speziellen Kontext mit Hilfe des nicht rechtlichen, sondern pragmatischen Begriffs »Fraktion im Ausschuß« ausblendet. Daß der Bundestag aufgrund seiner Geschäftsordnungsautonomie ohne Verfassungsverstoß den Status der »Gruppe im Ausschuß« – um in dieser Terminologie zu bleiben – festsetzen könnte, mochte das Gericht wohl nicht in Betracht ziehen. Die Auslegung ist das Ergebnis ihres Ergebnisses[9]. Es drängt sich die Vermutung auf, dass der in Leitsatz 3. dieses Urteils übernommene Begriff der »Spiegelbildlichkeit« der Zusammensetzung von Plenum und Ausschüssen bestätigt und stabilisiert werden sollte.

2.3 Das zweite PDS-Urteil

In einem 1997 durch Beschluß abgeschlossenen weiteren Organstreit hatte die PDS, wieder als Gruppe im Bundestag vertreten, weitere Verbesserungen ihres Status erstrebt[10]. Dies ist im wesentlichen misslungen. Die Entscheidung ist aber interessant im Hinblick auf einen Kontrast zur verfassungsrechtlichen Argumentation im ersten PDS-Urteil, weshalb sie kurz herangezogen wird.
Dieses frühere Urteil postuliert sehr nachdrücklich ein Prinzip gleicher Mitwirkungbefugnisse aller Abgeordneten, soweit es um diejenigen Befugnisse geht, durch die oder in denen sich die Repräsentation des Volkes verwirklicht. Das BVerfG zählt in jener Entscheidung hierzu auch die nichtöffentliche Ausschußarbeit und leitet

9 Josef Esser, Vorverständnis und Methodenwahl in der Rechtsfindung, 2. Aufl. Frankfurt/M. 1972, S. 32, 135 (Zitat von Radbruch).
10 BVerfGE 96, 264.

davon die erwähnten Vorgaben für die Geschäftsordnung ab. Erst recht, so würde man danach erwarten, hätte diese Gleichheit im Repräsentationsprozeß dort zu gelten, wo es um gleichsam genuine, seit jeher dem Parlamentsmandat inhärente Befugnisse geht. Zu diesen zählt angesichts des grundgesetzlichen Gebots der öffentlichen Verhandlung (Art. 42 Abs.1) das Rederecht in der Plenardebatte. Die dort gegebene, weit über den Saal hinausreichende, über die regelmäßige Medienvermittlung nationenweite Öffentlichkeit erscheint besonders nahe am Kern der Repräsentation, in welcher ein Abwesendes – das Volk in seinen politischen Interessen, Meinungen, Erwartungen – durch seine Vertreter gegenwärtig gemacht wird. Sehr mit Recht wird die parlamentarische Öffentlichkeit im ersten PDS-Urteil als wesentliches Element des demokratischen Parlamentarismus bezeichnet.
Dennoch hat die zweite Entscheidung zum Gruppenstatus der PDS dieser eine Gleichstellung mit den Fraktionen gerade im plenaren Rederecht nicht zugebilligt – mit dem Argument, letztere seien mitgliederstärker. In der nicht öffentlichen, nur vorbereitenden Ausschußarbeit gilt es demnach, eine genaue »Spiegelbildlichkeit«, gemessen an der Mitgliederstärke – gleich ob Fraktion oder Gruppe – geschäftsordnungsrechtlich zu garantieren, während in der öffentlichen Plenardebatte die Gruppe nicht verlangen kann, bei der Anwendung des § 35 Abs.2 GOBT – es geht dort um die Auseinandersetzung mit Redebeiträgen der Regierung – mit den mitgliederstärkeren Fraktionen gleichgestellt zu werden. Sicherlich war dem Bundestag dieses Ergebnis willkommen, und es ist unter dem Aspekt der Parlamentsautonomie gemäß Art. 40 GG auch nicht zu kritisieren. Fragwürdig ist lediglich, nach welchen verfassungsrechtlichen oder interpretatorischen Maßstäben die Repräsentationsargumentation die Parlamentsautonomie einmal verdrängt, ein andermal nicht. Diese Frage beschäftigt übrigens bei der Lektüre beider PDS-Entscheidungen fortwährend. Es wird in ihnen mit einer – sicherlich gut gemeinten – Genauigkeit in alle Details der Geschäftsordnungsbeschlüsse zum Gruppenstatus eingetreten, durchaus verbunden auch mit dem Bemühen um Nachvollzug parlamentspolitischer und tagespraktischer Erwägungen und Bedürfnisse des Bundestages, die doch Zweifel daran aufkommen lässt, dass die jeweils ausgedrückte Beachtung der Geschäftsordnungsautonomie des Bundestages wirklich eine auslegungsprägende Rolle gespielt hat. Jedenfalls fehlt es auffallend an einer der jeweiligen Detailbearbeitung vorgeschalteten Aussage dazu, ob und gegebenenfalls warum der betreffende Punkt einer selbständigen Regelung durch das Parlament nicht offen steht.

2.4 Das Vermittlungausschuß-Urteil

Besonders prekär wurde die »Spiegelbildlichkeit« von Ausschüssen und Plenum nach Maßgabe des Stärkeverhältnisses der Fraktionen in einem Fall, in welchem alle bisher bekannten Reduzierungsschlüssel – der Rechtsprechung des BVerfG gemäß müsste man sie vielleicht Verkleinerungsspiegel nennen – darin versagten, sowohl die relative Stärke der Fraktionen als auch das im parlamentarischen Regierungssystem konstitutive Mehrheitsverhältnis zwischen Regierung und Opposition widerzuspiegeln. Der Fall trat ein, als nach der sehr knapp ausgegangenen Bundestagswahl vom 22. September 2002 die 16 Sitze umfassende Bundestagsbank in dem gemeinsam mit dem Bundesrat zu bildenden Vermittlungausschuß (Art. 77 Abs.2 GG) zu besetzen war.

Der Bundestag hatte, nachdem alle im Bundestag angewandten Berechnungsverfahren ein Patt zwischen Koalition und Opposition ergaben (8 : 8), ein Verfahren beschlossen, welches nicht etwa eine schlichte Sonderbestimmung für den Vermittlungsausschuß darstellen sollte; das glaubte er nämlich nicht wagen zu können angesichts von Maßgaben in den PDS-Urteilen des BVerfG, denen zufolge es nicht erlaubt sei, von dem jeweils generell für die Wahlperiode beschlossenen Berechnungsmodus für die Ausschußsitze bei der Besetzung eines einzelnen Gremiums abzuweichen. Es wurde deshalb eine Prozedur ersonnen, die auf kunstvolle Weise dem verfassungsgerichtlichen Gebot der übereinstimmenden Anwendung auf alle Gremien Rechnung trug: Ausschüsse und Gremien seien nach dem (im Bundestag seit längerem üblichen) Verfahren St. Lague/Schepers zu besetzen; führe dies nicht zur Wiedergabe der parlamentarischen Mehrheit, werde auf das Verfahren d'Hondt (welches die Eigenschaft hat, größere Grundgesamtheiten – hier Fraktionen – gegenüber kleineren bei der Abbildung zu bevorzugen) zurückgegriffen; werde auch dadurch die Mehrheit nicht abgebildet, sei wiederum St.Lague/Schepers anzuwenden auf die nunmehr um eins verminderte Sitzzahl des Ausschusses, um schließlich den im mathematischen Verfahren nicht einbezogenen Sitz der stärksten Fraktion zuzuweisen. Die nach diesem Modus gewählten Mitglieder der Bundestagsbank des Vermittlungsausschusses bestanden aus 8 SPD-Vertretern, 6 von der CDU/CSU und je einem aus FDP und GRÜNEN. Die Koalitionsmehrheit war abgebildet, aber die Differenz von 8 zu 6 Sitzen erschien der CDU/CSU angesichts des geringen Unterschieds der gesamten Bundestagsmandate (SPD 251, CDU/CSU 248) nicht proportional, weshalb sie im Wege der Organklage gegen den Bundestagsbeschluß vorging. Politischer »Knackpunkt« des Streits war der Umstand, dass die von der Union begehrte Ausschußbesetzung (7:7:1:1) ihr aufgrund der Sitzverteilung auf der Bank des Bundesrates eine Verfahrensmehrheit im Vermittlungausschuß verschafft haben würde.

Angesichts des mit mathematischen Zuteilungsverfahren – die gegenüber »politischen« Prozeduren »objektiv« erscheinen – nicht auflösbaren Konflikts zwischen Mehrheitsprinzip und »Spiegelbildlichkeit« war nun ein »schonender Ausgleich« gefragt, der beide Prinzipien zugleich möglichst weitgehend berücksichtigen würde. Die Mehrheit des zweiten Senats des BVerfG versuchte dies ausweislich der Urteilsgründe auf einem Kurs, der einerseits die »Spiegelbildlichkeits«-Rechtsprechung trotz ihrer am Streitfall offenkundig gewordenen Hypertrophie nochmals rechtfertigen sollte und andererseits den Eindruck zu vermeiden hatte, das Gericht sei womöglich dabei, sich von dem für das Regierungssystem nach dem GG unabdingbaren Prinzip der regierungstragenden Parlamentsmehrheit zu verabschieden.

Dem dient eine erneute Ableitung der »Spiegelbildlichkeit« von der Befugnisgleichheit aller Abgeordneten, diesmal allerdings verstärkt durch eine ausdrückliche Rückkoppelung zur Wahlrechtsgleichheit, gefolgt von Ausführungen über die strukturbildende Bedeutung der Fraktionen und gipfelnd in der Feststellung, der Grundsatz der »Spiegelbildlichkeit« gelte »nicht uneingeschränkt«. Weil damit für den Konfliktausgleich noch nichts gewonnen ist, wird nunmehr die besondere Stellung und Arbeitsweise des Vermittlungsausschusses ins Auge gefasst und damit die Feststellung begründet, diese forderten »keine zwingende Ausrichtung der Besetzung des Ausschusses am Mehrheitsprinzip in einem Umfang, dass der Grundsatz der Spiegelbildlichkeit im Zweifel zu weichen hätte«. Merkwürdigerweise hebt die Begründung unter anderem darauf ab, dass der Bundesrat darauf »verzichte«, in abgeleiteten Gremien eine Stimmgewichtung vorzunehmen – als ob die staatsrechtliche Natur der Länderkammer irgendwie geeignet sein könnte, für parlamentarische Verfahren im Bundestag Vorbilder oder Vorgaben bereitzustellen.
Damit allein wäre der »schonende Ausgleich« jedoch wieder verfehlt; daher stellt die Begründung in einer erneuten Wendung klar, die besondere Stellung des Vermittlungsausschusses mache ihn, den Ausgleich, nicht entbehrlich. Vielmehr habe der Bundestag seinen Beschluß über die Besetzung so zu fassen, dass auch bei einer Abbildung der Kanzlermehrheit die Besetzung nach dem Stärkeverhältnis der Fraktionen »so weit wie möglich gewahrt« werde. Nach dieser Formulierung ist es also doch zulässig, auf der Bundestagsbank des Vermittlungsausschusses die Kanzlermehrheit abzubilden und die »Spiegelbildlichkeit« nur so weit wie möglich zu verwirklichen. Offenkundig tritt der Ausgleich noch immer auf der Stelle. Deshalb ist die hier folgende Konklusio korrekt, weil unvermeidlich: »Diesen verfassungsrechtlichen Anforderungen ist der angegriffene Beschluß noch gerecht geworden«.
Statt es aber nun des grausamen Spiels genug sein zu lassen, fährt die Begründung mit der Feststellung fort, der – soeben als noch ausreichend bewertete – Beschluß weiche nicht unerheblich von »Grundsätzen der Spiegelbildlichkeit« ab (der hier plötzlich benutzte Plural scheint einen Beigeschmack von Relativierung mitzuführen), und kommt zu dem Ergebnis, der Beschluß gebe die politischen Kräfteverhältnisse im Bundestag »nicht mehr in einem noch akzeptablen Umfang« wieder. Indessen wird alsbald wiederholt, solches könne »dem Grunde nach jedoch durch das Mehrheitsprinzip« gerechtfertigt sein. Wer jetzt nicht aufgibt, erkennt bei weiterer Lektüre den Grund für diese argumentativen Manöver: Weil dem Gericht auch keine Lösung oder Formel für den geforderten schonenden Ausgleich einfällt, muß es zugeben, dass der Bundestag es ebenso schwer hatte und daher in der Kürze der im Hinblick auf seine Handlungsfähigkeit zur Verfügung stehenden Zeit berechtigt war, so zu verfahren – aber nur seinerzeit, im Zeitraum der Entscheidungsfindung. Er sei nunmehr aber verpflichtet, »unverzüglich« einen neuen Beschluß zu fassen, der auch in einer Änderung der GOBT bestehen könne – freilich nur auf dem Pfad der vom Gericht formulierten Vorgaben. Im Ergebnis ist also der angegriffene

Beschluß verfassungsrechtlich doch nicht tragbar, auch nicht »noch« gerechtfertigt, wie zuvor konzediert, sondern er war es gewissermaßen nur auflösend bedingt durch den Zeitbedarf wegen der schwierigen Umstände.
Vielleicht könnte man dem Gericht dankbar sein dafür, dass es nicht auch noch versucht hat, dem Bundestag eine Berechnungsformel für die »schonende« Ausschußbesetzung oder eine neue Geschäftsordnungsvorschrift vorzugeben. Doch dieser Dank wäre unverdient. Denn genau dieses Urteil zeigt im Tenor wie im Schleuderkurs der Begründung, wohin es führt, wenn das BVerfG sich an die Stelle der parlamentarischen Akteure zu setzen versucht. Das zweite der beiden Sondervoten[11] bringt es auf den Punkt: »Die Senatsmehrheit verkürzt die Reichweite der autonomen Entscheidungsbefugnis des Bundestages in Angelegenheiten der Geschäftsordnung und unterwirft sie einer zu weit gehenden Inhaltskontrolle durch das Bundesverfassungsgericht.« Das Gericht hat sich selbst in seine unübersehbaren Argumentationsnöte geführt, ohne verfassungsrechtlich dazu gehalten zu sein und auch ohne dem parlamentarischen Verfahrensrecht etwas Weiterführendes gegeben zu haben.
Dem könnte entgegengehalten werden, es sei der Bundestag selbst gewesen, der mit seinem kunstreichen Beschluß das neuerliche Eindringen des BVerfG in seine Ausschußorganisation ausgelöst habe. Das ist jedoch nur bedingt zutreffend. Es mag sein, dass die Zweckhaftigkeit des Beschlusses hinter seiner formal vorgeführten Tauglichkeit für die gesamte Gremienbesetzung etwas Provozierendes hat. Aber dafür ist das BVerfG ebenfalls mitverantwortlich; durch dessen bis dahin ergangene Entscheidungen zur Ausschußbesetzung glaubte der Bundestag so gebunden zu sein, dass ein spezielles Verfahren zur Besetzung der Bundestagsbank im Vermittlungsausschuß in Karlsruhe gegebenenfalls verworfen würde, wenn es nicht der Vorgabe genügte, generell für die Gremienbesetzung während der Wahlperiode geeignet zu sein. Entsprechendes galt in der Vorstellung des Bundestages auch oder erst recht für eine gezielte Änderung der GOBT selbst. Freilich lässt sich fragen, und dies auch seitens von Richtern des Bundesverfassungsgerichts[12], weshalb der Bundestag eigentlich sein Gesetzgebungs- und politisches Gestaltungsrecht in einem so vollständigen, vorauseilenden und jedes obiter dictum überinterpretierenden Gehorsam anpasst, statt die Entscheidungen so geräumig wie möglich auszulegen und auch einmal an die Grenze des verfassungsrechtlich anscheinend Hinnehmbaren zu

11 So die Abweichende Meinung der Richter Osterloh und Gerhard; überraschend wirkt an diesem Sondervotum, dass die Richterin und der Richter nach so klaren Aussagen wie der hier zitierten zur Abgrenzung von Parlamentsautonomie und verfassungsgerichtlicher Kontrollierbarkeit dann doch – »insoweit übereinstimmend mit der Senatsmehrheit« – den Bundestag verpflichtet sehen, erneut über das Zählsystem zu beschließen; vgl. die weitere Abweichende Meinung der Richterin Lübbe-Wolff, die den Bundestag freispricht, weil der geforderte Ausgleich zwischen zwei Prinzipien schonender nicht möglich sei als durch die von ihm gewählte Methode.

12 Das wurde mehrfach vorgebracht bei informellen Begegnungen, die in unregelmäßigen Abständen Richter des Bundesverfassungsgerichts mit Mitgliedern des Bundestages aus Präsidium und Fraktionsvorständen zusammenführten.

gehen.Dieser Frage wird sogleich nachgegangen, nachdem noch eine weitere Entscheidung herangezogen wurde.

2.5 Das Auflösungsurteil

Die Entscheidung im Organstreit um die Auflösung des Bundestages mit Anberaumung von Neuwahlen[13] hatte prozessual nicht ein Handeln oder Unterlassen des Bundestages zum Gegenstand, sondern eines des Bundespräsidenten. Gleichwohl steht das Parlament im Mittelpunkt des Vorgangs selbst wie auch des Organstreits und des Urteils, und auch in diesem Verfahren stellen sich Fragen nach der verfassungsgerichtlichen Nachprüfbarkeit von Entscheidungen des Bundestages wie von politischen Verhaltensweisen seiner Mitglieder.
Ablauf und Ergebnis des Verfahrens sind weithin bekannt und brauchen hier nicht im Einzelnen referiert zu werden. Es kommt für unseren Zusammenhang nur auf solche verfassungsrechtlichen und verfassungsgerichtlichen Erwägungen an, die mit dem Verhältnis von Parlament und Verfassungsgericht und mit der Rolle des Parlamentsrechts im Verfassungsverständnis des BVerfG zusammenhängen.
Wichtigster Einstiegspunkt für solche Erwägungen war in diesem Verfahren der Umgang mit der hier maßgeblichen Norm des Art. 68 GG, der sogenannten Vertrauensfrage. Das BVerfG kommt in der Begründung seiner die Anträge abweisenden Entscheidung unter C. II ohne Zögern zu dem Obersatz, die auf die Auflösung des Bundestages gerichtete Vertrauensfrage sei »nur dann verfassungsgemäß, wenn sie nicht nur den formellen Anforderungen,sondern auch dem Zweck des Art. 68 GG entspricht«, um dann in einer eindrucksvoll zusammenfassenden verfassungspolitischen und verfassungsgeschichtlichen Erzählung Sinn und Zweck dieser Vorschrift im Kontext mit den benachbarten GG-Bestimmungen zum parlamentarischen Regierungssystem der Bundesrepublik darzulegen.
Hier liegt das Problematische dieser Entscheidung, so sehr ihr auch im Ergebnis zuzustimmen ist. Das Gericht hätte die Gelegenheit gehabt und hätte sie im Interesse nicht nur der Stellung des Bundestages, sondern auch der Bestätigung der vom BVerfG selbst den anderen Verfassungsorganen abverlangten Organtreue[14] ergreifen sollen, gleichsam einen Schritt zurückzutreten und zunächst zu untersuchen, inwieweit im Staatsorganisationsrecht eine a priori vorgenommene Abtrennung von »nur formellen Anforderungen« vom Zweck der Norm zulässig oder geboten ist. Der umstandslose Zugriff auf den Zweck der Norm hingegen, zu dem ihr Wortlaut nichts hergibt, was über die »formalen« Schritte und Folgen der Prozedur hinausginge, verschafft dem Gericht ein – zudem weitgehend gewillkürtes – abstraktes politisches Szenario, an welchem sodann das tatsächlich abgelaufene politische

13 Urteil vom 25. August 2005 zur Anordnung des Bundespräsidenten vom 21. Juli 2005.
14 Vgl. BVerfGE 35, 193; 36, 1; 45, 1; allgemein Wolf-Rüdiger Schenke, Die Verfassungsorgantreue, 1977.

Geschehen gemessen werden muß, wenn denn dieses Vorgehen einen Sinn haben soll. Spätestens bei dieser Subsumtion versagt dann jede seriöse Erkenntnismöglichkeit und Beurteilungsfähigkeit des externen einzelnen Beobachters: Der parlamentarisch-demokratische Willensbildungsprozeß läuft nur im Original ab, die Politik gibt es nur als solche, sie ist kommentierbar, kritisierbar und vielleicht simulierbar, aber nie im juristischen Sinne vertretbar.

Im Grunde versagt aber nicht erst die Erkenntnismöglichkeit, sondern es ist im vorliegenden Fall schon zuvor dem BVerfG als nachträglichem Beobachter des politischen Ablaufs die Befugnis zur Subsumtion versagt. Denn es handelt sich bei der Abstimmung der Abgeordneten über den Antrag des Bundeskanzlers nach Art. 68 GG, wie das zweite Sondervotum[15] überaus treffend feststellt, keineswegs um eine Wissens- sondern um eine Willensfrage. Diese Frage danach, wie viele Abgeordnete wollen, dass der Kanzler dem Bundespräsidenten die Bundestagsauflösung, also Neuwahlen, vorschlägt, und wie viele es vorziehen, dass er weiter regiert, wird nur einmal und endgültig beantwortet, in der Abstimmung, und diese ist erst recht nicht juristisch vertretbar durch nicht dem Bundestag angehörende und folglich nicht befragte Personen oder Instanzen. Wäre es anders, könnte und müsste jeder Abgeordnete unter Berufung auf Art. 38 Abs.1 Satz 2 GG das BVerfG anrufen mit dem Antrag festzustellen, er sei in seinen Rechten verletzt durch die Ersetzung seines Votums seitens eines anderen Organs.

Dies verkennend hat das Gericht es unternommen, in einer ausführlichen Motivforschung bei sämtlichen beteiligten Verfassungsorganen, Bundeskanzler, Bundestag und Bundespräsident, anhand von Parlamentsdebatten, öffentlichen Erklärungen und Presseberichten zu untersuchen, ob das »Vertrauen« wirklich nicht mehr gegeben war oder vielleicht eigentlich doch noch bestanden hätte, wie der Kanzler die politische Lage einschätzte und welchen Anlaß er dazu hatte, was der Fraktionsvorsitzende der SPD mit Äußerungen in einer Bundestagsdebatte gemeint haben könnte, welche Schlüsse der Bundespräsident ziehen konnte, und dergleichen mehr. Insgesamt wirken die Erwägungen wie ein Nachvollzug der monatelangen öffentlichen Debatte in den Medien, die durch widersprüchliche Einlassungen von Staatsrechtsprofessoren, pensionierten Verfassungsrichtern, Parteienforschern und juristisch versierten Journalisten kräftig angeheizt worden war. Indem das BVerfG diese öffentliche Fachdebatte aufnahm, sicherlich auch um den gespannten Erwartungen auf Ordnung, Klärung und Beantwortung der umherschwirrenden Thesen und Argumente gerecht zu werden, hat es zweifellos zur Beruhigung und Befriedung beigetragen, dem Parlament aber auch – ungewollt – einen Bärendienst[16] erwiesen. Die öffentliche Debatte war nämlich massiv geprägt von Unterstellungen

15 Abweichende Meinung der Richterin Lübbe-Wolff; darin ist mit großer Präzision und Eindringlichkeit dargelegt, wie problematisch die Erwägungen der Senatsmehrheit sich in Bezug auf das Parlament und den parlamentarisch-politischen Prozeß insgesamt darstellen.

16 Natürlich ist das geläufige Bild hier eigentlich zu stark; zur tödlichen Wirkung des »Bärendienstes« s. Duden 11, Redewendungen und sprichwörtliche Redensarten.

wie »Inszenierung«, »Trickspiel«, »Theater« und was der antiparlamentarischen Redensarten mehr sind. In dieser Situation musste der Ansatz des Gerichts wie der eines Untersuchungsausschusses wirken, der nun ermittelt, was an den Vorgängen unredlich und vorgetäuscht und was dann doch seriös und berechtigt gewesen ist. In der öffentlichen Wahrnehmung konnten Parlament und Parlamentarismus so allenfalls mit einem blauen Auge davonkommen. Der Bundestag hat dann selbst noch diese Wahrnehmung verstärkt, indem Abgeordnete über die Notwendigkeit eines Selbstauflösungsrechts diskutierten, augenscheinlich mit der Motivation, »so etwas« in Zukunft nicht mehr zuzulassen.

3. Bundestag und Bundesverfassungsgericht in der Außenansicht

Die spezifische Schwierigkeit im Verhältnis der beiden Verfassungsorgane wird erst ganz deutlich, wenn sie beide einzeln und zugleich in ihren Beziehungen durch diejenige Brille betrachtet werden, die der politische Beobachter, Kommentator oder Mitspieler in der politischen Meinungs- und Willensbildung hierzulande zwangsläufig aufhat. Es ist eine Brille, die ganz wesentlich und unvermeidlich von Massenmedien nicht nur zur Verfügung gestellt, sondern auch zurechtgeschliffen wird – aber nicht nur von diesen. Ihre »optischen« Eigenschaften sind vielmehr geschaffen durch politische Bildung und politische Mentalitäten, historische Bedingungen besonders im Staatsverständnis, wissenschaftliche Positionen und Traditionen, und manches andere mehr. Das wichtigste soll kurz aufgerufen werden, um die besondere Verantwortung des Bundesverfassungsgerichts in diesem Zusammenhang besser greifbar zu machen.

3.1 Politik und Justiz

Es gehört zu den wertvollsten Errungenschaften des Rechtsstaats, dass richterliche Streitschlichtung nicht nur zwischen Personen, sondern zwischen dem Einzelnen und dem Staat, seiner Verwaltung stattfindet. Alles staatliche Handeln ist in einer Rollen- und Normenhierarchie dem Recht unterworfen (Art. 20 Abs.3 GG). In diesem Verständnis – das in Deutschland nicht zuletzt auch aus der Erfahrung mit dem nationalsozialistischen Unrechtsregime breit akzeptiert und stark eingewurzelt ist – erscheint das Bundesverfassungsgericht mit seinen im internationalen Vergleich sehr umfangreichen Zuständigkeiten vor allem als höchstrangiges Gericht, als ein potentiell überall und jederzeit in der Pflicht stehender »Hüter« nicht nur der Verfassung, sondern des Rechts überhaupt. Wahrscheinlich hat dazu besonders auch die Einrichtung der Verfassungsbeschwerde beigetragen, die das BVerfG wie ein von jedermann anzurufendes Gericht erscheinen lässt und ihm so eine Popularität verschafft hat, wie sie ein reiner Staatsgerichtshof oder ein Kassationsgericht schwerlich erlangen kann.

So steht im Mittelpunkt der populären Vorstellungen vom Bundesverfassungsgericht nicht so sehr seine Einordnung unter den fünf Verfassungsorganen des Grundgesetzes in ihren ausbalancierten Beziehungen als vielmehr das Bild des über den Streithähnen thronenden Kollegiums unbestechlicher und leidenschaftsloser Richter. Diese müssen jenen, die vor »den Schranken« des Gerichts zu erscheinen haben, übergeordnet und überlegen sein an Erkenntnis und sittlicher Untadeligkeit.

3.2 Politische Öffentlichkeit und Beratungsgeheimnis

Vieles spricht dafür, dass dieses Bild einer großen Mehrheit der Bürger, gleich welcher sozialen oder Bildungsschicht, einfach sympathischer ist als das, welches die parlamentarisch und öffentlich sich vollziehende Politik in einer pluralistischen Gesellschaft bietet. Es mögen auch latente Bestände deutschen Staatsverständnisses mitspielen; dafür sprechen immer wieder schnell aufbrechendes Unverständnis und Unbehagen an politischen Konflikten und ihrem öffentlichen Austrag; Parteien und Parlamente scheinen doch immer noch einmal wieder als Urheber oder Nutznießer von Zank und Streit und engstirnigen Sonderinteressen betrachtet zu werden (dass es ihre, der Bürger gegensätzliche Interessen sind, um deren Berücksichtigung Parteien und Parlamentarier sich auftragsgemäß streiten, wird wohl verdrängt).
Abneigung gegenüber Konflikten findet hingegen bei Gerichten und ihrem Verfahren der Entscheidungsbildung wenig Ansatz- oder Anstoßpunkte. Das gilt auch für das BVerfG, unbeschadet der Veröffentlichung von abweichenden Meinungen. Die sind mehr etwas für die politischen und fachlichen Kenner, werden aber von der breiten Öffentlichkeit ebenso wenig zur Kenntnis genommen wie gelegentliches journalistisches Raunen über Konflikte in Senaten. Tatsächlich profitiert das Ansehen des BVerfG auch vom richterlichen Beratungsgeheimnis: Nicht erkennbare Konflikte sind eben nicht vorhanden, die Entscheidungen sind augenscheinlich in achtungsvollem kollegialen Dialog vom Gemeinwohl bestimmt, während im Parlament für jedermann erkennbar das Gegensätzliche und Interessengebundene bestimmend erscheint. So wird die Vorstellung gestützt, richterliche Entscheidungen seien neutraler, weniger bezweifelbar, besser begründet und folglich eher hinnehmbar als im offenen politischen Prozeß erkämpfte.

3.3 Unterschiedliche Meinungsabhängigkeit

Im Wesentlichen müssen die Akteure in Parlament und Gericht mit diesen unterschiedlichen Wahrnehmungen leben, die sich aus ihren Rollen ergeben, und tun dies auch. Aber das ändert nichts daran, dass diese Wahrnehmungen sich unterschiedlich auf die Handlungsmöglichkeiten auswirken. Politiker müssen gewählt oder wiedergewählt werden, wenn sie Politik machen wollen. Das bedeutet, dass sie von vornherein ihre Äußerungen an ihrer Nachvollziehbarkeit, Glaubwürdigkeit und Wirksamkeit bei allen orientieren müssen, die mit ihrer Wahl etwas zu tun haben: Wähler, Parteifreunde, politische Gegner, Medien, Fachkreise . . . eben die ganze politische Öffentlichkeit. Demzufolge ist eine Grundströmung der öffentlichen Meinung wie die soeben skizzierte in hohem Maße berücksichtigungspflichtig. Der Politiker und Parlamentarier hat bei seinen Äußerungen im Kontext verfassungsrechtlicher oder verfassungspolitischer Streitfragen Rücksicht zu nehmen auf das hohe öffentliche Ansehen des Bundesverfassungsgerichts und seiner Mitglieder. Das Gericht hingegen und seine Mitglieder haben bei ihren Äußerungen allenfalls – ohne in Existenz und Handlungsspielraum darauf angewiesen zu sein – Rücksicht zu nehmen auf das vergleichsweise geringere Ansehen des Parlaments und seiner Mitglieder. Die Folge ist ein »bias«, ein Ungleichgewicht zwischen Bundestag und Bundesverfassungsgericht, wenn es darum geht, aufeinander zu reagieren in politischen Fragen, die unter verfassungsrechtlichen Aspekten diskutiert werden.

Eine unwillkommene Entscheidung aus Karlsruhe wird von den politischen Akteuren, die sich äußern wollen oder müssen, keinesfalls unmittelbar bewertet oder kritisiert. Zuerst muß betont werden, dass die Entscheidung natürlich zu respektieren sei. Zweitens muß versichert werden, es gehe überhaupt nicht um »Urteilsschelte« (das ist der Medienbegriff für die Ungehörigkeit, etwa anderer Auffassung zu sein als das Urteil). Erst dann folgt eine vorsichtige Andeutung eventueller Zweifel an der Unfehlbarkeit des Urteils, gewöhnlich gekleidet in die Versicherung, nun werde zunächst die Begründung sorgfältig studiert. Wer mit der Entscheidung keine Probleme hat, hat es leichter; er drückt Zufriedenheit und Erleichterung darüber aus, dass der »leidige« Streit endlich und durch höchstrichterlichen Spruch erledigt ist, oder er gehört zu der politischen Seite, die durch den Richterspruch bestätigt wurde, dann haben die Anderen eine »schallende Ohrfeige« aus Karlsruhe bezogen. Das passt perfekt zu der oben erwähnten Mentalität: Politiker werden als verfassungsrechtlich bedenkenlose Rüpel abgemalt, die ab und zu mit Ohrfeigen zur Räson gebracht werden müssen. Zu derlei Erziehungsmaßnahmen können freilich nur überlegene Vaterfiguren befugt sein.

Diese Rede- oder Schreibweise wird von den Politikern keineswegs nur den Medien überlassen und seufzend hingenommen. Vielmehr bemühen sie sich regelmäßig mit einer Beflissenheit, die an Karlsruhe und die verfassungsrechtliche Fachwelt (das nächste Verfahren kommt bestimmt) ebenso adressiert ist wie an die Medienöffentlichkeit, um eben solche Formulierungen, auf dass jedermann erkenne, wie sie sich an Verfassungstreue von niemandem überbieten lassen. Übrigens ist es auch geschickter, sich nicht als »schlechten Verlierer« darstellen zu lassen.

Einen zusätzlichen Druck in diese Richtung steuert die ihrerseits auf diese Gegebenheiten reagierende Ministerial-, Parlaments- und Parteienbürokratie bei. Verfassungsrechtskundige Mitarbeiter haben das professionelle Bestreben, ihre politischen Führungsinstanzen vor jedwedem »Desaster« in Karlsruhe zu schützen, ebenso vor »unbesonnenen« öffentlichen Kommentaren zu höchstrichterlichen Entscheidungen mit dem erwartbaren Medienecho. Also empfehlen sie im Zweifel Äußerungen und Reaktionen, die jedes Risiko in dieser Richtung vermeiden sollen.

Als beispielsweise die Entscheidung zum Recht der Abgeordnetenentschädigung in Thüringen gefallen war[17], in der es um die Zulässigkeit von differenzierten Diäten für parlamentarische Funktionsträger mit besonders hohem Arbeitsaufwand wie Ausschußvorsitzende oder Fraktionsgeschäftsführer aus dem Parlamentshaushalt ging, traten die Direktoren aller deutschen Landesparlamente zur Beratung zusammen und fanden es mehrheitlich geboten, das Urteil so zu verstehen, dass derartige Zahlungen auch aus den Kassen der Fraktionen verfassungsrechtlich unzulässig seien. Man konnte das aus bestimmten Wendungen der Urteilsbegründung ableiten, wenngleich die Entscheidung sich formell zu dieser Frage nicht verhalten hatte. Offensichtlich glaubte man die Empfehlung an die Leitungsgremien von Parlamenten und Fraktionen nicht riskieren zu können, das Urteil so eng wie möglich zu interpretieren, um einen gewissen Entscheidungsspielraum zu bewahren.
Es liegt auf der Hand, dass das alles mehr mit der Welt der Massenmedien als mit der Welt des Verfassungsrechts zu tun hat. Man kann aber fragen, ob das Bundesverfassungsgericht diese Gegebenheiten allenfalls zur Kenntnis nehmen kann oder ob es berechtigt, vielleicht sogar verpflichtet ist, sie in bestimmter Weise in Rechnung zu stellen. Diese Frage stellt sich in dem Maße deutlicher, in dem seine Mitglieder ihrerseits die Aufmerksamkeit und Sympathie der Medien nutzen, um verfassungspolitische Meinungen zum Zustand unserer Gesellschaft und zu den politischen Zeitläuften außerhalb von gerichtlichen Entscheidungen in die Öffentlichkeit zu bringen. Damit wird der Bonus der richterlichen Unabhängigkeit von regelmäßiger Mandatserneuerung, welcher der Unanfechtbarkeit der verfassungsgerichtlichen Entscheidungen zugute kommen soll, übertragen und genutzt für Meinungsäußerungen auf dem politisch-öffentlichen Spielfeld, auf dem es für diesen Argumentationsvorteil eigentlich keinen Grund gibt.

3.4 Macht oder Ansehen

Erläuterungen und Vorgaben des Bundesverfassungsgerichts zum Parlamentsrecht sind, wenn sie als nicht grundgesetzlich zwingend geboten erschienen, gelegentlich nicht nur als Grenzüberschreitungen, sondern als Machtmissbrauch empfunden worden. Solche Vorwürfe pflegen die Richter mit dem Hinweis und unter dem Beifall der Öffentlichkeit zurückzuweisen, das Gericht könne auch in diesen Fragen nur auf Antrag tätig werden. Wenn solche Verfahren, etwa Organstreitigkeiten, von der Politik nicht angestrengt würden, gäbe es dieses Problem nicht; man sei selbst schuld, wenn man die Konflikte nach Karlsruhe schiebe, statt sich zu einigen.
Diese Argumentation ist gewiß zu einfach, als dass sie etwas verfassunssystematisch Überzeugendes zum Verhältnis von Parlament und Gericht beisteuern könnte. Wenn man sich einigt, braucht man nicht vor Gericht zu gehen – der Satz ist unüber-

17 Urteil vom 21. Juli 2000, BVerfGE 102, 224.

bietbar zutreffend (übrigens wäre es sehr zu begrüßen, wenn er in der Politik und auch sonst öfter beherzigt würde). Nachdem die Rollen vom Grundgesetz so verteilt sind wie geschehen, kann die Antwort auf die hier angesprochenen Fragen nicht darin bestehen, dass man in Politik und Parlament vorsichtshalber darauf verzichtet, das BVerfG anzurufen. Das wäre noch ein Bärendienst, nicht nur an der Verfassung, sondern auch am Gericht.

Aber die Argumentation hat doch insoweit eine Berechtigung, als sie klarmachen will, dass die Richter sich nicht willkürlich in Streitfälle einmischen, um das Parlament in seiner Autonomie zu beschränken. Insofern geht der Vorwurf des Machtmissbrauchs fehl: Dem BVerfG ist eine Macht im eigentlichen Sinne gegenüber dem Parlament nicht eingeräumt. Es handelt sich um etwas anderes, um eine Gefahr oder Versuchung – für das Gericht und für die ihm zunickende Medienöffentlichkeit gleichermaßen –, die man als »Ansehensmißbrauch« bezeichnen könnte. Es wird damit das im Verhältnis zu Parlament und Parteien relativ höhere Vertrauen in das Bundesverfassungsgericht dazu verwendet, den ohnehin gegebenen Argumentationsvorsprung des Gerichts in verfassungsrechtlichen Fragen zu überhöhen in eine Befugnis zum Kommentieren und Regulieren parlamentarischer Vorgänge, die wie selbstverständlich wirkt und ihrerseits keiner Kritik begegnet (über Parlament und Parteien meckert schließlich jeder . . .).Darin verstärken sich Gericht und applaudierende Medien gegenseitig; es wird vom Gericht nahezu erwartet, ein kräftiges Wort zu sprechen, wenn es die Gelegenheit dazu hat, weil »die Politiker« sich mal wieder heillos »zerstritten« haben. Solche Erwartungen und die bei ihrer Erfüllung gespendete Anerkennung, die ja erneut das höhere Vertrauen bestätigt und vermehrt (wie immer, wenn Erwartungen entsprochen wird), kann schwerlich ohne Wirkung bleiben.

Dem Bundesverfassungsgericht muß sich die Frage stellen, wieweit ihm diese Versuchung bewusst ist und wie es damit umgeht. Es handelt sich um die Frage nach einem »self-restraint«, der nicht »political« in einem vordergründig kompetenziellen Sinne wäre, sondern staatspolitisch im Wege einer Reflexion über die nicht selbst erzeugten und gewollten, aber durch die Reaktionen anderer mit ausgelösten und beigesteuerten Wirkungen des eigenen Handelns. So wie dem Gesetzgeber – übrigens auch durch das BVerfG – Wirkungsforschung und Folgenkontrolle abverlangt wird, so müsste auch das Verfassungsorgan BVerfG, welches seinerseits in hohem Maße normsetzend tätig ist, die Wirkungen seiner Worte unter den Bedingungen der Mediengesellschaft reflektieren und in Rechnung stellen.In dieser Perspektive würde dann bewusst werden können, dass die Frage der Parlamentsautonomie, die Freiheit des Bundestages zur politischen Regelung und politischen Verantwortung seiner öffentlichen Verfahrens- und Verhaltensweisen, keine Frage des Herausfilterns der einen oder anderen juristisch noch vertretbaren Regelungsbefugnis zwischen ihm und dem Gericht ist, sondern eine viel tiefer gehende: Dem Bundesverfassungsgericht sind Stellung und Ansehen auch des Parlaments mit anvertraut, wenn es denn der Hüter der Verfassung ist. Es darf im Rahmen seiner Verfahren und Entscheidungen nichts bewirken oder zulassen, was die Rolle des Bundestages und die Wahrnehmung seiner Verantwortung vor den Augen der Bürger schmälert. Solange und soweit verfassungsrechtlich vertretbar muß in diesem Verhältnis Geltenlassen vor Besserwissen gehen.

Teil 6

Wege und Umwege einer Verfassung für Europa; Verfassungen und Internationales Recht

Der europäische Verfassungsvertrag: Renaissance der oktroyierten Verfassung?

Kostas Chryssogonos

Der Europäische Rat, zusammengesetzt aus den Staats- oder Regierungschefs der Mitgliedstaaten der Europäischen Union, hatte in der Tagung vom Dezember 2001 in Laeken die Einberufung eines »Konvents für die Zukunft Europas« beschlossen. Die mit einiger Unbestimmtheit formulierte Aufgabe des »Konvents« gemäß der so genannten »Erklärung von Laeken« (d.h. den Schlussfolgerungen des Vorsitzes) lautete: ». . . sie [die Union] muss eine Antwort auf drei grundlegende Herausforderungen finden: Wie können dem Bürger, vor allem der Jugend, das europäische Projekt und die europäischen Organe näher gebracht werden? Wie sind das politische Leben und der europäische politische Raum in einer erweiterten Union zu strukturieren? Wie kann die Union zu einem Stabilitätsfaktor und zu einem Vorbild in der neuen multipolaren Welt werden?«
Der Europäische Rat von Laeken ernannte selbst den Vorsitzenden und die stellvertretenden Vorsitzenden dieses »Konvents« (als Vorsitzender wurde der ehemalige französische Präsident V. Giscard d' Estaing nominiert und als stellvertretende Vorsitzende die ehemaligen Premierminister von Italien, G. Amato, und Belgien, J. L. Dehaene) und legte ihre übrige Zusammensetzung fest. Diese bestand aus Vertretern der Staats- oder Regierungschefs der Mitgliedstaaten und der Bewerberländer (ein Vertreter pro Staat), aus Mitgliedern der nationalen Parlamente (zwei Abgeordnete pro Staat), aus sechzehn Mitgliedern des Europäischen Parlaments und aus zwei Vertretern der Kommission. Als Bewerberländer nahmen, neben den zehn Staaten der damals noch bevorstehenden und in 2004 abgeschlossenen Erweiterung, auch Rumänien, Bulgarien und die Türkei teil. Der »Konvent«, der insgesamt 105 Mitglieder zählte, nahm seine Arbeiten im Februar 2002 auf und beschloss sie mit der Fertigung eines Entwurfs des Vertrages über die Verfassung für Europa, den V. Giscard d' Estaing dem Europäischen Rat im Juni 2003 vorlegte. Dieser Entwurf wurde Gegenstand der Bearbeitung und einiger Modifikationen seitens der Regierungskonferenz der Mitgliedstaaten im Herbst 2003. Letztes Resultat war der Text des Vertrages über die »Verfassung für Europa«, der von den Staats- und Regierungschefs am 29 Oktober 2004 in Rom unterzeichnet wurde. Es sollte dann zu seinem Inkrafttreten seine Ratifizierung von allen Mitgliedstaaten folgen.
Es ist offensichtlich, daß der »Konvent für die Zukunft Europas« keineswegs mit einer verfassungsgebenden Versammlung parallelisiert werden kann. Zunächst han-

delte es sich um kein kollektives repräsentatives Organ, welches durch seine Wahl vom Volk (in diesem Fall dem europäischen »Volk« oder zumindest der Summe der Völker, d.h. der Wahlkörper der Mitgliedstaaten der Union) legitimiert wäre. Seine Mitglieder wurden mehrheitlich, direkt oder indirekt (d.h. zum Teil auch durch die Regierungsparteien der nationalen Parlamente), von den nationalen Regierungen designiert. In Wirklichkeit handelte es sich also um noch eine Regierungskonferenz, ähnlich denjenigen, die den Verträgen von Maastricht, Amsterdam und Nizza vorausgingen, erweitert durch Vertreter der »Hauptopposition« in den nationalen Parlamenten (und zweitrangig auch einer kleinen Anzahl von Mitgliedern des Europäischen Parlaments). Zudem konnte diese erweiterte Regierungskonferenz natürlich auch keine Verfassung als Träger verfassungsgebender Gewalt verabschieden[1]. Dies konnte deswegen nicht der Fall sein, weil ihr die historischen Voraussetzungen zur Ausübung einer solchen Gewalt, wie etwa Durchsetzungspotenz und Legitimation[2] auf europäischem Niveau, offensichtlich fehlten. Sie verfügte nur über eine übertragene Macht und das Resultat ihrer Arbeiten stand von vornherein unter dem Vorbehalt seiner Billigung durch ihre Auftraggeber, d.h. die nationalen Regierungen. Die Tatsache, daß der »Konvent«, der die »Verfassung für Europa« hervorbrachte, weder eine Verfassung als Träger verfassungsgebender Gewalt hervorbringen konnte noch ein Konvent im Sinne eines gewählten verfassungsentwerfenden Organs[3] (wie etwa die Federal Convention von Philadelphia, die im Jahre 1787 die Verfassung der Vereinigten Staaten vorbereitete[4]) war[5], wurde symbolisch auch durch die Tatsache unterstrichen, daß sein Produkt im Juni 2003 dem Europäischen Rat von »Thessaloniki« eingereicht wurde: In Wirklichkeit hat die Tagung dieses Rates nicht, wie ursprünglich geplant, in Thessaloniki stattgefunden, sondern wurde in ein Sommerresort in Neos Marmaras, Halkidiki, verlegt, um ihr die Belästigung durch die, für den gleichen Zeitraum angesagten, heftigen Demonstrationen der »Globalisierungsgegner« aus verschiedenen europäischen Ländern zu ersparen.

Von der Seite ihrer Herkunft betrachtet, kann also die »Verfassung für Europa«, gemäß der traditionellen Dreiteilung der Verfassungen in demokratische, oktroy-

1 Vgl. H.-P.SCHNEIDER, Die verfassunggebende Gewalt, in J. ISENSEE/P.KIRCHHOF (Hrsg.), Handbuch des Staatsrechts, VII, Heidelberg 1992, S. 16 (Rn 26): ». . . nur ein vom Volk gewähltes oder dem Volk unmittelbar verantwortliches Organ oder Gremium kann den pouvoir constituant für sich in Anspruch nehmen«.

2 Vgl. R. ZIPPELIUS, Allgemeine Staatslehre, 12 Aufl. München 1994, S. 52 ff. (§9,I) und 60 (§9, III, 2).

3 C. SCHMITT, Verfassungslehre, Berlin 1928, S. 85 f.

4 Dazu, unter anderen, A. KELLY/ W. HARBISON/ H. BELZ, The American Constitution. Its origins and development, 6. Aufl. New York 1983, S. 90 ff., B. ACKERMAN, We the people, 1, Foundations, Cambridge Mass. 1993, S. 174 f.

5 Vgl. D. TSATSOS, Die Europäische Unionsgrundordnung, Baden-Baden 2002, S. 196: »Die Staaten bleiben Herren der Verträge. Schon deshalb ist der Konvent keine verfassunggebende Versammlung. Ein Pouvoir constituant mit unverbindlichen Entscheidungen wäre eine skurrile Novität!«. Sehr positiv wird aber die »Konventsmethode« unter anderen von S. HÖLSCHEIDT, Europäische Konvent, Europäische Verfassung, nationale Parlamente, JöR NF 53 (2005), S. 429 (434 ff.), m.w.N., bewertet.

ierte und Verfassungs-verträge[6], nicht als demokratisch bezeichnet werden, da sie nicht von einem kollektiven europäischen repräsentativen Körper, ausgestattet mit verfassungsgebender Gewalt, erstellt wurde. Ein solcher Körper hätte das europäische Parlament sein können, wenn es, auf Grund eines Vertrages zwischen den Mitgliedstaaten der Union, mit der Vorbereitung einer europäischen Verfassung beauftragt worden wäre. Dieses konstituierende Europaparlament müsste durch Wahlen zustande kommen, in welchen, eben angesichts seiner Aufgabe, die Verfassungsfragen in die politische Willensbildung der europäischen Bürger eingehen könnten. Ein solches Verfahren aber, selbst wenn für das Inkrafttreten der Verfassung letztlich immer noch die Ratifizierung von den nationalen Parlamenten oder die Zustimmung durch Referenden in den Mitgliedstaaten der Union notwendig gewesen wäre, würde eine Eigendynamik entwickeln[7] und könnte sich, bis zu einem gewissen Grad, der Kontrolle der nationalen Regierungen entziehen. Dies scheint von letzteren nicht gewünscht gewesen zu sein und deswegen wurde der »Konvent für die Zukunft Europas« bevorzugt.

Der Text, der am 29. Oktober 2004 in Rom unterzeichnet wurde, kann aber genau genommen auch nicht als Verfassungs-Vertrag bezeichnet werden. Charakteristisch für diese Art von Verfassung ist, daß der in der vorkonstitutionellen Phase alleinige Träger der staatlichen Gewalt (d.h. im Kontext des 19ten Jahrhunderts der bis dahin absolute Monarch) und ein ad hoc gewählter kollektiver repräsentativer Körper bei ihrer Hervorbringung zusammenwirken. Mutatis mutandis könnte die »Verfassung für Europa« als Verfassungs-Vertrag charakterisiert werden, wenn es sich um ein Zusammenwirken der nationalen Regierungen mit einem für diesen Zweck gewählten Europaparlament handelte[8]. In Wirklichkeit aber wurde das Europäische Parlament, das aus den Europawahlen von 1999 hervorkam, nicht mit der Hauptaufgabe gewählt, bei der Vorbereitung der Verfassung auch nur mitzuwirken, und es hat tatsächlich auch nicht wesentlich mitgewirkt. Sein Mitwirken beschränkte sich, wie bereits erwähnt, auf eine zahlenmäßig eher marginale (16 von 105 Mitgliedern) Teilnahme seiner Vertreter im »Konvent für die Zukunft Europas«.

Im Rahmen der obigen traditionellen Typologie der konstitutionellen Texte anhand ihrer Herkunft, d.h. gemäß dem Träger der verfassungsgebenden Gewalt, wäre es also nicht möglich die »Verfassung für Europa« unter die demokratischen oder die Verfassungs-Verträge zu subsumieren. Es bleibt die heute fast vergessene Kategorie

6 C. SCHMITT, Verfassungslehre, a.a.O., S. 51 ff., 61ff. , P. HÄBERLE, Die verfassunggebende Gewalt des Volkes im Verfassungsstaat-eine vergleichende Textstufenanalyse, AöR 112 (1987), S. 54 (63ff.).

7 Allgemeiner über die Tendenz von verfassungsgebenden Versammlungen, sich unabhängiger als erwartet zu beweisen, vgl. J. ELSTER, Constitutional Bootstrapping in Philadelphia and Paris, in M. ROSENFELD (Hrsg.), Constitutionalism, Identity, Difference and Legitimacy, Durham/London 1994, S. 57 ff.

8 Contra C. MÖLLERS, Verfassunggebende Gewalt-Verfassung-Konstitutionalisierung, in: A.v.BOGDANDY (Hrsg.), Europäisches Verfassungsrecht, Berlin/Heidelberg 2003, S. 1(13): »Kein Verfassungsvertrag liegt vor, wenn die von einer verfassunggebenden Versammlung entworfene Verfassung von den Mitgliedstaaten ratifiziert werden muss«.

der »oktroyierten« Verfassung[9]. Von oktroyierter Verfassung kann gesprochen werden, wenn der Inhaber der staatlichen Gewalt, der über wirkliche Durchsetzungspotenz verfügt, beschließt, einen Teil dieser abzugeben, und diese Konzession in einer Verfassung niederlegt, die unilateral von ihm erlassen wird. Derartige »Konzessionen«, wie sie vor allem im deutschsprachigen Raum relativ häufig in der ersten Hälfte des 19ten Jahrhunderts vorkamen[10], hatten auf jeden Fall begrenzten Inhalt und wurden gelegentlich sogar widerrufen, als ob die Verfassung ein bloßer Verwaltungsakt wäre, wie 1837 im Königtum Hannover[11]. Im Allgemeinen handelte es sich um eine primitive Form von Verfassung, die sich auf fortbestehender Geltung des »monarchischen Prinzips« stützte, von welcher sie aber auch gleichzeitig untergraben wurde. Diesem Prinzip gemäß blieb der Monarch Träger der ganzen Macht, ausgenommen ihrer ausdrücklich auf andere Organe übertragenen Teile[12]. So waren solche Verfassungen in der Regel auch kurzlebig.[13]

Die »Verfassung für Europa« wies, so weit die Analogie reicht, entscheidende, wie auch besorgniserregende Ähnlichkeiten mit jenen uralten »oktroyierten« Verfassungen auf. Diesmal war es nicht ein absoluter Monarch, der durch die Verfassung einen Teil seiner Macht vergab, sondern kollektiv die Mitgliedstaaten der Union, mit anderen Worten der intergouvernementale Souverän (obwohl die Konzession zum größten Teil nominell war, da die »Verfassung« im wesentlichen schon geltende Vorschriften der vorherigen europäischen Verträge wiederholte oder Thesen der Rechtsprechung bestätigte). Dem monarchischen Prinzip korrespondierte, in Artikel I-11 der »Verfassung für Europa«, der Grundsatz der begrenzten Einzelermächtigung, ergänzt sogar durch das Subsidiaritätsprinzip und den Grundsatz der Verhältnismäßigkeit im gleichen Artikel: die Union wird nur innerhalb der Grenzen ihrer Zuständigkeiten tätig, welche ihr die Mitgliedstaaten in der Verfassung übertragen, während jede andere Zuständigkeit bei den Mitgliedstaaten verbleibt. Ohnehin würden auch innerhalb der Union selbst zwei Organe, die aus Vertretern der Einzelstaaten zusammengesetzt sind, der Ministerrat und der Europäische Rat, ihre zentrale Stelle im ganzen Entscheidungsverfahren beibehalten. Zudem ist klar, daß, da die »Verfassung für Europa« die Form eines völkerrechtlichen Vertrages angenommen hat, die Mitgliedstaaten »Herren der Verfassung« blieben, wie sie jetzt

9 Zur berühmtesten »Konzession« (octrois) dieser Art, der französischen Charta von 1814, Y. GUCHET, Histoire constitutionnelle de la France 1789-1974, 3. Aufl. Paris 1993, S. 135 ff.

10 E. R. HUBER, Deutsche Verfassungsgeschichte seit 1789, Band I, Stuttgart 1957, S. 318 ff., H. MOHNHAUPT/D. GRIMM, Verfassung, Berlin 1995, S. 123-4.

11 Dazu R. SMEND, Die Göttinger Sieben, in desselb.: Staatsrechtliche Abhandlungen, 2. Aufl. Berlin 1968, S. 391 ff. (398 ff.).

12 So sah z.B. Artikel 57 der Wiener Schlussakte zwischen den Staaten des damaligen »deutschen Bundes«, vor: »Die gesamte Staatsgewalt muss in dem Oberhaupte des Staats vereinigt bleiben, und der Souverän kann durch eine landständische Verfassung nur in der Ausübung bestimmter Rechte . . . gebunden werden«. Zitiert aus E.R. HUBER, a.a.O., S. 652 ff.

13 Vgl. jedoch die Feststellung von K. v. BEYME, Die verfassunggebende Gewalt des Volkes, Tübingen 1968, S. 48, dass »selbst oktroyierte Verfassungen im 19. Jahrhundert einen dauernden Verfassungskonsens ermöglichen, obwohl ihnen die Legitimation mangelte«.

»Herren der Verträge« sind[14]: Die Staaten könnten also mit einem neuen Vertrag, als actus contrarius zum »Vertrag über eine Verfassung für Europa«, den letzteren beenden[15] und die Europäische Union auflösen. Darüber hinaus wurde von Artikel I-60 zum ersten Mal ausdrücklich das Recht jedes einzelnen Staates auf freiwilligem Austritt aus der Union anerkannt[16]. Folglich blieben die Mitgliedstaaten »Herren der Verfassung« nicht bloß kollektiv, sondern jeder auch für sich, soweit es ihn betraf, wie der Monarch im 19. Jahrhundert gelegentlich bewies, daß er »Herr« der oktroyierten Verfassung blieb.

Mit anderen Worten, das Scheitern des Projekts der Schaffung einer »Verfassung für Europa« war vorweg im »genetischen Material« dieses Projekts eingeschrieben und in diesem Sinne könnte man von einer Todgeburt sprechen. Der Grund liegt darin, daß die Mitgliedstaaten von Anfang an keinen authentischen verfassungsgebenden Prozeß in Gang setzen wollten[17], der sich der strengen Kontrolle der nationalen Regierungen entziehen und zu einer demokratischen Verfassung oder wenigstens zu einem Verfassungs – Vertrag führen würde, mit drastischen sachlichen Veränderungen im Verhältnis zum Inhalt der heutigen Verträge. Ihr wahrer Vorsatz bestand in der Kodifikation der (ohnehin übermäßig umfangreichen[18]) geltenden Verträge über die Europäische Union und die Europäische Gemeinschaft, in einem hypertrophen einheitlichen Text, mit nur marginalen vereinzelten Abänderungen

14 Vgl. P. KIRCHHOF, Die rechtliche Struktur der Europäischen Union als Staatenverbund, in: Á. í. BOGDANDY (Hrsg.), Europäisches Verfassungsrecht, Berlin etc. 2003, S. 893 ff., D. TSATSOS, Zum Prinzip einer gemeineuropäischen Verfassungsverantwortung, in: M.MORLOK (Hrsg.), Die Welt des Verfassungsstaates, Baden-Baden 2001, S. 45 (60), M. KAUFMANN, Europäische Integration und Demokratieprinzip, Baden-Baden 1997, S. 137-139. Die gleiche Stellung bezieht das deutsche Bundesverfassungsgericht, BVerfGE 89, 155 (190).

15 Gemäß Artikel 54 b der Wiener Vertragsrechtskonvention von 1969 kann die Beendigung eines Vertrages jederzeit durch Einvernehmen zwischen allen Vertragsparteien erfolgen. Vgl. J. COMBACAU/S.SUR, Droit international public, 4. Aufl. Paris 1999, S. 145 ff., K. IPSEN, Völkerrecht, 4. Aufl. München 1999, S.167. Die Möglichkeit der Anwendung dieser Vorschrift im Fall der Europäischen Gemeinschaften wurde allerdings in Frage gestellt, so unter anderen, U. EVERLING, Sind die Mitgliedstaaten noch Herren der Verträge?, in R. BERNHARDT (Hrsg.), Völkerrecht als Rechtsordnung, Festschrift Mosler, Berlin 1983, S. 173 (190), W. GRAF VITZTHUM, Begriff, Geschichte und Quellen des Völkerrechts, in desselben (Hrsg.), Völkerrecht, 2. Aufl. Berlin 2001, S. 1 (70-71).

16 Unter den vorkonstitutionellen Bedingungen wurde die Existenz eines Austrittsrechts, unter anderen, von P. M. HUBER, Bundesverfassungsgericht und Europäischer Gerichtshof als Hüter der gemeinschaftsrechtlichen Kompetenzordnung, AöR 1991, S. 210 ff. (222), A. RANDELZHOFER, Staatsgewalt und Souveränität, in: J. ISENSEE/P.KIRCHHOF(Hrsg.), Handbuch des Staatsrechts, I, Heidelberg 1987, S. 691 (704), behauptet. Dagegen E. KLEIN, Die internationalen und supranationalen Organisationen, in GRAF VITZTHUM (Hrsg.), Völkerrecht, a.a.O., S. 267 (299f.), J. A. FROWEIN, Das Maastricht-Urteil und die Grenzen der Verfassungsgerichtsbarkeit, ZaöRV 1994, 1 (11).

17 Vgl. M. POIARES MADURO, The importance of being called a Constitution, International Journal of Constitutional Law 2005, S. 332 (352): »The new constitutional treaty did not produce a true pouvoir constituant«.

18 Vgl. J. WEILER, Europe 2000-The Constitutional Agenda, in A. KELLERMANN/ J. W. DE ZWAAN/ J. CZUCZAI (Hrsg.), EU Enlargement. The Constitutional Impact at EU and National Level, The Hague 2001, S. 3 (3-4): »The Treaties are far too long and detailed and undifferentiated. Trivial stuff, by the mere fact that it is part of the Treaty, is given constitutional status and the important, truly constitutional norms are submerged and do not get the prominence they deserve«.

am Inhalt jener, und in der Eibeziehung der Charta der Grundrechte (welche größtenteils auch schon auf der einen oder anderen Weise geltende Vorschriften inkorporiert). Das geschah letztlich durch den »Vertrag über eine Verfassung für Europa«[19]. Dieser Vorsatz aber, kombiniert mit dem angeblich »verfassungsgebenden« Verfahren seiner Umsetzung durch den angeblichen »Konvent«, konnte die ferngehaltenen[20] europäischen Völker nicht bewegen, wie sie auch durch die oktroyierten Verfassungen des 19. Jahrhunderts nicht bewegt wurden. Wie damals, so existiert auch heute der Wert der konstitutionellen »Konzessionen« nur auf dem Papier. Sie werden den wirklichen gesellschaftlichen Bedürfnissen nicht gerecht und sind unfähig, auf ihrem flachen Becken den Fluss der geschichtlichen Entwicklung aufzunehmen. Die historische Erfahrung zeigt, daß ihr (unrühmliches) Ende von Anbeginn schon vorgezeichnet ist, ungewiss nur das »wann«.
Die Bedingungen des Problems haben sich, nach dem negativen Ausgang des französischen Referendums vom 29.5.2005 über die »Verfassung für Europa«[21] und des entsprechenden holländischen Referendums vom 1.6.2005[22], geändert. Zwar ist es nicht das erste Mal, daß ein europäischer Vertrag auf derartige Schwierigkeiten stößt: es gingen das negative dänische Referendum über den Vertrag von Maastricht in 1992[23] und das, ebenfalls negative, irländische Referendum über den Vertrag von Nizza in 2001[24] voraus. Es ist aber bemerkenswert, daß zum ersten Mal ein Referendum über einen europäischen Vertrag in einem großen europäischen Land wie Frankreich, mit geopolitischer Schlüsselrolle für die europäische Integration, negativ ausfällt. Europäische Integration ohne Frankreich ist geographisch und politisch unmöglich. Der Prozeß der Ratifikation ist bereits unterbrochen, da eine Reihe von Mitgliedstaaten der Europäischen Union, die entsprechende Referenda angekündigt hatten, die Durchführung letzterer vorläufig (?) suspendiert haben. Unter diesen Mitgliedstaaten befinden sich einige der größten und »euroskeptischsten«, wie das

19 Vgl. D. GRIMM, Integration by Constitution, International Journal of Constitutional Law 2005, S. 193 (208): »Measured against a somewhat meaningful notion of a constitution, this document cannot be considered a constitution«. Vgl. aber P. HÄBERLE, Verfassunggebung in Europa, JöR NF 54 (2006), S. 629 (646): »Der Text ist ein sehr gelungenes, vom Geist des Kompromisses getragenes Dokument, das ein gutes Beispiel für gesamthänderische europäische Verfassunggebung ist, auch wenn die Bürger, das Volk, nicht beteiligt sind«.

20 Vgl. N. WALKER, Post-Constituent Constitutionalism? The case of the European Union, in M. LOUGHLIN/N.WALKER (Hrsg.), The Paradox of Constitutionalism, Oxford 2007, S. 247 (266): »The people are neither the final authors, nor even invoked as the narrators of this text«.

21 Vgl. J. ROBERT, Un gâchis référendaire, Revue du Droit Public 2005, S. 839 ff.

22 Vgl. A. NIJEBOER, The Dutsch Referendum, European Constitutional Law Review 2005, p. 393 ff.

23 Bei einer zweiten Volksabstimmung am 17.5.1993 wurde eine Mehrheit für die Ratification des Vertrags erreicht, nachdem das den anderen EU-Staaten am 30.10.1992 vorgelegte Memorandum »Dänemark in Europa« von ihnen akzeptiert wurde. Dazu eingehend H. ZAHLE, Europäische Integration und nationales Verfassungsrecht in Dänemark, in: U. BATTIS/ D. TSATSOS/ D. STEFANOU (Hrsg.), Europäische Integration und nationales Verfassungsrecht, Athen/Baden-Baden 1995, S. 47 ff., H. KRUNKE, From Maastricht to Edinburgh: The Danish Solution, European Constitutional Law Review 2005, S. 339 ff.

24 Dazu ausführlich W. HUMMER/W.OBWEXER, Irlands »Nein zu Nizza«, Integration 2001, S. 237 ff., C. COSTELLO, Ireland's Nice Referenda, European Constitutional Law Review 2005, S. 357 ff.

Vereinigte Königreich und Polen. Es zeichnet sich also das Scheitern der »Verfassung für Europa« ab, bevor sie überhaupt in Kraft treten konnte.
Das französische »Nein« könnte auf verschiedene Weise interpretiert werden und auf mehr als einen ausschlaggebenden Faktor zurückgeführt werden, da auch das Spektrum der politischen Kräfte, die diese Option unterstützten, außerordentlich breit war und sich von der extremen Rechte bis zur extremen Linken erstreckte. Es ist sehr wahrscheinlich, daß ein großer Teil des französischen Wahlkörpers negativ gewählt hat, ohne sich mit dem Inhalt der »Verfassung für Europa« vertieft auseinanderzusetzen, sondern um gegen die Politik der französischen Regierung im Allgemeinen zu protestieren[25]. Dies war aber das von vornherein offenkundige Risiko, das die europäischen Regierungen durch die Initiierung nationaler Referenden eingegangen sind: da, angesichts der Tatsache, daß mehr oder weniger generell eingesehen wurde, wie wenige Veränderungen die »Verfassung für Europa« im Verhältnis zu den geltenden Verträgen enthielt, das wirkliche europäische Quaesitum ausblieb, würde der Ausgang jedes Referendums in hohem Maße durch die Taten der jeweiligen Regierung bestimmt werden. Ebenfalls offensichtlich ist es, daß ein anderer bedeutender Teil (vor allem die an den zwei Extremen des politischen Spektrums positionierten Wähler), aus prinzipiellen Gründen negativ gewählt hat, weil es nämlich die europäische Integration als solche ablehnt. Folglich wurde auch dessen Willensbildung nicht maßgeblich durch den spezifischen Inhalt und/oder das »verfassungsgebende« Verfahren der »Verfassung für Europa« beeinflusst. Die Proteststimmen (gegen die Politik der damaligen Regierung) und die »euroskeptischen« Stimmen waren jedoch auch 1992, beim französischen Referendum über den Vertrag von Maastricht, präsent, ohne damals die Überhand zu gewinnen. Der ausschlaggebende Unterschied zwischen 1992 und 2005 bestand vielleicht darin, daß nun ein Teil einer der Parteien die sich von Zeit zu Zeit an der Macht abwechseln, der Sozialistischen Partei Frankreichs, sich für das »Nein« ausgesprochen hat, wobei die Mängel der »Verfassung für Europa« entscheidend für seine Überlegung waren. Diese Mängel, wie vor allem das nicht demokratische Verfahren ihrer Hervorbringung und die nur marginale Verbesserung des demokratischen Defizits der Europäischen Union, haben vielleicht nicht wenige zum Gedanken geleitet, daß eine verantwortliche politische Stellung darin besteht, daß man die Illusion einer Verfassung negiert, als daß man sie juristisch sanktioniere[26].

25 Nach Angaben der Umfrage Flash Eurobarometer 171, die am 29.und 30.5.2005 stattfand, sind die Nein-Stimmen (55% insgesamt) in erster Linie aus der Wählerschaft der Oppositionsparteien gekommen. Aus den Wählern der Kommunistischen Partei haben 94% Nein, dagegen nur 6% Ja gestimmt, aus den Wählern der Sozialistischen Partei 61% Nein und 39% Ja und aus den Wählern der rechtradikalen FN-MNR 95% Nein und 5% Ja. Vgl. R. DEHOUSSE, The Unmaking of a Constitution: Lessons from the European Referenda, Constellations vol. 13, 2006, S. 151 ff.

26 Vgl. M. ZÜRN, Zur Politisierung der Europäischen Union, PVS 47 (2006), S. 242(247): »Es spricht einiges dafür, dass sich der Widerstand, der sich in den Referenden zeigte, nicht gegen den Gedanken einer demokratischen EU-Verfassung richtete, sondern gegen den konkret ausgehandelten Verfassungsvertrag, der ohne nennenswerte Beteiligung der europäischen Öffentlichkeiten zustande kam und die Klarheit großer Verfassungen vermissen lässt«.

Insgesamt könnte man anmerken, daß die »Verfassung für Europa« weder ihrem Inhalt, noch dem Verfahren ihrer Hervorbringung nach, einen qualitativen Sprung im langwierigen Prozess der europäischen Integration darstellte. Im Wesentlichen reproduzierte und in manchen Punkten (wie die Charta der Grundrechte) komplettierte sie das geltende primäre Gemeinschafts-bzw.Unionsrecht, während sie es gleichzeitig vereinheitlichte und, bis zu einem gewissen Grad, rationalisierte. Sie versäumte es aber, die erheblichen institutionellen und politischen Defizite[27] aufzufangen, die an der Funktionsweise und der Legitimation der Europäischen Union beobachtet werden können. Selbst wenn sie also von allen Mitgliedstaaten ratifiziert worden wäre, würde sie keine langfristige Lösung zum Verfassungsproblem der Union darbieten und ihre historische Aussicht würde nicht über die einer oktroyierten Verfassung hinausreichen. Die geschichtliche Entwicklung würde sie ohnehin überholen und eventuell zum Resultat eines Europa vieler Geschwindigkeiten führen, in welchem einige der heutigen Mitgliedstaaten eine engere Union unter sich formieren würden, während andere sich auf gelockerte Bezüge beschränkten (das geschieht freilich gewissermaßen bereits heute, unter dem Euphemismus »verstärkte Zusammenarbeit«, Art. 11 EGV[28]).
Zum gleichen Punkt könnten wir indes auch geführt werden, nach der nunmehr feststehenden Impotenz der »Verfassung für Europa« den Spießrutenlauf der nationalen Referenden zu überstehen. Die heutige Europäische Union, wie sie sich nach dem Vertrag von Nizza ausgestaltet hat, kann sich vielleicht in die Zukunft als nicht lebenskräftig erweisen und wird Umwandlungen bedürfen, sowohl in ihrer Struktur, als auch in ihrer Komposition, die um vieles radikaler sind als jene, welche die Implementierung der »Verfassung für Europa« bedingen würde.
Die konstitutionelle Vervollkommnung der Europäischen Union bleibt ein Desiderat für die Zukunft. Diese Vervollkommnung setzt eine andere Verfassung voraus, eine demokratischere in ihrer Herkunft, als es die »Verfassung für Europa« war, und eine einfachere[29], aber gleichzeitig auch weiter fortgeschrittene in ihrem Inhalt, welche die enormen Defizite der Union wettmachen muss. Heute, mehr denn je, scheint das vereinigte Europa in der »Logik des Radlers« zu funktionieren: es ist ihm nicht möglich sich in Gleichgewicht zu halten, indem es stehen bleibt, und als einzige Lösung bleibt ihm das Fortschreiten in seiner substantiellen Vertiefung[30], schlimmstenfalls auch ohne Beteiligung aller seiner heutigen Mitgliedstaaten.

27 Wie vor allem das Demokratiedefizit, welches nach wie vor »das Skandalon der EG bleibt« (P. HÄBERLE, Europäische Rechtskultur, 1997, S. 85).
28 Dazu D.TSATSOS (Hrsg.), Verstärkte Zusammenarbeit, Baden-Baden 1999, passim.
29 Vgl. S. DOUGLAS-SCOTT, Constitutional Law of the European Union, Harlow 2002, S. 515: »The EU is too undemocratic, too chaotic, too impenetrable to be meaningful to today's Europeans, to capture their hearts and minds, their imagination and their respect«.
30 Vgl. B. ACKERMAN, The Future of Liberal Revolution, New Haven/London 1992, p.40: »The challenge for liberals is to organize a mass movement for a federal Europe before retrograde nationalism spirals out of control. The choice is between nationalist reassertion and federalist construction«.

Zur Verfassungsfrage der Europäischen Union nach den gescheiterten Referenden in Frankreich und den Niederlanden*

Eckart Cuntz

(Der Beitrag stellt die persönliche Meinung des Verfassers dar. Er war von Anfang 2003 bis März 2006 Leiter der Europaabteilung des Auswärtigen Amtes, ist jetzt Botschafter in der Türkei.).

- **Bald zwei Jahre nach der** Unterzeichnung der Europäischen Verfassung in Rom steht die Europäische Union wir vor der wahrscheinlich größten Herausforderung, die die Europäische Union je gesehen hat. Die **Referenden in Frankreich und den Niederlanden** im Jahr 2005 sind negativ ausgegangen, es besteht keine Aussicht, dass sie in nächster zeit wiederholt werden. So stehen wir vor der Lage, dass zwar die europäische Verfassung zwar in der weitaus größten Zahl der Mitgliedstaaten mit dem größten Teil der Bevölkerung der Eu ratifiziert wurde, aber ihr Inkrafttreten nach wie vor ungewiss ist. Das bedeutet ohne Zweifel einen schweren Rückschlag für die europäische Integration.
- Viele sprachen von einer **europäischen Krise**. In der Tat kam nach der letzten Erweiterung um zehn neue Mitgliedstaaten, der Entscheidung über den baldigen Beitritt Rumäniens und Bulgariens und dem Beschluss, Beitrittsverhandlungen mit der Türkei und Kroatien aufzunehmen das Wort »**Vereinigungskrise**«. Dabei wurde auch an unsere deutsch-deutschen Erfahrungen erinnert. Dabei wurde m.E. aber die politische und wirtschaftliche Bedeutung der letzten Erweiterung auch für das europäische Wachstum oft nicht genügend dargestellt.
- Als Zweites spielten die **Globalisierungsängste** in diese Debatte hinein. Diese wurden ebenfalls häufig mit der Erweiterung verknüpft, dabei handele es sich um Prozesse, die schon seit Anfang der 90er Jahre stattfinden. Die EU hat es bis jetzt nicht geschafft, auf diese Ängste ausreichende Antworten zu geben. Hier müssen wir das Vertrauen der Bürger Europas wiedergewinnen. Sie müssen die EU als Teil der Lösung ihrer Probleme und Ängste zu begreifen.

* Mein Beitrag wurde 2006 verfasst und geht auf die damalige Lage und Problematik ein. Die EU hat unter deutscher Ratspräsidentschaft inzwischen einen Weg aus der Krise aufgezeigt und eine grundsätzliche Einigung über den Inhalt eines Reformvertrages getroffen, der noch 2007 unter portugiesischer Ratspräsidentschaft unterzeichnet und bis zum Jahr 2009 in Kraft treten soll.

- Schließlich befürchtete man eine allgemeine **europäische Identitätskrise**, ausgelöst durch das französische und niederländische Referendum und die schnelle Erweiterung der EU. Daraus selbst ergab sich aber auch die Gefahr eines gespaltenen – und damit schwachen – Europa. Somit ergaben sich gegenseitig verstärkende negative Tendenzen für Europa.
- Auf alle diese Aspekte muss **angemessen reagiert werden**. Die Bürger haben in den Referenden Bedenken und **Ängste zum Ausdruck gebracht, denen Rechnung getragen werden muss**. Die Ängste gelten nicht in gleicher Weise in allen Mitgliedstaaten und sie sind nicht alle mit dem Inhalt des leider weithin nicht ausreichend bekannten Verfassungsvertrages verknüpft. Die Gründe für die Sorgen in vielen Mitgliedstaaten sind vielschichtig und widersprüchlich. Auf sie müssen Antworten gefunden werden.
- Gerade jetzt ist es **wichtig, den Bürgern Europas zu vermitteln, worum es in der EU geht**. Europa ist mehr als ein Binnenmarkt. Das heutige Europa der 25, bald 27 Mitgliedstaaten ist die Garantie für Frieden und Freiheit sowie für das gemeinsame Streben nach wirtschaftlichem und sozialem Wohlergehen. Dafür brauchen wir jetzt mehr denn je eine politisch starke EU, die nach innen und nach außen Antworten auf die Ängste und Sorgen der Bürger Europas finden kann. Dabei sollte man sich erinnern: Der Verfassungsvertrag ist gerade darauf gemünzt, die EU besser für die Zukunft in ihrer erweiterten Gestalt und in der sich globalisierenden Welt zu rüsten.
- Die Staats- und Regierungschefs haben im vergangenen Jahr zunächst eine **Reflexionsphase** vereinbart. Eine Phase des **Nachdenkens über die Europäische Union**, ihre Ziele und ihre Inhalte ist ein möglicher Weg, die in der Verfassung gefundenen Lösungen zu retten. Sie sollte weiter in allen Mitgliedstaaten zu einer ausführlichen Debatte genutzt werden. Wichtig ist dabei vor allem ein **gemeinsames Vorgehen**. Die Debatte muss parallel **auf nationaler und europäischer Ebene** geführt werden, **Schlussfolgerungen dürfen nur gemeinsam gezogen werden,** ansonsten besteht die Gefahr, dass nationale Egoismen sich durchsetzen. Auf **Kommission und Vorsitz kommt die verantwortungsvolle Aufgabe** zu, die nationalen Debatten zu koordinieren und zusammenzuführen.
- Die Debatte **sollte den Inhalt des Verfassungsvertrages nicht in Frage stellen, gefundene Lösungen müssen erhalten werden**. Angesichts der schon frühzeitig aufgekommenen Zerfledderungsdebatte in vielen Mitgliedstaaten mit höchst unterschiedlichen Modellen eines zukünftigen Europa erscheinen Neuverhandlungen über alternative Lösungen aussichtslos.
- Es geht vor allem darum, auf den **Nutzen der EU für die Bürger** in einer sich immer stärker globalisierenden Welt abzustellen. Nur Europa, nicht die Mitgliedstaaten alleine, kann noch Sicherheit, Wohlstand und soziale Absicherung gewährleisten. Die sich erholende Wirtschaftslage in Europa und insbesondere in Deutschland mag helfen, das verlorene Vertrauen wieder zu stärken.

- Im Verlauf der nächsten Monate muss **Grundvertrauen in die Handlungs- und Leistungsfähigkeit** der EU aufgebaut werden. Das gilt beispielsweise für den Bereich der Wirtschaft, die Außen- und Sicherheitspolitik und die wirksame Bekämpfung der internationalen Kriminalität. Aber dazu gehört auch eine bürgernahe, öffentlich diskutierte Gesetzgebung der EU und Maßnahmen für den Bürokratieabbau und damit die Freisetzung von Kräften in Gesellschaft und Wirtschaft.
- Auf die deutsche Ratspräsidentschaft im 1. Halbjahr 2007 kommt die schwere Aufgabe zu, Wege aus der Verfassungskrise aufzuzeigen, Möglichkeiten und Ziele näher zu beschreiben. Ziel muss bleiben, die Europäische Union auf der Grundlage des von allen 2004 unterzeichneten Vertrages angesichts der inneren und äußeren Herausforderungen zu festigen.
- Klar ist: der **Integrationsprozess wird weitergehen; die erreichten Fortschritte werden nicht in Frage gestellt.** Das Prinzip der europäischen Integration ist eine alternativlose Antwort auf die Vergangenheit unseres Kontinents.
- Aber die **europäische Integration ist auch die beste Antwort, die wir gemeinsam auf die Herausforderungen des 21. Jahrhunderts** geben können. Die europäische Integration, das politische Europa der Solidarität, ist für mich unverzichtbar. Nur gemeinsam können wir in der sich immer stärker globalisierenden Welt bestehen.

Bürgerschaft durch Bildung als europäische Aufgabe

Peter Häberle

Inhaltsverzeichnis

Einleitung: 460
Erster Teil: »Bürgerschaft« – Begriffstraditionen und einschlägige Texte 461
I. »Bürger und Bourgeois« 461
II. Einschlägige nationale Verfassungstexte 462
III. Verfassungstexte im Europäischen Verfassungsrecht, die EU-Verträge und die als soft law vorwirkende EU-Grundrechtecharta 463
IV. Völkerrechtliche Texte (UN-Menschenrechtspakte) 464
Zweiter Teil: »Bildung« 464
I. »Bildung« – das klassische deutsche Thema 464
II. Bildungsziele in deutschen Länderverfassungen – sonstige canones 465
III. Das Thema Bildung auf der gesamteuropäischen und Völkerrechtsebene 469
Dritter Teil: Bürgerschaft durch Bildung – der Zusammenhang 470
I. Menschenrechtserziehung 470
II. Erziehung zur (pluralistischen) Demokratie als Bildungsziel 471
III. Die offene Gesellschaft der Verfassungsinterpreten – die Unverzichtbarkeit von Bildungsstandards – national wie europäisch 472
Ausblick und Schluss: 472
Literatur 473

Einleitung

Konkrete Anlässe für das Thema sind das zu Ende gehende Europäische Jahr des Europarates »Citizenship through Education«, gewiss auch die Besinnung auf das schon zum Klassikertext gereifte Europäische Kulturabkommen von 1954, das bis heute ausstrahlt. Ein tieferer Hintergrund dürfte das Werden des konstitutionellen Europa aus seiner Familie von nationalen Verfassungen und Kulturen sein. Das Ausrufen von »Jahren«, die bestimmten Zielen und Ideen gelten, ist ja auch im Rahmen der UN bekannt. Ähnlich wie Feiertagsziele (z.B. in Deutschland der 1. Mai) oder Gedenktage (z.B. der Martin-Luther-King-Tag in den USA, in Spanien der Nationalfeiertag) dienen sie der Vergegenwärtigung bestimmter Grundwerte oder Ereignisse, die den Bürger »ansprechen« wollen, man denke auch an die Verfassungspräambeln und an andere Artikel, die die offenen Gesellschaften der Demokratien von der Kultur her grundieren und den gesellschaftlichen Grundkonsens herstellen möchten. Akute Dringlichkeit für unser Thema zeigt sich derzeit in Frankreich (dem »Vaterland« der Menschen- und Bürgerrechte) in Gestalt der Unruhen arbeitsloser Jugendlicher in Vorstädten und sogar in Paris (Okt./Nov. 2005), die befürchten lassen, dass das stolze »republikanische Integrationsmodell« gescheitert ist (da es den Einwanderern keine würdigen Lebensbedingungen verschafft), und sie zeigt sich etwas friedlicher im deutschen Streit um die sog. »Pisa-Studie« (2000/2005), die dem Zusammenhang zwischen sozialer Herkunft und Bildungserfolg nachgeht (»Chancengleichheit im Bildungswesen«). Aus Platzgründen kann das wahrhaft große Thema nur in Stichworten angedeutet werden. Dabei sei die Aufwertung bedacht, die das »Bürgerliche« in den letzten 57 Jahren erfahren hat: die »Bürgerbewegung« in den USA (1950/60), die »Bürgerinitiativen« in Westdeutschland (1968/1980) – 1992 sogar in der Verf. Brandenburg auf die Textstufe gehoben (Art. 21 Abs. 3) –, die Bürgerbewegungen in Osteuropa (1976/1989)[1], die »die Bürger« in einigen Verfassungspräambeln sogar zu Verfassunggebern gemacht haben. Die Unabhängigkeitserklärung der werdenen USA (1776) und die Erklärung der Menschen- und Bürgerrechte in Frankreich (1789) gelten als klassische Dokumente des Bürgertums. Methodisch arbeitet der folgende Vortrag gemäß dem *kulturwissenschaftlichen* Ansatz (Stichwort: Verfassungslehre als Kulturwissenschaft (1982); »Alle Freiheit ist kulturelle Freiheit«, pluralistisches Kulturkonzept« (1979). »Klassikertexte im Verfassungsleben« (1981)). Gewiss, es mag auch andere Annäherungen an unser Thema geben, etwa die pädagogische, doch geht es im Folgenden um die spezifisch verfassungsrechtliche.

Erster Teil: »Bürgerschaft« – Begriffstraditionen und einschlägige Texte

I. »Bürger und Bourgeois«

»Bürger und Bourgeois« bilden seit *R. Smends* berühmter Rede (1933) ein klassisches Gegensatzpaar: »sittlich an den Staat gebundener Bürger« bzw. « rechenhafter Egoist der kapitalistischen Zeit«. (Wir denken aber auch an die Komödie von *Molière*: »Le Bourgeois Gentilehome«, 1670.) Das Wort »Bürger« ist heute meist

1 Der schönste Klassikertext stammt von *V. Havel*, Die Herrschaft der Gesetze, in: *ders*., Sommermeditationen, 2. Aufl. 1994, S. 14 ff., 26 f.: »Die Bürgergesellschaft, die auf der Universalität der Menschenrechte begründet ist, ermöglicht uns nämlich am besten, uns als alles das zu verwirklichen, was wir sind, also nicht nur als Angehörige unseres Volkes, sondern auch als Angehörige unserer Familie, unserer Gemeinde, unserer Region, unserer Kirche, unseres Berufsverbandes, unserer politischen Partei, unseres Staates, unserer überstaatlichen Gemeinschaft – und das alles, weil sie uns vor allem als Angehörige des Menschengeschlechtes versteht, also als Menschen, als konkrete menschliche Wesen, deren individuelles Sein seinen primärsten, natürlichsten und zugleich universalsten Ausdruck in ihrem Status als Bürger findet, in ihrem Bürger-Sein im weitesten und tiefsten Sinne des Wortes.«

positiv besetzt, es kommt in vielen Konnotationen vor: »Bürgersinn«, »Bürgerstolz«, »Bürgergesellschaft«, »bürgerliche Freiheiten«, »Bürgerrechte«, »Bürgerethos«, »Bürgerpflichten«, speziell in Deutschland als »Bürger in Uniform« (= Soldat der Bundeswehr). Wohl in allen europäischen Verfassungsstaaten gibt es inhaltliche Entsprechungen: vom Lateinischen herkommend (civis, status civilis): die »citadinanca« des Italienischen und die »ciudadancia« des Spanischen. Die »civil society« hat in angelsächsischen Rechtskulturen einen hohen Klang. (Eine erstaunliche Renaissance ist in Osteuropa seit 1989 zu beobachten.) Im Deutschen Idealismus bzw. der Weimarer Klassik ist er hörbar, und gewiss knüpft der Europarat an all diese Traditionen an. Das Wort »*Staats*bürgerschaft« wirkt in unserem Kontext fragwürdig: denn der Staatsbezug verengt und ist vor allem in Deutschland ideologisch besetzt. Meines Erachtens »gehören« die Bürger nicht dem Staat (an), darum kritisiere ich auch den Begriff »Staatsangehörigkeit«. Zumal im europäischen Verfassungsraum, dem engeren der EU und dem weiteren des Europarates mit seinen jetzt 46 Mitgliedern, nicht primär vom Staat her gedacht werden sollte. Es sind die »Unionsbürger« bzw. »Europabürger«, von denen aus zu denken ist. Eine Bestandsaufnahme der positiv geltenden Rechtstexte kann erste Materialien für den im Dritten Teil zu entwickelnden Theorierahmen liefern. Einige Klassikertexte sollen die Spannung erhöhen und erste Erkenntnisse vermitteln: von *Goethe* (« Einseitige Bildung ist keine Bildung. Man muß zwar von einem Punkte aus-, aber nach mehreren Seiten hingehen.« – »Keine Nation, weniger die Neuern, am wenigsten vielleicht die deutsche, hat sich aus sich selbst gebildet.« – »Der zur Vernunft geborene Mensch bedarf noch großer Bildung, sie mag sich ihm nun durch Sorgfalt der Eltern und Erzieher, durch friedliches Beispiel oder durch strenge Erfahrung nach und nach offenbaren«.); von *Schiller* (»Das Jahrhundert ist meinem Ideal nicht reif. Ich lebe ein Bürger derer, welche kommen werden.«. – »Was ich als Bürger dieser Welt gedacht, in Worte ihres Untertans zu kleiden.«); von *W. v. Humboldt* »Der isolierte Mensch vermag sich ebenso wenig zu bilden als der in seiner Freiheit gewaltsam gehemmte«; von *Hegel* »Der Mensch ist, was er als Mensch sein soll, erst durch Bildung«. *I. Kant* stellt dem »status naturalis« den »bürgerlichen (status civilis«) gegenüber, wobei dieses unter einer »distributiven Gerechtigkeit« steht; »societas civilis« definiert er als »Staat«, den »cives« als »Staatsbürger«. »Der Mensch kann nur Mensch werden durch Erziehung«, heißt es bei ihm, der »Bildung« synonym mit »Kultur« gebraucht.

II. Einschlägige nationale Verfassungstexte

An erster Stelle sei die französische Erklärung der Menschen- und Bürgerrechte erwähnt (1789). Sie kehrt als solche den Worten nach auch in vielen modernen Verfassungen wieder, zuletzt in Osteuropa (vgl. Abschnitt II Verfassung Polen von 1997: »Freiheiten, Rechte und Pflichten der Bürger«; Kap. III Verf. Kroatien von

1990: »Die grundlegenden Menschen- und Bürgerfreiheiten und -rechte«; ähnlich Kap. II Verf. Mazedonien von 1991; s. auch Art. 4 Abs. 1 Verf. Moldau von 1994). Von »Bürger« sprechen auch Art. 39, 44, 66 Abs. 3 Verf. Polen. Auf die »Grundsätze der Bürgergesellschaft« beruft sich hochrangig die Präambel der Verfassung der Tschechischen Republik (1992), die Heimat »gleichberechtigter Bürger« sein will. Die Präambel Verf. Litauen (1992) spricht von »offener, gerechter, harmonischer bürgerlichen Gesellschaft« und vom »Willen der Bürger« zu dieser Verfassung. Art. 9 Abs. 1 Verf. Spanien (1978) bindet die »Bürger und die öffentliche Gewalt« an die Verfassung und die übrige Rechtsordnung. Verf. Portugal (1976) unterscheidet zwischen »Bürger« und »Staatsbürger«. Der vornehmste »Bürger-Text« findet sich in der Präambel Verf. Brandenburg (1992): »Wir, die Bürgerinnen und Bürger des Landes Brandenburg haben uns in freier Entscheidung diese Verfassung gegeben« (ähnlich Präambel Verf. Mecklenburg-Vorpommern von 1993). Der Bürger wird anstelle des Volkes zum Verfassunggeber! (Ein Abschied von *Rousseau*!) Auch die »Bürger von Georgien« haben sich 1995 ihre Verfassung gegeben (ähnlich Verf. Slowakische Republik von 1992). Die slowakische Republik wagt sogar den Satz (Art. 2 Abs. 1): »Die Staatsgewalt geht von den Bürgern aus« (s. auch Präambel Verf. Tschechische Republik von 1992: »Wir, die Bürger . . . nehmen diese Verfassung . . . an«). Das ist konstitutionelle Bürgerdemokratie: mit Vorbildwirkung hoffentlich für ganz Europa!

III. Verfassungstexte im Europäischen Verfassungsrecht, die EU-Verträge und die als soft law vorwirkende EU-Grundrechtecharta

Art. 17 bis 22 EGV regeln prominent die »Unionsbürgerschaft«, Art. 99 bis 106 EU-Grundrechtecharta befassen sich mit »Bürgerrechten«, z.B. dem Recht auf eine gute Verwaltung und dem Recht auf Zugang zu Dokumenten. Der Bürger-Begriff erfährt so eine eindrucksvolle Europäisierung und Aufwertung. Der EU-Verfassungsentwurf von *J. Voggenhuber* (2003) überträgt die erwähnten ostdeutsch- und osteuropäischen Präambeltexte in den europäischen Kontext: »Wir, die Bürgerinnen und Bürger Europas und ihre Staaten errichten mit dieser Verfassung die Europäische Union« (zit. nach JöR 53 (2005), S. 604). Die Gemeinschaft der Bürger wird so zum Verfassunggeber für Europa! Der Beitrag spanischer Konventsmitglieder (*D.L. Garrido* et. al. 2002) arbeitet gezielt mit der »Europa-Bürgerschaft«, erhofft sich einen »Zivildialog« und fragt: »Was die europäischen Bürger von Europa fordern« (zit. nach JöR 53 (2005), S. 457 (489)). Spanien ist also das konstitutionelle Bürger-Thema besonders teuer. Es setzt auf das Bürgerschaftsideal.

IV. Völkerrechtliche Texte (UN-Menschenrechtspakte)

Hier ist der »Internationale Pakt über bürgerliche (!) und politische Rechte« einschlägig (1966) und als Beleg ausreichend. Er verweist nebenbei auf »Bürgerpflichten« (Art. 8 Abs. 3 lit. iv) und gibt »jedem Staatsbürger« gewisse Rechte (Art. 25).

Zweiter Teil: »Bildung«

Im Folgenden sei das Thema »Bildung« parallel zu der »Bürgerschaft«, kultur- und textgeschichtlich aufgeschlüsselt: jenes aus deutscher Sicht, da nur sie mir vertraut ist, dieses auch aus der das Nationale übersteigenden europäischen und universal völkerrechtlichen Perspektive.

I. »Bildung« – das klassische deutsche Thema

Bildung ist ein der deutschen Kultur lange »lieb« gewesenes Thema, ehe es in der 68er Revolution, im Streitwort von der »Bildungskatastrophe« und in der Verächtlichmachung des »Bildungsbürgertums« einen fragwürdigen Sinn erhielt. »Bildung kennzeichnet sowohl den Vorgang der Menschwerdung des Menschen als auch seine Bestimmung« – so lautet der Eingangssatz im Herderschen Staatslexikon von 1985. Danach entfaltet der Bildungsbegriff seine volle Bedeutung im Bildungsbegriff der europäischen Aufklärung und des deutschen Humanismus: *Herder, Goethe, Schiller, W. von Humboldt*, auch *Schleiermacher* und *Fichte* erarbeiteten die Texte, die zu Klassikertexten geronnen sind (einige wurden schon zitiert) – zuvor hatten sich die Reformatoren *M. Luther und P. Melanchthon* für die Bildung im Geiste des Priestertums aller Gläubigen engagiert, auch *Erasmus von Rotterdam* gehört zu denjenigen, die durch »Lesen, Rechnen, Lernen« damals eine frühe Bildungsreform auf den Weg gebracht haben. Für das 20. Jahrhundert wird von einer »Krise der humanistischen Bildung« gesprochen, von einer »Umorientierung durch die empirische Wissenschaft«, auch der »Ideologiekritik der Bildung«. Bescheidener wird nur noch eine »Grundbildung« gefordert. Sie soll jene Kenntnisse und Fähigkeiten umfassen, »die es dem Menschen ermöglichen, seine Welt zu interpretieren und in ihr bestehen zu können«. »Bildung und sozialer Wandel« ist ein weiteres Stichwort. »Bildung macht frei« (*J. Meyer*, 1850) bleibt ein Motto. Schon jetzt wird sichtbar, dass der »Bürger« *nicht* der viel zitierte »homo oeconomicus« ist. »Allgemeinbildung« und »berufliche Bildung« sind zu unterscheiden, aber nicht gegeneinander auszuspielen.

II. Bildungsziele in deutschen Länderverfassungen – sonstige canones

Der europäische Verfassungsjurist hat es in manchem einfacher als der Historiker, Politologe oder Philosoph. Er kann sich auf eine Weise auf die positivrechtlich geltenden Texte »verlassen«, auch wenn diese gelebt bzw. interpretiert werden müssen. Hier ein Überblick über das Schatzhaus gemeindeutscher Bildungsziele und sonstige Texte zum Bildungsverfassungsrecht, die viel Gedankengut der Klassiker positivieren.

Schon in der WRV (1919) heißt es (Art. 148 Abs. 1): »In allen Schulen ist sittliche Bildung, staatsbürgerliche Gesinnung, persönliche und berufliche Tüchtigkeit im Geiste des deutschen Volkstums und der Völkerversöhnung zu erstreben«. Die westdeutschen Länder nach 1945 und die ostdeutschen seit 1991 entwickelten diesen *pädagogischen Klassikertext* fort. Beispiele sind:

Art. 131 Verf. Bayern von 1946/1984 (Bildungsziele):

> »(1) Die Schulen sollen nicht nur Wissen und Können vermitteln, sondern auch Herz und Charakter bilden.
>
> (2) Oberste Bildungsziele sind Ehrfurcht vor Gott, Achtung vor religiöser Überzeugung und vor der Würde des Menschen, Selbstbeherrschung, Verantwortungsgefühl und Verantwortungsfreudigkeit, Hilfsbereitschaft, Aufgeschlossenheit für alles Wahre, Gute und Schöne und Verantwortungsbewusstsein für Natur und Umwelt.
>
> (3) Die Schüler sind im Geiste der Demokratie, in der Liebe zur bayerischen Heimat und zum deutschen Volk und im Sinne der Völkerversöhnung zu erziehen.«

Als Beispiel aus den ostdeutschen Ländern sei Art. 28 Verf. Brandenburg (1992) zitiert:

> »Grundsätze der Erziehung und Bildung. Erziehung und Bildung haben die Aufgabe, die Entwicklung der Persönlichkeit, selbstständiges Denken und Handeln, Achtung vor der Würde, dem Glauben und den Überzeugungen anderer, Anerkennung der Demokratie und Freiheit, den Willen zu sozialer Gerechtigkeit, die Friedfertigkeit und Solidarität im Zusammenleben der Kulturen und Völker und die Verantwortung für Natur und Umwelt zu fördern.«

Wer denkt hier nicht an das »Prinzip Verantwortung« von *H. Jonas* (1979)?

Eine eigene Variante schafft Art. 26 Verf. Bremen (1947), insofern es dort in Ziff. 3 heisst:

> »Die Erziehung zum eigenen Denken, zur Achtung vor der Wahrheit, zum Mut, sie zu bekennen und das als richtig und notwendig Erkannte zu tun«.

Damit ist mein Thema »Wahrheitsprobleme im Verfassungsstaat« (1995) angedeutet.

Bemerkenswert ist auch Ziff. 4:

»Die Erziehung zur Teilnahme am kulturellen Leben des eigenen Volkes und fremder Völker«.

Als historischer Kontrapunkt zu Bayern (1946) sei Art. 56 Abs. 4 und 5 Verf. Hessen (1946) zitiert:

Abs. 4: »Ziel der Erziehung ist, den jungen Menschen zur sittlichen Persönlichkeit zu bilden, seine berufliche Tüchtigkeit und die politische Verantwortung vorzubereiten zum selbstständigen und verantwortlichen Dienst am Volk und der Menschheit durch Ehrfurcht und Nächstenliebe, Achtung und Duldsamkeit, Rechtlichkeit und Wahrhaftigkeit«.
Abs. 5: »Der Geschichtsunterricht muss auf getreue, unverfälschte Darstellung der Vergangenheit gerichtet sein. Dabei sind in den Vordergrund zu stellen die großen Wohltäter der Menschheit, die Entwicklung von Staat, Wirtschaft, Zivilisation und Kultur, nicht aber Feldherren, Kriege und Schlachten. Nicht zu dulden sind Auffassungen, welche die Grundlagen des demokratischen Staates gefährden.«

Fast ist man an *I. Kants* »weltbürgerlicher Absicht« erinnert, auch an *Lessings* Toleranzparabel »Nathan der Weise«.
Aufmerksamkeit verdient auch Art. 15 Abs. 4 Verf. Mecklenburg-Vorpommern (1993):

»Das Ziel der schulischen Erziehung ist die Entwicklung zur freien Persönlichkeit, die aus Ehrfurcht vor dem Leben und im Geiste der Toleranz bereit ist, Verantwortung für die Gemeinschaft mit anderen Menschen und Völkern sowie gegenüber künftigen Generationen zu tragen.«

Der Generationenbezug findet sich auch in Art. 27 Abs. 1 Verf. Sachsen-Anhalt (1992); angedeutet ist der »kulturelle Generationenvertrag«.
Einschlägig ist sodann Art. 109 Abs. 1 Verf. Sachsen (1992):

»Die Bedeutung der Kirchen und Religionsgemeinschaften für die Bewahrung und Festigung der religiösen und sittlichen Grundlagen des menschlichen Lebens wird anerkannt.«

(Ähnlich schon Art. 4 Abs. 2 Verf. Baden-Württemberg von 1953 sowie später Art. 1 Abs. 1 Satz 2 Verf. Vorarlberg von 1999). Denn damit ist der *kulturelle Trägerpluralismus* in Sachen Bildung in eine Textform gegossen. Nicht nur der Staat hat Bildungsaufgaben (In Art. 51 Abs. 3 EU-Grundrechtecharta ist von »Dialog« der Union mit den Kirchen und weltanschaulichen Gemeinschaften die Rede.)
Soweit ersichtlich, haben die umfangreichen Materialien des Europarates zu unserem Thema (der »Leitfaden«, siebzehn Seiten, die Kurzübersicht und die von sieben Autoren verfasste Studie vierundneunzig Seiten) nirgends auf all diese reichen Texte Bezug genommen! Das ist bedauerlich, denn diese Texte konturieren das Ideal der »Bürgerschaft durch Bildung« und stellen sich damit gegen die sonst für unseren Zeitgeist so typische fragwürdige zweckhafte, am Nutzen orientierte Öko-

nomisierung der Bildung sowie ihre Denaturierung zur Ware (Kritik an der Ideologie des Marktes). Im Übrigen sei die Initiative des Europarates auch hier sehr positiv gewürdigt.
Ergänzt werden müsste diese Bestandsaufnahme durch eine Erarbeitung der *praktizierten* Bildungsziele in den Schulen Europas. Das ist hier naturgemäß nicht möglich[2]. Abstrakt sei darauf verwiesen, das jede Nation ihre klassischen Bildungskanones hat: In ihrer nationalen Kultur-, auch Sprachgeschichte figurieren so *Dante* für Italien, *Cervantes* für Spanien, überhaupt die Inhalte des sog. »Goldenen Zeitalters« (z.B. in Spanien, den Niederlanden, auch in Dänemark). Dabei spielt das Werden und die Weiterbildung der *Sprachen* eine prägende Rolle (zu denken ist heute an die Sprachförderung für Zuwanderer). Von *Goethe* stammt der Satz, *Luther* habe durch seine Bibelübersetzung die Deutschen zu einem Volk gemacht; dasselbe darf für *Dante* bzw. Italien gelten. Bildung durch Sprache bleibt ein einschlägiges Stichwort. Die in den einzelnen Länderverfassungen zum Ausdruck kommenden Grundwerte (Präambeln, Feiertagsgarantien, Hymnen und Flaggen, andere staatliche Symbole) sind solche, aus denen sich auch die nationale Bildung dieser Nationen speist und die das Wort vom »Verfassungspatriotismus« (*D. Sternberger*) rechtfertigen. Eine Grechtchenfrage ist: Brauchen Bürgergesellschaften eine »Leitkultur« als identitätsstiftende Kraft? Genügt in Deutschland das GG? Können wir ein »Lob deutscher Bildung« (FAZ vom 17. Okt. 2005, S. 37) noch wagen? Vieles spricht heute für *lebenslange* Prozesse aller Bildung der Bürger. Sie ist jedenfalls mit dem Schulende nicht abgeschlossen. Vieles deutet aber auch auf die *Verschiedenheit* der Bildungsideale je nach Nation und Kultur hin.
Die EU-Richtlinien über die Rückgabe von unrechtmäßig aus dem Hoheitsgebiet eines Mitgliedsstaates verbrachten Kulturgütern hat ihren tiefen Sinn; es geht um die nationale Identität aus Kultur.
Im Folgenden noch ein kurzer Überblick über geschriebene Verfassungstexte einiger europäischer Länder, die sowohl Mitglied des Europarates als auch der EU sind. Art. 42 Abs. 2 Ziff. 2 Verf. Irland (1937/1992) lautet:

2 In *England* gibt es eine untergesetzliche Norm mit folgenden Wortlaut: »Citizienship gives pupils the knowledge, skills and understanding to play an effective role in society at local, national and international levels. It helps them to become informed, thoughtful and responsible citizens who are aware of their duties and rights. It promotes their spiritual, moral, social and cultural development, making them more self-confident and responsible both in and beyond the classroom. It encourages pupils to play a helpful part in the life of their schools, neighbourhoods, communities and the wider world. It also teaches them about our economy and democratic institutions and values; encourages respect for different national, religious and ethnic identities; and develop pupils'ability to reflect on issues and take part in discussions. – In *Finnland* lautet eine Regierungsvorschrift: »The target for education is to support the pupils'development into people with harmony and a healthy ego and as members of society with skills to take a critical view of their social and natural enviroment. The basis is respect for life, nature and human rights as well as appreciation of their own and others'learning and work.« (Beide Texte zit. nach der erwähnten Studie des Europarates.).

»Der Staat muss jedoch als Hüter des allgemeinen Wohles im Hinblick auf die tatsächlichen Bedingungen fordern, dass die Kinder ein gewisses Minimum an moralischer, geistiger und sozialer Erziehung erhalten«.

In Abs. 4 ebd. ist erneut von den Einrichtungen »auf dem Gebiet der religiösen und moralischen Bildung« die Rede.
Art. 16 Abs. 2 Verf. Griechenland (1975/1986) lautet:

»Die Bildung ist eine Grundaufgabe des Staates und hat die sittliche, geistige, berufliche und physische Erziehung der Griechen, sowie die Entwicklung ihres nationalen und religiösen Bewusstseins und ihre Ausbildung zu freien und verantwortungsbewussten Staatsbürgern zum Ziel«.

Auffällig ist Art. 43 Abs. 2 Verf. Portugal (1976/1992):

»Der Staat darf sich nicht das Recht zusprechen, Bildung und Kultur nach den Maßstäben irgendwelcher philosophischer, ästhetischer, politischer, ideologischer oder religiöser Richtlinien programmatisch festzulegen.«

Denn der alteuropäische traditionelle Bildungskanon und seine Fortschreibung heute machen naturgemäß eine *Auswahl* der Grundwerte und (Bildungs-) Ziele erforderlich. Tradition sei, nach einem schönen Wort von *G. Mahler*, verstanden als »Weitergabe des Feuers«, nicht als »Anbetung der Asche«. Die jungen Menschen werden mit diesen Bildungszielen »auf den Weg« gebracht, die Erwachsenen können sie als »Orientierungswerte« verinnerlichen.
Im Übrigen enthalten fast alle neueren Verfassungen ein Grundrecht auf Bildung (vgl. Art. 57 Abs. 1 Verf. Albanien von 1998; Art. 53 Abs. 1 Verf. Bulgarien von 1991); Art. 11 Verf. Baden-Württemberg (1953) spricht vom »Recht auf Erziehung und Ausbildung« (ebenso Art. 25 Abs. 1 Verf. Sachsen-Anhalt, 1992); Art. 41 Abs. 1 lit. f nBV Schweiz (1999) verlangt von Bund und Kantonen in Bezug auf Kinder und Jugendliche Maßnahmen in Richtung auf »ihre Entwicklung zu selbstständigen und sozial verantwortlichen Personen« (s. auch das Ziel ihrer »sozialen, kulturellen und politischen Integration«). Die allgemeine Schulpflicht ist ein Hinweis auf den demokratischen Verfassungsstaat als Kulturstaat bzw. ein klassisches Element seines Bildungsverfassungsrechts, ebenso die (Aus)Bildung an den Universitäten. Der Sache nach »versteckt« sich auch in Art. 48 Verf. Spanien ein Bildungsauftrag; Art. 27 Abs. 1 normiert ein Recht aller auf Erziehung. Im nationalen Kulturverfassungsrecht kristallisieren sich Bildungsinhalte heraus.

III. Das Thema Bildung auf der gesamteuropäischen und Völkerrechtsebene

Verfolgen wir kurz die Erscheinungsformen des Themas Bildung auf der die Nationen überschreitenden Ebene, d.h. im Europäischen Verfassungs- und im Völkerrecht.

Ein Überblick über Bildungsthemen im Europäischen Verfassungsrecht wird vor allem im Kompetenzteil und im Grundrechtsteil fündig. Beispiele sind: Bereits aus der Satzung des Europarates (1949) der Passus: ». . . in unerschüttlicher Verbundenheit mit den geistigen und sittlichen Werten, die das gemeinsame Erbe ihrer Völker sind und der persönlichen Freiheit, der politischen Freiheit und der Herrschaft des Rechtes zugrunde liegen, auf denen jede wahre Demokratie beruht . . .«.

Eine kulturelle Erbesklausel, die immanent stets auch auf Bildungsziele verweist, findet sich in Präambel und Art. 5 Europäisches Kulturabkommen (1954).

Aus dem Europäischen Verfassungsrecht im weiteren Sinne sei Art. 2 des Zusatzprotokolles zur EMRK (1952) erwähnt:

> »Recht auf Bildung. Das Recht auf Bildung darf niemandem verwehrt werden. Der Staat hat bei Ausübung der von ihm auf dem Gebiete der Erziehung und des Unterrichts übernommenen Aufgaben das Recht der Eltern zu achten, die Erziehung und den Unterricht entsprechend ihren eigenen religiösen und weltanschaulichen Überzeugungen sicherzustellen«.

Relativ viel Bildungsverfassungsrecht findet sich im EU-Verfassungsrecht: So heißt es in der Präambel des EGV (1992/97): »Entschlossen, durch umfassenden Zugang zur Bildung und durch ständige Weiterbildung auf einen möglichst hohen Wissensstand ihrer Völker hinzuwirken«, so regeln Art. 149 f ebd.: »allgemeine Bildung und berufliche Bildung der Jugend« (»Entwicklung der europäischen Dimension im Bildungswesen«, »Förderung der Zusammenarbeit zwischen den Bildungseinrichtungen«). Art. 74 EU-Grundrechtecharta normiert das Recht auf Bildung sowie auf Zugang zur beruflichen Ausbildung und Weiterbildung. Der EuGH stärkt das Grundrecht auf gleiche Ausbildungschancen gerade jüngst von der Unionsbürgerschaft her (das europäische Hochschulinstitut in Florenz sei erwähnt, auch der Bolognaprozess mit seinen heute 40 Teilnehmerstaaten sowie das Tempus-, Erasmus-, Sokrates-, Leonardo da Vinci- und Comenius-Programm, nicht zufällig große Namen der europäischen Bildungs- bzw. Kulturgeschichte: »Vor-Bilder«).

Aus den *völkerrechtlichen* Texten seien erwähnt: Allgemeine Erklärung der Menschenrechte, der UN (1948):

> Art. 26 (Kulturelle Betreuung, Elternrecht):
>
> 1. Jeder Mensch hat Recht auf Bildung. Der Unterricht muss wenigstens in den Elementar- und Grundschulen unentgeltlich sein. Der Elementarunterricht ist obligatorisch. Fachlicher und beruflicher Unterricht soll allgemein zugänglich sein; die höheren Studien sollen allen nach Maßgabe ihrer Fähigkeiten und Leistungen in gleicher Weise offenstehen.

2. Die Ausbildung soll die volle Entfaltung der menschlichen Persönlichkeit und die Stärkung der Achtung der Menschenrechte und Grundfreiheiten zum Ziele haben. Sie soll Verständnis, Duldsamkeit und Freundschaft zwischen allen Nationen und allen rassischen oder religiösen Gruppen fördern und die Tätigkeit der Vereinten Nationen zur Aufrechterhaltung des Friedens begünstigen.«

In Art. 13 Abs. 1 Internationaler Pakt über wirtschaftliche, soziale und kulturelle Rechte (1966) heisst es kongenial:

> »Die Vertragsstaaten erkennen das Recht eines jeden auf Bildung an. Sie stimmen überein, dass die Bildung auf die volle Entfaltung der menschlichen Persönlichkeit und des Bewusstseins ihrer Würde gerichtet sein und die Achtung vor den Menschenrechten und Grundfreiheiten stärken muss. Sie stimmen ferner überein, dass die Bildung es jedermann ermöglichen muss, eine nützliche Rolle in einer freien Gesellschaft zu spielen, dass sie Verständnis, Toleranz und Freundschaft unter allen Völkern und allen rassischen, ethnischen und religiösen Gruppen fördern sowie die Tätigkeit der Vereinten Nationen zur Erhaltung des Friedens unterstützen muss.«

In all diesen reichen Texten kommt viel europäisches Bildungsgut zum Ausdruck. Es ist von den UN sogar zur universalen Aufgabe gemacht (Bürgerschaft durch Bildung als universale Aufgabe). Die Satzung der UNESCO (1945), Präambel und Art. I geben dazu viele Hinweise (»gleiche Bildungsmöglichkeiten für alle«), »Erziehung des Menschengeschlechts zur Gemeinschaft, Freiheit und Friedensliebe«, »Volksbildung«, »Erziehungsmethoden, die am besten geeignet sind, die Jugend der ganzen Welt auf die Verantwortung vorzubereiten, welche die Freiheit auferlegt«).

Dritter Teil: Bürgerschaft durch Bildung – der Zusammenhang

Nachdem die bisherige Bestandsaufnahme manchen Ertrag erbracht hat, kann jetzt der *Zusammenhang*, der gemeinsame Theorierahmen »Bürgerschaft durch Bildung« als europäische Aufgabe angedeutet werden.

I. Menschenrechtserziehung

»Erziehung zu den Menschenrechten« ist ein erster Bildungsauftrag – auf der nationalen und europäischen, ja Weltebene. Manche nationalen Verfassungen, vor allem der Entwicklungsländer, deuten ihn vorbildlich an (Verf. Peru von 1979: Art. 22 Abs. 3, Verf. Guatemala von 1985: Art. 72 Abs. 2). Es gibt entsprechende UNESCO-Programme, und wohl in allen staatlichen Schulen in Europa werden die Menschenrechte als Grundwerte des Verfassungsstaates vorgestellt. Die Erziehung zu den Menschenrechten umfasst den Grundwert der Toleranz und Solidarität, welch letztere die spanische Verfassung in anderem Kontext normiert (Art. 2, 138). Den jungen Bürgern muss klar gemacht werden, dass um der *Menschenwürde* willen jeder Mitbürger dieselben Menschenrechte hat. Auch hier hat *I. Kant* einen Klassikertext geschrieben, Art. 7 Abs. 2 Verf. Brandenburg(1992) (»Jeder schuldet jedem die Anerkennung seiner Würde«) knüpft an ihn an. Menschenrechtserziehung ist der Ausgangspunkt aller Bemühungen um Bürgerschaft durch Bildung. Der Europarat nennt die Menschenrechtserziehung ausdrücklich in seinen erwähnten Papieren. Menschsein und Bürgersein gehören zusammen. *Kultur* ist der Humus für Beides. Sollten »Verschulungstendenzen« im »Bologna-Prozess« überhand nehmen, sind Korrekturen erforderlich.

II. Erziehung zur (pluralistischen) Demokratie als Bildungsziel

Das zweite Bildungsziel ist das Demokratieprinzip, unter Betonung der aktivbürgerlichen Dimension, d.h. der Möglichkeiten über Volksabstimmungen und Wahlen hinaus das politische Leben stetig mit zu gestalten. Angesichts der oft sehr geringen Wahlbeteiligung bei manchen nationalen und EU-Wahlen ist dieser Bildungsgehalt der zweitwichtigste. Demokratie folgt meines Erachtens aus der Menschenwürde der Bürger als kulturanthropologische Prämisse des Verfassungsstaats, sie ist deren organisatorische Konsequenz. Es gibt viele (nationale) Demokratievarianten zwischen der nur repräsentativen und der auch direkten Demokratie (vorbildlich ist die »halbdirekte Demokratie« der Schweiz). Demokratische Grundrechte wie Petitionsfreiheit, der Gang zum Ombudsmann, Volksanwalt, dem Europäischen Bürgerbeauftragten etc. gehören hierher, Volksinitiativen, Bürgerbegehren kennen wir besonders in den neuen deutschen Bundesländern. Der status activus politicus des Bürgers, die partizipatorische Demokratie, wie sie der EU-Verfassungsentwurf von 2004 im Ansatz vorsieht, wird einschlägig. Nach einem Wort von *G. Grass* »verdorrt« die Demokratie ohne bürgerliches Engagement. Das Ehrenamt hat seine aktivbürgerliche Bedeutung in ganz Europa. Dabei ist daran zu erinnern, dass die demokratischen, politischen Mitgestaltungsrechte der Bürger (vgl. Art. 21 Verf. Brandenburg), die »öffentliche Freiheit« (Verf. Spanien) nur greifen, wenn ein Mindestmaß an Bildung, an Information über die Grundwerte und Grunddaten der politischen Vorgänge vorhanden ist (Grundrechte als »funktionelle Grundlage« der Demokratie). Demokratische Aufklärung (in Deutschland die »staatsbürgerliche Erziehung« nach 1945) ist ein Stück Demokratieerziehung zur Bürgerschaft. Man darf von »Demokratiebürger« und der »Bürgerdemokratie« sprechen, jedenfalls in der deutschen Sprache. Der Europarat spricht eindrucksvoll zu Recht von »Demokratielernen« und »Demokratieleben«. Dazu gehört auch europäische Integrationspolitik vor Ort (z.B. in Vorstädten). Lokale und regionale »europäische Bürgergesellschaften« sind an der Zeit. »Parallelgesellschaften« sind fragwürdig, da sie den Begriff »Bürger« spalten.

III. Die offene Gesellschaft der Verfassungsinterpreten – die Unverzichtbarkeit von Bildungsstandards – national wie europäisch

Das Paradigma von der »offenen Gesellschaft der Verfassungsinterpreten«, 1975 entwickelt und jüngst auch auf Europa bezogen, in Brasilien zu meiner Überraschung seit einigen Jahren intensiv diskutiert, setzt voraus, dass die Bürgerschaft »gebildet« und das politische Gemeinwesen *kulturell* grundiert ist[3]. Die potentielle und reale Relevanz des alltäglichen Bürgerverhaltens (vor allem im Grundrechtsbereich) für die schrittweise Fortbildung der Verfassung und ihre tägliche Verlebendigung verlangt »Bildung« und damit auch einen gewissen Idealismus im und zum Verfassungsstaat. »Kulturelle Sozialisation« im Blick auf eine konkrete nationale Verfassung und die europäischen Grundwerte kann nur glücken, wenn diese dem Bürger bzw. Mitbürger von den Schulen angefangen über die Universitäten (»europäischer Hochschulraum«) und andere Bildungseinrichtungen wie Volkshochschulen, Erwachsenenbildung, berufliche Weiterbildung, auch kirchliche karitative Organisationen, ja sogar die Medien und Nicht-Regierungsorganisationen vermittelt werden (darum ist es so fragwürdig, dass in Rußland in diesen Tagen ein Gesetz über nichtstaatliche Organisationen auf den Weg gebracht wird, in dem diese einer Registrierungspflicht beim Staat unterworfen werden. Die Suche nach dem »europäischen Gemeinwohl« kann nur so gelingen. Der »homo europaeus« ist nur z.T. der vielzitierte Marktbürger. Das europäische Menschenbild ist das hier skizzierte, wobei der Inbegriff »Menschenbild« den Ursprung der imago dei – Lehre zu spüren sein dürfte.

Ausblick und Schluss

Wissenschaftliche Beiträge dürfen mindestens am Ende in verfassungs- bzw. europapolitische Ausblicke münden. Gefordert ist zum einen, dass der nationale Verfassungsstaat sich der Instrumente bedient, die »Bürgerschaft durch Bildung« herstellen können: ausdrückliche Erziehungsziele für die Schulen, entsprechende Bildungsprogramme in der Erwachsenenbildung, Vergegenwärtigung in den Parlamenten und politischen Parteien sowie Medien, auch in sog. »Sonntagsreden«

3 Vgl. das schöne Wort von *J. Burckhardt* (Weltgeschichtliche Betrachtungen): »Jede Kultur ist Lernaufgabe, Leitstern und Leitkultur für alle in ihr Geborenen, und je mehr ein Mensch im Laufe seines Lebens fremde Kulturen kennenlernt, desto freier und wissender wird sein Blick auf die eigene Kultur sein, desto eher wird er auch Mängel in seiner eigenen und Vorzüge in einer fremden Kultur erkennen.«

(warum nicht?). Sodann: Der europäische Bürger braucht aber auch Initiativen auf der übernationalen Ebene. Die Instrumente des Europarates in den Jahren von 1997 bis 2005 gehören hierher (Europa als »Raum für Bildung«). Dabei darf es freilich zu keiner »Indoktrination« kommen. Die Idee der Bürgerfreiheit sollte das verhindern. Europa braucht die »Bildungsbürger«, um ein altmodisches deutsches Wort aufzugreifen. Ich weiss nicht, ob es dazu Analoges in den anderen Sprachen gibt. Gerade in der unbegrenzt globalisierten und ökonomisierten Welt von heute ist das Programm »Bürgerschaft durch Bildung« unverzichtbar. »Weltbürger« waren ein *Kant* und *Goethe*, wenige Gelehrte wie *Leibniz*, sind heute ein *N. Mandela,* ein *V. Havel*, wohl auch ein *Dalai Lama. J.S. Bachs* h-moll- Messe gilt manchen als ein »Stück Weltreligion«. So hoch können und dürfen wir für uns nicht greifen. Der sog. »gemeine Mann«, d.h. *wir* müssen hier und heute als Forscher und Lehrer alles dafür tun, dass das Projekt Bürgerschaft durch Bildung im *Alltag* gelingen kann – nicht für die genannten Ausnahmepersönlichkeiten, sondern für den normalen »Durchschnittsbürger«. Die Bürgergesellschaft meint die »kooperative und gemeinwohlorientierte Selbstorganisationskompetenz der Gesellschaft«. Sie stellt die Frage, wie »auf der Ebene der alltäglichen Lebensvollzüge der Sinn und die Sorge für eine Lebensgestaltung eingeübt und ermutigt werden kann« (*J. von Soosten*). Bildung *und* Bürgergesellschaft im Verfassungsstaat sind ein Ideal. Ihre sie zusammenbindenden Werte lauten: Freiheit und Menschenwürde, Demokratie und Verantwortung, Toleranz, Solidarität, Leistungsbereitschaft, Ehrfurcht vor dem Leben, Friedfertigkeit, Kritikfähigkeit, Gerechtigkeitssinn auch im Blick auf die künftigen Generationen und Umweltbewusstsein (bürgerschaftliche Partizipation). Was für die jungen Bürger »Erziehungsziele« sind, werden für die Erwachsenen »Orientierungswerte«. Nationale Identität und europäische Identität gehören zusammen. *De Gaulles* »Europa der Vaterländer« behält seinen Sinn. Bildung macht Europa zum »Mutterland«.

Literatur

Bahr, P., Art. Bildung, Bildunspolitik, in: EvStL, Neuausgabe 2006
Blanke, H.-J., Europa auf dem Weg zu einer Bildungs- und Kulturgesellschaft, 1994
Blankertz, H., Bildung im Zeitalter der großen Industrie, 1969
Böhme, G., Die philosophischen Grundlagen des Bildungsbegriffs, 1976
Dahrendorf, R., Bildung ist Bürgerrecht, 1965
Engelhardt, U.,Bildungsbürgertum, 1986
Fuhrmann, M., Bildung. Europas kulturelle Identität, 2002
Ders., Der europäische Bildungskanon des bürgerlichen Zeitalters, 1999
Glotz, P./Faber, K., Richtlinien und Grenzen des GG für das Bildungswesen, in: Handbuch des Verfassungsrechts, 2. Aufl. 1994, S. 1363 ff.
Häberle, P., Erziehungsziele und Orientierungswerte im Verfassungsstaat, 1981
Ders., Verfassungslehre als Kulturwissenschaft, 2. Aufl. 1998

Ders., Das Menschenbild im Verfassungsstaat, 3. Aufl., 2004 (4. Aufl. i. E.)
Ders., Europäische Verfassungslehre, 5. Aufl., 2007
Hentig, H. von, Bildung, 1996
Kant, I., Ausgewählte Schriften zur Pädagogik und ihrer Begründung, Ausgabe 1963
Jach, F.-R., Schulverfassung und Bürgergesellschaft in Europa, 1999
Kroeschell, K., Art. Bürger, in: HRG I. Bd. 1971, Sp. 543 ff.
Litt, T., Das Bildungsideal der deutschen Klassik und die moderne Arbeitswelt, 1955
Meinecke, F., Weltbürgertum und Nationalstaat, Ausgabe 1962
Menze, C., Art. Bildung, in: Staatslexikon Bd. I, 7. Aufl., 1985 und 1995, Sp. 783 ff.
Ders.,Art. Bildung, in Enzyklopädie Erziehungswissenschaft Bd. 1 1982, S. 350 ff.
Mittelstraß, J. (Hrsg.), Art. Bildung, in: Philosphie und Wissenschaftstheorie, Bd. 1 (1995), S. 313 f.
Münkler, H. (Hrsg.), Bürgerreligion und Bürgertugend, 1996
Preuß, U.K., Der EU-Staatsbürger – Bourgeois oder Citoyen, in: G. Winter (Hrsg.), Das Öffentliche heute, 2002, S. 179 ff.
Richter, I., Bildungsverfassungsrecht, 1973
Smend, R., Bürger und Bourgeois im deutschen Staatsrecht (1933), jetzt in: *ders.*, Staatsrechtliche Abhandlungen, 2. Aufl., 1968, S. 309 ff.
Soosten, J. von, Art. Bürgertum und Bürgergesellschaft, in: Evangelisches Soziallexikon, 2001, Sp. 226 ff.
Vierhaus, R. (Hrsg.), Bürger und Bürgerlichkeit im Zeitalter der Aufklärung, 1980
Wittinger, M., Der Europarat: Die Entwicklung seines Rechts und der »europäischen Verfassungswerte«, 2005

Probleme der Repräsentation in der EU

Peter Pernthaler

Einleitung[1]

Versteht man Demokratie im verfassungsstaatlichen Sinn als »*Civitas*«, dh als die Integration einer zur politisch-rechtlichen Einheit »*konstituierten*« Gruppe von Bürgern, so wird diese Einheit heute im Wesentlichen durch Repräsentation gestiftet. Sie ist es, die demokratische Legitimität vermittelt, gleichzeitig aber auch die Bedingung effizienter und rationaler Machtausübung auf der Basis von Menschenrechten, Pluralismus und individueller rechtlicher und politischer Freiheit ist. Da die EU nicht nur auf der Homogenität dieser Prinzipien in den Verfassungen ihrer Mitgliedstaaten beruht und sie wahrt, sondern auch selbst ein konstitutionelles System auf demokratischer Grundlage sein will, entscheidet die *Repräsentation auf europäischer Ebene* darüber, ob hier Demokratie im konstitutionellen Sinne stattfindet. Dieser, von *Hans-Peter Schneider* immer wieder formulierten Schicksalsfrage der europäischen Integration als föderativ-demokratischer Verfassungsprozess eigenen Typs, möchte die folgende Untersuchung nachgehen.

I. Repräsentation als geschichtlich geprägte Denkform

Die starke Verbindung demokratischer Institutionen mit der Entwicklung des Nationalstaates ließ die älteren Wurzeln, ihre dort entwickelten theoretischen Grundlagen und die historische Dynamik der Repräsentation in den Hintergrund treten. Ohne diese Dimensionen kann aber das Repräsentativsystem der EU nicht sinnvoll analysiert und beurteilt werden.

1. Die historischen Wurzeln

Die heutige staatsrechtliche Repräsentation stammt aus dem ständischen Staatsrecht und den Resten genossenschaftlicher Organisationsformen des Mittelalters und der frühen Neuzeit. Entsprechend dieser Herkunft sind in der Repräsentation alle drei abendländischen Rechtstraditionen verschmolzen.

1 Wesentliche Anregungen verdankt die vorliegende Studie der Habilitationsschrift von *J. Pollak*, Repräsentation ohne Demokratie?, im Druck.

Aus der Tradition der großen christlichen Kirchen stammt die Vorstellung, dass sich in den Kirchen, ihren »Gemeinden« und ihren Amtsträgern letztlich eine *spirituelle Einheit (»Corpus Christi Mysticum«)* verkörpere. Diese Vorstellung wurde säkularisiert zur Idee der »*nationalen Repräsentation*«, wonach sich in den Ständen, später in den Vertretern des *»Dritten Standes«,* die ganze Nation, das *Volk als politische Einheit* verkörpere.

Ohne diese Denkform der *geistigen Einheit* in der Repräsentation wäre die Idee der Volkssouveränität niemals in der Lage gewesen, die *reale Einheit* der monarchischen Souveränität revolutionär aus den Angeln zu heben. Die »*Volkssouveränität*« bezog ihre unwiderstehliche Kraft aus der Analogie zur spirituellen Einheit der Kirche. Ebenso wie in der Kirche diese Einheit in den Amtsträgern und Gläubigen *»lebte«,* konnte im demokratischen Staat die Volkssouveränität durch die Repräsentanten in Verbindung mit dem Volk real *»verkörpert«* werden.

Aus dem germanischen personalen Rechtsdenken übernahm die Repräsentation die Prinzipien der *Wahl* und des notwendigen *Konsenses* zwischen Repräsentant und seiner »Gefolgschaft«. Diese frühen Wurzeln der *demokratischen* Repräsentation – wonach jede Herrschaft in der *Wahl* und *Zustimmung* des Beherrschten begründet sein soll – sind im ständischen (feudalen) Recht des Mittelalters und der frühen Neuzeit so verdunkelt worden, dass die Demokratie der Neuzeit im Allgemeinen nicht mehr unmittelbar daran anknüpfen konnte, sondern auf dem Umweg über die *bürgerliche Revolution.*

Dennoch blieb die Vorstellung des *Wahl- und Treuebandes* zwischen Repräsentant und den von ihm Repräsentierten untergründig auch im absolutistischen Staatsrecht weiter wirksam und wurde auf dem Weg über den englischen Parlamentarismus, die genossenschaftliche Selbstverwaltung und die demokratische Erneuerung der ständischen Vertretungsformen zum zweiten wesentlichen Element der modernen demokratischen Repräsentation.

Schon im Kirchenrecht, noch viel deutlicher aber in der Rezeption des römischen Rechts in den oberitalienischen Städten, entwickelte sich die dritte Schicht der modernen staatsrechtlichen Repräsentation: das juristische Organisationsrecht. Der Repräsentant wurde nunmehr *rechtlich*, nämlich als *Organ* oder *Vertreter* einer Vielheit von Menschen konstruiert, die selbst sehr bald zur *juristischen Person* (universitas, corpus, persona moralis ua) verdichtet wurde[2].

Rechtsetzungskörper, Fürsten, Regierungskollegien, Richter, administrative Funktionäre und schließlich das ganze Staatsvolk werden in diesem Denken durch *Rechtsnormen* in ihrem Verhältnis zueinander bestimmt und zu einem dynamischen *rechtlichen* Repräsentationskreislauf zusammengeschlossen. Der *»Staat«* wird so zu einem Bündel rechtlicher Ämter, Vertretungsbefugnisse und Organschaften, das letztlich nach einer »*Verfassung*« – einer rechtlichen Gesamtordnung – des öffent-

2 *P. Pernthaler,* Die Repräsentationslehre im Staatsdenken der Concordantia Catholica, in: N. Grass (Hg), Cusanus-Gedächtnisschrift, München 1970, 67 ff.

lichen Wesens (»res publica«) drängt. »Repräsentation« wird zur *verfassungsmäßigen* Organschaft und Vertretung des Volkes im Staat.

2. Die drei Ebenen der Repräsentation

Die Denkform der Repräsentation als Verkörperung einer unsichtbaren Einheit (zB des Staates oder Volkes) reicht in sehr frühe Schichten der »geselligen Existenz« des Menschen zurück: Schon die magischen Kräfte der Stammespriester und -häuptlinge waren Ausdruck einer Repräsentation unsichtbarer Gemeinschaftskräfte des Stammes und seiner Götter. Heute noch zeichnen die staatliche Repräsentation gewisse äußere Formen und Zeichen aus (etwa Talar des Richters, nationale Symbole, Uniformen, öffentliche Paraden und Feiern, Gelöbnis, Eide ua), die rational nicht weiter erklärbar sind, sondern Symbolkraft haben sollen. Ohne einen Rest dieser *»vorrationalen« Ebene* der »Repräsentation« kann auch der nüchternste Staat der Gegenwart kaum auskommen[3].
Im Vordergrund des modernen Repräsentationsdenkens stehen aber durchaus rationale Denkvorstellungen der Vertretung, Organschaft, Wahlvorgänge, Ermächtigungsumfänge und Verantwortlichkeit. Repräsentation wird in diesem Denken zu einem juristisch und politisch klar definierten und begrenzbaren Vorgang, der verschieden deutbar, aber letztlich rational begründbar bleibt.
Wie immer »Repräsentation« begründet wird, folgt daraus, dass der »Repräsentant« ein politisches (und rechtliches) *Eigenleben* gewinnt: In ihm *entscheidet* sich das rechtliche und politische Schicksal der repräsentierenden Gemeinschaft als reale und ideale Einheit. Zwar ist der demokratische Repräsentant – zum Unterschied vom Aristokraten und Monarchen – aus- und abwählbar; das ändert aber nichts an der Tatsache, dass er – und nicht die Repräsentierten – für den Staat politisch zu handeln, Recht zu setzen und zu entscheiden hat. In dieser existentiellen Ebene muss der Repräsentant wohl im demokratischen *Konsens,* aber letztlich doch *allein* und *eigenverantwortlich* für das Gemeinwesen tätig sein.

3. Die »mandatische« Repräsentation

Über das *rechtliche* Wesen der Repräsentation sind im Laufe der Geschichte viele Auffassungen entwickelt worden. Ursprünglich wurde aus dem »Gesellschaftsvertrag« – im Besonderen aus dem *»Pactum subjectionis«* – abgeleitet, dass der Repräsentant mit der Bestellung (durch Wahl, Erbgang ua) die volle und ausschließliche Regierungsgewalt erlange und die ursprünglichen rechtlichen und politischen Befugnisse der Repräsentierten vollständig in seiner Funktion »aufgesogen« würden (sog *»absorptive Repräsentation«*).

3 *M. Weber,* Die drei Formen der legitimen Herrschaft, in: *derselbe*, Staatssoziologie, Berlin 1956, 99 ff.

Später entbrannte der Streit vor allem darüber, ob der Repräsentant den Willen der besonderen Gruppe oder Ortschaft verkörpere, die ihn gewählt habe, oder von dieser unabhängig das *Gemeinwohl des gesamten Volkes* zu verwirklichen habe. Im 18. Jahrhundert setzte sich in England der Gedanke der *mandatischen Repräsentation* durch, wonach die Abgeordneten weisungsfrei das Gesamtwohl des Staates zu verfolgen hätten und nicht – wie zivilrechtliche Vertreter – an Aufträge und Weisungen ihrer Wähler gebunden seien. Dies ist noch heute die Grundauffassung der Repräsentation, die freilich durch die Gesellschafts- und Verfassungsstruktur des *Parteienstaates* überlagert ist.

4. Verbindung von Repräsentation und Legitimität

Der seit 1815 verwendete Ausdruck »*Legitimität*« soll die Rechtfertigung einer »legalen« Herrschaft aus einer höherrangigen Ordnung ausdrücken. Die legitime Ordnung einer Demokratie ist die in der *Volkssouveränität* begründete politische und staatsrechtliche »Verfassung« der Staatsgewalt. Die Notwendigkeit der Repräsentation ist in der Demokratie auch darin begründet, dass dadurch *Legitimität* der hochdifferenzierten Organisation der Staatsleitung (Gesetzgebung, Planung, Regierung), Staatsexekutive (Administration, Polizei, bewaffnete Macht) und Staatskontrolle (Judikative, finanzielle Planung und Überwachung) vermittelt wird. Die Einrichtungen der Repräsentation sind in der modernen Demokratie also auch ein Kompromiss zwischen den Erfordernissen der rationalen Arbeitsteilung, der Machtkontrolle, des Menschenrechtsschutzes (Gewaltenteilung) und der Machtausübung durch das Volk als Souverän. Demokratische Legitimität kann staatsrechtliche Repräsentation allerdings – wegen der Unabhängigkeit der Repräsentanten – nur vermitteln, wenn sie nicht nur in freien und gleichen Wahlen begründet ist, sondern – vor allem durch »*Responsabilität*« der Mandatsausübung[4] – vom *demokratischen Konsens* mit den Bürgern getragen wird. Dieser Konsens von Bürgern und Regierten ist ein *politisches Vertrauensverhältnis* – jede Staatsfunktion ist ein »*trust*«, ein anvertrautes Amt –, das auf Vertrauensvorschuss, Öffentlichkeit, Kontrolle und Möglichkeit der Auswechslung der Machthaber durch die Bürger beruht.

5. Die Vielheit der Repräsentationsformen

Wegen der Verknüpfung von Volkssouveränität und Repräsentation, auf der ihre zuvor dargestellte legitimierende Funktion beruht, ist die *unmittelbare Volksvertretung* die eigentliche Form der Repräsentation in der Demokratie. Etwas missverständlich wird sie als »*souveräne Repräsentation*« bezeichnet, weil sich in ihren Funktionen und Organen die Souveränität des Volkes »mandatarisch« realisiert. Je

4 *J. P. Müller,* Responsive Government: Verantwortung als Kommunikationsproblem, ZSR 1995/1, 3 ff.

nach der konkreten Ausgestaltung des Regierungssystems gehören dazu das Parlament, der volksgewählte Präsident, die unmittelbar gewählte oder dem Parlament verantwortliche Regierung, nicht aber gewählte Selbstverwaltungsorgane, denen der Bezug zur Volkssouveränität fehlt. Ist man der Auffassung, dass nicht nur der *unmittelbare* Bezug zur Volkssouveränität Repräsentation begründet, sondern letztlich jedes öffentliche Amt als »*trust*« demokratischer Legitimation bedürfe, so wird auch die Gerichtsbarkeit und sonstige Staatskontrolle sowie die gesamte Verwaltung zu einer besonderen Type der Repräsentation, die man als »*magistratische Repräsentation*« bezeichnet hat[5]. Eine »pragmatische« Repräsentationstheorie wird darüber hinaus erkennen, dass auch organisierte Interessen, Nicht-Regierungs-Organisationen, Bürgerbewegungen uva zwar nicht die Volkssouveränität verkörpern, wohl aber – ähnlich wie die politischen Parteien – an der Willensbildung des Volkes mitwirken und daher Repräsentationsfunktionen eigener Art gegenüber der formellen Staatsorganisation erfüllen.

Für die Themenstellung der vorliegenden Untersuchung besonders wichtig ist schließlich die *föderative Repräsentation* der Gliedstaaten im Bundesstaat oder der souveränen Mitglieder in einem Staatenbund. Das Typische dieser Repräsentation ist, dass hier nicht die *Bürger* als Mitglieder (oder als Inbegriff) des Volkes vertreten werden, sondern *Staaten* in ihrer Funktion als Mitglieder des Bundes. Dies kann nur dann im Sinne einer demokratischen Repräsentation gedeutet werden, wenn die Glieder selbst demokratisch organisiert sind und die Vertretung der Staaten gleichfalls auf der *Volkssouveränität* beruht. Im Bundesstaat ist dies nur denkbar, wenn die Volkssouveränität schon an der Wurzel in Bundesvolk und Landesvölker gespalten gedacht und daher gemeinsam ausgeübt wird. Im Staatenbund beruht die Vertretung der Mitglieder im Bund dagegen auf der Pluralität der souveränen Völker der Mitglieder, deren Souveränitäten im Bund *gemeinsam ausgeübt* werden. Da wie dort ist ein solches Bundessystem nur funktionsfähig, wenn gleichzeitig die Souveränitätsausübung der Mitglieder durch Bundestreue oder Bündnisloyalität begrenzt wird, ein übergreifendes politisches System besteht, ein gemeinsames Rechtssystem die Funktionen der Mitglieder und des Bundes festlegt und sie rechtlich kontrollierbar macht. Darin liegt der Grund für die Entwicklung zur typisch *konstitutionellen* Natur des Bundesstaates und der supranationalen Bündnisgemeinschaft.

Die Vielzahl unterschiedlicher Repräsentationsformen im selben Demokratiesystem führt zur Organisation und Arbeitsteilung, aber auch zu Spannungen und Konflikten, die im Nationalstaat durch die »*souveräne Repräsentation*« lösbar sind. Im Falle der föderativen Repräsentation führt die »*souveräne Pluralität*« aber in der Regel zu Verfahren der Partizipation und Kooperation, sodass hier stark gegliederte und verflochtene Demokratiesysteme entstehen, deren Legitimationsfunktion immer komplexer und schwieriger zu durchschauen wird.

5 *H. Heller*, Die Souveränität (1927) 75.

II. Repräsentation in der EU

1. Rechts- und Politiksystem in Entwicklung

Wenngleich die Frage nach der demokratischen Legitimation der Europäischen Gemeinschaften von Anfang an diskutiert wurde, wird ihre heutige Struktur vor allem durch eine ständige Entwicklung zu mehr demokratischer Organisation, Repräsentation und politischer Substanz in der europäischen Integration bestimmt. Aus einer funktionell eng begrenzten Zweckorganisation intergouvermentaler Grundstruktur wurde in mehreren Stufen eine politische Union mit umfassender Zielsetzung und vielfältigen demokratischen Organisationselementen. Konnte man ursprünglich von einer Vertretung der Staaten durch ihre Regierungen als repräsentative Grundstruktur ausgehen, hat sich seit der *Direktwahl des Europäischen Parlamentes*[6] und der – von diesem Parlament initiierten – *Einheitlichen Europäischen Akte* (1987) die parlamentarische Komponente der Repräsentation in der Folge immer mehr verstärkt, wenngleich Ansätze einer parlamentarischen Struktur schon in der »*Gemeinsamen Versammlung*« des Pariser Vertrages zur Gründung der EG Kohle und Stahl (1951) und in den frühen Stadien des Ausbaues der EWG grundgelegt wurden. Die Weiterentwicklung der EU durch die Verträge von Maastricht (1991), Amsterdam (1997) und Nizza (2001) brachten jeweils Verstärkungen der Funktionen des Europäischen Parlamentes, wobei allerdings die Verfassungsinitiative vom Parlament immer mehr zu besonderen *Verfassungs-Konventen* überging. Neue Aspekte demokratischer Legitimation brachte die Einführung des *Ausschusses der Regionen* durch den Vertrag von Maastricht als Repräsentation des europäischen Regionalismus. Die *demokratische Homogenität* der EU entwickelte die Festlegung der »*Kopenhagener Kriterien*« (1993) als Bedingung für die Aufnahme neuer Mitglieder[7]. Das Weißbuch »*Europäisches Regieren*« der Europäischen Kommission (2001), sollte vor allem eine stärkere Beteiligung der Zivilgesellschaft – also der »nicht-souveränen Repräsentation« der europäischen Bürger anregen, wobei aber stark ihre Bedeutung für die Effizienz des Regierens betont wurde. Als eine Form der »*inklusiven Repräsentation*« wird schließlich die seit der Ausarbeitung der Grundrechtscharta (2000) üblich gewordene *Konventsmethode*[8] qualifiziert, weil neben den Regierungen, Vertretern des Europäischen und der nationalen Parlamente, auch »nicht-souveräne« Repräsentanten aus der europäischen Öffentlichkeit (Politik, Wirtschaft, Hochschulen ua) mitwirkten.

Die dynamische und sehr wechselhafte Entwicklung der demokratischen Legitimation der EU ist ein Ausdruck des sich ständig ändernden politischen Systems dieser supranationalen Organisation. Diese, zum Teil grundlegenden Wandlungen waren

6 Seit 1979 auf Grund des Direktwahlrechtes von 1976 und der Kopenhagener Erklärung von 1978.
7 Vgl. dazu 49 und 6 Abs 1 EUV.
8 Vgl. dazu die Erklärung von *Laeken* (14./15. 12. 2001) »*zur Zukunft der Union*«.

die Folge einer bewusst *offenen Finalität* der europäischen Integration und des hier von Anfang an herrschenden *Neo-Funktionalismus* (»*Jean-Monnet-Methode*«), der auf die Sachlogik immer weitergehender Integrationsschritte durch partielle Reformen vertraut. Seit ihrem Ursprung gab es innerhalb der Mitgliedsstaaten und bei den politischen Funktionären und Repräsentanten in der Gemeinschaft selbst – später insbesondere im Europäischen Parlament – den Gegensatz zwischen »*Unionisten*« und »*Föderalisten*«, die ganz unterschiedliche Entwicklungsziele für die EU vertraten. Dazu kommt, dass die Organisation der EU selbst maßgeblich zu ihrer ständigen Entwicklung beitrug, nicht nur durch spektakuläre Integrationsschritte des Rates, sondern auch durch die *Verwaltungspraxis*, die zahlreiche subkonstitutionelle Veränderungen der Struktur herbeiführte (besonders durch die sog »*interinstitutionellen Vereinbarungen*«) und vor allem durch die überaus dynamische Entwicklung des *supranationalen Rechtssystems* insbesondere auch durch die rechtsfortbildende *Judikatur des EuGH*. Im Ergebnis ist so ein außerordentlich vielschichtiges Repräsentationssystem der europäischen Integration entstanden, das zunächst kurz dargestellt sei, ehe seine institutionellen und funktionellen Probleme analysiert werden.

2. Wer repräsentiert was in der EU

Die Fassade der EU ist ein *bipolares Repräsentationssystem* der Mitgliedsstaaten im Rat und der europäischen Bürger im Parlament. Hinter dieser Fassade zeigt sich ein sehr komplexes Bild: Im Rat sind die jeweiligen Regierungen der Staaten in Wahrheit nach den *nationalen* Verfassungs- und Politiksystemen demokratisch legitimiert und daher keine europäischen Repräsentanten; im Parlament sind schon nach Art 189 EG-V die *europäischen Völker* vertreten und nicht die europäischen *Bürger*, die nach dem Prinzip der föderalen Staatenrepräsentation sehr ungleich vertreten werden. Dazu kommt, dass die Europawahlen nach den nationalen Wahlrechten unter den nationalen politischen Parteien ausgefochten werden, was dazu führt, dass nicht europäische, sondern nationale Politik ausschlaggebend für die Wahl der Europaabgeordneten ist. Zwar können sich die Abgeordneten durch ihr freies Mandat und die Bildung von Fraktionen und parteiübergreifender »*Intergroups*« von den nationalen Parteien bis zu einem gewissen Grad emanzipieren; aber der nationale politische Hintergrund bleibt doch wirksam und führt zu Diskrepanzen innerhalb der Fraktionen, die über keinen wirksamen Klubzwang verfügen.

Neben diesen beiden »souveränen« Repräsentanten werden bestimmte ständisch organisierte Interessen durch den *Wirtschafts- und Sozialausschuss*, andere durch Lobbies und Vertretungsbüros, die Regionen durch den *Ausschluss der Regionen* und die Zivilgesellschaft durch Transparenz und Öffentlichkeitsarbeit der europäischen Organe in den Entscheidungsprozess integriert. Neben diesen vielfältigen partikulären und pluralistischen Repräsentationen soll das *europäische Gemeinwohl* durch die *Kommission* (insbesondere ihren Vorsitzenden) durch die europäische

Verwaltung (Bürokratie) und Gerichtsbarkeit verkörpert werden. Nach der oben dargestellten Begriffsbildung kann dies allenfalls als »*magistratische Repräsentation*« qualifiziert werden. Dasselbe gilt für die von nationalen Bürokratien getragene Entscheidungsvorbereitung des Rates, von denen die Ausschussverfahren, speziell das sog *Coreper-Verfahren*, die größte Bedeutung haben: Von demokratischer Repräsentation im klassischen Sinne sind diese nichtöffentlichen Verhandlungs- und Kooperationsgremien jedenfalls weit entfernt.

3. Institutionelle Probleme der Repräsentation

Die formal der bundesstaatlichen Repräsentation nachgebildete institutionelle Grundstruktur von Rat und Parlament verfehlt – wegen der überwältigenden Dominanz des Rates nicht nur die vom EuGH ausdrücklich geforderte »*institutionelle Balance*«[9]; sie ist schon institutionell ungeeignet, *europäische Repräsentation* zu verwirklichen. Der Rat ist ein Hermaphrodit zwischen einem *Bundesrat* deutschen Typs (Versammlung der Regierungen) und einer *Bundesregierung* mit Gesetzgebungsfunktionen. Der Rat muss daher in sich gegensätzliche Interessen repräsentieren, nämlich die nationalstaatlichen der Mitgliedsstaaten und die europäischen Gemeinschaftsinteressen. Diese können sich zwar decken, weil die Gemeinschaft ja eine Institution der gemeinsamen Aufgabenerfüllung ist; sie müssen aber nicht kongruent sein, weil nationale Interessen häufig Sonderinteressen sind. Sicher braucht es auch ein Organ der Repräsentation nationaler Interessen in der Gemeinschaft; wenn dies aber gleichzeitig das oberste Normsetzungs- und Entscheidungsorgan der Gemeinschaft ist, wird die *intergouvermentale Struktur* der Gemeinschaft zum obersten Systemprinzip der Organisation. Dem entspricht auch der obskure Entscheidungsprozess in der Vorbereitung und im Hintergrund des Rates, der in Wahrheit von geheimer Verhandlungstaktik nationalstaatlicher Agenten und europäischer Funktionäre und nicht von Transparenz, Responsabilität und Öffentlichkeit einer europäischen Repräsentation geprägt ist. Dominant sind mitgliedstaatliche Interessen im Rat vor allem auch deshalb, weil seine Mitglieder nur ihren nationalen politischen Systemen verantwortlich sind und nur von dort her ihre demokratische Legitimation beiziehen.

Zwar bringt das *Europäische Parlament* durch sein Budgetrecht, seine (bescheidenen) parlamentarischen Kontrollfunktionen[10] und seine Mitwirkung an der Rechtsetzung zusätzliche »europäische« demokratische Legitimation ein; die Mitglieder des Rates sind in ihren Entscheidungen aber nicht vom Parlament abhängig. Darin liegt eines der institutionellen Grundprobleme des Parlaments: Die »Regierung« der EU – soweit man den Rat als solche bezeichnen kann – ist eben keine »parlamentarische« im europäischen Sinn, sondern bleibt ein Kongress der Vertreter nationaler

9 Vgl. dazu EuGH Rs 138/79 »*Isoglucose*« und Rs 302/87 »*European Parlament*«.
10 Kaum gegenüber *dem Rat*; vgl. Art 197 u 201 EGV.

Regierungen. Ein weiteres – allmählich schwächer werdendes – Problem des europäischen Parlaments ist sein geringer Einfluss auf die Gesetzgebung der EU und auf die Zusammensetzung und Tätigkeit der Mitglieder der Kommission. Zwar verbessert sich die institutionelle Stellung des Parlamentes in diesen Bereichen ständig; sein politisches Gewicht ist aber gegenüber dem Rat nach wie vor gering. Die Verfassungsinitiative ist auf die Konvente übergegangen; die Responsabilität gegenüber den nationalen politischen Systemen – insbesondere deren Parlamenten – ist gegenüber den 80er Jahren deutlich zurückgegangen.
Noch schwächer ist die Stellung des *Ausschusses der Regionen*, der auf Grund seiner Funktionen, seiner Zusammensetzung und seiner organisatorischen Stellung nur ein beratendes Hilfsorgan der Hauptorgane der EU und daher weit davon entfernt ist, eine parlamentarische »*Regionenkammer*« zu bilden. Auf Grund der heterogenen Struktur der europäischen Regionen hat ein Gesamtorgan der Vertretung nur geringe Chancen, im Prozess der politischen und rechtlichen Politikformulierung der EU wirksamen Einfluss auszuüben. Dagegen ist der (informelle) Einfluss einzelner Regionen oder Regionengruppen – zB der Regionen mit Gesetzgebungshoheit – auf die europäische Normsetzung und Vollziehung durchaus beachtlich.
Dies ist aber eine sehr wichtige institutionelle Grundstruktur der EU, die sich höchst abträglich auf die öffentliche Verankerung und Glaubwürdigkeit der Repräsentation durch ihre Spitzenorgane auswirkt: Deren Willensbildung und Entscheidungsfindung ist in vielen Bereichen sehr stark durch *informelle* Verfahren und Vorbereitungsorgane geprägt, die undurchsichtige Formen der Mitwirkung, Kooperation und Inhaltsgestaltung der europäischen Akte gewährleisten. Darin liegt eine sub- und parakonstitutionelle Grundstruktur der EU, die in ihrer Öffentlichkeitsscheu stark an die seinerzeitige »Kabinettspolitik« rund um das »Ohr des Fürsten« erinnert.

4. Funktionelle Probleme der Repräsentation

Noch deutlicher als bei einer institutionellen Analyse zeigen sich bei einer *funktionellen Betrachtungsweise* die Grundprobleme der europäischen Repräsentation. Stärker als das allgemeine Lob der »*Monnet-Methode*« dies wahrhaben will, belastet schon die »Offenheit der Finalität« der EU – die in Wahrheit die *Zwiespältigkeit* von Union oder Föderation verbirgt – alle wichtigen Voraussetzungen und Rahmenbedingungen demokratischer Repräsentation. Klar zeigt sich dies vor allem in den Gegenüberstellung von *Rechtsordnung* und *politischem System* der EU, wo es nach der demokratischen Grundvoraussetzung – der *Volkssouveränität* – eben keinen Gegensatz, sondern Übereinstimmung geben soll[11]. Das supranationale Rechtssystem der EU – vor allem der EG – trägt im Verbund mit den Rechtsordnungen der Mitgliedsstaaten schon jetzt alle wesentlichen Merkmale eines

11 Vgl. dazu besonders klar die Formulierung des Art 1 der österr Bundesverfassung: »*Ihr Recht geht vom Volk aus*«.

Bundesstaates, wozu der »Verfassungsvertrag« nur die formelle Bestätigung geliefert hätte[12]. Das *politische System* der EU ist dagegen nach wie vor ein intergouvernementaler Staatenbund mit einigen – weit weniger wirksamen – Elementen einer Entwicklung zur engeren politischen Union.

Für die notwendige *Wertungsgrundlage* der Repräsentation bedeutet dies: Der »Vergegenwärtigung« einer europäischen Gemeinschaft fehlt der (unabdingbare) Bezug zur *geistigen Einheit und Integrationskraft*. Im Unterschied zum Nationalstaat gibt es hier weder Souveränität, noch Nation, noch eine andersgeartete ideale oder politische Einheit der Gemeinschaft, sondern die (nationale) Vielheit wird nur durch wirtschaftliche und schwache politische Interessen der Koordination integriert. Die »Einheit« (das »Gemeinwohl«) der EU wird vom Rechtssystem, der Bürokratie und komplizierten technisch-ökonomischen Bedingungen des einheitlichen Wirtschaftsraumes, gemeinsamer Verwaltungs-, Sicherheits- und anderer spezieller und wechselnder politischer Interessen der Staaten bestimmt. Vieles von diesen Einheitsbedingungen wird von nichtöffentlichen Institutionen und Kräften gesteuert und zentralisiert, nicht politisch in demokratisch legitimierten Organen »deliberiert«, auf dieser Grundlage entschieden und damit an übergreifenden Werten orientiert. Diese Grundthese der Untersuchung soll an den repräsentativen Hauptorganen der EU näher erläutert werden.

Der *(Europäische) Rat* ist zwar eine demokratisch legitimierte Vertretung der Mitgliedsstaaten, aber keine »*Regierung*« der EU. Dafür fehlt nicht nur der theoretische Bezug zur *Souveränität* als Einheitsgrund seiner Entscheidungsgewalt, sondern auch das praktische Gegengewicht zur politischen Verankerung seiner Mitglieder in den demokratischen Systemen der Staaten. Die Macht der Mitglieder des Rates – die sie in seine Funktionen einbringen sollen – beruht nicht auf ihrer Mitgliedschaft, sondern auf ihrer Stellung als *oberste Staatsorgane*; für ihre Entscheidungen im Rat müssen sie sich nicht in der EU, sondern in der Öffentlichkeit ihres Landes als Politiker ihres *nationalen* demokratischen Systems verantworten. Welchen Einfluss dies auf ihre Entscheidungsfreiheit und die Maßstäbe ihrer Entscheidung haben wird, braucht nicht weiter erörtert werden. Nicht im Rat und bei seinen nationalen Entscheidungsgehilfen (Ausschuss- und *Coreper*-Verfahren) sondern im *Gerichtshof*, in der *Kommission*, in der ihr unterstellten *Bürokratie* und in verschiedenen Sonderorganen der EU wird das europäische Gemeinwohl primär formuliert, während es die Funktion des Rates ist, bei ihrer Sanktionierung die Interessen der nationalen Regierungen zu wahren. Sowohl der Gerichtshof als auch die Kommission und alle Hilfsorgane sind *magistratratische Repräsentanten*, weil sie keine obersten politischen Entscheidungsorgane sind, wenngleich für die Kommission als ganzes eine politische Verantwortlichkeit gegenüber dem Parlament besteht (Art 197 und 201 EGV). Wenn sich die Kommission um demokratische Legitima-

12 Vgl. dazu *Th. Öhlinger*, Der Vorrang des Unionsrechts im Lichte des Verfassungsvertrages, FS Ress (2005) 685.

tion ihres Handelns bemüht[13], geht es dabei primär um die Stärkung der Effizienz ihres Regierens und nicht um politische Verantwortung gegenüber einem Volkssouverän. Dieser wird auch nicht durch das *Europäische Parlament* repräsentiert, weil dieses nicht ein europäisches Volk als Einheit vergegenwärtigt, sondern formell und gemäß seinem pluralistischen Wahlrecht ein *Vertretungsorgan der europäischen Völker* (Art 189 und 190 EGV) – also ein Art parlamentarischer Bundesrat »*der in der Gemeinschaft vereinigten Staaten*« (Art 189) – ist. Zwar gibt es europäische politische Parteien und eine einheitliche Organisation und Mehrheitsbildung im Parlament; die inneren politischen Gegensätze der Fraktionen entlang den nationalen Repräsentationssträngen der Abgeordneten sind aber sehr stark. Der grundlegende Zwiespalt in der Finalität der Union spiegelt sich auch in der sehr wechselhaften Stärke der »*europäischen Föderalisten*« im Parlament wieder. Fraktionsübergreifende »*Intergroups*« – die sich nach speziellen politischen Zielsetzungen zusammenfinden – konstituieren eine parlamentarische Subkultur, die mit dem Parlament als ganzes konkurriert. Daraus – und aus der stark mediatisierten politischen Verantwortlichkeit und »Responsivität« der europäischen Abgeordneten – folgt der Charakter des europäischen Parlamentes als eines – auf abgehobenem Niveau deliberierenden – Honoratiorenparlaments. Das hat zur Folge, dass seine im Gefüge der Organisation immer wichtiger werdenden Funktionen in den nationalen Öffentlichkeiten der Mitgliedsstaaten weit weniger repräsentativ wirken als die politischen Prozesse in den *nationalen* demokratischen Systemen und die diesen primär zugeordneten Ratsfunktionen.

Damit verliert sich aber auch in der Wahrnehmung der europäischen Bürger die repräsentative Legitimation des – in den Verfahren seiner komplizierten Erzeugung und Geltung kaum demokratisch zuzuordnenden – *europäischen Rechts* und seines Einflusses auf die nationale Rechtsordnung. Davon ist die – zeitweise als »*Integrationsmotor*«, immer aber als rechtsfortbildende Kraft wirkende – Funktion der *europäischen Gerichtsbarkeit* von vorneherein nur »magistratisch« repräsentativ. Die übrige Normsetzung wird zwar informell durch zahlreiche Lobbies und Informationskanäle in ihrer Vorbereitungsphase gesteuert und auch parlamentarisch bzw intergouvernemental deliberiert; in ihrer nationalen Umsetzung wird das supranationale Recht aber zu einem nur mehr von Experten der konkreten Rechtsgebiete zu durchschauendes Geflecht von transnationalen Bindungen, nationalen Entscheidungsspielräumen und in das nationale Recht wuchernden europäischen Normen und Rechtsgrundsätzen. Verschärft wird diese Überlagerung und Relativierung des – in der Volkssouveränität begründeten – nationalen Rechts durch die Kooperationszwänge aus den den zahlreichen europäischen *politischen Planungen und Programme*, die zwar in der Regel formell unverbindlich sind, deren Einfluss sich nationale politische und rechtliche Autoritäten aller Ebenen aber nicht entziehen können. Ihre praktische Bedeutung für den Alltag europäischer Bürger ist ebenso

13 Vgl. dazu das Weissbuch »*Europäisches Regieren*«, 2001.

groß, wie ihre demokratische Legitimation über alle Verflechtungen und untergründigen Steuerungsmechanismen gering oder jedenfalls undurchschaubar ist.

III. Die Zukunft der Repräsentation in der EU

1. Doppelstruktur der Finalität muss repräsentiert werden

Die EU ist eine Gemeinschaft der europäischen Staaten, deren Finalität noch heute doppelt und antagonistisch verstanden wird: Die Auseinandersetzung zwischen Unionisten und Föderalisten, die nur im Parlament instutionalisiert und offen geführt wird, kann und soll nicht enden, solange die EU neben der Souveränität ihrer Mitgliedsstaaten ihre eigene Entwicklung und integrative Dynamik fortführen muss. Eine derart antagonistische Zielsetzung eines Systems ist nichts Ungewöhnliches und dem Föderalismus auf staatlicher und überstaatlicher Ebene seit Jahrhunderten geläufig. Allerdings müssen rechtliche und politische Institution eine derart *fundamentale Doppelfinalität* klar zum Ausdruck bringen und Mechanismen des Ausgleiches und der Konfliktslösung anbieten. Repräsentation im vollen Sinn des Begriffes wäre gut geeignet, diese komplexen Organisationsziele zu verwirklichen und mit dem Anliegen einer doppelten demokratischen Legitimation der Einigung zu verbinden. Dies setzt allerdings voraus, dass nicht nur nationstaatliche Modelle übertragen, sondern in der Entwicklung der EU begründete Institutionen in ihren repräsentativen Funktionen verstärkt und reformiert werden.

2. Repräsentation der Integration stärken

Nach der gegenwärtigen Organisationsstruktur sind zwar die demokratischen Strukturen der Mitgliedsstaaten – die wegen der dort verankerten Volkssouveränität gewiss wichtig sind – dreifach und sehr wirksam im Rat und im Parlament sowie in der diesem politisch verantwortlichen Kommission repräsentiert. Es fehlt aber das Gegengewicht einer ebenso wirksamen *Repräsentation der europäischen Einheit und der Einigungsverfahren* gegenüber der Pluralität der Mitgliedsstaaten. An sich sollte die Direktwahl des Parlamentes eine derart integrative Repräsentation hervorbringen; aber das Parlament kann auf Grund der national gegliederten Wahlen und Parteien den politischen Konsens und die integrative Responsabilität gegenüber den europäischen Bürgern bestenfalls im nationalen Rahmen der Mitgliedsstaaten verwirklichen. Darüber hinaus ist es als großes Kollektivorgan nicht in der Lage, die notwendigen europäischen Einigungsvorgänge für den europäischen Bürger anschaulich *als Einheit* zu repräsentieren. Daher müsste ein repräsentatives *Einzelorgan (»Präsident«)* der »Regierung« der EU europaweit gewählt werden[14] und die

14 Vgl. Art I-22 VVE.

integrierende Funktion der Kommission (Kommissare) stärker als bisher als Gegengewicht zur Vorherrschaft des Rates in das politische und rechtliche System der EU als eigene *repräsentative Funktion* eingebracht werden. Dies würde auch eine stärkere demokratische Legitimation der europäischen Bürokratie implizieren, die dem Bürger gegenwärtig bestenfalls als technokratisch aufgeklärter Absolutismus gegenübertritt[15].

3. Demokratisierung der Einigungsverfahren

Politische Zielsetzungen und Entscheidungen, Planungen und Programme, rechtliche Normen und Beschlüsse von Kollegialorangen der EU entstehen in (unterschiedlich strukturierten) *Einigungsverfahren*. Der repräsentative Charakter und die demokratische Legitimation dieser kollektiven Willensbildung ist nur beim *Parlament* und seinen Funktionen für den Bürger einigermaßen durchschaubar und durch Wahlen im Sinne des traditionellen nationalstaatlichen Repräsentationsmodells kontrollierbar. Bei allen anderen Kollegialorganen – insbesondere beim Rat – verdünnt sich die demokratische Legitimation zu den Mitgliedsstaaten durch Wirkgesetze der supranationalen Kooperation, insbesondere durch das Verhandlungsprinzip, die Mehrheitsentscheidungen und die darin begründeten Kompromisse und Einigungszwänge, bis zur Unkenntlichkeit und Unbestimmbarkeit.
Dazu kommt, dass allen Entscheidungen des – »nebenberuflich« und unter Termindruck agierenden Rates – wichtige *nichtöffentliche Verfahren* administrativer Organe vorausgehen, von denen der »*Ausschuss der ständigen Vertreter*« (*Coreper*) nach wie vor die größte Bedeutung besitzt. Er gilt als eines der mächtigsten und gleichzeitig obskursten Organe der EU und sollte daher durch die *Wahl seiner Mitglieder* – ähnlich wie die meisten Gerichtsorgane in den USA – unmittelbar demokratisch legitimiert werden. Zwar muss es in der EU – wie in allen kollektiven Entscheidungssystemen – Organe und Phasen *nichtöffentlicher* Verhandlungen und Entscheidungsvorbereitung geben. Demokratische Legitimation und Öffentlichkeit (Transparenz), Responsabilität und politische Entscheidungsvorgaben müssen aber stärker als bisher in diese *Vorbereitungsphasen* hineinwirken. Denn die im Verfassungsvertrag vorgesehene *Öffentlichkeit der Ratsitzungen* als »Zweite Kammer« des Gesetzgebungsverfahrens sind ebenso wenig wie die schon jetzt bestehende »*Transparenz*« seiner Entscheidungen[16] geeignet, die notwendige Balance zwischen Vertraulichkeit der Beratung und demokratischer Öffentlichkeit der Willensbildung bei den Entscheidungen und Normen der EU zu gewährleisten.

15 Vgl. dagegen Art I 46 – 52 des geplanten VVE.
16 Art 255 EGV und VO Nr 1049/2001, ABl 2001 L 145, 43.

Schluss

Die Rechtsordnung der EU hat sich in weiten Bereichen so untrennbar mit den nationalen der Mitgliedstaaten verwoben, dass *rechtlich* für ihre Bürger schon jetzt eine *Civitas Europea* entstanden ist. Ihr Recht wird allerdings durch ein politisches, judizielles und administratives System erzeugt, das sich durch Zentralisation und Intransparenz immer weiter von diesen Bürgern entfernt. Die Hoffnung auf eine »*Verfassungsemergenz*« durch die Integrationsdynamik (»*Jean-Monnet-Methode*«) hat sich zerschlagen, weil diese Dynamik gleichzeitig massive Gegenkräfte freisetzt. Die Versöhnung dieser (unaufhebbar) *widersprüchlichen Integrationslogik* der EU kann nur dann gelingen, wenn sich die Völker und Bürger Europas in neuen *föderativen Repräsentationsformen* der Gemeinschaft wieder finden können.

Teil 7

Verfassungsvergleichung, Verfassungsberatung und Verfassungsentwicklung

The International Community and Constitution-Making[1]

Lidija R. Basta Fleiner*

1. The Comeback and »Withering Away« of Constitution-Making

Constitution-making comes in the forefront again; this time under distinctively different circumstances. One may even go so far as to claim that constitution-making re-gains the epochal relevance it had on the eve of and during the first democratic revolutions at the end of the 18th century and during the first half of the 19th century. Then, constitution-making sustained building of and gave a constitutional form to modern nationhood. Today, new constitutional paradigms are emerging for new contexts. They at best reflect the paradox lying behind two processes running parallel in the post-modern politics: »nation-building« on one side, and »breaking of nations«, on the other. The doctrine of liberal imperialism, which argues force, pre-emptive attack and deception as appropriate strategies of post-modern states,[2] goes hand in hand with state-building and nation-building for the lawless »pre-modern states« after long-lasting internal conflicts and ethnic wars, the constitution standing as a centrepiece in such processes. From the international community encouraged, facilitated and sometimes »boxed through« as part and parcel of democratization strategy, these constitutional acts are expected to perform simultaneously two critical tasks: a/to establish or reinforce a political community, which is a pre-condition for democracy; and b/to establish or reform the rules for the allocation and exercise of state power, since it is the contestation over these rules which has often been the cause of conflict and instability.[3]

Different but equally relevant aspects of the phenomenon of both »re-designing« and »diluting« democratic legitimation of constitution-making power: a/ the *internationalisation of constitution-making* through facilitation and mediation in post-conflict situations – constitution-making without a democratic constitution of pol-

* Director, International Research and Consulting Centre, Prof. of Constitutional Law, Institute of Federalism, University of Fribourg (CH)

1 The paper is a shortend and re-worked version of the forthcoming paper »Internationale Gemeinschaft und Verfassungsgebung in den multikulturellen Gesellschaften des modernen Europa: Neue wissenschaftliche Themen auf der Tagesordnung « presented at the Conference »Grenzen. Differenzen. Übergänge: Spannungsfelder inter- und transkultureller Kommunikation«, which was organised by the Volkswagen Foundation, Dresden, 14-16 June, 2006

2 Cooper, 2003

3 Ghai and Galli, 2006: 7

ity; b/the *constitutionalisation of international standards*, especially but not any more only in the human rights sphere – e.g. the role of the Council of Europe, as a »constitution-maker«; c/ the emergence of a great bulk of specialized technical norms, brought by foreign experts, does it also dilute the »cultural« constitution-making? These are different but equally relevant questions, and each embraces a whole set of new issues for the research agenda, with a common denominator – the emergence of a *supra-national constitutionalism without »constitutional demos«*.

No doubt, the post-modern state-building has been taking place within a multi-layered context that displays various challenges to traditional constitutive foundations for a modern state. Over the last fifteen years, this new type of state-formation has been dominating the agenda and actions of international politics, bringing into play new, context-related paradigms of constitution-making. Nonetheless though, they all share something in common: a structural challenge for democratic legitimacy, which is inseparable from constitution-making in terms of modern liberal politics.

A new type of conflict between constitutionalism and democracy is emerging. The post-sovereign constitution-making not only demonstrates sometimes the lack of a critical level of democratic legitimacy; it instead directly goes against nation-building and – in consequence – against democratic legitimacy, since nation-building and nation sustainability are inherent in democratic legitimation. A transformed constitution-making has irreversibly brought into play the actors not belonging to nation-state politics: the international community, as already formulated in a somewhat simplified and too general manner. It is therefore appropriate to caution here against too much enthusiasm for constitutional patriotism as a commitment to the values of democratic constitutionalism and human rights, so forcefully argued by J. Habermas as an alternative to (ethno) nationalism in the nineties. Today, we already witness some final results and a poor impact of constitution-making with a strong engagement of international community. One can easily understand why such cases of constitution-making hardly found »patriots« among those directly concerned, be it Iraq or Bosnia and Herzegovina of the Dayton Agreement, be it a proposed agreement for Cyprus or the (after only three years already dissolved) Union of Serbia and Montenegro. The constitutional settlements were not directly negotiated by conflicting parties; they were instead accommodating the interests of directly concerned powerful international actors for regional stabilisation.

In all of the above quoted instances, the constitution-making with deplorable effects of constitutional and political impasse was meant to sustain nation-building and state reconstruction after ethnic wars, and was aimed to act as a major strategy for democratisation in related societies. Unfaithful to own self-conception and modern identity, liberal democracies as main international actors ignored a condition sine qua non of a liberal procedural legitimacy: the people as a pouvoir constituant should decide on the rules of procedure and institutions that apply these rules and have to comply with such rules. In one of his most recent articles Günter Frankenberg reaffirms a contract and people as a pouvoir constituant to be the two distinct basic structures of a constitutional act in liberal democracies.[4] A liberal democratic constitution is by its nature an act that provides a positive legal validity to a modern procedural legitimacy formula.[5] This is what gives the constitution a legitimizing and an integrative function. However, both legitimizing and integrative roles of a constitutional act are seriously challenged or fully lacking in the post sovereign constitution-making, given that it often demonstrated a structural incapacity to accommodate a democratic representation. The issue which will increasingly dominate the research agenda in the years to come is certainly that of how, and in what sense, a post-modern constitution-making will »survive« as viably democratic. Put it differently: Can constitution-making regain its contractual features in order to be democratic? Furthermore: How, and under what conditions, can constitution-making become participatory and at the same time perform effectively? The referendum results on the EU Constitutional Treaty in France and Netherlands sent a forceful and straightforward warning in this sense.

This inherent democratic deficit of the most prominent new forms of constitution-making leads in fact to one of the initial problems, which is essential for a democratic consensus-building. As the first years of constitutional transition and democratic transformation in Eastern Europe showed, constitutional technique and politics mobilized the population (*politique constitutionnelle politisante)* and at the same time remained strongly politicized in terms of day-to-day politics (*politique constitutionnelle politisée)*[6].

This is in fact what Y. Ghai and Galli imply when they claim that constitutional processes must build on the importance of a deliberative dialogue conducive to tolerance as an art of negotiation. In such a dialogue, the participation of the people is central, and it makes a decisive difference between constitution-building and constitution-making: »The concept of constitution-building is more complex than the process of constitution-making alone, although the latter is an inseparable part of it. (. . .) Constitution-building refers to the process whereby a political entity commits itself to the establishment and observance of a system of values and government (. . .) Constitution-building in this sense is almost an evolutionary process of nurturing the text and facilitating the unfolding of its logic and dynamics«.[7] Only a legitimate constitution-making process can set the stage for constitution-building as a source of integration. A major question to pose here reads as follows: Do new paradigms of constitution-making contain this integrative potential or not? In case of

4 Frankenberg, 2006: 451
5 Basta, 1986: 111-121
6 Elster, 1992: 19-24
7 We use the word »deliberative« to refer to a process of negotiations which is based on clear goals (of the national interest and social justice) and sufficient information and knowledge, aimed at exchange of ideas, clarification of differences, persuasion and agreement. This requires a degree of facilitation, and a critical question is who does this and under what procedures (. . .) In so far as popular participation is our concern, the focus should be on people as »decision-makers«. Mere consultation is inadequate« (Ghai and Galli, 2006: 16)

conflict-transformation within societies with community cleavages – does a new constitution sustain inter-cultural and trans-cultural communication, or does it (inevitably) end up as another contested field of trans-cultural communication?
The paper will further address two major forms of constitution-making where the international community is involved: the role of international community as »a pouvoir constituant« in the situation of post war conflict transformation (2), and the role that the Council of Europe plays in the constitutional processes of its new member states (3). The text will argue that constitutional processes aimed at supporting state-building and nation-building as conflict transformation strategies, when facilitated or mediated by the international community, paradigmatically represent an example for a heteronymous supra-national constitution-making. Not only do they tell how eminent the role of the main actors of international politics became; they also point to an epochal turn, the emergence and growing role of a supra-national constitutionalism without a »constitutional demos«. On the other hand, the Council of Europe as a »constitutional adviser« in most cases plays a positive role. It engages in a dialogue and co-operation with the authorities of states in question, and gives its opinion on a general constitutional issue not specifically related to one state through the resolutions of Parliamentary Resolutions. Under treaty monitoring procedure, for example for the Framework Convention on the Protection of National Minorities (FCNM), the Advisory Committee and the Committee of Ministers support a dialogue between minorities and state authorities. Moreover, its most prominent advisory body, Commission for Democracy through Law, known as Venice Commission assists and advises individual countries in constitutional matters – provides »constitutional first-aid« – upon a request by the states, the Council of Europe's organs or other international organisations. Nevertheless, the involvement of Council of Europe in constitutional affairs of its members was not always without contradictions and negative reactions from concerned states.

2. International Community as a »Pouvoir Constituant«: Constitution-Making and Nation Building as Part of Conflict-Transformation

In any situation following long-standing communal conflicts and often also ethnic wars, an absence of tolerance and trust as necessary conditions for peaceful and democratic society is evident already at a symbolic level. A profoundly different reading of key causes of a conflict as well as a fully contradicting assessment of the present situation is often at hand. In consequence, it is almost impossible to reach an agreement on the constitutive nature of the future common state framework. There is not enough political will to understand the other side, however critically important it may be. The role of the elite is in this sense critical, and the paradox of the situation lies in the fact that the positions of the elites cannot be democratically verified. Besides, given that the international community has to negotiate with elites, it offers the latter a comfortable position in which they often trade off constitutional solutions for their own political survival.

There is a principal shift in the objective of constitution-making which of itself makes an authentic constitutional consensus obsolete. In other words, no feasible discursive process is at hand to sustain constitution-making as a source of social integration in the sense of constitution-building. The international community operates under geo-strategic terms of reference, and these usually have nothing to do with internal viability, i.e. inside legitimacy of the proposed solution. Not common identity, but geo-strategic stability in the region is the matter of major concern; the internationally negotiated, in a way imposed framework for the solutions remains in principle non-negotiable.

Under such circumstances and with international actors as key-players, constitution-making as a strategy of reconfiguration of the state faces already in its initial phases the intensity of tensions between constitutions and democracy which by far outmost those usual in liberal democracies building on constitutional limits for a democratic sovereign. A critical difference lies in the fact, similar to the first phase of transition in Central and Eastern Europe, that a constitution is expected to simultaneously produce its preconditions. It is the political community which should precede the establishment of democracy; at the same time, it is expected from a constitution as a fundamental law to set legal grounds and give positive legal validity to the rules on the organisation and exercise of state power.

As Ghai and Galli show, in a post-conflict situation, both roles of a constitution that are now to run simultaneously, have already been heavily contested as one of main causes of the conflict. Therefore, the expectations from constitution-making go much higher. »The new constitutional system has to accommodate the concerns of the previously warring factions, while at the same time remaining mindful of the anxieties and aspirations of the ordinary people or communities who may have had little direct influence on the negotiation on the constitution.[8] However, the major paradox remains unsolved and unsolvable. The centrality of a reconciliation role of the constitution for nation-building and state-building does not end up with signing an internationally brokered constitutional agreement. This is where the intrusiveness of foreign assistance may stop. The problem is that a test for the effectiveness of foreign intervention only begins from here onwards. A decisive importance of the post-enactment period heavily builds on the fact that the constitution at the same time establishes clear procedures for dispute settlement and also provides clear and consensual procedure for change of these fundamental arrangements. Such fundamental problems of constitution-making can be properly addressed only through constitutional negotiation designed as a participation of all those concerned. This is the only viable way to promoting »a sense of common belonging and destiny critical for

8 Ghai and Galli, 2006: 7

national unity« while at the same time educating in deliberative and participatory politics«.[9]

The famous essay of Fareed Zakaria in 1997 Foreign Affairs »The Rise of Illiberal Democracies« warned against the victory of unrestrained electoral majoritarianism over liberal constitutionalism as a main phenomenon of pseudo-democratic regimes that are emerging. However, Zakaria looked into (only) internal reason for a global phenomenon. Another author, Ivan Krastev, wrote in 2006 another essay with a similar topic, »Democracy's Doubles«. The essay is a revealing comparative analysis of structural commonalities between seemingly so distinctive democracy's »doubles«, such as Venezuelan populism and Russian elitism. Both cases make the opposite sides of the same coin – anti-pluralist vision of society and politics, argues the author.[10] Interestingly enough, another critically important »double« has not as yet attracted sufficient attention among such prominent scholars and policy analysts committed to liberal democratic constitutionalism – the phenomenon of a managed, pseudo-democratic and illiberal constitution-making advanced by the international community. It is the anti-pluralist vision of constitutional politics embodied in a »double« of pouvoir constituant which this time »propelled democracy's doubles«. On behalf of state-building and nation-building for the sake of democratisation »constitution's doubles« are created and supported by the international community. Krastev's paradigm on »managed democracy«[11] is more than relevant for this model of constitution-making. A managed constitution-making which generates constitutional fictions can be best understood as an attempt to constitutionally construct or reconstruct the states that mimic constitution-making power without even trying to mimic its democratic legitimation. The international »doubles« of pouvoir constituant have no time and have another agenda. The constitution-maker's doubles ignore democratic foundations of a pouvoir constituant and sometimes even seek to repress any trace of genuine negotiation and consensus! A new form of »political technologists« has been emerging: international experts who are in charge of maintaining the illusion of authenticity and efficacy of such constitution-writing processes. A managed constitution-making, like managed democracy, has »a soft representation and hard manipulation«. Again, like in democracy's doubles, the distinctive feature of these new constitutional constructs is that they bring »not so much hope but the sense of betrayal«.[12]

9 Ibid. 10
10 Krastev, 2006: 52-62
11 »Managed democracy is a political regime that liberates the elites from the necessity of governing and gives them time to take care of their personal business« (Ibid. 59)
12 Ibid, 60

3. Constitutional Assistance of the Council of Europe

The oldest European organisation promoting democracy and the rule of law principally pursues the involvement of a different nature. The role of the Council of Europe builds on promoting and sustaining Council of Europe's democratic *acquis* within the ongoing dialogue with concerned states. There is a strong commitment to the rule of law and institutional practices that should reflect respective complexities of democratisation processes in countries in question and give due consideration to power relations embedded in particular institutional forms and the influence of history in shaping institutional structures.[13] Unlike »international constitution-making« which until now made the theme of this paper, similar activities within the Council of Europe often demonstrated a legitimate and sometimes effective involvement of international community in nationally based constitutional politics. As already said, this is a pattern, but there have been significant exceptions to the rule.

Council of Europe has played a role of a major »constitutional reformer« in the constitutional processes of its new member states. Not necessarily backed by a national democratic consensus of concerned states, the positions taken by major CoE bodies (notably Parliamentary Assembly and Venice Commission) and its treaty-monitoring procedure (ACFC) in some cases directly affected and indirectly »intervened« into most sensitive issues of the constitutional design of a given country. That said, it is understandable that the engagement of the Council of Europe as an »indirect constitution-maker« sometimes provoked controversial debates and negative reactions by the concerned states.

Here three indicative examples of the opposite sides of the same coin known as a »constitutional assistance« of Council of Europe in promoting democracy, human rights and the rule of law:

a/ The PACE Resolution 1735 (2006) on the concept of nation is a far-reaching statement on citizenship and nationhood within a multilateral setting. It is for the first time that an international body argues in favour of multicultural citizenship as a pre-condition to inclusive and participatory democracy. Although severely contested by some states, notably Romania, this resolution undoubtedly marks a turning point in the international standards on constitutional politics in multiethnic states. It addresses a constitutive legitimating principle of nationhood, which in international relations has always represented an undisputed principle of nation-state sovereignty.

b/ Based on the Venice Commission's opinion, the PACE adopted a Resolution 1301 (2002), on the protection of minorities in Belgium condemning the delay of the ratification of the Framework Convention on the Protection of National Minorities.

13 Developing Democracy in Europe, 2004

The reaction of Flemish community was vocal and indeed negative. Profound differences between Flemish and Francophone communities in Belgium over linguistic politics received a new impetus and engaged new arguments in the debate over territoriality vs. personality principle.

c/ Since 1991 the Venice Commission played an active role in drafting the constitutions of the CoE new member states, notably Albania, Georgia and Ukraine. It also provided expertise and assistance in other constitutionally very controversial issues, among others: on the preferential treatment of national minorities by their kin-states (2001), on the Law on referendum for an Independence in Montenegro (2005), and on constitutional reforms in Bosnia and Herzegovina (2006).

4. A Counterpoint instead of a Conclusion

Until now, the paper claimed that there is no legitimate, albeit democratic constitution-making without active participation of the people directly concerned. On the other hand, this major argument underlying the whole text should not be understood as an undifferentiated »one-to-one« claim. Does participatory constitution-making always guarantee a success? Not necessarily.

Internationally brokered constitutional settlements are in most cases internally non-negotiable and reject in principle representative inclusion of »public aspirations« into constitutional process. This is why such constitutional arrangements generally fail to fulfil three important conditions for legitimate constitution-making and nation-building in multicultural societies, let alone post-conflict situation. In order to be democratic and sustainable, constitution-making as part of conflict transformation has to ensure: that the constitution is legitimate and legal (a); that it guarantees inclusion as a proof of the respect for diversity (b) and that a direct participation of the public in constitution-making is taking place (c).[14]

The last of these conditions is critical for building up political community as a basis for democracy. In spite of that, one cannot but join Ghai and Galli in their scepticism against an »over-romantic picture« of a participatory process, ignoring dangers and challenges as well as forgetting the examples of unsuccessful participatory processes. Last but not least, some of the most successful post-war constitutions, such as Grundgesetz and the Constitution of Japan, were not made with any degree of public participation. In these cases the constitutional process was even »designed to limit the transparency«.[15] Such experiences point to the merits of elite bargaining and show that participatory constitutional process is conducive to legitimacy and

14 Cf. also, Haysom, 2002: 261 – 298

15 In Eritrea, public participation produced a constitution which was never implemented, in Uganda it was quickly modified, and in Ethiopia it has been frustrated in key respects. (Ghai and Ghalli, 2006: 14)

democratization only when combined with other equally important factors. Public participation alone does not mean participatory constitution-making. The latter can take place only provided that constitutional process generates the principles and a setup of democratic governance, in particular: opportunities for the people to participate in the affairs of the state, access to justice, bill of rights, and the effectiveness and accountability of the government.

Bibliography

Basta, Lidija (1986): **Constitution as an Act of Positivation of Legitimacy Principle**, Rechtstheorie, **17**, 111-121

Basta Fleiner, Lidija (2004): **Trust and Tolerance as State Making Values in Multicultural Societies: Federalism as a Conflict-Management Tool**, Indian Journal of Federal Studies, **2**, 1-17

Cooper, Robert (2003): **The Breaking of Nations: Order and Chaos in the Twenty-First Century**, Atlantic Books, London.

Developing Democracy in Europe (2004), **An Analytical Summary of the Council of Europe's Acquis**, Council of Europe, Strasbourg

Elster, John (1992): **On Majoritarianism and Rights**, East European Constitutional Review, **1**, No.3, 19-24

Frankenberg, Günter (2006): **Comparing Constitutions**, International Journal of Constitutional Law, **4**, 439 – 459

Fukuyama, Francis (2006): **Identity, Immigration, and Liberal Democracy**, Journal of Democracy, 17, No. 2, 1-20 (online publication)

Ghai, Yash and Galli, Guido (2006): **Constitution Building Processes and Democratization**, IDEA, Stockholm (online publication)

Haysom, Nicolas (2002): **Constitution Making and Nation Building**, Federalism in a Changing World – Learning from Each Other, Federalism Conference Reader, St. Gallen

Krastev, Ivan (2002): **The Inflexibility Trap. Report on the State of Democracies in the Balkans**, Sofia

Krastev, Ivan (2006): **Democracy's Doubles**, Journal of Democracy, 17, No. 2, 52-62 (online publication)

Nation Building im Kleinen – Erfahrungen beim Aufbau von Bosnien-Herzegowina

Ulrich Karpen

I. Föderalismus – Einheit in Vielfalt

Hans Peter Schneider ist ein Staatsrechtslehrer, zu dessen Arbeitsschwerpunkten der Föderalismus gehört. Gerade wenn es – hauptsächlich aus ethnischen Gründen – um die Binnengliederung von Gemeinwesen geht, ist sein Rat beim Neu- und Umbau von Staaten gefragt: so – um nur diese zu nennen – in Südafrika[1] und gegenwärtig im Kosovo.[2] Im Kosovo geht es im Kern um das Problem, wie Serben und Albaner friedlich miteinander leben können. Ähnliche Fragen stellten sich in Bosnien und Herzegowina, in dem seit der Herauslösung aus dem ehemaligen jugoslawischen Staatsverband – wie vorher schon Slowenien und Kroatien – durch die Unabhängigkeitserklärung von 1992 orthodoxe Serben, muslimische Bosniaken und katholische Kroaten als »konstitutive Ethnien« einen Staat bilden.

Und wie unter einem Brennglas lassen sich die Probleme multiethnischen Zusammenlebens in der Stadt Brčko und ihrer Umgebung – staatsrechtlich: dem »Distrikt Brčko« – im Norden Bosnien-Herzegowinas (BuH) beobachten, einem 80.000-Einwohner-Bezirk an der Sava, dem Grenzfluss zu Kroatien. Aus geographisch-strategischen Gründen gebildet – worüber zu berichten ist –, stellt der Distrikt einen Teil des »Posavina-Korridors« dar und ist ein Kondominium der beiden Bestandteile (»Entitäten«) der Republik BuH, nämlich der »Föderation BuH« einerseits und der Serbischen Republik (»Republika Srpska«) andererseits. Der Distrikt vereinigt Elemente der Staatlichkeit und der kommunalen Selbstverwaltung in großer Vielfalt, innerhalb der Souveränität der gesamtstaatlichen Republik BuH, eines der Völker- und staatsrechtlich komplexesten – wenn nicht einmalig-komplexen – Gebildes auf der Welt.

Dieser Bericht beruht auf den Erfahrungen mehrerer Beratungsaufenthalte in Brčko zur Unterstützung des Parlamentes des Distrikts, eigentlich des Stadtrats (»Assembly«), und der lokalen Behörde (»Supervisor«) des von der internationalen Staaten-

1 *Ulrich Karpen,* Federalism – An Important Instrument for Providing Pluralism in the New Democratic South Africa, Johannesburg, 1994, S. 3-7, und die Schriftenreihe »Recht und Verfassung in Südafrika«, hrsg. von *Ulrich Karpen, Hans-Peter Schneider* und *Reinhard Zimmermann.*

2 Vgl. Wolfgang Petritsch, Robert Pichler, Kosovo-Kosova, Der lange Weg zum Frieden. Mit einem Beitrag von Martin Prochazka, Klagenfurt 2003.

gemeinschaft in BuH mit umfassenden Vollmachten eingesetzten »Hohen Repräsentanten«. Land und Stadt sind in prekärer wirtschaftlicher, sozialer und politischer Lage und alles andere als stabil. Aber nach dem Bürgerkrieg, der von den internationalen Truppen beendet wurde, geht es mit der inneren Sicherheit spürbar voran. Wenige gepanzerte Fahrzeuge der Alliierten (auch der Deutschen) sind sichtbar. Die Polizei übernimmt Schritt für Schritt ihre normalen Aufgaben. Die Eisenbahn fährt wieder: Güterzüge und Personenverkehr (wenngleich letzterer einstweilen mit einem Waggon, aber immerhin). Hotels und Kaufhäuser sind geöffnet, Diskotheken sind es (selbstverständlich) schon lange. Eine Fußgängerzone wurde eingerichtet. Kirchenglocken läuten, der Muezzin ruft. Und weil es zwei Religionen, davon eine in zwei Konfessionen, gibt, ist immer irgendein Feiertag. Gelebte Vielfalt, erfahrene Toleranz, Zeichen der Hoffnung!

II. Bosnien und Herzegowina nach dem Dayton-Vertrag

1. Der Krieg

Das Friedensabkommen von Dayton wurde auf dem Militärflughafen der Stadt in Ohio seit dem 21.11.1995 ausgehandelt und am 14.12.1995 in Paris von der Republik BuH (Präsident Izetbegovic), der Republik Kroatien (Präsident Tudjman), der Bundesrepublik Jugoslawien (Präsident Miloševic) und der Europäischen Union, Frankreich, Deutschland, Russland, England und den USA als Gewährsmächten[3] unterschrieben. Es beendete den Krieg, der nach der Unabhängigkeitserklärung ausgebrochen war. Von ihrem Recht auf Selbstbestimmung Gebrauch machend, hatten sich die bosniakisch-muslimischen und kroatisch-katholischen Bürger der ethnisch und religiös äußerst heterogenen und dadurch vielleicht »jugoslawischsten« der Teilrepubliken in einem Referendum mehrheitlich für die staatliche Selbständigkeit ausgesprochen. Die serbisch-orthodoxe Bevölkerung BuHs dagegen folgte zu einem Großteil dem Boykottaufruf ihrer politischen Führung und votierte so für den Verbleib im jugoslawischen Staatsverband.[4] Mit der kurz danach von serbischen

3 http://osce_intra_srv/externaldocume/docs/DaytonAgre . . . /Dayton Agreements Contents.htp. Dazu *Christian Steiner, Nedim Ademović,* Kompetenzstreitigkeiten im Gefüge von Dayton, in: *Wolfgang Graf Vitzthum, Ingo Winkelmann* (Hrsg.), Bosnien-Herzegowina im Horizont Europas, Demokratische und föderale Elemente der Staatswerdung in Südosteuropa, Berlin 2003, S. 109 ff.; ferner *Daniel Sven Smyrek,* Internationally Administered Territories – International Protectorates?, An Analysis of Sovereignity over Internationally Administered Territories with Special Reference to the Legal Status of Post-War Kosovo, Berlin 2006, S. 139; *Alexander M. Rehs,* Gerichtliche Kontrolle internationaler Verwaltung – Das Beispiel Bosnien und Herzegowina, Berlin 2006, S. 27 ff.; *Christophe Solioz,* Turning Points in Post-War Bosnia, Ownership Process and European Integration, Baden-Baden 2005, S. 17 ff.

4 Zu den Einzelheiten vgl. *Caroline Hornstein Tomić,* Bosnien und Herzegowina zehn Jahre nach Dayton, Der steinige Weg vom »verhinderten« zum selbsttragenden Staat, in: Konrad-Adenauer-Stiftung, Auslandsinformationen, Heft 11/05, Berlin 2005, S. 43-56.

Politikern in BuH ausgerufenen Republik Srpska begannen die ersten Kriegshandlungen und ethnischen Vertreibungen, die im Laufe des bis 1995 lodernden Krieges, in den Kroatien und Serbien massiv eingriffen, das ehemals multiethnische Leopardenfell, das für BuH so charakteristisch war, in ethnische Schwerpunktgebiete zerklüftete. Bereits im frühen Stadium des Krieges wurden UN-Friedenstruppen nach BuH verlegt. Beauftragt, einen Frieden zu überwachen, den es nicht mehr gab, begann das Debakel einer von widerstrebenden Interessen geleiteten internationalen humanitären Intervention.[5] Einen der schrecklichen Höhepunkte des Krieges war der nicht verhinderte Massenmord in der UN-Schutzzone Srebrenica im Juli 1995. Erst das militärische Eingreifen von NATO-Truppen ebnete den Weg für einen Waffenstillstand.[6]

2. Das Daytoner Friedensabkommen

Im November/Dezember 1995 wurde mit dem Daytoner Friedensabkommen (Dayton Peace Agreement, DPA) ein Ende der Kampfhandlungen erreicht und eine Übereinkunft der drei Kriegsparteien über die territoriale und politisch-administrative Einrichtung eines gemeinsamen Staates BuH erzielt. Das Dayton-Abkommen ist knapp, enthält aber elf Anlagen, die die Vereinbarungen zu einem veritablen Buch anwachsen lassen. Sie betreffen Fragen der Grenzziehung, der Rückkehr von Vertriebenen, des Schutzes von Menschenrechten, der Einrichtung von Polizeikräften usw. Anlage 4 bildet die Verfassung des Gesamtstaates. Das Dayton-Abkommen teilt BuH in zwei (quasi-)staatliche »Entitäten«. Die Republik BuH ist also ein Bundesstaat, wenngleich die beiden Teile nicht Staaten heißen. Eine Entität ist die Republik Srpska (RS), die andere die bereits im Washington Agreement 1994 erwähnte kroatisch-bosniakische Föderation Bosnien und Herzegowina (FBuH), welche ihrerseits (nach Schweizer Muster) in zehn Kantone eingeteilt ist. Dayton schuf unter internationaler Vermittlung das fragile Gebilde eines zweigeteilten Staates dreier Nationen (so die Selbstbezeichnung der drei in BuH verfassungsmäßig berücksichtigten ethnischen Gruppen – Bosniaken, Serben und Kroaten). Von den 4,2 Mio. Staatsbürgern sind (nach dem letzten Zensus von 1991) 44 % Bosniaken, 37 % Serben und 19 % Kroaten. Die Republik Srpska umfaßt 49 % des Staatsgebietes, die Föderation 51 %. Über die Grenzziehung im Gebiet Brčko konnte man sich in Dayton nicht einigen. Artikel 5 der Anlage 2 sieht deshalb vor, dass die endgültige Grenzziehung zwischen der RS und der FBuH von einem Schiedsgericht vorgenommen werden sollte. Schiedsrichter sollten je ein Vertreter der RS und der FBuH sein. Vorsitzender Schiedsrichter war der von der internationalen Staatengemeinschaft benannte Amerikaner Roberts Owen.

5 *Hornstein* (oben Fn. 4), S. 46.
6 *Richard Holbrooke,* To end a War, New York 1998.

Neben der militärischen Besetzung wurden zugleich Organe eingerichtet, die die Dayton-Vereinbarungen im Lande umsetzen sollten. Das ist in erster Linie der Hohe Repräsentant (Office of the High Representative – OHR), gegenwärtig der Slowake Miroslav Lajčák. Auf regionaler Ebene wurden ihm Supervisors nachgeordnet, einer davon in Brčko. Der Hohe Repräsentant ist dem sogenannten Friedensimplementierungsrat der internationalen Staatengemeinschaft rechenschaftspflichtig. Ihr gehören 55 Regierungen und Organisationen an, die den Friedensprozess materiell, finanziell und personell unterstützen. Dazu gehört Deutschland. Ferner berichtet der Hohe Repräsentant den Vereinten Nationen. Während anfänglich 60.000 NATO-Soldaten für die Entwaffnung der Kriegsparteien und die Sicherung des Waffenstillstandes sorgten, nahmen sich unter dem Schirm des OHR multilaterale Organisationen wie UN, UNHCR und OSZE an der Seite lokaler Autoritäten der zivilen Aspekte der Friedenssicherung an. Als sich (frühzeitig) zeigte, dass die Integration des Landes und der Aufbau gemeinsamer Staatsorgane mit den vorhandenen Mitteln kaum zu leisten war, wurde 1997 auf der Bonner Konferenz des Friedensimplementierungsrats der Hohe Repräsentant mit den als »Bonn Powers« bezeichneten Vollmachten ausgestattet, die ihn ermächtigten, Amtsträger in Politik und Verwaltung zu entlassen oder ihnen zu untersagen, künftig öffentliche Ämter auszuüben. Davon machte der Hohe Repräsentant wiederholt Gebrauch. BuH ist ein Protektorat. Die internationalen Behörden handeln nicht selten gegen staatliche und lokale Institutionen.[7]

3. Staatsversagen – Ist BuH ein »Failing State«?

Gegenwärtig liegt der Schwerpunkt der Kompetenzen bei den Entitäten. Die Rolle des Gesamtstaates ist schwach ausgeprägt, wenngleich ihm in jüngster Zeit Zuständigkeiten im Bereich Verteidigung und Polizei zugewachsen sind. Zwar gibt es noch immer drei Armeen: die der Republik BuH, der FBuH und der RS. Die Einrichtung eines Verteidigungsministeriums von BuH, eines Gemeinsamen Kommandostabes und eines operativen Kommandos sind die sichtbarsten Resultate der Verteidigungsreform. Diese Veränderungen sind durch den Druck der NATO herbeigeführt worden, der konkretisiert wurde, nachdem die Präsidentschaft das NATO-Kommando im Jahre 2001 von der Absicht des Beitrittes zur Partnerschaft für den Frieden in Kenntnis gesetzt hatte.[8]

Die derzeitige Struktur der Polizei in BuH wurde im Einklang mit den verfassungsrechtlichen Einschränkungen durch Gesetze auf Entitätsebene eingerichtet, in der FBuH auch auf kantonaler Ebene, ebenso im Distrikt Brčko. Im Zuge der ersten Vorbereitungsschritte zu einem Beitritt BuHs zur EU hat diese Reformen auch im

7 *Hornstein* (oben Fn. 4), S. 47.

8 Zehn Jahre Implementierung von Dayton – Der Weg Bosniens und Herzegowinas in eine Europäische Zukunft, Juristische Studie im Auftrag der *Konrad-Adenauer-Stiftung,* Außenstelle Sarajevo, Sarajevo/Banja Lŭka 2005, S. 24.

Polizeibereich angemahnt.[9] Grenzschutz, Sicherheitsdienste u.a. wurden auf Republikebene organisiert. Es wurde die Einrichtung einer Kommission für die Neuorganisation der gesamten Polizei eingerichtet.

Zweifellos müssen internationale militärische und Polizeipräsenz angesichts vieler Schwächen des Rechtsstaates, organisierter Kriminalität und Korruption nach wie vor den notwendigen Emanzipationsprozess des Landes stützen und absichern. Wie in anderen Bereichen ist auch hier die EU mittlerweile zum wichtigsten internationalen Akteur in BuH geworden. Ende 2004 übernahm sie den Oberbefehl über die noch etwa 7.000 – ursprünglich waren es 60.000 – internationalen in BuH stationierten Soldaten. Ein kleines NATO-Kontingent (etwa 300 Personen) ist unter amerikanischer Führung im Lande verblieben. Die UN-Mission beendete ihr Mandat Ende 2000. Eine Europäische Polizeimission (EU Police Mission – EUPM –, der auch deutsche Polizeibeamte angehören), ist an der Stabilisierung der inneren Sicherheit beteiligt. Das UNHCR hat die Beantwortung für den Prozeß der Rückkehr der Vertriebenen weitgehend in lokale Hände übergeben und beschränkt sich auf Assistenzaufgaben. Die OSZE legte 2002 die Durchführung der Wahlen in einheimische Hände.

Gleichwohl kann noch lange nicht davon die Rede sein, dass eine unabhängige, selbsttragende und nachhaltige Entwicklung des politischen und rechtlichen Systems gesichert wäre. Die Strukturen sind überbürokratisch, intransparent und ineffizient; Regierung und Verwaltung sind korruptionsanfällig. Die Integrationskräfte sind schwach. Der Widerstand gegen eine Rückführung der Vertriebenen in ihre angestammten Orte und Häuser – wenn sie denn möglich ist – läßt sich bei allen ethnischen Gruppen mit Händen greifen. Kein Gesprächspartner will ausschließen, dass der »point of no return« noch nicht erreicht sei, dass die RS zu Serbien und große Teile der FBuH zu Kroatien gehen und die bosnischen Landesteile – lebensfähig? – zurücklassen. Nicht von ungefähr nimmt das Land auf dem im Sommer 2005 veröffentlichten »Failed State Index« der Zeitschrift Foreign Policy und des Fund for Peace[10] in einer Liste von 60 gefährdeten Staaten Rang 21 ein. Auf der anderen Seiten kann der Erfolg bei einem so weit und vielfältig unterstützten Projekt von »State Building« kaum ausbleiben. Realismus ist notwendig, passiver Skeptizismus nicht erlaubt.

III. Der Distrikt Brčko als ein Labor multiethnischen Wiederaufbaus

1. Brčko nach dem Krieg

Der Distrikt Brčko mit der Stadt Brčko umfasst 208 km^2 und hat 88.000 Einwohner, davon 46.000 Serben, 36.000 Bosniaken und 6.000 Kroaten, also annähernd 49 %

9 Zehn Jahre (Fn. 8), S. 28 ff.
10 www.foreignpolicy.com.

Serben, 41 % Bosniaken und 8 % Kroaten. Der gegenwärtige Haushalt beläuft sich auf 220 Mio. KM = 110 Mio. Euro. Der Distrikt beschäftigt 3.500 Mitarbeiter. Brčko, ursprünglich ein vorbildliches multiethnisches Gebiet, ist von den Vertreibungen in besonderer Weise betroffen worden. 45.000 Bosniaken und Kroaten sind aus den später zur RS gehörenden Gebieten vertrieben worden, 3.500 Serben aus den dann zur FBuH gehenden Teilen. Alle diese Zahlen lassen erkennen, welche Seite die brutalen »ethnischen Säuberungen« vornahm. Der Zensus von 1991 ist, gerade wegen der massiven Vertreibungen, kaum mehr zu gebrauchen. Die angegebenen Zahlen sind Schätzungen, beruhend auf den Wählerlisten für die ersten freien Wahlen im Distrikt vom 02.10.2004. 9.000 Häuser wurden zerstört oder schwer beschädigt. Das heutige Stadtgebiet läßt das erkennen.

2. Wohin gehört Brčko?

Man konnte sich in Dayton nicht einigen, wer Brčko kontrollieren sollte, die RS oder die FBuH. Wenn keine Einigung zustande gekommen wäre, wäre es durch den Krieg und Vertreibung zur RS gegangen. Denn ein breiter Gürtel serbisch besiedelter Gebiete grenzt im Süden und Osten (im Osten ist die Drina Grenzfluss) BuH gegenüber Serbien und im Norden (hier ist die Sava Grenzfluss) gegenüber Kroatien ab. Ein Keil vorwiegend bosniakisch-kroatisch bewohnten Gebietes – mit Brčko, an der Sava gelegen, an der Spitze – ragt in diesen serbischen Gürtel hinein. Dieser Keil, mit der Stadt Tuzla, gehört heute zur FBuHZ. Die Gründe, warum sich die Dayton-Parteien nicht einigen konnten und die Entscheidung über die Grenzziehung in diesem Gebiet einem Schiedsspruch überließen, welcher letztlich eine »Verlängerung von Dayton« ist, sind letztlich geographisch-strategischer Natur. Man versteht den Kern des Schiedsspruches von 1999[11] am ehesten, wenn man die Interessen der RS, der FBuH und der internationalen Staatengemeinschaft ins Auge fasst.
Zunächst zu den serbischen Interessen: Sie verlangen, dass der nördliche Teil des serbischen Gürtels (an der Sava) und der östliche (an der Drina) miteinander verbunden bleiben müssen (»territorial continuity«). Es müsste ein Korridor geschaffen werden (»Posavina corridor«). Die RS muss ein Interesse daran haben, den Transitverkehr zwischen den nördlichen und östlichen RS-Teilen zu kontrollieren. Ein von der FBuH kontrollierter Keil hätte die Erreichung dieses Zieles unmöglich gemacht. Deshalb legten die serbischen Truppen während des Krieges so viel Wert darauf, das Brčko-Gebiet als Landbrücke von Bewohnern anderer ethnischer Gruppen »zu säubern«.

11 Final Award des Arbitral Tribunal for Dispute over Inter-Entity Boundary in Brčko Area vom 05.03.99 mit Annex vom 18.08.99; http://222.ohr.int/print/?content_id = 53598; näher bei *Ulrich Karpen,* Training of the Interim *Assembly* of the Brčko District of Bosnia and Hercegovina, in: Legal Reform in the Brčko District of Bosnia and Hercegovina, Central and Eastern European Legal Studies/Études juridiques d'Europe Centrale et Orientale, Bd. III, London 2004, S. 27 ff.

Nun zu den Interessen der FBuH: Ihr lag in erster Linie daran, die multiethnische Zusammensetzung der Bevölkerung in diesem Gebiet wieder herzustellen. Außerdem ermöglicht der Zugang zu Fluss und Grenze freien Verkehr und Zugang zu Kroatien und Europa. Die internationale Staatengemeinschaft wollte in erster Linie die Vertriebenen zurückführen, sowohl die serbischen wie die bosniakischen und kroatischen, wenngleich das Zahlenverhältnis zeigt, dass es in erster Linie darum ging und geht, der bosniakisch-kroatischen Bevölkerung die Rückkehr in ihre Stadt und ihre Häuser zu ermöglichen. Es sei sogleich angemerkt, dass dieses Ziel bisher höchst unvollkommen – wenn überhaupt – erreicht werden konnte.

3. Der Schiedsspruch: Der unabhängige Distrikt Brčko

Über die Lösung des so bezeichneten Interessenkonflikts berieten die drei Schiedsrichter (ein Serbe, ein Bosniake und der Vertreter der Staatengemeinschaft als Vorsitzender). Da sich die beiden einheimischen Richter – man muss (fast) sagen: natürlich – außerstande sahen, dem Kompromiss zuzustimmen, ist der Schiedsspruch letztlich der des Vorsitzenden. Danach ist der Distrikt unabhängig unter der Souveränität der Republik BuH: die Kompetenzen von BuH bleiben in Brčko unangetastet. Die beiden Entitäten FBuH und RS haben alle ihre Kompetenzen für den Distrikt auf den Distrikt delegiert.[12] Sie werden dort von den Distriktsorganen ausgeübt. Der Distrikt ist also ein Kondominium von FBuH und RS.[13] Der Distrikt ist demokratisch und multiethnisch. Eine Unterteilung des Distrikts auf ethnischer Basis ist ausdrücklich ausgeschlossen.[14] Die Bürger des Distrikts sind Bürger BuHs und können die Bürgerrechte einer Entität – aber nicht beider! – wählen, gleichgültig, wo sie im Distrikt leben. Eine Koordination mit den beiden Entitäten ist notwendig, unter der Aufsicht des Supervisors, des lokalen Vertreters des Hohen Repräsentanten. Der Schiedsspruch betont ausdrücklich,[15] dass die RS keine militärische und strategische Notwendigkeit geltend machen könne, einen RS-kontrollierten Korridor zu besitzen. Die Bürger der RS können sich frei im Distrikt und durch den Distrikt bewegen. Sollte es zwingenden Transitbedarf, etwa für RS-Truppen, geben, könnten die internationalen Friedenssicherungskräfte die Erlaubnis erteilen.
Der Schiedsspruch macht konkrete Vorgaben für die innere Struktur des Distrikts und verweist auf die Aufgaben des Supervisors. Letztlich bleibt anzumerken, dass der Schiedsspruch in rückhaltloser Offenheit diejenigen benennt, welche eine solche Lösung des Konflikts erzwangen: Die Politik und die Politiker der serbischen Seite, welche die Durchführung der Entscheidungen des seit 1997 tätigen Supervisors des OHR durch offene Obstruktion zunichte gemacht hätten.[16]

12 Final Award (siehe Fn. 11), Nr. 10.
13 Final Award (oben Fn. 11), Nr. 11.
14 Final Award (oben Fn. 11), Nr. 11.
15 Final Award (oben Fn. 11), Nr. 53.
16 Final Award (oben Fn. 11), Nrn. 14 ff.

4. Der Schiedsspruch im Internationalen Recht

In mancher Hinsicht erinnert der Schiedsspruch an die Errichtung der Freien Stadt Danzig durch den Völkerbund: (völkerrechtliche) Unabhängigkeit, Passagerechte usw. Der Distrikt-Schiedsspruch ist in Übereinstimmung mit dem Dayton-Abkommen. Nach dem Abkommen besteht BuH aus zwei Entitäten.[17] Nach der Dayton-Verfassung von BuH übernimmt die Republik u.a. alle Aufgaben,[18] die erforderlich sind, um die Souveränität des Landes zu wahren. Die RS und die FBuH haben alle Aufgaben auf den Distrikt delegiert. Obwohl also der Distrikt wie eine dritte Entität agiert, ist er rechtlich ein Kondominium der beiden Entitäten, welche vom Dayton-Abkommen vorgesehen sind. Letztlich soll nach den Anlagen des Abkommens der Schiedsspruch »endgültig« und »bindend« sein. Das ist er.[19]
Der erste Supervisor, Vertreter des Hohen Repräsentanten, kam 1997 nach Brčko. Seine Rolle ist durch den Schiedsspruch gestärkt worden.[20] Er ist die höchste Autorität im Distrikt, ausgestattet mit den »Bonn-Powers«.[21] In seiner Behörde arbeiten sechs internationale Mitarbeiter aus vier Nationen und vier nationale Mitarbeiter. Es gibt eine politische, eine wirtschaftliche und eine Rechtsabteilung. Der Supervisor hat ein District Management Team eingerichtet. Er hat die Ausarbeitung des Distriktstatuts gelenkt und, durch mehrere Supervisory Orders, tief in das politische Leben des Distrikts eingegriffen, z.B. den Bürgermeister seines Amtes enthoben. Er überwacht die Gesetzgebung und die Verwaltung, steht (mit seinen Mitarbeitern) in ständigem Kontakt mit dem Parlament und den Mitarbeitern der Exekutive.

IV. Verfassung und Verwaltung des Distrikts Brčko

1. Grundzüge der Verfassung

Die Grundlagen der Verfassung des Bezirks sind im Schiedsspruch vom 5. März 1999 selbst sowie in der Anlage und einer revidierten Anlage vom 18. August 1999 – dort detaillierter, erweiterter ergänzt – festgehalten.[22] Das Distrikt-Parlament (»Assembly«) hat die Verfassung – das Statut – am 8. März 2000 beschlossen.[23] Ausgearbeitet wurde das Statut von einer Kommission des Supervisors. Das Statut wurde seither wiederholt geändert, jedoch lediglich in weniger wichtigen Fragen. Es ist eine klassische, gewaltenteilende Verfassung.[24] Einen Grundrechteteil enthält

17 Artikel III.
18 Artikel III 5a der Verfassung, Annex 4 des Dayton-Vertrages.
19 Artikel V, Annex 2 – Agreement on Inter-Entity-Boundary Line.
20 Final Award (oben Fn. 11), Nrn. 37 ff.
21 Näheres unter Fn. 7.
22 Vgl. oben Fn. 11, Nr. 36.
23 Službeniglasnik (Statut), Gazette 1/00, letzte Änderung Gazette 24/05.
24 Art. 20 des Statuts.

das Statut nicht. Das Parlament umfasst 29 Abgeordnete. Es übt die normalen Funktionen aus:[25] Wahl und mögliche Entlassung des Bürgermeisters,[26] Gesetzgebung,[27] Annahme des Haushalts,[28] Kontrolle der Regierung[29] sowie die Forums-Funktion. Letztere ist besonders ausgeprägt, insofern es öffentliche Anhörungen zu Gesetzentwürfen geben kann. Beim Budget und insbesondere bei Verfassungsänderungen ist die öffentliche Anhörung verpflichtend.[30] Der Fernsehkanal Brčko überträgt die Plenarsitzungen in voller Länge, mittels Übernahme der Aufzeichnung des parlamentsinternen Fernsehens. Die Stellung des Bürgermeisters als des Chefs der Exekutive ist insofern stark, als er mit der Mehrheit von drei Fünfteln gewählt wird und abgewählt werden kann. Die Abteilungsleiter der Stadtverwaltung werden vom Bürgermeister ernannt und entlassen. Das Parlament kann gegen seine Entscheidung ein Veto einlegen.[31] Auffällig ist, dass der Distrikts-Polizei ein eigener Verfassungsabschnitt gewidmet ist. Das unterstreicht die Bedeutung der Sicherheitslage in einem ethnisch zu integrierenden Teil des Landes. Die Polizei setzt sich aus Angehörigen aller drei Volksgruppen zusammen. Der Chef der Polizei und seine zwei Vertreter werden vom Bürgermeister ernannt und entlassen, mit der Zustimmung des Parlaments. Es gibt eine eigene Distrikts-Gerichtsbarkeit, bestehend aus einer Eingangs- und Berufungsinstanz.[32] Der Distrikt hat eine Staatsanwaltschaft.[33] Richter und Staatsanwälte werden von einem Richterwahlausschuss gewählt. Er hat auch die Aufgabe, sich um die Ausbildung von Richtern und Staatsanwälten zu kümmern, einen Verhaltenskodex auszuarbeiten und Disziplinarmaßnahmen gegen Richter und Staatsanwälte zu ergreifen.[34] Ob die Gerichte des Distrikts verfassungsgerichtliche Kompetenzen haben, ist noch ungeklärt. Nach Artikel 41 des Statuts entscheiden sie auch darüber, ob eine Norm des Distriktrechts gegen das Statut verstößt. Das ist richtigerweise eine Normenkontrolle. Bestimmungen über Organstreitigkeiten enthält das Statut nicht. Der Verfassungsgerichtshof der Republik BuH[35] entscheidet als Berufungsinstanz lediglich darüber, ob ein Urteil eines Gerichts in BuH gegen die Verfassung von BuH verstößt. Es gilt also, eine Rechtsprechungslücke für distriktsinterne Verfassungsstreitigkeiten zu schliessen.

25 Art. 22.
26 Art. 23, 47.
27 Art. 23, 37 ff.
28 Art. 23, 43 ff.
29 Art. 23, 53, 56.
30 Vgl. Art. 76, 79, 81 der Geschäftsordnung der *Assembly,* rev. Fassung, 05./06.2003, Gazette 5/03.
31 Art. 48 Statut.
32 Art: 62.
33 Art. 63.
34 Art. 64.
35 Art. VI 3b der Verfassung.

2. Organisation und Verfahren der Distriktsorgane

Das erste Parlament des Distrikts war ein ernanntes Parlament, eingerichtet durch Anordnung des Supervisors vom 21. März 2000.[36] Am 2. Oktober 2004 fanden die ersten freien Wahlen zur Distrikts-Assembly statt. Das Parlament besteht aus 29 Abgeordneten. Davon sind 13 Bosniaken, 11 Serben und 5 Kroaten. Diese Sitzverteilung auf die »konstitutiven Völker« entspricht ungefähr der Zusammensetzung der Distriktsbevölkerung. Der Schiedsspruch hat dafür Sorge getragen, dass eine Minimalvertretung jeder ethnischen Gruppe in der Assembly gesichert ist. In der Anlage[37] wird der Supervisor ermächtigt, eine »ethnische Formel« festzulegen, die verhindert, dass eine der ethnischen Gruppen erfolgreich bestrebt sein könnte, ihren Bevölkerungsanteil im Distrikt so zu vermehren, dass für diese Gruppe eine ausschließliche Kontrolle der Distriktspolitik möglich wird. Diese Ermächtigung wurde im Wahlgesetz vom 19. September 2003 umgesetzt.[38] Nach Artikel 8.2 ist das Auszählungsverfahren so gestaltet, dass jede Bevölkerungsgruppe mindestens drei Sitze erhält, notfalls durch Umverteilung (nach dem Höchstzahlverfahren) an sich einer anderen ethnischen Gruppe zufallender Stimmen. Es handelt sich um eine Minderheitenschutzbestimmung zugunsten des kroatischen Bevölkerungsteils. Bei der Zusammensetzung der ersten gewählten Assembly musste diese Bestimmung nicht angewendet werden, da die Kroaten eine hohe Wahlbeteiligung erreichten.

Das Parlament weist sowohl auf Koalitions- wie auf Oppositionsseite eine große Parteienvielfalt auf. Nicht weniger als neun Parteien sind vertreten, einige gespalten, mit Mitgliedern, die praktisch als Unabhängige agieren! Die große Anzahl der Parteien ist nicht zuletzt darauf zurückzuführen, dass es in jeder Bevölkerungsgruppe jedenfalls drei Parteien gibt: Konservative, Mitte, Linke. Es gibt keine Koalitionsvereinbarung, nicht einmal eine abgestimmte Grundrichtung der Politik. Die Regierung wird von einer Mitte-Rechts-Mehrheit getragen. Die Verhältnisse sind instabil: »Ob eine Mehrheit zustande kommt, sieht man erst, wenn die Arme erhoben werden!« Die Situation wird dadurch erschwert, dass nach Artikel 33 des Statuts Beschlüsse der Assembly mit einfacher Mehrheit der abgegebenen Stimmen gefasst werden, es sei denn, das Statut bestimme etwas anderes. Nach Artikel 34 erfordern aber z.B. Gesetzesänderungen, Beschlüsse über den Haushalt, über Wahl oder Abwahl des Bürgermeisters, Veto und Zustimmung bei Beamtenerneuerungen eine Drei-Fünftel-Mehrheit der Assembly-Mitglieder, so dass die Ausnahme praktisch die Regel ist. Solche Beschlüsse kommen nur zustande, wenn wenigstens 18 Abgeordnete zustimmen, was die Arbeit des Parlaments erheblich erschwert.

In vieler Hinsicht ist das Parlament noch in einem Lernprozess. Es herrscht Unklarheit über die Aufstellung der Tagesordnung, und die Rolle der Fraktionen ist

36 http://www.ohr.int/print/?content_id=5277.
37 Nr. 2 Annex zum Final Award (oben Fn. 11).
38 Gazette 20/03.

schwach ausgebildet – wenn es sie überhaupt als tragende Einheiten gibt. Abgeordnete reden regelmäßig zu lange. Der Ablauf der Fragestunden ist unkontrolliert. Die Regierung verweigert die Beantwortung von Fragen oder zögert sie ungebührlich lange hinaus. Es gibt keine Unterscheidung von Kleinen und Großen Anfragen. Antworten zu beiden werden im Plenum besprochen. Die Sitzungsdisziplin ist verbesserungsbedürftig. Die Sanktionsmöglichkeiten des Präsidenten sind unklar. Kameraleute laufen während der gesamten Sitzung im Saal hin und her. Auch regelt die Geschäftsordnung teilweise Fragen, die an sich in das Statut, also in die Verfassung, gehören.

Auf der anderen Seite hat das Parlament wichtige Gesetze verabschiedet, so z.B. ein Regierungsorganisationsgesetz. Ein Verwaltungsverfahrensgesetz fehlt. Es gibt eine Haushaltsordnung, ebenso ein Polizeigesetz. Ein Gesetz über Interessenkollisionen wurde verabschiedet, und es gibt ein Abgeordnetengesetz mit einer Verhaltensordnung für Abgeordnete.

Auch auf der Exekutivseite sind beträchtliche Fortschritte gemacht worden. Auf der Grundlage des Statuts und des Verwaltungsorganisationsgesetzes sind die Abteilungen der Stadtverwaltung eingerichtet worden. Der Bürgermeister und die Abteilungsleiter haben 2003 eine Verhaltensordnung verfasst, die jeder Beamte unterschreiben muss. Der Bürgermeister hat eine Verfahrensordnung erlassen, die u.a. Rechte und Pflichten der Beamten am Arbeitsplatz, im Umgang mit den Bürgern und im Kontakt mit den Medien regelt. Ein Verwaltungsverfahrensgesetz wird vorbereitet. Unklarheiten wurden erwähnt: So haben Bürgermeister und Verwaltung noch kein hinreichendes Verständnis für die parlamentarischen Kontrollrechte finden können. Es wird geklagt, dass der Rechnungshof der Assembly keine ausreichende Hilfe bieten kann. Die Verwaltung erscheint personell überbesetzt; Entscheidungen lassen lange auf sich warten; von unrechtmäßiger Einflussnahme auf die Entscheidungsfindung wird berichtet.

3. Die Funktion des Supervisors

Der regionale Stellvertreter des Hohen Repräsentanten, der Supervisor, hat praktisch unbeschränkte Kompetenzen im Distrikt,[39] Davon machten und machen die Vertreter des Hohen Repräsentanten Gebrauch. So wurde 2004 der Bürgermeister seines Amtes enthoben, weil Aufträge offenbar nicht ordentlich vergeben wurden. Im Jahre 2001 wurden drei (serbische) ernannte Abgeordnete abgelöst, weil sie die Arbeit der Assembly durch Nichterscheinen boykottierten, darunter der Vizepräsident des Parlaments. Wichtige Gesetzentwürfe werden im Büro des Supervisors ausgearbeitet oder beraten. Eine Rechtsbereinigung wurde durch den Supervisor vorgenommen. Seit dem Amtsbeginn hat der Supervisor Brčko verwaltet sowie später einen Plan für die Umsetzung des Final Award ausgearbeitet und durchgeführt.

39 Alle bisherigen Amtsinhaber seit 1997 waren und sind US-Amerikaner.

Wichtige wirtschaftliche Entscheidungen, wie die Vornahme von Investitionen, kommen ohne tätige Beteiligung des Supervisors nicht zustande. Ein Vertreter des Supervisors ist bei allen wichtigen Verhandlungen des Parlaments wie bei herausragenden Amtsgeschäften der Verwaltung dabei. Insgesamt lässt sich also feststellen, dass der rechtsstaatlich-stabile Gang der täglichen politischen – und auch ökonomischen – Geschäfte wesentlich auf Handeln und Präsenz des Supervisors zurückzuführen sind. Das ist allen Beteiligten wohl bewusst.

V. Zehn Jahre nach Dayton

Zehn Jahre nach dem Dayton-Abkommen ist die erste Stufe des Prozesses des nation building von Bosnien-Herzegowina erreicht. Der materielle Wiederaufbau ist längst nicht abgeschlossen, aber in Gang gesetzt. Die institutionelle Absicherung der positiven Entwicklung scheint gelungen, wenngleich der Staatsapparat übergroß ist und insgesamt wenig effektiv arbeitet. Die Drohung mit Gewalt – und das ist das Wichtigste! – hat ein Ende gefunden. Durch Präsenz und Einsatz von Sicherheitskräften und Polizei, auch durch humanitäre und technische Hilfe, ist ein gewisses Plateau der Stabilität erreicht. Jetzt muss die zweite Stufe des nation building erklommen werden. Der Rechtsstaat muss gestärkt und umgebaut werden. Der demokratische Respekt der Bevölkerungsgruppen ist eine wichtige Voraussetzung für die weitere Entwicklung. Das Gleiche gilt für den Schutz der Menschenrechte. Wie überall ist die Absicherung des staatlichen und vor allem des Rechtsrahmens wichtigste Bedingung für ausländische Investitionen, die das Land braucht. Es ist unerlässlich, eine Volkszählung durchzuführen. Krieg und Nachkriegszeit haben die Bevölkerung durcheinander gewürfelt. Eine Regierung, die nicht weiß, wo die Bürger im Lande wohnen, kann keine Politik machen; dies gilt nicht nur für den Bildungs- und Gesundheitsbereich. Beim weiteren Wiederaufbau ist es realistisch, von der ethnischen Gliederung, wie sie ist, auszugehen. Das Ziel muss jedenfalls ein staatstragendes Mindestmaß an Integration sein. Doch die Anerkennung (und Förderung) der »konstitutiven Ethnien« ist kein »falsches Bewusstsein«,[40] sondern Bedingung der Möglichkeit des Staatsaufbaus.

Es zeichnet sich ab und ist im Grunde beschlossene Sache, dass die Sicherung der nächsten Schritte des staatlichen Aufbaus aus den Händen der internationalen Staatengemeinschaft und den USA als tragender Stütze in die Hände der Europäischen Union übergehen wird. Dieser Prozess ist im Gange. BuH ist eines der am Stabilisierungs- und Assoziierungsprozess beteiligten südosteuropäischen Länder.[41] Mit diesem Prozess wird die nationale und regionale Stabilisierung unterstützt, werden

40 Hornstein (oben Fn. 4), S. 55.

41 Bericht der Kommission an den Rat über die Fähigkeit Bosniens und Herzegowinas zur Aushandlung eines Stabilisierungs- und Assoziierungsabkommens mit der Europäischen Union, 18.11.2003, KOM (2003) 692 endgültig.

die beteiligten Länder schrittweise in die europäischen Strukturen eingebunden werden und die Aussicht auf eine spätere EU-Mitgliedschaft erhalten. Die Fortschritte bei der Integration hängen von den Verdiensten jedes einzelnen Landes ab. Dabei ist ausländische Hilfe weiterhin notwendig. Es scheint Einigkeit dahingehend zu bestehen, dass die Aufgabe des Hohen Repräsentanten in naher Zukunft enden muß. In seine Funktion rückt – mit anderen Kompetenzen – die EU ein. Der Prozess des »autoritären state building« wird durch Schritte der »Mitgliedsstaatsbildung« abgelöst.[42] Man wird sehen, ob sich die neue Form der Unterstützung der internen Entwicklung bewährt. Insgesamt war das Protektorat – wie auch jenes im Kosovo – recht erfolgreich.

Die Bedingungen der EU, die BuH erfüllen muss, um die Verhandlungen für die Schließung des Stabilisierungsabkommens einzuleiten, weisen auf den Ausbau der Verfassungsordnung hin. Dazu gehören die Zusammenarbeit mit dem Haager Tribunal, die Reform der Verwaltung, der Ausbau des Schutzes der Menschenrechte, die Schaffung eines einheitlichen Wirtschaftsraumes in BuH und die Medienfreiheit. Eine Verfassungskommission ist am Werk.

Welches ist die Rolle des Distrikts Brčko in diesem Prozess? Brčko war und ist das einzige Gebiet in BuH, in dem eine multi-ethnische Bevölkerung wohnt. Die verheerenden Wirkungen des Krieges gerade hier sind eine schwierige Erbschaft, an deren Überwindung aber tatkräftig gearbeitet wird. Man mag im Distrikt ein Labor sehen, in dem erprobt wurde und wird, wie auf dem Boden von Toleranz, Respekt und Integrationswillen die drei Volksgruppen gemeinsam leben können. Nicht wenige fürchten, dass der Distrikt im Zuge der Verfassungsänderung und des Wegganges des Supervisors seine autonome Stellung verlieren könnte. Um die Integration im Lande zu fördern, wird über die Bildung von Regionen nachgedacht, die die ethnischen Grenzen der FBuH und RS überschreiten könnten. Was kann das für Brčko bedeuten? Für den Status quo spricht, dass zwar Unklarheit darüber herrscht, wie BuH zu organisieren ist (föderal, regional oder dezentral). Parteien- und ethnienübergreifende Einigkeit besteht aber dahingehend, dass die kommunale Selbstverwaltung gestärkt werden soll.[43] Wenn das Parlament des Distrikts an Selbstbewusstsein und Selbstorganisation zulegt, die Verwaltung gestrafft und gestärkt wird und Unklarheiten hinsichtlich der (Verfassungs-)Gerichtsbarkeit beseitigt werden, hat Brčko eine gute Chance, eine effektive und effiziente Stadt zu werden. Und das entspräche dem europäischen Subsidiaritätsprinzip und der Erfahrung, das nation building oft bottom-top besser funktioniert als top-down.

42 European Stability Initiative, Berlin-Brussels-Istanbul, The Helsinki Moment, European Member-State Building in the Balkans, l. Februar 2005 (www.esiweb.org).

43 Hornstein (oben Fn. 4), S. 54.

Beraten und Ermüden
Südafrikas Wege zur Verfassungsreform

Robert von Lucius

Kaum ein anderes Thema hatte die Väter der neuen Verfassung Südafrikas ausgiebiger und strittiger beschäftigt als die Rechte und Grenzen der Gliedstaaten. Bis zuletzt wehrten sich Anfang der Neunziger weiße Rechte und traditionelle schwarze Führer in seltener Eintracht gegen neue Regeln. Bei den Verfassungsberatungen gab es immer wieder offene und versteckte Ratschläge deutscher Verfassungsrechtler und Stiftungen. Zu ihnen zählte Hans-Peter Schneider. Wie in anderen Ländern von den Philippinen über Georgien bis Spanien beriet er auch in seiner mittlerweile zweiten Heimat Südafrika 1995/96 den Verfassungsausschuss der Verfassungsgebenden Versammlung, der die Übergangsverfassung in eine endgültige umbilden wollte. Das besondere Interesse des Direktors des Deutschen Instituts für Föderalismusforschung in Hannover galt naturgemäß dem Verhältnis von Zentralstaat und Regionen.

So wird Schneider mit seinem Sinn für das Anekdotische, Menschliche und auch Bizarre die Geschichte gefallen, wie nach Monaten des Jonglierens am Rande zum Bürgerkrieg, zumindest zur politischen Gewalt, am 17. November 1993 die Homelandgesetze als Kern der politischen Apartheid morgens um drei Uhr innerhalb einer Minute aufgehoben wurden, ohne dass das so recht den Verhandelnden auffiel. Die heutige Regierungspartei Afrikanischer Nationalkongress (ANC), die den Kampf gegen die Apartheid über Jahrzehnte betrieb, meldete dabei sogar als einziger einen Vorbehalt. Nicht nur sie und ihr Justizsprecher wussten in diesem Moment der Erschöpfung durch ein Verhandlungsmarathon in Kempton Park nicht, was sie beschlossen. Die banale Lehre: Da mögen Politiker noch so sehr tosen – am Ende waren es einige wenige Verfassungsrechtler, die als Berater im Hintergrund diese Wende unspektakulär und taktisch klug eingeleitet hatten. Damit schufen sie eine der Grundlagen für das friedliche Wunder am Kap. Fünf Monate danach endete nach 342 Jahren die Herrschaft der Weißen mit Wahlen, einer Übergangsregierung der nationalen Einheit, einer Übergangsverfassung, Flagge und Armee, und eben mit neun Provinzen statt vier Provinzen und zehn Homelands.

Dieser glatte wie skurrile Übergang grundlegender Ordnungsstrukturen mag nicht nur Kenner und Liebhaber des südafrikanischen Verfassungs- und Rechtswesens interessieren; und deren gibt es in Deutschland neben Schneider erstaunlich viele, sichtbar schon an der Existenz von in den letzten zwanzig Jahren mindestens zwei

deutsch-südafrikanischen Juristenvereinigungen und Zeitschriften über südafrikanisches Recht wie »Afrika Recht & Wirtschaft«. Die junge Schriftenreihe »Recht und Verfassung in Südafrika« mit bereits mehr als zwanzig Bänden wird herausgegeben von Ingo von Münch, Ulrich Karpen und eben Hans-Peter Schneider (alle drei besuchten und lehrten auch an südafrikanischen Hochschulen); sie zählt zu ihren Wissenschaftlichen Beratern Hans-Hugo-Klein, Philip Kunig und Reinhard Zimmermann, die jeweils einiges zum Recht am Kap publizierten.
Weitere namhafte deutsche Verfassungsjuristen mit starkem Interesse am südafrikanischen Recht, der sich in Beratungen und Veröffentlichungen niederschlug, waren Dieter Grimm, Christian Starck, Peter Häberle, Edzard Schmidt-Jortzig, Eckart Klein, Georg Ress und in Nachbardisziplinen Theodor Hanf (empirische Sozialforschung) und Gerhard Werle (Strafverfahrensrecht). Starck[1] etwa ist die Erkenntnis zu verdanken, dass das in Art und Ablauf einmalige Entstehen der neuen südafrikanischen Verfassung einem Verfassungsvertrag entspreche, der öffentlich zugänglich sei, schriftlich festgelegt, klar dokumentiert und durch das südafrikanische Verfassungsgericht überprüft und gutgeheißen: Der Repräsentant des Apartheidsystems, Präsident Frederik Willem de Klerk, habe sich »bemerkenswerterweise« für einen Systemwechsel nicht durch Verfassungsänderung, sondern durch Verhandlungen entschlossen.
Der Einfluss des deutschen auf das neue südafrikanische Verfassungsrecht wirkte auch in anderer Form: Fast jeder große Name unter afrikaanssprachigen südafrikanischen Verfassungsrechtlern erfuhr in jüngeren Jahren als Humboldt-Stipendiat Prägungen in Deutschland. Deutlicher kann das wechselseitige Interesse kaum werden denn in den engen Banden zwischen dem neuen südafrikanischen Verfassungsgericht, das seinen ersten Auslandsbesuch in Karlsruhe machte, und dem Bundesverfassungsgericht. Johannesburg bezieht sich in seinen Urteilen öfters auf Karlsruhe; dabei waren Ansätze, deutsche Verfassungsgerichtsurteile ins Englische zu übersetzen, hilfreich.
Das starke Interesse und die Veröffentlichungsflut zum südafrikanischen Verfassungsrecht in Deutschland in jüngeren Jahren konzentrierte sich aus naheliegenden Gründen anfangs auf Grundrechtsfragen, auf das Verfassungsgericht und auf den südafrikanischen Weg, seine Vergangenheit zu »bewältigen« mit dem Ausschuss für Wahrheit und Versöhnung. Erst deutlich später häuften sich Studien zur Staatsstruktur, vor allem zum Verhältnis von Zentralstaat und Regionen und zur zweiten Parlamentskammer[2]. Das anfangs schmale Interesse erstaunt, weil vor dem

1 *Christian Starck,* Der südafrikanische Verfassungsvertrag von 1993, in: *Okko Behrends und Christian Starck,* Gesetz und Vertrag I, Göttingen 2004, S. 125ff.

2 *Obeng Mireku,* Constitutional Review in Federalized Systems of Government. A Comparison of Germany and South Africa, Baden-Baden 2000; *Josef Hoffmann,* Die Gesetzgebung nach der neuen südafrikanischen Verfassung – Stärkung der Rechte der Provinzen?, in: Staatswissenschaften und Staatspraxis 8 (1997), S. 237ff.; *Uwe Leonardy,* South Africa's Constitutional Provisions on devolution and federalism, in: *B. de Villiers (Hrsg),* Birth of a Constitution, Kenwyn 1994, S. 144ff.; *Mirko Wittneben,* Die Rolle des National Council of Provinces in der südafrikanischen Verfassung,

Umbruch vor allem diese Frage die Konfliktparteien entzweit hatte und viele just darin, eher als in der Sicherung von Grundrechten und einer unabhängigen Verfassungsgerichtsbarkeit, ihr Seelenheil für den Schutz von Minderheiten sahen. Dies könnte eine soziopolitische Studie sein, wie Themen ein Land an den Rand des Bürgerkrieges zu bringen schienen und zu Forderungen einer geographischen Teilung des Landes, gut ein Jahrzehnt danach aber sich, anders als in der Wissenschaft, in der täglichen Politpraxis kaum jemand darum schert. Schließlich wäre dies eine wunderbare Fallstudie, wie einige diskrete Verfassungsberater im Hintergrund friedensschlichtend Lösungen finden können.

Der Weg zu der »historischen Minute« in Kempton Park war ebenso zäh wie lang, und der Weg der neuen Provinzen seit 1994 ebenso. Zur Gründung der Südafrikanischen Union 1910 hatten sich vier Staaten zusammengeschlossen – Transvaal, die Kapprovinz, Natal und der Oranje Freistaat –, die bis 1994 Bestand hatten. Ihre Gebiete wurden indes ebenso wie ihre Befugnisse zunehmend gekappt, auch durch die Schaffung von Homelands (Bantustans), in denen nach der Apartheidideologie Schwarze ihre einzige politische »Heimat« finden sollten, während sie politische Rechte im übrigen Südafrika, 87 Prozent der Landmasse, nicht genießen sollten. Zwischen 1960 und Mitte der Achtziger wurden mehr als drei Million überwiegend schwarze Südafrikaner im Rahmen dieser verhassten Politik zwangsumgesiedelt. Vier der zehn – meist armen und zerstückelten – »Heimatländer« wurden von Pretoria zwischen 1976 und 1981 in eine international nicht anerkannte »Unabhängigkeit« »entlassen« – die Transkei, Bophuthatswana, Venda und die Ciskei. Die neben Bophuthatswana einzige Region, die eine gewisse politische und wirtschaftliche Stärke und Größe vorweisen konnte, KwaZulu, sträubte sich gegen eine »Unabhängigkeit« und trug somit bei zur Unglaubwürdigkeit und dem Scheitern der Homelandpolitik.

Im Juni 1993, zum Auftakt ernsthafter Verfassungsberatungen, hatte das Parlament in Kapstadt ein Gesetz verabschiedet, das den »autonomen« Homelands eine Rückkehr in den südafrikanischen Staatsverband ermöglicht und ihren 7,5 Millionen Bewohnern die südafrikanische Staatsangehörigkeit wieder verlieh – indes vorerst nur als Option, nicht als Vollzug. Über die Zukunft der Homelands wurde weder im Parlament noch bei der Mehrparteienkonferenz in Kempton Park öffentlich debattiert – ebenso verwunderlich wie politisch riskant, im Nachhinein aber klug.

Nur vier Wochen später legte die Verfassungskonferenz aller wichtigen Parteien und Regierungen in Kempton Park nahe dem Flugplatz von Johannesburg einen Entwurf vor zur künftigen Regionalstruktur. Der rasche Wille zur Einigung erstaunt. Dass das alles andere als selbstverständlich ist, zeigt etwa der ebenso langwährende

Baden-Baden 2005; *Gerrit Mulert,* Die Funktion zweiter Kammern in Bundesstaaten. Eine verfassungsvergleichende Untersuchung des deutschen Bundesrates und des südafrikanischen National Council of Provinces, Baden-Baden 2006.

Konflikt in Nordirland: Die beiden Hauptgegner, Ian Paisley und Gerry Adams, waren erst im März 2007, viele, viele Jahre nach Beginn des Konflikts, dazu bereit, sich erstmals in einem Zimmer zu treffen. In Südafrika aber fielen in nicht einmal einem halben Jahr alle wesentlichen Entscheidungen dank des ermüdeten Kampfwillens aller Seiten, des versöhnenden Einflusses der Kirchen, und der Hilfe gediegener Verfassungsjuristen aus Südafrika wie auch aus dem Ausland. Auf Fachleute setzte auch ein Ausschuss der Mehrparteienkonferenz in Kempton Park, der die Gebietsreform vorbereiten sollte. Ihm gehörten vor allem Städteplaner an, Soziologen und Vertreter von Entwicklungsorganisationen. Zum Erfolg hinzu kam das Wirken drei großer Gestalten, die alle drei verdient den Friedensnobelpreis erhielten – der aus der Haft entlassene ANC-Präsident Nelson Mandela, sein Vorgänger als südafrikanischer Präsident Frederik Willem de Klerk und der Kapstädter Erzbischof Desmond Tutu.

Die Vorschläge Ende Juli 1993 zur Reform der Regionalstruktur waren der erste große Test der Verfassungsreform. Die Befugnisse der künftigen Regionen waren der wichtigste Streitpunkt zwischen den drei Gruppen bei den Mehrparteiengesprächen – den Bündnissen um den ANC, um die Regierung und um die Inkatha-Freiheitspartei herum. Der ANC hatte einen Einheitsstaat bevorzugt, die Regierung mit der Nationalpartei de Klerks einen föderalen Staat und die Gruppe »Besorgter Südafrikaner« um die Inkatha, die weiße Rechte und die Homelands einen Staatenbund mit möglichst viel Autonomie. Sechs der anfangs 26 Teilnehmer der Kempton-Park-Konferenz erwogen eine Gegen-Verfassungskonferenz jener Gruppen, die starke Autonomierechte verlangten. Eine Annäherung der Fronten war ohnehin nur möglich, weil just wegen dieser Frage mal die Konservative Partei weißer Rechter, mal die Inkatha oder Homelands sich zeitweilig aus den Verfassungsberatungen zurückzogen und sie boykottierten – in diese Zeit fielen jeweils Verfassungskompromisse. Vierzehn Jahre später aber spricht niemand mehr über die Rechte der Provinzen, und einige der stärksten Befürworter einer Autonomie werben nun für eine weitere Schwächung oder gar Abschaffung der Provinzen.

Obwohl der Ausgangspunkt so umstritten war, zählten Regionalstrukturen zu den ersten Punkten der künftigen Verfassung, zu denen der Technische Ausschuss in Kempton Park im Juli 1993 mit neun nicht eindeutig einer Partei zugeordneten Fachleuten Abschnitte im Verfassungsentwurf formulierte, wiewohl anfangs als vage Rahmenvorschrift. Befugnisse zur Gesetzgebung und Verwaltung sollten von der künftigen Zentralregierung auf die Regionen übertragen werden; dabei sollten sie sich absprechen mit Regionen und mit einem dem Parlament in Kapstadt beigeordneten Ausschuss von Fachleuten. Regionen sollten eine eigene Steuerbefugnis besitzen, eine eigene Verfassung verabschieden können und jeweils einen Premierminister wählen. Zu ihren mit dem zentralen Parlament konkurrierenden Gesetzgebungsbefugnissen sollten Polizeiwesen, Erziehung, Kultur, Wohnungsbau, Gesundheits- und Sozialwesen, Landwirtschaft und Gemeindeverwaltung zählen. Entgegen bereits verabschiedeter bindender Verfassungsprinzipien sah der Entwurf des Tech-

nischen Ausschusses nicht garantierte ausschließliche Befugnisse der Regionen vor; ausschließliche und konkurrierende Kompetenzen sollten in der Übergangszeit bis zur endgültigen Verfassung für jede Region einzeln festgelegt werden.
Die Regionen hätten nach diesen Vorschlägen eine unvergleichlich stärkere Rolle gehabt, als es sich dann in Verfassung und täglicher Praxis Mitte bis Ende der Neunziger ergab. Zudem hatten die sechs Parteien und Homelandregierungen um die Inkatha herum eine Garantie einer weitgehenden Autonomie in der Übergangsverfassung verlangt. Der Technische Ausschuss dachte an eine asymmetrische Autonomie, die jenen Volksgruppen wie den weißen Rechten und den Zulu entgegenkam, die auf Autonomie drangen. Bisweilen äußerte sogar Mandela Verständnis für Forderungen weißer Rechter nach einem autonomen »Volksstaat« von Afrikaanern. Einer der Mitglieder des Technischen Ausschusses, Marinus Wiechers – der auch in Deutschland ausgebildete spätere Rektor der Universität von Südafrika galt als der führende Verfassungsrechtler Südafrikas, und er sollte in jener denkwürdigen Nacht bei der Abschaffung der Homelands eine zentrale Rolle spielen – wies auf Vorbilder hin bei den Regionalgedanken: das Grundgesetz, die spanische Verfassung unter Franco, die Gedanken des früheren Montanunions-Vorsitzenden Jean Monnet.
Inhaltlich wie auch im Verfahren war der ANC hier in den Monaten zwischen Juli und November 1993 zu, gemessen an seinem Ausgangspunkt, weitreichendem Entgegenkommen bereit an die Anhänger größerer Regionalautonomie, die sich nun den Namen Freiheitsallianz gaben. Regionen sollten das Recht zu eigenständiger Gesetzgebung erhalten. Neben eigenständigen Steuern sollten Provinzen einen »angemessenen« Anteil an der von der Zentralregierung erhobenen Mehrwert- und Einkommenssteuer erhalten. Zu den bereits vorgesehenen Gesetzgebungsbefugnissen kamen Regionalplanung, Sprachpolitik, Straßenbau und Verkehr hinzu. Grenzen und Befugnisse der Regionen sollten bereits in der Übergangsverfassung festgelegt und gesichert werden. Inkatha, Homelandparteien und Interessenwalter konservativer Weißer erkannten richtig, dass nach einer freien Parlamentswahl ihr Einfluss und ihr Vetorecht schrumpfen werden. Regionen/Provinzen werden zudem über eine zweite Parlamentskammer die zentrale Gesetzgebung beeinflussen können. Und in Finanzausschüssen werden Entsandte der Provinzen über die Verteilung der Staatsgelder mitentscheiden.
Diese Zusicherungen wurden festgelegt in einer verbindlichen Liste von 14 Verfassungsprinzipien: Neben der Vielfalt von Sprachen, Regionen und Religionen wurde dort festgezurrt, dass Verfassungsbestimmungen zur Struktur und Befugnis der Regionen auch nach dem Ende der Übergangszeit – damals war eine später abgekürzte Zeitspanne von fünf Jahren geplant – vom Parlament nur mit einer Zweidrittelmehrheit geändert werden durften. Vertreter aller Regionen sollten die nationale Regierung bei der Verteilung von Geldern beraten. Der Status traditioneller Führer, etwa von Häuptlingen, wurde anerkannt. Das war Voraussetzung dafür, dass die Parteien der Freiheitsallianz sich nicht gegen die Einsetzung einer Übergangsver-

waltung sperrten, wiewohl vor der Abstimmung dazu im Parlament im September sich zwei Homelands dagegen wandten. Zwei Parteien der weißen Rechten und der schwarzen Linken enthielten sich, und die zwei wichtigsten Gruppen der Freiheitsallianz, die Inkatha und die Konservative Partei, setzten ihren Boykott auch an diesem für sie zentralen Tag fort.
Viele sahen in dem Gesetz über eine Übergangsverwaltung Ende September 1993 schon das Ende der Apartheid und der weitgehend unbeschränkten Vorherrschaft der Weißen. Veteranen des liberalen Widerstands in Südafrika bezeichneten die Debatte im Plenum als die wichtigste in der Geschichte des Kapstädter Parlaments und das Gesetz als das bedeutendste seit der Gründung der Union 1910. Erstmals nahmen an der Parlamentsdebatte, aber noch unter den Zuschauern, herausragende Politiker des ANC wie auch der Südafrikanischen Kommunistischen Partei teil. Das Gesetz leitete das Ende internationaler Sanktionen gegen den Staat der Apartheid ein und die gleichberechtigte Rückkehr in die Staatengemeinschaft.

Grenzen, Finanzen, Homelands

Indes hatten die Verfassungsväter sich bei vielen Fragen der künftigen Ordnung – Grundlinien, Strategien, Details – noch nicht geeinigt, wiewohl sie wenige Wochen danach die fertige Verfassung beschließen wollten. Sie setzten auf Kompromissbereitschaft, Einsicht und Eingebung in der letzten Phase der Annäherung. Bei der Regionalstruktur zählten zu den bis zuletzt strittigen Fragen die Grenzen der neun Provinzen, auf deren Zahl zumindest man sich geeinigt hatte; die Finanzverfassung des Gesamtstaates und die Provinzverfassungen mit ihren politischen Strukturen; und die Form der »Rückkehr« der »unabhängigen« Homelands in gesamtstaatliche Strukturen.
Bei den Grenzen zwischen den Provinzen waren etwa jene zwischen der nördlichen und der westlichen Kapprovinz umstritten. Die Mehrheit eines Ausschusses lehnte eine vorgeschlagene Teilung der östlichen Kapprovinz ab. Die Konservative Partei hatte gefordert, die Hauptstadt Pretoria einem zu bildenden weißen »Volksstaat« einzugliedern. Mitte November – zwei, drei Tage vor dem Ende der Verfassungsberatungen – »einigte« man sich darauf, dies und eine Zusammenlegung von jeweils zwei bevölkerungsarmen, aber großen Provinzen mit anderen Regionen durch Volksbefragungen nach der Wahl im April 2004 entscheiden zu lassen. Auch hier sahen die Konfliktparteien später offenbar nicht Handlungsbedarf. Die befriedende Verschleppung hatte sich taktisch für fast alle Seiten gelohnt.
Bei den Streitereien um Grenzen und Größen ging es natürlich nicht nur um Heimatliebe, Bürgernähe oder patriotische Gefühle, sondern auch um Existenzangst von Beamten und Politikern. In den sechs autonomen Heimatländern wie Gazankulu, Lebowa oder KwaNdebele – meist Armenhäuser ohne eigene Einkunftsquellen – wuchs allein im Jahr 1991 die Zahl der Beamten um 16 000. Deren Gehälter wurden

finanziert durch Haushaltszuschüsse aus Pretoria, 1992 etwa für diese sechs Bantustans 3,5 Milliarden Mark.
Für die Festlegung der Grenzen bildete die Mehrparteienkonferenz in Kempton Park am 28. Mai 1993 einen Sachverständigenausschuss, dem ein Zeitrahmen von nur sechs Wochen zugestanden wurde. Schon in ihrem ersten Bericht[3] einigten sich die 15 Mitglieder auf neun Provinzen. Nur bei einem Punkt gab es eine knappe Mehrheitsentscheidung von acht zu sieben Stimmen – der Trennung von nördlicher und westlicher Kapprovinz. Dabei ließ der Ausschuss sich davon leiten, dass die Nordprovinz zwar bevölkerungsarm und wirtschaftlich schwach sei, aber eine ethnisch und sprachlich zusammenhängende Region, die bei einer Eingliederung in das Westkap dank der Unterschiede von Metropole und abgelegener Provinz kaum eine eigenständige Entwicklungschance hätte. Bei den Abgrenzungskriterien besann sich der Ausschuss auf die Modelle historischer Regionen (Kanada, Schweiz, Vereinigte Staaten, Australien) und Sprachengrenzen (Belgien, Nigeria, Indien), gab aber offenkundig dem Modell Vorzug, das nach einem Ausgleich historischer, wirtschaftlicher und emotionaler Momente suche; genannt wurden als Vorbilder Deutschland, Spanien und Italien.
Bei diesen Vorschlägen sollte es bleiben, auch wenn der zweite Bericht[4] nochmals auf strittige Fragen wies wie die Zusammenlegung armer Provinzen sowie die Zuordnung von Pretoria in die PWV-Metropolregion um Johannesburg herum oder Osttransvaal. Bei einem zweiten Punkt, der emotionale Ängste geschürt hätte, hielten sich der Ausschuss und die Verfassungsväter wohlweislich ebenfalls zurück – den Provinznamen, die vorwiegend geographisch bestimmt und erst deutlich später teils »afrikanisiert« wurden.
Ebenfalls den »Rechtstechnikern« wurde die schwierige Frage der Finanzverfassung aufgetragen. Dabei ging es nicht nur um die künftige Verteilung der Einkünfte und der Vermögen, sondern auch um die Übernahme der Schulden. Völkerrechtlich – wären die Homelands als Völkerrechtssubjekte international anerkannt gewesen – wäre das ein Thema der Staatensukzession. Der Technische Ausschuss der Mehrparteienkonferenz bezifferte die Schuldenlast allein der sechs »autonomen« und der vier »unabhängigen« Heimatländer auf 14 Milliarden Rand. Der Ausschuss schlug vor, angesichts dieser Last solle der Zentralstaat alle diese Schulden übernehmen. Das bedeutete zum einen eine Entlastung der armen Regionen, zugleich aber auch eine Stärkung der Zentrale, da dieser natürlich die finanziellen Mittel und Wege übertragen werden mussten, diese Schulden zu bedienen. Vermögenswerte, Immobilien und kurzfristige Schulden sollten dagegen, so der Ausschuss, von jenen SPR (also »Staaten, Regionen oder Provinzen«) übernommen werden, die auch die ent-

3 *Report of the Commission on the Demarcation/Delimitation of SPRs, 31.7.1993.* hektogr. Ms., 96 S.
4 *Report on Further Work on the Demarcation/Delimitation of States/Provinces/Regions (SPRs), 15.10.1993,* hektogr. Ms., 105 Seiten und Anhänge.

sprechenden Aufgaben nach der künftigen Verfassungs- und Verwaltungsordnung übernehmen.

Die Minute der Verfassungsberater

Auch wenn unmittelbar vor der geplanten Verabschiedung der Übergangsverfassung die meisten Fragen zu der Regionalstruktur – Grenzen, Namen, Befugnisse, Finanzen – geklärt schienen: Ob und wie die Homelands, vor allem die »unabhängigen«, zurückgegliedert werden, wurde stillschweigend beiseitegeschoben. Dabei hatten zumindest zwei von ihnen, die Ciskei und Bophuthatswana, eingewandt, die Übergangsverwaltung werde für sie erst in Kraft treten, wenn auch ihre »eigenen« Parlamente das Gesetz zur Übergangsverwaltung billigten. Sie wollten erst nach der Vollendung der Übergangsverfassung entscheiden, ob sie Südafrika wieder beitreten oder eine andere Form der Assoziation anstreben. Das hätte im besten Fall eine Verzögerung bedeutet in einer Phase, die von politischer Gewalt und Instabilität gezeichnet war, und im »schlimmsten« Fall einen Widerspruch dieser Bantustans. Das hätte fast unvermeidlich zu einer gewaltsamen Eingliederung geführt – keine solide Ausgangsposition für ein Land, das seine neue Ordnung auf Konsens und Frieden bauen wollte.
Hier waren Juristen gefragt. Sie handelten ebenso geschickt wie still wie auch (fast) alle Beteiligten überraschend. Die sechs Verfassungsjuristen im Technischen Ausschuss erkannten, dass es einen Weg gab, die Hürde zu überwinden: Da das Parlament in Kapstadt dereinst die Statusgesetze verabschiedet hatte, die die Existenz und »Unabhängigkeit« der Homelands errichteten, könnte es (beziehungsweise als vom Parlament belehntes Verfassungsorgan die Mehrparteienkonferenz in Kempton Park) diese Gesetze auch wieder aufheben und damit den Homelands ihre verfassungsrechtliche Grundlage entziehen. Eine öffentliche Debatte und breite und bewusste Abstimmung dazu aber hätte nicht den notwendigen Konsens gefunden.
So wählte der Technische Ausschuss einen raffinierten Weg. Unmittelbar vor dem Abschluss der Verhandlungen sind noch wesentliche Fragen ungeklärt, darunter die künftige Struktur von Armee und Polizei. In dieser Phase werden die wesentlichen Entscheidungen in Hinterzimmern getroffen zwischen Regierung und ANC. Der ehemalige Geheimdienstchef der weißen Regierung spricht unbefangen mit dem Rechtspolitiker des ANC, und ANC-Politiker gehen in die Räume der Regierung hinein, als wären es schon ihre eigenen. Die verbliebenen 21 Parteien in Kempton Park haben mehrere halbdurchwachte Nächte hinter sich. Rasch stimmen sie Punkt für Punkt ab über die Paragraphen eines 33 Seiten langen Berichts des Technischen Ausschusses, den sie erst zwei Stunden vorher erhielten. Ein Abgeordneter der liberalen Partei sagt, man gehe »blind in die Sache hinein«. Am 17. November morgens

um drei Uhr sagt der Vorsitzende der Verfassungskonferenz, Verfassungsminister Dawie de Villiers, sie erreichten »Fortschritt durch Erschöpfung«.
Eine Minute später stimmen die Verfassungsväter ab über den Paragraphen 190 Absatz 1, versteckt unter »Übergangsbestimmungen«. Im Anhang – den meisten fehlt die Zeit und der Überblick, dorthin zu blättern – sind 35 Gesetze aufgezählt, die mit dem Inkrafttreten der neuen Verfassung aufgehoben werden. Nicht nur die bisherige Verfassung verliert danach Geltung; auch alle Statusgesetze entfallen, die die zehn Homelands schufen. Der Vorsitzende des Ausschusses, der schwarze Anwalt Dikgang Moseneke, »erläutert« den Paragraphen in 25 Sekunden, ohne ein Wort auf seine Bedeutung und Folge zu verschwenden. Da die Verhandlungsführer der Regierung zu den Reformern zählen, wehrt sich dort niemand. Liberale Minister, darunter ein Verfassungsjurist, und der Generalsekretär des ANC berichten danach dem Autoren, sie seien überrumpelt worden und hätten die Bedeutung der Abstimmung nicht erkannt. Über das Ergebnis aber freuen sie sich, so schweigen sie in der Öffentlichkeit. Einer der Mitglieder des Sechserausschusses, der diese stille Revolution vorbereitete, Marinus Wiechers, sagt, von diesem »dramatischen Augenblick«, der 35 Jahre der Homelandpolitik mit einem Federstrich beende, also faktisch die Annexion der »unabhängigen« Homelands durch Rest-Südafrika, hätten die Heimatländer nichts gewusst.[5]
Vier Monate später werden die Fahnen der Homelands eingeholt. Der Versuch verblendeter Sozialingenieure, Länder nach der Hautfarbe und Bevölkerungsgruppe zu gliedern, ist endgültig gescheitert. Die Verfassung, die am 27. April 1994 in Kraft tritt und von einer »endgültigen« Verfassung am 4.2.1997 abgelöst wird, beginnt mit dem Satz »Die Republik Südafrika ist ein (einiger), souveräner Staat« und nennt die Provinzbefugnisse erst im neunten von fünfzehn Kapiteln. Die »umstrittenen Gebiete« vom Nordkap bis zu Pretoria werden in einem schmalen Anhang versteckt aufgezählt – weiter ging die Kontroverse dann nicht.
Wehren konnten sich die Parteien und Homelands nach ihrer Abstimmung morgens um drei Uhr nicht. Zum einen hatten sie sich vorher verpflichtet, sich an ihre Abstimmungen zu halten, zum anderen hätten sie sich öffentlich als nachlässig blamiert. Eine ähnlich bizarre Episode eines großen Jahres der Verfassungsgeschichte Afrikas in einer historischen Sitzung wiederholt sich nur wenige Stunden vor der Parlamentsdebatte am 23. Dezember 1993, bei der die Abgeordneten die Verfassung auch mit ihren Regeln zur künftigen Regionalstruktur und zur Abschaffung der Homelands mit 237 gegen 45 Stimmen verabschieden. Die letzten Wortmeldungen der Mehrparteienkonferenz in Kempton Park, die die Verfassungsgeschichte Südafrikas und Afrikas bewegt hatte, waren der Hinweis des Konferenzsekretärs, wo man Fotos abholen könne, und dann noch die Äußerung eines traditionellen Häuptlings

5 *Robert von Lucius,* Komieklike Kemptonpark. . ., in: Die Suid-Afrikaan/DSA Januar-Februar 1994, S. 24f. sowie *ders.,* Frankfurter Allgemeine Zeitung v. 18.11.1993, S.2.

in einer »sehr ernsten Sache« – sein Hotelzimmer sei unzureichend und nicht seinem Status gemäß.

Die Verfassung von 1997

Die »endgültige« Verfassung von 1997 wird vom gewählten Parlament, der ersten Kammer und dem Senat, verabschiedet und vom Verfassungsgericht an den Verfassungsprinzipien gemessen und nach Nachbesserungen gutgeheißen. Auch sie erwähnt im ersten Artikel den »einen« (einigen) Staat. Es gab Elemente einer Stärkung der Regionen auch gegenüber der Verfassung von 1994, etwa durch enge ausschließliche Gesetzgebungsbefugnisse. Gedanken des kooperativen Föderalismus aus dem Grundgesetz fanden Einklang in die südafrikanische Verfassung, nicht aber der Begriff des Föderalismus. Das Verfassungsgericht in Johannesburg hob aber in mehreren Urteilen hervor, dass die neun Provinzen nicht »souveräne Staaten« seien. Südafrika sei, so eine Studie zur südafrikanischen Verfassung, in der »grauen Mitte« zwischen einem Bundes- und einem Einheitsstaat[6]. Es ist weniger föderal jedenfalls als die Bundesrepublik Deutschland, auch wenn die Verfassungsväter mit dem Artikel 146 Abs. 2 (b) die originären Rechte der Provinzen zu schützen trachteten. Der Schutz der deutschen Bundesländer ist ausgeprägter als jener der südafrikanischen Provinzen. Regierung und der nationale Gesetzgeber können in Pretoria/Kapstadt in die Gesetzgebung wie auch in die Verwaltung stärker eingreifen als in Berlin. Das gilt auch für die Mitwirkung bei der nationalen Gesetzgebung: Der Senat wurde 1997 ersetzt durch einen Nationalen Rat der Provinzen, dessen Befugnisse gegenüber dem Senat sanken. Da aber in sieben bis acht Provinzen der ANC wie in Pretoria die Regierung stellt, ist der Wille, Einspruch einzulegen gegen von der gleichen Partei verabschiedete nationale Gesetze, naturgemäß gering.

Verfassungspraxis und wirtschaftliche Zwänge brachten bald Änderungen in der Regionalstruktur. Pretoria setzte auf eine »kooperative Regierung« mit den Provinzen und schuf zahlreiche Foren von Ministern und Beamten, in denen sich diese jeweils abstimmten. Immer klarer wurde aber, dass zehn Jahre nach der endgültigen Verfassung die Zeit für Verfassungsberater in Südafrika vorbei ist – sie haben ihre Aufgabe erfüllt und einen politisch und rechtlich weitgehend stabilen Staat schaffen helfen. Das kann für die soziale und wirtschaftliche Seite indes nicht gesagt werden trotz teils betörender makroökonomischer Daten. In sieben der neun Provinzen lebt mehr als die Hälfte der Bewohner unter der Armutsgrenze. Am stärksten gilt das für Mpumalanga (früher Nordprovinz) und das Nordkap – beides Provinzen mit reichen Bodenschätzen und hoher Arbeitslosigkeit.

Ernüchternd, auch für Befürworter starker Regionen in der erbitterten Verfassungsdebatte der frühen Neunziger, sind zwei Erkenntnisse: Alle Provinzen hängen der-

6 *Thomas Michael Grupp,* Südafrikas neue Verfassung, Baden-Baden 1999.

zeit fast völlig ab von Finanzzuweisungen aus Pretoria – bis zu 97 Prozent der Provinzhaushalte kommen vom Zentralstaat. Und: Mehrere Provinzen haben sich außerstande gesehen, zugeteilte Gelder auszugeben und Leistungen für Soziales, Gesundheit, Bildung hinreichend zu bieten. Dabei ist der Ausgangspunkt nicht einfach. Die wohlfeile Begründung, die Apartheid sei an allem schuld, ist auch nie ganz falsch – verwickelte Strukturen, Grenzen und Institutionen von Provinzen, Homelands, für unterschiedliche Rassen errichtete getrennte Behörden müssen integriert werden. Dabei waren überall »Geisterbeamte« zu finden und auszugrenzen, viele zehntausend fiktive Mitarbeiter. Das alles führte zu einer wachsenden Debatte über eine Neugliederung der Provinzen durch Zusammenlegungen oder Grenzverschiebungen. Dabei aber ginge es dann um wirtschaftliche Überlebensfähigkeit und um Infrastruktur, weniger um verfassungsrechtliche Diskurse.

German Verfassungsrecht under the Southern Cross

Observations on South African-German Interaction in Constitutional Scholarship in Recent History with particular reference to Constitution-making in South Africa

Lourens Marthinus du Plessis

I.

South Africa's legal system is a hybrid: rather like Romano-Germanic civil law in some respects and like English common law in others. It is one of two countries in the world where Roman-Dutch law has survived. (The other country is Sri Lanka.) The »mixed« nature of latter-day South African law is a product of a mixed colonial history with Dutch influence dominant between 1652 and 1806 and English hegemony prevailing until well into the twentieth century. The mighty British Empire, however, never used its leverage to abolish Roman-Dutch law in South Africa (which has by now outlived the real Mackay in its country of origin by almost two centuries).[1] The common-law phenomenon of *stare decisis*, introduced by the English themselves, has been the key to the survival and growth of (civil-law oriented) Roman-Dutch law in South Africa. The case-law version of Roman-Dutch law shows an often marked English influence because a number of judges participating in its formation were trained in English law. In addition, English law simply took over in areas most closely related to the exercise of political power (constitutional and administrative law), the administration of justice (law of criminal and civil procedure and evidence) and business and industry (company law, bills of exchange, insolvency law).

Traditionally exchanges between South African and German legal scholars were facilitated by the shared civil-law traits in their legal systems. In some circles cordial fellow-feelings emerged from ideological and dogmatic affinities. A so-called purist movement[2] among South African jurists – with its heyday roughly between the late 1930s and middle 1980s – preached and promoted, in class- but in time also in court-

1 It is generally accepted that the demise of Roman-Dutch law in the Netherlands started with the strongly French oriented codification of 1809.

2 Cf in this regard Lourens du Plessis *An Introduction to Law* 3rd ed 1999 Kenwyn Juta 57-63 and Eduard Fagan *Roman-Dutch Law in its South African historical Context* in Reinhard Zimmermann and Daniel Visser (eds) *Southern Cross. Civil Law and Common Law in South Africa* 1996 Kenwyn Juta 33-64 60-64.

rooms, adherence to pure Roman-Dutch law, untainted by English legal influence and unperverted by English-minded judges' (mis)understanding of it. The purists also bore the torch of »principled legal thinking«, understood to be of learned Roman-law extraction and therefore shared as heritage with civil-law legal systems. This accounts for purists' heartfelt empathy with the (German) historical school and nineteenth century pandectism which shaped key-facets of the private-law theory taught (mainly but not exclusively) at Afrikaans-speaking law faculties in South Africa even to this day.[3]

Conventional interaction between South African and German legal scholars remained restricted to the various private-law disciplines (excluding formal private law), criminal law (excluding criminal procedure), legal history, Roman law as an academic discipline and perhaps legal philosophy and legal theory (with both private and public international law eventually also creeping into the picture).[4] Conspicuously underrepresented on the affinity list was »political« public law, that is, constitutional and administrative law which, in the »old« South Africa, as was previously intimated, was much more English than Roman-Dutch – as was criminal and civil law of procedure and various branches of commercial law. Constitutional and political reform was at any rate not a foremost concern of most prominent purist legal scholars in South Africa. The handful of pioneers concerned with such reform, felt quite comfortable to seek comparative guidance in the constitutional law of the United States of America – the oldest »living« example of constitutional democracy.[5]

In the lively debates foreshadowing, accompanying and assessing the first tottering steps of constitutional democracy in South Africa during the early 1990s, legal and constitutional comparison were the order of the day, and among the jurisdictions sourced for comparative examples Germany (and Canada) suddenly shot to the forefront. A number of South African scholars writing about various aspects of our transition to democracy professed an indebtedness to German sources, but not because

3 For nuanced and insightful discussions of this influence cf JWG van der Walt »Skerwe uit 'die' *Geschichte* van die Leerstuk van Subjektiewe Regte« *Tydskrif vir die Suid-Afrikaanse Reg* (1993) 521 and 626 and AJ van der Walt »Personal Rights and limited Real Rights: An historical Overview and Analysis of contemporary Problems related to the Registrability of Rights« *Tydskrif vir Hedendaagse Romeins-Hollandse Reg* 55(2) (1992) 170.

4 For a helpful overview, cf André Rabie, Schalk van der Merwe and JMT Labuschagne »The Contribution of the Alexander von Humboldt Foundation to the Development of the South African Legal System and Literature« *Tydskrif vir Hedendaagse Romeins-Hollandse Reg* 56(4) (1993) 608.

5 One of these scholars, John Dugard, thought that consistent reliance on the Roman-Dutch (common) law could have boosted the safeguarding of basic human rights in apartheid South Africa and that many of the ills of apartheid were attributable to a lack of rigorous reliance on this »rights-friendly« source of South African law: J Dugard »The Judicial Process, Positivism and Civil Liberty« *South African Law Journal* 88 (1971) 181 and *Human Rights and the South African Legal Order* 1978 Princeton University Press 393 and 397. Dugard was educated at one of the (erstwhile?) bastions of »principled legal thinking« in South Africa, namely the Faculty of Law at the University of Stellenbosch.

these sources breathe the spirit of principled purism.[6] Considerable attention was devoted to post-World War II German expertise and experience in particular.[7] In the process of actual constitution-making – both during the negotiations preceding the adoption of the transitional Constitution in 1993 and, later, in the Constitutional Assembly where the final (1996) Constitution took shape – a »German presence« (eventually manifesting itself in both end products) was tangible.[8]

This chapter endeavours to sketch out why and how German *Verfassungsrecht* came to be turned to as a valuable source of knowledge and instruction in launching South Africa's first fully and thoroughly democratic project. In this respect our laureate, Hans-Peter Schneider, played a crucial role (as will be shown in due course) and I dedicate this chapter to him with a deep sense of appreciation and approbation.

For the past ten years or so, constitutional scholars in South Africa have not (re)turned to »the German example« as source of comparative information with an intensity and enthusiasm paralleling that of the mid-nineties. Most comparative studies referring to Germany[9] actually saw the light at the time when South Africa's transitional or interim Constitution was still in force (1994-1997). However, early constitutional developments in South Africa, engendered by German wisdom and expertise, have had a lasting impact on the further development of constitutionalism in our fledgling democracy, and German *Verfassungsrecht*, though less frequently brought into play as point of reference for constitutional comparison nowadays, has not been relinquished at all.[10]

6 Francois Venter's attempt to adapt nineteenth century pandectism's »principled« theoretical framework for (private-law) subjective rights to use in public law, was the exception and not the rule (cf Francois Venter *Die Publiekregtelike Verhouding* 1985 Durban Butterworth) which attracted criticism – cf JD van der Vyver *The Doctrine of Private-law Rights* in SA Strauss (ed) *Huldigingsbundel vir WA Joubert* 1988 Durban Butterworths 201-246 208-209 and M Wiechers *Die Publieke Subjektiewe Reg* in SA Strauss (ed) *Huldigingsbundel vir WA Joubert* 1988 Durban Butterworths 270-291.

7 Cf eg Dennis Davis, Matthew Chaskalson and Johan de Waal *Democracy and Constitutionalism: The Role of Constitutional Interpretation* in Dawid van Wyk, John Dugard, Bertus de Villiers and Dennis Davis (eds) *Rights and Constitutionalism: The New South African Legal Order* 1994 Kenwyn Juta 1-130.

8 Constitution-making in South Africa went through two phases. Representatives of 26 political interest groups negotiated, on a basis of numerical equality, the text of a transitional constitution laying down rules and procedures for the adoption of a final Constitution and passed by South Africa's last parliament under the previous constitutional dispensation (as the Constitution of the Republic of South Africa, Act 200 of 1993). In the elections taking place in terms of this transitional Constitution on 27 April 1994 a bicameral parliament was elected and the transitional Constitution provided for a Constitutional Assembly to adopt a final Constitution. The Assembly, consisting of the two houses of parliament sitting jointly, agreed on a text which then first had to be certified by the Constitutional Court as complying with 34 Constitutional Principles laid down in the transitional Constitution. President Nelson Mandela assented to and signed the final text on 10 December 1996 and the Constitution of the Republic of South Africa, 1996 entered into force on 4 February 1997.

9 Among which an article by Johan de Waal »A Comparative Analysis of the Provisions of German Origin in the Interim Bill of Rights« *South African Journal on Human Rights* 11(1) (1995) 1 is foremost.

II.

There is no single explanation for the consequential German influence on constitution-making and the inception of constitutional democracy in South Africa. As intimated before, conventional academic affinities between legal scholars from the two countries do not quite account for this phenomenon (but are also not wholly unrelated to it either). Purist South African jurists (and not always just them) bought into a legal theoretical paradigm associated (also) with the »principled legal thinking« of German *Begriffsjuriprudenz*,[11] and conceiving of law as a self-contained, rational system of general norms. Legal problems are solved when, through deductive reasoning, a concrete situation is subsumed under a norm appropriate to the exigencies of that type of occurrence. The state is the source of law and law, in its turn, allegedly rests on an independent foundation of reason and logic. Courts are autonomous institutions applying the law in a systematic (even mechanistic) way as if it were a system of fixed (and predictable) rules. The »is« and the »ought« of law are markedly distinct, as are »law« and »morality«, and »law« and »politics«.

South African public law scholars with knowledge of German constitutional scholarship know that German public lawyers engaging with the Basic Law are overwhelmingly not of the positivistic disposition just described. *Begriffsjuriprudenz* has, as a matter of fact, shed much of its currency over a wide spectrum of legal disciplines. The Basic Law, in particular, is understood to perceive fundamental rights as anterior to the state, and »the state's law« as subject to the objective order of values enshrined in the Basic Law. Law and morality (and law and politics) can therefore not be separated. However, to quote Donald Kommers,[12] »the approach to judicial reasoning in *Begriffsjurisprudenz* has outlasted positivism and has had a lasting influence throughout Europe, including Germany . . . German constitutional scholars no less than the justices of the Federal Constitutional Court have made significant attempts to build a theory of judicial decision based on reason and logic.« There may be truth in this claim. German constitutional-law scholars, probably on the

10 There are, for instance, examples of more recently dated monographs broadly dealing with comparative issues and in which »the German example« receives its rightful attention – cf eg Erika de Wet *The Constitutional Enforceability of Economic and Social Rights (The meaning of the German Constitutional Model for South Africa)* 1996 Durban Butterworth; AJ van der Walt *Constitutional Property Clauses* 1999 Kenwyn Juta/Dordrecht Kluwer 121-163 and Francois Venter *Constitutional Comparison. Japan, Germany, Canada and South Africa as Constitutional States* 2000 Lansdowne Juta/Dordrecht Kluwer. In one of its most recent judgements, a very significant pronouncement on the national legislature's duty to engage in public consultation when legislation is passed, the Constitutional Court drew a comparative parallel between the South African and German systems of federal government coming to the conclusion that the latter is significantly instructive in shedding light on certain key aspects of the former; cf *Doctors for Life International v Speaker of the National Assembly & Others* 2006(12) BCLR 1399 ([2006] JOL 18085) (CC) 1429A-1432D.

11 For a succinct depiction of this style of thinking, cf Donald P Kommers *The Constitutional Jurisprudence of the Federal Republic of Germany* 2nd ed 1997 Durham/London Duke University Press 40-41.

12 Donald P Kommers *The Constitutional Jurisprudence of the Federal Republic of Germany* 2nd ed 1997 Durham/London Duke University Press 41.

strength of the logic and reasonableness of theory, are less tentative than their South African counterparts in expressing their views on the law (including the Basic Law) as it stands. By contrast, the disinclination of South African constitutionalists readily to commit themselves when interrogated about what the law and the Constitution »say«, possibly evidences a common-law wariness not to pre-empt judicial pronouncement (for the time-being) on a particular issue.

The observations of Kommers also go some way to explain a phenomenon that has intrigued me since I first came across and reflected on it, especially because German constitutional scholars take it so much for granted, that it is hard to find anyone who cares to explain (let alone justify) it. I refer here to the unquestioned almost intuitive use of FK Von Savigny's[13] four »methods of interpretation« for purposes of (amongst others) constitutional interpretation.[14] Also known as the »Von Savigny quartet«[15] these so-called methods were initially designed, in the atmosphere of the historical school, for the interpretation of pandectaerian Roman law, but in time they gained acceptance all over the European Continent,[16] for the interpretation of codifications of the law, statutes[17] and constitutions.[18]

13 Friedrich Carl von Savigny *System des heutigen Römischen Rechts I* 1840 Berlin Veit 206-262.

14 These methods or modes of interpretation or, more appropriately, *reading strategies* – JMT Labuschagne »Die dinamiese Regslandskap, Doelaanpassing en -vervanging en die Geregtigheidswaarde van die Normdop by Regsuitleg en -vorming: Opmerkinge oor die anachronistiese Kant van die Stelreël *cessante ratione legis, cessat et ipsa lex*« *Tydskrif vir Hedendaagse Romeins-Hollandse Reg* 67(1) (2004): 43 46 speaks of »invalshoeke« (*angles of incidence*) – modelled on a slightly adapted version of the Savignian model (for a summary see LM du Plessis »The Jurisprudence of Interpretation and the Exigencies of a new Constitutional Order in South Africa« *Acta Juridica* (1998): 8) are:
- *grammatical interpretation* concentrating on ways in which the conventions of natural language can assist legal interpretation and can help to limit the many possible meanings of a provision;
- *systematic interpretation*, as a manifestation of contextualism (Lourens du Plessis *The Re-Interpretation of Statutes* 2002 Durban Butterworths 111-115), calling for an understanding of a specific provision in the light of the text or instrument as a whole and of extra-textual indicia;
- *purposive interpretation* (as manifestation of interpretive purposivism – see Lourens du Plessis *The Re-Interpretation of Statutes* 2002 Durban Butterworths 115-119) that sheds light on the possible meanings of a provision with reference to its purpose or ratio, and
- *historical interpretation* situating a provision in the tradition from which it emerged and allowing qualified recourse to information concerning the genesis of the text in which the provision occurs (and the provision itself).

In the course of time a fifth »method« was added to the Von Savigny quartet, namely comparative interpretation, which facilitates the understanding of a provision, first, in the light of standards of international law and, secondly, in comparison with its counterparts in other national legal systems.

15 JMT Labuschagne »Regsdinamika: Opmerkinge oor die Aard van die Wetgewingsproses« *Tydskrif vir Hedendaagse Romeins-Hollandse Reg* 46(4) (1983) 422 and »Die dinamiese Regslandskap, Doelaanpassing en -vervanging en die Geregtigheidswaarde van die Normdop by Regsuitleg en -vorming: Opmerkinge oor die anachronistiese kant van die Stelreël *cessante ratione legis, cessat et ipsa lex*« *Tydskrif vir Hedendaagse Romeins-Hollandse Reg* 67(1) (2004) 43 46.

16 But also in the civil law tradition in Canada; cf eg Pierre-André Côté *The Interpretation of Legislation in Canada* 1984 Cowansville, Québec Yvon Blais 193-350.

17 PB Cliteur *Inleiding in het Recht* 1992 Groningen Wolters-Noordhoff 196-202; JMT Labuschagne »Die dinamiese Regslandskap, Doelaanpassing en -vervanging en die Geregtigheidswaarde van die Normdop by Regsuitleg en -vorming: Opmerkinge oor die anachronistiese Kant van die Stelreël *cessante ratione legis, cessat et ipsa lex*« *Tydskrif vir Hedendaagse Romeins-Hollandse Reg* 67(1) (2004) 43 46.

Savigny's four »methods of interpretation« have probably found acceptance in German constitutional interpretation because (and simply because) their »reason and logic« (and »pedigree«, one might add) appeal to (»systematic«) constitutional scholars and judges (as *jurists*). In the South African context Hahlo and Kahn[19] first referred to these methods separately and since 1994 they have also met with (extra-judicial) approval.[20] In some of my own writings I suggested that they could form a basis for the systematisation of the canons of statutory and constitutional interpretation that are in sway in South Africa (and elsewhere in common law jurisdictions).[21] Because these four methods come from Savigny – and from his dealings with pandectarian Roman law in particular – they form part of a tradition which South African common law shares with German (and Continental) civil law, and they are therefore historically credible and legitimate. They can moreover help accommodate the common law canons of construction quite elegantly within a sustainable system that duly honours the hybrid character of the South African law of statutory and constitutional interpretation.

III.

While past interfaces between principled German and South African legal scholars cannot adequately explain the recent (and present) affinity between constitutionalists from the two countries, there are other historical – including cultural and even ideological, but also down-to-earth logistical – phenomena that go a longer way in providing an explanation.

In the heyday of apartheid many white (and especially Afrikaans speaking) South Africans identified spiritually and culturally (or at least felt very comfortable) with the »Germanic« traits of the German *Volksgeist*. German used to be the third lan-

18 Ernst Forsthoff *Zur Problematik der Verfassungsauslegung* 1961 Stuttgart Kohlhammer 39-40; Konrad Hesse *Grundzüge des Verfassungsrechts der Bundesrepublik Deutschland* 19ed 1993 Heidelberg Müller 21; Donald P Kommers *The Constitutional Jurisprudence of the Federal Republic of Germany* 2ed 1997 Durham/London Duke University Press 42-43; Friedrich Müller and Ralph Christensen *Juristische Methodik Band I: Grundlagen Öffentliches Recht* 8th ed 2002 Berlin Duncker & Humblot 269-297, and »Basic Questions of Constitutional Concretisation« *Stellenbosch Law Review* 10(3) (1999) 269 275-276. Winfried Brugger »Konkretisierung des Rechts und Auslegung der Gesetze« *Archiv des Öffentlichen Rechts* 119 (1994) 1 1-34 redefines the four methods or techniques of interpretation in a creative manner so as to adapt them to his understanding of the modern-day exigencies of (constitutional) interpretation.

19 HR Hahlo and E Kahn *The South African Legal System and its Background* 1973 Cape Town Juta 180.

20 Iain Currie and Johan de Waal *The Bill of Rights Handbook* 5ed 2005 Kenwyn Juta 145-156 rely, for purposes of bill-of-rights interpretation, on an interpretive scheme akin to that of Von Savigny. See also LM du Plessis »The Jurisprudence of Interpretation and the Exigencies of a new Constitutional Order in South Africa« *Acta Juridica* (1998): 8 13-16.

21 Lourens du Plessis »The (Re-)systematization of the Canons and Aids to Statutory Interpretation« *South African Law Journal* 122(3) (2005): 591 612.

guage of preference in many an Afrikaans medium, secondary school,[22] German scholarship was held in high esteem and Germany was the destination of first choice for many Afrikaans-speaking doctoral and post-doctoral students (in law too). As apartheid South Africa faced increasing academic isolation, most German institutions involved in academic exchange (universities as well as funding organisations) continued »to provide and keep open channels for comparative research to South African jurists«[23] irrespective of race, colour, gender or creed (it was said) as well as, controversially so, political and institutional affiliation. South African beneficiaries were, however, predominantly white and male and most often Afrikaans speaking.[24] According to the South African authors of an article appreciative of the Alexander von Humboldt Foundation's contribution to the development of the South African legal system and legal literature (»the Humboldt article«), free access to the German academic world, amid increasing academic isolation elsewhere, resulted in »many South African jurists« relying »less heavily on Anglo-American law for comparative analysis« as well as a markedly »positive influence by German law on South African law reform«.[25] Some of the jurists aforesaid (especially the constitutional, human-rights and international-law scholars among them) became involved as technical advisers in constitution-making in South Africa during the 1990s,[26] and their previously established ties with German experts then stood them – and the constitution-making process – in good stead. However, by themselves they could certainly not have brought on any marked German impact on constitutional developments in South Africa, for they simply lacked the political clout to influence the outcome of constitutional negotiations and, eventually, the work of Constitutional Assembly decisively.

Hans-Peter Schneider, our laureate, entered the arena of constitution-making in South Africa along a road less travelled by German constitutional scholars, and yet as a potentially powerful participant. He was not invited to the process by (white, male) academic peers with established ties in Germany, but briefed by a »political client«, the African National Congress (ANC), to act as their legal adviser. His expertise and experience as a constitutional scholar as well as his close political

22 With the two official South African languages Afrikaans as first and English as second language.

23 André Rabie, Schalk van der Merwe and JMT Labuschagne »The Contribution of the Alexander von Humboldt Foundation to the Development of the South African Legal System and Literature« *Tydskrif vir Hedendaagse Romeins-Hollandse Reg* 56(4) (1993) 608 622.

24 In the case of the coveted Humboldt stipends in law, for instance, almost only white male (and mostly Afrikaans speaking) academics, some approaching and others negotiating midlife, were advantaged by this approach, the only exception being a white female academic in 1986. This was the position until 1995 (more or less also the time when the academic isolation ended) – *cf* André Rabie, Schalk van der Merwe and JMT Labuschagne »The Contribution of the Alexander von Humboldt Foundation to the Development of the South African Legal System and Literature« *Tydskrif vir Hedendaagse Romeins-Hollandse Reg* 56(4) (1993) 608 610-613.

25 André Rabie, Schalk van der Merwe and JMT Labuschagne »The Contribution of the Alexander von Humboldt Foundation to the Development of the South African Legal System and Literature« *Tydskrif vir Hedendaagse Romeins-Hollandse Reg* 56(4) (1993) 608 622.

26 There were, for instance, at least five (former) Humboldt stipendiaries thus involved.

affiliation with the Social Democratic Party (SPD), the social-democratic ANC's kindred soul in Germany, contributed to his fittingness for the task. And once he was involved in the process, it was not difficult for him and South African advisers with conventional German academic links to smoothly relate to one another. The main difference between them was that Schneider had the ear (and the trust) of the politically powerful ANC.[27] He was in a position to make a consequential contribution – which eventually he did.[28]

What destiny had in store for both the South African and German nations, especially during the latter half of the twentieth century, also served to forge an affectionate sense of understanding between them (marked dissimilarities notwithstanding). Germany is an example of a relatively young (post-World War II) democracy from whose experience a new South Africa in the making stood to learn a lot. The constitutions of the vast majority of African states as well as, for instance, the *Canadian Charter of Rights and Freedoms* of course also date from the post-World War II era. However, the German and South African experiences (put next to each other) stand out because of the matchless sense of urgency which permeated constitution-making and the establishment of constitutional democracy in both cases. The »*Nicht wieder!*« from post-Holocaust Germany reverberated (and indeed inspired action) in post-apartheid South Africa. In both countries far-reaching reconciliation and extensive nation-(re)building simply had (and still have) to succeed to turn calamities of a shady past into accomplishments of a bright future. The last step of constitutional significance in the German transition to full democracy, the *Wiedervereingung*, preceded the first step in the South African transition, the commencement of the transitional Constitution and the first democratic elections, by a mere three and a half years, and both moves were bolstered – or *occasioned*, some might say – by the same historical event, to wit the decline of Communist hegemony in the East Block. South Africans and Germans can furthermore, without compromising the modesty becoming citizens of countries that could (still) have been in tatters, celebrate appreciable achievements along the road of constitutionalism so far – achievements that continue to add to the worthwhileness of comparing the German and South African constitutional projects.

27 Some other political parties had German advisers too, for instance, the (liberal) Democratic Party (presently the Democratic Alliance) who found a congenial spirited adviser in Ingo von Münch, formerly Professor of law at the University of Hamburg, and active politician in the German Federal Democratic Party (FDP). It was significant that the predominantly black ANC and the traditionally more English oriented DP relied more intensely on the input of German advisers than the Afrikaans oriented National Party (NP) or the Freedom Front (FF).

28 Cf eg the chapters by Lourens M du Plessis *South Africa's peaceful Revolution and its constitutional Safegaurding* in Jutta Kramer and Björn G Schubert (eds) *Vergfassungsgebung und Verfassungsreform im In- und Ausland* 2005 Baden-Baden Nomos 209-224 and Nico Steyler *The constitutional Promise of Decentralization in Practice: A Review of 1994-2002* in Jutta Kramer and Björn G Schubert (eds) *Vergfassungsgebung und Verfassungsreform im In- und Ausland* 2005 Baden-Baden Nomos 225-240 in which the authors reminisce about issues in respect of which Schneider rendered decisive advice.

IV.

Unsurprisingly German impact on constitution-making in South Africa manifested in »provisions of German origin«[29] finding their way into the texts of both the transitional and final Constitutions. The time has now arrived to follow up the trail of some of these provisions – using the 1996 text as point of reference – so as to guesstimate the intensity of the impact of German *Verfassungsrecht* on the establishment and evolution of its South African counterpart.[30]

There is a sense in which the 1996 Constitution bears a stronger German resemblance than the 1993 (transitional) Constitution. Section 1 of the South African Constitution arguably fulfils a role similar to Article 20 of the German Basic Law (albeit not in similar terms), namely to characterise the kind of state for which it provides:

> »The Republic of South Africa is one, sovereign, democratic state founded on the following values:
> *(a)* Human dignity, the achievement of equality and the advancement of human rights and freedoms.
> *(b)* Non-racialism and non-sexism.
> *(c)* Supremacy of the constitution and the rule of law.
> *(d)* Universal adult suffrage, a national common voters roll, regular elections and a multi-party system of democratic government, to ensure accountability, responsiveness and openness« – Section 1.

> »(1) Die Bundesrepublik Deutschland ist ein demokratischer und sozialer Bundesstaat.
> (2) Alle Staatsgewalt geht vom Volke aus. Sie wird vom Volke in Wahlen und Abstimmungen und durch besondere Organe der Gesetzgebung, der vollziehenden Gewalt und der Rechtsprechung ausgeübt.
> (3) Die Gesetzgebung ist an die verfassungsmäßige Ordnung, die vollziehende Gewalt und die Rechtsprechung sind an Gesetz und Recht gebunden.
> (4) Gegen jeden, der es unternimmt, diese Ordnung zu beseitigen, haben alle Deutschen das Recht zum Widerstand, wenn andere Abhilfe nicht möglich ist« – Article 20.

Of the pentarchy *Parteienstaat*, *Rechtsstaat, Streitbare Demokratie, Sozialstaat* and *Bundesstaat* envisaged in Article 20 of the Basic Law, at least the first three are in terms of Section 1 of the South African Constitution (1996) also designated to shape the nature of the South African polity: what Section 1(d) prescribes is certainly a party state and a competitive democracy, while »rule of law« in Section 1(c) is the

29 This is the terminology of Johan de Waal »A Comparative Analysis of the Provisions of German Origin in the Interim Bill of Rights« *South African Journal on Human Rights* 11(1) (1995) 1.

30 Such impact could, of course, also be determined from the frequency of and manner in which references to German constitutional law in general occur in South African constitutional jurisprudence. However, this is a separate study going well beyond any direct contribution that our laureate has made and which, within the prescribed »physical« confines of the present contribution, can at any rate not be undertaken.

(English) common law way of saying »Rechtsstaat«, though the two are not identical twins.[31] That South Africa is a social state is not said in Section 1, but it is implied elsewhere in the Constitution, for example, in Section 7(2) that enjoins the state to »promote and fulfil« the rights in the Bill of Rights, in the authorisation of affirmative action in Section 9(2) and in the entrenchment of socioeconomic entitlements (albeit restrained) in (amongst others) Sections 26 and 27 and, last but not the least, in the jurisprudence of the Constitutional Court too.[32] It is no secret that for several, mostly historical reasons the majority of South Africans at the helm of constitution-making and, subsequently, government do not cherish federalist sentiments akin to those of most Germans. It is therefore not surprising that Section 1 does not describe South Africa as a federal state. At the same time South Africa is not anti-federal and it can best be described as a *co-operative* as opposed to a *competitive* federation.[33] A principle that in Germany is meant to counteract the fragmentation of the federation is invoked in South Africa to impel co-operation among the various spheres[34] of government. This principle, of course, is *Bundestreue* which, in Chapter 3 of the South African Constitution, goes by the name of »co-operative government«. On an official visit to South Africa in September 1995 former German chancellor, Helmut Kohl, invited South Africa's constitution-makers to send a delegation to Germany to study aspects of German constitutionalism. A multi-party delegation, consisting mainly of members of the National Assembly and advisers, visited Germany from 8 to 15 January 1996.[35] One of the outcomes of this visit was that German *ideas* on federalism were included in South Africa's 1996 constitutional text without, however, fully embracing the German *system* of federalism whose centrifugal impetus is quite stronger than that of the South African system.

Anyone conversant with the German Basic Law and the foundational prominence it affords human dignity, will be struck by the statement in Section 1(a) of the South African Constitution that human dignity, together with the achievement of equality and the advancement of human rights and freedoms, is one of the founding values of

31 Cf eg the discussion of the Constitutional Court's jurisprudence on the rule of law in Iain Currie and Johan de Waal *The new Constitutional and Administrative Law Volume 1* 2001 Lansdowne Juta 75-81.

32 *Government of the Republic of South Africa and Others v Grootboom and Others* 2000 (11) BCLR 1235 (CC) and *Treatment Action Campaign and Others v Minister of Health and Others (1)* 2002 (10) BCLR 1033 (CC)

33 Cf eg the discussion of the Constitutional Court's jurisprudence on the rule of law in Iain Currie and Johan de Waal *The new Constitutional and Administrative Law Volume 1* 2001 Lansdowne Juta 119-124. In *Doctors for Life International v Speaker of the National Assembly & Others* 2006(12) BCLR 1399 ([2006] JOL 18085) (CC) 1429A-1432D the South African Constitutional Court nonetheless argued that the South African and German federal systems coincide in vital respects.

34 The South African Constitution speaks of »spheres« rather than »levels« or »tiers« of government in relation to the division of power between national, provincial and local government, thereby lending precedence to the notion of co-operation rather than hierarchy.

35 For a reference to this visit, *cf* African National Congress 1998 Biographies of ANC leaders: Johnny de Lange http://www.anc.org.za/people/delange.html. I am also indebted to Prof Dr Francois Venter of the North-West University, Potchefstroom, who provided me with an oral account of this visit and its consequences.

the Republic of South Africa as »one, sovereign, democratic state«. References to human dignity also occur in certain other pivotal provisions of the Bill of Rights:

- Section 7(1) states that the Bill of Rights (Chapter 2 of the Constitution) »affirms the democratic values of human dignity, equality and freedom«.
- The general limitation clause, Section 36, requires limitations of rights entrenched in the Bill of Rights to comply with the threshold of (amongst others) the extent to which the proposed limitation »is reasonable in an open and democratic society based on human dignity, equality and freedom« (Section 36(1)).
- In Section 39(1)(a) judicial authorities interpreting the Bill of Rights are enjoined »to promote the values that underlie an open and democratic society based on human dignity, equality and freedom«.

The occurrence of the triumvirate human dignity, equality and freedom in the text of the 1996 Constitution, bears testimony to where we in South Africa had come from when we first established a democracy – precisely what Article 1 of the Basic Law does in respect of Germany's unique (and sad) story. Comparable sections in the transitional Constitution mentioned freedom and equality, but not dignity. In human rights discourse and practice the tension between freedom and equality always looms, especially in a society like South Africa where awesome disparities between the haves en have nots (still) prevail. To the haves their freedom is a vital item in the arsenal of whatever empowers them to keep what they have – and to have ever more. They are particularly mistrustful of government interfering in their personal space and their own affairs. The have nots demand government intervention to empower them to gain a rightful share in the nation's prosperity – and this threatens the position of the haves in whom most of the wealth resides. It was thus a skilful move on the part of the authors of the 1996 Constitution to create, in the constitutional text, room for a strategy that could help negotiate the seemingly insoluble tension between freedom and equality. »Dignity« with its ethical authority and its particular history (especially in Germany) is capable of curbing the tendency to over-concentrate – in an »either . . . or« manner – on the fear of the haves *or* the plight of the have nots while, at the same time, it demands deference to the elevated status of both the have nots and the haves as (dignified) human beings.

V.

Section 39(2) enjoins the judiciary, »[w]hen interpreting any legislation and when developing the common law or customary law« to »promote the spirit, purport and objects of the Bill of Rights«. Looked at superficially, this may seem to be a rather trite (and therefore superfluous) injunction. However, not only does this provision have a fascinating history, but it has also become a kingpin in the development of contemporary South African law. At the 1993 multi-party constitutional negotiations there was a strong sentiment against direct horizontal application of the Bill of Rights. It came from (amongst others and strangely enough) the representatives of the South African Communist Party. After an intense and lively debate in which the German notions of *mittelbare* and *unmittelbare Drittwirkung* featured freely and prominently, a compromise was reached and subsequently written into Sections 7(1) and (2) of the transitional Constitution. The said section left room for a restrictive understanding of the operation of the Bill of Rights, excluding its direct horizontal effect. This was also how the section was eventually construed in the then landmark (and now almost forgotten) Constitutional Court judgement of *Du Plessis and Others v De Klerk and Another.*[36] Part of the package of the Section 7 deal was the inclusion of the predecessor to Section 39(2) of the 1996 Constitution – namely Section 35(3) – in the transitional Constitution, to try and ensure that the provisions of the Bill of Rights will at least have some »radiating effect« on the interpretation and application of non-constitutional law. The wording of the two provisions is very similar. That is, however, not the case with Sections 7(1) and (2) of the transitional Constitution, and their successors in the 1996 Constitution, Sections 8(1)-(3). The latter provisions authorise the direct horizontal application of »[a] provision of the Bill of Rights . . . to the extent that it is applicable taking into account the nature of the right and the nature of any duty imposed by the right«. There has not been a *Du Plessis v De Klerk* on Section 8 (yet), but there has been a *Carmichele v Minister of Safety and Security and Another*[37] that has swept through existing (common and especially private) law in South Africa, with a force that seems to have washed away all interest in the vexing (yet neglected) question posed by Sections 8(1)-(3) of the Constitution, namely: »Precisely how directly do horizontal provisions of the Bill of Rights apply?« The Constitutional Court's judgement in *Carmichele* was not an interpretation and application of the effects of Sections 8(1)-(3), but of Section 39(2), and it has opened floodgates of legal reform through judicial intervention to such an extent that strategies to somewhat contain the flood might be necessary in the near future.

VI.

Three provisions of German origin in the transitional Constitution were eventually excluded from the 1996 Constitution. Two of them, Sections 35(2) and 232(3), prescribed an interpretive procedure known in the German context as *verfassungskonforme Auslegung*, for the interpretation of, respectively, the Bill of Rights and the Constitution as a whole. The omission of these provisions from the 1996 Constitu-

36 1996 (5) BCLR 659 (1996 (3) SA 850) (CC). This judgement teems with references to German constitutional-law sources; *cf* eg pars 33, 36, 39, 40-42, 58, 60, 63, 92, 94, 99, 103-106, 112, 121,143,147, 162, 164 and 173.

37 2001 (10) BCLR 995 (CC).

tion has not precluded judicial reliance on the interpretive procedure they (previously) prescribed[38] and *verfassungskonforme Auslegung* is still very much part of South African constitutional law as it stands.
More directly and exclusively from Germany was the *Wesensgehaltgarantie* included in the general limitation clause (Section 33(1)(b)) in the transitional Bill of Rights. Like their German counterparts South African constitutional scholars and lawyers struggled to get to the heart of the essential content of rights and what added to the misery on this side of the equator, was the fact that a provision with a singular history was taken over and the history giving rise to it was then ignored when the provision found its way into the transitional Bill of Rights. Not a single tear has been shed over the demise of this provision.

VII.

There is much for which we as scholars of and citizens under the South African Constitution can thank our German counterparts. Fortunately our colleagues do not have the bad habit to constantly remind us of it. In the formerly referred to Humboldt article, the authors conclude:[39]

> »Over almost three decades, the Alexander von Humboldt Foundation has contributed substantially to the personal development and growth of a number of jurists who have, in turn, exercised a significant influence on both the theory and the practice of South African law. This the Foundation has achieved without endeavouring to transplant German legal doctrine on its South African counterpart. Rather, scholars have been enabled to develop their own legal thought and theory, and so to be part of the evolution of their legal system as they consider appropriate.«

In my experience this spirit has also been permeating interaction between South African and German scholars in matters constitutional, and it is an apposite depiction of the style of Hans-Peter Schneider as constitutional adviser and mentor too. We have learnt a lot from Schneider and our German counterparts, but they were always ready to learn from us and our unique project too – and that is particularly true of our laureate, fascinated by South Africans' desire to celebrate their indigenous origin as Africans as well as their diversity, and to give constitutional expression to both. His contribution to constitution-making in this country added European-Germanic flavour to a distinctively indigenous mix, in a manner that matters . . . and will last.

38 Cf eg *Govender v Minister of Safety and Security* 2001 (4) SA 273 (SCA).
39 André Rabie, Schalk van der Merwe and JMT Labuschagne »The Contribution of the Alexander von Humboldt Foundation to the Development of the South African Legal System and Literature« *Tydskrif vir Hedendaagse Romeins-Hollandse Reg* 56(4) (1993) 608 622.

Zur Geschichte des allgemeinen Wahlrechts in vergleichender Perspektive

Thomas Würtenberger

Die Geschichte des Wahlrechts ist auf das engste mit der Geschichte des demokratischen Staates verbunden. Die Evolution des demokratischen Staates seit dem ausgehenden 18. Jahrhundert spiegelt sich in der Fortentwicklung seines Wahlrechts. In einer Zeitspanne von fast 200 Jahren entwickelte sich jenes Wahlrecht, das in seinen wesentlichen Grundsätzen nunmehr zur festen Grundlage des demokratischen Rechtsstaates geworden ist[1]. Marksteine in dieser Entwicklung waren der Wandel vom Zensuswahlrecht zum egalitären Wahlrecht, die Erstreckung des Wahlrechts auf immer breitere Bevölkerungsgruppen, die Durchsetzung des Frauenwahlrechts und nicht zuletzt die Auseinandersetzungen um das Verhältnis- und Mehrheitswahlrecht. Die einzelnen Staaten gingen sehr unterschiedliche Wege, die sie in heftigen verfassungspolitischen Auseinandersetzungen zu den derzeit gültigen Standards eines verfassungsstaatlichen Wahlrechts führten[2].

Für Deutschland nimmt man mit guten Gründen an, dass es jedenfalls bei der Verwirklichung des Demokratieprinzips im Vergleich mit den anderen großen westlichen Demokratien eine verspätete Nation sei. Denn die deutsche Verfassungsentwicklung sei bis in das 20. Jahrhundert eher an der Rechtsstaatsidee als an der Verwirklichung eines demokratischen Staates orientiert gewesen. Für die Entwicklung des Wahlrechts dürfte dies aber, wie dieser Beitrag zeigen möchte, nicht in gleicher Weise gelten. Denn man verfolgte hier keinen Sonderweg und war auch nicht Schlusslicht, sondern immer an der gemeineuropäischen Fortentwicklung des Wahlrechts beteiligt.

Zu den politisch sehr umkämpften Perspektivenwechseln in der Wahlrechtsgeschichte gehörte der Übergang vom Zensuswahlrecht zu einem allgemeinen und gleichen Wahlrecht. Dieser Systemwechsel soll im Folgenden nach dem methodischen Ansatz des historischen Rechts- und Verfassungsvergleiches entwickelt werden. Der Wandel im Verfassungsrecht bzw. im Wahlrecht wird vor dem Hintergrund der politischen Ideengeschichte, der verfassungspolitischen Auseinandersetzungen, des zeitgenössischen politischen Erfahrungshorizonts sowie des Fortschreitens von der alten ständischen zur modernen bürgerlichen Gesellschaft dargestellt.

1 *Grewe/Fabri*, Droits constitutionnels européens, 1995, Rn. 296 ff.

2 Hierzu die Länderberichte in: *Pantélis/Koutsoubinas* (Hg.), Les régimes électoraux des pays de l'Union Européenne, 1998.

Mit dieser historischen Wahlrechtsvergleichung wird zugleich an zentrale Themen im wissenschaftlichen Werk von Hans-Peter Schneider angeknüpft, der sich wegweisend mit Grundsatzfragen des Parlamentarismus und der verfassungsstaatlichen Entwicklung befasst hat.

1. Wahlrechtsänderungen als Folge revolutionärer Ereignisse in Frankreich

Ebenso wie in Deutschland und in England begann in Frankreich in der zweiten Hälfte des 18. Jahrhunderts eine sehr intensive Wahlrechtsdiskussion. Ihr wesentlicher Bezugspunkt war, dass eine Gliederung nach Ständen aufgegeben und Eigentum zur Voraussetzung des aktiven Wahlrechts gemacht werden sollte[3]. Dies lag auf der Linie des geflügelten Wortes der Encyclopädisten »c'est la propriété qui fait le citoyen«[4], oder auch der Physiokraten, die das Grundeigentum als Grundlage der Staatswirtschaft ansahen. In einem Edikt vom 12. Juli 1778 hatte Jacques Necker erstmals diesen Forderungen Rechnung getragen und für die Wahlen zu einem Provinzialparlament geregelt, dass die Hälfte von dessen Mitgliedern Grundeigentümer sein müssen[5]. Dies wurde von dem Physiokraten Guillaume François Le Trosne dahin weiterentwickelt, dass von der Gemeinde über den Distrikt und die Provinz bis zur nationalen Ebene jeweils »Conseils« zu bilden seien, die mit Grundeigentümern besetzt werden[6]. Dass derartige Neuorientierungen zu einem Aufbrechen der altständischen Gesellschaft und zu einer neuen Form politischer Mitbestimmung führen mussten, liegt auf der Hand.

Ein weiterer grundlegender Perspektivenwechsel kündigte sich bereits im Vorfeld der Französischen Revolution an. Das »Règlement électoral du 24 janvier 1789«[7] brachte für den dritten Stand eine bemerkenswerte Erweiterung des Wahlrechts. Ein besonderer Zensus war nicht gefordert, man musste nur auf der Steuerliste geführt sein. Damit konnten u.a. auch Hausangestellte an den Wahlversammlungen zur Einberufung der Generalstände mitwirken. Hierin kann man mit Rosanvallon einen ersten Schritt in Richtung einer Repräsentation der gesamten Nation sehen[8]. Vor diesem Hintergrund war es mehr als naheliegend, dass sich der so gebildete Dritte Stand sehr bald zur Repräsentation der gesamten Nation berufen sah.

Wie das Wahlrecht zu regeln sei, war eine der großen Streitfragen. Bereits am 22. Dezember 1789 verabschiedete die »Assemblée Nationale« ein Wahlgesetz, dessen

3 *Rosanvallon,* Le sacre du citoyen. Histoire du suffrage universel en France, 1992, S. 45 ff. zum «modèle du citoyen propriétaire».

4 *D'Holbach*, Art. Représentants, in: Diderot/D'Alembert (Hg.), Encyclopédie, Bd. 14, 1765, S. 143, 145; *Condorcet*, Lettre d'un bourgeois de New Haven, 1787: «Les propriétaires peuvent donc, sans injustice, se regarder comme les seuls citoyens de l'Etat.»

5 *Rosanvallon* (Fn. 3), S. 49.

6 *Le Trosne*, De l'administration provinciale et de la réforme de l'impot, 1779, S. 329.

7 Vgl. *Rosanvallon* (Fn. 3), S. 457 sowie S. 55 ff.

8 *Rosanvallon* (Fn. 3), S. 57 ff.

geringer Zensus (direkte Steuern in Höhe des Lohnes von drei Arbeitstagen) einem großen Teil der Bevölkerung die Ausübung des aktiven Wahlrechts ermöglichte[9]. Das passive Wahlrecht war jedoch an einen relativ hohen Zensus gebunden. Dies führte zu der Kritik, dass nunmehr eine Aristokratie der Reichen das politische Leben beherrsche[10]. Ein weitgehend allgemeines und gleiches Wahlrecht[11] wurde erstmals 1792 eingeführt[12]. Voraussetzungen des Wahlrechts waren die Leistung des Bürgereides, das Erreichen des Wahlalters von 21 Jahren sowie das Fehlen eines Abhängigkeitsverhältnisses. Ausgeschlossen vom Wahlrecht waren alle »en état de domesticité«, die nicht von ihrem Einkommen oder vom Ergebnis ihrer Arbeit leben konnten[13]. Das passive Wahlrecht war nicht mehr von einem Zensus abhängig.

Die ersten Wahlen nach diesem zur damaligen Zeit allerdings noch nicht so bezeichneten »suffrage universel« waren enttäuschend. Nur 10 % der Wahlberechtigten beteiligten sich an der Wahl; absolut gesehen lag die Wahlbeteiligung nicht wesentlich höher als bei dem vorangegangenen Wahlgang, der den Beschränkungen des Zensus unterlag[14]. Es fehlte offenbar an einer hinreichenden politischen Mündigkeit breiter Bevölkerungsschichten als Voraussetzung für eine umfassendere Wahlbeteiligung. In der Folgezeit sollten das Verfassungsrecht und das Wahlrecht wieder vom Zensus-Prinzip beherrscht sein. Die Verfassung von 1795 sah vor, dass die Wahlberechtigung von der Zahlung direkter Steuern abhängt, was man als ein allgemeines Wahlrecht der Steuerzahler bezeichnen kann.

Die Restaurationsepoche verfolgte in einer Kehrtwende ein verschärftes Zensuswahlrecht. Dies wurde in Frankreich ebenso wie in Deutschland von der liberalen politischen Theorie mit Nachdruck befürwortet. Bereits 1814 äußerte Benjamin Constant, dass nur Grundeigentümer, Gewerbetreibende oder Pächter mit langfristigem Pachtvertrag zur Ausübung der politischen Rechte berechtigt seien, nicht aber jene, die lediglich von dritter Seite ein Gehalt beziehen[15]. Seiner Ansicht nach hat allein der Vermögende jene Muße, um zu richtigen Einsichten zu kommen; wer aber in Armut und ewiger Abhängigkeit lebe, sei über öffentliche Angelegenheiten nicht aufgeklärter als Kinder[16]. Zudem befürchtete er, dass die Nichteigentümer ihre politischen Rechte zum Umsturz der Gesellschaftsordnung missbrauchen könnten[17]. Mit einer solchen einseitigen Eigentümerrepräsentation fiel dieser große Klassiker

9 *Claret*, in: Pantélis/Koutsoubinas (Fn. 2), S. 183, 184 ff.
10 Vgl. *Rosanvallon* (Fn. 3), S. 84.
11 Im Folgenden handelt es sich durchgehend um ein Männerwahlrecht, das Frauenwahlrecht wurde erst im 20. Jahrhundert eingeführt.
12 Dekret vom 11. und 12. August 1792.
13 *Claret* (Fn. 9), S. 188.
14 Generell zur enttäuschend geringen Wahlbeteiligung in politisch unruhiger Zeit: *Rosanvallon* (Fn. 3), S. 186 ff.
15 *Constant*, Betrachtungen über die Verfassungen und Garantien, herausgegeben am 24. Mai 1814, in der Übersetzung von Buss, 1836, S. 113.
16 *Constant* (Fn. 15), S. 114 f.
17 *Constant* (Fn. 15), S. 116.

des Liberalismus auf vorrevolutionäre Reformansätze zurück. Grund hierfür war, dass seiner Ansicht nach die Auswüchse der Französischen Revolution auf eine verfehlte Repräsentation der Nichtbesitzenden zurückzuführen waren.
Auch wegen der Radikalisierung der Französischen Revolution durch eine, wie vielfach behauptet wurde, Verbreiterung des Wahlrechts lag die Einführung eines hohen Zensus nahe. Das Wahlgesetz vom 5. Februar 1817 sowie Art. 40 der Charta von 1814 forderten für die Wahlberechtigung ein Mindestalter von 30 Jahren und dass 300 Franken direkte Steuern gezahlt werden. Für das passive Wahlrecht war Voraussetzung, mindestens 1000 Franken direkte Steuern zu zahlen. Dies bedeutete eine beträchtliche Begrenzung der Wählerschaft und war eine deutliche Distanzierung vom »milden« Zensus in der revolutionären Epoche. Von ca. 9 Millionen Franzosen im Wahlalter waren nur 110.000 wahlberechtigt[18]. Die Wähler kamen in ihren jeweiligen Departements in »Collèges électoraux« zusammen, um in einem besonders geregelten Verfahren geheimer Abstimmung die Abgeordneten zu wählen[19]. Das Zensuswahlrecht führte zu einer Kontinuität der Eliten einer bürgerlichen Honoratiorengesellschaft. Es begünstigte zwar das Besitzbürgertum, gleichwohl konnten sich in der »Assemblée Nationale« liberale Mehrheiten bilden.
Dieser Zensus wurde in der Julimonarchie durch ein Wahlgesetz von 1831 auf 200 Franken direkter Steuern herabgesetzt; Art. 34 der Charta von 1830 verringerte zudem das Wahlalter auf 25 Jahre. Zu Ende der Julimonarchie hatte sich die Zahl der Wahlberechtigten auf etwa 240.000 Franzosen erhöht. Dieses Zensuswahlrecht wurde allseits als ungerecht empfunden und begegnete breiter Kritik. Die Publizistik und die Manifestationen gegen dieses Wahlrecht, u.a. die »campagne des banquets« von 1847, mündeten in die revolutionären Ereignisse des Februar 1848.
Die Revolution von 1848 knüpfte in vielen Punkten an die Errungenschaften und Forderungen der Jahre zwischen 1789 und 1792 an. Das allgemeine Wahlrecht gehörte zu den wesentlichen revolutionären Forderungen und war Gegenstand einer breiten Publizistik[20]. Durch Dekret vom 5. März 1848 wurde das allgemeine (Männer-) Wahlrecht in Frankreich endgültig eingeführt und in Art. 20 der Verfassung vom 4. November 1848 verankert.
Unter Napoleon III. kam es allerdings zu einer Manipulation des allgemeine Wahlrechts, was in Deutschland lange Zeit Argumente für dessen dezidierte Ablehnung lieferte. Den Wählern wurde eine »candidature officielle« präsentiert. Der offizielle Kandidat konnte für seine Wahl mit offiziellen Anschlägen und auch am Ort der Abstimmung werben, was anderen Kandidaten versagt war[21]. Dies sicherte dem Regime von Napoleon III. klare parlamentarische Mehrheiten, führte aber auch zu einer geringen Wahlbeteiligung.

18 *Claret* (Fn. 9), S. 204.
19 *Claret* (Fn. 9), S. 206 ff.
20 *Huard*, Le suffrage universel en France, 1990, S. 39 ff.
21 *Claret* (Fn. 9), S. 220.

In den republikanischen Verfassungen seit 1870 hat sich in Frankreich das allgemeine (Männer-) Wahlrecht endgültig durchgesetzt; erst 1944 wurde das allgemeine Wahlrecht auch für Frauen eingeführt.

2. Evolutionäre Entwicklung des Wahlrechts in England

Die revolutionäre Entwicklung in Frankreich sollte maßstabsbildend für die Durchsetzung eines allgemeinen Wahlrechts in den anderen westeuropäischen Staaten werden. Lediglich in England setzte sich das allgemeine Wahlrecht nach einem fast 150jährigen evolutionären Prozess erst zu Ende des 1. Weltkrieges durch[22]. Die Wahlgesetzgebung folgte dabei keinem Verfassungsprinzip wie in Frankreich oder Deutschland, sondern war jeweils durch konkrete politische Auseinandersetzungen geprägt. Davon abgesehen waren Reformen des Wahlrechts meist mit Reformen des Unterhauses verbunden, was freilich im Folgenden nicht weiter thematisiert werden soll.

Im Gegensatz zur adeligen Zusammensetzung des Oberhauses wird das Unterhaus seit jeher aus Mitgliedern gebildet, die in den Regionen und Städten als deren Repräsentanten gewählt werden. Spätestens mit der »Glorious Revolution« von 1688 wurde eine Repräsentationsverfassung durchgesetzt, nach der regelmäßig Wahlen zum Unterhaus stattfanden. Wer wahlberechtigt sein sollte, war ebenso wie auf dem Kontinent seit der zweiten Hälfte des 18. Jahrhunderts ein Dauerthema. In einer Rede im Unterhaus wurde bereits 1776 ein allgemeines Wahlrecht für Arbeiter und Bauern eingefordert, was freilich auf allseitiges Unverständnis stieß und als Forderung gar nicht erst ernst genommen wurde[23]. Allerdings blieb diese Forderung in der englischen politischen Publizistik präsent und sollte im 19. Jahrhundert u.a. von der Chartistenbewegung aufgegriffen werden[24].

England gilt zwar als das Land mit der Wiege eines parlamentarischen Systems. Sein Wahlrecht entsprach aber bis weit in das 19. Jahrhundert kaum den Anforderungen eines wirklich demokratischen Parlamentarismus. Die Probleme der »rotten borroughs«, der mangelnden bzw. die Aristokratie begünstigenden Repräsentation[25], der Korruption bei den Wahlen und einer mehr als willkürlichen Stimmkreiseinteilung sind bekannt[26].

22 *Morison/Morrow/Xanthaki*, in: Pantélis/Koutsoubinas (Fn. 2), S. 493 ff.; *Garrard*, Democratisation in Britain. Elites, Civil Society and Reform since 1800, 2002, S. 1 ff.; *Machin*, The Rise of Democracy in Britain, 1830-1918, 2001, S. 1 ff.

23 *Weinzierl*, Anmerkungen zur Diskussion um das Wahlrecht erwachsener Männer in Großbritannien und Frankreich 1776-1848, in: FS für Stourzh, 1999, S. 167, 169 mit weit. Nachw. zu Forderungen eines allgemeinen Wahlrechts in England.

24 *Weinzierl* (Fn. 23), S. 170 ff.; *Garrard* (Fn. 22), S. 12.

25 Vgl. *Meyer*, Das parlamentarische Wahlrecht, 1901, S. 349 ff.

26 *Carstairs*, A short history of electoral systems in Western Europe, 1980, S. 189 ff.; *Smith*, Parliamentary Reform and the Electorate, in: A Compendium to nineteenth-century Britain, 2004, S. 156 ff.

Das Wahlrecht zum Unterhaus war bis in das 19. Jahrhundert sehr begrenzt. Bis 1832 waren wegen eines hohen und zudem in den Grafschaften und Städten unterschiedlich geregelten Zensus[27] weniger als 5 % der Engländer wahlberechtigt. Nach langen und kontroversen Diskussionen um eine Reform des Parlaments[28] wurden im Reform Act von 1832 eine neue Wahlkreiseinteilung und ein neues Zensuswahlrecht verabschiedet, das in den Städten das Wahlrecht auf Eigentümer oder Mieter eines Hauses mit mindestens 10 Pfund Ertrag oder Miete und in den Grafschaften auf Pächter mit einem Ertrag von mindestens 50 Pfund erweiterte. Letztlich blieben diese Erweiterungen marginal, da weniger als 7 % der Bevölkerung wahlberechtigt waren.

Eine zweite Wahlrechtsreform aus dem Jahre 1867 erweiterte das Wahlrecht der männlichen »Householder« und führte dazu, dass 16 % der Bevölkerung wahlberechtigt wurden. Eine nochmalige Wahlrechtsreform durch den Third Reform Act von 1884 vereinheitlichte das Wahlrecht in den Grafschaften und Städten und erstreckte das Wahlrecht auf knappe 30 % der Bevölkerung. Im Zuge dieser Reform kam es zudem zu einer gerechteren Repräsentation der dicht besiedelten Industrieregionen; gleichwohl bestanden zwischen den Wahlbezirken nach wie vor erhebliche Unterschiede[29].

Diese sehr allmähliche Ausdehnung des Wahlrechts war ebenso wie auf dem Kontinent von einer tiefen Skepsis gegenüber einem allgemeinen und gleichen Wahlrecht begleitet. Nach Bagehot würde dies die landwirtschaftliche Bevölkerung und in den Städten die Arbeiterschaft überrepräsentieren und damit wenig gebildete, für Korruption anfällige und nicht dem Gemeinwohl verpflichtete Abgeordnete in das Parlament bringen[30]. Auch die Verfechter eines allgemeinen Wahlrechts, wie John Stuart Mill, sahen dieses Problem, meinten jedoch, durch politische Bildung der unteren Bevölkerungsschichten und durch Bindung des Wahlrechts an die Leistung einer direkten Steuer diesen Bedenken entgegentreten zu können[31].

Ein allgemeines Wahlrecht wurde erst durch den Representation of the People Act von 1918 einführt, wodurch Großbritannien den in Frankreich und Deutschland bereits verwirklichten Stand eines demokratischen Wahlrechts erreichte. Diese letzte große Wahlrechtsreform führte aber nur dazu, dass 74 % der Gesamtbevölkerung wahlberechtigt waren, da Frauen erst ab dem 30. Lebensjahr wählen durften[32]. Diese altersmäßige Beschränkung wurde durch das Wahlgesetz von 1928 aufgehoben[33].

27 Zur unterschiedlichen Gestaltung des Zensus: *Morison/Morrow/Xanthaki* (Fn. 9), S. 497.

28 *Machin* (Fn. 22), S. 15 ff.

29 *Machin* (Fn. 22), S. 100.

30 *Bagehot*, Die englische Verfassung, hrsgg. und eingel. von Streifthau, 1971, S. 147 ff.

31 *J. St. Mill*, Betrachtungen über die repräsentative Demokratie, hrsgg. von Shell, 1971, S. 143 ff.; vgl. weiter *James Mill*, An Essay on Government (1820), hrsgg. von Shields, 1955, S. 72 ff.; *Carstairs* (Fn. 26), S. 193 ff.

32 *Morison/Morrow/Xanthaki* (Fn. 9), S. 500 mit tabellarischer Übersicht.

33 *Morison/Morrow/Xanthaki* (Fn. 9), S. 498; zum Kampf um das Frauenwahlrecht: *Machin* (Fn. 22), S. 123 ff.

Die Entwicklung des Wahlrechts in Großbritannien war von immer dringender werdenden Forderungen nach politischer Partizipation vorangetrieben worden. Dabei wurden im Einklang mit dem gesellschaftlichen Wandel sowohl von Vertretern des mittleren Bürgertums als auch der Arbeiterklasse Erweiterungen des Wahlrechts eingefordert[34]. Die einzelnen Wahlrechtsreformen wurden immer wieder durch das Oberhaus verzögert, das sich ebenso wie die politischen Parteien davon leiten ließ, die Kontinuität der politischen Verhältnisse möglichst nicht auf das Spiel zu setzen und gleichwohl sehr allmählich von einer aristokratischen zu einer egalitär-demokratischen Repräsentative zu gelangen.

3. Unterschiedliche Entwicklung des Wahlrechts im föderativen Deutschland

Die Verfassung des Heiligen Römischen Reiches Deutscher Nation warf verschiedene Wahlrechtsfragen[35] auf, die eine gleiche, auch die Parität der Religionen wahrende ständische Repräsentation zum Gegenstand hatten. Die hier ausgetragenen Streitigkeiten blieben allerdings ohne Einfluss auf die Entwicklung des modernen Wahlrechts. Bedeutsamer ist der allmähliche Übergang von einer traditionellen ständischen Repräsentation zu einer parlamentarischen Vertretungskörperschaft.

Ende des 18. Jahrhunderts mehrten sich ebenso wie in Frankreich die Stimmen, die die ständische Repräsentation aufbrechen wollten und in Richtung einer besitzbürgerlichen Repräsentation argumentierten. In kameralwissenschaftlichen Werken, in der Diskussion der Reichsreform und in Projekten der Territorialreform nimmt die Wahlrechtsreform einen bemerkenswerten Stellenwert ein. So forderte etwa Johann Friedrich Pfeiffer[36], dass die gesetzgebende Gewalt durch eine Repräsentationskörperschaft ausgeübt werden solle, die von »Besitz-Bürgern« zu wählen sei. Christian Friedrich Freiherr von Ungern-Sternberg[37] schlug vor, dass »Abgeordnete des Volkes«, die durch die Mehrheit der Stimmen der grundbesitzenden »Hausväter« gewählt werden sollen, politische Mitsprache- und Kontrollrechte erhalten. Bei Friedrich Carl von Moser kulminierte dies gar zur Vision eines in Anlehnung an die englischen Verhältnisse direkt vom Volk gewählten deutschen »Unterhauses« und der Umwandlung des Regensburger Reichstages in ein Oberhaus[38]. Ähnlich visionär und seiner Zeit voraus war das Verfassungsprojekt des Großherzogs Leopold von Toskana, der das Volk in »Land- und Grundbesitzer« sowie in »Handwerker

34 *Machin* (Fn. 22), S. 150 f.
35 *Anonym*, Über die Ernennung der Reichsdeputierten als ein dem Recht nach eigenes Geschäft der Religionsteile nebst einer Prüfung der Schrift: Die gemeinschaftliche Wahl der Mitglieder zu einer Reichsdeputation, 1797.
36 *Pfeiffer*, Grundsätze der Universal-Cameral-Wissenschaft, Bd. 1, 1783, S. 68 f.
37 *Freiherr von Ungern-Sternberg*, Blick auf die moralische und politische Welt, 1785, S. 209.
38 *Moser*, Patriotische Briefe, 1767, S. 62 ff.

und freie Berufe« einteilte, wobei wahlberechtigt sein sollte, wer Grundeigentümer oder Steuerzahler war[39].

Diese vorrevolutionären Diskussionen eines Zensuswahlrechts in Deutschland zeigen, dass die Frage der Neugestaltung des Wahlrechts nicht erst im Gefolge der Französischen Revolution oder gar erst nach den Befreiungskriegen aufgeworfen wurde, sondern in die letzten Jahrzehnte des 18. Jahrhunderts zurückreicht. Auf dem Fundament der Diskussionen des ausgehenden 18. Jahrhunderts, die in den staatsrechtlichen und staatstheoretischen Werken des beginnenden 19. Jahrhunderts präsent waren, konnte das Zensuswahlrecht in Deutschland zu Beginn des 19. Jahrhunderts rasch breite Akzeptanz finden.

Anders verhielt es sich mit der Diskussion der Forderung eines allgemeinen und gleichen Wahlrechts. Dieses wurde nicht einmal von den deutschen Jakobinern gefordert[40]. Die deutschen Jakobiner zwischen 1790 und 1800 sahen zwar die Problematik des Zensuswahlrechts und schlugen bereits Regelungen vor, die das spätere preußische Drei-Klassen-Wahlrecht vorwegnahmen[41]. Vom aktiven und passiven Wahlrecht wollte man allerdings »den ungelehrten und gelehrten, weltlichen und geistlichen, bürgerlichen und adeligen, geringen und vornehmen . . . Pöbel«[42] ausschließen. Auch im deutschen Jakobinismus blieb es damit dabei, dass lediglich eine besitzbürgerliche Schicht wahlberechtigt war.

Den Boden für die Diskussion eines allgemeinen und gleichen Wahlrechts bereitete die politische Philosophie von Kant. Im deutschen Sprachraum wurden die Überlegungen Kants zum allgemeinen und gleichen Wahlrecht teils heftig kritisiert[43], waren aber auch wegweisend[44]. Als Theoretiker einer auf der Idee der Gleichheit der Menschen beruhenden bürgerlichen Gesellschaft versäumte er gleichwohl im Wahlrecht den entscheidenden Schritt. In Anknüpfung an das revolutionäre egalitäre Wahlrecht Frankreichs schließt Kant alle, die nicht selbständig sind, sondern in fremden Dienst stehen, vom Wahlrecht aus[45]. In den letzten Jahren des 18. Jahrhunderts war offenbar selbst für jene, die die Zeichen einer neuen politischen Ordnung erkannt hatten, die Zeit noch nicht reif, auch den in Abhängigkeit Stehenden politische Mündigkeit und einen egalitären staatsbürgerlichen Status zuzuerkennen. Den-

39 *Wandruszka*, Leopold II., Bd. 1, 1963, S. 368 ff.; *Zimmermann*, Das Verfassungsprojekt des Großherzogs Peter Leopold von Toscana, 1901; *Graf*, Der Verfassungsentwurf aus dem Jahre 1787 des Granduca Pietro Leopoldo di Toscana, 1998.

40 Zum verfassungsrechtlichen Programm der deutschen Jakobiner vgl. *Lamprecht,* Das Streben nach Demokratie, Volkssouveränität und Menschenrechten in Deutschland am Ende des 18. Jahrhunderts, 2001, S. 117 ff.

41 *Lamprecht* (Fn. 40), S. 86 mit Hinweis auf Art. 15 des »Entwurf einer Republikanischen Verfassungsurkunde wie sie in Deutschland taugen möchte« vom März 1799.

42 *Würzer*, »Der patriotische Volksredner«, abgedruckt in: Grab, Leben und Werke norddeutscher Jakobiner, 1973, S. 202 f.

43 Vgl. *Smend*, Maßstäbe des parlamentarischen Wahlrechts in der deutschen Staatstheorie des 19. Jahrhunderts, 1912.

44 Zu Kants Einfluss auf die Wahlrechtstheorie im Rheinbund: *Boberach*, Wahlrechtsfragen im Vormärz, 1959, S. 11 ff.

45 *Kant*, Über den Gemeinspruch (1793), in: Kant, Gentz, Rehberg, Über Theorie und Praxis, 1967, S. 64 f.; *ders.*, Metaphysische Anfangsgründe der Rechtslehre (1797), § 46.

noch sollten nur wenige Jahre später so aufgeklärte Autoren wie Behr[46] ein allgemeines, die »Dienstboten« einschließendes Wahlrecht einfordern[47]. Kants Forderung der Selbständigkeit sollte erst 50 Jahre später beim Wahlrecht zur Paulskirchenversammlung wieder eine Rolle spielen, die anderen Stimmen für ein allgemeines Wahlrecht waren ihrer Zeit allzu weit voraus und blieben ungehört.

Ebenso wie in Frankreich und England herrschten auch in Deutschland in der ersten Hälfte des 19. Jahrhunderts die Theorie und die Praxis des Zensuswahlrechts. Blikken wir auf das Zwei-Kammer-System, das 1818/1819 durch die Verfassungen Bayerns, Württembergs und Badens eingeführt wurde. Die Mitglieder der zweiten Kammer wurden aufgrund eines beschränkten und indirekten Wahlrechts bestellt. Aktives und passives Wahlrecht waren auf die männliche Bevölkerung beschränkt[48]. Das aktive Wahlrecht war meist von einem Einkommens- oder Eigentumszensus abhängig, der in den einzelnen Landesverfassungen unterschiedlich geregelt war. In Baden genügte es für das aktive Wahlrecht zur zweiten Kammer, dass man Bürger in einer badischen Gemeinde war; ausgeschlossen waren damit insbesondere die »Hintersassen«, die keine selbständige Niederlassung in der Gemeinde hatten. Dass die badische zweite Kammer gleichwohl nicht »plebejisch« zusammengesetzt war, wie bisweilen pejorativ geäußert wurde, garantierte der hohe Zensus für das passive Wahlrecht[49]. Beim passiven Wahlrecht wurde teilweise ein erhebliches persönliches Vermögen vorausgesetzt[50]. Ausschlussgründe für das Wahlrecht waren zerrüttete Vermögensverhältnisse, der Empfang von Armenunterstützung oder die Abhängigkeit von einem privaten Dienstherrn.

Das Wahlrecht in Preußen wurde erst 1849 neu geregelt und schließt – zugleich auch mit seiner vorsichtigen Öffnung zu einem allgemeinen Wahlrecht – die Entwicklung von Modellen des Zensuswahlrechts ab. In Reaktion auf die revolutionären Ereignisse des Jahres 1848 und ein zunächst gewährtes allgemeines Wahlrecht zurücknehmend erging die »Verordnung betreffend die Ausführung der Wahl der Abgeordneten der zweiten Kammer« vom 30. Mai 1849[51]. Um in der zweiten Kam-

46 Zum Einfluss Kants auf Behr vgl. *Stolleis*, Geschichte des öffentlichen Rechts in Deutschland, 2. Bd., 1992, S. 146 f.

47 *Behr*, System der angewandten allgemeinen Staatslehre oder der Staatskunst (Politik), 1810, §§ 207 ff.; vgl. weiter den Reichsverfassungsentwurf von Faller aus dem Winter 1817/18, zit. bei *Haupt*, Karl Follen und die Gießener Schwarzen, 1907, S. 119.

48 Zur Zugehörigkeit zu einer christlichen Konfession als Voraussetzung des Wahlrechts vgl. *Fenske*, 175 Jahre badische Verfassung, 1993, S. 45, 134; *Huber*, Dokumente zur Deutschen Verfassungsgeschichte, Bd. 1, 1961, S. 162 m. Fn. 16; zu Württemberg vgl. ebenda, S. 186 m. Fn. 39.

49 *Stiefel*, Baden 1648-1952, Bd. I, 1977, S. 259, 465 f.

50 § 37 der Badischen Verfassung von 1818 regelte: »Zum Abgeordneten kann ernannt werden, ohne Rücksicht auf Wohnort, jeder durch den § 35 nicht ausgeschlossene Staatsbürger, der

1. einer der drei christlichen Confessionen angehört,
2. das 30. Lebensjahr zurückgelegt hat, und
3. in dem Grund-, Häuser- und Gewerbesteuerkataster wenigstens mit einem Capital von 10.000 Gulden eingetragen ist, oder eine jährliche lebenslängliche Rente von wenigstens 1500 Gulden von einem Stamm- oder Lehnguts-Besitze oder eine fixe ständige Besoldung oder Kirchenpfründe von gleichem Betrag als Staats- oder Kirchendiener bezieht, auch in diesen beiden letzteren Fällen wenigstens irgend eine directe Steuer aus Eigenthum zahlt.«

51 Preußische Gesetzsammlung, 1849, S. 205 ff.

mer jede gesellschaftliche Gruppe gemäß ihrer sozialen, wirtschaftlichen und politischen Stellung zu repräsentieren, wurde das Drei-Klassen-Wahlsystem eingeführt[52]. In jedem Wahlkreis wurde eine Gesamtsumme des Steueraufkommens gebildet, die sodann gedrittelt wurde. Die Wähler wurden entsprechend ihrer Steuerleistung den jeweiligen Klassen zugeteilt. Dies hatte zur Folge, dass einige wenige Steuerpflichtige in der ersten Klasse ein Drittel der Wahlmänner wählen konnten, während diejenigen Wähler, die keine oder sehr geringe Steuern zahlten, der zahlenmäßig stärksten dritten Klasse zugeteilt waren, die ebenfalls ein Drittel der Wahlmänner wählte. Auf diese Weise konnten die Wähler der beiden besser verdienenden Klassen, die bisweilen lediglich eine Minderheit von 10 – 15 % der Wähler insgesamt repräsentierten, die große Mehrheit der Wahlberechtigten überstimmen[53].

Das Zensuswahlrecht war in der politischen Theorie des Liberalismus des Vormärz und bis weit in die 60er Jahre des 19. Jahrhunderts absolut herrschend[54] und fast unangefochten[55]. So hob Rotteck[56] hervor, dass der reichere Bürger einen vernunftrechtlich gültigen Anspruch auf Bevorzugung bei der Austeilung der bürgerlichen und politischen Rechte habe. Abgesehen von derartigen staatstheoretischen Begründungsversuchen wurden ähnlich wie in England und Frankreich ganz pragmatische Argumente für die Beibehaltung des Zensuswahlrechts genannt: In den deutschen Bundesstaaten des 19. Jahrhunderts ging man davon aus, dass die bürgerliche Schicht, die zu Wohlstand gekommen war, auch politisch mündig sei. Denn der Besitz würde »die Mittel zu höherer Bildung und Einsicht« gewähren[57]. Der ökonomische Erfolg, und damit das Vermögen, bestimmten das Maß an politischer Mitsprache. Die ökonomisch herrschende Klasse fühlte sich zu politischer Herrschaft legitimiert. Zugleich wurde das Zensuswahlrecht gegen politische Mitspracherechte der Arbeiterschaft instrumentalisiert. Schon frühzeitig hatte man befürchtet, dass ein Parlament, in dem die Arbeiterschaft aufgrund des allgemeinen Wahlrechts die Mehrheit erringen könnte, zu Radikalismus, zu sozialer Umverteilung und damit zur

52 *Droz*, Liberale Anschauungen zur Wahlrechtsfrage und das preußische Dreiklassenwahlrecht, in: Böckenförde (Hg.), Moderne deutsche Verfassungsgeschichte (1815 – 1914), 2. Aufl. 1981, S. 232.

53 *Vogel/Schultze*, in: Sternberger/Vogel (Hg.), Die Wahl der Parlamente und anderer Staatsorgane. Ein Handbuch, Bd. I: Europa, 1969, S. 209.

54 Anders *Zoepfl*, Grundsaetze des allgemeinen und constitutionell-monarchischen Staatsrechts, 1846, S. 257 ff. (ein allgemeines und gleiches aktives, ein »mäßiger« Zensus beim passiven Wahlrecht).

55 Dies gilt auch in einer gemeineuropäischen Perspektive: *Hirschmann*, Denken gegen die Zukunft, 1992, S. 32 ff. (mit Hinweisen auf Jacob Burckhardt, Flaubert, Nietzsche oder Ibsen).

56 *Rotteck*, Lehrbuch des Vernunftrechts und der Staatswissenschaften, Bd. II, 1830, S. 252, 257 f.; *ders.*, Ideen über Landstände, 1819, S. 42 ff., 61, 88 ff.; *ders.*, Art. Census, in: Rotteck/Welcker, Staatslexikon, Bd. 3, 1836, S. 366, 368; ähnlich *Fries*, Vom Deutschen Bund und Deutscher Staatsverfassung, 1816, S. 156; *Zachariä*, 40 Bücher vom Staate, 1820, S. 300; *Jordan*, Versuche über allgemeines Staatsrecht, 1828, S. 469 ff.; *Bülau*, Wahlrecht und Wahlverfahren, 1849, S. 119 f.; *Bluntschli*, Allgemeines Staatsrecht, 2. Aufl., 2. Bd., 1857, S. 172 ff., 469; *ders.*, Artikel Wahlrecht und Wählbarkeit, in: Bluntschli/Brater (Hg.), Deutsches Staats-Wörterbuch, 11. Bd., 1870, S. 128 ff. (mit Überlegungen zur Zweckmäßigkeit der Einführung des allgemeinen und gleichen Wahlrechts); w.Nw. bei *Philippson*, Über den Ursprung und die Einführung des allgemeinen gleichen Wahlrechtes in Deutschland, 1913, S. 12 ff.

57 *Smend* (Fn. 43), S. 5.

Zerstörung der überkommenen sozialen Strukturen neigen würde[58]. Das allgemeine Wahlrecht erschien als der Weg zum Umsturz der Eigentumsverhältnisse[59]. Nicht zuletzt verwies man auf die negativen Erfahrungen mit dem allgemeinen Wahlrecht in Frankreich: Napoleon habe mit diesem die republikanische Verfassung beseitigt und eine weitgehend unumschränkte Herrschaft begründet[60].

Seit den 60er Jahren des 19. Jahrhunderts wurden sich freilich auch die Liberalen bewusst, dass das Zensuswahlrecht nicht auf ewig maßgeblich sein könne: Es sei der »heilsamste Gang politischer Entwicklung, wenn der Kreis der zur Ausübung des aktiven und passiven Wahlrechts Berufenen allmählich nach Maßgabe der wachsenden wirtschaftlichen und politischen Bildung und Selbständigkeit der Volksgenossen mehr und mehr ausgedehnt wird«[61].

Ebenso wie in Frankreich führte auch in Deutschland die Revolution von 1848/49 zur Einführung des allgemeinen Wahlrechts. In den Jahren zuvor war bisweilen, etwa von Marx, ein allgemeines Wahlrecht gefordert worden, ohne dass es jedoch zu einer breiten Bewegung, die sich dieser Forderung annahm, gekommen wäre[62]. Die französische Forderung nach einem allgemeinen und egalitären Wahlrecht wurde von der deutschen revolutionären Bewegung rasch aufgegriffen[63]. Am 30. März und am 7. April 1848 fasste die Bundesversammlung auf Antrag des in Frankfurt versammelten revolutionären Vorparlaments ohne eine vertiefende Diskussion und von der revolutionären Märzstimmung getragen den Beschluss, dass allgemeine Wahlen zu einer verfassunggebenden deutschen Nationalversammlung stattfinden sollten. Das Wahlrecht sollte nicht durch einen Wahlzensus und nicht durch die Zugehörigkeit zu bestimmten Ständen beschränkt sein. Die weitere Ausgestaltung des Wahlrechts wurde den Ländern überlassen. Im Bundesbeschluss vom 7. April 1848 war geregelt, »dass in Beziehung auf die Wahl der Abgeordneten zur konstituierenden Versammlung auf jeden Fall bei der Wählbarkeit keine Beschränkung durch Vorschriften über gewisse Eigenschaften in Beziehung auf Wahlzensus oder Bekenntnis einer bestimmten Religion vorkommen und eine Wahl nach bestimmten Ständen nicht angeordnet werden könne«. Wahlberechtigt und wählbar solle jeder volljährige, selbständige Staatsangehörige sein[64].

58 *Rotteck*, Art. Census (Fn. 56), S. 372: »Die Vermögenslosen sind immerfort geneigt und bereit zum Umsturz der bestehenden Ordnung«; *Droz* (Fn. 52), S. 240; *Boberach*, Wahlrechtsfragen im Vormärz, 1959, S. 62 ff.

59 Zur langen Liste von Einwendungen und Befürchtungen gegen das allgemeine Wahlrecht: *Buchstein*, Die Demokratie an den Grenzen des allgemeinen Wahlrechts, in: Gawrich/Lietzmann (Hg.), Politik und Geschichte, 2005, S. 174, 177 ff.

60 *Biedermann*, Artikel Landtag, in: Rotteck/Welcker (Hg.), Staatslexikon, Bd. 9, 3. Aufl. 1866, S. 416.

61 *Biedermann* (Fn. 60), S. 417.

62 *Boberach* (Fn. 44), S. 84 f.

63 Vgl. *Boberach* (Fn. 44), S. 116 ff.

64 Zur Entstehung des Beschlusses des Vorparlaments vgl. *Biefang*, Modernität wider Willen. Bemerkungen zur Entstehung des demokratischen Wahlrechts des Kaiserreichs, in: FS für Kolb, 1998, S. 239, 243 ff. (das allgemeine, aber auf das Kriterium der Selbständigkeit beschränkte Wahlrecht als Kompromiss); *Philippson* (Fn. 56), S. 29 ff., 39 ff.

Der Begriff der »Selbständigkeit« als Voraussetzung des Wahlrechts vermochte freilich ein wirklich allgemeines und gleiches Wahlrecht einzuschränken. Nach damaligen Vorstellungen waren etwa Dienstboten oder Fabrikarbeiter nicht selbständig, so dass bestimmte Schichten der Bevölkerung durch das Wahlrecht der Länder vom Wahlrecht ausgenommen werden konnten[65].

Obwohl die verfassunggebende Versammlung in der Paulskirche nach diesem neuen Wahlrechtsgrundsätzen gewählt worden war, kam es in der Paulskirchenversammlung zu einer äußerst kontroversen Diskussion des Reichwahlgesetzes. Während ein fortschrittlicher Flügel im Einklang mit der damaligen öffentlichen Meinung ein allgemeines und gleiches Wahlrecht verfocht und dabei an die Erfolge der Pariser Februarrevolution anknüpfte, versuchte die konservative und liberale Mehrheit im Verfassungsausschuss der Paulskirche die unteren Schichten der Bevölkerung mangels hinreichender politischer Mündigkeit vom aktiven und passiven Wahlrecht weitgehend auszuschließen[66]. Nach intensiven Diskussionen wurde am 12. April 1849 das »Reichsgesetz über die Wahlen der Abgeordneten zum Volkshaus« beschlossen[67], das ein allgemeines, gleiches und direktes Wahlrecht zum Volkshaus vorsah.

Diese Wahlrechtsbestimmungen traten allerdings ebenso wenig wie die Paulskirchenverfassung in Kraft, nachdem der preußische König Friedrich Wilhelm IV. am 28. April 1849 die ihm von der Paulskirchenversammlung angebotene Kaiserkrone der Deutschen abgelehnt hatte. Gleichwohl war das egalitäre Wahlrecht des Jahres 1848/49 für die weitere Wahlrechtsentwicklung in Deutschland von maßgeblichem Einfluss.

Aus machtpolitischen Erwägungen heraus sah Bismarck in der Einführung eines allgemeinen und gleichen Wahlrechts einen Hebel für die Reform des Deutschen Bundes. Von Preußen wurde in Frankfurt am 9. April 1866 der Antrag gestellt, den Bundestag dahingehend zu reformieren, dass »eine aus direkten Wahlen und allgemeinem Stimmrecht der ganzen Nation hervorgehende Versammlung zur Beratung einer Reform der Bundesverfassung einberufen werden sollte«[68]. Dieses allgemeine Wahlrecht auf nationaler Ebene, das an Errungenschaften der Revolution von 1848 anknüpfte, sollte der nationaldemokratischen Legitimierung des neuen Staatswesens dienen[69]. Die Einführung eines allgemeinen und gleichen Wahlrechts sollte vor

65 Inwieweit dies geschah, schildert *Hamerow,* Die Wahlen zum Frankfurter Parlament, in: Böckenförde (Fn. 52), S. 252 ff.

66 Deutsche Geschichtsquellen des 19. Jahrhunderts, Bd. 14: Aktenstücke und Aufzeichnungen zur Geschichte der Frankfurter Nationalversammlung aus dem Nachlass von Johann Gustav Droysen, 1967, S. 370 ff.; Stenographischer Bericht über die Verhandlungen der deutschen constituierenden Nationalversammlung, 7. Bd., 1849, S. 5220 ff.; *Biefang* (Fn. 64), S. 245 m. Nw. zum sog. »Simon-Gagern-Pakt«, in dem die linke Fraktion ein preußisches Erbkaisertum unter der Voraussetzung der Einführung eines allgemeinen Wahlrechts akzeptierte.

67 Abgedruckt bei *Huber* (Fn. 48), S. 324; kritisch *Mohl*, Staatsrecht, Völkerrecht und Politik, 2. Bd.: Politik, 1862, S. 22: Wahlgesetz als »größter Fehlgriff« der Paulskirchenversammlung.

68 *Huber* (Fn. 48), Bd. 2, 1964, S. 192.

69 *Biefang* (Fn. 64), S. 252 f.

allem eine nationale Einigung Deutschlands unter Führung Preußens erreichen. Die Legitimierung einer neuen nationalstaatlichen Ordnung durch das allgemeine Wahlrecht mag für die Liberalen Grund gewesen sein, jedenfalls auf Reichsebene von ihren grundsätzlichen Vorbehalten gegen ein egalitäres Wahlrecht abzusehen[70]. Als Ergebnis bleibt allerdings festzuhalten, dass das allgemeine Wahlrecht nicht »von unten« erkämpft, sondern durch »Revolution von oben« in Deutschland eingeführt wurde[71].

Nach der Niederlage Österreichs in der Schlacht von Königgrätz war der Weg zur Gründung des Norddeutschen Bundes geebnet. Das »Wahlgesetz für den konstituierenden Reichstag des Norddeutschen Bundes« vom 15. Oktober 1868 war teilidentisch mit dem Wahlgesetz der Paulskirchenversammlung. Dieses Wahlgesetz sollte sodann für die Verfassung des Norddeutschen Bundes[72] und des Deutschen Reiches von 1871 maßgeblich werden. Die beiden Verfassungen regelten dem Programm Bismarcks entsprechend allgemeine, gleiche, direkte und geheime Wahlen zum Deutschen Reichstag.

4. Schlussbemerkung

Die Entwicklung des allgemeinen Wahlrechts in Frankreich, England und Deutschland weist trotz einer sehr unterschiedlichen politisch-rechtlichen Tradition und Kultur in diesen Ländern eine beeindruckende Parallelität auf[73]. Sie verbindet sich in allen drei Ländern mit dem Übergang von einer ständischen zu einer egalitären bürgerlichen Gesellschaft. Die Argumente, wem und unter welchen Voraussetzungen in dieser Übergangsphase ein aktives und passives Wahlrecht zu gewähren sei, sind jedenfalls in Deutschland und Frankreich seit Mitte des 18. Jahrhunderts fast identisch, sie finden sich zudem in sehr vergleichbarer Weise in der weniger durch Zäsurereignisse geprägten englischen Wahlrechtsgeschichte. Fast im Gleichklang werden in diesen drei Ländern in der historischen Situation des Umbruchs von einem ständischen zu einem demokratischen Staat und des Mündigwerdens der Bürger einander sehr ähnliche Argumente ins Feld geführt, die ein Bollwerk gegen ein allgemeines und gleiches Wahlrecht bilden sollten. Rezeptionsvorgänge bei der Entwicklung dieser Argumente sind kaum nachweisbar; sie waren offenbar dem allgemeinen Zeitgeist in dieser Umbruchsituation verpflichtet.

70 *Biefang* (Fn. 64), S. 258.

71 Vgl. *Gagel*, Die Wahlrechtsfrage in der Geschichte der deutschen liberalen Parteien, 1848-1918, 1958, S. 38 ff.

72 Zur resignierenden Debatte im konstituierenden Reichstag: *Frensdorff*, Aufnahme des allgemeinen Wahlrechts in das öffentliche Recht Deutschlands, in: Festgabe der Göttinger Juristen-Fakultät für Jhering, 1892, S. 135, 187 f.

73 *Weinzierl* (Fn. 23), S. 181; zu sehr vergleichbaren Entwicklungen in den übrigen Ländern Westeuropas: *Pantélis/Koutsoubinas,* Introduction, in: dies. (Fn. 2), S. 11, 13 f. sowie die einzelnen Länderberichte in diesem Sammelband.

Ähnlich wie für die Entwicklung von Grundrechten gilt auch für die Entwicklung des Wahlrechts, dass die Französische Revolution eher retardierende Einflüsse hatte. Unter dem Eindruck der Französischen Revolution schien allein ein Zensuswahlrecht vor der Macht- und Besitzergreifung der Massen zu schützen. Auf dem Kontinent setzte sich in Frankreich und in Deutschland das allgemeine (Männer-) Wahlrecht in der Revolution von 1848 durch, während in England die kontinuierliche Entwicklung hin zu einem allgemeinen Wahlrecht erst nach dem Ersten Weltkrieg abgeschlossen werden konnte. Hier gilt, wie für die Entwicklung des Verfassungsstaates insgesamt, dass die einzelnen Länder sehr unterschiedliche Wege genommen haben, um zu einem gemeinsamen Besitz an verfassungsstaatlichen Prinzipien zu gelangen.

Die nach dem Ersten Weltkrieg abgeschlossene Entwicklung des allgemeinen Wahlrechts hat zu einem verfassungsstaatlichen Prinzip geführt, das mit dem Demokratieprinzip auf das engste verbunden ist. Das allgemeine Wahlrecht ist ein allgemeines Verfassungsprinzip, das über nationale Grenzen hinweg in allen Staaten gilt, die in demokratischer Form regiert werden.

Einflüsse des deutschen Grundgesetzes auf die Verfassung von Bosnien-Herzegowina

Andreas Zimmermann*

I. Einleitung

Wie kaum ein anderer deutscher Staats- und Verfassungsrechtler hat gerade *Hans-Peter Schneider* an der Ausarbeitung ausländischer[1] Verfassungen teilgenommen und kann daher wohl, um nur zwei Beispiele zu nennen, mit Fug und Recht etwa als einer der Väter der demokratischen Verfassung Spaniens[2] oder derjenigen Südafrikas[3] bezeichnet werden.
Vor diesem Hintergrund überrascht es denn wohl auch nicht, dass sich in den von ihm mitgeprägten Verfassungen nicht selten Einflüsse gerade auch des deutschen Grundgesetzes und dabei namentlich der föderalistischen Grundstruktur der deutschen Verfassung belegen lassen[4].

* Prof. Dr. jur., LL.M. (Harvard), Direktor Walther-Schücking-Institut für internationales Recht, Universität Kiel.

1 Daneben hat *Hans-Peter Schneider* nach der deutschen Wiedervereinigung auch an der Verfassungsgebung in den neuen Bundesländern mitgewirkt; ferner war er von 1987-2006 Richter am Niedersächsischen Staatsgerichtshof sowie von 1993-2005 Mitglied des Landesverfassungsgerichts des Freistaats Sachsen.

2 Vgl. allgemein zum Einfluss des Grundgesetzes auf die spanische Verfassungsordnung etwa nur A. Truyol Y Serra, Das Bonner Grundgesetz und die spanische Verfassung von 1978, in: K. Stern (Hrsg.) 40 Jahre Grundgesetz, München 1990, S. 235 ff.; J. Martinez Soria, Die Garantie des Rechtsschutzes und des Gewaltenteilungsprinzip: Eine rechtsvergleichende Untersuchung am Beispiel Spaniens und Deutschlands, Revue Europenne de Droit Public 1997, S. 335 ff.

3 Zum Einfluss des Grundgesetzes auf die südafrikanische Verfassung vgl. etwa nur Jörg Lücke, Entstehung der neuen südafrikanischen Verfassung, JöR 47, S. 467 ff. (481); *ders.* Grundrechte in einer neuen südafrikanischen Verfassung, ZaöRV 1992, S. 70 ff. (95); ferner allgemein zur Verfassungsentwicklung in der Republik Südafrika J. Kramer/H.-P. Schneider, Das Fundament des Regenbogens: ein Zeugnis der Verständigung – die Verfassung des neuen Südafrika, Krit. Justiz 1997, S. 475 ff.

4 Speziell zu Föderalismusfragen in der spanischen Verfassung etwa nur bereits *E. Alberti,* Die Beziehungen zwischen dem Staat und den autonomen Gemeinschaften – Kooperation und Konflikt, in: J. Kramer (Hrsg.), Die Entwicklung des Staates der Autonomien in Spanien und der bundesstaatlichen Ordnung in der Bundesrepublik Deutschland (1996), S. 129 ff., sowie zu den Parallelfragen in Südafrika G. Devenish, Federalism revisited – the South African paradigm, Stellenbosse Regstydskrif 2006, S. 129 ff.
Vgl. insgesamt zur Ausstrahlungswirkung des Grundgesetzes auf ausländische Verfassungen auch H.-P. Schneider, Das Grundgesetz als Vorbild? Sein Einfluss auf ausländische Verfassungen, in: *ders.* (Hrsg.), Das Grundgesetz in interdisziplinärer Betrachtung (2001), S. 159 ff.

Mit eines der Beispiele für einen solchen nachweisbaren Einfluss des Grundgesetzes auf eine ausländische Verfassung, an deren Ausarbeitung *Hans-Peter Schneider*, fast möchte man sagen ausnahmsweise, jedoch nicht beteiligt war, stellt die Verfassung von Bosnien-Herzegowina aus dem Jahre 1995[5] dar. Es liegt vor diesem Hintergrund daher nahe, diese Frage zum Gegenstand eines Beitrags in einer Festschrift zu Ehren nicht nur des Verfassungs*rechtlers*, sondern gerade auch des Verfassungs*praktikers Hans-Peter Schneider* zu machen.

II. Hintergründe der Entstehung der Verfassung von Bosnien-Herzegowina

Die Entstehung der Verfassung von Bosnien-Herzegowina lässt sich nur vor dem Hintergrund des Konflikts im ehemaligen Jugoslawien[6], und speziell des Krieges in Bosnien-Herzegowina begreifen. Nachdem es keiner der am Konflikt in Bosnien-Herzegowina beteiligten Parteien gelungen war, einen militärischen Sieg zu erzielen, drängte die internationale Gemeinschaft auf eine Friedenslösung, die schließlich in die Konferenz von Dayton mündete.

Dort wurde neben den internationalen Aspekten der Konfliktlösung auch die Verfassung von Bosnien-Herzegowina ausgearbeitet und schließlich als Annex IV zum Friedensvertrag von Dayton beschlossen. Dementsprechend waren an der Ausarbeitung der bosnischen Verfassung auch maßgeblich externe Berater mit beteiligt[7]. Nicht zuletzt dieser Umstand dürfte, neben dem politischen, insbesondere von der serbischen Seite ausgehenden Druck den beiden zu schaffenden, weitgehend ethnisch geprägten Entitäten[8] möglichst weit reichende legislative und exekutive Kompetenzen einzuräumen[9], manche strukturelle Parallelitäten zwischen Grundgesetz und bosnischer Verfassung erklären.

5 Englischer Wortlaut etwa zu finden auf der Seite des bosnischen Verfassungsgerichts unter http://www.ustavnisud.ba/eng/p_stream.php?kat=518; eine deutsche Übersetzung findet sich bei D. Banovic, Die Verfassung Bosnien und Herzegowinas, Osteuropa, 2005, S. 332 ff.

6 Vgl. dazu die umfassende Sammlung relevanter verfassungs- und völkerrechtlicher Dokumente S. Trifunovska (Hrsg.), Yugoslavia Through Documents: from its creation to its dissolution (1994), sowie *dies.* (Hrsg.), Former Yugoslavia through documents – from its dissolution to the peace settlement (1999).

7 So war etwa für die Regierung der muslimisch-kroatischen Föderation unter anderem der ehemalige deutsche Verfassungsrichter *Helmut Steinberger* involviert.

8 Daraus erklärt sich auch, dass die nicht zu einer der drei großen Volksgruppen gehörenden Bevölkerungsteile so gut wie keine Möglichkeiten besitzen ihrerseits sachadäquat am politischen Prozess mitzuwirken, zum ganzen näher J. Baramovic, Die »Anderen« in der Verfassungsordnung Bosnien-Herzegowinas, SZIER 2006, S. 217 ff.

9 Demgegenüber entsprach die föderale Struktur nicht zuletzt dem Anliegen der westlichen Alliierten nach dem Zweiten Weltkrieg den Ländern innerhalb des zu schaffenden westdeutschen Teilstaat ein hohes Maß an Kompetenzen einzuräumen, grundlegend insoweit das erste der von den Alliierten den westdeutschen Ministerpräsidenten übergebenen sogenannten Frankfurter Dokumente, wo es hieß, dass »[d]ie Verfassunggebende Versammlung wird eine demokratische Verfassung ausarbeiten, die für die beteiligten Länder eine Regierungsform des föderalistischen Typs schafft, die (. . .) die Rechte der beteiligten Länder schützt [und] eine angemessene Zentral-Instanz schafft (. . .)«.

Ferner ist gerade auch von verfassungsrechtlicher Bedeutung, dass das General Framework Agreement, dessen Vertragsparteien neben Bosnien und Herzegowina ferner auch die Republik Kroatien sowie die Bundesrepublik Jugoslawien (Serbien und Montenegro) sind, in seinem Art. V seinerseits auf die bosnische Verfassung Bezug nimmt[10]. Zudem ist zu beachten, dass der in Annex IV des Abkommens enthaltene Verfassungstext nicht nur von den Vertretern des bosnischen Zentralstaates, sondern auch denen der bosnisch-muslimischen Föderation und der Republika Srspka, die ihrerseits durch einen Repräsentanten der Bundesrepublik Jugoslawien (Serbien und Montenegro) vertreten wurden[11], gebilligt wurde. Dementsprechend stellt sich die Frage, wer im Hinblick auf die bosnische Verfassung als Träger des *pouvoir constituant* anzusehen ist[12], und ob sich aus diesem Vertragscharakter der bosnischen Verfassung möglicherweise inhärente Beschränkungen für etwaige Verfassungsänderungen ergeben[13], so wie es der Bundesrepublik Deutschland bis zur deutschen Wiedervereinigung wegen der alliierten Vorbehaltsrechte verwehrt war, Fragen betreffend Deutschland als Ganzes zu regeln[14].

10 Vgl. generell zur Bedeutung des Daytoner Friedensabkommens beim Prozess der Staatsbildung in Bosnien-Herzegowina K. Oellers-Frahm, Restructuring Bosnia-Herzegowina: A Model with Pit-Falls, Max-Planck-Yearbook of United Nations Law 2005, S. 179 ff. Vgl. ferner auch E. Sarcevic, Verfassungsgebung und »konstitutives Volk«: Bosnien-Herzegowina zwischen Natur und Rechtszustand, JöR 2002, S. 493 ff.; *ders.*, Notstand und völkerrechtliches Verfassungsexperiment – völkervertragsrechtliche Verfassungsgebung auf dem Prüfstand, in: K. Stern et al (Hrsg.), Gedächtnisschrift für Joachim Burmeister, S. 359 ff., sowie ferner W. Graf Vitzthum, Staatsaufbau in Südosteuropa- Bosnien-Herzegowina als Paradigma außengestützter Staatsbildung, in: J.A. Frowein *et al.* (Hrsg.), Verhandeln für den Frieden – Negotiating for Peace – Liber Amicorum Tono Eitel, S. 823 ff.

11 Näher zu den mit dem Vertrag von Dayton zusammenhängenden völkerrechtlichen Fragen O. Dörr, Die Vereinbarungen von Dayton/Ohio, AVR 1997, S. 129 ff., sowie *ders.*, Die föderale Staatsstruktur als Element der völkerrechtlichen Friedenssicherung? Lehren aus dem Friedensabkommen von Dayton, in: J. Aulehner (Hrsg.), Föderalismus – Auflösung oder Zukunft der Staatlichkeit? (1997), S. 207 ff.

12 Vgl. auch W. Graf Vitzthum, Multiethnische Demokratie – Das Beispiel Bosnien-Herzegowina, in: C.D. Claassen *et al.* (Hrsg.), »In einem vereinten Europa dem Frieden der Welt zu dienen . . .« – Liber amicorum Thomas Oppermann, S. 87 ff. (97), der von einem »(. . .) kollektiven verfassungsgebenden Akt durch einseitige Erklärungen seitens der früheren Republik BiH sowie der beiden Entitäten (. . .)« spricht.

13 Zum Ganzen (sowie zu den damit ebenfalls zusammenhängenden Fragen nach der Methodik der Auslegung der bosnischen Verfassung) näher E. Sarcevic, Völkerrechtlicher Vertrag als »Gestaltungsinstrument« der Verfassungsgebung: Das Daytoner Verfassungsinstrument mit Präzendezwirkung? Archiv des Völkerrechts 2001, S. 297 ff.

14 Vgl. dazu im Einzelnen J. Bentzien, Die Ablösung der alliierten Vorbehalte, in: ROW 1991, S. 386 ff (386 f).

III. Strukturentsprechungen und Strukturabweichungen zwischen Grundgesetz und der Verfassung von Bosnien-Herzegowina

1. Grundrechtsbestimmungen

Vor dem Hintergrund des internationalen Einflusses bei der Entstehung der Verfassung von Bosnien-Herzegowina wohl kaum überraschend inkorporiert die bosnische Verfassung die Rechte aus der EMRK (einschließlich ihrer Protokolle)[15] in die nationale Rechtsordnung[16] und verleiht ihnen zugleich jedenfalls einen Übergesetzesrang[17]. Systematisch wenig überzeugend werden diese Rechte dann in Art. II, Abs. 3 VerfBiH allerdings zumindest teilweise erneut aufgeführt.

Angesichts des Umstandes, dass zum Zeitpunkt der Entstehung der bosnischen Verfassung das 12. Zusatzprotokoll zur EMRK noch nicht verabschiedet war, lag es gerade angesichts des Hintergrunds des bosnischen Konflikts nahe, in Art. II, Abs. 4 VerfBiH ein spezielles Verbot der Ungleichbehandlung aufzunehmen, welches, anders als das Grundgesetz, neben den üblichen verbotenen Anknüpfungsmerkmalen[18] gerade auch spezifisch die Diskriminierung wegen der Zugehörigkeit zu einer nationalen Minderheit verbietet. Allerdings knüpft es wie Art. 14 der EMRK an die Ausübung eines in der Verfassung verbürgten materiellen Rechts an mit der Folge, dass nur dann, wenn der Schutzbereich eines solchen eröffnet ist[19], auch ein Verstoß gegen das verfassungsrechtliche Diskriminierungsverbot denkbar ist. Vor diesem Hintergrund erscheint es dann auch nur folgerichtig, wenngleich bedauernswert, dass die bosnische Verfassung jedenfalls bislang[20] auch keinen allgemeinen Gleichheitssatz nach Art des Art. 3, Abs. 1 des deutschen Grundgesetzes enthält.

Mit der Bezugnahme der bosnischen Verfassung auf die EMRK dürften dabei implizit zugleich auch zum einen die dort enthaltenen sachspezifischen Schrankenrege-

15 Dies wirft die Frage auf, ob damit zugleich eine dynamische Verweisung auf den jeweiligen Entwicklungsstand des EMRK-Systems enthalten ist, ob also mit anderen Worten der Inhalt von nach Inkrafttreten der bosnischen Verfassung in Kraft getretener Protokolle zur EMRK über Art. II, Abs. 2 VerfBiH inkorporiert werden. Hierfür spricht jedenfalls die Formulierung in Art. II, Abs. 1, S. 1 VerfBiH, wonach »the highest level of internationally recognized human rights and fundamental freedoms« sichergestellt werden soll. Vgl. auch sogleich unten speziell zur Frage der Bedeutung des 12. Zusatzprotokolls zur EMRK für die bosnische Verfassung

16 Vgl. Art. II, Abs. 2 VerfBiH.

17 Unklar ist, ob mit der in Art. II, Abs. 2, S. 2 VerfBiH gewählten Formulierung »priority over all other *law*« unter Umständen auch eine Überverfassung angeordnet worden sein könnte; dafür wohl etwa Banovic, Anm. 5, S. 334, wenn sie von einem Vorrang gegenüber »dem *sonstigen* innerstaatlichen Recht« spricht. Vgl. zur Paralleldiskussion im Hinblick auf Art. 25 S. 2 GG und den Rang der allgemeinen Regeln des Völkerrechts im deutschen Recht näher bereits *C. König* in: v.Mangoldt/Klein/Starck, GG II (2005), Art. 25, Rdnr. 48ff.

18 Dazu zählen insbesondere das Geschlecht (nicht jedoch die sexuelle Orientierung), Rasse, Hautfarbe, Sprache, Religion, politische oder andere Überzeugungen, die nationale oder soziale Herkunft, das Eigentum, Geburt oder ein »anderer Status«.

19 Vgl. zur entsprechenden bisherigen Rechtslage unter der EMRK nur etwa D. König/A. Peters in: Grote/Marauhn (Hrsg.), EMRK/GG Konkordanzkommentar, 2006, Kap. 21, Rdnr. 11 f.

20 Zu entsprechenden Bestrebungen die Verfassung von Bosnien und Herzegowina zu modifizieren näher unten IV.

lungen inkorporiert worden sein, soweit solche existieren, zumal die bosnische Verfassung selbst keine eigenen Schrankenregelungen enthält. Zum anderen dürfte aber die Bezugnahme auf die EMRK auch die Rechtsprechung des EGMR mit umfassen, da nur dadurch sichergestellt ist, dass die EMRK-Rechte in ihrem jeweiligen Geltungsumfang auch innerstaatlich anwendbar sind. In Art. II, Abs. 5 VerfBiH wurde dann noch spezifisch ein Rückkehrrecht von Flüchtlingen und Vertriebenen und ein Restitutionsanspruch in die Verfassung aufgenommen.

Vor diesem Hintergrund der Inkorporierung der Rechte aus der EMRK mag es auch nicht überraschen, dass die Verfassung von Bosnien-Herzegowina weder ein Auffanggrundrecht im Sinne von Art. 2, Abs. 1 GG kennt, noch dass das Grundrecht auf Achtung und Schutz der Menschenwürde *tel quel* verankert wurde. Immerhin enthält jedoch Art. II, Abs. 3, lit. b) VerfBiH nochmals gesondert das bereits in Art. 3 der EMRK verankerte Verbot der Folter, sowie der unmenschlichen oder erniedrigenden Behandlung oder Bestrafung, dem ja ebenfalls der Grundgedanke des Schutzes der Menschenwürde, wenn auch nur im Hinblick auf einen Teilaspekt, zugrunde liegt[21]. In Übereinstimmung mit der deutschen Grundrechtsdogmatik versteht jedenfalls das bosnische Verfassungsgericht[22] dabei die Grundrechte nicht nur als klassische Abwehrrechte, sondern zugleich auch als Ausdruck von Schutzpflichten und institutionelle Garantien[23].

Während Art. 1, Abs. 3 GG eine Bindung der einzelnen Landesstaatsgewalten an die Bundesgrundrechte jedenfalls nicht explizit anspricht, eine solche aber voraussetzt[24], wird eine solche Erstreckung auf die staatlichen Untergliederungen, strukturell eher mit dem 14. Amendment zur US-amerikanischen Bundesverfassung vergleichbar[25], in Art. I, Abs. 6 VerfBiH ausdrücklich angeordnet.

2. Föderalismusfragen

a) *Staatsaufbau*

Nach dem oben Gesagten war es *die* Grundsatzentscheidung während des bosnischen Verfassungsgebungsprozesses, dass zwei Untergliederungen, so genannte

21 Vgl. zu diesem Zusammenhang aus der Rechtsprechung des EGMR etwa nur grundlegend EGMR, Urteil vom 15. November 1996, Slg. 1996-V, S. 1831, 1855 Nr. 79 (Chahal gegen Vereinigtes Königreich).

22 Vgl. zur Zusammensetzung, Funktion und bisherigen Rechtsprechungspraxis des auch mit internationalen Richtern besetzten Gerichts unter anderem J. Marko, Fünf Jahre Verfassungsgerichtsbarkeit in Bosnien und Herzegowina: Eine erste Bilanz, in: B.-Ch. Funk (Hrsg.), Der Rechtsstaat vor neuen Herausforderungen – Festschrift für Ludwig Adamovich zum 70. Geburtstag (2002), S. 385 ff. Die Rechtsprechung des Gerichts findet sich unter http://www.ccbh.ba/eng/odluke/.

23 Ebd., S. 407. Vgl. zur Parallelproblematik für die EMRK C. Dröge, Positive Verpflichtungen der Staaten in der Europäischen Menschenrechtskonvention (2003), *passim*.

24 Vgl. dazu etwa H. Dreier, in: H. Dreier (Hrsg.), Grundgesetz-Kommentar, Bd. 1, 2. Aufl. 2004, Art. 1 Abs. 3 Rdnr. 108 ff.

25 Vgl. nur etwa *J. Barron/T. Dienes*, Constitutional Law in a Nutshell, S. 599 ff (2003).

Entitäten (‚entities'), geschaffen werden sollten[26], die über weitreichende Kompetenzen verfügen sollten. Dabei wurde offenbar bewusst der unscharfe, untechnische Begriffe der ‚Entitäten' benutzt, um der Frage aus dem Weg zu gehen, ob es sich bei diesen jeweils um einen Staat im staats- oder gegebenenfalls gar im völkerrechtlichen Sinn handeln könnte[27].
Eine Besonderheit weist schließlich noch der Distrikt Brko auf, im Hinblick auf dessen staatsrechtliche Zuordnung zu einer der beiden Entitäten sich die Parteien während der Verhandlungen nicht einigen konnten und deren Status erst durch einen internationalen Schiedsspruch geklärt werden sollte [28]mit der Folge, dass der Bezirk letztlich zu einem bundesunmittelbaren, keinem der beiden Entitäten zugehörigen Gebiet erklärt wurde, der seitdem durch einen internationalen sogenannten *Supervisor* verwaltet wird.

b) *Grundsätzliche Fragen der Kompetenzverteilung zwischen Gesamtstaat und Untergliederungen*

Eine erste, eher grundsätzliche Parallelität zur deutschen Verfassung betrifft die Frage, ob die generelle Residualkompetenz bei der Zentralebene oder aber bei den staatlichen Untergliederungen liegt. Strukturell vergleichbar mit Art. 30 des Grundgesetzes sieht Art. III, Abs. 3, lit. a der bosnischen Verfassung vor, dass alle Kompetenzen, die nicht durch die Verfassung der Zentralgewalt zugewiesen werden, bei den Entitäten liegen sollen. Dabei ist auffällig, dass es sich im Unterschied zum Grundgesetz um *ausdrücklich* dem Gesamtstaat zugewiesene Aufgaben und Kompetenzen handeln muss. Damit dürfte die Wahrnehmung ungeschriebener legislativer oder administrativer Kompetenzen kraft Natur der Sache oder kraft Sachzusammenhangs durch den Zentralstaat, so wie sie im Verfassungssystem der Bundesrepublik Deutschland eine nicht völlig unerhebliche Rolle spielen[29], von vorne herein ausgeschlossen sein. Allerdings geht der bosnische Verfassungsgerichtshof davon aus, dass sich aus einer systematischen Auslegung des Verfassungstextes, und dabei namentlich den Grundrechtsgarantien, Gesetzgebungskompetenzen des Zentralstaa-

26 Vgl. insoweit Art. I, Abs. 3 VerfBiH.

27 Demgegenüber dürfte für die Bundesländer diese Frage weitgehend geklärt sein, vgl. nur etwa *T. Maunz*, Staatlichkeit und Verfassungshoheit der Länder, in: J. Isensee/P. Kirchhof (Hrsg.), Handbuch des Staatsrechts, Band IV, § 94.

28 Zum Ganzen näher C. Schreuer, The Brko Final Award of 5 March 1999, Leiden J Int. Law 1999, S. 575 ff.; J.-M. Sorel, L'arbitrage sur la zone de Brcko – tragi-comédie en trois actes et un épilogue à suivre, AFDI 1997, S. 253 ff.; M.G. Karnavas, Creating the legal framework of the Brko District of Bosnia and Herzegovina – a model for the region and other postconflict countries AJIL 2003, S. 111 ff. Vgl. ferner auch U. Karpen, Nation Building im Kleinen – Erfahrungen beim Aufbau von Bosnien-Herzegowina (in diesem Band), S. 500 ff.

29 Dies gilt etwa für die Aufgaben der Bundespolizei, vgl. dazu etwa BVerfGE 97, S. 198 ff. (speziell S. 214 ff. zu legislativen Kompetenzen, sowie S. 217 ff. zu den entsprechenden Verwaltungskompetenzen des Bundes).

tes ergeben können, soweit solche zur Durchsetzung der Vorgaben der gesamtstaatlichen Verfassung notwendig sind[30].
Ferner enthält Art. III, Abs. 5, lit. a VerfBiH zum einen die Möglichkeit, dass die beiden Entitäten ihrerseits dem Gesamtstaat weitere Kompetenzen übertragen, wobei das Verhältnis dieser Norm zur allgemeinen Bestimmung über das Verfahren zur Verfassungsänderung weitgehend ungeklärt erscheint[31]. Immerhin scheint diese Norm zumindest ansatzweise auch auf einen teilweise staatenbündischen Charakter der Verfassung hinzudeuten[32]. Zum anderen aber enthält Art. III, Abs. 5, lit. a VerfBiH eine Kompetenzzuweisung zugunsten des Zentralstaates, soweit sich dies aus den Annexen 5 bis 8 des Allgemeinen Rahmenabkommens ergibt, beziehungsweise soweit dies für die Wahrung der Souveränität, der territorialen Integrität, der politischen Unabhängigkeit und der Völkerrechtssubjektivität von Bosnien und Herzegowina notwendig ist.

c) *Kompetenzverteilung zwischen Gesamtstaat und Entitäten im Bereich der Legislative und der Verwaltung*[33]

Anders als Art. 70 GG enthält die bosnische Verfassung keine gesonderte Bestimmung für die Verteilung der legislativen Kompetenzen zwischen Zentralstaat und Entitäten. Vielmehr ergibt sich die Art. 70 GG entsprechende Rechtsfolge, dass bei Fehlen einer anderweitigen Zuweisung alle Gesetzgebungskompetenzen grundsätzlich bei den Entitäten liegen, bereits aus dem allgemeinen Prinzip des Art. III, Abs. 3, lit. a VerfBiH. Im Vergleich zum Grundgesetz ist der Katalog der Gesetzgebungskompetenzen des Zentralstaates aber deutlich eingeschränkter. Insbesondere ist der Zentralstaat jedenfalls im Wesentlichen auf die Wahrnehmung von Kompetenzen in denjenigen Bereichen beschränkt, die einen internationalen Bezug aufweisen. Aus-

30 Vgl. insoweit namentlich das Urteil U 17/00, para. 13, wo es insbesondere heißt, dass »Article II.3 therefore grants a general competence to the joint institutions of BiH to regulate all matters enumerated in the catalogue of human rights which cannot exclusively be left to the Entities because the protection must be guaranteed to ‚all persons within the territory of BiH'«.

31 Art. III, Abs. 5 lit. b VerfBiH enthält ein verfassungsrechtliches *pactum de negotiando* dergestalt, dass die beiden Entitäten verpflichtet sind, Verhandlungen mit dem Ziel solcher Kompetenzübertragungen insbesondere auch in den Bereichen Energie und Wirtschaft aufzunehmen. Bislang hat diese Verpflichtung aber nicht zu konkreten Ergebnissen geführt. Zu den neueren Bemühungen um eine Verfassungsreform gerade auch im Bereich der Kompetenzverteilung zwischen Gesamtstaat und Entitäten unten IV.

32 Ein weiteres, eher staatenbündisches Strukturmerkmal liegt darin, dass sich – strukturell vergleichbar mit Art. 3, Abs. 1 der Verfassung des Deutschen Reiches aus dem Jahre 1871 – die Staatsangehörigkeit des Staates Bosnien-Herzegowina von der Zugehörigkeit zu einem der beiden Gliedstaaten ableitet, vgl. insoweit Art. I, Abs. 7, lit. a) VerfBiH: »Alle Staatsangehörigen einer jeden Entität sind zugleich Staatsangehörige Bosnien und Herzegowinas«.

33 Vgl. ferner für Fragen der Gewaltenteilung zwischen Zentralstaat und Entitäten im Bereich der Gerichtsbarkeit näher P. Bergling, Judicial Reform under International Law: Notes from Bosnia and Herzegovina, Nordic Journal of International Law 2001, S. 489 ff.; dazu auch E. Cerf, Legal Reforms on Bosnia and Herzegowina versus Good Common Sense, ARIEL 2005, S. 303 ff.

nahmen bilden lediglich die Währungspolitik[34], Fragen der Finanzierung der Einrichtungen des Zentralstaates[35], den Bereich des zwischen den Entitäten geltenden Strafrechts[36], des Verkehrs zwischen beiden und der Luftverkehrskontrolle[37], sowie schließlich Fragen entitätsübergreifender Kommunikationseinrichtungen[38].
Ebenfalls abweichend vom Modell des Grundgesetzes differenziert die bosnische Verfassung nicht zwischen gesamtstaatlichen Kompetenzen im Bereich der Gesetzgebung und solchen im Bereich der Ausführung der Gesetze. Vielmehr wird in dem insoweit relevanten Art. III VerfBiH pauschal von den Verantwortlichkeiten (*responsibilities*) der Institutionen von Bosnien und Herzegowina gesprochen. Demzufolge ist der Gesamtstaat in diesen, allerdings wie erwähnt, eng umschriebenen Bereichen auch berechtigt, die von ihm erlassenen Gesetze durch eigene Behörden durchzusetzen.
Von besonderer Bedeutung angesichts der Verwicklung der Nachbarstaaten Kroatien und der Bundesrepublik Jugoslawien (Serbien und Montenegro) in den bosnischen Konflikt erscheint die Regelung über die Außenkompetenzen der beiden Entitäten. Als Ausnahme von der generellen Zuständigkeit des Gesamtstaates für die Außenpolitik[39] räumt Art. III, Abs. 2, lit. a) VerfBiH den beiden Entitäten vorbehaltlich der Wahrung der Souveränität und territorialen Identität des Gesamtstaates das Recht ein, besondere Beziehungen zu den Nachbarstaaten zu unterhalten. Diese erneut nur durch die besondere historische Situation des Jahres 1995 zu erklärende Bestimmung ermöglicht es der Republika Srspka beziehungsweise der bosnisch-muslimischen Föderation, völkerrechtliche Verträge mit Kroatien beziehungsweise mit der Bundesrepublik Jugoslawien (Serbien und Montenegro), respektive nunmehr Serbien sowie Montenegro[40], abzuschließen[41]. In einem Urteil aus dem Jahr 1998 war dabei das bosnische Verfassungsgericht davon ausgegangen, dass sich eine Grenze für solche besonderen Beziehungen aus der Wahrung der Souveränität und territorialen Integrität von Bosnien und Herzegowina ergebe[42].
Daneben sind die beiden Entitäten aber auch ermächtigt, mit anderen Staaten sowie mit internationalen Organisationen völkerrechtliche Verträge abzuschließen. Anders als im Kontext von Art. 32 GG ist dabei die Vertragsschlusskompetenz jedoch nicht sachlich auf diejenigen Materien beschränkt, für welche die Entitäten

34 Art. III, Abs. 1, lit. d) VerfBiH.
35 Art. III, Abs. 1, lit. e), 1. Alt. VerfBiH.
36 Art. III, Abs. 1, lit. g), 2. Alt. VerfBiH.
37 Art. III, Abs. 1, lit. i) und j) VerfBiH.
38 Art. III, Abs. 1, lit. h) VerfBiH.
39 Vgl. insoweit Art. III, Abs. 1 lit. a) VerfBiH.
40 Allerdings sieht etwa Art. 4 der Verfassung der Republika Srspka bislang lediglich vor, dass »[t]he Republic may, according to the Constitution of Bosnia and Herzegovina, establish special parallel relations with the Federal Republic of Yugoslavia and its Member Republics.«
41 In der Realität ist es, wie auch zu erwarten war, zum Abschluss eines Abkommens mit Kroatien seitens der Föderation und seitens der Republika Srspka mit Serbien und Montenegro gekommen.
42 Teilurteil IV im Verfahren U 5/98, para. 15; Wortlaut zu finden unter http://www.ccbh.ba/eng/odluke/index.php?src=2#.

innerstaatlich zuständig sind[43]. Das damit einhergehende, wenig sinnvolle Auseinanderfallen zwischen Außen- und Innenkompetenz wird jedoch dadurch kompensiert, dass der Abschluss solcher Verträge in jedem Fall, allerdings erneut abweichend von Art. 32 GG, der Zustimmung des Bundes*parlamentes* bedarf, es sei denn, einzelne Kategorien solcher Verträge werden durch eine bundesgesetzliche Regelung von diesem Erfordernis befreit.

d) *Rang des Rechts des Zentralstaates*

Anders als Art. 31 GG enthält Art. III, Abs. 3, lit. b, S. 1 VerfBiH lediglich eine föderale Vorrangregel für die Gesamtstaatsverfassung[44], regelt jedoch überraschenderweise nicht das Verhältnis zwischen einfachen Gesetzen des Zentralstaates und der Rechtsordnung der Entitäten. Diese Bestimmung legt damit unter Zugrundelegung allgemeiner Auslegungsmethoden einen allerdings überraschenden Gegenschluss nahe. Letztlich wird man dieses Ergebnis wohl nur damit erklären können, dass die Verfassung davon ausgeht, dass angesichts der beschränkten Kompetenzen des Zentralstaates sich praktisch nie ein relevanter Normkonflikt wird ergeben können.

3. Rang und Geltung völkerrechtlicher Normen

Auf den ersten Blick fast wortgleich mit Art. 25 S. 1 GG sieht Art. III, Abs. 3, lit. b) S. 2 VerfBiH vor, dass die allgemeinen Prinzipien (*general principles*) des Völkerrechts Bestandteil des innerstaatlichen Rechts von Bosnien und Herzegowina sind. Während jedoch die ‚allgemeinen Regeln des Völkerrechts' im Sinne von Art. 25 GG unzweifelhaft neben den allgemeinen Rechtsprinzipien im Sinne Art. 38, Abs. 1 lit. c) IGH-Statut[45] vor allem die praktisch sehr viel relevanteren Normen des Völkergewohnheitsrechts umfassen[46], erscheint es zweifelhaft, ob dieser Bedeutungsinhalt in der englischen Sprachfassung in ausreichendem Umfang zum Ausdruck kommt. Zudem scheint mit der Formulierung ‚shall be an integral part' eine direkte innerstaatliche Anwendung der fraglichen völkerrechtlichen Normen zumindest indirekt angeordnet zu werden. Angesichts der fehlenden Vorrangwirkung des einfachen Gesetzesrechts des Gesamtstaates vor dem Recht der Entitäten erscheint es fast schon zwingend, dass mit der Formulierung »part of the law of Bosnia and

43 Vgl. zur umgekehrten Problematik der Kompetenzen des bosnischen Gesamtstaates zum Abschluss und zur innerstaatlichen Umsetzung völkerrechtlicher Verträge in Bereichen, in denen innerstaatlich die Entitäten zuständig sind das Gutachten der Venedig-Kommission des Europarates Opinion on Responsibilities for the Conclusion and Implementation of International Agreements under the Constitution of Bosnia and Herzegovina, CDL-INF(1999)009e; zu finden unter: http://www.venice.coe.int/docs/1999/CDL-INF(1999)009-e.asp.

44 Daneben wird (deklaratorisch) auch der Vorrang der Verfassung gegenüber einfachen Bundesgesetzen und Entscheidungen der Bundesorgane angeordnet.

45 Nur diese werden in Art. 38 IGH-Statut aber als ‚general principles of law' bezeichnet.

46 Vgl. zuletzt etwas nur BVerfGE 111, 307 (318 ff).

Hezegovina *and the Enitities*[47]« zugleich auch eine Inkorporierung in die Rechtsordnung der beiden Entitäten erfolgt.

4. Möglichkeiten und Grenzen etwaiger Verfassungsänderungen

Neben der oben erwähnten besonderen Möglichkeit der Übertragung von Kompetenzen der Entitäten auf den Zentralstaat nach Maßgabe von Art. III, Abs. 5, lit. a VerfBiH[48] enthält Art. X VerfBiH eine mit Art. 79 GG jedenfalls in Teilen parallele Regelung. Dies gilt zunächst für das grundsätzliche Erfordernis der Zustimmung beider parlamentarischer Körperschaften, also der sogenannten Völkerkammer in der Delegierte der Entitätenparlamente vertreten sind, sowie des Repräsentantenhauses als unmittelbar gewählte Vertreter der Bevölkerungen der beiden Teilstaaten. Daneben wird im Repräsentantenhaus immerhin eine 2/3-Mehrheit der anwesenden und abstimmenden Mitgliedern verlangt. Das parallele Erfordernis einer ebensolchen Mehrheit in der Völkerkammer wird demgegenüber strukturell dadurch ersetzt, dass nach Art. IV, Abs. 3, lit. d) VerfBiH jeweils 2/3 der Delegierten einer Entität über eine Sperrminorität verfügen, mit der sie (auch) das Zustandekommen verfassungsändernder Gesetze verhindern können.
Auffällig ist, dass wenig praktikabel *alle* in Art. II VerfBiH genannten beziehungsweise in Bezug genommenen Grundrechte *tel quel* veränderungsfest gestellt werden[49], während umgekehrt Staatstrukturbestimmungen nicht dieser Ewigkeitsklausel unterfallen sollen. Offenbar gingen die Schöpfer der Verfassung davon aus, dass angesichts der Mehrheits- und Abstimmungsmodalitäten im gesamtstaatlichen Parlament mit seinem ausgeklügelten System des Schutzes der Rechte der beiden Entitäten eine solche Gefahr von vorne herein nicht bestehen würde beziehungsweise könnte. Interessant ist abschließend noch, dass die (akademische) Frage nach der Veränderungsfestigkeit der Ewigkeitsgarantie des Art. 79 Abs. 3 GG selbst[50] im bosnischen Kontext durch die Aufnahme einer entsprechenden ausdrücklichen Garantie gelöst wurde[51]

47 Hervorhebung durch den Verf.
48 Dazu bereits oben bei III, 2., b).
49 Dabei kommt durch die Formulierung »No amendment (. . .) may eliminate or diminish any of the rights and freedoms (. . .)« auch zum Ausdruck, dass auch lediglich grundrechtsbeschränkende Modifikationen der verfassungsrechtlichen Gewährleistungen unzulässig sind.
50 Vgl. dazu nur etwa *K.-E. Hain* in: v.Mangoldt/Klein/Starck, GG II (2005), Art.79 Rdnr. 41f.
51 Vgl. insoweit Art. X, Abs. 2, S. 2 a.E. VerfBiH.

IV. Ausblick: Notwendigkeit und Realisierbarkeit einer Föderalismusreform in Bosnien-Herzegowina[52]

Eine Neuverteilung der Kompetenzen zwischen Zentralstaat und Entitäten und eine Beschränkung der Vetomöglichkeiten der einzelnen Volksgruppen bilden den Schlüssel für die Funktionsfähigkeit der bosnischen Verfassung. Ein relativ weitreichender Vorschlag aus dem Frühjahr 2006[53] war schließlich im April 2006 nach langen Verhandlungen an nur zwei fehlenden Stimmen im bosnischen Parlament gescheitert. Interessanterweise hatte der Vorschlag dabei vorgesehen, dass es Kompetenzbereiche geben sollte, für die sowohl der Zentralstaat als auch jeweils die Entitäten zuständig sein sollten. Vor diesem Hintergrund hatte die den Verfassungsreformprozess begleitende Venedig-Kommission des Europarates angeregt, analog zur Struktur des Grundgesetzes in diesen Bereichen entweder eine bloße Rahmengesetzgebungskompetenz des Zentralstaates nach Art des Art. 75 GG a.F. vorzusehen oder aber in Anlehnung an das System der Art. 83 ff GG die Ausführung der entsprechenden Gesetze des Gesamtstaates den Entitäten zuzuweisen[54]. Im Lichte der sich aus solchen überlappenden Kompetenzen ergebenden Normkonflikte war darüber hinaus nach dem Muster des Art. 31 GG eine Vorrangklausel auch für das einfache Gesetzesrecht des Gesamtstaates[55] angedacht worden[56].

Aber wie das deutsche Beispiel der Föderalismusreform belegt[57], stellt selbst in einem funktionierenden Bundesstaat wie der Bundesrepublik Deutschland eine Neuausbalancierung des Machtverhältnisses zwischen Bund und Ländern eine nicht zu unterschätzende Herausforderung dar. Um so mehr muss dies für einen Staat wie Bosnien und Herzegowina gelten, der auch mehr als zehn Jahre nach dem Friedensschluss von Dayton wesentlich stärker von ethnischen Rivalitäten als von einem gemeinsamen Streben nach Demokratie und Wohlstand geprägt ist. Damit sind aber weniger juristische denn politische Fragen angesprochen, die aber *Hans-Peter Schneider* wohl mindestens genauso am Herzen liegen wie die reine Juristerei.

52 Vgl. dazu auch bereits C. Hornstein Tomic, Bosnien und Herzegowina zehn Jahre nach Dayton – Der steinige Weg vom »verhinderten« zum selbsttragenden Staat, KAS-Ai 11705, S. 43 ff. (54 ff.)

53 Dazu näher die umfangreiche Stellungnahme der Venedig-Kommission des Europarates, Preliminary opinion on the draft amendments to the constitution of Bosnia and Herzegovina, CDL(2006)027, verfügbar unter: http://www.venice.coe.int/docs/2006/CDL(2006)027-e.asp

54 Ebd., para. 14.

55 Vgl. zu dieser Problematik bereits oben III.,2.,d).

56 Ebd., para. 15.

57 Zu den technischen Details der Föderalismusreform des Jahres 2006 näher statt aller nur etwa *J. Ipsen*, Die Kompetenzverteilung zwischen Bund und Ländern nach der Föderalismusnovelle, NJW 2006, S. 2801 ff.

Teil 8

Würdigung

Zwischen Recht, Beratung und Opposition: Das wissenschaftliche Werk Hans-Peter Schneiders

Friedhelm Hufen

Es ist guter Brauch, dass am Ende einer Festschrift das Werk des Jubilars selbst zu Wort kommt. Dabei soll es nicht mit der bloßen Wiedergabe der umfangreichen Literaturliste sein Bewenden haben. In der Folge wird es vielmehr darum gehen, in wenigen Zügen nachzuzeichnen, was *Hans-Peter Schneider* selbst zu den Hauptthemen dieses Bandes – und über diese hinaus – zu sagen hat. Angesichts eines Literaturverzeichnisses von 264 Titeln ist es nicht möglich, dieses fulminante wissenschaftliche Werk in allen Einzelheiten zu schildern oder auch nur den Inhalt der wichtigsten Beiträge wiederzugeben. Auch geht es nicht um die Zeichnung des persönlichen und wissenschaftlichen Werdegangs. Das hat ebenso unnachahmlich wie umfassend schon *Peter Häberle* in seinem »Geburtstagblatt für *Hans-Peter Schneider*« vor exakt 10 Jahren getan[1]. Hervorgehoben werden sollen im folgenden nur die wichtigsten Grundlinien im Werk Hans-Peter Schneiders und die Hauptakzente, die er dabei gesetzt hat[2].

I. Historische und philosophische Grundlagen: Quellenstudien und Dokumentation

Am Anfang stand der kühne Zugriff auf das Universalgenie in Gestalt der vielfach ausgezeichneten Dissertation zu *Gottfried Wilhelm Leibniz* (1). Der Titel will wie das ganze Werk genau gelesen sein: *»Justitia Universalis. Quellenstudien zur Geschichte des christlichen Naturrechts bei Gottfried Wilhelm Leibniz«:* So legte der Gerichtsreferendar und Verwalter einer wissenschaftlichen Assistentenstelle *Hans-Peter Schneider* aus Bremen die Dissertation seinem ersten akademischen Lehrer *Erik Wolf* und der Freiburger Fakultät im Jahre 1965 vor. »Quellenstudien« – für eine juristische Dissertation eher ungewöhnlich, aber wichtig. Es geht zugleich um die Wurzeln von Staat und Recht, um Staatsräson, Naturrecht und – ja, auch das bereits – Föderalismus. Aus dem Kranz von »Begleitaufsätzen«, die *Hans-Peter Schneider* zeitgleich oder später dem Werke Leibniz gewidmet hat, werden weitere

1 *P. Häberle*, in: F. Hufen (Hg.) Bundesstaat – Parlament – Opposition, Symposium aus Anlass des 60. Geburtstags von Prof. Dr. Dr. h.c. Hans Peter Schneider, (2001).
2 Die Ziffern beziehen sich auf das im Anschluss an diesen Beitrag abgedruckte Werkverzeichnis.

Akzente deutlich: *»Leibniz als Erfinder des Bundesstaates«* (219), *»Leibniz und die preußischen Reformen im 18. Jahrhundert«* (225), *»Leibniz und der moderne Staat«* (228), *»Fürstenstaat, Reich und Europa«* (227). Tief steigt *Hans-Peter Schneider* also mit den Quellenstudien in die Geltungsgründe des modernen Rechts ein, sicher nicht ahnend, dass wir seinen 60. und jetzt auch seinen 70. Geburtstag im Bannkreis des großen Philosophen feiern würden. Mit Befriedigung vermerkt der Referent ferner, dass er erst aus dem Werk von *Hans-Peter Schneider* erfuhr, dass *Leibniz* vor seinem Wirken in Hannover einen ersten Lehrstuhl in Mainz innehatte – vielleicht wissen das die Mainzer bis heute zu wenig. Persönliche Quellenstudien lassen sich auch am – wie üblich – abgedruckten Lebenslauf verfolgen. Der Referendar *Hans-Peter Schneider* kommt aus Bremen; er wurde aber in Jena geboren und erlebte dort noch in einer »Lateinklasse innerhalb des sowjetzonalen Einheitsschulsystems«, was es in diesem System bedeutete, Sohn eines Schulrats zu sein. So verstand man gut den Satz: »Mit der aus politischen Gründen erfolgten Übersiedlung der Familie nach Bremen im Jahre 1950 bot sich die Möglichkeit einer humanistischen Ausbildung am Alten Gymnasium zu Bremen«. Solche Prägungen lassen einen nicht mehr los. Sie belegen vielleicht, warum es sich bei *Hans-Peter Schneider* um einen Meister des Quellenstudiums und der Dokumentation handelt. Die Personen und Themen sind weit gespannt. Sie reichen von *Leibniz* und *Grotius* (226), ja sogar vom *Sachsenspiegel – »ein Rechtsbuch von europäischem Rang«* – (8) bis zu *»Erinnerungen an Erik Wolf und Martin Heidegger«* (215). Herausgegeben, dokumentiert und kommentiert hat – auf den Spuren *Erik Wolfs – Hans-Peter Schneider* Werke und Briefe von *Gustav Radbruch* (14, 15, 34) dessen Einfluss auf die Rechtsphilosophie der Gegenwart er nachspürte (211). Für die deutsche Diskussion zugänglich gemacht hat er die politische Ökonomie *Jean-Jacques Rousseaus* (16), beteiligt war er an der Dokumentation der Werke seines zweiten großen Lehrers, *Konrad Hesse* (26) und der gesammelten Schriften und Sondervoten einer prägenden und großen Verfassungsrichterin, *Wiltraut Rupp von Brünneck* (19, 61). Nachgezeichnet hat er feinsinnig die *Justizkritik im »Zerbrochenen Krug« von Kleist* (222), dokumentiert hat er sogar die Geschichte der Niedersächsischen Börse zu Hannover *(»200 Jahre Geld und Brief«* – 23). Das alles wird überstrahlt durch die wissenschaftliche dokumentatorische Großtat schlechthin, die Dokumentation der Entstehung des Grundgesetzes seit 1995 (30). Mit dieser Dokumentation hat er vielfache Legendenbildung – etwa um die soziale und föderale Harmonie im Herrenchiemseer Konvent und im Parlamentarischen Rat – zurechtgerückt. Es ging auch damals schon um handfeste Interessen und Konflikte bis hin zum *»Kampf ums Grundgesetz – der deutsch-alliierte Verfassungsstreit im April 1949«* (224). Fortan hat er das Grundgesetz begleitet und zu wichtigen Jahrestagen gewürdigt: 1991 nach 40 Jahren als *»soziale Demokratie«* (zusammen mit Gerhard Schröder – 29), 2001 schlicht *»in interdisziplinärer Betrachtung« (*ohne Gerhard Schröder – 33).
Zwanglos gelingt damit der Schritt zum zweiten großen Thema *Hans-Peter Schneiders*: Der Lehre von der Verfassung.

II. Verfassungslehre zwischen Theorie und Praxis

Wenn einer aus Freiburg kommt, dann ist er – wie in dieser Festschrift von mehreren Autoren trefflich herausgearbeitet – geprägt vom großen Thema *»Verfassung und Staat«*; dann ist ihm aber auch von vornherein bewusst, dass sich in so unverfänglichen Betonungen und Bezeichnungen wie »Verfassungsrecht« und/oder »Staatsrecht« nicht nur unterschiedliche Ansätze und Akzente, sondern Grundsatzprobleme und Schulen verbergen. Integriert sich die Gesellschaft durch die Verfassung zum Staat hin, hat sie damit buchstäblich konstitutive Bedeutung, oder findet sie den Staat bereits vor, hat sie also nicht staatsbegründende, sondern nur die Staatsgewalt mäßigende Funktion? Diese Grundfrage haben *Hans-Peter Schneider* und die vielen anderen aus den Seminaren im Obergeschoss des Kollegiengebäudes II nie losgelassen. Verfassungslehre zwischen Theorie und Praxis: Keine blutleere Verfassungstheorie als Rechtstheorie, aber auch keine reine Staatslehre: Demokratie und Verfassung oder »democracía y constitución« (so zunächst auf spanisch – 7), Verfassung als gelebte Demokratie: Darauf kam und kommt es ihm an. Nur so sind seine Arbeiten zur Aufgabe und *Struktur der Verfassung* (38), zur *Wirkung der Verfassung im politischen Prozess* (54) oder zur *Bewältigung des technischen Wandels durch Verfassung* (64) zu verstehen. Das Thema ist ihm so wichtig, dass er es sogar im Rahmen eines Funkkollegs den vermutlich gebannt lauschenden Hörern vermittelt (57): *»Das Grundgesetz als Verfassung des Völkerfriedens«* (66). Im Anklang an *Kant* und *Grotius* war dies im Jahre 1985 möglicherweise noch international gemeint. Verfassung als Gewährleistung des inneren Friedens: Dieses Thema wurde seitdem zusätzlich aktuell. Es ist nicht der Staat als Herrschaftsinstrument und als Konstrukt, das durch Verfassungsgebung gebändigt wird: Es ist die *Verfassung als Fundament und Gerüst der Zivilgesellschaft* – besser kann man es wohl nicht zusammenfassen (110).

Die so verstandene Integrationsfunktion der Verfassung bestimmte wohl auch *Hans-Peter Schneiders* klare Parteinahme für eine neue Verfassung nach der deutschen Wiedervereinigung. Das *»Ende des Provisoriums«* (93) sollte es schon sein. Vom *»Beruf unserer Zeit zur Verfassungsgebung«* schrieb er 1991 (94). Wenn schon nicht durch eine neue Verfassung, so doch wenigstens durch eine umfassende Verfassungsreform (100), so sollte *»Deutschland in neuer Verfassung«* (101) im *Smendschen* Sinne zur Integration finden. Im kleinen sollte auch die niedersächsische Verfassung *»vom Organisationsstatut zur Vollverfassung«* werden (95). In Niedersachsen hat *Hans-Peter Schneider* bekanntlich recht behalten. Im Bund hat sich das Grundgesetz nicht nur wegen der politischen Beharrungskräfte, sondern wohl auch wegen seiner ohnehin bestehenden enormen integrativen und normativen Kraft durchgesetzt. Die nur Mäuse gebärenden Verfassungsberge von 1994 veranlassten ihn zur resignierten Feststellung: *»Die Deutschen haben wenig Talent zur Verfassungsreform«* (106). Damit hat *Hans-Peter Schneider* in seiner Würdigung von 50 Jahren Grundgesetz: *»Vom westdeutschen Provisorium zur gesamtdeutschen*

Verfassung« (140) dann doch wohl seinen Frieden geschlossen. Den elementaren Auswirkungen der Wiedervereinigung auf die Grundstrukturen der Verfassung ist er gleichwohl immer wieder nachgegangen, so zum Bundesstaat (96) und zur parlamentarischen Opposition. Auch das Integrationsthema der Gegenwart schlechthin, das Zusammenleben der Kulturen und Ethnien unter der Verfassung hat er zum Gegenstand gemacht *(»Rechtsprobleme des solidarischen Zusammenlebens mit Ausländerinnen und Ausländern«* (114).
Der theoretische Ausgangspunkt der Verfassung als historischer oder auch politischer Prozess verleitet bei *Hans-Peter Schneider* nie zur Beliebigkeit. Davon zeugen seine Arbeiten zur Verfassungsinterpretation, in denen er nicht nur Worttreue und richterliche Zurückhaltung anmahnt, sondern – vielleicht unzeitgemäß, aber bedenkenswert – auch der viel geschmähten historischen Interpretation und dem Willen des Verfassungsgebers die Stange hält (126).

III. Verfassung – politische Parteien und parlamentarische Demokratie

Sucht man bei aller Vielfalt einen Schwerpunkt im Wirken *Hans-Peter Schneiders*, so liegt dieser mit Sicherheit in dem, was heute mit »Staatsorganisationsrecht« bezeichnet wird. Diese Bezeichnung ist natürlich viel zu eng, denn es geht beileibe nicht nur um Organisationen, sondern um Staatsziele und das Grundgefüge der parlamentarischen Demokratie. Einzubeziehen sind also neben allen Arbeiten zum Föderalismus (dazu IV) die Gewaltenteilung und damit die Stellung der Gerichtsbarkeit (dazu V). Einzubeziehen sind aber auch die materialen Inhalte von Rechtsstaat, Demokratie, Bundesstaat, Republik und – last not least – Sozialstaat. Zu letzterem hat sich *Hans-Peter Schneider* immer wieder geäußert – dies freilich nicht in abstrakten Äußerungen zum Prinzip an sich, sondern eher subtil in seinen Arbeiten zur Berufsfreiheit, zur Koalitionsfreiheit, zur Mitbestimmung oder auch zum öffentlichen Dienstrecht. Dass er das *Verfassungsziel der Brüderlichkeit* angemahnt hat, vervollständigt dieses Bild (91).
Wie so oft im Leben eines Gelehrten, schlägt auch bei *Hans-Peter Schneider* die Habilitationsschrift zur *»Parlamentarischen Opposition im Verfassungsrecht«* eine Grundsaite an, die den Autor nie wieder verlassen hat – nicht nur, weil die Arbeit (3) als *»Band I – Grundlegung«* erschienen ist. Der Besondere Teil war dann wohl zu vielfältig und umfassend konzipiert, als dass er in einen Band gepasst hätte. Ihn hat *Hans-Peter Schneider* später in zahllosen anderen Veröffentlichungen und zum Thema gehörenden Einzelaspekten nachgeliefert.
Doch zunächst zu den »Grundlagen«. Bereits im ersten Zitat greift er die Kontroverse um die Rolle der Verfassung zwischen *Rudolf Smend* und *Ernst Forsthoff* auf. So ist dieser Band im besten Sinne *Hans-Peter Schneiders* Verfassungslehre und seine Interpretation der Integrationslehre – sie ist aber auch ein gutes Stück Verfassungsgeschichte der Weimarer Republik und der frühen Bundesrepublik und damit

die Theorie der Opposition, wie sie in der parlamentarischen Demokratie *nicht* ausgeübt werden sollte. In diesem Sinne definiert *Hans-Peter Schneider* mit dem Thema der Opposition die Demokratie keineswegs nur von der »Bremse her«. Es gibt eben *»keine Demokratie ohne Opposition«* – so in der Festschrift für *Jürgen Seifert* (132). Er macht deutlich, dass die Opposition Teil der Triebkräfte einer lebendigen parlamentarischen Demokratie ist – so wie es auch nicht um starre Gewaltentrennung und – Teilung im herkömmlichen Sinne, sondern um ein lebendiges Miteinander der politischen Kräfte geht. Wenn er dies später als *»Gewaltenverschränkung«* bezeichnet (84), dann ist das nicht im Sinne demokratiewidriger Kungelei gemeint. Es kennzeichnet vielmehr Realität und Normativität einer lebendigen Demokratie. Das betrifft auch die beteiligten Institutionen: Parlamentsrecht und Parlamentspraxis sind für ihn ebenso wenig trennbar (25) wie Parlament und Regierung. Ihn interessieren weniger einzelne Institutionen als diese Institutionen als Teil des Ganzen. Mit *»Parlamentarisches System«* hat er es im *Handbuch des Verfassungsrechts der Bundesrepublik Deutschland* (58) selbst auf einen treffenden Begriff gebracht. Ergänzt hat er den übergreifenden Ansatz durch fundierte Kommentierungen zu den einzelnen Organen im *Alternativkommentar zum Grundgesetz* (so zum Bundestag und zur Bundesregierung – 21). Geradezu allergisch aber hat er reagiert, wenn die politischen Kräfte das offene parlamentarische System selbst im Sinne einer mit dem Text und der Entstehungsgeschichte in deutlicher Spannung stehenden Absprachendemokratie verwechselten. Exemplarisch hierfür ist seine über mehrere historische Anwendungsfälle schärfer werdende Auseinandersetzung mit der *vereinbarten Parlamentsauflösung* bereits im ersten Anwendungsfall von 1973 (36), dem mit Spott bedachten *»gefühlten Misstrauensvotum von 2005«* (181) und der als *»Kotau von Karlsruhe«* bezeichneten Entscheidung des-Bundesverfassungsgerichts im Jahre 2006 (185).
Dem Thema Opposition ist er bei vielen seiner Aufsätze zur parlamentarischen Demokratie treu geblieben. Beim Reiz des »*Regierens gegenüber bloßem Parlieren«* und der damit zumindest auf den ersten Blick bestehenden *Ohnmacht der Opposition* (122) hat er sich dabei nicht lang aufgehalten: Seine Sache waren vielmehr die konkreten Instrumente der Machtteilhabe der Opposition von den immer wieder aufgegriffenen Untersuchungsausschüssen bis zum Aktenvorlageanspruch (37) und zur Ministeranklage (68). Prägend gewirkt hat er gewiss mit seiner Betonung, dass es sich bei Untersuchungsausschüssen nicht um scheinbar objektive gerichtsähnliche Institutionen handelt – realitätsnäher und zugleich dem Wesen parlamentarischer Demokratie mehr entsprechend ist der Untersuchungsausschuss als Instrument der Minderheit. Die Kritik an der mathematischen Proportionsregel bei der Besetzung von Bundestagsausschüssen kommt hier nicht von ungefähr (35). Ob die Bezeichnung der Untersuchungsausschüsse als »die hilflosen Aufklärer« (152) hier schon das letzte Wort ist, stellt sich als Frage vor dem Hintergrund einer großen Koalition gewiss mit besonderem Nachdruck. Seine Empfehlungen an den 57. Deutschen Juristentag über die neue Ordnung der Rechte und Pflichten parla-

mentarischer Untersuchungsausschüsse haben jedenfalls nachhaltige Wirkung gehabt.

Hans-Peter Schneiders Zugriff auf die parlamentarische Demokratie ist umfassend und institutionenübergreifend. Er macht selbstverständlich auch vor der künstlichen Grenze von Staat und Gesellschaft nicht halt, bezieht die Gewerkschaften als politische Kräfte ebenso ein wie Wissenschaft, Literatur und Medien. Selbstverständlich auch, dass die politischen Parteien innerhalb dieses Systems einen besonderen Schwerpunkt bildeten. Zur Institution als solcher bewahrt er hier die Distanz des gleichsam von außen Berichtenden: *»Parteienrecht im europäischen Vergleich«* (27), *»Die Institution der politischen Partei in Deutschland«* (74, 87) – so lauten hier die Titel. Man muss schon tiefer in die einzelnen Veröffentlichungen zu den Untersuchungsausschüssen, zum parlamentarischen System, zur Partizipation und Repräsentanz hineinlesen, um hier *Hans-Peter Schneiders* kritische Position zu ermitteln. Interessant wird es eben bei *»Koalitionen, Kanzlerwahl und Kabinettsbildung«* (83), bei der Kritik an *Selbstbetroffenheit im demokratischen Parteienstaat* (76), bei den *Entscheidungsdefiziten der Parlamente* (51), vor allem aber bei der *Parteienfinanzierung* – ein Thema, zu dem *Hans-Peter Schneider* nicht nur als distanzierter wissenschaftlicher Beobachter, sondern auch als kompetenter Berater, Bevollmächtigter und Kommissionsmitglied Stellung bezogen hat (18, 77).

So bleiben Repräsentation und Partizipation des Volkes schlechthin das Problem demokratischer Legitimität. Da ist die Festschrift für *Helmut Simon* gewiss ein besonders geeigneter Platz für die Aufnahme einer Grundsatzdebatte (72). *Partizipation* ist der Leitbegriff zur Behebung solcher Defizite – wohl gemerkt nicht *Plebiszit*. Er fragt, wie der Bürger mehr politische Mitbestimmung erreichen kann (65), lässt sich aber trotz mehr oder weniger diskret vorgetragener Anwerbungsversuche nie vollends für das Lager der Befürworter der plebiszitären Demokratie auf Bundesebene gewinnen. Der vielleicht entscheidende Grund: Die Gefahr der *Entdifferenzierung von Sachproblemen* (88). Mehr und mehr beschäftigen ihn neben dem Vorgang parlamentarischer Willensbildung die Hypertrophie und der Perfektionsdrang der Ergebnisse. So greift er pointiert die Probleme der *Gesetzgebung gegenüber der Einzelfallgerechtigkeit* auf (134). Der Normierungsperfektionismus führt zudem als Stoßseufzer formulierten Frage: *»Wo bleibt die »gesetznehmende« Gewalt?* – nach all den Bemühungen um die Gewaltenteilung vielleicht dann doch nicht das letzte Wort (133).

IV. Föderalismus als gelebte Verfassungsordnung

Auch Föderalismus und Bundesstaatlichkeit sind für *Hans-Peter Schneider* nicht abstrakte Institution oder »Staatsprinzipien« – sie sind Teil einer gelebten Verfassungsordnung und als solche untrennbar verschränkt mit den Mechanismen der parlamentarischen Demokratie und der Gewaltenteilung. Dem *Föderalismus im konti-*

nentalen Rechtsdenken spürt er schon im Rahmen seiner Quellenstudien zu *Leibniz* und den anderen großen Philosophen der Aufklärung nach (142), der *Opposition in den Landtagen* ist bereits in der Habilitationsschrift ein ganzes Kapitel gewidmet, die Zusammenhänge von Opposition und Bundesstaat dort überhaupt wohl erstmals in vollem Gewicht erfasst. *»Föderative Gewaltenteilung«,* so fasst er mehrfach die beiden Grundprinzipien zusammen (163). Selbstverständlich sind ihm aber auch hier die Abneigung gegen allzu Plakatives, Schlagwortartiges. *»Kooperativer, konkurrierender oder gar konfrontativer Föderalismus«*: So einfach sind für ihn die Probleme einer modernen föderativen Verfassung von den Gemeinden bis zur Europäischen Union nicht zu umschreiben (53, 147). Deshalb ist er auch nicht für oberflächliche Patentlösungen im Sinne einer *»Entflechtung um der Entflechtung willen«* (176) zu gewinnen – weder in seinen wissenschaftlichen Äußerungen noch in seiner Mitarbeit in der Föderalismuskommission. So treibt ihn die Sorge, ob gerade im Hinblick auf die Strukturen des Bildungswesen und der Hochschulen (179) oder in der Lehrerbildung (189) ein gewisses Maß von Zentralität auch im weltweiten Vergleich nicht unentbehrlich sei, und ob die deutsche föderative Vielstimmigkeit im Chor der europäischen Einigung nicht Dissonanzen erzeuge (177).

Dass die erste Stufe der Föderalismusreform nicht ohne die zweite, die Reform der Finanzverfassung, zu haben sein wird, ist gleichfalls keine neue, aber von *Hans-Peter Schneider* schon früh begründete Wahrheit. Mit beißendem Spott umschreibt er das System der derzeitigen Finanzverflechtungen, in dem jeder jeden fördert, und stellt die Frage, wie viel derartigen *»Förderalismus«* der Bundesstaat verträgt (136). Dass Reformen der Finanzverfassung nicht nur Gewinner haben können, hat er auch erkannt (184); es steht aber als allgemeine Erkenntnis eher noch aus. Ebenso die Konsequenz aus der immer wieder begründeten These, dass Föderalismus eben nicht nur Zuständigkeitsverteilung und »Bundesstaatlichkeit« heißt, sondern ein bis auf die Regionen und Kommunen hinunterreichendes Gliederungsprinzip darstellt. *»Global denken, lokal handeln«* – so jedenfalls sieht er die Rolle der Regionen und Kommunen in einer globalisierten Welt (148). Die noch zu behandelnde vehemente Kritik am Machtmissbrauch der zentralen europäischen Institutionen hat hier gewiss ihre verfassungstheoretische Basis. Bei aller Reformbedürftigkeit lässt sich *Hans-Peter Schneider* auch im Hinblick auf den Bundesstaat nicht für angepriesene Patentlösungen von der Gesamtentflechtung bis zum *»Facelifting der Neugliederung«* bewegen (170).

Zwei Grundelemente im Wirken *Hans-Peter Schneiders* für Föderalismus und Bundesstaatlichkeit dürfen nicht fehlen: Sein entschlossenes Eintreten für das Landesverfassungsrecht und die Landesverfassungsgerichtsbarkeit und sein gerade in diesem Punkt fruchtbarer rechtsvergleichender Zugriff. So darf nicht vergessen werden, dass er (zusammen mit *H. Faber*) das *Niedersächsische Staats- und Verwaltungsrecht* herausgegeben hat (22) und dass er sich schon mit dem Verfassungsrecht der Länder befasst hat, als andere noch vom Mauerblümchendasein oder vom Stiefkind des deutschen Verfassungsrechts sprachen (70). Gleichfalls zu diesem Kapitel

gehört es, dass er die Landesverfassungsgerichtsbarkeit entschlossen davor in Schutz nimmt, zu einer Art »Filter« oder »Hilfsgericht« des Bundesverfassungsgerichts zu werden (119), und ihre Eigenständigkeit und die Notwendigkeit der Konzentration auf die Probleme der Landesverfassungen betont. Wohl wahr – denkt man an das Hochschulverfassungsrecht, an die Probleme der Schule oder auch der Medien, dann gibt es hier wahrhaft genügend Eigenständiges zu tun. So und nicht anders dürfte *Hans-Peter Schneider* auch stets sein Wirken als Verfassungsrichter im Freistaat Sachsen und in Niedersachsen verstanden haben.
Seine und die Untersuchungen seines Instituts sind eine Fundgrube für die rechtsvergleichende Erforschung des Föderalismus, aber auch für die praktische Umsetzung in konkreten Projekten der Verfassungsgebung. Von Spanien, Russland, Osteuropa (159), insbesondere Georgien, Südafrika und – in dieser Richtung gewiss ungewöhnlich – der Schweiz (168) bis zu den Philippinen und – ja auch das – dem Irak reichen hier die rechtsvergleichenden Arbeiten.

V. Rechtsschutz und Verfassungsgerichtsbarkeit

In Freiburg war es in den 1960er und 70er Jahren üblich, dass erfolgreiche Doktoranden zum Beleg ihrer Habilitationsabsicht und -fähigkeit eine weitere »kleine Monografie« vorzuweisen hatten. So geschah es, dass *Hans-Peter Schneider* sich schon in seinem Opus 2 mit einem weiteren Leitthema seines wissenschaftlichen Lebens mit dem *»Verhältnis von Richterrecht, Gesetzesrecht und Verfassungsrecht«* auseinander setzte (2). Auch dieses Thema hat er nie im Sinne wirklichkeitsferner Abgrenzungsformeln, sondern als Teil lebendiger Gewaltenteilung begriffen. Sein Forschungsprogramm hat er insofern schon 1980 treffend umrissen: *»Verfassungsgerichtsbarkeit und Gewaltenteilung. Zur Funktionsgerechtigkeit von Kontrollmaßstäben und Kontrolldichte verfassungsgerichtlicher Entscheidung«* (50). Immer wieder hat er dabei eine zu eigenständige Rechtschöpfung durch die dritte Gewalt kritisiert und die Richter an ihre Verfassungs- und Gesetzesbindung erinnert (39). Im Bundesverfassungsgericht sieht er zwar einen wichtigen Integrationsfaktor, betont aber, dass Richter nicht zum Schlichter politischer Streitigkeiten (73) und schon gar nicht zum Ersatzgesetzgeber werden dürfen. Die versuchte Herstellung von Einzelfallgerechtigkeit durch den Gesetzgeber einerseits und der politischen Grundentscheidung durch den Richter andererseits: So lässt sich wohl seine immer wieder geäußerte Kritik an einer spezifischen Art deutscher Gewaltenverschränkung zwischen Gerichtsbarkeit und Politik auf den Punkt bringen (134). Die zunächst freundliche Aufforderung an den richterlichen *»Schuster, bei seinen Leisten zu bleiben«* (127) wird gerade in den letzten Jahren immer schärfer. Die Karlsruher *»Acht an der Macht«* (139) sieht er schon 1999 als *»Reparaturbetrieb«* des Parlamentarismus – dort noch mit Fragezeichen, wenig später aber schon mit scharfer Kritik an den *»Heinzelrichtern von Karlsruhe«*, die ohne viel Aufhebens Geldsummen in Milliardenhöhe bewegen. Dass die bundesstaatliche Finanzverteilung freilich *»zwischen Rationalität, Transparenz und Politik«* (diese Entgegensetzung muss man sich auf der Zunge zergehen lassen) aus sich selbst heraus kaum reformierbar ist (150) und damit des aufmunternden Anstoßes aus Karlsruhe bedarf, erkennt er freilich auch. Kein Wunder, dass er sich skeptisch bis spöttisch wohlgemeinten Entlastungsversuchen für das Bundesverfassungsgericht entgegenstellt: Das *»SOS aus Karlsruhe«* sei nicht durch die Abschaffung der Normenkontrolle und andere gesetzliche Schranken zu beantworten, sondern nur durch Änderungen im Gericht und seiner Arbeitsweise (121). Das Verdikt der Dikastokratie – in diesem Zusammenhang wohl mit »Richterdiktatur« zu übersetzen – behält er allerdings vorläufig noch dem amerikanischen Supreme Court vor *(»Präsident von Richters Gnaden)* (156). Besser kommt der EuGH davon – zumindest nach dem ersten Urteil über die Tabakrichtlinie gibt es für ihn *»noch Richter in Luxemburg«* (165). Auf Reaktionen zum zweiten Urteil zu demselben Gegenstand sind wir nach wie vor gespannt.

VI. Wege und Umwege einer Verfassung für Europa

Damit sind wir bei einem komplexen Kapitel im Werk von *Hans-Peter Schneider*: Dem Thema Europa. Als überzeugtem Föderalisten und Spezialisten der Gewaltenteilung sind ihm die intransparenten und in ihrer Legitimität oft fragwürdigen Entscheidungsvorgänge in Brüssel erkennbar und zutiefst suspekt. So suspekt, dass er es als einer der wenigen nicht genuinen Europarechtler der Zunft mit eben diesen Europarechtlern aufnimmt, und – als strikter Nichtraucher der Selbstbetroffenheit unverdächtig – das Beispiel des Verbots der Tabakwerbung zum Anlass nimmt, vom *»Tollhaus Europa«* zu sprechen (129). Als ein Europarechtler statt dessen vom *»Narrenschiff Staatsrecht«* spricht[3] und fordert, das deutsche Staatsrecht müsse den Vorrang des Europarechts endlich zur Kenntnis nehmen, wird in Schneiders Duplik (131) deutlich, worum es ihm wirklich geht. Das Europarecht sei zur *Tarnkappe* für die Verbergung monopolistischer Interessen geworden. Dabei lässt er sich keinesfalls für die grundsätzlichen Europaskeptiker vereinnahmen: Die Europäische Union erscheint ihm als Verfassungsstaat (ohne Fragezeichen) (124), wohl freilich in dem Sinne, dass es konstitutionelle Bindungen der hier ausgeübten öffentlichen Gewalt geben muss. In diesem Sinne ist die Europäische Union auch Rechtsgemeinschaft – gleichfalls ohne Fragezeichen (167), was aber nicht gleich bedeutend mit einer überzogenen Rechtsangleichung (151) oder gar mit einer EU als *»Superstaat durch die Hintertür«* sein muss (164).

3 *Reich*, Tollhaus Europa oder Narrenschiff Staatsrecht? NJW 1998, 1537.

VII. Verfassungsvergleichung, Verfassungsberatung und Verfassungsentwicklung

Ein weiteres Leitmotiv im wissenschaftlichen Werk *Hans-Peter Schneiders* ist die Verfassungsvergleichung und deren Beitrag zur Verfassungsinterpretation und Verfassungsentwicklung. Auf Spanisch, Englisch, Italienisch, Französisch und – zumindest im Titel – auch auf Lateinisch (175) stellt er wesentliche Verfassungsinstitutionen Deutschlands für eine internationale Leserschaft dar und bringt sie damit in die internationale Verfassungsvergleichung und die Verfassungsentwicklung junger Verfassungsstaaten ein. Das beste Beispiel dafür ist sein Beitrag zur Verfassungsentwicklung in Südafrika, der im Rahmen dieser Festschrift aus berufenerem Munde gewürdigt wird. Die südafrikanische Entwicklung ist vielleicht das glücklichste Beispiel für das Funktionieren des Gedankens der »Integration durch Verfassung«[4] oder in seiner bildhaften Sprache: Die Verfassung als *»Fundament des Regenbogens«* (125) und damit als konstitutioneller Hintergrund der Versöhnung in Südafrika (128). Dass dies auch in durch ethnische Zerrissenheit weit mehr zerstörten Gemeinwesen auf dem Gebiet des früheren Jugoslawiens gelingen möge, ist ihm ein Anliegen, für das er sich in besonderer Weise einsetzt (9) – bis hin zu halsbrecherischen Fahrten über vereiste bosnische Bergstraßen zur mündlichen Verhandlung über das Staatswappen vor dem Verfassungsgericht.

VIII. Grundrechte

In den Hauptabschnitten dieser Festschrift wie auch schon im Titel des Symposiums von 1997 fehlen die Grundrechte, aber der Blick auf das Schriftenverzeichnis zeigt, dass dies eigentlich eine sträfliche Auslassung darstellt. Auch im Hinblick auf die Grundrechte hat *Hans-Peter Schneider* nämlich echte Grundlagenforschung geleistet. Grundrechte stehen in seinem Werk allerdings in ständigem Bezug zu den strukturellen Grundaussagen der Verfassung also Rechtstaat, Demokratie, Sozialstaat und Bundesstaat. Sie sind insofern *Fundament der Demokratie* (46), ja die Verfassung selbst ist eine solche *»der Grundrechte«* (79, 92). Im Handbuch der Grundrechte hat er den theoretisch so wichtigen Abschnitt über *»Grundrechte und Verfassungsdirektiven«* (171) übernommen und greift damit wesentliche Grundaussagen der allen Freiburger Seminarteilnehmern gegenwärtigen materiellen Verfassungstheorie und die Lehre von den Grundrechten als Richtlinie und Rahmen der Staatstätigkeit auf.[5] Auch dieser Aspekt reicht weit über den nationalen Bereich hin-

4 Dazu die Mainzer Dissertation von *Claus Holzer*, Integration durch Verfassung. Das Beispiel der Verfassungsgebung in der Republik Südafrika (1999).

5 Es dürfte keinen der Teilnehmer des Hesse-Seminars geben, dem nicht der entsprechende Aufsatz von *U. Scheuner* (DÖV 1971, 505ff.) vertraut wäre.

aus: *»Die Menschenrechte zwischen universeller Geltung und kultureller Prägung«* – damit dürfte er das in jüngerer Zeit wohl grundsätzlichste Thema moderner Menschenrechtsdebatten aufgegriffen haben (174).

Bei der Befassung mit Einzelgrundrechten fällt gleichfalls der Zusammenhang zu den Medien, zu den politischen Institutionen, zur Parteienlandschaft, zur politischen Willensbildung auf. So widmet er sich – obwohl nicht genuin zur immer größer werdenden Zunft der Medienrechtler gehörig – schon früh den Problemen der Rundfunkfreiheit und deren materialer Absicherung (5, 75, 81) und problematisiert die Finanzierung des öffentlichen Rundfunks durch Werbeeinnahmen (heute ist bekanntlich eher die Finanzierung aus Gebühren das Thema) sowie die Probleme der Gleichstellung von Frauen in den Gremien der öffentlichen Anstalten (6). Im weiteren Sinne demokratische Bezüge haben auch seine Arbeiten zur Koalitionsfreiheit und zur Mitbestimmung im öffentlichen Dienstrecht (59, 89). Verfassungsrechtlich bewegte Zeiten spiegeln die Veröffentlichungen zur Gefährdung der Demokratie durch Radikalenerlass, Disziplinierung von Wissenschaftlern (40) und Strafverteidigern (44): *»Wir Bürger als Sicherheitsrisiko«* (41) – dieser Titel eines Sammelbandes, in dem *Hans-Peter Schneider* über den Verfassungsschutz schreibt, ist nicht nur aus der Sicht von 1977, sondern auch aus der Sicht von 2007 aktuelle Mahnung.

Wie sehr der Rechtsstaat zwischen *Freiheit und Sicherheit* (47) unterwegs ist, wie rasch er vom *Rechtsstaat zum Gesinnungsstaat* (40) wird, erlebt *Hans-Peter Schneider* auf dem Höhepunkt der Radikalenhysterie der zweiten Hälfte der 1970er Jahre mit. Er wehrt sich und tritt für unmittelbar Betroffene wie den Kollegen *Peter Brückner* ein – und dies zu einem Zeitpunkt, als solche Abwehr noch mit Ausgrenzung und schneller Zuordnung zu falschen Freunden erkauft zu werden pflegte. Vorschneller Lagerbildung hat er sich jedoch stets verweigert. Selbst in seinem Göttinger Staatsrechtslehrerreferat zur Berufsfreiheit (63) entsprach er weder den Erwartungen der Verfechter neoliberaler Gewerbefreiheit noch derjenigen, die das liberale Grundrecht als »Recht auf Arbeit« aufladen wollten und bekam den Frust beider Lager in der Diskussion zu spüren. Andere Grundrechtsveröffentlichungen spiegeln seine Sorge um die Minderheiten in der Demokratie, um Asylbewerber (97), Ausländer (98), kinderreiche Familien (199) und Rentner (200).

IX. Verwaltungsrecht

Auch wenn Konrad Hesse im Freiburger Seminar lebhaft von seinen Berührungen mit dem Bauplanungsrecht im Mannheimer VGH-Senat erzählte, galt »echten Freiburgern« das Verwaltungsrecht nicht nur in der anderen Abteilung angesiedelt, sondern auch inhaltlich als wahre Fron. Gleichwohl gibt es wichtige Veröffentlichungen in der Rubrik Verwaltungsrecht – samt und sonders mit Themenbezug zu den auch staatsrechtlich interessanten Problemen des öffentlichen Dienstrechts (187, 193), des Polizeirechts (194), ja sogar der Kernenergie (197).

X. Politikberatung

Unvollständig wäre die Würdigung des wissenschaftlichen Werkes ohne ein zumindest kurzes Eingehen auf die Beiträge von *Hans-Peter Schneider* als Politikberater. Er hat nie einen Hehl daraus gemacht, dass viele seiner wissenschaftlichen Veröffentlichungen aus der konkreten Berührung mit der Praxis, aus Beratungen, Gutachten und Kommissionsarbeit hervorgegangen sind. Ohne seine Beteiligung am Alternativentwurf zu einem allgemeinen Polizeirecht (17), ohne seine Mitarbeit in der Sachverständigenkommission Alterssicherungssysteme (20), der Sachverständigenkommission Parteienfinanzierung (18, 77), der Enquête-Kommission Verfassungs- und Parlamentsreform in Schleswig-Holstein (24) wären viele wichtige wissenschaftliche Veröffentlichungen kaum in solcher Nähe zu den realen Problemen entstanden. Dasselbe gilt analog natürlich für seine Tätigkeit als Richter der Landesverfassungsgerichtsbarkeit. Er widerlegt damit ein nicht selten gehörtes Vorurteil, dass solche Nähe zu den Sachproblemen befangen mache, dass der neutrale Staatsrechtslehrer sich der Begutachtung und Politikberatung mit Rücksicht auf seine Unabhängigkeit zu enthalten habe. Bei allen Gefahren zu großer Nähe ist insgesamt wohl das Gegenteil richtig: Beratung und Begutachtung schaffen oft erst die Sachnähe, die nötig ist, um den wirklichen Problemen von Staat und Verfassung auf der Spur zu bleiben. Ob Politik und andere Entscheidungsträger den guten Rat nicht nur entgegennehmen sondern umsetzen, ist natürlich eine andere Frage. An einer Stelle klingt auch bei *Hans-Peter Schneider* die sanfte Verzweiflung ob der Renitenz der Politiker angesichts so viel guten Rates an: *»Denn sie tun nicht, was sie wissen!«* (90) – wie wahr!

XI. Schluss: Hans-Peter Schneiders Formulierungskunst, oder: Die Überschrift als Pointe.

Ganz am Schluss soll auf das eingegangen werden, was bei der Lektüre schon vieler Titel, erst recht aber in Schlussfolgerungen, Zwischenüberschriften und manchen anderen Details sofort auffällt: *Hans-Peter Schneiders* Freude an der geschliffenen Formulierung. Drei Typen setzt er mit Meisterschaft ein: Das knisternde Spannungsverhältnis gegenläufiger Tendenzen und Begriffe, die geschliffene, aber nie verletzende Polemik und das Fragezeichen, sprich: Die rhetorische Frage.

In Entgegensetzungen kommt Spannung zum Ausdruck. Formuliert wird das immer wieder mit dem Wort »zwischen«, »oder«, »versus« oder sogar »contra«: *Das Asylrecht zwischen Generosität und Xenophobie* (97), die Spannung von *Rechtsstaat und Gesinnungsstaat* (40), der *Verfassungsschutz als Grundordnungshüter, Sicherheitsdienst oder Geheimpolizei* (41), Verfassungsrecht *zwischen Wissenschaft und Richterkunst* (26), *Hare contra d'Hondt?* (35), *Kooperation, Konkurrenz oder Konfrontation?* (53), das Bundesverfassungsgericht als *»Richter oder Schlichter«* (73), *»Von der Bürgerfreiheit zur Sicherheitsversorgung«* (78) oder schlicht *»Die politischen Parteien und das Geld«* (105). Hier baut sich die Spannung gleichermaßen auch ohne zwischen, von und contra auf. *»Macht der Mehrheit – Ohnmacht der Opposition?* (122), *Wahrheit und Versöhnung* (128), *Narrenschiff Staatsrecht oder Tarnkappe Europapolitik?* (131), *Frieden statt Bann* (so zur Scheinreform der Bannmeile) (146) – die Reihe ließe sich gewiss fortsetzen. Natürlich überschneiden sich die Stilmittel. Zumal wenn es ihm um den Kern der Verfassung geht, lässt er weder Milde noch den uns allen in Erinnerung bleibenden Satz *Konrad Hesses* gelten: *»Wenn Sie das schreiben, Sie sind um eine Pointe reicher und um einen Freund ärmer«*. Die *»Acht an der Macht«* von Karlsruhe, die zugleich als *»Heinzelrichter«* die Milliarden verschieben (139), werden bei Beachtung ihrer eigenen Rechtsprechung zur Satire den Aussagekern hinter der geschliffenen Formulierung aber wohl ebenso erkennen wie die Träger des Normierungsperfektionismus, die nach der »gesetznehmenden Gewalt« gefragt werden (133) oder die »Insassen des Tollhauses Europa« (129) und die Beteiligten am »Förderalismus« (136). Mit Ruhe beantworten lässt sich gewiss auch die Frage, ob der deutsche Verfassungsgeber angesichts der offenkundigen Reformunfreudigkeit in Sachen Verfassungsgebung *»Das Grundgesetz auf Grund gesetzt«* haben sollte (106).

Geradezu Dramatisches verbirgt sich hinter seinem gezielten Einsatz des Fragezeichens. Dies vor allem dann, wenn es als Ausrufezeichen gemeint ist. *Wo bleibt die Brüderlichkeit?*(91) *Wo bleibt die gesetznehmende Gewalt?* ; *Mit der Meinungsfreiheit auf Kriegsfuss? (*als Frage an die Zivilgerichte) (169) *Verfassungsrecht der Länder – Relikt oder Rezept?* (70), *Richter oder Schlichter?* (73), *Mehr Rechte fürs Volk?* (88). Das *Bundesverfassungsgericht vor dem Untergang?* (121). *Wie kann in einer parlamentarischen Demokratie größere politische Mitbestimmung der Bürger erreicht werden?* (65). *Facelifting für das Bundesgebiet?* (170) *Wie kann die Wahrheit geschützt werden?* (182). *Gott im Grundgesetz?* Wer Fragen von solchem Gewicht beantworten könnte, dem wäre der nicht existente Nobelpreis für Staatsrecht sicher. Das *»schöne neue Zuwanderungsland«* Bundesrepublik ist gewiss kein Paradies, auch wenn an seinem Eingang der wohl bekannte Mainzer Ruf: *»Wolle mer se rinnlasse?* – freilich ausgerechnet (!) in kölscher Verfremdung[6] – steht (161). Es gibt gewiss Kollegen, bei denen am Anfang der wissenschaftlichen Karriere die Fragezeichen überwiegen und sich dann mit der Zeit in den Überschriften nach und nach zu Ausrufezeichen und anderen Gewissheiten verkehren. Dazu gehört *Hans-Peter Schneider* nicht. Bei ihm vermehren sich die Fragezeichen. Er bleibt neugierig, bleibt besorgt, stellt eben die für die Gegenwart und seine Themen wichtigen

6 Der bekannte Spruch aus der Mainzer Fassenacht lautet auf ***roi****lasse.*

Fragen, und er ist in den Antworten vorsichtig. Das Ausrufezeichen im Titel ist selten, dann aber umso bedeutungsvoller. *Denn sie tun nicht, was sie wissen!* (90). *Das Grundgesetz erneuern!* (100). *Dann noch die schon zitierten »Acht an der Macht«!* (139) Das waren sie schon – die Ausrufezeichen im Titel Schneiderscher Werke

In zwei Sätzen das alles zusammengefasst: *Hans-Peter Schneider* stellt in seinem wissenschaftlichen Werk die wohl entscheidenden Fragen. Seine Antworten sind differenziert und behutsam. Sie machen deutlich: Verfassungen sind zwischen Recht und Politik auf dem Weg. Möge *Hans-Peter Schneider* diesen Weg noch sehr lange begleiten!

Schriftenverzeichnis

I. Monographien

1. Justitia universalis. Quellenstudien zur Geschichte des »christlichen Naturrechts« bei Gottfried Wilhelm Leibniz. Frankfurt a.M.: Klostermann 1967, X, 518 S.
2. Richterrecht, Gesetzesrecht und Verfassungsrecht. Bemerkungen zum Beruf der Rechtsprechung im demokratischen Gemeinwesen. Frankfurt a.M.: Klostermann 1969. 55 S.
3. Die parlamentarische Opposition im Verfassungsrecht der Bundesrepublik Deutschland. Bd. 1: Grundlegung. Frankfurt a.M.: Klostermann 1974. XIV, 463 S.
4. Freiheit und Gleichheit des Arbeitskampfes. Zum Verhältnis von Richterrecht und Gesetzesrecht in Art. 9 Abs. 3 GG, Düsseldorf 1988 (Schriftenreihe der Hans-Böckler-Stiftung), 125 S.
5. Verfassungsprobleme der Rundfunkfinanzierung aus Werbeeinnahmen. Zur Vielfalt der Finanzierungsformen des öffentlichrechtlichen Rundfunks (zusammen mit Bernd Radeck), Frankfurt am Main 1989 (Beiträge zum Rundfunkrecht 42), 112 S.
6. Die Gleichstellung von Frauen in Mitwirkungsgremien der öffentlichen Verwaltung – dargestellt am Beispiel Schleswig-Holsteins, Baden-Baden: Nomos 1991. 116 S.
7. Democracía y constitución. Prólogo de Luis López Guerra, Madrid 1991 (Colección »Estudios Constitucionales«), 299 S.
8. »Daz ein recht mac vromen«. Der Sachsenspiegel – ein Rechtsbuch von europäischem Rang, Wolfenbüttel 1994 (Wolfenbütteler Hefte Nr.15)
9. Constitutional Reorganisation of the Federal Republic of Yugoslavia (zusammen mit Thomas Fleiner und Ronald Watts), Belgrade 2002, 91 p.
10. Berufsständische Versorgung und gesetzliche Rentenversicherung. Zur verfassungsrechtlichen Problematik des § 6 Abs. 1 Satz 1 SGB VI, Berlin: Vollmer 2002, 30 S. (ABV-Materialien).
11. »Beamtenprivatisierung« bei der Deutschen Bahn AG. Gestaltungsspielräume bei Besoldung, Arbeitszeit und Zuweisung für Beamte im Dienst der Deutschen Bahn AG (zusammen mit Monika Böhm), Baden-Baden 2002, 114 S.
12. Struktur und Organisation des Bildungswesens in Bundesstaaten. Ein internationaler Vergleich, Bertelsmann Stiftung: Gütersloh 2005, 113 S.
13. Finanzautonomie von föderalen Gliedstaaten und Kommunen. Ein internationaler Vergleich, Bertelsmann Stiftung: Gütersloh 2006, 76 S.

II. Editionen, Gesetzentwürfe, Kommentierungen

14. Gustav Radbruch, Briefe. Hrsg. von Erik Wolf, Göttingen 1968; Kommentierung S.260-315
15. Gustav Radbruch, Rechtsphilosophie. Hrsg. zusammen mit Erik Wolf, 8. Aufl., Stuttgart 1973; Nachwort S.351-384

16. Jean-Jacques Rousseau, Politische Ökonomie (Discours sur l'Economie politique). Hrsg. und übers. zusammen mit Brigitte Schneider-Pachaly, Frankfurt a.M. 1977; Einleitung S.7-20
17. Alternativentwurf einheitlicher Polizeigesetze des Bundes und der Länder. Hrsg. vom Arbeitskreis Polizeirecht (zusammen mit E. Denninger, M. Dürkop, W. Hoffmann-Riem, U. Klug, A. Podlech, H. Rittstieg, M. Seebode), Neuwied 1978; Einleitung S.VI-XIV
18. Bericht zur Neuordnung der Parteienfinanzierung. Vorschläge der vom Bundespräsidenten berufenen Sachverständigenkommission (zusammen mit W. Fürst, H. Kaak, H. Maassen und H. Vogel), Köln 1983
19. Wiltraut Rupp-v.Brünneck, Verfassung und Verantwortung. Gesammelte Schriften und Sondervoten, Baden-Baden 1983; Einführung S.13-46
20. Gutachten der Sachverständigenkommission Alterssicherungssysteme.
    Berichtsband 1: Vergleich der Alterssicherungssysteme und Empfehlungen der Kommission;
    Berichtsband 2: Darstellung der Alterssicherungssysteme und der Besteuerung von Alterseinkommen, Bonn 1983
21. Kommentierung der Art. 38 bis 48 GG (Der Bundestag) und der Art. 62 bis 69 GG (Die Bundesregierung), in: Kommentar zum Grundgesetz für die Bundesrepublik Deutschland (AK-GG), Bd. 2, Neuwied 1984, S.251-430; S.526-630; 3. Aufl., Bd. 2, Neuwied 2001/2002.
22. Niedersächsisches Staats- und Verwaltungsrecht. Hrsg. zusammen mit H. Faber, Frankfurt a.M. 1985; darin: Verfassungsrecht, S.44-104
23. Zweihundert Jahre Geld und Brief. Herausforderungen an die Kapitalmärkte. Festgabe an die Niedersächsische Börse zu Hannover aus Anlass ihres zweihundertjährigen Bestehens, hrsg. zusammen mit C.P. Claussen und L. Hübl, Frankfurt am Main 1987
24. Schlussbericht der Enquête-Kommission Verfassungs- und Parlamentsreform in Schleswig-Holstein, hrsg. vom Schleswig-Holsteinischen Landtag, Baden-Baden 1989 (darin das Kapitel 1, Abschnitt 1, 2, 3.1, S.24-86)
25. Parlamentsrecht und Parlamentspraxis in der Bundesrepublik Deutschland. Ein Handbuch, hrsg. zusammen mit W. Zeh, Berlin 1989
26. Verfassungsrecht zwischen Wissenschaft und Richterkunst. Konrad Hesse zum 70. Geburtstag, hrsg. zusammen mit Rudolf Steinberg, Karlsruhe 1990
27. Parteienrecht im europäischen Vergleich. Die Parteien in den demokratischen Ordnungen der Europäischen Gemeinschaft, hrsg. zusammen mit D. Th. Tsatsos und D. Schefold, Baden-Baden 1990
28. Schadensvorsorge im Atomrecht zwischen Genehmigung, Bestandsschutz und staatlicher Aufsicht, hrsg. zusammen mit Rudolf Steinberg, Baden-Baden 1991
29. Soziale Demokratie – Das Grundgesetz nach 40 Jahren, hrsg. zusammen mit Gerhard Schröder, Heidelberg 1991
30. Das Grundgesetz. Dokumentation seiner Entstehung. Frankfurt am Main, seit 1995:
    Band 29 (Artikel 19 und 118; gestr. Artikel 24), 1995
    Band 10 (Artikel 30 bis 37; gestr. Artikel 40), 1996
    Band 25 (Artikel 105 bis 107), 1997
    Band 23 Teilband 1 (Vor Artikel 92, Artikel 92 und 93), 1999
    Band 23 Teilband 2 (Artikel 94, 95 und 96), 2003
31. The European Ban on Tobacco Advertising. Studies concerning its compatibility with European Law, ed. with Torsten Stein, Baden-Baden 1999, 365 p.
32. Federalism and Civil Societies. An International Symposium, hrsg. zusammen mit Jutta Kramer, Baden-Baden 1999

33. Das Grundgesetz in interdisziplinärer Betrachtung, Baden-Baden 2001 (Hannoversches Forum der Rechtswissenschaften Bd.18)
34. Gustav Radbruch, Staat und Verfassung (Gesamtausgabe Band 14), bearbeitet und mit einer Einleitung versehen, Heidelberg 2002, 272 S.

III. Abhandlungen und Aufsätze

a) Verfassungsrecht

35. Hare contra d'Hondt? Kritische Notizen zur Einführung der mathematischen Proportion bei der Besetzung von Bundestagsausschüssen, in: ZParl 1 (1970) S.442-447
36. Die vereinbarte Parlamentsauflösung. Zur Funktion des Art. 68 GG im parlamentarischen Regierungssystem, in: JZ 1973, S.652-656
37. Opposition und Information. Der Aktenvorlageanspruch als parlamentarisches Minderheitsrecht, in: AöR 99 (1974) S.628-646
38. Die Verfassung. Aufgabe und Struktur. Landesbericht zum IX. Internationalen Kongress für Rechtsvergleichung in Teheran 1974, in: AöR Beiheft 1 (1974) S.64-85
39. Die Gesetzmäßigkeit der Rechtsprechung. Zur Bindung des Richters an Gesetz und Verfassung, in: DÖV 1975, S.443-452
40. Vom Rechtsstaat zum Gesinnungsstaat? in: Blätter für deutsche und internationale Politik 20 (1975) S.1021 bis 1034
41. Der Verfassungsschutz – Grundordnungshüter, Sicherheitsdienst oder Geheimpolizei? in: Wir Bürger als Sicherheitsrisiko, hrsg. von W.-D. Narr, Hamburg 1977, S. 93 bis 133, 327-331
42. Los partidos políticos en la ordenación constitucional de la República Federal Alemana, in: Teoría y Practica des los Partidos Políticos, hrsg. von P. de Vega, Madrid 1977, S.415-442
43. Rechtsschutz und Verfassungsschutz. Zur Kontrolle nachrichtendienstlicher Tätigkeit durch Verwaltungsgerichte, in: NJW 1978, S.1601-1605
44. Das Leitbild des Rechtsanwalts im Grundgesetz, in: Strafverteidiger als Interessenvertreter, hrsg. von W. Holtfort, Neuwied 1979, S.26-36
45. Peculiaridad y función de los derechos fundamentales en el Estado constitucional democrático, in: Revista de Estudios Políticos N.E. 7 (1979) p.7-35; erneut abgedr. in: Derecho y Sociedad. Revista de ciencias sociales 1 (1988), p.9-32; italienisch unter dem Titel »Carattere e funzione dei diritti fondamentali nello Stato constituzionale democratico«, in: Diritto e Società 1979, p.197-232
46. Eigenart und Funktionen der Grundrechte im demokratischen Verfassungsstaat, in: Grundrechte als Fundament der Demokratie, hrsg. von J. Perels, Frankfurt a.M. 1979, S.11-49
47. Der Rechtsstaat zwischen Freiheit und Sicherheit, in: Zeitschrift für Evangelische Ethik 24 (1980) S.22-39; Vorabdruck in: Liberal 22 (1979) S.814-837
48. El Estado federal cooperativo, in: Revista de Estudios Políticos N.E. 12 (1979) p.41-61
49. Informationstechnologie und Gerichtsverfahren, in: Gefährdet die Informationstechnologie unsere Freiheit? hrsg. von Th. Bartel, München 1980, S.37-46
50. Verfassungsgerichtsbarkeit und Gewaltenteilung. Zur Funktionsgerechtigkeit von Kontrollmaßstäben und Kontrolldichte verfassungsgerichtlicher Entscheidung, in: NJW

1980, S.2103-2111; spanisch: Jurisdicción constitucional y separación de poderes, in: Revista Española de Derecho Constitucional 2 (1982), p.35-61
51. Entscheidungsdefizite der Parlamente. Über die Notwendigkeit einer Wiederbelebung der Parlamentsreform, in: AöR 105 (1980) S.1-34
52. Nochmals: Parlamentsreform seit 1969. Eine Erwiderung auf Peter Scholz, in: ZParl 12 (1981) S.589-590
53. Kooperation, Konkurrenz oder Konfrontation? Entwicklungstendenzen des Föderalismus in der Bundesrepublik, in: Lebendige Verfassung – Das Grundgesetz in Perspektive, Neuwied 1981, S.91-126
54. Direkte Anwendung und indirekte Wirkung von Verfassungsnormen, in: Deutsche Landesreferate zum Öffentlichen Recht und Völkerrecht für den XI. Internationalen Kongreß für Rechtsvergleichung in Caracas 1982, hrsg. von R. Bernhardt und U. Beyerlin, Karlsruhe 1982, S.23-54
55. Der Einzelne und die Gemeinschaft. Individuelle Grund- und Freiheitsrechte und ihre Grenzen, in: Das Parlament Nr. 32/33 vom 14./21. August 1982, S.7
56. Rundfunkvielfalt und Gruppenrelevanz im Kulturstaat, in: Rundfunk und Fernsehen 30 (1982) S.425-446
57. Die Funktion der Verfassung, in: Funkkolleg »Recht«, 8. Studieneinheit, Studienbegleitbrief Nr. 4, Stuttgart 1982, S.11-46; wieder abgedr. in: Funkkolleg Recht, hrsg. von M. Löwisch, D. Grimm und G. Otte, Frankfurt 1985, Bd.2, S.9-28, und in: Einführung in das öffentliche Recht, hrsg. von D. Grimm, Heidelberg 1985, S.1-44
58. Das parlamentarische System, in: Handbuch des Verfassungsrechts der Bundesrepublik Deutschland, hrsg. von E. Benda, W. Maihofer und H.-J. Vogel, Berlin 1983, S.239-293
59. Vereinigungsfreiheit im Strafvollzug. Zur verfassungsrechtlichen Problematik von Gefangenenvertretungen, in: Festschrift für Ulrich Klug zum 70. Geburtstag, Köln 1983, S.597-622
60. Parlamente, Wahlen und Parteien in der Rechtsprechung der Landesverfassungsgerichte, in: Landesverfassungsgerichtsbarkeit, hrsg. von Chr. Starck und K. Stern, Bd. III, Baden-Baden 1983, S.91-142
61. Im Namen des Menschen. Über Leben und Wirken einer großen Richterin, in: Wiltraut Rupp-v.Brünneck, Verfassung und Verantwortung, Baden-Baden 1983, S.13-46
62. Verfassungsrecht, in: Niedersächsisches Staats- und Verwaltungsrecht, hrsg. von H. Faber und H.-P. Schneider, Frankfurt a.M. 1985, S.44-104
63. Artikel 12 GG – Freiheit des Berufs und Grundrecht der Arbeit (Bericht), in: VVDStRL 43 (1985) S.7-47
64. Grundgesetz und technologischer Wandel – Die Verantwortung der Rechtswissenschaft, in: Grundgesetz und technologischer Wandel, hrsg. von der Evangelischen Akademie Hofgeismar, Protokoll 219/1985, S.113-122
65. Eine Reform ist notwendig. Wie kann in einer parlamentarischen Demokratie größere politische Mitbestimmung der Bürger erreicht werden?, in: Das Parlament Nr.24/25 vom 15./22. Juni 1985, S.1-2
66. Das Grundgesetz als Verfassung des Völkerfriedens, in: Recht und Politik 21 (1985) S.138-145
67. Alternativbewegungen und Legitimationsprobleme der Demokratie, in: Gegenkultur und Recht, hrsg. von V. Gessner und W. Hassemer, Baden-Baden 1985, S.107-129
68. Die Ministeranklage im parlamentarischen Regierungssystem, in: ZParl 16 (1985) S.495-509

69. El Gobierno como parte del poder ejecutivo en la República Federal de Alemania, in: El Gobierno en la Constitucion Española y en los estatutos de autonomia, Barcelona 1985, p. 349-364 (Biblioteca Prat de la Riba 3)
70. Verfassungsrecht der Länder – Relikt oder Rezept?, in: DÖV 1987, S.749-756
71. Börsenzugang und Berufsfreiheit, in: Zweihundert Jahre Geld und Brief. Festgabe an die Niedersächsische Börse, hrsg. von C.P. Claussen, L. Hübl und H.-P. Schneider, Frankfurt am Main 1987, S.257-270
72. Repräsentation und Partizipation des Volkes als Problem demokratischer Legitimität, in: Ein Richter, ein Bürger, ein Christ. Festschrift für Helmut Simon, hrsg. von W. Brandt, H. Gollwitzer und J.F. Henschel, Baden-Baden 1987, S.243-260
73. Richter oder Schlichter? Das Bundesverfassungsgericht als Integrationsfaktor, in: Festschrift für Wolfgang Zeidler, hrsg. von W. Fürst, R. Herzog und D.C. Umbach, Berlin 1987, S.293-313; in aktualisierter Fassung neu abgedr. in: Aus Politik und Zeitgeschichte B 16/99 vom 16. April 1999, S.9-19
74. Die Institution der politischen Partei in Deutschland, in: Das Parteienrecht der EG-Staaten. Rechtsvergleichende Darstellung des europäischen Parteienrechts (Studienbegleitbrief der Fernuniversität Hagen, Kurseinheit 3), Hagen 1988
75. Rundfunkanstalten als öffentliche Unternehmen, in: Rundfunk im Wettbewerbsrecht, hrsg. von W. Hoffmann-Riem, Baden-Baden 1988, S.180-186
76. Gesetzgeber in eigener Sache. Zur Problematik parlamentarischer Selbstbetroffenheit im demokratischen Parteienstaat, in: Gesetzgebungstheorie und Rechtspolitik, hrsg. von D. Grimm und W. Maihofer, Opladen 1988, S.327-350
77. The new German system of party funding: the Presidential committee report of 1983 and its realization, in: H.E. Alexander (Ed.), Comparative Political Finance in the 1980s, Cambridge 1989, p.220-235
78. Von der Bürgerfreiheit zur Sicherheitsversorgung? Zur Entwicklung, Funktion und richterlichen Kontrolle des Verfassungsschutzes in der Bundesrepublik Deutschland, in: Verfassungsstaat, Souveränität und Pluralismus. Otto Kirchheimer zum Gedächtnis, hrsg. von W. Luthardt und A. Söllner, Opladen 1989, S.153-169.
79. Verfassung der Grundrechte, in: Universitas 44 (1989), S.421-429.
80. Empfiehlt sich eine gesetzliche Neuordnung der Rechte und Pflichten parlamentarischer Untersuchungsausschüsse? in: Verhandlungen des 57. Deutschen Juristentages Mainz 1988, München 1988, Band II (Sitzungsberichte) Teil M, S.54-96.
81. Verfassungsprobleme der Rundfunkfinanzierung aus Werbeeinnahmen. Zur Vielfalt der Finanzierungsformen des öffentlich-rechtlichen Rundfunks – Thesen – (zusammen mit Bernd Radeck), in: Media-Perspektiven 3/1989, S.157-163
82. Verfassungsrechtliche Bedeutung und politische Praxis der parlamentarischen Opposition, in: Parlamentsrecht und Parlamentspraxis in der Bundesrepublik Deutschland, hrsg. von H.-P. Schneider und W. Zeh, Berlin 1989, S.1055-1086
83. Koalitionen, Kanzlerwahl und Kabinettsbildung (zusammen mit W. Zeh), in: Parlamentsrecht und Parlamentspraxis in der Bundesrepublik Deutschland, hrsg. von H.-P. Schneider und W. Zeh, Berlin 1989, S.1297-1324
84. Gewaltenverschränkung zwischen Parlament und Regierung, in: Gewaltentrennung im Rechtsstaat, hrsg. von D. Merten, Berlin 1989, S.77-90
85. Verfassungsinterpretation aus theoretischer Sicht, in: Verfassungsrecht zwischen Wissenschaft und Richterkunst. Konrad Hesse zum 70. Geburtstag, hrsg. von H.-P. Schneider und Rudolf Steinberg, Karlsruhe 1990, S.39-52, teilweise erneut veröffentlicht in: A. Lopez Pina, La garantía constitucional de los derechos fundamentales, Madrid 1991, p.141-146

86. Vom Wandel staatlicher Verantwortung, in: Der Staat der Zukunft, hrsg. von J. J. Hesse und Chr. Zöpel, Baden-Baden 1990, S.127-145
87. Die Institution der politischen Partei in der Bundesrepublik Deutschland, in: Parteienrecht im europäischen Vergleich, hrsg. von D. Th. Tsatsos, D. Schefold und H.-P. Schneider, Baden-Baden 1990, S.151-218
88. Mehr Rechte fürs Volk? Gefahr der Entdifferenzierung von Sachproblemen, in: Universitas 45 (1990), S.205-208
89. Gleichheit und Freiheit im Arbeitskampf. Zur Gewährleistung der Kampfparität nach Art. 9 Abs. 3 GG, in: Arbeitskampfrecht. Im Widerstreit juristischer Meinungen und gesellschaftlicher Interessen, hrsg. von der Evang. Akademie Bad Boll, Protokolldienst 9/90, S.74-83
90. »Denn sie tun nicht, was sie wissen!« Recht und Verfassung in der Herausforderung durch Wissenschaft und Technik, in: Wissenschaft in der Verantwortung. Möglichkeiten der institutionellen Steuerung, hrsg. von G. Fülgraff und A. Falter, 1990, S.133-150
91. Wo bleibt die Brüderlichkeit? Der soziale Rechtsstaat zwischen Anspruch und Verwirklichung, in: Rechtspolitik »mit aufrechtem Gang«. Werner Holtfort zum 70. Geburtstag, hrsg. von M. Fabricius-Brandt, E. Isermann, J. Seifert und E. Spoo, Baden-Baden 1990, S.213-221
92. Die Verfassung der Grundrechte, in: Der schwierige Weg zur Demokratie. Die Bundesrepublik vor 40 Jahren, hrsg. von der Landeszentrale für politische Bildung Nordrhein-Westfalen, Düsseldorf 199o, S.199-219
93. Das Ende des Provisoriums: Verfassungsrechtliche Aspekte des Einigungsprozesses, in: Von der Einigung zur Einheit, hrsg. von der Landeszentrale für politische Bildung Nordrhein- Westfalen, Düsseldorf 1991, S.73-90
94. Die Zukunft des Grundgesetzes. Vom Beruf unserer Zeit zur Verfassunggebung, in: Nation und Demokratie, hrsg. von R. Wildenmann, Baden-Baden 1991, S.51-70; teilw. vorveröff. in: Frankfurter Allgemeine Zeitung vom 16.11.1990, S.14
95. Vom Organisationsstatut zur Vollverfassung – Niedersachsen braucht eine erneuerte Verfassung, in: Recht und Politik 27 (1991), S.160-166
96. Die bundesstaatliche Ordnung im vereinigten Deutschland, in: NJW 1991, S.2448-2455; erneut abgedr. in: Jochen Huhn/Peter-Christian Witt (Hrsg.), Föderalismus in Deutschland. Traditionen und gegenwärtige Probleme, Baden-Baden 1992, S.239-261
97. Das Asylrecht zwischen Generosität und Xenophobie. Zur Entstehung des Artikels 16 Absatz 2 Grundgesetz, in: Jahrbuch für Antisemitismusforschung 1 (1991); S.217-236
98. Deutsche – Aussiedler – Ausländer: Sind Artikel 116 Grundgesetz (und Ausführungsgesetze) noch zeitgemäß?, in: Fremde in der Heimat. Zur Situation von Aussiedler/innen in Deutschland, o.O. 1991 (Loccumer Protokolle 11/91), S.28-37
99. Human Rights and their Protection in the German Constitutional Law, in: A Bill of Rights for a Democratic South Africa, ed. by the Centre for Development Studies, University of the Western Cape, Cape Town 1991, p.23-37
100. Das Grundgesetz erneuern! Chancen und Risiken einer Verfassungsreform im vereinigten Deutschland, in: Recht und Pflicht. Von der Freiheit eines Rechtspolitikers. Detlef Kleinert zum 60. Geburtstag, hrsg. von St. Diekwisch und T. Wolfgramm, Ronnenberg 1992, S.60-65; wieder abgedr. in: Deutsche Ansichten. Die Republik im Übergang, hrsg. von M. Müller und W. Thierse, Bonn 1992, S.229-245
101. Deutschland in neuer Verfassung, in: Deutsche Ansichten. Die Republik im Übergang, hrsg. von M. Müller und W. Thierse, Bonn 1992, S.229-245
102. Die verfassunggebende Gewalt, in: Handbuch des Staatsrechts, hrsg. von Josef Isensee und Paul Kirchhof, Band VII, Heidelberg 1993, S.3-29

103. Il camino verso la democrazia. L'istituzione della Legge Fondamentale: ritorno o rinascita, in: La nascita di due Repubbliche. Italia e Germania dal 1943 al 1955, a cura di Hans Woller, Milano 1993, p.87-105
104. Neuorientierung der Aufgaben- und Lastenverteilung im »sozialen Bundesstaat«, in: Staatswissenschaften und Staatspraxis 4 (1993), S.3-9
105. Die politischen Parteien und das Geld – Aktuelle Probleme der Parteienfinanzierung, in: Bitburger Gespräche. Jahrbuch 1993/II, München 1993, S.73-83; ins Spanische übers. und erneut abgedr. unter dem Titel: »Los partidos políticos y el dinero: problemas actuales de la financiación de los partidos«, in: Revista de las Cortes Generales 36 (1996), p.23-42
106. Das Grundgesetz – auf Grund gesetzt? Die Deutschen haben wenig Talent zur Verfassungsreform, in: NJW 1994, S.558-561
107. Verfassungsänderung oder Verfassunggebung?, in: Verfassungsentwicklung in Deutschland nach der Wiedervereinigung, hrsg. von Eckart Klein, Berlin 1994, S.37 ff.
108. Value judgments and the spirit of the constitution, in: Interpreting a Bill of Rights, ed. by Johan Kruger and Brian Currin, Juta: Kenwyn 1994, p.68-82
109. Der Föderalismus im Prozess der deutsch-deutschen Vereinigung, in: Tilman Evers (Hrsg.), Chancen des Föderalismus in Deutschland und Europa, Baden-Baden 1994, S.79-93 (Föderalismus- Studien, Bd. 2)
110. Der Staat der Zivilgesellschaft. Vorüberlegungen zu einer Verfassungstheorie des Bürgerstaates, in: Wege zu einer zivilen Gesellschaft, hrsg. Von Ulrich Finckh, Stuttgart 1994, S.47-66; in überarbeiteter Form wieder abgedr. in: Gestalten und Dienen. Fortschritt mit Vernunft. Festschrift zum 70. Geburtstag von Hans-Jochen Vogel, hrsg. von H. Däubler-Gmelin, Helmut Schmidt und Jürgen Schmude, Baden-Baden 1996, S.299-310; erneut abgedr. in: Recht – Rechtstatsachen – Technik. Festschrift für Helmut Pieper, hrsg. von Peter Salje, Hamburg 1998, S.507-525; in koreanischer Übersetzung, besorgt von Seung-Joo Bang, in: Dong-A Law Review 26 (1999), p.339-355
111. Die Vollstreckungskompetenz nach § 35 BVerfGG – ein Notverordnungsrecht des Bundesverfassungsgerichts?, in: NJW 1994, S.2590-2594
112. Developing Trends of Parliamentarism in Germany, in: Jahrbuch zur Staats- und Verwaltungswissenschaft, Band 7/1994, S.225-248
113. Compiti e prospettive della ricerca sul federalismo europeo, in: Il Federalismo e la Democracia Europea, a cura di Gustavo Zagrebelsky, Roma 1994, p.25-30
114. Rechtsprobleme des solidarischen Zusammenlebens mit Ausländerinnen und Ausländern, in: Jahrbuch für Antisemistismusforschung 4 (1995), S.184-200
115. El federalismo alemán en 1994, in: Informe Communidades Autónomas 1994, Vol.1, Barcelona 1995, p.661-669
116. Lo Stato Federale governamentale – Vantaggi é difetti del »federalismo esecutivo« nella Repubblica Federale di Germania, in: Forum Federalista – Quaderni – 1/1995, p.35-46
117. Los partídos políticos y el dinero: Problemas actuales de la financiación de los partidos, in: Revista de las Cortes Generales 36 (1995), p.23-42
118. Nascita e sviluppo del federalismo in Germania, in: Amministrare 24 (1996), p.5-16 (»Il federalismo tedesco«)
119. Verfassungsgerichte der Länder – »Filter« für Karlsruhe?, in: NJW 1996, S.1517 f.
120. Die Aufgabenverteilung zwischen Bund und Ländern nach dem Grundgesetz – eine Ausprägung des Subsidiaritätsprinzips?, in: J. Kramer (Hrsg.), Die Entwicklung des Staates der Autonomien in Spanien und der bundesstaatlichen Ordnung in der Bundesrepublik Deutschland, Baden-Baden 1996, S.37-47
121. SOS aus Karlsruhe – das BVerfG vor dem Untergang?, in: NJW 1996, S.2630-2632

122. Regieren geht über Parlieren – Macht der Mehrheit – Ohnmacht der Opposition?, in: 4. Alternativer Juristinnen- und Juristentag, hrsg. von M. Fabricius-Brand und B. Börner, Baden-Baden 1996, S.53-72
123. Die Aufgabenverteilung zwischen Bund und Ländern nach dem Grundgesetz – eine Ausprägung des Subsidiaritätsprinzips?, in: J. Kramer (Hrsg.), Die Entwicklung des Staates der Autonomien in Spanien und der bundesstaatlichen Ordnung in der Bundesrepublik Deutschland, Baden-Baden 1996, S.37-47
124. Die Europäische Union als Verfassungsstaat, in: Neue Wege der Allgemeinen Staatslehre. Symposium zum 60. Geburtstag von Peter Pernthaler, Innsbruck 1996, S.44-49
125. Das Fundament des Regenbogens. Ein ungewöhnliches Zeugnis der Verständigung – die Verfassung des neuen Südafrika (zus. mit Jutta Kramer), in: Frankfurter Rundschau vom 31.10.1996, S.16; wieder abgedr. in: Kritische Justiz 30 (1997), S.475-490
126. Der Wille des Verfassunggebers. Zur Bedeutung genetischer und historischer Argumente für die Verfassungsinterpretation, in: Verfassungsstaatlichkeit. Festschrift für Klaus Stern zum 65. Geburtstag, hrsg. von J. Burmeister, München 1997, S.903-923
127. Der Schuster und seine Leisten. Brauchen wir ein »Fachgericht für Verfassungsrecht«?, in: NJW 1997, S.2030-2032
128. Wahrheit und Versöhnung in Südafrika, in: Vorgänge 140 (1997), S.33-37
129. Tollhaus Europa – Unzeitgemäßes zum Werbeverbot für Tabakerzeugnisse, in: NJW 1998, S.576-578
130. Alemania. Il desarrollo de la sistema federal en la Republica Federal Alemana, in: Informe Communidades Autónomas 1997, Vol.4, Barcelona 1998, p.556-563
131. Narrenschiff Staatsrecht oder Tarnkappe Europapolitik? Einige Erwiderungen zu den Bemerkungen von Reich (NJW 1998, S.1537), in: NJW 1998, S.2191
132. Keine Demokratie ohne Opposition, in: Opposition als Triebkraft der Demokratie, Festschrift für Jürgen Seifert zum 70. Geburtstag, Hannover 1998, S.245-257
133. Vernunft wird Unsinn, Wohltat Plage ... Über Wert und Unwert des Normierungsperfektionismus oder: Wo bleibt die »gesetznehmende« Gewalt?, in: NJW 1998, S.2505-2507
134. Gesetzgebung und Einzelfallgerechtigkeit. Zum Verhältnis von Legislative und Judikative im sozialen Rechtsstaat, in: ZRP 1998, S.323-327
135. Die Verfassungsrechtsprechung im Verhältnis von Staat und Kommunen, in: Staat und Kommunen – Kooperation oder Konflikt. 8. Bad Iburger Gespräche, hrsg. zusammen mit Jörn Ipsen, Osnabrück 1998, S.41-45
136. Nehmen ist seliger als Geben. Oder: Wieviel »Förderalismus« verträgt der Bundesstaat?, in: NJW 1998, S.3757-3759
137. Die Länder und das Grundgesetz. Wurden aus »Geburtshelfern« der Bundesrepublik Deutschland »Befehlsempfänger« des Bundes?, in: 50 Jahre Rittersturzkonferenz 1948-1998, hrsg. von H.-G. Borck, F.P. Kahlenberg, H.P. Volkert und K.J. Wilbert, Koblenz 1998, S.94-108
138. German Unification and the Federal System: The Challenge of Reform, in: Recasting German Federalism. The Legacies of Unification, ed. by Charlie Jeffery, London 1999, p.58-84
139. Acht an der Macht! Das BVerfG als »Reparaturbetrieb« des Parlamentarismus?, in: NJW 1999, S.1303-1305
140. Fünfzig Jahre Grundgesetz. Vom westdeutschen Provisorium zur gesamtdeutschen Verfassung, in: NJW 1999, S.1497-1504
141. Entlastung des Bundesverfassungsgerichts durch Ausbau oder Umbau der Landesverfassungsgerichtsbarkeit?, in: Urteilsverfassungsbeschwerde zum Bundesverfassungsge-

richt. Ein Grundrechts- Colloquium, hrsg. von Harald Bogs, Baden-Baden 1999, S.103-113.

142. Federalism in Continental Thought During in the 17th and 18th Centuries, in: Federalism and Civil Societies. An International Symposium, ed. by J. Kramer and H.-P. Schneider, Baden-Baden 1999, p.43-52.
143. Alemania. Il desarrollo de la sistema federal en la Republica Federal Alemana, in: Informe Communidades Autónomas 1998, Vol.5 (1), Barcelona 1999, p.671-680.
144. Problems of Federalism in Russia, in: Second International Conference on Federalism, Moscow 16-17 December 1997, Proceedings, Straßburg (Council of Europe) 1999, p.71-74.
145. Teures Schweigen. Parteifinanzen – eine ewige Geschichte, in: Rheinischer Merkur 2 (2000), S.3.
146. Frieden statt Bann – Über eine Reform, die nichts kostet, aber auch wenig wert ist, in: NJW 2000, S. 263-265.
147. Kooperation, Konkurrenz oder Konfrontation? Entwicklungstendenzen des Föderalismus in der Bundesrepublik, in: Bitburger Gespräche. Jahrbuch 1999/II, München 2000, S.23-30
148. Global denken, lokal handeln. Die Rolle der Regionen und Kommunen in einer globalisierten Welt, in: Globaler Wettbewerb und weltwirtschaftliche Ordnungspolitik, hrsg. von Reimut Jochimsen, Bonn 2000, S.182-214.
149. Verletzung der Transparenzpflicht in erheblichem Ausmaß. Die Rückzahlungsentscheidung des Bundestagspräsidenten gegen die CDU entspricht dem Parteiengesetz, in: FAZ Nr.57 vom 8. März 2000, S.10.
150. Die bundesstaatliche Finanzverteilung zwischen Rationalität, Transparenz und Politik. Das Urteil des BVerfG zum Länderfinanzausgleich (zusammen mit Uwe Berlit), in: NVwZ 2000, S.841-848.
151. Grenzen der Rechtsangleichung in Europa. Warum der Europäische Gerichtshof die Gemeinschaftsorgane in die Schranken wies, in: FAZ Nr. 240 vom 16. Oktober 2000, S.12.
152. Die hilflosen Aufklärer. Macht und Ohnmacht der Untersuchungsausschüsse, in: NJW 2000, S.3332-3334.
153. The Distribution of Powers in the Federal Republic of Germany, in: African Journal of Federal Studies 1 (2000), p.19-33.
154. Das Parlament und seine Gliederungen, in: Zehn Jahre Sächsischer Landtag. Bilanz und Ausblick, Dresden 2000, S.60-83.
155. L'éxecution des lois fédérales par les Länder: Aspects juridiques et financieres, in: Les cinquante ans de la République Fédérale d'Alemagne, publ. par Michel Fromont, Paris 2000, p.65-78.
156. Präsident von Richters Gnaden. Amerikas Weg in die Dikastokratie, in: NJW 2001, S.4.
157. Das Grundgesetz als Vorbild? Sein Einfluss auf ausländische Verfassungen, in: Das Grundgesetz in interdisziplinärer Betrachtung, hrsg. von Hans-Peter Schneider, Baden-Baden 2001, S.159-173.
158. Spielregeln für den investigativen Parlamentarismus. Das neue Untersuchungsausschuss-Gesetz des Bundestages, in: NJW 2001, S. 2604-2608.
159. Kooperation oder Kontrolle: Osteuropa zwischen Wirtschaftsförderung, politisch-kultureller Orientierung und Sicherung von Stabilität, in: Zwischen Tradition, Weltmarkt und Demokratieimport. Loccumer Protokolle 07/00, S.41-56.

160. Das Parlamentsrecht im Spannungsfeld von Mehrheitsentscheidung und Minderheitsschutz, in: Festschrift 50 Jahre Bundesverfassungsgericht, hrsg. von P. Badura und H. Dreier, Tübingen 2001, S.627-661.
161. Wolle mer se rinnlasse? Oder: Willkommen im schönen neuen Zuwanderungsland, in: NJW 2001, S.3465-3467.
162. Alternative, Kontrolle, Mitregierung. Zur verfassungspolitischen Rolle der Opposition in Theorie und Praxis, in: Aufbau und Leistung des Parlamentarismus in den neuen Bundesländern, hrsg. von Ch. Lieberknecht und H. Oberreuter, Rheinbreitbach 2001, S.137-143.
163. Föderative Gewaltenteilung in Europa. Zur Kompetenzabgrenzung zwischen der Europäischen Union und ihren Mitgliedstaaten, in: Tradition und Weltoffenheit des Rechts. Festschrift für Helmut Steinberger, hrsg. von H.-J. Cremer, T. Giegerich, D. Richter, A. Zimmermann, Berlin 2002, S.1401-1424.
164. Zum Superstaat durch die Hintertür. Die Harmonisierungskompetenz als »Generalschlüssel« der Europäischen Kommission, in: FAZ Nr. 212 vom 12. September 2002, S.10.
165. Es gibt noch Richter in Luxemburg – Zum Individualrechtsschutz durch europäische Gerichte, in: NJW 2002, S.2927 f.
166. Die Parteiensituation in Südafrika, in: 30 Jahre Parteiengesetz in Deutschland – Die Parteiensituation im internationalen Vergleich, hrsg. von Dimitris Tsatsos, Baden-Baden 2002, S.312-315
167. Die Europäische Union als Rechtsgemeinschaft, in: Festschrift für Dimitris Th. Tsatsos, hrsg. von P. Häberle, M. Morlok und V. Skouris, Baden-Baden 2003, S. 619-637.
168. Der eidgenössische »Bündnisstaat«. Eine Außenansicht des schweizerischen Föderalismus, in: Mensch und Staat. Festgabe für Thomas Fleiner zum 65. Geburtstag, Fribourg 2003, S. 201- 220.
169. Mit der Meinungsfreiheit auf Kriegsfuß? Zur Grundrechtsferne von Zivilgerichten, in: NJW 2003, S. 1845-1847.
170. Facelifting für das Bundesgebiet? Länderneugliederungen sind keine Patentlösung, in: Das Parlament Nr.53 vom 29. Dezember 2003, S. 14.
171. Grundrechte und Verfassungsdirektiven, in: Handbuch der Grundrechte in Deutschland und Europa, Bd. I: Entwicklung und Grundlagen, Heidelberg 2004, S. 707-744 (§ 18).
172. Entwicklungen, Fehlentwicklungen, Reformen des deutschen Föderalismus und die Europäische Union, in: Föderalismus – Leitbild für die Europäische Union? Hrsg. von Michael Piazolo und Jürgen Weber, München 2004, S. 46-57. [ISBN 3-7892-8126-3]
173. Le débat sur le fédéralisme en Allemagne: Avantages et Limites du Fédéralisme Exécutif, in: ifri. Comité d'études des relations franco-allemandes(Cerfa); Note du Cerfa no. 11 (Avril 2004), 15 p.
174. »Vom Rechte, das mit uns geboren ist . . .«. Die Menschenrechte zwischen universeller Geltung und kultureller Prägung, in: Völkerrecht statt Machtpolitik. Beiträge für Gerhard Stuby, hrsg. von Norman Paech, Alfred Rinken, Dian Schefold und Edda Weßlau, Hamburg 2004, S. 330-347.
175. Meliora Legalia – Wege zu besserer Gesetzgebung, in: Zeitschrift für Gesetzgebung 19 (2004), S. 105-121
176. Politikentflechtung in Deutschland. Rückkehr zu einem Trennsystem zwischen Bund und Ländern?, in: Vom Verfassungsstaat am Scheideweg. Festschrift für Peter Pernthaler zum 70. Geburtstag, hrsg. von Karl Weber, Wien: Springer 2005, S. 369-384

177. Dissonanzen deutscher Vielstimmigkeit in Europa. Wege aus dem Verflechtungsdilemma eines Bundesstaates, in: Leitlinien politischen Handelns. Freundesgabe für Rolf Wernstedt zum 65. Geburtstag, Hannover: Offizin 2005, S. 204-213
178. Die Landesverfassungsbeschwerde – ein Stiefkind bundesstaatlichen Grundrechtsschutzes, in: Niedersächsische Verwaltungsblätter 2005, S. 26-31
179. Kultur und kooperativer Föderalismus, in: Forschung und Lehre 8/2005, S. 418 f.
180. Germany: Länder Implementing Federal Legislation, in: Dialogues on Distribution of Powers and Responsibilities in Federal Countries. A Global Dialogue on Federalism; Booklet Series, Vol. II, Montreal 2005, p. 15 sq.; arabische Übersetzung: 2005
181. Gefühltes Misstrauensvotum, in: Forum Loccum 24 (2005), S.19
182. Wie kann die Wahrheit geschützt werden? Konzepte und Instrumente zur Aufdeckung von Desinformation und Manipulation in Zeiten des Krieges, in: In tempore belli: Desinformation als Waffe im politischen Meinungskampf, Pößneck 2006, S. 197-204 (Loccumer Protokolle 63/04)
183. Federal Republic of Germany, in: Distribution of Powers and Responsibilities in Federal Countries (A Global Dialogue on Federalism, Volume II), ed. by A. Majeed, R. Watts, and D. Brown, McGill-Queen's University Press 2006, p.123-154
184. Nicht nur Gewinner, sondern auch viele Verlierer, in: ifo Schnelldienst 10/2006, S.5-8 (unter der Rubrik »Wer gewinnt durch die geplante Föderalismusreform«)
185. Der Kotau von Karlsruhe. Zur Kapitulation des Bundesverfassungsgerichts vor der Politik, in: Zeitschrift für Politik (2006), S.123-142

b) Verwaltungsrecht

186. Wirtschaftliche Mitbestimmung in öffentlichen Unternehmen (mit besonderer Berücksichtigung der kommunalen Eigenbetriebe), in: DÖV 1972, S.598-605
187. Die Spuren verlaufen im Sande. Über den »Krebsgang« einer Reform des öffentlichen Dienstrechts, in: Vorgänge 17 (1978) S.21-28; 129-131
188. Die Problematik des polizeilichen Schusswaffengebrauchs mit gezielt tödlicher Wirkung, in: Schlussbericht über eine Arbeitstagung der Polizeiführungsakademie Hiltrup, Münster 1978, S.153-168
189. Lehrerbildung im Bundesstaat. Möglichkeiten und Grenzen ihrer Vereinheitlichung durch Bundesgesetz, in: Recht der Jugend und des Bildungswesens 27 (1979) S.117-129
190. Öffentlichkeitsfahndung und Persönlichkeitsrechte, in: Möglichkeiten und Grenzen der Fahndung, hrsg. vom Bundeskriminalamt, BKA-Vortragsreihe Bd.25, Wiesbaden 1980, S.37-46
191. Die Reform des Polizeirechts in der Gegenwart – Fortschritt oder Rückschritt?, in: Die deutsche Polizei, Hilden 1980, S.163-172
192. Zielkonflikte der Stadtentwicklungsplanung. Eine Fallstudie (zusammen mit H. Treiber), in: Sozialwissenschaften im öffentlichen Recht. Fälle und Lösungen, hrsg. von W. Hoffman- Riem, Neuwied 1981, S.275-310
193. Beamte im Streikeinsatz? Umfang und Grenzen der Beamtenpflichten bei Streiks von Arbeitern und Angestellten im öffentlichen Dienst, in: RdA 1981, S.104-114
194. Die polizeiliche Sicherung großtechnischer Anlagen gegen Einwirkungen Dritter und die Folgen für den demokratischen Rechtsstaat, in: Wer kontrolliert die Kontrolleure? Das künftige Sicherungssystem kerntechnischer Anlagen, hrsg. von der Evangelischen Akademie Hofgeismar, Protokoll 211/1984, S.104-117

195. Die Verantwortung des Staates für den sicheren Betrieb kerntechnischer Anlagen, in: Scheider/Steinberg, Schadensvorsorge im Atomrecht zwischen Genehmigung, Bestandsschutz und staatlicher Aufsicht, Baden-Baden 1991, S.115-195
196. Kernenergieaufsicht zwischen Schadensvorsorge und Bestandsschutz, in: Neuntes Deutsches Atomrechts-Syposium, 24.-26. Juni in München, Referate und Diskussionsberichte, hrsg. von R. Lukes und A. Birkhofer, Köln 1991, S.239-254
197. Nachträgliche Anforderungen, periodische Sicherheitsüberprüfung und Atomaufsicht, in: Rudolf Steinberg (Hrsg.), Reform des Atomrechts, Baden-Baden 1994, S.108-118
198. Statusgarantie als Hindernis für flexiblen Personaleinsatz? Zur amtsangemessenen und unterwertigen Beschäftigung bei der Deutschen Bahn AG (zusammen mit Monika Böhm), in: ZBR 2004, S.73-802

c) Steuerrecht und Sozialrecht

199. Kindergeld und Einkommensteuer. Zur Verfassungsmäßigkeit des Familienlastenausgleichs, in: NJW 1975, S.1956-1961 (zusammen mit R. Hoffmann)
200. Alterseinkünfte und Gleichheitssatz. Zur Verfassungsmäßigkeit der Einkommenbesteuerung von Versorgungsbezügen und Renten, in: Deutsche Rentenversicherung 1980, I: S.213-238; II: 302-326
201. Möglichkeiten und Grenzen von Steuerreformen aus verfassungsrechtlicher Sicht, in: Staatsfinanzierung im Wandel. Schriften des Vereins für Socialpolitik N.F. 134 (1983) S.111-140
202. Vergleich der Alterssicherungssysteme für abhängig Beschäftigte (zusammen mit R. Kolb, B. v. Maydell, H. F. Zacher), in: Gutachten der Sachverständigenkommission Alterssicherungssysteme, Berichtsband 1, Bonn 1983, S.25-84
203. Die Zusatzversorgung der Arbeitnehmer im öffentlichen Dienst, in: Gutachten der Sachverständigenkommission Alterssicherungssysteme, Berichtsband 2, Bonn 1983, S.207-241
204. Zusatzversorgung im öffentlichen Dienst und betriebliche Altersversorgung im Vergleich, in: Sozialer Fortschritt 1984, S.80-87
205. Zusatzversorgung durch Tarifvertrag und Dienst- oder Betriebsvereinbarung im öffentlichen Dienst, in: Sozialrecht und Tarifrecht. Schriftenreihe des deutschen Sozialgerichtsverbandes, Bd. XXV, Wiesbaden 1984, S.133-153
206. Die Zukunft der sozialen Sicherung – ein gesamtgesellschaftliches Problem aus verfassungsrechtlicher Sicht, in: Menschengerecht. hrsg. von H. Däubler-Gmelin und D. Adlerstein, Heidelberg 1986, S.283-295

d) Rechtsphilosophie

207. Leibniz als Jurist, in: Leibniz. Sein Leben – sein Wirken – seine Welt. hrsg. von W. Totok und C. Haase, Hannover 1966, S.489-510
208. Der Plan einer »Jurisprudentia Rationalis« bei Leibniz, in: ARSP 52 (1966) S.553-578
209. Rechtsphilosophie und Gesetzgebung, in: Rechtsphilosophie und Rechtspraxis, hrsg. von Th. Würtenberger, Frankfurt a.M. 1971, S.76-80; wieder abgedr. in: Universitas 31 (1976) S.33-37
210. Rechtstheorie ohne Recht? Zur Kritik des spekulativen Positivismus in der Jurisprudenz, in: Mensch und Recht. Festschrift für Erik Wolf zum 70. Geburtstag, Frankfurt am Main 1972, S.108-136

211. Gustav Radbruchs Einfluss auf die Rechtsphilosophie der Gegenwart, in: Gustav Radbruch, Rechtsphilosophie, 8. Aufl., hrsg. von E. Wolf und H.-P. Schneider, Stuttgart 1973, S.351-384
212. Freiheit bei Leibniz und Kant, in: Leibniz – Werk und Wirkung. Akten des IV. Internationalen Leibniz-Kongresses, Hannover 1983, S.968-975
213. Der Begriff der Gerechtigkeit bei Leibniz, in: Pensamiento Juridico y Sociedad Internacional. Estudios en honor del profesor D. Antonio Truyol Serra, Madrid 1986, Vol. II, p.1089-1113
214. Denker oder Lenker? Leibniz zwischen Einfallsreichtum und Erfolgsdrang, in: Tradition und Aktualität. Vorträge des V. Internationalen Leibniz-Kongresses, Hannover 1988, S.866-874
215. Recht und Denken. Erinnerungen an Erik Wolf und Martin Heidegger, in: Verfassung – Philosophie – Kirche. Festschrift für Alexander Hollerbach zum 70. Geburtstag, hrsg. von J. Bohnert, Chr. Gramm, U. Kindhäuser, J. Lege, A. Rinken und G. Robbers, Berlin 2001, S.455-483.

e) Geschichte der Rechts- und Staatsphilosophie, Verfassungsgeschichte

216. Staatsräson bei Leibniz, in: Staatsräson. Studien zur Geschichte eines politischen Begriffs, hrsg. von R. Schnur, Berlin 1975, S.505-519
217. Gottfried Wilhelm Leibniz, in: Staatsdenker im 17. und 18. Jahrhundert, hrsg. von M. Stolleis, Frankfurt a.M. 1977, S.198-227; 2. Aufl. 1987, S.197-226; 3. Auflage München 1995, S.197-226
218. Die wissenschaftlichen Beziehungen zwischen Leibniz und den beiden Cocceji (Heinrich und Samuel), in: Humanismus und Naturrecht in Berlin-Brandenburg-Preußen, hrsg. von H. Thieme, Berlin 1979, S.90-102
219. Leibniz als »Erfinder« des Bundesstaates, in: Theoria cum Praxi. Akten des III. Internationalen Leibniz-Kongresses 1977, Wiesbaden 1980, Bd.1, S.251-259
220. Positivismus, Nation und Souveränität. Über die Beziehungen zwischen Heller und Radbruch, in: Der soziale Rechtsstaat. Gedächtnisschrift für Hermann Heller 1891-1933, hrsg. von Chr. Müller und I. Staff, Baden-Baden 1984, S.585-602
221. Verfassungswandel und politischer Konflikt. Zur Geschichte des modernen Verfassungsstaates in Deutschland, in: Politische Bildung 17 (1984) S.19-34; wieder abgedr. in: 50 Jahre 20. Juli 1944. Widerstand in Deutschland 1933 bis 1944 und die Bedeutung für das Selbstverständnis unserer Demokratie 1945 bis 1994, hrsg. vom Niedersächsischen Kultusministerium, Hannover 1994, S.27-40
222. Justizkritik im »Zerbrochnen Krug«, in: Kleist-Jahrbuch 1988/89, S.309-326
223. Der Bürger zwischen Stadt und Staat im 19. Jahrhundert, in: Res Publica. Bürgerschaft in Stadt und Staat (Der Staat, Beiheft 8), Berlin 1988, S.143-160
224. Kampf ums Grundgesetz. Der deutsch-alliierte Verfassungsstreit im April 1949, in: Recht und Politik 25 (1989), S.79-83.
225. Leibniz und die preußischen Justizreformen im 18. Jahrhundert, in: Leibniz in Berlin, hrsg. von H. Poser und A. Heinekamp, Stuttgart 1990, S.281-296
226. Hugo Grotius, in: Grundriss der Geschichte der Philosophie. Begründet von Friedrich Ueberweg. Völlig neubearbeitete Ausgabe. Die Philosophie des 17. Jahrhunderts, Band 2: Frankreich und Niederlande, hrsg. von J.-P. Schobinger, 1. Halbbd., Basel 1993, S.91-111

227. Fürstenstaat, Reich und Europa. Leibniz zwischen dynastischen Interessen, föderativer Reichsidee und europäischer Union, in: Leibniz und Europa. Hrsg. von Albert Heinekamp und Isolde Hein, Hannover 1994, S.139-165
228. Leibniz und der moderne Staat, in: Leibniz und Niedersachsen, Tagung anlässlich des 350. Geburtstages von G.W. Leibniz in Wolfenbüttel 1996, hrsg. von H. Breger und F. Niewöhner, Stuttgart 1999 (Studia Leibnitiana, Sonderheft 28).
229. Christliches Naturrecht, in: Grundriss der Geschichte der Philosophie. Begründet von Friedrich Ueberweg. Völlig neubearbeitete Ausgabe. Die Philosophie des 17. Jahrhunderts, Band 4: Das Heilige Römische Reich Deutscher Nation, Nord- und Ostmitteleuropa, hrsg. von H. Holzhey und W. Schmidt- Biggemann 2. Halbbd., Basel 2001, S.813-835
230. Gottfried Wilhelm Leibniz: Praktische Philosophie, in: Grundriss der Geschichte der Philosophie. Begründet von Friedrich Ueberweg. Völlig neubearbeitete Ausgabe. Die Philosophie des 17. Jahrhunderts, Band 4: Das Heilige Römische Reich Deutscher Nation, Nord- und Ostmitteleuropa, hrsg. von H. Holzhey und W. Schmidt-Biggemann 2. Halbbd., Basel 2001, S.1119-1137.

f) Kirchen- und Staatskirchenrecht

231. Leibniz' Gedanken zur Ordnung von Kirche und Staat, in: ZevKR 13 (1967/68) S.18-31; wieder abgedr. in: Akten des I. Internationalen Leibniz-Kongresses 1966, Bd. IV, Wiesbaden 1969, S.234-248
232. Das »ius resistendi« als rechtstheologisches Problem in Geschichte und Gegenwart, in: ZRG KA LIX (1973) S.383-416; in Kurzfassung abgedr. unter dem Titel: Dürfen Christen rebellieren?«, in: Mitteilungen der Evangelischen Landeskirche in Baden, Sondernummer (Februar 1973) S.3-13
233. »Gott im Grundgesetz«? Muß ein zukünftiges Religionsverfassungsrecht auf »Gottestexte« verzichten?, in: Gott im Grundgesetz«. Hrsg. von Wolfgang Greive (Loccumer Protokolle 14/93), S.10-19

g) Juristenausbildung

234. Anspruch und Wirklichkeit der Integration von Theorie und Praxis, dargestellt am Beispiel der einstufigen Juristenausbildung in Hannover, in: Einphasige Juristenausbildung in Deutschland – Versuch einer Zwischenbilanz, Loccumer Protokolle 25, 1981, S.35-47
235. Die Reform der Juristenausbildung in Hannover – vor dreihundert Jahren und heute, in: Festschrift zur 150-Jahr-Feier des Rechtsanwaltsvereins Hannover, Hannover 1981, S.211-240

IV. Kleinere Beiträge, Berichte und Urteilsanmerkungen

236. Anmerkung zu BVerGE 24, 236 (»Aktion Rumpelkammer«. Umfang und Grenzen karitativer Tätigkeit der Kirchen), in: NJW 1969, S.1342 f.
237. Wozu Rechtsphilosophie heute? Ein Bericht über die Tagung der Deutschen Sektion der IVR in Freiburg i.Br., in: JZ 1971, S.35 ff.

238. Staatsrechtslehrertagung 1975, in: DÖV 1975, S.737-739
239. Zur Bestimmtheit von Anträgen auf Einsetzung eines Untersuchungsausschusses. Anmerkung zum Urteil des Staatsgerichtshofs für das Land Baden-Württemberg vom 16. April 1977, in: JA 1977, S. 411 ff.
240. Der Staat – das unbekannte Wesen. Bericht über ein Symposion der UNESCO zur Entstehung des modernen Staates 1981 in Wolfenbüttel, in: DÖV 1981, S.415-417
241. Sibyllinisch oder salomonisch? Das Urteil des Bundesverfassungsgerichts zur Parlamentsauflösung (BVerfGE 62, 1), in: NJW 1983, S.1529 f.
242. Anmerkung zu BVerfGE 69, 257 (Wahlwerbung der Parteien im Rundfunk), in: JZ 1985, S.839 f.
243. Anmerkung zum Beschluss des OLG Hamm vom 17.12.1985 (Überprüfung einer Therapieauflage), in: Strafverteidiger 1988, S.25 f.
244. División de poderes e interpretación. Hacia una teoría de la praxis constitucional, hrsg. von A. Lopez Pina, Madrid 1987; darin: »Continencia judicial y estructura normativa abierta del derecho constitucional« (S.73-77); »Contenido y método en las sentencias comparadas sobre el aborto« (S.195-198).
245. Anmerkung zum Urteil des EuGH vom 5. Oktober 2000 (Tabakwerbung), in: ZLR 27 (2000) S.894-898.

V. Lexikonartikel

246. Lexikon der Pädagogik. Neue Ausgabe (4 Bände). Freiburg i.Br.: Herder 1970
    - Assistent, wissenschaftlicher (Bd.1, S.83 f.)
    - Immatrikulation, Exmatrikulation (Bd.2, S.271 f.)
247. Ueberwegs »Grundriss der Geschichte der Philosophie«. hrsg. von R. W. Meyer, Basel 1985, Reihe V: Die Philosophie des 17. Jahrhunderts,
    - Hugo Grotius, in: Bd.2 (Frankreich und Niederlande), hrsg. von Jean-Pierre Schobinger, Basel 1993, S.89-111
    - Christliches Naturrecht, in: Bd.4/1 (Das Heilige Römische Reich Deutscher Nation, Nord- und Ostmitteleuropa), hrsg. von Helmut Holzhey und Wilhelm Schmidt-Biggemann, Basel 2001, S.813-836
    - G. W. Leibniz, Praktische Philosophie, in: Bd.4/2 (ebenda) Basel 2001, S.1119-1137
248. Ergänzbares Lexikon des Rechts, 7 Bde. Neuwied: Luchterhand 1996
    - Opposition, Bd.5/490, S.1-4
249. Handwörterbuch zur Deutschen Rechtsgeschichte, hrsg. von A. Cordes, H. Lück und D. Werkmüller, 2. Aufl., Berlin 2005 ff.
    - Bundesrat, Bd.1/3, Sp.717 f.
    - Föderalismus

VI. Rezensionen und Anzeigen

250. Hans Peters/Fritz Ossenbühl, Die Übertragung von öffentlich-rechtlichen Befugnissen auf die Sozialpartner unter besonderer Berücksichtigung des Arbeitszeitschutzes, Berlin 1967, in: AöR 95 (1970) S.182 f.

251. Variationen über das »Öffentliche«. Ein kontroverser Begriff der Verfassungsrechtswissenschaft. Rezension von W. Martens, U. K. Preuß und A. Rinken, in: FAZ Nr.254 vom 1. November 1972, S.23
252. José Llompart SJ, Die Geschichtlichkeit in der Begründung des Rechts im Deutschland der Gegenwart, Frankfurt a.M. 1968, in: Der Staat 11 (1972) S.99-102
253. Axel v. Campenhausen/Theodor Maunz/Ulrich Scheuner/Herbert Scholtissek, Die Mitwirkung der Arbeitgeber bei der Erhebung der Kirchensteuer. Vier Rechtsgutachten, in: ZevKR 19 (1974) S.266-271
254. Rudolf Smend, Kirchenrechtliche Gutachten in den Jahren 1946-1969, München 1972, in: ZevKR 19 (1974) S.387-394
255. Michel Troper, La séparation des pouvoirs et l'histoire constitutionelle française, Paris 1973, in: Der Staat 14 (1975) S.142-144
256. Detlef Dahrmann (Hrsg.), Kirchliches Amt und politisches Mandat. Dokumentation zum Bremer Verfassungsstreit. Entscheidungen und Texte, Hannover 1977, in: ZevKR 26 (1981) S.100-104

VII. Bibliographien

257. Bibliographie des Deutschen Rechts (Bibliography of German Law). hrsg. von der Gesellschaft für Rechtsvergleichung; Abschnitt II: Rechtsphilosophie und Allgemeine Rechtslehre
    - Ergänzungsband 1964-1968, Karlsruhe 1969, S.56-60
    - Ergänzungsband 1969-1973, Karlsruhe 1975, S.61-66
    - Ergänzungsband 1974-1978, Karlsruhe 1981, S.52-58
258. Books and Articles on Natural Law and Related Areas. A Bibliography of Material Published in Germany, Austria, Switzerland, France, and Italy 1965-1972 in: The American Journal of Jurisprudence (Natural Law Forum) Vol. 10 (1965) p.309-312; Vol. 11 (1966) p.150-154; Vol. 12 (1967) p.249-265; Vol. 13 (1968) p.183-196; Vol. 14 (1969) p.159-174; Vol. 15 (1970) p.203-210; Vol. 16 (1971) p.332-346; Vol. 17 (1972) p.179-202

VIII. Nachrufe, Sonstiges

259. Erik Wolf zum 70. Geburtstag, in: ZevKR 17 (1972) S.3-7
260. Erik Wolf zum Gedenken, in: ZevKR 23 (1978) S.337-342
261. Henning Zwirner zum Gedächtnis, in: Henning Zwirner, Politische Treupflicht des Beamten, hrsg. von A. v. Brünneck, Baden-Baden 1987, S.315-322
262. Gustav Radbruch. Rechtsphilosoph zwischen Wissenschaft und Politik, in: Streitbare Juristen, hrsg. von der Kritischen Justiz, Baden-Baden 1988, S.295-306.
263. Claus Arndt – Im Dienst an Staat und Verfassung, in: C. Arndt, Amt und Mandat, Baden-Baden 1989, S.9-25
264. Hermann Heller – Vorkämpfer für den sozialen Rechtsstaat, in: Die Neue Gesellschaft – Frankfurter Hefte 38 (1991), Heft 7 S.651-653

Verzeichnis der Autoren

Prof. Dr. Peter Badura, Universität München

Prof. Lidija R. Basta Fleiner, Ph.D., Institut für Föderalismus, Universität Freiburg (Schweiz)

Prof. Dr. Uwe Berlit, Richter am Bundesverwaltungsgericht, Universität Leipzig

Prof. Dr. Michael Bothe, Universität Frankfurt/Main

Prof. Dr. Alexander v. Brünneck, Europa-Universität Viadrina, Frankfurt/Oder

Prof. Dr. Kostas Chryssogonos, Universität Thessaloniki

Dr. Eckart Cuntz, außerordentlicher und bevollmächtigter Botschafter der Bundesrepublik Deutschland in der Türkei, Ankara

Prof. Dr. Dr. h.c. Erhard Denninger, Universität Frankfurt/Main

Prof. Dr. Horst Dreier, Universität Würzburg

Prof. Dr. Thomas Fleiner, Institut für Föderalismus, Universität Freiburg (Schweiz)

Prof. Dr. Dr. h.c. mult. Peter Häberle, Universität Bayreuth

Prof. Dr. Wolfgang Hoffmann-Riem LL.M., Richter des Bundesverfassungsgerichts, Universität Hamburg

Prof. Dr. Friedhelm Hufen, Universität Mainz

Prof. Dr. Jörn Ipsen, Universität Osnabrück

Dr. Jürgen Jekewitz, Ministerialdirektor a.D.

Prof. Dr. Ulrich Karpen, Universität Hamburg

Robert von Lucius, Frankfurter Allgemeine Zeitung

Prof. Dr. Ernst Gottfried Mahrenholz, Vizepräsident des Bundesverfassungsgerichts a.D., Universität Frankfurt

Prof. Dr. Dr. h.c. Ingo von Münch, Universität Hamburg

Prof. Dr. Joachim Perels, Universität Hannover

Prof. Dr. Peter Pernthaler, Universität Innsbruck

Prof. Dr. Lourens Marthinus du Plessis, Universität Stellenbosch

Prof. Dr. Alfred Rinken, Universität Bremen

Dr. Horst Risse, Ministerialdirigent beim Deutschen Bundesrat

Prof. Dr. Dian Schefold, Universität Bremen

Prof. Dr. Rupert Scholz, Universität München

Prof. Dr. Gunnar Folke Schuppert, Humboldt-Universität Berlin

Prof. Dr. Christian Starck, Universität Göttingen

Prof. Dr. Dr. h.c. mult. Klaus Stern, Universität Köln

Prof. Dr. Gerhard Stuby, Universität Bremen

Prof. Dr. Hans-Heinrich Trute, Universität Hamburg

Prof. Dr. Dimitris Th.Tsatsos, FernUniversität Hagen

Prof. Dr. Christian Wolf, Universität Hannover

Prof. Dr. Thomas Würtenberger, Universität Freiburg

Prof. Dr. Wolfgang Zeh, Direktor beim Deutschen Bundestag a.D.

Prof. Dr. Andreas Zimmermann LL.M., Universität Kiel

Brigitte Zypries, Bundesministerin der Justiz